全国语文教师四项全能竞赛
获奖作品精选
(2023年/上)

《语文教学与研究》杂志社　编

华中师范大学出版社

图书在版编目(CIP)数据

全国语文教师四项全能竞赛获奖作品精选/《语文教学与研究》杂志社编.—武汉:华中师范大学出版社,2024.5
ISBN 978-7-5769-0554-0

Ⅰ.①全… Ⅱ.①语… Ⅲ.①语文课—教学研究—中小学—文集 Ⅳ.①G633.302-53

中国国家版本馆 CIP 数据核字(2024)第 102592 号

全国语文教师四项全能竞赛获奖作品精选

ⓒ《语文教学与研究》杂志社　编

编 辑 室:第七分社	电　　话:027-67867529	
责任编辑:张　忠　罗　挺　陈前越	责任校对:高述新	封面设计:叶　乔
出版发行:华中师范大学出版社有限责任公司		
社　　址:湖北省武汉市洪山区珞喻路 152 号	邮　　编:430079	
销售电话:027-67863426/67863280　027-67861321(邮购)	传　　真:027-67863291	
网　　址:http://press.ccnu.edu.cn	电子邮箱:press@mail.ccnu.edu.cn	
印　　刷:崇阳文昌印务股份有限公司	督　　印:刘　敏	
开　　本:787mm×1092mm　1/16	总 印 张:73	
版　　次:2024 年 5 月第 1 版	印　　次:2024 年 5 月第 1 次印刷	
总 字 数:1800 千字	总 定 价:198.00 元(全二册)	

敬告读者:欢迎上网查询、购书;欢迎举报盗版,请打举报电话 027-67867353

目 录（上）

■ 教学论文

001　创设真实学习情境,学习"怎样选材" / 陈　萍
006　理想主义者的前反省意识 / 陶兴国
010　夏丏尊作文教学思想在初中积累写作素材上的应用 / 涂逸枫
015　发展学生语文核心素养的大单元教学研究 / 朱瑶瑶
020　诗歌主题学习任务群的教学探索与实践 / 张金玲
024　与树的"前世"对话　于树的"今生"抵达 / 卢婉玲
028　核心素养下初中名著阅读的课程体系建构及实施路径 / 曾　敏
032　"激趣读思,互动情知"高中语文快乐教学实施策略研究 / 范丽丽
036　美育的脉络与小说的浸润 / 刘　琳
040　大单元任务群教学设计与实施路径研究 / 马微微
044　多元智能理论视角下的高中语文作业布置 / 王婧怡
048　革命传统教育与小学语文教学的融合创新 / 赵　雯
054　融思辨于阅读,发展核心素养 / 柴耶恩
058　数字教材在初中语文文言文教学中的应用 / 陆素云
066　依托任务群整合文本,构建小说教学"生长式课堂" / 陈晨芫
071　以《西游记》为载体开展语文学科实践活动的策略研究 / 陈研哲
076　"双减"背景下初中古诗文单元作业设计的实践研究 / 耿　敏
081　"小班化教学"模式在初中语文阅读中的运用与反思 / 黎　梅
086　读写展演,以系统性思维延伸知识 / 林晓兰
091　知情之所起,探文之脉络 / 林晓兰
095　肖培东"浅教"理念在语文阅读教学中的应用研究 / 刘宇晗
100　新课标背景下阅读指导举隅 / 韦惜玲
105　经典教材(历史)文化内涵的挖掘 / 辛志英　王　凯
110　在反反复复中,将课堂"精耕细作" / 杨　璠
115　浅谈小学低段语文识字写字教学途径的多样化 / 于　泽
120　基于高阶思维培养的初中《论语》教学 / 余佳蔚
125　于规律中把握方向,于趋势中寻求策略 / 张　娟
130　以学科大概念切入《乡土中国》阅读教学的策略研究 / 蔡　怡
134　基于任务驱动的"活动·探究"实用文教学实践研究 / 冯淑君
138　一方天地　一米阳光 / 姜黎青
142　培养思维能力,提高解题能力 / 刘家毓
146　基于核心素养的单元教学评价 / 卢　娟
150　指向核心素养的大单元教学设计 / 鹿春阳
154　从"黄花"看李清照的"愁情" / 罗学丽

158	在"真实情境"中搭建教学"支架" / 齐　辰
162	挑战式学习与古诗词复习相结合的策略研究 / 陶梦霞
166	解决"真"问题　方得"真"作文 / 田　媛
170	从《边城》探析端午节的当代功能变化 / 吴丽红
174	基于语言构建与运用能力培养的文言学习任务群设计实践 / 伍　岚
178	大单元视角下的自读课教学设计路径探究 / 熊一舟
182	教育信息化背景下高中语文情境教学策略探究 / 熊玉璐
186	小学语文中年级现代诗教学策略浅析 / 许　婧
190	尊重·放大·多元：小学高段习作评价实践研究 / 姚嘉庆
194	指向深度学习的初中古诗教学路径刍议 / 叶斯箐
198	立足学情分析　提高核心素养 / 周晓彤
202	比较阅读视域下文学类文本阅读备考路径 / 陈君梅
205	新高考古诗复习"情境还原"实践探索 / 蔡晓东
208	信息技术赋能小学语文写作教学的实践策略研究 / 曾凯玲
211	基于"三元归一"法的高中古诗词鉴赏教学实验研究 / 曾廷敏
214	漫谈阿长形象与鲁迅教育救国求索 / 程干生
217	浅议指向核心素养的高中语文项目式学习教学理念 / 杜慧杰
220	论《琵琶记》的感情同化性 / 高正平
223	核心素养下的边远地区高中语文写作训练策略 / 韩海丹
226	新课标视阈下汉语拼音"形"与"音"教学策略探析 / 韩　璇
229	基于核心素养的项目式学习案例实践 / 郝良敏
232	构建思维路径　回归底层逻辑 / 何　歆
235	向来枉费推移力，此日中流自在行 / 姜靓轶
238	基于教考衔接的文言文一轮复习教学策略 / 雷　挥
241	"原点"视角下的整本书阅读 / 李　辉
244	依托文本挖掘素材，巧借活动传道立德 / 李　菁
247	新课标理念下单元整体教学中的读写结合实践探究 / 李　羚
250	融合县域学情　构建问题场域 / 林小云
253	基于 UbD 理念下初中语文核心素养目标的有效转化 / 林子杰
256	训诂方法在高中文言文教学中的实施策略 / 刘　忆　范文阳
259	以"仁"的视角关照育人 / 罗海文
262	多词一义：文言词语积累的另一路径 / 潘儒丹
265	"我"代东坡发个圈儿 / 荣禾香
268	核心素养视域下的先唐时期诗歌分析 / 阮汝佳
271	小议鲁迅杂文"冷""热"交织的写作特点 / 沈　琴
274	高中语文课堂学科育人教学实践及思考 / 宋亚凤
277	春水茶语透齿新　文气个性凝碧香 / 孙诗银
280	从岳阳楼到黄鹤楼：刻诗何处？ / 童　程
283	信息技术融合下的人物细节写作指导 / 王楠楠
286	基于核心素养培育的优化初中语文作业设计策略 / 尉　梦
289	家法后的深意："贾琏挨打"与"宝玉挨打"对举 / 吴子玉
292	树德立行，其必由学 / 肖　虎
295	悲悯、愧疚背后人性的虚伪和逃避 / 杨恺航

298	前后勾连明逻辑　化繁为简读诗歌 / 杨新益
301	初中语文教学中积极情绪培养方法的实践探究 / 张俊杰
304	基于电影教学法的语文课堂审美教育实践研究 / 张伟骏
307	新课标背景下中学语文教学的反思与优化策略 / 赵成峰
310	挖掘古代女性附属地位的原因 / 赵惠敏
313	聚形于内，发散于外 / 郑翠丽
316	用辩证思想春风化雨滋润生命 / 周　琴
319	高中语文大单元项目化学习探究 / 卓婷婷
322	新生态视域下鲁迅作品之"四读三境"法研读探究 / 蒋文学
325	初中议论文思辨性教学 / 曾婷凤
328	语文思辨性阅读教学对初中生理想信念的作用 / 吴巧玲
331	挖掘天津红色文化资源　赓续天津红色文化血脉 / 宋内莉
334	基于语文学科核心素养落实立德树人的教学策略 / 万　巍
337	领会编者意图，教活文言短篇 / 李廷梅
340	自主学习为中心的戏剧体验式教学策略探究 / 邓　琦
343	借补写解比兴，辩浪漫主义与现实主义，寻诗意 / 段德瑜
346	浅谈小班化模式下初中语文名著阅读教学策略 / 郭炯彤
349	核心素养视域下思辨类写作微课教学设计方法 / 沈冬芳
352	问渠那得清如许，为有源头活水来 / 王　盈
355	阅《经典常谈》　品古诗经典 / 魏宏佳
358	"双减"政策下利用教材美文激趣乐写 / 袁　英
361	低年级语文教学策略：深化对"新课标"的理解与实践 / 陈　卓
364	核心素养视域下小学语文教学策略研究 / 黄锦辉
367	思辨性预学在小学高年段语文教学中的应用 / 李幼娟
370	小学语文综合性学习的评价策略 / 武雁赟
373	小初高阶段语文教学中整本书阅读系统化研究 / 杨博文
376	以"标题管窥法"构建整本书阅读导读课教学策略 / 阳　雪
379	基于隐微解释学的《背影》主题解读 / 黄健萍
382	立足"真情境"　打造"真语文" / 包　航
384	基于学科核心素养的项目式写作任务群教学实践 / 崔萌萌
386	情境任务驱动下"思辨性阅读与表达"教学实践探索 / 付荣荣
388	设计情境问题，增进课堂实效 / 龚龙华
390	高中语文教育教学研究性学习的思考 / 韩　伟
392	"加法"咀英华，"减法"见真章 / 冷君洁　许东芳
394	现代文阅读的命题趋势和答题策略 / 李继平
396	化繁为简　提要钩玄 / 李小红
398	从《庖丁解牛》浅谈语文课程中的思政元素 / 李秀英
400	情境化命题背景下的语文教学设计及实例分析 / 廖苹玲
402	"新课标+双减"背景下的小学高段语文作业设计 / 林柳东
404	"纠错"与"音律" / 林莹菲
406	高中语文整本书阅读教学的功能价值和实践探索 / 刘宏亮
408	语文课堂教学中的"学习错误"如何转化为教学资源 / 刘毛毛
410	巧借微课，培养学生语文素养 / 鲁秀明

412	认识与解读小说角色的教学思考 / 鲁秀明
414	任务驱动：单元作文教学项目化的实践 / 王荫楠
416	国际理解教育视阈下的课程思考与实践 / 李雷鸣
418	初中语文课堂教学微项目设计路径与评价探索 / 许妙亚
420	静悄悄地革命 / 李　娟
422	让语文思维真实发生 / 王轶群
424	提质增效，走向作业优化 / 朱晓丽
426	漫谈农村学校初中语文课堂作业中写作训练设计 / 蔡林艺
428	顺"思"而"维"，把握方向 / 杜志权
430	"三元归一"法在高中古诗词鉴赏中的运用研究 / 方　蓉
432	"发现教育"提高学生思维能力 / 何　鹏
434	于漪作文教学的实践研究 / 黄春思
436	探索"三元归一"法在高中古诗词鉴赏中的应用 / 金光燕
438	《鸿门宴》——基于思辨性阅读看范增的不智 / 李昌成
440	巧用资料精布局　妙寻文章真性情 / 李　娟
442	开拓思维，以"图"促"写" / 李科模
444	高中语文课程中的民俗文化实施路径探究 / 刘译蔓　张　霞
446	反常之处蕴深意，细微之处显真情 / 罗春宇
448	新课程背景下初三语文古诗词教学 / 马明启
450	"三元归一"法下的高中古诗词鉴赏教学创新研究 / 毛成林
452	诗风的形成——以唐代大诗人为例 / 舒玉潇
454	善用文言教学，力扬传统"义"文化 / 谭一清
456	新时代背景下的高中语文课程人文性教学实践 / 唐胜琴
458	把任务驱动式整本书阅读教学做"实" / 王依然
460	巧用参考答案，激发备考信心 / 王志强
462	影视作品在初中语文议论文教学中的运用 / 夏　露
464	引课程资源之活水　让语文课堂开放有活力 / 夏友田
466	找到开门的那把钥匙 / 肖　音
468	杜诗对仗艺术管窥 / 熊　瑛
470	戏剧类文本鉴赏方法探析 / 杨　丽
472	例谈高中语文文学短评写作策略及意义 / 杨秀云
474	浅谈有效指导小学生朗读的要点 / 杨雪梅
476	作文教学的困惑与思考 / 杨颖欣
478	作文源自生活　作文回归生活 / 移高霞
480	浅谈文学社团对于小学语文习作教学的意义和作用 / 张建亚
482	为情赋文觅微光　以采为饰憾人心 / 张姝莹
484	初中名著阅读课堂教学现状与对策探究 / 赵玉凤
486	基于核心素养的现当代散文教学探索 / 郑　瑾
488	以教读引领法来探究文本意义 / 周　楠

■ 下水作文

490	读林语堂《苏东坡传》有感 / 陈小婷
491	天道酬勤承廉洁，地道酬善行美德 / 陈慧玲

- 492 搜书包 / 金兆燕
- 494 悼鲁迅 / 蒋　梅
- 495 时光虽已逝去 / 旷涛群
- 496 珍藏在心底的鄂皖往事 / 李晨媛
- 497 讲好中国故事，书写人生传奇 / 孔争光
- 498 爱是为人师者的温暖诗意 / 荣禾香
- 499 酸菜二三事 / 王君岭
- 500 评《美玉生烟——叶嘉莹细讲李商隐》/ 叶芙蓉
- 501 反对礼教，捍卫真爱 / 苏健册
- 502 让时间流淌为生命之歌 / 曾佳娜
- 503 宁静的热情 / 韩　媛
- 504 认认真真听"好故事"，踏踏实实写好故事 / 赖　颖
- 505 每座村庄都孤独 / 李　敖
- 506 思君如满月，夜夜减清辉 / 李　敏
- 507 文化认同与矛盾阅读的反思 / 梁亚英
- 508 一样的凤凰花，不一样的我 / 廖小凤
- 509 他配得上他的苦难 / 吕华丽
- 510 真心真爱的教育 / 乔　宇
- 511 李冰斗"蛟" / 石月姣
- 512 清明这场雨 / 唐昌润
- 513 好的故事，伴人生起舞 / 吴超智
- 514 心怀梦想，勇往直前 / 肖超超
- 515 居世常思清廉，处事无愧天地 / 阳　雪
- 516 残缺的美丽 / 杨　芳
- 517 《论语》：一个孤独老人的自述 / 余佳蔚
- 518 爷爷是头牛 / 赵乐梅
- 519 美不能被格式化 / 赵中梅
- 520 那些年的元宵节 / 刘明香
- 521 有德胜有才 / 马　越
- 522 以"无备"之心　行"有备"之实 / 任冬冬
- 523 我的爷爷 / 佘金玲
- 524 我是一棵橄榄树 / 孙蔚蔚
- 525 灵秀凤山之遐思 / 王宏斌
- 526 和孩子一起学游泳 / 王永梅
- 527 续写《"歪脑袋"木头桩》/ 肖　杨
- 528 父　亲 / 徐春红
- 529 留在记忆里的芬芳 / 曹海燕
- 530 以奋斗之心灌溉中国故事之未来 / 曹玲岚
- 531 记忆中的那束光 / 陈佳佳
- 532 换个地方挖难道就大错特错了吗？/ 陈垆旭
- 533 这样的人让我憧憬 / 郭文嘉
- 534 父亲是带着使命成为父亲的 / 郝苏敏
- 535 以爱之名，暖心，暖行 / 孙丽敏

536	课堂实录中反观自身教学 / 祁红倩	
537	青春的答案 / 于　泽	
538	我只想写完作业呀 / 万　巍	
539	我的美女老师 / 黄玉兰	
540	大蒜观察日记 / 景文娟	
541	讲好中国故事　奏响时代强音 / 雷　挥	
542	一张明信片 / 江冰纯	
543	做会学习、有担当、讲情怀的青年 / 石艳霞	
544	故乡的茶 / 董情婷	
545	奶　奶 / 路云霞	
546	集故事之力，书时代华章 / 董方健	
547	寡言的父亲 / 宋宇涵	
548	享受寻求答案的人生 / 朱玲玲	
549	秉持科学思维，助力时代发展 / 周玉蓉	
550	等待与陪伴 / 刘淑维	
551	"点赞"诚必须，"差评"亦无缺 / 邹雪松	
552	纸依然，心无瑕 / 王彩云	
553	水寒，心不寒 / 许　婧	
554	这一次，我全力以赴 / 单文雪	
555	不听·聆听·静听 / 刘艳玲	
556	理性来比较，且看岁月长 / 安仕凤	
557	我生活中的一棵树 / 杜　路	
558	何当共剪西窗烛 / 张颖洁	
559	迷途知返，不如归去 / 杨小红	
560	承最初梦想　担时代使命 / 谭　覃	
561	难忘那次含泪的笑 / 何　鹏	
562	有为与无为 / 马　杰	
563	习静心方泰　无机性自闲 / 李玥璇	
564	我与你的距离 / 张慧琳	
565	天地英雄气，千秋尚凛然 / 周明波	
566	劳动遐想 / 李菊芬	
567	追梦的代价 / 韩　伟	
568	橘子洲之行 / 杨　辰	
569	破译教师职业幸福密码 / 马晓江	
570	回到家乡凉水河 / 胡　琴	
571	美美与共，天下大同 / 张　茜	
572	讲好中国故事，展现大国形象 / 范丽娟	
573	辨清技术真面貌，还时间之真谛 / 陈晓花	
574	怀瑾握瑜，德者有邻 / 巩　月	
575	一样的时节，不一样的我 / 赵玉霜	
576	好的故事，激荡人心 / 汤亚琴	

创设真实学习情境，学习"怎样选材"

◎陈 萍

"怎样选材"为七上第四单元写作训练任务。这一单元所选文章《叶圣陶先生二三事》《驿路梨花》《最苦与最乐》等，从不同角度展现了中华美德以及时代对这些美德的呼唤。从本单元的写作要求来看，指导学生怎样选材主要从三个方面入手：第一是学会围绕中心选材；第二是学会选择真实的材料；第三是学习选择新颖的材料。笔者努力创设真实学习情境，引导学生从语文课本经典篇目出发，整合阅读与写作，分阶练习，课堂实践，提升写作能力。

一、创设真实情境，设计写作任务

创设真实学习情境，设计富有挑战性的学习任务，激发学生的好奇心，乐于实践，勇于表达。

（一）写作情境

近期，学校将要拍摄"我的初中校园生活"宣传片，为即将步入初中的六年级学生介绍我们的初中校园生活，为此面向各班开展拍摄内容素材征集活动，如果你是导演，你将选取哪些学校生活素材作为拍摄内容？

（二）写作任务

根据"熠熠青阳——我的初中校园生活"宣传主题，"熠熠青阳"可以以校园大门、教学楼、操场、钟楼等作为拍摄场景，展现学校闪亮风貌。"我的初中校园生活"可以以一位初二学子所见、所闻、所感作为拍摄视角。

1.学校里一定有不少"牛人"吧？他们或是学霸，或是体育健将，或是才艺达人……为我们学校的"牛人"写一段人物介绍。

2.围绕你熟悉的校园，你准备选择哪些能反映校园环境特点的材料？仔细思考，选出所用材料，描写一段校园自然环境。

3.你记录过自己的初中校园生活吗？哪些经历是你独有或者令你感触最深的？以《我的初中校园生活》为题，写一篇作文，不少于600字。

二、运用经典课文引路

指导学生学习怎样选材，运用经典课文引路，学会围绕中心选材，学会选择真实的材料，学会选择新颖的材料。

（一）围绕中心选材

文章的中心思想，是文章的灵魂。围绕中心选材是写好文章的关键之一。我们所选材料是由表达目的、文章中心决定的。

《叶圣陶先生二三事》是一篇写人记事散文，作者张中行选取与叶圣陶先生日常交往中的几件小事，选取叶圣陶先生在做人、做学问、使用语言三个方面的典型事件：叶圣陶先生给吕叔湘先生的文章描标点，叶圣陶先生让张中行修润课本之事，叶圣陶先生严格要求自己，写文章都是自己的写话风格，平易自然，鲜明简洁；叶圣陶先生从发现"做"和"作"用字体例不统一的语言使用问题，到提出解决办法，再到监督执行，极其重视语言使用的规范性。从而突出叶老待人厚、律己严的美好品质。所选材料虽小，但都抓住的是表现人物精神品格的典型事件，紧紧围绕中心，突出对叶圣陶先生躬行君子的景仰之情。

（二）从生活中选择真实的材料

生活是写作的源泉，观察生活，从生活中选取真实的材料，用心感悟，获得人、景、事、物中蕴含的深意，获得启迪。

冰心《荷叶·母亲》，作者由生活中看到雨中荷叶遮蔽红莲，用心感悟，由荷叶为遮蔽红莲风雨，联想到母亲为孩子遮蔽人生风雨，荷叶象征母爱，感悟母爱的伟大。留心生活，生活如泉源，文章如溪水，泉源丰富而不枯竭，溪水自然活泼泼地流个不歇,在生活获取真实的写作素材。

（三）注意选择新颖的材料

写作内容源于日常生活,又高于生活。写作材料真实、新颖,真实可以是切身经历,新颖是材料本身别人没有用过或不常用的,能给人以新鲜感,能抓住读者的阅读兴趣,满足读者的阅读期待。

莫怀戚《散步》,描述了一家四口祖孙三代在初春田野散步的生活小事,以小见大,表达了作者对于生命的珍爱与思考。面对散步中的分歧:"我"决定委屈儿子,因为陪伴他的时日还长,顺从母亲,因为陪伴她的时日不长,体会"我"对母亲、儿子浓浓的爱,对生命的呵护与珍视。结果"我和妻子都是慢慢地,稳稳地,走得很仔细,好像我背上的同她背上的加起来,就是整个世界"。作者把背上的儿子和母亲比作整个世界,儿子是生命的延续,母亲是生命的源头,生命的源头加上生命的延续就是整个世界,突出生命具有无限价值意义。作者选取生活中散步这一日常生活琐事,以小见大,感悟深刻,给人耳目一新之感。

三、分阶练习实践

（一）任务一

学校里一定有不少"牛人"吧?他们或是学霸,或是体育健将,或是才艺达人……为我们学校的"牛人",写一段人物介绍,不少于300字。

1.题意解说

请挑选人物典型事件,加以生动细致地描述,突出文章中心。

2.习作讲评

（1）习作示例:

全能班长

我们班让我印象最深刻的人无疑是余圣捷了,她可真是一个实实在在的牛人。一个阳光明媚的午后,班主任高老师走进教室,让我们进行班委选举。"请大家投我一票!"我演说完便自信地下台了,心想这次班长十拿九稳了。我把昨晚准备了十遍的演讲稿,在全班同学面前一字不落,激情澎湃地演讲完毕。就在这时,余圣捷上台了。只听见她说自己连任六年班长,也是学校大队委,还拿了很多张竞赛类奖状……我顿时觉得自己没戏了,"我才有多少荣誉啊?"哎!班长就是班长。

她好像什么都懂,没有什么问题能难倒她,能和各科老师、每位同学畅快交流,热烈探索。上到国防科技,下至科幻小说,《三体》这样的科幻小说,都被她拿捏得死死的。《三体》中为我们介绍了地球出现了异常的扰动,纳米科学家汪淼进入神秘的"三体",逐步逼近世界的真相。地球人类文明和三体文明的信息交流、生死搏杀及两个文明在宇宙中经历了怎样的兴衰历程,并推动人类探寻外星文明的进展。

她也是一位音乐才女,钢琴、古筝、长笛样样精通,五年级时都已获得考级十级证书,校园才艺比赛中总有她的靓丽身影。

余圣捷,就是如神一般的存在,没有什么是她做不到的。虽然她没有惊艳动人的外在,甚至有点平平淡淡,但是从头到脚都散发着无穷无尽的魅力。

（2）请同学们评价,并提出修改意见。

（3）习作简评:在描写人物时,未能围绕文章中心,未能选取学习生活中的典型事件突出其"全能",介绍《三体》所占笔墨较多,应适当删除。

3.升格指津

在描写人物时,选取学习生活中的典型事件,突出其"全能"特征,可以增添人物动作、语言、细节等描写,也可以正面、侧面描写相结合,突出人物"全能"形象特征。

升格样文:

全能班长

我们班让我印象最深刻的人无疑是余圣捷了,她可真是一个实实在在的牛人,全能班长。一个阳光明媚的午后,班主任高老师走进教室,让我们进行班委选举。"请大家投我一票!"我演说完便自信地下台了,我把昨晚准备了十遍的演讲稿,在全班同学面前一字不落,激情澎湃地演讲完毕,心想这次班长十拿九稳了。就在这时,余圣捷上台了。只听见她说:"在小学里,我连任六年班长,也是学校大队委,拿了十三张三好学生,其中一张是市三好学生。我还拿了三十多张竞赛类奖状……这一切是我的过去,今天我依然很紧张,想试试能否继续胜任班长一职,为班集体服务,希望大家支持我。"我顿时觉得自己只是一张完完全全的背景板,只是更好衬托她的完美。班长就是班长,没有什么不行,全能。

课上,她能和各科老师畅快交流,热烈探索,总能听到她独一无二的思路,说出常人想不到的答案。课后,她也能和每位同学活跃交谈,上到国防科技,于式构型氢弹,下至科幻小说,《三体》都被她"拿捏"得死死的,她为我们科普地球人类文明和三体文明的信息交流、生死搏杀及两个文明在宇宙中经历了怎样的兴衰历程。

她也是一位音乐才女,钢琴、古筝、长笛样样精通,五年级时都已获得考级十级证书,校园才艺比赛中总有她的靓丽身影。她还是一名运动健将,1000米长跑,她在赛道上如行云如流水,好像不费吹灰之力就最先冲过终点线,让人情不自禁拍手叫好,佩服得五体投地。没有什么是她做不到的。

余圣婕,就是如神一般的存在,虽然她没有惊艳动人的外在,甚至有点平平淡淡,但是从头到脚都散发着无穷无尽的魅力。

4.方法生成

正面、侧面描写相结合,突出人物形象特征;选取人物典型事件,传神细节,衬托人物形象,突出中心。

5.佳作欣赏

全能班长

我们班让我印象最深刻的人无疑是余圣捷了,她可真是一个实实在在的牛人,全能班长。一个阳光明媚的午后,班主任高老师走进教室,让我们进行班委选举。"请大家投我一票!"我演说完便自信地下台了,心想这次班长十拿九稳了。就在这时,余圣捷上台了。只听见她说:"在小学里,我连任六年班长,也是学校大队委,拿了十三张三好学生,其中一张是市三好学生。我还拿了三十多张竞赛类奖状……这一切都是我的过去,今天我依然很紧张,想试试能否继续胜任班长一职,为班集体服务,希望大家支持我。"我顿时觉得自己只是一张完完全全的背景板,只是更好衬托她的完美。班长就是班长,没有什么不行,全能。

课上,她能和各科老师畅快交流,热烈探索,总能听到她独一无二的思路,说出常人想不到的答案。课后,她也能和每位同学活跃交谈,上到国防科技,于式构型氢弹,下至科幻小说,《三体》都被她"拿捏"得死死的,她为我们科普地球人类文明和三体文明的信息交流、生死搏杀及两个文明在宇宙中经历了怎样的兴衰历程。

她也是一位音乐才女,钢琴、古筝、长笛样样精通,五年级时都已获得考级十级证书,校园才艺比赛中总有她的靓丽身影。她还是运动健将,1000米长跑,在10月依然炎热的天气里,骄阳当空,不少选手步履渐渐缓慢,汗流满面。而她在赛道上,如行云如流水如闪电,似乎不费吹灰之力就最先冲过终点线,让人情不自禁拍手叫好,佩服得五体投地。没有什么是她做不到的。有一次我忍不住问她:"你是怎么做到的呢?"她笑着对我说:"兴趣是我的伙伴,坚持是我的知己。"

余圣婕,就是如神一般的存在,虽然她没有惊艳动人的外在,甚至有点平平淡淡,但是从头到脚都散发着无穷无尽的魅力。

简评:选取人物典型事件,参加班长竞选、个人课堂表现、艺术才能、运动会长跑等,加以生动细致的描述,有动作、语言、细节等描写,衬托人物"全能""牛"的形象特征,突出文章中心。

(二)任务二

围绕你熟悉的校园,你准备选择哪些能反映校园环境的材料?仔细思考,选出所用材料,描写一段校园自然环境。

1.题意解说

如何展现校园环境,我们在每一天的校园生活中要留心观察校园一草一木、一景一物等,学会选择真实的写作材料,用心感悟。

2.习作讲评

(1)习作示例:

我迈着轻盈的脚步跨进青阳港学校大门,看着远处高耸的钟楼,在朝阳的映照下,格外耀眼。走进校园,里面种着竹子、玉兰、桂花树好多树木,一片宁静优美。钟楼也在一点点靠近,它连接着艺体楼,一直高耸在那里,把我深深吸引。

(2)请同学们评价,并提出修改意见。

(3)习作简评:这个习作片段选取朝阳、钟楼、树木等景物,但未能留心观察生活,描写较笼统,感受不真切。

3.升格指津

留心观察生活,选择自己的亲身经历,选自己感受最直接、最真切的来写。例如抓住每天进出校园都能看到的钟楼,感受校园的宁静优美。

升格样文:

我迈着轻盈的脚步跨进青阳港学校大门，看着远处高耸的钟楼，在朝阳的映照下，格外耀眼。走进校园，里面种着竹子、玉兰、桂花树好多树木。钟楼也在一点点靠近，它连接着艺体楼，一直高耸在那里。大钟的四个方向各有一面钟盘，走近时，你会发现刻着数字的钟表盘上，短粗的时针和细长的分针在日夜不停地转着，还能听到分针有节奏转动的声响，把我深深吸引。

4.方法生成

善于观察生活，养成观察习惯；用心感受生活，学会思考体悟；学会筛选，选取感受真切的材料写进文章。

5.佳作欣赏

我迈着轻盈的脚步跨进青阳港学校大门，看着远处高耸的钟楼，在朝阳的映照下，格外耀眼。长风拂过，朝阳与钟楼好像微笑着互道早安。走进校园，两旁大道上种着高大的玉兰树，通往教学楼的小路上种着许多竹子，漫步其间，稀疏闪烁的阳光拍打着竹叶，混合着清香。钟楼也在一点点靠近，它连接着艺体楼，一直高耸在那里。大钟的四个方向各有一面钟盘，走近时，你会发现刻着数字的钟表盘上，短粗的时针和细长的分针在日夜不停地转着，还能听到分针有节奏转动的声响，让我飞扬的心沉静下来，让我明白抓住青春时光的意义。

简评：作者选择的素材是校园钟楼、树木等，通过观察、留心校园中的景物，并抓住景物特征，反映校园优美宁静环境。同时所用材料校园钟楼、亲眼看见、亲身经历，感受最直接、最真切，写起来得心应手。

（三）任务三

你记录过自己的初中校园生活吗？哪些经历是你独有或者令你感触最深的？以《我的初中校园生活》为题，写一篇作文，不少于600字。

1.题意解说

请选取真实、新颖的写作材料，真实可以是切身经历，新颖可以是材料本身别人没有用过或不常用的，能给人新鲜感，能抓住读者阅读兴趣，展现初中校园生活，完成宣传任务。

2.习作讲评

（1）习作示例：

我的初中校园生活

去年九月一日，我迈着轻盈的脚步跨进青阳港学校大门，看着远处高耸的钟楼，在朝阳的映照下，格外耀眼。走进校园，里面种着竹子、玉兰、桂花树好多树木，一片优美宁静。钟楼也在一点点靠近，它连接着艺体楼，一直高耸在那里，把我深深吸引。

初中生活丰富多彩，每周三在校完成7节课学习任务后，我们可以自主参加各类传统艺术社团：美术社团、书法社、剪纸社、国学社等，学习传统艺术，了解中华民族传统文化。

近期，学校举办了昆山市第五届鹿城亲子节心理系列活动，深深感受父母之爱、父母之心。学校还组织心理微电影拍摄活动，疗愈孩子内心，时刻关注孩子身心健康。

学校里有一群与我共同成长的同学、老师。我们一起学习、相互帮助、探索人生。语文老师和我们一起阅读周敦颐的《爱莲说》，感受莲不同流合污的特质，体会周敦颐做真正君子的人生追求，启迪我对人生有了新的思索。课后时常和我的同桌在教学楼前竹径中漫步放松，看着枝头的花有没有开，竹子有没有长高。在这里，同学、老师都那样和谐友爱。

看！这就是我的初中校园生活，时时处处充满色彩，充满欢乐，充满友爱。我要为我的学校代言："青阳生活绚丽多彩！欢迎大家加入青阳的怀抱！"

（2）请同学们评价，并提出修改意见。

（3）习作简评：习作介绍校园生活中的自然景色、校园活动、师生相处，但是有些素材未紧密围绕中心，新意也不足，未能激起六年级学生对初中生活的向往憧憬，未能完成特定宣传任务。

3.升格指津

围绕校园自然景色、校园活动、师生相处多个层面，紧密围绕"熠熠青阳"主旨中心，选取真实而新颖的写作素材，激发六年级学生对初中生活的向往，建立六年级学生对初中学校的好感与信任度。

升格样文：

我的初中校园生活

去年九月一日，我迈着轻盈的脚步跨进青阳港学校大门，看着远处高耸的钟楼，在朝阳的映照下，格外耀眼。走进校园，里面种着竹子、玉兰、桂花树好多树木，一片优美宁静。钟楼也在一点点靠近，它连接着艺体楼，一直高耸在那里，把我深深吸引。

初中生活丰富多彩，每周三在校完成7节课学习任务后，我们可以自主参加各类传统艺术社团：美术社团、书法社、剪纸社、国学社等，学习传统艺术，了解中华民族传统文化。

近期，学校举办了昆山市第五届鹿城亲子节心理系列活动，深深感受父母之爱、父母的心。学校还组织心理微电影拍摄活动，疗愈孩子内心，时刻关注孩子身心健康。

学校里有一群与我共同成长的同学、老师。我们一起学习、相互帮助、探索人生。语文老师和我们一起阅读周敦颐的《爱莲说》，感受莲不同流合污的特质，体会周敦颐做真正君子的人生追求，启迪我对人生有了新的思索。课后时常和我的同桌在教学楼前竹径中漫步放松，看着枝头的花有没有开，竹子有没有长高。在这里，同学、老师都那样和谐友爱。

看！这就是我的初中校园生活，时时处处充满色彩，充满欢乐，充满友爱。我要为我的学校代言："青阳生活绚丽多彩！欢迎大家加入青阳的怀抱！"

4.方法生成

选取真实、新颖、独特的素材，围绕宣传初中校园生活特定写作任务，全面展开，从不同层面、角度吸引读者，贴合读者特点。

5.佳作欣赏

我的初中校园生活

去年九月一日，我迈着轻盈的脚步跨进青阳港学校大门，看着远处高耸的钟楼，在朝阳的映照下，格外耀眼。走进校园，里面种着竹子、玉兰、桂花树好多树木，一片清幽宁静。钟楼也在一点点靠近，它连接着艺体楼，一直高耸在那里。大钟的两个方向各有一面钟盘，走近时，你会发现刻着数字的钟表盘上，短粗的时针和细长的分针在日夜不停地转着，还能听到分针有节奏转动的声响，让我飞扬的心沉静下来，让我明白抓住青春时光的意义。

初中生活丰富多彩，每周三在校完成7节课学习任务后，我们可以自主参加各类传统艺术社团：美术社团、国学社、书法社、茶艺社等。美术老师向我们展示一张简单的白纸，在折叠过程中，一张纸由一个平面变换出一件件立体的作品，里面有着深厚的奇妙、智慧、逻辑所在，让我们了解传统艺术博大精深，培养我们的艺术细胞。

近期，学校举办了昆山市第五届鹿城亲子节心理系列活动，我和我的妈妈一起参与亲子心理课："爱的相册""姓名中的亲子密码"，深深感受父母之爱、父母的心。学校还组织心理微电影《暖暖》拍摄活动，让我们懂得每个人都有自己的故事，故事里或阴云密布，或阳光明媚，无论故事如何，友情都是有温度的，温暖内心。

这里，还有一群与我共同成长的同学、老师。我们一起交流、相互帮助、探索人生。语文课，我们和老师一起阅读周敦颐的《爱莲说》，"出淤泥而不染"，"濯清涟而不妖"，"中通外直，不蔓不枝"，感受莲不同流合污的特质，体会周敦颐做真正君子的人生追求，启迪我对人生有了新的思索。课后，和同桌在教学楼前竹径中漫步放松，阳光拍打着竹叶，混合着清香，映照在我们脸上。9月3日那一天，放学时分，我的公交卡不见了，只能在教室连廊上来来回回。班主任王老师一眼看出我的窘境，立刻锁好教室、办公室门，亲自开车送我回家，那一路彩霞满天。

看！这就是我的初中生活，时时处处充满色彩，充满欢笑，充满温暖与爱，我要为我的学校代言："青阳生活绚丽多彩！欢迎大家加入青阳的怀抱！"

简评：围绕校园自然景色、校园活动、师生相处多个层面，紧密围绕"熠熠青阳"主旨中心，选取真实而新颖的写作素材：校园钟楼、传统艺术社团、亲子节活动等，带给读者新鲜感，多层次、多方位展现初中丰富校园生活，激发六年级学生对初中生活的向往，完成特定宣传任务。

创设真实学习情境，以学习任务为载体，整合学习内容、情境、方法，学习"怎样选材"，并将阅读教学与写作教学有机融合，较好体现语文学习的连贯性，提升学生写作能力，培养学生语文核心素养。

参考文献：

[1]彭华生.语文教学思维论[M].南宁：广西教育出版社,1996.

[2]张正耀.语文这样教[M].武汉：长江文艺出版社,2023.

陈萍，江苏省昆山市娄江实验中学教师。

理想主义者的前反省意识
——评《一地鸡毛》

◎ 陶兴国

20世纪80年代,新写实主义小说风行一时,产生了许多令人难以忘怀的作品,如池莉的《烦恼人生》、方方的《风景》、刘恒的《伏羲伏羲》等,刘震云的《官场》《一地鸡毛》无疑是其中的翘楚,但由于新写实主义作家们在审美上竭力淡化社会阶级关系和政治历史背景,避开重大的矛盾冲突与斗争,致力于描写生活琐事、性爱心理和生命冲动,所以,"新写实主义"很难产生视野恢宏反映现实的伟大作品,其艺术视角与人生哲学陷入偏斜,这类作品对生活取材的偏狭和对生活理解的欠缺,使作品的主题缺乏亮色和积极进取的人生态度。因而新写实主义繁盛了一段时期后就慢慢走入沉寂。但总有一些经典的作品能经受住时光的打磨,岁月的洗礼,在五色斑斓的当下,找到自己的一席之地,重新走进人们的视野,给人以美的享受与思想的启迪!刘震云的《一地鸡毛》无疑具有这样的魅力!

《一地鸡毛》是刘震云的一部中篇小说。小说主要描写了主人公小林在单位和家庭的种种遭遇和心灵轨迹的演变。从菜篮子、妻子、孩子、豆腐、保姆、单位中的恩恩怨怨和是是非非里,反映了大多数中国人在八九十年代的日常生活和生存状态。它真实而生动地反映了大多数中国人生活的主旋律,深刻反映了改革开放的新形势给予人们内心和外在的变化。

1993年《一地鸡毛》获第五届(1991-1992年)《小说月报》优秀中篇小说"百花奖",2000年《一地鸡毛》被《中华读书报》评为"二十世纪世界百部文学经典"之一。

岁月流转,经典赓续,2020年《普通高中教科书·语文读本必修下册"为学与做人"》节选了刘震云的中篇小说《一地鸡毛》,作为一篇80年代末期的写小人物庸常生活的新写实主义小说,时隔30年后为什么能入选以"立德树人"为根本任务的高中语文教材,从30年前的读者到30年后的师者,人生经历的积累与角色的转换让我对《一地鸡毛》有另一种不同于众多大家的认识与感悟,这也许是刘震云《一地鸡毛》的现实意义,也是它能入选高中语文读本的原因之一吧!在品读的过程中,我深深地体味到刘震云《一地鸡毛》中流动着的是一个理想主义者对自我人生的反省与觉察,是在时代的阵痛与变革中对崇高理想的坚守与对美好明天的瞻望。正是这一束光亮,让它穿透了新写实主义的重重诟病,在今天的生活中焕发出应有的光辉!

"我是谁?我从哪里来?我要到哪里去"?对生命价值的思考,对人生意义的叩问可以说是80年代青年所面临的共同问题,在我的年龄意识中,我深切地感受到70年代、80年代初是一个诗人比读者还要多的年代,"不,这些都还不够!我必须是你近旁的一株木棉,作为树的形象和你站在一起"。这是那个时代青年人的爱情宣言;"我是你簇新的理想,刚从神话的蛛网里挣脱;我是你雪被下古莲的胚芽;我是你挂着眼泪的笑窝;我是新刷出的雪白的起跑线;是绯红的黎明,正在喷薄;——祖国啊!"这是那个时代年轻人对祖国的憧憬与礼赞,甚至是最庄严的承诺;"所有的日子,所有的日子都来吧,让我编织你们,用青春的金线,和幸福的璎珞,编织你们。"这是王蒙在《青春万岁·序诗》中欢呼。

但是,随着改革开放的深入,一些旧的体制被打破,而新的规范却还在建立与完善中,过去那种一成不变的生活模式注定要被打破,计划经济在市场经济的大潮中一去不复返,人们的思想意识也随着经济模式的改变而改变,是坚守理想,做一个清者自清的人,在庸常的生活中摇曳成一枝玉洁晶莹的莲,把平淡的日子写成诗;还是"随其流而扬其波,哺其糟而啜其醨"?这就是青年人所面临的选择:"我是谁?我从哪里来?我要到哪里去?"

《语文教材读本》节选的是《一地鸡毛》的第一章,第一章中这样写道:小林今天在单位很不愉快,他以为今天买豆腐晚点上班没什么,谁知新来的大学生很认真,看他八点没到,就自作主张给他划了一个"迟到"。"新来的大学生很认真",这是小林今天的同事,也是若干年前的小林,若干年前的小林不仅认真,同样"奋斗过,发愤过,挑灯夜读过,有过一番宏伟的理想,单位的处长局长,社会上的大大小小机关,都不在眼里",那是个激情洋溢的时代,青年人的理想就像薄明的晨曦一样,新鲜,空灵,幻化着绚丽的色彩。

如王蒙在《组织部新来的青年人》中所说:"四月,东风悄悄地刮起,不再被人喜爱的火炉蜷缩在阴暗的贮藏室,只有各房间熏黑了的屋顶还存留着严冬的痕迹。往年,这个时候,林震就会带着活泼的孩子们去卧佛寺或者西山八大处踏青,在早开的桃李与混浊的溪水中寻找春天的消息。区委会的生活却不怎么受季节的影响,继续以那种紧张的节奏和复杂的色彩流转着。当林震从院里的垂柳上摘下一颗多汁的嫩芽时,他稍微有点怅惘,因为春天来得那么快,而他,却没作出什么有意义的事情来迎接这个美妙的季节。"年青人惶然的是自己没有为这个时代做得更多,人们所畅想的是用自己的青春与热情去迎接这全新时代,用自己的汗水与智慧去创造这个向前的时代。正如评论家何西来所评价的:它在思想上所表现出来的追求和理想、热情和真诚,它在艺术境界上所表现出来的单纯和明净、透亮和晶莹,打动着无数读者的心,给他们以美的启示和力量。……不仅在小说创作上作家用自己的火与热引领着时代潮流,诗歌创作上同样唱响着热情澎湃的主旋律,食指在《相信未来》中用坚定的口吻,火一般的笔触告诉我们那个时代青年人心中的理想主义精神:当我的紫葡萄化为深秋的露水,当我的鲜花依偎在别人的情怀,我依然固执地用凝霜的枯藤,在凄凉的大地上写下:相信未来。

那是一个透明的时代,是一个纯情的时代,是一个理性主义与理想主义比翼齐飞的时代,虽然物质较为贫乏,但每一个人特别是青年,都是十足的精神贵族,"假如你有两块面包,你得用一块去换一朵水仙花"。小林的老婆小李,"没结婚之前。是一个静静的、眉清目秀的姑娘。别看个头小,小显得小巧玲珑,眼小显得聚光,让人见了从心里怜爱。那时她言语不多,打扮不时髦,却很干净,头发长长的。通过同学介绍,小林与她恋爱。她见人有些腼腆。与她在一起,让人感到轻松、安静,甚至还有一点淡淡的诗意"。"诗意"是那个时代青年人最美好的标识,有理想,有责任,有热情,具有中国传统文化中所彰扬的善良、担当、诚信与高尚,那是一个物质虽然贫乏,精神却特别饱满的时代!

但精神并不能替代物质,我们在吟诗作赋的同时,同样向往牛奶与面包,也憧憬着坐在洁净的咖啡厅里一边品咖啡一边享受窗外阳光肆意流淌的时光。

我们需要诗意的生活,也不能回避生活的平淡!

站在改革开放的十字路口,面对着斑驳陆离的庸常生活,有人茫然失措,有人迷惘沉沦;有人随其波扬其流,如鱼得水;有的人却能不断地深省自己,从心所欲而不逾矩!

"我是谁?我从哪里来?我要到哪里去"正是这种贯注于小说的前反省意识使《一地鸡毛》经受住了三十年时光的洗礼,今天依然具有启迪人思考的现实意义!

德国诗人侯德林说:"谁沉冥到那无边际的'深',将热爱着这最生动的'生'。"毫无疑问,70年代末80年代初期进入文坛的青年作家刘震云先生对这一时期青年人的生活与思想状态是有最深切的感受的,只不过借《一地鸡毛》中小林、小李的生活情态来表达自己对时代青年人生状态的省察与反思,以一种婉讽的方式来告诫人们对自我生存与思想状态的省察。作家往往是最超前于时代的,那么刘震云先生《一地鸡毛》中所描写的青年生活状态对现在的青年朋友是否具有警醒意义呢!让我们在文本与现实的对照中去寻找答案吧!

小说中小林、小李无疑是大学生中的佼佼者,那个时代青年中的翘楚,大学毕业后就能留在北京,在部、办、委、局上班,不知会羡煞多少同龄人,真可谓是天子城中的骄子,他们的生活也可以说是一帆风顺,结婚,生女,换到心仪的房子,可他们同样有很多莫名的烦恼,这种烦恼的本质是什么呢,根源来自何方?我们看高中语文选本所节选的

第一章：

"小林每天清早六点起床，到公家副食店门口排队买豆腐。""豆腐拿回家，因急着赶公共汽车上班，忘记把豆腐放到了冰箱里，晚上回来，豆腐仍在门厅塑料兜里藏着，大热的天，哪有不馊的道理？""豆腐变馊了，老婆又先于他下班回家，这就使问题复杂化了。"

作者的叙写虽然冷峻、隐忍，纠结于庸常而又特别琐碎的日常生活小事，并且写的也是八小时以外的事，可正是这八小时以外的生活断送功名到白头，八小时以外的纠缠让小林没有自主学习的空间，让小林没有接纳新的事物的时间，更没有抬眼看世界的冲动与热情。从早上六点开始，小林的生活就深陷于一块打不得、摸不得、放不得的豆腐中，到了晚上还是因为这块恼人的豆腐而不得安生，这看似偶然的一天，其实可能也是他们必然的每天，小林的生活就陷落到了这一块看似光鲜，却又无可奈何的豆腐中，陷落、发臭、慢慢地生长腐质……哪里还谈得上理想与志趣呢！

正如小说中所写"过去临睡觉之前，小林有看书看报的习惯，动不动还爬起来记笔记。现在一天家务处理完，两个眼皮早在打架，于是这一切过程都省略了"。学习成了奢侈品，悠然见南山也成了过去式，所有的宏图伟业成了镜中花，水中月。

而单位也和家里一样，好不到哪里去！

小林因被新来的大学生记了迟到而气鼓鼓，并毫不客气地改为"准时"，并且还一天不愉快，当正确的事情变得不正确时，我们试想想，在这里还有什么理性主义与理想主义可言，人人都在论资排辈，人人都在拖、拉、等、靠，青年人的志气、锐气甚至是骨气将会在这种看似温热的环境中消解无疑。

在局外人，在世俗人看来，小林、小李拥有了一个最好的世界，只需要按部就班地往前走，就会拥有别人看来无法企及的前途，可深陷其中的小林、小李却感受到有一种无法拨开的大网紧紧地网着自己，那纷纷扬扬的豆腐渣可能就会将自己的青春与理想掩埋！

"为什么我的眼中常含泪水，因为我对这土地爱得深沉！"作家刘震云先生将这种生活中发臭的屑末把玩得越深入，越细腻，翻拣得越透彻，越明晰，就越能引我们对这种生活的深省，是做一个理想主义者，负重前行，还是"随其流而扬其波，哺其糟而啜其醨"？

"一箪食，一瓢饮，在陋巷，人不堪其忧，回也不改其乐。"甘贫乐道，应是浸润在读书人骨子里的精神品性。"富贵不能淫，贫贱不能移，威武不能屈，此之谓大丈夫。"儒家亚圣孟子也极度赞赏贫贱不移的人格魅力，在庸常生活中泅渡的小林、小李他们身受中国传统文化的濡染，骨子里同样透着读书人的清高与不甘。

查水表的老头数落他们的这个情节看似很随意，很庸常化，但却蕴含着很丰富的人生哲学，甚至是两种人生选择的形象解释，是俗世化的人生与审美化的人生的直观呈现。《论语》中亦云"君子固穷，小人穷斯滥矣"！偷不偷水就像一条道德的红线，是君子与小人人格操守的分际线。

在俗世生活的诱惑下，"说来惭愧，因为上个礼拜小林家就偷过几次水，是小林老婆在单位闲聊中听到的办法，回来指使保姆试验"。"单位闲聊中听到的办法"这句话透露的信息也较丰富，这可是北京城里，天子脚下的好单位，可流行的聊天却是在交流偷水的方法，这也许是那时的生活常态，可面对这样的行为，这两个读书人又呈现出怎样的心理特征呢？"小林看不上，觉得这事太委琐！""委琐"一词真的用得很好，既形象又生动，行为的"小"反映了心灵的"滥"。老头走后，"小林心里还责备老婆，一个大学生，什么时候学得这么市民气，偷了两桶水，值不了几分钱，丢人现眼让人数落了一顿。小林老婆也自感惭愧"。从小林的内心省察中，我们不难品味到，拒绝俗世化而让自己时刻不要忘了自己应有的审美化的生活的红线是什么，是"大学生"这个标识，是读书人这浸润在骨子里的清高芬芳之气，让这一代知识分子不至于彻底沦落到俗世的浊泥污水中而乐不思蜀。当然，有的评论家并不这样认为，反而认为小林是沦落的，如"纵观小林的精神发展轨迹，我们发现，在经济社会中，他从充满理想到无所事事，从特立独行到人云亦云，从清高到随俗的人格流变过程正是他的精神世界被逐渐抽空，个性逐渐消退，知识分子主体性逐渐丧失的过程，也是他一步步从离俗走向流俗的过程。"（苗祎，传统人格理想的消隐与重建——论刘震云小说中的当代知识分子形象，河南师范大学学报（哲学社会科学版)2007.04.033）

从小说文本来看，这样评价小林的精神世界是否过于夸大其词，其实在我看来，小林应是不甘沉沦者，是一个在时代的泥淖中具有深刻的前反省意识的读书人，这也许是刘震云先生创作这篇小说的真正的社会价值。

正如小说中的小林所意识到的"小林觉得世界上没有绝对的优点缺点，优点缺点是可以转化的"。塞翁失马，焉知非福，这一段庸常的生活可能会让小林等知识分子更能感同身受于社会底层人们的艰辛，正是有太多的知识分子苦苦奔走于物质贫乏、关系微妙的社会中并求告无门的疼痛，才激发了我们要彻底改变它的决心与勇毅，这正是我所说的作家在小说中借小林给我们应有的、自觉或不自觉的前反省意识。

小说的结尾很有魔幻现实主义的昭示之意，"半夜做了一个梦，梦见自己睡觉，上边盖着一堆鸡毛，下边铺着许多人掉下的皮屑，柔软舒服，度年如日。又梦见黑压压无边无际的人群向前涌动，又变成一队队祈雨的蚂蚁"。这本是一个舒适的梦境，带给人的却是极不舒适的体验，甚至有一种想呕吐的感觉，梦境中，小林的上身盖着的是一堆鸡毛，那可是未经处理的最原始化的落羽，估计还散发着浓浓的腥膻之气与腐质发酵后的恶臭，而人类掉下的皮屑不正是新陈代谢后死亡的分子细胞吗？文中说"度年如日"，我们不难想象这正是"度日如年"的反讽！而祈雨的蚂蚁不是走向新生，而是在雨水的冲刷浸泡中消失殆尽。

梦是生活的映射，这既是梦境，更是小林们所恐惧的走向死亡的生活，刘震云先生借小林的梦写出了一代人向死而生的警醒与自励，这正是一种觉醒者的前反省意识。

当初《一地鸡毛》写出来的时候，许多评论家说有点灰暗、原生态。但作家在谈到作品写作的时候却说："其实我当时写的时候，真不是发现了灰暗，而是发现了它的光明。"正像有的评论家所说"当人们为他作品中这些小人物的生命流下一抹同情之泪的时候，殊不知他从开笔时就已超越了这一情感阶段，他眼里看到的和心里感受到的是阳光的普照。"（刘彬，人生切片中的微醺诗意——试论刘震云的《一地鸡毛》，电影文学·文本研究，2009 年第 15 期 117）

亚里士多德说："人生最终的价值在于思考和觉醒的能力，而不只在于生存。"这也是这篇新写实主义小说能入选高中语文读本的价值所在。

《庄子·齐物论》中说"大知闲闲，小知间间。大言炎炎，小言詹詹。其寐也魂交，其觉也形开。与接为构，日以心斗。"就是说，大智慧者豁达大度，小聪明者斤斤计较；大道之言如烈火燎原，要小聪明的言论琐碎啰嗦。睡觉时心魂纷扰，醒来又形疲神散。每天和外界交涉纠缠，耗费心力钩心斗角。

其实，哪怕进入了 21 世纪，我们的生活不也常与庸常相伴吗，这种令人心神费尽的事情也许更多，如房子，车子，孩子，职称，生意，名校热等等，人，很容易陷在琐碎的生活里，形成无意识的惯性：翻看朋友圈、攀比、焦虑、忽略身边的人和事、冷漠、愤怒、抱怨……而不自知。

在庸常生活的洗礼下，有的人脱颖而出，珠拥翠围，豪气干云；有的人冷眼看穿，佛系、躺平；还有更多的人在既定的生活轨道上朝九晚五，周而复始，默默地为家庭，为社会顶起了一片片天……

"佛系"不是逃避生活的理由，"躺平"更不是拒绝奋斗的借口，烦琐的生活简单着过，简单的日子也要把它过得精致，精彩，守得住盛世繁华，耐得住遗世寂寞。正如丰子恺先生所说："不困于心，不乱于情，不念过往，不畏将来，如此，安好！"

人最怕的是在庸常的生活中慢慢失去了自己，就如同泡在温水中的青蛙一样，不经意间失去了起跳的勇气与勇力！《一地鸡毛》让我们从小林这个小公务员的挣扎、自责与反省中看到了奋起的亮光，"以铜为镜，可以正衣冠；以古为镜，可以知兴替；以人为镜，可以明得失"，从小林庸常的生活中，我们仿佛看到了一个个自己，是手捧着那易碎、易馊的豆腐，在腥臊并御的鸡毛堆与皮屑堆中把自己消融，还是看看足球赛，与妻儿去听一场音乐会，抑或一到公园去走走，洗去疲乏，安然入梦，第二天早上起来又是一个全新的自我呢？

正如海明威在《老人与海》中呐喊："一个人不是生来就要被打败，人可以被毁灭，但不能被打败。"

【本文系深圳市重点课题研究成果"基于语文核心素养的理想主义教育策略与实践研究"（课题编号：zdfd17018）阶段成果。】

陶兴国，广东省深圳市盐田高级中学教师。

夏丏尊作文教学思想在初中积累写作素材上的应用

——以统编版教材教学过程为例

◎涂逸枫

夏丏尊作为中国现代语文教学的主要奠基者和开拓者之一,深耕杏坛二十余年,他自身拥有丰厚的传统文化底蕴,又善于吸收西方先进的教育思想,作为新文化运动以后最著名的语文教育家之一,其课程理念、教材编排、读写构想、为师从教的观念至今仍有着重要价值。在当前新课程标准和新语文教材改革的背景之下,结合统编版初中语文课文的编排设计,进行夏丏尊教学思想的研究和实践,对改进当下作文教学有极大的启示。

素材,是文学创作的原始材料,大量存在于生活中,需要学生通过搜集、整理、再加工的方式,选用到作文中去。夏丏尊先生在教书的过程中,就敏锐地发现,很多学生对于知识与书本的关系陷入一种僵化的认知。有人认为"书这东西是与实际生活无关,读书是实际生活以外的消遣工作"[1],也有人"把书认为是唯一的求学的工具,以为所谓求知识就是读书的别名书本以外没有知识的来路"[2]。即便到了今天,这两种误区也是当代学生中非常常见的,甚至因为学生在校学习时间大大延长,父母大多数包办了他们的家务,学生参与劳动生产和日常生活时间几乎没有,再加上各门功课的压力增大、各种电子娱乐方式的兴起,学生与生活的脱节严重,同时缺乏活用知识的能力。针对这一点,夏丏尊先生认为,作文是生活本身,而不是一个点缀品,他提倡将作文与书本、生活三者进行有目的、有选择性的融合,才能拓展写作素材库,达到"下笔如有神"的效果。

一、以读促写,读写结合

夏丏尊先生在《文章讲话》《文心》等著作里反复强调,阅读和写作是不可分割开的。而对于青少年来说,夏丏尊先生主要分出了三个方面,一是对于教科书的阅读,二是参考书的阅读,三是关于趣味修养的阅读。文章的形式纯是语言、文字的普通法式,除日常的言语之外,最便利的探究材料就是所读的文章[3]。用好阅读的文章,将写作与阅读结合起来,是学生学习写作最便捷也最高效的道路。

(一)阅读教科书

教科书是学生科目学习最常接触到的素材,语文课本是学生几乎每天必须翻开的书,但是能够把教科书好好利用的学生却并不多。通常只是在老师上课后翻开课本,回答老师所提出的问题,记住课文中的人物、故事。但这是远远不够的,教科书应该偏重在读,除了理解文章外,还该有别的目标,如文章的结构、词句的式样、描写表现的方法等,都得加以研究[4]。教材应当成为学习的大纲,我们可以从中学习文法习惯、修辞方式、写作原理,也可以拓展写作的对象,发散出更多的写作内容。现在学生课业繁重,课外阅读时间紧迫,因此,对于课本的作用,更要挖深、挖透,绝非读懂课文中心思想就浅尝辄止。首先,可以从教科书中学习不同体裁的基本写法,即夏丏尊先生所谓的"文字体裁,有一定共通的样式"[5],应当区分不同文体所应表述的不同语言。比如小说、散文、寓言、新闻、说明文、演讲稿等,这些在统编版初中语文中设有单独的单元,给予经典文章的示范,及相应的写作练习。这样,就可以灵活拓展出学生写作的空间。其次,课文还能够启发学生去观察生活,进而提炼出自己的写作素材。例如,七年级上册的第一单元主题是"热爱生活,热爱写作",第一课《春》要带领学生学习季节景色与作者感受如何能结合在一起;第二课《济南的冬天》是特定地点的特定景色的写作方法;第三课《雨的四季》

是一篇自读课文，可以让学生自主运用学习的鉴赏方法，分析不同季节的同一事物会有怎样不同的特点；第四课是四首古代诗歌，也是写景抒情的佳作，可以学习如何抓住景物最显著的特征，与自身感受相融合的写作方法。经过这几课的学习铺垫，教师要不断强调学生去观察作者写作的方式，在写作的板块中，就可以让学生从身边最触手可及也最容易被忽略的景色写起，写出身边景色的特征，这些素材便于获取，学生就有话可说。七上第三单元，为了让学生清楚"写人要抓住特点"，阅读中选取了《从百草园到三味书屋》（鲁迅）、《再塑生命的人》（海伦·凯勒）、《窃读记》（林海音）和《〈论语〉十二章》，这四篇文章，有个性鲜明的老师，也有性格各异的学生，要完成单元的写作目标，就要引导学生关注，调皮贪玩的学生、迷茫无助的学生、求知若渴的学生和善于思考的学生，以及沉醉读书的老师、善良博爱的老师、因材施教的老师，各是如何抓住特点写的，进而鉴赏并学习外貌描写、动作描写等手法。而对于写作的对象而言，老师和同学也是学生日常生活每天都会接触到的人物，由这几篇文章来启发学生描写自己身边的老师同学，能力迁移的难度也不大，学生有话可说，有事可写，写出来也会非常的真实生动，对于写作技巧的学习就水到渠成。

在学习完《一滴水经过丽江》这篇课文后，我布置了一篇仿写的作业，让学生将从阿来的这篇文章中学到的方法运用到自己的写作中去，以非人的第一人称视角记叙一件事，学生的模仿能力与创新能力令人感到惊喜，其中一篇文章是这样写的：

我是一支笔，被紧握在手里。

那一天，我发现有人掀开了我的帽子，他把我紧紧地压在纸上。多日的休眠，我终于见到了光亮，也望见了纸上的文字。

是的，我正在急切地写着眼前的题目，沉寂了那么久，是时候展现我真正的实力了。思考中，我看见正在拿着我同类的同学们，又听到老师激情讲课的声音。他们好像都在说："你不应该跳过学习的过程。"我慌忙地在选择题画上几笔，又飞快地在大题上踏上几道痕迹，纸上哪里都少不了我。我飞快地将我的杰作上交，回来的却是红色叉号印记。

后来，我顿悟了，我必须要循序渐进。当我再次踏上课堂时，我收起了急切的心情，倾听着老师讲的每一个步骤，望见黑板上的一道道痕迹，我挺直腰杆，将那文字刻到了书上。纸张的尽头就是题目，我竟想迫不及待地踏过去，但一双手阻止了我。我压抑住内心的躁动和不安，埋头听着老师无尽头的讲课，望着老师那写不完的笔记。这时，我才知道，坚持就是胜利，听讲才是正道，盲目写题，不能交出一份完美的答卷。

要知道，成功的路上没有捷径。

时间久了，我也学会了很多的知识。当我再次回到那张熟悉的作业纸上，这次我放慢了脚步，轻轻地踏过每一道选择题，又回想课堂中的知识，花了半天时间才做完一道大题。第二天课上，一阵风将我吹落在地，我还是没有放松注意力，仍然死死盯着讲台上的老师，生怕错过任何一处细节。下午我被笼进一个黑色的抽屉，我和同类挤在一起，看到最后一抹落日的余晖，才舒缓一口气。再次睁开眼，眼前竟摆着陌生的文具，也嗅到了家的气息。我赶紧站起来在书上勾上几笔，再次浏览一遍所有的文字，并下定决心，一定要将它们复刻出来。

随后我又望见那张熟悉的纸，它正被一双大手硬生生地给拽出来。我将注意力全放在大题上，在纸上漫步。不知道过了多久，我竟游览了上面所有的风景，到处都是我的足迹。

次日，那张熟悉的纸又被那双手交了上去，我满怀期待地等着答案。结果如我所愿，上面全是大大小小的对勾，我成功地创造了一份完美的答卷。

作为一支笔，我画上了一份错误的答卷，开始了我的学业；作为一支笔，我提交了一份正确的答卷，结束了我的学业。

现在，我终于知道，成功的路上没有捷径。

将教材作为写作的模仿对象，其实是最简便捷的一种方式，这篇文章如果以一个学生的视角写，又是一篇考试失利后奋发图强的大俗文，但是只要换一个视角、换一个记叙方式，就能发现作文变得新颖很多。通过吃透教科书上的经典美文来促进学生写作能力的提高，教材还有更大的使用空间等待我们发掘。

(二)阅读参考书

参考书到底是指哪些书呢？夏丏尊先生将"因特种题目而发生的，在阅读第一种职务的书籍想查究的书目"[6]作为参考书的定义。这种书目的阅读是紧紧依附于第一部分教科书的阅读而存在的，是教科书阅读的延伸和补充，而对于每个学生而言，可能想要延伸和补充的内容就不一样。夏丏尊先生强调，一定要先得有题目，才能依照题目去寻找参考的书籍，所以教师在每篇课文的结尾，可以依照同种文学体裁、同时代作品、同作者作品等不同方面为学生列举参考的书目，并给予有其他特异性问题的同学单独的指导。这样，在阅读完参考书籍后，学生可以就自己提出的问题，写写阅读后的感受，这就是独属于自己的小素材库，"把自己正在读着的书做中心，再用别的书来帮助，才能使读着的书更明白、更切实有味，不至于犯浅陋的毛病"[7]，这种带着问题寻找参考书的阅读方法，也能够极大锻炼学生的思考能力与搜集资料的能力，是对眼界的很好拓展。

二、培养日常写作小品文习惯

虽说学生时间被大量课业挤占，看似与生活脱离，但其实他们身边也在发生着各种各样的事情，身边的风景也在轮转变化，只是他们不曾察觉，也无心提炼罢了；另一方面，应试文写作也会限制学生表达的自由，抑制他们的表达欲望。如果学生能够培养写作小品文的日常习惯，将亲身经历中认为有意思的事情简单记叙下来，一来能够满足自身的表达需求，锻炼表达能力；二来能够形成自己的储备，既可以锻炼自己观察生活的能力，也能在遇到作文题目时，迅速调动储备，将自身生活与题目进行链接。

小品文，按照夏丏尊先生的定义，是以片段的文字，表现感想或实际生活的一部分，内容性质全然自由，长短在二三百字乃至千字以内[8]。小品文写作的益处，夏丏尊认为有五点："一是可锻炼写作能力，为作长文的准备；二是内容自由，材料随处可得，字数少，推敲、布局都比较容易，便于多作；三是能养成细密且锐敏的观察力，注意眼前事物的小部分，捕捉其特色生命的部分；四是锻炼材料取舍能力，使文字简洁；五是能养成作文兴味，使初学者获得成就感。"[9]

(一)把小品文练习作为课文讲解的补充。

教师讲解课文时，将每篇课文都提取出一个写作上的训练点，可以是写作的手法、修辞的方式，或者生活中常见事件和事理的迁移，在每篇课文后，都布置一篇小练笔，让学生依照训练点进行写作练习，篇幅也不必太长，两三百字足矣。如统编版七年级下册第五单元，学生需要学习托物言志的手法，即借助外物来表达自己的情感、志向或哲学上的思索。在第一课《紫藤萝瀑布》中，可以先训练学生挑选一种景物，将景物赋予一定的寓意；第二课《一棵小桃树》，再训练将景物变化与自身经历相结合的写法；学完第三课两首外国诗和第四课五首古代诗歌，同学们可以尝试借助一个物体特征，用一两句话体现某种生活哲理。这样，采用循序渐进的方法，学生既有了学习的范例，也没有太重的写作负担，写作的积极性会高涨起来。

(二)把小品文写作当成素材日常积累的方式

教师以布置日记或周记的方式，要求同学们记叙自己身边值得关注的人或事，或者就某一事件抒发观点，形式可以多种多样，鼓励学生的创意性表达。于漪主张学生从生活中有效地汲取素材，通过"身、心、眼、耳"感受生活、感知生活、观察生活、聆听生活，将生活中观察到的事物与自己联系起来，与文章联系起来[10]。学校中与老师、同学发生的趣事，家庭中与父母和兄弟姐妹的相处，对自然景物的观察、新闻时事的思考，都可以写到文章中。教师点评时，特别注重对于写作真实性的引导，鼓励和表扬创意性表达，再点拨一两句记叙手法、议论方法、抒情方式的技巧，就能够在保证写作与生活结合的同时更上一层楼，提升小品文写作的质量。

在寒假研学的第一天，让同学们描写自己寒假最后一天的感受，有同学这样写道：夜渐渐深了钟声在耳边不停地回荡，寂静的黑夜里只有几处微弱的的灯火，其中一处灯火来自一个小房内，书桌前，一个少年正在奋笔疾书，在一盏明亮的白炽灯旁有一堆本子和纸，他正试图创造奇迹。这个小文段写的正是在收假前一天疯狂赶作业的情景，读来令人忍俊不禁，却也是学生生活中再经典不过的场景了，引起了很多同学的共鸣。

三、用多样的方式鼓励学生体验生活

日常的生活固然有许多可以捕捉的闪光点，但对于青春期的学生来说，他们有着对生活旺盛的好

表1 统编版初中语文教材课程活动列表

册数	单元	板块	主题	活 动
七年级上册	二	综合性学习	有朋自远方来	1.搜集有关交友的诗词文章、名言警句、成语典故等；2.组织自我风采展示活动
	四	综合性学习	少年正是读书时	1.填写调查问卷；2.小组分享问卷结果；3.共同研讨促阅读
	六	综合性学习	文学部落	1.读书写作交流会；2.布置文学角；3.创立班刊
七年级下册	二	综合性学习	天下国家	1.激发心志：爱国人物故事会；2.陶冶心灵：爱国诗词朗诵会；3.启发心智：爱国名言展示会
	四	综合性学习	孝亲敬老，从我做起	"孝亲敬老月"活动
	六	综合性学习	我的语文生活	1.正眼看招牌；2.我来写广告词；3.寻找"最美对联"
八年级上册	一	口语交际	讲述	选择题目，讲述给同学听
	二	综合性学习	人无信不立	1.引经据典话诚信；2.环顾身边思诚信；3.班级演讲说诚信
	四	综合性学习	我们的互联网时代	1.网络词语小研讨；2.电子阅读面面观；3.用互联网学语文
	五	口语交际	复述与转述	1.复述课文；2.转述故事
	六	综合性学习	身边的文化遗产	1.文化遗产推荐与评选；2.实地考察，搜集资料，撰写申请报告；3.班级召开模拟答辩会
八年级下册	一	口语交际	应对	1.评价名人应对技巧；2.创设情境进行应对练习
	二	综合性学习	倡导低碳生活	1.主题宣传活动：宣传低碳生活、绿色环保的理念
	三	综合性学习	古诗苑漫步	1.声情并茂诵古诗；2.别出心裁品古诗；3.分门别类辑古诗
	四	活动探究	演讲	1.学习演讲词；2.撰写演讲稿；3.举办演讲比赛
	五	口语交际	即席讲话	1.抽取话题做即席讲话
	六	综合性学习	以和为贵	1.探"和"之义；2.寻"和"之用；3.班级讨论会
九年级上册	一	活动探究	诗歌	1.自主欣赏诗歌；2.自由朗诵诗歌；3.尝试创作诗歌
	二	综合性学习	君子自强不息	1.认识自强不息的内涵；2.寻找自强不息的人物；3.演讲：青年当自强不息
	四	综合性学习	走进小说天地	1.小说故事会；2.小说人物大家谈；3.展开想象的翅膀
九年级下册	二	综合性学习	岁月如歌——我们的初中生活	制作班史 1.成立编委会，做出分工；2.搜集资料，创作文稿；3.编辑加工，装帧制作
	四	口语交际	辩论	1.组织一场辩论赛
	五	任务探究	戏剧	1.阅读与思考；2.准备与排练；3.演出与评议

奇心,以及源源不断的精力,这让他们对非常规活动充满渴望。又有渴望挣脱现实、张扬自我的激情。在这个特殊的身心发展阶段,如何有效地把握其精神脉络和行为规律,为他们提供一个健康向上的感情宣泄口,把精神熏陶和语文能力结合起来,加以提升,也是写作所具有的功能之一[11]。夏丏尊在《文心》中,也借由周乐华和张大文两位同学的赏月、写诗、办报纸、排话剧等活动,例如第十篇文章《印象》,爬山过程中,既有自然风物的情景触动,又有枚叔的循循诱导,以游促写,是体验性写作的范例,体现出他对于学生多情境、深层次体验生活的主张。教师可以用多种方式,以课本为根据,以课堂为活动阵地,鼓励学生多多体验生活,增强对于生活的感知能力。

（一）基于课本专题,开展实践活动

在统编版初中语文教科书中,综合性学习、口语交际等板块就包含了许多可以在课堂上完成的活动,如演讲、辩论、朗诵等,这些活动能够激发学生竞争心态的同时,又能够达到训练语文能力的目的。在愉悦团结的氛围中,这些活动开展本身,以及活动中发生的小故事,都是写作的绝佳素材。统编版初中语文共六册的活动设置如表1所示。

在依据课本开展活动时,由于教学时间的限制,教师可以根据学年长度与学时安排,灵活处理,选取部分活动利用课堂时间开展,其余活动可由学生在课下自主开展。在活动过程中,注意发挥学生的主体作用,提倡小组合作,教师从旁点拨辅助即可。

（二）传统节日、特定日期的活动

我国传统文化是一片沃土,在提倡"文化自信"的今天,将传统节日与语文活动结合起来,在浓厚的节日氛围中感受五千年文化的魅力,这是教育学生的上好契机。各个学校也会根据学生的实际情况与学校实地情况,开展运动会、艺术节、军训、户外游玩等活动。对于初中生来说,脱离课堂的活动弥足珍贵,也符合他们身心发展的需要,在这些活动中,更能够调动起他们感知生活的能力与创造的积极性。比如,在初中一年级的第一学期,笔者根据学校的整体安排,结合班级情况,布置了以下的写作小任务(见表2)。

经过几次活动类写作成果验收后发现,在活动开始之前,教师提前发布写作任务,并提出写作要

表2 2020年度秋季学期班级活动安排表

时间	事件	写作任务
2020年9月10日	教师节	给小学老师写一封信
2020年9月底	新生军训	记录难忘的军训瞬间
2020年10月初	中秋诗歌朗诵会	朗诵经典诗歌,或进行自由创作
2020年10月底	重阳节	为家庭一位成员写传记
2020年11月中旬	秋季运动会	运动会新闻稿采写
2020年12月31日	庆元旦、迎新春活动	新年展望
2021年1月	寒假	阅读指定书目,并撰写读后感

求,会比在活动完成后再临时让学生写作的效果好很多。这样,在活动的过程中,学生就会带着任务,有意识地在活动中观察值得写作的对象、事件,并在心中进行一定的语言组织。如果在活动完成后再布置写作任务,学生会产生较强烈的抵触情绪,而且因为活动中不一定有主动观察,只是跟随体验,写作大概率也会流于形式。

注释：

[1][2][3][4][5][6][7][8][9]夏丏尊,叶圣陶.文章讲话[M].北京:中华书局,2007:2,3,2,14,23,8,18,149,154.

[10]于漪.我和语文教学[M].北京:人民教育出版社,2003:449-453.

[11]余前香.中学生写作中几个影响因素的表现及作用研究[D].华东师范大学,2007.

涂逸枫,湖北省武汉市常青树实验学校教师。

发展学生语文核心素养的大单元教学研究

——以统编版七年级下册第三单元为例

◎朱瑶瑶

自我国新一轮基础教育课程改革以来，"核心素养"成为教育界讨论的高频词。《义务教育语文课程标准》（2022年版）提出：语文课程评价的根本目的在于全面提高学生的语文学科核心素养。由于核心素养具有内隐性的特点，需要通过外显的手段来进行测评和反馈其质量。本文通过对照实验，将两份七年级下册第三单元教学设计（大单元教学设计与单篇教学设计）分别用于程度相当的两个班级进行教学，通过观摩评价和核心素养试题测评，对比对照组与实验组的课堂效果和测试成绩。从而证明，对比单篇教学设计，大单元教学设计对学生核心素养的发展有更突出的正向作用。强调知识整合的大单元教学是目前教学中落实素养目标的重要载体，是核心素养可观测的外化表现。

一、过程与方法

（一）教材与学情分析

《义务教育语文课程标准》（2022年版）第四学段（7—9年级）在"阅读与鉴赏"中要求，引导学生体味和探究重要词句在语言环境中的意义和作用……并能表达出自己的情感体验和对作品内涵的初步领悟。统编版七年级下册第三单元精选了一组有关"小人物"的故事，涵盖了回忆性散文和小说。人文主题是"凡人小事"，通过细节描写，展现平凡人身上闪现的优秀品格。

从学情分析，为验证大单元教学设计有助于提高实际教学效果和促进核心素养的进阶，笔者选择了广州市花都区某中学基础相当的两个班进行教学实验。根据他们学前测试成绩，笔者选定实验组为九（2）班，对照组为九（1）班，两个班学习基础相近，班级人数、男女性别比例基本一致。

（一）诊断测试

选取一篇讲述小人物的文章，班级开展"话说小人物"的故事大会，要求讲出小人物的事迹、小人物的形象和小人物的精神。

（二）数据分析

测试样本为两个教学班，共计76名学生。根据前期测试题完成情况的统计，可以发现学生在阅读写人叙事类文学作品时，虽然已经开始注意到人物描写和关键语句，但在深入细致的分析方面还有欠缺。无法理性辩证地分析人物精神。具体情况如下：约占测试人数85%的学生能够关注到细节描写，但他们的解读还不够深入；约占测试人数86%的学生有意识去关注关键语句，但他们的解读还不够准确；约占测试人数93%的同学，因无法细致深入地分析细节描写和关键语句，所以不能从多个角度全面地理解人物。

（三）实验过程

笔者选取了一份七下第三单元单篇教学设计用于九（1）班教学；以九（2）班作为实验组，将七下第三单元大单元教学设计用于该班教学。邀请花都区两名语文教师评价课堂实际效果，并研制以语文学科核心素养为导向的七下第三单元测试工具，收集并分析两个班学生的测试数据，从而得出分析结果，以大单元教学设计进行教学，对学生学科核心素养发展的作用大于单篇教学。

九（1）班七下第三单元教学设计（节选）

课时：10

学习目标：

语言目标：1.了解不同叙事文体的特征，学会用逻辑图示法梳理文章结构层次；2.关注细节描写以及文本的内在联系，揣摩人物形象特点，体会平凡人身上的不凡之处，进行评价；3.以"我身边的小人物"为题，完成一篇300字以上写人的记叙文。

思维目标：通过比较阅读不同文本分析小人物身上的共同之处，培养比较思维能力。

价值目标：体会小人物身上的美德与智慧，唤起对小人物的关注与尊重，以此体察反思自身，成长为更好的自己。

第一课段主题为"析阿长，品深情"，核心任务：把握童年"迅哥"和中年鲁迅两种视角下的阿长形象，学习运用双重视角欣赏回忆性散文的阅读方法。

第二课段主题为"读《老王》，品愧怍"，结合时代背景，解读老王和杨绛一家人的深情厚谊，探究作者对老王心怀"愧怍"的原因。

第三课段主题为"读《台阶》，懂父亲"，核心任务是从情节入手，欣赏人物形象，并做批注。

第四课段主题为"《卖油翁》人物形象对比"，核心任务：通过对比不同人物的心理和态度，理解卖油翁和陈尧咨的形象。

第五课段主题为"细节描写之我见"，核心任务：归纳细节描写的方法，完成200字以上的仿写短文。

第六课段主题为"细节描写之我写"，核心任务：以"我身边的小人物"为话题，完成一篇600字以上的记叙文。

九（2）班七下第三单元教学设计（节选）
课时：8
学校为建设书香校园，设计主题栏目"凡人小事"系列剧
学习大任务：
第一课段：凡人小事—故事荟萃（2课时）
第二课段：凡人小事—人物影像留声机（3课时）
第三课段：凡人小事—时代杂谈（1课时）
第四课段：凡人小事—人物再现（2课时）
学习目标：（1）归纳寻找关键词句的主要方法，关注细节的片段，抓住文章线索，概括大意，完成故事大意梳理图。（2）学习理解关键词句和细节描写，运用典型事例及历史背景分析人物形象的方法，分组制作人物简历和表演脚本，深刻体会小人物身上的优秀品格，理解文章深层意蕴。（3）总结细节描写的方法和类型，完成写作提纲，在刻画人物的写作中学会使用关键词句和细节描写来刻画人物、表情达意。
学习支架：寻找关键词句的主要方法
位置：文章标题、开头与结尾、段首与段尾
修辞：夸张、反语、留白

描写：神态、语言、动作
第一课段：凡人小事—故事荟萃
1.核心任务：概括故事大意，把握文章重点。
2.情景设置：学校为建设书香校园，设计主题栏目"凡人小事"系列剧，选取统编版七年级下册第三单元其中一篇课文，举行"故事大赛"活动。
以小组为单位，请同学们从四篇课文中任选一篇，找到你认为适合的梳理内容的方法，并按要求完成300字的故事稿。
梳理方法：
根据结构梳理：
根据场面梳理：老王送冰—送钱先生—送香油鸡蛋
根据线索梳理：
思维导图：
学习收获：
3.评价测试：请同学们在概括故事内容的基础上，开展讲故事大赛，小组推选出代表，依据评价量表评分，评选出一名"最佳故事讲述人"，获得此殊荣的同学将代表班级参加年级决赛，所有优秀故事稿和思维导图将在班级公众号上呈现。

"最佳故事讲述人"评价量表

维度	要 求	分值
故事内容	事件完整，详略得当，条理清晰 语言生动，表达流畅，仪态大方 形式多样，巧用媒体，贴合内容	

二、结果分析
（一）课堂效果对比分析
对两个班教学设计及课堂效果，笔者邀请广州市花都区两名语文教师（G老师，教龄20年以上；W老师，教龄3年以内）进行课堂观察与评价，现将两位老师的观点总结如下：

用于九（1）班的教学设计属于单篇教学的集合，教学设计中的评价证据很充分，每一课段都采用了可视化技术呈现关键信息，如第一课时用鱼骨图梳理与阿长有关的主要事件，用折线图绘制"我"对阿长情感的变化，用表格呈现童年视角和成人视角的写法和作用的不同。以形象化的方式呈现学生思考过程，体现评价证据序列化、程序性和清晰性的特点，能够帮助学生的思维发展从一维走向多维，从表层走向深层。但是在实际课堂中此环节耗时过长，主要原因是缺乏精细指导导致学生查找范

围不精确,任务指导语中只要求以怎样的方式(如鱼骨图、折线图等)来呈现,对梳理的方法缺乏有效的引导。

从情境设计来看,尽管选取了人文主题"凡人小事"作为标题来指引任务的进程,启发了学生关注现实生活与真实问题,但是对背景要素,如学生在任务中持有的角色身份、受众等都没有交代,由此削弱了任务的真实性、驱动型与合理性,对学生来说也只是一个假情境而已,难以产生真正的参与感与积极性。

从教学中的评价任务来看,该教学设计的评价部分具有针对性,设计了形成性评估和总结性评估,对学生捕捉典型细节的应用能力进行形成性评价,评价维度清晰有层次,给了学生一定的评价自主权,并要求学生利用评价量表进行分享、评价、展示。但是,在实施评价的过程中,没有提供示例以支持所有学生进入评价,缺乏具体的评价操作指引,因此在课堂中三分之一的学生没有参与评价,或是半数学生存在评价浅表化的问题。

该教学设计在许多地方都有可圈可点之处,单篇教学的优势在于重视培养学生扎实的基础知识,学生熟悉这种模式,能够有效解除学生畏难恐惧心理,因此课堂氛围轻松,学生反应积极。但是该设计缺乏内容的整体统筹,因此整合的程度较低,缺乏知识的结构化。其次,在任务的设计上过于粗放,连贯性和逻辑性不强,导致课堂的高耗低效,最后,缺乏具体策略与方法的指引,情境衔接和角色定位等,没有真正能够帮助学生实现深入学习,形成感悟、理解、迁移等能力。

针对九(2)班的大单元教学设计,两名语文教师同样进行了课堂观察与评价,现将两位老师的观点总结如下:

该教学设计总体而言符合大单元教学模式,大体符合评价量表的指标要求。主要的大单元教学设计要素如大概念、大任务与情境、嵌入式评价等都具备了,在学习目标与实践过程中注重语文学科核心素养的落实。

首先从目标陈述与核心素养的关系进行分析,第三单元提出的语言运用要求主要是默读。该教学设计对本单元的学习目标概括准确,既把握了"默读"这一要点,如要求进行反复地,有层级性地阅读,圈画梳理层次,从而理解大意;也对关键句和意蕴提出了要求,如"学会从典型细节、标题……背景资料处把握关键语句,在默读中领会文章意蕴"。学习目标以核心素养为导向,真正落实关键能力和必备品格的培养。

从大目标与核心素养的一致性分析,首先要看到目标设计不是机械地对应语文核心素养的四个方面,而是在语言的训练与应用基础上发展其他三项。王崧舟教授指出,语文核心素养的四个层面并非分裂的,而是在语言构建的基础上自然地发展其他素养。因此教学设计以"品味关键语句,抓住细节来描写人物的语言目标"为语言运用目标,在此基础之上设计"文化自信"目标,如通过情景剧表演、辩论赛,培养学生向善向美的品格,提升文化品位。在"思维能力"发展上的表述有:通过辩论活动多角度理解文章的内涵意蕴。此目标以语言表达能力推测其思维能力发展情况,通过课堂的语言训练能够提升学生思维的敏捷性、逻辑性和灵活性,体现了语言运用的核心素养对思维能力素养的促进作用。"审美创造"要求,如通过阅读"小人物"的故事,感受小人物的不足与伟大,构建向善、务实、求美的审美价值,并运用于学生写作。这样的目标陈述清晰明确,以语言运用为基础,发展其他审美创造核心素养。通过此目标,学生品悟到了《阿长与〈山海经〉》中劳动妇女的淳朴善良,《老王》中作者对不幸者的尊重与同情,《台阶》中父辈农民血液里的谦卑与坚韧;以及掌握了《阿长与〈山海经〉》"欲扬先抑"的手法,《老王》和《台阶》中多角度描写塑造人物的方式。在练笔中学生综合使用语言、心理、神态、动作等细节描写,塑造了有血有肉的小人物形象,表达自己对小人物的真情实感。此教学设计的目标部分将语言运用、审美素养与创造思维相融合,体现了目标与核心素养的高度一致。

其次,大单元内容的"整合性"高,指向的大概念非常明确,即"关键词句和细节描写的深层意蕴可以有效刻画人物"。大概念分解出基本问题,即"关键词句(细节描写)的理解与运用"。基本问题有效地转化为大单元的诸个教学专题,如"小人物故事""小人物形象"等。然后站在高阶认知的角度将基本问题转化为合适的驱动性问题,如"找出文章中的关键词语段","分析语言特色和蕴含的深意"等。使之成为大单元的教学子目标,如"概括大意","把握人物形象"等。从具体的课段来看,在教学《卖油翁》的教学设计中对学习目标进行了精心的合并和取舍。例如,将"学会用神态、语言、动作等多种方法刻画人物"合并为"学会运用细节描写刻画人物",舍弃了"对比分析两位人物形象"这一常规的教学目标,将教学重点确定为"深入体会文章蕴含的深刻意蕴"。这些取舍和合并使大单元教学任务更加集中,减少重复低效的学习活动,体现了大单元教学设计目标的高度统整性。

该设计与九(1)班的教学设计最大的不同在于评价贯穿教学过程始终。每一课段都有针对核心任务与课段任务的评价量表,在学生学习的过程中对概括大意、品评人物、理解意蕴、迁移写作的能力一一设计了评价要点,最大限度地体现"教—学—评"的一致性,做到学业评价全程跟进。从课堂观察来看,这样的"评"有助于在"教"与"学"后的迁移运用,及时发现、调整自己的学习状态、学习策略,有助于元认知水平的提升。

(二)核心素养测试情况对比分析

笔者组织命题团队,开展试题命制,命题团队主要由3名初中语文一线教师构成。基于学科核心素养要求,命题团队从情境维度、认知维度构建了测评框架。情境维度上,主要分为日常生活情境、文学体验情境和跨学科学习情境三大类。日常生活情境旨在建立语文学习与学生生活的联系,使学生结合生活经验进行语言实践,测评学生的核心素养发展水平。文学体验情境指向对文学、文化知识的关联、拓展、迁移应用,使学生在阅读与鉴赏、表达与交流、梳理与探究等语文实践活动中,呈现出应对交流、发现领悟、欣赏评价、表现创造、关注参与和理解借鉴等关键行为表现,综合测查学生的语言能力、思维品质、审美情趣和文化观念。跨学科学习情境指向不同学科知识的联系、整合与运用,关注不同学科知识之间的联结点,建立起有意义的联系,并将此种联系作用于更广阔的学习领域,测查学生分析、归纳、推理、演绎、创新以及问题解决等多种能力的综合发展水平。经过命制试题、小样本预测、试题修订等基本环节,最终开发出10道试题进入正式测试环节。

测试题目分为基础知识、现代文阅读、作文训练、整本书阅读四个模块,从不同的角度来考查学生对大单元大概念的理解以及阅读思维能力。其中基础知识22分,现代文阅读理解17分,作文训练50分,名著阅读11分,共100分,检测时间为90分钟。

在施测过程中,对两个班发放试卷76份,共收回有效试卷74份。在获取学生的答题数据后,通过Conquest软件进行数据分析,数据显示,试题信度为0.8,难度0.41~0.66,区分度在0.40~0.63,试题质量良好。两个班的测试数据对比情况表如下:

评价模块	题号	题目目标	核心素养	九(1)班平均分	九(2)班平均分
基础运用	1	字音字形	语言	0.97	0.97
	2	成语	语言	1.33	1.35
	3	修辞仿句	语言	0.81	0.80
	4	迁移运用本单元的大目标	语言、思维	1.57	1.65
	5	跨学科知识(海报构思)	语言、审美、思维	2.59	2.73
	6	古诗词默写	语言、文化	5.2	5.1
	7	古诗文对比阅读	语言、文化	7.3	10.1
现代文阅读	8.1	关键词的赏析	语言、思维	0.87	1.05
	8.2	句式赏析	语言、审美、思维	1.46	1.65
	8.3	感悟主旨	语言、审美、思维	1.59	2.05
	8.4	迁移生活,拓展训练	语言、思维、审美	1.05	1.35
作文	9	细节描写的运用	语言、思维、审美	33.65	35.48
整本书阅读	10	《骆驼祥子》情节、人物形象	语言、文化	6.51	7.40

从测试情况中的平均分与难度系数分析,学生核心素养在整体表现上呈现出如下两个突出特点:第一,语言运用表现最好,思维能力相对薄弱。其中九(1)班学生在核心素养的四个方面分数差距较大,其中,64.28%的学生可以达到语言运用要求的标准,分别有45.90%可以达到审美创造的标准、40.55%的学生可以达到文化自信要求的标准,33.55%的学生可以达到思维能力要求的标准。而九(2)班超过半数的学生可以达到语文学科核心素养要求,且在核心素养的四个方面分数差距较小。

从不同题项的测试得分具体分析,九(1)班学生在基础运用和作文板块上掌握较好,完成度较高。可见教学设计中的语言目标基本能达到,训练较为扎实,如谋篇布局的学习和细节描写的训练等。但是该班的现代文阅读部分得分较低,其中得分最低的是关键词赏析与感悟主旨的部分。可见用于九(1)班的教学设计中价值目标和思维目标的完成情况不佳。该教学设计注重语言运用素养能力的训练，但是缺少审美创造、思维能力素养方面的强调，在整体理解作者的情感态度、体悟文本意蕴等方面缺少具体而微的指导。

两份测试数据的明显差距主要原因，首先是两份教学设计对情境的不同处理。九(2)班教学设计中的情境丰富而真实。可见，任务的情境化有利于培养学生个性化、创造性的思维素养。而九(1)班的教学案例中缺少情境设计，易使学生陷入对事实性知识的僵化记忆，不利于思维能力素养的发展。

其次，对知识迁移运用的重视程度不同。如基础部分考察"瘦骨嶙峋"在不同句子中运用的合理性；在阅读中考察"请你品味富有表现力的词语，与同学分享你的见解"。九(2)班的教学设计注重学生知识能力的迁移，如设计了"品味关键词句"的迁移训练。在此环节中，学生掌握了迁移运用的能力，学会迅速从不同情境中把握考察的知识点，因此九(2)班在基础第一题，与现代文阅读题中得分比九(1)班高。可见，可迁移的、具有真实性的情境类型以及开放性、进阶性学习任务的设计有利于促进学生迁移运用能力、思维能力灵活性的素养发展。

第三，教学内容的整合程度不同。在名著阅读版块中，九(2)班的得分也明显高于九(1)班。这是由于在九(2)班教学设计的"整合性"较高，围绕大概念"关键词句及细节描写中的深层意蕴可以有效刻画人物"进行内容统整，设计了"小人物故事""小人物形象""小人物价值""小人物再现"的教学专题，并加入了《骆驼祥子》的迁移阅读、讨论辩论及自评强化环节，从小切口讲大部头，内容更聚焦，易于操作且有实效性。体现大概念对大单元教学内容的统筹力度。而九(1)班的教学设计属于单篇教学，没有构建一个知识框架网，更没有将《骆驼祥子》的整本书阅读融入大单元教学设计之中，因此在测试反馈中九(2)班的整本书阅读的审美创造和文化自信素养上表现更优。

第四，跨学科学习内容的设计情况不同。九(2)班的教学设计加入了跨学科学习内容，如根据文本的细节描写设计人物简历和人物绘图等。因此，九(2)班在测试题跨学科题型"海报构思设计"中有更好的表现。而九(1)班的教学设计，注重以语言为基础的感知理解、仿写创写等内容，关注的是单一的语言运用素养提升，没有加入跨学科的内容，因此，面对分学科设问的作答表现优于跨学科设问的作答表现。从中两个班的此题分数对比中推测九(2)班的审美创造与语言运用素养发展更好。

最后，评价的指导作用不同。九(2)班的教学设计特别强调为学生进入评价提供脚手架，如"关键词句学习任务单评价量表"有一项评价指标为"清晰准确表达深层意蕴或作用，从手法、谋篇布局、知人论世等多角度进行分析"。这为学生进行关键词句的赏析提供了抓手，帮助学生学会了从不同角度进行关键词句的分析。在测试题目中遇到此题型，能够迅速把握答题的方向。这也是九(2)班在"关键词句的赏析""句式赏析"题目中分数高于九(1)班的原因。

测评结果表明，九(2)班学生整体表现较好，主要原因是不同教学设计中的情境类型、学习任务的设计方式会影响学生的核心素养表现。九(2)班教学设计符合评价量表的要求，关注日常生活情境、文学体验情境和跨学科学习情境的设计，因此学生在四个素养表现上分数接近，面对"分学科设问"的作答与"跨学科设问"的作答表现差距不大，而九(1)班的教学设计情境类型与学科核心素养的匹配度不高，缺少学习任务设计的开放性、进阶性。因此该班学生面对复杂问题的辨识、推理迁移等能力有待加强。可见，符合大单元教学设计对比起单篇教学设计对学生的素养发展具有积极的促进作用。

三、结语

大单元教学设计为语文教学的改革提供了新的方向与路径，弥合了以学科知识或以问题解决为中心的教学中的不足，加入了核心素养的现代教育发展要求，还从"教—学—评"的角度改变了语文教学的整体面貌。孟亦萍提出大单元教学是一个立足学科核心素养，整合目标、任务、情境与内容的独立、完整的课程单位。郑桂华也强调，大单元教学整合学习的特点就在于核心素养的教材化。本文也指引着一线教师组织大单元教学，证明了大单元教学是培养学生核心素养的有效途径。

朱瑶瑶，广东省广州市花都区花山镇育才学校教师。

诗歌主题学习任务群的教学探索与实践
——以"思乡"诗为例

◎张金玲

中国是诗歌的国度。从古老先民的第一声吟唱——《诗经》开始，我们就在蒹葭河畔、水乡泽国的浸润、涵泳中感受诗歌的魅力！可以说，古诗词是古人智慧的结晶，是先人给我们留下的最好的精神遗产。它历经时间的考验，在承载优秀的传统文化、沟通古今人类共通的情感方面有着独特的魅力与价值。初中《语文课程标准》中对于第四学段古诗文的学习也提出明确要求："能借助注释和工具书理解基本内容。注重积累、感悟和运用，提高自己的欣赏品味。"

中华古诗内容丰富、主题鲜明，部编本教材选录了许多中华优秀古诗词，主要涉及"惜时""送别""怀古咏史""悲秋""思乡""登临"等众多主题。以主题为单位打通初中六册教材所选诗歌，对相同主题诗歌分类统整进行教学，有利于形成体系脉络，便于学生学习。

思乡是我国文学中一个具有文化内涵的重要母题，有着沉甸甸的分量。中国是一个"重土轻离"的民族，"家"在中国人的心中是一个特别的存在，有着难以割舍的家园情怀。在我国，思乡文化古已有之。我国第一篇诗歌总集《诗经》中就曾记载，如《邶风·泉水》《邶风·击鼓》《卫风·河广》分别表达了远嫁的女子、远役的征人以及旅居的游子对家乡的思念[1]。

因此，本研究将以思乡主题为例，从"理解与鉴赏"、"深化与总结"、"创作与演唱"三个阶段谈思乡主题诗歌群的教学探索与实践。

一、思乡诗的理解与鉴赏阶段

初中部编版语文教材收录了多首思乡诗，按照诗歌内容，笔者将其总结为三类：远游仕宦思乡；戍边征战思乡；战乱离家思乡。此外，我们发现这三类诗歌在情感上还层层递进，由思念亲人到思念家乡，再到思念国家，由个人情感上升到时代的家国情怀。按照这种逐层深入、递进的方式学习、探究思乡诗，将有助于实现对学生立德树人目标及核心素养的培养。

在处理这三类所属的诗歌群时，笔者认为不宜采用"单篇"形式逐个解读，而是应该依据王荣生老师对教材的分析理论，每个维度下选取最具代表性、重要的诗歌作为"定篇"详细分析讲解，其他较易理解的篇目作为"例文"放手由学生小组自主学习探究即可。

在具体教学内容安排上，"远游仕宦思乡"诗和"戍边征战思乡"诗选择以单篇详细讲授，目的是带领学生掌握学习此类诗的方法，落实朗读，分析意象，学会描绘画面等语文知识要素。在前两类诗详细学习的基础上，学生已经掌握了一定的方法，因此"战乱离家思乡"诗采用"群文"的形式学习，旨在深化对思乡诗的理解。

（一）"远游仕宦思乡"诗

"远游仕宦思乡"诗以李白的《渡荆门送别》为"定篇"重点讲解。"远游仕宦思乡"诗在情感表达上多有一个共同点，就是此类诗歌大多数不是单一的思乡情感，而是包含多重情感。

从远游仕宦的角度看大多包含两种情况：一种是在未入仕途之前对未来的无限憧憬和雄心壮志。中国古代文人大多受奉儒守官思想的影响，要"出仕"，在朝为官，寻求自己的价值；另一种是仕途不得意时产生的怀才不遇之感。

而这两种情况往往都会渗透相同的情感，即思乡的情愫。且这一阶段的思乡情更多的是对亲人、家乡的思念。选取的"定篇"《渡荆门送别》就是这两种复杂情感的重叠，很具有代表性，既写出了诗人仗剑去国、辞亲远游，对未来的美好憧憬和外出游历的喜悦与兴奋；又借水寄离愁，表达了诗人离开家，对故乡的依依惜别与想念之情。

（二）"戍边征战思乡"诗

"戍边征战思乡"诗以李益的《夜上受降城闻笛》为"定篇"重点讲解。明人胡应麟在《诗薮》中说："七言绝，开元以下，便当以李益为第一。"李益为大历四年（769）进士，诗名早著，后来在唐宪宗时被任命为秘书少监，官至礼部尚书。李益到过边塞，他最懂得那个特定时代下征人的情感，写了不少边塞诗，常被谱入管弦歌唱。他的诗多写边塞将士对战争的不满和厌倦，这个时期的边塞诗已经缺少了"黄沙百战穿金甲，不破楼兰终不还"的豪情壮志，而是变成了与敌人陷入长期胶着状态下的"怨望"，更多的是表现出对家乡的思念之情，如《夜上受降城闻笛》。这首诗歌展现了戍守边关的士兵在寂静的夜晚听到令人心碎的芦笛声后，望向故乡，陷入了集体的失眠，表现了戍守边疆征人的思乡之情。而李益的这首《夜上受降城闻笛》就极具代表性，代表了大多数"戍边征战思乡"诗的共同情感。

（三）"战乱离家思乡"诗

"战乱离家思乡"诗以《春望》《行军九日思长安故园》《别云间》为"定篇""群文"共读。台湾诗人洛夫说过："不是霜呵／而乡愁竟在我们血肉之中旋成年轮／在千百次的月落处。"中华民族有着难以割舍的家园情结，叶落归根，回家！回家！尤其当我们身处乱世，国家破碎时，更会忧国伤时、念家悲己。这些诗歌的作者虽然因战乱"身"处不同的地方，但是他们的情感是一致的，都是饱经战乱离别之苦，"心"系故园、国家，感慨时局。

本阶段主要通过对三类思乡诗的学习，让学生了解什么是思乡诗，常用意象，艺术手法以及表达情感等，使其更好地理解和鉴赏思乡诗，同时也为下一阶段引导学生进入深度学习蓄势。

二、思乡诗的深化与总结阶段

学生在第一阶段理解和鉴赏诗歌的基础上，将开启第二阶段的深度学习:思乡诗的深化与总结阶段。这一阶段主要采用"专题教学"的模式。

所谓"专题教学"主要指以学生为学习的主体，以教师为辅助，教师对原有的教学资源及相关课程资源进行整合及扩展之后，形成学习研究的专题，调动学生围绕学习专题进行资料收集、整理及研究来获取知识的一种教学模式。

由小组学生自己提出问题并探求解决问题和语言表达的创新路径，再由师生全体共研共究，确定最具有研究价值的专题。对于思乡主题诗歌的探究，师生共同参与研讨，提出了若干小专题，如"思乡诗常用意象探析总结""探析思乡诗产生的原因""思乡诗的发展与影响"等。学生小组通过课前准备工作、汇报成果、师生共研，评价反馈三个环节合作进行资料的收集、整理、研究、汇报和总结。最后再由教师适时、适当地进行扩展补充，引向深度学习。下面以专题"探析思乡诗产生的原因"为例，谈专题教学模式下如何带领学生走向深度学习。

（一）环节一：课前准备工作

1.教给学生收集整理资料的途径、方法，学生通过分工合作，收集整理初中语文思乡诗产生的原因的相关资料；

2.小组分享收集成果，完成本专题研讨；

3. 老师帮助学生解决在自主研讨过程中遇到的困难和疑问，以便学生在课后顺利地完成专题探究，把探究结果进行汇总，形成研究报告。

（二）环节二：汇报成果，师生共研

1."小荷才露尖尖角"：学生展示专题探究初成果

学生小组通过前期的资料搜集与整合，对于思乡诗产生的原因初步达成了以下共识：

（1）思乡这种情感的产生和诗人的生活经历密切相关。中国古代文人受奉儒守官思想的影响，多选择"出仕"，求取功名。当他们仕途比较平顺时，这种思乡的情感并不明显，大多只是在"每逢佳节倍思亲""但愿人长久，千里共婵娟"这种特定的节日里会抒发乡愁之感。而当他们仕途受挫、壮志未酬时就会触发、翻腾起心底的思绪,这种思乡的情感往往就会喷涌而出。再加上古代交通不发达,还有一些诗人为建功立业奔赴边塞军旅,边塞生活艰苦,这迢迢万里,归家之日遥遥无期,这种物理、心理上的双重距离都加重了诗人们的乡愁。有岑参的"故园东望路漫漫,双袖龙钟泪不干。马上相逢无纸笔,凭君传语报平安"的哀吟,也有李益"寒山吹笛唤春归,迁客相看泪满衣。洞庭一夜无穷雁,不待天明尽北飞"的慨叹。

(2)中国传统的伦理文化观念、恋母情结、农业生产方式以及战乱等社会政治外部因素会产生思乡情结。例如赵敏俐在《文学传统与中国文化》一书中阐释了中国农业文明与农耕文化对中国文学思乡的母题产生的重要影响。[2]再如陶东风在《中国文学的思乡主题》中认为对故乡的思念源于对母亲的思恋,游子客居在外形成的孤独感、无力感使其产生思归的冲动。[3]

2.感悟的沉香:教师提供支架,将学生引入深度学习

学生通过组内合作共研对于思乡诗的产生原因已经做了细致、较为全面的分析,为了能进一步地拓展提高,引领学生走入深度学习,还需要教师提供思考支架、师生共研、智性思考、升华思维。对于思乡诗产生的深层原因,笔者提供了思考支架,引入了海德格尔的两个观点,即"被抛"和"家乡朗照"。通过带领学生查阅文献资料,我们对于思乡诗产生的深层原因达成了以下共识:

(1)"被抛"

"被抛"出自海德格尔的《存在与时间》一书。"被抛"的一个本质特性就是人们始终笼罩在一种无法真正穿透的遮蔽之中,这是一种无法改变的生存状态。"被抛"状态的何所来和何所往都处在遮蔽中。按照海德格尔的观点,我们每个人内心深处都有一个"被抛"情结,都会感到一种被抛于无家可归的生存状态,尤其当一个人背井离乡或者遭遇失意、不顺遂之事,这种"被抛"情结更为明显,它触发心底,翻涌起我们本源的生命追思与关照,尤其是对母亲、家乡的渴望与怀恋。如纳兰性德的"风一更,雪一更,聒碎乡心梦不成,故园无此声",王恭的"莫道春来便归去,江南虽好是他乡",李觏的"人言落日是天涯,望极天涯不见家"等等,古往今来的思乡诗都潜藏了珍贵的情感。这些诗人长期漂泊在外,再加之仕途之路艰难坎坷,诗人们的人生理想陷入渺茫,生活遭遇困苦不堪。在这种情况下,诗人们产生了强烈的思乡情愫,想要在思乡的情感皈依中找到心灵的寄托。而与这种"被抛"情结产生观照的就是"家乡朗照"。

(2)"家乡朗照"

"家乡朗照是由母亲的炉火所象征的家乡本原照亮游子本心的哲学意象表达。"[4]人们对故园的深切思念,对精神家园的回归实际上是对故土的回望和渴望回归母亲怀抱的夙愿,可以更进一步理解为是对生命本源和本真的回归。《返乡——致亲人》是荷尔德林创作于1801年的一首诗。荷尔德林《返乡——致亲人》一诗共六节,在第五节的时候诗人进入了他的故乡"他们在那里把我迎候。呵,小城的声音,母亲的声音!"同时诗人描写了游子归乡的情形:"不错!这就是出生之地,就是故乡的土地,你梦寐以求的近在咫尺,已经与你照面。"此外,希腊诗人乔治·塞菲里斯曾有诗写道:"故友啊,你在寻找什么?经过长年漂泊,你已归来,怀着远离家乡,异国天空下育成的、种种情思和想念。"可见,故乡已经作为人类的栖居地,或者至少是精神上的栖居地而存在着,它是人类寻求心灵庇护和精神慰藉的场域,是寄放心灵归宿的安歇家园。从这个角度来看,故乡已然作为一种最真实、最深沉、最厚重的爱的起源,它唤醒了异乡漫游者内心深处的成为现实困境下的人们摆脱沉沦与被抛状态,回归生命本源的天然选择。

海德格尔在其另一部著作《荷尔德林诗的阐释》中还阐明了"诗人的天职是还乡,还乡使故土成为亲近本源之处""诗人的天职是返乡,惟有通过返乡,故乡才作为达乎本源的切近国度而得到准备"[5]等观点。他认为故乡的人们尽管远离故

乡土地,但在内心深处或者精神上却一直不能忘记故乡,那熠熠生辉的故乡大地炉火,即朗照之本源,就如同母亲一般,吸引着身处异乡的孩子们,让他们在自觉与不自觉之中凝望着对他们而言那永远都闪耀不尽的故乡的朗照者——家园炉灶。而他们在生发思念情愫或返回故园时,也会被故园炉灶所发出的光芒所照耀。而任凯在《〈荷尔德林诗的阐释〉研究》中也进一步阐述了自己对于海德格尔"诗人的天职是还乡"的看法。他认为"在家"意味着在本我且熟悉的空间中存在。从这点来看人栖居在自己的故乡就合乎命运的本源性要求,同时也合乎命运自身的规定性[6]。

对于注重安土重迁、落叶归根的中华民族来说,故乡是根脉、是皈依,是最深厚的爱的起源。这种原初的故土情感也让历朝历代的诗人将心头翻腾起的对于故乡的真挚情思诉诸笔端,一篇篇满怀绵密、赤诚之心的诗作成为中国人胸前的朱砂痣、内心的白月光,挥之不去,绵延万年。正如张法老师在《中国文化与悲剧意识》一书中所说:"中国文化可以说就是乡愁文化,甚至一离家就思乡。"[7]

(三)环节三:根据评价量表,给出多元评价

1. 对小组合作的过程给予评价(自评、互评、师评等)
2. 对小组最终的研究成果给予评价(参照评价量表)

三、思乡诗的创作与演唱阶段

学生经过前面两个阶段的学习,对于思乡诗都有了自己独特的理解和体会。因此在这一阶段要促使学生把自己对所学诗歌情感与内涵的体会,结构与形式的感知融会贯通,在思乡诗创作、谱曲及演唱的实践中提升学生的审美、创新和创造能力,最终完成感性认识到理性认识的转化。

例如有学生针对李益的《夜上受降城闻笛》这首诗,进行了重新填词、谱曲再创造,效果很不错。李益的诗歌具有很强的音乐性,《夜上受降城闻笛》在唐代就被谱入弦管,天下传唱。在《旧唐书》卷一三七谓:"'回乐烽前沙似雪,受降城外月如霜'之句,天下以为歌词。《唐语林》卷二谓此诗"天下亦唱为歌曲"。学生在创作、演唱的过程中丰富了原本匮乏的思乡情结,促进了思维的发展与提升,同时也激发了学生爱亲人、爱家乡、爱祖国的情感,从而达到了立德树人的人文目标。

在学科知识落实上,笔者追求真正的"为理解而教",教学设计中注重逆向思维教学设计,避免为灌输而教。在设计教学活动之前,先思考学习要达到的目的是什么,哪些设计能够帮助达到该目的,从教学结果开始逆向思考。对于思乡主题诗歌的学习,学生要创作出思乡诗并谱曲演唱,这一学习成果的生成是基于对思乡诗歌的理解与鉴赏。

总之,思乡主题诗歌群的教学探索与实践旨在打破诗歌孤立的单篇教学模式,将初中六册书里的诗歌按照不同的主题重组。同时,对于诗歌内容有讲解、有落实、有评价。这是基于语文学科又超越学科之上的主题式跨学科内容整合,在组织实施阶段,以学科大概念为统领,从孤立知识、独立课时走向关联知识和主题整合。

注释:
[1]李孟轲.初中语文思乡怀人古诗词专题教学研究[D].河南大学,2019.
[2]赵敏俐.文学传统与中国文化[M].哈尔滨:东北师范大学出版社,1993.
[3]陶东风.中国文学的思乡主题[J].求索,1992(04):91.
[4]金兰.家乡朗照的思乡情古诗词教学研究[D].中央民族大学,2020.
[5]海德格尔.荷尔德林诗的阐释[M].孙周兴译.北京:商务印书馆,2014.
[6]任凯.《赫尔德林诗的阐释》研究[D].山东师范大学,2014:25.
[7]张法.中国文化与悲剧意识[M].北京:中国人民大学出版社,1989.

张金玲,北京市建华实验亦庄学校教师。

与树的"前世"对话 于树的"今生"抵达

——《合欢树》"以问启思"式的教学构想

◎ 卢婉玲

《合欢树》是一篇写人记事的散文，围绕着"合欢树"这个意象，我们可以看到母亲润物细无声的爱和面对苦难永不屈服的史铁生。在母亲睿智美好的"活法"面前，许多人生感悟、生死玄理于史铁生体内萌生，正如美国总统林肯曾经说：我之所有，我之所能，都归功于我天使般的母亲。因之树的"滋养灌溉"，因之母亲的"柔软坚韧"，史铁生学会从苦难里提取幸福，在孤独中创建意义。

散文是抒发情感的记叙类文学体裁，因此在散文的教学中应注重从文本出发，营造审美情境，丰富学生的情感体验。为此，我们可以在教学中加入素材助读、多媒体展示等，由"入乎其中"到"出乎其外"，带领学生从感性上升到理性。

文本解读是教学设计的基础，在教学设计中如何呈现教材的原貌、启发学生的思考取决于不同的文本资源。通过研读《合欢树》一文，笔者发现以问题为导向整合教学，能够起到提纲挈领、深入浅出之良效。以问题为导向整合教学，有助于形成明晰的教学思路。把了解作者生平作为开端，在探求文章脉络的过程中与"树"的"前世"对话，分析人物形象、感悟情思，最后聚焦主旨，深入挖掘文本内涵，于"树"的"今生"抵达审美情境，启迪哲思：《合欢树》不仅歌颂了母爱，还描绘了一种生活的态度，一种生命的涌动。

一、知人论世，由言外而观言内

通过多媒体展示史铁生生平概述，由言外而言内，打开文本之门。1972年，一场大病导致史铁生双腿瘫痪，21岁的他再也没能站起来。1981年《我的遥远的清平湾》获得全国优秀短篇小说奖，自此史铁生成为中国当代文坛的一位重要作家。他把病榻写作当作个人精神的叙述与救赎，用生命书写了一部部优秀的作品，感动和激励了无数读者。

多媒体与语文学科的整合，不仅体现在教学手段、教学工具的更新，更多的是教学内容的扩展与革新，以及助力教学情境的创设，它拓展了课本知识的外延，使学生的阅读面、知识面得以扩大，同时激发学生对史铁生身世的共鸣。

在绝望当中，在母亲小心翼翼地呵护下，史铁生由自怨自艾变得坚强起来，开始探索一条属于自己的道路。他幽默地说，我的职业是生病，业余才是写作。遨游在文学浩海中，他成为坐在轮椅上的作家。创作艺术，享受生活，他把人生变得富有"生趣"。史铁生在轮椅上三十八年的时光，创作出很多作品，包括各种题材，也获得很多奖项，是位极富天赋且高产的作家。苦难从未消磨他的意志，他始终在平凡世界里书写着不平凡的一生，直到2010年12月31日，他因病逝世，享年59岁。

（一）文坛巨擘，明朗睿智

从多媒体的展示中，学生感受到史铁生的文字与他的人生一般，富含"生趣"，有一种美的姿态，一种活的神气。接下来以"授奖辞"为切入口，激发学生的阅读兴致，进而思索史铁生如何让苦难的人生开出一朵花来。2002年度首届"华语文学传媒大奖"杰出成就奖中为史铁生撰写的授奖辞："史铁生用残缺的身体，说出了最为健全而丰满的思想。他体验到的是生命的苦难，表达出的却是存在的明朗和欢乐，他睿智的言辞，照亮的反而是我们日益幽暗的内心。"[1]用问题直接导向《合欢树》的文本教学，如史铁生在《合欢树》里是否也表达了存在的明朗呢？

（二）联读标题，启动情思

提示学生联想从前学过的文章《秋天的怀念》《老海棠树》，明确《合欢树》也不是状物类文章，而是纪念母亲的写人记事散文。同时联系《老海棠树》和《我与地坛》中的文句"一棵合欢，纪念母亲；一棵海棠，纪念奶奶""她心里太苦了，上帝看她受不住了，就召她回去"，初步解读标题，启动学生感怀母爱的情思。当时母亲已患肝癌,病入膏肓,但她全然不顾自己的病体,一心想带史铁生去北海看花。在费尽心思说动史铁生后,却不幸病倒,送去就医,没想到那一次竟成为永远的诀别。当母亲去世后,史铁生终于顿悟了母亲的悲痛和坚强。在母亲的活法中,他也领悟到了越顽强越美丽的生命姿态。而内心的缺憾和愧疚之情时常流露于写作中,因此他说上帝把她召唤回去,某种意义上何尝不是一种自我宽慰。

二、文本解析,与"树"的前世对话

《圣经》说:"一粒麦子不落在地里死了,仍旧是一粒;若是死了,就结出许多子粒来。"(《约翰福音》第十二章第二十四节)合欢树正是母亲用自己的生命播下的种子。与"树"的前世对话,即是深味母亲的形象,同时梳理文脉,感知散文"形散神不散"的艺术效果,由人及物揣摩作者的情思。

(一)纵向对比,品读词句悟母爱

在语文核心素养的四个维度中,语言的建构与运用是一个基础的维度,若缺少它,其他也将成为"空中楼阁"。教学过程中,可以设计品读活动,带领学生通过朗读,感作者所感,运用自主品味、自主发现等方式触摸文本,与作者对话,体会情感。于漪老师说:"语文教学必须咀嚼语言,推敲语言,品味语言,让学生在学习过程中有自己独特的体验。"散文教学更不可脱离文本漫谈思想情感。

这一部分先细读文本,体会母亲对我的"毫不张扬的爱"。多媒体展示链接内容:《我与地坛》中写道:"母亲生前没给我留下过什么隽永的哲言,或要我恪守的教诲,只是在她去世之后,她艰难的命运,坚忍的意志和毫不张扬的爱,随光阴流转,在我的印象中愈加鲜明深刻。"引导学生聚焦第二、三段文字,明确母亲的爱表现在三个方面:不惜花钱到处找偏方;我烫伤后惊惶、自责、日夜守护;我治病无望后鼓励并支持我写小说。

这三个方面都有语言描写,学生可通过语言描写赏析母亲的形象。要求学生朗读相关描写,用形容词提炼和定位人物形象,在品读中进一步感悟母爱。在史铁生双腿瘫痪后,母亲百般呵护,尽心照料,每一帧画面都满怀慈爱,让人为之动容。孩子的身心痛苦在母亲那儿往往是加倍的。幸运的是因有母亲的引领,史铁生在陷入人生困境后重新找寻了出路,获得新生,母亲可谓他在人间最好的精神导师。

当学生沉浸在伟大的母爱中时,我们可将时针拨回至十年前,看看当时的母亲又是怎样的形象?母亲前后形成的"反差",能让学生更强烈地体会到母亲艰辛的历程,由此对亲情对无私的爱有更深层次的认知。这一环节要求学生朗读并分析,全面、立体地感知人物的心路历程和精神世界。母亲十年前的形象与后来截然不同,毫无疑问是由于史铁生生病的缘故。为了医治史铁生,母亲放弃了自己的爱好,磨去了自己的棱角,把自己的一切置之度外,全副身心放在孩子身上。通过前后鲜明的对比,让大家更深切地体察到母亲的伟大,同时也更能理解史铁生对母亲的那份愧疚与追念。

(二)厘清层次,赏鉴画面辨手法

这篇散文以年岁为序,选取了生活的三个镜头"十岁、二十岁、三十岁"。结合电影中的场景,适当对学生进行点拨,这种叙事的方式称为蒙太奇手法,指采用形象的文字描写,把跳跃幅度较大的画面,按照时间的逻辑顺序组接起来,勾画出一幅幅动人的图景。蒙太奇手法有助于强化主题,使叙述更简洁明快,在有限的时空表达丰富的内容。再类比《老海棠树》中的描写片段:"春天,老海棠树摇动满树繁花,摇落一地雪似的花瓣……夏天,老海棠树枝繁叶茂,奶奶坐在树下的浓阴里,又不知从哪儿找来补花的活儿,戴着老花镜,埋头于床单或被罩,一针一线地缝……",在古典文学中也可以发现许多类似的例子,譬如蒋捷的《听雨》等。在知识的迁移中不断强化学生对蒙太奇手法的认知和运用。

到这里讲了很多关于母亲与"我"的生活图景,"合欢树"这位"主角"却还未登场。通读全文,让学生根据"主角"出现的前、后顺序把文章分成两部分。进而把学生的思维引向合欢树,同时厘清层次,宏观把握文章结构。明确文章第一至第六段写母亲生前的事,以写"人"为主,第七段至最后,着重书写母亲去世后的事,以写"树"为主。作者为何以"合欢树"为标题,带着这层思考继续研读后半部分的文段。

文章层次、结构思路是作者按照一定的条理表达思想的路径和脉络,是作品外在形式的体现。形式蕴含于内容,作者心灵的广度依附于形式的创造之中。怀揣匠心的构思能够深化和表达其思想情感,它回答的是先写什么,后写什么的问题。有了前文"母亲的爱",才有后文的"坚韧厚重的合欢树"。从而让"树"的意象更为深广厚重,蕴含一种精神、艺术之美。

(三)研读疑点,探析矛盾窥真意

众多经典散文里,暗藏着"弦外之音",它们表达或深沉、或含蓄、或无法言说的感情,而且经常出现在文本的矛盾处。《合欢树》也不例外,文章多处暗含矛盾。基于此,我们以文本的几处矛盾作为突破口,抽丝剥茧,探寻潜藏于文本的情感密码。

比如作者之前为何推说"不便"而此时却要去看合欢树?联读《记忆与印象》和《我与地坛》,史铁生说母亲离开得太突然,他们都被这突来的厄运吓傻了,后来在第一次获奖的那些日子里,他又是多么希望母亲能分享自己的一点点快乐。先前因为母亲的去世,心里久久无法释怀。不敢看合欢树,是怕触景生情,加上自身的病痛,仍未能与世界和解,可见作者内心深处的思念与无法言语的悲伤。人们常说时间可以疗愈所有的伤痛,随着年龄的增长,史铁生慢慢地从生活中得到安慰和治愈。此外,自己的作品屡获嘉奖,一定程度上弥补了生命的残缺。作者很想与母亲分享这一喜悦,所以想前去看看合欢树。

再比如"悲伤也成享受",如何理解这简短的一句话?在《记忆与印象》中,作者直言对母亲离去的悲痛之情,以至于在十年间都无法面对这一事实。如今却在悲伤中获得其他方面的认知和享受,这如同冰心在《谈生命》中写到的句子:"苦痛何尝不美丽"[2],可谓言约义丰,意味深长。悲伤里有自己的专属记忆,经过时间的洗涤,伤感的事回忆起来也带着温情。咀嚼悲伤,对史铁生而言,亦是深味母爱。在对母亲满怀爱意的追忆中,作者看见了美好,也悦纳了自己。同时,独处时人更容易将生命融入刹那亘古、有限与永恒为一的境界,生发出对生命的思索,探寻生命的真谛,这在对话记者应付外界时是感受不到的。

通过研读疑点,探析矛盾,引导学生感受散文语简意深的艺术魅力,也帮助学生更贴近作者的心灵,习得理解文本深刻含义的方法和路径,同时培养学生的审美逻辑,提升阅读理解能力。因此在教学过程中,应善于带领学生发现矛盾、咂摸矛盾,从而茅塞顿开,心领神会。

三、主题探究,于树的"今生"抵达

回望树的"前世",即是对话爱的历程;怀想树的"今生",便是呼唤爱的抵达。它呼应了众多人心中相似的情感,增强了作品的感染力,也让读者体悟到深沉隽永的人生况味。

(一)涵泳标题,多元解读

关于散文标题分析类题目在高考中时常出现,文章的标题,是散文的眼睛,被称作文章的"题眼",是对文章精要内容的提炼、概括和浓缩。解读文章的标题,有助于我们把握文章的情感倾向和思想主旨。本文以"合欢树"为题,结合全文,引导学生赏析合欢树的内涵意蕴。

类比归有光的《项脊轩志》,明确作者运用以物象人、托物言情的手法赋予了"树"多元的解读。"合欢树"是一种象征,除了"树"本身的含义之外,还承载着母亲的爱和祝愿,在它的灌溉下,史铁生人格挺拔、灵魂丰盈。也因之母亲的那份执念,史铁生的生命终获"回响",寻到了一生的挚爱——他的妻子。在《赠妻子诗》里,他宣告爱情的降临改写了自身的命运,使得白昼和黑夜重新获得定义,让光阴在爱和期许中广博舒展。史铁生始终"相信爱才是人类唯一的救助",爱让人谦恭地仰望,从容地接受苦难,最终走向精神的超越。

(二)洞悉意象,发掘内蕴

散文往往不是直接抒情的,而是借助一定的形象来完成。文章除了"合欢树"这个意象之外,还有其他的"意象",如"不哭不闹的孩子",也可以作为意象来解读。细读文本,会发现"孩子"的出现有着深层的意蕴,我们应该关注他的"象外之意",一种独特的生命宣言。

作者始终没能看到合欢树,而那个刚来到世上的孩子,时常瞪着眼睛看树影儿,这似乎也给作者带去一丝安慰。每一个孩子的出生,总是给人传递一种希望的讯息。通过孩子的眼光见证合欢树的成长,实则寄寓了一种美好的祝愿,这不仅给史铁生带去生的讯息,也给世人带来爱的希望。孩子的出现正是呼应了这种召唤。

(三)审美错位,启迪哲思

承接前面"孩子"的"象外之意",进一步挖掘作者心灵深处的情感。孩子给予作者安慰,为何文末又写道"但他不会知道那棵树是谁种的、是怎么种的",似乎孩子的"存在"依旧是不完美的,有缺陷的,引导学生探究其中的哲思意蕴。首先明确作者在文末宕开一笔,由"树"又推及"人",造就了文意的抑扬和主旨的深化,"人"与"树"也达到了艺术上的统一,这是作者匠心所在,他的这一笔别有深意,值得细细品味。

孩子长大后,回想起这棵树,即便见证了它的成长,但并不知晓树的"发端";而作者没能目睹树的成长,然他懂得树的"渊源"。由此形成了审美的错位。孩子的出现为故事染上了一层温暖的色调,但"他不知道那棵树是谁种的"又隐伏着作者的悲剧感。同时我们也可以反向解读,尽管孩子不知道合欢树是谁种的,但树的影儿伴随了他的童年,某种程度上也是一种温柔的庇护。树的伟岸丰茂和坚韧厚重珍藏在孩子心中,为孩子的生命注入能量。

这样的审美错位,拉开了审美距离,在对作品"入乎其中"的涵泳玩味后,还要"出乎其外"地跳出来,读者方能理性地解读和鉴赏作品,从而洞悉深邃的哲理和深切的慨叹:爱的有限与无限。首先,生命是有限的。当我们爱的人消失在人海,脱离现世,我们的爱无法悉数传达。母亲去世之后,烙印在心头的是难以抹去的伤痛。我们终归要与至亲的人离散。其次,人是有局限的。"我"懂得合欢树的"前世","孩子"见证合欢树的"今生",他们的"爱"都是有限的,唯有相加才能圆满。然而,爱又是无限的。因为爱的呵护,合欢树得以开花结果,枝叶繁茂;因为爱的看顾,史铁生重获新生,绽放光彩;因为爱的汇聚,母亲的生命将在他们的目光和书写中一直延续。

如此解读,方可深入文本,将"思维发展与提升""审美鉴赏与创造"等核心素养落到实处。关于爱的有限与无限的阐述是从熊芳芳老师在《目送》《父亲在拐角处等我》联读设计里的解读中得到的灵感。散文平实化的描述语言不应作为浅尝辄止的理由,若阅读只是停留在表层,没有沉浸与思考,就难以内化为审美意识,无法向高阶思维发展。我们应该从不同的角度、不同的层面去品读文本、剖析内涵,由此才能读出作品的深度、广度和温度。

(四)寻美入境,领悟真味

审美的错位,生命的"不圆满",爱的有限传递,让文本内蕴和人物形象有了更为立体的层次,也使得读者在阅读中的情感体验和智性启示变得丰富而有深度。最后以戴望舒的诗句作结:这些好东西都决不会消失/因为一切好东西都永远存在/它们只是像冰一样凝结/而有一天会像花一样重开(《偶成》)[3]。合欢树寄寓着一切美好的事物,它永远不会凋零,但它反射和传递的心意将永远存在,我们只需仰望、凝视,潜心生长,静待花开。

史铁生用细腻动人的文笔表达了深邃的哲思

情意,虽感伤却不消沉,虽苦闷但仍旧美丽。其文章之美在于情感真实之美,在于意境深远之美,在于存在的明朗之美……因此在教学过程中,应突出文章的美感,所选的拓展文本也要体现美感。以美的形式,带领孩子寻美入境,领悟真味。

四、撷英拾贝,书写爱与美

课后作业要围绕课堂教学内容精心设计,它是教学内容的一个部分,是教学实施的一种形式,设计到位的课后作业是教学有效巩固、高效引领的强劲支持。同时我们必须超越教材、超越课堂,引导学生走向更为广阔的语文天地。通过多媒体展示《你还在我身旁》(写给母亲,荣获香港中文大学《独立时代》杂志社微情书征文大赛一等奖)的诗歌朗诵视频,激发学生在倾听中感悟,让他们课后也创作一篇诗歌或散文,可以设定主题为"爱与美",要求文中至少出现一种意象。

《你还在我身旁》这首诗歌运用了多种意象,营造出清醇、灵动的审美情境,有助于释放孩子的性情,唤醒孩子的心灵。用灵魂摆渡文字,以写作推动阅读,相信情感的力量,激活写作的思维。

此题难度适中,无论哪个层次的学生均可以完成,它能够锻炼学生观察体悟、提升语言表达的能力。语文实践活动是形成语文素养的重要通道,自主创作能够引导学生迁移运用,培育学生的核心素养。

五、板书设计

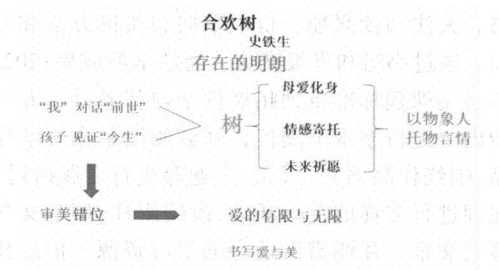

注释:

[1]史铁生.灵魂的事(封底)[M].天津:天津教育出版社,2010.

[2]冰心.冰心散文[M].北京:人民文学出版社,2013:106.

[3]戴望舒.戴望舒诗集[M].北京:人民文学出版社,2020:124.

卢婉玲,广东省深圳市陶兴国名教师工作室、广东省深圳市盐田高级中学教师。

核心素养下初中名著阅读的课程体系建构及实施路径

◎ 曾 敏

阅读经典名著，有利于提升学生的语文能力和语文核心素养，增强对民族文化的理解和认同。在初中名著阅读教学中，我们以师生共读的形式为载体，通过设计共读练习单，构建名著阅读读前指导、读中推进及读后总结的"课内导读+课外自读"为一体的名著阅读课程体系，创设个性化活动成果展示以及强化复习检测等方式，有助于学生培养阅读习惯，掌握阅读整本书的方法，提升学科素养，也有助于有序推进名著阅读教学工作。

一、名著阅读课标要求及变化

通过对比 2022 年版和 2011 年版课标在名著阅读方面的要求后我有如下发现：2011 年课程标准称名著阅读为课外阅读，强调制定阅读计划，规定每学年阅读两到三部名著，读整本的书，关注阅读兴趣、价值取向和阅读方法和习惯，通过小组和班级交流、展示学习成果；2022 年语文课程标准单列拓展性学习任务群，专门指出要进行整本书阅读，强调阅读革命文学作品，围绕作品语言、形象、主题等进行专题研讨，强调进行多样的读书活动，改编影片，撰写文学鉴赏文章，强调借助适宜的学习资源、信息技术，考查整本书阅读的全过程等。很明显，2022 年版课标告诉我们：名著必须真实地读起来，名著阅读课程体系也应该逐步建构起来。通过对课标的学习，我发现新课标对实际教学和阅读也提出了更高的要求：（一）以核心素养为导向。2022 年版课标首次提出义务教育阶段语文核心素养为文化自信、语言运用、思维能力和审美创造，一线教学在名著阅读方面如何将这一理念贯穿在实际的阅读中值得深入思考；（二）名著阅读要求更细化，探索个性化阅读方法。在实际教学中如何分享阅读感受，开展专题探究活动，建构整本书阅读的独特经验等等；（三）以实践活动为依托。强调多种策略、多种方法、多种实践活动开展名著阅读；（四）结构化建构名著阅读体系。不仅强调主题、项目、任务结构化组织单本书阅读，更要求构建名著阅读体系，即初中阶段三年名著阅读课程体系等。就具体实施过程而言，对师生提出了更高的要求。

二、名著阅读考试题型及内容分析

近年来，全国各地在名著阅读的考查上越来越强调在"广阅读""真阅读""深阅读"等方式上下功夫，改变以往以识记为考量的名著考查方式。在命题角度、题型模式上变化较大，重视实践性和综合性。我以成都市近 5 年的中考名著阅读考试题目分析为例，可以明确：名著阅读考题分值：4 分；阅读量为一段或多段文字材料；题型主要是选择题和问答题；范围主要为课标要求的篇目，请看如下表：

统编教材名著阅读必读篇目

七年级上册	《朝花夕拾》《西游记》
七年级下册	《骆驼祥子》《海底两万里》
八年级上册	《红星照耀中国》《昆虫记》
八年级下册	原《傅雷家书》，现《经典常谈》《钢铁是怎样炼成的》
九年级上册	《艾青诗选》《水浒传》
九年级下册	《儒林外史》《简·爱》

近 5 年除《骆驼祥子》《水浒传》以外，其他十部作品都已涉及考试题目，另外还考查过课标要求篇目中的《伊索寓言》。其中《简·爱》和《儒林外史》进行了对比考查，《朝花夕拾》和《故乡》进行了对比考查。从试题的分析中还可以看出名著阅读

的考点主要包括：名著常识识记；人物形象、表现手法、故事情节、精彩片段；感悟评价；名著阅读对比勾连及阅读方法的比较。其中识记名著内容较为简单，而分析、理解、概括名著内容、感悟勾连等要求较高，而这一特点也指向名著阅读命题新趋势：(一)基于广泛阅读的积累，精准选择材料，深入文本内核，要求学生真实阅读；(二)试题去模式化，多个考点、多种题型相结合，考查更为全面；(三)命题角度更加灵活新颖，难度增大，强调思辨性和个性化。总之，以命题撬动学生的名著阅读，只有基于真实的阅读情境下的知识获得和能力建构才能有助于他们应对名著阅读试题的考查。

三、名著阅读现状调查

课标要求阅读名著，试题考查也要求真实的阅读，那么名著阅读的现状究竟如何呢？首先，从教学方面来说：

(一)缺乏对名著阅读目标的独特定位。统编教材中名著导读的教学目标，常常与教读课文和自读课文的目标同质化，缺失了自己独有的价值定位。总体来说，其导读目标定位应该是"以导促读"，其目标定位在阅读前重点培养兴趣、指导方法、督促计划；阅读中重在落实计划、养成习惯、强化体验；阅读后重在交流、思辨探究、读出个性和生成创新。

(二)缺乏适宜名著阅读的独特方法指导。在实际教学指导中，教师大多还是着眼于书中字词、句段、篇章等学生能自行解决的细节进行阐释，或者着眼于人物、情节、主题的分析和讲授，大有将整本书当作篇幅更长、内容更复杂的单篇课文进行教学的势头。没有过多地去分析名著阅读是否有针对一类书独特方法的指导，此类方法指导可以结合统编教材中每一步名著阅读导读部分所提到的读书方法的内容，比如在阅读《骆驼祥子》时提到"圈点批注"的读书方法，在阅读《经典常谈》时提到"选择性阅读"的方法等等，那么，结合这本书的内容，如何充分运用这些方法，应该在阅读中进行练习、强化，并指向获得阅读这本书独有的个性化体验，从而掌握阅读这一类书的独特方法等。

(三)接下来，说说学生阅读名著的现状，通过对所教两个班97名同学的名著阅读情况进行了问卷调查并分析数据后，我提取了较为关键的4个问题的数据结果显示如下：

题号	问题	选项	人数
1	你平时在什么情况下读名著？	主动阅读	35
		老师要求	61
		家长监督	1
2	你认为阅读名著对自己的成长作用？	很大	61
		一般	31
		没有	0
		不知道	5
3	你读名著少的原因是？	没时间	51
		没兴趣	22
		老师没提及	10
		父母没提及	14
4	你阅读名著的态度是？	想看	56
		不想看，太枯燥，没兴趣	23
		看不看都无所谓	18

不难看出：学生主动阅读名著的人数较少，在老师要求和父母监督的情况下较好；大多数学生知道名著阅读对自己成长的作用大，有的想看但是没有时间；也有些学生不想看，觉得名著太枯燥，兴趣不浓厚等。在应试教育的大背景下，如何才能既提高学生的成绩，又提高学生名著阅读能力，培养阅读兴趣，变"要我读"为"我要读"呢？

四、核心素养下名著阅读体系的建构

(一)师生共读活动。连续两届陪伴学生开展"书有光·读最美"师生共读名著活动，陪伴学生阅读，助力学生成长。在时间的安排上主要是阅读课和周末时间，对初中统编教材规定阅读的名著和教师推荐阅读的名著篇目进行整体设计和统筹规划，每本名著大概需要阅读多长时间，每周定时定量阅读，在校可以师生、生生讨论交流阅读疑难及收获等，师生共读活动贯穿初中阶段每一本名著阅读，阅读过程中设计共读练习单，内容指向文本细节和学生感兴趣的内容，共读练习单的目的指向阅读过程，强调"真读"，不读书就找不到答案。比如在阅读《钢铁是怎样炼成的》时提问"保尔革命道路上的引路人是谁"，再如阅读推荐读本《我们仨》时提问"封面上的POP是什么意思"等，一本书读完之后，进行阶段总结可采用微信推文和表彰学生活动成果相结合的方式，这样既调动学生

阅读的积极性，又培养学生良好的阅读习惯，且名著阅读本身有利于学生语言的建构和运用，思维的发展和提升。

（二）名著阅读课程体系的建构

1. 名著阅读应是一个"课内导读+课外自读"的教学体系，徐杰老师提出名著导读课有四种基本课型：陌生化导读（引读课）；阅读过程中的指导（推进课）；阅读阶段小结或全书总结（总结提升课）；部分章节或选段的重读（重读课）。程一凡老师提出名著导读有六种课型：导读指导课、批读指导课、批读成果展示课、研读指导课、研读成果分享课、阅读评价课。我认为课内导读在阅读的过程中根据具体的情况至少可以由读前、读中和读后三个环节构成，即读前导读指导，读中推进和读后交流。初中名著阅读课程建设，应重视名著阅读过程中各种课型的综合运用，加强学生阅读方法和习惯的习得以及对名著的深入理解。导读对整本书内容除了做一般性的介绍以外，还要在实际运用、中考考查和学科核心素养培养层面做深入的阅读尝试。

2. 就阅读内容来讲，我认为名著阅读包括整本书阅读和相关的碎片化阅读。整本书阅读主要是指教材篇目和教师或学生推荐篇目，注重初中三年的整体布局，各年级规定阅读任务，形成序列；在阅读方法指导上也各有侧重，结合教材的阅读指导，略读、精读、浏览、圈点批注、选择性阅读等各种方法轮番上阵。碎片化阅读主要指推荐的相关阅读公众号、习作美文、推荐微课视频以及学生名著阅读的活动作品等，比如借用有书君、秒懂百科等5-10分钟的小视频了解选读名著的主要内容，使之立体化，加大对文本阅读的理解深度。我们身处信息化时代，不能片面地看待电子产品带来碎片化阅读的不良影响，恰恰相反，利用好手机、电脑等电子产品，可以帮助学生快捷地获取更多的名著阅读信息，将信息进行有机的整合势必为到达名著阅读高地助力。

（三）名著阅读个性化活动的设计。针对不同的名著，我们开展个性化阅读活动以展示学生阅读的成果。1.如阅读完《朝花夕拾》，我们分专题制作思维导图（以鲁迅的成长，鲁迅笔下的人物，鲁迅的教育观等主题展开研究），很多学生的作品都已在语文周报上发表。2.阅读完《简·爱》，我们将《简·爱》与《傲慢与偏见》两部电影相结合，写观影感悟或影评，有同学写道："我可以有巾帼不让须眉的壮志豪情，我可以有母性柔和的圣洁光辉，我可以在爱情中青涩烂漫地横冲直撞，也可以在婚姻中清醒冷静地风花雪月。我明白女生只有是自己的女王时，才会是他人的公主，只有不依赖他人，才能获得有底气，有尊严。"3.阅读《昆虫记》之前，我们展开跨学科活动，联系《昆虫记》的英文文本内容挑选合适的书籍版本。我们选择同一篇文章的不同译文来比较哪一种翻译更准确生动，有语文味，也能深入地感知法布尔在《昆虫记》的书写中所体现出来的文学性和科学性，极大地调动学生的学习兴趣。4.阅读《红星照耀中国》，根据内容的推进，指导学生开展"我为父母讲红军故事"的活动，也可以是"我和父母同讲红军故事"，录下视频，择优全班分享学习，拓宽阅读的视野。5.阅读《艾青诗选》的时候，联系九年级上册现代诗歌单元做单元整合，开展现代诗歌创作及诗歌朗诵会等活动，学生在创作和朗诵的过程中小到主题、意象、句式的选择，朗诵配乐的选择，大到朗诵会评委人员的选择，活动流程的设计等等，都需要认真思考解决的办法，有助于培养学生在具体的情境中解决问题的能力。6.阅读教师推荐读本《狼图腾》的时候，指导学生写专题小论文，如《小议"农耕文明"与"游牧文明"》。7.将《儒林外史》的讽刺艺术与鲁迅讽刺的辛辣幽默，果戈理"带笑的泪"做对比等，此外还可以运用知识竞赛，写读后感，做摘抄等多种形式……设计初中统编教材名著读本系列活动，使之呈现出结构化、序列化。学生在各种各样的活动中，势必得到锻炼和展示的机会，对提升学生写作能力、口语表达能力、思辨能力等也有着不容忽视的作用。

构建名著阅读体系是个难度和强度都非常大的工作，也有可能吃力不讨好，但联系前面讲到的课标要求和命题趋势，这个工作又刻不容缓，初一到初三如果认真开展名著阅读活动，将有利于学生对名著阅读知识的积累，考点的把握，直接有助于后期的中考复习，更重要的是对学生隐性的情感浸润和文化熏陶，这其实是比外显的学习成绩更值得关注的地方。

五、名著阅读复习检测

学生名著阅读习惯的养成、阅读方法的习得、情感的浸润与文化的熏陶，都是基于核心素养下名著阅读体系系列活动的有效开展的成果，同时，我们也不能忽略了名著阅读基本知识的掌握。在应对名著阅读中考考查方面，基于前面活动的有效开展，名著阅读知识检测就能够事半功倍，对于名著阅读的检测：

（一）名著基础知识逐篇梳理。对课标要求的阅读篇目进行基础知识的整理。知识建构决然不能只是知识的传递，应引导学生自主收集整理，归纳整合统编教材必读名著的基础知识，指导学生成为知识建构型学习的主人公，这样才能培养学生的学科核心素养。比如在阅读《朝花夕拾》的过程中，引导学生列表格整理每篇文章的主要故事情节、人物形象特点、作者情感态度的变化等，形成一手资料，然后在此基础之上进行小组交流讨论，头脑风暴，结合资料书和老师的讲解等完善自己的答案。也可以在此基础之上展开专题探究。

（二）结合中考考点进行练习检测及方法指导。比如名著阅读对比勾连、阅读方法方面的题目，应关注作品主要内容，对相似主题、人物、情节、写作手法进行勾连和对比阅读，学会关联和整合，指向高阶思维，并对阅读方法进行归纳与整理，积累与运用。关注基础知识积累和阅读方法技巧的运用，夯实基础的同时学会寻找文本之间的勾连点。设置问题情境，引导学生带着问题进行多文本思辨性阅读：如"信仰"这个主题在《钢铁是怎样炼成的》《红星照耀中国》和《西游记》中是如何体现的？纪实作品如何做到"用事实说话"这一点，你从斯诺的写作过程中得到了什么启示？真实性是核心素养的精髓，学生要关注在真实的情境中所遇到的问题，自主分析问题，解决问题的能力，并重视协同解决问题的训练，即通过对话、交流、合作探究等方式形成学习共同体。我们期望通过名著阅读逐步提升学生在概括内容、分析人物、把握情节、主题研究等方面的综合能力。

综上所述，在初中名著阅读教学中，开展师生共读活动，构建名著阅读课程体系，创设个性化活动成果展示以及加强复习检测等，本质上是要求学生在整本书理解的基础上有效完成各个环节项目化的任务，是学生在生生、师生合作学习中发展自我，共同探究、共促学习的有效方法，不仅让学生学会阅读名著，更培养学生的关键能力和核心素养。

参考文献：

[1]中华人民共和国教育部.义务教育语文课程标准（2011年版）[S].北京：北京师范大学出版社，2011.

[2]中华人民共和国教育部.义务教育语文课程标准（2022年版）[S].北京：北京师范大学出版社，2022.

[3]张秋玲，牛青森.新版课程标准解析与教学指导——初中语文2022年版[M].北京：北京师范大学出版社，2022:164-166.

[4]徐杰.名著阅读教学参考书[M].汕头：汕头大学出版社，2022:2-3.

[5]程一凡.朝花夕拾名著整本书导读[M].重庆：重庆出版社，2019.

[6]周武波.成都中考真题集锦[G].成都：四川远程电子出版社，2021.

[7]杨小敏.项目化视野下的高中整本书阅读教学探索[J].文理导航，2020(7):23-24.

曾敏，四川省成都市教育科学研究院附属学校教师。

"激趣读思,互动情知"高中语文快乐教学实施策略研究

◎范丽丽

一个好的主持人必能将一台晚会节奏控制得很好,并注意随时调动观众的积极性、参与性。语文教师更是如此。如何在语文课堂教学中为学生创设良好的学习情境,让学生在语文学习中享受到学习的乐趣,笔者经过多年的实践构建了"激趣读思,互动情知"高中语文快乐教学模式,其基本实施策略如下:

一、以趣激学享受快乐

更有趣地进入课文,唤醒学生的主体意识,使学生产生快乐学习的动机,这是学习过程学生快乐发展的重要环节。教师在上课伊始,要围绕教学目标精心设计,以学生所喜欢的生动有趣的多样形式,引发学生的学习兴趣,激发学习情感,唤起学习动机,明确学习目标。让学生从上课前的自由活动状态,转向集中注意,聚精会神,兴味盎然地投入学习活动。我常用的方法有:

1.名句导入

讲述课文之前,吟咏一两句与课文相关联的诗词名句,既可激发学生感情上的波澜,使他们很快地进入课文,又可给课堂创造一种浓厚的教学气氛,一举多得。例如,在教学《劝学》时,我便引用了王国维关于治学"三境界"的诗句,讲解第一是探求知识的迷惘境界,第二是刻苦钻研的执拗境界,第三是获得知识的欢悦境界。由第一境界转为第三境界的过程不是一蹴而就的,既需要有"衣带渐宽终不悔"持之以恒的学习态度,又需要有正确且行之有效的学习方法。荀子在《劝学》一文中,对这方面的问题做了比较系统的论述。

2.音乐导入

音乐是人类心灵的诗章,用音乐导入,能让学生在欣赏音乐的过程中进入或体会到课文所描写的境界,收到寓教于乐的效果。如教学《林黛玉进贾府》一文,我首先让同学们欣赏《红楼梦》的主题曲,当同学们正沉浸在这舒缓而又悲伤低沉的乐曲中时,我对他们说:"同学们,我们现在所听到的这首歌曲叫《枉凝眉》,我们似乎从这首歌曲中听到了激愤的倾诉、伤心的哭泣、倔强的呐喊……'水中月''镜中花'这两个形象的比喻对造成爱情悲剧的现实提出了质问。今天,我们一起来读节选自《红楼梦》第三回的《林黛玉进贾府》,一起走进贾府这个封建大家庭,走近黛玉,走近宝玉,走近贾府中的其他人物。"听了我这一段充满激趣的导语,同学们都不由自主地翻开了手中的书。

3.悬念导入

教读课文之前,有意设置悬念,能够使学生在心理上产生种种疑问,并由此产生强烈的探求欲,去探求事情的前因后果。如教读《赤壁之战》,可用疑问设置悬念:《赤壁之战》是一则根据我国古典小说《三国演义》第四十九回、五十回有关情节改写的历史故事。它记叙了东汉末年,曹操率兵南下攻打东吴,东吴大将周瑜采用诈降和火攻的办法,以少胜多,大败曹军于赤壁的故事。那么,东吴军队究竟怎样战胜曹操的呢?当曹操率领80万虎狼之师虎视眈眈,想一口吞掉3万军的东吴之时,东吴的主帅周瑜没有惊慌,调兵遣将,针锋相对。两军相逢谁会胜利?我们来重温英雄的事迹!今天,我们就来学习这个历史故事,了解赤壁之战。

4.故事导入

爱听故事,是学生的天性。所以在设计课堂导入时,可以利用学生的这个心理特点,讲一些与课文内容、情节或人物有关的饶有趣味的小故事,这样就能很好地抓住学生的心,激发他们的热情,使其很快便融入你的教学过程之中。例如,在讲授文言文《五人墓碑记》时,我以一个小故事导入:

有这么一天,有四个人躲在一小屋里喝酒,很秘密,大家知道,酒多话也多,喝着聊着,就聊到了

东厂的头上,其中有一个就破口大骂:"这东厂,真不是个东西!"旁边一人连忙制止他:"这位仁兄,说话可要小心噢,隔墙有耳!"那人不信:"算了吧,这么紧张干啥?我们躲在这小屋里喝酒,难道东厂的人有千里眼,能隔墙观望不成?你真是杞人忧天!"话音未落,"砰"一声,有几个人夺门而入,大喝道:"走,跟我们到东厂去一趟!"第二天,人们便发现这四个人的尸体悬挂在城门上。

故事讲完了,你们觉得这个故事最可能发生在哪个朝代?(生答:明朝)东厂是由谁执掌的什么性质的机关?(生答:由以魏忠贤为代表的阉党执掌的特务机关,他们任意残害忠良,追杀政敌,引起了广大人民的极大义愤)

今天我们要学习的这篇《五人墓碑记》中的五人便是在反阉暴动中"激于义而死"的五位义士。

当然,导入的方法还有很多,像比较导入、串珠导入、图片导入、角色导入、文题导入等,都值得老师去实践与探索。

二、以读启学感受快乐

朗读是语文教学中培养学生语感的重要方法,学习反复朗读,注于目,出于口,闻于耳,记于心,就能深入体会文章的内涵。在教学中,我能揣摩学生的学习心理,在不同时机运用不同的朗读形式,不断激发学生的朗读兴趣。

怎样引导学生朗读呢?

1.教师范读范背,引导学生有感情朗读

教师能用标准的普通话范读,准确传达作品的情感,加上学生的模仿性极强,学生就能以听助读,在模仿中纠正自己在发音、语气及句读等方面的错误,掌握朗读方法,提高正确、流利、有感情的朗读能力。如教学《再别康桥》时,我放背景音乐,然后根据音乐的节奏范背《再别康桥》,注重感情的变化,尤其是第4和5节先愉悦,再是淡淡的哀伤,这是高潮。然后让学生读,有时感觉真是"青出于蓝而胜于蓝"。

2.展开朗诵竞赛,激发学生朗诵激情

如教学《故都的秋》时,导入新课后,我就播放课文录音,让学生感受课文描写的优美,感受故都秋的特点,激发他们想读好课文的愿望。在学生自由练读后,我又引导学生展开朗读竞赛,每个小组推选代表参赛,要求做到正确、流利即可,这样学生朗读的积极性一下子又被我调动起来了。通过初读、研读,学生对课文内容已经有了比较具体的理解,能够比较准确、流利地朗读课文了,见此情景,我又激活学生:这篇课文用词优美,想象丰富,是一篇不可多得的美文,你最喜欢文中的哪段描写?能通过朗读把你这种喜爱之情读出来吗?结果学生跃跃欲试。最后,我又激励学生:你能把自己喜欢的部分有感情地背诵出来吗?老师当场给背诵出色的学生录音。学生的朗读背诵热情高涨。

3.学生互动,互相评价

我把全班分成12个小组,每组4人。首先同学们先根据自己对文本的理解,自由诵读;其次小组内部每个人都要读自己喜欢的部分,组内其他同学评价;然后每组推出代表朗读,其他小组点评;最后选出最佳朗读者和最佳评价者。

4.演读结合,鼓励个性化阅读

《新课标》提醒我们,注重个性化的朗读,所以我上课鼓励学生采取自己的方式对文本加以解读,然后朗读出来。在讲《套中人》时,其中有一部分柯瓦连科和别理科夫的对话,我班朗读这部分很踊跃,有两位同学主动走到讲台上,边演边读,他们很注重表情、动作、语言的有机结合,使两个人物形象的性格在讲台上栩栩如生地展现出来。

三、以思导学获得快乐

在语文教学中,老师应引导学生仁者见仁,智者见智,各抒己见,允许在课堂中有不同的声音。我这里提到的"思"不仅是指思考,更指思辨,目的让学生在思辨求异中获得快乐。如教学《项链》一文时,有学生向我质疑:"老师,玛蒂尔德的性格是多面的,虚荣只是她的一方面,我更赞成她诚实、爱劳动的一面""我也这样认为""我也是",想不到持这种观念的学生还有不少。我灵机一动,何不把他们分成正、反方展开辩论呢!在我的引导下,两方学生推选能言善辩之人作为本方代表进行辩论,正方认为玛蒂尔德的性格是虚荣的,反方则认为:爱美之心人皆有之,玛蒂尔德也不例外,但是她勤快、讲信用、诚实,这是值得我们学习的。到了下课时间,无论是辩者,还是听者都意犹未尽。整节课,课堂气氛活跃,宽松的教学氛围给了学生更多自主学习的空间,教师要舍得花时间让学生去思考,去争辩,能够激发学生创造的热情,最大限度地挖掘他们的潜能,同学们在思辨中锻炼思维,获得快乐。

四、以情引学咀嚼快乐

课堂上要建立民主、平等、和谐的师生关系,使学生敢想、敢说、敢问、敢做、敢议,产生探究的兴趣

和欲望。评说某位教师课上得好，人们常常会说到这样的话题上来：这位老师上课富有激情。这里涉及两个方面：一是说教者要有激情，二是说教者能用自己的激情去激活课堂，激发起学生的学习热情。那么，这情源于何处？又是怎么样去激活课堂的呢？

情源于爱。我们要做爱的撒播者，关爱每一位学生，用行动播撒爱，用爱去培育学生心灵。爱是架构师生心灵的桥梁，是教育成功的基石，是教师教育学生的前提和基础，正如《爱弥儿》一书中提出，爱是人类最基本、最自然的情感，也是进行教育的基础。通过自己的教学实践，确实深深地感触到这一点。一个充满爱心的教师，为了教好学生，会辛勤工作，废寝忘食，学生的快乐与痛苦和教师紧密联系在一起。学生进步了，我感到欣慰；学生退步了，我焦急万分；学生犯了错误，我痛心和自愧；学生忧伤时，我心如刀绞。当然这种爱不是溺爱，而是严中有爱，这需要我们要关心了解学生，严格要求学生，尊重信任学生，公平对待学生。老师对本职工作的爱、对学生的爱写在脸上，溢于言表。这情你抹不掉，也装不来，这是无声的语言，无价的激励。

情源于知。众所周知，语文教师要想教好语文课，就必须博览群书，有丰富的文化底蕴和随时吸纳新知识、新信息的能力。"海纳百川，有容乃大"，因此今天的语文教师如不及时吸纳这些信息时代的"活水"，那"桶"里的水将有干涸的危险。

至于激"情"之法则在于因情设境，以情育思。境因情设，情由境生。文章本为情所铸，师生更非无情人。执教贾平凹《我不是个好儿子》时，以孟郊的《游子吟》导入，然后引领学生思考《游子吟》之所以流传千古，很重要的原因是他捕捉了一个最普通也最感人的细节来展示母爱的伟大，然后让学生读文本，寻找文中作者捕捉了哪些细节来表现母爱的真诚无私。在品读文本后，体会如此对比来写抒发了作者怎样的感情，再进行延伸，开展"亲情讲述"活动，让学生联系自身经历讲述一两个让自己感动的细节。学生含泪的讲述，使课堂沉浸在亲情的回忆和感激之中，同时我也现场发挥讲了自己母亲的故事《三叶草之思》。我又启发学生：父母为我们付出了那么多，我们可以为父母做些什么？学生争先恐后地发言，我为学生唱《妈妈的吻》，让学生也唱一支献给妈妈的歌，于是《懂你》《常回家看看》的歌声在教室中响起，课堂由此达到高潮。在亲情的礼赞中，学生对文本的理解更加深刻，心灵也得到净化。

以情育思，首先在于以情激疑。透过《我不是个好儿子》这些细节，你看到了什么？又想到了什么？与此相对应文中的"我"又为母亲做了什么？尤其是在背景音乐"泪的告白"的渲染下，同学们都流泪了，我趁机说道："花谢了，有重开的一天；有些东西失去了，就是一生的遗憾。"可谓一石激起千层浪，教者引导去听、去说、去读、去想象、去体味本篇所抒之情，从而既找到了贾平凹曾经有过的感受，又体验到了自己曾有过的感受，对全篇文章有了一个整体的把握，把教学推向了一个新的高潮。

教师不断创设出一个又一个"启思""动情"的情境，激起学生一阵阵思维的浪花，而这情境的创设哪一个不是源于教师的情和知呢？教师正是把握了"师情"与"生情"这种必然的联系，才能使每节课高潮迭起，处处生辉。

五、以练拓学实践快乐

实践出真知。当然学习也不例外。不管教师在讲台上讲得多么声情并茂，学生如果不去操练和应用，那教学起不到什么效果。教师要以练拓学，设法组织学生动手做练习，让学生自觉完成各项作业，经过练习加深理解，牢固地掌握知识，提高学习兴趣。评练体现了教学中"迁移效应"和"反馈效应"，通过"评练"克服学生的离散特征，创设有利于学生实现迁移的情境，培养学生的主动迁移意识，进而达到发展学生的创造性思维能力，通过"练"及时发现学生存在的问题，改变了过去由教师讲学生做作业的习惯，使反馈周期缩短，有效地利用了"反馈效应"。"练"是指在教师的指导下让学生动脑动手，想问题做题目，通过练习掌握做题的一般方法，培养学生解决问题的能力。"评"是指在教师的启发指导下，师生共同对作文及阅读进行归纳评注，这样才能使学生真正理解和掌握语文写作及阅读的方法，变"学会"为"会学"。评的主要内容有：评的依据，作文的审题、立意、选材及构思等，阅读的技巧，如何筛选有效信息及规范答题等等。

语文离不开解题，语文自学必须抓好习题演练这个关键的环节。我们在自学辅导实验中，给出习题演练五项指标。

自主性——成功是继续学习的动力，在实验中我们提出要"一做二查三检验"，高中阶段，自主学习更能提高一个人的能力，尤其在语文的基础知识方面。

敏捷性——在实验中我们要求学生能达到"熟中生巧，巧中生活，活中生华"。语言运用题方法较为灵活，呆板地去解题很难出成绩。

扩展性——在解题中力求使学生做到：举一反三，触类旁通，迁移扩展。提到文言的实词，就要注意联想和扩展，联想就是课内文言文所学的意思及例句，扩展就是在做课外文言文时会迁移运用。

流畅性——力求学生思路清晰，条理分明，书写规范，表达简洁，思维流畅。这个主要体现在作文和现代文阅读中。

加强分层情况练：学生以"层"为单位，以竞赛为形式展开自学活动，在各自目标的要求下，根据布置的练习题在同层次之间比答题速度，比答题质量；通过竞练，使学生快速进入亢奋的情绪状态下钻研动脑，出色完成学习任务。"练"以竞赛的形式进行，能使学生产生"比"的动机，学习过程主动、紧张、有序，陪堂闲坐的现象就自然销迹。由于是分层定"度"，因层定"量"，而又留有余地，"上不封顶"，每层学生都能满负荷运转，又能当堂完成。"评"为"竞练"服务，唯其如此，每个学生就必须先认真听"评"，养成认真听课的习惯。

练习及评讲是学生对学习任务的重复认知，对学生的学习起到了巩固、发展、深化和激励作用，通过练习、评讲使学生能有所获、有所悟，并体验到成功的喜悦。练习及评讲的设计对不同层次的学生应有不同的要求。例如根据我班学情《六国论》必做题是：背诵全文，辨析一词多义和词类活用。选做题是：归纳本文的古今词语的意义、句式，赏析写作特色，结合历史说明六国破灭的原因等。得法、得体和得力的练习能唤起并强化已学知识，诱发学生追求新知识的欲望，从而激发学习语文的兴趣。

六、以成励学找到快乐

教学过程是学生在教师指导下的认知过程，同时也是情感交流的过程。愉悦和谐的课堂气氛可以有效地调动学生参与学习的积极性。我们应该热情关心、循循善诱，最大限度地去挖掘学生的优点，进行"激励式"的评价。

我在以下几方面激励学生。

（1）让学生鼓励学生。比如，我在讲现代文阅读时，有学生说：我不看原文就答题。"同学们都笑了。我说："你真是个神人！你不看原文怎么答题？"他还说道："不知道怎么答现代文阅读题？"然后我让另外一个较为优秀的学生给以解答，这位同学就按照较为优秀的学生的说法再去做题。结果我在批阅时发现这位同学确实做得不错，再上课时，我说这次进步最大的就是这位同学，我还说到"名师出高徒"，此语一箭双雕，表扬了两位同学，同时还暗示其他同学应该吸取别人的好方法来指导自己做题。

（2）教师要充分发挥语言的调谐作用，给学生以亲切感和美感，充分调动学生学习的积极性。如"这么多人举手，太好了！下面一个一个地讲，看谁讲得最好。""你想得很周到，说得很全面，其他同学应该向他学习。""你们听，这位同学说得多完整啊！老师真佩服他！""你说得真好，如果声音再响亮一些，就更好了！""太棒了！还有谁能超过他！"……在语文课堂教学中，我经常运用一些亲切鼓励、催人奋进的课堂用语，激活了学生的思维，大大地提高了学生的学习效率。这些激励式的评语能在学生的内心深处形成一股强大的心理推动力，在潜意识中产生向表扬目标努力的追求，对学习的态度是乐意的、主动的。

（3）大胆放手，做"欣赏者"。大家都知道，学生总想得到老师的称赞，愿意表现自己。例如，我安排一位学生站在讲台上讲《林教头风雪山神庙》，还邀请其他老师听课，课前让学生自己查资料，自己做课件，课上游刃有余地讲课。课后，听课老师先做点评，然后其他同学点评，最后我总结点评，我说："你讲得太棒了！你的语言很美，尤其是你那过渡性的语言很连贯；你的教态自然，时间安排恰当，完成了教学任务，让学生学有所获。真是'青出于蓝而胜于蓝'啊！"教室里响起热烈的掌声……后来又鼓励学生大胆参与"上课"竞争。让他们自己选择课题，举行"说课"竞争，即让参与者叙述教学目的、重难点、教学方法等，然后由全班评议，推荐出执教者。

语文快乐教学，以其独特的魅力，激励着每位老师。古人云：学之者不如好之者，好之者不如乐之者。我们要正确把握好语文教学的特点，一切从学生实际出发，走进学生的心灵，与他们平等对话，引导他们在课堂上积极思考，大胆发言，激励他们不断进取、创新求异，变"学海无涯苦作舟，书山有路勤为径"为"学海无涯乐作舟，书山有路勤为径"。

范丽丽，山东省青岛市城阳第一高级中学教师。

美育的脉络与小说的浸润

◎ 刘　琳

席勒是德国伟大的诗人、戏剧家、美学家，在美学史上，他创造性地使用了"美育"的术语，开启了审美现代性批判的先河，被誉为"现代美育之父"。席勒继承了康德"人是自由的存在"的根本命题，并同样继承了康德追求人的自由的理想。席勒认为，只有先使人得到完整的人性，人才能走向道德自由。因此，席勒的美育就是对自由的人进行的美育，通过这种美育实现人的自由——道德自由。作为席勒美育理论奠基石的《审美教育书简》于19世纪末、20世纪初传入我国。清末民初的传统美育三大家——梁启超、王国维、蔡元培大力提倡美育，他们将国外的美育理论和传统的美育知识介绍到了国内。

一、"灰色"的理论

梁启超举起了近代美育思想启蒙的大旗，他奠定了讨论美育的基本形式规范和内容，他认为"美是人类生活一要素——或者还是各种要素之最重要者"，这一观点与席勒在《审美教育书简》中的第一封信的观点是一致的，席勒认为："对美的感受与享受，以及对美带来的'至乐'的追求是我们人类最基本的嗜好，这种嗜好体现了人的最纯正的天性。"他们二人都默契地认为美是不可或缺的，那么审美教育也势在必行。国内最早进行席勒美育理论介绍与研究的人当属王国维。1903-1907年，王国维以《教育世界》杂志为阵地，发表了一系列倡导美育的论文，他阐述了席勒的美育目的论——把人培养成为完全之人，而非某种职业或专门知识的代名词。

蔡元培是我国近代美育的"真正首倡者和奠基人"，也是较早研究席勒美育思想的重要人物之一。他是光绪年间进士，旧学功底深厚，多年的翰林院供职使他有机会体察清政府上层的腐败无能，对清政府政治改革幻想的彻底绝望促使他最终走上了教育救国的探索之路。1901年，蔡元培引进了"美育"这一术语，他认为："智育者教智力之应用，德育者教意志之应用，美育者教情感之应用是也。"蔡元培创造性地将美育与智育、德育并举，开启了中国现代美育构建之先河。1907年至1911年，蔡元培奔赴德国留学，通过在德国的亲身感受，以及对欧洲大战的直接观察，蔡元培指出："德、法两国交战之持久，还在于其军队都具有'舍身为国'的国民公德。这种公德的养成，不在宗教之教育，而在'美术之作用'。"他认为："纯粹之美育，所以陶养吾人之感情，使有高尚纯洁之习惯，而使人我之见、利己损人之思念，以渐消沮者也。盖以美为普遍性，决无人我差别之见能参人其中。"在此基础上，蔡元培提出了"以美育代宗教"的教育思想。蔡元培的教育思想，要言之如下：其一，完全人格教育。以培养儿童"健全人格"为目标，不从成人角度去硬性约束学生的成长，蔡元培直言德育，为"完全人格"之本；其二，尚自由，展个性。要顺应教育者身心发展的实际，强调启发式教学；其三，主张"思想自由，兼容并包"的办学原则，崇尚有理想的包容性和健康心态的批判性。蔡元培在其自传《美育人生》中谈道："近来时觉有他世界之影闪烁于眼前，又以此世界之究竟终无可把握，而世界中一切事业，亦竟不能以寿命极短之人类猝定其价值。所恃以为一时取舍之标准者，惟良心为一线光明而已。而吾人既在此物理世界中，又有无数不能自由之原因，则吾人所能循此一线光明以进步者，亦只能限于力所能达之一点。"百年前，蔡公感叹教育之辛，却甘之如饴。百年后，我辈当以蔡公之理想为永不止息的追求。可正如歌德所说"理论是灰色的，而生命之树长青"，唯有扎根于现实，理论才能生生不息。近代以来，以梁启超为代表的学者,发动"小说界革命",欲以小说之艺术感染力,正风俗明人心,这正是借助小说的美育功用影响社会。本文试以《平凡的世界》为文本,落实在教学的实际层面,探讨其对学生美育教育的可能性。

二、长青的"生命树"

《平凡的世界》一书为统编版语文教材八年级下册的选读书目,也是高中语文的必读书目,本节笔者想以自己的教学设计和实践为例,谈谈美育在实际操作中的具体落实。

路遥花费了整整六年的时间创作《平凡的世界》,其间,贫穷、孤独、疾病都不能磨灭他的决心,他曾说:"只有初恋般的热情和宗教般的意志,人才可能成就某种事业。"黄土高原恶劣的自然环境,造就了陕北人性格中特有的深沉、坚韧、顽强、乐观的精神。路遥身上明显体现着陕北黄土高原文化,他就像是那红艳艳的山丹丹花一样,给读者带去了生机和希望。作者将其对社会和人生的深刻理解和永不熄灭的激情通过具体、生动的故事和丰富、立体的人物形象传达给我们,这本小说时间跨度长,人物众多,如何在一节课的时间内使学生对小说的内容、情感有一个深入的了解和把握,笔者将本节名著课定位为读中推进课,将本节课的主标题定为"几许微光,献给生命的沧澜",并拟从以下几个方面着手:

1.人物对对碰——梳理人物关系

《平凡的世界》以时间为序,书写了二十世纪七十年代中期到八十年代中期我国陕北地区的社会进程和变革,主要人物在这十年间的经历也构成了他们的个人成长史。

师:请一位同学阅读学案导语部分。

生:对于《平凡的世界》来说,小说的叙事空间主要有两个,一个是双水村,另一个是黄原城。以这两个叙事空间为依据,可知小说的主人公是孙少安和孙少平。小说中无论是主角还是无名小卒,都是黄土地的一份子,他们性格迥异,却都淳朴善良,他们共同为读者呈现了平凡世界中的精彩故事。

导语的设计给了学生一把打开小说之门的钥匙,使他们快速地进入小说的故事情境中。在本节的授课中,笔者设计了两个主问题,通过对两个主问题的讨论,带领学生快速梳理小说人物关系:

(1)用树状图的形式梳理小说的主要人物关系。

(2)结合具体情节,为小说中的人物设计一张名片。

值得论及的是,在名片设计的时候,有一处是要用一句话评价小说人物,有几位学生的点评十分精彩:

"李向前——为爱生,为爱残。"

"李晓霞——她是一位侠女,更是一道霞光!"

"孙少安——生活中'忍者',精神上的'仁者'。"

……

师小结:黄土地的厚重养育着他的人民。在《平凡的世界》中,我们虽然看到了人与人之间的矛盾和误会,但更多的是看到了他们身上豁达、宽厚、善良等美好的品质。他们身上所闪耀的人性之光,照进了那段贫穷、艰难的岁月。

以对小说人物的评价为切入口,使学生对小说人物的经历、思想、情感有一大致了解,仿佛那一个个生活在平凡世界中的人们,带着他们的伤与痛、爱与恨,向我们款款走来。我们通过小说的文本,得以进入平凡世界,梁启超曾说小说具有"熏浸刺提"四力,黄人一字以概之,曰"美",即小说具有巨大的艺术感染力,这些都是《平凡的世界》所具备的,也是美育浸润的前提与可能。

2.爱情面面观——解读主人公的爱情观

书中的爱情,往往让读者感到无比沉重、痛苦,读着读着,我们会因为相爱的人无法终成眷属而感到伤心遗憾,也会思考究竟是什么因素撼动了美丽的爱情。笔者于这一节设置了一个主问题:

以两位主人公的爱情为例,分析他们走到一起(或没有走到一起)的原因?谈谈你对他们爱情选择的理解。

这一环节花费的时间较长,学生各抒己见,纷纷表达了他们对于爱情的理解和看法,在思维的不断碰撞下,最终我们讨论得出:孙少安意识到自己和润叶的家庭出身、生活环境、文化程度上都存在着巨大的差异,他的内心有一种自卑感,他担心润叶跟着他会受苦。较强的门第意识、狭隘的世俗观念等都导致少安无法和润叶走到一起;而弟弟孙少平没有哥哥那么多的顾虑和界限,他和晓霞坦然相处,真诚相爱,富有诗意地相约。在孙少平的思想里,他和她尽管社会地位和生活处境不同,但在人格上是平等的,他也正是以自己的内在气质、精神力量吸引着田晓霞。

师小结:不管是拒绝还是接受,我们都能看到兄弟二人心灵的良善。兄弟二人各自的爱情故事中所折射出的心灵之光,点亮了那段纯真、美好的岁月。

前已提及,王国维认为把人培养成为完全之人,而非某种职业或专门知识的代名词,即美育之目的。但社会之传统、习俗,政治、经济之不公,无不桎梏于人,质言之,"完全之人"难矣!但是,在《平凡的世界》中,我们很多时刻都可以感受到人物生命与心灵的力量——在爱情中尤其明显,其又以孙少平与田晓霞为代表。两人无比强调人格的平等与心灵的契合,在这样一份独特的爱情中,两人的生命之火越燃越烈,跨越山海与世俗,虽然终于败给生死,但我们却可以看到"完全之人",因其心灵充沛与自由之故。

3.人生的选择——走出去还是留下来

随着社会的发展,时代的变迁,农村人思想的变革深深地影响着他们的人生选择。站在人生的交叉路口上,他们会有选择前的彷徨、迷茫,也有选择时的笃定、坚守,更有选择后的痛苦和挑战。能干却没多少文化的孙少安走的是严格遵循现实条件的现实主义道路,而弟弟孙少平却走上了勇敢却矛盾重重的理想主义者的道路。本环节主问题设置如下:

以孙少平为例,分析其"走出去"的主客观原因。

原文中有一处从田晓霞的视角评价孙少平的句子:

"她将他同大学同学相比,'猛然间发现了另外一种类型的同龄人',这些性格非凡,天赋很高却因种种原因进不了大学门,也进不了公家门的农村青年,'他们不甘心把自己局限在狭小的生活天地里,因此,他们往往带着一种悲壮的激情,在一条最为艰难的道路上进行人生的搏斗。他们顾不得高谈阔论或愤世嫉俗地忧患人类的命运。他们首先得改变自己的生存条件,同时也不放弃最主要的精神追求,他们既不鄙视普通人的世俗生活,但又竭力使自己对生活的认识达到更深的层次……'"

原文中还有一处从孙少平写给妹妹兰香的信:

"要自强自立,勇敢地面对我们不熟悉的世界。不要怕苦难!如果能够深刻理解痛苦,苦难就会给人带来崇高感。"

在学生充分讨论的基础上,再出示以上两段材料,能加深学生对孙少平的认识,从而对其的选择更添一分"理解之同情":

"高中生活让他得以走出双水村。"

"热爱读书,使他的眼界、思想都更加的开阔。"

"主动承受苦难、勇于超越苦难。"

"忠厚善良、乐于助人、吃苦耐劳的优秀品质帮助他赢得了更多发展的机会,面对机会,他能勇敢抓住,不断挑战自我。"

"哥哥孙少安挑起家庭重担。"

"社会、时代的变革给了农村新一代的青年人更多的可能。"

……

师小结:一个平凡的人,敢于对既定命运发起挑战,敢于与命运进行无畏的搏斗,其本身的勇气已足够让人钦佩。其实,无论是选择走出去还是留下来,他们自始至终都没有放弃过平凡的梦想,他们身处平凡,却又不甘于平凡,那束理想之光,始终鼓舞着他们带着勇气和坚毅,走上奋斗的路程。

前已提及,蔡元培认为:"纯粹之美育,所以陶养吾人之感情,使有高尚纯洁之习惯,而使人我之见、利己损人之思念,以渐消沮者也。盖以美为普遍性,决无人我差别之见能参入其中。"通过以上的分析,可以说无论是走出去还是留下来,孙少安与孙少平自始至终都没有放弃过平凡的梦想,都担当着生活给他们的重任,并毅然前行。梁启超曾说:"刺也者,刺激之义也。熏浸之力利用渐,刺之力利用顿……能入于一刹那顷,忽起异感而不能自制者也。"又说:"凡读小说者,必常若自化其身焉,入于书中,而为其书之主人翁。"在探讨兄弟二人的人生选择中,师生可以说都"化身"为兄弟二人,便体会了"陶养吾人之感情",但兄弟二人的道德担当中,又何尝不有"使有高尚纯洁之习惯,而使人我之见、利己损人之思念,以渐消沮者也"。在阅读与讨论的深入中,小说美育之浸润,也在潜行细入。

4.平凡的世界是否平凡

这一环节是整堂课的收尾,通过上面三个环节的层层推进,对于最后一个问题探讨便水到渠成了。在学生充分表达了他们的阅读学习感受后，师总结如下：

平凡的人们在平凡的土地上过着一种平淡的生活。作者用看似平淡的语言在讲述着这一故事，而事实上我们还读出了一种"伟大"，这种伟大是面对挫折与困难永不放弃的精神、这种"伟大"是面对弱者鼎力相助的热情，这种"伟大"是面对梦想奋力拼搏的勇气，这种"伟大"背后，是一束生活之光在指引。

路遥在其创作随笔《早晨是从中午开始的》中这样说道："想想伟大的前辈们所遇到的更加巨大的困难和精神危机，那么，就不必畏惧，就心平气静地入睡。"其实，奋斗之于每个人、每个时代都是辛苦的，即使我们不需要像少安、少平一样卖力气，也无须像路遥一样忍受贫困、孤独，但我们仍有自己所面临的真实困境，虽然时代早已不同，但生活的底色是不变的。本节课的设计是以问题为驱动，以美育为内在指引，通过课堂的实践，师生感受到了那一束生活之光的指引，将课内外知识做到了很好的融汇与贯通。领略了小说的"熏浸刺提"四力后，我们终将回到自己平凡的生活。小说之所以在情感上能引起"美的快感"，往往在于其艺术形象的典型化，我们自己，又何尝不是那一个个分散的少安、少平、晓霞、润叶……我们一起相识、相知、相爱，又何尝不是演绎了一幕幕动人的"平凡的世界"。笔者相信，通过对文本的阅读与课堂的讨论，也对学生进行了一次精神洗礼：在最平凡的生活里，只要有着努力与热爱，也都会隐藏着动人的诗意和丰沛的生活。

三、大地的"种子"

《马太福音》中有这样一个著名的比喻："凡听见天国道理不明白的，那恶者就来，把撒在他心里的夺了去，这就是撒在路边的了。撒在石头地上的，就是人听了道，当时欢喜领受，只因心里没有根，不过是暂时的，及至为道遭了患难，或是受了逼迫，立刻就跌倒了。撒在荆棘里的，就是人听了道，后来有世上的思虑，钱财的迷惑，把道挤住了，不能结实。撒在好地上的，就是人听道明白了，后来结实，有一百倍的，有六十倍的，有三十倍的。"教育之百年树人，不也正是撒种子的过程吗？小说之美育浸润，正能突破一般教育之空洞说教，以"熏浸刺提"四力，陶冶学生之感情，浸润心灵深处，使有高尚纯洁之习惯，以培养成为完全之人。就算在人生灰暗与无力的时刻，也许那一束生活与良心之光，仍会指引着他们，让无数种子，在大地上生根发芽，生生不息。

参考文献：

[1]席勒著.冯至,范大灿译.审美教育书简[M].北京：北京大学出版社,1985.

[2]蔡元培.美育人生：蔡元培自传[M].南京：江苏文艺出版社,2011.

[3]杨家友.席勒与蔡元培的审美教育思想比较研究[M].武汉：湖北人民出版社,2009.

[4]雷达.路遥研究资料[M].济南：山东文艺出版社,2006.

刘琳，江苏省苏州大学实验学校教师。

大单元任务群教学设计与实施路径研究
——以"统编版必修下第三单元"为例

◎马微微

大单元教学设计与以往的单篇教学设计相比，更加注重教学内容的关联性、整体性、一致性。在教学实施过程中教师要对统摄于一个单元主题目标下的多个单篇教学内容或不同单元主题目标下的具有整合价值的单篇教学内容进行整合、重组、开发，并通过多维度的比较，或求同存异，或另辟蹊径，找到符合任教学情的教学设计支点，构建以学生为主体的统一视域下的大单元教学设计思维观念。在进行大单元教学设计时，教学设计者不仅仅要关注大单元教学的整体性，还要关注它的进阶性和迭代性。

一、大单元教学设计内涵和教学篇目编排的深度理解

大单元教学设计作为一种新的教学设计理念被引进中国之前，已经在很多国家的教育实践中被证明其可行性和有效性，其宗旨是帮助学生更好地理解和掌握该主题或概念。提高学生的学习效率，培养学生的核心素养。统编高中语文教材作为实现教育"立德树人"总目标的教学载体，其单元组织基本上是以某一人文母题为支点，纵向贯穿，串联单元的单片教学篇目、主旨内容、对象内容，彰显了教材的人文特色。

本文以统编高中语文必修下册第三单元为例探讨对大单元教学设计篇目编排的理解，本单元为统编版教材必修下册的第三单元，属于"实用性阅读与交流"学习任务群，以"探索与创新"为人文主题。根据课标规定，该任务群"引导学生学习当代社会生活中的实用性语文，包括实用性文本的阅读与理解，日常生活需要的口头与书面的表达交流"。

本单元一共编排了四篇文本：《青蒿素：人类征服疾病的一小步》《一名物理学家的教育历程》《中国建筑的特征》《说"木叶"》，从题材上看两篇自然科学探索类，两篇人文社会科学类文章，从体裁上看分别涵盖了获奖感言、科普文、科技论文、文艺评论四种文体。

根据对语文必修下第三单元"探索与创新"教材篇目编排和大单元教学目标的深度理解，我设计了以下单元教学目标：

1.通过阅读介绍科学发现过程和成果，展现科学研究过程中的艰辛与乐趣，了解知识性读物，感受不同领域学者的创新意识、探究精神和科学态度，发展科学思维，培养科学精神。

2.积累阅读知识性读物的经验，掌握知识性读物的阅读方法，在阅读时抓住关键概念、术语和关键语句，理清文章思路，理解和把握文章主旨。

3.学习文章说明事务、阐释事理和逻辑推理的方法，体会这类文章严谨、准确的语言风格，学习科学研究的方法和适宜的表述方式。

4.学以致用，探究生活中的实际问题，形成自己的见解并能进行准备、有个性的表达。

为什么设置了这样的单元教学目标呢？首先是因为本单元所选四篇课文分别介绍了自然科学与人文科学领域中的探索和发现。虽然体裁不同但是在教材篇目的编排上都统筹在同一教学目标之下，所以在设计教学目标的时候旨在通过引导学生通过大单元教学的统筹整体感受科学家在自己的研究领域开展科学研究过程中所体现的严谨理性，求真务实，想象力，责任担当等科学探索精神，这样的单元目标设计有利于落实"立德树人"的总体教学目标。其次，是基于学科核心素养的总体要求，这四篇文本分别涵盖了核心素养的四个层次。从"语言建构与运用"目标维度看，本单元主要学习知识性读物的阅读方法，引导学生通过把握关键概念和术语。从"思维发展与提升"角度来看，本单元通过引导学生理清文章思路，分析作者阐释说理和逻辑推理的方法,学习本任务群所选文本语言严谨准确的语言特点,并培养能探究生活中的实际问题,形成自己的见解,能清晰地说明事理的能力。从"审美鉴赏与创造""文化传承与自信"维度素养来看,本单元教学目标设计的时候一方面要引导学生了解科学探索的动机、过程与方法,在获得科学认知、感受科学研究、自主探索过程中的思维和情志,体会人文之美与理性思考的价值,激发科学探索意识、创造激情和理性精神;另一方面,教学设计者要引导学生学习并运用当代社会生活中的实用性语文知识,比如实用性文本的阅读、写作等。力求通过该单元任务群的学习提高学生阅读表达交流的水平,增强学生适应社会,服务社会的能力,为学生的终身学习打好基础。

二、建构大单元教学内容与学习任务深度融合的教学设计与实施

表1 高中语文必修下第三单元教学设计实施量表

课时安排	教学任务	教学内容	教学目标	核心素养
2	1.理解事理	梳理四篇文本的主要概念,涉及专业性知识、文本结构、逻辑层次,初步总结阅读方法	1.理解文本中重要概念,阅读知识性读物。2.学会通过抓住关键词来把握文章主要内容。	语言建构与运用 思维发展与提升
2	2.分析思路	梳理四篇文本的思维结构,梳理文章的层次结构,理清文章的行文逻辑	1.感知作者说明事理的逻辑方式。2.感受实用类文本的理性之美。3.进一步积累和实践知识性读物阅读方法。	思维发展与提升 审美鉴赏与创造
2	3.感悟精神	感受科学工作的艰辛与乐趣,领会科学家的精神,感悟他们的胸怀。	1.再读文本,感受学术研究的魅力,探究科学发现和创作背后的思维方式。2.激发对科学探究的兴趣和热情,养成严谨务实的态度。	审美鉴赏与创造 文化自信与传承
1	4.探究表达	比较鉴赏,探究四篇文本语言风格的异同点。	1.对比阅读,认识文体与语体关系,鉴赏知识性读物的语言特点,感知每篇文章的语言风格,分析影响语言风格的形成要素。	语言建构与运用 思维的发展与提升
2	5.写作交流	撰写职业生涯规划书:《人生几何》,习作互评与升格训练	巩固所学知识,在实践中运用知识,总结知识。	思维发展与提升 文化自信与传承

(一)教学设计的学业质量水平要求

例如:《普通高中语文课程标准》(2017年版2020年修订)水平1-2指出:"在理解语言时,能提取和概括主要信息,能区分事实和观点,能利用获得的信息解决具体实际问题。"这就要求我们在本单元教学设计与实施的过程中能够通过教学设计逐步落实这一质量要求。所以在具体的教学设计过程中,我首先设置了教学任务1:全面把握四篇文本的主要内容,引导学生在阅读的基础上有意识地提取文本中的关键词,理解文中所说事理,引导学生通读文本,通过对核心概念、学术名词等关键词语的提炼达到学业水平1-2对学生学习结果的要求。而这一教学正是整个大单元教学目标实现的基础,所以在具体的教学设计过程中,我们把这一教学任务放在第一、第二课时完成,这一教学目标是单篇教学难以达到的。又如:学业水平4-1提出:培养学生"能不断扩展自己的语文积累,自觉整理在学习中获得的语言材料和言语活动经验,在梳理的基础上,尝试进行专题探究,发现其中蕴含的语言运用规律……根据具体的语境和表达的目的、要求,运用书面语言,准确生动地表达自己的真情实感,乐于与他人分享自己的学习经验,主动吸收他人成功的经验……",根据这一学业质量水平要求我设置了教学任务4,引导对本单元四篇文本进行比较联读,并在这一教学任务的具体实施过程中分别设置了三个情境对文本进行反复对比阅读,引导学生认识文体与语体关系,鉴赏知识性读物的语言特点,感知每篇文章的语言风格,并引导学生用量表的形式分析影响语言风格的形成要素。为了更好地完成这一学业质量水平要求,我在具体教学设计实施过程中又设置了

教学任务5，该任务旨在让学生继续落实学业质量水平4-2要求，在任务4的基础上让学生自主归纳，提炼写作要求，学习写作方式，学习作者说明科学研究过程，阐释事理的基本语言形式及精准表达的特点，自主完成写作，并继续设计量表进行反馈交流。

（二）教学设计的进阶化、迭代化、结构化要求

单元教学设计的进阶化要求教学设计者要将教学目标组织成非常有用的结构，既要有短期学习目标又要有长期的素养目标。基于以上的教学理论研究，在教学设计实施过程中我将本单元的教学课时安排共分为9课时。从属五个教学任务，依次为：概念理解、思维方式，精神感悟，语言表达，写作交流（详见表1）。教学任务1—4为短期目标，旨在引导学生关注语文学习的方法，提高学生的阅读能力。教学任务5为长期的素养目标，引导学生用文学的方式表达自己的情感，同时任务3与任务5结合，旨在培养学生的理性精神，这两个任务是相辅相成的，既有短期目标的素养实现又有长期目标的继承发展，即通过对四位作者的知人论世及其所专之业的深入了解引导学生学习四位作者在科学研究过程中所体现出的正确的价值观和高尚的审美情趣。

所谓教学设计的迭代化就是单元设计的持续的需求变更。郭华教授认为大单元设计趋势越来越倾向于迭代化。这意味着在教学实践中，教育者必须不断调整和改进大单元设计，对单元学习主题，大院学习目标，单元学习活动做出持续性的评价，以更好地适应不同学生的需求和学习风格，突出学生的主体性。以教学任务4"探究表达"为例，在这一课时的教学设计实施过程中我设置了以下教学过程：

活动任务1：对比感知明风格

对比阅读材料，初步感知文学类文本和实用类文本的语言风格。

活动任务2：辨别实用类语言风格

（1）对比《青蒿素：人类征服疾病的一小步》的原文与课文，找出两者的不同，联系写作背景和文体思考编者修改的原因。

明确：词语修改助"严谨"，进一步明确实用类文本语言科学严谨，准确、客观、理性。

（2）鉴赏《说"木叶"》片段，对比感知语言风格是否为"严谨，准确，客观，理性"？

明确：①不够严谨，但逻辑自洽。②词语妙用可出"诗意"实用文语言在严谨的底色上，还可以有另外一番诗意。

（3）结合之前分析，分别概括出四篇文章的语言风格，并思考有哪些因素影响着语言风格的形成？

活动任务3：我为"骑楼老街"代言

学生活动1：请以严谨准确的语言为"百年骑楼，美丽芳华"撰写解说词，介绍骑楼老街的建筑特色，让游客了解骑楼老街建筑的基本特征。

学生活动2：请以生动激趣的语言，为"骑楼老街的烟火气"撰写解说词，以吸引更多的游客关注家乡美食。

学生活动3：搜集整理"骑楼老街"等相关素材，用准确、生动的语言写下来，给微信公众号投稿，为宣传骑楼老街贡献一份力量。

在这一课时的教学设计中，活动任务1和活动任务2的教学设计是本单元教学的分阶式目标，教学任务1的设置是通过比较阅读《水缸里的文学》与《一名物理学家的教育历程》两篇文本初步分析两篇文本的语言风格及其形成原因。这一教学设计引导学生通过熟悉的文本初步感知文学类文本和实用类文本语言风格的差异性，这一教学任务引导学生从"知识的获取"走向"知识的运用"符合大单元教学设计迭代化的要求。教学任务2的设置是为了以"词语修改"的形式引导学生从"词语、句式"的细微变化进一步感知语言风格的形成原因，提高学生的语言建构与运用能力。在这一教学设计是典型的递进性活动，引导学生通过主动的积累、梳理和整合，发现、归纳实用类文章的语言风格。同时还有持续性的评价要求，教师要和学生一起制作量化表格，帮助学生构建和生成阅读策略与方法，提高学生思维的敏捷性，而由于学生学习水平的差异性，在量化表格的过程中就要根据学情的差异性制定不同的量化表格对学生的表格情况进行水平检测。教学活动任务3：我为"骑楼老街"代言这一任务设计给学生一真实的情境，"骑楼"老街是海南的特色文化街道，充满烟火气，是学生熟悉的真实情境，同时"骑楼老街"这一个公众号是真实存在的，本单元教学设计立足从远离生活实际走向情境性教学。传统课堂教学尤其是单篇教学更偏重于知识的传授

而忽视学生生活情境的需要。所以在设计这个教学流程时我通过三个子活动：为"百年骑楼，美丽芳华"撰写解说词介绍建筑特征；为"骑楼老街的烟火气"撰写解说词介绍美食；搜集整理"骑楼老街"等相关素材，给微信公众号投稿，宣传骑楼老街。这三个活动旨在让学生亲自经历一个完整的过程领悟语言严谨准确，生动激趣，既严谨准确又生动活泼，从而获得真实学习的成就感，创设真实的情境激发学生的创作动机，完成单元学习主题探究表达。

所谓结构化，就是教学设计时要把零散的，无序的，碎片化的想法排列组合成有序的教学逻辑，提高教学效率。这是单篇教学难以完成的，单元教学目标2梳理四篇文本的思维结构，引导学生用思维导图来展示自己的理解，梳理文章的层次结构，理清文章的行文逻辑，感受实用类文本的理性之美，与单元教学目标3结合，可以引导学生进一步认识到不同的创作目的决定了文章的体式及文章内容的呈现逻辑。大单元教学整体单元目标下面有多个子教学目标，这样的单元教学设计符合学生从低级学习走向高级学习的需要。从基础的认识与理解低阶学习到分析、综合和评价的高阶学习。单元教学设计的结构化更有利于学生高级学习的发生和学业水平的达成。

三、构建大单元教学内容与学习任务深度融合的教学收获与反思

从教学经验出发，不管课标与教材编写得多好，最终都要落实到一线教师的教与学生的学，没有教与学的转化，所有的课程方案都是空中楼阁，而教师到底要怎样教才能够发挥语文课程的育人功能呢？以核心素养为本这是毫无疑问的，但是如果我们只关注知识技能这些外显功能而忽略体验、陶冶这些内隐功能，显然是不能够真正地培养和提高学生的核心素养的，顶多就是多培养了一些"刷题机器"。所以在本单元教学设计的最后一个环节我设置的是习作互评与升格训练，学生按照写作评价量表从外在表达，内在构思，情感态度，素材运用，写作质量五个维度对学生习作进行修改，并写好切合实际的修改意见。升格写作，组外优秀推荐，课堂分享，评价，集结成册：《人生几何：我们是同一束光下一起努力的人》，在单元教学目标的设定上我没有基于单元设计教学目标1-4让学生完成说明事理类文章的创作，而是设定了一个职业生涯规划书的写作，并借用丘成桐教授的自传《人生几何》的书名让学生结合自己所学所感所悟完成自己的职业生涯规划书，并集结成册，作为学生的学业规划指南。同时在具体的教学实践中，我还设置让学生选段读《人生几何》这本书，观看丘成桐教授的访谈节目，这样的教学设计虽然不完全符合单元设计的一致性，但是"实用性阅读与交流任务群"要求学生具有较高的信息把握能力和较好的沟通交流能力，掌握当代社会常用的使用文体，而职业生涯规划是每个走向职场的学生都需要有的一个人生规划也是一种常规的应用文体，这一教学任务的设计加强了实践性和真实情境性，真实的写作既让学生积累了言语经验，把握语用规律，也促进了学生情感、态度、价值观的综合发展，是为学生的终身学习和终身发展服务的教学设计。

虽然当前的教学模式已经彻底从"以教为中心"转向"以学为中心"，但是这不意味着我们放弃关注教师的教，只关注学生怎么学，我们更关注的是通过怎样的"教学设计"与"实施路径"才能让学生"教而有学""学而有得"。所以基于学习任务群的大单元整体教学设计实施路径要更加关注学生的主体建构，而不单单是这一单元教学的整体性，是整个高中课程的整体性，将学科素养、关键能力以及思维品质贯彻落实到单元教学设计中。

关于大单元教学设计的研究还有很多，本文仅以"统编版必修下第三单元'探索与创新'"为例，结合教学实践浅谈自己在教学设计与实施过程中的一些经验和感受，希望这样的教学实践可以提高教学效果，让学生经历体验丰富的语文学习活动，满足学生的学习需求，提高学生的语文核心素养，"服务选才"，为培养具有现代社会所需要的思想品质，精神面貌的社会主义新人做贡献。

参考文献：

[1]中华人民共和国教育部.普通高中语文课程标准[S].北京：人民教育出版社，2020.

[2]崔允漷.学科素养呼唤大单元教学设计[J].上海教育科研，2019（4）.

马微微，北京师范大学海口附属学校教师。

多元智能理论视角下的高中语文作业布置

◎王婧怡

霍华德·加德纳的"多元智能"理论受到世界各国教育工作者的青睐,它被译介到中国后,对我国的教育模式、教学方法和教育评价等产生了巨大影响。本文正是着眼于多元智能理论对高中语文作业布置的现实意义进行分析,认为智力不是评判学生的唯一标准,教师应当运用多元智能理论,使高中语文作业布置更加科学化且符合学生人文性,从而转变传统语文作业的单一枯燥。

一、多元智能理论的提出及内涵

加德纳认为智力不是某种简单的、可以完全用纸笔测验来衡量的东西,不是只有少数人才拥有较高的水平,而是每个人都不同程度地拥有、并表现在各自的社会与文化生活各个方面的能力。与传统单一的智力不同,加德纳认为人的智力分为八种:语言智能、逻辑－数学智能、音乐智能、空间智能、身体运动智能、人际交往智能、自我认识智能、自然智能。

(一)语言智能即口头表达或写作中能有效运用语言和文字的能力,拥有这种智能的人大多为演讲家、作家、外交家、律师、编辑以及记者。

(二)逻辑－数学智能即数学和逻辑推理能力及科学分析能力,这一智能通常在数学家、科学家、侦探、律师中表现突出。

(三)空间智能是拥有发达的空间思维和定位能力,多在建筑师、画家、设计师、工程师、外科医生中较为明显。

(四)音乐智能即感受、辨别、记忆改编和表达音乐的能力。这种智能在作曲家、指挥家、歌唱家、音乐家身上有杰出的表现。

(五)身体运动智能即善于运用整个身体来表达想法和情感,包括协调性、平衡性、灵活性、力量等,多表现在舞蹈家、运动员、手工艺大师身上。

(六)人际关系智能即观察、感受、理解他人情感、意图的能力。政治家、外交家、教师、心理医生、销售家都是拥有高度人际关系智能的人。

(七)自我认识智能是一种深入了解自己内心世界的能力,能清楚地认识自我并很好地处理个人问题。这种智能在哲学家、小说家、律师身上表现突出。

(八)自然智能是个体能清晰察觉环境特征并加以分析利用,对自然界和动植物较为敏感。多体现在动植物学家、考古学家身上[1]。

以上为加德纳所提出的多元智能,他打破了传统中单一的智力智能,突破了局限性。这些智能是从不同方面进行提出的,每个人身上都或多或少地存在不同的智能,运用多元智能教学可以有效地避免传统的分数论,更好结合当下全面发展,个性发展的要求。

二、多元智能理论对高中语文教学的意义

上述谈到多元智能理论的不同分类,每一类都相互对应每一类学生。将其运用在高中语文教学中将会产生多方面的意义。

(一)多元智能理论有助于全面提高语文作业布置的科学性

作业是课堂的补充和外延,是对知识的巩固和掌握,教师可以通过作业有效检测学生知识学习情况。作业布置是课堂教学很重要的一个环节,然而在当下的应试教育中,作业变成考试的工具,作业内容都围绕着考试来转。大量的作业、所谓的"题海战术"看起来可以达到迅速提升学生学习成绩的效果,但事实上却缺乏了科学性,会出现考完就忘的现象。多元智能理论立足于学习是在学习者元认知的基础上,如何运用科学的方法和手段引导并调动学习者的智力潜能,在学习过程中生成属于自己的知识。[2]在作业布置中运用多元智能理论可以根据学生的个体差异性,选择合适的学习方法、学习策

略,避免全班学生同做一种作业的现象,针对学生的学习情况、兴趣爱好、学习效率制定不同类型的作业,提高作业的科学性和有效性。

(二)多元智能理论有助于全面提高语文作业布置的多样化

语文学习不同于其他学科的学习,只针对某一项技能的培养和提高,语文的范围之广、内容之多使得语文教学的方法要具有多样化。传统的语文作业是大量的背诵与抄写,导致学生对语文的认知是枯燥且无聊的。那么在多元智能理论下,教师进行语文作业布置时可以有效结合学生的不同智能类型布置多样化作业,设置不同的情景。如情景剧表演、演讲比赛、辩论赛等,既发展了学生的个性化,使得语文作业走出枯燥的圈子,又提高了语文教学的多样化。

(三)多元智能理论有助于提高语文作业布置的人文性

《语文课程标准》明确指出:"工具性和人文性的统一,是语文课程的基本特点。"语文学习更加注重培养学生的人生观、世界观、价值观,对学生进行正确的引导是语文学习的目标。通过对书本中简单知识的学习,使得学生的精神世界更加丰富,理解人与自然,人与社会之间和谐相处,相互依赖的关系,并提高学生的思维能力,审美鉴赏能力,理解能力。运用多元智能理论还充分体现了语文教学中的"以人为本",重视学生的感受,尊重学生的个性,根据学生不同的特点进行不同的教学方式恰好体现了语文教学的人文性。

多元智能理论结合了"以教师为主导,以学生为主体"的教学理念,关注学生个性化发展,运用自主、合作、探究的学习方法,使得语文教学和作业布置更加科学合理,在有效减轻学生作业负担的同时,还能提高学生的学习效果。

三、高中语文作业布置中存在的问题

结合高中语文实习经历,通过一定的调查发现当下高中语文作业布置存在以下三点问题。

(一)忽视学情,缺乏层次性

在传统的语文作业布置中,大多数是教师给全班同学布置统一的作业,例如抄写古诗词、完成配套练习题等任务,这样虽然便于检查和管理,但是却忽略了学生的差异性。学生的能力不同,掌握知识的水平也不同,同一项作业,优等生做起来轻松容易,而中下等或者差生做起来却很有难度。统

一的作业可能会导致优等生没有挑战性,差生自我效能感降低。而且在作业布置中忽视学情只是为了作业而作业,就难以达到作业的真正效果,千篇一律的作业只会让学生对原本枯燥的语文学习更加失去兴趣。

(二)形式单一,多背诵抄写

在语文学习中,基础知识的巩固很重要,因此大多数作业都是字词的抄写,诗词的背诵。一篇古诗抄五遍十遍的现象很多,大多数老师认为只有通过反复的抄写才能达到背诵的效果,但是现在的学生课程多,作业负担较重,且独立性较强,不愿意死板的抄写背诵。原本的形式单一的作业不适合新课改背景下的语文学习,语文是工具性和人文性的统一,基本知识的掌握很重要,但对于语文学习来说更重要的是培养学生正确的思想价值观,而形式单一的背诵抄写难以能达新课改中语文人文性的要求。

(三)教师为主,聚焦应试

多数语文作业的布置都是从教师的角度出发,直接垄断作业的形式与内容,这样的做法容易导致主观随意性,无法真正做到以学生为主体。学生没有真正参与到作业设计的过程中,就会使学生丧失对语文学习的热情与兴趣。由于高中教学面临的是高考,所以在平时的作业布置中大多是聚焦于高考内容,如在训练文章阅读时会讲究一针见血式,快速找出中心思想,这样会导致学生难以深层次感受语文的语言魅力。

四、运用多元智能理论优化作业布置

在第二部分中提到多元智能的价值是使作业布置具备科学性、多样性和人文性。且上述提到高中语文作业布置中存在的现实问题,为了针对上述问题,我们可采用多元智能理论进行问题优化。这一部分中将从作业布置的差异性、作业形式的多元化、作业以学生为主体三个方面展开论述。

(一)高中语文作业布置需差异化

加德纳认为学生的学习能力先天就有差异,每个学生都有不同方面的学习优势,也有不尽相同的兴趣指向。教师应该清楚地认知学生个体差异,并针对学生不同的能力水平、兴趣水平分层进行作业布置。

1.对优等生培养逻辑——数学智能

对于优等生应该寄予厚望,布置作业的水平应具有一定难度,最好是可以发散其思维的作业。可

以利用多元智能中的逻辑——数学智能,即数学和逻辑推理能力及科学分析能力,一般有类聚、判别、推理、概括等。如在阅读训练中,教师可以将梳理文章结构、概括文章中心思想这一类作业交给这些学生,尤其是现代诗歌中经常通过分析诗歌中出现的意象推断作者所要表达的隐含情感。还可以让其在课后查找资料,找到具有共性的其他诗歌,让学生自己对比阅读,分析总结其中的共同点。这样的作业可以使得基础较好的同学继续扩展自己的学习内容,让他们在课后主动搜集整理也是在培养他们独立思考、独立阅读的能力。且对比阅读在高考试题中也有所应用,主要就是提供一篇课内诗歌和一篇课外诗歌,让学生分析比较其内容、写作技巧、思想等方面的异同。例如2022年全国高考乙卷中的古代诗歌阅读。所给诗歌是王勃作的《白下驿饯唐少府》,其第15小题则考到了对比王勃的另一首送别诗《送杜少府之任蜀州》,要求结合内容分析两首诗排遣离愁的方法之不同。这一类型的题十分新颖,同时具有一定的难度,不仅要求学生对课内诗歌熟悉掌握,同时也要掌握作者的风格,以及不同时期、不同背景下写的其他同类型诗歌。因此教师需在平时的教学与作业布置中就涉及这方面的内容,让基础好的学生自主整理、自主分析,并尝试上台展示与解读,这样同时也照顾到了基础薄弱的学生。

2.对中下等生布置培养技能类作业

对于中下等生应保证其基本知识掌握的情况下锻炼相应的技能。比如对于背诵一篇文章,他们应该不会感到困难,教师可以让他们在背诵之后尝试朗诵展示。一直以来在高考的压力下,多数教师注重的都是发展学生的读、写能力,以帮助学生应试,然而学生的听、说能力却没有得到锻炼。基于此,教师在布置作业时,就要改变以往的作业形式,可以根据教材内容,适当设计锻炼学生的听说能力的作业。如朗诵展示型作业:在学习《沁园春·长沙》时,可以分别让男生和女生来朗诵,读出作者在词中所表达的豪迈大气之感,通过朗诵把握语言节奏韵律以及感情基调,使学生的感受更加深刻强烈。教师也可以进行示范朗读,以亲身示范代替音频朗读更容易调动学生积极性。在课后作业布置中让学生练习朗诵,有感情地将本词朗诵出来,可以利用课余时间进行小小的朗诵比赛,这样既可以达到学习的效果,避免语文学习的单调性,也可以训练学生的语言智能。

还有演讲辩论型作业:如在教学完《我有一个梦想》后可以布置课后演讲,以"我有一个梦想"为题,写一篇800字的演讲词,并在课余时间安排三分钟演讲比赛。教师指导学生的演讲词内容,以及演讲的语言表达。以演讲的方式让学生学会写演讲词,模仿马丁·路德·金的演讲技巧并学以致用。

(二)高中语文作业形式需多元化

传统的语文作业大多为抄写背诵,形式太过单一,导致许多学生对语文课的认识停留在枯燥、无聊的层面。为了激发学生对语文学习的兴趣,可以从作业布置入手进行优化,将语文作业由单一化改为多元化。同样运用多元智能可分为以下类型。

1.语言智能型作业

在教学完《窦娥冤》后,传统的课后作业是分析人物形象,概括主题思想,难以达到实际效果。而这里可以让学生在课后梳理窦娥冤的故事情节后将其编成情景剧,在课堂中通过表演的方式再现故事情景。因为本单元主要学习中外戏剧,但篇幅较长,逐一分析会浪费时间且没有效果,而表演的方式可以将课堂的主动权还给学生,学生在表演时会更深层次地把握戏剧中的语言表达、情节冲突设置。"青少年由于年龄的影响,正处于人生最富有幻想、最乐于表现、最渴望创造的阶段,而角色扮演型的小品、剧本等艺术形式恰恰契合了青少年的心理特点。"[3]通过这样的作业,既调动了学生学习语文的兴趣,培养了学生的语言智能,也达到了学习的实际效果。

2.空间智能型作业

语文学习一般被笼统定义为语言型教学,掌握好语言和文本内容即可,而事实上在语文教学中也可以培养学生空间智能。空间智能包括对色彩、线条、结构、形状和空间关系的敏感性以及通过平面图形或立体造型等形式再现空间关系的能力,还包括发达的空间思维和定位能力[4]。发展学生的空间智能有以下方式。

如层次结构图:如《林黛玉进贾府》中以黛玉的行踪为线索展开情节,通过林黛玉的所见所闻展开对贾府的格局布置、人物关系的介绍。在学习这篇文章时,学生对情节的梳理较为困难,尤其是对于经典名著《红楼梦》中的人物关系掌握不清。那么教师在教学这篇文章的时候就可以给学生首先展示《红楼梦》中的人物关系图,通过直观的人物关系结构图,把人物关系梳理出来,使学生在头脑中形成层次鲜明的知识体系,这种方法可以培养学生的空间层次感。

除此之外还有思维导图法:对于高中生而言,学业负担较为沉重,知识内容复杂庞大,学生很难在短时间内掌握大量的知识,尤其是语文学习更需要平时的积累。基于此教师可以引导学生绘制思维导图。如在教学《赤壁赋》《师说》等文言文时,需要掌握烦琐的文言实词、虚词、特殊句式、古今异义、通假字,课堂中带领学生逐一分析学习后,让学生课后以思维导图的方式将知识进行系统的梳理,这样既避免了因知识琐碎而遗漏的现象,也对于发展学生的思维空间能力有较大的帮助。因为对于高年级的学生来说,发散性思维已经发展成熟,能够在一定程度上适应全文字型的思维导图,这对高年级学生的发展是十分必要的,因为文字比图片更具有抽象性,全文字型的思维导图会在一定程度上拓展学生的思维空间[5]。

3.音乐智能型作业

音乐智能是对音质、音量、音色、旋律、节奏等具有敏感性,具有成功运用这些要素的思维能力。音乐信息对学生的刺激、反应要比语言信息对学生的刺激、反应强烈得多,因此,教师应当充分地利用音乐的这一优势,用艺术的感染力和魅力发展学生的音乐智能。例如在教学《琵琶行》中,课后作业是背诵全文,但本文篇幅较长背诵起来有一定难度,教师可以设计一些学唱作业,带领学生听改编歌曲《琵琶行》,以音乐的形式激发学生的学习兴趣,在音乐中感受节奏与韵律,提升审美情趣。众所熟悉的央视大型诗词文化节目《经典咏流传》,就是用流行音乐的形式演唱经典诗词,配上符合诗词的画面和氛围,使得经典诗词仿佛拥有了灵魂,这样以听歌的方式更容易加深诗词的背诵,教师可以在课前播放相关视频,能够很大程度上调动学生对诗歌学习的兴趣。

(三)高中语文作业需以学生为主体

教学活动本就是师生互动的过程,当下的教学活动都强调以学生为中心,教师只是学生学习的引导者和促进者。同样在作业布置中也应该以学生为主体,必须强调师生合作,生生合作,师生互动,不能将作业孤立地看成是一个人的任务,学生只有在彼此协作中才能得到更大的进步。那就需要在布置作业中应用多元智能中的人际交往智能。

人际关系智能就是在人际交往中具有理解他人的能力,能够观察和感知他人的情绪、意图、动机和情感的能力。在日常的人际互动中具备这种能力能达到更好的人际互动关系,以促进合作交流。而加强这种能力的最有效办法就是在合作中学习。如在教学《沁园春·长沙》后,教师可以布置让学生在课后搜集毛泽东同志在同时期写的其他作品,分小组进行展示,并分析与本课所学的词有何共通之处。这样通过生生合作的方式促进了学生之间的合作交往能力,也提高了作业完成的效率。高中生的思维有较强的团队胜负欲,这样可以激发学生的团队合作能力。同样的还有上文所提到的情景表演、辩论赛这一类型的作业,都可以通过具体的活动增强学生彼此沟通协调的能力。

"以人为本""全面发展个性发展"的观念深入人心,虽然在具体实行的过程中还是没有彻底摆脱传统的应试教育,但是这并不会成为阻碍教育进步的绊脚石。每一个教师都应该深刻认识到教育的真谛是促进学生社会化和个性化的和谐发展。通过对多元智能理论的研究,能够更深刻地认识到学生之间是有个体差异性的,智力并不是评判学生的唯一标准,这就要求教师在平时的教学过程中充分运用多元智能理论,切实做到以学生为主体,转变教师角色,做好学生的引路者,将主动权还给学生,关注学生的个性发展,因材施教,布置合理的课后作业。尤其是对于语文教师而言,要着重认识到语文是工具性和人文性统一的特点,转变传统的单一化、枯燥化的语文作业形式,真正实现语文课堂的价值。

参考文献:

[1]刘竑波.多元智能与教师[M].上海:上海教育出版社,2005:1.

[2]李艳.多元智能理论与新课程标准下的语文教学[D].山东师范大学,2007.

[3]申宣成.表现型评价在语文综合性学习中的应用[M].郑州:郑州大象出版社,2015.

[4]张燕.浅谈思维导图在高中语文教学中的运用[J].新课程,2021.41.

[5]李素华.多元智能理论,促学生单项智能作业设计[J].中国科教创新导刊,2013(03).

王婧怡,宝鸡文理学院文学与新闻传播学院语文学科教学专业2023级研究生。

革命传统教育与小学语文教学的融合创新
——以统编版小学语文六年级下册《十六年前的回忆》一课为例

◎赵 霁

在中国共产党百年来为民族独立、人民解放和国家富强、人民幸福而不懈奋斗中形成的革命传统，是党的宝贵精神财富和丰厚的政治资源，也是中小学教育的重要内容。对中小学生进行革命传统教育，植入红色基因，是贯彻党的教育方针、落实立德树人根本任务的需要，是增强学生对伟大祖国、中华民族、中华文化、中国共产党、中国特色社会主义认同的必然要求[1]。语文课程是一门学习国家通用语言文字运用的综合性、实践性课程。语文课程除了引导学生热爱、体会、运用国家通用语言文字，同时还要承担起继承和弘扬中华优秀传统文化、革命文化、社会主义先进文化，全面提升核心素养。语文核心素养包括四个方面：文化自信、语言运用、思维能力、审美创造[2]。其中"文化自信"摆在首位，更是强调了学习革命传统文化的重要性。

习近平总书记多次强调课程教材要体现中国和中华民族风格，体现国家和民族基本价值观。[3]《义务教育语文课程标准》（2022年版）明确提出坚持目标导向，将革命文化等重大主题教育有机融入课程，增强课程思想性。[4]小学语文教学如何既植入红色基因又提升学生的语文核心素养，最终培养德智体美劳全面发展的社会主义建设者和接班人，这是本文研究的主要内容，也是研究的意义和价值所在。

一、统编版小学语文1—6年级革命传统文化类课文的分析

根据《革命传统进中小学课程教材指南》，本文将革命传统文化类课文定义为：中国共产党为民族独立、人民解放和国家富强、人民幸福而不懈奋斗中形成的党的宝贵精神财富和蕴含丰厚的政治资源的语文课文。具体包括自中国共产党建立以来在不同历史时期形成的革命传统，统筹兼顾新民主主义革命、社会主义革命和建设、改革开放和社会主义现代化建设三个时期，反映革命传统形成、发展的连续性、延展性、时代性的语文课文。本文重点从统编版小学语文一到六年级所有革命传统文化类课文的分析入手。通过对统编版小学语文一到六年级所有革命传统文化类课文的收集和整理，分析如下：

统编版小学语文一到六年级的所有革命传统文化类课文，内容主要分为小学低年级、中年级和高年级三个阶段课程。小学低年段主要是结合认识国旗、国徽、队旗，学唱国歌、队歌，认识革命领袖，讲述模范人物、英雄人物故事，使学生知道"我是中国人"，激发对国家标识、革命领袖和英雄模范的崇敬之情。例如：一年级上册的《升国旗》，下册《吃水不忘挖井人》；二年级上册《朱德的扁担》，下册《邓小平爷爷植树》《雷锋叔叔，你在哪里》。中年级以讲述革命领袖、模范人物、英雄人物故事，了解建党节、建军节、国庆节等的由来，学习革命人物的名言名句，使学生初步形成国家概念，激发对革命领袖、英雄模范的敬仰之情。例如：三年级上册《手术台就是阵地》，下册《我不能失信》；四年级上册《为中华之崛起而读书》，下册《小英雄雨来》《黄继光》；高年级初步学习中国共产党成立、红军长征、抗日战争、实现国家解放等重大历史事件，初步了解"两弹一星"、载人航天等重大成就，讲述焦裕禄、王进喜、中国女排等人物和团体的故事，培养学生对中国共产党和中华人民共和国的朴素感情，使学生感受艰苦创业、忘我奉献、团结拼搏精神，感知中国共产党的英明伟大，形成国家认同。例如：五年级上册《冀中地道战》、下册《军神》《青山处埋忠骨》《清贫》；六年级上册《七律·长征》《狼牙山五壮士》《开国大典》

《灯光》；下册《十六年前的回忆》《为人民服务》《董存瑞舍身炸暗堡》等。

统编版小学语文革命传统文化类课文从低年级到高年级篇目数量逐渐增多，篇幅逐渐增长，难度逐渐增大，而且文章的体裁也是多种多样，有诗歌、文言文、议论文，还有小说、儿歌等。其中以记叙文、诗歌为主，宣扬革命精神。

《十六年前的回忆》是统编版小学语文六年级下册第四单元的一篇课文。本单元以"理想和信念"为主题，编排了《古诗三首》《十六年前的回忆》《为人民服务》《金色的鱼钩》四篇课文，是对革命传统教育的专题单元，相对其他年级的革命传统教育内容而言，本单元课文篇幅较长，难度较大，特别是需要对整个历史背景和人物环境有一个深入的了解，才能很好地理解文本内容。同时本单元课文体裁多样，有古诗、回忆录、演讲稿和小说；内容丰富，有的抒发了作者高尚的情操和远大的志向，有的追忆了革命先辈的感人事迹，有的阐述了革命志士共同的理想与信念，展现了英雄气节和民族精神。《十六年前的回忆》一课，通过对李大钊被捕前到被捕后的回忆，展现了革命先烈忠于革命事业的伟大精神和面对敌人坚贞不屈的高贵品质，表达了作者对父亲的敬仰与深切的怀念。选编这篇课文的主要意图是借助课文，激发学生对革命先烈的崇敬之情[5]。

二、革命传统教育与小学语文教学的融合

（一）资料拓展中理解革命传统教育

革命题材类的课文有一定的时代性，与学生的生活有一定距离，需要借助相关资料帮助学生理解课文内容。统编版小学语文教材，五年级上册、六年级下册中，分别提出了"结合资料，体会课文表达的思想感情"和"查阅相关资料，加深对课文的理解"的阅读训练要素，可见资料的查阅和补充对于革命传统教育题材类课文的学习至关重要。但资料不是全盘接收，要注重资料使用的有效性和针对性，引导学生不仅能根据需要查阅相关资料，还能筛选出对理解人物形象有帮助作用的资料。把人物放在特定的历史环境中，深入理解时代背景下的人物形象。要随着学生阅读理解的推进，有针对性地选用不同类型的资料，帮助学生理解。课前，教师可以布置预习任务，引导学生通过网络、书籍或询问长辈等方式，收集相关人物和事件的资料，再进行整理、归类。课中，教师根据教学的重难点，合理把握时机，将学生汇报与教师补充相结合，借助音乐、文字、视频等多种资料深化学生对课文内容的理解。课后，教师布置相关作业，可查阅革命时期其他英雄人物的故事资料，让学生在充分理解的基础上，深化对革命人物和事件的认识。

例如，在《十六年前的回忆》一文中，只写了提审李大钊时，他"仍旧穿着那件灰布旧棉袍""没戴眼镜""乱蓬蓬的长头发"，而对于他在狱中的处境没有进行具体的交代。教师要牢牢抓住这一提升点，先让学生交流课前收集的资料，再适时地出示《人民文摘》刊登的《李大钊遇害之谜》，使学生了解其在狱中遭受的酷刑，从而进一步感受他坚贞不屈的气节[6]。

另外在课堂教学环节中，可以针对学生还想了解的一些问题组织学生查阅资料、分享交流。如，局势为什么越来越严重？为什么李大钊说他不能轻易离开北京？敌人为什么要杀害李大钊？教师可以将学生的问题分为"为兴趣提问"和"为加深课文理解提问"两类，分别汇总。再让学生带着这些问题去查阅资料，然后在课堂上进行分享。为进一步拓展对革命先烈的认识，教师可结合"拓展资料"让学生感受身陷牢笼的叶挺将军崇高的革命理想和坚定的革命信仰，再引导学生课后搜集其他革命先烈的故事，开展革命传统教育系列活动。

（二）表现手法中渗透革命传统教育

关注细节描写，感受人物品质。革命传统教育题材类课文大部分是写人叙事类的作品，其中的故事情节生动感人，人物形象个性鲜明。这类课文的语言有其独特性。它往往通过细节化的言行、神态、心理活动描写和侧面描写等来塑造人物形象，表现人物精神。如果学生仅仅被故事和人物吸引，那是远远不够的，而要将革命传统教育题材类课文的语言形式与内在的精神力量有机结合，将实施革命传统教育和落实语文要素有机结合[7]。统编版小学语文教材里两次提出了"透过细节品读人物"的语文要素以及"关注外貌、神态、言行的描写，体会人物品质"的语文要素。基于同一语文要素的发展性编排，教师可以将其细化为可操作的阅读方法。在教学中关注细节描写，引导学生抓住文本中的关键词句，细细研读，揣摩人物的一言一行，潜入语言文字深处，探究文字意蕴，感悟人物

形象，汲取精神力量。教师既训练了学生的语言文字运用能力，又渗透了红色基因，真正实现人文性与工具性的融合[8]。例如，《十六年前的回忆》一文，突出的表达特点就是在叙述的过程中运用人物描写的多种方法，客观、立体地塑造了一位英雄父亲的形象。如，被捕前，作者刻画了父亲的语言——"不是常对你说吗？我是不能轻易离开北京的。你要知道现在是什么时候，这里的工作多么重要。我哪能离开呢"，在形势险恶、处境危险的情况下，父亲内心虽然承受着巨大的压力，却一心考虑革命工作的需要，不顾自身安危，表现了父亲无私无畏的革命精神。又如，被捕时，父亲临危不惧的举动——"不慌不忙地向外走去"展现了革命者的沉着镇定。被捕后的庭审，作者用饱含深情而又极其克制的语言描写了父亲的外貌——"乱蓬蓬的长头发下面的平静而慈祥的脸"，父亲的神态——"他的神情非常安定，非常沉着"。通过描写父亲一个不经意的动作"又望了望我们"，写出了父亲内心深处对家人的不舍。女儿将父亲的这一"望"看在眼里，记在心里，也写出了这一刻女儿与父亲的心灵相通。细细品读这些细节描写，一位革命先烈的忠诚品质跃然纸上。

聚焦对比手法，体会人物形象。革命传统教育题材类课文，字里行间常常透露出作者对善与恶、美与丑、爱与恨等情感，为了突出这种情感，经常会用正反对比的形式呈现给读者。教师可以通过这一行文线索，引导学生关注课文的语言特色，品析表达奥妙，体会情感的起伏变化。例如，《十六年前的回忆》一文，另一个表达特点就是运用对比手法烘托了丰满的革命者形象。一是与自己的前后对比。被捕前，一向耐心回答"我"问题的父亲，当"我"好奇地问父亲为何烧毁书籍和文件时，父亲严峻的态度与之前的慈祥形成鲜明对比。二是与亲友对比。亲友劝说父亲离开北京，而父亲却坚定地拒绝，面对越来越危险的局势，亲友与父亲的态度形成鲜明对比，体现了李大钊同志对待工作高度负责的革命精神。三是与敌人对比。被捕时，在反动派凶恶粗暴的言行下，父亲始终保持沉稳严峻态度；法官怒气冲冲，父亲却安定沉着，在正反面人物形象的对比中，我们更加感受到李大钊并没有被敌人的嚣张气焰所吓倒，显示了革命者的浩然正气。

注重前后照应，强化革命教育。革命传统教育题材类课文，在写人叙事的过程中经常采用前后照应的写作技巧，在课文中前面提到的事情，文章中间或结尾有解释有说明。后面提到的问题在前面有铺垫，这种安排方式使文章结构严谨，表达清楚，也能让读者更能体会作者的情感。例如，《十六年前的回忆》一文，课文的开头和最后三个自然段前后照应、首尾连贯。开头先点名李大钊被害的日期，给读者一个鲜明的烙印，最后三个自然段是全家听到父亲被害的消息无比悲痛，但是在万分悲痛之中母亲让孩子记住"昨天是4月28日"，这不仅使读者更加清楚，还让读者深深地记住反动军阀对革命的屠杀，由此增加了无限的仇恨。其次，行文中有三次前后照应，更能反映李大钊的革命精神。例如其中一次照应，文中内容"有时候他留在家里，埋头整理书籍和文件。我蹲在旁边，看他把书和有字的纸片投到火炉里去。"读到这里不仅是作者不明白，就是读者也不是很明白，于是在作者的心里暂时有了一个疙瘩。在文章后面交代了父亲这样做的原因，"后来听母亲说军阀张作霖要派人来检查。为了避免党组织被破坏，父亲只好把一些书籍和文件烧掉"。这样的安排，是作者后来明白了当时局势紧张，没有时间与孩子谈心，至于书籍和纸片要烧掉的原因，不是几句话能解释清楚的，也使读者明白了李大钊同志早出晚归加紧工作的重要性，更显示了他对革命事业的高度负责精神。

（二）不同文体里融合革命传统教育

从上面对统编版小学语文一到六年级革命题材类文章的收集和整理中可以看出，革命传统教育类文章的体裁多种多样，有记叙文，有诗歌，有小说，有散文等等。尤其是议论文等特殊文体，教师可以引导学生从篇章、结构、选材等方面进行探讨，充分发挥教科书的"例子"作用，进一步领会"革命人物"的精神和思想内涵，紧扣文体特点，感知篇章结构之美。统编版语文六册下第四单元以"理想和信念"为主题，本单元课文体裁多样，有古诗、回忆录、演讲稿和小说；内容丰富，有的抒发了作者高尚的情操和远大的志向，有的追忆了革命先辈的感人事迹，有的阐述了革命志士共同的理想与信念，从不同侧面展现了"人生自古谁无死，留取丹心照汗青"的英雄气节和民族精神，有助于学生树立远大理想，培养高尚的道德情操。《十六年前的回忆》一文是李大钊同志的女儿李星华在1943年李大钊遇难十六周年的时候写的一篇回忆录。这篇文章从女儿的视角，为我们还原了一位革命先烈在危难时刻为了民族解放和人民幸福从容赴死的感人形象，表达了对父亲为理想献身的精神的理解、敬佩，表达了对反对派残杀革命者的痛恨，以及对父亲的敬仰与深切的怀念。这篇回忆录在教学的时候，教师可以引导学生按照时间顺序梳理课文脉络，抓住人物的外貌、神态、言行、体会人物品质。

（三）班级活动中深化革命传统教育

讲红色故事。通过点面结合的启动学习和语文教师的精准突破讲授后，学生以"红色故事"为载体，让学生在小学语文课本中，寻找1921年至2022年中国共产党成立100多年中的重要人物和重大事件，讲述革命人物的革命精神，铭记革命先烈走过的道路，不忘初心，厚植红色基因。以统编版小学语文《十六年前的回忆》一课为例，课文讲解结束后，教师可以单独拿出一节课，举办一场班级的演讲比赛《我所知道的李大钊》，学生通过查阅资料、看影片等多种方式去了解懂得更多面的李大钊，然后通过自己的语言把自己的所思所想所感讲述出来。一场小型的班级演讲比赛既是对学生口才、思维的锻炼，又是一场革命精神的熏陶。

作红色绘画。不同学段以班级为单位，以"不忘初心、牢记使命"为主题，以井冈山、长征等革命场地、革命人物为红色元素，进行献礼建党100周年的绘画设计展示大赛，利用六一儿童节在全校进行展示，并邀请家委代表和教师代表进行评比、颁奖。体艺组按照一定比例先以班级为单位再以学校为单位分别评选一等奖（10%）、二等奖（20%）、三等奖（30%）。以统编版小学语文《十六年前的回忆》一课为例，班级可以以"李大钊"人物为主题，进行班级的红色绘画展，让学生通过画画的形式，把对人物的理解和革命精神的表达通过绘画的形式展示出来。

唱红色歌曲。组织全校以年级为单位，利用音乐课的时间，音乐老师教唱红色歌曲，为开展全校班级唱红色歌曲比赛做准备。首先是以年级为单位进行组内竞选，最后从每个年级选出一个班级代表，6支合唱队角逐最后的一等奖，整个比赛过程全程录像，将录制好的优秀演唱视频在云上展出。

学成中心按照一定比例先以班级为单位再以学校为单位分别评选一等奖（10%）、二等奖（20%）、三等奖（30%）。最终的一等奖获得班级将代表全校在六一儿童节晚会上进行演出展示。以统编版小学语文《十六年前的回忆》一课为例，学习完这一课，语文老师可以跟音乐老师沟通，选择一首跟李大钊相关的红色歌曲作为比赛曲目，并在课堂上教给大家。通过学红歌、唱红歌、比红歌的过程，在活动中体会革命人物伟大的革命精神。

写红色文章。全校开展红色征文比赛，组织不同学段和年级的学生以读小学统编版语文课本中的革命题材文章为主，撰写读后感，抒发新时代少年的志向，各班征集10篇文章，先在年级组内进行评选优秀作品，最后各年级评选出20篇优秀作品再在全校进行评比。红色征文比赛中收到的120篇征文，评选出三等奖30篇，二等奖20篇，一等奖10篇，最后将获奖的红色征文进行汇编，装订成册，并颁发相应的奖状和"红色"奖品。以统编版小学语文《十六年前的回忆》一课为例，围绕"李大钊"这个革命人物和他身上体现出来的革命精神，学生有很多想写和可写的内容，题材不限，学生自由发挥，一篇篇文章是学生学习后发自内心最深刻的感悟和理解，这是革命精神内化和传承的最好方式。

三、革命传统教育与小学语文教学的创新

（一）教学工具创新

现在我们的教学方式主要以班级授课为主，教学工具大部分是以多媒体、电子白板和手写黑板一起使用，但很少涉及真正人工智能设备的使用，比如AR、VR等设备的使用。这就导致对于那些抽象的概念和脱离学生情感体验的经历，通过传统的讲授来进行教学，难以达到理想的教学效果。尤其是现在的学生离革命年代越来越远，他们对历史环境和历史人物的感知更是知之甚少，所以需要借助一定的文字，图片和视频去了解。那到底应该怎样才能把学生从来没有经历过的事情，具体地呈现在他们面前，以此来帮助他们理解概念和引导他们经历情感体验？随着信息社会的发展，AR和VR技术日渐成熟，这些智能设备实现了学生坐在教室里，就可以跨越时间和空间的限制，身临其境地去感受革命人物当时所处的环境，具体感知革命人物的精神和情怀。

以《十六年前的回忆》一课为例，把李大钊受害前后的过程和细节,通过AR、VR的方式全方位地展示出来,学生可以通过真实的声话情景去感知去理解,大大地提升了学生对抽象知识的理解和掌握程度,同时增加了学生情感学习的收获。比老师单独分析文本的效果强上百倍,也能给学生留下深刻的印象,更能激发学生的爱国情怀。或许多年以后,学生早已忘记了老师讲解的具体课文分析,但是这些身临其境的声音和画面能永久地刻在学生的脑海,革命传统教育和爱国情怀教育无形中渗透到学生的骨子里。

(二)教学方法创新

传统的教学方法大多以老师讲学生听为主,这种听课模式和效率,教学质量并不高。为了创新小学语文课堂的教学,也为了更好地进行革命传统教育,将红色文化与文学知识无声地结合是课堂创新的重点。新的教学方法是以学生主讲,师生共听,小组讨论,共同分享为主的模式来改变传统的课堂教学模式。学生在课前查阅大量相关资料,课堂上选出最佳学生代表进行主讲,学生扮演老师在主讲的过程中尽情发挥自己的潜能,展现头脑中储存的知识,老师学生一起认真倾听,听完之后小组合作进行讨论、吸收,并形成自己小组新的观点,最后再派小组代表作最终的总结分享。整个过程学生是主体,老师只是一个辅助,整个课堂是一个活跃、自主和有条理有逻辑有思维碰撞的课堂,更好地落实学生的核心素养。

以《十六年前的回忆》一课为例,教师在讲解本课之前可以给学生布置一些预习任务,明确本课学习的重点和难点,指导学生自读自学这一课,并把班级学生分为相应数量的几个自学小组,并且指定每一个小组要自学自讲这篇文章。课中,各小组推选一名学生代表上台讲授《十六年前的回忆》一课,教师在一旁认真听取学生的分享讲解,每一组代表讲解结束,帮助学生在自学的零散、具象的知识基础上上升到系统的和抽象的知识上去,并对本课需要学生重点落实训练的地方进行强调,把语文核心素养训练到位。透过课文文本表象去理解课文背后要表达的意思和感情,更加理解伟大的革命精神。学完课文后,学生代表还要组织本小组进行回顾、复习,查缺补漏,升华立意。最后教师通过小结测试进行评价,查找本课所学的不足,达到信息及时反馈,进一步加强跟踪辅导,

取得预期的教学效果,完成《十六年前的回忆》一课的教学任务。

(三)教学空间创新

课内空间创新。随着大数据、人工智能等的发展,智慧教室、智慧课堂正在改变传统的课内教学空间。传统课内教学空间一般仅限于教室、学生、粉笔、书本。随着科技的发展,我们加入了网络,走进了人工智能,这些新技术新科技正从时间、空间两个方面对教学空间进行拓展延伸。智慧教室、智慧课堂打破了学校、教室的围墙,我们在教室就可以听到来自全国各地的名师课堂、名师教学,不论是名师的教学资源还是教学研讨,即使是深处偏远地区的农村小学也可以接收到相同的信息和资源。革命传统教育与小学语文教学的创新,更需要从课内空间上做文章,听听名师的革命传统教育课堂,看看革命文化纪念馆的介绍。革命传统教育不是简单的说教,只有用海量的知识、信息以及新技术的加持,从听觉、视觉等各个方面的综合刺激,采用多种方法,才能让学生真正沉浸在革命文化氛围中,才能真正理解伟大的革命精神。

例如,在教学《十六年前的回忆》一课中,课前预习可以让学生查找海量音频、视频资料,教师发送名师课堂提前学习了解。课中通过AR、VR等教学工具,小组合作的教学方法,营造革命文化氛围,打造革命文化情景,让学生沉浸式地感受李大钊甘于奉献的伟大革命精神。

课外空间拓展。统编版教科书的单元结构,不仅要求教师要有整体意识,而且要有课程建构意识。教科书中安排了专门的革命传统教育综合性实践活动,教师要做好课内与课外的衔接,让课堂从课内走向课外,拓展课外空间。学生通过语文课堂上的言语实践,感受革命精神带来的价值熏陶。课外走进革命遗址、纪念馆、文化馆等则会使革命传统教育更深入,变得更动态而立体。

例如,学完《十六年前的回忆》一课后,教师可以结合当地的历史文化组织研学之旅。暑假期间班级、学校也可以组织学生去实地走访参观李大钊纪念馆,让学生用自己的双手双脚去真实地感受去触摸去体验,所谓"百闻不如一见",这样课内走向课外的活动,将课内学到的知识再带向课外,让学生全身心感受革命文化,语文素养也在这样实践的过程中慢慢形成和提高。

四、革命传统教育与小学语文教学融合创新的原则

革命传统教育与小学语文教学融合创新过程中一定要注意把握一个原则：突出语文味。对中小学生进行革命传统教育，植入红色基因，是贯彻党的教育方针、落实立德树人根本任务的需要，是增强学生对伟大祖国、中华民族、中华文化、中国共产党、中国特色社会主义认同的必然要求。但是在进行革命传统教育的过程中不能完全变成政治的说教，特别是革命传统教育与小学语文教学融合创新的过程中，所有目标的达成应该是以语文为基础，通过语文课文、语文课程、语文活动体现出来，语文教学过程中肩负着革命传统教育的要求，不能将语文课文教学过程变成政治课，也就是说，融合在语文教学中的革命传统教育，要结合语文课程的特点，结合课文的特点进行，它应该是语文的，有语文味的，而不是纯政治的，单纯教化的，是要让学生在语文学习过程中感悟到革命精神。正如上文融合中提到的，不论是在资料拓展中，表现手法中还是在不同文体里和班级活动中，语文教学都应该是第一位的，革命传统教育是在语文教学过程中逐步渗透、体验、感悟中自然而然得来的。

本文通过例文的形式重点说明了如何在资料拓展中、表现手法中、不同文体中、班级活动中去理解、渗透、融合和深化革命传统教育，以及探讨了如何创新教学工具、教学方法和教学空间等，在把握融合创新原则的基础上，既进行革命传统教育又把语文核心素养训练到位，最终达成我们的教育目标。以上全文是基于文献研究和个人实践的基础上对革命传统教育与小学语文教学融合创新的初步探索，以期对革命传统教育和小学语文教学如何融合如何创新提出一些新的构思和想法，推动落实将革命文化等重大主题教育有机融入小学语文课程中的要求。增强语文课程思想性，培养新时代好少年。

参考文献：

[1]中华人民共和国教育部.革命传统进中小学课程教材指南的通知.教材[2021]1号,2021：1.

[2][3][4]中华人民共和国教育部.义务教育语文课程标准（2022年版）[S].北京：北京师范大学出版社,2022：1,1,2.

[5]义务教育教科书教师教学用书[M].2020(7).北京：人民教育出版社,2020(7)：95~96.

[6]姜凌佳.明晰价值 凸显融合 精准施教——高年段革命传统教育题材类课文教学探析[J].小学语文,2021(1-2)：44-48.

[7][8]李吉银.革命传统教育题材类课文的育人价值及教学策略[J].教育视界,2021(7)：4-9.

赵霁,湖北省武汉市光谷第五小学教师。

融思辨于阅读，发展核心素养
——例谈核心素养视域下的小学思辨性阅读教学策略

◎柴耶恩

语文学科核心素养，是学生在积极的语文实践活动中积累、建构并在真实的语言运用情境中表现出来的，是文化自信和语言运用、思维能力、审美创造的综合体现[1]。思辨性阅读是指怀着一种好奇、自信、公正、谨慎的理性精神与态度，借助特定的认知技能，采用一种严谨的、理性的、自我指导的思维进行的阅读[2]。"思辨性阅读与表达"作为《义务教育语文课程标准（2022年版）》发展型学习任务群之一，旨在引导学生在语文实践活动中，通过阅读、比对、推断、质疑、讨论等方式，梳理观点、事实与材料及其关系。开展思辨性阅读教学可以帮助学生独立思考，主动探究，学习语言文字运用、发展思维能力、提升审美情趣等，对于培养学生核心素养具有重要意义。

但是前期调查中发现：教师对于思辨话题的遴选、情境的创设不够重视，学生的思辨活力不足；对于学生的思辨表达没有具体指导，没有完整的思辨活动过程，学生的思辨能力无从训练、难以迁移运用。因此，笔者结合理论学习和日常教学实践，以发展学生核心素养为目标，浅谈对思辨性阅读教学策略的思考与实践。

一、任务驱动，把准思辨着力点

在思辨性阅读教学时，激发学生的阅读兴趣、唤醒学生的思辨活力是前提。笔者在教学实践中，借助精准的思辨性任务驱动，把准思辨着力点。

（一）聚焦思辨性话题，唤醒思维活力

维果斯基的"最近发展区理论"认为：教学应着眼于学生的最近发展区，为学生提供带有难度的内容，调动学生的积极性，发挥其潜能，超越其最近发展区而达到下一发展阶段的水平。紧贴"最近发展区"的思辨性话题，能够调动学生思辨内驱力，吸引学生不断尝试、辨析，唤醒学生思维的活力。

1. 观点争辩处，决断辩论

《辩论与论辩》一书中提出：辩论是一种批判性思维的方法，人类许多最有意义的和最具批评性的交流是以辩论的形式进行的。在教学中，立足观点对撞的可辩点，就能驱动学生积极思辨、辩论。

比如《桥》这篇课文的结尾，老妇人来祭奠儿子和丈夫，笔者设置思辨性话题：老汉面对洪水时做出"党员"最后的决定是否正确，你支持吗？学生对于这样的话题充满兴趣，都有表达自己观点的欲望，笔者引导学生去自主思考，形成自己的判断，然后进行辩论，充分表达自己的判断和理由，如此一来，老汉的形象在学生印象中就更加鲜明立体。

2. 哲思理趣处，品读推断

哲思理趣处，即体现文本道理和"分析透彻、说理独到或觉得有意义而引起趣味"的地方[3]。发展心理学指出：小学阶段的学生正处于由形象思维向抽象思维过渡的重要阶段。对文本哲思理趣处的品读推断，恰好符合这一阶段学生的思维特点，对学生的思维发展具有重要的教育意义。

如在教学《王戎不取道旁李》时，"树在道旁而多李，此必苦李"一句充满哲思智趣，笔者引导学生品读感悟，探究研判，组织学生讨论、辨析这处描写所蕴藏的人物智慧，从而清楚认识到遇事要仔细观察、善于思考，能根据有关现象进行推理判断的道理。

在哲思理趣处品读推断，学生会调动思维的活力，对文本主动进行品读涵泳、辨析，进而加深对文本内涵的思辨理解，获得思想的启迪、审美的体验。

3. 表达独特处，揣摩体味

有些文本内容的呈现是经过作者精心揣摩后的语言形式，以达精确妥帖、妙趣丰富的表达效果，如：自成一格的语言风格、突破常规的句式呈现、特色鲜明的修辞手法、独具匠心的标点符号等。

如在《"诺曼底号"遇难记》教学中，哈尔威船长和船员在船沉没过程中的一番对话，短句成段的形式独特，笔者引导学生思考作者为什么要这样写？并在教学时把这部分表达改变形式，编排成一个自然段呈现，与课文中表达进行对比。学生在兴趣盎然的比较辨别中，感受到了这样的表达凸显了船长的果敢冷静，临危不惧，忠于职守的品质。

聚焦语言表达独特处，引领学生朗读感知，对比感悟，揣摩作者表情达意的意图，帮助学生在比较辨别中发现表达的秘妙。

（二）创设思辨性情境，激发思辨兴趣

心理学家皮亚杰指出：所有智力方面的工作都依赖于兴趣。创设真实的思辨性情境，可以激发学生思辨表达的兴趣，促进学生的思维能力在兴趣、理趣中泛发生机。

1.话题采访，站位第一视角

创设采访的言语表达情境，即引领学生选择角色趣味采访，转换视角自主思考，表达分享，收获感悟。

例如，在《田忌赛马》教学中，探讨孙膑如何思考取胜的思维过程，就可以通过采访的方式，让学生扮演孙膑，接受采访，以第一视角呈现安排赛马出场的思考过程，让学生自然融入课文，激起思考、表达的兴趣。

通过采访的形式，引导学生站位第一视角，促使学生积极主动地对文本信息进行思辨性吸收、整合、提取和表达，感受第一视角的魅力。

2.新闻播报，聚焦精彩特写

新闻播报，也是激发学生思辨兴趣的重要手段之一。引导学生通读内容，针对精彩的情节，写成新闻稿的特写镜头，播报新闻，发表感受，可以促进对文本信息的梳理辨析和理性感知。

例如教学《黄继光》时，引导学生思考如何以新闻播报形式展现黄继光最英勇无畏的时刻，写一段新闻稿进行播报，学生在这样的情境中充满兴致地串联了人物、情节的线索，对关键、精彩的内容，有了更加清晰、理性的整体感知。

3.角色扮演，直抵真实体验

创设趣味演绎的情境，引导学生直接扮演文中角色进行表演，可以有效地激发学生深度阅读与个性表达的兴趣。

以《去年的树》为例，笔者组织学生选择角色，辨析人物特点，配合演练，表演展示，分享体验。学生在表演中，体验角色，在收获表演乐趣的同时，也对文中角色形象有了整体感悟，对角色的理解不仅仅停留在抽象的文字符号，而是透过文字，感受到角色的脉搏和语言的温度。在个性化解读和演绎中，由文及义，由义促悟，因悟生情。由生动鲜活情境唤起真情，会直入学生心扉，久难忘怀。

学生在思辨化解读和演绎中，充满热情地深入文中角色，直抵真实体验，促使学生积极地把文本语言内化为自己的语言，进行创造性迁移运用，从而感受美、发现美并学习运用语言文字表现美好的情感。

二、合作探究，创生思辨表达场

核心素养视域下的语文教学强调学生的独立思考、主动探究的能力。小组合作学习作为高效的学习模式，其出发点是要通过自主、合作、探究的学习方式使每一位学生都参与其中，契合了学生核心素养发展的需要。教师可抓住思辨时机，引导学生进行合作学习，创生以思辨为核心的表达训练场。

（一）合力共辨，攻克思辨难关

遇到有难度、有深度的思辨任务时，应关心学生的阅读困难，适时引导学生采用合力共辨式的合作学习，围绕同一任务，互帮互助，协作思辨，攻克难题。

如在《蟋蟀的住宅》一课，当研讨：为什么蟋蟀的住宅可以被称为"伟大的工程"时，笔者引导学生在自读自悟的基础上，独自无法解决时，可以向组员求助，提出自己的疑问，把其他组员的思考过程进行比较，得出最佳解题方法，在这样的过程中，质疑、对比和归纳等思维得以提升。已懂的学生提供帮助，在指导他人解决疑问的同时，自己也对答案的由来进行了细致回溯，重新审视自己的解题方法，训练了推演、批判、反思等思辨能力。

由此可见，合力共辨式合作学习的落实，既能帮助每一位孩子在思辨表达中突破阅读难关，又能促进不同层次学生思辨品质的训练，让核心素养的培育面向每一位学生。

（二）争鸣辨析，汲取思辨灵感

阅读是一个读者主动建构意义的过程，在阅读中不仅要正确解读文本、理解作者的写作意图，更重要的是在文本解读的基础上进行独立思考、形成自己的见解[4]。当遇到开放类阅读问题时，即同一问题有多种角度、不同看法，可在合作学习中通过以下步骤创设争鸣辨析表达场：

1.有序表达观点

有序表达是结构性思维的一种外显,结构化思维的本质就是思维的有序化。教师可提供几种句式参考,对学生思维方式进行有效引导,以助学生有序、准确、思辨地表达。

表1 争鸣辨析表达提示表

辨析时的不同情况	表达方式
不赞同时	我不赞成xxx的观点,理由是……
赞同但有补充时	我赞成xxx的观点,但是对他的想法还要补充……
部分赞同时	我部分赞成xxx的想法,赞成的是……不赞成的是……,赞成的理由是……,不赞成的理由是……

通过提示表,引导学生在合作过程中以清晰的思辨逻辑去展开思考、比对判别和有序表达,训练了思辨思维的结构性、条理性。

2.动态完善表达

在表达过程中,指导学生根据同伴的不同见解,比对自己的思路,产生新的看法和灵感,由此完善自己原来的观点,形成新的观点,在不断动态完善自己观点的过程中,汲取他人的智慧灵感,训练辨别、质疑、创新等思维能力,也是在表达的艺术中。

3.合作表达结论

在小组充分讨论辩驳、汲取他人智慧的基础上,由组员罗列核心观点,尊重不一样的思辨见解,共同进行辨别分类,归纳整理,最后派代表进行表达呈现,将小组阅读成果进行分享,让不同小组之间的思辨灵感得以相互展示、吸收。

综上所述,通过合作探究,创生思辨表达场域,借助小组的力量带领学生经历思辨性言语理解与运用的过程,发展思维;在辨别比对中,品味、学习同伴的语言表达艺术与思维火花,培养审美创造能力,以此促使学生的核心素养落地生根。

三、图式建构,延展思辨生长面

建构主义强调学习不是被动接收信息刺激,而是主动地建构意义。在思辨性阅读教学中,可引导学生通过建构思维导图与心理图式,借助图式进行主动探究、迁移,延展思辨的生长面。

(一)建构思辨导图,纵探思辨深度

思维导图是使思维形象化的一种图形工具[5]。思维导图的本质是运用结构化的思维呈现事物结构与关系。思辨式思维导图旨在帮助学生在直观形象的图像中将思辨思维可视化,直观呈现辨析、梳理等思辨性思维的动态过程,以此纵向深入探究文本内核与表达形式。

1.多维比较,建构对比式思辨导图

建构对比式思辨导图,即引导学生在阅读中,辨析维度,多维比较,同时绘制思维导图,在直观形象的导图中进行梳理对比,形成判断。

比如在《巨人的花园》一课中,笔者引导学生对比巨人砌墙前和砌墙后,园子里景色的差异;对比砌墙后和拆墙后巨人的不同感受等维度,提炼要点,绘制对比式思维导图,在直观的思维导图中,学生体会到了巨人的花园就像是一个人的内心,对外封闭,会变得痛苦煎熬,对外分享,会变得幸福快乐,进而感悟到分享的重要性、快乐应当和大家分享的道理。(见图1)

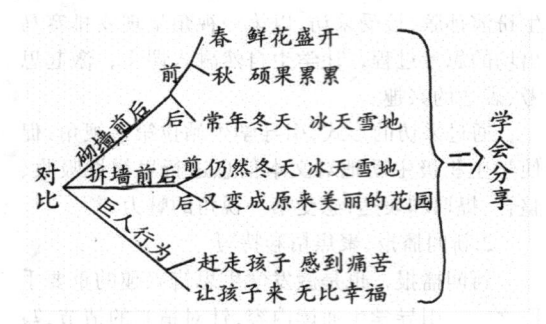

图1 《巨人的花园》对比式思辨导图

在对比式思辨导图的多维梳理辨析中,学生能深入探究文本深意,准确参透文本内核。

2.逻辑辨析,建构推演式思辨导图

建构推演式思辨导图,就是由核心问题出发,朝着文本逻辑顺序进行梳理辨析,形成导图,在直观的图示中进行归纳总结,得出结论。

以五下《军神》为例,当探讨为什么称刘伯承为"军神"时,笔者带领学生从手术前、手术中、手术后进行逻辑推演,绘制思维导图时辨析要素,提炼重点,进行小结,最后学生对刘伯承意志坚强、为国奋战的军人精神产生由衷的敬佩,而不仅仅是知道一个概念化的"意志坚定"。(见图2)

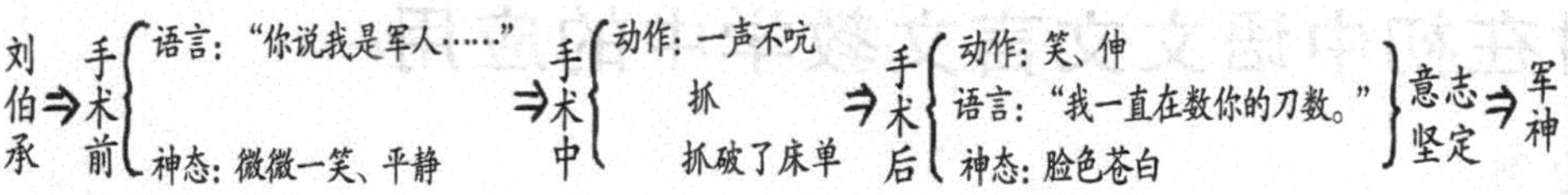

刘伯承 ⇒ {手术前 语言:"你说我是军人……" 神态:微微一笑、平静} ⇒ {手术中 语言:— 动作:一声不吭 抓 抓破了床单} ⇒ {手术后 动作:笑、伸 语言:"我一直在数你的刀数。" 神态:脸色苍白} ⇒ {意志 坚定 军神}

图 2 《军神》推演式思辨导图

建构思辨式思维导图，学生能以思辨的结构化思维纵向深入文本内核与表达形式，实现对文本的深度解读。

（二）建构心理图式，横展思辨广度

丰富的语感经验和充足的语用实践，是提升学生语言素养的重要途径。在阅读过程中，学生往往带着已有的心理图式完成个人意义的建构。建构灵活、多样的思辨式阅读心理图式，有助于学生在自主阅读实践中，充分利用既有的思辨心理图式去补充和建构文本，迁移思辨能力，拓展思辨的广度，培育丰富语感。

1."千呼万唤始出来"，建构剥笋式思辨心理

阅读是层层递进的过程，对于文本中思辨任务进行剥笋式教学，引导学生建构剥笋式思辨心理图式，可由表及里地促进学生思辨思维能力的提升。比如五上《草船借箭》中该如何引导学生感悟诸葛亮的人物形象，这就需要引导学生深入文本，层层剥笋，厘清课文脉络，辨别关键情节，判断重要词句，综合信息，由繁到简，一步步感悟到诸葛亮的神机妙算、运筹帷幄。

2."立根原在破岩中"，建构挑战式思辨心理

独自面对有难度、挑战性的思辨任务，往往需要综合性的阅读策略，可以引导学生建构挑战式思辨心理，思辨性选择并运用多样的阅读策略挑战难题。例如五下《景阳冈》课后一题是要详细讲述打虎过程，这里涉及逻辑推断、有序表达等多方面思维活动，笔者鼓励学生思辨性选用讲述策略：如观察插图，以厘清大致逻辑；想象武松的表情，以讲述生动；与同伴互动，相互评析改进等策略，如此挑战阅读难题。

3."远近高低各不同"，建构拓展式思辨心理

在以核心素养为导向的小学语文阅读教学中，不能局限于课本中的阅读资源，而应帮助学生建构拓展式思辨心理，即多鼓励学生查阅与作品相关的资料，学习补充阅读资料，与课文内容进行对比，进行参读，拓展视野。比如选自《儒林外史》的《两茎灯草》，这篇文章中的"吝啬鬼"严监生令人印象深刻，但是如果纵览全书，就会有不一样的体会。笔者引导学生查阅书中对于严监生另外一些描述，进行记录，如：

严监生妻子生病时"每日用四五个医生用药，都是人参、附子"。去世时"修斋、理七、开丧、出殡，用了四五千两银子，闹了半年"。严监生还把妻子王氏私房钱全部送给了王氏的两个哥哥，让他们到省城参加乡试用。王氏留下的首饰，也全部给了王氏的两个嫂子。

将这些查到的情节与课文进行比对综合，学生理性地认识到严监生的人物形象不是简单的"吝啬鬼"三个字可以涵盖的，他在很多方面可以说是慷慨仗义的，这样学生对于人物形象就会有更加全面理性的认识，在今后的阅读中也能有公正、谨慎的理性精神与态度。

帮助学生建构思辨式心理图式，指导学生在阅读活动中建立多样、灵活的思辨心理认知结构，一遇到类似的言语内容或形式，就能主动激活相应的思辨心理映射，从而迅速、准确地对文本的言语内容与形式进行思辨性理解与建构，以此横向链接，迁移了思辨能力，拓宽了思辨的广度。

核心素养是语文课程的根本体现，在阅读教学中应当始终坚持以核心素养为导向，运用适切的思辨性阅读教学策略，把准思辨着力点；创生思辨表达场；延展思辨生长面，助力学生在思辨性思维的学得、习得、用得和再创造的过程中，提升语言文字运用能力，促进理性辨析与批判，提高审美创造水平，充分发展学生核心素养。

参考文献：

[1]中华人民共和国教育部.义务教育语文课程标准（2022 年版）[S].北京:北京师范大学出版社,2022:4.

[2]魏小娜,陈永杰.小学语文"思辨性阅读"教学探析[J].语文建设,2022(08):17.

[3]张敏华.我的本色语文观[J].小学语文教师,2019(09):7.

[4]刘荣华.小学阅读思辨性问题的教学实践与研究[J].语文教学通讯,2022(09):5.

[5]杨彩虹,杨彩萍.思维导图在小学生语文思维能力培养中的运用[J].新课程,2021(10):2.

柴耶恩，浙江省平湖师范学校附属小学教育集团平师附小教师。

数字教材在初中语文文言文教学中的应用
——以《狼》为例

◎陆素云

《高等教育互联网信息化2.0行动规划》[1]提出：在"互联网+"时期要构筑人才新方式、发展教育服务、探讨高等教育管理新方式[2]。《我国教育现代化2035》[3]明确指出："加速互联网信息化时代教育改革、建设数字教育资源共建共享管理机制、为大数据分析信息资源的共同合作与发展应用提供平台和提供方向"[4],上述措施既强调了数字化技术与数字化教育资源的深入结合，也体现了"互联网+"新时期对人才的特殊需求。在教育信息化2.0的新时期，更要把大数据数字化应用视为推进初等教育改革的关键切入点，迎接信息技术带来的挑战。

2013年3月，习近平总书记在中共中央党校进修班的开学典礼闭幕式上讲道："我国传统文化的博大精深，通过认真学习并了解他们的各种思想精髓，对于树立科学的思想、理念、意识形态大有好处。"[5]2017年，中共中央颁布的《有关推进中华民族精神继承发展工程建设的若干意见》[6]文件，要求"将发扬中华民族五千年伟大而灿烂的中华传统优良文化教育文化"[6]理念，贯彻整个中国国民思想道德教育始终。语文课担当着特殊之角色，尤其是文言文的教学，更应该认真落实文言文经典文学的教学，让中华儿女体悟经典文化，真正做到文化自信，文化传承。

本文采用文献梳理、实践探究和问卷调查三种方法。通过阅读、比对大量文献，初步了解初中语文文言文教学现状，初中学生文言文学习现状以及在数字化背景之下，作为初中语文教师，我们又该如何进一步深化与改革文言文的教学课堂。借助数字教材资源进行实际的文言文课堂教学实践，对初中七年级上册《狼》这篇文言文教学进行实践，探索如何将数字教材灵活巧妙地融合于初中文言文课堂教学之中。通过问卷星平台进行有计划、有目的的调查，根据所得出的调查数据进行分析，了解初中学生文言文学习情况以及初中语文教师如何开展文言文的教学并实时、有针对性地调整文言文教学课堂。

一、数字教材的发展历程

（一）数字教材的出现

我国最早的数字教材出现在2001年，它是由人民教育出版社研发的。至今为止，世界上对数字教材还没有一种比较严格规范统一的定义，在其不同历史发展时期和不同阶段的教育领域中的定义亦不尽相同。有"电子课本""电子书包""电子教材"等。认可度普遍较高的定义是："指以全部经过原国家相关教育和行政部门统一审定或者通过鉴定的相关国家课程教科书内容为编写基础内容，并适当

图1 三代数字教材发展阶段

包含教学相关学习辅助教学资源、工具信息的,用于开展教学辅助活动需要的多媒体电子图书"[7]。

(二)数字教材的发展阶段

自数字教材问世以来,已发展到第三代数字教材,如图1所示。

(三)数字教材在初中教学中的应用

数字教材作为一种区别于纸质教材的数字化资源,它是一种利用多媒体技术将传统纸质教材的内容、内置丰富学习资源并经过信息技术的技术处理巧妙地融合成一种新型的教学系统,通过网络平台的呈现,供师生使用,具有及时性、共享性、开放性、动态性、交互性等特点。非常受广大初中教师的欢迎,很多教学在平常教学中均使用数字教材的数字资源,比如视频资源在物理学科上的使用;在教学"光的折射"时,可以巧妙地运用数字教材里的视频资源,将"看不见的硬币"视频播放给学生看会更具有趣味性,更能激发学生继续探究的欲望进而培养其对物理学科的喜爱。因为通过数字教材的视频资源,学生会感受到学习就像是在变魔术一样,既好玩又能学到新知识;相信没有学生不喜欢这样的教学方式。

2011年,我国开始尝试引入翻转课堂进行教学,其实现了课堂教学的前置,翻转了教学的时间、地点与师生之间的主体地位。能极大节省教师的课堂讲解时间,将更多的时间还给学生,实现教学动态化管理。翻转课堂的独有特点与数字教材的有机结合更是锦上添花,例如在语文古诗词的学习中,我们可以利用数字教材内置资源给学生提供测评工具,使学生对自己的预习情况有初步的了解,将测评结果带回课堂,教师再根据测评结果有针对性地给学生讲解,这样不仅解决了学生对初中古诗词难懂的问题,在实现翻转课堂的同时还促进了数字教材在初中古诗词教学中的使用。

二、数字化背景下初中文言文教学现状分析

(一)初中学生问卷调查统计分析

此次问卷调查活动随机共选取出257位义务教学阶段的初中生,进行反映了当前初中生文言文知识学习普及情况问题的网络问卷式调查,其中七年级学生130人,八年级学生89人,九年级学生38人。各占50.58%、34.63%、14.79%。在学生喜欢学习的课文类型这一题中,喜欢小说的学生占比32.68%,也是占比最大的。喜欢散文的占比19.46%,喜欢议论文的占比8.17%,喜欢其他的占比24.51%,而喜欢文言文的学生人数占比仅为15.18%,如图2所示。

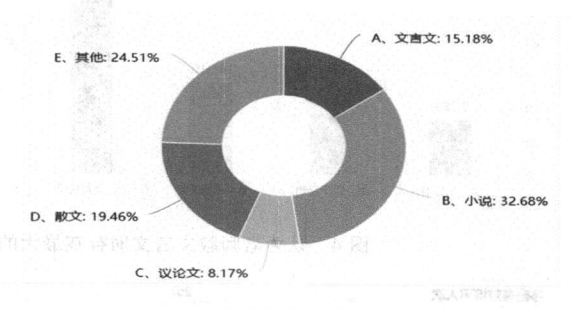

图2 学生喜欢的课文类型

一半的学生认为对文言文学习最大的困难是翻译不出来,占比51.36%,认为生僻字多的占比17.12%,选择其他的占比15.18%,认为背诵痛苦的占比11.67%,没兴趣学的占比4.67%;由此可见,大部分学生文言文的基础知识还是比较薄弱,对文言文的翻译方法掌握得不够扎实,常见文言文实词与虚词未达到熟练,如图3所示。

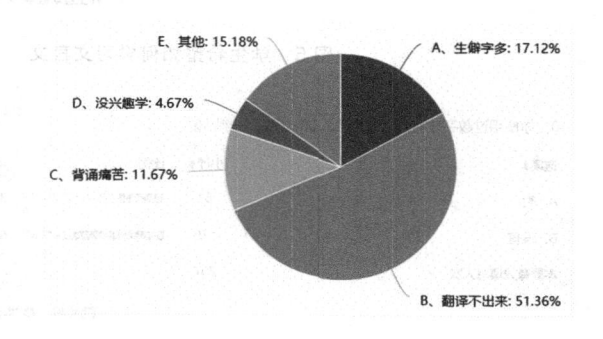

图3 学生学习文言文最大的困难

学生认为老师教文言文时存在最大的问题课堂枯燥有68人,占比24.46%;14.01%的学生认为文言文课堂上,老师大都是要求死记硬背;缺少互动占比9.34%。因此语文教师平时在备课教授文言文时要更加注意师生与广大学生之间情感的积极互动,活跃文言文课堂氛围,进而有效激发了学生自主学习运用文言文阅读的兴趣,如图4所示。

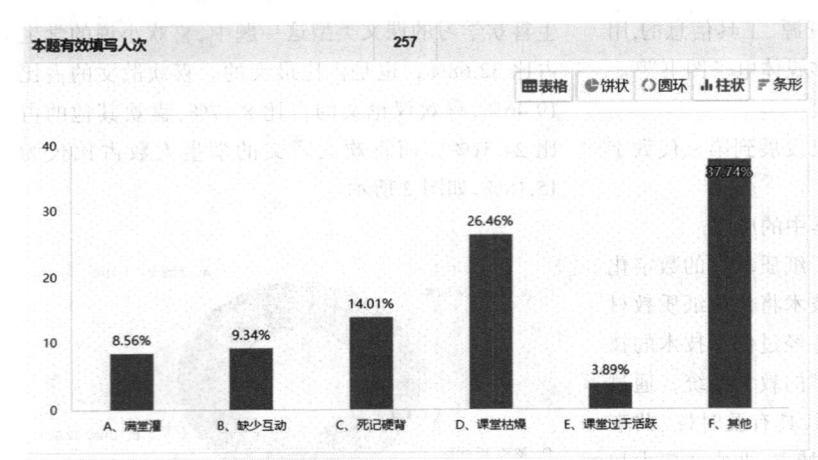

图4　认为老师教文言文时存在最大的问题

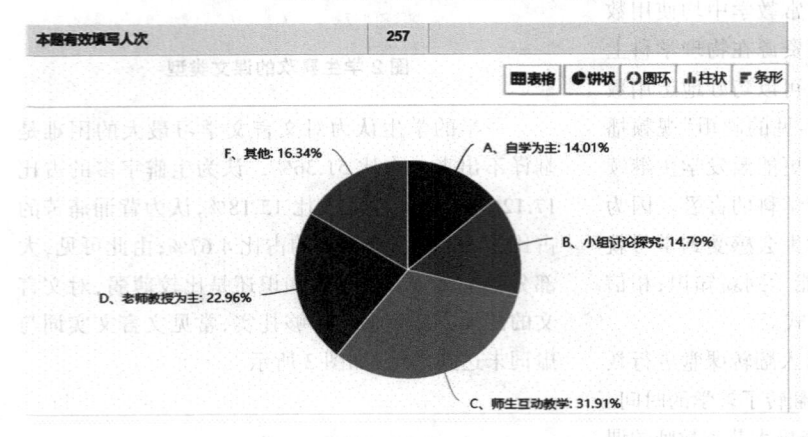

图5　学生希望如何学习文言文

10、你使用过数字教材上文言文吗?【单选题】[单选题]		
选项	小计	比例
A、有	81	31.52%
B、没有	176	68.48%
本题有效填写人次	257	

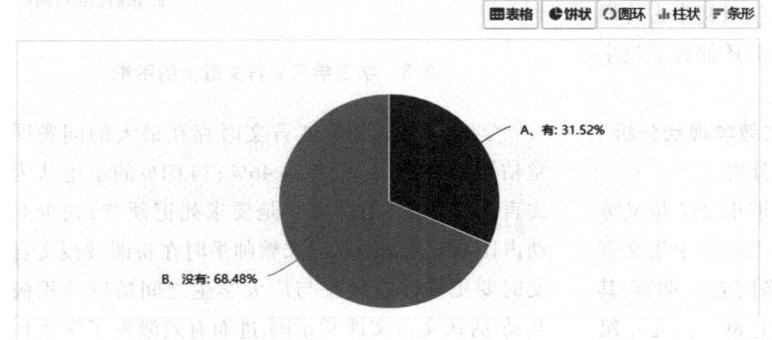

图6　学生是否使用过数字教材上文言文

绝大部分学生都希望文言文教学课堂为师生互动，人数为82人，约占总认识的31.91%；希望以教师教授为主的占比22.96%；希望小组讨论探究和自学为主的不相上下，分别占14.79%和14.01%，如图5所示。

此外，在此次调查问卷中发现，在数字教材的使用上，有超过一半的学生没有使用过数字教材上文言文课，占比为68.48%，如图6所示。由此看出，数字教材在语文学科中的使用还未达到全覆盖，特别是一些偏远地区，推广数字教材的使用之路还任重道远。

（二）初中语文教师文言文教学情况问卷调查统计分析

此次问卷调查中随机选取了22位初中语文教师，进行初中语文教师文言文教学情况的问卷调查(见附录1)。其中七年级11人，八年级6人，九年级5人。

通过调查得知，在文言文的教学中大多数教师采用教授为主，提问讨论相对少的方式，占比72.73%，如图7所示。教师认为文言文教学最大的问题是学生主动参与意识不高，占比68.18%，学生基础知识薄弱占比54.55%，学生无兴趣或兴趣低占比45.45%，如图8所示。

（三）初中文言文教学的重难点

传统的文言文教学思路基本上都是了解背景和作者、

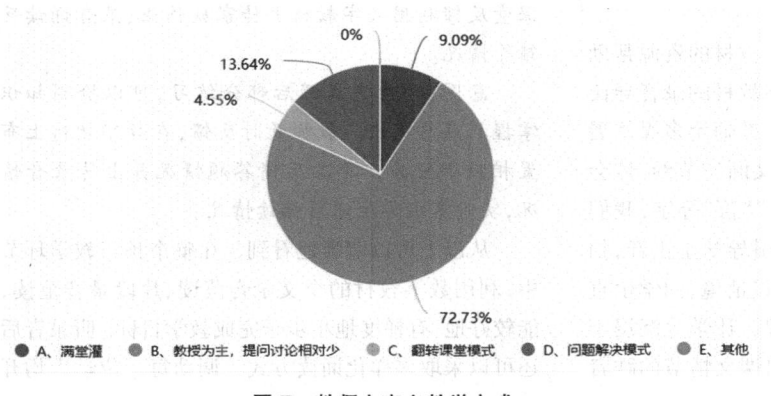

图7 教师文言文教学方式

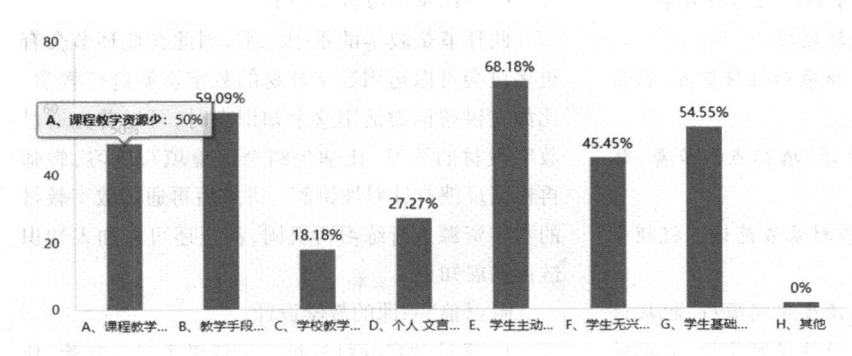

图8 教师认为文言文教学最大的困难

扫清生字词、掌握重点实词虚词含义、疏通文义、逐字逐句讲解课文、背诵等，语文教师的教学重难点均在这里。造成了课堂枯燥、师生互动较少、教师讲授为主的现象，导致学生失去对文言文学习兴趣。兴趣是学生学习的重要动力之一，在文言文教学中，首要目的便是激发学生学习文言文的兴趣。传统的教学模式都是教师课前简单粗略地给学生分发一些纸质材料作为预习课文的手段。这不仅降低学生学习激情，更是抹杀学生学习文言文的兴趣。而数字教材具有图片、文字、声音、动画等特点，可以弥补初中文言文课堂教学的枯燥无味，老师满堂灌的现象。

而造成这一系列的原因主要有文言文独有的特点，本身文言文就具有生僻字较多、晦涩难懂的特点，所以这让很多学生产生了畏难心理。而且文言文距离学生的生活太过于遥远，跟日常交流的方式区别较大，对于仅十几岁的初中学生来说，困难的确是存在的。比如我们在文言文教学时经常强调的文言文实词虚词的含义、一词多义、词类活用、特殊句式、古今异义等知识点，对于学生来说识记与掌握都具有难度。甚至也有一些老师本身的文言文知识依然是不够支撑自己的文言文教学。

三、数字教材背景下初中文言文教学探索——《狼》教学设计

（一）预习教学环节

《狼》这篇课文选自统编版七年级语文上册第五单元，其是一篇文言文，选自《聊斋志异》卷六（上海古籍出版社1986年版）。此题下共有三则故事，这里选的是第二则，写的是两只狼与一个屠户之间斗智斗勇的故事。全文分为两部分，前一部分是叙事，写屠户与狼斗智斗勇的场面，环环相扣，跌宕起伏。后一部分是作者的议论，点名故事主旨——说明狼无论多么狡诈也不是人的对手，终归会被人的勇敢与智慧打败。通过对数字化背景下初中学生文言文学习情况和初中语文教师文言文教学情况进行问卷调查分析，以及数字化时代的号召与指引下，教育工作者如何因地制宜，根据实际情况，合理运用数字教材丰富的数字教学资源构建具有学科特色的文言文课堂，下面就以《狼》为例。根据初中文言文的教学目标重难点和初中学生的学情分析，设置了"预习、课堂学习、鉴赏"三个阶梯式教学环节。

教学目标：
1.掌握生字生词，积累常见文言文实词与虚词。
2.朗读文章，理解文章内容与中心思想。
3.熟读成诵，理解重点语句。

4.认识狼的本性。

在这个阶段,可以利用数字教材的资源帮助诵读环节的落实。学生通过数字教材的录音导读和视频导读听课文的朗读节奏,教师用多媒体展示无标点课文,让学生学会文言文断句节奏,体会其音韵美。文章生僻字"黠""尻""苫"等字,我们可以通过数字教材的录音范读,引导学生正音,扫清生字词障碍。还可以为学生创设情境,向学生直观展示屠夫与狼斗智斗勇的过程,让学生沉浸于有情景的情境当中,更好地读出课文情节的跌宕起伏。

《狼》教学设计:

1.通过数字教材链接,了解课文写作背景。

数字教材应用:内部资源链接。

意图:通过研读数字教材展示链接资源,初步了解作品与蒲松龄。

2.听录音范读、视频导读,填标点断节奏、体会情感。

数字教材应用:数字教材录音范读、视频导读。

意图:学生通过诵读扫清生字词障碍,把握语句停顿,培养文言文语感。通过视频导读,直观感知课文主要内容,理解大意,创设情境,感受斗智斗勇场面。

3.解释重点文言文实词虚词,翻译课文大意。

数字教材应用:数字教材注释展示、数字教材重点字词翻译的提示。

意图:学生借助注释与工具书梳理基本内容,阅读浅显基础文言文,积累常见文言文实词与虚词。

4.再读课文,数字教材讨论模块或以附件形式展示研讨问题。

数字教材应用:数字教材视频资源以及讨论模块的问题设置、附件Power point文档。

意图:课前预习中设置讨论问题,让学生预热,谈谈看法。课上通过视频直观展示、多次范读与诵读以及课文大意讲解,再次从深度理解狼与屠夫形象,体会更深层次含义。

5.完成数字课后练习。

数字教材应用:数字教材课后练习、老师根据课堂反馈利用数字教材上传家庭作业、录音诵读反馈等情况。

意图:学生完成课后部分练习,可以检测知识掌握程度与巩固。教师及时反馈,在数字教材上布置相应小任务,再次反馈答题情况并上传录音情况,实时掌握学生课后诵读情况。

从以上可以清晰地看到,在整个预习教学环节中,利用数字教材的全文录音范读、片段录音范读,能较好地、有梯度地小步子完成教学目标。听录音后还可以采取多样化诵读方式,调动每一位学生均开口读书,活跃氛围。诵读过程中适当运用数字教材,让学生读准、读对,读出味道、读出韵律、读出文意。

(一)课堂学习教学环节

此环节是教学的重中之重,因此在此环节会有更多机会可以运用数字教材的数字资源进行教学。比如在讲解词类活用这个知识点时,可以首先通过数字教材的练习,让学生结合语境填写练习,教师再根据反馈有针对性讲解。讲解后再通过数字教材的数字资源进行练习再巩固,甚至还可以加入知识链接拓展知识。

附:《狼》一课的教学设计

1.通过数字教材链接,了解课文写作背景、作者。

数字教材应用:内部资源链接。

意图:通过研读数字教材展示链接资源,初步认识《聊斋志异》与蒲松龄。

2.听录音范读、看视频范读,正字音。

数字教材应用:数字教材录音范读、视频导读。

意图:通过视频范读,直观感知课文主要内容,理解大意。

3.解释常见重点文言文实词虚词,翻译课文内容及大意。

数字教材应用:数字教材原文的翻译注释和大意展示、数字教材重点字词解析及其相关翻译与意义关系的解释及提示。

意图:学生可充分学会借助阅读相关文言文注释词典文本与文言注释词典工具书等来全面梳理数字教材文言基本知识内容,阅读掌握最浅显生动的基础文言文,积累与掌握常见的重点文言文实词的辨析词与虚词。

4.再读课文,完成练习,巩固知识。

数字教材应用:数字教材内置练习和附件 Power point 文档。

意图:完成课后练习,巩固知识。

5.研读课文,分析课文内容。

数字教材应用:附件 Power point 文档。

意图:引导学生从词语运用等方面赏析表达效果。

在《狼》的教学时,可以布置课前预习作业,根据数据反馈及时掌握学生对文言文实词虚词的掌握情况。在课堂教学环节,教师通过数字教材内置链接并且通过观看视频了解《聊斋志异》与作者蒲松龄。听数字教材录音范读语音、视频导读,填错标点断句节奏、体会情感数字教材录音范读录音、视频导读让学生都能够轻松通过语音学习范读扫清诵读课文字词障碍,把握好文言文语句间的停顿,培养文言文语感。通过视频语音和导读,直观有效地感知本课文中的主要重点内容,再现屠户与狼斗智斗勇场面。

(二)鉴赏教学环节

《狼》是一篇初中文言文,是一个学生刚进入初中语文学习阶段以后会遇到的第一篇字数较长一些的初中文言文,对他们来说既是一个挑战亦是一个机遇。因此这一篇课文的教学显得尤其重要与特殊,要让学生逐步克服文言文学习的畏难心理,也要让学生对文言文产生继续探究的欲望,树立学习文言文的信心。在经过前面几个阶段的教学环节,学生对课文已经有了一个比较清晰的认识与理解。通过屠户与狼斗智斗勇的跌宕起伏引发对生活的思考,这个时候可以进一步激发与培养学生的创造性思维。

《狼》教学设计:

1.通过数字教材链接,了解课文写作背景、作者。

数字教材应用:内部资源链接。

意图:通过研读数字教材展示链接资源,初步认识《聊斋志异》与蒲松龄。

2.听录音范读、看视频范读,正字音。

数字教材应用:数字教材录音范读、视频导读。

意图:通过视频范读,直观感知课文主要内容,理解大意。

3.解释常见重点文言文实词虚词,翻译课文大意。

数字教材应用:数字教材原文的翻译注释和大意展示,数字教材重点字词解析及其相关翻译与意义关系的解释及提示。

意图:学生可充分学会借助阅读相关文言文注释词典文本与文言注释词典工具书等来全面梳理数字教材文言基本知识内容,阅读掌握最浅显生动的基础文言文,积累与掌握常见的重点文言文实词的辨析词与虚词。

4.研读课文,品味语言。

数字教材应用:数字教材内置练习和附件 Power point 文档。

意图:通过研读课文,体会作者情感,品味文章精妙之处。

四、数字教材背景下初中文言文教学应用的收获与思考

(一)收获

数字教材的工具性,优化文言文教学。数字教材将纸质版教材转化成数字化教材,不再被页码与呈现方式限制,具有强大的数字资源库并且能及时生成与反馈,形成文言文教学课堂所需的教学资源。其更好地与文言文教学相兼容,学生实现了边读、边看、边听、边思考、边动手,进行各种不同的尝试得到更多的体会。数字教材的便捷性,可随时发布随堂作业。根据平台的大数据反馈,能精准定位到每一位学生,对每一位学生的学习情况进行实时监控,教师也可以及时调整教学方式。数字教材的交互性。数字教材具有纸质教材所不能具备的在线交互功能,数字教材将纸质版教材相对应的图品、视频、音频、练习等内置于教材中,学生更方便与教材进行面对面对话。

(二)思考

从前面的问卷调查中可以看出,数字教材从2001年问世以来,至今已经有21年的光景。但也因数字教材的深入推广自身也有一定的难度,尽管一些发达地区的数字教材应用基本上实现常态化教学,比如广东省的粤教云平台就已经普遍推广到各个中小学供师生使用。但我国作为一个具有十几亿人口的大国，面临的困难是巨大的，目前大部分的经济欠发达地区学校在深入推广数字教材上有一定的难度。部分学校的数字教材应用方式仍然较单一，未能真正去使用。尽管学校网络已经覆盖每个学校、每个班级，教师也可以在课堂上使用数字教材，学生在校学习时也可以享受到数字教材所带来的便利，但学生回家后使用数字教材的不足和一部分家庭经济困难的学生无法使用等，都难以发挥数字教材的优势。

参考文献：

[1] 中共中央国务院印发《中国教育现代化 2035》[J]. 人民教育, 2019(05): 7-10.

[2] 教育部关于印发《教育信息化 2.0 行动计划》的通知 [J]. 中华人民共和国教育部公报, 2018(04): 118-125.

[3] 中共中央国务院印发《中国教育现代化 2035》[J]. 人民教育, 2019(05): 7-10.

[4] 李志敏. 基于数字教材的初中文言文教学模式探究[D]. 2021.

[5] 习近平. 在中央党校建校 80 周年庆祝大会暨 2013 年春季学期开学典礼上的讲话[J]. 理论视野, 2013(03): 5-8.

[6]《关于实施中华优秀传统文化传承发展工程的意见》[J]. 中华优秀传统文化研究, 2019(00): 3-13.

[7] CY/T125-2015, 中小学数字教材加工规范[S]. 2015.

附录1：初中语文教师文言文教学情况的问卷调查

1. 目前，您是（　）年级语文教师。（单选题）
A. 七年级　　11　　50%
B. 八年级　　6　　27.27%
C. 九年级　　5　　22.73%
本题有效填写人次共22人。

2. 文言文教学时大多数采用（　）教学模式。（单选题）
A. 满堂灌　　　　　　2　　9.09%
B. 教授为主，提问讨论相对少　16　72.73%
C. 翻转课堂模式　　1　　4.55%
D. 问题解决模式　　3　　13.64%
E. 其他　　　　　　0　　0%
本题有效填写人次共22人。

3. 对您来说，文言文教学最大的困难是（　）。多选题）
A. 课程教学资源少　　　　11　　50%
B. 教学手段匮乏　　　　　13　　59.09%
C. 学校教学设施落后　　　4　　18.18%
D. 个人文言知识储备不足　6　　27.27%
E. 学生主动参与意识不高　15　　68.18%
F. 学生无兴趣或学习兴趣低 10　　45.45%
G. 学生基础知识薄弱　　　12　　54.55%
H. 其他　　　　　　　　　0　　0%
本题有效填写人次共22人。

4. 您认为文言文教学的重点是（　）。（多选题）
A. 熟读背诵全文　　　　　13　　59.09%
B. 字词句的翻译　　　　　15　　68.18%
C. 篇章结构的把握　　　　13　　59.09%
D. 表达效果的应用、意境的赏析 14　　63.64%
E. 情感态度价值观的培养　11　　50%
F. 其他　　　　　　　　　2　　9.09%
本题有效填写人次共22人。

5. 您了解数字教材吗？（　）（单选题）
A. 了解　　9　　40.91%
B. 不了解　13　　59.09%
本题有效填写人次共22人。

6. 您通过（　）渠道了解数字教材。（单选题）
A. 同事介绍　　　　　　　2　　9.09%
B. 学校培训　　　　　　　4　　18.18%
C. 教育系统推广　　　　　9　　40.91%
D. 网络媒介或书包杂志期刊 3　　13.64%
E. 其他　　　　　　　　　4　　18.18%
本题有效填写人次共22人。

7.您接受使用数字教材应用于文言文教学吗？（ ）(单选题)

    A.接受并常用　　　　　4　18.18%
    B.接受但不常用　　　　7　31.82%
    C.接受但不会用　　　　6　27.27%
    D.不接受不使用　　　　0　0%
    F.可以尝试使用　　　　4　18.18%
    G.尝试过不好用　　　　0　0%
    H.其他　　　　　　　　1　4.55%

本题有效填写人次共22人。

8.您平时使用数据教材上文言文吗？（ ）(单选题)

    A.经常　　　　5　22.73%
    B.偶尔　　　　6　27.27%
    C.极少　　　　6　27.27%
    D.从不　　　　2　9.09%
    E.其他　　　　3　13.64%

本题有效填写人次共22人。

9.您认为使用数字教材（ ）功能有助于文言文教学。(多选题)

    A.配套的课程资源　　　　16　72.73%
    B.笔记截图等工具设置　　11　50%
    C.教学模式的个性化设置　9　40.91%
    D.教学行为的及时反馈　　11　50%
    E.方便链接外部资源　　　8　36.36%
    F.其他　　　　　　　　　2　9.09%

本题有效填写人次共22人。

10.您未来打算使用数字教材上文言文吗？（ ）(单选题)

    A.不打算用,继续使用纸质教材　　1　4.55%
    B.尝试用　　　　　　　　　　　12　54.55%
    C.偶尔用,纸质教材于数字交替用　5　22.73%
    D.有教学效果,继续使用　　　　3　13.64%
    E.其他　　　　　　　　　　　　1　4.55%

本题有效填写人次共22人。

陆素云,广西南宁市横州市新福镇第二初级中学教师。

依托任务群整合文本,构建小说教学"生长式课堂"

——以鲁迅小说大单元构建为例

◎陈晨芜

温儒敏教授曾说:"鲁迅是近百年来对中国文化及中国人了解最深的思想者,也是最具独立思考和艺术个性的伟大作家,鲁迅已经积淀为现代最重要的精神资源,所以让中学生接触了解一点鲁迅,是非常必要的,教材编写必须重视鲁迅。"[1]统编初中语文教材共选编了六篇鲁迅的文章,分别是散文《从百草园到三味书屋》《阿长与〈山海经〉》《藤野先生》,以及小说《社戏》《故乡》和《孔乙己》;高中人教版选取了散文《记念刘和珍君》,小说《祝福》,杂文《拿来主义》三篇,中学阶段共计九篇三种不同文体的文章,是现代文学家中作品入选教材数量最多的作家。鲁迅对于五四运动以后的中国社会思想文化发展具有重大影响,被誉为"二十世纪东亚文化地图上占最大领土的作家"。这个最伟大的作家,他的文章拥有极强的思想深刻性,特别是他的短篇小说极富"韵味",但是他与现代的学生所处时代相差甚远,因此大部分学生无法深刻体会他的思想深刻性,加之大部分老师仍对小说进行传统的教学教法,这让学生对鲁迅的小说流于表面的理解,无法做到自我深度解读文本,以致不能深入挖掘其思想深刻性。故鲁迅的小说通常成为中学语文教师教学"超难点"。

为了能够解决这个"超难点",笔者依托任务群,以任务为驱动,整合文本,构建鲁迅小说群文大单元,让学生通过自我和合作两种形式解读文本,以理解鲁迅思想深刻性为教学中心,对鲁迅的小说教学进行了一个初探。

《普通高中语文课程标准》(2017年版2020年修订)多次提出教师应该整合课程资源,为此设置了十八个指向性明确的学习任务群,每个任务群都有自己独立的学习目标和教学内容。通过整合不难发现,每个任务群之间是相互渗透、相互衔接和延伸。为了更好地构建鲁迅小说群文大单元,笔者将学习任务群五"文学阅读与写作",任务群六"思辨性阅读与表达"做了一定的整合,力求学生在文学阅读中,产生并培养思辨性思维。并依据贾桂强老师所提出的"三主四有"理念,来建构小说教学的"生长式课堂"。

下面笔者就根据"三主四有"理念的核心内容来阐述自己是如何构建小说教学的"生长式课堂"。

一、大单元的构建

笔者所执教的年级是四川省最后一届使用人教版教材的年级,必修三的第一单元是小说单元,加之近几年统编教材的使用以及新课程标准的出台,使得大单元的教学模式应运而生,故笔者依据大单元的模式对必修三一单元的课文进行了拆分和整合,重新构成了新的主题单元。

人教版必修三第一单元所选课文为《林黛玉进贾府》《祝福》《老人与海》,笔者将其拆分为三个专题阅读,即:《红楼梦》——《林黛玉进贾府》《刘姥姥三进大观园》整本书定向阅读;《人生如梦》——鲁迅小说专题鉴赏;《人生如戏》——"边缘人"人物形象探究。在这里以《人生如梦》——鲁迅小说专题鉴赏为例。

(一)单元核心主题的确立

鲁迅在小说集《呐喊〈自序〉》中写道:"我在年青时候也曾经做过许多梦,后来大半忘却了,但自己也并不以为可惜。所谓回忆者,虽说可以使人欢欣,有时也不免使人寂寞,使精神的丝缕还牵着已逝的寂寞的时光,又有什么意味呢,而我偏苦于不能全忘却,这不能全忘的一部分,到现在便成了《呐喊》的来由。"[2]课文《祝福》选自鲁迅的第二本小说集《彷徨》,笔者认为《呐喊》和《彷徨》正好体现的是鲁迅在不同时期思想的一种转变,这种转变正是笔者需要学生去探究的,学生只有对转变有一定的理解,才能更好地理解鲁迅深邃的思想,培养他们的爱国情怀。故本单元取名为《人生如梦》即从鲁迅的"梦中"(小说)去窥探他的情真意切。并将"理解鲁迅深邃的思想"作为单元核心主题和教学任务。

（二）群文的选择

为了让学生更好地理解鲁迅，让他们的思辨思维得到"生长"，笔者在选取群文时依据文章的难易程度，让学生进行螺旋上升式的阅读，一共选择了《孔乙己》《故乡》《药》《祝福》《铸剑》五篇文章，其中《孔乙己》《故乡》《药》来自《呐喊》作为第一部分阅读，《孔乙己》《故乡》是初中已学课文，让高中生再读，会对鲁迅当年的"为何而呐喊"有一定的理解；在对"呐喊"理解的基础上，学生阅读第二部分出自《彷徨》的《祝福》，便会对鲁迅"为何而彷徨"有一定的共鸣；最后再读选自《故事新编》中的《铸剑》，深度剖析"眉间尺"和"黑衣人"形象的塑造以及背后的意义，从而去探究出鲁迅作为一个革命斗士思想的变化以及变化的原因，继而明确知道鲁迅思想的深邃性在于"对革命启蒙者自我的审视——启蒙人民，凭什么启蒙，怎么启蒙？"在阅读过程中，学生必须进行独立阅读和对所选文本进行相关批注。

二、教学模式的选择与"生长式课堂"的建构

（一）教学模式的选择

贾桂强老师在《生长式语文课堂》一书中所提出的"三主四有"理念，就可以很好地指导我们构建新的教学课堂。"三主四有"是指："三主"即"以学生为主体，教师为主导，以积极的语言实践活动为主线"；"四有"即"有困惑、有结构、有活动、有生长力"。[3]所以既然是要建构小说教学"生长式课堂"，就一定要摒弃传统的教师"一讲到底"的教学模式，切实做到"以学生为课堂主体，教师为课堂主导"的教学模式。这样的课堂可以有效提升学生的文字、语言、思辨性思维能力，更好地指向学生核心素养的提升。

（二）小说教学"生长式课堂"的建构

1.学习目标的叙写

因为本单元是小说单元，整体的单元设计仍然要以小说"四要素"为基准，应着重鉴赏人物形象，注意情节、环境与人物的关系。注意把握叙述语言和人物语言的不同特点，体会人物语言对人物形象塑造的作用。故将本单元总学习目标叙写如下：

学会运用知人论世，分析在人物与社会环境共生，互动的关系中认识人物性格的形成和发展的原因，挖掘小说主题，认识小说的社会批判性功能。

通过分析小说中多种艺术手法和创作意图，品味小说在形象、情节、语言等方面的独特魅力。

通过阅读小说，丰富人生体验，提升对社会的观察、分析、判断的能力，激发想象，培养高尚的审美情趣；学习并借鉴小说技法，尝试进行小小说的写作。

2.学情的诊断

"生长式课堂"的核心就是要以学生为主体，所以学情诊断是首要任务。因此在学生正式进行鲁迅小说鉴赏学习之前，笔者设置了4课时的前置预习课，预习课上用一个活动来进行引领，即：阅读《小说基础知识》，做好勾画和相关知识的积累。

自主阅读小说单元补充资料（一）（二）上的文章，在相应位置做好对文章思考的批注。

在自主阅读独立思考的基础上，以小组的形式分篇目对文章提出自己的阅读困惑或者质疑，并将问题写在问题单上。

此活动旨在让学生在对小说相关基础知识的了解上更好地独立阅读鲁迅的小说，对所选小说有一个全面的感性认识，并产生一定的思考。学生在预习课上所生成的问题（见图一、图二），涵盖了小说"四要素"，甚至某些学生通过阅读提到了鲁迅思想深刻性的原因，问题提出的深浅就足以证明学生思维活跃性的高低，根据学生思维活跃性的高低，笔者对后续的课程进行了四大教学任务和评价体系的构建。

3.依据学情的四大教学任务及评价体系的构建

（1）任务一：自主合作探究

根据学生在预习课上独立阅读生成的问题，笔者让学生以小组合作的形式，将所有问题以小说三要素进行分类归纳，并以小组合作的形式选取不同类型的共计五个问题进行问题探究，最后以小组为单位展示。

此活动主要考查学生对小说三要素概念的辨认及对问题信息的提取，初步形成一定的思辨思维。并在展示时语言运用能够概念准确，判断合理，有一定的逻辑推理过程。

（2）任务二：析人物

此任务学生需在完成独立阅读，小组合作分析展示问题的基础上，通过自行设置对比表格，梳理人物形象，掌握人物写作手法。为此设置了两个教

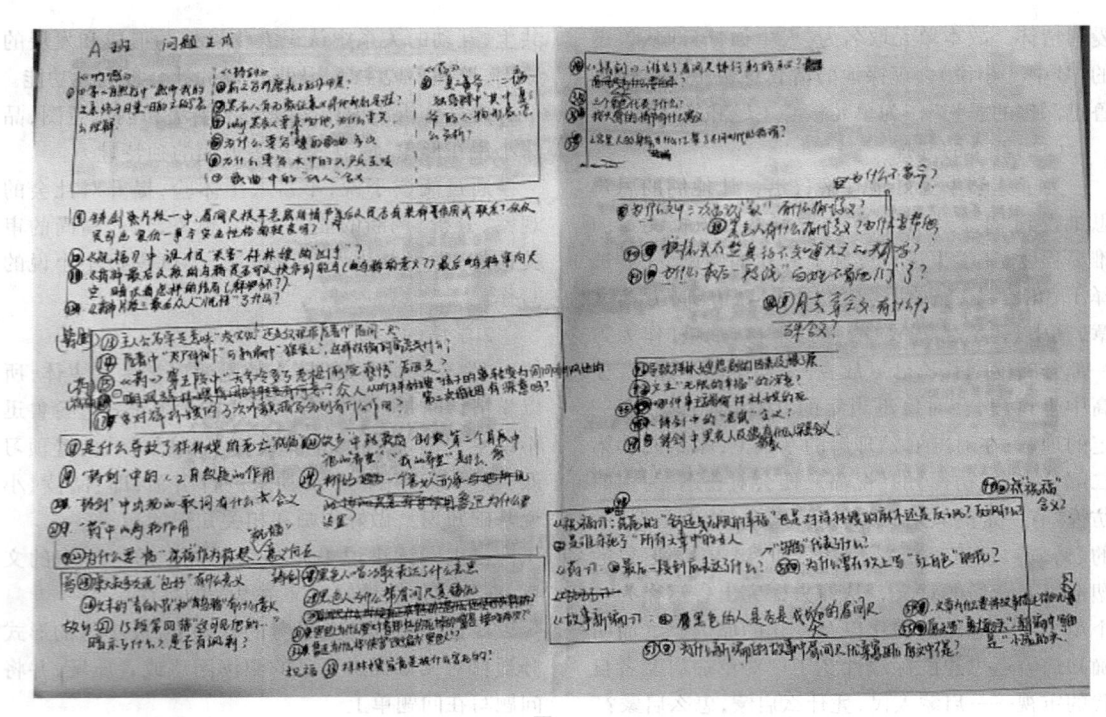

图一

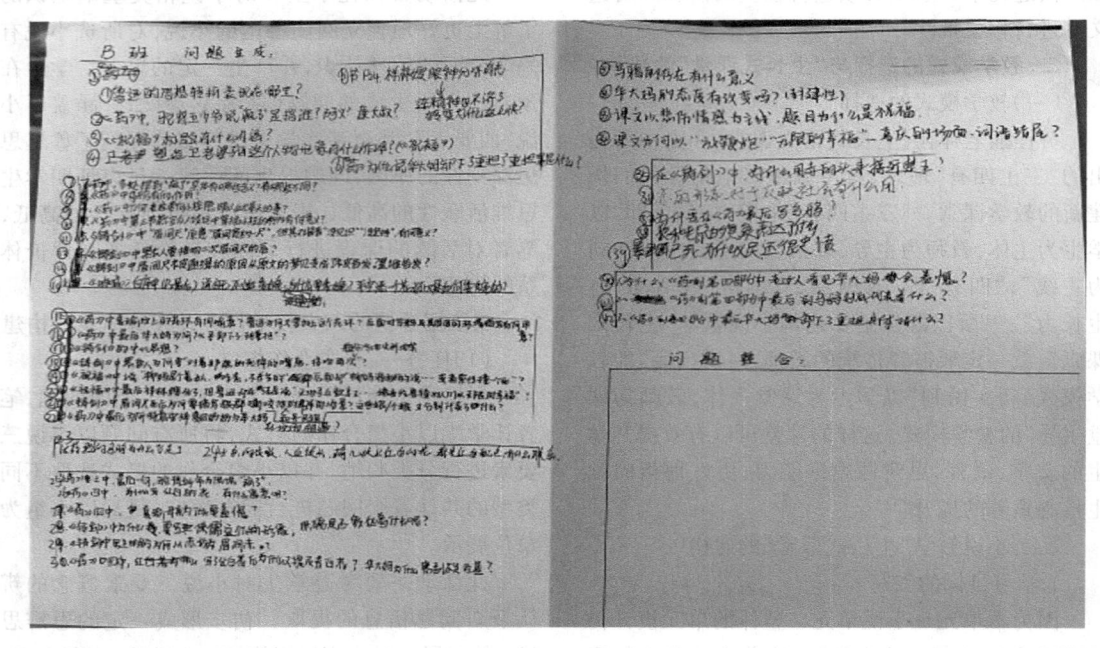

图二

学活动来引导学生完成任务,分别为:活动一:在独立阅读并分析文本的基础上,以小组合作的形式自行设计表格,总结出《孔乙己》《药》《故乡》《祝福》四篇文章的主次人物形象特点并概括出这些人物形象上的异同。

活动二:请先独立梳理出《孔乙己》《药》《故乡》《祝福》四篇文章的叙述视角,再以小组合作的形式讨论这些叙述视角对文本表达的作用。

小说阅读群落教学——以"鲁迅小说"单元构建"为例

阅读小说的方法
- 读主题
- 读人物
- 读情节
  - 导线索
  - 抓细节
  - 看环境

小说的四种功能：
熏 浸 刺 提（熏陶人、感化人、刺激人、使人成人上之人、自我提升）

预习
- 阅读《小说基础知识》，做好勾画和相关知识的积累
- 自主阅读小说单元补充文章，并做好批注
- 在自主独立阅读思考问题的基础上，以小组的形式分篇目对文章提出自己的阅读困惑或者质疑，并将问题写在问题单上

自主探究
根据预习过程中所产生的问题，分类分小组进行讨论，形成对小说阅读技巧的初步认识，对小说阅读有初步的深度理解。

活动：根据全班各个小组反馈的问题，每个小组将所有问题以小说三要素进行分类归纳，并以小组合作的形式选取不同类型的共计五个问题进行问题探究，最后以小组为单位展示。

析人物
在完成独立阅读、小组合作分析展示问题的基础上，通过自行设置对比表格，梳理人物形象，掌握人物写作手法。

活动一：在独立阅读并分析文本的基础上，以小组合作的形式自行设计表格，总结出《孔乙己》《药》《故乡》《祝福》四篇文章的主次人物形象特点并概括出这些人物形象的异同。

活动二：请先独立梳理出《孔乙己》《药》《故乡》《祝福》四篇文章的叙述视角，再以小组合作的形式讨论这些叙述视角对文本表达的作用

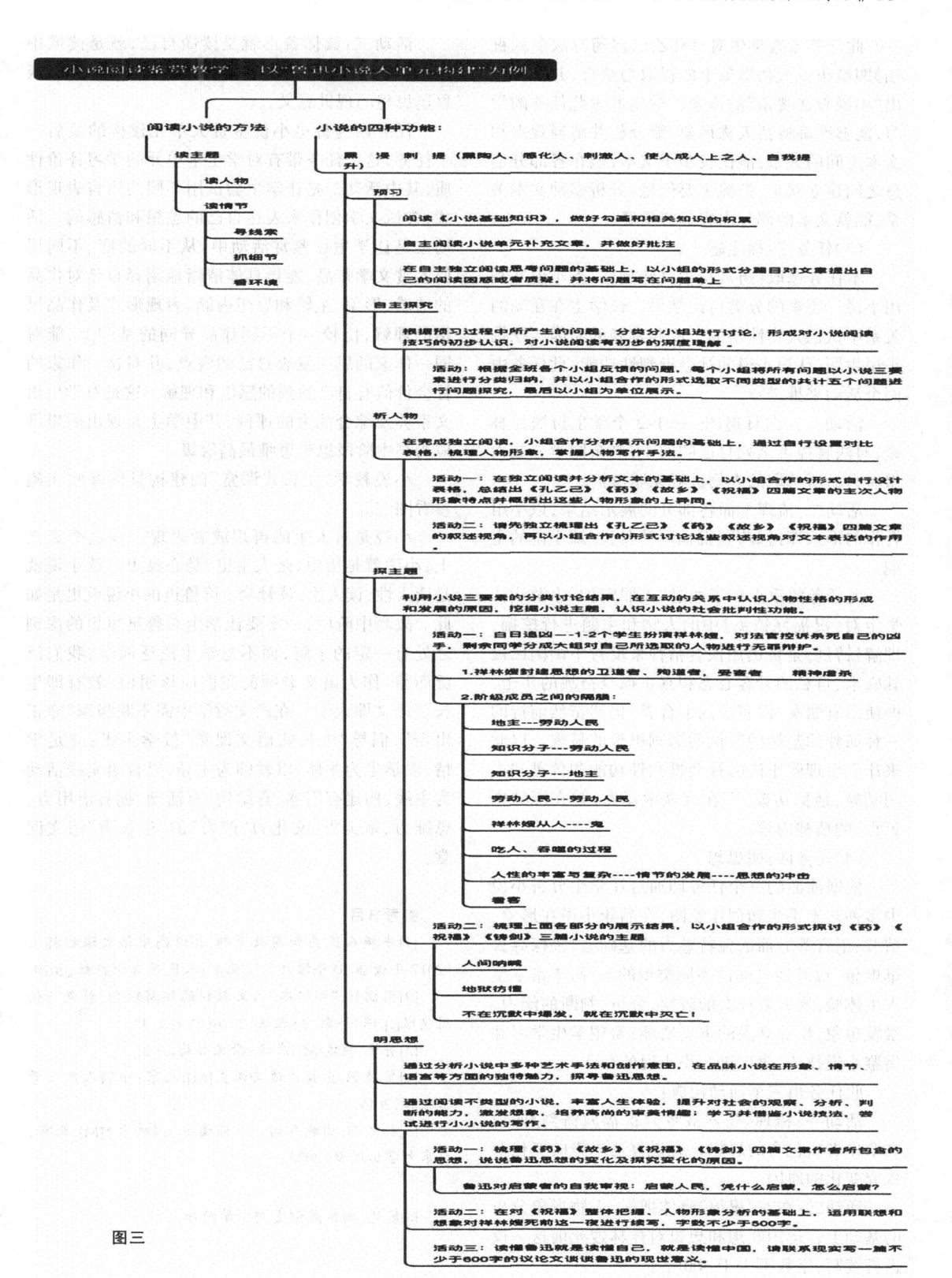

探主题
利用小说三要素的分类讨论结果，在互动的关系中认识人物性格的形成和发展的原因，挖掘小说主题，认识小说的社会批判性功能。

活动一：白日追凶——1-2个学生扮演祥林嫂，对法官控告杀死自己的凶手，剩余同学分成六组对自己所选取的人物进行无罪辩护。

1. 祥林嫂封建思想的卫道者、殉道者、受害者　精神虐杀
2. 阶级成员之间的隔膜：
   - 地主---劳动人民
   - 知识分子---劳动人民
   - 知识分子---地主
   - 劳动人民---劳动人民
   - 祥林嫂从人----鬼
   - 吃人、吞噬的过程
   - 人性的丰富与复杂----情节的发展----思想的冲击
   - 看客

活动二：梳理上面各部分的展示结果，以小组合作的形式探讨《药》《祝福》《铸剑》三篇小说的主题

- 人间呐喊
- 地狱彷徨
- 不在沉默中爆发，就在沉默中灭亡！

明思想
通过分析小说中多种艺术手法和创作意图，在品味小说在形象、情节、语言等方面的独特魅力，探寻鲁迅思想。

通过阅读不同类型的小说，丰富人生体验，提升对社会的观察、分析、判断的能力，激发想象，培养高尚的审美情操；学习并借鉴小说技法，尝试进行小小说的写作。

活动一：梳理《药》《故乡》《祝福》《铸剑》四篇文章作者所包含的思想，说说鲁迅思想的变化及探究变化的原因。

鲁迅对启蒙者的自我审视：启蒙人民，凭什么启蒙，怎么启蒙？

活动二：在对《祝福》整体把握、人物形象分析的基础上，运用联想和想象对祥林嫂死前这一夜进行续写，字数不少于500字。

活动三：读懂鲁迅就是读懂自己，就是读懂中国，请联系现实写一篇不少于600字的议论文谈谈鲁迅的现世意义。

图三

此任务考查学生对《孔乙己》《药》《故乡》《祝福》四篇小说人物形象上的提取与整合，并以此引出"小说叙述视角"的概念。学生通过此任务的学习，能够准确概括人物形象，能分析并解释观点和文本之间的关系；能比较多个文本，能在各部分信息之间建立联系，把握主要信息，分析多种文本关系；能就文本的部分内容进行质疑。

（3）任务三：探主题

本任务选取《药》《祝福》《铸剑》三篇小说并利用小说三要素的分类讨论结果，让学生在互动的关系中认识人物性格的形成和发展的原因，挖掘小说主题，认识小说的社会批判性功能。此任务由两个活动来推进：

活动一：白日追凶——1-2个学生扮演祥林嫂，对法官控诉杀死自己的凶手，剩余同学分成大组对自己所选取的人物进行无罪辩护。

活动二：梳理上面各部分的展示结果，以小组合作的形式探讨《药》《祝福》《铸剑》三篇小说的主题。

此任务的重点在于通过"无罪辩护"小游戏让学生对《祝福》《铸剑》中的人物和主题进行挖掘，理解《铸剑》是鲁迅用侠客精神来反衬中国国民极其麻木、自私的看客心态和真正孤身奋战的斗士，即使没有朋友，没有志同道合者，仍然奋然前行的一种孤独的坚持的复仇的深刻思想的显现。以此来让学生理解小说的社会批判性功能和鲁迅"人间呐喊，地狱彷徨，不在沉默中爆发，就在沉默中灭亡"的精神内核。

（4）任务四：明思想

依据前面的三个任务即通过让学生分析小说中多种艺术手法和创作意图，在品味小说在形象、情节、语言等方面的独特魅力的基础上，去探寻鲁迅思想。以及通过阅读不同类型的小说，丰富学生人生体验，提升对社会的观察、分析、判断的能力，激发想象，培养高尚的审美情趣；希望学生学习并借鉴小说技法，尝试进行小小说的写作。

此任务由三个活动构成：

活动一：梳理《药》《故乡》《祝福》《铸剑》四篇文章作者所包含的思想，说说鲁迅思想的变化及探究变化的原因。

活动二：在对《祝福》整体把握、人物形象分析的基础上，运用联想和想象对祥林嫂死前这一夜进行续写，字数不少于500字。

活动三：读懂鲁迅就是读懂自己，就是读懂中国，请联系现实写一篇不少于600字的议论文谈谈鲁迅思想的现世意义。

任务四为鲁迅小说鉴赏大单元建构的最后一个任务，这个任务带有对学生本单元的学习评价性质，其中活动二是让学生尝试用不同的语言表现形式，尝试文学创作来表达自己的思想和情感的。活动三是让学生在鉴赏活动中，从不同的度、不同层面鉴赏文学作品，能再具体清晰地阐释自己对作品的情感、形象、主题和思想内涵、表现形式及作品风格的理解，比较多个不同作品异同的基础上，能对同一作家的思想发表自己的观点，并对这一作家的社会价值有自己独到的感悟和理解。这是对学生语文素养及综合能力的评价，其中学生显现出的思维应为高中阶段思辨思维最高层级。

小说教学"生长式课堂"的建构具体课堂实施参看图三。

小说是对人生的再现或者表现。在这个意义上，小说就是历史，是人生史，是心灵史。读小说就是读人性，读人生，读社会。读鲁迅的小说就更是如此。故高中阶段，一定要让学生对鲁迅思想的深刻之处有一定的了解，而不是学生泛泛而学，我们泛泛而教，作为语文老师的我们应该明白"教有即生长""语文即人生"，在语文教学中需不断强调"守正出新"，倡导"生长式语文课堂"教学主张：立足学情，以学生为主体，以教师为主导，以言语实践活动为主线，构建有困惑、有结构、有活动、拥有语用力、思维力、审美力、文化力"四力"的"生长力"语文课堂。

参考书目：

[1]中华人民共和国教育部.普通高中语文课程标准（2017年版2020年修订）[S].北京：人民教育出版社,2020.

[2]温儒敏."部编本"语文教材的编写理念、特色与使用建议[J].课程·教材·教法,2016(11)：3-11.

[3]鲁迅.呐喊[M].武汉：崇文书局,2021.

[4]贾桂强.生长式语文课堂[M].北京：中国人民大学出版社,2019.

[5]孔庆东.呐喊人间——解读鲁迅《呐喊》[M].北京：北京大学出版社,2022.

陈晨芫，四川成都棠湖中学教师。

以《西游记》为载体开展语文学科实践活动的策略研究

◎ 陈研哲

为激发小学生阅读经典名著的兴趣,在《上课的学问——方法篇》《余映潮的中学语文教学主张》等书籍的启发下,以阅读《西游记》为载体,尝试开展了语文学科实践活动的有效策略。

一、问题的提出

近几年,在中央的号召下我国社会大力倡导全民阅读,学校、家庭也意识到孩子阅读的深远意义,因此更加重视孩子的课外阅读。如何结合教学实际开展有效的阅读活动,激发学生阅读兴趣,需要教师不断思考、探索与实践。

(一)学生现状分析

我所教人大附小京西分校两个四年级的班级学生共计72人,三分之二的学生来自本区棚户区改造家庭,三分之一的学生是外地进京务工人员的子女,家庭教育力量比较薄弱。但值得庆幸的是大多数家长对子女的教育意识强烈,能够努力提供支持,给孩子借阅或购买课外书籍并督促阅读。开学初,我对学生课外阅读作品情况做了调查和统计,如表(一):

喜欢阅读作品类别	所占人数	所占比例
科幻	30人	42.67%
悬疑、推理小说	23人	31.94%
儿童文学	7人	9.72%
经典名著(如《西游记》等)	4人	5.56%

分析:有效统计人数为64人,通过数据了解到,其中53个学生,占73.61%,喜欢阅读科幻、悬疑、推理类的课外读物。这些作品与一般传统作品不同,会夹杂着对未来想象的感性,有一种神秘特性,可以唤起学生的好奇心,学生理所当然很喜欢。而经过历史选择出来的经典名著类文学作品,

只有4人喜欢阅读,仅占5.56%。经了解,学生不喜欢阅读经典名著的原因有三:

1.不知道哪类读物是经典名著。
2.感觉经典名著离自己很远,觉得没意思。
3.有的学生看过视频版《西游记》不想再读文字作品了。

(二)《西游记》阅读前测

当对学生进行"如果读四大名著之一,你选择读哪一本?"的调查时,72人中,有49人选择读《西游记》,占68.06%。于是我决定从学生最熟悉的《西游记》入手开展阅读经典语文实践系列活动的尝试。

由《西游记》改编的影视作品大多数学生耳熟能详,十分喜爱,于是,我对学生进行了阅读前测,结果令人出乎意料:不知道《西游记》的作者是吴承恩的有26人,占36.11%;不知道吴承恩是明代作家的有47人,占65.28%,不知道唐僧师徒四人经历八十一难取得真经的有22人,占32.56%。三个关于《西游记》的基本问题学生回答不够理想,可以看出学生对这部名著的了解知之甚少,对于重要情节、重要人物不清楚,更不用说在读中思考,读出自己的感受了。同时,通过前测,学生对《西游记》产生了一种既熟悉又陌生的感觉,大大激发了阅读兴趣。

(三)确定以阅读《西游记》为载体,制定开展阅读经典语文实践活动计划

小学生并非成熟的读者,他们的阅读旅程是一个在教师的引导下不断成长的过程。这个过程必然伴随着对经典名著的感知、体认,伴随着阅读经典文学作品意识的逐步习得和沉淀。因此我做了周密的阅读实践活动实施计划,如表(二):

活动次数	进度安排	活动计划
第一次阅读	2023年3月最后一周，阅读第1–10回	读书交流会 阅读后测，选拔阅读小达人。 班级阅读达人赛 班级戏剧展演 布置下一次阅读活动任务
第二次阅读	2023年4月最后一周，阅读第11–29回	同上
第三次阅读	2023年5月最后一周，阅读第30–48回	同上
第四次阅读	2023年6月最后一周	回顾整本书，制作《西游记》海报，年级阅读达人赛，戏剧展演。

我将每月最后一周定为主题阅读周，每一天都安排了相应的阅读活动。读书交流会，学生按照感兴趣的话题自由分组交流印象深刻的故事；阅读后测，了解学生个人阅读和集体交流的学习效果，及时查漏补缺，引导学生精读、细读；阅读达人赛，用竞赛的形式激发学生的阅读兴趣；戏剧展演，将阅读课与戏剧课整合，通过演绎经典的方式，带领学生深入理解，领悟精髓。

二、文献综述

语文课程要"为学生的全面发展和终身发展打下基础"，课堂上，一定要给学生"看"的条件，给学生"想"的时间，给学生"说"的场合，给学生"创"的机会，让学生能够自主地学习。语文课程还应通过优秀文化的熏陶感染，促进学生和谐发展，使他们提高思想道德修养和审美情趣，逐步形成良好的个性和健全的人格。[1]

好的课是能打通古今，打通物我，打通文史哲的。叶圣陶老先生说："教材无非是个例子，目的就是让学生有所得，能在你的教学中得益。"既然教材是一个例子，那么我们引进另外一个例子，完全是可以的，有时也是非常必要的。教学的最终目的是让学生自主学习，这个理念我们要明确。有这样的理念，我们才能够理直气壮地引进和运用优质资源。[2]

"趣教"是为了化平淡为美妙，变无味为有味，从而充分地开发利用课文的价值，是为了在充满情趣的氛围之中进行教学，让同学们身心愉悦地学习，不仅让同学们学得快，记得牢，更让同学们体会到语言文字的妙处及学习语文的乐处。[3]

三、阅读经典名著《西游记》，开展语文学科实践活动的策略

1.产生式教学策略：利用前测激发学生自主产生阅读《西游记》的兴趣。

2.独立学习与小组合作学习策略：独立阅读，小组合作交流汇报阅读收获。

3.主动参与策略：进行阅读后测，开展读书小达人知识竞赛活动，人人参与阅读学习交流反馈活动，选出班级优秀小达人参加年级决赛并颁发证书。

4.提升学习体验策略：开展制作《西游记》海报、排练、展演戏剧活动，让经典走进学生的内心。

四、阅读经典名著《西游记》，开展语文学科实践活动的有效方法

（一）阅读前测，激发学生阅读经典名著的兴趣

为了在阅读活动中做到心中有数，活动设计有依据，了解学生对《西游记》这本书真实的认知情况来加强阅读活动设计的实效性，激发学生阅读经典的兴趣，我对学生进行了阅读前测。如图所示：

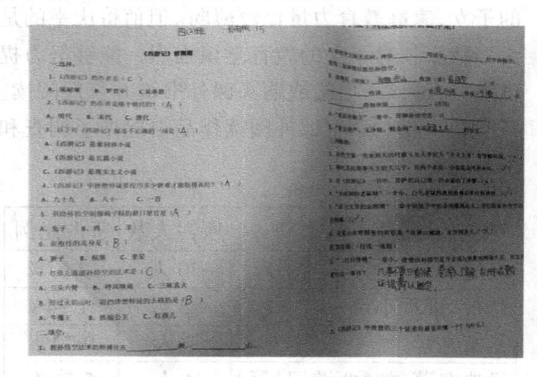

前测之后，我告诉学生所出题目均参考的是经向多方了解之后选择的中国画报出版社出版的青少版《西游记》这本书。这些题都是关于这本书的基本内容，不是很难，但一提到书中的细枝末节学生就不是很清楚了，例如：前测中提到的"黄袍怪的真身是＿＿"、"孙悟空大闹天宫时，神仙用法宝＿＿打中孙悟空，使得二郎神得以抓住孙悟空。"等填空题，很多学生不知道。再如，"《西游记》中唐僧的三个徒弟你最喜欢哪一个？为什么？"学生的回答几乎都是孙悟空，均是围绕"神通广大"说理由，见解单一。可见，只有读文学作品才会真正读懂经典。前测大大激发了学生阅读《西游记》的兴趣。

（二）读书交流，激发学生产生进一步探究阅读的欲望

1.独立阅读，用读书笔记写下点滴思考。

个人的独立思考非常重要，阅读需要立足于每一个个体的独立阅读之上，交流也必须以独立的思考理解来作为基础。

为了让学生能够精细地阅读《西游记》，我把阅读活动进度安排为三次：第一次阅读第1—10回，第二次阅读第11—28回，第三次阅读第29—48回。每次阅读活动学生写读书笔记，形式不限，直抒胸臆写读后感、列表格、画思维导图梳理故事情节和人物性格特点都可以，例如：

（1）我最感兴趣的十大兵器（十大美女、十大坐骑、十大神仙、妖怪等）。

（2）你最喜欢师徒四人中的谁？为什么？

（3）哪一部分内容给你留下的印象最深？为什么？

如图所示：

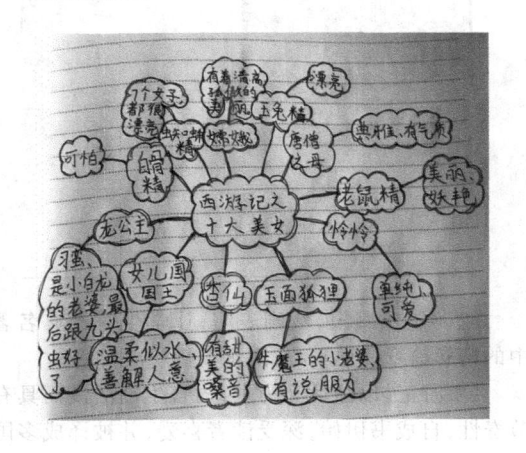

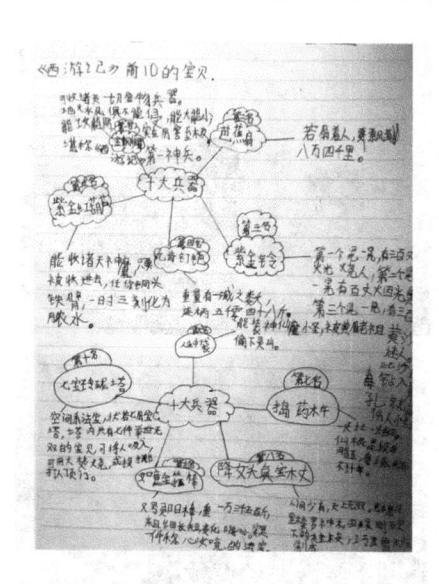

经学生用心梳理，一本厚厚的《西游记》逐渐脉络清晰地印在学生的心里。

2.读书交流，学生彼此碰撞思维的火花，互相启发，学会品读经典名著。

在读书交流过程中，群体之间通过互相讨论、对话、交流可以使彼此得到启迪，一些理解不够深入的问题通过交流会得到有效解决。

因此，学生阅读完一部分内容后，我会引导学生结合自己的阅读收获与思考，一人或有相同交流话题的几人自由组合，以"大话西游"为主题向全班同学交流读后感受。学生之间的交流，由最初的表面理解，想法观点雷同到大胆发表自己的看法，敢于与人辩论，甚至提出质疑问题，其他同学在认真倾听后予以补充、修正或释疑。学生的阅读收获越来越大，逐渐丰富了独特的阅读体验，为今后阅读其他经典名著奠定了基础。

3.创造氛围，随时随地交流探讨，学生在轻松自由的环境中体验"悦读"。

为了调动学生读书交流的积极性，我会组织学生选择校园里的不同地点开展读书交流活动，除了三尺讲台，改变座位形式，学生围坐或席地而坐，教学楼前的葫芦架下、操场旁边的龙爪槐树下都成了学生交流读书心得的理想佳境。每一次读书交流活动结束后，学生都特别期待下一次活动赶快到来，因为在这样的环境中交流感受身心愉悦，比较放松，可以更加自如地讲解阅读收获，谈论观点，评价人物性格。激发了学生探究阅读的兴趣，阅读交流活动收到良好的效果。如图所示：

(三)阅读后测,对所读部分内容加深印象,查漏补缺,巩固阅读方法,培养阅读能力。

阅读经典需要一种持之以恒的精神,经典不是一次、两次阅读就可以完事大吉的,一部经典是很耐读的。每一次阅读都会读出新的味道,因为我们在每次阅读时,都会有新的知识背景、新的视野产生,这也是经典永恒的魅力所在。

围绕《西游记》这本书进行的每一次阅读后测,不仅是针对已阅读交流部分的学习效果进行的反馈与评价,也是为后面学生进行阅读活动提供了风向标。后测题是相关章回的细节、重点、关键问题,意在引导学生用心阅读思考,甚至要在书中进行批注。学生通过后测自查阅读情况,发现自己还有印象不深或理解不透的内容,便会主动重新翻阅相关章节,再读。同时也帮助学生巩固了阅读经典名著的成功方法,从而提高阅读能力。如下图所示:

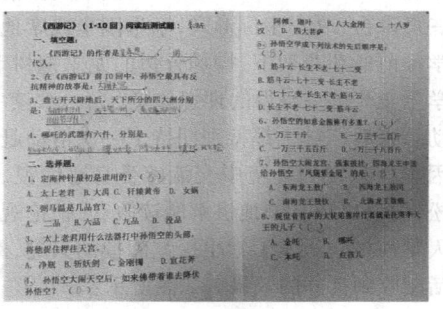

(四)阅读达人赛,人人参与,给学生创设一个展示平台,激发阅读兴趣

每次阅读后测结束,我会组织学生开展"我是阅读小达人"比赛活动,即老师用演示文稿形式出示以后测时发现学生出现的阅读盲点或忽视点作为竞赛题。第一次阅读达人赛老师为主持人,逐一读题,全班同学人人参与,用A4纸作题板写答案,全班同时亮题板,核对正确答案,互相监督记分,最终按照累计得分高低评选出前五名参加最后的"我是阅读小达人"年级决赛,每一次阅读达人赛的第一名自动成为下一次竞赛主持人。

这个活动学生非常喜欢,为了争做读书小达人,学生会反复读《西游记》的相关章节,经常会看到学生利用课间休息时间互相交流提问或主动与我探讨感兴趣的问题,阅读《西游记》的态度越来越认真,氛围越来越浓厚。

三次班级读书达人竞赛结束后,评选出两个班的三十名同学进行年级读书小达人决赛。综合三次后测题中集中出现的问题和未参加决赛的学生每人出的一道题确定决赛题,最终评选出冠、亚、季军颁发奖状。如下图所示:

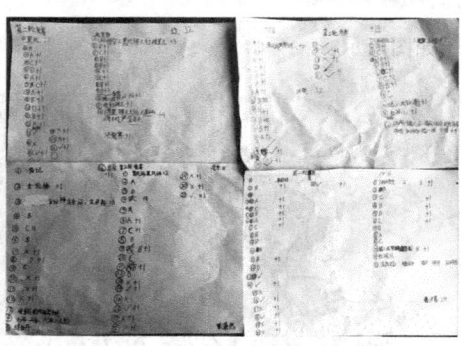

(五)制作海报,戏剧表演,让学生对经典名著中的精彩篇章铭记于心,内化于行

《西游记》以白话文为主,语言生动活泼而具有节奏性,自成书伊始,深受读者喜爱,并被译成多国

语言,在世界范围内广泛流传。[4]其瑰丽神奇的想象和妙趣横生的神魔色彩吸引着学生,表演性、欣赏性强,为培养学生语文学科素养提供了丰富的内容。于是在第五周实践活动时,我组织学生分组制作海报,围绕本组表演的故事情节进行设计,为排练、表演戏剧初步构思。然后分组排练戏剧,有选惊心动魄的《三打白骨精》,有选有惊无险的《女儿国唐僧遇险》,还有选难辨虚实的《真假美猴王》。学生在排练中要反复推敲语言文字,认真揣摩人物性格,仔细梳理故事情节。最终学生像模像样、栩栩如生的表演给观众留下了难忘的印象。如图所示:

正如我国著名剧作家曹禺老先生所说:"学生参加演戏可以加深对文章的理解,演戏里的人,就必须理解他们的思想与感情,要具备活泼生动的想象,也要有一定的表演能力,可以启发学生潜在的智力,使他们对听课、读书发生兴趣。"

五、结论

一学期下来,参与阅读经典名著《西游记》语文实践系列活动的学生,绝大多数最少读了两遍《西游记》,参加年级读书小达人决赛的同学最多读了五遍。

和阅读前数据对比,如表(三):

喜欢阅读作品类别:经典名著(如《西游记》等)			
阅读前		阅读后	
所占人数	所占比例	所占人数	所占比例
4人	5.56%	46人	63.89%

从以上表格中的数据可以看出,喜欢阅读经典名著的学生明显增长了58.33%,说明学生在语文实践活动中对《西游记》有了深入了解并体会到阅读经典的快乐。甚至有学生希望在下学期继续开展阅读经典名著的活动,可见学生很喜欢这样的语文实践活动。

通过一学期的实践、研究,得出如下结论:

1.语文实践活动的开展,使语文真正成为学生生活的一部分,使语文教学变封闭为开放,成为一泓活水。

2.只有站在学生的角度研发课外读物,才会激发学生的阅读兴趣。

3.阅读后测,引导学生读出了经典名著的新的味道,让学生体会到其魅力所在。

4.阅读达人赛活动促进学生深入阅读与思考。

5.制作海报、戏剧表演,有助于学生品读文学作品中的优秀语言文字。

学无止境,活到老,学到老,这则格言对阅读经典依然是有用的。学习不单单是学生,也是教师的一种生活方式,语文实践活动拓宽了学生的学习渠道,重建了教师的课程意识。阅读经典名著的语文实践活动,在促进学生成长与进步的同时,对教师同样有着不可估量的意义。

参考文献:

[1]黄玉峰.上课的学问——方法篇[M].南京:江苏凤凰科学技术出版社,2015:3.

[2]余映潮.余映潮的中学语文教学主张[M].北京:中国轻工业出版社,2014:72.

[3]张洪玲,陈小波.新版课程标准解析与教学指南[M].北京:北京师范大学出版社,2012:3-4.

[4]吴承恩.西游记[M].北京:中国画报出版社,2013:2.

陈研哲,北京市门头沟区人大附小京西分校教师。

"双减"背景下初中古诗文单元作业设计的实践研究
——以统编版八上第三单元为例

◎耿 敏

要让"双减"政策落地,从根本上减轻学生过重作业负担,单纯控制作业时间和作业总量,不能实现提质增效,落实语文核心素养,所以加强作业设计是关键前提。尤其是针对文言文单元作业设计的研究,更应该引起教师的高度重视,改变文言文教学中大量的重复性抄写、死记硬背的作业现状,让学生语文核心素养在积极的语言活动中积累、建构并在真实的语言运用情境中表现出来。

一、语文作业现状

作业,是教学活动中不可或缺的内容,但是长期以来,教师对作业设计不够重视,导致作业出现了很多问题:作业目标不明确,与教学内容脱节;作业形式单一,严重影响学生学习兴趣;作业内容碎片化,面面俱到,课时作业之间没有衔接,缺少整体的设计;作业布置随机,流于形式,缺乏实效性;作业评价简单化,判对错或直接给分数。文言文学习的相关作业更是以抄写、背诵、默写这些机械化、重复性的作业为主。

分析以上作业问题,要改变作业现状,教师要更新作业观念,作业目标要明确,减少盲目性、单一性、碎片化,强化针对性、实践性、选择性。教师

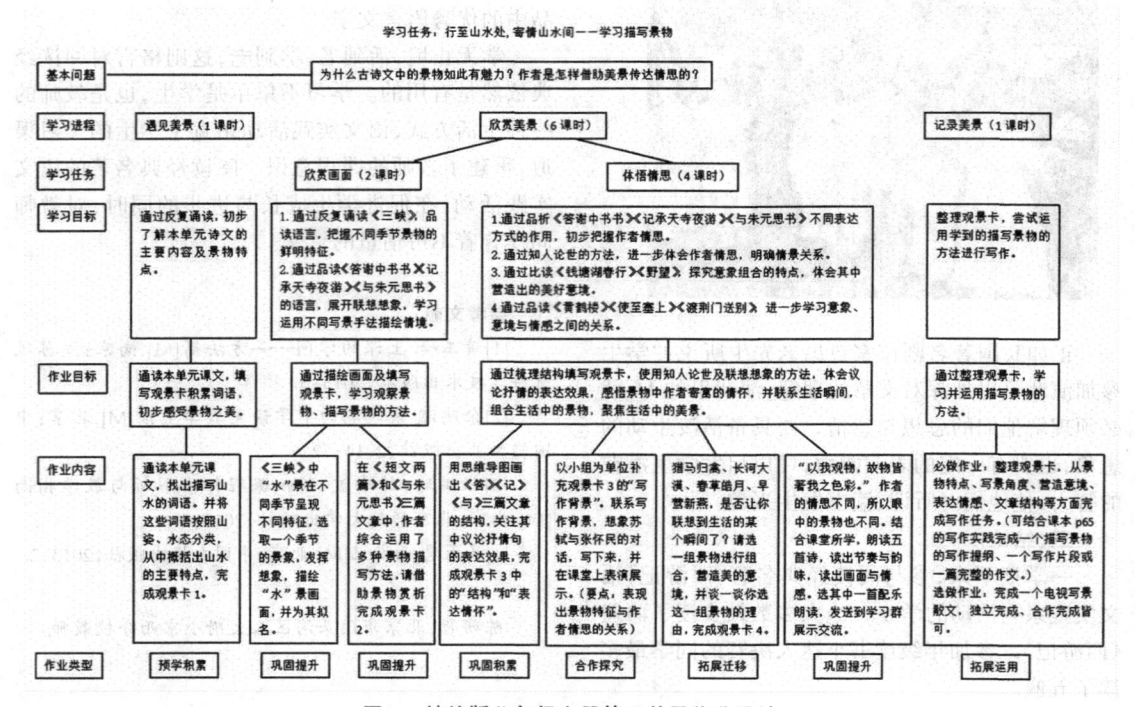

图1 统编版八年级上册第三单元作业设计

要以丰富的作业类型、适切的作业方式，激发学生学习兴趣，还要通过单元作业设计研究，深入思考课程，提升对课程的理解，进一步提高作业在课程实施与学生健康成长中的作用。

二、语文单元作业设计的立足点

作业本质上是学生自主学习的过程。作业设计要以学生为出发点，在课程中发挥其育人功能。具体的实践探究如下：

（一）立足培养语文核心素养

随着教育改革的不断深入发展，对于作业价值的认识也趋于多元化。作业不再只是对课堂教学的支撑和补充，还是学生多样化认知的展现，更承担着诸多重要的功能。比如，培养恒心与毅力，培养兴趣爱好，发展特长，学习自我管理时间，学习团队合作等等。科学合理地设计语文学科作业，使学生从单一、枯燥的作业形式中解脱出来，在丰富的语言实践活动中，发展思维能力，形成审美创造，建立文化自信，从而全面提升学生核心素养。

（二）立足单元整体教学

核心素养导向下的单元整体教学要求作业设计要与其保持一致性。首先是目标一致性。作业目标与教学目标相一致，有助于及时巩固教学内容，反馈教学效果，也有助于引导学生端正课堂学习态度。其次是在单元整体教学下的系统性。作业设计与单元整体教学目标的设定、教学内容的探究、教学进程的推进要紧密结合在一起。

如图1所示，统编版教材八上第三单元"山川美景"整体教学分为三个阶段，分别为"遇见美景""欣赏美景"和"记录美景"。依据每个阶段的教学目标做了如下安排："遇见美景"通过积累描写山水的词语初步把握本单元景物特点，"欣赏美景"部分主要是学习描写景物的方法和寓情于景的写法，"记录美景"则是联系自己生活的瞬间，借助观景卡积累的方法，完成终结性作业——描写景物的写作任务。用四张不同的"观景卡"作为单元作业的主任务，使其贯穿于整个单元的学习过程中。每张观景卡的任务不同，但是都指向共同的教学目标，即学习景物描写。整个过程用诵读、联想和想象、画思维导图、写作等多种方式完成不同阶段的作业，使学生能力由读懂到欣赏再到创造螺旋式提升。最后的终结性作业通过整理四张观景卡积累的写作要点，完成景物描写的提纲，或片段写作，或一篇文章，达成与单元教学目标的一致。

（三）立足尊重学生差异性

多元智能理论认为，每个人都具有多种智能，人的"智能总是以组合的方式运行"，人作为独特生命个体的差异性在于有各自独特的智能轮廓，即"存在许多不同的、各自独立的认知方式""不同的人有不同的认知强项和对应的认知风格"。那么，不同的人在完成任务的表现形式上也会存在各自的差异。

学生是完成作业的主体，作业设计要充分关注不同学生在知识储备、学习能力、兴趣爱好、学习节奏、学习风格等各方面的差异。要结合语文综合性、实践性的课程特点，尽可能地利用这些资源，使学生通过完成作业都可以获得发展。

三、语文单元作业设计的策略

《中共中央国务院关于深化教育教学改革全面提高义务教育质量的意见》第10条明确指出，要"促进学生完成好基础性作业，强化实践性作业"。在作业内容的设计上，就要避免简单化、机械化、碎片化。

（一）作业设计要注重语文知识的迁移运用

在"双减"减负提质的要求下，作业设计要从注重知识立意、方法再现向更注重学习思考、领悟创新方面转变。所以要在语文知识的迁移运用上下功夫，从根本上提升学生的语文素养。

以往的基础性作业，多为抄写、背诵、默写这类的浅层次学习，停留在低阶思维上。要切实减轻学生过重的作业负担，需要让学生从这些简单化、机械化的作业中解脱出来。但不能一刀切地减少基础性作业，而是在迁移运用中落实基础性作业。

仍以统编版八年级上册第三单元作业为例，本单元"欣赏美景"这一环节的学习目标为整体感知,通过反复诵读,初步了解本单元诗文的主要内容及景物特点。相应的作业内容设置是,找出描写山水的词语,并将这些词语按照山姿、水态分类,从中概括出山水的主要特点。这一作业目标是实现对文言实词进行分类积累,初步感受景物特点。完成这项作业,学生需要借助工具书理解词义,进而对词语进行分类,初步把握景物的特点。在积累知识的过程中,培养学生自主学习的能力。由此可见,即使是基础性作业,也不再单纯以积累知识为目的,而是向迁移运用转变,使知识性作业向能力提升作业转变,改变作业设计的单一性、简单化,实现综合性、高效性的目的。

(二)作业设计要注重课时间的衔接与梯度

除了作业目标与教学目标的一致外,课时作业之间也要衔接,要进阶,使单元作业形成一个完整的整体。要让教学环节的设计在单元整体教学上呈现并列、递进、螺旋上升等逻辑性,所以作业设计也要随之从单一课时向单元(或主题)整体设计转变。

八上第三单元教学主体部分"欣赏美景"这一环节中,共分为两个阶段六个课时,在完成观景卡1的基础上,课时作业依次完成观景卡2、3、4。由观景卡串联起来,形成"探究写景方法——梳理结构、体悟作者情怀——联系生活瞬间,聚焦生活景物"的层层递进关系,最终把课时作业的成果进行提炼和转化,形成终结性作业。整个单元作业呈现由读到写,由学习方法到探究主题,由教材内容到生活实际的螺旋上升,整个单元的学习收获在终结性作业中加以体现。

八上第三单元"山川美景"观景卡1:

山姿:1.词语_____。

　　　2.主要特点_____。

水态:1.词语_____。

　　　2.主要特点_____。

八上第三单元"山川美景"观景卡2:

1.景物描写的语句:_____。

营造的意境:句中描写山高、水净,一高一低一远一近从不同视角将白云、高山、流水等景物融为一体。

写景手法:观景角度转换。

2.景物描写的语句:_____。

营造的意境:猿鸟的鸣叫声穿越了清晨即将消散的薄雾,传入耳际。描绘了早晨静态薄雾中猿鸟的活动,使景物画面有了灵动感和生命气息。

写景手法:_____。

3.景物描写的语句:_____。

营造的意境:作者将月光比为水,写出了月光澄澈透明的美。

写景手法:_____。

4.景物描写的语句:_____。

营造的意境:_____。

写景手法:多感官调用。

八上第三单元"山川美景"观景卡3:

1.记承天寺夜游:_____。

结构:_____。

表达情思:_____。

写作背景:_____。

2.答谢中书书:_____。

结构:_____。

表达情思:_____。

写作背景:_____。

3.与朱元思书:_____。

结构:_____。

表达情思:_____。

写作背景:_____。

八上第三单元"山川美景"观景卡4:

选取的景物:_____。

营造意境:_____。

我的理由:_____。

(三)作业设计要注重结合真实情境

真实情境即学生的生活情境。语文核心素养的培养离不开语文知识在真实生活情境中的运用。语文知识的真正价值也体现在真实情境中的运用。所以语文作业设计要联系学生的真实生活情境,正确处理好教材与生活的关系。

八年级上册第三单元最后一课时的作业为本

单元学习的终结性作业，请同学们分享展示自己外出旅游的一组景物照片或新近拍摄的生活中的美景，并谈一谈选择这组美景的理由，以此来引导学生联系生活、观察生活，感悟生活。真实的生活情境更能点燃学生的写作热情，激发内心真实感受。本课时作业以回顾的形式，整理观景卡，形成自己的思维路径。在写作热情驱动下和观景卡的辅助下，描绘生活中的景物，表达自己的情思，完成写作任务。

（四）作业设计类型要多样

单元作业承载着识字与写字、阅读与鉴赏、表达与交流、梳理与探究等几个方面的任务，因此作业类型要多样化。八年级上册第三单元作业涉及预学积累、巩固提升、巩固积累、合作探究、拓展迁移、拓展运用等六个类型，从整体上提升学生的核心素养。

除此之外，学生在智力、学习能力、知识储备、学习目标、学习兴趣等多方面存在个体差异，整齐划一的作业无法照顾到学生诸多方面的差异。所以在作业设计上要具备可选择性，把做作业的选择权交给学生，降低学生的负担感。

本单元的作业设计上，采用必做和选做相结合的方式。必做作业设置了三个层次：一个描写景物的写作提纲、一个写景片段、或一篇完整的写景文章。学生根据自己的情况选择其中一项完成。除此之外，为了满足一部分学习兴趣浓、学习能力强的学生的需要，还设计了选做作业：完成一个电视写景散文，独立完成、合作完成皆可；设计一个美景推荐卡，图文并茂地对一处美景进行推荐。丰富多样的作业类型，让每一个学生都能有所收获，都能获得成就感。学生在这些作业之外，还进行了自主创新，自发完成了原创律诗写作、诗文微电影创作、美景明信片制作等任务。学生"主动投入"作业比教师"指定完成"作业更体现此次作业设计的有效性，体现作业价值的最大化。

四、语文单元作业评价

（一）作业评价多元化

单元作业内容注重迁移运用、注重结合真实情境，作业类型注重多样化，也必然决定了单元作业评价的多元化。

1.作业评价主体多元化

以往的作业评价中，教师是评价的主体，教师对学生作业的评价对学生的学习行为和态度往往起着潜移默化的作用。教师能够利用自己专业化的知识引导学生认识到自己作业的优点与不足，但是教师的评价又往往带有很强的主观色彩，存在着一定的局限性。

作业评价主体多元化，就是改变教师作为单一主体对学生作业进行评价的方式，还可以让学生自评、学生互评，赋予学生评价的主动权，从而调动学生完成作业的积极性。

以八上第三单元"山川美景"预学积累作业为例，学生通过借助工具书通读本单元的文章，以填写观景卡1积累本单元"山姿""水态"的词语，然后以小组间学生互评的方式，订正修改观景卡1。学生在互评中不断纠正和完善自己的认识，互相激励，主动加强对学习的体验和感悟，达到互助学习的效果。

《义务教育语文课程标准（2022年版）》评价建议中提出"鼓励学校管理人员、班主任、家长参与过程性评价"，也为作业评价提供了更多元的主体。

2.作业评价方式多元化

除了判对错、给分数，还有展示、评比、面批等更多更开放的形式可以对作业进行评价。

八上第三单元的合作探究作业"联系写作背景，想象苏轼与张怀民的对话，写下来，并在课堂上表演展示"，通过展示优秀的表演，让学生体悟景物特征与作者情思的关系；巩固提升作业"结合课堂所学，朗读五首诗，读出节奏与韵味，读出画面与情感。选其中一首配乐朗读，发送到学习群展示交流"，通过学习群投票评选出"字正腔圆""抑扬顿挫""声情并茂"三个不同维度的最佳朗读作业。

（二）作业评价要有量规

作业作为学生自主学习的过程，需要老师提供一定的评价工具帮助其在完成作业的过程中进行自主思考与评价。评价量表就是一种能够把学习效果量化的工具。合理使用评价量表，能够有效反馈学生学习效果，并促进学生自我激励及独立学习。

如下图所示，教师为八上第三单元巩固提升的朗读作业及本单元最终拓展运用的写作作业都提供了评价量表。量表中的评价维度、评价内容等项目，依据课堂教学的重难点制定，评价维度是老师引导学生自主思考的维度，评价等级则是对重难点的明确，以此保持教学评的一致性。

（三）作业评价要指向单元教学目标

朗读评价量表

评价维度	评价内容	权重与等级		
		等级	等级	建议
正确	使用规范普通话，吐字清晰，不读错字，没有漏字。	A	☆☆☆☆☆	
		B	☆☆☆☆	
		C	☆☆☆	
流利	语句流畅，语速适当，节奏自然，重音恰当。	A	☆☆☆☆☆	
		B	☆☆☆☆	
		C	☆☆☆	
有感情	声音响亮，感情饱满，能够通过不同的语气、语调、语速、节奏等，营造意境，表达情感，给人以美的享受。	A	☆☆☆☆☆	
		B	☆☆☆☆	
		C	☆☆☆	

写作评价量表

评价维度	星级评价	自评	互评	师评
有感触点	☆☆☆☆☆			
特点明确	☆☆☆☆☆			
角度多样	☆☆☆☆☆			
意境优美	☆☆☆☆☆			
融情于景	☆☆☆☆☆			

五、小结

单元整体教学、单元作业与作业评价要形成一个有机的整体，才能切实达成提质减负的效果。

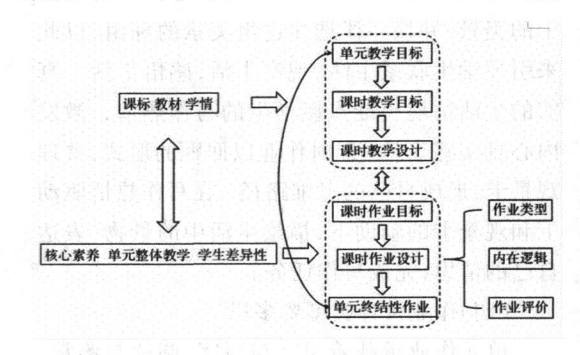

单元作业设计框架

在"双减"政策与《义务教育语文课程标准（2022年版）》的共同指导下，单元作业的整体设计引起了教师的重视，成为语文教学中的重要问题。它不仅关系到减轻学生过重作业负担的现实问题，也是全面提升学生语文核心素养的重要路径。在这样的背景下，本文论述了作业作为教育教学的重要组成部分，应充分重视其地位和作用。同时提出语文教师应该牢牢抓住语文课程的本质属性和学科素养，科学有效地设计语文学科作业，减轻学生负担的同时，提高育人质量，提升核心素养。

参考文献：

[1]王月芬.重构作业——课程视域下的单元作业[M].北京:教育科学出版社,2021:100-114,116-128.

[2]方臻,夏雪梅.作业设计:基于学生心理机制的学习反馈[M].北京:教育科学出版社,2021:142-152.

[3]霍华德·加德纳.多元智能新视野[M].杭州:浙江人民出版社,2020:1-27.

[4]教育部组织编写.义务教育教科书 语文 八年级上册[M].北京:人民教育出版社,2022:52-62.

[5]范维胜."双减"背景下初中语文作业设计的三个着眼点[J].新课程研究,2021(31):15-17.

[6]章新其.指向核心素养发展的语文作业设计[J].语文建设,2021(11):33-37.

耿敏,对外经济贸易大学附属中学（北京市第九十四中学）教师。

"小班化教学"模式在初中语文阅读中的运用与反思
——以《中国石拱桥》为例

◎黎 梅

小班化教学模式是当今教育模式发展的趋势,这与《课标》中指出的"语文课程应该通过优秀文化的熏陶感染,促进学生和谐发展,使他们提高思想道德修养和审美情趣,逐步形成良好的个性和健全的人格"是一致的。小班化核心特征是注重学生的个性差异,打破以往传统班模式下同一化的弊端,更加注重对学生个体的关注,关注每一位学生,促进学生个体全面发展,但是在目前小班化的教学中仍然存在很多问题。

一、问题分析

本文尝试从804班和805班两个班级入手,两个班的人数分别是36、37人,基本达到35个小班化人数要求的标准。针对小班化教学效果,笔者设置了相关问题并通过问卷星进行了调查,最终有60个有效问卷,具体调查数据如下:

1.小组合作形式化

从表1中可以看到,虽然是小班化教学,但是仍然有68%的学生认为老师没有进行分层教学,课堂上是否会开展小组合作学习有80%学生认为经常开展小组合作,语文老师会进行个别辅导有82.1%,这数据与经常开展小组合作学习产生了很大的矛盾,为何进行分层教学以及开展小组合作学习还有如此高比例的个别辅导,笔者认为这说明老师进行了分层教学不够彻底,合作学习倾向于形式化,这个结论与后面是否在小组合作中有收获进行了契合。笔者发现将近一半的学生认为没有收获,小组合作学习是现在课堂的常态,根据笔者的观察,小组合作中获益比较大的仍是学习能力较强的学生,教师无法很好地关注到学习能力较弱的学生,也无法随时监测学生的学情,从而无法因材施教,具体如表1。

2.作业布置同质化

从表2中可以看到,老师是否会经常分层布置语文作业来看,有65.4%的学生选择没有,只有28.4%的学生选择有时;老师是否会注重语文作业形式的多样化,31.8%的学生选择有时,24.6%的学生选择没有,超过半数的学生反映出来的都是作业形式单一化;语文作业是否分必选和必做,57.5%的学生选择没有分,30.5%的选择选择有时,从以上数据可以看出来,虽然在课堂实践中有分层,但是分层不彻底,但在课外作业设计中呈现同质化的现状,缺少灵活性和多样性。作业是检验学生成果的重要形式,没有区分度的作业形式与分层的学生不符合,具体如表2。

3.评价模式单一化

从表3可以看到,语文考试是否会经常分层次进行只有3.7%,有时候分层次仅仅占2.5%,大部分不分层次考试占了93.4%;语文老师是否更注重平

表1

题号	是	有时是	不是
1.老师是否经常进行分层教学或者辅导	12.8%	19.2%	68%
2.语文课堂上是否经常开展小组合作学习	80%	11.2%	8.8%
3.语文老师是否经常对学生进行个别辅导	82.1%	11%	6.9%
4.你觉得在小组合作学习中是否有收获	48.6%	18.2%	34.2%

表2

题号	是	有时是	不是
5.老师是否经常分层布置语文作业	16.2%	28.4%	65.4%
6.老师是否注重语文作业形式的多样化	43.6%	31.8%	24.6%
7.语文作业是否分必选和选做	12%	30.5%	57.5%

表3

题号	是	有时是	不是
8.语文考试是否会经常分层次进行	3.7%	2.5%	93.4%
9.语文教师是否更注重平时的过程评价	13.6%	18.3%	69.1%
10.语文教师是否给予你重新考试并记载最高分的机会	38.1%	29.4%	38%

时的过程评价，有69.1%的人认为没有进行过程评价，18.3%的人认为有时进行；语文老师是否给你重新考试并记载最高分的机会，有时会占29.4%，不会占据38%，超过半数的学生认为没有给这个机会，从以上数据可以看出，对于评价方式，教师更加注重考试的形式，但是基本没有进行分层考试，教师更注重结果性评价，缺乏过程性评价，从数据显示来看，总体呈现评价单一化的倾向，具体如表3。

总之，从上述问题来看，虽然人数达到了小班化的要求，但是教学目标、教学内容、学生作业、学习评价均不符合小班化的要求，本文尝试利用"精准分层＋小班化教学"模式解决初中说明文阅读问题，根据学情精准分组以此确定分层教学目标，根据教学目标进行知识树建立确定分层教学内容，根据各个阶段反馈出来的学情进行精准监控，确定分层评价体系。

二、概念阐述"精准分层＋小班化教学"模式

本模式核心是充分关注学生个体差异和不同层次学生的需求。学生个体差异复杂，教师不仅要关注学生对于语文知识掌握层次，更要关注学生学习能力层次。基于数据分析以及学生的个性等特点，教师首先对学生精准分组，确定教学分层目标；基于提高学生综合实践能力，采用"分模块＋分阶段"模式的方式达到教学目标。"分模块＋分阶段"指的是每个模块建立知识树，配合分层的作业布置以及分层的评价方式对学生进行测评。利用"分模块＋分阶段"模式可以精准检测学生的学情和学生的学习效果，每当检测通过后，继续进行下一个阶段，具体操作流程见下图1。

三、策略实施

（一）精准评估学情，确定分层教学目标所谓精准分组即教师根据一定的标准，智力和非智力两个方面来进行评估学生之间存在的差异，如智力因素学生的学习水平，如非智力因素学生的兴趣、个性特点以及学习内容的难易程度等进行灵活的分组。小组不是固定不变的，可以根据实际情况进行灵活的组合、分拆。按照以往的传统就是固定小组进行

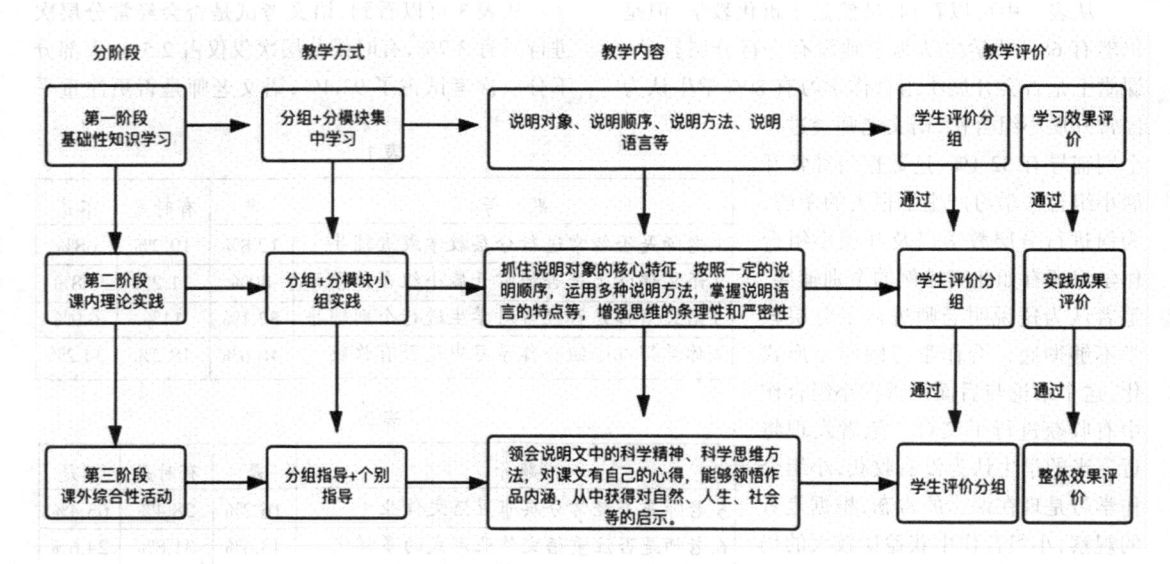

图1 "分组＋分阶段＋分模块"流程图

教学目标的确定，为了满足"后进生"的能力要求，将教学目标进行"矮化"，这样是不利于真正提高后进生能力，达到因材施教的目的。我们将教学目标进行分层，小组灵活组合去达到教学目标的要求。学生在学习过程中，我们可以随时根据学生的情况对教学目标进行细化，从而对学习内容、学习方式、学习资料进行调整。

比如在教授《中国石拱桥》时，根据学情以及课标要求，将教学目标分为三层：说明文的基础知识，是抓住中国石拱桥的特点，理清说明顺序，掌握说明方法，了解说明文分类；说明文的理论和实践结合知识，在课堂上设置"制作一个简易纸石拱桥"为任务，简单设计一个中国石拱桥模型并进行解说；说明文的课外实践创新就是学生自主在网络上找寻相应的桥的视频或者资料，自主选择适合的方式进行解说以及写作。教学目标有梯度呈现，老师可以根据学生的层次来进行指导，比如学习能力较弱的学生可以查漏补缺，重点帮助学生掌握好基础知识；学生能力中等的学生老师重点关注教学目标中的难点，比如如何抓住事物的特征等；学生能力强的学生老师就重点引导学生自学，小组合作去实践。

根据学生具体情况进行分组，从而确定相应的教学目标分层，有效地落实教学目标的同时，注意到学生的差异化问题，因材施教，促进了学生的个性发展。

（二）梳理知识模块，构建分层教学内容梳理知识模块是建立在精准教学目标分层基础上，实际上是对分层的教学目标进行细化并形成"语文知识树"。"语文知识树"由多个模块组成，处于最上层的模块是根目标，处于最下层的模块是底目标，比如说明方法可以再细化为八种常用的说明方法，说明顺序又可以细化为空间顺序、逻辑顺序、时间顺序，说明文类型又可以分为事物说明文、事理说明文等。具体来说，在学习说明方法这个模块时，可以让学生按照图中所示，建立关于说明方法的目标树，学生分组分模块去突破掌握。学生利用互联网资源学习相应的知识，在教师的指导下小组合作设计相应的练习，小组成员内部进行组内成员检查、批改，老师可以从批改结果中及时了解学生掌握的情况，教师因材施教，给予精准指导，具体如图2。

比如在教授《中国石拱桥》时，可以引导学生小组合作建立说明文的知识树，学习完一个模块的知识点以后，可以用互联网资源进行配套的知识点自查工作，用来检测是否掌握相应的知识点，也可以

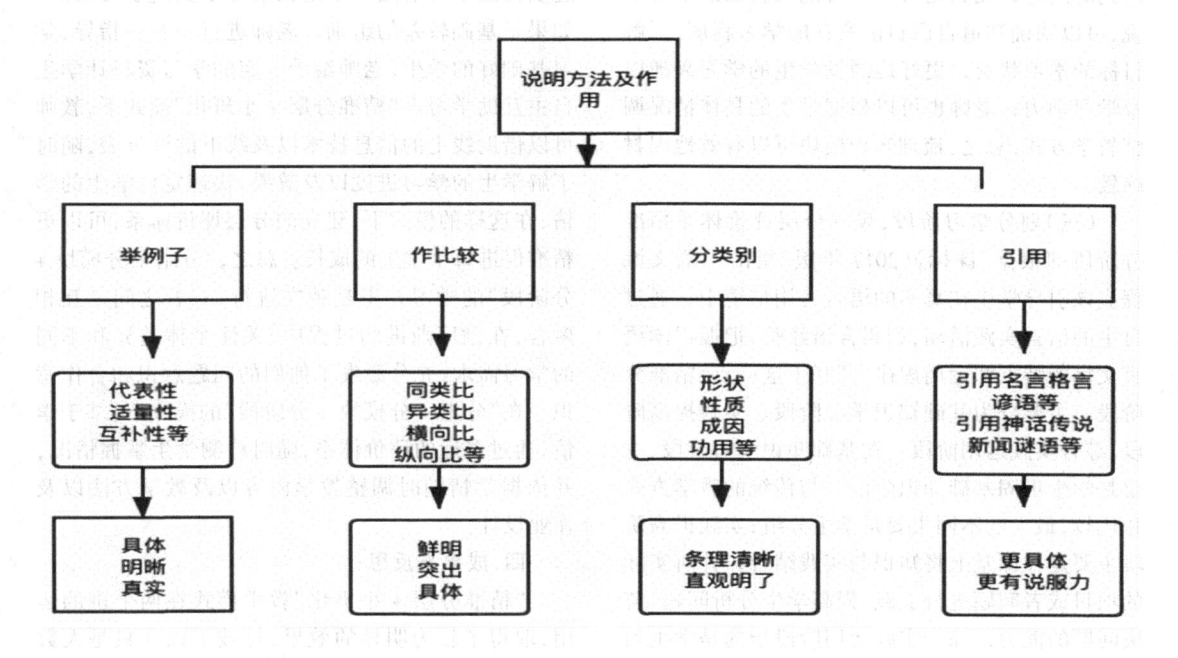

图2 一个复杂模块教学目标树

构成及比例	考核方式及比例		考核项目及比例	
理论知识70%	形成性考核60%	线上学习评价70%	微课视频学习	30%
			互动与讨论	20%
			作业练习	20%
			章节测试	20%
		课堂表现评价30%	任务完成情况	70%
			互动交流	30%
	终结性考核40%	学习成果展示20%		
		期终考试80%		
实践操作30%	形成行考核60%	线上学习评价50%	视频学习	40%
			互动讨论	60%
		实践操作评价50%	实践表现情况	20%
			实践过程情况	40%
			实践成果	40%
	终结性考核40%	最终综合实践成果		

图3 分层评价体系

建立钉钉在线互助小组成立小组合作共同体；线下老师可以根据学生掌握情况出相对应的习题进行检测，寻找到学生的知识缺陷以后，为下一个模块的教学内容提供科学依据，精准确定教学内容。

精准分好知识模块为下一个阶段的教学内容确定提供了科学依据，学生不仅可以自查学习中遇到的问题，尤其是对于学习能力较弱的学生来说，可以明确知道自己目前所在的学习程度，了解目标的学习状况，更好地激发学生的学习兴趣以及学习动力；老师也可以根据学生的具体情况调整教学方式，总之，梳理知识模块可以有效地因材施教。

（三）划分学习阶段，设立分层评价体系精准分阶段即根据《课标》(2017年版)指出："语文课程应该引导学生在真实的语言运用情境中，通过自主的语言实践活动，积累言语经验，把握祖国语言文字的特点和运用规律。"基于这一点，精准分阶段，主要分为基础知识学习阶段、实践提高阶段、综合实践运用阶段。在基础知识学习阶段，主要是学生巩固基础知识阶段，与传统的教学方式相比较，最大的不同主要是学生分组；实践提高阶段主要是在课堂上将知识与实践结合，针对实际的项目或者问题进行实践，提高学生分析问题、解决问题的能力；综合实践运用阶段指的是学生勾连生活场景，从课内走向课外，进行课外的实践探

究。传统的课堂，对于每个阶段的情况，无法很好地预测某个知识点或者技能被学生掌握导致小组合作中，发言的是学习能力较好的学生，具体评价表如图3。

比如教《中国石拱桥》时，教师可以利用分层评价体系引导小组成员根据模块教学目标以及进展进度检测学习进度，小组长统计学员的学习难点。如果是基础较差的组别，老师进行一对一指导，学习基础好的学生，老师给予一定的学习资料让学生自主互助学习。"精准分层+小班化"模式下，教师可以借助线上的信息技术以及线下的评价表，随时了解学生的学习进度以及效果，快速定位学生的学情，在这样的模式下，建立的分层评价体系，可以更精准促进每个学生的成长。总之，"分组+分模块+分阶段"的学习并不是独立进行，三者之间是互相融合，在循序渐进的过程中，关注个体差异和不同的学习需求，充分激发了他们的问题意识和合作意识。在"分组+分模块+分阶段"的模式下，基于学情，通过多远的评价体系，随时检测学生掌握情况，并依据学情随时调整教学内容以及教学方法以及作业设计。

四、成果与反思

"精准分层+小班化"教学模式在两个班的运用，取得了较为明显的效果，打破了以往只是人数上实现了小班化，而在教学方式、教学内容、作业设

计、评价模式仍延续了大班教学模式,"精准分层+小班化"教学模式可以在一定程度改善以往的一些问题,具体成果如下:

1. 学生核心素养进一步提升

宽松自由的学习模式,学生可以随时选择适合自己的教学目标来进行突破,大大提高了学生的自主性,不会因为知识点不清楚导致兴趣下降。在互联网资源的加持下,拓宽了学习内容,打破了时空限制,随时获取自己想要获得的知识。同时,精准的分组让学生之间存在着竞争意识,可以激发学生的学习兴趣,同时在小组合作中提高协作能力,较好地实现了自主、合作、探究的学习方式,同时老师在模式的检测下,可以随时关注到个体差异并给予精准辅导。

2. 学生协作能力进一步加强

小班化的教学模式,学生可以根据自己的兴趣、爱好以及学习存在的问题随时更换自己的组别,做到真正的小组协作,而不是老师按照座位进行的小组合作学习。在"精准分层+小班化"教学模式下,学生之间的合作效率以及质量大大地提高,而且学习能力较弱的学生也可以在合作中找到自己的学习优势,同时发现自己的学习问题。在后续的调查中,学生认为合作学习对自己的帮助提高了百分之十,这说明这种新的小班化教学模式对于提高学生的协作能力有一定帮助。

3. 学生个性能力进一步发挥

在这样的小班化的教学模式下,老师会充分考虑学生的特征、个性、兴趣、性格特点等进行精准分组,学生可以根据学习进度以及学习任务进行灵活组合和分拆。对于动手能力强的学生可以鼓励多参加课堂实践活动,对于综合能力强的学生鼓励多勾连生活场景,参加社会实践活动,对于学习较弱的学生老师会根据学生学习进度,给予精准的个别指导。

虽然"精准分层+小班化"教学模式在两个班的教学中取得了一定的成效,但是仍然存在着一定的问题,比如在建立模块教学目标树的时候,无法做到每个知识点都有清晰的教学目标树,学生分组的时候,由于情况复杂,只能照顾到大部分同学,仍然有少部分同学无法精准分层,对于这个模式的进一步科学化、精细化仍有待进一步探究。

参考文献:

[1] 中华人民共和国教育部.普通高中语文课程标准(2017年版)[S].北京:人民教育出版社,2017.

[2] 王永雄,丁德瑞,宋燕等.基于创新实践能力培养的精准分层教学[J].中国电化教育,2017(12).

[3] 段爱华,余必健.隐性分层教学及其应用[J].教学与管理(小学版),2020(9).

[4] 刘晓玫,宋庆莉,赵其蕙等.基于课堂的分层教学:理解与实施[J].中小学教师培训,2016(2).

[5] 张战江,康亚云.新课改理念下的初中语文小班化教学探讨[J].新课程·中学,2015(5).

[6] 张锦华.部编教材改革背景下的初中语文小班化教学[J].新课程·下旬,2017(9).

[7] 唐遥."讲学案"点亮小班化语文课堂[J].语文教学通讯·D刊(学术刊),2017(11).

黎梅,浙江省杭州市上城区丁蕙实验中学教师。

读写展演，以系统性思维延伸知识
——以"海洋保护"为主题试析高中语文学科统整性学习案例

◎ 林晓兰

"从薄到厚，再从厚到薄"是高中语文学科中统整性学习的重要脉络：前者是在创设的学习情境中划分并设置任务阶段，增加知识与文化的输入以夯实基础；后者则是系统化、专题化地整理知识，最终呈现学科知识、文化的统整性输出。要发展语文技能，需使学生能够通过听、说、读、写等活动，理解所传递的知识、情感和态度等；继而，能根据不同目的和受众，以口头或书面等形式创造新语篇，实现语言能力、文化意识、思维品质和学习能力的重要提升。实际上，语言各项技能的训练具有关联性、综合性，适宜在囊括阅读、展示与写作等的综合性活动中习得。是以，本文拟以"海洋保护"作为主题情境，以小组合作的形式探索高中语文学科统整性的学习路径，搭建示范性支架，有效、持续地为提升学生的学科综合能力做指引。

一、导引关联，集览资料成库

高中语文课程标准中强调要培养学生的"语言梳理和整合"能力：通过梳理和整合，将积累的语言材料和知识结构化，将言语活动经验转化为具体的学习方法和策略，并能在语言实践中自觉运用。在目前的高中语文教学中，阅读素材更多是与高考知识点关联的、已选择的而非野生、庞杂和多样的，因而学生存在阅读量偏低、阅读面偏窄的问题——知识性输入偏弱，其输出亦受到损失。

因而，首要任务是教师就主题进行"问题导引/主题关联"，激发学生在已有的知识和经验上进行延伸，增加知识与文化的输入，以更新的、时效性强的时事内容来弥补教学选材上的遗憾。这一阶段分两个步骤：其一是发散性思维，即针对所选主题进行辐射、放射、扩散思考，引导思维沿多个不同方向尽可能多地延伸内容，充分拓展查阅资料的层面；其二是聚敛性思维，围绕主题核心对所集的资料进行分析、综合、比较、判断，筛选出最有价值的信息。

导引关联主题进行思考，实际上是"暂不作答"的探索过程：第一，提出与主题相关的、基础性问题以激发兴趣和好奇心；第二，提出带有不确定性的、延展性假设问题增加其探究欲望。如"海洋保护"主题可有如下问题面向：

感兴趣问题/常规性问题：

1.定义是什么，演变史如何，具体要保护什么？

2.为什么要做，有什么价值？

3.观念、知识如何传递、实施，有无相关法律法规？

4.有无新技术、方法？何处可了解相关知识？

不确定性、延展性问题：

1.各个国家、地区是有何异同，由什么机构负责？

2.是否在学校有专门的学科、专业？

3.在深圳、粤港澳大湾区等临海地域有什么新闻、发展？

4.与"开发海洋"是否矛盾？如何协调？

此时，教师可设计"主题素材工作纸"，引导各组成员按所分配内容分工，选择关键词通过网络、书籍等媒介搜寻资料并做素材积累。在"海洋保护"的主题探索中，可设置如下工作纸内容：

1. 关联主题："海洋生物保护""石油污染""海洋污染""海洋保护""环境保护""海洋塑料污染""资源过度开发"等主题。

2.摘抄积累：相关的新闻事件/素材，简要概括内容（时间、事件）。

3.好词佳句：相关的好词佳句、名人名言。

4.国策法规：相关的国家法律法规、政府报告、谈话等。

5.精彩点评:相关的精彩点评。
6.人物案例:相关的人物、故事和点评。
7.新闻评论:相关的新闻评论。
8.思考感悟:有何思考或感悟?

事实上,在搜寻资料中需要根据所集资料的数量、质量、偏向面、丰富度等进行筛选,逐步缩小、确定具体主题。如"海洋保护"可提炼为容量合适的"保护海洋动物",以小见大。这一阶段的要旨是筛选、增删、合并建立起材料间的有机联系,完成语言材料的梳理和整合,为后续展示和写作积累素材。

二、演说大纲,构建知识脉络

此阶段的目标是培养学生的发展逻辑思维——能辨识、分析、比较、归纳和概括所积累的材料、现象等,为后续有理有据地阐述观点奠定基础。是以,收集资料后,教师需引导学生依据"想展示的—应该展示的—确定展示的"的逻辑对资料进行删选和结构化处理,拟定演讲大纲或绘制思维导图,设计自己的发言内容和顺序,厘清思路以有效传递信息:

1.开场白:故事、名人名言或震撼数据导入以吸引听众。
2.与听众的相关性:抓住与听众息息相关的内容、影响、作用等。
3.塑造演讲可信度:查阅的资料范围、信息量或部分观点的出处等。
4.提出观点:演讲的主题、核心观点。
5.主体段落/内容:模式可为"观点—论证证明—过渡"。
6.结论:回顾主题、主要观点摘要、终篇金句等。

在时,教师需引导学生注意构建知识脉络的核心:其一是"依据",以相应的事实或道理论据等支撑观念,为后续议论文写作奠基;其二是"解读",从广泛的阅读文本中获取、解读关键信息,便于后续主体的分析;其三是"层次",按照学科逻辑、分角度组织答案以养成学科思维;其四是"术语",使用学科性语言,提升知识、概念的理性认识。如"保护海洋动物"的核心导引可如下:

依据:
1.相关的法律、法规?
2.范围(海域范围、动物种类等)?
3.目前的实践情况(数据、事例)?
解读:
1.法规:《海洋科学十年》《海岸线保护与利用管理办法》等。
2.世界政策、计划与国策:联合国"海洋科学十年"计划(2021—2030)、"绿水青山"、党十九大报告中的"坚持陆海统筹,加快建设海洋强国"等。
3.认知、实践上的错误问题、保护落实难的原因分析等。
4.解决海洋环境保护的实施主体、措施等。
5.环保行动者/榜样,与新闻事件等:人物+故事+点评。

层次/逻辑:
1.时间:过去历程—目前机遇—未来目标(可换顺序)。
2.常规:是什么—为什么—该做什么。
3.打破式:界定问题范围—推翻错误认知—提供新认知。
4.事例式:已发生情况—回忆历史上相关事例—思考事例。

术语:海洋生物多样性、海洋资源、"清洁海洋"倡导活动、海洋微塑料污染、全球碳循环、海洋生态红线管控、海洋强国、人海和谐、幽灵渔具等。

有意识导引为核心,学生根据主题自行拟定展演的内容,搭建知识脉络,过程中无需过度强调类别的划定,可依据各式标准或自我思辨路径来决定信息的类别。如"海洋保护动物"主题可略举如下:

1.重要日期:世界海洋日、全国海洋宣传日、休渔季。
2.保护机构:世界自然基金会(WWF)、联合国环境署、联合国环境规划署(UNEP)等。
3.海洋价值:数据(海洋占地球表面积的71%,产生地球上至少50%的氧气)。
4.海洋变化:①新闻(北冰洋的黑色海水快速融冰,海冰面积创历史第二低值);②数据(世界上已有近700种水生物种受到微塑料的不利影响)。
5.保护落实难原因:①海洋自身(海水封闭性、自身交换能力、更新周期);②政府管理(交叉管理、权责不清,缺协调机制);③经济发展(工业化、城市化、人口数量激增);④缺乏法律强制性。

6.解决举措：转变观念、全面统筹、科学规划、加强监管、专项整治、健全法律、严格落实、加大投入、提升技术、加强宣传、增强意识。

7.法律法规：①《海岸线保护与利用管理办法》《海洋环境保护法》；②联合国制定"海洋科学十年"计划（2021—2030）

8.核污水排海：①新闻（日本政府正式决定福岛核废水排海）；②数据（联合国称日本排污影响将持续超100年）。

9.海洋塑料垃圾：①数据（联合国称全球每年约有1300万吨塑料废弃物流入海洋）；②影响分析层面：生物、生态、人体健康和经济层面。

10.保护海洋生物：①数据（每年有超过100万只海鸟因污染失去生命）；②措施（拒绝非法捕捞、放生，保护栖息地，拒绝非法海龟制品）。

11.守护行动：新闻（"清洁海洋"倡导活动应对海洋垃圾和塑料污染挑战）。

12.守护者：①负责群体（政府管理部门、科研人员、社会公众）；②加拿大摄影师Benjamin Von Wong拍摄塑料瓶呼吁重视海洋塑料污染、"环保战士"杨欣创立民间环保组织等。

13.科技发明：新闻（澳大利亚冲浪者设计"海上垃圾桶"；微软发明"微软海洋环保鼠标"）。

此后，以小组合作形式降低实际操作难度，引导学生制作展示演示文稿，糅合语文和信息学科基础能力：先以表格形式确定演示文稿脉络和页面安排，继而进行实际操作。"保护海洋生物"的主题学习中，可设计如下表：

"保护海洋生物"演示文稿的脉络和页面安排

脉络	页码	页面内容
学习主题	1	标题及展示者姓名
1.趣味引入——布氏鲸	2-4	布氏鲸视频、图片、介绍
2.布氏鲸小布的相关新闻	5-7	布氏鲸"小布"的出现、意义、死亡
3.濒危物种原因	8-10	濒危物种背后杀手；"幽灵渔具"的定义；"海洋污染"的种类
4.海洋污染原因：石油污染	11-13	"石油污染"定义、新闻事件
5.海洋污染原因：塑料污染	14-16	"塑料污染"定义、动画与新闻事件
6.我们该如何保护海洋生物	17-18	"动物表演"定义；我国海洋保护区一览表
结尾	19	标题及展示者姓名

三、展示演讲，锻炼口头表达

高中语文课程标准明确指出"语言表达与交流"这一目标要求学生能运用口头和书面语言传递信息、观点、情感和态度。但实际上，学生语文学科口头表达多限于在课堂上用只言片语呼应或回答教师提出的问题，存在表达性技能问题：其一，语言错误多，表达缺乏连贯性；其二，缺乏逻辑性，主题结构意识薄弱等。

在正式汇报展示前，小组须进行展示演练，分析、解决存在的问题——口头展演的本质都是输出，其有效性必须关注如下要点：

1.口语化：适度转化内容，以口语化语言输出。

2.增删内容：展演中须随机应变地删减或延伸拓展内容。

3.控制语速：200—250字/分钟较适宜，可预估听众对内容的了解程度进行调整。

4.可视化信息：可利用黑板、电脑设备（文档、演示文稿）呈现文本内容，增强直观视觉性强，但要注意：字体大小颜色、文本内容的精简、关键词句的凸显处理（标记颜色等）、多媒体运用（视频、图片等）。

5.时间控制：根据所允许的时间调整内容。

6.互动性：与观众有对话交流、质疑解答等。

7.脱稿能力：提高记诵能力，加深对主题的理解。

主题的课堂展示时间保持弹性，可限定个体须承担的时间或由小组自行分配。"保护海洋生物"主题活动中，则限定为10—20分钟，予以学生调整空间。

此外，展演中在场观众的及时反馈，对展示者具有相当重要的价值——展示者可第一时间获取自我和他人的评价结果。而教师可比较和总结同一时段展示的群体，指出共性问题，点明个人的不足，帮助学生进行自我反馈并调解、改善后续的学习。反馈中，师生可利用多种反馈语言，大致有如下几种：

1.评价性反馈：结论性或判断性信息——等

级、分数、与他人的比较情况。

2.描述性反馈:不做简单的结论或价值判断的信息——表现的特定细节等。

3.正面/表扬反馈:关注优秀展示——已做展示中好的方面。

4.负面/批评反馈:关注与目标之间的差距——展示中未做或做的部分。

5.显性反馈:包括口头、书面反馈等,要求对方及时回应。

6.隐形反馈:暂时保留反馈,延续到下一个学习任务中再行判断。

7.肢体语言:展示中对展示者的面部与肢体动作等所传递的信息。

展演中,教师需明确评价标准,可提供评价表供学生参考,使学生能扎实、充分地体验演说活动:

演讲、展示活动评价(10分)			
评价项目	评价要点	分值	备注
展示内容(4分)	1.内容紧扣主题,主题鲜明、深刻,见解独到;2.内容逻辑清晰,结构严谨,构思巧妙;3.内容丰富,材料真实、典型、新颖;4.内容思想性较强,引人思考,富有启发。		
语言表达(3分)	1.大致脱稿,声音洪亮,口齿清晰;2.语言规范,语速适当,表达流畅;3.讲究技巧,语言富有感染力。		
形象姿态(2分)	1.举止自然、得体,体现蓬勃的精神风貌;2.姿态、手势、表情恰当,契合内容。		
现场效果(1分)	1.与观众互动,现场气氛佳。		

在这一过程中,尤其是对初次进行小组合作和展示的学生来说,教师须承认差异,尊重学生的个性,注意到高中生敏感、自尊心强等心理特征,更多地给予肯定性的评价,让其享受成功的愉悦,激发他们的表现和成功欲望。

四、做演讲稿,妙笔生花成文

最后阶段,则是将学习任务过渡到写作——学生小组的任务是将已在课堂上展演的内容整合、编辑为一篇符合高中语文写作要求的议论文且限定为应用文体中的演讲稿。演讲稿在2019年全国I、II卷的写作题中被历史性提出,强调培养学生在写作中自我营造演说的情境,同时兼顾思想和文笔深度,属于较高层次的写作要求。事实上,将展演内容分析、整合,以合理的逻辑转化为连贯的书面表达(演讲稿)是新语言的内化——新的学习迁移。这一阶段分三步:其一,学生根据已有知识独立撰写演讲稿初稿,并归纳演讲稿文本特点;其二,教师借由学生的演讲稿明确应用文体的知识;其三,学生根据新知对自己或同组其他同学的演讲稿进行修改。演讲稿包括"格式"和"内容结构"两个面向,要求学生务必掌握,可整理如下表:

演讲稿格式要求		
序号	要求	举例
标题	1.单刀直入,一针见血;2.形式:揭示主旨、提出问题、思考问题。	1.热爱动物,从海洋起;2.当代人真的不需要保护海洋动物吗?3.海洋生物保护与人类的关系。
称呼	1.人物称呼要顶格加冒号;2.称呼根据听众身份和演讲需要来决定。	尊敬的老师、亲爱的同学们。
开头	1.问候或感谢语;2.吸引听众,引出下文;3.提出中心论点。	1.现象提出;2.背景概括;3.由原因引入;4.由反问、思考问题开始。
正文	1.明确的思路、结构;2.多用短句、反问句、设问句,少用复杂的陈述句;3.注意使用过渡句衔接。	1.记叙性正文:叙述人事物;2.议论性正文:典型事例和理论;3.抒情性正文:抒情性语言表达。
结束语	1.总结全文;2.感谢用语。	1.提出希望;2.发出倡议和号召。

"结构内容"方面与"议论文"具有一致性,基本

要求如下：

1. 对照式/正反对比式：在主体部分摆出正反两方面的论据对比，分析论证，最后得出结论。

构成：开头—正反对比—总结深化—结尾。

注意事项：①开头观点突出、简洁有力；②主体段在段首亮明观点；③对比主体段段落结构保持差异；④总结段总结对比正反面；⑤结尾精简，收束全文或升华主题。

2. 并列式：论证中将论点分成并列（平行）的几个方面，从同一个议论向度的不同角度进行论证。层进式：论证中将论点分成并列（平行）的几个方面，从不同一个议论向度的不同角度进行论证。（向度：是什么—为什么—怎么样）

构成：开头—分论点1—分论点2—分论点3—结尾。

注意事项：①开头观点突出、简洁有力；②分论点一般有2-3个，不可意义重复或概念交叉，注意内在逻辑顺序，保持字数、结构一致，紧扣中心观点的关键字眼；③结尾精简，收束全文或升华主题。

"保护海洋生物"的主题演讲稿范文中，在"演讲稿格式"提要后把重心放在"结构内容"上，在学生阅读范文后逐段进行分析，形成如下行文脉络：

第1段：观看视频，介绍"布氏鲸"以吸引听众。

第2-3段：讲新闻：布氏鲸小布在深圳大鹏湾现身，却在62天后离世；

第4段：指出布氏鲸小布死亡原因未明，但与人类有关，转入提出中心论点"保护海洋生物"。

第5-7段：强调要保护海洋和海洋生物须知目前的海洋环境问题；以数据指出对海洋生物影响最大的是"人类开发利用生物资源"和"海洋污染"；点明文本主要是分析"石油污染"和"固体废物污染"两大类海洋污染。

第8-11段：解释"石油污染"并以石油倾泄事件为例。

第12-14段：解释"固体废物污染"，秉以塑料垃圾污染残害海洋生物为例。

第15-16段：提出保护海洋生物迫在眉睫，提出青少年可做的具体贡献。

第17段：再次强调人类须为海洋污染负责，呼吁民众尽己所能。

至此，可根据学生情况延伸到课外阅读部分，推荐与主题相关的作家及其作品，鼓励学生进阶性探寻作者及其文学创作的路径、目的、作品及文学手法等。如"海洋生物保护"主题，可推荐日本作家东野圭吾的短篇小说集《毒笑小说》中的《Angel》一篇，在人类与海洋生物Angel的"恩怨情仇"中探索人类虚伪的生态保护运动的伤疤，及作者对于人类社会和自然关系的思考和批判。此外，也可将主题的选择权交给学生，教师只扮演组织、参与身份：第一，根据学生的知识、认知等情况，做好选题的提示；第二，导引资料的搜寻方向、整理和最终的发表，保障学习效果；第三，及时进行表扬、批评双方面的点评和总结，提高学生后续学习的水平和能力。

以小组合作形式完成主题学习具有多方面的价值：其一，可作为学科统整性案例进行探析，利用"学后即用"的思维及时在关联情境下进行知识与文化的输入和输出训练；其二，强调学生的主体地位，在主动获取、选择信息后对接新旧知识以构建知识体系；其三，转变学生的学习方式，在自主性与合作性的学习情境中通过人际沟通、交流和分享学习资源而相互影响；其四，主题学习以提高学生综合素质为目的，培养学生搜集和处理信息、分析与解决问题、交流与合作等多种能力。

遵循"拟定主题—广泛阅读—筛选信息—确定主题—主题大纲—展示演讲—撰写演讲稿"进行的统整式学科学习，进一步促进语言运用能力的螺旋式上升，最终有助于促进学生知识、文化学习的内化，以及思维和逻辑的提升。

参考文献：

[1]孙绍振.2019年高考作文最大的亮点：提出演讲文体[J].语文学习,2019(8).

[2]余崇生.国语文学习新思考[M].台北：台湾万卷楼图书公司,2016.

林晓兰，广东省深圳市福田区梅林中学教师。

知情之所起，探文之脉络

——以《赤壁赋》与《蜀道难》为例探寻文中作者生平与其作品情感的相似性

◎林晓兰

文言文作为高中课程标准中"中华传统文化专题研讨"下的重要文本，其学习要旨在于加深学生对中华优秀文化的核心思想和中华人文精神的认识、理解、传承及弘扬。而日常文言文教学中多以文言文细读式教学为主，从字词、句式、译文、结构到思想感情，循序渐进地引导学生对接相关的核心素养。但此举对于引导学生进行关联性、自主性的文言文研读不利——学习能力一般的学生极易形成"习得一篇即一篇"的固化式、一般式的学习习惯，知识迁移能力较弱，遇到新文本的时候手足无措。

是以，本文拟选择苏轼的《赤壁赋》和李白的《蜀道难》作为范本性案例设置专题研讨与实践活动，主要完成以下三个层级的任务：由学生寻找、分析和统整苏轼和李白的生平资料，并形成直观的人生起伏图表；继而，从探索两人作品思想感情和线索两个角度来细读《赤壁赋》和《蜀道难》，形成"作者人生起伏"与"作品情感线索"相对照的图谱，探索其中的关联；最后，提供给学生苏轼和李白的其他作品，由学生遵循前述的学习过程进行独立思考、分析与探究，掌握分析文言文作品的思维发展与审美鉴赏技能。

一、知人论世，明意知志

孟子在《孟子·万章下》提出"颂其诗，读其书，不知其人，可乎？是以论其世也，是尚友也"，以此作为文学批评的原则和方法；后续此文论观点也为清代章学诚在《文史通义·文德》中得到延续，强调"不知古人之世，不可妄论古人之辞也。知其世矣，不知古人之身处，亦不可以遽论其世也"；而美国人威尔弗雷德·L·古尔灵等人编撰的《文学批判方法手册》中所介绍的传统批评方法亦是同理。在基础教育层面，传统批评方法主要在于结合作者生平脉络与写作背景，强调以"知人论世"作为解读文本的利器，才能避免主观臆断。

在学生独立进行分析综合前，需由教师带领，逐步实操学习示范文，形成后续学生独立学习的示范性支架。示范文在"知人论世"阶段需要完成两部分任务：

其一，了解、综合作者的人生轨迹，由此搭建了解其在当时社会背景下的个性、才华、思想和情感的支架。教师在引导学生做这一部分资料的整理时强调分析和综合需要以"概要"为核心而非历史考据，可着重参考如百度百科等资料搜寻库中的信息并加以整理：

1.《赤壁赋》

时代背景：1079年，御史中丞李定等以苏轼在诗文中讥讽新法，毁谤朝廷的罪名逮捕了苏轼，史称"乌台诗案"。后苏轼得到从轻发落，下狱103日后贬为黄州（今湖北黄冈）团练副使，受当地官员监视。

作者生平（扼要）（岁数为农历虚岁）：
> 眉州眉山　·出生（1岁）
> 进京应试（21岁）
> 名动京师（22岁）
> 丧母（22岁）
> 任官（26岁）
> 丧妻（王弗）（30岁）
> 丧父（31岁）
> 贬为杭州通判（36岁）
> 调任密州（39岁）
> 徙知任徐州（42岁）
> 调任湖州·乌台诗案（44岁）
> 贬谪黄州（44岁）
> 被召回朝（49岁）
> 调任杭州（54岁）
> 贬谪惠州（59岁）

> 贬谪儋州(62岁)
> 复任朝奉郎(65岁)
> 逝世(66岁)

关联阶段：
> 调任湖州·乌台诗案(44岁)
> 贬谪黄州(44岁)

2.《蜀道难》

时代背景：742年，此诗作于李白奉诏入京供奉翰林之时，创作背景有多种说法：希望房琯、杜甫二人早日离开四川，免遭剑南节度使严武的毒手；讽刺为躲避安史之乱逃亡至蜀的唐玄宗李隆基而作，劝谕他返长安，以免受地方军阀挟制；讽刺当时蜀地长官章仇兼琼想凭险割据，不听朝廷节制；规劝友人王炎不要羁留蜀地，早日回归长安以免遭不测；以蜀道之难寄寓人间行路难仕进难之感慨。

作者生平(扼要)(岁数为农历虚岁)：
> 青莲乡·出生(1岁)
> 蜀中漫游(18岁)
> 辞亲远游(24—29岁)
> 蹉跎岁月(30—33岁)
> 献赋谋仕(34—42岁)
> 供奉翰林(43岁)
> 赐金放还(44岁)
> 李杜相识、会见(44—45岁)
> 安史之乱(55岁)
> 南奔避难(55岁)
> 浔阳入狱·流放夜郎(57—58岁)
> 被赦自由(59岁)
> 因病返金陵(61岁)
> 逝世(62岁)

关联阶段：
> 蹉跎岁月(30—33岁)
> 献赋谋仕(34—42岁)
> 供奉翰林(43岁)

此外，可利用多种媒介丰富、拓展阅读——作家传记、纪录片、研究学会会刊与网络资源等可作为补充，但须注意选材的难易程度。如《苏东坡传》中即有作者林语堂对其评价："是个秉性难改的乐天派，是悲天悯人的道德家，是黎民百姓的好朋友，是散文作家，是新派的画家，是伟大的书法家……"；而在纪录片《苏东坡》中，苏轼的生平介绍主要集中在《雪泥鸿爪》与《一蓑烟雨》两集：前者是苏

轼从闻名天下的大文豪到阶下囚的人生转折；后者则是其在黄州苦难中转变为苏东坡的自我超越。在这些描述中，不难发现"豪放"和"洒脱"等关键词是苏轼身世的固定标签，而加之其对儒、佛和道的精神追求，他已然达到积极入世与超然物外的统一，正如《赤壁赋》中经历起伏后所达到的"喜而笑"。

其二，绘制作者人生起伏线谱。据已知的作者生平仕履、生活经验和朋友圈子等，由此去关联他们的作品，才能深入地了解他们内心的惬意或挣扎。

《赤壁赋》人生起伏线谱

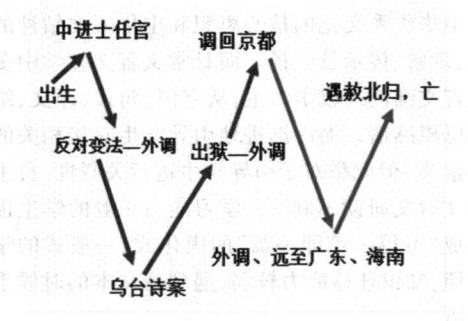

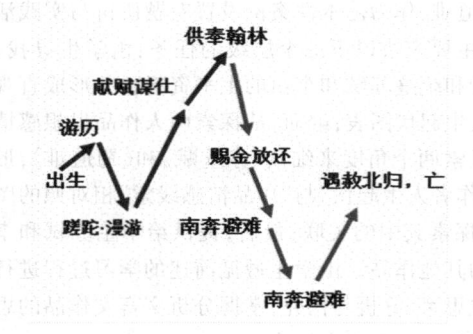

《蜀道难》人生起伏线谱

二、剖字析文，知情解意

知其人，后知其文，方能与文字背后的生命晤谈。孟子在文学角度上提出"知人论世"，而后续学者在此基础上强调读者需将自己的想象、情感、体验加入理解活动中，在"神游古人之地"中识得古人风采，即从作品文本入手，剖文析字，擒获翰墨背后的旨意。

2019年的《普通高等学校招生全国统一考试大纲》中即指出，语文学科要求考查学生识记、理解、分析综合、鉴赏评价、表达应用和探究六种能力。对高中阶段古诗文的考核难度即在前四者，而对作品情感的探索更偏向考核"分析综合"和"鉴赏评价"

两方面：前者要求能筛选材料信息，分解剖析相关现象和问题，并予以归纳整合；后者则指对阅读材料的鉴别、赏析和评说，更偏重于评价文章的思想内容和作者的观点态度。因而，要探寻古文作品的情感脉络，必然要对作品进行分析、综合、鉴赏和评价，需划分两个阶段进行处理：

其一，读文择句，划出直抒胸臆词句。《赤壁赋》中的"哀吾生之须臾，羡长江之无穷"直抒胸臆，悲叹人生短暂易逝；《蜀道难》则以重复三次的"蜀道之难，难于上青天"，及末句的"侧身西望长咨嗟"感慨蜀道开辟、行走之难，暗藏对身世、人生、仕途、时局的隐忧。其二，品文构图，挑出间接抒情词句。

《赤壁赋》：

1. 借景抒情：赏景愉快——"清风徐来"至"水光接天"。

2. 借物抒情（托物言志）：理想失意——"望美人兮天一方"；箫声悲怆——从"其声呜呜然"至"泣孤舟之嫠妇"；变与不变、取与不取——从"客亦知夫水与月乎？"至"而吾与子之所共适"。

3. 借典抒情：影响不在——"月明星稀，乌鹊南飞"至"固一世之雄也，而今安在哉？"。

4. 借事抒情：与客泛舟观景饮酒——"举酒属客……歌窈窕之章"；"纵一苇之所如，凌万顷之茫然"；"于是饮酒乐甚，扣舷而歌之"。客吹洞箫——"客有吹洞箫者，倚歌而和之"。自我开解——从"客喜而笑，洗盏更酌"至"不知东方之既白"。

《蜀道难》：

1. 借景抒情：从"上有六龙回日之高标"至"以手抚膺坐长叹"、从"连峰去天不盈尺"至"砯崖转石万壑雷"。

2. 借物抒情：以"杜鹃"说悲："但见悲鸟号古木……愁空山"。

3. 借典抒情：开辟之难——"蚕丛及鱼凫……然后天梯石栈相钩连"。

文中有真意，隐藏在字面之内。由此，两文的情感线索与变化可总结为：

《赤壁赋》：举酒属客扣舷而歌（乐）→客吹洞箫苏子愀然（转悲）→苏子答客风月共适（转喜）→枕藉舟中东方既白（喜）。

《蜀道难》：感慨蜀道之难（惊叹）→知君入蜀（悲、担忧）→剑阁易守难攻，凶险难料（愤）→早日离蜀返家（狂）。

至此，可以仿造数学中的坐标轴形式来绘制关于作者与其作品情感起伏的图表，形成"推测性知识"，其中所划定的零点位置为常态下（即为苏轼经历"乌台诗案"与李白"出京"前），而后的节点则主要依据两人的经历中的重要时刻：

《赤壁赋》作品情感起伏图：

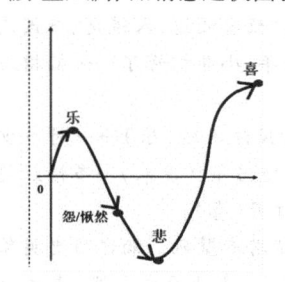

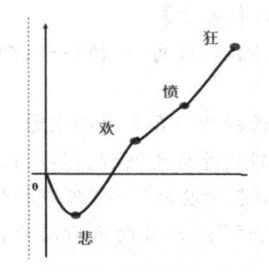

《蜀道难》作品情感起伏图：

即苏轼在黄州时期文学作品中的情感呈现弯曲弧度状，有由乐而悲再喜的过程：从正常生活跌落谷底，再自我纾解而重获解脱的"S形"，与他的人生经历几乎重合；而李白出京前后的作品则呈现较为简单的"√状"，从短暂的悲进入欢乐，再而愤，继而狂，颇有"一路高歌"去之状。

三、别开洞天，延伸拓展

比读迁移，将已习得的关于作者及其创作的"推测性知识"作为背景式知识，在新文本的阅读中逐步印证潜隐的思维与逻辑结构，是培养学生知识迁移能力的重要途径。经由前述两个阶段，学生已初步了解了苏轼和李白两人的生平经历和身处的社会背景，同时借由《赤壁赋》和《蜀道难》两篇经典作品了解两人在"贬谪黄州"与"赐金放还"这一阶段文学作品的主要情感线索演变趋势。

至此，教学的核心转向提供陌生文本给予学生，由其以前述所整理的"推测性知识"为工具、支架，从直抒胸臆、间接抒情、情感线索和思想感情四个角度来解读。此处选择苏轼在黄州时期所写的《念奴娇·赤壁怀古》与《定风波·一蓑烟雨任平生》

作为实例引导学生自主探寻：

《念奴娇·赤壁怀古》：

直抒胸臆："多情应笑我，早生华发""人生如梦，一樽还酹江月"。

间接抒情：①借景抒情：赤壁之景——"大江东去，浪淘尽"；"乱石穿空，惊涛拍岸，卷起千堆雪"；②借典抒情："故垒西边，人道是，三国周郎赤壁"；"遥想公瑾当年，小乔初嫁了……樯橹灰飞烟灭"。

情感线索：千古风流人物（乐）→一时多少豪杰（感慨）→遥想公瑾当年（羡慕）→多情应笑我（自嘲）→一樽还酹江月（喜）。

思想感情：苏轼游赤壁矶，缅怀历史英雄人物，继而抒发年岁渐老、事业无成之慨，表达自己渴望建功立业的积极进取和旷达乐观的情怀。

《定风波·一蓑烟雨任平生》

直抒胸臆："竹杖芒鞋轻胜马，谁怕？一蓑烟雨任平生"。

间接抒情：①借景抒情：春天急雨之景——"莫听穿林打叶声"；"料峭春风吹酒醒，微冷，山头斜照却相迎"；"回首向来萧瑟处"；②借事抒情："三月七日沙湖道中遇雨"；"回首向来萧瑟处，归去"。

情感线索：同行狼狈，雨骤风狂（惊讶）→吟啸徐行（率性）→无惧无畏（狂）→春风酒醒（微冷）→信步归（旷达超脱）。

思想感情：苏轼出游遇急雨却吟咏自若，缓步而行，以此思考人生，表达了词人坚守自己的精神世界，顺境不骄，逆境不惧的乐观旷达。

而李白方面，则选择其被放出京重踏漫游旅途所作的《将进酒》与《梦游天姥吟留别》，整理如下：

《将进酒》：

1.直抒胸臆："人生得意须尽欢""天生我材必有用""烹羊宰牛且为乐""但愿长醉不愿醒""与尔同销万古愁"。

2.间接抒情：①借景抒情：韶光易逝——"黄河之水天上来，奔流到海不复回"；②借典抒情：怀才不遇——"古来圣贤皆寂寞……斗酒十千恣欢谑"；③借事抒情：人生短暂——"高堂明镜悲白发，朝如青丝暮成雪"；及时行乐——"莫使金樽空对月"。

3.情感线索：悲叹人生短促（悲）→友人相聚饮乐（欢）→怀才不遇叹惋（愤）→美酒销万古愁（狂）。

4.思想感情：752 年，由于受到排挤，李白离开长安，开始了以东鲁、梁国为中心的第二次漫游。当时，他与友人岑勋在嵩山另一好友元丹丘的颍阳山居为客，登高畅饮，对酒当歌，畅抒满腔不平之情。

《梦游天姥吟留别》：

1.直抒胸臆："世间行乐亦如此，古来万事东流水""安能摧眉折腰事权贵，使我不得开心颜！"

2.间接抒情：①借景抒情：剡溪清幽、山中壮美、洞外恐怖、洞中仙乐——从"海客谈瀛洲"至"仙之人兮列如麻"；②借典抒情：徜徉山水——"谢公宿处今尚在……身登青云梯"；③借事抒情：梦游天姥山——"我欲因之梦吴越""忽魂悸以魄动"至"失向来之烟霞""别君去兮何时"。

3.情感线索：听人语天姥（向往、自由）→梦游天姥（乐）→梦醒（失落）→感慨世间万事消散（悲）→送别友人（悲）→徜徉山水（乐／狂）

4.思想感情：745 年，李白要由山东南游江浙时记写游历天姥的实况，既有消极避世，远离黑暗现实而向往自由的思想，又表现了他追求个性自由、傲岸不屈、蔑视权贵的精神。

循着"作者生平—情感脉络—品读作品—推测知识—再读作品—印证知识"这一思路，以史读文，以文释史，即使面对新的陌生文本，学生亦多少能领略文中真意：或是关联同一作家已知的人生经历或文学作品进行推测和印证；或是借由"知人论世，以意逆志"的路径来就获得的资料探寻陌生的作家及其作品；或是举一反三，将此方法由文言文领域迁移现代文学、古代文学的分析与鉴赏中。由此，方能体会文本中所蕴藏着的作者的情感与理智——探索世界、发现自我、思考生命、安顿灵魂，进而与现实生活产生共鸣。

纵读作者，可以触摸其人生的脉络，起伏得失尽收眼底；横读作品，可以叩问作者心灵深处，览物之怀藏其悲喜。

参考文献：

[1]孙绍振.月迷津渡——古典诗词个案微观分析[M].上海：上海教育出版社，2006.

[2]林语堂.苏东坡传[M].长沙：湖南文艺出版社，2018.

林晓兰，广东省深圳市福田区梅林中学教师。

肖培东"浅教"理念在语文阅读教学中的应用研究

◎刘宇晗

特级教师肖培东在长期的教学实践中形成了自己独特的教学理念"浅浅地教语文",致力于培养学生实实在在的语文素养。"浅教"的教学特色之一就是肖老师对朗读异乎寻常的重视,大多数课都是在琅琅的读书声中进入文本深处。肖培东老师在课堂上立足文本、文体、学情,设计扎实的朗读活动,在朗读中调动学生情感、品析词句深意、培养学生的思维能力。在当下的初中语文课堂中,朗读环节有逐渐淡化的趋势,出现了课堂朗读时间短、朗读层次浅、教师朗读能力弱等问题。通过研读分析肖培东老师执教的课例中出现的朗读教学片段,从中探寻肖培东老师的朗读教学艺术:创设朗读情境,拉近学生与文本的距离;紧扣文本语言,在反复朗读中体会用词之妙;升华情感表达,学生主动读出词句的深层情意。

一、初中语文朗读教学存在的不足

叶圣陶先生说:"要考查学生对于文字理解与否,听他的宣读是最方便的方法。"[1]朗读对于学生培养语感、体会作品思想感情方面有更显著的优势。《义务教育语文课程标准(2022年版)》要求第四学段(7-9年级)的学生"能用普通话正确、流利、有感情地朗读"。在此基础上还要求"欣赏文学作品,有自己的情感体验,初步领悟作品的内涵,从中获得对自然、社会、人生的有益启示。能对作品中感人的情境和形象说出自己的体验,品味作品中富于表现力的语言"[2]。朗读是一个很好的达成教育目标的方式,但是笔者结合自己的教学经验和观察到的实际教学情况发现,初中语文课堂的朗读教学正在逐渐淡化。

(一)朗读时间受限压缩

一方面,朗读是一项"耗费时间"的教学活动。学生进入初中时起,学习进程是被加速状态。每节课都比小学的课容量大,学生需要一定时间的适应期。由于中考的分数导向,教师在课堂上多数追求"高效"。但是朗读教学相较其他的教学方法更难把握效度,若想要充分运用朗读法达成课时教学目标,需要给学生提供充足的朗读时间。但在具体实践中,付出与收获不成正比,有时还会因为时间分配影响最终教学任务的完成,因此课堂的朗读环节往往被缩短或舍弃。

另一方面,学生在初中阶段的身心发展特点也会有影响。我们经常可以听到老师们在课后交流"学生上课不爱回答问题""课堂很安静"等,在青春期复杂的心理作用下,学生越来越拒绝在课堂上进行出声的朗读,仿佛这样的声音好像总伴随着他人审视的目光。教师在发现朗读教学推动受阻后,也会酌情减少朗读时间,尝试用其他的教学方法推进课堂。

(二)朗读设计流于形式

语文课堂上,教师设计的朗读形式十分丰富:范读、齐读、分角色朗读、伴读、对读等等。齐读是应用最广的形式,齐读的优势在于学生参与度较高,可以兼顾不同阅读能力的学生。齐读的劣势在于朗读时间较短,学生的思考浮于表面,很难获得个性化的阅读体验。分角色朗读也是很多教师常用的方法,男生读一个角色,女生读另外一个。分角色朗读的设计目的多数是引起学生的兴趣,调动学生的课堂积极性,"读"的目的被淡化了,最终只能是逐渐流于形式。语文教学使用的材料是带有情感的文字而不是公式,文字是鲜活的,朗读的设计一定是让情绪从文字中迸发出来,通过学生的声音传达出去。这一点,在肖培东老师的课堂上得到了充分的体现。教师在设计朗读教学时还是要回归"读"的本质,用"读"品情、用"读"悟情,从而提高学生的审美能力。

（三）指导能力亟待提升

教师范读是带动学生朗读激情的最佳方式,更多时候老师们会选择用名家的朗诵视频或者教辅材料中的音频代替范读,这是教师朗读能力的缺失。教师的朗读能力会影响到教师对学生朗读的评价。课堂上,语文教师要能发现学生的朗读问题,并从语音轻重、语调高低、语气缓急等方面对学生进行朗读指导。从肖老师的朗读教学环节中,我们可以看到肖老师对学生朗读后的点评都很有针对性,既有技巧上的共性点拨也有个性化的朗读指导。如果在课堂上可以对学生的朗读做出较为准确和有针对性的评价与指导,那么朗读教学的实际效果可能会有很大的提升。

二、肖培东"浅教"理念指导下的朗读教学艺术

肖培东老师作为浙江省最年轻的特级教师,在长期的一线教学实践中形成了自己的语文教学理念"浅浅地教语文"。肖培东老师执教时每堂课都会出现琅琅的读书声,学生在读书声中碰触到文本的深处,这也是他"浅教"理念最突出的特色。钱梦龙老师曾说:"在他（肖培东）的课上,朗读不仅仅是教学过程中的一个'环节',更不是一种可有可无的点缀;如果把他的每一堂课比喻为一幢幢精心设计的建筑物的话,那么朗读就是这些建筑物赖以支撑起来的骨架。"[3]肖老师的朗读教学最终指向的是提升学生"语言建构与运用"这一语文核心素养。

（一）创设情境

《义务教育语文课程标准（2022年版）》提出要创设真实而富有意义的学习情境,凸显语文学习的实践性,创设情境,应建立语文学习、社会生活和学生经验之间的关联,符合学生认知水平;应整合关键的语文知识和语文能力,体现运用语文解决典型问题的过程和方法[4]。目前,一线语文课堂在创设教学情境时倾向于搭建一个大框架,用一个较大的实践活动去支撑整个单元教学,例如:完成某一主题的云展览。但是肖老师的课堂上从来没有额外的"装饰物",他的情境是顺势"读"出来的。在《老王》的教学中肖老师抓住"闲话"一词,和学生一起还原了说"闲话"的场景。

师:来,我是杨绛,我坐你的三轮车。你蹬,我坐,咱们开始聊天。

师:老王,你怎么成单干户了？（温和,关心）

生14:我那时候脑袋慢,没绕过来,晚了一步,就进不去了。（叹息状）

师:再加一句。

生14:唉,人老了,没用了!（感叹状）

师:哎哟,你太聪明了,课本上都没有这"唉"字,你怎么就知道加上呢？

生14:他在感叹自己。

和这位同学的对话式朗读共有两遍,第一遍肖老师发现了学生加上的感叹词,肯定了学生的分析后继续鼓励学生体会老王的心境再读第二遍,老王的亲缘关系完整地呈现在对话中。

师:老王,你现在靠什么活命的啊？（关心）

生14:靠的,只是一辆破旧的三轮车。（酸楚）

师:哎,老王,你家里还有什么人？（关切）

生14:有个哥哥,死了。有两个侄儿,没出息。此外,哎,就没有什么亲人了。（痛苦）

老王的伤感、无奈、酸楚、痛苦在肖老师用温和、关心的声音营造的"闲话"情境下,通过学生的朗读自然流露出来,学生在"聊闲话"情境下产生了强烈的共情心理。肖老师随后引导学生去体会杨绛为何选择转述而不是直接描写对话,学生在"闲话"情境中悟到隐藏在文字深处的情感,品出文字之外的哀戚。《老王》的另一处小情境亦有深意,选用了学生的真实语言环境。

师:又是一次闲聊。来,现在我是杨绛,你踩三轮,我问你:"老王,那是不是你的家？"你怎么说？

生9:住在那儿好多年了。

师:平常我们都应该是怎么说的,同学们？

生（杂）:会说"是的"。

师:"老王,这是不是你的家？"你怎么回答？

生9:是的,那是我的家。

师:是的,那是我的家。有没有发现,文中老王竭力在避开哪个字？

生（齐）:"家"字。

肖老师对比了文本语境和真实生活语境。学生第一次朗读文本的语气、语调、情绪是较为平淡的，在单纯的读文字。但是经过情境对比，学生立刻捕捉到了"家"这个关键情绪点的缺失。第二次朗读文本语句时，学生语速放缓，尝试用声音体现老王内心苦痛的感觉。肖老师创设的情境，不是花哨的"角色扮演"，而是符合学生的阅读经验与生活经验，让学生在能感受到的真实情境中读出角色情感。这也体现了肖老师将生本理念扎实地落在实处，课堂上学生才是学习、认知、发展的主体，要让学生成为学习发生的主角。

(二) 紧扣文本

廖琼老师评价肖培东老师的课堂是"长"在朗读中的课堂[5]。肖培东老师对每篇授课文章都做过反复多次的阅读，才能达到对文本游刃有余的把控，课堂中看似随意出现的朗读契机都是在读言语关键处、读值得推敲处，最终读出深刻、读成目标。

肖老师在教授《孔乙己》时，抓住了酒客们嘲笑孔乙己的语言，反复读"孔乙己，你脸上又添上新伤疤了"和"你一定又偷了人家的东西了"。在朗读中引导学生品味"又""新"两个字，体会孔乙己多次被人欺负、殴打、嘲讽。学生在读好两字的重音及嘲笑语气后，肖老师从讽刺孔乙己语言中的"又"拓展到文段中描写看客的"又"，"他们又故意的高声嚷道"，询问"又"字是否可以去掉。学生在肖老师的引导下捕捉到了"有的叫道"是一个看客起头嘲讽，"他们又故意高声嚷道"则是一群人的嘲笑狂欢，用孔乙己的痛苦取乐。学生就这样读出了看客们的幸灾乐祸、讽刺凌辱，也读出了怪异的社会现象。更精彩的是"哦"字的朗读[6]：

师(读)：他怎么会来？……他打折了腿了。
生(齐读)：哦。(有点漫不经心)
师(读)：再用问号。(读)他怎么会来？……他打折了腿了。
生(齐读)：哦？(关切味道)
师(读)：他怎么会来？……他打折了腿了。来，感叹号！
生(齐读)：哦！(音量高，惊奇)

师：为什么要用感叹号？考虑一下。

肖老师抓住了一个"哦"字，变换不同的标点感受情绪的变化，最终指向感叹号的内涵。除此之外，肖老师让学生向深处思考这个"哦"字后面开启的对话是没有人称的，语言节奏加速，学生瞬间感受到了嘲笑和探听的急切。再返回去思考"哦"这一声里面，既充满了掌柜的惊奇和好奇，也令读者为孔乙己的遭遇感到悲伤，孔乙己的悲惨遭遇终究只是他人的谈资罢了。透过语言的形式，学生在朗读中进入了文本内核，文字从课本中活了过来，带着说话人的情绪、带着叙述人的态度呈现在语文课堂上，语文也在一次次的朗读中不断生长着。

(三) 情感升华

"感受语言文字的美，感悟作品的思想内涵和艺术价值，能结合自己的经验，理解、欣赏和初步评价语言文字作品，丰富自己的情感体验和精神世界。"[7]文字是表情达意的工具。作者用文字传递情感，学生要通过文字这一媒介体会作者的深情。文学作品是学生和作者的对话渠道，学生用自己已有的阅读经验和生活经验同作者进行碰撞，作者用自己成熟的思考、敏锐的观察与对生命独特的感悟带着学生一起走进不同的场景、体会不同的人生，教师要抓住契机鼓励学生用各种形式表达出自己的感悟。

《山羊兹拉特》中"咩"字的课堂朗读让听课教师们赞叹情感上的"井喷"酣畅淋漓。肖老师在自己的教学感言中提道："这篇小说，最打动人的应该是人与羊在草堆里的温暖对话。这一个看似单调又极具羊味的'咩'，其实是最让读者深思并深深感动的。可是，学生却在文章的最感人处停步了，他们游离在'咩'字外，他们发出怪异的腔调，他们常常相视而笑互相逗乐。"[8]肖老师在设计朗读环节之初就发现了学生的情感冰河，他要给学生营造出最佳阅读氛围，让学生去为这个世界的美而阅读而思考。所以肖老师让学生把"咩"字所包含的文字内容给还原出来，学生两位一组，一问一答进行交流，教室里回荡着阿隆和兹拉特的互相安慰声。肖老师随后也出示了自己的羊语"翻译"，和学生进行了角色对读，当小说充满爱意的氛围营造得当，便有了下面情感丰富的朗读：

师（读）：如果大雪仍继续这样下的话，我们可能要在这儿待几天。

生（读）：咩——（很温暖，充满安慰）

师（读）：你最好说得更明白些。

生（读）：咩——咩——（急促）

师（读）：你是说，我需要你，你也需要我。是吗？

生（读）：咩——（快乐，幸福）

学生沉浸在温暖之中时，肖老师提起了另一种情境下的"咩"叫，《斑羚飞渡》中的镰刀头羊在面对万丈深渊时的"咩——咩"吼叫。学生对比不同的境况，同一个"咩"字，镰刀头羊是带着群羊进行生死选择的悲壮、悲怆，兹拉特是满怀着希望与爱和主人一起扛过困境。男女生再次朗读阿隆与兹拉特的对话时，"咩"字读得真诚感动。学生的心境在朗读中悄悄变化着，生命中不易察觉的细微情绪在潜滋暗长。从"害羞嬉笑"的朗读，到"感动颤抖"的流露，他们带着满腔的爱意、带着对生命的感动和文本对话，走入故事深处。这一次，肖老师用朗读升华了情感，激活了学生的生命意识，开启了学生对生命的思考。

三、课例详解：《走一步，再走一步》

"一般说来，文本视域是高于阅读者原有视域的；文本的话语又往往需要反复咀嚼、体味甚至记忆。因此，由文字经语音至意义，是最经常最主要的通道。"[9]好的文章能让每一位读者感受得到每一个文字背后的情感与力量，好的课堂可以通过朗读强化文字力量的传递。作为青年教师，教学经验和教学能力都处在积累的过程中，研读特级教师的课堂实录，可以为自己的教学实践带来新的教学思考，帮助青年教师提高教学能力、激发教学智慧。现对肖培东老师执教的《走一步，再走一步》教学片段进行详细拆解，希望可以从肖老师的课堂中学到一些"读心"的技巧。

（一）确定教学内容

《走一步，再走一步》是一篇自读课文，肖老师充分利用旁批及阅读提示引导学生发现自读课文的阅读方法。在设计朗读教学之前，先要对文章内容进行剖析，肖老师共设计了五个环节：关注"阅读提示"，明确学法；以"冒险"为例，学习复述；学以致用，复述"遇险"部分；写法学习——借助旁批，学习心理描写；哲理探究——"我们"都可以提醒自己。大部分的朗读教学集中在了学习心理描写和哲理探究部分。

在读心理描写时，肖老师从直接描写和间接描写两个角度进行推进。优先根据旁批指导学生朗读由"我想"引起的直接描写段落，读出相应的情感。进而引导学生继续关注旁批，寻找"写外在行为表现，实际在写心理状态"的相关段落，通过朗读呈现或紧张或恐惧的心理状态。学生在朗读过程中逐渐意识到什么样的句子可以表现心理状态的，肖老师继续拓展，模仿旁批句式询问"写什么实际也在写心理状态"。学生在课堂上朗读自己寻找到的句子，这些句子基本都是表现害怕、恐惧的心理，和前面的情绪一致，肖老师帮助学生慢慢总结"写语言描写实际也在写心理状态""写环境描写实际也在写心理状态"。[10]在这个过程中，学生是先借旁批的力量知晓何为心理描写，再通过朗读熟悉心理描写的语言状态，进而再用语感拓展延伸到其他体现心理状态的语句。选准朗读内容后，朗读的作用在课堂上直接显现了出来。在哲理探究部分，肖老师选取的是爸爸与"我"的对话场景，肖老师读父亲的话，学生读"我"的回答，师生模拟对话，将课堂带到那个悬崖下，仿佛所有人在一起注视着这对父子。朗读之后，肖老师在推进后续教学环节的时候，学生极易带入场景，人物分析较顺畅。

由此，我们可以在目标课文中选取情感丰富的语段、前后情绪一致或有转折、带有情景的人物对话作为朗读教学的内容。

（二）教师能力引领

在朗读"我想掉头回去……"这部分直接描写心理状态的语段时，肖老师首先进行了引领性的范读，随后指导学生巧读"太"字，将"这太远，也太危险了"的层次感区分出来，接下来就进入了场景的想象：

师："我会逐渐感到虚弱"，然后呢，"无力"，然后"松手"，哇不得了，要掉下去"摔死"啦。（师模拟场景，颤声朗读示范）所以他就在想那个可怕的过程。读的时候，一定得把那个过程读出来。读读，就读这句话。

生29（读）：在悬崖的中途，我会逐渐感到虚弱、无力，然后松手，掉下去摔死。（进入情境）

师：读得真好，仿佛就看到了那个场景，掉下去摔死啦，等等，莫顿·亨特在上面是真怕啊。所以，同学们，这几句很是逼真的心理描写，你读的时候要带入场景想象。你再来给大家"摔"一次，读。

生30（读）：在悬崖的中途，我会逐渐感到虚弱、无力，然后松手，掉下去摔死。（读得有节奏、有画面感）

（在这段朗读中，肖老师做了朗读示范，为学生营造真实的小说场景，听课教师的补充说明了学生朗读状态能明显感觉到学生朗读能力的进阶。除此之外，肖老师捕捉关键字的能力也很出色）

生32（读）：但是通向顶部的路看起来更糟——更高，更陡，更变化莫测。（突出"更"字儿，语速稍快）

师：别那么快。你来读。

生33（读）：但是通向顶部的路看起来更糟——更高，更陡，更变化莫测。（突出"更"字儿，很投入，读出了内心的害怕）

师：全在这几个"更"字上。把这几个"更"字去掉，同学们读读看，是什么样的心理？（学生读）高，陡，变幻莫测。但是"更"字加进去就更不得了了，一比较那就"更糟糕"。我们一起来读读，品品心理描写。

肖老师抓住了"更"字，先指导学生重读"更"字，明确悬崖峭壁的糟糕情况。而后去掉"更"字，对比朗读，学生的语感被调动起来，不用教师过多的说明学生都可以感受到表达层次被削弱。点睛之笔在学生最后一次读完，肖老师点拨出更高层次的朗读，符合维果茨基的"最近发展区"理论。"你是越读越害怕，最后声音都会颤抖起来"[11]学生的朗读境界每一次都在提升，当学生已经超越了原有层次后，肖老师还能为学生指出前进方向，学生朗读的积极性是被不断激发的。肖老师带领学生与文本对话、与教材对话，真正做到了"在语言文字运用情境中，发现、感受和表现语言文字的魅力"[12]，学生在朗读中提升了语言运用能力，获得了语言表达的艺术熏陶，直击语文学科核心素养。

四、小结

语言运用是语文四大核心素养中的基础，"读"是其中至关重要的一环。一线教学的改革一直在进行中，教师逐渐在"大观念""大单元"中迷失了自己的方向，为了求"新"搭建"花架子"，越来越多有趣的、新的语文活动出现在学生的学习中。"求变""求新"并不是坏事，但一切改变应当是以提升学生的"习得"为本，而不是为了"凑热闹"。研读肖老师的经典课例，每一篇课文都教的扎扎实实，每一个出彩之处都有学生的"读"。肖老师在课堂上捕捉着学生的疑惑点、思考点，发掘着文本中的关键点、讨论点，用朗读的形式引导着学生不断地思考、表达，肖老师的课例为一线教师指出了朗读教学更多的可能性。"朗读"不应该是"被迫"完成的任务，而应是提升学生语文核心素养的重要途径和方法。教师应当扎扎实实地提升自己朗读文本的能力，在读中加深对文本的熟悉程度，在读中对课堂教学做出更多的预设和思考，这才是一切教学活动的基础。当教师能够从朗读中得到新的"灵感"，学生才能跟着教师读出更多闪光之处，迸发出思维的火花。

注释：

[1]叶圣陶.叶圣陶语文教育论集[M].北京:教育科学出版社,2021:5.

[2][4][7][12]中华人民共和国教育部.义务教育语文课程标准（2022年版）[S].北京:北京师范大学出版社,2022:14,45,6,21.

[3][8]肖培东.我就想浅浅地教语文[M].武汉:长江文艺出版社,2020:4,16.

[5]廖琼."长"在朗读中的课堂——肖培东朗读教学艺术例谈[J].中学语文教学参考(初中),2021(7):43.

[6][10][11]肖培东.语文:深深浅浅之间[M].武汉:长江文艺出版社,2020:163,13,13.

[9]王尚文.走进语文教学之门[M].上海:上海教育出版社,2007:393.

刘宇晗，济南大学学科教学（语文）研究生。

新课标背景下阅读指导举隅

◎韦惜玲

2022年版《义务教育语文课程标准》"倡导少做题、多读书、好读书、读好书、读整本书，注重阅读引导，培养读书兴趣，提高读书品位""每学年阅读两三部名著""学会制订自己的阅读计划，广泛阅读各种类型的读物，课外阅读总量不少于260万字。"

一、阅读计划是指南针

要在有限的时间里完成规定的阅读量，必须有科学的阅读计划来保证。每学期初，教师可以和学生共同制订本学期的阅读计划，包括阅读书目、阅读数量、阅读进度、阅读方式、阅读活动等方面。制定阅读计划时，引导学生将课标要求、课本推荐和学生的实际相结合，阅读计划要具有可操作性。阅读书目，以课本推荐的必读书目、选读书目为主，以师生讨论推荐的为辅。阅读数量，每学期至少阅读2部名著，约50万字，一学年阅读100万字。阅读进度，每天至少阅读1万字，阅读1小时左右，日积月累，积少成多。阅读方式，以个人阅读为主，以小组讨论、全班交流为辅。阅读活动，包括读书知识竞赛、讲故事比赛、演讲比赛、手抄报比赛、名言警句推荐、美文推荐、摘抄随笔批阅、读书笔记批阅等。另外根据学生的不同情况分层指导，班级内语文素养较好的学生可引导他们阅读一些古诗词、思想性艺术性较高的中外名著、名人传记、哲学、科普著作等等；语文学习比较困难的学生则引导他们阅读一些与课文相关的读物、优秀习作。督促学生按照阅读计划完成这些积累沉淀式阅读，对学生掌握科学阅读方法、养成良好阅读习惯、提高语文素养都将产生深远的影响。

二、阅读方法是助推器

许多初中生有了课外阅读的兴趣，但是怎样阅读能取得明显功效还不是很明确；有的学生阅读只凭兴趣，情节生动、吸引人的就走马观花地读读，也不会有意识地积累知识、丰富语言、思考内涵、学习写作技巧，运用在自己的写作上。鲁迅说："读死书是害己。"张必隐先生对于阅读心理的研究有他独到的见解，他从元认知技能与阅读的关系入手，明确提出，有效的阅读都需要学习者积极地控制他自己的认知活动。为使学生的阅读成效明显且长久保持并最终转化为良好的阅读习惯，真正提高自主阅读的能力，学会阅读，教师必须加强对学生进行阅读指导。授人以鱼，不如授人以渔，只有授人以渔才能终身受益。所以"授之以渔"——教给读书方法，何其重要。在课外阅读的天地中，教师作为学生阅读的引导者，其传授的方法会直接影响学生课外阅读的效率。法国著名学者贝尔纳认为：良好的方法可以使我们更好地发挥和运用天赋和才能。这也再次说明正确、科学的方法是走向成功的道路、通往胜利的桥梁。因此，在阅读中我们要指导学生掌握科学的读书方法与技巧，使学生最终走上自能阅读、高效阅读的发展之路。

（一）读与思相结合

人们的思维在阅读中呈现的基本规律是：理解、记忆、表达、分析、评价、创造。根据这个规律，我们指导学生课外阅读时应告诉学生，不同题材、不同体裁的文章应该采用不同的阅读方法。宋代朱熹说："读书有三到，谓：心到、眼到、口到。"近代梁启超最推崇的读书方法是抄录和笔记。总之，读书不光是动眼，还要动口、动手、动脑。首先指导学生掌握浏览、速读、跳读、记读、精读、诵读等各种读书方法。

1.浏览。拿到一本书，首先要浏览全书的内容提要、目录、前言、后记，大致了解全书的主要内容、结构层次，以便确定阅读重点、读书方法。

2.速读。快速阅读是一种基本的阅读技巧，可以帮助我们尽快地把握全书的主要内容、写作特点，获得初步印象，是提高学生阅读量的重要保证。快速阅读的能力不是一朝一夕练就的，需要在平时的阅读中加以训练。第一，集中精力，专心致志。要全神贯注地读，尽快弄清作品中发生了哪些故事，有哪些人物，等等，快速处理和消化信息，不能漫不经心、走马观花。第二，以默读为主。要培养默读的习惯，并达到一定的速度。第三，眼睛的视域要宽。读的时候尽量不回视，尽量扩大扫视的范围，在短时间内把尽可能多的内容收揽眼底。可以从少到多进行扩大视域的训练，如从一眼扫几个字过渡到扫一行字，再从一行字扩大到多行或者全段，这样速度就能不断提高。第四，善于抓住书中的关键信息和主要线索，有所取舍。我们在教学中可以以每分钟500字的标准训练学生快速阅读的能力。总之，速读是为了博览、博采广蓄，扩大知识领域，用最少的时间获取尽量多的知识和信息。

3.跳读。也是选择性阅读，它是一种理性的、目的性很强的阅读方式，它往往与阅读者的兴趣、目的密不可分。苏轼就曾说"书富如入海，百货皆有，人之精力，不能兼收尽取"，所以他建议读书求学之人"每次作一意求之"（《又答王庠书》），也就是每次阅读只关注某一方面的内容，不贪多求全。在阅读过程中，对阅读内容进行大体的了解、粗略的通读，不进行深入研究；或根据实际需要或自己的阅读兴趣，选择需要阅读的部分，而不必读或不想读的内容跳过去。例如读《经典常谈》，如果对古代文学感兴趣，可以先读《诗第十二》《文第十三》两篇；如果对历史感兴趣，则可以从《〈战国策〉第八》《〈史记〉〈汉书〉第九》读起。有时，我们是带着某个具体目的去阅读的，如与课内学习沟通衔接，或解决学习过程中遇到的某个问题，或为正在开展的研究打开思路、寻找资料，等等。这种情况下，可以直接根据目的去选择书中你最需要的内容来阅读。比如学过《〈诗经〉二首》之后，你希望拓展了解关于《诗经》的更多知识，就可以去读《经典常谈》中的《〈诗经〉第四》。跳读节约时间，提高效率，对于扩大知识面是很有必要的。东晋陶渊明曾说："闲静少言，不慕荣利。好读书，不求甚解；每有会意，便欣然忘食。"说明喜欢读书的人，有时为了求博取，可以不必处处求深。我们今天所处的时代，是一个信息爆炸的时代。知识增长的速度大大超过个人的接受速度，引发了学习方式的变革，跳读也变得更加重要。人的时间和精力都很有限，大量的书籍要靠跳读。这种方法对于学生来说，是一种很重要的辅助性阅读发式，可为精读打下基础。

4.记读。每次读完后回忆一下自己读了什么，主要读了什么内容，第二天继续阅读之前先回忆一下前面所读内容，这样可以帮助我们勾连前后的内容，弄清前后内容的联系，有助于真正读懂书籍内容，还能锻炼记忆力。

5.精读。精读就是细读、精思、鉴赏。精读指向细腻的感受、透彻的理解和广泛的联想。对文章的重点章节或自己最感兴趣的章节要边读边想，逐字逐句、由表及里地细细品味，有时还要反复琢磨，潜心研究，既把握整体，又洞悉细节，既了解文章内容，又明了写作特点。卢梭说："读书不要贪多，而是要多加思索。"不仅读一遍，还应反复读，达到对所读文章深入透彻的理解，从而掌握其思想内容、结构布局、表达方法，进而对它进行分析、评论、研究。精读要带着明确的目的和问题去读，才能收到良好效果。读时想想作者为什么这样写，这样写好在哪里，哪些地方值得自己学习、借鉴，从而吸取精华。例如读《西游记》，可以精读《孙行者一调芭蕉扇》，鉴赏孙悟空、罗刹女的语言各有什么特点？孙悟空的话是不是机智善变？罗刹女的话是不是泼辣犀利？作者用"撮盐入火，火上浇油"来形容罗刹女憎恨孙悟空的情态，用"旋风翻败叶，流水淌残花"来形容孙悟空被芭蕉扇"扇得无影无形"的情形，都可以通过精读，鉴赏出语言文字描写的真切传神。精读法是培养学生阅读能力最主要的方法。它可以有效地帮助学生牢固掌握知识，提高思维能力、认识水平以及语言修养，最终提高语文能力。有的文章思想深邃、内容丰富、构思精巧、语言隽永。教师可以利用这些优秀作品作为载体，指导学生精读，要求学生全身心地投入，眼到、心到、手到，阅读、思考、批注，逐渐养成阅读的好习惯。同时也应指导学生分清哪些文章该精读，哪些文章该略读。凡是与教学内容有关的书籍、新课标推荐的阅读书目、自己感兴趣的读物以及优秀的文学作品等都应该精读。

6.诵读。所谓"诵"：①读出声音来。②背诵。③称述；述说。什么是"诵读"？诵读注重一个"熟"字，不只是读一两遍，而是读好多遍，带着自己的理解，融入自己的感情，达到熟读成诵。古人说："熟读唐诗三百首，不会作诗也会吟。"那些声情并茂的文章，如诗歌、散文等，最适合于诵读。古人云："松声、涧声、琴声、鹤声……皆声之至清者，而读书声为最。"还说："书读百遍，其义自见。"诵读还要精思，嘴巴读出来，脑海里就要迅速浮现出生动的画面、切合的情境，进入文章去感受、去体验、去欣赏。"文章是案头之山水，山水是地上之文章。"——（清）张潮《幽梦影》。而背诵是熟读的结果，也是诵读的积累。背诵是一项非常有意义的综合训练，有助于增加学生的积累，发展学生的思维，激发学生学习的兴趣。随着诵读的反复、增加，随着诵读者理解的不断深化，文章就会深深烙印在读者心中。日久天长，学生在背诵中逐渐积累了大量的好词佳句、精妙文段，知识面越来越广，为表达和写作打下坚实的基础。

当然，在实际的阅读过程中，阅读的内容不同，采用的阅读方法也不同。比如阅读童话故事，重在了解情节；阅读诗词，重在诵读、体会意境；阅读散文，重在领会思想、品味语言；阅读人物传记，重在理解人物形象；阅读说明文，重在明确事物特点；阅读议论文，重在把握中心论点，等等。教师结合文章特点进行方法指导，其实也是在提高学生的文学鉴赏水平，培养学生自主阅读的能力。

不管运用何种阅读方法，都应该读思结合。孔子说过："学而不思则罔，思而不学则殆。"读书就是学习，读书要与思考结合起来，一边读书，一边思考，还要联系自己的实际，这样我们在收获知识的同时，也会变得越来越聪明。

（二）读与写相结合

所谓"不动笔墨不读书"，这也是阅读中非常重要的方法。它可以帮助阅读者加深理解、加强记忆、提高表达能力，例如圈点、批注、摘抄、读书笔记、读书卡片、读后感等等。

1.圈点。这种读书方法可以凝聚阅读的注意力，便于复习、巩固、查考，也是一种治学的方式。宋代大学者朱熹，每读一遍书都用不同颜色的笔进行勾画，从而把思考引向精深境地。金圣叹对《水浒传》的评点，毛宗岗对《三国演义》的评点，脂砚斋对《红楼梦》的评点，都是中国古典小说批评史上的经典。圈点虽然是随手勾画，但勾画的内容应该是文章的重点、难点、疑点，或者是自己深有体会之处。可以给自己设定一些圈点符号，标明重点、难点、疑点等，如用圆点或圆圈表示精警之处，用问号表示质疑，用叹号表示强调，用勾号表示肯定，用叉号表示否定，用直线表示需要着重记忆或领会，用波浪线表示重要语句或精彩语句，用竖线或斜线表示段落层次的划分，还有三角号、星号、井号、方框等符号都可以运用。符号设定之后，每个人要养成固定使用的习惯，这样在整理读书笔记时才会清楚明了。

2.批注。除了圈点，还可以适当在文中写上批注，如眉批、旁批，就是在书眉、书旁处所写的批注。批注可以从作品的内容、结构、写作手法、语言特色等方面着手，或展开联想、想象，补充原文内容，或写出心得体会，提出自己的见解。批注一般分为概括式批注、赏析式批注、感悟式批注、提问式批注、联想式批注等。例如赏析式批注，它针对文章的用字炼句，在修辞方法、写作方法、表达方式上分析其特点、作用，还可针对文章的构思布局进行评点，它能提高阅读者的分析能力、鉴赏能力。再如感悟式批注，针对文章的主题，并结合现实和个人经历写出对有关问题的认识及体会，对文章塑造的人物进行褒贬，或提出创见，或提出质疑，或在文章关键处、感受最深处记录下自己灵感突现的一些随笔文字，它犹如读者与作者的交谈，可把读者的思维活动推向最活跃的状态。还有联想式批注，主要是续写故事、改写故事，它能培养阅读者的联想和想象能力，从而培养创新思维。根据不同的阅读目的或不同的阅读训练方式，可以分阶段对学生进行批注训练。一般循着由易到难的顺序进行，从解决字词方面的疑问，到重点语句的理解，再到全篇内容的把握。批注这种方法可以提高阅读效率，提高阅读质量。

3.摘抄。读书时，除了在书中直接圈点批注，还可以做一些摘抄和笔记。《语文课程标准》明确指出："……丰富语言的积累。"摘抄就是积累。摘抄，就是在阅读的过程中选摘、抄录原文中的词语、句子、段落等。摘抄的内容可以是原作的典故、警句、精彩片段等，也可以摘抄对联、诗词、俗语、谚语、歇后语，更可以摘抄名人常识、历史资料、科普知识、新颖材料等，一般要根据学习、借鉴的意图来选择。比如阅读《钢铁是怎样炼成的》，为了提高写作能力，可以摘抄生动传神的细节描写片段、启迪思想的名言警句、写作技巧运用精彩的语段；为了分析评价主人公保尔·柯察金，可以摘抄描写他言谈、举止、心理的片段以及各种人物对他的评价。摘抄的内容，选择要精当，抄写要工整，最好能够分门别类，注明出处，以便日后查找方便，这样积存进自己建立的"语言库"中，反复品味，渐渐消化吸收，必要时熟读成诵。俗话说："眼过千遍，不如手过一遍。"读书是要动笔摘抄的，否则就会遗忘当时读书看到的美景。摘抄是我们大脑记忆能力的拓展，摘抄多了，积累丰厚了，不仅在以后的阅读与写作中可以借鉴运用，还可以温故知新，创造再生。所以鲁迅说："无论什么事，如果继续收集资料，积之十年，总可以成为一个学者。"因此，摘抄积累的过程，不仅是培养学生主动汲取精华和营养的过程，也是培养学生对文章的欣赏能力、分析能力、辨别能力的过程，在提高学生认识能力的同时，也发展了学生的思维能力。同时，拥有一本内容丰富充实、设计精当巧妙的读书摘抄本，就等于拥有一片五彩斑斓的天地，拥有一个充实宁静的精神家园。可以给自己的摘抄本设计一个富有个性的名字，如《星火》《采撷》《青草园》……

4.读书笔记。指在阅读过程中把自己最真实的想法、感悟及时记录下来，形成有序的文字。读书笔记是记忆的信息储存器、思维能力的激发器、文学创造的发源地。古今中外，许多有成就的名人都有写读书笔记的习惯。比如，马克思读书时就经常在书上画线或写读书笔记，隔一段时间就要翻阅之前作记号和写笔记的地方，巩固记忆。还有毛泽东更是如此，不仅自己的书写满读书笔记，从别人处借阅的书也概莫能外，他写的读书笔记通常都比所读之书的字数还要多。阅读不做笔记，再美好的内容也如昙花一现，犹如过眼云烟，时间稍长便忘得无影无踪。不少人"书到用时方恨少"，其主要原因还在于懒于写读书笔记。常言道："好记性不如烂笔头。"阅读时做笔记有助于集中注意力，激发思维力，正如阿德勒所说："如果你能随时拿一支笔，那么阅读起来必更能得心应手。这支笔将成为阅读时，使你专心、仔细的督促力。"阅读时要做到边读边想，手脑并用。

读书笔记主要有写提要和写心得两大类。写提要，就是用精练的语言准确概括全书的基本内容、中心思想，抓住主要人物，理清主要事件。所写的提要，可以是语意连贯的成段文字，可以是按层次和要点罗列的提纲，还可以是能够体现作品结构思路的图表。它能训练阅读者的概括归纳能力，要求语言文字简明扼要。写心得，则是记录自己阅读时产生的体验、感想，如自己对于作品的内容（人物、情节、情感、思想等）和形式（写作技巧、行文风格、艺术特色等）的看法和评价，以及自己在阅读中生发的新认识、新观点。可以针对作品整体发表感想，也可以只对其中某一个或几个点进行发挥和评论。做笔记除了自己使用之外，也可以供他人学习参考。比如，为一部作品写的提要可以让没读过的人了解作品，好的读书心得可以启发、引导他人的阅读，产生推介和指导阅读的功效。有些读书笔记，如明末清初顾炎武的《日知录》、现代人钱锺书的《谈艺录》，都已经成了经典著作。我们还可以将自己的读书心得放在开放的网络平台（如校园网站、班级论坛、文学社公众号）上发表，与别人交流分享。

坚持写读书笔记，日积月累，就能加深对文章的理解，理清文章逻辑思路，感受文章精妙写法，领会文章精神实质，从而有所感悟、有所评价、有所创新。既增强了记忆，又积累了知识。知识积累多了，就成了学问，学问多了，就能提高语文素养。同时，写读书笔记还是一种练笔的有效方式，练得多了，写作水平也会相应提高。清代学者顾炎武的《日知录》就是一本读书笔记，它还是一本很有价值的学术著作。可见写读书笔记有利于激发阅读者的创造性。在指导读书笔记写作时,教师要采用范例展示、推荐讲评、交流阅读等方式,逐步提高学生写读书笔记的能力。注意循序渐进性,防止加重学生负担而挫伤其阅读兴趣。

5.读书卡片。制作读书卡片是一种独特的阅读形式,它便于整理所读过的书籍,以备日后查找方便,还利于同伴之间的交流。同时训练了学生的信息捕捉能力和信息加工能力,利于提高阅读的综合素养。读书卡片的设计范例如下:

书名(篇名)	
读书时间	
作者简介:	
写作背景:	
主要内容及主题:	
精彩片段	
读书心得:	
读书疑难:	

6.读后感。我们阅读的时候常常会有所触动,或得到一些启发,把这些所思所想、评价鉴赏写下来,整理成文,就是读后感。写读后感可以加深对原作的理解,提高写作能力。阅读所获得的感受可能是多方面的。有的是对作品主题的思考,有的是对某部分内容的理解,还有的是对某个细节或某些语句的感悟。这就要在思考、分析的基础上,选择最值得和别人分享的内容来写。写读后感,要注意以下几点:第一,适当引述。要在充分理解原文的基础上,对自己感触较深的部分直接引述,也可以对原文加以概括,间接引述。第二,感受力求深入。读完原文后,或许你会产生很丰富的感触,为避免蜻蜓点水、浮光掠影式,就要反复思考、提炼,把自己的感受明晰化、条理化,还可以从多个角度或层次来思考与表述。第三,联系阅读积累及生活经验。写作中,应该联系自己的阅读积累,来印证或深化当前的阅读感受,还可结合生活经历中的类似体会来写。这样才能使读后感内容丰富,容易获得读者的认同。

写读后感,需要注意不是对文章内容的简单概括或复述,要以"感"为主,"感"是作文的重点,"感"是读书、思考、写作的结合,是读书笔记的最高层次。大致有三种类型:拓展延伸型,在赞同作者观点的基础上深入发表自己的看法,或结合实际情况做进一步阐发;评价鉴赏型,从文章的内容到形式等各方面进行评价,体现自己的欣赏水平;创新研究型,另辟蹊径,发前人之所未发,提出自己的全新观点,自由抒发独特的感悟。读后感最能显示出阅读者的阅读能力和文学欣赏水平。在平日的看书阅读过程中,要勤学善思,能综合运用恰当的阅读方法,写出真正意义上的读后感。这样的阅读才是真正有所得。

现摘录学生读后感部分文字如下:

"《论语》成书于春秋战国之际,是孔子的学生及其再传学生记录整理的语录体散文。它的内容非常丰富,涉及哲学、政治、经济、教育、文艺等诸多方面,是儒学最主要的经典。在表达上,《论语》的语言精炼而生动形象,是语录体散文的典范。'子曰:学而时习之,不亦说乎?有朋自远方来,不亦乐乎……'在皎洁的月光下,我轻吟着《论语》里精炼的语句,朗朗上口,它像一支美妙的乐曲使我沉醉其中……初识《论语》,是在新华书店里,它那古色古香的封面吸引了我将它买下。刚开始读时不甚明了,但随着时间的推移,我渐渐长大,发现《论语》中的句子简洁明了而意味隽永,那一个个人生哲理丰富着我的心灵,伴随我快乐成长。"

"在成长的岁月中,书成了我形影不离的朋友,通过阅读书籍,我走进了一个个五彩缤纷的新奇世界。书中的文字就像灿烂的阳光,穿过我的瞳孔,播撒在我心中的每一个角落;又如流淌的小溪,流进我的心田,滋润着我纯净的灵魂。"

"不积跬步,无以至千里;不积小流,无以成江海。"语文这座大厦不是一朝一夕可以搭建而成的,没有日积月累的阅读,学生就没有扎实的语文功底,就没有丰厚的文学素养。所以教师要指导学生运用科学的方法进行阅读,以求得法于课内,得益于课外,让他们在阅读的广阔田野上尽情奔跑,让他们在浩瀚的书籍海洋里畅快遨游,让他们那美丽纯真的少年时光因为阅读而放射出更加动人的光彩。

韦惜玲,广西柳州市德润中学教师。

经典教材(历史)文化内涵的挖掘
——以《孔乙己》为例

◎辛志英　王　凯

经典教材在典范的语言背后，往往蕴含着厚重的文化内涵。对经典教材的深入解读，不仅能够加深学生对课文的理解，拓展学生相关的背景知识，还能促使学生构建大文史观，推动学生形成宏阔的文化视野。我们以九年级经典课文《孔乙己》为范例展开论述。《孔乙己》是鲁迅先生的名作，发表于1919年4月《新青年》第六卷第四号。因其生动的人物形象、深刻的主题思想，成为中学语文教材中的经典佳作。鲁迅先生将孔乙己这个晚清底层知识分子刻画得惟妙惟肖，将鲁镇酒店内外的"短衣帮"顾客、掌柜、小伙计、围住孔乙己要茴香豆吃的孩子、丁举人等人，用极简省的笔墨刻画得入木三分。其麻木、炎凉与乖戾，形成了孔乙己生存的极寒空气，在通篇孔乙己"使人快活"的"笑声"中，裹挟着孔乙己走向灭亡。解读时，可以以孔乙己个人形象为起点，以孔乙己生存环境为落点，勾连透视晚清时期的科举制度、乡绅统治以及农村地区经济等社会情况，探究孔乙己悲剧成因，进而更深刻地理解孔乙己形象及其悲剧背后丰富的文化内涵，为学生推开了解晚清社会的这扇窗口。

一、失意者：僵化的科举制度

孔乙己刚出场便被介绍为"站着喝酒而穿长衫的唯一的人"，站着喝酒，指出孔乙己经济上的困顿，而"穿长衫"，则点明孔乙己的身份与阶层。清代只有读书人或曰科举中人才可以穿长衫，孔乙己显然是"儒林"中人。然而鲁迅笔下的孔乙己所穿长衫"又脏又破"，这一细节描写既点出孔乙己的身份，同时又暗示了孔乙己的生活困境，他显然是"儒林"中的失意者。

对明清时期科举制度的了解是透彻理解孔乙己这一典型环境中典型人物的关键。科举制度首创于隋炀帝时期，作为一种选拔人才的考试制度，对整个社会产生了广泛而深远的影响。唐宋时期科举制逐渐完善，参加科举考试之人越来越多，在明清时期已蔚然成风。明清时期的科举分为童试、院试、乡试、会试、殿试五级，其中还会细分层次，极为复杂。童试是明清时期最低等级的考试，分为地方县试与府试，顺利通过县、府两次考试的读书人称为童生，表明已具备基本的文化知识和写作能力。童生再通过院试得到府县学籍，才可晋升为秀才。秀才仅是科举入仕的正式起点——离真正的"金榜题名"还很遥远。考中秀才后才有机会参加乡试、会试、殿试。经过残酷的重重选拔，只有百余人可以参加殿试，殿试合格者获赐"进士"称号，获得成为高等文官的资格。《孔乙己》文本并未点明孔乙己是否通过了县试与府试，但是他穿着长衫，满口之乎者也，具备一定的文化知识，由此推断他可能已取得了童生身份；但是周围人笑话他"连半个秀才也捞不到"，显然他未能通过院试。孔乙己并非特例，明清时期很多读书人都在为考中秀才而努力，如《儒林外史》中的周进、范进，二人考到须发皆白，仍为一介童生，其中艰难，不言自明。

孔乙己是否真的学无所长，科举中不堪一击呢？我们看文中孔乙己教小伙计写字一段。鲁迅先生对孔乙己和小伙计的对话和神态的描摹，极为精彩，寥寥数语，写尽了孔乙己希望毫无干系的小伙计有好前程的善良本性，另一方面也点明孔乙己对古文字多有研究，具备一定的知识水平，绝非不学无术之徒。如此努力，终究"连半个秀才也捞不到"，使我们再把目光转到科举考试的录取比例上。

明清时期科举考试的录取比例极低，竞争的激烈程度以及困难程度超乎常人的想象。"明末男性人口约有10个百分点的人可能具有一个高水平的教育成就，而不到一个百分点的人成为生员，不到0.01个百分点的人通过殿试而成为进士。"[1]晚清名士梁启超则云："邑聚千数百童生，拔十数人为生员;省聚万数千生员,拔百数十人为举人;天下聚数千举人,拔百数十人为进士。复于百数十进士,拔十数人入于翰林。"[2]以此推算,生员的录取比例在百分之三左右,最多不超过百分之十。中国古代社会只重视每一科所录人数,一向忽视录取比例,因此历朝科举考试的录取比例的数据较难确定。但明清时期科举考试录取比例极低,早已是学术界的共识。明清时期科举录取比例极低有其内在原因:

功名获得者形成了一个尖顶金字塔。在外地,帝国只有两千个左右基层行政官员的职位,再加上一千五百个教职;按官制,全国的官僚大约只有两万名文官和七千名武官。……在任何时候都可能只有少数合格的功名获得者:举人共有一万八千名左右,进士二千五百名左右,受到尊敬的北京翰林院的翰林六百五十名左右。的确,现任官员是一个精选者集团。[3]

由明入清以来,全国人口数量增长迅速,投身于科举的成年男性越来越多,然而"不论是政府公职的法定数额,也不论是科举的名额,都没有按照人口的增长速度而增长。……乾隆时代的进士名额在绝对数字上已有所减少,生员名额则是稳定的。甚至从前不受数量限制的童生,在十八世纪末也受到了限制。"[4]由此导致考生之间的竞争越发激烈。鲁镇酒店的常客是否了解清代科举考试如此低的录取比例?如果了解,是否还会笑话孔乙己捞不到秀才?这是值得我们深度思考的问题,是把对社会、人性的探讨引向深入的问题。

孔乙己将半生时光投入科举中,最终成为科举制度的牺牲品。我们该怎样评价科举制度呢?科举制度作为中国古代社会的考试制度和选官制度,本质内核是在相对公平、平等的基础上通过考试选拔人才,对社会的发展起到了极大的推动作用,对中国乃至世界产生了深远的影响。西方学者高度赞扬科举制度是"中国赠予西方的最珍贵的知识礼物"。然而明清时期的科举制度逐渐僵化,考试形式日趋呆板,内容方面流于刻板空疏,专以八股文取士。"明清一整套苛酷、烦琐而又等级森严、集中体现出专制政治全部精神的科举、学校制度,最主要的功能就在于奴化、禁锢知识分子,……丧失了唐宋以前知识分子阶层在政治生活中的魄力和自主精神。"[5]正是由于僵化的科举制度弊端严重,清政府被迫于1905年废除科举制度,此后孔乙己即使想继续参加院试也再无机会,遂与秀才功名彻底告别。

纵观全文,孔乙己是一个悲剧人物,是科举考试中落榜者的代表,最后成为失意者与牺牲品,随后在一次看似偶然、实则必然的偷窃行为后遭到毒打,并最终丢掉了性命。

二、受害者:残暴的乡绅统治

孔乙己虽然是科举中人,但是他一直未能取得功名,而且不会营生,所穿长衫"又脏又破",生活潦倒。同时在科举制度的戕害之下,他自身也有诸多毛病,脾气大且好吃懒做,生活窘迫又无谋生之道,免不了做一些偷窃的事情,并因此招致灭顶之灾:他去丁举人家偷窃,被毒打致残,失去了基本的生活能力,可以说最终死在丁举人手上。

鲁迅先生如此设定故事情节乍一看似乎有问题。首先,孔乙己并没有偷到知府、知县家里,而是丁举人家。如前所述,举人本身并不是官职,而是一种功名,只是有了做官的资格,并没有实际权力。酒馆散客却说孔乙己居然敢偷丁举人家,暗示丁举人在当地颇有势力,是公认的不能得罪的人物。丁举人为什么能够在当地如此豪横,以至于百姓说出"他家的东西,偷得的么"?其次,孔乙己偷盗固然不对,但是理应交给衙门(即司法部门)依法论罪处置,丁举人并非朝廷官员,有权动刑拷打孔乙己吗?最后,孔乙己虽然偷东西,有错在先,但是并非大恶,丁举人下手如此狠毒,将孔乙己重伤致残,不怕孔乙己向官府告状,官府反过来追究他的责任吗?鲁迅先生不愧大手笔,看似矛盾的情节背后,隐藏的是中国广大基层农村存在千百年的乡绅制度。要想解答上述问题,就要对中国传统社会中的乡绅制度有所了解。

中国乡绅阶层是明清时期遍布于中国广大乡村的特殊社会群体,主要包括两类人群,一是致仕或卸任的朝廷官员,同时包括现任官员在家乡的亲戚子弟;二是府州县学的生员(即秀才)、国子监的监生,以及在乡试、会试及第的举人和进士,他们是乡绅阶层的主要构成群体。封建朝廷赋予乡绅各种政治、经济、司法方面的特权,使他们成为高踞于平民之上的特权阶层。"(乡绅)依仗着这种特权和独有的文化知识,对广大乡民实行着有效的控制,在中国的乡村社会中建立起了绅权的统治。"[6]明清时期的乡绅数量众多,据岑大利先生统计其总数超过100万人,如果再算上其家庭成员(每户按5人计算），总数可达500万人，这是一个庞大的数字。《孔乙己》中提到的丁举人，显然就是中国封建社会百万乡绅的缩影与代表。

千万不要小看乡绅的能量，他们不但担负着多种社会职能，而且还在一定程度上左右着地方局势，起着地方官员起不到的作用。之所以会出现这样的情况，跟明清政府的统治结构有直接关系："县以下并不承认任何行政单位。知县是父母官，是亲民之官，是直接和人民发生关系的皇权的代表。事实上，知县老爷是青天，高得望不见；衙门是禁地，没有普通老百姓可以自由出入的。"[7]据统计，中国的人口由汉朝的六千万人增加到清朝末年四亿人，但是政府在州县数目的设置上居然没有相应增加，这意味着晚晴时期每个州县大约平均管辖五百多个村庄，人口在二十万以上。然而州县衙门的官员配备却少得可怜，根本无法承受州县繁杂的日常事务，除了征收赋税等工作外，州县官员很少与百姓接触，这样一来，朝廷官员与普通百姓之间形成了真空地带。这种基层社会的权力弱化状态为乡绅统治提供了便利条件，他们迅速占领了县太爷和普通百姓之间的真空地带，且逐渐掌控了原本属于州县官员的权力，成为广大乡村地区的实际控制者，"绅士可以从一切社会关系：亲戚、同乡、同年等等，把压力透到上层，一直可以到皇帝本人。"[8]

乡绅阶层如此神通广大，大部分现任官员都非常重视与任职地区的乡绅搞好关系，清代社会流传着很多关于乡绅的格言俗语，譬如"地方利弊，生民休戚，非咨访绅士不能周知"、"拒见绅衿，则外事难知；求民瘼者，须虚心延访"等等。其实也不难理解，县衙人员有限，管理偌大的县级区域，可谓有心无力。而乡绅大多居住在乡里，拥有土地、财产以及强大的家族势力，相比现任官员，能够更好地承担起维护地方秩序的责任，同时自然也会攫取各种权力，也包括司法权。而大多数地方官对乡绅阶层心怀畏惧，不敢擅责他们，甚至还会巴结乡绅，借助乡绅的势力来巩固自己的官位。

这就解释了丁举人为何敢私设公堂毒打孔乙己。作为乡绅阶层，丁举人已经攫取了朝廷的司法权，而且孔乙己作为一个底层百姓，竟然"发昏"去偷乡绅丁举人家中的财物，在丁举人看来，简直是大逆不道，势必要严惩。而地方官府"宁得罪于百姓，不敢开罪于缙绅"，显然也不会替孔乙己说话，

甚至会称赞丁举人替地方除害，维护了当地的治安形势。而孔乙己并未犯重罪，丁举人就将其毒打致残，暴露出乡绅阶层的凶残本质。不止如此，很多乡绅还将社会中的吏胥、地痞、流氓等人吸纳进来，充当爪牙和打手，以便加强对地方的控制，维护其政治和经济利益。孔乙己被抓住后，"先写服辩，后来是打，打了大半夜，再打折了腿"，整个施暴过程显然不用丁举人亲自动手，正所谓"狼仆打降，即缙绅之爪牙也"，乡绅与地痞流氓联合在一起，使得其统治更加残暴与黑暗。

耐人寻味的是，丁举人和孔乙己都是科举中人——少年读书时甚至可能是同窗好友。只不过丁举人运气好，拿到了举人功名；而孔乙己时乖运塞，连个秀才也捞不到。丁举人抓住被迫偷盗的孔乙己时，非但没有因为同是读书人而手下留情，反而痛下杀手。如果孔乙己运气好成了孔举人，而丁举人不幸落入孔乙己之手，孔乙己会不会像丁举人一样残暴呢？答案是很有可能。因此从深层次来看，两人都是晚清科举制度培养出来的人，只不过一个运气好，中了举人；一个运气不好，落魄半生。虽然两人之间的尊卑关系可以改变，但是科举所造成的等级制度却恒定不变："（科举）制度上不变的等级原则和具体人际关系上的可变现象，虽然是互相矛盾的，但是，后一种情况不但不抵消前一种情况，而且还是前一种情况得以长存的主要原因。……科举官僚制下的贵族主义，恰恰是借助于个人命运的可变性，而深入于官场，也深入于士群的。"[9]从这个角度看，孔乙己就是丁举人，丁举人就是孔乙己，他们是一枚硬币的正反面。

鲁迅先生通过孔乙己被丁举人打断腿并最终死亡的悲剧，批判了中国封建社会千百年来根深蒂固的乡绅统治。但是我们要批判的对象绝不仅仅是丁举人一个人，而是生产、制造出"丁举人"的僵化科举制度，乃至于创立这种僵化制度的晚清封建社会。

三、贫困者：凋零的农村经济

被毒打致残的孔乙己再次出现于鲁镇的酒店，此时的他"脸上黑而且瘦，已经不成样子"他喝完酒后，用手扶地慢慢走了。之后小伙计再也没有见过孔乙己，"大约孔乙己的确死了"。鲁迅先生将"大约"与"的确"连用，看似自相矛盾，实则蕴涵深意，致残的孔乙己究竟死了没有？答案应该是肯定的。虽然小伙计没有亲眼看见孔乙己的死亡（即尸体），

但孔乙己已经致残，且没有任何生活来源，他注定是死路一条。由此可见鲁迅先生难得的深刻与冷峻。由此我们追索：孔乙己致死的原因究竟是什么？

如前所述，科举制度是主因之一，僵化的科举制度戕害了孔乙己的思想与价值观，让他沉浸于科举考试数十年，看不起体力劳动，又因好吃懒做而导致没人找他抄书，断了唯一的经济来源。乡绅统治对孔乙己的死同样难逃干系，但是丁举人的暴行只是催化剂，孔乙己如果改不了偷窃的毛病，被毒打的噩运迟早会来。讽刺的是，孔乙己熟读圣贤书，却以一句"读书人的事，窃非偷也"来愚人愚己。他自然知道偷是不对——明知不对还要铤而走险，足见他经济困顿，没有出路。可以说，致孔乙己最后一击也是最致命一击的是贫困。在造成孔乙己悲剧的原因中，经济因素是不可忽视的重要因素之一。

从经济角度看，孔乙己死于贫困，他是晚清时期广大农村地区贫困者的代表。我们先看晚清广大农村地区的基本情况与困境。晚清时期"人口翻了一番多，从一亿五千万增加到了三亿多。……在十九世纪中叶大叛乱爆发的前夕人口已达四亿三千万左右。"[10]与人口数量急剧增加相矛盾的是土地面积的固定不变，而且资金严重不足，农业技术几乎没有任何进步，导致农村地区的绝大部分农民生活水平极低："（晚清时期）构成中国人口80%的绝大多数农户所过的很低的生活水平上。不但有水灾、饥馑、疫疠等危害肆虐，而且还缺乏廉价的大规模运输工具和有效的中央政府。"[11]这种情况的出现与晚清的腐败统治也有密切关系："中国农村生产率的低下，与许多社会罪恶、挥霍浪费的积习以及政府的腐败，不幸是互为表里的……最重要的是，政府缺乏打破传统和把经济搞上去的魄力、意向和动力。"[12]而且晚清时期西方列强多次入侵中国，迫使清政府割地赔款。巨额赔款会增加广大百姓的负担，而为了缓解经济负担，清政府猛增各种税额，将压力转嫁给老百姓，进一步加重了民众的负担。总之，人口的迅速增长、农业技术的落后、赋税的沉重，以及政府的腐败，底层民众的贫困不可避免。

雪上加霜的是，此时农村地区的手工业也逐渐恶化且趋于凋零。西方列强将中国当作原料产地与商品倾销市场，对中国本土的手工业产生强烈的冲击。原本纺纱业是十九世纪后期中国农村最重要的传统手工业，是乡下百姓的重要收入来源，但也逐渐遭到西方资本的强力打击，呈现出明显的衰落：一方面把大批洋货运了进来，一方面又用机器制造日用品。结果是乡村里的手工业遭殃了。现在到乡村里去看，已经没有多少人家自己纺纱织布了。都会兴起把乡村里一项重要的收入夺走了。……乡村里的老百姓本来靠手工业贴补的，现在这项收入没有了，生活自然更贫穷了。"[13]

农民种地的收益越来越差，传统的手工业也遭到了西方资本的冲击，农村经济进一步恶化。"覆巢之下，安有完卵"，身为农村地区广大百姓一员的孔乙己，他的经济困境可想而知。联系《孔乙己》文本中的卖酒掺水情节，鲁镇酒店四文铜钱一碗酒并不算贵，而卖家要掺水，买家要监督，买卖双方锱铢必较，该细节在体现世风之外也可以窥视出当时普通民众的普遍贫困，以及农村经济的凋敝情形。分析后当时农业、手工业的凋敝情况之后，我们回过头来看孔乙己，在这种特定环境中，他的出路在哪里？

需要明确的是，当时穷困潦倒的读书人绝不只孔乙己一人。晚清时期的秀才很多人家境贫寒，经济困顿，所谓"寒士笔耕笃业，家无恒产者十人而九"，社会上甚至蔑称家境不好的秀才为"措大"，所谓措者，醋也，取其寒酸之味。连秀才的日子都不好过，更遑论孔乙己一个微不足道的童生。待科举制度废除后，孔乙己的身份变得非常尴尬，非士非农非工非商，事实上已沦为农村地区年龄偏大的普通劳动者，"一部乱蓬蓬的花白的胡子"，早已经没有体力下地干活。他固然认识字，能替人抄书，然而收入想必也很微薄，仅仅是"换一碗饭吃"。总体而言，孔乙己作为农村中识字的老童生，他在经济方面体现出来的困顿，不仅是他本人的问题，更是沉重的社会问题。

此外，科举制度自身的价值体系天然具有禁锢文人从事其他职业的属性，长期沉浸在科举制度中的孔乙己们固持"万般皆下品，惟有读书高"的思想，看不起劳动生产，也看不起商人。然而人毕竟要生存，随着科举道路中失意者越来越多，越来越多的读书人转而从事其他职业：

在激烈竞争的情况下，有些善于权变的文人想在合法的和半合法的管理性事业中找出路。一种人是包税人（即所谓"包揽"）……在地方社会上却是一种很流行的能赚钱的职业。另一项有利可图的行业是"讼棍"("讼师"),他们在县衙门里帮别人包揽词讼。……在官场看来,他们是不受欢迎的健讼者和莠民。清代的法律制度没有给他们以合法地位。[14]

包揽和讼师确实是科举人可以转型从事的两种职业,但是只有那些"善于权变的文人"才愿意做、才有可能做好的职位。而孔乙己明显不属于"善于权变的文人",而且从业者基本上都蜕变为"刁生劣监",显然不是本性善良的孔乙己所倾向的职业,也不能称之为理想的出路。

孔乙己最现实也是相对较好的出路在于利用自己的特长,做点小本生意,比如贩卖书籍。前辈文人早就说出了其中的奥妙:"这穷秀才有甚么治生的方法?只有一个书铺好开。拿上几百两本钱,搭上一个在行的好人伙计,自己身子亲到苏杭买了书,附在船上,一路看了书来,到了地头,又好撰得先看。沿路又不怕横征税钱。……至于什么段铺、布铺、绸铺、当铺,不要说没这许多本钱,即使有了本钱,赚来的利息还不够与官府赔垫。"[15]孔乙己作为童生,常年与书籍为伴,对书籍非常熟悉,因此对他而言,开个小书摊是条最现实的出路。结合故事中他经常出入别人家中偷书,可能就是把偷来的书卖掉。或许孔乙己也想过贩卖书籍,但是终归不会营生,攒不下本钱,没能走通这条出路。

马克思曾经一针见血地指出:经济基础决定上层建筑。从这个角度来看,孔乙己或被打死或被饿死或病死,皆死于贫穷,他是晚清时期广大农村贫困者的代表。鲁迅先生通过孔乙己的经济困境与死亡悲剧揭示了在帝国主义侵略下,晚清时代中国农业、手工业以及文化产业的凋零与衰败,具有深刻而犀利的批判意义。

四、结语

孔乙己是一个被新旧时代割裂的人,也是一个在时代巨变中被抛弃的牺牲品。他的命运悲剧不仅仅是个人的悲剧,更是晚晴社会的悲剧,是特定时代的悲剧。在语文教学中,只有深入挖掘文本背后所隐藏的文化内涵,才能全面且深刻地揭示孔乙己的悲剧,这对于提升学生对该文的深入理解与对宏阔历史背景的思考,显然有着重要的意义。《孔乙己》作为经典中的经典,其文化内涵值得一品再品。

经典教材文化内涵的挖掘对于中学语文教学而言,是一个重要的课题。中学语文经典选篇,是集语言文字、文章、文化于一体的经典极品,其价值绝不仅限于语言文字和文章体式的学习与训练。其所承载的丰富的文化内涵,所传递的中国几千年的精神品性,对学生精神成长和时代发展极具影响力。语文教师对教材读得越透,在课堂教学中才能带领学生站得越高。充分挖掘经典教材的潜在资源,既要把经典读精,也要把经典教材读透读厚,读出语文的味道,读出"以文化人"的境界,是经典的价值所归。需要引起注意的是,文学解读、教师解读和课堂教学解读不是一个概念。课堂对经典的解读,也不是越深越好,需要对标课标要求,结合学生的实际情况,把握解读的度。对于经典教材文化内涵的挖掘,可以以多种学习方式完成,以对学生成长形成助力为最终目的。

注释:

[1]牟复礼,崔瑞德.剑桥中国明代史[M].北京:中国社会科学出版社,1992:681.

[2]梁启超.饮冰室合集卷二[M].北京:中华书局,2002:226.

[3][10][12][14]费正清.剑桥中国晚清史上卷[M].北京:中国社会科学出版社,1985:16,115,24,119.

[4][11]费正清,刘广京.剑桥中国晚清史下卷[M].北京:中国社会科学出版社,1985:117,22.

[5]金诤.科举制度与中国文化[M].上海:上海人民出版社,1990:210.

[6]岑大利.历史角色丛书乡绅[M].北京:北京图书馆出版社,1998:1.

[7][8][13]费孝通.乡土中国 生育制度 乡土重建[M].北京:商务印书馆,2011:381,383,356-357.

[9]王炳照,徐勇.中国科举制度研究[M].石家庄:河北人民出版社,2002:320.

[15]西周生.醒世姻缘传[M].长沙:岳麓书社,2004:258.

辛志英,王凯,石家庄学院文学与历史学院学生。

在反反复复中，将课堂"精耕细作"

——记统编版语文八上课文《蝉》教学实录的完善

◎杨 璠

作为青年教师，参加公开课无疑是探究自我、发现教学不足、增进教学思考，从而实现快速成长的方法之一。而公开课的准备过程，便是难得且珍贵的层层探究文本，践行理论的过程。通过将一节课反复推敲，反复琢磨，反复修正，最终以相对满意的结果呈现。而这，也是问题集中暴露，促进教学反思深入的一个过程。目前，是新课标全面贯彻、落实的阶段，学生的主体性地位被一再提及。其中，以问题为导向的情境性创设课堂也成了教学的主流。如何将新课标相关要求与课堂教学融为一体，还需要不断地思考与落实。本文，笔者以八上课文《蝉》为示例，通过实录教学过程，落实这一问题。

一、在"空欢喜"中，扎根真实

《蝉》作为一篇自读课文，学生的自我探究生成更为重要。前期设想中，考虑到《蝉》这篇课文的体裁——说明文（科学小品文）很适合"拍成"像《动物世界》一样的纪录片。因此，我兴高采烈地将本文的情景创设定为了剧本的制作与完善。在此基础上，设计出来了第一版教学设计——《"歌唱家"的成名之路》，详情如下：

"歌唱家"的成名之路——《蝉》

【教学目标】

1.略读文章，通过了解蝉的特点，把握蝉的习性。（重点）

2.通过品味语言，体会科学小品文的文艺性与科学性相结合的特点。（重点）

3.对比阅读《昆虫记》其他篇目，感受作者的人文情怀。（难点）

【教学课时】1课时

【教学过程】

（一）开机动员会

（播放蝉鸣声）同学们，正式上课之前，我们先来听一段音频，判断是哪一种动物。对，是蝉！蝉鸣是夏天的标配，但很多人表示夏天的蝉鸣声太多余，甚至对蝉进行了捕杀。世界著名的昆虫学家、法国的法布尔对此痛心疾首。这位被誉为"昆虫世界的荷马"的昆虫家，为了扭转人们对蝉的看法，用极具文学性和科学性的语言写了这篇科学小品文《蝉》。生动形象地展示了"歌唱家"的成名之路，以此为它正名。并委托我们"奇奇怪怪"动物世界纪录组将其拍摄成纪录片。现在，诚邀各位同学，担任我们这部纪录片的制片人，一起来完成拍摄的前期准备工作。

（二）初识"歌唱家"

1.略读课文，结合课文中对蝉的描写，用以下句式，说说你对蝉的印象。

"蝉（很）＿＿＿＿，因为＿＿＿＿。"

示例：蝉很聒噪，因为它"一到七月初，就占据了我门前的树"。

预设：蝉喜欢阳光、干燥的地方，因为"阳光暴晒的道路上会有些小圆孔，蝉就是从这些圆孔内爬出"。

……

2.小结：蝉具有聪明、勤劳、严谨、可爱等特点。

（三）为蝉定剧情

1.再次速读、浏览全文，小组合作进行情节设计。要求：（1）明确拍摄地和概括拍摄内容（段落）；（2）以小标题的形式给剧情起一个名字。（3分钟）

预设：①蝉的地穴；课文1~7自然段，主要拍摄蝉的地穴洞口和蝉的隧道。

②蜕皮羽化：课文8~11自然段，主要拍摄蝉的幼虫出穴和蜕皮变为成虫的过程。地点：矮树/百里香/野草叶。

……

小结：蝉的生长过程："幼虫出穴——脱皮成

长——成虫产卵——孵化幼虫——入土隐藏——幼虫出穴"。

说明顺序：逻辑顺序。

(四)最佳画外音

1.从文中找到你认为描写生动有趣的句子,并说说语言的特点及有趣的原因。

提示：可以用词、修辞、说明方法(举例子、列数字、打比方、作比较、下定义)、表达方式等角度思考。

预设：①它就小心谨慎地溜到温暖严紧的隧道底下。如果气候看来很温暖,它就用爪击碎天花板,爬到地面上来。(拟人、打比方)

②它的触须现在自由了,左右挥动；腿可以伸缩;前面的爪能够张合自如。身体悬挂着,只要有一点儿微风就动摇不定。(动作描写)

……

2.小结：语言特点：生动形象、准确严谨。

多种手法的综合运用,使得行文新颖且生动活泼,充满了趣味。

(五)"成名"的背后

1.阅读《蝉和蚁》,筛选信息,完成相应习题。(5分钟)

2.探究作者的情感,感受作者蕴含其中的人文情怀。

3.小结："如果我能与他们交谈的话,那么,我就会忘掉孤苦寂寥,变得情趣盎然。这些昆虫,有些是我的新朋,有的则是我的旧友……"正是他那对科学的热爱,对工作的坚持不懈,观察的细致入微,不懈的执着追问,深入的探究思考等科学精神,才驱使他用生动有趣且严谨求实的语言为我们打开了昆虫世界的大门。

(六)推荐"超新星"

请从《昆虫记》中,选择一种你认为最有特点的昆虫为我们进行一个简短的科学介绍,说明其特点、优势,并注意语言的生动活泼,不少于100字。

这个版本的教学设计出来后,起初并未意识到有任何不妥之处,甚至还为情景的完整性,剧名的有趣性,环节的多样性而沾沾自喜。直到第一次正式教学,教学环节未完成之后才恍然大悟。从中,我意识到存在教学内容过多的问题,尤其是阅读链接材料并完成相应习题。起初这一部分的设计,是考虑到想将此课作为名著《昆虫记》的导读课,在完成《蝉》教学内容讲授的同时,引导学生对《昆虫记》的阅读兴趣。但是,5分钟的阅读加习题思考,时间根本不够。更何况这样一来,已经存在课型杂糅,主题不明晰,拓展过多,教学目标难以完成,教学重点无法落实等问题。

由于教学内容过多,学生任务繁重,整堂课也已经偏离自读课的方向,更像"填鸭式"的满堂灌。学生疲于应对,而我急于达到教学环节的完整。如此一来,反倒顾此失彼,双手皆空。孙衍明老师曾在其文章《由演员"入戏"谈教师"入课"》中,谈到过教师"入课"的问题。既将自己融入文本所呈现的感情或哲理世界中去,同时还要与学生一起,形成情感呼应和行为一致的共同体。而"入课"正如演员"入戏"一样,需要在研读好"剧本"的同时,找准切入口,带入自我,才能更好地在课堂上调动起学生的积极性,从而达到情景创设的成功。此时,最初的沾沾自喜已经烟消云散了,只剩下羞愧。怪一叶障目的自己,竟将如此未加工完成的"大杂烩"一股脑地抛给了学生。而我所谓的"剧本"情景创设,也被听课老师一针见血地指出,所创设的情景陌生化严重,存在情景不真实,连续性不强,与学生所处的环境关系不明显,生搬硬套等问题。

醍醐灌顶,"空欢喜"的背后,我看到了自己课堂的失真。具体表现为对课型定位不准,目标落实不到位,教学落脚点不明确等问题。而这一切问题的暴露,最根本的原因在于我对学情认识的不到位,对学生能力提升的定位不清晰,更有对学生能力估算的不准确。这一切,导致学生无法在我的带领下成功"入戏",失真的课堂注定失败。

二、在满堂灌中,筛选适合

经过对课型的调整,对情景创设的推翻重建,此次我选择了将情景创设定位为学生比较熟悉的知识竞赛。此外,教学目标也进行了调整,否定了第一版本的导读课延伸,而将教学内容定位到仅文本《蝉》的内容探究,在此基础上再延伸探究作者的情感,人文情怀。

此前,为了追求教学环节的多样性,我错误地在运用多种教学方法的基础上,增加了很多内容,以至于造成了满堂灌的课堂氛围。而在此次的情景创设中,我也渐渐认识到,教学环节的多样并不意味着教学内容的增加。而是在抓取主问题串联本文,乃至本堂课的过程中,尽可能地把每个问题以不同的形式呈现。修改之后的教学设计及课堂教学实录如下：

"知了知了 到底知多少"

【教学目标】
1. 略读文章，把握蝉的整体特征。（重点）
2. 通过品味语言，体会科学小品文的文艺性与科学性相结合的特点，进一步感受作者的人文情怀。（难点）

【教学课时】1课时

【教学过程】

（一）视频导入

1. 先播放两则分别关于"蚊子咬青蛙"和"长尾大蚕蛾"的1分钟短视频以引起学生的注意力。

2. 师：同学们，从刚刚的两个小视频中，你了解到了什么？

生1：公蚊子不爱吸食动物的血液，只爱果蔬之类的汁液。

生2：原来不是所有蛾子都长相丑陋，视频中的长尾大蚕蛾简直是蛾子界的颜值天花板。

师：看来大家很喜欢这样的科普小视频，居然看得这么细致。其实，昆虫作为生物多样性的重要组成部分，却总被我们忽视。但微型世界，大有乾坤。为了走近他们，生物教研组联合语文教研组将举行一个"昆虫知识知多少"的比赛。大家需以小视频的形式参赛，介绍一种昆虫。

（PPT：展示活动简介）

"昆虫知识知多少"

活动主题："昆虫知识知多少"科普知识竞赛

活动时间：2022.11.1——2022.11.12

活动内容与形式：选择一种昆虫，通过图片、视频等方式拍摄成讲解昆虫的短视频，为大家科普其相关知识，时间不超过2分钟。投稿时，请附上您的姓名、联系方式。

奖励机制：本次活动设置一等奖5名，二等奖10名，三等奖30名，优秀奖若干。

投稿邮箱：作品请发送至1655xxxx32@qq.com，也可到昆明市第xxx中学初二年级办公室语文/生物教研组处，当面投稿。

截止时间：2022年11月12日下午17:00

公布时间：2022年11月15日（届时将通过短信的形式告知比赛结果）

师：正好，本学期所学课文里就有一篇法布尔写的《蝉》。今天，我们就读读文章，看看围绕"知了知了 到底知多少"的主题，能拍出几个相关小视频。

（二）了解拍摄对象

师：先看文体，这是一篇事物说明文，把笔记做在标题下面。先来了解一下拍摄对象蝉。请同学们快速浏览课文，看看可以从哪些方面着手，将其选为我们拍摄的切入口。给大家两分钟的时间。

生1：课文介绍了蝉的生命过程，可以拍摄为蝉的一生。

生2：我觉得文中关于蝉的蜕皮羽化最精彩，可以截取这一部分进行拍摄。

生3：可以拍摄蝉孕育生命的过程，即产卵的过程及它的天敌蚋对蝉卵的破坏。

师：几位同学说得都很好，只是生1，老师需提醒你一点。因为我们这个小视频只有2分钟的时长，肯定不能面面俱到。所以，你选的这个角度范围过广，还得缩小角度。

（三）配置视频文案

师：接下来，需要为你们自己定的拍摄内容配上解说的文案。作为科普视频，传递的知识一定要客观，这就要求文案必须严谨准确。同时，作为科普类视频，容易给人语言晦涩难懂、枯燥乏味的感觉。所以，想要视频更吸睛，文案还需生动形象且通俗易懂。这也是本文与其他说明文语言风格不同的一点，即科学性和文学性。

师：下面，请同学们再次阅读课文，从文中找出能体现严谨准确、生动形象的语句，并摘录到学案相应位置。给大家4分钟的时间。

生1："它就小心谨慎地溜到温暖严紧的隧道底下。如果气候看来很温暖，它就用爪击碎天花板，爬到地面上来。"这一句运用了打比方的说明方法，能体现语言的生动性、趣味性。

师：找得不错，但朗读过程中要注意停顿，并通过语气的上扬，读出其中的趣味性。

生2：我找的是"蝉的隧道大都是深十五六英寸。"这一句运用了列数字的说明方法，从中可以体现说明文语言的准确性，也很好地让我们知道了蝉隧道的深浅。

师：不错，分析到位。

师：同学们的文案找得都非常好，我这里已经有两名同学投稿了，一起来看看。看完之后请投票选出你认为更佳的文案，并说明理由。

（播放视频，之后并出示两位同学的文案）

生1：我选第一个，她的文案很客观严谨，我能学到很多知识。

生2：我选第二个，他的文案很有趣，再配上他生动的表情和抑扬顿挫的语调，很吸引我。

生3：各有千秋吧，但是我还是更喜欢第二个，如果不能吸引我的话，可能视频还没放完，我已经心不在焉了。更何况这位同学还配了图。

师：综合同学们所说以及视频中两位同学的文案来看，第一个偏精准确严谨，第二个偏生动活泼。老师也写了一个，想和大家分享一下，下面我们一起齐读一遍。

咏蝉

当夏季的炎热刚席卷大地，
你已出现在了树梢，
统治了门外的世界。
每一分炽热的光线中，
都有你欢快歌唱的身影。
为何你如此热爱阳光啊？
当我"走进"，才明白
那是你用四年黑暗，
才换来的一月光明。
当炽热褪去，你也消去声息。
我说："再唱会吧！"
你说："演唱已落幕。"
我说："他日再见，要等来年。"
你说："他日重逢，要待来生。"

师：同学们，你们从老师这段文案中，读出了什么语言特点？

生1：生动形象。

生2：严谨准确。

师：我刚刚听到同学们读到最后一句时，语调明显变低了，语速也放慢了，为什么？

生1：这一句让我觉得蝉的生命好短暂，突然好心疼它。

生2：是的，感觉它歌唱的时间来得好不容易，我居然还嫌它太吵了，太不应该了。

师：我明白了，所以你们是从这一句中，更明显地感受到了老师对蝉的同情。不错，视频是拍摄者情感态度的体现。所以，要想我们的视频有温度，还需要看到或了解到背后的作者。下面，我们一起来认识一下作者法布尔。

（PPT展示，生齐读，并记笔记）

资料一：法布尔，法国昆虫学家，被誉为"昆虫世界的荷马"。他出身于法尔南部的一户极普通的农家，年幼的他已被乡间的蝴蝶和萤火虫这些可爱的昆虫所吸引，开始了他与昆虫一生的情缘。1859年，36岁的法布尔，用了将近20年时间完成了《昆虫记》的第一卷。1879年，56岁的法布尔用毕生的积蓄买下了荒石园，不知疲倦地从事昆虫研究，执着、清贫、平静、专注，他用余生的35年完成了《昆虫记》所有的部分。

资料二：1."你们探究死亡，而我却探究生命。"
2."这些昆虫，有些是我的新朋，有的则是我的旧友，他们全都在我这里……"（法布尔）

师：从中，我们可以知道，作者探究昆虫的这一项工作很艰辛，甚至是枯燥乏味的。结合我们的课文一起思考，从中可以看出作者有怎样的科学精神？

生1：作者很热爱科学。

生2：作者是坚持不懈的。

生3：作者对待昆虫知识是执着追问的，且观察细致。

生4：作者是尊重生命的，他把昆虫都看作是他的朋友。

……

师：同学们都说得很准确，正是拥有这样的科学精神和人文情怀，才能支撑法布尔一生都在进行艰苦清贫乏味的昆虫科学研究工作，才能将文章写得如此有温度。而这一篇选的是他的巨著《昆虫记》，书里还给我们展示了很多各具特色的昆虫，一样采用的是兼具科学性、文学性、趣味性的语言，希望同学们下去后能认真阅读。

师：最后，请同学们再次修改你们手里的文案，加入你们对蝉或者作者法布尔的赞美。这样，我们的视频文案也算完成了。课下，将本堂课归纳整理的内容，进行创意设计，拍摄成小视频。我们期待你们的投稿。

师：本节课到此结束，同学们，下课！

本节课上完之后，听课老师们指出了教学过程中，仍存在内容过多，读写结合不密切，教学节奏把握不到位等问题。其中，感受最为明显的是虽然课堂氛围很热烈，但是学生仍旧有一种被推着走的感觉。这个问题令我沉思，之后，在查阅资料的过程中，我看到了冯卫老师的文章《留白：不该被忽视的教学艺术》一文。冯老师的这篇文章，点出了我作为新手老师的一个误区——害怕课堂的沉寂。环环相扣，不敢留白的课堂背后，仍是我们文本研究不够深入，资料查阅不够详尽的表现，以至于我对课堂的留白缺乏自信，更偏重于按"计划"进行的满堂灌。尽管这样的满堂灌已区别于教学内容过多、知识点密集的填鸭式教学，但仍缺少放手的空间、思考的空间。以致于形成朗读、提问、讲解、活动等环节连续不断地上演。

冯老师在文章中的讲解，让我明白了教师除了在教学内容上需要抓重点达到留白效果之外，教学结构、提问、品赏都需要留白。不要课堂一沉默，就开始不断地提示、启发学生。要学会在抓住确有疑问的基础上，任由学生的思绪飞扬，以达到真正地实现为学生搭建学习脚手架的目的。反之则是为学生的思维戴上枷锁，框定他的思绪范围，使之成为教学的成品。这样的教学，虽步调一致，却少了个性化发展。

这也启发了我，教学设计需从前期的文本探究中，先深入探究，再尽可能地"取其精华去其糟粕"，在每个教学环节设计中都尽量做到减负留白。

三、在"怅寥廓"中，审视自我

此次公开课的进行，收获实属颇多。尽管以上两个教学设计已从大框架到情景再到细节前后进行了7次调整，但仍存在诸多问题未解决完。有一种面对知识的海洋，却不得其法，不入其门的迷惘、怅然感。不禁想问自己，如何才能在教育的寥廓中，主宰自我的"沉浮"。但，失意之情且放一放，在反复思考、打磨的过程中，感受较深且应再加强的是以下几个方面。

首先，在开展教学设计之前，要时刻牢记应将学情摆在第一位。学情定位清楚之后，再展开文本知识的探究。其中，二者的关系应该是以提升学生认知和能力为基础。课堂的有序进行，应分清是为了使学生认知和能力得到有效提升，还是为追求环节的丰富而重复已知，机械地达到步调一致。这是在上公开课的过程中，应切实考虑且避讳的问题。教学不管是讲一次，还是重复多次，都应减少表演的成分，让学生多一些真实、切实的提升。正如此次公开课中，读写的结合环节，起初是为了落实学生动笔以提高对文本的专注度。从而将本可勾画得出的文案环节，设置成了写文案，再修改文案。但是，经过此次反复推敲课堂、文本之后得出：写作必须是内容触发的需要，而不单纯只是写法的模仿。毕竟八上阶段的学生，已经掌握了相应的写作手法，修辞的运用也较为熟练，更多的应是进行情感上的启发与表达。因此，不假思索的读写结合并不可取。

其次，文本的信息筛选和解读重点，从而达到提取重点的能力仍需进一步加强。刘勰曾经说过："沉吟铺辞，莫先于骨"，而所谓的"骨"，也就是文本的主旨。虽说能够确立作者想表达的情感是什么，但是却不能达到提取最关键的信息点，以此来串联整个文本的教学。看了李华平老师在《文本教学解读之一语立骨法》中所说，可从把握文本内容、意图、结构三大方面来落实立骨法，以此提升教学高度，突出教学重点。如此一来，课堂不仅有了主心骨，而学生也能在这一线索的引领下，拥有思维发散的空间，变旁观者为主导者，循着主线探索文本，生发出更多思维的火花。同时，这也督促我，在教学设计之前，应该多次、反复地研读文本。除了查阅资料之外，看是否能将文本读透，从而寻找一个适合学情的契机，利于学生快速进入文本，并感同身受地在文本基础上，生发出更多的思考与见解。正如经典课文《背影》，此前在上该篇课文时，很多同学就不能够理解为什么看他父亲爬月台买橘子就能让作者泪流满面。在这一方法的启发下，我想到了再上时，可结合感恩母亲节的契机，先让同学们谈了一些母亲平时所做的事。在琐碎的日常中，引导他们找到母亲背后的不容易，以及触发他们泪点的地方。据此得出，爱藏在细节之中，需扒开或啰嗦或沉默的表面背后，去感受那份炽热的爱。在此基础上，再进入《背影》的解读。如此，本文可以"寻找细节"为突破口，探寻细节背后的真情实感，或许学生理解起来就容易得多。

最后，课堂是需反反复复去"精耕细作"的，所不同的是，需将此步骤在教学之前，就做好做精。尽管这对于教龄甚浅的我来说，依旧存在难度与挑战。但经过这次公开课的打磨与思考，我深深地感受到了前期准备不足，后续无法挽救的遗憾是多么的深远。这也鞭策我，在今后的教学工作中，需更加地努力，竭力做好前期工作，将此次教训所得，真真切切地落到教学实处。让他能够在"立骨"的引领下，拨开学习的迷雾；在课堂知识的训练中，实现技能的提升；在有疑而问的启发下，实现学习难点的突破；在静心思考的留白中，实现思维的增长。最终，达到让学生在每堂课中，有所思有所获，触发他们形成内在的文学素养。

杨璠，云南省昆明市第三中学经开区学校教师。

浅谈小学低段语文识字写字教学途径的多样化

◎于 泽

低年级夯实自主识字写字量，引导学生阅读书写，早已成为许多小学语文教师的共同教学目标，大家都在开发、利用多种课内课外资源，引导学生使用多途径进行识字写字。识字写字也是低年级教学的首要任务，但是，我们看到，在日常的教学中，我们的老师往往首先从自己的主观愿望出发，在识字写字教学上直接对学生进行"强灌"和"注入"式教学，只在识字写字的数量上进行拔高，致使一些学生对识字写字感到无趣和抵触，学生渐渐失去对识字写字的兴趣。在识字写字教学中，教师教学的最根本目的是培养学生自主的读写能力。小学低学段的学生，更应重视他们在识字写字兴趣的养成。兴趣才是学生最好的老师，好的兴趣也是成功的开始，在基础教学中，对于学生扩大自主识字写字量就成功了一大步。《语文课程标准》指出：低年级识字写字教学的目标，首先是要让学生"喜欢学习汉字，有主动识字、写字的愿望"。在教学中，如何培养学生识字写字兴趣，主动识字写字，从而扩大识字写字量，在小学低年级段夯实基础教学，探索识字写字的途径多样化是教学的重中之重。

一、浅析小学语文低段识字写字教学中存在的问题

（一）教学方法机械化

通过对小学语文低段识字教学的相关文献进行分析，不少学者提出，在常态化的识字教学中，最常用的教学方法是"开火车"读字音，"加一加""减一减""换一换"来记字形。长期使用这种方法，学生对于老师的"套路"十分熟悉，慢慢地就会疲于应付，对于生字的学习丧失兴趣。

（二）教学过程片面化

识字是为了使用，常态化的识字教学方法忽视了教学的情境性，单单关注字音或字形，没有将生字与学生的生活进行有意义的联结，不能使学生感受汉字中蕴含的丰富的文化价值。

（三）教学理念保守化

《义务教育语文课程标准（2022年版）》提出"义务教育阶段，第一学段的课外阅读量不少于五万字。而纵观四册教材，二类字共有1800个左右，一类字800个左右。这就需要教师在识字教学中，对汉字进行一定的整合链接，拓展学生的识字量，建立生字群。而许多教师因为自身知识储备量不够，无法进行字理之间的联系，常常忽视这一契机。

二、指导课堂教学，培养学生识字习惯

（一）充分调动学生主动性，养成主动学习的习惯

着重培养学生独立识字、写字的能力。每一课的生字、词语，都要求学生课前先自学，借助工具书预习，学会用自己喜欢的方式去识记。在检查预习过程中，注意发现学生独特的学习方式，并抓住机会给予鼓励与表扬。每个学生都渴望被人赏识，被人肯定，当听到老师表扬，享受到同学们投过来的羡慕目光，甚至于第一次听写得到满分时，一张张小脸上都会流露出惊奇、兴奋的神色。当学生树立起自信心，相信自己有能力赢得更好的成绩。这时候，他们已逐渐由被动学习转为主动学习，养成主动学习语文基础教学的好习惯。

（二）紧抓学生写字习惯，创设识字写字趣味课堂

老师首先要让学生感到识字的甜蜜和快乐。

比如老师给孩子们讲故事,故事讲到一半,老师故意不讲了,然后告诉学生:"等你们认识了更多的字,自己就可以读,而且可以读更多的有趣的故事。"教学课堂留下悬念,吊起学生的"胃口",孩子们自然就产生了主动识字的愿望。此时老师在课堂上进行识字教学定能收到非常好的教学效果。为了防止孩子的3分钟热度,我们可以设置猜谜识字,图画识字,演示识字,吟唱识字等多种形式,让学生乐此不疲。随着识字量的增加,学生的阅读能力也在提升。老师相机开展讲故事,朗读比赛,在比赛中,在激励中,学生会慢慢爱上语言文字。

基础写字教学一定要抓习惯。《语文课程标准》要求:低年级学生要努力养成良好的写字习惯,写字姿势正确,书写端正,规范,整洁。老师扎实有效的指导尤为重要,为防止学生的写字疲劳,两课时分散写字,课后不要贪图数量的增加,孩子反而会事倍功半,写不出规范字体,而且容易对写字产生厌烦的情绪。每堂课写字后一定要注重评价,评价后再写字,才能有提升,有进步,这样写字教学才能真正地落到实处。

三、丰富课堂教学　提升学生识字技能

(一)课堂整体识字,反复复现

在教学中我经常发现,学生在一句话中可以清楚地读出每个字来,但是同样的字放在词语或者换一个词语,学生就不认识了,例如生字"藏",在句子中"我要把自己藏起来"学生很容易读正确,换一个句子"捉迷藏这个游戏真好玩"就不认识了,针对这样的学情,在平时的备课中,首先我会对于课本中需要掌握的生字和认读字把它们放在课文句子中出现,然后逐渐加大难度,字出现在短语,最后是单个生字的复现。例如"木棉喜暖在南方"学生先对"暖"这个字有初步印象,然后再出现"喜暖"这个词语,最后学生自己组词"温暖、暖和",这样的方法,同样的字至少让学生在脑海中反复出现三次以上,最后把这个字应用于学生的日常生活,学生自己尝试给这个字组词,学生在这个环节情绪高涨,都想表达自己的想法,从而课堂识字写字环节充满生机。

(二)归类识字写字,重点对比

对于低年级学生来说,正确的识字书写尤为重要,但是同音字和形近字确实是学生的一大难题,学生在阅读中习得识字写字量越大,老师会发现学生容易混淆的字义就越多,往往是学生对字义缺乏理解,在应用中不能正确运用,在教学中,我会将同音字和形近字同时出现,通过归类和对比,给学生加深印象,形成学习一个字,学会一类字,看到对比字的同时识记。

1.归类识字记忆法

例如学习《狐假虎威》一课,在学"威"这个字,我会同时给学生归类对比"微、危、位"这三个学生已经学习过,并且在阅读和写作中经常用到的词语。在此基础上对于"威风"和"微风"这种同音不同义的词语也会比较讲解,学生在归类中可以更好地进行理解,而且在班级中我会分学习单元举行"生字对对碰"的小游戏,主要是课堂中学习过的同音字和形近字的组词练习,例如"近和进"谁和"去"碰一碰,通过这个小游戏,培养了学生的识字写字能力,调动了他们识字写字的主动性和积极性,在课下学生还可以创作"生字开花",自由创作给生字"一字组多词"的作业,每个孩子都进入这个识字写字的丰富世界,大家乐有所得。例如:在教学二年级下册《语文园地七》读读认认时,我根据教材编排特点问学生:你读了"铝锅、铁铲、炉灶、漏勺、茶壶、菜碟、汤盆这些词时,发现了什么共同特点?我们怎么记住它们?我先让学生小组学习讨论,接着再反馈交流。有学生马上站起来说:"铝锅、铁铲、炉灶、漏勺、茶壶、菜碟、汤盆这些词语都属于厨房用具。铝锅、铁铲都是用金属做的,所以都是金字旁,炉灶与火有关系,所以是火字旁。"

再如:在教学一年级上册《操场上》这一课时,我根据教材编排特点问学生:你读了"打球、拔河、拍皮球、跳高、跑步、踢球"这些写活动的词时,发现了什么特点?有学生马上站起来说:"打球、拔河、拍皮球"这些活动跟手有关,所以"打、拔、拍"用了提手旁;而"跳高、跑步、踢球"这些活动是跟脚有关,所以"跳、跑、踢"用了足字旁。

2.形声字记忆法

汉字中绝大部分生字都是形声字,形声字的特点是一部分是形旁,表字义,与这个字的意思有关系;一部分是声旁,表字音,与这个字的读音有

关系。根据形声字的这个特点,教学中我就运用此方法帮助学生记忆生字,收到了很好的效果。如:钉子的"钉",因为钉子一般都是铁做的,铁是一种金属,所以用金字旁,右边就是个丁字;再如:柏树的"柏",柏树是一种树,所以用木字旁,右边是个白字。像这样的例子还有很多很多,我就不再一一列举了。

3.设置问答记忆法

猜谜语是学生喜闻乐见的学习方式,用此法帮助学生记忆生字会收到意想不到的效果。教学中根据有些生字的特点,我就采用了猜谜的方法帮助学生记忆字形。如:士兵的心是"志"字,兔子少尾巴是"兔"字,不上不下是"卡"字,热气被土地吸走了是"垫"字等。

在初步掌握了猜字谜的方法后,我还请学生尝试自己编字谜,有的学生果然聪明,具有这种能力。如"垂下眼睛(睡)";"半个月亮(胖)";"二个小人(从)";吃饭说话口用力(另)等等。

4.特殊生字特殊记忆法

汉字中有些字非常特殊,如象形字、会意字、指示字。它们只占了汉字中很少的一部分,对这些字我们就采用特殊生字特殊记忆法。如:学习"笔"字时,我先出示一支毛笔问:这是什么笔?你是怎样记住"笔"字的?学生会说:我看见笔杆是用竹子做的,笔尖是用"毛"做的,我记住"毛"字加竹子头就是"笔"。再如,最简单的"明"字,它是由"日"和"月"两个字组成的,为什么是这两个字呢?因为有了太阳和月亮才会更明亮。

5.加减换记忆法

如果碰到已学独体字与已学部首组成的合体字时,我会问:你们用什么办法来记住这个字?学生会说:我用熟字加偏旁的方法记下来的,就是加一加,如:"埋"字是里边的"里"加上提土旁组成的。在识记"亡"这个字时,学生会说:我用熟字减偏旁的方法记下来的,就是减一减,用"忘"字减去"心"字。陆地的"陆"是攻击的"击"字加上双耳刀组成的;我用熟字换偏旁的方法记下来的,就是换一换,如:惊讶的"讶"字可以用发芽的"芽"的草字头换成言字旁,还可以用蚂蚁的"蚜"的虫字旁换成言字旁,这样,学生就记住了"讶"字。

学生在学习、观察、讨论过程中不断发现问题,探究问题,找出解决问题的方法,既培养了学生观察、分析、解决问题的能力,又提高了识字写字量。

(三)结合生动插图,刺激感官识字写字

低段的孩子年龄小,抽象思维和逻辑思维的发展还不成熟。结合图片辅助识字,可以刺激学生的感官,容易抓住学生的注意力。如在小学低段教材中,往往采用的是图文并茂的表现形式,教材中有许多形象生动的插图。教师在教学过程中引导学生观看插图去探究与汉字之间的联系,使抽象晦涩的文字变得形象化,点燃学生的学习兴趣。如在统编版语文一年级下册的"春夏秋冬"一课时,教师可以借助多媒体将这四个季节的标志性景观展示出来,让学生进行辨认,然后再将教材中这四个汉字对应的图片展示出来,引导学生进行观察,在学生积极讨论的过程中将春、夏、秋、冬四个汉字引入到课堂中,让学生一一对应进行记忆学习,过程直观,学生的记忆和理解也更加深刻。不仅这样,教师在文字讲解选择配图时,可以多与学生的生活贴合,留意文字在实际生活中的运用。例如,在讲解二年级下册《古诗二首》一课的"行"字时,该字是多音字,本课的一个教学重点,在备课,可以提前将学生做操排队的照片拍下来,引导学生说出"竖着的是排,横着的是行",也可以展示一些银行的图片,引导学生说出"háng"这个音。生字的教学在情境中进行,不是教师整堂课"漫灌",学生不加思考地抄写,汉字是承载中华文化的独特符号,结合图片,辅助识字,使得语文教学更具人文性。

(四)利用网络资源,学习字理知识

信息化时代的到来,也给识字教学带来了许多便利。许多语文教师苦于自身知识储备量不够,对于字理不敢教,或者照本宣科,除了要求学生巩固所学字形外,并没有满足学生文化的、审美的、哲学、心理学意义的追求。但在这个知识大爆炸的时代,获取知识不再是难事,互联网简化了我们获取信息的方式。以央视为例,针对少年儿童就推出了一系列科普教育类纪录片和电视节目,如《跟着书本去旅行》《中华诗词大会》《如果国宝会说话》《字从遇见你》等等。在教学中如果可以借助这些

媒体素材，整堂课的内容将更加丰富多彩。比如《字从遇见你》这个节目非常适合小学阶段的识字教学。在对于二年级下册《树上的喜鹊》这一课进行教学，"教"这个字结构复杂，可选择先进行字理教学，在备课时借助《字从遇见你》这个节目，视频开头先讲"教"甲骨文的起源，"教"甲骨文中左上为"爻"代表占卜，也是当时先进科学文化的代表，左下画的是一个小孩子，右边则是一位手持教鞭的人，后又联系昆曲《春香闹学》《孔子圣迹图》《闹学图》，展示了古代教师手持教鞭教书的形象，同时也不忘将汉字与现代生活相连接，由古至今，由表及里，既有汉字的教学又有传统文化的渗透。在实际教学中，学生对字形的识记和字义的理解更加深刻。

(五)巧借课文导图，扩展识字写字途径

义务教育阶段学生学习汉字的一个量化指标，我们在实际教学中应把它看成是一个学习字词、积累运用语言的过程。这就需要我们引导学生进行归纳，加强新旧知识之间的联系。小学生对于新鲜的事物是十分感兴趣的，更愿意参与其中，因此在选择什么样的方法进行生字归纳教学时，应考虑到这一点。在执教统编版二年级下册《语文园地》五识字加油站教学时，在完成教学目标后，为了带领学生进行拓展，我设计了"识字开花涂色卡"作为学生的课后拓展实践。教师首先选取一张插满鲜花的花篮作为模板，花朵的花心作为拓展偏旁，花瓣作为拓展字词，学生可以利用字典，采用部首查字法，针对所学部首"厂字头""穴字头"进行拓展学习，同时也可以自选已经学过的部首，进行自主学习。低年级的学生，思维处于较分散阶段，导图的形式对于低段学生来说比较抽象，而花朵的形式本身就具有一定的逻辑结构，更符合这一阶段学生的思维特点，同时与美术学科的跨学科融合，使得语文识字教学更加符合"双减"背景下语文素质教育的落实。

四、组织课堂竞赛，辅助识字写字记忆

低年级学生扩大识字写字的最大动力就是内心满足感。学生都有展示自己学习成果的愿望，而定期举办的"百词大赛"等各种识字竞赛就为他们提供了这样一个舞台，"百词大赛"将课内课外的识字写字结合在一起，既可以为课内教学的识字写字查缺补漏，又增加了课外识字写字量，"百词大赛"也是对识字写字能力稍高的训练，光识字还不够，是否写好，能不能选择正确的同音字都是学生需要思考的问题。在这竞赛的环境中让原本枯燥的识字写字活动充满了生机。

在小学低年级识字教学中，通过语言、简笔画及动作创设情景，从而提高学生识字效率。如教"纸"字时，学生容易在下面加一点，老师可以拿出一张白纸，让学生用毛笔在纸上画上一点，再问学生：现在纸还干净吗？这样，学生写"纸"字时就会想到不能在下面加一点，否则纸就不干净了。又如在教学动词"抱""跳""踢""推"等动词时，可以让学生做相应的动作来识字、写字。枯燥无味的识字、写字很容易引起学生的厌烦情绪，在这个过程中还可以设计一些有趣的游戏来激发学生识字、写字的兴趣。比如给字找家、找朋友；编一些有趣的儿歌、故事之类的让学生觉得识字、写字原来这么有趣，学生一旦有了学习的兴趣，学起来就简单容易多了。

五、结合听书应用，拓展识字写字途径

利用听书应用，拓展识字。在本学期初，我设计了一项班级活动。鼓励学生每天回家朗读自己喜欢的书，选择喜欢的内容录下来，发到班级群中，我将一些优秀的作品上传到我以班级名义建立的喜马拉雅APP中，并且每月更新朗读主题，如三月是"读你所爱"，四月是"亲子合读英雄故事"，五月是"我是成语大王"，六月是"我是小诗人"，对于优秀的作品我会在课堂上和学生分享，作品被采纳连续十次的同学还将收到一张专门为他定制的奖状，通过同伴影响、教师鼓励、设置奖励，我们班学生的阅读兴趣在本学期有了明显的提高，课外识字量也有所增加。

同时结合读书打卡，拓展识字。大量的阅读是提升识字量最有效的形式之一。在班级活动设置时，我尝试让学生制定阅读计划，每个同学确定好自己要阅读的书籍，计划利用多长时间可以读完，每周填写一份阅读记录卡，在活动结束时，认真完成并上交完所有阅读记录卡的同学可以获得相应的奖励。学生阅读积累的生字通过阅读记录卡可以体现，并且在最后，所有学生的阅读记录卡装订成册，在班级里进行传阅，实现了知识共享的目的。

六、多样课堂写作，巩固学生识写基础

看图写话是识字写字巩固的最好提升，无论是课上的分类识字写字，还是通过竞赛的形式增加学生的识字写字量，对于学生的识字写字都是片段式的学习，学生经过反复的习得，对于单个词语的应用一定会渐渐提高，但是最终还是要会写，可以在语境中学会判断和使用正确的词语。学生在写作的过程中首先进行了思维逻辑训练，其次在语境连接中，在前后语句中学生会用到更多的词语，每次写作之后的"班级写作分享"都是一次交流分享，学生相互学习在写作过程中使用了哪些词语，写作分享都是自己识字写字量的又一提升，学生在听写作分享的过程中都希望自己的作品下次可以更好，对学习越来越多的识字写字主动有了更高的需求，在实践和分享中都逐步提高。

联想写话是看图写话对于识字写字量扩大的又一次扩大，看图写话是对学生直接思维的训练，学生根据已经给出的图，可以直接进行看图说话在这个过程中需要思考的更多是如何正确选择和结合语境应用正确的字，但在联想写话中，学生首先要根据题目给出的关键词语进行理解和想象才可以进行写作，例如题目是"刮风"的联想写话中，联想关键词语是"竹筐、煤炭、门框、旷课"给学生的关键词语不是随便生成的，而是需要教师结合题目进行提前设计，可以看到"筐、框、旷"这几个字都是在字音上相似，学生在联想写话的过程中必要要应用到这些词语，学生在无形中增加了识字写字量，通过写作过程，这些词语的应用在下次阅读中再次见到，这些词语不再是学生的阅读负担，学生再次夯实基础，在实践中学习和运用。

七、走出课堂环境，延伸识字写字渠道

遵循低段学生记忆和遗忘的规律，我们要做好汉字的巩固识记工作。除了课堂上的巩固，课外巩固也是一条美妙的路。比如说：网络中，招牌中，生活中……我们的周围文字与图画随处可见。校园就是一个识字的大舞台。校园是一个文化氛围非常浓厚的场所，老师们可以带着学生走一走，看一看，各种标语，校风校训，宣传栏，地图……这些都是我们识字的资源。

抓住孩子爱做游戏的天性，让学生自己和家长一起做字卡，用字卡和同伴玩打字牌的游戏。如果轮到谁出牌，牌上的字不认识谁就输了。为了防止孩子老是做自己记得最熟的字，双方还要换字卡再次尝试，孩子们都想赢，因此课外识字氛围浓厚。还可以让孩子收集各种包装盒，课间玩"盖房子、堆城堡"的游戏，在玩中这些字反复和孩子们见面，轻松就记住很多汉字。

识字写字教学首先应是对人的教学，应渗透人文精神，关注学生的发展，培养学生的学习兴趣。以上是我对于如何培养小学低年级学生识字写字能力的一些探索。随着《语文课程标准》的颁布，给识字写字教学提出了新的要求，它要求教师既重视以识字写字技能为重点的认知目标，又要关注以创新意识和实践能力为重点的发展目标，又要培养学生的研究和学习能力。我想：在学习过程中，学生对识字写字产生浓厚的兴趣，主动的识字写字才是提高识字写字最直接的能力，之后还要采取各种方法在实践中巩固和应用。学生才是真正意义上的掌握了识字写字，从而获得最佳的识字写字效果。

识字教学是小学低段语文教学中的重要基础部分，只有确保识字教学的整体效果，才能够更好地促进学生今后语文学习的健康发展。

在小学语文低段教学中面对的是一群年龄尚小和心智比较稚嫩的学生，这个年龄段的学生对新鲜和有趣的事物比较感兴趣，多样化的识字教学方式才能够有效吸引学生的注意力，使学生产生浓厚和热烈的识字兴趣，进而促进学生的全面发展。

参考文献：

[1]中华人民共和国教育部.义务教育语文课程标准[S].北京：北京师范大学出版社,2011.

[2]肖川.义务教育语文课程标准[M].武汉：湖北教育出版社,2012.

[3]王文丽.给孩子上阅读课[M].北京：中国人民大学出版社,2019.

于泽，国家教育行政学院附属实验学校教师。

基于高阶思维培养的初中《论语》教学

◎余佳蔚

《义务教育语文课程标准（2022年版）》（以下简称《新课标》）对思维能力做出以下要求："思维能力是指学生在语文学习过程中的联想想象、分析比较、归纳判断等认知表现，主要包括直觉思维、形象思维、逻辑思维、辩证思维和创造思维。"就语文学习而言，文言文教学如何培养学生的思维能力是一个难题。毕竟，"不愿读，不爱读，不细读"成为现阶段初中生文言文学习的现状。

对于语文教师来说，《论语》课堂教学一直以来似乎是最容易的课堂——知人论世，处理字词，主旨内容……单纯沉浸在"故纸堆"中的教学方式已无法满足学生的学习需求，而仅仅落实字词也让文言文课堂变得枯燥乏味。如何在文言文课堂中培养学生的创新思维能力、提高学生独立思考的能力，让文言文课堂变得生动有趣，是每一位教师值得思考的问题。

初中文言文教学要符合学生的认知力，培养学生的高阶思维。布鲁姆认知目标分类理论将学习认知的目标从低到高分为：记忆、理解、应用、分析、评价和创造。我们常说的高阶思维往往指分析以上的所指，这部分目标往往能够体现学生思维的批判性、反思性和创新性。倘若在语文文言文教学中，为学生提供丰富的文言材料，激发学生独立思考的热情，鼓励学生发表自己独有的观点，这就符合了布鲁姆认知目标分类理论的"分析、评价、创造"目标。

作为古代典籍的《论语》，其作品的价值不言而喻，而作者孔子又是学生从小便熟知的儒家思想代表人物。进入初中后，学生已经接触过如《咏雪》《陈太丘与友期行》等相对容易的文言文，而统编版七年级上册语文教材中第三单元选入《论语》作为学习内容，这对学生无疑是较大的挑战。为此，笔者通过"走近孔子"主题学习，旨在通过学生对古代典籍（《史记》《论语》等）的阅读，启发学生对于孔子其人的认识，丰富学生眼界，开阔学生视野，采用多元解读和问题研究的方式，激励学生探究"认识作者"的学习方法，培养学生的高阶思维能力，真正达到提高学生语文综合能力的目标。

一、立足学情，以学生认知情况为出发点提高教学设计站位

在进行专题教学前，我对学情做出了以下分析：学生理解力和领悟力较强，他们需要内容更广博、更发散、更有研究意义的课程；同时，学生偏乖巧内向，缺乏一定的质疑怀疑精神；在朗读和默读方面，学生更倾向于个人默读。因此，《论语》专题设计需要挖掘学生阅读潜力，提供给他们不一样的《论语》世界。我设计了如下两个活动：

活动设计一：孔子是何人？

1.你喜欢孔子这个人吗？为什么？

2.你对他有着怎样的印象或认识？

本活动主要以调查问卷的形式了解学生学情，初步把握学生对孔子及《论语》的认识；同时，学生的反馈将成为教师进行专题设计的出发点，真正实现"从学生中来，到学生中去"的教学过程。学生反馈情况如下：

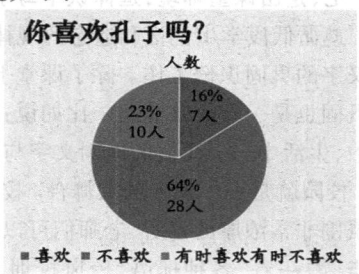

你喜欢孔子吗？

人数

- 16% 7人
- 23% 10人
- 64% 28人

■喜欢 ■不喜欢 ■有时喜欢有时不喜欢

从数据上来看：16%的同学明确表示喜欢孔子，23%的同学表示有时喜欢有时不喜欢，其余64%表示不喜欢或者讨厌孔子。大部分学生对于孔子及《论语》是敬而远之的，他们的认识大多来源于教科书及固有认知，认识比较浅薄和片面。

在不喜欢孔子的学生中，他们给出的理由众多，例如：他们认为孔子的思想体系过于庞大，《论语》中的条目过于琐碎，具体篇章大多都是谈学习和道德，孔子给他们的感觉是一个唠叨的、说教的老头形象，让人觉得难以亲近；有些同学把他当作遥不可及的圣人，敬而远之；提到《论语》就想到背诵，难免头疼；《论语》读起来有很大的难度，缺乏生动的故事，学生缺乏兴趣。

印象节选：

哲学中又带着点儿自恋。

他说的话读得我云里雾里，但是翻译之后又觉得有点道理；有时又觉得他话里有话。

因为他的思想太庞杂，很多都苛求别人做到完美。

一个很高很黑很强壮很"鸡汤"的怪老头。

长得有点怪，干啥都是"仁"。

他是一个会反省自己的人，一个善于给我们留作业的人。

因为他，语文学科的难度提升了至少五个等级。

……

培养学生的高阶思维，并不是只局限于知识难度的"高"，要遵循思维发展从低阶思维到高阶思维的过渡阶段。在语文篇章教学中，"学文是为了识人"，第三单元的写作要求为"写人要抓住特点"，对于初一孩子来说，从孔子这个人角度出发，会减少他们对孔子的陌生感。除了了解孔子的生平简介以外，找到一个关键词将琐碎的语录串联起来，显得尤为重要。在《〈论语〉十二章》中，有多处提到了"乐"这个关键字。而这个字，可以将孔子与《论语》勾连起来，为学生理解孔子和进一步认识《论语》提供了突破口。

活动设计二：关于孔子的"乐"

学而时习之，不亦说乎？

有朋自远方来，不亦乐乎？

好之者不如乐之者。

回也不改其乐。

饭疏食，饮水，曲肱而枕之，乐亦在其中矣。

——《〈论语〉十二章》

发愤忘食，乐以忘忧，不知老之将至云尔。

——《论语·述而》

《〈论语〉十二章》这一课，将分散的《论语》语录整合为整体的一课，要求学生正确理解其内容，体会其所倡导的修身与为学之道。本课由孔子或其弟子的语录组成，一共十二条。从"学而时习之，不亦说乎"到"博学而笃志，切问而近思"，内容涉及学习、修身、惜时等方面内容。

北京师范大学郭华教授在《深度学习及其意义》提到，深度学习"要求学生能够抓住教学内容的本质属性去全面把握知识的内在联系，而不是简单地掌握孤立的知识点或记忆更多的事实性知识"。如果直接将"学习、修身、惜时"三个分类角度告知学生，学生会先入为主地接受此分类，并不能根据自己的阅读理解进行分析和归纳。因此，以关键词"快乐"作为引入，启发学生对"孔子的快乐"进行分类。以孔子其人角度切入，能够拉近孔子与学生的距离，减少学生的陌生感，进而更好地理解《〈论语〉十二章》的价值和意义。既然孔子自认为是一个快乐的人，那么在《〈论语〉十二章》中，他的快乐又体现在何处呢？学生通过梳理圈画后就会发现，孔子的快乐体现在"学习""交友""生活"三个方面，这样一来，很自然地将琐碎的章节综合成系统的归纳，提高了学生的归纳思考能力。

二、补充材料，通过群文阅读丰富学生的认识

这一部分的教学设计旨在引导学生从关键词、句出发，以"乐"为突破口，引导学生自主阅读，探究孔子是如何获得快乐的。为了实现这一目标，笔者搜集了《史记·孔子世家》当中丰富翔实的材料，按照学习、交友及生活进行列举，供学生阅读。在阅读过程中，始终保证小结时回扣《〈论语〉十二章》的内容，进一步理解文本。通过这一步骤，实现了文言文阅读中群文阅读的方式，丰富学生对于孔子及《论语》的认识。

群文阅读指"通过确定一个或多个议题来选择与议题相关的多个文本进行自主阅读与集体建构，最终达成共识的过程"。群文阅读教学和传统的单篇阅读教学相比不再是"一篇一篇的教"，而

是"一组一组的教",避免了阅读教学的碎片化和教学内容讲解的低效化。在此过程中,学生去阅读《史记·孔子世家》《论语》等片段,能够真正成为学习的主人,在教师的引导下,激发联想,建立联系,深入研究,学生能够感悟到孔子伟大的人格魅力和个人胸怀。

材料一:节选《史记·孔子世家》中关于"孔子学琴"的片段

孔子学鼓琴师襄子,十日不进。师襄子曰:"可以益矣。"孔子曰:"丘已习其曲矣,未得其数也。"有间,曰:"已习其数,可以益矣。"孔子曰:"丘未得其志也。"有间,曰:"已习其志,可以益矣。"孔子曰:"丘未得其为人也。"有间,有所穆然深思焉,有所怡然高望而远志焉。曰:"丘得其为人,黯然而黑,几然而长,眼如望羊,如王四国,非文王其谁能为此也!"师襄子辟席再拜,曰:"师盖云《文王操》也。"

——《史记·孔子世家》

【问题设置】

孔子学琴的具体方法是什么?

孔子学琴后心情如何?

你认为孔子是一个怎样的人?

例如在讨论"学习的快乐"这一主题时,借助《说文解字》对于"习"字的分析,引出古人"礼乐射御书数"的学习内容。以研究"孔子学琴"这一章节为例,邀请学生分角色朗读课文,从人物对话中分析孔子及其琴师襄子的性格特点。在文本细读当中,通过找寻高频词语,揣摩人物心理,进而引导学生思考"孔子追求的学习到底是怎样一种境界的学习"。例如,师襄子反复强调"可以益矣"来表示对孔子的肯定,而孔子却坚持认为"未得其数""未得其志""未得其人",通过这样的细节,学生能够读出孔子刻苦钻研、精益求精的学习态度;结尾处师襄子"辟席再拜"学生可读出老师师襄子对于孔子的赞赏之情。在综合以上材料的意思后,学生也加深了对《〈论语〉十二章》中"温故而知新,可以为师矣"的理解。

关键词,是能够概括文章主旨、解释文章中心、展示文章脉络的词语。而高频词语,更是学生阅读中需要关注的关键。"学习的快乐"这一主题教学充分展现了"词不离句、句不离段"的阅读过程,能够提高学生和教师解读文本的能力。除此之外,还将课外的文言文阅读将课内学过的"温故而知新""学而时习之,不亦说乎"进行了勾连,充分发挥了比较阅读的作用。在群文阅读的比较中,学生较大程度地锻炼了自己细读、提炼、概括的能力,有利于学生语文高阶思维的培养。

材料二:节选《史记·孔子世家》中关于"孔子交往"的片段

孔子贫且贱。

——《史记·孔子世家》

季氏亦僭於公室,陪臣执国政,是以鲁自大夫以下皆僭离于正道。故孔子不仕,退而修《诗》《书》《礼》《乐》,弟子弥众,至自远方,莫不受业焉。

——《史记·孔子世家》

【问题设置】

孔子的境遇和地位如何?

孔子为何不愿意做官?

从中你读出了孔子是一个怎样的人?

《〈论语〉十二章》中说道:"有朋自远方来,不亦乐乎?"孔子的快乐,还体现在交友方面。《史记·孔子世家》中说道:"(孔子)退而修《诗》《书》《礼》《乐》,弟子弥众,至自远方,莫不受业焉。"孔子交友之乐,体现在他通过教书收获学生感到快乐。然而,学生很容易发现,孔子交友有着自己的准则:"有朋自远方来"的"朋"指的是志同道合的朋友。孔子的"志"表现在什么方面呢?"一箪食,一瓢饮,在陋巷,人不堪其忧,回也不改其乐",对弟子的赏识体现了孔子对于安贫乐道境界的追求。

在此基础上,引导学生再读材料二,思考问题:"一个贫穷且没有地位的孔子,为什么不去做官呢?"孔子追求的是一种精神世界,他是一个高尚的君子,在恶劣的条件下,他不愿意做官和别人同流合污,因此"退而修《诗》《书》《礼》《乐》",这也能够证明《〈论语〉十二章》中孔子所说的"不义而富且贵,于我如浮云"。

王君在《群文阅读的本质:意义整合与文化融通》中说:"群文阅读的核心价值在于意义整合。阅读需要聚焦,教学更需要聚焦,通过聚焦,散碎的信息和意义才能得以有效整合,形成有序、立体的'语义场',这正是群文阅读的核心价值。"这一部分的教学设计从课本《〈论语〉十二章》出发,以"乐"字为突破口,提供学生大量的《史记》《论语》阅读材料,有利于学生在比较阅读中进行分析、思考,提高了学生的语文高阶思维。

三、打破常规,培养学生批判性思维发现文本意义

在古希腊语中,批判的意思是:分辨、判断和评估。这种敢于质疑的思维反映到学生的身上,就是他们能够对教材以及对教师的讲解提出质疑,对原有的信息和结论进行谨慎的思考和辨析。孔子的一生都是快乐的吗?当遇到不快乐的时候,他又以怎样的态度面对人生呢?

在教学过程最后一个环节中,我设置了让学生去读一读孔子的"不快乐",进一步走近这位看似遥远实则也有喜怒哀乐的孔子形象。司马迁在《史记·孔子世家》中不掩饰对孔子悲剧命运的同情,学生通过阅读司马迁的叙述会发现,孔子的一生并非顺利,他也有自己失意与彷徨。但他却能从学习、交友、生活中找到自己的快乐,找到自己灵魂的归宿。结尾处,以《〈论语〉十二章》孔子的一句话做结:"吾十有五而志于学,三十而立,四十而不惑,五十而知天命,六十而耳顺,七十而从心所欲,不逾矩。"引导学生最后思考,又能读出了一个怎样的孔子形象。

材料三:节选《史记》中孔子做官的片段

一、齐大夫欲害孔子,孔子闻之。(齐)景公曰:"吾老矣,弗能用也。"孔子遂行,反乎鲁。

二、临河而叹曰:"美哉水,洋洋乎!丘之不济此,命也夫!"

三、灵公老,怠于政,不用孔子。孔子喟然叹曰:"苟有用我者,期月而已,三年有成。"孔子行。

四、然鲁终不能用孔子,孔子亦不求仕。

五、颜渊死,孔子曰:"天丧予!"……子路死于卫。孔子病,子贡请见。孔子因叹,歌曰:"太山坏乎!梁柱摧乎!哲人萎乎!"因以涕下。谓子贡曰:"天下无道久矣,莫能宗予。"后七日卒。

——《史记·孔子世家》

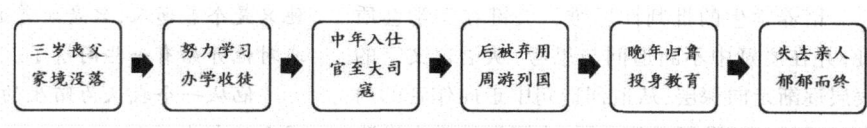

```
三岁丧父    →  努力学习  →  中年入仕  →  后被弃用  →  晚年归鲁  →  失去亲人
家境没落       办学收徒     官至大司    周游列国     投身教育     郁郁而终
                            寇
```

图一　孔子一生起落图

【教学实录节选】

教师:由此,孔子是不是带着他的快乐,一直到老了呢?接下来我们来研究一下孔子快乐背后的人生态度。请大家谈谈材料三中,你读到的孔子形象是否快乐,为什么?

学生:景公曰:"吾老矣,弗能用也。"在当时的情况下,国君不愿意重用孔子,孔子当然很不快乐啦。(孔子)临河而叹曰:"美哉水,洋洋乎!丘之不济此,命也夫!"我觉得第二则,孔子开始感慨他的年纪已经大了,到老了都没有人重用他。

教师:其实我们可以读出,孔子的不快乐来源于什么?

学生:他的仕途不被人理解,他个人的才华没有人赏识。

学生:我想谈谈第五条。我们知道颜回和子路都非常有才华,孔子当时已经病重,可以视作火上浇油。而他自己也不被重用,我感觉他自己说的这句"天下无道久矣,莫能宗予"表达了自己深深的遗憾。

学生:"临河而叹"体现了孔子当时心中的郁闷,不被人赏识。

教师:从以上五则材料,大家的分析中,你又读出了一个怎样的孔子形象?

学生:孔子是一个失意且无奈的人,他的理想始终无法得到实现;但我很佩服他,他可以在艰苦的环境中继续读书,保持乐观。而子路、颜回、子贡这三个弟子最终在第五条中出现,这种悲伤到达了高潮。

教师:你说得很不错。那么孔子是不是一直就这么悲哀下去呢?他毕竟是一个圣人。在不快乐的境地下,他又是如何寻找到自己的快乐妙方的呢?

学生:他从读书和学习中找寻快乐,而他也是一个有长远眼光的人。别人不重用他,他就著书,希望自己鲁国的国君能够重用他。我感觉到他是一个不放弃坚持的人。

培养学生的批判性思维，关键在于学会质疑，并在质疑中不断追问与思考，从语言文字的表层逐渐走向深层，从遣词造句中走向作者的内心。诚然，以"孔子的快乐"切入可以让学生迅速亲近孔子，但如果这节课仅仅局限于"他是一个快乐的人"，则又会把孔子神化，重新回归为圣人。司马迁在《史记·孔子世家》中对于孔子是充满同情的，如何让学生也产生共情？因此在教学过程最后一个环节中，设置让学生去读一读孔子的"不快乐"，进一步走近这位看似遥远实则也有喜怒哀乐的孔子形象。孔子是一个平凡的人，而孔子的精神却一直渗透在中华文明的深处，这种精神化为一代又一代中国人身上的社会责任感和担当感。这种精神就是：在无比困顿的过程中寻找一个理想的乐园。

四、评价反馈，引发学生互相交流促进深度学习

反思学习是对自我学习的监控和评价。反思，也是深度学习的关键点之一。在深度学习中，学生是积极主动的学习者；在学习中，教师不仅要引导学生"举一反三"，更重要的是要让学生"学会学习"，形成如何对学习对象进行深度加工的意识和能力，提升学生的智慧水平。因此，在《孔子的快乐》一课后，教师又对学生发放了问卷进行课程反馈。

评价目标：调查课后学生对于孔子的理解和认识。

评价内容及方式：以问卷调查法调查学生对于孔子的情感态度。

评价结果：三分之二的同学表示自己认识的孔子并不那么冷冰冰了，而是成了一个有温度的人。

学生反馈：

其实他本来就是一个平凡的人，只是随着时间、朝代的变化，人们思想转变，他逐渐变得高高在上了，成了一个让人敬而远之的"神"或"圣人"。

以前觉得是个圣人，现在又觉得像个凡人。

他只是个普通人，只是比普通人要活得更快乐些。我对他开始有一些同情了。

他从一个我认为陌生的老头变成了一个像普通人的老头。

我认为孔子非常乐观，我也想学习这种乐观对待生活的态度。他虽然一生不被赏识，但依然微笑从容。这节课让我对他更敬佩了。

他有一种与生俱来的气质，是一个孤独平凡的哲人。

孔子的一生为国为民，品性正直，却怀才不遇，令人惋惜。

下辈子投个好胎吧，生在一个好的时代，例如曹丞相，李世民？

祝你永远快乐，把宣传思想周游列国当作公费旅游。

愿你在极乐世界能如心所愿，找到"仁"的世界。

《论语》主题教学之《孔子的快乐》一课践行了"学文就是识人"这一看似简单实则富有深意的教学主张，打破了以往《论语》教学中介绍背景、处理字词、说明主旨套路性的文言教学模式，真正让学生走近孔子，让学生重新认识了刻板印象中的孔子形象。知识容量大，思维量大，将高阶思维与课程和教学整合起来，形成预期的教学目标和学习结果。在师生一起重读《论语》、解读孔子的过程中，师生一起进行反思，参与即成长，成长即收获。而基于高阶思维培养的文言文课，若都能精心设计、整合专题，必然能够引领学生进行深度学习，提高语文素养。

参考文献：

[1]郭华.深度学习及其意义[J].课程·教材·教法,2016(11).

[2]王君.群文阅读的本质：意义整合与文化融通[J].语文教学通讯,2020(10B).

[3]孙永琳.初中语文阅读教学高阶思维培养研究[D].山东师范大学硕士论文,2020.

余佳蔚，北京师范大学附属中学教师。

于规律中把握方向，于趋势中寻求策略

◎张 娟

近三年高考全国新课标Ⅰ卷现代文阅读Ⅰ信息类文本命题呈现"立德树人、服务选才、引导教学、稳中有变"的特征。试题命制立足课标，依托《中国高考评价体系》，关照高考考查基础性、综合性、应用性、创新性的四个要求，合理布局阅读与鉴赏、表达与交流、梳理与探究等考查方式，实现对学生"语言建构与运用""思维发展与提升""审美鉴赏与创造""文化传承与理解"四个方面学科素养的评价，完成对学生关键能力和必备知识的考查。此三篇文本观照广阔的现实生活，因文设题，注重考查学生思维品质，培养发展思辨能力，是助力"双减"政策落地的有效实践。

一、回溯考查概况，明确考查方向

（一）总体概况

近三年高考全国新课标Ⅰ卷信息类文本阅读除了分值在2022年高考中减少2分之外，考查方式均保持不变：客观题3道，主观题2道。

时间	选文/主题	题型	分值
2023年新课标Ⅰ卷	《后真相时代》	3客2主	3+3+3+4+6
2022年新高考Ⅰ卷	《加快构建中国特色哲学社会科学》《新诗百年探索与后新诗潮》	3客2主	3+3+3+4+4
2021年新高考Ⅰ卷	《诗论》《读〈拉奥孔〉》	3客2主	3+3+3+4+6

（二）考查方向

1.选择题题干分析

【2023年新课标Ⅰ卷】

1.下列对原文相关内容的理解和分析，不正确的一项

2.根据原文内容，下列说法不正确的一项

3.下列选项，最适合作为论据来支撑第二段观点的一项

【2022年新课标Ⅰ卷】

1.下列对材料相关内容的理解和分析，不正确的一项

2.根据材料内容，下列说法不正确的一项

3.下列选项，最适合作为论据来支撑材料一观点的一项

【2021年新课标Ⅰ卷】

1.下列材料相关内容的理解和分析，不正确的一项

2.根据材料内容，下列说法正确的一项

3.结合材料内容，下列选项中最能支持莱辛"诗画异质"观点的一项

总体分析：近三年全国新高考Ⅰ卷信息类文本阅读选择题命题方向基本一致，甚至连字词表述的改动都微乎其微，说明选择题的考查内容非常稳定，均主要考查学生对文章内容的理解。其中第1题考查筛选并整合文中信息的能力；第2题着重考查归纳内容要点，分析概括作者在文中的观点态度的能力；第3题考查分析论点和论据的能力。

2.选择题选项分析

【2023年新课标Ⅰ卷】

1.下列对原文相关内容的理解和分析，不正确的一项

A.藜麦适合素食者和肠胃疾病患者食用，并且由于其营养均衡，被美国宇航局认为是宇航员食物的理想之选。

B."马克·贝勒马尔等人对此则持保留意见"中的"此"，指的是被国外需求推高的藜麦价格给

玻利维亚和秘鲁当地人造成伤害这一说法。

C.藜麦的大面积种植，不仅让玻利维亚和秘鲁等地农民的生活水平显著提高，而且改变了当地人对藜麦带有歧视的看法。

D.作者认为，尽管一些媒体引导消费者远离藜麦的做法值得商榷，但是其出发点却不是恶意的，他们为当地的贫困居民感到担忧。

2.根据原文内容，下列说法不正确的一项

A.从第一段的内容可以看出，当一起事件超出了我们直接观察的范围时，有些人会根据他人提供的信息，并结合自己的判断，生成对该事件的看法。

B."它的价格不太可能再度回升"，可能是因为市场对藜麦的需求量不再大幅增加，而藜麦的种植面积持续扩大，供给日益增长。

C."每个新手辩论者""都知道如何挑选最有利于自己的真相"，可见有些"沟通者"会选择有助于推进个人意图的真相，而这种选择具有一定的灵活性。

D.从藜麦事件可以发现，一组片面的事实编织在一起引发了一场良心危机，而这场良心危机对玻利维亚和秘鲁当地的居民造成了真正的伤害。

3.下列选项，最适合作为论据来支撑第二段观点的一项

A."粮食优先"智库的工作人员塔尼娅·科森在谈到安第斯山藜麦种植者时表示："坦率地说，他们厌倦了藜麦，因此开始购买其他食物。"

B.加拿大《环球邮报》一则新闻的标题为"你对藜麦的爱越深，你对玻利维亚人和秘鲁人的伤害就越深"。

C.制片人迈克尔·威尔科克斯专门为这个问题制作了一部纪录片，他说："我见过一些反对食用藜麦的文字评论，实际上，停止消费才会真正伤害这些农民。"

D.英国广播公司播音员埃文戴维斯指出："事实上，说谎常常是没有必要的。你可以在不使用任何谎言的情况下完成许多有效的欺骗。"

【2022年新课标 I 卷】

1.下列对材料相关内容的理解和分析，不正确的一项

A.中华民族具有深厚的文化传统，形成了富有特色的思想体系，这是推动中华文明"创造性转化、创新性发展"的重要前提。

B.中国特色哲学社会科学的构建，可以向世界传播中国优秀学术理论，为解决世界性问题提供中国经验。

C.当代新诗之所以出现"食洋不化"的病症，一是因为丢失了本民族的诗歌传统，二是因为东西方文化差异巨大。

D.中国古典诗论虽不以体系和逻辑见长，但蕴含诗性品格和人文情致，比西方文论更有生命力。

2.根据材料内容，下列说法不正确的一项

A.材料一与材料二都谈到了传统和创新的关系，不过二者论述的重心并不相同。

B.借鉴西方诗歌并不能给本民族的诗歌带来现代性，对此中国诗人要有清醒认识。

C.中国古典诗歌的语言、内在结构和外在形态，依然可为当代诗歌创作提供营养。

D.古人论诗用"意在笔先""空灵""飘逸"等语，未落实处却包含鲜活的审美智慧。

3.下列选项，最适合作为论据来支撑材料一观点的一项

A.韩愈《答刘正夫书》：或问为文宜何师？必谨对曰：宜师古圣贤人。

B.晚清洋务派人物冯桂芬提"以中国之伦常名教为原本，辅以诸国富强之术"。

C.鲁迅《文化偏至论》：外之既不后于世界之思潮，内之仍弗失固有之血脉。

D.季羡林认为："东西方文化的相互关系是'三十年河西，三十年河东'。"

【2021年新课标 I 卷】

1.下列材料相关内容的理解和分析，不正确的一项

A.莱辛是历史上质疑"诗画同质"观念的第一人，他的《拉奥孔》在近代诗画理论中产生了广泛影响。

B.雕塑《拉奥孔》既呈现了拉奥孔被缠绞的表情，又不让这表情表现为丑态，体现了希腊艺术恬

静与肃穆的一面。

C.雕塑《拉奥孔》与史诗记载的不同主要体现在三处：一是拉奥孔的表情，二是大蛇缠身的部位，三是人物穿衣与否。

D.莱辛的《拉奥孔》认为，由于诗和画拥有不同的媒介和符号，所以形成了各擅胜场的题材范围。

2.根据材料内容，下列说法正确的一项

A.由于诗歌是时间的艺术，在描述一件事情时，即使是高明的绘画也不如诗歌来得生动和明白。

B.绘画只能是对所画对象某瞬间的定格，因此后人根据画作是推想不出所画对象动作的过程的。

C."红杏枝头春意闹""春风又绿江南岸""两山排闼送青来"等诗句，化静为动，以动作来描绘景致。

D.沈括质疑了唐代传说，从这个例子可判断，后人关于王维"诗中有画，画中有诗"的说法其实没有道理。

3.结合材料内容，下列选项中最能支持莱辛"诗画异质"观点的一项

A.诗以空灵，才为妙诗，可以入画之诗尚是眼中金屑也。

B.文者无形之画，画者有形之文，二者异迹而同趣。

C.诗和画的圆满结合，就是情和景的圆满结合，也就是所谓的"艺术意境"。

D.图画可以画爱神向一个人张弓瞄准，而诗歌则能写一个人怎样被爱神之箭射中。

总体分析：近三年信息类文本选项均立足文本，第1题考查对文本具体内容的理解，对标"多角度、多方面获得信息，有效地筛选信息，比较和分析其异同"的水平能力；第2题考查对观点态度的推断，依托对文本内容的理解，对标"能依据多个信息来源，对文本信息、观点的真实性、可靠性作出自己的判断"的水平能力；第3题均为文外信息对文内观点的验证，考查筛选信息、整合信息和迁移运用的综合运用能力，与前2题形成一定的难度梯度，以更好地服务于

拔尖创新型人才的培养与选拔。

3.主观题题干分析

【2023年新课标Ⅰ卷】

4.请简要说明文本中的西方媒体在报道时使用了哪些"竞争性真相"。

5.作者采用哪些方法证明关于藜麦的新闻报道结论有误？请根据文本概括。

【2022年新课标Ⅰ卷】

4."己所不欲，勿施于人"出自《论语》，现已成为国际社会公认的处理人际关系和国际关系的黄金准则。请结合材料一对这一现象加以分析。

5.如何推动中国古典诗论的"创造性转化、创新性发展"？请结合材料谈谈你的看法。

【2021年新课标Ⅰ卷】

4.请简要分析材料一和材料二的论证思路。

5.嵇康诗有"目送归鸿，手挥五弦"一句，顾恺之说画"手挥五弦易，目送归鸿难"。请结合材料，谈谈你对此的理解。

总体分析：近三年的信息类文本主观题主要的命制方向：归纳内容要点、分析文体特征、观点的迁移与运用。其中观点的迁移与运用在前2年均有考查，且都是用文内观点分析文外材料。于此，我们不难发现信息类文本主观题的命制与选择题均呈现一定的稳定态势。

二、细研命题异同，明确趋势变化

（一）规律特点

1.选文经典，关注时代广阔生活

近三年高考全国新课标Ⅰ卷信息类文本均出自各领域的大家之手，选文经典性与时代性并重，体现了对时代广阔生活的关注，对主流价值观的回应。如2023年信息类选文出自赫史托·麦克唐纳《后真相时代》，其作者赫克托·麦克唐纳是牛津大学生物科学学士，英士国际商学院工商管理硕士，全球知名商业咨询专家，在相关领域具有一定的话语权，保证其写作内容的信度与效度；而其书内容指向在信息爆炸的今天如何正确对待信息的问题，直面当下的时代之问，选题新鲜有针对性，具有鲜明的时代性和现实价值；另如2022年新高考Ⅰ卷信息类材料一出自习近平同志《加快构建中国特色哲学社会科学》材料二选自

郑敏《新诗百年探索与后新诗潮》，直指近年引发关注的文化领域中的新诗发展问题。

2.紧扣课标，落实素养考查

基于高中语文学科素养要求，《普通高中语文课程标准》将学业质量划分为4个维度，5个级别。4个维度分别链接学科素养中的"语言建构与运用""思维发展与提升""审美鉴赏与创造""文化传承与理解"四个方面。近三年全国新高考Ⅰ卷信息类文本阅读紧扣课标，基于"学习任务群12科学与文化论著研习"的要求，对标学习质量精准命题，落实语文学科素养的考查。如2023年第4题"请简要说明文本中的西方媒体在报道时使用了哪些'竞争性真相'"，此题对标水平质量第4级"在理解语言时，能准确、清楚地分析和阐明观点与材料之间的关系"，此题能够考查学生准确理解观点并筛选有效信息的能力；另如2022年第4题"'己所不欲，勿施于人'出自《论语》，现已成为国际社会公认的处理人际关系和国际关系的黄金准则。请结合材料一对这一现象加以分析"，此题对标水平质量第5层级"能从多篇文本或一组信息材料中发现新的关联，推断、整合出新的信息或解决问题的策略、程序和方法"，此题考查了学生对文本观点的理解能力及迁移运用能力，也体现了对语文学科素养的关注。

3.关联教材，引导日常教学

近三年信息类文本对文本教材的关注，体现了试题命制对"引导教学"这一核心功能的渗透，逐步实现"以考促教、以考促学"的目的。如2023年新课标Ⅰ卷信息类文本关联高中语文必修下第四单元"信息时代的语文生活"中的"辨析、评判媒介信息"等内容，同是也是对标课标中学习任务群11外国作家作品研习；2022年新高考Ⅰ卷信息类文本链接选择性必修中册第一单元研习任务"理论文章的阅读"、选择性必修下册第一单元的研习任务"今天，我们为什么读古诗词"；2021年新高考Ⅰ卷信息类文本关照必修上第五单元学术著作的阅读。

4.因文命题，助力"双减"落地

近三年的信息类文本命题建立在文本材料的具体内容之上，依托文本材料的态度观点和文本特征命题，可谓题由文生，因文命题，符合"改变相对固化的试题形式，增强试题开放性，减少死记硬背和机械刷题的现象"的要求，助力"双减"政策落地。2023年新课标Ⅰ卷的两道主观题，2022年新高考Ⅰ卷第5题，2021年新高考Ⅰ卷第4题均是由文本具体内容生发而来，属于因文命题的范畴，是机械刷题无法应对的。如2023年新课标Ⅰ卷的第5题，"作者采用哪些方法证明关于藜麦的新闻报道结论有误？请根据文本概括"，如果学生只是拘泥于题干中的"方法"，仅仅从"论证方法"的相关知识点去寻找答案，可能会陷入答题不全的泥淖，只有那些既有扎实的知识基础，又有清醒的文本意识的学生，才能窥见此题的完美解答路径。

5.立足文本，考查逻辑思维

近三年的信息类文本从文本选择到客观题主观题的命制均关注"激发学生崇尚科学、探索未知的兴趣，培养共探索性、创新性思维品质"。如2023年信息类文本摘自《后真相时代》，文章旨在传达科学正确辨别与处理信息时代庞杂信息的必要性，内容极具思辨性，第4题对文本中最核心且思辨性最强的概念"竞争性真相"设问，引导学生深入思考，准确把握"竞争性真相"的概念，进而从文中筛选有效信息，而后精准作答，充分体现了对逻辑思维的考查。

（二）变化

1.客观题命制重文本

2023年新高考Ⅰ卷信息类文本客观题命制与前两年相比更贴近文本，常规类别选项的消失和正误判断标志词的减少，体现了命题思维的开放与创新。客观题选项的设置由常见的"判断""因果""比较""目的"类选项转向到依据文本的具体内容设计选项。如在2022年新高考Ⅰ卷第1题的选项中，A选项有明显的标志词"是"，提示其可能会犯"以偏概全"或"过于绝对"的错误；C选项有明显的标志词"因为"，提示其可能会犯"因果倒置""强加因果"的错误；D选项也有明显的标志词"比"，提示其可能犯"过于绝对""于文无据"的错误。而在2023年新课标Ⅰ卷第1题的四个选项中，均没有明显的标志词。

2.主观题设问更清晰

2023年新高考Ⅰ卷信息类文本命题较之于前两年设问更清晰简洁，2023年信息类主观题字数为62字，明显少于去年的99字，字数的减少更为直接考查学生的基本能力和必备知识。如2023年新课标Ⅰ卷的第4题，请简要说明文本中的西方媒体在报道时使用了哪些"竞争性真相"，设问指向更清楚，直接对标考查学生读懂文本、审清题干的阅读能力和据文解题、扣题回答的表达能力。

而主观题设问简洁清晰的特点在2023年四省适应性考试中已有显现，如在适应性考试中第4题：东部季风区夏季气候的主要特点是什么？青藏高原在其气候的形成中起到了什么样的作用？第5题：好的科普文应该具备哪些要素？请结合文本材料进行分析。

三、明确规律趋势，寻求复习策略

根据近三年的信息类文本呈现的规律特征及变化，结合一线教学经验，为了更好地复习备考，在此提出以下几点教学建议。

（一）回归教材，重视群文阅读

教材是高考选文命题的依凭，信息类文本也多以多文本的形式呈现，日常教学中应依托《课程标准》，回归教材，重视对单元教学与单元学习任务的完成，关注群文阅读，建构与新高考的联系，可助力学生消除高考试题陌生感，提升常规教学的"获得感"。

（二）立足文本，培养精读能力

信息类文本文体多样，内涵丰富，命题方向极为多元，但无论考查方式如何变化，近几年都呈现"因文命题"的风格，读懂文本成为解题得分的基本路径，此时，培养学生的精读能力显得至关重要。而对于信息类文本而言，精读能力的培养主要体现在日常教学中对引导学生梳理复杂的句子内部之间、句子之间、段落之间、文本之间的关系和表述重点，进而厘清文章脉络的关注，如此，才能真正读懂文本，准确理解观点进而完成有效作答。此读文能力有赖于日常教学的积累和培养。

（三）熟悉题型，搭建知识网络

近三年信息类文本命题在保持稳定的基础上呈现开放性的特征，但是解题思路呈现一定的规律性，因此我们需要熟悉各类题型，构建信息类阅读的知识框架和认知体系。在日常的教学中积累相似或相异的题型，引导学生进行分类，进而辨析其中的异同，发现其中的命题规律和答题规律，助力学生构建各类题型的答题支架，并从理解、运用、思维与审美等维度不断提升学生的语文核心素养。

（四）关注情境，提高审题能力

"情境是真实的问题背景，是以问题或任务为中心构成的活动场域"，是试题的考查载体，关注情境，才能真正读懂命题者的初衷。在日常教学中，要积极引导学生关注个人体验、社会生活、学科认知等不同的情境类型，归纳命题时其出现的意义和作用，深入思考其对解题呈现的"路标式"指向价值，进而提高审题能力，提高答题的准确率。

（五）转换视角，尝试自主命题

在日常教学过程中，学生自主命题，可以让学生摆脱较为固化的解题思路，以命题者的眼光审读文本，从命题考查方向出发，融汇知识考点，发现文本的深层内涵。同时，也可以让学生在练习中形成对知识的整体把握，领会命题意图，明确答题方向和思路，培养学生发现问题的能力和创新实践能力。

参考文献：

[1]中华人民共和国教育部.普通高中语文课程标准（2017年版）[S].北京：人民教育出版社，2017.

[2]中共中央、国务院印发《深化新时代教育评价改革总体方案》[EB/OL].

[3]习近平主持中央政治局第五次集体学习并发表重要讲话[EB/OL].

[4]教育部考试中心制定.中国高考评价体系[M].北京：人民教育出版社，2019.

张娟，广东省佛山市顺德区德胜学校教师。

以学科大概念切入《乡土中国》阅读教学的策略研究

◎蔡 怡

2023年6月23日，北大语文教育研究所针对整本书阅读何去何从的问题展开了具有划时代意义的学术研讨会。温儒敏先生正式提出，整本书阅读不要过分课程化。那么，《乡土中国》阅读教学应该以怎样的姿态出现在中学语文教育当中？笔者认为，大概念教学就可以作为一个可实际操作的切口，成为《乡土中国》阅读教学的新思路。为此，笔者将以语文学科大概念切入《乡土中国》阅读教学的一些思考呈现于此，供同仁参考。

一、立足学科高位，提炼单元概念

1.厘清概念关键，对准争鸣焦点

在高中语文教学的历史上，"学科大概念"一词出现在《普通高中语文课程标准（2017年版2020年修订）》的前言。根据课标内容，要语文教育者"重视以学科大概念为核心，使课程内容结构化，以主题为引领，使课程内容情境化，促进学科核心素养的落实"[1]，课标正文中并未对学科大概念展开具体论述。但是在中语界，学科大概念落地语文一线教学还是引发了不少的讨论。目前，就有以孙绍振教授为代表的福建师范大学闽台区域研究中心（简称闽派），和以李卫东为代表的北京市朝阳区教育科学研究院（简称京派）两派对这一问题存在争论。孙教授自2022年至今连发六篇论文驳斥大概念论者，认为教学应从文本出发，以布鲁姆教育分类学为理论基础的大概念切入教学会背离文本解读的独特性。[2]然而，尝试以大概念切入语文教学的一线教师只增不减。其实，"学科大概念"一词看似新奇，实则是建构主义中体西用的产物，更是中式教育不断谋求发展的结果。实践证明，以大概念切入高中语文教学具有一定的可操作性。

2.依托课程标准，解读教材表征

首先，提炼学科概念必须从课标、教材出发。本单元学习附属于课标14个学习任务群中的第一个整本书阅读学习任务群。对于这一任务群的学习目标与学习内容，课标有几点说明。其中，第一点说明就已经揭示了课标中心对于学习者的基本要求："探索阅读整本书的门径""重视学习前人的阅读经验""运用精读、略读与浏览的方法"。[3]对于学术著作，侧重于"把握书中的重要观点和作品的价值取向"，"探究本书的语言特点和论述逻辑。"[4]因此，在教授此单元，执教者更多应该关注宏观层面的阅读方法、思维逻辑，而非按部就班地拘泥于一字一句。同时，执教者在研读课标时，既要抓住课标表征的动词，也要抓住表征所指的宾语。前者指向方式方法，后者指向目标。此外，执教者备课时还要重点关注教材的单元导语、单元学习任务。结合教材的单元导语和学习任务，可知，教材编者期望学习者通过此单元，积累整本书阅读经验，尤其是针对学术著作的阅读经验。整本书阅读是媒介，教学的最终目的实则需要指向学习者对于中国乡土社会的情感认识。

如果说教学单元可以分为知识单元和过程单元。显然，《乡土中国》整本书阅读这一单元更适合被当作过程单元处理。因为作为一本上个世纪四十年代的中国农村研究著作,书中的大多数知识已经过时,显然不符合中国农村的发展现状。但是此书之所以仍能进入教材,更重要的原因是费孝通在其中书写的思想高位。那么,抵达学科高位的支架,实则就是单元导语当中提及的"理解关键概念、把握逻辑思路、选择阅读方法"[5]。这里所指的关键概念,应该能够至少贯穿2个章节以上的内容,才值得成为课堂思维碰撞的焦点。

二、确定教学目标,找准本质问题

结合实际教学经验,笔者将教学目标分为宏观和微观两个层面。根据上文提及的课程标准、单元导语,可要求学习者了解中国乡土社会的特点和变迁,这是本单元的宏观教学目标。概括乡土社会的权力结构模型,分析权力结构变化的原因。这是本单元的微观教学目标。教学目标需要呈现课堂聚焦的核心词汇和本质问题。

1.区别核心词汇和本质问题

核心词汇不等于本质问题。核心词汇呈现在教学目标当中,本质问题可能并不在教学目标中呈现,但是能够通过解决本质问题进而达到教学目标。比如,"权力"一词在把书中反复出现多次。具体又分为时势权力、长老权力、同意权力、横暴权力,这四种权力分别贯穿整本书至少三个章节。理解难度大、文本内容多。四种出现在不同时期的权力彼此制衡。因此,"权力"一词本身就具有极高的阐释价值,值得作为核心词汇。围绕核心词汇衍生的相关词汇,比如书中已有的"时势权力""长老权力",也可以是执教者自己提炼的词汇,比如"权力结构"。而所谓的本质问题是能够在学习者解决的过程中激发其他问题,是具有可生成性的逻辑问题。一个本质问题能够为下一个问题搭建联系的支架。

2.借助本质问题,把握学科概念

若以"传统社会过渡到现代社会的过程中权力结构的变化和原因"作为单元大概念,为

了学习者顺藤摸瓜,执教者还需要进一步肢解大概念,找到能够解决大概念的本质问题。围绕大概念展开的本质问题才具有课堂讨论的价值。比如,在中国传统社会,什么权力占据主导地位?在现代社会当中,这种权力结构发生了什么变化?为什么会发生这样的变化?作为当代青年,你如何应对这样的局势?这几个问题围绕核心词汇以及衍生词汇展开,环环相扣,既关联生活常识,又实实在在地要求学习者贴近文本寻找真相。针对不同的本质问题,学习者运用的思维也有差异。看似不同的问题如果调用的是同一种思维模式,难免会使思考固化,和大概念教学的目标南辕北辙,因为"大概念的生成是具体与抽象协同思维的结果"[6]。若要学习者解决这些本质问题,执教者还要提供相对应的阅读章节,让学习者有据可查,不至于盲人摸象,大海捞针。

第五单元《乡土中国》整本书阅读的大概念与本质问题

大概念	本质问题	运用思维
《乡土中国》传统社会过渡到现代社会中"权力结构"的变化和原因。	1.在中国传统社会,什么权力占据主导地位?	具体(现象)
	2.从传统社会到现代社会,权力结构有何变化?	具体+抽象(分析原因)
	3.为什么会发生这样的变化?如何应对这种变化?	抽象+具体(应对策略)

三、科学筛选材料,培养建模意识

1.精读粗读结合,提高阅读效率

优秀的执教者应该具备信息筛选、整合的能力。面对有年代感的学术著作,学生很容易看得云里雾里。在大概念教学中,阅读和理解的行为需要在课堂真实发生,需要执教者做好充足的功课。否则,学习者没有问题意识从头读到尾,得到的大部分知识都是走出课堂便会遗忘的惰性知识。大部分的惰性知识都与生活实际脱节。尽管经典作品确确实实具备连接社会过去、现在与未来的基础条件。但是这本学术著作究竟有哪些内容是值得学生阅读、了解、思考、探讨和交流,教材当中并未说明。这就要求执教者对《乡土中国》

的内容进行筛选、整合和归纳,帮助学生按图索骥,提高阅读效率。

通过文档检索的方式,可以看到全书共有140处谈到了权力,因学生阅读时间和课堂时间有限,执教者需要提前阅读、筛选能够帮助解决教学目标的相关章节。《乡土中国》后半部分的《长老统治》《从欲望到需要》《名实的分离》三章相较于前半部分的章节更关切到权力结构的问题。既然明确了读什么,接下来是怎么读的问题。统编版教材提示阅读此时要注意精读和略读相结合。但是精读什么内容略读什么内容却未明确,因此,执教者要根据具体学情和教学目标进行选择。根据实际教学,精读、略读安排如下:

阅读章节	阅读方法	针对教学目标
《乡土本色》《论文字下乡》《再论文字下乡》	略读	了解乡土社会的特点
《名实的分离》《长老权力》	精读	概括乡土社会的权力结构模型
《从欲望到需要》	精读	分析权力结构变化的原因

2.利用数学思维,实现图文转化

在精选的三章当中,《名实的分离》有一段对于四种权力的基本概述。"一是在社会冲突中所发生的横暴权力;二是从社会合作中所发生的同意权力;三是从社会继替中所发生的长老权力。"[7]第四种权力是后文提及的时势权力。与前三种权力有明显区别。作者连用三个"不是",从反面表述了时势权力的特点:"不是建立在剥削关系之上的、不是由社会所授权的、不是根据传统的。"[8]针对这两段的内容,进行精读和思考,才能够切中权力的核心。同时,本章又对社会继替和社会变迁的内涵进行了解释说明。"社会继替是指人物在固定的社会结构中的流动",[9]与社会继替相对的社会过程则是社会变迁,指的是社会结构本身的变动。

运用数学学科当中的函数图像可以把长老权力、时势权力、社会变迁、社会继替这四个概念放在同一个维度上来理解:社会变迁和社会继替是同时存在的两种社会过程,分别用函数图像的 x 和 y 轴表示。当社会变迁速度趋近于零,则社会继替是社会的主要过程形态,说明社会环境较为安定,时势权力弱化。反之,社会变迁速率越高,说明社会较为动荡,长老权力受到冲击,在不同的年代有相应的史实可以作为论据加以印证。学习者需要在已有的建模经验的基础上对原有模型进行变式和迁移。对于同意权力和横暴权力的模型,类推即可。学习者在不断尝试建模的过程,就是理解核心词和衍生词关系的过程。若能构建多元的思维模型,提升思维能力就不再是纸上谈兵的事情。建模思维的培养并非一日之功,这里所指也仅仅是抛砖引玉而已。

四、重视情境升级,沉淀核心素养

1.直面学科困境,舍弃老套教法

大概念教学的提出本就是为了解决单一化应试教学带来的学科困境。学者刘徽认为,最好的一种教学,是要使学习者习惯于寻找学校教材和现实生活这两方面的接触点和相互关系。[10]大概念教学更是如此。一线教学是最贴近学习者的教学活动。最理想的教育应该指向学习者未来的生活情境。兼顾学习者理想和生活的教学设计更有意义。

笔者执教班级的学生大多生活在城市,他们对农村生活知之甚少。加之如今短视频的流行,学生对乡土中国的理解不免有失片面。他们的生活经验,并不许可他们在课本试题之外,知道中国乡土社会的完整样态。如若执教者仅仅聚焦于"权力的结构"是什么,又或者把熟记权力结构的内涵作为教学的终点,比如,权力是什么?对于这个问题的解释难度并不大,探讨的空间很窄。那么,权力结构的样态是什么?这个问题显然更加宽泛一些。第二,追根溯源,刨根问底,追问为什么会发生这样的改变?能够给予读者怎样的启示?执教者要为学习者提供具有可能性的材料,比如从工业时代过渡到当前的信息时代,权力结构的改变也提醒学习者要有意识地提升个人素质应对未来挑战。尽管如此,在实际教学中,要求执教者舍弃原有按部就班的教法,并非易事。那么,如何对老一套教法来一次釜底抽薪,就是需要时间去检验的事情。

2.联系所学文本,设计情境任务

未来之事无法预估,但能掌握已知,以不变应万变。"了解中国基层社会的结构特点,不仅让我们反思自己的生活方式、行为模式,也可以让我们把乡土中国的文化传统、社会结构作为例论基础,提高我们对其他中国文学文化作品的理解"。[11]以"传统社会过渡到现代社会中权力结构的变化和原因"作为本系列课程的大概念,需要借助一定的情境任务。

虽然情境教学和大概念教学在中语界探讨的时间长短不一,但是执教者可以灵活运用两种方法处理教学问题。在情境任务设计中,最好安排学习者本就熟知的内容。通过综合学情分析和教材分析,以学生熟知的《哦,香雪》为背景文本,设计这样的情境任务:

情境任务一:

在传统乡土社会中,台儿沟若要选举一名村长,请根据材料内容,说说当选者应该符合哪些条件?并阐述理由。

参考:生于斯、熟知村子情况、有丰富的生活经验……

情境任务二:

进入新时代,台儿沟面临新的发展,要选举一名新村长。香雪有何优势?请为香雪补充评选条件。

香雪,年近50,本科学历。熟悉村子的历史和现状。现任台儿沟小学校长……

以上这种半开放式的情境设计为学习者提供思考的空间。其中,情境任务二是对任务一的任务升级。情境任务一对应本质问题(1),情境任务二对应本质问题(2)(3)。两个学习任务贯穿本次大概念教学。通过学习者对两个问题的回答,教师能够了解学习者的阅读效果。为了完成学习任务,学生需要根据题目所给信息,从香雪的年龄、身份合理推测、补充评选条件。在大概念教学中,执教者"要在情境中不断给学生提供统合知识与技能来解决问题的机会"。[12]学习者借助问题支架,在解决接近真实情境问题的过程中,激活、调动已有知识,从而获得真正意义上的学科素养。香雪作为台儿沟的一份子,当她能够有机会当上村长之后,这份工作对她来说就不仅仅是一份职业,而是被当作神圣的伟业去完成。这样的学习任务不仅有思维训练的价值,更有育人的功用。

总之,在以学科大概念切入《乡土中国》阅读教学时,要注意理解作者提到的核心概念,构建文本和现实的联系,找到经典作品在新时代的新价值。对于教师而言,教师需要找准一个概念锚点,撬动起一个单元。对于学生而言,通过逐步理解大概念沉淀、迁移、运用解决问题的素养。一言以蔽之,这一教学模式的提出是希望学生在教师的引导下将来能够自主解决现实问题。教学研究和改革都应该与这一初衷并行不悖才好。

参考文献:

[1][3][4]中华人民共和国教育部.普通高中语文课程标准(2017年版2020年修订)[S].北京:人民教育出版社,2020:4-8.

[2]孙绍振.四论"大单元/大概念":理论方法和战略前途[J].语文建设,2023(09):69-73.

[5]教育部组织编写.普通高中教科书 语文必修上册[M].北京:人民教育出版社,2022.07:79.

[7][8][9]费孝通.乡土中国 生育制度 乡土重建[M].北京:商务印书馆,2011.12:79-80.

[6][10][12]刘徽.大概念教学 素养导向的单元整体设计[M].北京:教育科学出版社,2022.03:88-270.

[11]温儒敏.统编高中语文教科书 教学设计与指导[M].上海:华东师范大学出版社,2020.09:191.

蔡怡,海南省海南中学教师。

基于任务驱动的"活动·探究"实用文教学实践研究

——以统编版语文八年级下册第四单元教学为例

◎冯淑君

统编语文教材八年级下册围绕演讲设置了"活动·探究"单元，共有"学习演讲词""撰写演讲稿"和"举办演讲比赛"三项任务。旨在让学生通过多种方式学习演讲的技巧，进行演讲实践，举办演讲比赛，在"演讲—聆听—评议"的综合活动中提高学生在公开场合的表达能力。基于演讲实践性强、适合开展活动的特点，教师可以运用任务驱动的阅读方式，在营造的真实情境下与单元统整的基础上，指导学生运用学习支架开展语文阅读学习活动，完成阅读任务，掌握演讲知识与技能，提升学生语文核心素养与达成关键能力。

义务教育统编初中教材，在综合学习活动基础上，八年级下册第四单元设置了演讲主题活动探究。其设计理念旨在引导学生"通过综合、开放、自主的语文实践活动，习得语文关键能力，获得语文学习成果，建构语文学习经验，形成语文核心素养和人文价值观念"[1]。"活动·探究"单元需要以活动任务为驱动，围绕语文核心素养培育这一核心课程理念，活动立足课标和教材，设计驱动任务，引导学生主动学习、合作学习和探究学习。

一、当前演讲活动探究课存在的问题

（一）文本阅读静态化

活动探究单元是以任务为轴心，以阅读为抓手，读写结合，由课内到课外的综合实践系统。在教学中，有的教师把单元中的任务型阅读等同于一般单元的课文教读，忽略了语文实践活动。如在演讲单元的学习中，没有让学习演讲的"演"，或是教师缺少教材研究，未能从整体上理解单元的组织形式。因此，在教学中以让学生静态化学习形式学习课文。

（二）缺乏真实任务情境

很多课教师活动设计指向语文学科概念性知识，如演讲词的特点、撰写技巧、演讲特点等等，但忽略了凸显利用学科核心知识建构真实任务情境。因此，学生在学习过程中缺乏兴趣和学习动力。学生像被动接受信息的接收器，而老师则化身为全能信息的输出者。教师对学生主体性、听说能力与探索精神培养关注过少，不能实现知识整合。

（三）忽略学习支架

学习支架注重对学生潜在能力的挖掘。在教学环节中，教师应为学生搭建合理有效的学习支架，促进学生的深度学习。然而，在实际教学中，部分教师只管任务发布，学生过于自主化，缺少教师的引导；或者过分关注活动结果，较少关注过程评价、全面评价的指导量表。致使学生任务盲目化，在完成任务的过程中得不到有效的指导，达不到预想的效果。

为克服当前语文学科活动探究教学中普遍存在的主要问题，走出困境，笔者引入任务驱动学习思想与方式，尝试解决问题。基于任务驱动的初中语文"活动·探究"实用文单元教学，其基本思路是根据学生发展的需求，创设真实学习情境，设置驱动阅读任务，引导学生广泛和深度地

参与阅读活动探究任务活动。

二、任务驱动学习的理据

（一）语文新课标

《义务教育语文课程标准（2022年版）》中指出"义务教育语文课程实施从学生语文生活实际出发，创设丰富多样的学习情境，设计富有挑战性的学习任务。""语文核心素养是学生积极的语文实践活动、构建并在真实语境运用情境中表现出来的。"围绕语文核心素养培育这一核心课程理念，活动立足课标和教材，设计驱动任务，引导学生主动学习、合作学习和探究学习。教师在活动中重在引导，关注活动组织与过程评价等方面，推动学生真实任务情境中的语文项目化学习，促进学生主动学习。任务驱动式阅读基于情境任务的落实，以"做中学"的方式落实了语文学科核心素养和能力。

（二）建构主义

建构主义认为知识是学习者在一定的情境下，借助他人的帮助与学习支架，获得知识的建构。建构主义强调教师在教学过程中是帮助者和推动者、是教学内容意义建构的指导者；改变传统教师重教材的想法，转变教学方式，把学生作为主动建构意义的对象；改变语文教学以教师为中心，转向以学生为主体。任务驱动式阅读课堂融合语文课程目标与语文学科核心素养的任务，在创设真实的情境和真实的任务中，借助支架，引导学生在运用语言的过程中，提升学生的语文素养和关键能力。

三、基于任务驱动的初中语文"活动·探究"实用文单元教学策略

（一）单元统整

单元统整是将单元视为一个有机整体，对单元语文要素、人文要素进行梳理与整合。在梳理和整合基础上，构建学用结合的语文系统知识。统编版"活动·探究"单元在任务设计上呈现出很好的结构化特质，以任务群形式来呈现教学内容。在教材编排方式上，"活动·探究"助读系统呈现了文体知识的介绍、阅读提示、文体思考等等。如果将单元视作一堆零碎的知识点或零散的篇章组合，那么任务群之间将失去系统性、结构化，学生所获取的语文知识也将会是一地鸡毛。因此，必须打破传统单篇教学的范式，立足宏观视角，对单元内各部分、各要素进行梳理与整合，进而搭建语文知识的系统框架，推动学生自主学习。

八下第四单元主体是演讲，任务群有三个任务：学习演讲词、撰写演讲稿、举办演讲比赛。在三个任务中，阅读是基础，写作是关键，演讲是实践。学生学习活动由读到写再到演讲，呈现由简单到复杂的趋势。因此，教师首先要准确、深入、细致地把握教材的特点，基于演讲实践性强、适合开展活动的特点，构建以演讲活动任务为核心，通过整合演讲阅读、写作、口语表达等活动，形成一个带有活动性、综合性、复杂性和交际性的综合活动学习体系。

如任务一"学习演讲词"，根据本单元的阅读提示，在任务一中有两个目标即学习课文本身和学习演讲词的一般特点。教师可以根据教学目标，立足单元整体，采取群文阅读的方式，构建有关演讲的系统知识。如下表。

演讲者	演讲观点	演讲对象	时空环境	总结演讲词的特点
《最后一次演讲》				
《应有格物致精神》				
《我这一生最重要的抉择》				
《庆祝奥林匹克运动复兴25周年》				
《寒门贵子》				
《国强则少年强》				

统整之意，还包括对课外资源的整合，因此，教师可以引入多媒体学习资源。演讲实践性很强，演讲内容、原则、技巧，仅靠阅读文本难以掌握，教师可以提供优秀演讲者的视频，如刘媛媛的《寒门贵子》、许吉茹的《国强则少年强》等，让学生直观地了解这些重要的学习内容，同时作为重要的自主学习的资源。教师对文本和问题把握

得越到位，就越能提高教学的效率。

（二）任务驱动

《义务教育语文课程标准（2022年版）》，提出要"以学生以生活为基础，以语文实践活动为主线，以学习主题为引领，以学习任务为载体，整合学习内容、情境、方法和资源等要素，设计语文学习任务群"的课程理念。学习任务群是以任务为核心要素，驱动学生进行有效学习的教学模式。在驱动任务下，教师打破传统的讲授法进行知识的传授，在教学目标、学生学情等因素的共同指导下，构建核心驱动任务，引导学生将学习内容精心转化成一个有序的学习任务群，教师在学生完成任务的过程中及时向其提供指导与帮助，最终学生完成任务，实现既定的教学目标。

1.确定焦点问题，创建真实任务情境

活动探究单元旨在让学生在综合、多维、连续的语文活动中建构语文知识。义务教育课程标准指出"要从学生语文生活实际出发，创设丰富多样的学习情境"。任务情境是新课标的亮点，让学生在真实的语文实践活动中获得真实的语文体验，在活动中构建语文知识，提升生活所需要的语文素养。

第四单元中，学习演讲词、撰写演讲稿、举办演讲比赛三个任务由相对单纯到趋于复杂的特点。三个任务之间呈现彼此关联螺旋上升的关系。学习演讲词，理解演讲者观点，感受演讲风格，从而把握演讲词的主要特征；在把握演讲词的过程中了解写作演讲稿的常见技法，运用阅读所得，学习撰写演讲稿。最后通过多种方式学习演讲的技巧，进行演讲实践，举办演讲比赛，在"演讲——聆听——评议"的综合活动中提高学生在公开场合的表达能力。

因此，本单元的焦点问题是"举办演讲"，围绕这个问题，根据学生的生活实际创设真实的任务情境。如汹涌疫情下的上海，各种各样的谣言层出不穷，混淆视听。这些谣言充斥在电脑、手机的自媒体上，以假乱真，匪夷所思的

传闻误导了舆论导向，影响社会公共秩序和风气。在这样的背景下，我们每个人都需要有独立思考的能力和理智的判断。八年级学生正值青春叛逆期，也正是人生观、价值观形成的关键期。疫情下的谣言无形中影响着每一个学生的价值判断。他们对于谣言的辨别能力，对谣言的危害，还停留在浅层次上面。因此不信谣、不传谣，传播正能量，是学生人生观、价值观培养的关键。结合两者，我们可以以"疫情"为活动背景，开展"战疫"主题演说活动。如"抵制谣言，传播正能量"。

核心驱动任务深浅的程度，会直接影响学习的效果。因此，驱动任务的设置要能促进学生在语文方面的深度学习和高阶思维。

2.厘清问题层次，构建有效任务链

"语文学科核心素养是学生在积极的语言实践活动中积累与构建起来的"，学习任务群的设置，其内部应逻辑严密，建构实用性阅读与交流的系统能力。

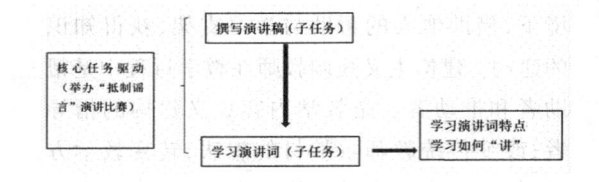

```
                    ┌─── 撰写演讲稿（子任务）
核心任务驱动         │
（举办"抵制谣     ──┤
言"演讲比赛）        │
                    └─── 学习演讲词（子任务）──→ 学习演讲词特点
                                                  学习如何"讲"
```

驱动学习任务的设计，在内容、方式上也应该呈现序列化和结构化，使学生对知识的活用也能层层递进、环环相扣，能力随之拓展、升华。学习演讲词、撰写演讲稿、举办演讲比赛三个任务中，阅读是基础，写作是关键，演讲是实践。具体到每个环节，都要设计相应的任务链。如：撰写演讲稿任务链。

"抵制谣言"主题演讲稿（主任务）——子任务
    如何贴近生活，有针对性
    如何让内容言之有物
    什么样的结构，让演讲词思路清晰
    语言风格如何选择

（三）支架助力

任务驱动下学生的学习是一个主动学习的

持续探究过程，它指向学生的深度学习。因此在学习过程中对学生的思维能力和学习能力提出了比较高的要求。教师作为指导者的角色，重在引导和支持活动，关注活动组织与过程评价等方面，在学习关键处进行点拨。

1.思维导图

思维导图的关联性和引导性，有助于理解单元的整体。学生阅读的过程是构建思维的过程。在单篇教学过程，学生学到知识呈现碎片化的特点，并且对阅读文本的理解和认识，主要是在教师的引导下完成的，呈现的是一种单向的传导接受关系。驱动任务下阅读形式是探究阅读，通过思维导图，图文并重的方式，把各级内容的关系用相互关联和相互隶属的图式表现出来，这种可视化的图像，有助于学生构建整体化的阅读图式，从而提高阅读的有效性和针对性。第四单元任务一学习演讲词，有四篇例文。在驱动任务的推动下，采用群文阅读方式学习。因此可以使用思维导图形式让学生学习。如：

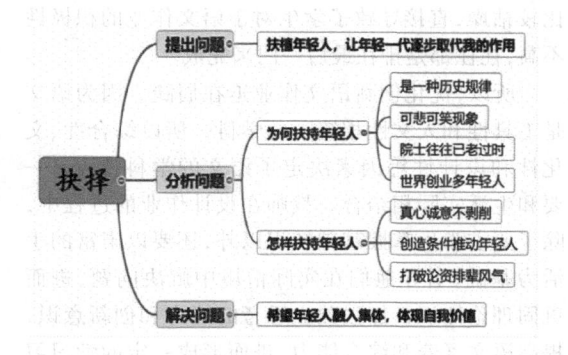

抉择
- 提出问题——扶植年轻人，让年轻一代逐步取代我的作用
- 为何扶持年轻人
  - 是一种历史规律
  - 可悲可笑现象
  - 院士往往已老过时
  - 世界创业多年轻人
- 分析问题
  - 真心诚意不剽窃
- 怎样扶持年轻人
  - 创造条件推动年轻人
  - 打破论资排辈风气
- 解决问题——希望年轻人融入集体，体现自我价值

也可以通过比一比的形式，如四篇演讲词分别是针对谁写的？演讲者的观点是什么？演讲者是如何展开论述的？还可以通过对比去把握这四篇演讲词的语言风格：《最后一次讲演》的慷慨激昂，《应有格物致知精神》的准确严谨，《我一生中的重要抉择》的风趣幽默，《庆祝奥林匹克运动复兴25周年》的庄重典雅。而这四种风格恰恰涵盖了常见演讲词的主要风格。

2.评价支架

演讲比赛是一个实践性很强的综合活动。它不仅检验学生前两个任务的学习，还有举办比赛的要求。演讲结束后，教师应给予恰当的点评，对演讲稿和演讲表现进行总结，提高学生对本单元学习的认识。评价量表的使用可以让学生学习目标更集中，学生能在较短的时间内迅速进入反思状态，可有效提高课堂效率。

驱动任务下，教师可以在课堂上采取教师引导、师生共同建构的方式制订评价量表。引导学生在思考和体验中逐步从感性上升到理性。学生在参与制作量表过程中回顾本单元的知识，便于对照修改评价向度发现演讲存在的问题。

任务驱动式阅读，从终点任务出发，创设真实学习活动情境，聚焦学生积极参与言语实践活动的行为。在任务驱动式阅读实践中，阅读者的言语实践与教学内容、教学目标相融合，让语文活动探究真正成为集综合性与实践性于一体的活动。

参考文献：

[1]褚树荣.素养需要实践：语文项目化学习刍议[J].中学语文教学,2021(04).

[2]黄亨容,王文静.真实任务情境中语文活动课项目化学习探究——以统编版八年级语文上册第三单元写作教学为例[J].福建教育学院学报,2022(04):33-37.

[3]赵宪宇,朱茂林.关于语文活动课存在问题的思考[J].中学语文教学,2016(08):4-8.

[4]郑国民.以文化人,建设素养型语文课程标准——《义务教育语文课程标准（2022年版）》解读[J].基础教育课程,2022(09):30-36.

冯淑君，上海市实验学校附属东滩学校教师。

一方天地 一米阳光
——初中语文综合实践性作业的探究

◎姜黎青

在"双减"的背景下,全国各地教育行政部门纷纷出台了一系列有关的政策和措施。作为初中语文教师,我们应该积极响应并落实到教学工作中,尤其是作业的设计和布置,要从量的堆砌转变为对质的要求,尤其是综合实践性的作业,更要从观点、分析、设计到评价形成进一步的思考。教师要针对这一现实情况和初中生身心发展规律,利用各级资源,统筹语文与生活教育、爱国教育和专题教育等课程学习,设计能让学生感受到温暖的综合实践性作业。

一、探究初中语文综合实践性作业的背景

新课改后,众多语文教育工作者针对作业设计进行了积极的调整,引导着初中语文作业的设计朝着新课改要求的方向发展,努力实现在控制作业量的同时达到提升作业质的目标[1]。

2021年7月24日,中共中央办公厅、国务院办公厅共同印发了《关于进一步减轻义务教育阶段学生作业负担和校外培训负担的意见》。"双减"即减轻义务教育阶段学生过重作业负担和校外培训负担。同时,随着信息科学技术的飞速发展,传统的教学方式已经不能满足当今教学的需求,要求教育所培养的人才不再是单一性的,而是复合型、多元型的高素质人才。在双重要求的背景下,教育教学的负担要减小,但质量要提高,也就是"减量""减负"不能"减质"。因此,在大力发展素质教育工作和"双减"政策的背景下,初中语文教师应精心设计学生的课后作业,优化创新作业内容和形式,提高学生学习效率[2]。

尤其是寒暑假,教师较难监督学生的学习,这对学生提出了更高的自制要求。网络上有不少关于开学前深夜催作业的表情包和段子,既逗人发笑,又引人深思:学生拖拉作业的原因是不想做,还是不会做呢?要知道,作业是课堂教学的有益补充,是学生对所学知识进行消化、巩固、运用的一种学习过程。所以,对于初中语文教师来说,在教学活动中要更加注重作业的设计和布置,不断思考在减轻学生学习负担的同时提升语文教学的有效性。我们要运用新的教育教学理念,融合技术优势,融入语文学科核心素养的内容,设计让学生"感兴趣"并"愿意做"的作业,以期达到既能"减负"又能"增效"的目的。

二、探究初中语文综合实践性作业的意义

调查发现,不少学生反映语文作业形式比较单一,主要围绕着以下方面展开:"抄"(抄写生字词)、"答"(解答课堂遗留问题)、"背"(背诵要求的段落或课文)、"做"(完成相关的习题)……这样的内容比较枯燥,直接导致了学生对于语文作业的积极性不高,往往都是排在最后一门来完成。

所以,优化创新语文作业迫在眉睫。因为语文是工具性和人文性相统一的学科,所以综合性、文化性和设计性等因素决定了语文的学科特点——要和生活实际相结合。教师在设计作业的过程中,除了要求学生掌握基础知识以外,还要以丰富的生活为基础,引导他们在实际情境中解决问题,进而巩固理论知识,加强独立思考的能力和创新意识,提高语文素养和综合能力,进而形成一定的学习习惯。因此,教师在设计作业时单纯减少作业量是远远不够的,应针对学生和学科的实际情况进行优化和创新,保障语文作业设计的科学性和合理性,实现语文作业有效巩固课堂所学知识的同时促进学生全方位发展的教育目标[3]。

语文综合实践性作业就是让学生把学习和生活实际、社会实践联系起来,用学到的知识去观察实践,进而解决生活中的实际问题,在实践中学习语言文字运用,以提高语文能力为目标的一种作业形式。语文综合实践性作业可以把学生从机械单调

的抄默中解脱出来，解放他们的天性，激发他们的潜能。这是对当前语文课外作业的优化与补充，更加注重学生能力上的提升。所以，探究初中语文综合实践性作业具有很强的实际意义，不仅满足了新课程教育教学改革的要求，还能进一步落实学生的素质教育工作，达到减负增效的最终目的。根据真实的生活任务进行语文课外作业设计，不仅能突出个性化，还能突出社会化，使得学生不会只是禁锢在小小的"一方天地"，而是能够拓宽自己的视野，更加多元开放地融入社会。

三、探究初中语文综合实践性作业的原则

要解决当前学生语文作业量过多、质量不高和兴趣缺失等问题，切实减轻学生作业的负担，教师作为语文作业的设计者和评价者，在综合实践性作业的优化设计和优量布置上要做进一步的思考。

（一）主体性原则

综合实践性作业作为语文作业的一个有机组成部分，必须尊重学生学习主体性的原则，这是所有作业设计的前提。因为学生是一切教学活动的主体，而作业的目的就是为了帮助学生完成学习任务而布置的活动。所以，综合实践性作业的设计要有主体性原则。

（二）分层化原则

综合实践性作业不能采用"一刀切"的布置方式。因为受自身智力、学习兴趣、情感意志和家庭环境等因素的影响，学生的接受程度和学习能力存在着很大的差异性。分层布置可以在作业量和难度等方面呈现多层次的特点，更有利于促进学生的整体发展。在作业的完成方式上，教师要鼓励学生以同伴合作的形式，通过多感官参与、体验，切实提高语言实际应用能力。所以，综合实践性作业的设计要有分层化原则。

（三）趣味性原则

综合实践性作业随着新教育理念的深入而快速发展，不再局限于传统的文学鉴赏、课外阅读以及应用写作等内容。语文教师要用多样化、趣味性的手段创新教育教学形式，使学生以更积极的态度融入语文课程学习中去，提高语文的核心素养。所以，综合实践性作业的设计要有趣味性原则。

（四）优量化原则

综合实践性作业既不是独立于基础性作业以外的项目，也不是简单的重复叠加，更不能成为学生新的作业负担，应该是贯穿在整个语文学习的过程中，始终保持一致的有机整体。若综合实践性作业数量过多，就会占用学生课余时间，导致其学习的低效性。所以，综合实践性作业的布置要有优量化原则。

四、探究初中语文综合实践性作业的策略

在目前的初中语文教材中，已经有了很多综合实践性的教学内容，教师可以围绕这些内容做好作业设计。以义务教育教科书（五·四学制）《语文》八年级下册第四单元"演讲"为例，笔者对于初中语文综合实践性作业的策略进行了以下探究：

（一）转变作业观念，激发学生兴趣

很多教师认为，作业是学生巩固所学知识的工具。这样的观念是狭窄片面的，会直接影响学生的发展。所以，减轻学生作业负担的基本前提是教师要树立正确的作业观——作业作为课堂教学活动的必要补充，其根本目的在于促进学生全面发展。

初中阶段语文作业的内容和类型其实应该是丰富多样的，如"抄一抄、写一写"的书面作业，"读一读、说一说"的口头作业；"记一记、背一背"的积累性作业，"画一画、演一演"的活动性作业；有分课时、单元和学期的本学科作业，还有跨学科的作业；有独立完成的作业，也有小组合作型的作业……我们可以充分挖掘和分析初中语文学科特点，从"工具"到"发展"，把实践性作业和基础性作业有机整合在一起，激发学生的学习兴趣。

创设学习情境，教师应利用无时不有、无处不在的语文学习资源与实践机会[4]。笔者发现，优化常规的朗读方法，以情境演讲的形式设计本单元的预习作业，不仅很好地解决了生字词的读音，还更加贴近演讲的文体特点，极大地提高了学生的兴趣。这样的综合实践性作业既鼓励学生真正地实践参与，更重视学生能力的培养，促进学生丰富而全面的发展。

例如《最后一次讲演》朗读作业的情境创设：1946年7月11日，著名的爱国民主斗士李公朴先生在昆明遇害。7月15日，云南大学召开追悼李公朴先生的大会，闻一多先生主持了大会，由于会上混入了特务分子，在李公朴夫人血泪控诉的过程中，他们毫无顾忌，说笑取闹，扰乱追悼会会场，使人们忍无可忍，李夫人刚刚离开讲台，闻一多先生拍案而起，满腔悲愤地发表了这一篇即兴演讲……

为了更好地体现演讲词的风格，展现原演讲者闻一多先生的风采，学生朗读起来更加注重语音语调，富有感染力，尤其是对演讲词语言的体会也有了更深刻的感受。这恰恰是演讲词阅读教学的目标之一，也是能够极大地激发学生兴趣的一种方法。

（二）转变作业体系，关注学生实效

当前学生作业负担重的主要原因是很多作业是割裂的，既缺乏学科内的前后呼应，又缺乏学科间的横向关联。所以当作业被简单地重复叠加时，作业量必然加大，学生完成作业所需的时间必然加长。为了解决这个问题，我们必须从整合的角度来优化作业设计。

以往的"教读"课文，我们更加注重的是教材内容的阅读方法，课后作业以书面练习为主。但是新教材明确了这个单元要以活动探究为主，分为三个活动任务：学习演讲词、撰写演讲稿和举办演讲比赛，整个单元是将演讲本身作为学习对象，以演讲的方式学习演讲。通过对阅读、写作、口语表达、比赛、评议等活动的整合，形成一个带有活动性、综合性、复杂性和交际性的自主学习体系。其中，与之相对应的作业也要形成体系化，由读到写再到综合活动，环环相扣，既有区分又有联系。

从学习演讲词、撰写演讲稿，再到举办演讲比赛，恰恰是一个完整的过程。每一个任务都要设计优化相应的作业练习，我们要引导学生把握它们的内在关联，并通过最后的演讲比赛实现前后知识之间的综合运用。通过学习四篇演讲词，学生能够基本把握演讲的主要特点和演讲词的常见写法等，为后面的写作与演讲打下了扎实的基础；而撰写演讲稿恰恰也起到了连接的桥梁作用，是整个单元作业体系中最具有实践操作性的环节，要与学生的现实生活结合起来，在真实情境中解决问题，才能让学生更好地运用所学，实现知识的迁移和创造。我们可以引导学生关注外面的社会现实，提供可参考的话题，例如："上海，加油"、"最美逆行者"和"生活中的微光"……特殊背景下，学生对于这些话题有很强的表达欲望，通过撰写演讲稿，可以帮助他们提炼观点、理清思路、整合素材和提高思维质量……以往的综合性学习中，也有演讲比赛的活动。但是本单元的演讲比赛，是对前面阅读和写作任务的综合检测，是真正落实到口语表达的实践活动。

这样的综合实践性作业区别于传统的记忆和理解，更加重视的是实践和应用，富有乐趣和挑战，可操作性很强。学生可以通过活学活用，取得较为理想的学习效果。

（三）转向作业评价，尊重学生个性

评价是作业实践的重要组成部分，对学生的学和教师的教都具有重要的促进作用。但是，当前的作业评价常常被简单地等同于作业批改，仅限于评判学生是否完成作业及其对错的情况，不能充分体现其"增值"的作用。

综合实践性作业的评价标准可以更加多元，不仅把握学生作业过程中的学习态度和方法，更能认识和分析学生思维和应用能力上的不足。教师可以通过关注学生过程性思维梯度的不同，搭建平台，深入分析其根源，找到改进学生学习的"关键点"，帮助学生完成思维能力的呈现。教师要通过对学生作业的判断，了解学生个性和能力，思考"我应该怎么教更合适"，以此明确教育教学实践改进的方向。

笔者发现，有些外向型学生虽然不擅长撰写演讲稿，但在演讲中的表现非常出色，因为他们敢于表达、善于表达；有些内向型学生则更善于倾听和记录……所以，在综合实践性的作业过程中，学生能更加展示出自己的个性，教师也更加能进行持续的跟踪和关注，了解到学生的知识体系、学习态度、思维方法和策略是否得到优化，得到进一步反思：我这样调整后是否有助于学生更好地理解……只有持续地进行过程性评价，才能真正实现学生作业的发展性功能。

虽然受限于目前封闭的教学环境，但是我们可以利用网络打破时间和空间的桎梏，并为学生铺设学习的支架：从模仿、特色到原创。首先，我们可以和学生一起挑选经典演讲的视频，指导学生关注演讲者的语音语调、断句节奏以及体态语，揣摩其表达效果。所以，这个时候的评价标准还较为单一：像或不像。因为难度小，视频参赛的学生人数很多，形成了非常积极的参赛氛围。然后，我们在模仿的基础上提出了更高的要求：特色。我们引导学生在对有声语言和体态语技巧学习和模仿的过程中，不能只是一味求"像"，还要结合自身特点，选择适合自己的说话方式：运用演讲技巧要恰当自然。最后，我们的评价指向上升到了原创：既有演讲稿的打磨，也有"讲"和"演"的技巧。所以，我们不仅要锻炼学生的口语表达，可以培养他们组织、协调、合作能力。我们把讲同一主题的学生自由组成一组，并进行比赛。由小组推选参赛者，组员们一起打磨改进演讲稿并排演。这样的小组合作打破了个体学习的沉闷，有了排演思考、沟通交流、共同进步的机会。这样的"学着说""比着说""合作说"，有很强的综合性和实践性，能不断提高学生的实际演讲能力，体会演讲的乐趣，感受学习的美好。

同时，笔者制定了量表，为学生提供比赛评分的支架，一步步地指导学生的写作、评改和演讲。从演讲稿的撰写到演讲比赛各方面提出具体的评价标准，有自评、互评和师评，使得评价的方式更加多元。虽然先是班级小范围的演讲，但是比赛的评分标准要紧扣单元学习重点，引导学生规范评价，多鼓励参赛学生，保护他们的学习热情。

例如：

演讲比赛评分表

参赛选手：　　　　　　　　总得分：

评分细则（满分10分）

评价项目	评分要点	得分情况
演讲内容 （5分）	1、思想内容紧紧围绕主题，观点正确、鲜明，内容充实具体，事迹感人，反映客观事实，体现时代精神。（4分） 2、演讲稿结构自然合理，论点分明，逻辑性强，构思巧妙，引人入胜。（1分）	
语言表达 （3分）	1、演讲者使用普通话，语言规范，吐字清晰，声音洪亮圆润。（1分） 2、语言技巧处理得当，讲求轻重缓急，抑扬顿挫。语速、语气、语调、音量、节奏张弛等符合思想感情的起伏变化。（1分） 3、演讲表达准确、流畅、自然，能熟练表达所演讲的内容。（1分）	
仪表形象 （1分）	1、演讲者精神饱满，能较好地运用肢体语言（姿态、动作、手势、表情等）表达对演讲内容的理解。（0.5分） 2、演讲者着装规范，仪态良好大方。（0.5分）	
现场效果 （1分）	演讲具有较强的感染力、吸引力和号召力，能较好地与听众感情融合在一起，营造良好的演讲效果，演讲时间控制在规定之内。（1分）	

评委签名：

除此以外，学生还自发拟写了演讲比赛的方案、通知、海报和主持稿……这些内容早在初中低年级的综合学习中都有涉及，但这次是综合实践的应用，也是学生综合素质的体现，教师可以鼓励并引导学生各展其才，各尽其能，以求得个性化的学习和发展。

五、探究初中语文综合实践性作业的小结

实践出真知。通过此次演讲单元综合实践性作业的探究，笔者发现学生对于这一类作业的兴趣明显浓厚了许多，有些细节还可以通过后面的打磨更加成熟。作为一线教师的我们始终要明白：学习途径改变了，学习态度不能变；师生距离改变了，师生感情不能变；上课形式改变了，教学质量不能变……所以，我们一定要尽力解决当前学生语文作业量过多、质量不高和兴趣缺失等问题，切实减轻学生作业的负担。此类单元主题的综合实践性作业是一个很不错的途径，既能激发学生的学习热情，也能有效地提高学生的表达能力和语文素养。

教师要关注互联网时代日常生活中语言文字运用的新现象和新特点，认识信息技术对学生阅读和表达交流等带来的深刻影响，把握信息技术与语文教学深度融合的趋势，充分发挥信息技术在语文教学变革中的价值和功能[5]。除了单元主题式的探究以外，我们还可以引导学生贴近生活，关注时事。笔者充分发挥语文学科的优势，利用手机、微信、钉钉、网络开启班级的"云关注""云交流"和"云创作"，引领学生积极乐观地面对生活，日记本、微信朋友圈、钉钉班级圈，甚至还有很多学生喜欢的念念手账APP里，都留下了不少美好的图文……

因此，在"双减"政策的背景下，在"减负增效"的要求下，教师科学地设计和适量地布置作业是教学工作的重要环节。初中语文教师在设计和优化作业时应重视结合新课程教育教学的工作理念，根据学生实际学情和不同的个性特点，制定具有开放性、创造性的综合实践类语文作业。同时，我们要了解学生自身兴趣爱好的情况，关注他们的心理，与时俱进，积极培养学生学习语文的兴趣和动力，引导学生自觉、自愿地完成相关作业，全面促进学生未来发展。总而言之，即使只有"一方天地"，我们也要让学生感受到更多的"一米阳光"！

参考文献：

[1]高桂花.浅谈初中语文作业设计[J].学周刊,2013(32):74.

[2]严杰.探究初中语文个性化作业设计[J].文科爱好者(教育教学),2021(4):106-107.

[3]胡桂华.新课改背景下初中语文作业设计与优化策略探析[J].文理导航(上旬),2021(9):20-21.

[4][5]中华人民共和国教育部.义务教育语文课程标准(2022年版)[S].北京:北京师范大学出版社,2022.

姜黎青,上海市闵行区田园外国语中学教师。

培养思维能力,提高解题能力
——如何在古诗词教学中促进学生的思维的发展与提升

◎刘家毓

本文所说思维发展与提升,是指学生在语文学习过程中获得的思维能力发展和思维品质的提升。语言的发展与思维的发展相互依存,相辅相成。因此,思维发展与提升也是学生语文核心素养的重要组成部分,是学生语文素养形成和发展的重要表征之一。

《普通高中语文课程标准》中,在课程性质和课程基本理念方面阐述了一个核心点,语言与思维密不可分,培养语言文字能力与发展学生思维能力并重。课程目标共12项,其中第五项提出"发展逻辑思维",第六项提出"提升思维品质;18个学习任务群中'逻辑'一次出现了10次","思维一词出现了12次,学习任务群第一、四、六、九、十二和十六都涉及逻辑思维的问题。学业质量评价体系2-2提出:在表达思想时努力做到准确运用概念、恰当地进行判断、有效的推理、严密的论证。5-2更加具体:在表达思想时,能够做到用不同词语表达同一个概念,能够用多种不同语句形式表达相同的判断和推理。

综上,新课改之后,语文学科的基本理念就包括语文教学应与逻辑思维能力配享同向而行。本文主要结合古典诗词的教学来谈一谈如何促进学生思维的发展与提升。

一、合理推理形成辩证思维

辩证思维,是指辩证法特别是唯物辩证法应用于思维过程和思维方式的一种总体性思维方式。《中国高考评价体系》将"唯物辩证法"作为"核心价值"的一项重要指标。要求:坚持唯物辩证法,反对形而上学,坚持用联系、发展、矛盾的观点观察和分析问题,善于透过现象看本质。同时,将辩证思维能力作为"关键能力"中"思维认知能力"群

中的重要一种。近年来,辩证思维能力的考查在试卷中屡见不鲜,不仅仅表现在整体的解题过程中,也表现在对局部概念的判断和推理上。2023年新高考Ⅰ卷,非连续性文本,关于藜麦对玻利维亚人和其他地区人的不同影响,以及对玻利维亚有利有弊的影响,都是辩证看问题的体现;新高考Ⅱ卷,对于苻坚失败原因的考查,引领学生看问题既要看内因也要看外因;2022年新高考第5题推动中国古典诗论的"创造性转化、创造性发展",体现着事物时不断向前发展的;2022年新高考Ⅱ卷第5题评价中国典籍译本是否优秀的标准的指定,在引导学生运用对立统一观点全面看问题;2021年文言文是关于君臣对宗室与百姓、法与德、一人之智与天下之务,君与臣、忠与佞等对立概念辨析;第14题,理解"君者表也,臣者景也",体现了普遍联系的观点;2021年新课标Ⅱ卷诗歌16题,陆游对儿子的忠告,体现着矛盾对立统一的观点……总之新课改以来,对于辩证思维的考查比比皆是。

而在日常学习之中,选科未选政治的学生他们是几乎没有机会系统接受辩证思维能力训练的,所以更要依靠语文课堂提升学生的辩证思维能力。

但在现实的语文课堂上,无论是语言剖析还是文本的分析鉴赏都以语感的直觉思维为主,注重感性思维,甚至很多老师常常在语文课上煽情太浓,一节课下来学生涕泗横流。而理性思维、辩证思维常常是语文课堂上的缺席者。实际上,逻辑辩证思维早在强调语文知识和能力的时代,已经被规定为一种重要的语文能力,语文教育家张志公就曾提出"提倡加强语文知识(文学、语法、修辞、逻辑等)的教育,使学生头脑科学化、条理化,养成良好的思维习惯"。可见辩证思维之于语文学科的重要性。李海

林也强调,"在言语实践中,人们不可能有这么一个具体的逻辑运算过程,而是凭直觉来判断的,但这并不是说这样一个过程不存在。至少它曾经存在过,这个曾经存在过的逻辑运算过程在长期的言语实践中已经熟练化因而也就简缩为一种言语直觉,于是它成为一种隐藏于言语直觉背后的力量。"追溯中国的逻辑辩证思维,我国春秋战国时期已经形成了系统的多样的辩证逻辑传统,如孔子的"正名"思想、邓析的"两可之说"、惠施的"譬喻"、公孙龙的"白马非马"说都包含了丰富的逻辑内容。正如章士钊所言:"逻辑之名,起于欧洲,而逻辑之理,存乎天壤。"要培养学生的思维能力素养,在古诗词课堂上也绝不能忽视逻辑辩证能力的培养。这种辩证推理尤其体现在古代长诗中,这种逻辑的辨析也尤其在考量着教师、学生对文本的解读,如果不经推理很可能陷入误读。例如,在《春江花月夜》这首哲理长诗中,很多语文教研者都认为此诗包含多重主题,如:"给我们呈现出了三重主题:清远明澈的春江月夜景观、对宇宙与人类的深刻思考、对普天之下夫妻两地分隔的感怀。""《春江花月夜》的'问天',只是为了增加叙情的丰厚、饱满,空灵而迷蒙,并不负载深奥哲思……《春江花月夜》的实质是在娓娓道来令人愁肠百结的离情,从大背景人生代代、潮起潮落写起,随着月亮的升落,将重点聚焦于个人的别离,在结尾部分,随着月落,离别的愁绪也成了永恒。"但实际上,《春江花月夜》真的存在着多重主题吗?只要经过我们层层剥笋似的推理,便可得出文本主旨。首先在第一部分中,通过我们的感性分析,得知所写景物是以"月"为主角的。"春江潮水连海平"营造了壮美的意境,将对句里的"月"和盘托出:"滟滟随波千万里,何处春江无月明"写出明月无处不照在大地上,通过水波的荡漾美丽,实际上是在衬托月亮的美丽和照射范围之广,此处的"滟滟随波"是月光下的"滟滟随波",以春江之美从侧面表现了"月之美"。"江流宛转绕芳甸"不仅承接上句的江流之美,更加细致具体地描摹了月光照耀下的江水之美。在月光的映衬下,江流曲曲折折绕着花草丰茂的地方长久地静静流淌,而月光下的花草显得灵动晶莹,就像西米的雪珠在花上闪烁。这一句借用花草突显月光的美丽动人,而且烘托了

下句"月照花林皆似霰"之美。对这几句进行综合分析,开篇几句表现的是"月景之美"。"空里流霜不觉飞,汀上白沙看不见。"月如霜,以其皎洁普照在大地上,因此,飞起的流霜和州上的白色都与月色相交融,天地间,都被皎洁的月光所映照。这一句同样借用地上的景物衬托出月光皎洁的特点。"江天一色无纤尘,皎皎空中孤月轮。"同样引出下一句,在这皎皎月色下,江天一色,没有一点微小的灰尘,而夜空下也只有一轮明月孤独地斜挂。"不知江月待何人,但见长江送流水。"不知道永恒的江月在等待着什么人,只见到长江流水源源不断,不舍昼夜。因此这一部分,写了月的美丽、皎洁、孤独、永恒。而在第二部分,又引入写思妇、游人两个角色,以月亮牵连,交代了思妇、游人的等待之久,别离之愁和在等待中的美丽、静谧的状态。"白云"以其飘忽不定象征游子形象,而离别之景致场所"枫"和"浦",引出下文的别离之愁。"月楼"点出了思妇思人的场所和地点,以"月之恒久等待和孤独"象征了思妇的等待之久。紧接着,"可怜楼上月徘徊,应照离人妆镜台。"在月的游动中,点出了思妇的思人状态以及美丽动人。而因为"月亮无处不在",照映在思妇所处之境的生活事物上,离别之愁挥之不去,才下眉头,又上心头。"愿逐月华流照君"托"月亮"传递相思之情,道出了情的至深至美。"江水流春去欲尽,江潭落月复西斜。"随着逝水流年,春去又来,落月又升起,而游人何时归家,思妇何时不再等待你,一切仿佛都遥遥无期,像世事轮回,无止无尽。下一句同样写上一句,一脉相承,在寂静的月夜下,"海雾"迷蒙,而又"碣石潇湘无限路",相聚未知,路途遥远,加重了思妇、游人的相思之愁。"不知乘月几人归,落月摇情满江树。"无论在月色下,离人归与不归,那永恒的月亮都将会洒下满树余晖和满树柔情。因此,前一部分依托江水,衬托月光无处不在,月之皎洁宁静,月之美丽动人和永恒孤独。后一部分,围绕月,衬托思妇在与游人别离之际等待的孤独、美丽和永恒无期。这两部分,如果不能层层推理辩证,很容易被"江水"的哲思和"离别"的愁苦迷惑,而偏离主题,实际上,这两部分后者以前者演绎,类比,自成体系,从"月"类比到人,体现人的永恒孤独和孤独中的美丽。

再如《赤壁赋》清风明月、碧波万顷、星移斗转,

这些要素的关系体现着事物之间的外部联系，也正是这种外部联系让这幅画面富于美感，于是"饮酒乐甚，扣弦而歌"，这是外部事物对于内心情感作用的结果，是联系多样性的体现，接下来客人如怨如慕，如泣如诉，使得苏子愀然，这体现了联系普遍性，同时人与清风明月等要素又都处在自然的这个系统中，这也体现了系统和要素之间的内部关系。联系的观点遍布全篇，这也是苏轼看待理解事物的思维视角。

接下来，在泛游赤壁时，客人想起当年一世枭雄的曹操不禁感叹"而今安在哉"的物是人非，这里体现的是事物的发展变化。任何事物都是会呈现向前发展的趋势，新事物的产生代替旧事物的消亡，无论是个体生命、人类社会还是整个自然界都遵循这一规律。正所谓的"时势造英雄"。任何英雄人物都是通过时势造就出来的，但后世人在不同的历史背景下，随着思想的革新、所处条件的改变，对这些人物的评判也会有所不同。通过对比，我们看到的是苏轼对辩证思想的初步思考，同时也体现了他思维的进步和潜在的与时俱进的思想萌芽，更好地去感受文章的思想价值，体悟苏轼的人格魅力。

纵观整篇文章，通过舟上诸人泛游赤壁的所见所感以及主客之间的关于人生的探讨，反映了作者由故作旷达到思绪伤感，又由伤感转而思想超脱，最终领悟人生寄情水月的心路历程，作者从一开始的欢快愉悦到吹洞箫之人所引发的愀然，这是一个思想的转变，是对自我的否定；而后来通过对天地人生的认知并以辩证的思维加以解说，又重新获得真正的物我两忘的心境，此时作者的心情虽然又复于欢快，但就最初的相比较，这里则是上升到了一个更高的层次，是一种更完善的自我认知，最终达到"扬弃"的目的。这种否定之否定的过程恰恰是作者不断提升自我，追求真理的过程。

此外，苏轼在文中也多次运用对比体现事物的对立统一，如"清风徐来、水波不兴"体现着动与静对立统一的和谐美好；"水与月"体现着"变与不变"的对立统一；江上的清风，山间的明月，虽都终归于天地，不是个人所有，但个人依旧能够发挥自身的主观能动性，感受到它们的存在，享用着它们的馈赠，也算是实现了另一种形式的拥有，这里体现了"有与无"的对立统一。

中国古典诗词美的一个表现就是美在其丰富而深刻的哲学思辨，这思辨就是古人智慧的体现，对后世有很深的影响，当今社会，更需要学生借助其中的哲学思辨，推陈出新勇于探索，为古人作品中的哲学智慧加上时代标签，以语文课堂为契机探寻其中的魅力。

二、艺术想象形成发散思维

创造性思维是当今社会对人才要求的重要标准，是中国学生发展核心素养中的重要要求，而发散思维是创造性思维的表现过程和组成部分。发散思维的培养也是语文核心素养所要求的对思维发展与提升的契合。高考题对于发散思维的考查比比皆是，特别是2022年和2023年，突破以往试卷主要通过诗歌鉴赏和文学类文本中考查发散思维能力的习惯考查方式，而在语言运用中考查，如2022年课标2第20题对于称谓的表达效果的考查，2021年20题叠字的考查，第21题考查逗号的作用。

古诗词是中国文学的瑰宝，中国人含蓄内敛的民族性格，使得这些诗词往往呈现出"言有尽意无穷"的效果。所以更要注意结合文本培养学生借助想象形成发散思维。

在古诗词教学中对发散性思维的培养，应该注重学生想象力和联想力的培养。在知识的习得面前，想象力的培养显然更胜一筹。因为，想象力是知识的源泉和动力，想象力创造世界，并更新知识。并且，知识是有限的，而想象是毫无穷尽可言的。在古诗词教学中，培养学生的发散性思维，就要鼓励学生从他们知识结构中的已有图式去大胆联想、想象，打开思路，看到的将是姹紫嫣红。想象是通过某一特定的具体形象以体会与之相似或相近的概念、思想和情感，这是模拟事物原来形状的思路。透过形象世界感受抽象概念和情思，通过生动画面分析浓缩的词汇，通过细节体会整首作品的情绪。古诗词自身含蓄蕴藉、跳跃留白的特点为诗词鉴赏留下了巨大空间。培养学生在古诗词鉴赏中的想象力，使其学会通过具象的想象理解抽象的语言。

然而，很多老师和同学对于教材中的古诗词认知上还存在误区，认为只要会背就达到了教学的目的,甚至很多时候并没有花时间让学生细读精读,更谈不上将其与高考的考查能力相结合。实际上我们在教学中对于古诗词的教学不能只局限于背诵默写,更要用教材来带高考,比如2023年"以我观物,故物皆着我之色彩",如果我们在教授古诗词,品鉴其中的景物描写时,不让学生在课堂运用想象发散思维,去体悟不同题材写景抒情诗的景物之美,学生即使知道这道题是在考查情景关系的知识点,也很难运用生动鲜活的语言,将其呈现,而不能获得理想的分数。

我们如何来利用语文课堂激发学生想象能力,培养学生的发散思维能力呢?

首先,细节入手,体悟情思。比如在讲授《望海潮》时如果我们设置的问题是"该词描绘了一幅怎样的都市生活景象",学生就可能会觉得手足无措,词语匮乏,但是如果我们设置为"作者从哪些方面描述了杭州的繁华与美丽",学生的想象就有章可循。再如《定风波》下片为什么是"微冷"而不是程度更深的词,这个用词的细节,可以让学生突破景物描写的局限,去想象诗人的情态,继而更深体会苏轼乐观豁达的人生态度!能否捕捉到诗词中的精微语言,决定着学生对作品理解的深度与广度!

其次,打破定势,多元设问。例如我们在讲授李白时往往强调他是"诗仙",诗歌豪放飘逸,将其与杜甫的沉郁顿挫做比较,那我们是否也可以打破这种传统方式,让他与苏轼做比较,让学生想象吟诵着"与尔同销万古愁"的李白和"相与枕藉乎舟中"的苏轼有何不同,继而让学生去思考产生这些不同的原因有哪些?学生乘着想象的翅膀,走进诗人的内心世界,继而走进诗人所处的历史文化背景,更深入地解读作品。

第三,创设情境,激发想象。教师可以通过精心设计的导语,声情并茂的朗诵,音效结合的多媒体,甚至是戏剧的创作创设情境,激发学生的想象。例如在教授《采薇》这首诗时,教师可以在导入环节使用蒙太奇式的画面课件呈现,在课件上呈现残阳斜照,大地荒凉,一位面容憔悴,满怀心事的士兵为了充饥采摘薇菜的画面,让学生顺势想象描绘,教师声情并茂讲述商代贵族伯夷、叔齐兄弟在商灭亡以后,耻食周粟,以采食野菜充饥,最终饿死首阳山的故事。目的是解题并引出诗歌内容,让学生在看画面的过程中,形成对"采薇"活动和诗歌背景的基本认知,同时,在采薇图的画面想象中,教师播放《橄榄枝》"不要问我从哪里来,我的故乡在远方,为什么流浪,流浪远方流浪?"以此歌词触动学生的心灵,带学生进入情境。

再如《氓》一课中,对于经典比兴句"桑之未落,其叶沃若;桑之落矣,其黄而陨"的理解,可以培养学生的想象能力。教师设置开放问题"想象桑树的特征和变化,此句比兴有什么好处?"学生首先想到的可能会是千篇一律的"用桑叶由生机富含光泽到垂落干枯比兴如主人公的容颜,由当初相恋时的正当年华到如今的容颜憔悴",或者有的学生可以进而推断出女主婚变的真实原因是女子的年长色衰;有的学生可以想到女主人公的内心、情感由相恋时的丰盈饱满到如今的枯竭倦怠。但是当老师去引导学生联系上下文并注意桑树的特征,或许有的同学便可创造性地把"桑树"和"抱布贸丝"联系起来,想象到女主人公的身份是养蚕作丝的劳动女性,用此比兴句一方面是她所熟悉的领域,充满质朴之感,另一方面也使诗歌充满了浓浓的生活气息。《琵琶行》学生朗诵戏剧的方式呈现,这场听觉盛宴中白居易与琵琶女的心路历程,追忆这种创造性的想象可以打破语文课堂上的沉闷,从单一的直觉思维的禁锢中走出。这就是想象的魔力,是人的潜在能力的超现实兑现,潜在能量的超水平迸发,是矛盾冲突的超空前突破。想象力在诗词鉴赏中丰富和补充着直觉感知,有着"化腐朽为神奇"的效力。

《普通高中语文课程标准(征求意见稿)》指出:"学生在语文学习中应形成自觉的审美意识、高尚的审美品位、正确的审美观念和体验、表现、创造美的能力。教材中的古代诗词恰恰给我们提供了很好的素材,所以在教学中,教师应当借助古诗词作品,培养学生的发散思维、创造性思维,让学生尽量多地欣赏品味文学作品,表达自己的审美感受,发表自己对文学作品的审美见解,从而促进学生思维品质的提升和审美鉴赏的创造!

刘家毓,辽宁省锦州市锦州中学教师。

基于核心素养的单元教学评价

——以统编教材六年级语文第一学期第四单元为例

◎ 卢 娟

《义务教育课程标准（2022年版）》提出要"重视评价的导向作用"。其所强调的评价导向作用主要包括：评价的目标导向，即要有利于促进学生学习，改进教师教学，全面落实语文课程目标；评价的内容导向，即准确反映学生对核心素养的四个方面（文化自信、语言运用、思维能力和审美创造）的学习情况，关注学生学习过程和学习进步；评价的原则导向，即依学情特点而定，灵活选择方式；评价的主题导向，即评价主题的多元性和互动性等。因此，我们的单元评价应是基于素养导向下的，依据单元教学目标，对学生的学习过程和结果进行综合评判，为教与学的改进服务的活动。

一、基于课程标准，设定评价目标

单元，是依据可成标准，围绕主题（即单元学习目标），选择学习材料，并进行结构化组织的学习单位。单元教学设计的要素有目标、内容、活动、作业、评价和资源等。单元目标是单元教学设计的核心要素，是学生在学科单元学习中所要达到的预期结果，它在教学目标层级中具有承上启下、前后关联的作用。单元教学目标既是对课程标准中目标与内容的分解细化，又是设计课时目标的依

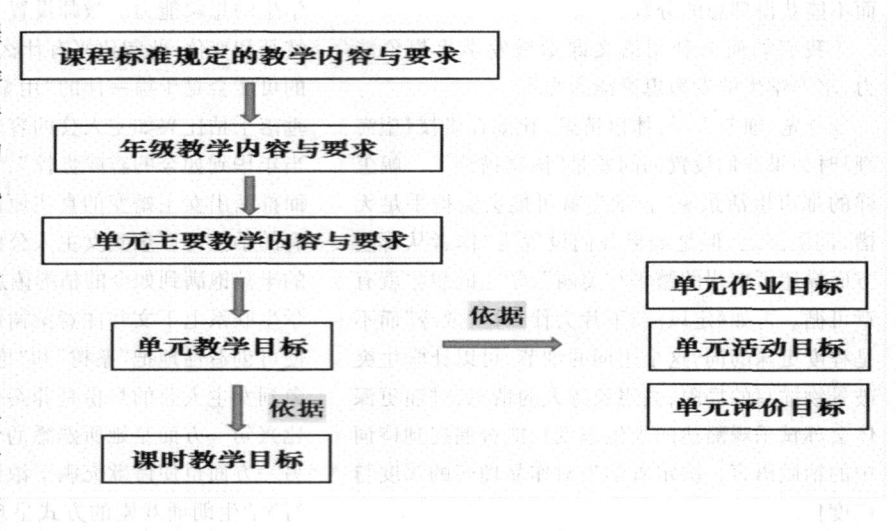

图 1 目标层级图

据。当然，也是课时作业、活动、评价等目标制定的依据。我们以一张流程图来梳理一下目标中的层级关系。

如图1所示，课程标准反映了学生在一个阶段学习之后所应达到的总体水平，是单元教学目标累积起来所应达成的结果。它具有较高的抽象性和概括性，因此，依据课程标准进行单元教学目标设计，需要将课程标准中的课程要求具体落实到各个年级，再具化为具有操作性的单元教学目标。上位目标统领下位目标，下位目标为上位目标服务。经过这个过程，就实现从课程标准到教学目标的转化；以单元教学目标为枢纽，建立课程目标与单元学习活动、单元作业、单元评价的关联，将课程目标融入单元教学全过程。

我们以统编语文教材六年级上册第四单元为

例,来具体阐述如何在单元视野下,研读单元内容,制定单元教学目标,进而制定有效的单元评价目标。

首先研读"单元导语":

本单元的几篇故事,或讲述英雄人物在生死关头的抉择,或歌颂普通人心灵的美好,或展现人民在战争中遭受的深重苦难,都让读者看见了"不一样的人生",从而获得情感的熏陶与心灵的启迪。

本单元重点学会梳理主要情节,初步感知人物形象,认识小说所反映的社会生活,开拓视野,增长见识;还要注意品味叙述和描写的语言,丰富自己的语言积累。

接下来我们再来分析本单元构成。

先看阅读部分:

本单元有三篇现代文,两篇教读课文《桥》《穷人》和一篇自读课文《在柏林》。

我们发现这三篇文章存在一些共性。从文体看这三篇课文均为短篇小说,都是以现实生活为题材,刻画了普通人物所展现的人性光辉。其次,这三篇文章在情节设置上都注重设置悬念,借助矛盾冲突,推动故事情节发展。同时,语言形式方面,这三篇文章都抓住了人物的特点,运用人物描写方法来刻画人物,展现人物形象。

分析完阅读部分,我们再来看看写作。

本单元写作部分的主题是"笔尖流出的故事",要求学生借助提供的环境和任务,展开丰富的想象,创编故事。

由这样的单元安排

可见,教材凸显阅读和写作不可分割的整体性,它们是一个互逆的过程,都致力于提升学生的语言素养。

第三,单元教学目标的设定还应基于学情,符合学生的学习能力水平。

单元教学目标的设计必须充分了解学情,以确定单元教学的起点。同时,单元教学目标可以通过分层目标的形式来呈现,既保证所有学生应该达到的基本要求,同时也兼顾学生的个性化学习特点。

基于以上对这一单元的分析,我们可以确定本单元的单元教学目标如下:

1.梳理小说情节,概括小说主要内容。分析人物在特定环境下的表现,推断人物形象。

2.梳理行文思路,推断作者所要表达的情感,概括文章的主旨。

3.分析不同的语言形式对刻画人物、表达主旨

表1 评价维度及评价目标

评价维度	评价标准	学习水平
积累常用词语	能借助课下注释、工具书等理解词语的意思,正确读写疑难字词	A.知道
了解小说的一般特点	能用表格对课文所涉及的小说的基本特点加以整理,并积累相关内容	A.知道
概括主要内容	能借助小说的三要素,复述课文主要内容	B.理解
梳理人物关系	能结合小说的中心表达,篇幅多少等确定小说的主要人物,借助图表梳理小说人物之间的关系	B.理解
梳理小说的情节脉络	能通过寻找时间词、关联词等路标性语言,理清行文思路及文章结构,借助思维导图梳理小说的情节发展的脉络	B.理解
提炼人物形象和作者表达的情感	分析小说人物在特定情境下的表现,提炼人物性格特征,能捕捉作品中抒情和议论的语句,概括小说的中心主旨	C.运用
理解人物描写及环境的作用	能结合小说中语言描写、心理描写及环境描写的句子,分析语言描写、心理描写及环境描写的作用	C.运用
了解小说的表现手法	了解悬念与伏笔,能在具体的小说中正确辨别出悬念和伏笔	B.理解
写作表达	能借助提供的人物和环境,创编一篇600字左右的故事	D.综合

的作用。

4.根据小说的基本特点,创编故事,完成习作。

单元教学目标是单元评价目标制定的依据,结合学习水平,本单元的评价目标可以制定为上表(见表1)。

二、依据班级学情,设计评价量表

语文课程评价包括过程性评价和总结性评价。过程性评价贯穿语文学习全过程,重点考查学生在语文学习过程中表现出来的学习态度、参与程度和核心素养的发展水平。单元评价的过程也是学生学习的过程,教师应通过评价引导学生学会学习,提升自身语文核心素养。

为此,教师应依据单元考查要点,根据学生的差异,围绕具体的评价要素,设计不同水平的评价表,借此使不同的学生获得应有的发展。

还是以统编版教材六年级第一学期第四单元为例。在表1的基础上,根据评价维度和评价标准,我们以优秀、良好、合格、须努力四个等级表示学生的不同表现,并给予一定的改进建议。以这种量化评价的方式,更好地促进、引导学生发展。(见表2)

三、注重评价主体多元化,增强评价的科学性

语文课程标准指出,过程性评价应发挥多元评价主体的积极作用。要充分尊重学生的主体地位,关注学生在兴趣、能力和学习基础等方面的个体差异,引导学生开展自我评价和相互评价。鼓励家长参与过程性评价,通过多主体、多角度地评价反馈,更好地帮助学生学会自我反思和自我管理。

我们仍然以统编版教材六年级第一学期第四单元为例。(见表3)

表2 单元评价量表

评价维度	评价标准	学习水平	评价等级				改进建议
			优秀	良好	合格	须努力	
积累常用词语	能借助注释、工具书等理解词语的意思,正确读写疑难字词	A.知道					
了解小说的一般特点	能用表格对课文所涉及的小说的基本特点加以整理,并积累相关内容	A.知道					
概括主要内容	能借助小说的三要素,复述课文主要内容	B.理解					
梳理人物关系	能结合小说的中心表达、篇幅多少等确定小说的主要人物,借助图表梳理小说人物之间的关系	B.理解					
梳理小说的情节脉络	能通过寻找时间词、关联词等路标性语言,理清行文思路及文章结构借助思维导图梳理小说的情节发展的脉络	B.理解					
提炼人物形象和作者表达的情感	分析小说人物在特定情境下的表现,提炼人物性格特征,能捕捉作品中抒情和议论的语句,概括小说的中心主旨	C.运用					
理解人物描写及环境的作用	能结合小说中语言描写、心理描写及环境描写的句子,分析语言描写、心理描写及环境描写作用	C.运用					
了解小说的表现手法	了解悬念与伏笔,能在具体的小说中正确辨别出悬念和伏笔	B.理解					
写作表达	能借助提供的人物和环境,创编一篇600字左右的故事	D.综合					

表3 单元评价方案表

单元主题				
单元教学目标				
单元评价目标				
评价模块	评价性质	评价形式	评价主体	评价等级
（一）	（ ）诊断性 （ ）形成性 （ ）终结性	（ ）纸笔测试 （ ）根据课堂表现认定 （ ）根据任务完成情况评定 （ ）其他_____	（ ）自我 （ ）同伴 （ ）教师 （ ）家长	★　　（ ） ★★　（ ） ★★★（ ）
（二）	（ ）诊断性 （ ）形成性 （ ）终结性	（ ）纸笔测试 （ ）根据课堂表现认定 （ ）根据任务完成情况评定 （ ）其他_____	（ ）自我 （ ）同伴 （ ）教师 （ ）家长	★　　（ ） ★★　（ ） ★★★（ ）
（三）	……			

综上所述，有效的单元评价可以使教师及时且准确地了解学生的具体表现，关注他们的学习表现和学习过程，关注语言运用和思维能力，关注实践学习和全面发展，进而更好地实现对学生的过程性评价，全面提升学生的核心素养。

卢娟，上海市风华初级中学教师。

指向核心素养的大单元教学设计

——以必修上第七单元为例

◎鹿春阳

核心素养引领下的语文教学要从方向、组织、评价三方面展开创新，大单元教学可以作为核心素养背景下教与学的有效途径。大单元教学以单元大概念为基础，以任务情境为载体，以课堂活动为路径，以多元化评价为保障。本单元的大概念可以界定为：从多角度鉴赏写景抒情散文，理解作品内涵，获得审美体验。教学中，可以围绕单元大概念，在情境中展开活动，并进行多元化评价。

一、语文核心素养的四位一体

"双新"背景下的语文核心素养体现了三个方面的创新性。一是课程教学价值的创新，关注学生素养，包含"语言建构与运用""思维发展与提升""审美鉴赏与创造""文化传承与理解"[1]，四个方面相辅相成、密不可分。思维发展、审美鉴赏和文化理解都渗透在具体语言形式之中，构成一个完善的整体。二是课程教学方法的创新，要求语文实践活动必须以学生为主体，并且在真实的语言运用情境中进行，结合教材将语文任务情境化，结合学情将语文学习情境活动化。三是课程教学评价的创新，强化层级性评价和过程性评价，并在评价的过程中尊重学生的个性体现。

笔者认为核心素养引领下的语文教学也要有三方面的创新。首先是教学方向层面：以语言为载体，通过鉴赏语言形式的美感、探索语言中的文化精神、辨析语言中的逻辑等活动，培养学生自觉的语言习惯。其次是教学组织层面：结合课标和教材文本以及学习提示创设任务，结合学生的生活经验和语文经验创设情境，融合任务与情境，适时提供学习支架和思考路径，重视学生的主体性和参与度。最后是教学评价层面：重视学生学习过程中的个性化展示，实现评价的过程性；通过提供评价量表，实现评价的层级性。

基于此，笔者尝试在教学过程中进行探索，通过实践与反思，发现大单元教学或许可以成为核心素养背景下教与学的有效途径。

二、大单元教学的关键要素

大单元教学是指"立足语文学科素养，基于教材单元固有结构，对情境、内容、方法、资源等进行大单元整合设计"[2]。由此，可以提炼出大单元教学的四个关键要素：

1. 核心素养和教材是大单元教学的前提和基础，可以为大单元教学提供清晰的目标指引和有效的方向指导。

2. 情境是大单元教学的载体，真实、复杂的语文学习情境是核心素养落地的重要载体，语文学习情境包含"个人体验情境、社会生活情境和学科认知情境"[3]，大单元教学依托于情境才可以提升学生的必备品格和关键能力，实现语文学习的生活化。

3. 活动是大单元教学的路径，"阅读与鉴赏、表达与交流、梳理与探究"[4]是语文学习实践活动中最为基本的三类活动，大单元教学设计中的各种任务和活动都是围绕这三类活动进行，并在活动推进过程中根据学生最近发展区，提供必要的学习支架，以方便学生在体验中解决问题、积累经验。

4. 评价是大单元教学的保障，评价要素是从情境任务要素中延伸出来的，目的是检验学习者在任务情境中学习活动的有效性，从而鞭策学生管理自我学习。

三、大单元教学的实践探索

1. 大单元教学的基础——单元大概念。

单元大概念是对本单元课程内容（所涉及的学习任务群）和教材内容（包含单元选文、学习提示和研习任务等）的高度概括，可以理解为"超越学科事实性知识而做出的重要'推论'或'概括'"[5]。由此可知，单元大概念坚持"理解本位"而非"事实本位"的学科知识观，倡导在理解事实性知识的基础上超越学科知识，走向学科大概念的理解。这个语境下的学科大概念具有可迁移、富有解释力和结构化（重视知识和技能之间的内在关联）、便于理解和探究等特征。'

统编本教材必修上第七单元属于"文学阅读与写作"任务群，文体为古今经典散文，要求学生在感受形象、品味语言、体验情感的过程中提升文字欣赏能力，在获得审美体验的基础上，认识作品的美学价值。结合教材的学习提示、研习任务，笔者将本单元的"单元大概念"定位在：从多角度鉴赏写景抒情散文，理解作品内涵，获得审美体验。其中"单元大概念"又可以分解为几个"重要概念"，侧重于从文本、作者、读者等不同角度提供不同的鉴赏方法；这些"重要概念"还可以分解为几个"一般概念"，侧重于从不同的角度（写作手法）为解读文本提供可以依靠的路径和抓手；这些"一般概念"更可以分解为几个"事实"，即诵读鉴赏的载体——文本。笔者用图表将第七单元基于单元大概念的教学设计逻辑链[6]进行呈现：

力，体会作者高超的语言艺术；

（3）鉴赏散文景物描写的表现手法，探究写景抒情散文中景物与情感投射和内化的两种交融关系；

（4）写作情景交融散文，借鉴经典散文写法，选取感兴趣的景物，开展情景交融散文的过程性写作。

2.大单元教学的载体——任务情境。

核心素养可以理解为个体"面对复杂的、不确定的现实生活情境时，能够综合运用学科、跨学科观念、思维模式和探究技能，……分析情境、提出问题、解决问题以及交流结果过程中表现出来的综合性品质。"[7]设置合适的任务情境是大单元教学的重要载体，可以让学生复杂的问题情境中找到问题的突破口，然后调动自己的语文认知经验和社会生活经验，走向问题解决。根据以往的教学经验，笔者认为有效的任务情境应该具有以下四个层面的特征：首先是共鸣性，任务情境的设置要激发学生的情感共鸣，这是情境最基本的作用，有了学习兴趣和求知欲望才可以迈向问题解决；其次是真实性，提升学生语文核心素养的根本目的便是培养学生面对未知复杂的社会情境时解决问题的必备品格和关键能力，只有建立在真实情境下的任务，才具有强

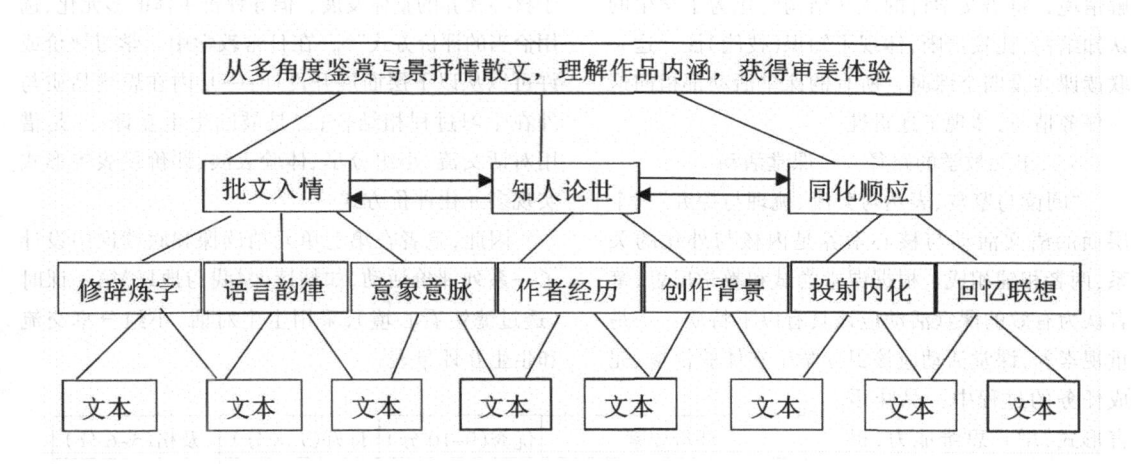

在此基础上，确定单元教学目标：

（1）学习人文主题，结合时代背景、作者生平，品读景物描写，体会作者借助文字传递的超脱精神和审美追求；

（2）诵读散文语言之美，感受散文的文辞魅

烈的现实针对性，才是"语文就是生活"理念的体现；然后是知识（技能）性，这是语文学科本质观的体现，情境只是载体，只有依靠情境将语文学科知识结构和技能要素渗透在课堂教学中才是有效的任务情境；最后是连贯性，大单元教学中，任务情境

的连贯性体现在两个层面：一是每一课时的连贯性，同一个任务情境始终渗透在整节课的课堂教学中，课堂中所有的学生活动都是指向这一任务的。二是整个单元的连贯性，不同课时的任务情境之间有着内在的逻辑勾连，共同指向单元学习目标。

基于四个特征，笔者在第七单元精读课和联读课中设计了一系列任务情境，以《赤壁赋》和《登泰山记》联读课为例，任务情境如下：

央视科教频道"读书"栏目是一档传递书中的精华和信息，邀请爱书人士与观众分享读书的快乐，同时解读和推荐好书，带动民众读好书、好读书的经典文化节目。近日，"读书"栏目拟举办一期古代散文品读活动——"傲然与风骨：中国古代散文的个性表达与文化审美"。苏轼《赤壁赋》和姚鼐《登泰山记》高票当选，请你任选一篇，从个性表达和文化审美两个角度入手，为栏目组写一篇品读文案。

"读书"栏目作为央视频道的王牌节目，深受我校师生喜爱，而且栏目组孜孜以求，节目常办常新，这一生活情境的选择是非常具有真实性和共鸣性的。此任务情境从"个性表达"和"审美文化"层面引导学生进行探究，是站在课程的视角下理解情境，将语文学科的认知结构转化为了学生的认知结构，比较清晰，体现了知识（技能）性。这一联读课共设四个课时，所有的课堂活动都指向这一任务情境，体现了连贯性。

3.大单元教学的路径——课堂活动。

"阅读与鉴赏、表达与交流、梳理与探究"三个层面的语文活动与核心素养是内核与外化的关系，两者相辅相成。根据课堂尝试和教学反思，笔者认为有效的课堂活动应该具有以下特质：一是重视素养，课堂活动应该引导学生在体验情境、完成任务的过程中，品味语言形式，增长思维能力，提升鉴赏水平，增强文化自信；二是学生主体，学生本位的课程理念决定了学生在课程中的主体地位，这一特征强调课堂活动应以学生的言语活动为主题，重视学生的体验和实践，在"做"的过程中加深对语文知识的理解和语文技能的掌握；三是提供支架，学生在解决问题的过程中，很容易遇到困境，这个时候建议教师在掌控学情的基础上，找到学生的认知冲突和最近发展区，并以此为参照，提供合适的学习支架；四是教师引导，学生虽然是活动的主体，但在教与学的过程中，教师的教也是重要一环，不论是提供学习支架还是评价量表，都是教师必要的引导，可以让学生的活动更加高效。

鉴于四个特征，笔者在第七单元精读课和联读课中设计了一系列课堂活动，以《故都的秋》与《荷塘月色》联读课第二课时（品人景互动）课堂活动为例，设计了三个课堂活动：①人景对话：学生本位——同桌两人分别饰演作者和文中景物，鉴赏语言；②情感剖析：重视素养——在各种（生本、师生、生生）对话中品读作者情感，表达情感；③人景互动：提供支架——借助朱光潜《谈美》人景关系的解读，探究散文中自我与自然之间的投射关系。这三项课堂活动，将阅读与鉴赏、表达与交流、梳理与探究三类活动渗透其中。

4.大单元教学的保障——多元化评价。

课程标准对学习评价提供了很多建议，如"着眼于核心素养的整体发展、倡导评价主体的多元化、选用恰当的评价方式"[8]，在日常教学中，学习评价或许可以从以下层面展开设计：一是内在思维品质与外在学习过程相结合；二是鼓励生生互评；三是借用对话交流、小组分享、体验表演、评价量表等形式实现多元化评价方式。

因此，笔者在第七单元精读课和联读课中设计了一系列评价活动，如精读课《我与地坛》第一课时（透过滤镜看心境），采用生生对话、小组分享交流和生生互评量表：

评价要素	优秀(9-10分)	良好(7-8分)	及格(5-6分)
层次一：画面景物的特征			
层次二：营造意境的特征			
层次三：人物彼时的情感			
层次四：人景互动的和谐			

语文学科的学习成果相比其他学科，不容易量化，评价量表可以克服这个弊端。量表的评价要素基于学习要素，并将学习要素的过程性要求和结果性呈现——标明，是进行有效课堂评价的理想手段，而且生生互评也有助于学生在评价中反思自我和借鉴同侪。

四、大单元教学的重要意义与反思

大单元教学作为一个独立的教学单位，可以让学生经历完整的学习过程，实现建构型学习；大单元教学关注知识、技能，并且将两者与未来可能发生的真实情境链接起来，可以让学生感受知识学习和技能习得的意义，提升学习积极性，实现深度性学习；大单元教学将过程性评价渗透在真实的任务情境和课堂活动当中，可以让学生在动态评价中提升素养，实现过程化学习。

大单元教学的探索"路漫漫其修远兮"，笔者在尝试过程中遇到了很多疑惑，但自始至终都坚持将"立德树人"作为一切教与学活动的根本依据，并坚信通过"吾将上下而求索"的努力，语文教学之路定会越走越宽、越来越好。

注释：

[1]中华人民共和国教育部.普通高中语文课程标准（2017年版2020年修订）[S].北京：人民教育出版社，2020：4-5.

[2]刘飞.语文统编教材大单元教学设计框架构建及其运用[J].基础教育课程，2020(23)：42.

[3]中华人民共和国教育部.普通高中语文课程标准（2017年版2020年修订）[S].北京：人民教育出版社，2020：48.

[4]中华人民共和国教育部.普通高中语文课程标准（2017年版2020年修订）[S].北京：人民教育出版社，2020：3.

[5]卢臻、董雪霞、李昕.统编高中语文教材单元目标群的建构策略与实践案例[J].中小学教材教学，2020(12)：4.

[6]设计思路来源于兰保民讲座："双新"实施背景下的教学策略.

[7]杨向东.核心素养与我国基础教育课程改革的深化[J].上海课程教学研究，2016(2)：69.

[8]中华人民共和国教育部.普通高中语文课程标准（2017年版2020年修订）[S].北京：人民教育出版社，2020：45-46.

鹿春阳，上海市浦东新区华东师范大学附属周浦中学教师。

从"黄花"看李清照的"愁情"
——《醉花阴》《声声慢》对比阅读研究

◎罗学丽

世人皆叹愁,词人爱写愁。在诗词的世界里,"愁"是具体有形、可感可触的。在"千古第一才女"李清照的诗词世界中,"黄花"成了她最重要的意象。她曾在作品中反复写到"黄花"意象,而"黄花"也折射出了她不平凡的一生,见证了她人生的转折点。文章以李清照前后期的作品《醉花阴》和《声声慢》为研究对象,重点分析两首词中的"黄花"意象,并由此来窥见李清照的内心世界。

一、教材分析及学情分析

(一)教材分析

《声声慢》选自统编版高中语文教材必修上册第三单元,根据单元学习要求"要逐步掌握古诗词鉴赏的基本方法,认识古诗词的当代价值,增强对中华优秀传统文化的传承意识。"[1]结合课后学习提示"注意揣摩词人因外物出发的内心波澜,体会词人是如何渲染这种愁绪的"[2]。因此在教学这首词时,我们可以将学习重点落在分析意象上,由景入情,感受李清照的内心世界。经过分析不难发现,李清照对于菊花的喜爱,在她的其他词中依然有很多地方都写到了"黄花"这一意象。李清照的人生可以说是以南渡分为明显的前后期,其词风也随南渡而发生较大变化。因此本文结合其前期作品《醉花阴》,形成对比阅读,通过"黄花"意象的分析来窥见词人的内心。在对比分析中让学生深刻体会到同一词人不同时期作品的不同风格。

(二)学情分析

通过本单元《短歌行》《归园田居》《梦游天姥吟留别》等七首诗词的学习,学生对于词的文体常识已有了一定的了解,对词的鉴赏方法也已有所掌握。但学生对于诗词中意象的掌握仍有所欠缺,特别是部分学生的分析仍停留于意象表面,不能深度把握意象所传达出的情感。因此,聚焦于同一意象的对比阅读,在对比中理解同一意象在词人不同时期所代表的不同情感,将有利于构建学生的阅读思维,真正实现由课内走向课外,达到"1+x"的教学模式。并且还能拓展学生的思维分析能力,并形成意象分析法。因此,在上课之前,需要学生自主复习之前学过李清照的词,如《如梦令》,并自主预习《醉花阴》和《声声慢》,为顺利进行对比阅读做充分的准备。

二、从词眼品味情感

品读古诗词的情感,最常用的方法之一,就是找到词的"词眼"。透过词眼,可以掌握住词整体的情感基调。掌握了词的整体情感基调以后,就可以把这种情感再带入到具体的词句、意象、修辞等中,从细节处品味诗词。通过朗读不难发现《醉花阴》《声声慢》这两首词的词眼都是一个"愁"字。《醉花阴》的"愁"对应的词句是"薄雾浓云愁永昼",词人开篇即点明自己内心的"愁"。这是一种怎样的"愁"呢?李清照后面提到此时是重阳节,显然已经到了秋分,可以推算出正是昼短夜长的时候,可是她却说"愁永昼",白昼难捱,夜里又冷冷清清。可见在薄雾弥漫、云层浓密的天气中,日子过得是那样的郁闷愁烦。而在《声声慢》中的"愁",词人则直接发问这光景究竟能有多少的愁苦?她自己大抵也不知道自己的愁苦有多少吧!可见此时的"愁",已经不能言说,也难以言说了。通过词眼"愁"字及对应诗句的分析,让学生从中体会诗歌的情感基调,并由此出发引导学生从具体的意象中品悟李清照的"愁情"。

三、从"黄花"对比解读"愁情"

(一)一般黄花别样愁

"黄花"即"菊花",从菊花的颜色我们不难理解为何得此名。有学者认为"诗贵含蓄,用'黄花'比用'菊花'更符合文人的文化习惯,更适合读者的阅读需求"[3]。这也就是为何许多诗词大家写菊花时更喜欢写作"黄花"，李清照就是其中的代表。在《醉花阴》《声声慢》两首词中，李清照都写到了"黄花"。李清照在这两首词中直接描写"黄花"这一意象的词句，虽是同一意象，但词人在其中所表达的情感却是不同的，那李清照在这一纤细的"黄花"中到底寄托了怎样的情思呢？让我们将目光聚焦于"黄花"来分析吧。

1. "人比黄花瘦"

初读《醉花阴》，似乎只有末尾一句词写了"黄花"，但细细品读，可以发现在这首词中李清照处处都写到了"黄花"。在具体的课堂教学中，教师可设置简单的问题，让学生从词中寻找词人有几处写到了"黄花"，由此引发学生的思考，增加学生的逻辑思维能力，有一石二鸟之作用。

（1）间接描写黄花

一处是"佳节又重阳，玉枕纱厨，半夜凉初透"。重阳节有喝酒、赏菊、登高等习俗。此外，由于重阳节在九月初九，"九九"谐音是"久久"，故有长久之意。更何况"每逢佳节倍思亲"，重阳佳节之时本应该亲人团圆，共同饮酒赏菊，而如今只有自己，所以才会有"玉枕纱厨，半夜凉初透"的感受。这种凉，既是身体之凉，更是心理之凉，让读者体会到此情此景此时更是别有一番愁情在心头。

二是"东篱把酒黄昏后，有暗香盈袖"。此处的"暗香"，不正是指菊花的香味吗？而看到这句词，就不由得让人想到陶渊明《饮酒》（其五）中所写的："采菊东篱下，悠然见南山"。短短两句诗却很好地体现出了陶渊明的隐逸精神。世人皆知陶渊明爱菊，通过菊花我们可以看见陶渊明隐士的清雅及其文风的质朴本真。让我们回到李清照的这句词中，彼时的李清照在东篱边一直饮酒直到黄昏后，菊花淡淡的清香充满了衣袖。单从这两句来看的话，似乎没有什么愁情，更像是一位有闲情雅致的闺中少妇在饮酒赏菊。但结合全词来看，此时正是重阳节，思念的丈夫不在自己身旁。所以，那菊花再香再美，也无法送给远在他乡的丈夫，那自然而然就显得悲愁了。但此时的菊花仅仅显出李清照的愁情吗？似乎也不是，满袖的暗香，菊花花蕊中所散发出的清香，映射出的又何尝不是李清照骨子里的才情灵性与品格修养。从菊花的意象中我们可以窥见李清照的高洁淡雅、坚贞不屈的品格。瘦瘦小小的菊花，生长在篱墙之下，没有牡丹的雍容华贵，却尽显风姿之雅；能溢出淡淡的芳香，则显其气之清。李清照本人亦如这菊花，有着自己的风骨，有着自己的淡雅。

（2）直接描写黄花

《醉花阴》末尾一句词"莫道不销魂，帘卷西风，人比黄花瘦"向来被世人所称赞。这也是在这首词中直接描写菊花的句子。提起这句词，还有一个有趣的故事呢。据说李清照将此作品寄给丈夫赵明诚后，激起了赵明诚的比试之心。于是他写了五十多首词，将妻子的这首词夹杂在里面，请朋友陆德夫评定高低。陆德夫说："只三句绝佳"。赵明诚赶紧一看，发现就是李清照所写的"莫道不销魂，帘卷西风，人比黄花瘦"，而这三句也不愧被称为神来之笔。

首先从姿态上来说，菊花的姿态是纤细的，这就不免让人联想到纤细的菊花和消瘦的妇人在西风中比肩而立，一个比一个凄凉的场景。其次，从修辞手法来说，此处以眼前之景，以花喻人。在黄昏的东篱之下，脸庞清瘦的妇人与纤纤黄花互相映衬，人面即花面，花面亦是人面。而在花与人的姿态对比下，人竟比那清瘦的菊花还更显得弱不禁风，简直是瘦比瘦，无限对比的瘦。这自然是词人夸张的说法，但在"人比黄花瘦"的对比下，我们仿佛已经看到了玉肌消瘦、花貌憔悴的李清照。然而这何尝只是突出一个"瘦"字呢？外在躯体的消瘦，只不过是内心苦闷难捱的显现罢了。

2. "满地黄花堆积"

《醉花阴》是在重阳节这一特定节日的氛围下写的，此时词人所看到的菊花开得正好。词人虽然内心也有愁情，但是尚且还可以饮酒赏菊，故还有一丝闲情所在。而到了《声声慢》中，盛开的菊花已不复存在，有的只是遍地凋零的残花，可见重阳节已过。这不禁让人疑惑，词人爱菊花、欣赏菊花，却为何让菊花独自飘零而堆积满地呢？无人珍惜亦无人赏的，是花耶人耶？

为了更直观地对比花与人，笔者将二者的状态、含义进行对照。菊花无人采摘无人欣赏，就好比李清照无人关心无人问候冷暖。花败了，花谢了，还可以堆积在一块儿。可是人呢，年华无情逝去，愁苦积压满身，纵使有朝一日支撑不住破败不堪的现实而离去，也不能和亲人团聚啊。花是人态，人亦是花态；花是残花堆积，人亦是愁苦积压。

（1）是什么令其憔悴？

秋风吗？或许是，"自古逢秋悲寂寥"。我国古典诗歌在楚辞时代就确立了悲秋的母题。[4]屈原《九歌·湘夫人》："袅袅兮秋风，洞庭波兮木叶下。""雁过也，正伤心，却是旧时相识。"是旧时雁让她伤心难过吗？或许是，李清照在她的另外一首词《一剪梅·红藕香残玉簟秋》中曾写道："云中谁寄锦书来?雁字回时，月满西楼。"那时的她盼望着锦书的到达，尚且有所思有所盼，可如今的她再见"旧时雁"却只能徒增伤心。《唐宋词选释》里说："雁未必相识，却云'旧时相识者'，寄怀乡之意。"[5]因此，李清照此举或许怀念故乡之人，真是"无可奈何花落去，似曾相识燕归来"，纵使传情信使仍在，而她却不能像大雁一样回归故乡，与所爱之人已是生死相隔。那么是梧桐细雨增添伤心事吗？或许是，细雨不禁敲打在梧桐树上，也在憔悴的文人心底荡起涟漪。在细雨的敲打中，窗外的梧桐树还可互相依偎着，但词人却只能是孤苦一人。那么是黄昏时刻让人惋惜吗？或许也是吧，"夕阳西下，断肠人在天涯"。

（2）黄花不解离人苦。"黄花不解离人苦，年年岁岁，踏着节令，翩然来约。依然芬芳醉人，依然娇艳妩媚，却没了旧时人，赏花情，甚至没一丝希望。"[6]在这秋花惨淡秋草黄，风雨凄凄的残秋之际，李清照任由菊花由盛而衰，即使枯萎憔悴，落瓣纷纷，堆积一地，她也不管不顾。人不赏花摘花，花自飘零凋落。既是在写花也是在写自己的孤苦无依。由"黄花"及人，一个无人关心，无人欣赏抚慰，备受命运摧残的女人，似乎已然站立在我们面前了。花落人亦残，这里显然已经是花人合一的境界了。

（二）命运坎坷之黄花

两首词中的"黄花"虽都寄寓着浓浓的"愁"情，但《声声慢》中的愁苦明显胜于《醉花阴》，为什么呢？

首先，《醉花阴》中的菊花尚且正是盛开的时候，词人虽也愁，但仍然可以暂时享受"东篱把酒黄昏后，有暗香盈袖"的清闲；而《声声慢》中的菊花却已是开败凋零的状态，词人面对菊花却只能发问"如今有谁堪摘？"从菊花的状态，我们都可看出后者自然是更让人愁苦的。

王国维在《人间词话》中说过这样一句话："有我之境，以我观物，故物皆著我之色彩。"现代人也爱说物随心转，境由心造，烦恼皆由心生。可见词人观菊花的心境皆与其自身有关。我们总爱说"没有什么烦恼是一顿烧烤不能解决的，如果不能那就火锅吧！"而对于爱喝酒爱菊花的李清照来说，面对此情此景喝了一杯又一杯的酒，仍觉得酒味过于淡；面对着菊花的盛开与败落，她只注意到了后者即菊花的凋零满地。可见，并非酒味太淡，也并非菊花不美，她所能看到的都是心境外化了的残花，以及酒难以消除的愁闷。

1.命运坎坷之"黄花"

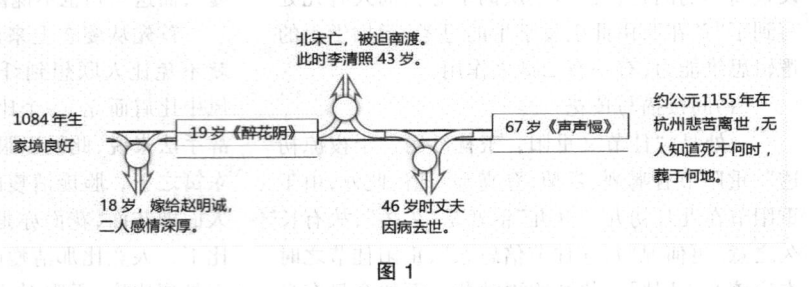

图1

（1）《醉花阴》之清瘦"黄花"

要想深入解读一个作品，那就要去了解写作的这个人。结合图1所示，李清照的一生可以以靖康之难为分水岭，分为前后两期。前期的李清照可以说是在当时的年代里比较幸福的女性代表了。父亲李格非是当时著名的学者兼散文家，母亲也出生于官宦人家，具有文学才能。早期生活优渥，加上父母的影响，李清照的文学才能越来越明显。而命运之神似乎特别关照李清照，在她18岁的这年，她与太学生赵明诚结婚，婚后过着融洽、安宁、幸福的生活。婚后不久，赵明诚便"负笈远游"，于是思念丈夫的李清照在公元1103年的重阳节这天，写下了流传千古的《醉花阴》给远在他乡的丈夫。因此《醉花阴》中的"黄花"意象承载着的是她的才情灵性、人格修养以及她的清静寂寞。清雅的芳姿，高洁的情怀，说的是花也是人。这小小的一朵黄花，清瘦淡雅，充满诗的灵性，它是词人彼时的化身。此时的李清照虽也愁，但这种愁尚且是闺中少妇的孤独与寂寞，是对丈夫的离别相思愁。

（2）《声声慢》之憔悴"黄花"

而在《声声慢》中的"黄花"意象与前期相比则已然破败不堪。它经受了季节更替的凄风苦雨，寂寞寒冷、凋零憔悴。一如李清照所经历的朝代更替、夫死家亡。此时的李清照正如她在此中所写"冷冷清清""凄凄惨惨戚戚",这成了她的生活常态。往日之安定生活,与丈夫的甜蜜日子不复存在。故在《声声慢》中,黄花之境遇又何尝不是词人之境遇,抑或黄花凋零却可堆积在一起,可词人的生命凋零之时尚且不能归根故土,亦不能与丈夫与亲人相聚。她想寻觅出一丝温存,却寻觅无果,得到的却是冷清的现状及凄惨的心境。在西风中静看北雁南飞直到黄昏,看点点滴滴的梧桐雨打湿清瘦的菊花,亦打湿自己憔悴的面庞与残损不堪的心。此时的人面与花面相映衬,原本清雅的芳姿多了一种生命在经受了凄风苦雨洗礼之后的寂寞凄凉、坚韧不屈之美,亦多了一股凌寒独自开的傲然风骨与神韵。

2."人比黄花瘦"VS"满地黄花堆积"

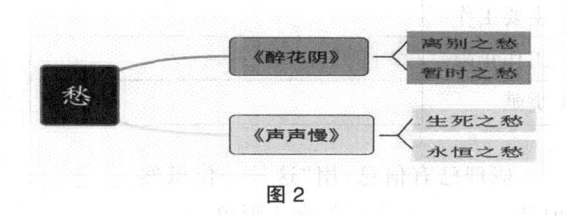

图2

图2对比《醉花阴》和《声声慢》,一首为李清照前期的作品,更多的是抒发闺中少妇的离愁。丈夫赵明诚虽没有在她身边,但他们心中有彼此。所以,《醉花阴》中所抒发的愁,是一种离别之愁,这样的离别愁是暂时之愁,是有所期盼的愁。写《声声慢》时的李清照已经历了国破、家亡、夫死,人生的愁苦悲痛已然完全降临在她身上。故《声声慢》中所抒发的愁,和前期决然不同,这是一种生死之愁,是永恒的愁苦。(为使对比更加鲜明,笔者做了两首词中情感"愁"的对比图。如上图2所示)《醉花阴》以"愁"开端,《声声慢》以"愁"作结。《醉花阴》中黄花依旧、重阳依旧、把酒赏菊依旧,但所思念的丈夫却不在身边。《声声慢》中黄花凋零、重阳已过、无心赏菊、喝酒难挨愁苦,开头句连用七对叠词,十四字无一愁字,却处处显愁,声声是愁,真真是声声叹惜声声慢!

四、结语

统编版高中语文教材没有编入《醉花阴》这首词,在教学中,将前期抒发离愁的《醉花阴》与抒发生死之愁的《声声慢》进行对比阅读,不仅可以实现一篇带多篇,从课内走向课外的教学理念,还可以促进学生对于李清照词中情感的掌握。同时,前后期作品的对比教学,能够让学生对李清照有更为全面的了解,加深对李清照词的理解。

本文以李清照词中的"黄花"意象为主要研究对象,在对比中得出《醉花阴》与《声声慢》不同的情感。同时在"黄花"意象的分析中,我们还能看到李清照身上所具有的独特气质:凛冽西风中的黄花,遗世独立,坚贞不屈;历史长廊里的李清照,优雅高傲,独领风骚。国难、家难、婚难和学业之难集于李清照一身,尘世间的苦难都折射在她那如黄花般瘦弱的身子上。但她从未向命运低头,就如她的名字所昭示的"明月松间照,清泉石上流",李清照就是自己生命中的勇士。

注释:

[1][2]中华人民共和国教育部.普通高中教科书·语文(必修上册)[M].北京:人民教育出版社,2019:103,68.

[3]王骊.说"黄花"[J].现代语文(教学研究版),2012(2):56.

[4][6]陈晓敏.一种黄花两样愁——李清照《醉花阴》《声声慢》"黄花"意象赏析[J].语文建设,2015(11):39-40.

[5]俞平伯.唐宋词选释[M].北京:人民文学出版社,1979.

参考文献:

[1]王芳.《醉花阴》和《声声慢》比较阅读[J].学语文,2009(05):8.

[2]蔡义江.李清照《醉花阴》《声声慢》赏析[J].语文建设,2011(12):44-46.

[3]管亚平.谈《醉花阴》《声声慢》与《永遇乐》的悲愁表达[J].语文天地,2014(28):18-19.

[4]郭勇,胡超.《醉花阴》《声声慢》比较研究[J].山花,2015(12):135-136.

[5]周娴.以《声声慢》为例赏析李清照的词作风格[J].文学教育(下),2021(12):11-13.

[6]何莹莹.一曲哀婉凄凉的生命绝唱——部级精品课《声声慢(寻寻觅觅)》品赏[J].语文教学通讯,2022(22):26-29.

[7]高睿,李景梅.《声声慢》深度教学探析[J].赤峰学院学报(自然科学版),2022,38(04):72-74.

罗学丽,四川省西昌市泸峰中学教师。

在"真实情境"中搭建教学"支架"

——以《青山不老》的教学案例改进为例

◎齐 辰

近些年来,"真实情境"可以称为语文教学研究领域的热点词汇之一。什么样的情境才是"真实情境"?课堂应该如何开展"真实情境"下的教学?这些都是情境教学中不可避免的问题。

当前关于"真实情境"的认知趋于明确。"情境"是课堂教学内容涉及的语境[1],情境的"真实性"则是基于"语文生活的真实需要"[2],"真实情境"要立足于学生立场、现实生活立场和文本立场[3]。基于以上认识,笔者在见习规培期间,在带教师父的指导下,以见习汇报课为契机,开展了"真实情境"下的三次语文课堂教学尝试。本文以《青山不老》的教学案例改进为例,基于真实问题,就如何开展"真实情境"下的教学做一些有意义的探索和思考。

一、问题:"真实情境"与"文本"的脱节

(一)初次设计

基于本校"跨学科主题教学"的实践背景,笔者选择针对《青山不老》这篇文章展开"真实情境"下的课堂教学。

结合新课标"跨学科学习"学习任务群"在综合运用多学科知识发现问题、分析问题、解决问题的过程中,提高语言文字运用能力"[4]这一要求,同时考虑到文章经历了由新闻稿到文学稿再到选编入课文的过程,笔者初次尝试执教"采访"情境下的《青山不老》课堂教学,这一情境下的教学流程分为以下三个环节:

1.走进采访,初识"老人"

出示情境:请你化身为小记者,跟随着记者梁衡,采访这位老人。完成《采访记录表》中的"被访人信息"一栏。

被访人信息	
姓名	
外表	
年龄	
生活状况	
主要工作	
工作年限	
贡献	

梳理已有信息,用"这是一位虽然＿＿＿＿,但是＿＿＿＿",把握老人形象。

2.深入采访,理解"老人"

学生两两合作,分角色扮演,模拟"采访",探讨老人坚持植树造林的原因。

学生展示交流,感受老人身上的精神品质。

3.采访小结,感悟"不老"

通过撰写80字左右的采访小结,体悟"青山不老"的含义。

(二)情境再现

初次执教后,发现在"深入采访,理解老人"这一环节,两组学生呈现出如下不同的"采访现场":

"采访"片段一:

生1(记者):您家有几口人?

生2(老人):只有我和我的女儿,我的老伴去世了,女儿在城里,现在是我一个人独自生活。

生1(记者):您每天都会干什么?

生2(老人):我每天早晨抓把柴煮饭,带上干粮扛上铁锹进沟上山,晚上回来,吃过饭抽袋烟就睡觉了。

生1(记者):啊,您真伟大啊!

"采访"片段二：
生3（记者）：您觉得这样一天的生活单调无趣吗？
生4（老人）：不觉得。
生3（记者）：为什么您要选择植树造林15年之久？
生4（老人）：因为我觉得种树是命运的选择，屋后的青山就是生命的归宿。

很明显，第一组学生模拟的"采访现场"大都是基于已有信息来重复提问或回答，第二组学生模拟的"采访问题"较有价值，但理解依然停留在文本表面。在自以为"真实情境"设计下的教学成效却不尽人意。通过创设"真实情境"，如何能更好地为文本、为课堂教学服务？这是笔者初次执教的疑惑。

（三）案例反思

执教过后，发现在"采访"这一真实情境创设下可以一定程度引发学生针对"真实问题"的思考，通过分角色扮演的方式也巧妙调动了学生尝试依据文本来发现问题、解决问题的积极性。

同时，本次执教也明显呈现出一个问题，即"真实情境"与"文本语言"的脱节，学生的思考游离于文本之外。究其原因，是教师仅仅给出一个情境，却没有充分预设学生的回答并适时给一些必要引导，导致有些学生的回答只停留在筛选文本信息这一层面，实则没有理解并有所感悟。基于此，教师应该关注学生理解文本的"难点"，在模拟"采访"前给予一些必要引导或在生生采访中适当追问，建立情境与文本之间的关联，推进学生对一些有"哲思"语句的理解和感悟，引发学生基于文本的深度思考。

二、调整：分解情境，搭建问题"支架"

（一）调整设计

基于第一次教学设计中"'真实情境'与'文本语言'脱节"这一问题，我进行了第二次"同课重构"。通过重读文本，聚焦文本的"独特性"和学生在情境中较难突破的"难点"，对"深入采访，理解老人"这一环节中的情境进行分解设计，搭建问题"支架"，引导学生立足文本来解决问题。针对这一教学环节调整如下：

1.深入采访，理解"老人"

【屋内"采访"——访老人】

（1）作为记者，你一定会问老人什么问题？组内两两合作，做好记录，还原一段采访现场。

要求：

①分角色扮演；②发挥想象，注意称谓和说话语气。

（2）组内学生展示，感受老人身上的精神品质。

（明确：探讨老人植树造林的原因：保护生态、实现自身价值、造福子孙……）

【屋外"采访"——赏青山】

出示情境：老人陪同我们，实地考察了这座"青山"。

（1）此时的你看到了什么？你眼中的树或山有什么特点？

（2）想象：此时，你望了望这棵树，又望了望身边的老人，你可能会想些什么？

（二）情境再现

这一次尝试中，我参与到了学生的"采访现场"，对采访问题和采访要求予以具体指导，给出如"作为记者，你一定会问老人什么问题？""发挥想象，注意对话时的称谓和说话语气"等问题"支架"，呈现出如下教学片段：

教学片段1：

师：思考一下，作为记者，你一定会问老人什么问题？

生1：我会问老人："您为什么要一辈子植树造林？"

生2：我会问老人："为什么您不和女儿回城里享清福？"

师：这些问题就是有价值的。请组内合作，试着模拟一段采访现场，注意，老人的回答和双方说话的语气如何确定？

生：从文章中找。

教学片段2：

师：紧接着，老人陪同着我们去实地考察了这座青山，请大家朗读第5段，思考：你看到了什么？

（齐读）

生1：我看到了杨树、柳树。

师：你眼中的树有怎样的特点？和大家分享一下你的所见所感。

生1：文中有提到"如臂如股，劲挺在山洼山腰，看不见它们的根"，我感觉它们很有力量，深深扎根在黄土里，是一种挺拔的样子。

生2：我觉得它们还很勇敢，因为"山洪涌下的泥埋住了树的下半截，树却勇敢地顶住了它的凶猛"。

师：观察很仔细！试想此时，你站在这座青山上，抬眼望了望这树，又望了望身边的老人，你可能会想些什么？

生3：我感觉这树就是老人的缩影。树木非常顽强勇敢地抵御山洪的凶猛，就好像老人勇敢顽强地与晋西北恶劣环境做抗争一样。

在以上引导下，学生对"采访现场"的规范性和还原度提高了，对文本的理解加深了。在教学实践中，当组内学生在采访过程中提及"种树是命运的选择，屋后的青山是生命的归宿"一句时，我通过予以追问"为何您要将青山作为自己生命的归宿""青山对您个人来说有怎样的意义吗"，在情境中加强学生对文本的关注。

（三）案例反思

情境的创设要有"文本立场"，要凸显出文本的"独特性"。在搭建问题"支架"后，当我引导学生思考必要的采访问题时，发现学生眼中似乎闪烁出一些"光亮"，学生开始走进文本，当我通过分解情境，增设"屋外采访"来聚焦人与树之间的关联时，也顺势解决了学生学习的难点，进而唤起学生对"青山不老"含义的体悟。

同时，在"重温"教学现场后，也发现了新的问题，如情境下问题设置开放度不够，少了些学生自主探讨的空间，教师的过度参与也会破坏"采访"的实时感和氛围感。如何在"真实情境"下推动学生进行基于文本语言的自主学习？是否可以通过设置"采访评价"的方法引导学生主动重温采访现场并交流探讨想法或感悟？基于此，促使我进行了第三次教学尝试。

三、探索：细化情境，搭建评价"支架"

（一）再次调整设计

第二次尝试中，教师的主导性和参与感过重，基于此，我对"屋内采访"这一情境进行了细化，通过设计评价量表，为学生搭建评价"支架"。调整后的这一教学环节如下：

1.深入采访，理解"老人"

【屋内"采访"——访老人】

作为记者，你一定会问老人什么问题？组内两两合作，做好记录，还原一段采访现场。

要求：①分角色扮演；②发挥想象，注意称谓和说话语气。

依据评价量表（见图），评价这次采访。

	优秀"采访"	合格"采访"	待改进"采访"
采访问题	问题有价值	问题较平常	问题为已知信息
采访表达	符合双方的身份和语气	较为符合双方身份和语气	不符合双方的身份和语气
采访称谓	非常明显地表现出记者的采访态度	能表现出记者的采访态度	不能表现出记者的采访态度

【屋外"采访"——赏青山】

出示情境：老人陪同我们，实地考察了这座"青山"。

1.此时的你看到了什么？你眼中的树或山有什么特点？

2.想象：此时，你望了望这树，又望了望身边的老人，你可能会想些什么？

（二）情境再现

再一次的尝试，学生的兴趣高涨，纷纷从不同角度对"采访现场"进行评价，且能做到有理有据，呈现出如下教学片段：

生1（记者）：您是如何在15年里用坚强的意志做出了这么大的贡献？

生2（老人）：哎呀，这说来话长啊（模仿老人的语调），记得我女儿也常让我回城里享清福，但我觉得我不能留下这片荒漠不管，晋西北的沙尘暴多厉害啊，这样的环境不行，我要改造它，我要让这里变成一片绿洲，我要让我的生命有价值，我生1(记者)：可是，您已经81岁了，您再不为自己的人生增光添彩的话，就没有机会了啊。

生2(老人)：植树工作又何尝不是一种价值呢？这何尝又不是我人生中的一种意义呢？这身后的青山是我生命的最终归宿。

（鼓掌）

师：我提取了这位"老人"回答中的一些关键词，比如"改造晋西北环境""实现生命价值""造福村民"，这或许就是老人坚守的原因。刚才大家都不约而同地为他们鼓掌，谁能针对这次"模拟采访"进行评价？

生3：我觉得这是一段优秀采访，同学1采访的问题很有价值，或许也是当时作者梁衡想要问老人的问题，同学2也抓住了文章中心来回答"记者"的问题。

生4：这位"老人"扮演得非常像，说话语气就像文中所写的"不紧不慢"。

生5：我想给这位记者提一点建议，感觉记者的提问没有什么情感，很平淡。

师：那你觉得应该持有一种怎样的情感比较好？

生5：多一些敬畏感会比较好。

这一次的教学尝试，学生的表现让我既惊喜又激动，如有学生敏锐抓住了作者在文本中倾注的情感态度，有学生试着用"不紧不慢"的语气模仿"老人"，有学生从问题的"价值性"上予以点评……课堂的开放度和自主性提升了，学生基于文本的交流让我感受到了一次次探索的意义。

(三)案例反思

评价量表的设计，给了学生更多自主学习、探究的空间，能明显感受到学生在这一"支架"下，尝试在情境中走进文本、深入文本。

但教学仍有缺憾，我也接收到了许多进一步改进的意见，有了新的思考。如这节课的教学内容仅仅停留在"写了什么"，对作者"怎么写""为什么写"这些问题缺乏关注和引导。

针对以上问题，"重温"教学现场，教师可以尝试从"采访问题"入手，不仅仅停留在"问了什么问题"，而是试着提供问题支架"为什么会提出这个问题"，让学生去发现、思考这篇散文的写作构思与采访问题的价值性，理解梁衡花费较多篇幅描写晋西北自然环境和老人现有生活状况的用意，进而延伸到"为什么写"的问题上，延伸到思考这篇文章的社会意义上。

四、结语

本文以《青山不老》的三次教学案例改进实践为例，围绕一个"采访"情境，针对"真实情境"与"文本语言"脱节这一问题，聚焦"采访"情境下的"模拟采访"环节，在真实情境下搭建问题"支架"和评价"支架"，通过教师的提前预设和适时引导让"采访"情境在文本中得以开展。此外，在此情境下也可进一步探索文章"怎么写""为什么写"的教学可为空间。

如何开展"真实情境"下的教学？如何通过创设"真实情境"更好地为文本、为课堂教学服务？本文通过三次教学实践，找到了答案：不立足于文本语言的"情境"并非"真实情境"，在真实情境下开展教学，教师可以通过搭建教学"支架"的方法，让学生在情境中"有所依"。开展"真实情境"下的阅读教学，可参考如下两条教学路径：一是在依托文本特性、挖掘"真实问题"的基础上，由教师设计或学生自主探索一些下位问题来聚焦文本；二是课堂巧用阅读评价量表，为学生提供更多自主探索的空间。

总之，巧用教学"支架"，搭建情境与文本间的"桥梁"，推动学生在"真实情境"中解决"真实问题"的同时，也做到了"真实情境"更好地为文本语言、为课堂教学、为学生自主学习服务。

注释：

[1]《语文建设》编辑部.文学习任务群的"是"与"非"——北京师范大学王宁教授访谈 [J].语文建设,2019(01)：4-7.

[2]郑桂华.追求"真"与"实"统一的写作教学[J].中学语文教学,2021(01)：34-39.

[3] 俞峰.建构三级"真实情境"，拓宽语文学习空间——以统编本必修教材"文学阅读与写作"任务群为例[J].语文教学与研究,2023(04)：81-84.

[4]中华人民共和国教育部.义务教育语文课程标准（2022年版）[S].北京：北京师范大学出版社,2022.

齐辰，上海市闵行区田园外国语中学教师。

挑战式学习与古诗词复习相结合的策略研究
——以小学语文六年级下册古诗词诵读单元为例

◎陶梦霞

世界充满着未知和挑战,学生对感兴趣的挑战总是抱有极大的热情,挑战式学习是一种能激发学生学习兴趣的教学方式。在教学中,设置有趣的挑战性问题和有价值的挑战性任务能更好地吸引学生,激发他们的好奇心和能动性。小学语文六年级下册古诗词诵读单元中的十首古诗词内容丰富,意韵深刻,教师可以运用挑战式学习的方法将古诗词诵读单元与小学语文古诗词复习相结合,突破传统的古诗词学习方法,通过设置挑战式学习任务提高学生学习的兴趣和自主学习的能力,将古诗词教学和复习整合起来,提高学习效率,增强学习效果。

挑战式学习也被称为"基于挑战的学习",该学习方式围绕"挑战"来构建学习体验,强化知识学习与技能培养,强调合作和实践,要求所有参与者(学生、教师、家庭或社区成员等)识别学习或生活中真实的挑战,提出好问题,通过解决问题深入理解相关学科知识,发展技能,提高综合素养。小学语文六年级下册中的古诗词诵读单元是小学语文六年级的最后一个单元,也是整个小学阶段语文教材的最后一个单元,本单元一共包含十首古诗词,包括1首先秦诗歌、3首唐诗、3首宋诗和3首宋词,其选取的十首古诗词内容丰富、涵义隽永,具有典型性和代表性。本单元的古诗词教学发挥着承上启下的作用,教师通过对小学阶段的古诗词进行统整,为初中阶段的语文古诗词学习进行铺垫。教师在本单元教学中可以运用挑战式学习的方法将古诗词诵读单元与小学语文古诗词复习相结合,充分培养学生自主、合作、探究的学习,调动学生的学习积极性,提高学生的学习效率,增强学习效果。

一、挑战式学习的概念

挑战式学习源于美国苹果公司在2008年发起的"当下与未来的苹果课堂"学习项目。该项目旨在探索如何更好地应用技术满足学习者的需求,以便

图1 挑战式学习实施的三阶段框架

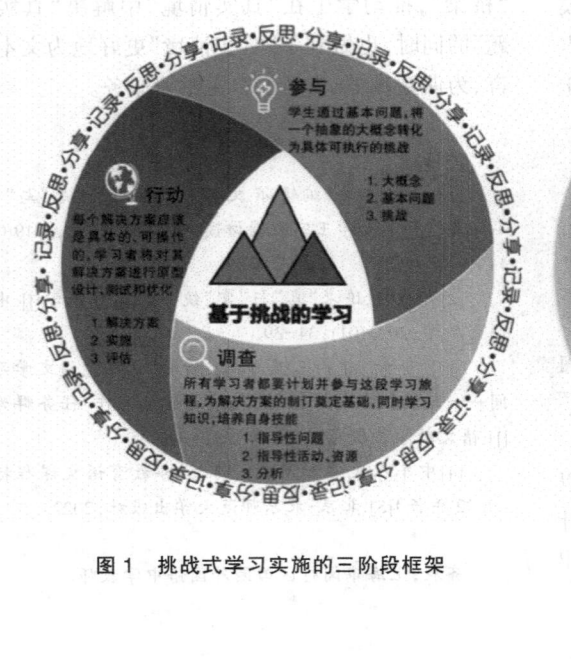

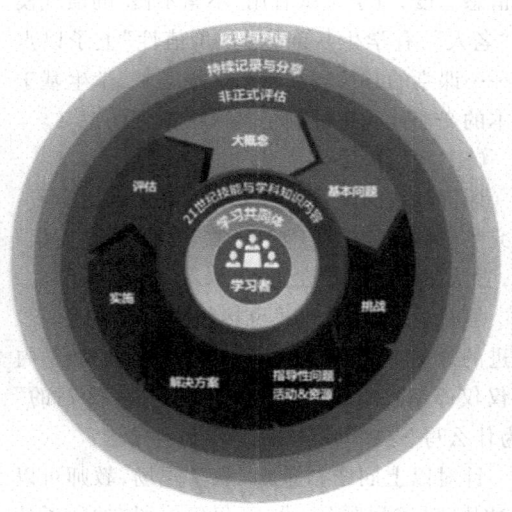

图2 挑战式学习的七个基本组成要素

更好地升级教学、促进学生的培养。苹果公司的教育副总裁约翰·库奇在《学习的升级》一书中解释道："挑战式学习是一种以探究为基础的学习框架，它使学习者面临一系列个人和团队的挑战，从而使学习过程更具相关性和趣味性。"

挑战式学习具体包含三个阶段、七个要素。三个阶段分别为"参与、调查、行动"，这三个阶段中的每个阶段都包含有助于学习者进入下一阶段的活动（见图1），挑战式学习包含七个要素，其每一要素都分布在不同的阶段中（如图2所示）。挑战式学习的三个阶段和七个要素是挑战式学习的基本框架和基本构成，它可以作为指导教学法实施，也可与其他学习方法相结合。挑战式学习注重在学习环境中添加挑战以加强学习的紧迫感，这种学习方式能够提升学习者的学习热情，提高学习者对知识的应用能力，以弥补传统教学方式的不足。

二、挑战式学习的意义

2009年，新媒体联盟发布了一项在课堂实践中应用挑战式学习的研究报告，这项研究报告涉及美国6所学校、29名教师、17个学科和330名学生。报告中指出，应用挑战式学习对课堂教学和学生发展有显著成效。基于这项研究成果，2011年新媒体联盟又开展了另一项研究，用以测试挑战式学习框架是否适用于更大范围的幼儿园至研究生阶段学习者，此项研究包括来自3个国家的19所学校、90名教师和1500名学生。研究再次表明，挑战式学习是吸引学生、帮助学生达到课程标准并获得技能提升的有效学习方式。

挑战式学习中，教师会鼓励学习者自主合作地设计项目，这使整个挑战相关程度更高，学生的主人翁意识、认同度和积极性将大幅提高。在挑战式学习方式下，教学内容和学习过程保持着很强的创新性、合作性和挑战性，使学生有很大的兴趣获取知识并运用综合能力实现相关挑战，这对培养学生的沟通、合作和创新能力有极大的助益。

三、古诗词诵读的特点

《义务教育语文课程标准（2022年版）》在总目标中指出："认识中华文化的丰厚博大，汲取智慧，弘扬中华优秀传统文化，建立文化自信。"古诗词有着悠久的历史和丰厚的文化底蕴，对培养学生的审美意识和文化自信有极大的促进作用。六年级下册古诗词诵读单元依照诗歌发展顺序编排，选取从先秦到宋代的经典诗词，有利于学生了解中国诗词发展的历程；其所选诗词的体裁有四言诗、五言绝句、五言律诗、七言绝句、词等，有利于学生回顾小学阶段的古诗词类型；就题材而言，有思乡诗、送别诗、咏怀诗等，有利于学生加深对古诗词情感的理解。

对比小学阶段的语文教材可以发现，之前的古诗词教学倾向于1~3首分散编排，比如在主题单元的第一课中，抑或是资料袋里。但本次"古诗词诵读"单元集中编排了十首古诗词，仅有注释在一侧，学习形式更开放、自主，对教师的引导能力和学生的自主学习能力都有较高的要求。作为小学阶段语文教学的最后一个单元，本单元的古诗词诵读要求"复习回顾"与"迁移学习"齐头并进，意在引导学生温故而知新，学会运用小学阶段所掌握的古诗词学习方法自主学习，巩固和丰富古诗词的积累，为更高年级的古诗词学习做准备。

四、挑战式学习在古诗词诵读教学中的策略

《义务教育语文课程标准（2022年版）》在第三学段（5~6年级）的要求中明确指出："背诵优秀诗文60篇（段）注意通过语调、韵律、节奏等体味作品的内容和情感……注重了解优秀传统文化的源远流长、丰富多彩，提升自身中华优秀传统文化修养。"若是按照传统的教师讲授、学生聆听的方式进行教学，容易忽视对学生自主能力的培养，若教师运用挑战式学习方法对本单元进行教学，就能充分发挥学生的自主性，提高学生的学习兴趣，培养学生的综合能力。下文将运用挑战式学习对古诗词诵读单元进行教学上的新设计，旨在为一线小学语文教师的课堂教学提供更多可能。

（一）围绕教学目标，确定"大概念"

在挑战式学习的参与阶段，有以下三个元素：1.大概念。大概念是与学习内容密切相关的概念或主题。2.基本问题。通过设计，将大概念与学习内容、教学目标或学生的学习兴趣相结合，从而围绕大概念提出各种基本问题。3.挑战。基本问题确定后，需要联系学科知识内容将其转化为具体的、可开展的挑战活动。

综上所述，结合六年级下册古诗词诵读单元的教学目标，最终确定本单元的挑战式学习"大概念"为"回味古诗词"，确定本单元的挑战式学习基本问题为：1.在古诗词学习中，你掌握了什么方法理解古诗、记忆古诗？2.如果请你分类，你会怎样给古诗词

诵读单元中的十首古诗词分类?(比如朝代、意象、体裁、题材)3.用你的分类方法整理小学阶段语文教材中的古诗词,并标记出你最喜欢的诗句。4.还有哪些同类型的课外古诗词令你印象深刻?推荐给大家。

学生将围绕以上"大概念"和基本问题进行挑战式学习,用自己喜欢的方式制作表格或思维导图,让挑战式学习成果可视化。

(二)运用多种方式,拓宽学习边界

挑战式学习在调查阶段强调为学生构建个性化、情境化的学习体验,进行严谨的、基于概念的研究。结合《义务教育语文课程标准(2022年版)》对5~6年级学生提出的"初步了解查找资料、运用资料的基本方法。利用图书馆、网络等渠道获取资料,解决与学习和生活相关的问题"这一要求,本环节设计的挑战式学习活动内容为:

1.根据学生不同的能力水平进行小组划分,尽量均衡分配,让学生形成合力,自主合作地进行挑战式学习,将对古诗词的探究融入小组学习任务中。

2.小组交流探讨,根据兴趣和能力进行分工,安排古诗词活动统筹员、图书馆调查员、网络资料整理员、小组材料记录员、小组成果汇报员等,让小组中学生人人有分工,各个在参与,逐步去挑战,慢慢能超越,最终实现学生核心素养和综合能力的提高。

同时,在本环节中,教师要特别注意以下几点:1.针对能力较强的学生或小组,教师可以放手让学生自主合作地完成挑战式学习。而对于能力较弱的学生或小组,教师可以在与家长及小组沟通之后,通过家校合作和小组协作,协助学生完成资料的搜集。2.可以提示学生,搜集的资料可以与本单元教材中的相关图文结合起来。但值得注意的是,教师要强调课外古诗词的搜集可以运用图书馆、网络等多种途径,实现信息搜集和整合能力的培养提升。

(三)自主合作探究,解决挑战问题

学生自主、合作、探究的能力是学生综合能力培养的目标之一,也是挑战式学习的目标之一。本环节教师可以放手让学生去实践和探索,对资料进行整合和优化。具体活动内容可以如下:

1.小组内根据责任分工,进行古诗词相关资料的查找和筛选,同时对挑战式学习提出的基本问题进行组内交流探讨,争取意见一致。意见不一致时,各小组成员之间应进行更深度的交流和沟通,做到有理有据地说服组内其他成员。

2.组内要有任务规划,包括具体责任分工、时间安排、完成进度、组内会议等内容,让学生有目标有计划地完成挑战式学习任务。

3.教师及时了解各小组活动的进展情况,定期进行班级研讨,让小组间有挑战的动力和竞争的热情,同时也对学生起到督促和引导作用。

每组学生通过分组和分工,成了挑战式学习的参与者与制定者。学生可以参与到挑战式学习的各个环节,制定挑战式学习的活动过程和呈现方式,此时学生真正成为了自主学习的主人,参与活动的热情和对学习的兴趣都有了极大提升。同时学生之间对基本问题的筛选和探讨,会促使学生主动探求知识,这样不仅培养了学生主动学习的意识,还最大限度地促进了学生的个性化发展。

(四)进行成果汇报,完成诗词展示

《义务教育语文课程标准(2022年版)》对5~6年级学生提出了"感受不同媒介的表达效果,学习跨媒介阅读与运用,初步运用多种方法整理和呈现信息"的要求。当各小组完成挑战式学习任务后,教师将组织学生进行成果汇报,汇报的方式可以灵活自由,比如PPT讲演、视频播放、实物展示、故事演绎等等,让学生根据小组内的决策进行学习汇报,充分尊重学生的自主意识,肯定学生的探究成果。这样的挑战式学习成果汇报形式丰富多样,拓展了学生的学习范围,让学习成果的检测不再局限于书本知识的考查或作业专题的完成情况,而是让学生通过小组多样化的汇报,感受到不同媒介的表达效果,直观领略到不同知识承载体的表现方式,给学生形象生动的教育体验。

在各小组展示完毕后,教师要进行及时的亮点捕捉和知识补充。这时教师的引导者角色将发挥作用,因为学生的汇报即使再精彩,也有令人眼花缭乱的可能,这就需要教师在学生进行挑战式学习的过程中,关注学生研究的进展,对学生即将展示的成果汇报提前进行关键性的整合和必要性的补充。

(五)评价挑战成效,总结反思提升

在学生完成研究性报告之后,挑战式学习的最后一个环节就是进行评价和反思,挑战式学习的评价包括学生评价和教师评价,反思包括教学反思、个人反思和小组反思。挑战式学习的评价与一般性评价相比，更强调学生对"大概念"的理解和运用多种知识解决实际问题的能力，所以挑战式学习的内容更加多元，参照也更加丰富。在整个挑战式学习中，学生需要持续地记录和体验、反思和实践，不断优化成果、升级学习成效，并同他人分享挑战式学习经验。

比如在本次挑战式学习中，需要对学生在小组挑战过程中的参与情况、合作情况、组织情况，以及作品完成情况等进行评价，还需要对最终的研究性报告成果进行评价。同时，挑战式学习的评价主体更加多元，教师、学生，甚至家长都可以成为评价的主体，所以学生的个人反思和小组反思都是重要的评价方式。

教师应在评价环节给予学生基本的评价量表进行参考，可以设置学生个人评价和小组评价如下（见表1）：

恰当的评价能帮助学生了解自己的学习状态，加强对学习的认识和对自我的了解，还能帮助学生在学习上更加独立自主，对学生学习能力的提升有辅助作用。同时，教师对挑战式学习完成情况的评价和反思，有助于教师总结教学优缺点，优化教学策略，为下一次挑战式学习的设计提供改进方向。

五、结语

挑战式学习的目标是让学生不再成为学习知识的被动输入者，而是成为知识的主动输出者和

表1 学生合作情况评价表

自我评价内容	评分(0–10分)	小组互评内容	评分(0–10分)
我能积极地参与小组讨论		能够按时、认真地完成小组分工	
我能认真耐心地倾听同学发言		能够积极发言，参与小组讨论	
我能清晰有条理地发表观点		能认真耐心地听小组其他成员发表观点	
我能抓住重点地转述同学的想法		表达清晰有条理，与他（她）合作很愉快	

学习成果的主要创造者。学生利用新时代的各种信息技术和渠道获取知识，通过自主、合作、探究的方式进行学习，这对学生知识、技能与核心素养的培养提供了新方向，相信拥有挑战式学习能力的学生，能够更好地适应当下，迎接未来。

参考文献：

[1]中华人民共和国教育部.义务教育语文课程标准（2022年版）[S].北京：北京师范大学出版社,2022.

[2]约翰·库奇,贾森·汤.学习的升级[M].徐烨华,译.杭州：浙江人民出版社,2019.

[3]徐玲玲,刘徽.挑战式学习：关怀全球性的真实问题[J].上海教育,2019(20):66–71.

[4][5]雷蕾.迁移与延伸：古诗词小升初衔接教学探析——以统编小学语文教材六年级下"古诗词诵读"板块《泊船瓜洲》为例[J].新课程教学（电子版）,2022(21):126–127.

陶梦霞，江西省南昌市昌北第二小学（青岚校区）教师。

解决"真"问题 方得"真"作文
——基于STEAM教育的小学三年级习作教学初探

◎田 媛

小学语文教学中,习作的教与学是老师们棘手的课题,学生习作不可避免地出现立意趋同、言之无物现象,归根结底是真实体验不够、真实思考不足、真实感悟不深。学无所依,教无所靠,故作文难动笔、难动情、难出彩。如何摆脱这样的习作困境是摆在语文教师面前的一道难题。笔者从现实困境出发,借助STEAM教育,开展项目式整合学习,以三年级习作教学为例,尝试为摆脱这一困境提供一些操作性探索。

一、三年级习作教学的现状与困境

三年级是习作的起步阶段,是小学从写话教学到习作教学的转折。低年级的看图写话可按图索骥、言之有物;而进入三年级,不难发现学生失去了图画的依托,困难重重。下面,我以三年级全册习作为例,简要总结"教"与"学"之难点。

根据下表可知,在三年级16篇习作中,有12篇习作要求学生写身边的真人、真事、真物,或在真实的情感体验上续写故事,占比75%;另有4篇想象作文,占比25%,都为体验童话世界中的人物或动物,建立在真实的情感体验之上,展开合理想象。"真"是三年级习作写作的一个重要导向,也是现实教学中面临的重大困境。

(一)体验趋假、表达务虚,情感难真——学生完成习作之困

1.体验趋假,浅尝辄止

《我们眼中的缤纷世界》《我的植物朋友》《我做了一项小实验》《中华传统节日》需要孩子们走进大自然去细心观察,亲自动手去完成实验,查找有关传统节日的资料,写清楚过节的过程,对"作前体验"提出了极大的要求。而现实情况是"作前体验"

册次	单元/习作话题	习作要素	学生学习难点	执教者教学难点
三年级上册	一:猜猜他是谁	体会习作的乐趣	写谁?如何写?	如何喜欢写、如何教学生把人物特点写出来
	二:写日记	学会写日记	日记格式及内容	如何教学生把当天事情写清楚
	三:编童话	试着编童话	童话怎么写?	教学生写清楚童话的人物和故事
	四:续编故事	合理预测,续编故事	故事怎么编?	教学生合理预测故事走向,续编故事,写出真情实感
	五:我们眼中的缤纷世界	留心观察周围事物并仔细记下来	怎么观察?如何记录?怎样成文?	引导学生留心观察,发现周围事物的美好,写出真情实感
	六:这儿真美	围绕一个意思写	怎么抓住景物中心特点展开描写?	教学生提炼中心意思,并指导学生从哪些方面展开来写
	七:我有一个想法	把生活中的现象和自己的想法写清楚	是否能发现身边公共生活中的现象、问题?如何并表达自己的想法?	聚焦真实体验、启发真实思考、形成真实感悟
	八:那次玩得真高兴	学写一件简单的事	如何写出事情的经过、写出当时的快乐?	指导学生记录活动的过程,写出当时的快乐心情

三年级下册	一：我的植物朋友	观察与发现	如何从看、听、摸、闻多角度观察植物？怎样把观察和感受写清楚？	引导学生调动多维感官，把植物写出特点、写出朋友般的真情实感
	二：看图画，写一写	把自己看的、想的写清楚	怎样把看到的、想象到的画面写下来？	引导学生按顺序观察图画、合理预测内容，想象故事情节，把图画内容写清楚
	三：中华传统节日	了解传统节日风俗，写一写过节的过程	如何写清楚过节的过程和氛围？	聚焦过节体验、回忆过节趣味、形成过节感受
	四：我做了一项小实验	观察事物的变化，把实验过程写清楚	如何把实验过程写清楚？	指导学生在真实完成实验的基础上，形成真实实验过程的记录与实验结果的收获
	五：奇妙的想象	发挥想象写故事	如何大胆想象，创造出自己的想象世界？	开拓思路，畅想世界
	六：身边那些有特点的人	写出人物特点	有哪些特点？怎么写出人物的特点？	引导学生先观察真实的身边人物后写出真实的特点
	七：国宝大熊猫	整合信息，介绍某种事物	怎样提取信息、介绍事物？	引导学生查阅资料、提取信息，形成对该事物的准确介绍
	八：这样想象真有趣	大胆想象，编一个童话	如何选取一个动物作为主角？怎样大胆想象跟原来完全相反的特征？接下来会发生怎样的故事？	引导学生大胆想象，创编故事，既要有趣更要合乎故事情节的发展

或是走马观花，或是道听途说，体验浅薄不够深入。

2. 表达务虚，人云亦云

在《猜猜他是谁》《身边那些有特点的人》《国宝大熊猫》中，都是对真人真物的真切表达，唯有"真"熟悉、"真"了解，才能写出人物的特点来。而三年级学生在起步中极爱模仿，会习惯借鉴他人的优秀习作成果，人云亦云，模式化、机械化表达。

3. 缺乏思考，情感难真

《我有一个想法》和《写日记》都依赖于学生对平时生活的关注，有了切身的体会，才能发现身边的问题，进而提出自己的想法。而往往缺乏生活经验、独立思考的学生则会亦步亦趋地跟着别人的想法来，依葫芦画瓢，缺乏真情实感。

（二）时长有限、指导局限、场域受限——教师教授习作之难

1. 时长有限——课堂

一节课40分钟是教学时长的"天花板"，40分钟对于学生的习作指导远远不够，碰到生活化情景化明显的话题习作，或是千人千面的个性化建议，更需要花费大量的其他时间来完成，才能保证习作成果的高质呈现。

2. 指导局限——教师

习作教学是主观思维明显的一种教学活动，教师对学生的指导成果受教师个体思维的局限，往往是教师把自己的想法传递给学生，并在习作中呈现，这种习作的指导是有明显主观局限的，是他者的灌输，而非自我的觉醒。

3. 场域受限——教室

我们常说生活即语文，处处都是语文课堂。生活处处皆可传递语文素养，习作课堂放在与主题相关的活动场地中更能调动作者的感官体验和情感表达。这也从另一方面说明了，仅仅待在教室里的习作课是有极大场域受限性的。

以上实践中的诸多问题，让我们不得不思考，有没有更有效的办法来解决。于是我们将STEAM教育引入，从解决"真问题"出发，扩大习作课堂的外延，挖掘习作课堂的内涵，尝试让当中的"困"与"难"得到化解。

二、开拓视野、激趣动手、引发思考——STEAM对于习作教学之益

（一）习作意象可视化——开拓视野

基于STEAM教育，将单元习作打造成一次项目式学习，我们一起解决习作中的真问题，例如《我的植物朋友》不知道怎么写，可以习作课前一起去采风，用小组合作的形式观察植物朋友，形成观察的图片或照片记录，进而小组交流分享二次加工，课中展示汇报三次强化，通过三次可视化的梯度学习，将课堂外的实践用STEAM手段投射到40分钟内的教师课堂里，让习作意象在课堂内可视化，开阔学生视野。让难写的、陌生的植物真正变成身边熟悉的朋友，"真"了解后形成"真"介绍。

（二）习作内容实操化——激趣动手

STEAM学习绝不是信息化的辅助教学，而是挖掘学生主观能动性，调动科学、技术、工程、艺术、数学的学科能力，综合性地思考问题、解决问题。例如《我做了一项小实验》中，没有实践动手的同学，单凭想象写不出实验经过；若光是依靠可视化的实验视频也是写不清实验过程的，唯有转换习作学生的身份，从实验观看者到实验操作者的转变，才能真实地写出实验的过程与收获。让单元习作的内容由写作者本人动手实操，才能在写作时言之有物、心中有法。

（三）习作主题联想化——引发思考

在《我有一个想法》中，经过了一次"家庭成员手机使用时长调查"真问题探究，才能得出"'低头族'越来越多这样的深刻想法"；看到身边垃圾乱扔现象、参观了垃圾处理厂、了解了垃圾处理的全过程，才能得出"垃圾分类，人人有责""垃圾是放错了位置的资源"这样的思考……将习作课堂迁移至生活中，并以学生为主体去实践，才能形成我手写我心的"真"作文。

三、"寻真体验""求真思考""得真感悟"——习作教学融入STEAM教育之例

（一）写物序列习作教学——以《写观察日记》为例

《写观察日记》是对观察对象的介绍，以往我们的切入点是观察，而融入STEAM教育的习作教学应由观察转向实践。于是开展这一单元习作教学时，首先应确定本次项目式学习的任务——先实践，后习作。

1. 动手体验，亲身经历

以种植大蒜、培育豆芽、养蚕宝宝等项目为切入点，定时关注、浇水、栽种、养护，让习作者从观察变化的身份迭代为带来变化的身份，让日记有事实依托、有动手实践、有情感体验，在动手养殖中积极思考、发现问题、克服困难，增加了日记的内容深度和情感厚度。这一层身份的转变是习作求"真"的重大突破，化被动的观察记录为主动的影响改变。

2. 小组合作，解决问题

STEAM习作学习的时间周期远比传统习作教学周期长，培育养殖是较长时间的沉浸式体验。我们在启动《写观察日记》的"作前体验"后，要在项目中期开展小组中期探讨交流，种植大蒜小组遇到了哪些问题，项目组同伴是否有相似的经验、是否能解答并提供好的解决办法；同理，培育豆芽和养蚕宝宝小组依此展开。这些讨论的结果绝非孩子们从书上看到的，也不是网上视频里学到的，而是孩子们动手体验、自主探究的结果，是自己摸索出的真相。进而通过小组交流，让学生思维碰撞，对自身的动手过程有了进一步的思考，为习作打下了坚实的素材基础。

3. 图画勾勒，初试身手

在经过动手实践、小组合作交流后，进入第三步初试身手，用图表或图画的形式记录学生的观察所得，将前一阶段自己种养过程中看到的动植物变化按时间顺序用关键词或者关键形态画出来，形成连贯的观察过程记录。用抽象的线条和鲜明的色彩加深对观察对象的理解。

4. 视频剪辑，重现变化

最后再请信息技术教师将我们收集的照片、视频、绘画、图表等成果剪辑成短视频，在研讨中用3-5分钟将各个养护小组的体验全过程复现，勾起学生创作热情和养护体验。

5. 独立思考，形成习作

《写观察日记》绝不是教室里40分钟的单体容量，是外延到各处动手实践里，由每一个项目学习

者勾连的巨大的STEAM习作学习网，搭建STEAM习作学习网的最终目的则指向习作的呈现，因此在以上四步的沉浸式体验后，最后在课堂内独立思考，当堂完成习作。

（二）写事序列习作教学——以《我有一个想法》为例

《我有一个想法》是对身边某个现象的思考和看法，结合目前身边戴眼镜同学越来越多这个"真"现象，我们开展一次项目式学习，在解决问题中启发学生形成真实的想法并形成习作。

1.抛出问题，分析成因

要想得出一个想法就得先要分析造成近视的成因：用眼过度、用眼不当、写字姿势错误、握笔姿势错误……让学生选择自己认为最重要的原因并进入该项目组，引导不同项目组孩子去对照成因探索办法。

2.分组探究，寻求解决

有的项目组从用眼保护出发，探究怎样更好地做眼保健操，探究眼保健操的准确穴位；有的项目组从写字姿势出发，引导学生调整坐姿、关注身体、桌子、椅子、书本之间的距离关系；有的学生从握笔姿势出发，设计研究了防近视握笔器；有的学生从用眼习惯出发，设计编出了《预防近视顺口溜》；有的项目组从解密人的眼睛出发，设计出《小学生日常活动时间表》和《保护眼睛膳食食谱》……同一个问题在项目式学习中得到了不同的"解"，每一种解决办法都是正确而有价值的，孩子们在项目中深入讨论，思维被激活，《我有一个想法》的习作内容呼之欲出。

3.回归习作，百花齐放

最后回归习作目标，在"真"思考、"真"分析、"真"解决后，我们要在40分钟的课堂内当堂完成《我有一个想法》的"真"习作。虽然我们解决的是同一个问题，但因为探索角度不同，我们会发现百花齐放的不同想法。初稿形成后，我们还在自己参与的项目组内交流分享习作，看是否把问题说明白，把想法说清楚，群策群力地在"作后修改"中找到习作问题，及时修改。

（三）写人序列习作教学——以《身边有特点的人》为例

在以往习作中，学生常常着眼于同学、老师来写，这一次，通过STEAM学习，来写一写自己有特点的家人。

1.角色扮演，抓"真"感受

在作前体验中，利用角色扮演游戏，模仿身边人物，通过对比模仿得像不像，抓住当中的真感受，来感受写作对象的特点，为下一步奠基。另一方面，进行职业扮演，身边的人其实不局限同学，也可以是亲人、邻居等，他们有的是医生、护士、交警、消防员等等，有着鲜明的职业属性，带领学生职业扮演并从中感受该人物的特点。

2.活动体验，悟"真"人物

创设多重活动情境——田径运动会派谁上场能拿奖？诗词大会派谁做代表能突围？汉字书写大赛谁最有可能获得冠军？谁是班里的故事大王？谁是班里的阅读之星？谁是班里的数学高手？如果举办一场校园画展，派谁去效果最好……一系列丰富多彩的活动背后，直指人物鲜明形象。

3.思维碰撞，写"真"特点

基于丰富的情感体验后，在研讨上交流自己的思考，用思维导图的方式画出写作对象的人物特点，再根据思维导图形成自己的习作初稿，在自己共同参与的项目组内交流分享习作，在"作后修改"中群策群力，找到习作问题，及时修改。这一自主探究的过程，是学生变被动习作为主动习作的关键训练点所在。

四、结语

千教万教教人求"真"，唯有"真"作文，才能"真"动人。"真"的本源来自学生真实体验、真实思考、真实感悟，在习作教学中融入STEAM教育，把每一次习作当作一次项目式学习，教师和学生都是这个项目的参与者，围绕每一单元习作主题开展多轮螺旋推进的项目式体验，解决"真"问题，方得"真"作文。

参考文献：

[1]李有军.STEAM教育理念在小学生习作中的渗透策略[J].山西教育（教学），2021(02).

[2]肖羽.小学语文"智慧课堂结合STEAM教育"的教学模式探索[D].西南大学，2021.

[3]郭毅峰.基于STEAM教育理念下的语文课堂[J].天津教育，2020(05).

田媛，湖北省武汉市江汉区红领巾实验学校教师。

从《边城》探析端午节的当代功能变化

◎吴丽红

《边城》是我国著名作家沈从文的中篇小说。小说塑造了翠翠、傩送等经典人物形象，展现了湖南湘西特有的风景美、风俗美以及人性美。端午节是小说故事开始的背景。端午节作为民俗节日，在当地具有调节功能、维系功能以及教化功能。随着时间的推移，端午节的功能在当代得到了进一步发展，表现在推动民族团结、促进文化传承、提供旅游观赏以及推动经济贸易等方面。本论文拟在前人研究成果的基础上，结合个人访谈和调查问卷等第一手材料，运用民俗学的相关理论，对这一节日的当代功能进行深入分析。

《边城》讲述茶峒一位老渡船夫与外孙女翠翠的故事。这是一个融合了亲情、爱情、乡情的故事。钟灵毓秀的湘西茶峒养育了一批真、善、美的人们。在这里民风淳朴，人性善良。沈从文出生在湖南省湘西州的一个小县城——凤凰古城，其多数作品皆以家乡凤凰作为背景。因此，边城一般认为是作者的故乡——今天的凤凰县。凤凰县隶属于湖南省湘西州，纵长66千米，横宽50千米，占地约为1758.5平方千米，东南西北分别与泸溪县、麻阳县、贵州省、吉首市毗邻。凤凰是一个少数民族居多的县城，全县人口约43.2万，其中苗族人口约占51%。因此，本文调查对象、访谈对象皆以凤凰县山江镇苗族群体为主。

端午节是小说故事开始的背景，主人公翠翠与傩送、天保第一次见面时间均为端午节。端午节作为传统节日在人们心中具有重要意义。在今天，对当地居民而言，端午节在传统功能的基础上增添了推动民族团结、促进文化传承、提供旅游观赏以及推动经济贸易等功能。

一、《边城》中端午节的功能

端午、中秋与春节是边城一年中最热闹的日子。这三个节日对当地人来说是最重要的日子。作为传统节日的端午节，具有所有民俗所具有的主要社会功能，即：教化功能、规范功能、维系功能和调节功能。在小说里主要体现教化功能、维系功能和调节功能。

1. 教化功能

教化功能意味着民俗在人类个体的社会文化活动中起到了教育的作用。对于端午节的起源，有像纪念介子推、屈原等很多的说法。尽管传说甚多，究其功能，皆是拜神祭祖、欢庆娱乐、祈福辟邪等。在端午节这一天，茶峒的妇女、小孩都穿着新衣服，他们都会在额头上画个"王"字。人们包粽子，吃鱼吃肉，去河里划龙舟、抢鸭子。活动丰富多彩。茶峒人民在热闹欢快的节日氛围中潜移默化地受到传统文化的教化，增强对传统文化的认同感。传统节日的庆祝，有助于少数民族年轻人记住历史，传承民族文化，保持英雄崇拜的优良传统，塑造个人道德修养。

2. 维系功能

赛龙舟是端午节的重要活动之一。在茶峒，赛龙舟一般以村寨为单位，分组进行比赛。每只船须坐十几个桨手。划得快的队伍赢得比赛，将获得奖励。奖励一般是一匹布、一块小银牌等。所以，赛龙舟在茶峒，备受重视。

在端午节到来之前，各村各寨就已挑选好许多身体强壮、灵活的小伙子，在河中练习划船。赛龙舟不仅比的是体力，更比的是团队间的配合度。团队的凝聚力和团结力在比赛过程中都可以得到极大的提高。赛龙舟结束过后，县城里的长官为了给这个节日添加更多的欢快性，把许多大公鸭扔进河中，让众人下水去抢鸭子。谁抢到鸭子，鸭子就归属谁。每到这个环节，河上河下，总是一片其乐融融。这大大增强了人们的参与度，同时，活动的过程中加强了不同村寨的文化交流与沟通。通过这种形式,人们的团结性得以促进,凝聚力得以增强,自豪感得以提升。

3.调节功能

民俗的调节功能指人类的社会生活和心里本能在民俗活动中得到调节。端午节的热闹,成了人们思念远方亲人的宣泄口。"住临河吊脚楼对远方人有所等待的,有所盼望的,也莫不因鼓声想到远人。在这个节日里,必然有许多船只可以赶回,也有许多船只只合在半路过节,这之间,便有些眼目所难见的人事哀乐,在这小山城河街间,让一些人嬉喜,也让一些人皱眉。"[1]

不仅是精神上得到调节,在物质上亦是。端午节当天,当地居民不管男女老少,均往河中看龙舟。于是,人们从大村小寨里担着自家产的货物去卖,吃的、用的、玩的,应有尽有。在小说里就有描写到翠翠的爷爷在端午节去城里购买过节物资。可见,端午节的功能不仅仅体现在人们的精神生活上,也体现在物质生活中。

二、端午节的当代功能

随着时代前进的步伐,在湘西凤凰,端午节的功能变得越来越多样化。近几年来以推动民族团结、促进文化传承、提供旅游观赏以及推动经济贸易这四个功能尤其突出。

1.民族团结功能

民族团结功能是指民俗具有维护民族内部的团结和不同民族间团结的功能。正如钟敬文先生所说的"在民族传统文化中,对民族具有凝聚力的,有语言、道德、艺术、宗教及民俗等。民俗文化,由于它的广泛存在和潜在作用,它在凝聚团结民族成员的作用方面,特别显得重要"[2]。民族节日是民俗的一部分,在维护民族团结方面有着突出的作用。在湘西凤凰县生活的51%是苗族人,经常是一个寨子有相同的一个姓,他们来自同一个祖先。所以,在苗族人心里,家族概念非常明显。"苗族历来只与异姓通婚,若同姓而婚,虽然隔了五代及以上,也会受到同族人的谴责。同时苗族人视姨表如同宗兄弟姐妹,严禁开姨表亲。"[3]这也与苗族人的信仰有关,苗族历来对祖先和自然具有深厚的崇拜。

端午节是凤凰县人民心中一年一度的重要日子。这天,年轻未婚男女纷纷前往跳花坪,通过歌唱和舞蹈的方式,表达相互之间的爱意。在时代的发展下,端午节的形式逐渐扩充,如今的欢庆活动在彰显着深厚的民族精神和文化的同时,更重要的是起着维护民族团结的重要纽带作用。在这一天,除了凤凰县本地的苗族男女老少以外,还有来自其他乡县、省市乃至其他国家的人们。参加活动的以苗族人为主,但也有周围土家族、布依族、侗族、瑶族、汉族等许多同胞参与。大家在这一天盛装歌舞,从平时繁重的劳务中解脱出来,欢声笑语,欢庆一堂。

为了了解近年来凤凰县欢庆端午节的节目情况,2021年寒假笔者去凤凰县下辖的山江镇马鞍山村村长家里进行访谈,以下是部分访谈记录:

笔者:村长好,咱们也知道现在每年端午节当天来这儿参观的游客越来越多,那节目形式跟以前比有什么变化吗?

村长:确实,现在节日当天来这的中外游客越来越多。考虑到参与活动的人员不仅仅是苗族人,我们的节目形势也不再局限于传统的赛龙舟、抢鸭子、苗族鼓舞、吹笙等,相应地加进了一些大众的节目,如猜谜语、拔河比赛、成语接龙等等。

笔者:那这些节目游客都可以参加的吗?

村长:这些节目有的是每个游客可以参与的,像猜谜语,有的是需要提前报名,组团参加,像众人拔河比赛。这些节目都很受欢迎,游客都很热情参与。[4]

在社会的发展和民族的融合下,如今的端午节已然成为一个具有国际影响力的节日。在端午节活动中大家不分彼此,互相帮助、互相鼓励,也正因为如此,凤凰县与外界的交流日益频繁。凤凰县苗寨的文化被不断传播,这加强了民族自信心。民族的包容性不断扩大,加强的不仅是一个村一个寨,一个民族的凝聚力,而是整个中华民族的凝聚力。

2.文化传承功能

文化是指人类社会文明在前进的步伐中所创造的精神和物质财富。与之相对应的文化传承功能也是一个内涵丰富的概念。端午节的文化传承功能主要指它在生产生活和历史知识的传递以及民族道德的塑造等方面发挥的重要作用。

随着社会的开放发展,凤凰县少数民族文化不断遭到外来文化冲击。加上青年多半外出打工,留在家里的都是老人和正在上学的儿童,另外老一辈艺人的去世,年轻一代的民族意识薄弱等种种因素加重了文化断代发展的危机感。如果不采取特殊的补救措施,这种情况会越来越严重。所以,举办重大的传统民族节日的欢庆活动有利于民族文化的传承。

端午节当天，人们会赶到山江镇马鞍山村跳花坪参加活动。为调查人们对不同活动的喜好，笔者在2021年采用问卷的方式进行调查，这一次调查一共发放了100张问卷，分为五个年龄段进行调查。每个年龄段选20个人进行调查。喜欢程度有五个，分别是：最喜欢、喜欢、可接受、不喜欢、排斥。笔者简单记录了下调查情况，结果如表1显示，5岁到10岁年龄段的人们最喜爱的节目是拔河，11岁到18岁年龄段的人们最喜爱的节目是赛龙舟，19岁到25岁年龄段的和26岁到60岁以及60岁以上的人们最喜爱的节目都是鼓舞、苗歌演奏。这足以表明在多数苗族人特别是年龄较大的苗族人心中，传统的苗族鼓舞、苗歌演奏依然最受欢迎。这种民族文化在人们心中已经深深扎根。

节目形式 年龄	鼓舞、苗歌演奏	赛龙舟	拔河	猜谜语	拔河比赛
5–10	可接受	不喜欢	喜欢	排斥	最喜欢
11–18	喜欢	最喜欢	排斥	可接受	不喜欢
19–25	最喜欢	可接受	不喜欢	排斥	喜欢
26–60	最喜欢	喜欢	可接受	排斥	不喜欢
60以上	最喜欢	喜欢	喜欢	可接受	喜欢

对鼓舞、苗歌的热爱，通过端午节一代传给一代。在欢庆节日的同时，体现更多的是民族文化的传承。祖辈们留下来的节日仪式，在现代被年复一年地演绎。形式会随着时代的前进而不断改变，节日意义也会不断被新增，但是节日文化内涵不会改变，只会不断地流传下来。尽管岁月流逝、时间推移，社会不断发展变化，但传统节日作为传统文化不断被传承、被发扬，越发充满活力。"任何一个社会都在不断变化，每一种文化都必须根据外部环境与内部情况的变化而不断加以调整。"端午节让我们感受更多的是一个具有悠久历史和灿烂文化的民族在新时代的潮流中更加鲜活，更加生机勃勃。

3.旅游观赏功能

旅游观赏功能是指民俗具有使旅游者通过一系列的观赏游览活动获得身体上和心理上愉悦感受的功能。时代不断进步，旅游逐渐成为人们物质精神生活不可或缺的一部分。

自改革开放到现在，民族地区的旅游业得到了快速发展，已经成为带动当地经济发展的主要动力。随着时代的进步，民族传统节日在原有的社会功能上不断发展，产生与时俱进的新功能。凤凰县是有名的苗族聚集地，有着丰富的民族文化资源，尤其是其中的民族节日文化，在众多文化中具有很大的独特性，每年吸引国内外上万的游客前来观赏。

湘西素以神秘闻名中外，而苗族人更是一个充满神秘色彩的民族。湘西苗民崇尚原始宗教，对于自然、图腾、先祖、鬼神有着特殊的崇拜之情。其中以天、地、日、月等为自然崇拜对象。凤凰、枫叶、蝴蝶、龙、鸟、竹等图腾在苗族人心中具有举足轻重的位置。很多苗族人家里，堂屋正中都供有祖宗牌位，以供平时祭祀，在特殊的节日还会举行隆重的祭祀仪式以此来缅怀祖先。苗族人信奉鬼神，崇尚巫术。巫师在苗族人心中是连接鬼神的媒介，能够通过巫术与鬼神沟通。苗族巫师一般具有一定的文化素养，在苗族人心中地位崇高，受到苗族人们的尊重。至此，湘西三大未解之谜仍是吸引中外游客过来游览的重要因素。

凤凰县由于以前经济发展水平不高，交通不便，所以长期以来受外界影响比较少。这有利于维护苗族文化的独特性与纯粹性。在这里，苗族的祭祀、婚丧、节日习俗、蜡染技术等都得到很好的保留。在每年的端午节这天，苗族男女老少都会着绚丽盛装，唱着激情飞扬的苗歌，跳着热情奔放的板凳舞、铜鼓舞以及最负盛名的芦笙舞。

凤凰县以独特丰富的民族文化被国内外游客熟知。随着时代的推移，经济的发展，人们对生活的追求不再是求温饱，而是更深层次的，对生活的关注点从物质生活不断向精神文化转移。因此，旅游成了人们发现生活、热爱生活的重要途径。苗族以其特有的少数民族文化得到了大批国内外游客的青睐。

4.经济贸易功能

端午节的经济贸易功能是指节日带给当地的经济效益即推动民族贸易的发展，促进当地经济收入的增长，带动生活水平的提高等。这是民族节日功能变化最明显的部分，也是近年来发展最快的部分。

独特的少数民族文化使得凤凰县成为国内炙手可热的旅游景点，每年来凤凰古城参观游览的中外游客数量都在剧增，因此带来的经济效益也在不断提升。在每年的节日里，人们要采办各种各样的活动器材，要租场地，要给参赛者进行节目训练，另外，还要满足各地游客的吃、喝、玩、乐等需求，亲朋好友之间还要相互赠送礼物。这一系列活动都将刺激当地消费，推动当地经济贸易的发展。

为了了解当地人的节日期间收入情况，笔者于这个寒假随机采访了苗区几个当地村民。以下是部分采访记录：

笔者：端午节活动当天，苗寨村民一般是以什么渠道获得经济收益？

村民A：大多数村民会选择节日当天在路边摆摊，卖一些有苗族特色的小饰品。还有一些比较年轻的在校学生会去当导游，给外来游客进行讲解。

村民B：还有很多当地人会选择租一些家庭空房间，给外地想留宿的游客。还有一些饭馆，会在此期间提供很多小吃特产，如：酸萝卜、社饭这些。

笔者：那这些渠道里收益比较大的是哪些？

村民A：那儿天饭馆生意特别好，因为外来游客都要吃饭，还有那些酸萝卜，具有苗族特色，价格也不贵，所以特别受游客的欢迎。

笔者：那这样一天的收入大约是多少？

村民C：以前游客比较少，没有现在这么多，一个小饭馆一天收入也可以到四五百，现在不同，现在游客很多，饭馆一天从早到晚都在营业，所以多的一天收入可以三四千，少的也有一千左右。

从以上的访谈记录里能够认识到，随着旅游业和全国经济的迅速发展，以及凤凰古城的知名度越来越高，凤凰县旅游业的收益也与日俱增，已经成为当地人获得经济收益的重要渠道。在与山江镇马鞍山村村长的访谈中笔者也得知，近年来村里的青壮年选择出去打工的人数慢慢减少，反而选择留在家乡做些小生意。有的村民因家乡旅游业快速发展而发现商机，合伙开了一些关于旅游行业的小型服务公司，服务项目设有餐饮、住宿、交通、导游、保险等等。这在一定程度上解决了当地人的就业问题，改善了当地产业结构，提高了当地人的生活水平。旅游业的发展改变了山江镇以往落后封闭的情况，加大了苗寨与外界的交流，提高了苗族文化的影响力，为民族发展注入了新的活力。

三、结论与思考

本文以沈从文《边城》小说里所描述的端午节为切入点，探讨了新时代下，传统节日的社会功能，这对少数民族文化的开发和合理利用具有一定意义。同时，研究民族节日的社会功能有利于提高人们的民族文化保护意识。有助于民族文化的进一步传承和发扬，有助于少数民族文化走出国门，走向全球。同时，发掘节日文化的内涵，丰富节日文化的内容，有利于中华传统文化和民族精神的继承和发扬。随着传统文化体系的不断变迁，民族文化也在不断地实现着重构。在这样的一种情况下，人们应该积极寻求合适的社会功能的转换方式，使民族传统节日进一步融入日常生活之中，从而使这一宝贵的传统文化重获新的生命力。保护好少数民族特色文化，同时融入新的时代因素，这是一项具有重大现实意义的工作。在提高自己民族文化的保护意识的同时，要积极呼吁大众共同努力，主动积极承担发扬我国传统文化的重任。让民族文化在时代潮流中生生不息，永久发展。

参考文献：

[1]沈从文.边城[M].武汉：武汉出版社，2013.
[2]费孝通.乡土中国[M].北京：三联书店，1985.
[3]凤凰县志编纂委员会编.凤凰县志[M].长沙：湖南人民出版社，1988.
[4]李延贵等.苗族历史与文化[M].北京：中央民族大学出版社，1994.
[5]潘定智.民族文化学[M].贵阳：贵州民族出版社，1995.
[6]钟敬文.民俗学概论[M].北京：高等教育出版社，1998.
[7]伍新福.苗族文化史[M].成都：四川人民出版社，1999.
[8]石朝江.中国苗学[M].贵阳：贵州人民出版社，1999.
[9]乌丙安.民俗学原理[M].沈阳：辽宁教育出版社，2001.
[10]石启贵.湘西苗族实地调查报告[M].长沙：湖南人民出版社，2002.
[11]陈勤建.现代化建设中的民俗效应[J].民俗研究，1987(4).
[12]钟敬文.民俗文化的性质与功能[J].哲学动态，1995(1).
[13]苗瑞丹.传统节日的文化价值与功能探究[J].中国特色社会主义研究，2016.

吴丽红，湖南省长沙市望城区第二中学教师。

基于语言构建与运用能力培养的文言学习任务群设计实践

◎伍 岚

统编高中《语文》教科书（必修上册）第八单元"词语积累与词语解释"是教科书首个以独立形式呈现"语言积累、梳理与探究"学习任务群教学的语言单元。单元的"学习活动（二）"针对高一学生的文言词语学习需求设计了学习任务群，在内容编排和设计思路上呈现出多个亮点。受单元内容设计启发和国外语言学研究成果的启示，笔者设计了以文言词语运用、文言句式运用和文言文谋篇布局为主要内容的学习任务群并进行教学，在提升学生文言基础和语言实践能力方面取得了良好效果。

一、发展"语言建构与运用"核心素养的要求与教科书语言单元的文言学习设计

1."语言建构与运用"核心素养的要求

《普通高中语文课程标准（2017年版2020年修订）》（以下简称"2017版课标"）提出了语文学科的四大核心素养，从语文学科课程的基础性与独立性来看，发展学生"语言建构与运用"的核心素养在四者中最为关键。其具体内容明确指出要发展学生"逐步掌握祖国语言文字特点及其运用规律，形成个体言语经验，发展在具体语言情境中正确有效地运用祖国语言文字进行交流沟通的能力。"这里既有"语言文字"，又有"个体言语"，两者最后都指向语言文字运用的能力。"语言文字"和"个体言语"，是两个不同的概念。20世纪初，瑞士语言学家索绪尔提出了"言语"和"语言"的概念，并在其《普通语言学教程》中对二者关系进行了阐释。他认为"语言"是包括了语音、词汇、语法三个系统的具有社会性质的符号系统，有完整的通用规则和惯例；而"言语"则是具体的个人的言说行为，是个性化的。从两者关系看，"语言"不是凭空产生的，它是对复杂多元、不断变化的言语现象进行综合概括而形成的。因此，"语言建构与运用"中的"语言"实际是一个同时包含了语言学范畴中"语言"和"言语"的广义概念。这就要求教师既要引导学生广泛学习具体的言语作品，培养语感，积累语言材料，又要带领学生学习语言知识和理论，重视创设真实语境并安排具体学习任务，最终达到提升学生语言实践能力的目标。

2.教科书语言单元的文言学习设计

统编高中《语文》教科书（必修上册）第八单元"词语积累与词语解释"既是教科书首个以独立形式呈现"语言积累、梳理与探究"学习任务群的语言单元，也是教科书对发展学生"语言建构与运用"核心素养的积极回应。

从高中阶段学生的语言学习任务来看，文言的学习既是重点也是难点，高一的语言教学无法回避。一方面，文言词汇量不足和文言知识欠缺，成了高中生文言文阅读能力提升的主要障碍，会影响"语言建构与运用"和其他相关核心素养的发展。另一方面，20世纪90年代启动的新课改过程中，因文言文教学囿于语言知识随文学习的观念，使相当一部分教师喜欢在文言文课堂上架空文言文本而空谈人文历史哲学话题，既降低了语文课的教学效率，更损伤了语文课程的工具性和学科独立性。

统编高中《语文》教科书（必修上册）第八单元"词语积累与词语解释"的"学习活动（二）"以"把握古今词义的联系与区别"为主题认为，学习目标指向明确，可视为专门针对文言词语学习设计的任务群活动。它高屋建瓴地抓住了高一学生文言建构与运用能力的起点——文言词语，体现了2017版课标和教科书编者对学生文言基础性内容学习的重视。

同时它的内容编排和设计思路顺应了发展学生语言核心素养的趋势，有很多亮点值得借鉴。

首先，"学习活动（二）"围绕"把握古今词义的联系与区别"的主题任务，用"探究一词多义""把握

古今词义的不同""避免以今律古,望文生义"三个小任务来支撑大任务,内容切中了积累、梳理、探究文言词语特点的关键处,符合高中文言教学重点。

其次,单元重视对学习过程进行规范示范和有效指导。如"探究一词多义"的任务活动先列举了"绝""信"两个字的不同语境义来作探究示范,相关例句均来自学生初高中学过的课文,便于学生用旧知识链接新知识,融会贯通地提高学习效率;又如"把握古今词义不同"的任务活动先以常见的"江""子""涕""爪牙"向学生作例说,阐明古今词义变化的规律主要集中在词义外延扩大、缩小、转移和感情色彩变化四个方面,然后才给出词义梳理任务。学生据此不仅能够完成相当数量的文言词语积累,还能提升文言词语梳理、辨析的系统性和有效性,增加单个细碎词语、词语知识、使用规律之间的关联频率,规范有序地扩充个人文言词语库和语言知识库。

再次,单元以主动积累、梳理探究、分享交流为主要学习形式,引入权威又易读懂的"学习资源"用件——吕叔湘《语言的演变》、朱德熙《词义》、王力《古代汉语》"资料摘编一组",有利于学生获得学习资源辅助并转变学习方式,教师亦可作为备课参考,体现了以人为本的教材编写理念。

此外,任务中还设计了让学生总结词义引申关系、写作相关学习笔记的任务,二次强化学习效果,推动学生能够复盘思维过程,甚至超越有关词语的静态知识,获取关于"如何学习文言词语""如何进行语言学习"的程序性、策略性知识。

二、以运用为目标的文言学习任务群设计

如果说统编高中《语文》教科书(必修上册)第八单元"词语积累与词语解释"的内容侧重点是贯彻2017版课标"积累、梳理和探究"语言学习任务群的要求,帮助学生扩充个人词语库、掌握词语相关知识,那么,要发展好学生"语言构建与运用"的核心素养,还需要更进一步——引导学生在运用语言这一"建构"活动上发力。从语言文字运用的角度看,词语教学最基本的目标是能够准确地理解和恰当地使用词语。

(一)语言学研究成果对文言教学的启示

美国语言学家诺姆·乔姆斯基认为语言是创造的,语法是生成的。这启示我们,要让学生获得良好的语用能力,不能只让学生去学特定的词语和语法规则,还应该鼓励他们利用词语和规则去创造句子。

龚亚夫、罗少茜在《任务型语言教学》一书中梳理了国际知名语言研究教授Long和Swain对于语言学习的观念:Long(1991年)认为使学习者达到较高的语言准确性不能仅依靠大量可理解的输入,有效的办法是让学生进行交流时随时注意语言的形式,解决语言准确性的问题;Swain(1985年)认为只注意语言的意义,结果并不能达到语言的准确性。"学习者输出语言时,会注意到自己语言知识的不足之处,并会激发他们分析输入以及他们已有的内存语言资源。"(Swain,2005,在香港中文大学的演讲)这启示我们,在指导学生完成"积累、梳理、探究"的文言词语学习活动中,可以尝试指导学生同步运用文言词语进行"输出"类型的语言实践活动,从而提升"积累、梳理、探究"的词语学习质量和语用能力。况且,"语言构建与运用"核心素养的发展特征也更多表现在学生遣词造句、写作成文、表达交流的语言"输出"质量上,体现在学生的语用能力中。

(二)以运用为目的的文言学习任务群设计

在第八单元"词语积累与词语解释"任务群内容编排和设计思路的启发下,笔者综合语言学研究成果的启示,尝试在文言教学中引入"写"的活动,设计了让学生运用文言造句、写作的学习任务群,帮助他们在有限的学习时间内创造使用文言的机会,增加文言实践活动量。

1.文言词语积累的学习任务设计

在学习文言词汇和文言特殊句式的教学中,笔者设计了"今文古译"的学习任务,让学生将与教科书选文内容有关的20多个现代汉语句子译写成文言句子。学习过程中,要求学生自备王力《古汉语常用字字典》,同时印发120个常见文言实词释义、18个常见文言虚词释义、词类活用、文言特殊句式类型共四份资料用件供学生自主选用。整个任务学习时间为两个课时,分"学生独立译写""小组讨论交流""全班分享优秀文句"三个阶段展开。

【学习任务】请同学们将下列现代汉语语句改写为文言语句。

1.闻一多给"蜡炬"这个典故意象赋予了新的含义,用它赞美了"烧蜡成灰"点亮世界的奉献精神。(源于闻一多《红烛》艺术特色)

2.侍萍回来了,但周朴园却已经认不出她。(源

于曹禺《雷雨》剧情）

3.水稻上千年以来都遵循花粉自授的生产规律，人们没有听说过杂交技术可以繁殖水稻啊！（源于《喜看稻菽千重浪》袁隆平故事）

……

【学生译句示例】

1.侍萍既归，然周朴园未之识也。

2.闻一多为旧典"蜡炬"赋新义，以称燃身为烬、明耀当世之高格。

3.稻米之产，千年以降，皆守花粉自授之道，世人未闻杂交可得之耳。

……

设计用文言改写现代汉语句子的学习任务，目的是引导学生以动态的方式积累文言实词、虚词，将一词多义、词类活用等文言词语知识融会贯通到造句活动中，直观感受古今词语意义和用法的异同。不论学生采用直译还是意译的方法，他们都始终在主动地调动、选择、辨析那些积累在个人文言词库中的词语；或者因当下积累的词语不能满足学习需要而去主动学习、吸纳新的文言词语，扩大词汇量。

2.文言句式运用的学习任务设计

笔者设计了用文言特殊句式表情达意的学习任务，让学生借助王力《古汉语常用字字典》《中国古代文化常识》，以及文言重点实词、虚词释义资料和文言特殊句式类型资料，书写自己的学习生活见闻和感受。

【学习任务】请同学们用文言特殊句式来书写自己的学习生活见闻和感受。

【学生表达示例】

1.朋友圈，乃余与友人畅叙心意之物。（判断句）

2.洋历冬月廿五日，圣诞佳节也。（判断句）

3.礼尚往来固增亲友之谊，若成攀比之势则失其本意，恐为不良风气之始。（判断句）

4.甚矣，同窗之慧！（主谓倒装句）

5.春节之际，余购书若干册，有文学类十，历史类八，哲学类五。（定语后置句）

6.铃声大作，学子课毕，蜂拥而出，皆向食堂。（省略句）

7.同窗遗余薯片一袋，尝之，味甚美。分与众人，遂其乐融融，欢乐漫天。（省略句）

设计用文言特殊句式表情达意的学习任务，目的是帮助学生习得文言特殊句式的句法规则。同时，这些文言语句的内容源于学生的真实生活体验，包含了学生构建的个人言语意义，于是学习过程与学生的真实生活情境之间就产生了一体感。学生心理上与文言亲近了，就可能产生更强烈的学习动机。同时，这也符合了2017版课标提倡创设语文学习真实情境的要求。

3.文言文谋篇布句的学习任务群设计

学生有了运用文言词语造句的体验，具备了写出规范文言句子的基本能力后，引导他们写文言语段、谋篇布局写文言短文就成为可能。笔者曾从读写结合的角度切入，设计了写作文言哲理散文的学习任务群课程，并在三所高中学校的高一、高二年级开展了教学实验，取得了很好的教学效果。

"文言哲理散文写作"任务群实施清单

【学习任务一】请同学们进行文言典故寓言还原译写练习。（2课时）

教师提供《自相矛盾》《凿壁借光》《薛谭学讴》《公孙仪拒授鱼》《问说》《狡猾的蝙蝠》《创业与守城》七则文言故事的白话译文，请学生将这七则白话译文用文言进行还原。

【学习任务二】请同学们听老师评讲几篇文言短文还原习作，然后仿照老师使用的习作修改方法，自行修改自己的习作，并总结写作中存在的问题。（1课时）

教师点评、纠正学生在还原写作中产生的典型的遣词造句错误，向学生讲解相关重点文言词语、文言句式知识，教授直译、意译方法；每位学生课后将自己用文言还原成的短文与故事原文进行对比分析，修正错误，总结自己用文言遣词造句时存在的问题。

【学习任务三】请同学们与老师共同精读五篇文言文，并在课后写作精读笔记。（2课时）

师生精读的五篇文言哲理散文中，三篇为名家名作，依次为王安石的《游褒禅山记》、苏轼的《记游松风亭》、周容的《小港渡者》；两篇为民国小学生优秀文言作文，依次为《记拔河之戏》《泗水记》。教师在这个过程中要引导学生有重点地揣摩五篇文言文的字、词、句、篇，准确理解文意，然后布置学生在课后将师生共同精读五篇文言文的过程和收获的研读方法记录下来，写成一篇精读笔记。

【学习任务四】请同学们和老师一起总结归纳五篇文章在内容和结构上的共同特点，然后拓展泛

读老师提供的四十篇文言文,最后根据老师布置的文言哲理散文写作任务进行写作。(2课时)

第一阶段:师生讨论研习,归纳出五篇文言文的共同点:内容取材于作者日常生活中的经历和见闻,结构采用了"叙事+说理"或"写景+说理"的形式。

第二阶段:学生自主泛读十篇明清小品文、三十篇民国小学生的优秀文言习作。

第三阶段:教师布置学生在课后完成文言哲理散文写作任务。具体写作要求为:哲理散文在结构上必须采用"叙事+说理"或"写景+说理"中的一种。

【学习任务五】请同学们分组讨论、修改组内同学的文言哲理散文习作,总结出至少三条有关文言哲理散文写作的经验,然后在组内评出最佳"文言哲理散文"习作。(1课时)

【学习任务六】请每个小组选出一位同学制作好发言PPT,在全班面前展示小组最佳"文言哲理散文"习作,同时分享小组总结出的写作经验。(1课时)

设计文言哲理散文写作任务群,目的一是再次为学生准确运用文言实词、虚词造句,运用文言句式表情达意创造更多的实践机会;二是进一步培养学生运用文言谋篇布局写作短文的能力,提升学生文言的学习兴趣,发挥他们语言实践的创造性;三是通过泛读提升学生的文言文阅读量,引导他们学习读写结合的方法;四是通过独立写作、小组合作、师生交流的方式培养学生自主探究、合作交流的习惯。经过9个课时左右的任务群学习,学生的文言学习参与度增强了,语言实践能力提升了,他们交出了具有较高质量的文言哲理散文作品。

【学生优秀习作示例】
人不可貌相
东莞市石龙中学2015届高二9班 黎淑芸

余幼时,父母外出营生,遂寓于祖父母家。乡村野地,民风淳朴,颇有世外桃源之韵。祖母既及花甲,然身强体健,面色红润,盖山水之灵气所养也。

一日,天朗气清,惠风和畅,祖母与余偕行至田间,采一绿色野草于陇上。余惑,乃问祖母:"何采之?"祖母慈声应曰:"烹佳肴与汝!"余见其植株矮小,散落于亩间陇上,与田间野草无异,愈惑,复问:"此非野草耶?可食乎?"祖母搅余入怀,笑而不答。

及归,祖母生火备膳。顷之,四菜既成,烹之仅以油盐,而色香味美,余啖之而不能已。祖母以箸夹盘中之野菜予余,曰:"此乃马齿苋,貌似野草,然可药食两用,有清热解毒、利水去湿之功效,或称之'长寿菜',久食益于身矣。"余乃悟,固祖母之健体得益于马齿苋也。

膳毕,余有所感。马齿苋矮小,貌似野草,然味美无比,食之可强身健体,不可以貌相之。物且如此,于人更甚。人貌不扬,亦可成大事,行事万毋以貌取人。

笔者从落实核心素养"语言建构与运用"和学习任务群"语言积累、梳理与探究"要求的角度,对统编《语文》(必修上册)教科书语言单元中文言词语教学活动的设计进行了相关研究,提供了自己在文言教学中设计并实施过的任务群案例作为语言教学的一个尝试性补充。但是,不论采取哪种教学策略或方法,发展学生"语言建构与运用"的核心素养都指向学生语言文字运用水平的提高。这就有赖于教师要更多地把文言知识、语言知识的教学关注点从"字典怎么说""词典怎么说""书本怎么说"变为"推动学生怎么说""推动学生怎么写",以此增强学生参与语言实践活动的积极性,促进他们语言实践能力的提升。

参考文献:

[1]中华人民共和国教育部.普通高中语文课程标准(2017年版2020年修订)[S].北京:人民教育出版社,2020.5.

[2]费尔迪南·德·索绪尔.普通语言学教程[M].高名凯,译.北京:商务印书馆,1980.11.

[3]龚亚夫,罗少茜.任务型语言教学[M].北京:人民教育出版社.2003.5.

[4]韩雪屏.语文课程的知识性质[J].语文学习,2003(5).

[5]王宁.谈谈语言建构与运用[J].语文学习,2018(1).

[6]李健海.典型现象·常用概念·基本原理——对中学语言知识教学的再思考[J].学科教学,1995(10).

[7]刘大为.语言知识、语言能力与语文教学[J].全球教育展望,2003(9).

[8]邵朝友,崔允漷.指向核心素养的教学方案设计:大观念的视角[J].全球教育展望,2017(6).

伍岚,广东省东莞市塘厦中学教师。

大单元视角下的自读课教学设计路径探究

◎熊一舟

大单元视角下的自读课教学设计有别于常见的自读课设计思路，它打破了单篇教学模式，将自读课放在完整大单元中规划课程。单元设计者站在更宏观的角度对学习成果做预期，并提前拟定评估方式，再根据预期结果和评估监控并实施教学过程。单元的主题、目标、知识、技能等被统整出来，同时明确教读课和自读课在单元中的定位与意义，在自读课中实现知识技能的学习迁移，最终运用于真实情境。

一、统编版自读课常见的几种设计思路

（一）自读课的教学定位与价值。统编版语文教材以教读、自读、名著阅读"三位一体"的单元结构来建设阅读体例，自2016年开始使用至今，为语文教学带来了新的活力。尤其是统编版教材的自读课，有别于传统自读，它在新版教材里承前启后，衔接教读课文与课外名著阅读。

对于教读和自读的区别，不少文章已有解读，概言之，教读是在教师示范引导下学习活动的发生，而自读课更注重学生的自读，着力于对学生自学能力的培养。

《义务教育语文课程标准（2022年版）》中提出教学要注重实现"教—学—评"一致性，不仅明确"为什么教""教什么""教到什么程度"，而且强化了"怎么教"的具体指导。对于"教—学—评"三者的关系，可用理查德·梅耶在《应用学习科学》中的解释作为参考[1]。因而，在统编教材中对教读课和自读课的定位是，教读课承担着教师对教学的操控（即引领）、学生获得经验和知识这一任务，自读课则负责通过设计情境和任务实现知识的迁移与运用，评估学生的学业表现。

（二）自读课教学设计的发展阶段。第一阶段，很多教师还无法界定教读与自读的区别，仍然把自读课文当教读课文来上，面面俱到地对自读课文进行解读，这种设计思路忽视了统编版自读的自主学习意义。第二阶段，教师逐渐将课堂彻底放手给学生，自读课变成了学生的自学，完全交给学生自己设计、解读，教师基本不参与"教"的过程。这种情况较之第一种无疑效果更差，自读课虽强调学生的自学，但并非要求教师退出课堂角色。

第三阶段，教师开始设计和组织驱动任务，以达成自读目标，但教材助读系统的使用未充分关注，如批注、阅读提示等，因而很多驱动任务偏离教材意图。第四阶段，随着自读课研究的深入，教师已能够界定自读课与教读课的区别，学会利用助读系统设计驱动任务，但不少自读课缺乏单元统整教学意识。语文课程标准还提出："义务教育语文课程结构遵循学生身心发展规律和核心素养形成的内在逻辑，以生活为基础，以语文实践活动为主线，以学习主题为引领，以学习任务为载体，整合学习内容、情境、方法和资源等要素，设计语文学习任务群。"[2]"学习任务群"的核心是"学习任务"，其实质就是大单元教学理念。大单元教学就是结合学科特有的素养目标，以特定任务或主题为中心，分析、统整学习内容，并形成一系列主题、目标、任务、情境、活动、评价等的结构化教学设计。

在大单元教学视角下，自读课的设计路径及模式将发生明显的变化，本文将依据大单元教学理论予以阐述。

二、大单元视角下自读课设计的理论基础及设计模型

（一）大单元教学设计理论基础

目前学术界对大单元教学的概念莫衷一是，但达成共识的是：大单元有别于传统的单元。

传统单元可否直接成为一个大单元？崔允漷教

授给出了这样的判断标准,目前广受认可的:"语文教材中一个单元通常是一个主题下的几篇课文,如果这几篇课文没有一个完整的'大任务'驱动,没能组织成一个围绕目标、内容、实施与评价的'完整'的学习事件,那它就不是我们所讲的单元概念。"[3]据此,大单元的概念更大,甚至能跨年级、跨学科,有别于普通学习单元,换言之,教材的学习单元只要具备一个完整的"大任务"驱动,提炼出单元主题和目标,根据单元内容来设计情境化任务和活动,也能实现有效大单元教学。

(二)大单元视角下自读课教学设计参考模式

教学始于目标,终于目标的达成,因而规划应先于教学。对于单元教学这种目标指向极为明确的设计模式,在课程设计初期就对学习过程和结果做好预期十分必要,因此本文的单元设计规划会围绕逆向设计的三大阶段来构建。这并非新思想,而是单元设计中常常被作为参考的逆向设计思维。此外,本文重心并非面面俱到设计单元教学,而是明晰自读课在单元教学设计中的位置和功用,因而会将课型明确在模式中。

统编版语文教材的每个学习单元都拥有完整的助读系统,单元导读能提供单元主题和语文要素(即技能),课前预习和课后思考探究、积累拓展、读读写写、知识卡片则提供单元目标和内容,因而阶段一和阶段二几乎适用于任何单元,它将对单元所有统整要素进行梳理、规划,做好教学活动开展前的准备工作。

紧接着整理出单元设计的阶段三,建议根据统编版教材不同的课型和教学目来设置课程活动与内容,这一环节的关键是思考并探究何种学习活动能达成阶段一的预期目标,并尽可能将阶段二的评估安排到教学过程里。

所以,大单元是教学的自读课教学设计绝不是单篇课文的讲评,也不可能一成不变,设计的关键就是通过阶段三中的自读课,发现学生对于阶段一的预期目标完成到什么程度,并采用阶段二的评估方法融入自读任务设计中。

三、大单元视角下的自读课教学设计的实践探究

本文选取了统编版语文教材七年级上册第四单元作为示范单元,本单元共四篇课文,分别是《纪念白求恩》《植树的牧羊人》《走一步,再走一步》《诫子书》,其中自读课文是莫顿·亨特的《走一步,再走一步》,古文篇目是《诫子书》。接下来将根据逆向设计的三个阶段来展示本单元设计模型,对自读课也将展示详细课例。

(一)明确单元预期学习结果

单元导读对本单元主题的解读为:"从不同方面诠释了人生的意义和价值,有对人物美好品行的礼赞,有对人生经验的总结和思考,还有关于修身养德的谆谆教诲。"因而,可以将"探讨人生的意义和价值"作为单元主题。

同时,单元导读还对本单元的知识技能提出要求:"继续学习默读。在课本上勾画出关键语句,并在你喜欢的或有疑惑的地方做标注。在整体把握文意的基础上,学会通过划分段落层次、抓关键语句等方法,理清作者思路。"这段话提出的技能有"默读"、"勾画关键语句"、"做标注"、"划分段落层次"、"抓关键语句"、"理清作者思路"。

基于以上主题和技能,加上对四篇课文内容的理解,可完成阶段一:

【本单元课程目标(课程标准)】

①学习者能掌握默读的技巧,并在默读过程中对喜欢或有疑惑的地方做标注。

②学习者能在把握文意的基础上,划分段落层次,抓关键语句,理清作者思路,并在此过程中总结出一篇文本的中心思想。

③学习者能够查找和明确每篇文章诠释了何种人生的意义或价值,并能够结合文本内容和自身经历说出或写出自己的理解。

学习迁移:学生在没有老师提示或引导的情况下,能够在自主默读中理清作者思路,并理解一篇全新的阐发某种人生意义的文章。

【单元主题及意义】

学生将通过本单元理解:

①关键语句往往是能揭示中心的句子,常常在段首或文末。

②可以通过圈画表示时间或空间转换的词句来划分段落层次。

③理清作者思路之后,可借助关键语句分析出作者的写作意图。

④人物描写手法能生动刻画出人物的特点和品质。

⑤文学作品中彰显的理想光辉和人格力量对

我们的人生也有积极影响。

学生将不断地思考：

①如何准确地找出关键语句？

②是否可以通过提炼关键语句来概括段落大意？

③作者的写作意图是否就是作品的中心思想？

④人物描写手法仅仅是为刻画人物形象服务的吗？

⑤人生的意义和价值如何实现？

学生该掌握的知识：每篇文章闪烁的人生意义和价值。

学生应形成的技能：

①辨别关键语句的方法。

②划分段落层次的技巧。

③人物描写手法的赏析。

④依据关键语句提炼中心思想。

（二）确定恰当评估方法

语文课程标准中提出："课程评价应准确反映学生的语文学习水平和学习状况，注重考察学生的语言文字运用能力、思维过程、审美情趣和价值立场。"在阶段二中，教师可借助情境任务最大限度地证明学生已获得阶段一设定的知识、技能和理解意义。如果只是用零散的考试题来检测，很难真正获悉学生是否已获得知识的长久迁移。因此，本单元的评估方法可参考阶段二设计。

【评估标准】

①构思合理；②细节真实；③逻辑严谨；④解释清晰；⑤紧扣主题。

【情境任务】

学校将开展"明灯点亮人生"文化活动，旨在通过宣传、介绍一些杰出人物、经典故事，引领同学们发现如明灯一样闪耀在故事中的优秀人格力量，从而思考人生的意义和价值。语文老师将本单元的内容与学校的活动结合，拟定了如下任务让同学们完成：

①读书分享会：很多老一辈的革命家都写过杰出人物的故事，请你在我们的读书分享会上为大家朗读一篇写杰出人物的文章，并向同学们讲解这位杰出人物具备了哪些美好品德呢？

②向校刊投稿：校刊即将编订一本经典故事读物，向同学们征集诠释人生价值的故事及插画，请你在本单元课文中选择一篇，并为它制作插画吧！

③社会实践：本次活动需开展一次志愿者活动，假如你在街道参加本次社会实践活动时，需要向街道的老人们讲述一个能诠释人生意义和价值的故事，你会选择本单元哪个故事去讲呢？试着先在同学们面前复述一下吧！

④推送公众号：活动开展得如火如荼，学校宣传部让你帮忙写一篇推文，谈一谈崇高理想和美好品格对你的生活和学习有哪些积极影响。请你结合对本单元四篇文章主题的理解，完成这篇公众号推文。

（三）规划教学过程

阶段一和阶段二完成后，教师再着手开展阶段三就比较轻松了。在对教读课文《纪念白求恩》《植树的牧羊人》《诫子书》的教学过程中，完成阶段一预设的单元目标，教读课所有的教学活动都必须围绕单元目标和知识技能开展。

1.学情前测

接着，教师便可使用"K-W-L 表"（已经知道什么——想要知道什么——本次学到什么）作为自读课的前测，以便了解学情并结合单元目标设计自读目标和任务。教师尤其要关注学生在"本次学到什么"表格内，是否填入了教学预期成果，即判断学生是否已在教读课中掌握了单元目标预设的知识和技能。

2.自读教学设计基于阶段一、阶段二和学情前测，可初步拟出《走一步，再走一步》在大单元视角下的自读课教学设计：

【自读目标】

①自主默读全文，梳理故事情节。

②勾画关键语句，分析人物状态。

③明确文章主旨，归纳学习方法。

【自读任务设计】

任务一：梳理故事情节

①回顾默读要求，再次出示单元导读里关于本单元默读要求的提示，比如"勾画关键语句""划分段落层次"。

②出示课后阅读提示里"勾画标志事件发展的"这段话，回顾本单元讲过的标志事件发展的词语都是什么类型的。

③默读全文，包括旁批、阅读提示，读完后勾画出标志事件发展和表示时空转换的词语，完成自读

任务一的段落层次表格。

④学生分享自读成果并总结梳理叙述类文本的方法。

任务二：分析人物状态

①教师引导学生回顾本单元文章中表现人物状态的方法。

②小组探究活动，完成自读任务二的人物状态分析表格，并进行自读成果展示与汇报。

③教师引导学生归纳能表现人物状态变化的关键词。

任务三：明确文章主旨

①教师引导学生关注最后一段，思考悬崖上的经历带给作者的启示，完成自读任务三的表格。

②学生回顾本节课讲的概念和方法，用思维导图或表格串联本单元知识点以及学习思路。

3.自读效果监控

设计自读任务时，首先就要考虑该自读课的教学活动是否致力于达成单元教学目标。因而在课程一开始就再次引导学生回顾单元导读，回忆单元核心知识技能，教师设计段落划分、人物状态分析、文章主旨总结三个环节，都紧扣单元学习目标。

其次，有效地帮助学生实现知识迁移与理解运用。在《走一步，再走一步》的自读任务单中，每个任务前都被标注了"知识回顾"卡片，旨在引导学生借助单元核心知识技能来理解本文。如果学生能不太费力又相对准确地完成任务，即可判断学生已较好地理解了知识，并能迁移运用技能。

最后，要考虑如何对学习者的成果进行展示汇报，以便教师监控学习者的学业进步。比如在人物状态分析环节，采用小组探究合作模式完成任务。小组完成任务后，需将学习成果用多媒体设备投屏展示，小组派一名组员朗读课文中的关键句，另一名组员结合关键词句进行分析。

总之，单元视角下的自读课教学设计不再有新知识技能的详尽教学，而是以考察评估学生对单元核心知识点的掌握情况为课程目的。

四、启示与思考

（一）大单元视角下的自读课对传统自读课的突破

第一，打破了单篇教学模式。将自读课放在大单元中去设计，自读课的教学目标也是基于大单元学习目标来设置，自读课有了教学定位和价值。

第二，自读课作为评估手段来检验学习者是否达成单元预期学习结果。单元设计者站在更宏观的角度对学习成果做预期，并提前拟定评估方式，再根据预期结果和评估对课程进行规划。

第三，自读课用于实现学习者知识技能的理解和迁移。在设计大单元中的自读课前，要先把整个单元的主题、知识、技能、活动、评估等提炼、统整出来，规划教学过程，在教读课中完成对单元知识技能的理解，而自读课不再传授新的知识，仅用于对已学知识掌握程度的监控。

（二）思考与展望本文的大单元视角下的自读课设计路径探究，是基于《义务教育语文课程标准（2022年版）》对语文教学提出新的教学建议基础上的思考与实践。教学模式绝不会千篇一律，也不可能面面俱到，在一线教学实践中才会发现可能存在的漏洞，当然也能见证令人惊喜的成效。

统编版教材每个学段的自读课编排和设计亦有差异，教学规划应当符合学段、学情的实际情况，从学习者真实的需求出发，将语言文字的运用和生活实际相关联，甚至可以与其他学科相联系，并引导学习者将其运用到生活里，在情境中实现对语言文字真正的理解与迁移。

参考文献

[1]理查德·E.梅耶.应用学习科学：心理学大师给教师的建议[M].北京：中国轻工业出版社,2016：10.

[2]中华人民共和国教育部.义务教育语文课程标准（2022年版）[S].北京：北京师范大学出版社,2022.

[3]崔允漷.如何开展指向学科核心素养的大单元设计[J].北京教育（普教版）,2019(2).

[4]格兰特·威金斯,杰伊·麦克泰格.追求理解的教学设计[M].上海：华东师范大学出版社,2016.

[5]格兰特·威金斯,杰伊·麦克泰格.理解为先模式：单元教学设计指南[M].福州：福建教育出版社,2018.1.

[6]吴保华.部编版初中语文教材自读课教学实践研究[J].教育参考,2019(3).

[7]成巧云.部编版初中语文自读课教学设计探究——以《昆明的雨》为例[J].课程教材教学研究,2020(5-6).

[8]荣维东.大单元教学的基本要素与实施路径[J].语文建设,2021(12).

[9]孟亦萍.让语文学习真正发生——基于真实情境的大单元教学实践[J].基础教育课程,2019(5).

熊一舟，上海田家炳中学教师。

教育信息化背景下高中语文情境教学策略探究
——以教学《祝福》一课为例

◎ 熊玉璐

信息技术在课堂上的运用越来越广泛，教育信息化已经成为引领教育发展与变革的主导力量。信息化教学充分应用现代信息技术和信息资源，为学习者提供良好的信息化学习条件，以实现教学过程最优化。与传统的教学相比，信息化教学注重教学资源环境的设计，注重"自主、探究、合作"学习方式的设计，注重问题的设计。它所构建的是一种真正非线性的、开放的、自由的、信息化的教学设计。[1]《普通高中语文课程标准》（2017年版2020年修订）强调"语文学科核心素养是学生在积极的语言实践活动积累与建构起来，并在真实的语言运用情境中表现出来的语言能力及其品质。"[2]在课堂创设的特定情境中，利用现代信息工具将需要呈现的课程学习内容以多媒体、超链接、远程视频等方式转化为数字化学习资源，学生在自主、合作、探究的过程中增强学习活动的参与度，突破原有的思维局限，实现对课堂对象的二度开发。借助信息技术平台，遵循教育教学的学科规律，将二者进行多样、有序的融合，可以最大限度地实现教育信息化背景下高中语文情境教学的顶层设计。

一、案例背景

（一）教育信息化是我国教育发展的必然趋势

2018年4月教育部发布了《教育信息化2.0行动计划》，推动教育理念模式、教学内容和教学方法的改革创新。2022年在"国家中小学网络云平台"运行服务经验的基础上，教育部升级原云平台为"国家中小学智慧教育平台"。2021-2022年云南省昆明市西山区完成了"西山区智慧教育平台"的建设，并投入使用。以上说明从国家到地方教育部门都在积极架构数字信息平台来推动教育教学方式方法的变革已经是大势所趋。

（二）语文情境教学与信息技术的融合仍需提升

1.教师对二者融合的理念有待加强

教学方式信息化给语文情境教学带来的便利本应该效果明显，但深入课堂考察目前的情境教学现状则发现众多语文教师并没有有效参与到教育教学信息化的潮流中，没有合理利用"国家中小学智慧教育平台"以及"西山区智慧教育平台"等可供情境教学使用的便捷功能。教师依旧停留在传统的教学模式，教育、教学理念有待改进。

2.教师对二者融合的方式趋向单一

在语文课堂教学中，信息技术依然停留在作为简单的演示工具，情境教学信息化利用率低或利用形式较为单一，集中在单纯地利用多媒体进行音频、视频、图片的播放，文本内容的声、画展示，课堂教学信息化的特点凸显不明显，情境活动也没有信息数字化的特点。语文课堂实现教学信息化的程度、层级较低，使用范围也较小，教师无法实现技术和教学的有机融合，学生也无法在形式单一的课堂情境中达成多方面、多层次的综合目标，对学科核心素养的培养也无所裨益。

3.学生在二者融合中的作用忽略

情境教学信息化在课堂实践中更多是以教师为主体，学生利用信息技术手段辅助完成学习活动的教学设计很少呈现。忽略学生信息化的学习方式导致在情境活动中不能明显体现出"自主、合作、探究"的学习方式。这是一种学习活动、学习反馈以及持续性的学习评价并没有把学生当作课堂主体的教学实践。

二、语文情境教学信息化的达成目标

《关于全面深化课程改革落实立德树人根本任务的意见》提出要落实教育教学以人为本，教师要进行角色转变，实现主体、主导双优化。而核心素养则要求培养能够适应个人终身发展和社会发展需要的必备品质和关键能力。要实现以上教育教学目标，学生在课堂上就要以自主、合作、体验式探究学习为主要学习方式，从解答学科知识性问题的能力转变为解决生活中实际问题的能力。在教学中真实有效地运用信息化技术手段，将学生的学习活动透明可视化，并可以对其进行有效的培养、干预、指导、完善。正如何克抗教授指出："通过将信息技术有效地融合于各学科的教学过程来营造一种信息化教学环境，实现一种既能发挥教师主导作用又能充分体现学生主导地位的以'自主、探究、合作'为特征的教与学方式，从而把学生的主动性、积极性、创造性发挥出来，使传统的教师为中心的课堂教学结构发生根本性变革，从而使学生的创造精神与实践能力的培养真正落到实处。"

三、案例描述：语文情境教学信息化的实践过程

本文将以统编版高中语文必修下册小说单元中《祝福》一课的教学实践为例，探究高中语文情境教学有效利用数字信息化技术手段的必要性和可行性。在本次教学实践中，教师创设任务情境的学生自主实践活动，引导他们进入"法庭"的课堂情境中。

（一）教学内容分析及教学信息化的设计意图

《祝福》是统编版必修下册小说单元中鲁迅先生的代表作品。小说以鲁镇为背景，通过记叙主人公祥林嫂因为寡妇再嫁而被村民进行"精神虐杀"，最终走向死亡的故事情节，深刻地批判了"吃人"的封建礼教。教学情境以"谁是凶手"为核心任务，巧设"法庭"，让学生在为祥林嫂鸣不平的同时也为"涉案"其中的鲁四老爷、四婶、柳妈、卫老婆子、婆婆、鲁镇人、"我"进行审判。

鉴于《课程标准》对语文课堂真实情境教学提出的建议和要求，以及实现语文课堂的信息化输出能够给学生带来开放、交互、协作、创新、共享的学习体验，为教学方式的变革注入新能量，所以教师在带领学生学习《祝福》一课时，就尝试结合小说文本内容特征以及学生的生活经验、体验，在"法庭"的情境实践活动，重新设置教与学的流程，利用"国家中小学智慧教育平台"以及"西山区智慧教育平台"的便捷功能，整合网络资源以及整理情境素材。在信息化情境体验式学习活动中，学生于你来我往的表达阐述、反驳思辨中明显地提升

表一："法庭审理"任务情境下的具体学习活动安排

任务情境	开庭审判"祥林嫂之死"				
情境主题	谁是凶手？				
情境角色					
死者	法官	公诉人	嫌疑人	嫌疑人辩护律师	陪审团
祥林嫂	引导审判流程	依据卷宗（课文）指认嫌疑人	依据卷宗（课文）自辩	依据卷宗（课文）为嫌疑人辩护	根据公诉人、嫌疑人、辩护律师发言给出审判意见
	教师	学生	婆婆	学生	学生
		学生	鲁四老爷	学生	学生
		学生	四婶	学生	学生
		学生	柳妈	学生	学生
		学生	卫老婆子	学生	学生
		学生	"我"	学生	学生
		学生	鲁镇人	学生	学生

表二：语文情境教学与信息化技术的融合表现

设计流程、步骤	教学活动	学生活动	信息化技术手段
1.课前预习	1.发布学案 2.完成预习任务清单 3.鼓励、引导使用信息化工具	1.对法庭情境教学设计点赞或发表评论 2.熟悉法庭开庭的具体流程	1.师生互动平台 2.投屏共享视频
2.课堂教学	1.布置情境任务 2.提供信息化工具平台 3.组织自主、合作、探究的小组合作	1.完成情境任务 2.自主、合作、探究式学习 3.使用信息化技术辅助任务的完成	1.智能教育平台 2.投票软件 3.微信、QQ群聊功能 4.多媒体投屏 5.多媒体展板投放
3.过程性评价	1.关注学生的学习过程 2.重视非预期结果	1.积极主动体验式学习 2.大胆质疑，审辨思维	1.智能教育平台 2.投票软件 3.微信、QQ群聊功能 4.多媒体投屏 5.多媒体展板投放
4.课后迁移、拓展	1.布置作业 2.教学反思	1.完成作业 2.完成课堂评价 3.提出教学建议	1.智能教育平台 2.在线测试软件

了自身的语言建构与运用，思维的发展与提升，顺利完成了对小说文本内容的归纳、概括、分析、比较、辨识、品鉴。同时在接下来的教学任务中，情境教学信息化的方式明显对其他小说篇章的教学活动也是有所启发的。

（二）《祝福》情境教学信息化的具体实践过程

见表一和表二。

四、语文情境教学信息化具体环节的应用效果

（一）确定任务情境的主题，课堂预习信息化

鉴于《祝福》的课堂情境设置"法庭"模式，学生对其既熟悉又陌生，学生对该种情境活动的接受度，教师并不能精准把握。所以在教材预习环节，除却传统的熟悉文本内容外，教师利用"国家中小学智慧教育平台"中的"资源操作和互动功能"，上传生活中法庭开庭的相关视频以便学生观摩法庭开庭的流程，同时通过"点赞"和"学习浏览记录"全程跟踪学生的预习效果以及接收真实有效的接受度反馈结果。教学实践证明，全班61名学生在短时间内均观看并"点赞"法庭开庭流程的视频，用信息数据和事实说明了《祝福》教学主题以及任务情境的设置是得到学生的关注，并引发学习兴趣的。在教师的鼓励和引导下，具体任务活动中，学生也积极利用有效的信息资源进行学习活动。

（二）法庭情境任务贯穿课堂，课堂教学信息化

根据教师在学生预习环节时的提醒和引导，课堂教学中共有6名学生代表在情境任务中进行信息化学习活动，具体表现为学生在微信和QQ群中建立群聊模式，讨论文本相关主题；多媒体投放采访家中老人对祥林嫂之死的看法的视频；利用教师多媒体展板当堂展示学习活动的看法；利用投票软件确定陪审团不同审判意见的人数。

《祝福》在信息化的法庭情境中，改变单向度的学习方式，课堂上建立和形成了双向信息传播的学习环境，在立足于课程标准和文本内容的基础上，学生围绕具有挑战性的学习主题，自发形成内在驱动，在数字化、智能化、开放性、审辨性的学习活动中完成了一次有效的社会实践。

（三）关注课堂动态，过程性评价信息化

教师在情景教学中，通过学生完成学习活动的

积极性、参与度关注学生的动态学习过程，重视非预期的教学结果，鼓励学生大胆质疑，在交流中体现思维的发展与提升。学生积极利用智慧平台、聊天软件等信息技术，将自己真正地投入课堂情境中，在信息技术平台上展现了学生学习过程中呈现的不同层次和差异，为教师的教学设计提供了真实有效的教学、学习反馈。

（四）以"一篇"带动"一类"，课后迁移、拓展信息化

信息化小说《祝福》的语文情境教学是为了以此为例，在一篇课文的课堂上让学生回归到自主、合作、探究的体验式学习活动中，明确以学生为主体，以学促教的现代教育理念。教师利用在线测评、反馈等辅助课后测验的软件，可以及时跟踪学生在此种教学模式下是否可以提升发现问题、解决问题的能力。同时根据学生课后作业的反馈数据，教师同样可以得出学生在知识拓展、迁移中的测评表现是否达到教学预期效果，以促进以后作业布置实现分层和差异。

五、以《祝福》情境教学信息化为例的反思、总结

现代教学课堂要走向主体、主导双优化，就意味着师生之间的地位和关系要改变，有效的教学行为必须摆脱教师主讲，学生被动接受的传统教学模式。教师的一切教学活动要面向学生，教学活动环节的设置倾听学生的真实反馈，满足学生的个性化发展需求，在师生互动、生生互动中实现课堂教学的良性循环。

（一）情境教学与信息化教学的达成目标高度契合

情境教学与信息化教学都提出自主、合作、探究的学习方式，也是新课标要求的学习方式。二者都打破了教师为主体的传统教学模式，并大胆鼓励教师和学生不拘泥于传统的课堂教学形式和学习活动，并都采用创设任务活动、问题情境驱动贯穿整个课堂的教学设计。此外二者对于落实学生的核心素养是非常有效的实施路径，在情境教学和信息化教学中，能很好地促进学生进行审辨式学习，极大地促进他们批判性思维的发展与提升。

（二）语文情境教学信息化要呈现学科特点

语文情境教学信息化是人文属性和工具属性的统一，以落实语文学科核心素养为基本旨归。这就意味着教师支持学生理解的多元性，情境素材搜集的开放性，信息技术手段的多样性。这一切都必须建立在单元教学目标的要求之下，呈现出明显的语文学科特点才可以，否则利用信息技术一味追求课堂新奇的情境效果，只是在形式上浅薄地吸引了学生的注意力，反而会失去探究文本本身的兴趣，这就和教学目标背道而驰了。

（三）语文情境教学信息化要有可控性

从教学主题确定开始，在情境活动信息化过程中，教师要尽量选择设计具体设问、量化观察的环节流程，要让学生有话可答，有理可依，不能大而虚，华而空。如果教师无法监控、落实教学环节的有效性和真实性，再好的教学设计也只能归于课堂的表面热闹。在学生处于信息化的教学情境中时，他们获取信息、探索问题、协作讨论、解决问题和构建知识都要能够被教师追踪观察。

教育信息化背景下的语文情境教学非常有利于促进学生呈现积极有效、高质量、高水平的课堂表现，这对实现学生的深度学习以及语文学科核心素养的培养有着显著的效果。随着科技时代的发展，语文教学在信息化背景下如何更加有效地体现现代教育理念以及落实新课标的教学要求是一个历久弥新的永恒话题，也需要教师带领学生作为课堂活动的双主体进一步的学习和思考。

参考文献：

[1] 邹南勇.信息技术与高中语文教学的融合创新[J].广西教育，2022(4).

[2] 中华人民共和国教育部.普通高中语文课程标准（2017年版2020年修订）[S].北京：人民教育出版社，2020.

[3] 中华人民共和国教育部.普通高中教科书语文必修下册[M].北京：人民教育出版社，2019：93.

[4] 普通高中语文课程标准教师指导（2017年版2020年修订）[M].上海：上海教育出版社，2019：22，24.

[5] 南国农.让信息技术有效地推进教学改革[J].中国电化教育，2007(3).

熊玉璐，云南省昆明市西山区实验中学教师。

小学语文中年级现代诗教学策略浅析

◎许 婧

现代诗作为小学语文教材中非常重要的组成部分,值得教师在教学中格外关注,本文分析了现在小学现代诗教学中存在的问题及原因,从整体感知、诵读体会、想象感悟等方面提出了中年级现代诗教学策略,使学生加深对现代诗的理解和感悟,提升教学效率和质量。

一、问题的提出

统编小学语文教材中编排了大量的诗歌,除了古诗,现代诗也是其中重要的组成部分,现代诗约占课文总篇目的16%;而人教版教材中现代诗只占到总篇目的6%左右。四年级下册更是整单元编排了一组现代诗,更突显了现代诗在语文教学中的地位。

《义务教育语文课程标准(2011年版)》在课程总目标中就提出了要培育学生热爱祖国语言的情感,汲取民族文化智慧的目标,并对于小学阶段的诗歌教学提出了明确要求,对每个学段的诗歌教学给予了方向的指引。这些目标和要求不仅对于古诗适用,对于现代诗也同样适用。而且,值得注意的是,每个学段的标准和要求是螺旋式上升的,让学生在现代诗的学习中提高语言文字运用能力。

现代诗歌是以白话文为主要语言形式的诗歌,它采用较为口语化的语言反映现实生活,形式自由,内涵开放,注重意象的新奇性。现代诗一般不拘格式和韵律,用词接近现代汉语,与学生的生活实际更近,更容易被小学生理解和接受。温儒敏认为,诗歌教学可以满足孩子们童年生活的精神需求,学习诗歌可以提升学生审美鉴赏与创造的能力。但是,形式自由、意涵丰富的现代诗有时甚至比古诗更难以理解,其中运用的具有时代特色的词语、充满想象的丰富意象的组合、跳跃的语言等都给学生的理解设置了障碍。在低年级,学生接触的多为浅显的有趣的儿歌、儿童诗,较好理解;但是进入中年级,教材编排的现代诗更加侧重于诗歌的哲理性与情感表达的层次性,这就需要学生运用多种方法来理解体悟。三年级下册第六单元安排的《童年的水墨画》这一组诗是学生初次接触较难理解的现代诗,而结合本单元的语文要素"运用多种方法理解难懂的句子"进行有效教学,帮助学生感悟诗意,体会情感,并习得理解现代诗的方法,为之后学习现代诗打下坚实基础。

目前,已有不少学者、教师关注现代诗教学,进行了一定的研究,但是,现在小学现代诗教学中依然存在一些问题,笔者以《童年的水墨画》这一课的教学为例,探究小学中年级诗歌教学的有效策略。

二、小学中年级现代诗教学存在的问题及归因分析

笔者对任教的两个三年级班级进行了问卷调查,在对学生的调查中,我们可以看出学生对于现代诗的态度。

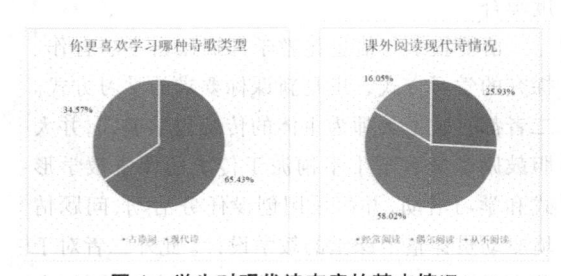

图1 学生对现代诗态度的基本情况

学生在课外进行诗歌阅读的比例较大,但是有近三分之二的学生读的是古诗文。可以看出,学生

在课外很少主动阅读现代诗，他们更喜欢阅读古诗词。总体来说，学生对于现代诗的学习兴趣和积极性不高。

在教学《童年的水墨画》这一课之前，让学生进行预习自学，从课上的反馈来看，学生课前自学现代诗的效果不太好。

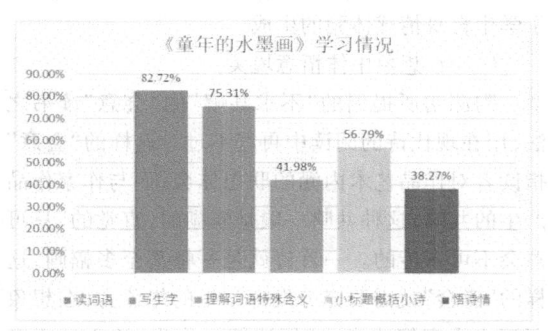

图2 学生对《童年的水墨画》的学习情况

可以看出，学生对字词的读音掌握较好，但是对于诗中一些具有特殊含义的词语不甚理解，如"水葫芦""斗笠"的特指含义。总的来说，学生对现代诗的特点把握不准，自学能力欠缺。

学生对现代诗兴趣不高，自学能力较差，与当前小学阶段的现代诗教学有密切关系，原因主要体现在以下几个方面：

（一）对现代诗的教学目标定位不清

在课标中明确指出了对于诗歌，应把握情感，整体上体悟大意即可。而当前很多教师在教学时，执着于个别字词句的教学，逐字逐句割裂式地去理解现代诗，而忽略了对现代诗的整体性感悟。而现代诗中往往有一些难懂的，难以理解的抽象的词句，学生理解起来较为困难，最后沦为教师的一言堂，学生也没有真正了解意象背后蕴含的情感，使得现代诗的教学效率低下。而且，现在的现代诗教学中没有形成相对科学、系统的教学和指导方式，学生的学习目标相对浅显、不明确，使学生对现代诗歌的学习和鉴赏能力相对较弱。

（二）现代诗教学中教学方式的错误理解与实施

语文课标中通过诵读和展开想象是反复提到的两个学习诗歌的方法，以此来帮助学生体悟诗歌的情感。通过问卷调查和课例分析可知，在实际教学中虽然教师大多能关注诗歌诵读，但是对于诵读的指导不到位，以至于学生读了很多遍，但都和第一遍差不多。教师往往没有给出具体可行的诵读要求和方法，每一次诵读后的评价语也较为简单，使得学生在一遍遍的诵读中只是加深了对诗歌内容的记忆，而诗歌诵读的能力难以提升，也很难体会诗歌的情感。小学生的理解能力相对较弱，但想象力却较为丰富，教师在教学中容易忽视学生个体的独特性，以教师的分析、小组的讨论、模式化的"标答"来代替学生自主的体验和思考。

（三）教师自身对于现代诗的理解流于表面

在现代诗教学中，教师对于诗歌本身的理解不到位，有教师认为现代诗篇幅较短，较好理解，对于现代诗的教学不重视。有时也会出现教师对于现代诗的理解承自自己的老师，而以前对于现代诗的理解就是呆板的、浅层的，现在教师再按照自己已有的经验进行教学设计，造成恶性循环。教学中还易出现对现代诗分解读的现象，或将语文课上成思想品德课，将情感过分拔高，缺少"语文味儿"，甚至急于得出正确答案，忽略学生的个性化解读与感受。这些现象都与教师自身对于诗歌的解读过于表面化有关。

三、小学语文中年级现代诗教学的策略创新

语文课标对小学每一学段的现代诗教学都提出了明确要求，在第二学段，在诵读中体会诗歌表达的情感，发挥想象力领悟诗歌内容是重要的方法。下面，笔者结合统编版教材《童年的水墨画》一课，探究小学语文中年级现代诗教学的有效策略。

（一）整体感知把握大意

课标要求，中年级开始要引导学生理解诗意，想象画面，有所感悟。但不宜过分拔高，尤其在初读之时，不做深入的分析和理解。

课堂伊始，从课题"水墨画"引入，通过播放水墨画视频，让学生感受水墨画意境丰富、韵味悠长的特点。通过生动传神的水墨画引发学生丰富的想象，由此引入"童年的水墨画"会画什么，激发学生读诗的兴趣。接着，引入《童年的水墨画》这一组诗，并引导学生发现三首诗题目的奥秘——都是表示地点的词语。

紧接着，进行三首诗的字词教学，通过出示三组词语，帮助学生读准诗中的字音，并从读词到读句，再到读文，在这一过程中，学生对三首诗进行了初读，感知了三首诗大概的意思。

最后，让学生分别用一个字来概括每一首诗，激发学生学诗的主动性。一个字要求学生寻找最精炼的语言来概括，在这一过程中，提示学生可以充分利用好诗中的字，无形中又让学生感受了诗意。后面的教学围绕学生概括出的字来展开，尊重学生的个性化解读，让学生学会自主读诗。

（二）在诵读中感悟音韵美

现代诗虽然不像古诗拥有严格的格律、韵脚，但是，作为诗歌，也富有节奏感和韵律，能带给学生审美的享受。因此，诵读就成为学习现代诗最基本的一种方式。教学目标中对于读其实已经分出了层次，第一层要求读正确、流利，第二层则是要有感情地朗读。教学中诵读的重点主要放在第二层面上，这就需要教师组织学生进行多种形式的诵读，加强朗读指导，让学生在读中感悟诗情，让每一遍的读都有目的，每一遍的读都有效果。

在课堂教学中，笔者设置了多次朗读。首先，在整体感知、学习词语的时候，通过小老师领读、开火车领读、齐读等方式确保学生把词语读正确，在此基础上，把词语放回句子中读句子，再读整首诗，逐步让学生将组诗读得正确、流利，完成第一层次的目标。

在完成第二层次有感情地朗读的目标时，笔者是在学生对诗有了基本感悟的基础上进行的，如：先请学生说说《溪边》这幅画美在哪里，在感受诗中美景的基础上，再来指名读、齐读，读出美的感受。再如，在感受完《溪边》的色彩美之后，指名读诗的前四行。此时，学生对于如何突出色彩之美的方式可能不太理解，只是按照自己的理解进行了朗读，重读了表示颜色的词语"红""绿"，这样就破坏了诗歌的美感。笔者相机评价指导，为了突出色彩之美，稍稍拖长一些也是一个好方式，再指名学生读，最后齐读。同理，在感受完《溪边》的"静"之后，先指名学生读，发现，学生为了表现"静"，读的时候声音很小甚至听不清，笔者相机指导评价，把速度稍微放慢一点，静的感觉也能表现出来，再

指名读、齐读。

现代诗的诵读要尊重学生的个性化理解，要让学生首先作为独立的个体，自己去诵读，用自己喜欢的方式，沉浸到诗歌诵读当中。教师的范读和朗读指导也要注意时机，尽量在学生对于诗歌内容有所了解、情感有所体会之后再进行，因为教师范读必然带有自身对诗歌情感的体会与思考，容易限制了学生自身情感体验的生成。

（三）在想象中体悟意境美

陶渊明所提倡的"不求甚解"的"会意"读书之法，用在现代诗的阅读中再好不过。这样的"会意"指读者对作品艺术内涵的联想体会，而与作家作品产生的共鸣，这种共鸣一般是模糊的、直觉的，只可意会不可言传的。一首诗就是一幅甚至多幅画，这样的"意会"就需要充分发挥学生的想象力，在想象画面中去理解诗意、感悟诗情。作为"语文核心素养"之一的"审美鉴赏与创造"的能力，首先就是想象力，以及想象力所依存的"直觉思维"与"形象思维"的能力。但是，想象并不是漫无边际的胡思乱想，而是以理解诗意、体悟诗情为目的的，所以，在阅读现代诗时，想象画面也有一定的方法，需要教师的指导。

我们可以结合生活经验进行想象。中年级的学生已经有一定的观察能力，具有一定的生活经验，从他们熟悉的生活经验出发，引导想象，有助于他们理解诗歌。如体会"山溪像绿玉带一样平静"，先请在博物馆见过绿玉带的同学说说绿玉带的样子，再出示常见绿玉带的图片，让学生直观感受绿玉带的特点，再结合诗句体会。此时，再发问：你仿佛看到了一条怎样的山溪？学生在想象画面的同时用不同的词语描述山溪，既体会了诗意，又训练了语言，一举两得。想象出山溪的样子后，顺势理解"人影给溪水染绿了"就水到渠成了。但是，为了感受画面之绿，仅止于此是不够的，让学生继续发挥想象，还有什么被溪水染绿了呢？学生结合生活经验及上下文，很容易想到溪边的花草树木，溪中的小船、鱼儿等都被染绿了，岸上一个绿色的世界，水中还有一个绿色的世界。由此，学生通过想象画面感受到了这个"染"字的神奇。

我们可以设置情境，让学生自觉通过想象进入

诗歌的世界。在教学《溪边》最后两句时，在让学生感受前四句之静的基础上，利用多媒体，设置钓鱼的画面，并让学生想象自己就是拿着钓竿的孩子，做出钓鱼的动作，随着PPT上水面动了，让学生联想到自己钓鱼时的情景，要赶快拉钓竿了，随着学生拉钓竿的动作，学生体会到了钓上鱼的快乐，顺势理解钓竿一甩，鱼被甩到身后草地上。紧接着，教师发问：钓上鱼高兴吗？高兴时会怎么做？学生通过想象很容易就理解了"草地上蹦跳着鱼儿和笑声"的意思，同时体会到了孩子们的欢乐。不用过多讲解，更不用逐字逐句分析，通过想象，学生自然而然地理解了诗歌。

我们还可以结合已有的诗歌学习经验进行想象。笔者在这一课中就采取了以古诗画面想象现代诗画面的办法。如，利用学生熟悉的诗句"碧玉妆成一树高，万条垂下绿丝绦"想象垂柳的样子，利用"小荷才露尖尖角，早有蜻蜓立上头"想象"钓竿上立着一只红蜻蜓"的画面；利用"接天莲叶无穷碧，映日荷花别样红"想象诗中红绿相衬之美。由于这些古诗是学生早已熟知的，一想起诗句中的画面就不自觉地呈现在脑海中，利用已学古诗的画面，链接到新学的现代诗中，现代诗的画面就不难想象，甚至还能激发学生更多的想象，有利于学生对现代诗的理解和感悟。

在现代诗教学中，教师要注重激发学生的想象力，调动直觉思维和想象思维去感悟诗中的画面。值得注意的是，在激发想象的过程中不要过度使用多媒体，因为有些诗歌中所表达的意境，是用图片、视频无法传达的。所以，在学生进行想象之前尽量不要用图片或视频去固化学生的思维，限制他们的想象力，如果遇到学生生活经验所不及

的、难以理解的部分，再利用图片或视频帮助学生直观地去感受、理解。

现代诗教学作为小学语文教学的重要组成部分，值得小学语文教师重视。教师在掌握策略方法之前，首先自己要爱诗、读诗，懂得欣赏诗歌。即使熟悉的作品，在设计教学之前，也要将自己"归零"，进入诗歌的氛围境界，获取鲜活的感觉，还要把自己也当作孩子，设想他们阅读这篇作品可能生发的想象与感觉。只有教师自己被诗歌感动了，才有可能在教学中让学生也感动；只有教师自己会欣赏诗歌，才有可能在现代诗教学中培养学生的审美与鉴赏能力，提高学生的语文核心素养。语文教师要深刻挖掘现代诗中的教育价值和审美价值，在新课程教育目标的指引下，灵活运用整体感知、诵读体会、想象感悟等教学策略，使学生加深对现代诗的理解，提升教学效率和质量。

当然，本研究还存在着不足之处，调查范围不够广，改进策略也还需要在实践中进一步检验与完善。希望在未来的教学实践中对现代诗教学进行更加深入的研究。

参考文献：

[1]周振婷.小学语文中高年级现代诗教学策略与模式的研究——以现代诗《短诗三首》为例[J].教师,2020(22):45-46.

[2]孙艳梅.小学语文现代诗歌教学策略创新应用[J].读写算,2020(21):22-23.

[3]王青青.小学语文现代诗歌教学现状及策略探究[D].山东师范大学,2020.

许婧，天津生态城南开小学教师。

尊重·放大·多元:小学高段习作评价实践研究
——以统编教材五年级上册为例

◎姚嘉庆

新课标将口语表达、书面表达融合为"表达与交流","表达"成为学习关键词。实践证明,实施"因文而异,针对评价";"因人而异,区别评价";"以小见大,局部评价"和"多元主体,合力评价",在小学语文作文教学中实现评价方式多样化,既有利于针对性地对习作教学环节及教学节奏进行适时调控,完善提高习作教学质量的路径与策略,也有助于树立学生写作信念,呵护他们的写作情态。

一、当前习作评价的问题剖析

(一)评价内容的模糊化

当前,习作评价与教学过程缺乏科学融合,打分、评定等级的现象依然普遍。以单元形成性习作评价为例:对于优秀、良好、合格、待评作文的等级评价内容通常依次描述:内容具体,内容较具体,内容基本清楚,内容不清楚。

(二)评价标准的片面化

实际评价中,多数教师会忽略学习态度、合作能力、实践能力等"不易可视化内容",而会通过简单的可视化途径进行评价。以书面表达为例,评价标准过于强调语言表达的准确性和文体格式的套路,限制学生思维的自由表达。

(三)评价主体单一

《标准》倡导课程评价的多元化,鼓励学生自我评价及与同伴间的合作交流,对学生的习作过程和结果进行综合评价,但是,现实的习作评价却缺乏灵活而多元的评价标准、评价主体和评价方法,从评价主体来说,一般以教师评价为主,学生自评和互评为辅,家长等参与评价的情况较少。

二、习作评价问题的破解:优化评价方式,提升习作能力

(一)因文而异,多方评价

作文的体裁不同,其评价标准也不相同,因此,教师应根据不同的训练内容制定合理的标准。统编教材五年级上册语文单元习作体裁多样,笔者认为,可以根据不同体裁的特点进行评价。针对不同类别的习作,特别是特殊类别习作:缩写篇、书信篇、读书篇。教师应当有不同的评价方式。

例如第三单元习作属缩写篇:缩写《猎人海力布》。因学生初次接触该类习作,所以在评价标准上有所区别。笔者从书写、语句分段、内容结构、详略得当这些维度进行评价标准的设定,提前让学生明晰成功标准(如表1)。

学生在着手撰写本单元习作的时候,已经明晰四条成功标准(如表2)。通过这张评价量表,能够清楚地知道缩写故事的具体要求:如小A在缩写时,

表1 五年级上册第三单元"缩写猎人海力布"评价量表

评价维度	评价指标(成功标准)	评价等级 ☆☆☆☆
书写	书写整洁,错别字少	
表达	语句通顺,分段合理	
内容结构	能按照原文的故事顺序缩写:救白蛇——得宝石——听消息——劝搬家——变石头:保持文章的完整性,保留原文的主要内容和基本情节,意思准确。	
详略得当	保留主要人物的主要情节,删去次要人物的次要情节(如需保留描写部分改为叙述):主要情节中的原因、经过、结果由描述改为叙述。	

写了很多次要情节,而对主要情节只是一笔带过,通过这张评价量表,他能有效诊断自己的优势和不足,发展了自我评价的能力。

(二)因人而异,区别评价

班级中每个学生都是不同的个体,习作评价还需要尊重学生个体差异。实践证明,从因人而异的角度加以评价,能够让学生对写作产生兴趣。

统编教材五年级上册第五单元习作"介绍一种事物",从"用上恰当的说明方法"这一语文要素可见是写说明文。根据学情反映,有部分同学写成记叙文。以小Y为例,他写了小狗,重点写了小狗的"力气大"和"聪明",全文叙述具体生动。笔者这样评价:本文语言生动,内容丰富,字迹工整。小作者态度端正,但是,你有没有仔细读要求呢?请你仔细读读习作要求,再改一改。同时,为了对小Y加以鼓励,笔者制定评价表(表2),从语言表达和写作习惯两个维度评价习作。

表2 学生个人习作评价表

目标	要素	星级	老师的话
老师评价我	语言表达	内容具体 ★	( )你文章写得真精彩,让人眼前一亮!
		语句通顺 ★	
		条理清晰 ★	( )你写作态度很认真,为你点赞!
		好词佳句 ★	
	写作习惯	书写工整 ★	( )本次习作大有进步,继续加油!
		无错别字 ★	
		写字速度 ★	( )精彩来自良好的态度,请努力!
		标点使用 ★	
习作总体表现	优( ) 良( ) 合( )			
老师送你的"小锦囊":			

笔者在评价小Y的习作时首先肯定他语言具体生动,表达流畅的优点,再引导他将这篇作文"变身"成说明文,让他从心里认可自己所写的内容,从而"保存"下来。此后,小Y写作信心大增,不仅学会区别说明文、记叙文的写法,而且语言表达能力也越来越强,平时课堂作业本上的小练笔也越写越出色,多次被评为"优秀小练笔"。

(三)以小见大,局部评价

新课标强调尝试在习作中运用有新鲜感的语句。因此,笔者放大学生习作中"新鲜感"的表达特色。

统编教材五年级上册第二单元习作"漫画老师"和第七单元习作"_____即景"。笔者致力于发现习作"亮点",组织学生共同欣赏"亮点",从"欣赏好题目""欣赏好开头""欣赏好构段""欣赏好结尾"这几个部分加以评价,如"漫画老师"和"即景"亮点欣赏(片段):

欣赏好开头:①像我这样沉浸在作业的海洋里的人,也就只能通过窗户来看外面的美景了。②某一天,当我望向窗外时,挺立的银杏树正静静地立着,小鸟站在银杏枝头上"叽叽喳喳"地叫着,就像在唱歌似的,窗外的一切是那么美好。

欣赏好构段:①不信?来听我娓娓道来!一次上课,有个同学回答问题,一站起来,就说:"九!"T老师就幽默地说:"酒?你想喝酒?"逗得我们哈哈大笑,有的同学笑着说道:"酒?哈哈哈!王同学要喝酒了!"有的同学笑得趴在桌子上,还有的同学则笑得前仰后合。T老师也笑出了"眯眯眼",这幽默的老师,让我们上课更认真了。②刚开始,只是小小的,一颗颗的雪,犹如一闪一闪的碎钻,在天空中荡呀荡,时而被寒风吹到树叶尖儿上,又被树叶沙沙地摆下来;时而在天上转个圈,又慢慢滑向地面;时而又三五个碰在一起,垂直掉了下来。这些,在黑蓝的天空中,显得清晰,显得耀眼。

欣赏好结尾:看到这样的数学老师,你是不是也颤抖了一下。其实老师是为了我们才这么做的,为了让我们知道题目的规律和法则,为了证实我们是否听懂了书本上的内容,才不得不发卷子,谁会想无缘无故给别人发卷子,对吧?所以,我们要明白老师的用心良苦,要尊重每一位老师!

课堂评价最大的潜在价值是让学生作为完整的主体参与评价的过程。教师给学生提供"评语库",旨在引导学生在语文实践活动中,积累语言材料和语言经验,形成良好语感,从而发现、感受语言的表现力和创造力。

经过共同欣赏"亮点",学生交流分享最喜欢的题目,总结出有创意的写法。如第二段话按照一定的顺序,运用动态描写,抓住景物"雪"的特点,写出"雪"的变化,即"雪"在不同情况,不同时期的样子,还写出雪的颜色、形状、大小,而且还运用了比喻的修辞手法写出景物的美感。这些"亮点"反馈到小作者身上,会形成一种写作自信植入他们的内心,更好地激励他们创作。

为了更加精准地实行"局部评价"的方式,也为了让该评价方式实现更好的激励,笔者制定下列星级评价表(表3)。同时,为了不断提升学生的语言表达能力和帮助学生养成良好的写作习惯,笔者制定星级小作者评价表(表4),学生为了争取更高级别的小作者,就会不断升级。通过不断的小努力,实现大成功。实践证明,这样评价有助于学生学习他人习作中的长处,形成生生互学的习作氛围。

表3 星级评价表

目标	要素	星级	星级评价标准
老师评价我	语言表达	好题目	★	每项标准:
		好开头	★	特别好:5★
		好构段	★	好:3★
		好结尾	★	比较好:2★
	写作习惯	字好看	★	每项做得好最多给1★,做得不够好不给★
		无错字	★	
		速度快	★	
		标点对	★	
习作总体表现	优( ) 良( ) 合( )

表4 星级小作者评价表

	一星级小作者	二星级小作者	三星级小作者
语言表达	3★及以上	8★及以上	15★及以上
写作习惯	2★	3★	4★
周写作之星:获得三次三星级小作者
月写作之星:获得五次三星级小作者
季写作之星:获得五次以上三星级小作者

(四)多元主体,合力评价

2022年版课标课程理念提道:语文课程评价要注重评价主体的多元与互动。让家长、作家等其他主体参与习作评价的过程,为学生提供机会修正,并督促进步。

1.依托平台,"赞赏—建议"型评价

祝新华教授倡导的"赞赏—建议"型评价方式,是一种从成功引向成功的过程引导的评估方式。笔者将学生习作在班级微信公众号上展示,学生和家长点击"写留言"发表评语,快速实现评价,从学生自身感受出发,采用"我喜欢xxx的文章,因为……"表达赞赏,"我认为……"提出建议,阐述感想,抒发感受,让习作评价留痕,利用微信图文转发功能将评价的层面铺开,调动其他主体参与到习作评价中,实现高效、增值评价。

2.真实环境,"融生活"点评

评价贵在真实发生,学生的口头交流也是评价,教师把学生的习作合编成作文集,展示出来。"学生"在课余时间作为"小老师"评价,既是评价活动,也是学习活动。采用朗读、讲解、交流、讨论、探究等方式,让评价融入生活,逐步增强语言表达的准确性、规范性。平行班学生和老师都可作为评价主体,分享感受,沟通见解,有助于提高他们的自主能力和自我管理能力。

3.从习作到作品,以发表促修改

新版课标强调有创意的表达,习作评价应放眼于学生的整个习作创作经历中。"以发表促修改"的角度加以评价,运用学生自评、同伴互助、教师评价、家长评价、专家评价等实现多主体评价,培养学生的创作乐趣。

统编教材五年级上册第八单元习作"推荐一本书",笔者对小刘给予多角度点拨,从整合"想象"和"阅读"的层面出发,进行思考。并且通过汇集同伴、家长、专家的力量,帮助其润色,实现多主体评价。小刘修改出一篇特等奖佳作《假如我是诸葛亮》。

假如我是诸葛亮,我会劝告刘备在争夺天下的同时,也要好好教导刘禅,当刘禅沉浸于幼年丧母之痛时,应及时将他接到自己身边,让他感受到温暖并明白自己的亲人永远是自己忠实的支持者。我还会在刘禅年幼时给他安排一些大家都很认可的老师,让他受到更好的教育。这样一来,蜀国就不会出现一代不如一代的情况,也不会让蜀国的大好河山断送在刘禅手里，被刘禅"献"给了魏国。

——小刘《假如我是诸葛亮》片段

经过对比，就能发现从"发表促修改"角度点拨学生修改习作，促进学生思维能力发展和语言运用的创造，实现增值评价。而且，文章一经发表，学生的写作兴趣会高涨，实现对自然、社会、人生感受的创造性表达。

三、结语

习作评价目的在于促进学生乐写、想写、会写，现有的大量理论研究和实践案例表明，促进学生提升习作能力的习作评价在落实课程改革理念，提高学生参与度以及促进学生核心素养的发展方面具有较大潜力。在义务教育课程改革的背景下，语文教师有必要对这种评价理念投入更多关注热情，并以此为基础开展相应评价，有效提升学生习作能力。

参考文献：

[1]姚林群,赵鑫凤.如何评价学生在综合实践活动中地学习表现——基于第四代评估理论[J].教育测量与评价,2020(05):2.

[2]王孝礼.初中语文大单元教学方案设计与审视[J].语文建设,2022(13):005.

[3]祝新华.促进学习的语文评估：基本理念与策略[M].北京：人民教育出版社,2014:75~79.

[4]金铁钰.深化教学评价改革,促进素质教育发展[J].天天爱科学(教学研究),2022(01):11.

姚嘉庆，浙江省杭州市青蓝青华实验小学教师。

指向深度学习的初中古诗教学路径刍议
——以登高题材为例

◎叶斯箐

随着"双减"政策的全面落实,核心素养的培养成为义务教育阶段的工作重点。深度学习作为一种新型的学习范式,是培养学生核心素养的有效途径。本文从深度学习产生的背景、内涵和实施路径等方面入手,探索其在初中古诗教学中的意义。以"登高题材"古诗教学作为课堂实践案例,分析深度学习在课堂中实施的路径。

一、方式变革:从传统教学走向深度学习

古诗词有着凝练的语言、优美的韵律,有着诗人用形象思维创造出的丰富意象,传达了诗人对事物特殊敏锐的感受和内心真诚深切的情感。古诗词是中华民族文化精神的集中体现,在学校教育知识体系中有着不可替代的价值。不过由于其使用的语言跟现在相比有很大不同,所以教师在向学生讲解时大都存有着理解浅表化等问题。在这样的课堂上,学生往往将学习重点放在迎合考试上,缺乏学习的兴趣和热情,真实的学习并没有发生。

在"双新"背景下,课堂教学指向学生核心素养的培养。核心素养的主要内涵是指学生在接受相应学段教育过程中,逐步形成的适应个人终身发展和社会发展需要的必备品格和关键能力。郑桂华教授认为,"要想培养和提升学生的核心素养,首先要解决好课堂教学中的浅、碎、杂的问题,这就需要我们有探索深度学习的一些方式、策略、活动、情境、任务"。深度学习强调学习内容的迁移和整合,关注学生高阶思维的发展,提倡由远离生活需要走向实际问题的解决,对古诗词教学中"思维发展与提升""审美鉴赏与创造""文化传承与理解"的核心素养培养有着积极的指导意义。

二、概念解读:深度学习的内涵与实施路径

"深度学习"这一概念出现于20世纪七十年代,当时它应用的范围主要囿于教育心理学和高等教育两个方面。国外两位学者马顿和赛尔乔发布鲁姆的理论为参照,将人的学习分成了浅层和深度两大类。所谓的浅层学习主要是指理解度不够,实践性不强,只能算是用死记硬背的方式得来的知识,而深层学习主要是指在全面理解的基础上把知识转变成为解决实际问题的能力。在2011年—2014年,美国把深度学习摆放到了一个重要位置,其主要是从实践层面来对此进行深刻解读。深度学习的内涵丰富又复杂,它既包含着过硬的理解力、深刻的思考力,又包含着团队协作、人际交往、主动学习和自我管理等方面的能力。

何玲和黎加厚是我国最早对"深度学习"进行研究的学者,他们认为,要做好这项工作,需要重点解决以下三个方面的问题:一是如何学习的问题。学习要以问题为导向,要让学生知道为什么学,要让其拥有明确的目标。二是学习首先要拥有强大的内驱力。老师根据讲授的内容,设置问题,让学生通过自己的思考和智慧自主去完成。三是学习要构建起科学的评价机制。学习本身就是一项系统性工程,学习的过程本身也是人成长成熟的过程,所以在对学习进行评价时,一定要用立体、多维的方式,只有这样才能准确把握学习对每一个学生所发挥的作用和产生的影响。我国的核心素养研究始于2016年,将两者完美结合起来,让深度学习成为培养和提升学生核心素养的一条重要途径,已成为很多学者的一个研究方向。学者栾贻爱则把研究方向定位在了语文学科的深度学习和核心素养的关联度方面,如"创设任务情境,培植深度学习的环境;搭建语言引导支架,发展学生的高阶思维;运用多元表征方式,促进知识的深度整合;引入反思学习单,建构批判反思策略"。

综上所述,基于深度学习的内涵和策略,在古

诗词教学的设计中可以尝试以下路径：设置与核心素养相契合的教学目标，对教学内容进行专题式的整合，通过情境的创设唤醒学生经验，设计"少而精"的学习活动，引导学生聚焦核心问题进行探究并注重教学评价的过程。笔者认为，通过以上路径的实施，可以打破古诗词教学知识传授的桎梏，让古诗词教学真正回归丰富情感体验、滋养生命厚度的本质。

三、实践研究：以登高主题诗歌教学为例

（一）整合教学内容，开展专题阅读

《登幽州台歌》《望岳》和《登飞来峰》这三首被统编版教材收录在七年级下第20课。三首诗歌的主题都是"登高"，可加以整合来进行古诗主题教学，并运用深度学习的模式，来提升学生的思维品质和审美鉴赏能力。

在中国的古代诗歌中，登高诗有其特殊的意义。古人"登高必赋""登山则情满于山"，登高赋诗以抒怀是我国古代文人的一种文化传统。登高望远首先是一种空间的变换。高，是空间由下而上的垂直伸张；远，是空间由点到面的无穷扩展。登高望远这一行为本身就是从空间上拉开人们与现实生活的审美距离：当人们登上至高点，一切熟悉的东西都变得陌生了，新视角赋予了它们全新的空间关系。登览者不仅仅在观赏空间场景，还会由对空间的观览引发对时间的思考，因此产生全新的审美体验或理性思考。

（二）基于核心素养，设定教学目标

《诗大序》中说："诗者，志之所之也，在心为志，发言为诗。"这里的"志"，指的是"情绪""情志""想法"等，足见诗歌与人情感表达的关系密切，因此应将理解这三首登高诗所承载的诗人情志作为本课的教学目标。诗歌中对生命的感知和理解是通过意象来传达的，那些描摹诗人登高所见之景的句子是理解诗人情志的关键，教学的重点可放在品析景和情的关联上。除了抒发情感，教会人直视生命的意义是诗歌最本质的目的和功能特征之一。在登高诗中，诗人在全新视角下的观景体验与当时心境相融合，迸发出不同寻常的情感力量和生命体验。教师可以引导学生去探寻诗人登高而赋的深层动因，进而理解他们的情怀并从中获取滋养心灵的力量。深入地领会"登高诗"特有的情感价值和文化内涵，提升学生的审美情趣是本课的教学难点。

（三）注重情境设置，唤醒学生经验

只在置身于真实场景之下，核心素养才能获得成长的肥沃土壤，只有面对现实，学生才能体会到真实。如果一首古诗能唤起学生一种真实的生活体验，就可以获得非常自然的发展。因此在导入环节，可以请学生回想自己生活中的登高经历，并说一说独特的登高体验。在这个过程中，学生再次回到登高望远的情境中，并能有意识地去体会这一体验所带给人的对生活与人生的全新认识。以此为基础，可与古代文人登高赋诗的传统产生自然的情感连接，由此引入对三首登高主题诗歌的品读，并自然过渡到核心问题的提出：诗人在登高望远中有怎样的独特体验，并激发了怎样的情怀？

（四）精心设计活动，激发探索动力

在围绕教学目标设计活动时，考虑到三首"登高"诗歌中诗人登高背景，所抒情志和背后动因之间的异同性，笔者采取了"比较阅读"的策略。在比较三首诗歌异同的过程中，学生对古诗的品析与理解、感受与表达的深度在不断推进。

活动一：诵读品味，以诗人视角画出登高所见之景，并在画旁题写诗中的相关诗句。

南朝刘勰说："原夫登高之旨，盖睹物兴怀。"学生在绘画之前需要反复品读诗句，抓住诗人登高所见之景进行构图，结合诗人所抒发的情感进行题诗。学生之间通过欣赏彼此的画作，选出最佳题画作品，进行展示交流。这一活动的设计旨在调动学生自主学习的热情，初步把握诗歌中的景情关系。

活动二：填写表格，比较三位诗人不同的登高体验，理解诗人登高所抒的不同情志。

读登高诗，首先要关注诗人登高所见之物，以及由此产生的独特登高体验，并在此基础上理解诗人所抒发的情感。陈子昂登上幽州台，见天地之悠悠，又想到个体生命的渺小和短暂，倍感孤独悲怆；杜甫决心登上泰山之巅，俯视群山，觉众山之渺小，生豪迈自信之情；王安石登上飞来峰顶，极目远望，藐浮云滚滚，感无畏自信。

在学生对诗歌中的景情关系有了初步把握的基础上，本活动的设计旨在通过比较阅读，帮助学生进一步梳理写景与抒情之间的内在联系，深入理解诗人登高而抒的情志。在填表过程中，学生先进行独立思考，然后再相互讨论交流，最后把得到的结论填写到下表中。

诗人	登临对象	登高体验	登高情志
陈子昂	幽州台	"念天地之悠悠":空间之广阔、时间之悠远反衬个体的渺小	孤独悲怆
杜甫	泰山	"一览众山小":气韵雄浑博大（俯视一切）	豪迈自信
王安石	飞来峰	"不畏浮云遮望眼":视野远广而清晰（高瞻远瞩）	无畏自信

活动三：阅读资料，比较诗人不同的创作背景，绘制诗人登高前后的情感变化曲线图，深入理解诗人情志。

通过阅读资料可发现，三位诗人的登高背景各有不同。陈子昂无人赏识、壮志难酬，情感是苦闷沉郁的；当他怀愁登临，见眼前空间的广阔苍茫，联想到时间的浩渺无穷，加深了他个体的渺小感和孤独感，情感曲线进一步低沉。青年时期的杜甫科举失利，遭遇挫折，心境虽不至沉郁却难免低落；在漫游齐鲁时，被泰山雄浑磅礴的气势所震撼，激发了他克服困难的勇气和实现理想的信心，情感曲线由低沉转为上扬。王安石初涉宦海，颇有政绩；在踌躇满志之时登临高峰，眼前开阔盛景更激发了他不畏困难、不断进取，以达至高境界的壮志，情感曲线进一步上扬。

本活动的设计，旨在通过资料阅读和情感变化曲线的绘制，引导学生理解诗人因各自际遇不同而怀有不同的情感，这种情感又在特定的登高情境中或被深化，或被提纯，或被激发，形成了不同寻常的生命体验；也有助于学生初步了解"登高"成为古典诗歌创作中永恒主题的原因，以此来了解古代诗人大都会有登高赋诗这一源远流长的文化传统。此时，组员可以一起阅读材料，彼此交流，共画曲线，发表见解。

【材料一】

陈子昂在考中进士时仅有24岁，并被朝廷任命为右拾遗。在国家治理方面，他颇有雄才大略，不过由于为人耿直，不会阿谀奉承，所以在官场上屡不得志。696年，营州被敌人攻破，当时人心惶惶，他虽然多次自荐退敌，都被忽视。他甚至还因此降

了官职，被安排去做一些文书杂活。在此境遇下，陈子昂登上蓟北楼，遥想战国时代燕昭王在这里高筑黄金台延揽人才的往事，借古伤今，吟唱出《登幽州台歌》。

【材料二】

（一）公元735年，唐朝正处于开元盛世的辉煌之中，24岁的杜甫名落孙山，满腔报国之志无法施展，他由此而彷徨迷茫。为了排解郁闷，他便选择游览神州。当他来到了泰山，虽还在山脚下，被山势激起豪情，决定登上山顶"一览众山小"。

（二）从秦始皇开始有多位皇帝到泰山祭天封禅，泰山倍受尊崇，被誉为五岳之首。杜甫以儒家为立身宗旨，"致君尧舜上，再使风俗淳"是他为人臣子的理想。他对泰山极尽赞美之情，既是对泰山封禅祭祀地位的敬重，更是对源于齐鲁的儒家文化的由衷尊崇。

【材料三】

（一）公元1042年，王安石少年得志，年仅21岁便考中进士，后被朝廷任命为扬州签判，再升任鄞县知县。他勤政爱民，治理有方，政绩显著。宋仁宗皇祐二年（1050年），30岁的他结束浙江鄞县知县任期后返乡。在途经飞来峰时，他登顶远望，写下了这首《登飞来峰》。9年后，作为中国历史上最著名的改革家之一，他正式向朝廷提出了自己的改革设想。

（二）"浮云"既是实写眼前景，也可隐喻前进道路上遇到的困难、障碍、挫折，如那些热衷于权力之斗而不做正事的小人，或是为了一己私利而反对变革之人，对于这些人诗人心中满是蔑视之情。

活动四：再读背景资料，比较三位诗人所抒情志背后的动因，寻找共性，领悟情怀。

本活动中，异中求同可以促进学生思维的不断深化，体会诗人为国为民的情怀也可以使自己的胸襟得以开阔。陈子昂在经历挫折时，登上历史的高度，看到这一挫折在广大时空中的普遍性，悲从中来却仍矢志不渝；青年杜甫遭遇失意，想象自己登临五岳之首的泰山，汲取克服困难的勇气和实现理想的信心；王安石在顺境时，登上顶峰中的顶峰，提升眼界、不断进取，以追求更高的境界。诗中流动的情感，或深沉苍凉，或豪迈激昂，或从容沉稳，究其根源都可见一份为国为民的热忱，因而呈现出一种情感的厚度，人格的高度。

"登高而赋"作为古代文人的传统，"高"的不仅是名山古迹，更是诗人的追求、格局和情怀；"登高"

不仅只是地理位置的升高，更是诗人修养志趣、人格信念的提高和进步。

活动五：阅读其他登高诗歌，感受诗人情怀。

本活动的设计旨在通过拓展阅读和知识迁移，提升学生阅读同类登高诗的能力。笔者选择了两首学生熟悉的登高诗，从诗人登高所见景物入手，关注诗人独特的登高体验，结合创作背景，深入理解诗人所抒发的情感。

《观沧海》：当曹操出征乌桓大胜而还时，正志得意满，这时他登上碣石山，面对深远辽阔的大海和百草丰茂的山岛，豪迈地咏叹道：日月之行若出其中，星汉灿烂若出其里，展露出自己渴望一统天下的霸主气概和气吞宇宙的博大胸襟。

《登鹳雀楼》：王之涣尽管赋闲，在鹳雀楼上，见逝水东流、白日将尽，感时间之紧迫，激昂地高歌道：欲穷千里目，更上一层楼，传达出一种抓紧攀登人生高峰，豪迈激昂，不断进取。

（五）关注过程化评价，促进深度学习

"深度学习"倡导评价的过程化，也就是将评价作为学习任务的组织部分，与学习任务同步设计并自然嵌入学习过程中，再通过自我、生生和师生的相互评价，达到改进自己的学习过程和学习行为的目的。

基于过程化评价的以上特点，笔者结合【活动一】设计了优秀画作的评价标准：

①画面中包含诗中景物并能突显其特点。②景物能组合成一幅具有一定构图美的完整画面。③画面给人的整体感受与题写诗句传递出的情感相符。

结合【活动三】中情感变化曲线图的绘制，设计了以下评价标准来判定优秀作品：

①所绘曲线能清晰并准确反映诗人登临前后两个阶段的情感变化。②能结合背景资料和诗歌本身，用清晰的语言阐释所绘曲线变化的原因。

为了更好地建立所学知识与真实生活之间的联系，笔者在课后布置了以下作业：

结合自身登高体验，创作一首诗歌或一篇短文（200字左右）。创作完成后，在小组内进行交流，并通过《评价表》打分，选出优秀作品，在班级中交流。

等级	A等 （90-100分）	B等 （80-90分）	C等 （70-80分）	D等 （70分以下）
评价标准	1.能清楚交代登高之处，登高时间和自己所处的位置。	1.能较清楚地交代登高之处，登高时间和自己所处的位置。	1.能对登高之处，登高时间和自己所处的位置有所交代。	1.对登高之处，登高时间和自己所处的位置缺少交代。
	2.描绘登高所见之景时，能抓住其特点，且具有自己独特的审美体验。	2.描绘登高所见之景时，能抓住其特点。	2.能对登高所见之景展开一定描写。	2.对登高所见之景只有陈述，缺少描写。
	3.所抒之情与所写之景衔接紧密，生发自然，且富有个性。	3.所抒之情与所写之景，衔接紧密，生发自然。	3.所抒之情与所写之景，衔接较紧密，生发较自然。	3.所抒之情与所写之景，衔接生硬，生发牵强。
	4.作品层次清晰，富有感染力，能给读者带来美感和启发。	4.作品层次清晰，富有一定感染力。	4.作品层次较清晰，具有完整性。	4.作品层次不够清晰，完整性欠佳。

学者钟启泉先生认为"深度学习"的本质就是让学生不再被动地去接受知识，而是在成为知识的探究者与思考者。在急剧变化的社会里，面对未来社会的发展，一个人只有先成为一名探究者和思考者，才能逐步形成适应个人终身发展和社会发展需要的必备品格和关键能力。所以，"深度学习"已成为培养21世纪优秀人才的一个重要抓手，也是国家大力支持和倡导的一项重要的教育教学改革内容。作为一种新型的学习范式，"深度学习"在初中语文课堂的实践才刚刚开始，老师们也面临着重重挑战。我们应当努力思考，积极探索，去发现学生生活中的真实需求，并通过学习内容的整合、学习活动的简化、学习评价的优化，帮助学生建构言语经验，找到学习动机，成为有着强大心灵力量，能积极拥抱未来的人。

参考文献：

[1]栾贻爱.促进深度学习的语文教学路径探析[J].教育探索,2018(02).

[2]胡晓丹.《登飞来峰》《登幽州台歌》比较阅读教学设计[J].中学语文教学,2020(02).

[3]郑桂华.以诗心拥抱诗作——以关联建构素养[J].教学月刊,2002(34).

叶斯菁，上海市建平中学西校教师。

立足学情分析　提高核心素养

◎周晓彤

"学情分析"在现代教学中已经越来越受到重视,这是提升教学有效性的必然要求,我们的教学必须贯彻"以人为本"的精神,这其中学情分析的重要性不言而喻,学情分析的重点之一便是了解学生的认知基础,不了解学生的认知起点,自然也就无法科学、有效地进行教学设计,更遑论高效课堂了。

一、学情分析的理念与意义

"学情"也就是学生各方面的情况,是一个复杂的概念,我们在这里将其限制在狭义的范围内,即在教学前中后的过程中对于学生认知情况的分析与理解。现阶段的研究一般认为学情包括学生现有的知识结构、情趣特点、思维系统、认知状态、心理状态以及未来的发展愿景等等。学生现有的认知基础是学生现有的起点,只有知道了学生具备了哪些知识储备,达到了什么水平层级,还存在哪些"盲区",才能做到因材施教。无论是面向班级的群体教学,还是针对个体的个性化指导,都需要进行精准的学情分析。

精准的学情分析有助于明确具体的教学目标,学生在每一个学习阶段的认知能力、学习需求等都是不一样的,因而教学目标的设定应依据学生现有的知识经验、能力基础和心理特点,有的放矢地进行教学活动。例如杨绛先生的代表作《老王》就曾同时收录在2012年版人教社《语文》八年级上册和2007年版华东师大出版社《语文》高中一年级第二学期的教材里,显然这两版影响力都很大的教材对于《老王》的定位是不同的,和初中生相比,高中生在知识经验和能力基础上都有明显的提升,所以对于高中学段《老王》的教学目标就不能仅停留在解读人物形象,而应该注重分析作者的写作手法和写作意图。

精准的学情分析有助于教学重点的精当把握。教师进行精准的学情分析,有助于对教学重难点准确把握,从而梳理出教学过程中最核心的知识脉络,同样以《老王》为例,对于高中生来说,为何杨绛先生在多年以后还会怀着"愧怍"之情写下这篇怀念老王的文字,为何多年后还对"镶嵌在门框里""眼睛上结着一层翳"的老王记得那样清晰,这背后体现出的知识分子对自我灵魂的审视与反思,才是教学中的重难点。

精准的学情分析有助于教学策略的恰当选择。教学过程是一种师生双边活动的动态变化过程,教学策略与方法的使用与调整,应基于学生学习的实际情况,教学活动的设计都应基于学情分析,只有精准了解学生的学情,才能选择最恰当的教学策略。

二、学情分析的内容

学情分析所涉及的内容相当广泛,学生现有的知识结构、情趣特点、思维系统、认知状态、心理状况以及未来发展的愿景等等都有可能影响学生的学习,都应该是学情分析的关注点。我们所提倡的学情分析,大致可以分为以下三个方面。

学情分析包括学生现有的认知基础，学生已经具有了哪些知识储备，达到了什么水平层级，还存在哪些困难，只有针对这些情况进行深入了解，才能够对症下药，量体裁衣，真正呈现出因材施教的教学状态，具体来说，应该知道学生的知识水平和困难疑惑。

学情分析包括学生现有的学习能力知识，是一个可以衍生的系统，是可以发展的。学生在接受知识的过程中，教师除了引导学生掌握新知识以外，还需要借助教学手段，让学生掌握学习技能，帮助学生进入到"最近发展区"。因此，充分了解学生的思维能力、接受能力、迁移能力、创造能力等因素，也是教学活动的关键，具体来说，应该知道学生的思维方式和学习方法。

学情分析包括学生现有的学习情意。学情主要指向学生的习惯、动机、意志品质等非智力因素，了解学生身心发展特点，未来发展愿景等，科学提炼和总结出共性规律，作为教学活动设计与实施的重要参考，简要来说，要知道学生的心理特点、学习态度和学习需求。

三、学情分析的实践与操作

教师在课前、课中、课后所进行的学情分析对各个教学环节均起到引导和支撑作用，学情分析根据不同的主体和需要，内容的侧重点也是不同的，对于教师一节课的设计而言，需要综合考虑学习能力、学习态度等各种因素。

课前学情分析的意义在于了解学生知识储备、学习经验、思维方式，科学定位教学目标，从而为教学内容的分配、教学策略的选择等提供方向，主要可以采用前测、访谈和问卷调查的方法；课中学情分析的意义在于实时了解、判读学生的学习状态，从而为即时调整教学节奏和教学策略，调整教学预设，生成教学"火花"提供契机，主要可以采用观察法和提问分析的方法；课后学情分析的意义在于分析和评价教学效果，从而为教学反思和改进提供依据，主要可以采用后测、访谈和作业调研的方法。这里以2019年统编版高中语文教材《百合花》的教学为例，探讨学情分析的实施。

（一）课前学情分析，确定教学重难点

《普通高中语文课程标准》要求文学作品的阅读重点在于引导学生感受作品中的艺术形象，理解欣赏作品的语言表达，把握作品的内涵，理解作者的创作意图，获得审美体验，发现作者独特的艺术创造，积累、丰富、提升文学鉴赏经验等等。从教材的编排来看，《百合花》被安排在必修上册"青春的价值"主题之下，通过本单元内创作于不同时期的五首诗歌和两篇小说，感受对于青春的吟唱，单元导语对教学重难点的设置提供了指导。从文本角度出发，《百合花》是茹志鹃的成名作，通过一个发生在战争前沿包扎所的故事，用自己独特的见解诠释了战争和人性，表现了战争年代人与人之间圣洁的情感，以及普通人善良、纯朴的人性之美。

课前搜集学生提问并进行整理，发现学生提问较一致地集中在人物和细节上："小通讯员和新媳妇只是一面之缘，为何会把自己贵重的唯一的嫁妆百合花被子送给小通讯员陪葬？""为什么新媳妇在帮伤员擦身体的时候红了脸，不情愿，但是可以毫不忸怩地给小通讯员擦身体？""为什么要交代中秋节与天快亮了的细节？"由此可知，学生在自主阅读的过程中对于人物、细节已经有所感知，知道要去深入挖掘，但自己又不能够完全理解或者完整表达，这就是学生的"认知起点"，也就构成了教学的重难点。

比如对于新媳妇在不情愿帮助伤员擦身体，但是在小通讯员牺牲后可以毫不忸怩地"庄严而虔诚"地给小通讯员擦身体前后态度变化的提问，可以拆分成两个疑问：为什么一开始新媳妇不情愿帮伤员擦身体？这就要求学生结合自己的生活和阅读经验，一个刚刚出嫁的媳妇，在面对陌生异性时必定是忸怩害羞的，她不情愿帮忙，也便合情合理；为什么后来又主动帮同样是异性的小通讯员擦拭身体？这就需要学生对人物的心理进行分析，彼时那个稚气未脱、害羞又倔强的"同志弟"，再次见面时已经成了拯救别人牺牲自己的英雄，新媳妇的"毫不忸怩""庄严而虔诚"恰恰表达出新媳妇对于小通讯员牺牲的悲痛、歉疚和崇敬之情。又如新媳妇一开始不愿意借被子，最后反而"劈手夺过被子，狠狠地瞪了他们一眼"地将自己"里外全新""唯一的"嫁妆送给小通讯员做陪葬，对于人物行为背后心理因素的理解，建立在学生的生活经验和心理发展水平基础上。

对于"中秋节"这个细节的理解也要求结合阅读经验，"中秋节"可以联想到"月亮""故乡""团聚"，正呼应了"我"和小通讯员是同乡，这个曾经拥有静谧安宁美好生活的年轻人，此刻却在战火硝烟中冲锋陷阵，"我"不禁担心起来，也就顺势为下文写小通讯员的牺牲张本。中秋过于皎洁的月色也给趁着黑夜的作战带来了不利因素，也暗示着即将发生的悲剧。学生能够在教师的引导下，结合自己的生活和阅读经验进行分析与思考，进一步提升思维品质。

在这些作者刻意安排的细节解读之后，自然过渡到细节安排的理由，也就是写作意图的探讨。这就要求教师提供能够引发学生思考的把手，作者自己交代的心路历程是最直接也最可信的把手——茹志鹃在《我写〈百合花〉的经过》中的自叙："我麻里木足地爱上了要有一个新娘子的构思。为什么要新娘子，不要姑娘也不要大嫂子？现在我可以坦白交代，原因是我要写一个正处于爱情的幸福之旋涡中的美神，来反衬这个年轻的尚未涉足爱情的小战士。"这里的百合花被子、小战士、新媳妇，都是作者基于自己写作意图而设计的人和物，这些美好的事物最后却走向悲剧，究其原因，是战争摧毁了所有美好。那么对于作者写作意图的探究是否只停留在对战争的谴责？这里同样需要教师提供一个思考问题的把手："战争使人不能有长谈的机

会，但是战争却能使人深交。有时仅几十分钟，几分钟，甚至只来得及瞥一眼，便一闪而过，然而人与人之间，就在这个一刹那里，便能够肝胆相照，生死与共。"学生由此结合相关阅读经验，不难理解作者在和平年代经历人情冷漠，从而怀念、赞美在艰苦的战争岁月中仍然能够保持纯朴善良的美好人性，借作品讴歌生命的美好和青春的美好，这是更深层次的内容。

教学进行到这个层面，除了完成了教材所提示的"把握小说叙事和抒情的特点，体会小说的独特魅力"的教学目标外，还和学生探讨了如何结合写作背景探究写作意图，《百合花》的核心主题不再囿于对战争的批判，而是对于美好人性和美好青春的讴歌。

（二）课中观察学情，合理因势利导

在整个教学过程中，对"学情"的掌握和分析起到了至关重要的作用，不仅确定了教学内容中的重难点，也决定了通过师生共同讨论，教师为向导，依据学生的实际阅读层次和认知情况来确定课堂提问，也就保障了学生在课堂上有话可说，积极表达，学生在课堂上积极热烈的讨论也能体现"量身定制"的课堂带来的思考和交流的愉悦。

在课堂教学过程中还要关注个体差异，比如在进行《边城》的阅读教学时，对于文中作者细腻描绘的翠翠呼唤爷爷却得不到回应后委屈得哭了的情节，就有男同学表示不能理解翠翠的行为，而班级里的女同学却纷纷表示能够感同身受，在解读《哦，香雪》的时候也有同样的情况发生，由此可见，性别所带来的学情个体差异也是在教学中要加以理解并且充分关注的因素。

（三）课后学情分析，巩固教学效果

课后让学生回归课前提问，通过阅读体会可以看出学生对于人物形象和作品主题的分析都颇有收获，课后能够主动阅读作者的其他作品来加深理解，也能够看出教学的有效性得到了提升。

四、学情分析的反思与提示

学情分析要"适切"，不能"泛化"或"窄化"。

在进行学情分析的时候既不能仅仅停留在对学生作出整体性空泛的描述,也不能局限于个体,以偏概全,或者完全由学情去决定教学的内容,在具体的实践中,立足于学情的同时,文本本身的特点和纲领性文件的要求也是重要依据。

学情分析应注重全体,兼顾个性。在当前班级集体授课制的情况下,学情分析首先应该注重整体,要全面加强对于学习群体(主要指班级)的分析,充分了解班级共同的认知基础和学习能力,以及群体共同的心理特征、学习态度等等,在保证群体前进的同时也要兼顾到学生的个体差异。

学情分析要注重动态化,避免僵化教育教学和学生的发展是一个动态变化的过程,需要进行动态的分析,可以以一段时间为单位,注重内部的连续性和传递性,同时还要兼顾到教育背景大环境的变化。

参考文献

[1] 杨彰发.如何做好学情分析[J].贵州教育,2010(16).

[2] 戈一平.为了学习者的学而教[M].上海:上海人民出版社,2010:63-64.

[3] 陈隆升.语文课堂教学研究——基于"学情分析"的视角[D].上海师范大学,2009.

[4] 吴蕾.教师对学情分析的实践与认知[D].华东师范大学,2014.

[5] 中华人民共和国教育部.普通高中语文课程标准[S].北京:人民教育出版社,2017.

[6] 王宁,巢宗祺.《普通高中语文课程标准(2017年版)》解读[M].北京:高等教育出版社,2018.

[7] 陈隆升.语文课堂的"学情视角重构"[M].上海:上海教育出版社,2012.

周晓彤,上海市第六十中学教师。

比较阅读视域下文学类文本阅读备考路径

◎陈君梅

在新课标、新教材、新高考"三新"背景下，《普通高中语文课程标准》（2017年版2020年修订）对阅读鉴赏提出明确质量水平要求："能比较两个以上的文学作品在主题、表现形式、作品风格上的异同。"新高考要求考生能从多角度、多方面比较和分析文本异同；能从文本中发现新的关联。客观地说，现在很多高中生阅读面窄，阅读量少，阅读积累单薄。我们尝试在比较阅读视域下，给文学类文本阅读寻找一个切入口，寻找一些可以操作的方法，探索一条切实可行的备考之路。

一、同"人"异"时"比较阅读

每一位作家在创作生涯中会因阅历的增长与遇事的不同而随着时间的推移慢慢转变出另一种风格，由最初的青涩懵懂到逐渐成熟稳重直至看淡了世俗的通透。

示例：孙犁的《荷花淀》与《鸡缸》比较阅读

孙犁的创作可分前后两个时期。前期是20世纪40年代中期至50年代中期。代表作品是小说《白洋淀纪事》《风云初记》和《铁木前传》等，具有明丽、欢乐的特点。后期是70年代末至90年代中期，代表作品是散文《晚华集》《曲终集》等"耕堂劫后十种"，具有沉郁、激愤的特点。

孙犁的《荷花淀》是淡雅疏朗的诗情画意与朴素清新的泥土气息的完美统一。七·七卢沟桥事变后不久，国民党放弃这一带土地，仓皇南逃，当地人民遭到了日本帝国主义铁蹄的踩躏，在共产党和八路军的领导下，白洋淀人民积极投入了伟大的民族革命战争，该地军民利用白洋淀的河湖港汊，同侵略军进行顽强斗争。作者写《荷花淀》的目的在于反映"战争和革命改变了人民的生活，也改变了民族的精神气质"。选材新颖，没有集中、细致地写水生等七个青年参军和第一次参加战斗的情景，而是通过女人的视角，让女人参与这次战争，着重写水生嫂等青年妇女迅速成长的过程。对于这群没有名字，也淡化了肖像，却能和男子一样保家卫国的荷花淀妇女，我们怀有的只能是深深的敬意。这恰如孙犁自己说的："我认为女人比男人更乐观，而人生的悲欢离合，总是与她们有关，所以常常以崇拜的心情写到她们。"这群朴素得如同荷花淀里随处生长的荷花一般的妇女，她们的心灵像荷花般高洁美好，她们的容貌也像荷花般端庄美丽。

比较孙犁的《鸡缸》，这一时期的孙犁，历经"文革"磨难，文字趋于平实、简淡，他不再单纯地歌颂善，而是通过鞭笞恶来弘扬善。鞭笞现实的邪恶，讴歌逝去的良善，剖析自我的灵魂。《鸡缸》，写无意间购买的两个磁缸，被慢待、弃置、烟熏火燎、尘土油垢，忽一日发现竟是价昂的鸡缸，用水清洗后，陈于几案，"磁缸容光焕发，花鸟像活了一般"。"瓦全玉碎，天道难凭"，"茫茫一生，与磁器同"。"文革"期间，磁器无法掌握被抄走、归还、堆放、存货等波折命运。作者人生也如此，被人告发家藏古董，又被下放干校劳改。改革开放时代，它们都显示出自己的价值。磁器价格攀升，焕发新的光彩，而作者也没有被埋没下去，又开始大展才华贡献力量。文中还塑造了一个姓钱的老头的形象。它是一个由古董商到传达室值班人的普通市民形象，是"文革"时代下层小人物的典型代表，既是时代的牺牲品又是时代的帮凶。他阴险虚伪，仗势欺人,甚至以诬陷他人来实现自己的目的。塑造这个形象,深刻表现了"文革"时代对人性的摧残和异化这个反思性的主题。与其他描写"文革"的作品不同,孙犁并没有过多揭露"文革"的丑恶和血腥,而是着眼于刻画"文革"所造成的人性扭曲和堕落。

二、同"物"异"情"比较阅读

同一事物,落入不同作家的眼里,就会有不一样的风景;映入不同作家的心里,也可以有不同的一番味道。

示例:汪曾祺的《五味》与林清玄的《生命的酸甜苦辣》比较阅读

汪曾祺嗜吃。有人评价他:"汪曾祺不仅是一位作家,还是一位地道的美食家。无论家常小食还是地方风味,甚至于生活里最平淡无奇的一碗热汤,在汪曾祺的笔下都添了一分文化意蕴,多了一笔闲情雅致。"确实,在汪曾祺的《五味》中,他将不同地域的特色小吃娓娓道来。将酸、甜、苦、辣、咸这五味描写得淋漓尽致。其中有一段描写辣的:"在海防街头吃牛肉粉,牛肉极嫩,汤极鲜,辣椒极辣,一碗汤粉,放三、四丝辣椒就辣得不行。"这句话中的"极"可谓点睛之笔,直接突出了牛肉粉的最大特点。通句没有滥情的夸赞,而是用极朴实的语言,将"辣"的特点放大。读来仿佛喝着白开水,水中却放了汪曾祺笔下的辣椒,只抿一口,那一股辣,就钻入心尖。汪曾祺写吃的最大特点是生动。"噙住一头,一吸,芯肉即入口中。这是佐粥的无上妙品。"读完这句,读者不禁咽了一口口水。"噙""吸"这两个动词简洁动人,从侧面衬托出芯肉的嫩滑、爽口,平凡的一道"苋菜秸子"让人回味无穷。读《五味》,能感受到作者的自在逍遥,在朴素的家常小吃中,透露出对生活的彻悟。汪曾祺曾说:"黄油饼是甜的,混着的眼泪是咸的,就像人生,交织着各种复杂而美好的味道。"美食如此,人生亦不如此?

而林清玄的《生命的酸甜苦辣》,字里行间有禅境。著名作家余秋雨先生这样评价:"林清玄先生的文章,大多是从身边人人都感到的事例,谈人生的至善至美,充满禅境的喜悦,吸引人们进入一种质朴寻常又自主尊严的精神境界。"林清玄写美食,是在替食物发声,从食物的特性中悟出佛学的境界。

《生命的酸甜苦辣》通篇没有多少刻画美食的片段,而是以议论抒情的方式,从食物本身的特性出发,引申到对人性的感悟。如:"这使我想到的,即使是植物,也各有各的特性:甘蔗是头尾皆甜,柠檬则里外是酸,苦瓜是连根都苦,辣椒则中边全辣。它们的这些特性,经过长时间的藏放也不会失去,即使将它们碎为微尘粉末,其性也不改。"他常常以小见大,从小小的蔬菜、水果中,悟出人性的本质,这是林清玄不同于常人的思维方式。林清玄的作品透出人生的智慧,他说:"柠檬是至酸之物,若与甘蔗汁中和,就变得非常可口。去除习气只有利用中和的方法,人最大的习气不外乎是贪、瞋、痴,贪应该以'戒'来中和,瞋应该以'定'来中和,痴应该以'慧'来中和。"人生一世,常被外物所羁绊,而有谁又如林清玄一般用超凡脱俗之语道出这饮食中的禅理呢?

三、同"情"异"法"比较阅读

人类情感无非喜怒哀乐、爱恨情仇、悲欢离合、生死别离等,但在不同作家的笔锋下,同一种情感却有着不一样的讲述方法、表现手法。

示例:龙应台的《目送》与周佩红的《母亲这样的女人》比较阅读

《目送》中,龙应台以自己的视角,阐述了父母子女的缘分:"所谓父女母子一场,只不过意味着,你和他的缘分就是今生今世,不断地目送他的背影渐行渐远。"每个人都是一个个体,有着独自的空间,有着个人的想法,而所谓父母子女一场,不过是个体间多了说不清道不明的千丝万缕的联系。其实龙应台该是无奈无助的吧。从目送软软小小的孩子进幼儿园,感受到了孩子的依恋依赖,再到孩子大了的疏远。母亲,沥尽心血地拉扯大一个孩子,默默吞下苦楚,默默培养孩子走向独立,目送着他远离。

《母亲这样的女人》是周佩红以女儿的身份,不咸不淡地聊着母亲的生平,淡淡地透着对母亲的怀念、悔意,以及自己的思考。母亲,代表着忙碌、容忍、无私,这是很典型的中国妇女形象。但,每位母亲都是九天上的仙女,心甘情愿地将自己的羽衣锁在箱底,于是,成了母亲。

这两篇文章,无论是从父母的角度看待儿女,还是从儿女的角度看待父母,文章都是写两代人之间亲情的故事。从相同点和不同点的角度,分别简单小结《目送》和《母亲这样的女人》。

	《目送》	《母亲这样的女人》
儿女眼中的父母	依恋——厌烦——无视沧桑,逐渐老去	惯性认识:贤妻、良母、孝媳自由空间越来越小
父母眼中的儿女区别	逐渐长大,追求独立自由——落寞	家里人需要自己
	背影渐行渐远,生老病死是规律,不必追	母亲的服务性质导致自身整体性的缺失,女性的悲哀
相同点	父母对子女深沉的爱,珍视亲情	

四、不同"文体特点"比较阅读

示例:散文化小说与诗化小说

首先比较一下诗化小说和散文化小说的异同。两者都是淡化了叙事,重在作者的情感表达,都包含"第一人称的主观抒情"的特点。但诗化与散文化小说在环境营造,语言表达上都有着明显的区别。就环境营造而言,诗化的意境更浓、更朦胧,而散文化的环境则清新淡雅得多;诗化的语言是典雅凝练,而散文化的语言则可以是朴素活泼生动。

汪曾祺的《如意楼和得意楼》是散文化小说的代表:结构上,随意松散,如随笔般舒放自由。写街巷、茶馆、点心、老板,看似零碎松散,却并不杂乱无章,读来如随笔般自由和亲切;情节上,写普通人和"真实的生活",没有重大的题材,没有完整曲折的情节和尖锐的冲突,淡化了情节;表达方式上,注重抒情,营造意境和氛围。以抒情的笔调,着意描写风俗民情,传达生活之美、人性之美;语言风格上,语言朴素、简净、平淡。

比较阅读孙犁的诗化小说《看护》:人物形象"诗意美"。以刘兰为代表的在艰苦环境中热爱学习,追求进步、不畏困难的女性群体形象,表现百姓对抗日战争的坚定支持以及对幸福安宁生活的向往,充满乐观主义精神,表现人情美、人性美;情感"诗意美"。虽是抗战题材的作品,但是不着意写残酷的战争场面,也不着意表现人物的苦难与心灵的重负,而是着意表现农村女性的成长,刻画他们的精神面貌,发掘他们内在的灵魂美、情操美;景物"诗意美"。"满路上都是渍出蜜汁来的熟透的红枣""起伏的成熟的莜麦,像流动的水银"等景物描写情景交融,意境灵动,富于想象力,充满诗情画意,富有浪漫气息,给人以美好的感受;小说语言"诗意美"。语言清新隽永,鲜活优美、诗情画意。如"宽大清澈的河流在山下转来转去,有时还能照见我们的影子。山上两旁都是枣树,正是枣熟下掉的时候,满路上都是渍出蜜汁来的熟透的红枣。""在苍茫的夜色里看到了山顶的村庄,有片起伏的成熟的莜麦,像流动的水银"。

总结:在比较阅读视域下探究文学类文本阅读备考路径任重而道远。比较是使思维深化的重要手段,让比较贯穿于阅读思维的全过程之中,无论是同"人"异"时"比较阅读、同"物"异"情"比较阅读、同"情"异"法"比较阅读,还是不同"文体特点"比较阅读,都必须"深耕"文本,分析文本的异同,发现文本之间的细微差别。阅读中,要随手做好必要的笔记,以便对照检查、分析鉴别。比较阅读中的笔记形式,可以用表格的形式,也可以用文章的形式,要灵活运用。

陈君梅,广东省东莞市松山湖东莞中学松山湖学校教师。

新高考古诗复习"情境还原"实践探索

◎蔡晓东

《普通高中语文课程标准（2017年版2020年修订）》（以下简称《新课标》）指出："语文学科核心素养是学生在积极的语言实践活动中积累与构建起来的，并在真实的语言运用情境中表现出来的语言能力及其品质。"并在其学习任务群5"文学阅读与写作"中的"教学提示"特别指出："运用专题阅读、比较阅读等方式，设置阅读情境，激发学生阅读兴趣，引导学生阅读、鉴赏、探究与写作。"由此可见，"情境阅读"的设置，其一，是要求情境必须符合语文的特点和内容；其二，是情境要融合适合学生实际水平的问题和任务，激发起学生进行思考并完成这些任务的需求；其三，情境能够让学生充分展示自己的语言能力、思维方法等语文学科的核心素养。因此，情境还原是调动学生知识与生活储备，帮助学生还原诗歌的生活情境，以人之常情和诗之常理为抓手，体悟中华古今文化共通心理，勾连古今，从而完成诗歌阅读的一种有效手段。

这里以2020年高考全国Ⅰ卷、2021年新高考Ⅰ卷、2022年新高考Ⅰ卷古诗鉴赏为例，从试题得分解析，解读诗歌情境，把握"情境还原"等三个方面来探索高考古诗阅读之"情境还原"运用技巧，还原诗歌的生活情境，以人之常情和诗之常理为抓手，体悟中华古今文化共通心理，勾连古今，提升学生诗歌鉴赏能力，进而提高学生阅读素养。

一、试题得分解析，还原情境

2020年高考全国Ⅰ卷古诗鉴赏选用的是陆龟蒙的《奉和袭美抱疾杜门见寄次韵》一诗，其简答题的设置是：

请简要概括本诗所表达的思想感情。（6分）

2021年新高考Ⅰ卷的古诗鉴赏选用的是杨巨源的《寄江州白司马》一诗，其中简答题的设置是：

前人论此诗，认为第二句已包含委婉劝告的意思，对这一观点应怎样理解？请简要分析。（6分）

2022年新高考Ⅰ卷的古诗鉴赏选用的是魏了翁的《醉落魄·人日南山约应提刑懋之》一诗，其中简答题的设置是：

词人在下阕发表议论，指出如果懂得做人的道理，每天都是人日。词中谈到哪些做人的道理？请结合内容简要分析。（6分）

从近三年的高考古诗简答题的设置可以看出，作答时需注意以下几点。

其一，紧扣题目关键词，理清答题思路。前者问的是思想情感，后者问的是观点，并且题干已经暗示是"劝告"，包含态度是"赞同"，不能当作开放题型作答，可以看出，这三年的简答题以思想感情、观点态度为主，因此，答案要有情感术语，或是对诗歌内容的分析要有"论据"服务"观点"意识，更要有"论据"在全诗中起何作用的意识。

其二，紧扣诗歌本身，整合题目答案。从题目可见，"简要概括本诗""前人论此诗""词人在下阕发表议论"，可以明确，无论问的是情感还是观点，都离不开诗歌本身章法的分析及生活情境的还原。因此，要明确诗歌生活情境进而明确情感载体、诗歌的观点句区域等等，从根本上整体把握诗歌，避免以偏概全。

其三，还原生活情境，明确试题情境。只有对诗歌主、客体的生活情境进行还原，体会人之常情，通过学科认知情境，遵循诗之常理，才能深入分析，明确答案。很明显，陆诗是对朋友生病的问候，杨诗是对同僚仕途的关注，魏诗是对作为家庭人和社会人的责任探讨。

以上三个层次，点明了情境的突破离不开对诗歌文本的解读，更需要结合学生个体的体验，在读懂题目、读懂诗歌、读懂题干的基础上，明确情境，才能准确把握诗歌情感与观点。

二、轻视情境解读，固化思路

《新课标》里提到"情境"一词高达35次。这就强调了语文知识是在特定情境中产生的，那么学生对语文知识的学习也应该在一定的情境中进行。情境是知识与背景、理论与实践之间的媒介和桥梁，情境化是语文知识转化为语文核心素养的必经途径。融合在具体情境中的语文知识是"活"的，离开具体情境的语文知识则是"死"的。近年来高考试题在情境方面下功夫，依文本出题，淡化知识浅表考查，反套路、反模板明显。这里以学生对诗歌的作答为例。

2020年陆诗学生答案1：抒发了诗人对大自然的喜爱之情。

2021年杨诗学生答案1：抒发了诗人对白居易境况的关心。

2022年魏诗学生答案1：抒发了诗人对老百姓生活的关注。

三个答案貌似依据"文本"，但它忽略了整体意识。看到自然景物，贴的情感标签大多是热爱自然，或是借自然之景表达喜怒哀乐；看到老百姓的生活，一定是对百姓生活的关心。考生作答欠缺诗之常理，格律诗章法讲究起承转合，只局限于其中一联或某句分析，显然不够全面。考生答不到点上，只能拿1分。

2020年陆诗学生答案2：①抒发了诗人对友谊的赞美；②诗人对朋友的关心与思念。

2021年杨诗学生答案2：①第二句的含义是作者问候白居易在东林寺住得好不好；②表达了作者对白居易的问候与关心。

2022年魏诗学生答案2：①对百姓追求幸福生活的肯定；②表达了诗人对南山探春游人热闹场面的欣喜之情。

三个答案分别提到了对朋友的关心、对百姓追求的肯定，但是太笼统，缺乏诗歌本身生活情境下具体内容的支撑。陆诗"朋友患眼疾"这一情境、杨诗"委婉劝告痴迷佛教"这一情境、魏诗"下阙翁子孙、商贾农"这一情境，每一处情境都蕴含人之常情，体现中华古今文化共通心理。考生只需遵循诗之常理，人之常情寻找突破口即可。但考生答案囿于朋友之间的"关心""美好生活的积极态度"，忽视了对诗歌生活情境的还原，答题模板化、浅表化，只能得1分。因此，诗歌生活情境理解不到位造成的失分现象需引起重视。

2020年陆诗学生答案3：诗人怀才不遇的遗憾、国破家亡的遗憾、对友人大展宏图的期望。

2021年杨诗学生答案3：诗人询问友人是否还在惠远东林，诗人希望白居易舒缓内心苦闷，保持内心安定，不被外物所困扰。

2022年魏诗学生答案3：诗人为百姓生活祈福，期待只要百姓农事丰收、生活安定，就是人日。

三个答案主客体理解不到位。陆诗写山中隐居，"自然而然"写上诗人这一主体怀才不遇，忽视患眼疾的朋友这一客体，"国破家亡""大展宏图"之类的表述更是完全背离陆诗本身生活情境。杨诗是对痴迷佛教朋友这一客体的委婉劝告，考生对贬官文化"过分"解读，只认"被贬"却不识"青云"这一诗歌生活情境，因此答案止步于劝告客体远离官场的同情上。魏诗下阙议论"做人"的道理，下阙客体非常明确，只需找出客体"做家庭之人"和"做社会之人"，在诗歌中寻找"论据"并且分析"论据"即可。答案却简单表述为"百姓"，固化思维明显，只能得1分。

由此可见，学生作答诗歌，对诗歌主客体不做深入分析与比较，缺乏对诗歌本身生活情境的解读、对诗歌试题设计学科情境的把握，缺乏起码的人之常情与诗之常理，简单停留在背术语、套模板，与诗歌文本相向而行，无法真正提高诗歌阅读素养。

三、把握"情境还原"，有效阅读

美国心理学家瑞斯尼克认为："阅读就其本质而言，应该是处于复杂的社会环境中，多数意义都在情境中获得的。""解读文学作品的过程，就是在一个特定的语词序列的导引下，还原作者心目中的形象，进行情感体验和思想见解的过程。"[1]《新课标》中也对"阅读情境"做了一定的规定与要求：其一是要求情境必须符合学生的日常生活现实；其二是情境必须基于学生的已有经验，并且进一步唤醒学生充分利用这些已有的生活经验；其三是必须符合学生的情感需求，真正起到对学生的激励、唤醒和鼓舞等作用。那么，如何提高学生还原诗歌生活情境进而准确作答诗歌题目呢？

其一，还原诗歌生活情境前提在于分清主客体，明确对象。中国古典诗歌题材丰富，形式多样，但都离不开"彼时彼境""此时此刻"。如2020年高考全国Ⅰ卷诗歌是作为好朋友的他写给生病的朋友，2021年新高考Ⅰ卷诗歌是作为同僚的他劝勉被贬谪的朋友，2022年新高考Ⅰ卷诗歌是由人日引发的做家庭人与社会人道理的思考。《题窦员外崇德里新居》是作为客人的诗人题写朋友新居，由"新居"而产生对新居落成、新居周围环境、新居主人、新居中的朋友与自己，在不同的对象上生发了不同的情感。又如2016年高考全国Ⅰ卷《金陵望汉江》中既有对唐朝统治者这一客体的情感，也有诗人这一抒情主体的情感。

其二，还原诗歌生活情境关键在于从情境中分析言、行、情生发的原因。学生需要把分析出来的情境转变为可以解决问题的突破点。比如陆诗朋友生病，约定未能如期，因此产生遗憾之情。朋友生病，期待他共赏春光，因此产生祝愿其早日康复之情期待共赏春光之情；如杨诗中被贬的朋友沉迷佛教讲经，诗人担心朋友忘记仕途使命，因此产生劝勉之意；又如2020年高考江苏卷《送沈康知常州》中，不管是常州百姓得到一个优秀父母官而产生的欣喜之情，还是自己治理常州未能尽如人意而产生的惆怅之情，这些都是符合诗歌中的"人之常情"。

其三，还原诗歌生活情境目的在于提高学生对诗歌章法、诗歌典故、景语情语等的理解与把握，进而提高其学科素养。比如杨诗中的尾联卒章显志，可以知道诗人希望白居易回到青云路上来，反观题干第二句的劝勉就合情合理；再如2021年新高考Ⅱ卷陆游《示儿子》，"道在六经宁有尽"，是让儿孙不要自满，要谦虚以待，"熟读周公七月诗"，是让儿孙学习先圣，心怀国家，两者之间并没有矛盾，这些都符合诗歌中的"诗之常理"。

《〈新课标〉解读》指出文学作品阅读教学应围绕学生认识社会、理解人生、丰富情感、审美体验这一核心目标来设计，重点帮助学生走进作品所呈现的情境和精神世界中，体会作者的情感态度，引导学生将文学阅读与现实生活关照和自我反思联系起来，以提升思想境界和审美情趣，避免孤立讲解[2]。运用"情境还原"技巧，明确对象、原因，以人之常情和诗之常理为抓手，古今关照，体悟文化共通心理，可提升诗歌鉴赏能力，真正提高学生学科素养。

综上所述，进行高考古诗阅读教学时，应具备"情境还原"意识，明确题目的"情境阅读"设置，还原诗歌的生活情境，以人之常情和诗之常理为抓手，做到有理有据解答问题，从而提升诗歌鉴赏能力，进而提高学生诗歌阅读素养。

参考文献：

[1]诸定国.情境还原下的《石壕吏》解读[J].教育研究与评论,2016(09)：77-80.

[2]王宁,巢宗祺.《普通高中语文课程标准（2017年版2020年修订）》解读[M].北京：高等教育出版社,2020：125.

蔡晓东，广东省揭西县河婆中学教师。

信息技术赋能小学语文写作教学的实践策略研究
——以五上第一单元习作《我的心爱之物》为例

◎曾凯玲

结合五年级上册第一单元习作《我的心爱之物》为案例，分析学生在写作过程中如何选择材料、进行细致观察、审题并运用拟人、比喻等修辞手法。实践发现，信息技术可以为小学生提供更多观察、联想和想象的素材，从而提高写作质量。

一、引言之启航：未来课堂的信息技术趋势

随着科技的飞速发展，教育领域也在经历前所未有的变革。从传统的课堂教学到现代的数字教学，教育方式的转变已成为教育界的热门话题。随着科学技术的持续进步，教育领域亦随之迎来一场革命性的变革。特别在语文写作的教学中，技术的介入为传统教学注入了新的活力，也带来了新的挑战。本章将围绕技术对小学语文写作教学的影响，展开对教学方法创新的探索。

（一）技术演变：从传统到数字的历程

回顾过去，我们可以清晰地看到，教学方法经历了从传统到数字的重大变革。早期，语文写作的教学依赖于纸质教材、黑板和粉笔。学生主要通过模仿和背诵来学习写作。随着计算机和互联网的普及，数字技术逐渐渗透到教室中，为学生和教师提供了更多的互动和探索的可能。现代的教学工具如智能板、在线写作平台、写作辅助软件等，使得写作教学更加生动和高效。

（二）写作需求：语文教学的核心探讨

尽管技术持续演进，但写作的本质始终未变。它是对学生思维、情感、审美和创造力的综合体现。在小学阶段，写作的目的不仅是让学生掌握基本的书写技能，更重要的是培养他们的思维习惯、创造力和表达能力。这一核心需求在数字时代更为显著，因为学生需要有批判性思维，以识别和评估各种在线信息。

（三）融合探路：技术助力教学的策略

面对写作的核心需求和技术的持续发展，教育者需要找到一种融合的方法，既保持写作教学的本质，又利用技术的优势。例如，可以使用在线写作平台进行实时反馈和修改，鼓励学生进行团队写作和在线出版。同时，教师可以利用数据分析工具，对学生的写作进行定量分析，及时发现学生的写作问题并提供个性化的指导。此外，在智慧课堂中，多样的技术赋能方式还可以为学生提供沉浸式的写作场景，激发他们的写作灵感。

综上所述，技术对小学语文写作教学的影响既是机遇也是挑战。通过对这一影响的深入探讨，我们可以更好地理解如何在数字时代进行有效的语文写作教学。

二、案例之镜像：《我的心爱之物》写作解析

案例在教学中担任着桥梁的角色，能够把抽象的理论知识和实际操作相结合。本章将通过对五年级上册习作《我的心爱之物》的详细解析，展示如何将信息技术赋能小学语文写作教学中的具体实践。

（一）材料选择：观察与描述的艺术

在写作之前，学生需要选择一种心爱的物品作为写作对象。这需要他们学会观察和描述。首先，学生需要根据外形（形状、大小、颜色、材料、组成）进行细致的观察，以抓住物品的特点。其次，观察顺序也很重要，比如从整体到局部、从上到下、从外到内。在描述过程中，学生可以通过数字化工具，如摄像头、数字放大镜等，更加精确地捕捉细节。在选材时，信息技术如高清摄像头和传感器为学生提供了更为生动的观察手段。例如，学生可以用高分辨率的摄像头拍摄他们选择的物品，让他们观察到之前忽略的细节。此外，通过数字化放大技术，学生可以观察物体的微观结构，进一步增加描述的准确性和丰富性。

（二）审题策略：关键词与文章框架的塑造

审题是写作的第一步，也是非常关键的一步。

在《我的心爱之物》这个题目中,"物"是中心词,学生需要围绕它来展开写作。通过关键词提取技术,学生可以更好地理解题目的要求。同时,结合文章结构模板,如静物的"来历+样子+功能+我和它的故事+喜爱之情",学生可以更有条理地组织他们的写作。使用云端文献数据库,学生可以迅速获取与题目《我的心爱之物》相关的样本文章或相关文献,以帮助他们更好地理解题目要求和构思文章框架。同时,数字化的文章结构图工具,如思维导图软件,可以帮助学生有效地组织他们的思路,从而确保文章的条理性。

(三)写作手法:从拟人到比喻的修辞技巧

修辞技巧是写作的魅力所在,它可以让文字更有生命力。在习作《我的心爱之物》中,学生可以使用拟人的手法,赋予物品以人的特性。例如,描述一个钟表时,可以将它描述为一个"永不停歇的时间守护者"。此外,比喻也是一个常用的修辞手法,如将某物比作另一物,来增强文章的形象性和感染力。在写作过程中,信息技术中的多媒体工具,如声音编辑器或图形设计软件,为学生提供了新的写作视角和修辞手法。例如,学生可以制作一个与文章内容相关的简短动画或音效,通过视觉和听觉的结合来增强文章的情感表达。此外,学生还可利用数字图书馆,搜索与其选材相关的文学作品或名言,从中汲取灵感,并融入他们的写作中。

总之,通过对习作《我的心爱之物》的具体解析,我们可以清晰地看到,信息技术不仅可以帮助学生更好地观察和描述,还可以帮助他们更有策略地审题和更有技巧地修辞,从而提高他们的写作水平。

三、策略之智慧:信息技术助力写作教学

随着信息技术在教育领域的广泛应用,小学语文写作教学得到了前所未有的提升和改革。技术不仅改变了教学方式,更为学生提供了丰富的资源,扩展了学习的边界。本章将深入探讨信息技术如何赋能小学语文写作教学的具体策略。

(一)观察丰富:技术提供的多角度视野

在传统的教学模式中,学生的观察受限于实物和图片。而现今,信息技术通过智慧课堂的互动平板、希沃白板等工具,为学生提供了一个更直观的观察环境,缩短时空的距离而更便捷地观察和感知。交互式软件和应用程序使学生可以更加主动地探索和观察。他们可以点击、拉动、放大和旋转对象,从而从各种角度观察它。这不仅提高了他们的观察能力,还激发了他们的好奇心和探索欲望。例如,在传统的教学模式中,当教授案例《我的心爱之物》时,学生可能仅仅靠想象来描绘心中的宝物。但在今天,我们可以借助放大镜工具看得更细致,借助视频工具可以观察得更全面。

我们甚至可以在一些技术赋能教育的前沿地区看到VR技术的应用,帮助学生置身于一个真实而又虚拟的环境。例如,当学生要写一个关于海洋生物的文章时,他们不再满足于仅仅观看图片或视频。通过VR,他们可以"潜入"到海底,近距离观察鲨鱼、海葵和珊瑚礁,使其描述更加真实和生动。

(二)组织框架:审题与信息技术的完美结合

写作,尤其是小学生的写作,需要一个清晰的组织结构。但如何高效地收集、整理并组织信息,是许多学生面临的挑战。幸运的是,随着信息技术的进步,现代工具提供了策略和方法,帮助学生更好地应对这些挑战。

信息检索与筛选:搜索引擎如百度和谷歌为学生提供了快速获取信息的途径。同时,学生可以通过学术搜索平台,如谷歌学术,获取更为权威的资料。配备适当的搜索技巧,学生可以迅速锁定与写作主题相关的核心信息。

思维导图工具:工具如 MindMeister 和 XMind 允许学生创建思维导图,有助于他们将所收集的信息进行结构化整理。对于审题来说,这些工具帮助学生确定文章的主题、子主题和支撑点,确保文章逻辑清晰。

在线合作平台:工具如 Google Docs 和 Microsoft Teams 允许学生实时协作,与同伴讨论写作框架,共同编辑和完善文章结构。这种合作模式有助于汇总多种观点,形成更为完整的文章框架。

审题与信息技术的结合,为学生提供了更高效、更有系统的写作策略。通过这些工具,学生可以更好地组织思路,明确写作方向,确保文章结构清晰、逻辑严密。这不仅提高了写作的效率,还大大增强了文章的质量和深度。

(三)创意飞扬:技术激发的想象与联想

数字化工具如数字画板、音频软件等,为学生提供了表现文章和创作的新途径。学生可以根据写作内容,创作与文章主题相关的插图,或者为文章配上背景音乐,使文章更加生动。此外,技术还能帮助学生进行更深入的探索,比如,通过模拟软件来验证自己的想法,或使用动画工具将自己的故事变为动画,使写作更加具有吸引力。在《我的心爱之物》的写作过程中,学生不再仅限于文字描述。若其心爱之物是一只宠物,他们可以使用数字画板画出宠物的模样,或用音频软件记录宠物的叫声。如果写的是一个风筝,他们可以使用动画工具制作风筝在天空中飞翔的动画,让文字描述更加形象生动。

总结,信息技术为小学语文写作教学提供了强大的支持和无限的可能性。通过合理的策略和方法,教育者可以更好地发挥技术的优势,帮助学生提高写作能力。

四、总结之回眸:研究成果与未来展望

随着技术的进步,小学语文写作教学在多方面得到了丰富和提高,开启了新的学习机遇和教学挑战。信息技术为写作带来了从多角度观察的资源、更高效的组织框架以及更广泛的创意激发。为应对未来的变化,建议教育者充分利用技术资源,帮助学生整合思路并鼓励其创新。同时,随着虚拟现实和增强现实等技术的蓬勃发展,教育研究应进一步探讨如何结合它们为学生提供沉浸式的写作学习体验。技术为小学语文写作开辟了新的路径,期待未来教育能更好地融合技术,达到更高的教育质量。

参考文献:

[1]吴迪.运用信息技术优化小学语文写作教学[C]// 成都市陶行知研究会.成都市陶行知研究会第六届学术年会暨成都七中初中学校第十五届学术研讨会论文集.[出版者不详],2023:507-512.DOI:10.26914/c.cnkihy.2023.023630.

[2]涂能吉.结合信息技术推进小学语文写作教学发展的策略[C]// 廊坊市应用经济学会.对接京津——新的时代 基础教育论文集.[出版者不详],2022:753-756.DOI:10.26914/c.cnkihy.2022.058297.

[3]罗大霞.融合现代信息技术创新小学语文写作教学模式[J].数据,2022(05):132-134.

[4]马玉娟,田锦艳.信息技术与小学语文写作教学的整合策略[J].中华活页文选(教师版),2022(03):40-42.

[5]生丛丛.基于信息技术的部编版小学语文写作教学创新策略探讨[J].读写算,2021(26):133-134.

[6]曹洋洋.信息技术支持下的过程体裁教学模式构建与应用研究[D].西北师范大学,2020.DOI:10.27410/d.cnki.gxbfu.2020.001845.

[7]张生华.基于信息技术环境下的小学语文写作教学模式改革[J].学周刊,2020(11):37-38.DOI:10.16657/j.cnki.issn1673-9132.2020.11.018.

曾凯玲,广东省中山市西区昌平小学教师。

基于"三元归一"法的高中古诗词鉴赏教学实验研究

◎曾廷敏

古诗词一直以来都是中国文化宝库中的明珠，它代表了中华传统文化的精髓和智慧。高中古诗词鉴赏教育作为培养学生文学素养和传承中华传统文化的重要途径，在教育领域占据着举足轻重的地位。然而，随着社会不断发展和学生学习方式的改变，传统的古诗词教学也面临着一系列挑战和问题。学生的兴趣下降，难以深入理解和欣赏古诗词，已经成为当前古诗词鉴赏教育的普遍现象。

本研究的主要目的是探讨"三元归一"法在高中古诗词鉴赏教学中的应用，以寻找一种创新的教育方法，能够激发学生对古诗词的兴趣，提高他们的鉴赏能力，并在传统文化传承中发挥积极作用。本研究通过将绘画、音乐和表演元素融入古诗词教学，旨在打破传统的教学模式，激发学生的创造力和想象力，使他们更好地理解和欣赏古诗词的内涵。

一、高中古诗词鉴赏教学现状

（一）古诗词鉴赏教学的重要性

高中古诗词鉴赏教学在学生的文学素养和中华传统文化传承中扮演着至关重要的角色。它不仅有助于学生对中国文学古典传统的深入了解，还能培养他们的审美情感和人文精神。通过古诗词鉴赏学习，学生可以感受到历史的沧桑和文化的厚重，培养情感共鸣和历史辩证思考的能力。此外，古诗词鉴赏也有助于提高学生的语言表达能力和文学修养，对于综合素质教育的实施具有积极意义。

（二）当前古诗词鉴赏教学存在的问题

尽管高中古诗词鉴赏教学的重要性被广泛认可，但当前存在一些问题和挑战。首先，传统的古诗词教学模式往往以注重背诵和理解文本为主，缺乏足够的互动和创造性，难以激发学生的兴趣。其次，部分学生面临古诗词阅读的语言障碍，古汉语的词汇和语法对他们来说具有一定的难度，读不懂成了学生学习古诗词的最大难点。再者，古诗词教学与现代社会的联系相对较弱，与学生产生距离感，诗歌的情景也是学生很难理解的情景，学生很难产生共情，也就不会理解诗歌的主题。最后，很多教师的诗歌教学方式单一，采用传统的文言文式的教学方式，教师主导课堂，学生记笔记，学生缺乏参与的实践性，没有参与就会置身事外，所以诗歌的学习成了教师的事。

（三）"三元归一"法的提出及其应用价值

在面对上述问题和挑战时，"三元归一"法作为一种创新的教育方法应运而生。该方法通过融合绘画、音乐和表演等多元艺术要素，使古诗词教学更加生动和有趣。"三元归一"法的核心理念是将多元艺术形式与文学鉴赏相结合，通过视觉、听觉和情感的多重体验来深化学生对古诗词的理解和感受。这种方法有望激发学生的创造力，增强他们的参与度，使古诗词鉴赏教学更具吸引力和实效性。

"三元归一"法的应用价值不仅体现在提高学生的古诗词鉴赏能力上，还有助于培养学生的跨学科能力和创新思维。通过将绘画、音乐和表演融入教学过程，学生将能够跨足不同艺术领域，培养综合素养。此外，这一方法也有望将古诗词鉴赏与当代社会联系起来，使学生更好地理解古诗词的当代价值，提高他们的文化自信心。

二、"三元归一"法的基本原理

（一）"三元归一"法的定义和内涵

"三元归一"法是一种教育方法，其核心理念在于将三个不同的艺术元素融合在一起，以增强学生对古诗词的全面理解和感知。这三个元素包括绘画、音乐和表演。绘画可以通过视觉艺术传达情感和意象，音乐通过听觉传达情感，表演则通过身体语言传达情感。将这三个要素结合在一起，创造出一个更加丰富、多样化的学习情景，有助于学生更深入地理解和体验古诗词作品中蕴含的精神。

（二）"三元"的具体内容及其在古诗词鉴赏中的应用

绘画元素：在"三元归一"法中，绘画元素是通过图像、画作和图形艺术来呈现。这可以包括以古诗词作品为灵感的艺术创作，绘制相关场景或形象，以及创造图像来反映诗歌中的情感和意象。例如，通过绘制古代山水画来配合山水诗的教学，因为有了情景的创设和指引，学生可以更好地理解和欣赏这类诗歌。

音乐元素：音乐元素通过音乐作品、声音和节奏来传达情感。在古诗词鉴赏中，音乐可以与诗歌相结合，创造出与诗歌情感相符的音乐背景或声音效果。通过音乐烘托，让学生更快、更好地走入诗歌情景，这有助于学生更深入地感受和理解古诗词的情感内涵，同时提高他们的音乐鉴赏能力。

表演元素：在"三元归一"法中，表演元素通过身体语言、戏剧和表演艺术来传达情感。在古诗词鉴赏中，表演可以与诗歌相结合，学生可以通过模拟古代角色或情境来呈现诗歌中的情感和主题。例如，学生可以进行小型戏剧表演，将古诗词中的对话或场景演绎出来，以便深入地理解诗歌的情感和情节。

（三）"归一"的过程及其在古诗词鉴赏中的应用

"归一"的过程是将绘画、音乐和表演元素有机地融合在一起，以创造一个综合的学习体验。在古诗词鉴赏中，这意味着学生将同时参与绘画、音乐和表演活动，这些活动与选定的古诗词相关。例如，学生可以共同绘制画作，配合音乐演奏，表演古诗词中的情景或角色。这种多元素的融合有助于深化学生对诗歌的理解，激发他们的创造力，并提高他们的鉴赏能力。

三、"三元归一"法的教学实践

（一）教学实践的设计

在高中古诗词鉴赏教学中，采用"三元归一"法，选择特定的诗歌如苏轼的《念奴娇·赤壁怀古》作为教学的案例。以下是一个教学实践的设计：

诗歌选择：选择适合"三元归一"法的诗歌，例如苏轼的《念奴娇·赤壁怀古》这首诗涵盖了自然景色的描写、情感表达和历史背景，为综合教学提供了机会。

绘画元素：在课堂上，引导学生通过观察江水的图片或艺术品，了解诗中关于"赤壁"之景的描写。通过绘画元素，学生可以尝试用色彩和画笔表达诗中的景色。

音乐元素：通过意象的解读和让学生感受诗歌的大致基调，选择适当的音乐来增强学生对诗歌的情感共鸣。音乐可以与诗歌的节奏和情感相匹配，营造出更具吸引力的学习氛围。

表演元素：学生可以参与小组活动，模拟苏轼，通过自己从绘画、音乐中获得的感受传达出来。这一步的完成一定是基于对诗歌形成了自己的理解，也在一定程度上读懂了诗歌。同时在对表演细节的深究也是对诗歌作品又一次的细品。

（二）"三元归一"法在教学实践中的应用步骤

引入诗歌：开始课堂时，引入苏轼的《念奴娇·赤壁怀古》并简要介绍诗歌的背景和作者。

绘画元素：展示长江图片或艺术品，并与学生一起研读诗歌中的写景句子，讨论如何用绘画表达诗歌中的景色。学生可以尝试自己的绘画作品。

音乐元素：通过学生的初读，为全文定下基调，让学生选择一首与诗歌情感相符的音乐播放，感受音乐与诗歌的融合。讨论音乐如何增强诗歌的情感表达。

表演元素：学生分组，进行小型戏剧表演，模拟苏轼表演这一场景，这有助于他们更深入地理解诗歌的情感和情节。

（三）教学实践的案例分析

通过采用"三元归一"法的教学实践，学生将能够更全面地理解苏轼的《念奴娇·赤壁怀古》。他们通过绘画、音乐和表演元素的融合，深入探讨诗歌中的情感、自然描写和历史背景。教师可以评估学生对诗歌的理解和他们在绘画、音乐和表演方面的创造性应用。

四、基于"三元归一"法的高中古诗词鉴赏教学效果评估

为了评估基于"三元归一"法的高中古诗词鉴赏教学效果，我们采用了以下方法：

（一）评估方法

考试和作业分析：我们收集了学生在使用"三元归一"法进行古诗词鉴赏教学后的考试和作业成绩。这些考试和作业包括对不同古诗词的分析和解释，以及创作微诗的任务。通过比较使用该教学方法前后的成绩,我们能够评估学术表现的改善情况。

学生反馈调查:我们进行了学生反馈调查,以了解他们对"三元归一"法的看法和体验。学生被要求评价这种教学方法对他们古诗词鉴赏能力和兴趣的影响,并提供建议和意见。

教师观察和评估:教师对学生在课堂上的表现进行了观察和评估,包括他们在绘画、音乐和表演元素的参与程度,以及对诗歌的深刻理解。这提供了一个实际的视角,补充了学生的自我评价。

(二)评估结果

通过这些评估方法,我们得出结论,基于"三元归一"法的高中古诗词鉴赏教学方法在提高学生的古诗词鉴赏能力和兴趣方面取得了积极的效果。

学术表现得到显著提升,学生更深入地理解了古诗词的主题和情感,表现出更高的文学素养。学生的反馈调查显示,他们对这种教学方法持积极态度,认为它增强了对古诗词的兴趣,使学习更富有创造性和趣味性。教师的观察和评估结果表明,学生在课堂上更积极地参与学习,并表现出更高的学术动力。他们能够更好地运用绘画、音乐和表演元素来理解和表达古诗词。

五、结论

本研究基于"三元归一"法的高中古诗词鉴赏教学方法取得了积极的成果。通过综合分析,我们得出以下结论:

该方法在提高学生的古诗词鉴赏能力和兴趣方面具有潜力,有效地弥补了传统教学的不足。

这一方法的成功应用证明了绘画、音乐和表演元素的融合对古诗词鉴赏教育的价值,为学生提供了更丰富、更深入的学习体验。

虽然本研究取得了良好的效果,但仍需进一步研究和改进,以更好地满足学生的需求和提高古诗词鉴赏教育的质量。

"三元归一"法为高中古诗词鉴赏教育提供了一种创新的途径,有望解决高中诗歌教学的难题,突破教学瓶颈。

参考文献:

[1]郑晓莲.立足高考的古诗词鉴赏教学策略研究[D].江西:东华理工大学,2021(6).

[2]郭晶.提升高中生古诗词鉴赏能力的教学策略研究[D].兰州:西北师范大学,2020(12).

[3]韩宝珊.从高考试题分析高中语文诗词鉴赏教学[D].呼和浩特:内蒙古师范大学,2020.

[4]邓柯.比较策略在中学生古诗词鉴赏能力培养中的运用研究[D].苏州:苏州科技大学,2020.

曾廷敏,贵州省罗甸县第一中学教师。

漫谈阿长形象与鲁迅教育救国求索

◎程干生

一

阿长是一个体格不够健全，精神麻木，愚蠢，不称职，用心险恶的人，是当时中国大部分女性精神麻木愚昧的代表。

分析阿长的形象，需从鲁迅全集出发。

先生文集中的阿长，生得黄胖而矮，也生得不好看，颈子上还有许多灸疮疤。这是一个体格不够健全的人物。

就是这么一个人物，懂得许多规矩；教给我的道理还很多，例如说人死了，不该说死掉，必须说"老掉了"；死了人，生了孩子的屋子里，不应该走进去；饭粒落在地上，必须拣起来，最好是吃下去；晒裤子用的竹竿底下，是万不可钻过去的……此外，现在大抵忘却了，只有元旦的古怪仪式记得最清楚。《二十四孝图》那里面的故事，似乎是谁都知道的；便是不识字的人，例如阿长，也只要一看图画，便能滔滔地讲出这一段的事迹。她常常对我讲"长毛"。在《病后杂谈之余》中又说："长毛"的故事要算长妈妈讲得最多，但她并无邪正之分，只说最可怕的东西有三种，一种自然是"长毛"，一种是"短毛"，还有一种是花"绿头"，到得后来，我才明白后两种其实是官兵，但在愚民的经验上，是和"长毛"并无区别的。这刻画了一个满腹轶事讹传、愚昧可笑的阿长形象，作者以自己对长毛认识的经历，批判了当时的愚民经验，阿长正是愚民下的产物，她是被害者。怪哉这虫的故事阿长是不知道的，因为她毕竟不渊博。使阿长不知道者，封建统治者也！

先生说长妈妈称呼的由来：先前的先前，我家有一个女工，身材生得很高大，这就是真阿长。后来她回去了，我那什么姑娘才来补她的缺，然而大家因为叫惯了，没有再改口，于是此也就成为长妈妈了。我的母亲和许多别的人都这样称呼她，似乎略带些客气的意思。祖母叫她阿长，显得亲近亲热。"长妈妈生得那么胖，一定很怕热罢？晚上的睡相，怕不见得很好罢……"母亲听我多回诉苦之后，也仅这样问过她。祖母慈祥，母亲仁厚，阿长见多识广，又能滔滔地说，倘略有自尊，断不会接受以"长"来喊自己身体缺陷"矮"的屈辱，这表明阿长对称呼的无所谓。精神麻木如此！

长妈妈说得长毛非常可怕，他们的话就听不懂。她说先前长毛进城的时候，我家全都逃到海边去了，只留一个门房和年老的煮饭老妈子看家。后来长毛果然进门来了，那老妈子便叫他们"大王"，据说对长毛就应该这样叫，诉说自己的饥饿。长毛笑道："那么，这东西就给你吃了罢！"将一个圆圆的东西掷了过来，还带着一条小辫子，正是那门房的头。煮饭老妈子从此就骇破了胆，后来一提起，还是立刻面如土色，自己轻轻地拍着胸脯道："阿呀，骇死我了，骇死我了……"此处的阿长，不是愚昧，而是愚蠢了！叙述中凭空想象鬼话连篇，既欺人，又自欺！作为被害者的她，不自觉地成了加害者，这种骚操作，连儿时的我那时似乎倒并不怕。荒唐，愚蠢！

作为保姆，长妈妈的任务，应该是照顾孩子的生活，包括睡眠，但是，她夜间睡觉却把自己摆成一个"大"字，占满了床。这说明，她不称职。而且，"我"的母亲，向她委婉地表示夜间睡相不太好，她居然没有听懂，不但没有改进，夜里反而变本加厉，把自己的手放在"我"的脖子上。真是一个不称职且愚蠢的人！

鲁迅儿时在百草园，好奇心强，活泼，拔何首乌毁了泥墙，将砖头抛到隔壁的梁家，从石井栏上跳下来……(长妈妈)又不许我走动，拔一株草，翻一块石头，就说我顽皮，要告诉我的母亲去了。因此，长妈妈讲"美女蛇"的故事，合理的推测是对作者的恐吓，是为了不让我走动。"长的草里是不去……结末的教训是：所以倘有陌生的声音叫你的名字，你万不可答应他。这故事很使我觉得做人之险，夏夜乘凉，往往有些担心，不敢去看墙上，而且极想得到一盒老和尚那样的飞蜈蚣。走到百草园的草丛旁边时，也常常这样想。"读罢此处，我总想到《二十四孝图》：可是一般别有心肠的人们，便竭力来阻遏它，要使孩子的世界中，没有一丝乐趣。北京人常用"马虎子"这一句话来恐吓孩子们。再看：但她大概也即觉到了，说道："像你似的小孩子，长毛也要掳的，掳去做小长毛"。"我们也要被掳去。城外有兵来攻的时候，长毛就叫我们脱下裤子，一排一排地站在城墙上，外面的大炮就放不出来；再要放，就炸了！"以至于作者"从此对于她就有了特别的敬意，似乎实在深不可测；夜间的伸开手脚，占领全床，那当然是情有可原的了，倒应该我退让"。"我想我又不做小长毛，不去攻城，也不放炮，更不怕炮炸，我惧惮她什么呢！"这正是作者被吓唬后的心理。用心险恶啊！但连小屁孩都骗不了，蠢！

至于谋害隐鼠，《教师教学用书》说：鲁迅儿时曾养过一种拇指大的隐鼠，常常把它放在书桌上，看它舔吃研着的墨汁。后来这隐鼠缘着长妈妈的腿要爬上去，被她一脚踏死了。阿长的举动本是突然受惊的应激反应，而"我"却认为阿长故意害死了自己的宠物、玩伴。《〈呐喊〉自序》道："我有四年多，曾经常常，——几乎是每天，出入于质铺和药店里，年纪可是忘却了，总之是药店的柜台正和我一样高，质铺的是比我高一倍，我从一倍高的柜台外送上衣服或首饰去，在侮蔑里接了钱，再到一样高的柜台上给我久病的父亲去买药……有谁从小康人家而坠入困顿的么，我以为在这途路中，大概可以看见世人的真面目。"可见，小小隐鼠对儿时受尽世人冷眼的作者心灵的重要，对隐鼠的谋杀，不异于对作者的虐杀。《狗·猫·鼠》说：长妈妈，一个一向带领着我的女工，也许是以为我等得太苦了罢，轻轻地来告诉我一句话。这即刻使我愤怒而且悲哀，决心和猫们为敌。她说：隐鼠是昨天晚上被猫吃去了！当我失掉了所爱的，心中有着空虚时，我要充填以报仇的恶念！但许多天之后，也许是已经经过了大半年，我竟偶然得到一个意外的消息：那隐鼠其实并非被猫所害，倒是它缘着长妈妈的腿要爬上去时，被她一脚踏死了。这确是先前所没有料想到的，现在我已经记不清当时是怎样的一个感想。这种感想，《阿长与〈山海经〉》明明白白交代了："但当我哀悼隐鼠，给它复仇的时候……谋害隐鼠的怨恨，从此完全消灭了。"作者用哀悼，怨恨！受伤之深，显而易见。一向带领，我等得太苦，足见长妈妈知晓隐鼠对我心灵的重要性；轻轻地来告诉我一句话，很无所谓，冷漠，毫不上心。拇指大小的隐鼠，一向带领我的长妈妈肯定常见，竟被她踏死了(注意不是踩死的，踩，可能是无意的)。即使是应激反应，也不至于用力如此大。踏者，明知而为之，心之险。若长妈妈真心爱"我"，"我"等得太苦了，完全可以补过的，重买一只，让我养，帮我养，和我一起养，这个简单做法，长妈妈做了吗？没有。不但没有，反而嫁祸于猫，这确是先前所没有料想到的，虚伪，心之恶。难怪"我向来是不惮以最坏的恶意来推测中国人的！"(《记念刘和珍君》)

二

中国国民的愚弱，常常从男性角度去论及，而《阿长与〈山海经〉》则从女性这一全新的角度切入。翻看先生散文，女性另写了"肚子疼"的沈四太太。沈四太太她不允许我们冬天吃冰块，站在原地打旋，是一个关爱孩子健康成长，有爱心的农村妇女，值得歌颂，但作者着墨不多，证明作者纪念阿长另有所思。作者写了远房的叔祖母：他的太太却正相反，什么也莫名其妙，曾将晒衣服的竹竿搁在珠兰的枝条上，枝折了，还要愤愤地咒骂道："死尸"！这就是一个神经病人!语句之毒，令人咋舌！《琐记》《父亲的病》浓笔彩墨写了衍太太，阴险狡诈、自私自利、心术不正、爱推卸责任的市侩：背后经常怂恿孩子们干不好的事，事后又充当"老好人"，父亲临死时，一直怂恿我喊父亲的名字，鼓励小孩子吃冰，怂恿鲁迅看黄色书籍，唆使鲁迅去偷母亲的首饰并散布谣言，总盼着邻家小孩干坏事，令人憎恶！

阿长正是当时这些女性思想麻木，愚昧乃至愚蠢，心地不善的代表。愚弱啊！

三

"凡是愚弱的国民，即使体格如何健全，如何茁壮，也只能做毫无意义的示众材料和看客。病死多少是不必以为不幸的。所以我们的第一要著，是在改变他们的精神。"要改变中国人的精神，重在孩子!如何做？先生站在儿童的立场，从儿童大人的视野，父子兄弟师生远亲旁人不同角度，不停地求索：须要保护好孩子的好奇天性！

《五猖会》：直到现在，别的完全忘却，不留一点痕迹了，只有背诵《鉴略》这一段，却还分明如昨日事。我至今一想起，还诧异我的父亲何以要在那时候叫我来背书。文中详写父亲强制自己读死书、死读书，扼杀了自己好奇心的天性，让自己终生刻骨铭心，谴责之强烈，不能不说是做父亲的教育最大的失败。

《风筝》：然而我的惩罚终于轮到了，在我们离别得很久之后，我已经是中年。我不幸偶而看了一本外国的讲论儿童的书，才知道游戏是儿童最正当的行为，玩具是儿童的天使。于是二十年来毫不忆及的幼小时候对于精神的虐杀的这一幕，忽地在眼前展开，而我的心也仿佛同时变了铅块，很重很重的堕下去了。文中作者对自己深深地愧疚和自责，强调游戏是最正当的行为。我们知道：游戏是启发孩子好奇心的起点。强力阻止无异于扼杀了孩子的好奇心。原文中接着写道："有过这样的事么？"他惊异地笑着说，就像旁听着别人的故事一样。他什么也不记得了。弟弟麻木如此，足见好奇心对人精神的重要！

《从百草园到三味书屋》："先生，'怪哉'这虫，是怎么一回事？……"我上了生书，将要退下来的时候，赶忙问。"不知道！"他似乎很不高兴，脸上还有怒色了。我才知道做学生是不应该问这些事的，只要读书！寿镜吾先生对于"怪哉"这虫，不屑一顾，较开明的老师，也在扼杀儿童好奇的天性。

《二十四孝图》：我的小同学因为专读"人之初，性本善"读得枯燥而死了，只好偷偷地翻开第一叶，看那题着"文星高照"四个字的恶鬼一般的魁星像，来满足他幼稚的爱美的天性。昨天看这个，今天也看这个，然而他们的眼睛里还闪出苏醒和欢喜的光辉来。作者描绘了绘本给孩子们带来的快乐和幸福：哪怕像恶鬼一般的魁星像，也能满足他们幼稚的爱美的天性。这种天性，我认为，就是好奇心。

《阿长与〈山海经〉》：我那时最爱看的是《花镜》，上面有许多图。他说给我听，曾经有过一部绘图的《山海经》，画着人面的兽，九头的蛇，三脚的鸟，生着翅膀的人，没有头而以两乳当作眼睛的怪物，……可惜现在不知道放在那里了。我很愿意看看这样的图画，但不好意思力逼他去寻找，他是很疏懒的。玩的时候倒是没有什么的，但一坐下，我就记得绘图的《山海经》……对于远房叔祖，除了同情无奈，尚有感谢，为啥？因为他激起了先生的好奇之心。

而阿长风尘仆仆地买来《山海经》正是满足了鲁迅的这一好奇心，并且导致了先生的求知欲迸发：此后我就更其搜集绘图的书……我想：这才是鲁迅先生"对于一个有这么多毛病和缺点、麻木的、愚蠢的小人物，即使她只做了一件可能是微不足道的好事，鲁迅也把它看得很重，用诗一样的语言来歌颂"，并且专门为她写一篇纪念性的文章的真正原因吧！第斯多惠说："教学的艺术不在于传授本领，而在于激励、唤醒和鼓舞"，钱理群教授说："教育的目的，就是满足和培育孩子的好奇心"，不正是如此吗！

阿长是个不幸的令人同情的女性形象，是当时中国大部分女性的代表，先生为改变国民愚弱的精神，进行文化救国，教育方面发出了要保护好孩子好奇天性的呼声！文章用《阿长与〈山海经〉》作标题，将愚昧和文明并举，令人深思！

程干生，安徽省安庆市怀宁县黄墩初级中学教师。

浅议指向核心素养的高中语文项目式学习教学理念

◎杜慧杰

项目式学习以学生为学习主体，要求学生通过自主、合作、探究等方式参与到项目的学习探究中，通过解决真实情境中的问题来完成项目并促进能力的提升。学生完成项目的过程也是自主学习并完成知识内化和学科知识体系建构的过程。高中语文项目式学习既要指向语文能力习得，又应指向学生语文核心素养的培养，切实提升学生的深度理解能力、实践能力、思维能力和创新能力，同时应承担起立德树人的育人任务，并以此为终极价值取向。

一、指向核心素养的高中语文项目式学习教学原则

克伯屈提出，项目式学习分为"决定目的、制定计划、实施计划和评价结果"四个操作计划。基于此，对指向提升学生核心素养的高中语文项目式学习教学模式初步构建为项目准备、项目实施、项目评价与反思、项目成果展示。

所谓项目准备是指确定项目主题，设计基于真实情境的驱动问题；项目实施是指学生根据自身情况及学习兴趣选择子问题，通过多种途径收集资料并初步完成子问题，教师对学生进行指导，推动项目主题的完成和问题的解决；项目评价与反思是指针对学生的项目完成情况进行评价与反思；而成果展示则为展示、交流项目成果。

（一）教学内容项目化

项目式学习中教学内容不再和传统的教学内容相同，它由教师和学生共同参与，围绕学习任务群或教学单元，以设计项目的方式对教学内容进行资源整合，围绕相关教学内容中的重难点开发、设计基于真实情境的学习项目，其中每一个项目以及子项目都具有教学目的。在项目式学习中，以项目作为教学核心，以完成项目驱动学生自主学习，以项目成果作为评价学生的标准，旨在培养学生的语文学习能力，提升学生的语文核心素养。

（二）项目主题及教学过程真实情境化

与传统教学不同，项目式学习不是通过讲授法将知识传递给学生，而是通过完成项目让学生的学习能力得到全面发展。要想提升学生的核心素养，不再仅仅需要依靠教师的教，更需要教师给学生创设一个真实学习情境，通过完成具有真实情境化和现实性的项目或学习任务，使学生产生置身于真实的学习环境中的意识，激发学生学习语文的需求，从而使学生的能力得到锻炼和提升。所以在项目式学习的教学过程中，学生所学习的不再是由老师讲授的间接性的知识、经验，而是通过在真实情境中或模拟真实情境中进行深度思考、真实学习所获得的直接性知识、经验。

（三）学生全程参与

在项目式学习中，从目标确定到项目实施以及成果展示都需要学生全程参与。为符合学生的能力展示需求，满足学生的情感需求，项目式学习采用小组合作学习的方式，学生可以在小组内积极发挥自身特长，培养自身的责任感和协作精神，学会合作、探究学习。采用项目式学习可以改变学生在传统课堂上被动学习的方式，激发学生的主观能动性，使他们积极主动地去探索和学习。

与此同时，教师不再负责大量知识的单向讲授与输出，而是通过围绕学习任务群或教学单元主题，在教学过程中依托项目创设真实情境，使学习过程真正与生活相联系，让学生的学习真实地发生。教师则从知识的讲授者转变为项目的引导者，通过为学生提供支架，提供平台，并进行监控检测等方式、手段引导学生完成项目，尽可能地调动学生内源性学习力，使学生真正参与到课堂中。

（四）任务成果多样化

在项目式学习过程中，学生的学习所得不仅仅是显性的完成项目后所得到的成果，还有隐性的核心素养以及综合能力的提升。在项目式学习中，学生在完成项目任务的同时，其人际交往能力、团队协作能力、探究能力、创新能力等方面都得到了锻炼；而且项目成果不像试题一样具有唯一正确性，每个学生思维方式、观察角度、侧重点都是不同的，所以最终形成的任务成果是多元，甚至是截然相反的。教师在关注多样化任务成果的同时，更应该关注学生在完成项目过程中所锻炼的能力和语文核心素养，与项目的完成和成果的展示相比，学生能力的提升才更为重要。

（五）成果评价多元化

正因为项目式学习的成果具有多样性，所以其评价标准并不是简单绝对化的"对"或"错"，而应结合加德纳多元智力理论以及学生成果本身，针对学生语文核心素养、语文能力，从项目评价、等级评价、评价依据、评价方式等方面，在个案评价的基础上制定符合新课标理念和学业质量监测的高中语文项目式学习多元评价标准。

项目式学习是提升学生核心素养，深化教育改革，建设高质量教育体系的有效方法之一，在项目式学习实践中，良好的评价体系可以帮助教师完善教学，促进深度反思，面对现有评价的不足之处，可从全程参与的学习式评价、嵌入式的学习性评价、真实性的学习评价等具体的评价方式出发，制定指向核心素养的高中语文项目式学习多元评价标准。

二、指向核心素养的高中语文项目式学习教学目标

在高中语文教学中开展项目式学习，必须要以完成语文基本教学任务为前提，在此基础上才能追求提升学生的核心素养，因此，教学目标应指向多个维度。

（一）指向学生语文能力的习得

1.指向核心概念建构

项目式学习的知识观指向与学科本质有关的核心概念的整体理解。所谓核心概念指居于学科中心，具有持久价值和迁移价值的关键性概念、原理或方法。

因此，在项目式学习中，教师制定教学目标以及项目主题时应着眼于语文学科的核心概念，如在诗歌教学中开展项目式学习，应让学生聚焦于"意象""意境"等概念的理解，使学生在完成项目后理解诗歌的一些核心概念，同时在交流、评价环节中也应让学生迁移运用所掌握的核心概念，加深对其理解，从而建构起与诗歌有关的知识体系。由点到线，以线带面，逐步使学生对语文学科有更加深刻的理解，在完成项目的同时实现从语文知识的习得到语文素养的提升。

2.指向高阶思维培养

高阶思维是思维的高级形式，指向更深刻、更综合的思维层次。学界通常将布卢姆认知领域中"分析、评价和创造"认为是高阶思维的体现。

项目式学习通过项目任务的驱动学生自主解决问题，完成项目并最终得到项目成果。学生完成项目需要进行自主阅读，合作收集资料，迁移甚至创造学习方法，相互评价、反思，在这个需要分析、创作、评价的过程中，学生的批判思维、深度理解能力以及创新思维都会得到相应的训练，而这实际上指向的就是高阶思维的培养。

（二）指向学生语文核心素养的发展与提升

《普通高中语文课程标准（2017年版2020年修订）》指出："语文学科核心素养是学生在积极的语言实践活动中积累与构建起来，并在真实的语言运用情境中表现出来的语言能力及其品质；是学生在语文学习中获得的语言知识与语言能力，思维方法与思维品质，情感、态度与价值观的综合体现。"

在项目式学习中，对学生语文核心素养的提升是全面而综合的。学生为完成项目需要阅读大量文本，会使他们在潜移默化中受到传统文化的熏陶，从而产生强烈的文化认同感，能够更好地理解并传承中华优秀传统文化；完成项目的过程指向的是学生高阶思维的培养，会促进学生批判性和独创性等高阶思维的发展与提升；而小组合作以及成果展示时会训练口语表达与交流能力，这指向的是学生语言的建构与运用，此外，交流、展示项目时会帮助他们形成积极、向上的审美情趣，同时促进审美鉴赏能力和创造力的提升。

综上，在高中语文教学中开展项目式学习，可以开拓学生的视野，培养学生的思维品质，充分发挥语文学科所具有的独特的育人价值，使学生的语文核心素养得到发展与提升。

三、指向核心素养的高中语文项目式学习价值取向

在统编教材背景下，单元意识、文本意识和学生意识对于语文教学的重要性不言而喻。基于项目式学习的语文教学立足于学生真实的阅读困惑，教师在课堂上为学生进一步的思考创设了空间。区别于传统的主题活动，项目化学习必须立足于真实情境的创设和驱动性任务，从而在思维探索的实践经历中提升语文核心素养。

以班级授课制为代表的传统教学更多地注重知识的讲授和机械的训练，学生也往往是被动地接受、理解知识，很难在学习过程中培养高阶思维。要想改变这种教学方式的弊端，就必须以指向真实学习、深度学习的高阶思维取代低阶思维，这就要求教师在进行项目式学习中，以发展学生的高阶思维能力，如解决问题、批判性思维、创造性思维等作为出发点和立足点。[4]以提升学生语文核心素养为最终价值取向和追求。

核心素养的核心是关键能力，它指能够满足学生终身学习以及将来适应社会所需要的一种具有综合性的能力或素质，主要包括解决问题、沟通协作、创新思维等。这些能力只有通过深度学习才能获得。而深度学习也并非单纯地指向学习内容或学习状态，它指向通过学习所培养的包括思维、能力在内综合素养的程度，在此种意义上，不单纯强调学生的知识习得，而以更高层次的核心素养的发展为价值追求。

因此，教师的身份也要进行相应的转变，不再仅仅是知识的单向传输者，而是学生成长的引路人，要以立德树人，培根铸魂为使命，把培养有道德、有学识的人作为自己教学的最终目标和价值取向。当然，基于此种价值追求所设计的项目任务，仍应以知识为基础，让学生在完成语文学习的同时提升自身的高阶思维、关键能力乃至核心素养。

项目式学习的最大优势在于以基于真实情境的任务驱动学生进行自主、合作、探究学习，综合运用所学知识去完成项目、解决问题并进行成果展示，从而实现将课内知识向外延伸并使其核心素养得到提升和发展。但在实际教学中如何设计驱动任务以激发学生的学习兴趣；如何分配可以真正做到合作探究的小组；在不进行完整知识讲授的情况下如何保证每位学生都能建构完整的知识框架等问题都不容忽视。从教学实际和现状而言，项目式学习还需要在教学实际中不断进行探索和总结，以更好地适应当下教学并更加优质地完成教学任务。

参考文献：

[1]黎灵.基于项目式学习的初中文言文教学探究[D].云南师范大学,2018.

[2]夏雪梅.项目化学习设计：学习素养视角下国际与本土实践[M].北京：教育科学出版社,2018.

[3]袁国超.基于核心素养的深度学习：价值取向、建构策略与学习方式[J].教育理论与实践,2020(08):3-5.

[4]梁聪颖.项目式学习下中学语文阅读教学研究[D].苏州大学,2020.

[5]姚心忆.促进深度理解的高中语文项目式教学设计研究[D].江南大学,2021.

[6]赖霜.高中语文教学中的项目式学习研究[D].四川师范大学,2021.

[7]蒲玉洁.高中语文阅读教学中的项目式学习研究[D].四川师范大学,2022.

[8]李丹.基于项目式学习的高中语文单元教学设计研究[D].河北师范大学,2022.

[本文系2022年度天津市教育科学规划课题"指向核心素养的高中语文项目式学习研究"（课题编号"HHE220162"）阶段性成果。]

杜慧杰，天津市九十六中学教师。

论《琵琶记》的感情同化性

◎高正平

《琵琶记》的作者在全剧的开头就开门见山地说"不关风化体,纵然也徒然"。由此可见作者作《琵琶记》就是要"关风化",作者通过自己的主观意志把"贞女、孝子"的形象塑造得栩栩如生,以此来宣扬社会的伦理道德。

经过前期的频繁战乱,最终蒙元统治者取得了胜利。在忽必烈继位后,他为了稳定政治统治,发展生产,采取了一系列有效的统治措施。如:蒙元最高领导人同意在汉地推崇儒学,在政治方面也接受儒臣的意见。从这些方面可以看出:在社会经济逐渐发展和政治逐步稳定的同时,统治者对儒学思想也非常地重视和推崇,儒学思想不仅在文人、上层社会,而且在民众中也仍具重要位置。而高明的《琵琶记》正是在以上所述的这种社会背景中所创作的,因此,作者的主观意志"关风化"的目的与社会的伦理道德就不约而同了。

对于文学作品而言,除了创作主体——作者之外还有文本,其次是读者。这三者之间的关系如《老子》中所言:"此三者不可至计,故混而为一。"这里需要说明的是,创作主体在创作的过程中可能会融入众多的客观现实和主观意志于文本之中,这也是一个作家必须考虑的事情。《琵琶记》是一部成功地展现客观现实和反映作者主观意志的作品,前人对此做过深入的分析和研究,我也不加赘述前人的观点,我将从另外一个角度——感情同化性来解读《琵琶记》的成功。

一、蔡伯喈的"三不从"与"三不孝"和他个人的感情矛盾对读者的感情同化性

《琵琶记》在第二出《高堂称寿》的"正名"中说:"逢时对景且高歌,须信人生能几何?万两黄金未为贵,一家安乐值钱多。"读完这两句诗好像能让人感受到活着的意义和价值,不求荣华富贵,但求自由安乐。我们每个人的心中或许都在渴望这种自由安乐的生活,但是,一个人生活在这个社会上不是给自己一个人活着,而是给很多人活着。这种身不由己的事其实在每个人的身上都上演着,只是程度不同而已。蔡伯喈虽然是个博学之士,但是他对功名的追求淡于对年迈父母的孝顺。从感情同化的角度讲,我们每个人的体肤都是父母给的,在我们的生命里父母就是"上帝"。传统的伦理更是强调"入则孝,出则悌"。而蔡伯喈所说的"凡为人子者,冬温夏清,昏定晨省,问其燠寒,搔其疴痒,出入则扶持之,问所欲则敬进之。所以父母在,不远游;出不易方,复不过时。"这些话都恰好和每个人内心深处的对父母的孝是相通的,没有谁会认为孝敬父母就是在外当个大官、多挣些钱,然后回到家给年老的父母扔几个钱花。这不能称为行孝道,而是不仁不义的勾当。父母年老了,不需要花天酒地、穿红戴绿了,更不需要那么多钱。在父母的心中,或许是期盼吾儿能回来和家人团聚一些时日。但是,任何事情总是不能完满的,在父母的心中还有一种愿望,就是盼望吾儿能出人头地,光宗耀祖。这种心理是中国人自古以来就有的,而不是父母的私心。出于这两者之间的矛盾,蔡伯喈和他父亲做了一番讨论。这种讨论似乎没有任何意义,因为在两人心中对孝的诠释是有差别的。最终,蔡伯喈"急办行装赴试闱,父亲严命怎生违?"听从了父亲的话上京赶考,这种抉择是权衡了所有利弊后的最佳选择。因为,既然是个孝顺的人,怎么能违背父亲的个人意愿呢?当然,这种个人意愿是对孩子的将来和个人的荣誉是有利的。所有这些对孝的理解,都能从感情上获得读者的强烈认同,这种认同就好像是如果把读者换成文本中的角色,读者也会义不容辞地这样做。

古人曰:男儿志在四方。这里的"志"是志向的意思。正如"一举首登龙虎榜,十年身到凤凰池""人生当用显门闾，荫子封妻荣自己。马前喝道状元归，雁塔挥毫题姓字，一举成名天下知"。作为一个男儿必须有这样的豪情壮志，虽然蔡伯喈长得比较清秀，但是他学识渊博就能轻而易举地登科及第。"世上万般皆下品，思量惟有读书高"，一个人的才华和他的功名是成正比的，才华有多高，功名就有多大。除去那种"识心见性，除情去欲，忍耻念垢，苦己利人"的人。蔡伯喈在家考虑父母年老不忍离去，被父所逼只好离乡应试。正是天道酬勤，他一举成名。换个思维考虑，如果蔡伯喈硬是没考中状元，那么作者会怎样写下去呢。在我看来，蔡伯喈考中状元是必要的也是必需的。因为，如果作者不这样布置结构，那《琵琶记》的创作就会失去本来的意义。言归正传，只有他考取了功名才符合他父亲所诠释的"孝"，在这个意义上说，蔡伯喈依旧是个孝顺的人。同时，当蔡伯喈被牛丞相招赘入府时他是万分的不愿意，但是他知道一个道理叫"官大一级压死人"，谁让他遇上的是牛丞相呢。当他告诉牛丞相所有的关于他自己的信息，牛丞相毫不理会且不允许他辞官回家。牛丞相作为一个父亲，为自己的女儿选婿，而且要选一个有前途的好小伙无疑是合情合理的。谁人不想把自己的女儿嫁给一个有前途的人，从情感方面考虑牛丞相招赘蔡伯喈是情有可原的。牛小姐的确是一个漂亮、贤惠的千金小姐，而她又是非常喜欢蔡伯喈。一个男人如果遇上这么一个女人，虽说不能动非分之心，但是渴望之欲或许是有的。蔡伯喈之所以没有对牛小姐解释自己在陈留郡的家室情况，原因或许是他内心中对牛小姐的爱慕之情。在作品的第二十二出《琴诉荷池》中，蔡伯喈以"新旧弦"喻指赵五娘和牛小姐。从这里可以看出他不想把事情说得太明了以防又伤害牛小姐的心，这种自身的矛盾导致他非常痛苦。作品第三十八出《张公遇使》中张太公的一怒、一悲、一骂，充分表示他对伯喈的痛恨，对逝世二老和五娘的同情。斥骂他对父母"生不能养，死不能葬，葬不能祭"。但是蔡伯喈的公差反驳曰："公公，你休错埋冤了人。他要辞官，官里不从；他要辞婚，我太师不从。也只是没奈何了。"在这里公差只提到了"两不从"，还有"辞试，父不从"。这"三不从"或许可以洗清他"三不孝"的罪名，我们能从蔡伯喈的无奈中体会到不是他不孝，而是在矛盾的纠缠下他无法实现孝。

综上所言，蔡伯喈始终是充满矛盾的，他也曾为自己抗争过。在封建思想与皇权统治者"三不从"的禁锢下，他背负着"三不孝"的罪名，走上了择不自裁、听任摆布的不归路。我们从蔡伯喈个人的内心感情的矛盾处受到了不同程度的同化，认为他只有这样做才能符合我们的感情。尤其是一个女人，容易从感情上被同化，当她在读《琵琶记》的时候，内心涌动的全是对蔡伯喈的同情和理解。特别是当蔡伯喈欲罢不能的时候依然对结发妻子日夜思念，对家乡望穿秋水，这种对爱情的坚守和对家乡的思念深深触动了女人的心。而男人被同化的原因则来自蔡伯喈的那份并没有实际行动的"孝心"愿望和功名的成就。或许可以这样说，如果能做到和蔡伯喈一样忠孝，那就是一个很成功的男人。

二、赵五娘的善良以及她的"贞烈"对读者感情的同化性

在《琵琶记》的第二十一出《糟糠自厌》中赵五娘说："糠和米，本是两相依倚，谁人簸扬你作两处飞？一贱与一贵，好似奴家与夫婿，终无见期。"这种形象的比喻只有亲眼看见过簸扬糠和米的人才能想象到，否则想象不到何为"两处飞"。我是土生土长在农村的人，记得小时候见过母亲簸扬米糠，糠本来就是米的皮，但是经过石碾碾过后就和米脱离了，再用簸箕顺风扬一下米和糠就"两处飞"了。在古代社会中，妇女的社会地位本来就很低下，比如男人把自己的妻子称为"糟糠之妻"。所有的这些社会现象我们都可以通过历史或文学作品来了解，但是《琵琶记》中的女主人赵五娘，她的"糟糠自厌"可以说是感动天地，她公公就说"小娘子"是"今人中少有，古人中难得"。赵五娘的这种孝道的确堪称古今妇女中的楷模。在世俗中有多少人宁愿委屈自己而照料别人，虽然自古皆有，但是少之又少。赵五娘的善良无疑给所有的人一记耳光，而且打得非常地响亮。我认为这个耳光打得很值，回想一下我们为亲生父母做了什么？我们能像赵五娘那样照顾自己的父母吗？虽说现在的生活已经变得比较好了，但是生活改变的同时也改变了每个人善良的心。我也坚信不乏善良的人，但是能善良到赵五娘那样的地步让我无法相信。正是因为赵五娘的善良，才给了所有人感情上的同化。这种同化非常地强烈，尤其是男人，从头到脚地认同赵五娘做的一切事，除此之外剩下的全是感动。可以这样说，作为一个男人，谁不想娶一个贤惠善良的妻子。

在第二十三出《代尝汤药》中公公病危写下遗

嘱交予媳妇收执，写道："待我死后，教他休要守孝，早早改嫁便了。"我们知道蔡伯喈离家三年是杳无音信，赵五娘作为他的妻子，不仅善始善终，而且保持着女人的那份贞洁，她道："忠臣不事二君，烈女不更二夫。"对于她这样的女性，我们也只能是"可怜家破与人离，怎不教人泪垂"。读完这出后，我就想，其实蔡伯喈在牛丞相府也是身不由己，他对赵五娘和父母是日日思盼，以至夜夜难寝，但是他的愚蠢和懦弱也是显而易见的。或许读到这里有人会认为赵五娘是个傻女人，认为她傻的不仅空度春秋，而且还受苦受累。但是我想大多数人会认为赵五娘不傻，因为她已经付出了艰辛，只有一直坚持下去才能最终成为"有贞有烈"的女人。如果中途出现任何插曲，那么她的"贞烈"就会让人产生意外的遐想。因此，赵五娘的这种选择是符合大多数人的感情的。但从第二十五出《祝发买葬》中并不难看出赵五娘对蔡伯喈也是有埋怨的，她道："一从鸾凤分，谁梳鬓云？妆台懒临生暗尘，那更钗梳首饰典无存也，头发，是我担阁你，度青春。如今又剪你，资送老亲。剪发伤情也，怨只怨结发薄幸人。"这从女性的角度考虑是正常的，而且太正常了。如果在任何情况下都没有反抗精神的人，那么她（他）一定是个逆来顺受的委曲求全的且没有中国人的脊梁的人。我们懂得一个刚结婚二个月的女人就与丈夫分别且三年多未曾有丈夫音信的女人是多么酸痛，她的这种埋怨有别于深宫后院那些"怨妇"的怨。赵五娘剪发不仅剪去的是头发而且是她的青春，剪断的也不仅是头发而且是丈夫的薄幸。但是遇上的人终究不能一了了之，她落魄到如此地步却只有一点埋怨。想想我们现代人的婚姻状况，简直不堪想象。在生活中夫妻为了鸡毛蒜皮的事就吵吵闹闹，有时候好多男人没有君子风范，还对自己的女人大打出手。所以，我们要反思，时代是进步了，但是知道什么倒退了吗？

第二十九出《乞丐寻夫》中张太公对赵五娘叮嘱道："若见蔡郎漫说千般苦，只把琵琶语句诉原因。未可便说他妻子；未可便说丧双亲；未可便说裙包土；未可便说剪香云。"这种叮嘱是必要的，因为我们知道人作为一种理性动物是善变的，张太公的这番话正说明了人的可变性，也间接告诉我们赵五娘并没有什么社会阅历，而依靠的全是她那颗善良的心和真挚的爱。

赵五娘作为一个下层劳动妇女的典型代表，在封建社会的伦理道德下，她的反抗精神和守道意识是相互依从的。她的善良以及她的"贞烈"在某种程度上鞭策了我们，同时，她也是一个在我们心目中值得尊敬和同情的人。无论是出于尊敬还是同情，赵五娘的一切可歌可泣的行为都从感情上同化了我们所有的人。

三、总结

《琵琶记》的结局是大团圆，蔡伯喈作为封建社会的文人代表，最终化解了自身的矛盾，他回乡为父母守孝三年，再也没有辜负赵五娘和牛小姐的感情。虽然现在一夫不能娶二妻，但在古代社会这种现象是普遍的。或许只有这样才能算是大团圆，在赵五娘和牛小姐之间是不能做感情上的选择，也是没有任何选择余地的。在以前流传的《赵贞女蔡二郎》剧本中，结局就很凄惨，不仅表现了蔡伯喈的不忠不孝，而且他还是个大大的薄幸之人。高明重新安排了《琵琶记》故事的团圆结局，从感情上也赢得了读者的认同。

都说："男人的美德是正直与勇敢，女人的美德是善良与忠诚。"如果我们认为蔡伯喈是一个正直且勇敢的人，赵五娘是一个善良且忠诚的人。那么他们就是美德的化身，我们不敢奢求自己有赵五娘的"贞烈"，有蔡伯喈的"忠孝"，但是我们要以他们的个人品德和人格素养为楷模，发扬中华民族优良的道德精神。我也相信读完《琵琶记》后会给我们内心留下深刻的不可抹去的感情同化上的痕迹。

参考文献：

[1]李修生.元杂剧史[M].南京：江苏古籍出版社，2002：326-330.

[2]高明.琵琶记[M].钱南扬校注，南柯梦记校注.北京：中华书局，2009.11.

[3]李艳丽.《琵琶记》研究述评[D].兰州：兰州大学，2007.

[4]冯文楼.《琵琶记》：悲剧的制造与消解[J].陕西：陕西师大学报(哲学社会科学版)，1994(03).

[5]王国维.叶长海导读.宋元戏曲史[M].上海：上海古籍出版社，1998.

[6]蔡运长.《琵琶记》的主题及其现实意义[J].北京：戏曲艺术，1996(03).

高正平，宁夏回族自治区宁夏大学附属中学教师。

核心素养下的边远地区高中语文写作训练策略

◎韩海丹

作为高中语文教学重要部分的作文教学,是高中语文教学的关键,同时也是一个不好处理的部分,《普通高中语文课程标准(2017年版)》提出了语文核心素养目标,要求我们更加重视写作能力,同时又提出学习任务群的语文教学方式,而学习任务群则对写作提出了更高的要求。

边远地区高中语文教育一直面临着许多挑战,包括学习环境的限制、文化背景的差异以及学习资源的不足等。这些因素制约了边远地区高中生的语文写作能力的提升。同时,当前教育改革已经将核心素养纳入教育目标,强调培养学生的综合素质和创新能力。因此,结合核心素养理念,探索适合边远地区高中生的语文写作训练策略,具有重要意义。

一、核心素养在语文教育中的重要性

(一)核心素养的定义

核心素养是指个体在多方面综合发展中所具备的关键能力和素质,包括认知能力、情感态度、社会责任感等。它强调培养学生的创新思维、沟通能力、合作精神和问题解决能力,以应对日益复杂多变的社会需求。核心素养不仅关注知识的掌握,更加重视学生的综合素质和能力的培养。

(二)核心素养与高中语文教育的关系

高中语文教育旨在培养学生的语言文字素养、思维品质和审美情操,这与核心素养的培养目标是相契合的。具体来说,核心素养与高中语文教育的关系表现在以下几个方面:

1.思维能力:核心素养注重培养学生的创新思维和批判性思维,而高中语文教育能够通过阅读文学作品、进行写作训练等活动,促进学生思维的开阔和灵活性。

2.情感态度:核心素养要求学生具备积极向上的情感态度和正确的人生价值观,而高中语文教育在文学鉴赏中培养学生的情感体验和审美情操,通过文本中的情感表达引发学生情感共鸣。

3.沟通交流:核心素养注重培养学生的沟通能力和合作精神,而高中语文教育在语言表达和交流中提供了丰富的实践机会,帮助学生提高口头表达和书面写作能力。

4.文化素养:核心素养强调学生对文化传统的理解和尊重,而高中语文教育在文学、历史等课程中深入探索中华优秀传统文化,培养学生的文化修养和文化自信。

二、边远地区高中生的特点和写作训练需求

(一)边远地区高中生的学习环境分析

边远地区的高中学生相较于城市地区的学生,在学习环境方面存在一些独特的特点和挑战。首先,由于交通不便和资源匮乏,这些学生往往面临着较为有限的学习机会和教育资源。学校设施和图书馆资源的欠缺以及师资力量的相对不足等问题也会对学生的学习产生一定的制约。其次,边远地区的高中生普遍面临着经济条件相对薄弱的情况,家庭对教育的投入有限,这也对他们的学习产生了一定的影响。

(二)边远地区高中生的写作能力现状

边远地区高中生在写作能力方面存在一些普遍的问题。首先,由于学习资源的不足,他们接触到的优秀范文和优秀写作样本相对较少,缺乏良好的写作参照和榜样。其次,由于交流机会的有限,他们在语言表达和思维逻辑方面可能存在一些困难。此外,边远地区的高中生往往面临着学习动力不足的问题,缺乏对写作的兴趣和积极性。

针对上述问题，边远地区高中语文写作训练需求如下：首先，需要提供丰富的优秀范文和写作样本，以引导学生进行模仿和借鉴。其次，应该加强对学生语言表达和思维能力的培养，通过课堂教学和训练活动帮助学生提升写作水平。此外，为了激发学生的写作兴趣和动力，需要开展有趣、实践性的写作任务，并提供相应的指导和支持。

三、核心素养理念下的写作训练策略

（一）激发学生的写作兴趣

激发学生的写作兴趣是提高他们写作能力的重要一环。教师可以通过以下策略来实现：

1.创设宽松和开放的学习氛围，鼓励学生表达自己的想法和观点。

2.引入有趣的写作主题，如校园生活、社会热点等，让学生能够与自己的生活经验和兴趣相关联。

3.鼓励学生进行个性化的写作探索，例如写日记、写小故事等方式，培养他们对写作的自信心。

（二）提供优秀的写作范例

提供优秀的写作范例对学生的写作训练起到重要的榜样作用。教师可以采用以下方法：

1.收集和整理各种文学作品、优秀学生作文以及专业领域的实践性文本等，以供学生参考。

2.在课堂上分析和研究优秀范例的特点和技巧，引导学生从中借鉴，并进行模仿和创新。

3.鼓励学生分享自己的写作成果，并在班级内进行互评和讨论，促进学生之间的交流和学习。

（三）开展实践性写作任务

开展实践性写作任务可以让学生将所学知识应用到实际情境中，提高他们的写作技能和实践能力。教师可以采取以下策略：

1. 设计与学生生活经验相关的写作任务，如写读后感、写调研报告等，让学生能够体验到写作的实际用途和意义。

2.提供具体的写作指导和反馈，帮助学生理清写作思路，改善表达方式，提升写作质量。

3.鼓励学生进行合作写作或小组写作，促进学生之间的互动和合作，丰富写作活动的多样性。

（四）学生自主写作阶段

在自主写作前，教师可以给学生阅读的平台，引导学生重视阅读，从优秀的作品中汲取营养而自主写作，就是学生将自己所思所感记录下来，把自己对生活的感悟和积累的经验充分地表达出来，让学生学会观察生活、体悟生活的点点滴滴，把自己的感受用语言文字表达出来，哪怕是一个词或者一个句子，要着重发挥他们的主观能动性，教师不要过多地去加以干涉，也不束缚学生的手脚，不规范文体，不管标点、错别字，把你感受的东西写出来。在这一个阶段，作文的写作是不受约束的，是天马行空，驰骋文场，不重视文体的。

通过第一阶段自由书写的过程后，第二阶段老师要求学生对自己的作品进行阅读，进行自我修改，不加以主观引导，让他们再次重写对生活的体悟，对作文的体验，老师可以指导学生阅读，让学会积累，以读促写，学生就可以更好地表达自己的观点，敢于把自己想说的东西记录下来，只要求学生每天都要练笔，有多少写多少，想写什么就写什么，培养他们正确的思考习惯，遇到问题要多想、多思，丰富生活认识储备，加强阅读，好的作品离不开对生活的思考。

（五）教师点拨学生自我反思阶段

创造更多展示交流学生作品的机会和平台，激发学生文学创作的灵感；引导学生进行自我反思性评价，为学生提供观察记录表。写作是一个循序渐进的过程，通过第一阶段学生的自由写作，他们的认知提高了，积累了一定的写作经验，此时教师应该对学生的作文进行点拨，他们会发现自身的不足，并要求学生进行自我反思，在这一阶段，教师可以把学生进行分组，通过互评、教师点拨两个阶段完成这一过程，这些过程都分别以表格的方式完成，让学生进行反思，并检查反省自身的写作，同时学生可以结合优秀范文进行比对，寻找差距，积累经验，充实自我，这样写作就有了一定的方向，心中也有数了。

（六）课堂迁移写作阶段

教师以课堂教学为主阵地，按照人的接受过程进行写作，按照读思写的方式，读是基础，思是关键，写是结果，把阅读、鉴赏和写作结合起来，结合不同文本的特点，设置合理的形式，做好课堂迁移写作，此阶段主要向课堂要写法，向教材学习，把教材作为素材运用于自己的写作中。比如学习完《荆轲刺秦王》这篇文章后,可以让学生把易水送别这个片段改编成课本剧,也可以设置自由讨论荆轲刺秦失败,谁的过?并写一篇发言稿;学习《孔雀东南飞》后,可以把这篇课文改编成课本剧;学习完《荷塘月色》后,可以让文本中用了很多描写荷塘的方法,结合当地的自然景物写一篇小品文。要充分调动学生的热情,发挥他们最大的潜力,并要求他们在写作过程中借鉴文中的手法,学习文本的素材,做到心中会用。在这个阶段,同时让学生掌握高考作文的任务驱动意识,培养学生对写作的主体、任务意识,加强任务驱动型作文的角色、文体、结构等意识,加强高考作文的培养,让学生养成良好的写作习惯,真正懂得写作的精髓,自然而然写作能力也就提高了。

四、实施策略的可能效果分析

(一)策略的可行性和有效性

核心素养理念下的写作训练策略具有较高的可行性和有效性。首先,该策略注重学生的主体地位,尊重学生的个性差异,使学生能够在自主性和创造性的环境中进行写作实践,培养他们的写作兴趣和动力。

其次,通过提供优秀的写作范例和开展实践性写作任务,能够帮助学生建立良好的写作模型和掌握实用的写作技巧。学生可以通过学习和分析优秀范例,了解不同类型的写作风格和结构,并通过实践性任务,锻炼写作技能,逐步提高写作水平。

此外,完善设施和充分利用信息技术手段也有助于提升写作训练的效果。引入电脑、平板等设备,以及在线学习平台或写作软件,可以提供更多的写作资源和工具,拓宽学生的写作空间,增强他们的写作体验和效果。

(二)可能遇到的问题和解决方案

在实施核心素养理念下的写作训练策略时,可能会遇到以下问题,并提出相应的解决方案:

问题一:学生写作兴趣不高,缺乏自主性和积极性。解决方案:激发学生的写作兴趣,可以通过引入有趣的写作主题、组织写作比赛或展示活动、鼓励学生分享写作成果等方式来增加学生的参与度和积极性。

问题二:师生时间不足,难以个别指导和评估每位学生的写作作品。解决方案:鼓励学生进行合作写作或小组写作,通过同伴互助和互评来提供反馈和指导。同时,教师可以利用在线学习平台或写作软件,实施自动评估和反馈,解决师生时间不足的问题。

问题三:写作任务设计不合理,不能满足学生的学习需求。解决方案:在设计写作任务时,要结合学生水平和兴趣,选择与其生活经验相关的主题,并设置不同的难度层次,以满足学生的学习需求。同时,可以鼓励学生自主选择写作主题,增加个性化和自由度。

问题四:评估方法不全面,无法准确评估学生的写作水平。解决方案:采用多种评估方法,包括问卷调查、观察记录和写作成绩评估等,综合考虑学生的自我评价、参与度、写作表现等方面的指标。同时,与学生进行反馈交流,了解他们的感受和看法,从而更全面地评估策略的效果。

五、结论

边远地区高中语文写作训练策略在核心素养理念的指导下,旨在提高学生的写作能力和素养水平,尊重学生主体地位、关注学生兴趣和需求、提供有效的教学资源和工具,并注重多元化评价体系的构建,以促进学生全面而可持续的发展。该策略还需要在实施过程中积极应对可能遇到的问题,如教师专业素养不足、学生学习习惯不佳、学校硬件设施落后等,采取相应解决方案,确保教学效果。最终,通过本论文的研究,认为边远地区高中语文写作训练策略可以为学生的写作能力和素养提高提供有力支持,同时也为边远地区高中语文教育的发展提供了一些思路和参考。

参考文献:

[1]刘运明.多管齐下循序渐进:浅谈高中作文的写作训练[J].成功密码:综合版,2018(2):37-39.

[2]温儒敏."部编本"语文教材的编写理念、特色与使用建议[J].课程·教材·教法,2016(11):3-11.

[3]丁幻,何顺利.部编语文教材使用心得[J].中学语文教学参考,2018(5X):25-26.

韩海丹,新疆生产建设兵团第三师图木舒克市第二中学教师。

新课标视阈下汉语拼音"形"与"音"教学策略探析

◎ 韩 璇

2022年4月,教育部印发义务教育课程方案和语文、数学等16个课程标准,语文新课标中首次提出构建语文"学习任务群",注重课程的阶段性与发展性。拼音作为基础性学习任务群语言文字积累与梳理部分,第一学段学习内容中的重要内容,是小学低学段语文学习的基础性知识,又是一年级新生学习字、词、句、段前所必修的课程,对于语文学科的学习具有奠基作用。本文从拼音学习的重要性出发,分析解读2022年版语文新课标中与拼音相关的章节,结合实际课堂教学情况,阐述一年级汉语拼音"形"与"音"在课堂教学中现存的问题,并针对性地提出相应建议与策略。

一、汉语拼音学习的重要性

(一)汉语拼音的概念界定

拼音文字广泛应用于世界各地,在《辞海》《现代汉语词典》《汉语大词典》等词典中主要有"拼音""拼音文字""拼音字母"几类引申词。《辞海》中释:"拼音文字,广义即表音文字。狭义专指音位文字",《现代汉语词典》中释:"拼音,把两个或两个以上的音素结合起来成为一个复合的音;拼音文字,用符号(字母)来表示语音的文字;……拼音字母,拼音文字所用的字母,指《汉语拼音方案》采用的为汉字注音的二十六个拉丁字母。"

中国的"汉语拼音"运动源于清朝末年的"切音字运动",后在1955至1957年文字改革中,原中国文字改革委员会(现国家语言文字工作委员会)汉语拼音方案委员会研究制定《汉语拼音方案》,"汉语拼音"作为汉字的一种普通话音标,主要用于汉语普通话读音的标注。

(二)新课标中拼音学习相关要点解读

《义务教育语文课程标准(2022年版)》:"……2.学会汉语拼音。能读准声母、韵母、声调和整体认读音节。能准确地拼读音节,正确书写声母、韵母和音节。认识大写字母,熟记《汉语拼音字母表》……4.学习独立识字。能借助汉语拼音认读汉字,学会用音序检字法和部首检字法查字典。"新课标在"课程目标—学段要求—第一学段"中对于1、2年级学生学习汉语拼音,在"读"与"写"两方面提出了明确的要求。朗读方面要求做到准确拼读;书写方面要求做到正确认写。在此基础上借助汉语拼音进一步学习,凸显了语文学科的工具性作用。

《义务教育语文课程标准(2022年版)》:"……3.认读拼音字母,拼读音节,认识声调,借助汉语拼音认读汉字,学习音序检字法;在日常交际情境中学习汉语拼音和普通话……4. 新课标在"课程内容 - 内容组织与呈现方式"部分,将汉语拼音的学习划入到"基础性学习任务群"中的"语言文字梳理",从认读拼音字母、拼读音节、添加声调,再借助拼音认读汉字,学习内容由易往难,学习难度由浅入深,循序渐进的学习方式,遵循了学生的身心发展规律和核心素养形成的内在逻辑,体现了汉语拼音在语文及各学科学习中的基础性作用。

我国在义务教育阶段一年级学段开设汉语拼音课程,足以彰显其重要性。汉语拼音不仅是小学语文入门的基础知识,还为学生后续进行字、词、句、段的学习奠定基础,更是培养学生讲标准普通话的关键。尤其对于一年级的学生,学好汉语拼音,可作为开启语文学科乃至各科学习大门的金钥匙,因此教师在教学设计中应当着重注意。

二、汉语拼音"形"与"音"学习现存问题分析

(一)"旧课重复"影响学生学习激情

一年级新生正处于幼小衔接的关键期,刚从幼儿园升入小学阶段的学生,具有不同的身心发展特征。经调查,一年级刚入学的学生超百分之九十曾学习过汉语拼音,主要学习途径如下:家庭教育、幼小衔接与校外辅导班。家庭教育多由家中长辈扮演

教育者的角色,教学方法因家庭而异,发音标准也不尽相同;幼小衔接与各培训机构的水平参差不齐,学生接受的教育也相差甚远。许多学生入学前都是囫囵吞枣,对汉语拼音的学习并未掌握扎实。

就一年级汉语拼音教学的普遍现状来看,每位学生的智力发展水平存在差异,加上入学前接受教育程度各不相同,以致学习接受力有着较大差距。在日常教学生活中,一年级学生往往思维活跃、拥有较强的求知欲,但在课堂中注意力集中程度欠佳。又因学生入学前已有学习拼音的经历,所以面对本应是新课内容的汉语拼音单元,常感到枯燥,缺乏学习激情,面对教师的"旧课重复"往往会产生抵触厌学情绪。

(二)教师教学方法陈旧

当下,多数语文教师在教学过程中依旧遵循"旧三中心",以课本为主。课堂所采用的教学方法较为单一,主要以老师传授知识为主,照本宣科,借助课本配套课件,按要求完成课本中的教学内容。又因课堂时长有限,并未做到把课堂交给学生,引导学生自主学习。在实际教学中,没有完全落实新课标中"立足学生核心素养发展,充分发挥语文课程育人功能"这一要求。

加之一年级语文上册课本中共有八个单元,教师面临相当紧迫的教学任务,部分学校对教学进度把控较紧。又因大多数学生已经学习过汉语拼音,所以教师面对学生已经学习过的"旧课"——汉语拼音,重视程度不足。对于汉语拼音的学习要求只停留在"会拼读、会书写"这一层面,没有足够的时间纠正学生每一个拼音的发音及书写,也忽略了引导学生发现汉语拼音的音律与形态之美。

(三)地区方言与语言习惯的影响

不同地区的方言及语言习惯相异,一年级学生入学前所处的口语环境以及养成的口语习惯也是各不相同。一年级汉语拼音的教学由简到难,在单韵母的教学中,很多学生难以把握"o"与"e"的发音,无法保持发音口型,造成发音的错误。对声母的教学,由于所处地区方言原因,许多学生已经养成口语习惯,无法区分平翘舌音与鼻音边音,对"c"与"ch"、"n"与"l"的发音分辨不清;复韵母的教学中,因口型经常将单韵母"o"与"ou、wo"混淆,由于语言习惯的原因,经常省略后鼻韵母的发音。对于声调的学习,也深受地方方言与语言习惯的影响,无法分清阴平、阳平、上声、去声,尤其是"上声"的发音难以把握。

汉语拼音的学习,是一个循序渐进的过程,一年级学生在学习的初期养成了或多或少的不规范发音习惯,对学生后续学习汉语拼音与教师的教学与正音,也造成了一定的影响。

鉴于此,本文将从分析当下汉语拼音教学中存在的问题出发,探讨提升教学效率和实际教学效果的策略。

三、汉语拼音"形"与"音"教学策略

(一)巧记拼音之"形"

教师在课前调整时需反复思索如何"培养学生自主学习力",在教学中做到把课堂还给学生,引导学生探索发现拼音的音律美与形态美。一年级学生因受心理与生理发展规律的限制,难以产生主动学习的激情,此阶段学生的学习需要以较强的趣味性课堂设计,激发学生的学习兴趣。教师如何巧妙地创设活跃的课堂氛围,是提升学生自主学习力的关键因素所在。

统编版小学语文汉语拼音教学,分布在一年级上册第二与第三单元中。每课都画有相配合的情境图,该课所学拼音藏在每一幅情境图当中,教师可以引导学生,帮助学生建立字母与图片的联系。在开始几堂课教学时使用"找一找,说一说"的小游戏,让学生养成自主探索与善于观察的习惯。在后续的教学中,鼓励学生在教师布置自学任务前主动去寻找藏在图片中的字母。通过情境图结合实际生活,帮助学生记忆与理解拼音的形状。

例如声母"b p m f"一课,配有一幅郊游与捉迷藏的情境图,该图十分贴近学生日常生活。图中爷爷拿着一根拐杖,学生一眼就能发现其与声母"f"十分形似;图上还有两位同学在门洞里捉迷藏,两个相连的门洞形似声母"m"。例如"d t n l"一课,配有一幅艺术节的情境图,图中在跳舞的小女孩手里拿着的雨伞伞柄,长的特别像声母"t",打架子鼓的小男孩手中握着的鼓槌,长得特别像声母"l"。书本中呈现的情境图,可以串联成一个个生动有趣的小故事。教师在教学中要引领学生结合情境图自主探索发现,学生在学习中通过观察比较图中贴近生活的物品,提高自主学习拼音的兴趣,完成所有拼音学习后,教师需将形近拼音进行归类,如"b d p q"等,引导学生自主发现其形状特征,可以通过总结成口诀的形式强化对于拼音形状的记忆,如"右下半圆 b b b,左下半圆 d d d。右上半圆 p p p,左上半圆 q q q"。结合拼音手指操,提升学生的手眼脑协调能力及思维能力,辅助学生记忆拼音形状。

(二)巧练拼音之"音"

教师在教学中,不仅可以结合贴近日常生活的情境图,向学生展示拼音形状的魅力,还可以在教学中通过面部肢体动作,巧妙穿插发音练习。汉语拼音教学作为"旧课",在入学前的学习中,多数学生存在发音不标准的问题,如何准确把握拼音的发音?教师需要在全面教授基本知识点的基础上,创新教学方法。

例如学习单韵母"o"时,许多同学对其与"wo""ou"的发音分辨不清,可以用手辅助口型稳定,在口型保持呈"o"形状不动时发音,可避免读音不准。学习单韵母"e"时,可让学生将嘴角下咧保持口型,然后将两手放置脖子两侧,感受嘴角下扯动脖子用力的状态,在此基础上发音。学习声母"b""p"时,可以让学生将手指竖着放在口前,感受两个音发出的气流强弱。学习前鼻韵母"in"时让学生用手指轻触鼻梁,感受鼻音发音时产生的震动。学习后鼻韵母"ing"时,可让学生吞咽口水,用手去寻找吞咽时咽喉发力点,在此基础上发音,然后区别与前鼻韵母发音时的区别。教师在课堂中多示范,学生多模仿,教师即时点评与正音。

学完所有的拼音后,教师将读音相似与容易混淆的拼音进行归类,如"b p""z c s"与"zh ch sh"等,引导学生自主发现其形状特征,可以结合课堂中所学的肢体动作调动学生注意力,辅助其自检拼音发音。

四、结语

2022年版语文新课标强调立德树人的根本任务,教师也需在拼音教学中贯彻这一根本任务。遵循教材编排的初心,理解编者传达的意思。从"形"与"音"两方面突破,扎实有效地落实拼音教学,敦促学生学习汉语拼音的状态,在课堂中充分展现学习汉语拼音所蕴含的趣味性,为学生后期的语文学习打下良好的基础。

参考文献:

[1]李江霞.小学低年级语文汉语拼音教学策略[J].课外语文,2022(09).

[2]《辞海》编委会编.辞海(修订稿):语言文字分册[M].上海:上海人民出版社,1977.

[3]商务国际辞书编辑部编.现代汉语词典[M].北京:商务印书馆,2018.

[4]中华人民共和国教育部.义务教育语文课程标准(2022年版)[S].北京:北京师范大学出版社,2022.

[5]魏明霞.三位一体——基于核心素养的汉语拼音教学策略探索[J].考试周刊,2021(53).

[6]纪美松.基于部编小学语文教材的拼音教学策略探讨[J].西部素质教育,2017(22).

[7]鲍文超.关于小学汉语拼音教学的建议[J].汉字文化,1994(03).

[8]李昊.汉语拼音教学探微[J].基础教育课程,2016(22).

韩璇,湖北省武汉市东西湖区吴家山第一小学教师。

基于核心素养的项目式学习案例实践
——《徒步中国》项目式学习案例
◎郝良敏

2022年版《义务教育(语文)课程标准》指出:"语文课程应引导学生在真实的语言运用情境中,通过积极的语言实践,积累语言经验,体会语言文字的特点和运用规律,培养语言文字运用能力。"本项目式学习案例,是青浦区导向深度学习的教学主题视域下,在初中学段语文学科开展的教学实践案例。本案例是基于统编教材语文八年级下册第五单元的内容,以整个单元为教学资源进行的语文学科项目式学习案例。本案例聚焦于八年级下册第五单元——游记类文本的阅读与写作教学主题,该项目分为学习游记类文本的阅读策略、进行游记类文本写作实践、开展创意推介展示、编辑"徒步中国"游记集并召开新书发表会四个主要的活动任务。本案例的最终成果是"徒步中国"游记集。通过多项任务活动,让学生的学习逐步走向深入,在实践中培养游记类文本的阅读和写作,编辑书籍,进行创意推介展示,组织召开新书发表会等多项能力,并在潜移默化中提升学生的语文学科核心素养。

一、成效
(一)核心知识理解

项目化学习由一个符合生活实际的驱动问题开始,创设情境,引导学生进行探究式学习。再通过群文阅读,掌握一定的学科核心知识,并迁移运用到写作中去。最后通过成果展示,统领多个任务群和整个教学过程,并实现驱动问题的解决。

本案例的核心知识,主要是围绕游记类文本的阅读与写作展开,包含游记类文本阅读与写作的基本要素,流程要点。在群文阅读任务群中,学生通过四篇游记的学习,大致梳理出游记类文本的基本阅读路径。核心问题:作者写这篇游记想表达什么?下位问题:1.了解作者游踪。2.梳理作者见闻。3.体会作者的感受。4.赏析语言。并且对应学习了梳理作者游踪的方法:在文中圈画表示时间推移、地点转换的词语。梳理作者见闻的方法:梳理作者看到的景物及特点、人物及特点。体会作者感受的方法:从作者直接抒情、议论的语句中体会;从作者对景物、人物描写的语句、用词上去分析体会。赏析语言的方法:分析语言中的修辞手法的表达效果、特殊句式的作用,品析关键词等。

在写作的过程中,学生可以把这些核心知识进行迁移运用,使游记写作有所提高。在推介展示任务中,学生需要向别人介绍景点,离不开游踪介绍,见闻推介,感受示范,语言烘托等再次运用核心知识,解决实际生活问题的实践。在新书发表环节,再次综合运用以上核心知识,更灵活地把相关知识,运用到各个任务环节中,促进任务的高质量完成。

(二)真实问题解决

情境创设:我国名胜古迹众多,同学们虽然也去过很多的地方旅游,但穷其一生恐怕也不能走遍中国,我们怎样才能让没去过的人也能了解更多美丽的中国风景呢?

在这一驱动问题要求下,我们要开展两场公开活动。一是对本单元课文中的四个旅游目的地(其中一个是外国的)开展创意推介展示会。一是完成游记写作,然后编撰成一本书,并召开"徒步中国"新书发表会。

本单元的课文是以游记类文本构成,在设计情境时,既要考虑到游记类文本的内容特点,又要考虑到现在的时代特点。学生的旅游经历还是很丰富的,相信创意的推介活动,学生可以脑洞大开,设计出有意思的方案。但局限为课本上的目的地,是为了让学生聚焦典型文本,聚焦学科核心概念及知识,也能检验学生课文学习的效果,立足课本迁移运用。写作要求是写游记,既然每个同学都要写,那么可以把全班同学的作品编撰成书,开展新书发表会，通过这样的高于一般活动的专业活动展示，激发学生兴趣的同时，能带领学生近距离感受实际生活中相关领域的实际需求和任务要求，建立学习与生活的联系。之所以取名"徒步中国"，包含了一个要求和一个目的，要求是学生要写的是在中国境内的游记，目的是培养学生热爱祖国山河的情感态度价值观。

从真实的驱动问题开始，到创意推介展示、书籍编撰、新书发表会等多项任务，都是站在真实问题解决的角度来设计的。每一项任务，都与现实生活中的真实情境吻合。学生虽然是在模拟情境中完成的，但是学生多少是听说过某些活动的。比如旅游推介，经常与家人出去旅游的学生肯定看到过不少旅游宣传广告。关注书展的同学，肯定见过每年书展上都有著名作家的新书发表会。这些任务绝不是脱离实际的思想实验，这些实践活动，是有可能给学生今后的人生发展创造演练机会的。这些活动也是经常出现在大众视野范围的具有一定文化内涵的精神活动，对涵养学生的文学品味不无助益。

（三）学习心向表现

比起单纯地学习四篇游记，再模仿着写一篇游记的传统教学模式，项目式学习有更丰富的活动，更开阔的视野，和更有挑战的任务，无疑都更能激发学生的学习兴趣和参与热情。学生在完成任务的过程中，更灵活更巧妙地检验出学生对核心知识的掌握程度和迁移运用的综合能力。

在不似学习胜似学习的任务完成过程中，把学习隐匿了起来，把实际问题的解决摆在了学生的面前。在一系列问题解决的情境中，学生化身为问题解决者，无形中扮演着一些社会职业角色，有新鲜感，也让学生临时忘掉学习压力的重担，投入到角色扮演的"游戏"中。比如化身为旅游公司的员工、广告从业者、主持人、记者、编辑等等。在职业体验中，学生能体会到成人工作的庄严感、郑重感，从而提升自己的自尊感、自信感。

在多次的展示活动中，每个人都可以找到自己的位置，可以是前台的表现者，也可以是后台的组织策划者，还可以是人人都需要的鼓励者和评价者。每个人根据自己的能力、兴趣，在集体中为共同的"事业"而努力奋斗，会有很强的归属感与集体荣誉感。多样的活动形式也为多样智能提供了展示的舞台，能写会画，能说会演，都有用武之

地。学生的价值得以充分地挖掘，每个人都有重新发现自己的可能。

量表的使用，让学生不止沉浸在感性的热闹中，还有理性的解析与指导，给学生的学习搭建支架。在对照对比中，自己发现不足或是帮助别人提高，或是学会接受别人的意见，都能让学生更加客观地认识自己，更加成熟地面对竞争与合作。

学习的不仅是学科核心知识，也不仅是完成模拟实际生活的问题解决，还有在人际交往中学习与他人相处。为学生未来的发展，奠定知识能力基础的同时，更重要的是发展学生为人处世的正确意识与正面的价值取向。

二、反思

（一）结构化设计，以问题链模式培养思维能力

项目化学习的实施，目的是通过一个项目的整体实施，帮助学生掌握一种或几种符合学科核心素养要求的知识或概念。那么在项目化学习的实施过程中，就需要保持一种结构化的教学模式。在结构化的教学模式中，帮助学生建立一种贯穿始终的学科思维。问题链这一结构化的思考工具，能帮助教师结构化地备课，学生结构化地学习。如此不断地重复，学生才能内化这种思考路径，从而提升思维能力。教学只有问题链化，才能建构路径。只有按照有逻辑的问题链去思考，才算是按照逻辑进行链式思考，这样也才能形成有逻辑的思考路径。思考路径形成后，才会有意识地链式思考，才能走向高阶思维。

同时项目化学习由很多的任务群组成。只有任务化，才能培养能力。当问题链提出，学生被放到了解决问题的大情境中。任务的设计就是使得问题的解决有方向、有步骤，给学生提供支架。任务的设计，需要提供有助于解决问题的提示。可以通过语言表述，也可以提供图表，总之以一种学生容易接受，可借鉴可操作的方式，给学生提供解决问题的助力，在解决问题的过程中，培养学生的能力。

本单元是以游记类文本构成，在设计课文学习的任务群中，重点是设计每篇课文学习的问题链，把这些问题链放在一起对照，总结出游记类文本的通用问题链。再把这一通用问题链，迁移到写作任务的完成中，学生从阅读到写作，不断内化这一类文本的解读策略，完成学科相关概念的学习掌握。

（二）创设情境，以驱动问题整合多项任务群

项目化学习中会有多个学习任务群组成，如果

各个分裂,各自为政,是难以形成合力,效力发挥到极致的。如果创设一个大的情境,把多个任务群整合在一起,就会给人以整体的印象,发挥协同效应。情境创设,也使得项目化学习的设计有了一个大方向,所有任务群可以围绕这个情境,进行发散式地开发,也可以此为标准来筛选相关任务群的优先级和可行性,淘汰掉一些看似热闹,但离题较远的任务。情境的创设,也使得学习任务与生活实际建立起联系。没有实际价值的任务群,是不符合项目化学习要求的。情境的规定,给学习任务提供了仿真的环境,让学生可以代入生活经验和日常积累,也可以取自生活、用之生活,给自己的生活带来类似真实的体验与尝试。

这一项目化学习的驱动问题是:我国名胜古迹众多,我们怎样才能欣赏到更多美丽的中国风景呢?在这一问题的统整下,分为游记阅读、游记写作、旅游目的地创意推介会、"徒步中国"新书发表会等多个任务群。虽然内容繁多,耗时较长,但始终统摄在这一驱动问题之下,给人以整体印象。那么学生在完成各个任务群时,不会被相关但并非紧密的问题带偏。无论是游记阅读,还是创意推介等,前一任务群,为后一任务群的完成做了铺垫的工作,并非没有逻辑的随意安排。阅读完成了,才能完成创意推介,写作完成了,才能开始新书编撰。最终成果展示的项目选择,也经历了发散与筛选的过程。创意推介和新书发表的活动经验,虽然不是每一个同学将来都会用得上,但是这样常见的文化含量更高的活动,因为学生有过接触,是不是也会多些侧目的机会,使得自己的兴趣点有更高的文化内涵。

(三)以终为始,以成果展示统领教学各环节

项目化学习最突出的特点是,需要有最终的成果展示。所以在开展项目化学习的伊始,就需要先行考虑最终展示的成果形式。成果,不能是无法记录、无法复制的口头表达或思考过程。如何将它成果化,是需要设计的。以终为始,是项目化学习很重要的思考起点。由这个起点开始,教学的各个环节,都需要重新整合。教学内容的选择、教学目标的确定、教学设计的撰写、教学活动的开展、教学评价的设计等等,都要关联于最终成果的展示。

本次项目化学习的最终成果确定为:旅游目的地创意展示和"徒步中国"新书发表会。前一项是建立在课文学习的基础上,后一项是建立在写作教学的基础上。有了成果的确定,反推教学任务的选择。特别是教学目标的确定,有了明确的规定。围绕最终成果,教学任务群也有了很多细致而明确的项目和要求。教学评价也有了依托,根据任务群的目标和要求,按照各个项目进行自评互评。

评价量表的设计,使得评价从经验化、终结化,走向多维化、过程化。最终成果的展示,无疑是评价的重头戏,也是整个项目化学习最直接的评价表现,但采用什么样的评价内容、评价方式还是有选择的余地。比如最终成果的展示可能只有部分同学是站在前台的,如何评价幕后人员的价值呢,就需要考虑到每个不同岗位的贡献,以及完成过程中的态度。所以评价既有学习效果,也有学习态度、合作意识等选项。除了老师评价外,还有自评和互评。对自己的认识,是元认知的一部分,让学生养成自我反思的意识和习惯,也是我们培养学生的重要目标。

项目化学习是一种包容度很大的学习形式,对于初中语文学科来说,单元组元的形式,天然有了优势。在一个单元里进行结构化的学习,再加上情境的创设整合多个任务群,以成果展示统领教学全流程,使得学生的学习更加结构化、仿真化、可视化,使得学习成果形式更加丰富、层次更加多样,激发学生兴趣,提升学生能力,为核心素养的培养创造条件。在导向深度学习的视域下,拒绝浅表化的学习,在任务情境中,引导学生解决更有实际意义的问题,将学习导向深入,将能力的提升导向更高的层级。

参考文献:

[1]夏雪梅.项目化学习:连接儿童学习的当下与未来[J].人民教育,2017(23).

[2]夏雪梅.项目化学习的实施[M].北京:教育科学出版社,2020.

[3]卢明,崔允漷.学科核心素养呼唤单元教学[J].课程教材教学研究(教育研究),2020(Z3).

[4]刘登珲,李华."五育融合"的内涵、框架与实现[J].中国教育科学(中英文),2020(05).

[5]金艳,曾复莉.项目化学习的校本实践:让学生在真实情境中深度学习[J].甘肃教育研究,2021(01).

郝良敏,上海市青浦区颜安中学教师。

构建思维路径　回归底层逻辑
——高三议论文逻辑建构管窥
◎何　歆

2023年高考尘埃落定，高考大作文试题，结合具体情境和语境，引导考生挖掘概念内涵，建构关系，从不同角度深入思考问题、解决问题。

北京卷"续航"暗含对"续航"这一概念现实情境和终极意义的思考；全国甲卷侧重对现代性的反思，是利用技术还是被技术裹挟和异化，这是一个艰深的哲学命题；全国乙卷引导学生思考个体与他者、个体与社会的关系；新课标Ⅰ卷"好的故事"中的"好"体现了时代性和思辨性；新课标Ⅱ卷对"安静"的内涵要有深入挖掘，指向对当下及未来生命状态的思索；上海卷要明辨"乐意""陌生""仅仅"与好奇心"之间的限定与开放的关系；天津卷"与有肝胆人共事，从无字句处读书"可以从多角度切入，更具思辨性和情怀。

从横向看2023年的议论文试题，首先，体现出时代性，与当下紧密关联，凸显时代精神，向外引导考生观照现实，"以大模型为核心的人工智能新时代"，思考自己的成长修养、使命担当、家国情怀；第二，体现出思辨性，即思考个体与他者、社会、国家甚至世界的关系；第三，体现出哲理性，向内反思人生价值、生命状态，甚至对人性进行终极意义的追问和哲学思考。

从纵向看，近几年的高考议论文试题也超越了时间、空间，旨在引导学生思考传统、当下和未来，体现出时代性、思辨性和哲理性的特点。以当下为轴心，对学生的逻辑思维能力进行全面考查，考生要在平时学会寻找关键词之间逻辑的关联，建构自洽的逻辑关系，这背后是对写作底层逻辑的回归，因此在日常教学中引导学生回归底层逻辑，构建思维路径就变得至关重要。底层逻辑是指"从事物的底层、本质出发，寻找解决问题的路径"。思维路径，是为了实现既定的"目标"而进行思考、计划的过程。从底层逻辑出发的路径思维能够帮助我们结合自身体验，厘清思维层次，进行深度思考，有助于更好地架构、组材和表达。

《普通高中语文课程标准》（2017年版2020年修订）提出了"发展逻辑思维"的要求，具体为"运用基本的语言规律和逻辑规则，准确、生动、有逻辑地表达自己的认识"。在高三议论文备考中如何回归底层逻辑，构建思维路径，笔者以作文讲评为例来阐释我的理解和实践。

一、回归底层逻辑，跨学科融会贯通

"教学要打破学科的界限，结合各学科课程的共通点，对问题进行整合性研究。在不同学科不断交叉融合的推动下，跨学科教学的概念不断整合。"[1]新高考大作文的命题倾向与当下的"新文科"这个概念相契合，"新文科是课程重组，形成文理交叉，即把现代信息技术融入哲学、文学、语言等诸如此类的课程中，为学生提供综合性的跨学科学习，达到知识扩展和创新思维的培养。"[2]2020年教育部印发《新文科建设宣言》，强调"新文科"是文科教育的创新发展。打破学科壁垒，寻找数学、逻辑学、哲学在思维训练上的共性，回归底层逻辑，摆脱惯性思维，认识语文和思维的本质，探索知识迁移的路径。

G·波利亚强调，"人类有意识的思维中大部分都与题目有关。当你需要建议时，只要问What、Why、Where、When、How"[3]。议论文教学中发现问题、分析问题、解决问题这一基本的思维方法，恰与数学解题的思考路径一致，也与批判性思维等高阶思维能力要求的理性思考、质疑思辨、批判创新等暗合。

冯友兰先生的自然、功利、道德、天地"人生四

境界"，逻辑三段论、归纳与演绎、分析与综合等基本逻辑思维方法都可以应用于作文的逻辑架构之中。

二、基于现实问题，寻求思维突破

学生写作中常出现的问题主要有：无视导语，只看作文的题目；匆忙行文，诠释概念不清；平行罗列，缺少逻辑建构；会用递进，仅限结构布局。

在这些问题中亟待解决是界定概念只局限于浅表层，甚至模棱两可，那么如何准确界定概念呢？

（一）回到概念的本质，界定内涵外延

回归底层逻辑，回到概念的本质，明确概念的本义、引申义、比喻义和象征义，全面阐释概念。

在界定概念内涵时，可以引入相近概念，如概念"A是什么，它不是A1，也不是A2"，A1、A2是概念A的近义词。如2023年北京卷大作文"续航"，续可以是连续，也可以是接续、持续、赓续，但它不是连接，也不是补续。

也可以引入相反概念，A不是B，也不是C，而是什么，因此不能将A与B、C混为一谈。如2023年北京卷大作文"续航"，是连续航行，接续奋斗，不是躺平停滞，也不是一味冒进。引入与核心概念意义相近或相反的概念，运用比较思维在对比中洞悉核心概念的本质特征。

（二）回到逻辑起点，得出推理判断

在界定概念内涵时，还可以引入逻辑学知识明确概念，从逻辑起点的"前提"出发，从"前提"可以得出合逻辑的"判断1"，再从"前提"得出合逻辑的"判断2"，最终指向中心论点，得出结论。

在界定概念外延时，可以分析"A是什么，还是什么"，并从多角度、全方位分析"还是什么"的几种可能，评价事物特征；从概念下定义的种属关系出发，厘清上下位概念，析出"种"概念的多种可能，作为概念的外延。从本质出发，清晰界定概念，才能将写作引向深入，完成写作任务。

通过有针对性聚焦高三议论文中出现的具体问题，从底层逻辑出发寻求突破，以界定概念为思维起点，建立逻辑关联，构建思维路径，最终解决问题。

三、了解思维层次，建构逻辑关系

思维可以分为感观思维、科学思维和哲学思维三个层次。在作文讲评中引导学生冲破事物表面的感观思维层次，尽量进入科学思维层次，并向哲学思维层次转化。

单核概念的作文可以解构概念，挖掘概念的内涵和意义；双核概念的作文可以建构并列、递进、正反、转折、因果、假设等逻辑关系；三核概念的作文可以先明确概念的主次，在把握大前提的基础上对概念进行合逻辑的排列组合。

对概念进行辨析后，思考有了明确的方向，但界定概念后如果没有建构逻辑关系，不能梳理出一条清晰的思维路径，让逻辑自洽，也很难写出上乘之作。因此，要继续追问，透过表象，探寻本质，即从感官思维到科学思维、哲学思维，这样才有利于将分析论证引向深入。那么如何搭建思维路径，形成逻辑上科学，深度上有哲学思考的"问题链"呢？可以从分析问题入手，接下来可以分析其价值意义、原因、影响因素、体现方式，从反面看怎样等，深入挖掘事物本质。如2023年北京卷大作文"续航"，为何"续航"，可以为青春、为人生、为家园、为家族、为民族、为文化、为人类。继续完善逻辑，让求知向善为青春续航，青春闪耀人性的光芒；让传统文化为民族复兴续航，从传统文化中汲取智慧和力量；让保护生态为人类未来续航，人类是一个命运共同体，人与自然要和谐共存。只有让思维推进下去，形成一个链条，才不会让论点与论据脱节，不会无意义的重复。

此外，在形成问题链条的过程中，为了更好地展现思维的深广和层次，可以加一些体现思维演进的词，让链条咬合更加紧密。比如，固然是……，但是也……；有人认为……，但我认为……；从一个层面来看……，从相反的层面来看……，从更深的层面来看……。

基于学生问题，"以问题打开学生的理解之门"，进行有深度的提问，在提出问题、界定概念、迁移运用、解决问题的过程中，形成"问题链"，构筑一个写作的认知循环。在建构逻辑链条的过程中，分析问题、解决问题的能力也会得到提升。

四、多角度架构逻辑，寻找改进方法

以2023年北京市海淀区一模议论文试题为例，这是一个三核概念作文。

统编版小学课本识字第一课的内容为"天地人

你我他"，这六个字引导儿童时期的我们认识世界，了解世界。如今，18岁的我们站在成人的门槛前，应对这六个字有更深刻的理解。要成为一个怎样的"人"，需把"我"放在"天地""你他"之间去思考。

请围绕"成为一个怎样的人"，自选角度，自拟题目，写一篇议论文。

要求：论点明确，论据充实，论证合理；语言流畅，书写清晰。

三核概念对作文对思维的要求更高，通过分析，归纳出可行的架构逻辑的方法，进行深度思考，有利于写出佳作。

回归底层逻辑，是从底层出发，探究问题的本质，寻找解决问题的方法。通过审题，可以明确三个概念是"人""天地""你他"，并且是以"人"为圆心，将"人"置于"天地""你他"间进行整体观照，这需要学生要摒弃直线思维，而具有圆形思维的能力。如果把"人"视为大前提A，那么"天地""你他"可以设定为B和C，那么可以有如下架构逻辑的方法：

思路1：以A为轴心，并列式展开，探讨人与自然、人与社会的关系。这是最基本的逻辑架构的方式。

思路2：并列式结构，但换位思考，从"天地""你他"出发，分析如何成为一个真正的人，并以《论语》的"忠恕之道"为依据，从"己欲立而立人，己欲达而达人"，到推己及人，"己所不欲，勿施于人"。

思路3：在思路1的基础上，对"天地"的内涵进行深入挖掘，尊重敬畏还是妄图超越，同时"你他"这条线强调A与C的辩证统一。

思路4：在思路1的基础上，对"你他"的内涵进行深入挖掘，对A与C进行双向度观照，两者关联更紧密，在观照他人中反观自我、重塑自我、超越自我，达到"天地"境界，进而让A与B和谐地融为一体。

思路5：在思路1的基础上，再把B和C合在一起进行递进式追问，整体结构形成层进的逻辑，让思考更严密。

思路6：逐层递进式，形象化的比喻明晰三者的内涵，先分析"人"与"天地"的关系，进而把"天地"看作连接"人"与"你他"的桥梁，不论是自我还是他者，都立身于"天地"之间，并以"天地"为纽带，此外，A与C间也互相影响。

思路7：闭环式结构，三者相互作用且互相依存，最终实现人类命运共同体，实现人与自然的和谐统一。

思路8：哲学思辨式，"人"不忘赤子之心和人生底色，从小我走向大我，由家园走向社会，由国家走向世界、宇宙，拓展人类的认知边界，这是一个逐层上升的逻辑。

当然，以上从底层逻辑出发梳理出来的建构逻辑的方式只是一家之见。

随着新高考试题思维含量的增加，尤其是在人工智能挑战人类的当下，引导学生深度思考，在不断批判质疑、理性思辨中积累学养，重塑格局，培养圆形思维能力，这应是高考议论文教学的重要任务。

此外，面对日益严峻的国际竞争，"世界主要发达国家都有明确的拔尖人才教育通道"[4]。高考评价体系指导下的高考命题，越来越呈现出"无思维，不命题；无情境，不成题"[5]的典型特征。"作文教学中对学生思维能力的培养还有助于创新拔尖人才培养。

回归底层逻辑，跨学科融会贯通，认识语文和思维的本质，养成积极思考的习惯，培养解决问题的能力，勇于创新的精神，实现思维的跃迁。

参考文献：

[1]李金梅.跨学科教学培养高阶思维的现实困境与基本路径[J].教学研究,2022(12).

[2] 王慧.一场新文科的尝试 [N].北京日报,2018-9-19.

[3]G·波利亚.怎样解题：数学思维的新方法[M].上海：上海科技教育出版社,2011.11.

[4]王晓宁.拔尖创新人才的体系化培养刻不容缓[J].人民教育,2022(24).

[5]中国高考报告学生委员会.中国高考报告（2023）[M].北京：新华出版社,2023.

何欣，清华大学附属中学朝阳学校教师。

向来枉费推移力，此日中流自在行
——"双新"背景下阅读学习力提升案例研究

◎ 姜靓轶

初次上阅读指导课，我选取了《世界上最荒凉的动物园》一文，却以失败告终。痛定思痛，课后我逐层分析教学设计，发现从教学目标到教学环节设计再到实施，问题颇多。落实到上课，最核心的问题就是该如何引导学生感受文本传递的情感。教学内容该如何确定，教学环节该如何设计，课堂上的预设和学生生成脱节时该如何处理等，都围绕这个核心问题展开。直面挫败，我决定再上一次《世界上最荒凉的动物园》，就围绕学生阅读学习力提升这个主题！

"工欲善其事，必先利其器"，明确的思想指导就是"器"。我意识到从课程的源头开始就产生了问题，于是到《普通高中语文新课程标准》中寻找理论支持和解决途径，进而有了以下思考和实施策略。

一、教学背景分析及教学设计

从课程性质而言，语文天然具有育人功能，必须充分发挥学科优势，使学生通过优秀文化浸染，形成健康美好的情感和奋发向上的人生态度。

将《世界上最荒凉的动物园》纳入阅读教学课的文本选择，因为其并非歌功颂德之作，而是以貌似冷静的笔触直抵人性的残酷和冷漠，由此警示人们尊重生命，将善良永留心间。知道什么是丑陋，才会促成向善之心、求美之意。让学生明辨是非，意识到人性之恶并对此加以批判，正是育人价值之所在。

对于阅读和鉴赏的课程目标，《新课标》中指出"学会鉴赏文学作品，能感受形象，品味语言，领悟作品的丰富内涵，体会其艺术表现力，有自己的情感体验和思考，受到感染和启迪。努力探索作品中蕴含的民族心理、时代精神，借以了解人类丰富的社会生活和情感世界"。感受形象、品味语言、领悟内涵、体会艺术表现力，产生情感体验这几项目标正是引导学生逐步感受文学作品情感的抓手。

但一堂课想要面面俱到只会导致浅尝辄止，我必须要在其中选择最契合文本、最符合学情的目标加以重锤敲打。

从教学方法上看，《新课标》也给出了实施建议："阅读文学作品，应引导学生设身处地、身临其境地去感受，重视对作品主体形象和情感基调的整体感知和直觉把握，关注作品内涵的多义性和模糊性。教师要为学生的阅读实践创设优化的环境，提供良好的条件，充分关注学生阅读态度的主动性、阅读需求的多样性、阅读心理的独特性，而不要以自己的分析讲解来代替学生的独立阅读。"传统的串讲、讲授式灌输、老师个人对文本的理解，不一定能使学生真正与文学作品所传递的情感产生共鸣。因此，教师又要有意识地组织教学，为学生扫除前期障碍，促进学生迅速切入主题。

从学情看，学生是喜欢读文学类作品的，拿到语文书先预读的一定是小说、戏剧篇目。在与学生交流课外阅读情况时，他们总能对小说情节、人物的理解侃侃而谈。但是学生往往重情节和粗浅感受，而轻精细化鉴赏，即只能复述情节，用几个词形容读后感受，却不能思考哪些语句传递了这种感受，这些语句又是如何表现作者情感的。这种所谓的"不求甚解"恰恰是浅解乃至不解。

结合以上思考，我为本课制定了如下教学目标：

1.通过圈画作品中感受较深的语句，初步感知作品情感。

2.通过小组合作讨论，体会表现手法之于情感的作用。

3.通过短评写作，反馈情感体验。

其中感知情感和鉴赏形式是教学重点，由感性升华为理性，总结出通过形式感受情感的鉴赏路径，以及反馈情感体验，是更高层次的要求，当属教学难点。

在教学方法上通过情境导入法引导学生主动深入文本，通过设疑导思法引导学生自主开展讨论，通过教师总结规律升华学生的感性认识。

鉴于过多教学环节往往会造成重点不集中，本课教学环节集中于：观图导入—默读感受—圈划交流—小组讨论—短评反馈—布置拓展阅读

二、主要教学环节分析

（一）情境导入环节

"教育者的成功和艺术，就在于使学生的情感共鸣，将其思想的燧石溅出心灵的火花。"课堂是学生在教师指导下掌握知识技能、发展智力、陶冶情操的重要场所，在这里，教师与学生、学生与学生、教师与教材、学生与教材之间相互作用、相互交流、相互沟通所形成的教学氛围，就是一个"教学场"。这种"场"的作用，犹如电场、磁场、红外线场的效应，称为"课堂教学的场效应"。情境导入能使"教学场"中各因素优化组合，使场效应发挥最佳状态，课堂教学效果得到优化。

第一次上课时，学生对"荒凉"与"动物园"的联系不甚理解，同时对文中反复出现的"眼睛"印象深刻。因而在本次导入环节中，我用PPT呈现出几张断壁残垣的动物园照片，在向学生提问时，他们马上就通过形象的画面理解了"荒凉"并非空无一物的荒野，而是环境颓败残破，动物也稀少屠弱。当然，这是对"荒凉"的浅层理解，需要通过逐步深入文本加深对这个词的理解。

这篇作品基调悲凉，不适合大声朗读。我设计让学生默读文本，同时在PPT上依次呈现各种动物尤其是小猴子的眼睛特写，以暗示他们对"眼睛"的重点关注。当画面中一双双清澈无辜甚至可以读出无助哀求的眼睛展现在学生面前时，当悲怆的背景音乐萦绕在教室里时，我分明感受到了学生对文本的慎重对待，对基调的准确把握——读书声渐渐轻了下来，有的学生唉声叹气，有的学生摇起头来。

我问学生的初感受，他们纷纷说："难受！""憋屈！""悲哀！""心痛！"当这些"灰色"的词语脱口而出时，设想中情境导入要达到的"场效应"已初步形成。

（二）小组合作讨论环节

学生很容易找到自己感受最深的语句，圈划交流并非难事。然而为何是这些语句令自己感受最深，学生却缺乏进一步思考的能力。所以我提示关注这些语句的表现形式，主要是手法的运用，设计让学生通过小组合作的方式，互相启发鉴赏。只要有一个小组首先找准了思路，其思维方式就能启发其他学生。

主要引导方式是让问题更明确，由整体感受转向细节感受，由粗浅流向精细——选择描写"生物老师"语句谈感受的学生就自然进入了人物描写手法的鉴赏，选择描写"老棕猴被杀时下大雨"语句谈感受的学生自然就进入了环境描写的鉴赏，选择概括"绘画老师""生物老师""我"三人形象时，可以引导鉴赏对比手法的表达效果，分析设置三种人物的意图。选择品味几处"眼睛"记叙和描写的学生，可以引导对于遣词造句的鉴赏。

当鉴赏有了切实的落点，学生就能很流畅地表述从形式到情感的思维过程，那粗浅的感受就不会如无根之萍，任意东西，而是如有本之木，逐层深化。

在鼓励学生用自己的情感、经验、眼光、角度去体验作品后，我加以总结，让学生意识到具体文本的感知应该上升到理性规律的高度。学生由此可以找到规律：感受文本情感就是要到具体语句中鉴赏其文辞、其手法、其形式。

（三）短评写作环节

虽然课程标准中对教师建议"对文学作品的解读，不宜强求同一的标准答案"，但是学生感知情感的基本立场不应动摇。学生的理解是否符合人性，是否符合社会发展规律，如何评价学生有没有真正沉浸于文本呢？当堂短评写作是反馈学生情感体验的有效途径。通过大家充分的讨论交流，学生对文本传递的情感不仅乐意诉诸笔端，而且还时有深刻见解。

有的同学鞭辟入里："文章奠定的基调是凄凉幽暗的，世界上最荒凉的动物园实质寓意着人类心灵的漠然。这个动物园，可以说是一个城市最荒凉之处，动物被囚禁在狭小的空间里，无奈地任人摆布，而最终的命运只是在年老无用时被制成标本，或被人骄傲地拥有。人的占有欲总是无尽的，为了这占有，心灵变得慢慢冷漠，这篇文章犀利地揭示出了这点，使人们自省。"

有的同学言简意赅："苏童将生命这一我们认为最神圣最珍贵的东西与人所表现的罪恶不断做着对比，放在天平两端供我们自己掂量。"

有的同学情感丰沛："生物标本展览室里的情景，血腥而直接地与前文老师给人留下的善良印象

形成鲜明对比,无法相信这里是'热爱动物'的老师工作的地方。生物老师冰冷的样子与他反复说'为什么人们都不爱动物呢'形成鲜明对比。他爱的并不是真正的动物,而是动物的外形,想让他们看似完美地将时间静止保存下来。难道这就是爱动物了吗?这种讽刺让我印象深刻。还有一处是老猴抱着小猴的场景,在整篇灰暗的文章中带来一点阳光,然而阳光却又被小猴子的眼泪所抑制。看到这里我不由一阵心痛。真正荒凉的并非动物园而是人心。"

有的同学直指本质:"老棕猴似乎获得了'永垂不朽'的完美,但世间最美的便是生命之美,自由生活在世间才是生命之花最绚烂的魅力。"

通过这样的短评交流反馈,我意识到学生真正触摸到了文本传递的情感,只有能深刻揭示丑陋才能引发自省,才能积极向善。

三、案例总结及反思

重上《世界上最荒凉的动物园》成功许多,究其原因是从《普通高中语文新课程标准》出发,从源头扭转了一些僵化思维,抛却了一些浮华设计。

（一）设计从"准起点""高视点"中来

现在再来看"学生阅读学习力提升"的问题,首先是教学环节的设计要依照"准起点"和"高视点"的标准,从学生学情出发,思考具体在某个步骤能帮学生解决什么问题,就学生的认知特点进行有针对性的设计。情境导入的设计,是为了让学生不在外围上打转,能迅速有效地切入主题,而非将课堂变成花团锦簇热闹异常的舞台,或者只是展示教师个人才能的秀场。

在最终确定教学目标时,要高屋建瓴地以归纳法将课堂的"展开"归拢成可持续发展、运用的规律,这才真正达成了"高视点",不仅"授之以鱼",而且"授之以渔"。

（二）课堂将"问题化""结构化"落实

在主问题引导下,一定要选取指向文本的合理抓手,将问题分解得明确精细,引导学生关注语言本身。一切形式都是为内容服务的,要理解情感,只有到表达情感的语句中去仔细揣摩。这种品味绝不是将句子肢解成十几个词逐个"排摸",而是抓住关键词语和呈现形式,在上下文语境中含英咀华。教师或基础较好的学生先行示范,其他学生进行模仿,逐渐就能培养起这种抓住重点展开分析的鉴赏能力。

测量学生是否感受到文本情感并不是靠冰冰冰的阅读简答题,如果输入能激发学生自觉地输出,并不以此为负担,大致可判定学生已融入文本情感。在充分有效的感性体悟后尝试总结规律,并进而迸发出倾诉需求,这种螺旋式上升正是结构化的体验过程。

（三）掌握情感交流的调控艺术

在课堂教学中,教学预设如果与学生现场生成相去甚远,想必设计时没有以学生为本,而是以教师的理解为中心。教学预设如果与学生生成完全吻合,又不免使得学生完全被"框住",失去了自由发展的空间。在课堂上,教师应该投入真正发自内心的真情实感,不仅属于自己,而且属于文本,属于学生,属于整个教学过程。

1.合作学习中平等参与

建立和谐平等的师生关系是课改的重要任务,彼此尊重相互信赖。合作意味着参与,师生有一种共同体验。在小组讨论时,教师可以是其中一组的成员,交流感受时,教师也可以是对话的示范者。

2.耐心倾听中理解反馈

如果学生已经在教师引导下,较为准确地领会了文本情感,或被文中人所感或被文中景所萦随,"情蓄于中,必发之于外",此时可把握学生抒情的需要,为学生创设表达的途径和契机,使语言表达充满情感,培养学生的移情能力。此时,教师不应把控"话语霸权",学生也不是"容器",教师变成了倾听学生发言的倾听者,静听"花开的声音"。

3.真心赏识中促进发展

教师在教学过程中,既要关注和赏识学生对知识的掌握和能力的提高,又要关注和赏识学生在学习过程与运用方法时的优良行为,还要关注和赏识学生在情感、态度、价值观方面的积极表现。在很多合适的时机时,不妨放手"留白",把总结规律、课堂小结的权力交给学生,让学生获得肯定与鼓舞。

曹禺曾言:"要爱语言,要着迷,语言的妙境才能领会得到;之后,才能谈到学着掌握语言,学着使笔下生辉,创造同样真实、生动、迷人的语言境界。"投入真情,激活语言,以关注和关心构建连接师生情感交流的桥梁,激发学习热情,便能真正促进学生学习力的提升。

姜靓轶,上海市晋元高级中学教师。

基于教考衔接的文言文一轮复习教学策略
——以《师说》为例

◎雷 挥

《普通高中语文课程标准（2017年版2020年修订）》在"语言积累、梳理与探究""中华传统文化经典研习""中华传统文化专题研讨"三个学习任务群中对于文言文学习都有明确规定，要求学生要在文言文阅读过程中，梳理、掌握常见的文言字词、句式，理解中华传统优秀作品，弘扬中华优秀传统文化。同时，这些要求在必修和选修课程中也进行了强调。此外，《中国高考评价体系》表明高考命题是在语文学科和素养核心价值的方向统领下，对学生必备知识、关键能力的综合考查。《师说》属于"思辨性阅读与表达"学习任务群，课程标准对于该任务群的学习目标与内容主要有如下要求：

（1）阅读古今中外论说名篇，把握作者的观点、态度和语言特点，理解作者阐述观点的方法和逻辑。

（2）学会表达和阐发自己的观点，力求立论正确，语言准确，论据恰当，讲究逻辑。

（3）围绕感兴趣的话题展开讨论和辩论，能理性、有条理地表达自己的观点。[1]

必修教材第六单元的导语中也对这一学习任务进行了强化。当然，课标引领下的新教材单元设计强调整合性，但依然不可忽视篇章的独特性。《师说》作为唐代散文，其中蕴含的丰富文言语料和独特说理风格值得师生在备考时重点关注。本单元学习任务中的写作专题也要求学生学会有针对性地阐述自己的观点。鉴于以上内容，我将主要从以下三个方面展开对《师说》的一轮复习教学，以实现以考促教、以考促学的备考目标。

一、以点带面，夯实基础，掌握文言文阅读必备知识

文言文的一轮复习离不开对字词句的梳理，这是文言文学习的重要基础，也是必由之路。但考察一些教师的一轮复习教学实践，往往选择不厌其烦地将整篇课文的每个句子都剥离下来重新讲解。这样做一则效率偏低，也将一轮复习课上得与新课无异；二则形式呆板，学生被动地接受琐碎、重复的文言知识的机械灌输，反而对必备知识掌握的不牢固。事实上，《师说》当中蕴含的文言知识是很有代表性的。字不离词，词不离句，笔者从课文中精心挑选了三个关键句子，帮助学生理解通假字、古今异义、词类活用、特殊句式等基础知识，让他们在梳理过程中以点带面，完成对《师说》整篇课文中重点文言知识的理解与积累，夯实文言学习的基础，同时扫除了文言文复习的基本障碍，理顺课文内容。如：

（1）师者，所以传道受业解惑也。

（2）今之众人，其下圣人也亦远矣，而耻学于师。

（3）句读之不知，惑之不解，或师焉，或不焉，小学而大遗。

（1）句中，"受"为通假字，通"授"，意为"传授、教授"。"所以"为古今异义，表示"用来……"，与现代汉语中表结果的连词"所以"含义不同。从句式上来看，它属于文言文中的一大特殊句式：判断句。由此，可以从这一个例句出发，引导学生举一反三，自主梳理、归纳全篇中的通假字、古今异义词和判断句类型。同样的方法，可以先分析；（2）句里，不仅出现了"众人"这一古今异义词，还有"下"

这个词出现了名词活用为动词的用法。"而耻学于师"则是属于状语后置；(3)句中，"小""大"属于词类活用，而"句读之不知，惑之不解"则属于宾语前置。再以此为基础，梳理、总结其他句段相关的文言知识，总结规律，加以运用，此处不再一一举例。所以，这三个典型例句中的关键字词，不仅可以高效地撬动全篇的文言知识，以点带面，建构文言文学习知识体系，还能引导学生学会迁移运用到其他文言文的复习和备考过程中去。

二、课内迁移，教考衔接，淬炼文言阅读关键能力

新高考以来，文言文阅读中的选材内容与命题形式更加注重与教材篇目的联系。例如，词语理解题就开始突破以往对文化常识的单一考察方式，逐渐融合了一词多义、词语意义、用法等多个知识点，侧重考查学生将陌生文本与教材篇目进行比较分析的能力。其实，第一环节对于文言基础的复习中出现了一个非常重要的连词"而"，而这也是高考文言文的高频词汇之一。"而"作为连词可以体现句子间的多重逻辑关联，而这种面对具体语境，由句到篇的理解、分析能力，不仅在高考文言文阅读的语意理解、文言翻译和简答题中多有涉及，更是贯穿阅读理解本身的。事实上，在教材中的学习提示就已明确要求学生理解、掌握"而"作为连词的多种意义和用法。

首先，教师可以出示本课中的几个"而"的例句，帮助学生初步辨别"而"的意义及用法。如：

(1)今之众人，其下圣人也亦远矣，而耻学于师。

(2)爱其子，择师而教之。

(3)士大夫之族，曰师曰弟子云者，则群聚而笑之。

然后，给出其他课文包括课外文言文的一些例句，明确"而"在句子中能够承担并列、递进、转折、修饰、承接、假设、因果、目的八大逻辑关系的语法功能，从而准确理解并掌握其意义及用法。如：

(1)蟹六跪而二螯。(《劝学》)

(2)邹忌修八尺有余，而形貌昳丽。(《邹忌讽齐王纳谏》)

(3)诸君而有意，瞻予马首可也。(《冯婉贞》)

(4)余亦悔其随之，而不得极夫游之乐也。(《游褒禅山记》)

(5)籍吏民，封府库，而待将军。(《鸿门宴》)

最后，再以2023年高考全国Ⅰ卷为例进行训练、分析、总结如下：

12.下列对材料有关内容的概述，不正确的一项是

C.世人说到高必定会以上天作比，说到低必定会以深渊作比，他们常通过引经据典、援用圣贤来成就自己，使自己更加贤能，以争取民众的信任。

答题区间：好事而穿凿者，必言经以自辅，援圣以自贤，欲以取信于群愚而度其说也。

考点分析：文意理解题。解题关键在于理解"好事而穿凿者""欲以取信于群愚而度其说也"。

13.把材料中画横线的句子翻译成现代汉语。

答题区间：请略说一隅，而君子审其信否焉。

考点分析：文言翻译题。"而"这一词需要结合句意关系翻译准确。

14.子鲋用以批驳韩非的事实依据是什么？

答题区间：是时夫子卒已十一年矣，而晋四卿皆在也。

考点分析：主观简答题。解题关键在于理解"而"连接的句子之间的逻辑先后关系。

这一教学环节的设计，不仅可以培养学生及时运用课内所学知识去解决问题的能力，还能让学生更清晰地发现文言文阅读的教考关联度，以考促学，调动学生进行文言文复习的积极性。除此以外，教师还可以根据班级学习基础，以小组合作探究的方式，更进一步鼓励学生改编高考试题、自主命制答案，学以致用，调动逆向思维，提升文言文阅读的能力素养。

三、理清思路，读写结合，提升逻辑思维品质

《师说》是古代议论文的典范，归属于"思辨性阅读与表达"学习任务群，而对学生逻辑思辨能力的考察也是高考的应有之义，所以在复习这篇文言文时不能仅仅停留在基础知识层面，还需要通过语文学习活动提升学生的思维品质。思辨性阅读的重点之一就是要把握文本的主要观点，理解其逻辑思路。其实这一点，除阅读外，在作文题中也经常以隐形关联的方式出现，例如2023年全国

甲卷的作文材料:"人们因技术发展得以更好地掌控时间,但也有人因此成了时间的仆人。"就是要考察学生的这种思辨性阅读理解与表达。基于以上内容,可以这篇课文的最后一个学习环节分解为两个任务:

任务一:请同学们再次阅读全文,小组合作,以思维导图的形式呈现全文的逻辑思路与论证结构。

分析:《师说》这篇课文开篇立论:"古之学者必有师。"第一段前两句其实就是在陈述"老师是什么样的人",紧接着三、四句以问答的形式回答了"为什么需要从师学习"的问题,最后再提出了作者对于"怎样从师学习"这一话题的标准。由此,本段完成了由"是什么"到"为什么"再到"怎么样"的严密逻辑链条,这也正是符合人们认识事物最普遍的逻辑规律。议论文写作要有针对性,这往往也是作者行文的逻辑起点。《师说》一文为何会在开篇提出这种观点?这个问题可以引导学生关注到文章的结尾,明确"李蟠"身上背负的写作目的,即"能行古道"与"不拘于时"。而这两点同时也是呼应作者开头所提出的为什么要从师学习、怎么样去从师学习的主要观点。那么何谓"能行古道"?除了刚才分析的第一段的内容外,显然作者还在第三段中对此观点予以了深化。作者以孔子的言行为例,论证圣人从师的典范。事实上,孔子为古代楷模,李蟠为今人榜样,均是从正面再次强化作者的观点。那么何谓"不拘于时"?作者对于当时读书人的不良风气在第二段予以了淋漓尽致的批驳。而第二段的论证结构尤其精妙,其逻辑思路恰好可以由前面我们已经探究过的"而"所连接的三个关键例句去入手。且看:

(1)今之众人,其下圣人也亦远矣,而耻学于师。

(2)爱其子,择师而教之。

(3)士大夫之族,曰师曰弟子云者,则群聚而笑之。

其中,(1)句是当时一般人对自己学习的态度:耻学于师;(2)句则是他们对待孩子学习的态度:择师而教;(3)句代表他们面对他人相互学习时的态度:群聚而笑。也就是说,在韩愈所生活的时代,这些读书人面对从师学习这件事情,俨然成为一个巨大的矛盾体,由言及行,均可谓不攻自破。不仅如此,作者更是通过三组对比来予以批判与驳斥。第一组是纵向对比:"古之圣人"与"今之众人",结果是"圣益圣,愚益愚";第二组是个体对比:"爱其子,择师而教之"与"于其身也,则耻师焉",结果是"小学而大遗";第三组是横向对比:"巫医乐师百工之人"与"士大夫之族",结果是"其智乃反不能及"。通过不同时间、不同年龄、不同阶层的多角度、全方位对比,深刻揭露"耻学于师"的严重危害,从反面强化了自己的主张。

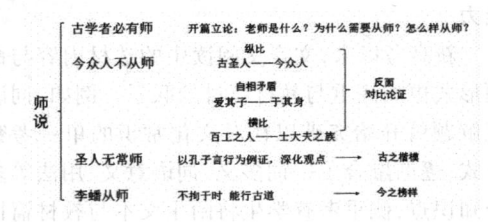

任务二:2022年9月7日,在第三十八个教师节来临之际,习近平总书记给北京师范大学"优师计划"师范生回信,勉励他们做新时代的"四有"好老师。假如你是该校的一名优秀毕业生,收到学弟学妹的来信,谈及新教师话题,你会如何回答?

梳理完本文的逻辑思路与论证结构后,教师可以引导学生完成情境化的写作任务,以读写结合的方式,强化对逻辑思维的训练。本环节的第一个任务主要是在思维的理性层面引导学生深刻理解并完成思辨性阅读;第二个任务则是侧重对逻辑思维能力的运用考察,二者有机结合,就能很好地训练提升学生的逻辑思维品质,将思辨精神厚植于心中。

综上所述,《师说》是一篇优秀的古代散文,通过对本课的复习,可以帮助学生在掌握文言文阅读必备知识的基础上,提升阅读能力,为学生思辨性阅读、表达提供有效的学习支架,从而落实对语文学科核心素养的培养。

参考文献:

[1] 中华人民共和国教育部. 普通高中语文课程标准(2017年版2020年修订)[S]. 北京:高等教育出版社,2020:129.

雷挥,广东省深圳市龙华区观澜街道观澜中学教师。

"原点"视角下的整本书阅读
——以《西游记》为例

◎李　辉

《西游记》开辟了神魔长篇章回体小说的新门类，是古代长篇小说浪漫主义的高峰。在"整本书阅读课程化"的今天，这样一部妇孺皆知的经典著作，如何冲破语文教学就篇章讲篇章的狭小格局，不仅在学生知识构建、写作能力培养上有更大挥洒余地，且在"思维发展"与"文化传承"上也具有素养习得意义呢？不妨"长文短教"，"聚焦原点"，力求做到在强化语文实践的同时，又关注中华优秀传统文化对学生的精神引领，使学生的语文素养和精神世界都能够得到丰富与提升。

作家刘白羽曾说："每一部名著都是一个广阔的世界，一个浩瀚的海洋，一个苍莽的宇宙。"阅读名著，与经典对话，获得为人处世的启迪，对青少年学生的成长发展有着深远影响。在"整本书阅读课程化"的今天，读整本书已经成为全面提高学生语文素养的基本策略之一。

那么，就七年级上册必读名著——《西游记》来说，我们该如何实施有效的指导，引领已经升入初中的学生进行有别于小学阶段的"新一轮"阅读呢？

若由老师精讲一本书的一个个精彩章节和片段，其本质上还是片段阅读，学生自主阅读体验的空间被严重压缩，整本书阅读的特性依然不能得以充分体现；若是简单的提倡和一般化的结果验收，而无过程指导和监控，那么学生究竟读没读，读得怎么样，无从得知，这是一种近乎放任自流的状态，依然不可取。

笔者认为，不妨在学生通读、浏览全书的基础上，聚焦"原点""长文短教"，带领学生展开课堂情景之中的深入阅读。

"原点"的概念，是由数学借用而来，指起点或坐标轴交点。没有原点设计的整本书阅读教学就像一位迷茫的行人，走了很多路，但没走多远。

一、聚焦原点，学情为先

设计一节好的整本书阅读课，首先要做的就是选取符合学情、有价值的话题作为任务统领，才能聚焦关注点，引导学生一起深入地研读，有效地互动、交流、碰撞，收获深度阅读的体会，进而达成综合阅读能力的提升。可以说，依据学情能否选择恰当的话题做阅读任务来统领、驱动，是一节整本书阅读课成败的关键。

《西游记》是一部妇孺皆知的经典著作，书中的各个人物形象早已深入人心，如果仍旧以人物的单纯分析作为这节课整本书阅读设计的聚焦原点，显然不太能够激发出初中生再次产生阅读和探究的兴趣。如果，老师能够依据学情，从文本整体出发，准确把握文本要害关键处，以此为抓手，开展阅读活动，在"教"与"不教"中，提纲挈领，纲举目张，如此，便可起到以一当十、窥斑见豹之效。

二、聚焦原点，格局要大

作为一部共有一百回的经典文学名著，它的教学原点何在呢？这成了撬动这堂课整本书阅读教学设计的关键所在。王鹏伟老师认为，聚焦原点的结构设计，要"大处着眼"，"大开大合，疏朗开阔"，要"架四梁，立八柱，撑屋顶"。[1]

于是，我跳出以书中某一人物的形象分析为核心的教学设计思路，而是将教学原点聚焦于吴承恩笔下师徒四人的漫漫取经之路，并由此设计了这堂课的三大教学"支柱"，即"话取经之人""话取经之路"以及"话取经之理"，意在达到三个教学目标：

梳理概括，了解作者设置八十一难的基本寓意；讨论交流，探究取经路上"斩妖除魔"之含义；浸润成长，懂得去除"心魔"，战胜自我，方能取得成功的道理。

三、聚焦原点，层级须清

聚焦原点的教学结构是有层级的，"层级之间要有衔接，衔接之处要讲究细节，卯榫吻合"[2]。为了在错综复杂的文本内容中理出头绪，确立中心，使原点更加聚焦，层级间衔接更加顺畅，所以，在具体教学设计过程中，借用"起承转合"这一艺术创作的结构技巧，我巧妙地将这堂有关整本书阅读的三大教学过程具化为四个环节：

（一）起——聚焦取经人，话八十一难之寓意

鲁迅曾经这样评价《西游记》："作者构思之幻，则大率在八十一难中。"可见，在《西游记》的情节设计中，"八十一难"有着全局性意义。

上课伊始，我便开门见山，由去西天取经师徒四人的身份入手，引出"八十一难"的概念，启发学生概括出历难簿上缺少的第八十一难，进而引导学生思考：《西游记》中为什么不是"八十难"而是"八十一难"呢？

原来"八十一"这个数字，在中国文化当中有其特定的意义。它是古代阳数之极"九"的九次重复，象征终极圆满、事物发展至于完备的状态。

在《西游记》中，象征终极圆满的事情就是取得真经，然而真经的取得一定不会那么简单，一定会有很多的困难需要克服。学生借助老师提供的阅读资料，得出了"八十一难"的基本寓意，即作者通过对"难"的分类、展开，强化只有经过千辛万苦，克服重重困难，才能实现最后完美结局的意义。

只有经历九九八十一难方能取得真经，足见取经不易，那么取经的困难具体都来自哪些方面呢？

学生在老师的引导下，通过梳理相关情节，得出取经之路不仅征途遥远，环境险恶，而且师徒四人还要与许多成精的妖魔鬼怪斗争的结论。

（二）承——聚焦心魔，揭示斩妖除魔之含义

有人说《西游记》中"八十一难"具体的呈现方式就是一个个降妖除魔的故事，那么降妖"除魔"除的仅仅就是这些看得见的妖魔鬼怪吗？

老师适时提供相关资料，引导学生了解有关"魔"的说法："魔"的梵文本义是"扰乱""障碍"

等，从佛教的角度看，则指一切烦恼、疑惑、迷恋等妨碍修行的心理活动。

有了老师提供的文字"支架"，答案水到渠成，"除魔"二字其实还有去除"心魔"的含义。那么妨碍孙悟空去西天取经的心魔又是什么呢？

冯为民老师说过，"阅读教学离不开问题意识"。"好的阅读教学必须善于发现、分析和解决教学真问题"。[3]这一问题的设置，无疑延伸了课程空间，把学生的视野引向一个新鲜的研究领域。

"孙悟空在取经途中，曾三次离开取经队伍，第一次离开的原因是什么呢？"

"不铲除心魔就难以取得真经，在龙王的提醒之下，孙悟空还是回到了师父身边，可第二次，他为何又离开了呢？"

"当孙悟空又打死一伙毛贼时，他再次被师父赶走了。如果说打死毛贼是他被赶走的直接原因，那根本原因是什么呢？"

在问题层层推进下，学生借助对话朗读和课本剧表演，就会有这样的发现：孙悟空第一次主动离开，是因为他狂妄自大的心魔未除；第二和第三次的被赶离开，是因为师徒四人"面是背非"的"不睦之心"作祟。可以说，是他们彼此之间的猜疑、不信任、不团结，导致了一重重磨难的降临，一个个妖魔的有机可乘。

整本书阅读教学之难，往往就难在如何于错综复杂的整本书内容中理清头绪，确立中心；难在问题设计的视角和层次难以把控；难在问题解决的过程质量难以保证上。若依据文本解读要聚焦原点，大处着眼，小处入手的原则，将此教学环节聚焦于"心魔"，便可以梳理出集群性问题，问题与问题之间形成紧密联系，从而构成微任务群。有了明确的任务驱动，就为"探究取经路上斩妖'除魔'之含义"这一教学目标提供了保障，也为下一教学环节的开展创造了条件。

（三）转——聚焦人物形象，话取经队伍之重组

如果脱离整本书阅读，而只注重片段或篇章阅读，学生难免会对课文里的人物断章取义，在理解和认识上会有些偏差，甚至误解，如对唐僧不辨善恶的反感，对猪八戒挑拨离间的厌恶等。因此，任何一节名著阅读课，都应该在聚焦原点的整本书阅读设计中，关注价值倾向的引导。

其实概括起来，西天路上只有一个妖魔，那就是取经团队中人人都有的"心魔"。现在假如让你重新组建你的取经团队，你会选择哪一个抑或不选择哪一个呢？这看似是一个开放式的重组取经队伍的活动环节，实际暗含着这节课关于整本书阅读价值倾向的引导。

在"争锋"中，学生就要勾连整本书内容，理出文章的情节肌理，在比较中探究，在辨析中发现，从而清晰、准确地把握唐僧师徒四人的形象特点：

那个在我们眼中胆小、懦弱的三藏法师，一路蹒跚，却始终步履坚定，将一个又一个的坎坷抛在了身后，《西游记》中出现的人物，有哪个像唐僧一样一心想着取经？因此，没有比这唐僧的专一和坚持更大的法力了。

猪八戒虽成事不足败事有余，老想着散伙，扰乱军心。但如果取经的队伍没有八戒，就会如白开水一样平淡，况且他在取经队伍里，发挥着不可替代的作用……

并由此得出结论：取经四人，缺一不可；去除心魔，方得真经。

整本书阅读最基本的层次，就是读懂原作。这里的"读懂"，就是理解全书主要说了些什么人、事、物、理。课堂教学中，如何教会学生读懂？显然，教师不能简单地将本人阅读体会告知学生，应立足于文本内容做一番设计，引导学生勾连文本，自主理解。

重组取经队伍的活动环节设计，正是如此状态下的学习，不是教师"告诉"中的被动学习，也不是教师控制下的浅学习，而是学生自主探究的主动学习，深度学习。

（四）合——书写感悟，激发学生生活体验

于漪老师曾说过"胸中要有教文育人的蓝图""教师的视野不能只局限在文，教文须服从育人的大目标"。[4]新课程标准的修订，通过凝练学科核心素养，也凸显了学科的育人价值。

所以，最后对整本书阅读进行回顾总结与提升时，就要与学生当下的生命相结合，如果没有这一点，"原点"视角下整本书阅读的意义就大打折扣，甚至可以说失去了它最根本的意义。

"师徒四人，在西天取经路上，一路降妖除魔，其实指的就是一个人在人生路上扫除心魔，战胜自己的过程。在学习过程中，同学们有没有遇到过阻碍自己进步的'心魔'呢？"

这一环节，紧扣探究取经路上斩妖"除魔"之含义的教学重点，启发学生由妨碍师徒四人取经的心魔，联系阻碍自己学习的种种困难和诱惑，从而得到有益于自己成长的不同人生启示。

一位男孩子在学案上这样写道"通往成功之路有许多方法，也有许多困难，可即使有千难万难也终究敌不过你的一再坚持"。

一个学习不甚优秀的孩子说："我不可能做什么事都十全十美，但是只要我怀着坚定的信念，竭尽全力地去做，那我也没什么可愧疚和遗憾的了。"

班长对大家也说出了她的肺腑之言"如果你还可以努力，还可以付出，就不要轻言停止和放弃。在你停止努力的那一刻之前，一切都还没有什么真正的结果。同学们，加油！"

是啊，无论多么优秀的经典名著，如果它没有与学生的生命体验发生碰撞，没有与学生的生活结合起来，就不可能对他们有什么实质上的影响。

顾黄初先生曾说过，书本犹如食物，阅读就是"有效地消化食物，从中吸收到于己有益的养料"[5]。课堂情境下整本书阅读课的重要任务就是要引导学生和文本这一异质生命对话收获读者和文本的双向丰盈。

总之，"原点"视角下的整本书阅读，着眼于文本阅读关键，提纲挈领，格局远大；"原点"视角下的整本书阅读，讲究"工匠精神"，"着手于细"，精雕细刻；"原点"视角下的整本书阅读，讲究层级衔接，卯榫吻合，细致入微；"原点"视角下的整本书阅读，讲究阅读价值倾向的引导，教文育人！

参考文献：

[1][2]王鹏伟.教学原点、结构与细节[J].中学语文教学,2019(3).

[3]冯为民.语篇视角下的教学设计[J].中学语文教学,2019(3).

[4]于漪.于漪语文教育论集[M].北京:人民教育出版社,1996:24,5,22-23.

[5]顾黄初.顾黄初语文教学文集外集[M].南京:江苏教育出版社,2013:231,231.

李辉，北京八中京西校区教师。

依托文本挖掘素材，巧借活动传道立德
——浅谈语文教学育人价值的实践

◎李 菁

《义务教育语文课程标准(2022年版)》明确指出:"语文课程致力于培养学生的语言文字运用能力,提升学生的综合素养,为学好其他课程打下基础;为学生形成正确的世界观、人生观、价值观,形成良好个性和健全人格打下基础;为学生的全面发展和终身发展打下基础。语文课程对继承和弘扬中华民族优秀文化传统和革命传统,增强民族文化认同感,增强民族凝聚力和创造力,具有不可替代的优势。"这就要求语文课堂教学活动中充分发挥利用教学优势,积极营造道德环境,发掘道德元素,积极塑造学生社会主义核心价值观,培育学生高雅的道德情操和良好的审美趣味,从而进一步增强语文课程的德育功能。

一、立足教材创设情境,挖掘素材寓德于教

语文课程的性质、特点、目标、内涵等都决定了语文学科的德育资源是丰富的、多样的,要立足课程设计情境,不断发掘德育素材,促使学生在语文教学中接受先进文化的陶冶,得到丰富多彩的审美感受,进而养成优秀的人文科学素养,确立科学合理的世界观、人生观和价值理念。

(一)积累语言文字,发展思维能力

大量的知识累积和熟练的语句使用技巧可以提高学习者的思想素养,让学生的思考更加深入、敏捷、灵动,具有批判性和独创性。如《走一步,再走一步》,教师带领学生主要阅读父亲带领"我"脱险的过程和结尾的议论,通过抓关键语句来体会文章主旨。学生由"我"的情感体验提高到了理性思维的高度,并得到了诸多启迪:朋友要彼此关心、相互支持;学会了关心弱小者;面对困难要敢于跨出第一步,不畏难不退却;坚持到底,不要轻言放弃;冷静分析复杂任务,一步步拆解困难,减低难度等。

(二)构筑家国情怀,坚定理想信念

语文学科课程有利于学生了解革命人物和历史名人的光辉业绩,学习他们的乐观主义精神、集体主义精神和乐于奉献精神。讲解《邓稼先》一文时,由了解邓稼先的主要事迹开始,通过对关键语句字斟句酌地精读和品析,让学生在特定场景中感受到他的坚毅奉献,于历史纵深中理解他的赤胆爱国、全心报国。有利于学生坚定理想信念,提高使命感和责任心。

(三)欣赏文学作品,培养审美情趣

语文教材中大量的诗词、散文、小说等,大多寓教于乐、寓教于美,能更好地让学生发现、欣赏生活中的美,实现情感的净化和升华。"落红不是无情物,化作春泥更护花",尽管作者已经脱离了官场,但却不甘于沉沦,仍然关注着国家的未来,不忘报国之志。我们从中体会到龚自珍至死都一直牵挂国家的一腔热忱,和对梦想、信仰的执着追求。"会当凌绝顶,一览众山小",学生深刻感受诗人不怕困难,敢于攀登绝顶,俯视一切的雄心和气概。"山重水复疑无路,柳暗花明又一村",他不单是看到了美丽的小山村风景,更领悟到了生活的真谛——只有正视事实,直面重重困难,不退却不害怕,勇于探索前进,前方才会拥有光明和美好。学生用祖国语言文字抒发审美感受,以培养审美鉴赏力与创造性,有利于培养热爱美好生活和奋发向上的人生态度。

二、赏读名著分享心得,丰富体验拓宽视野

名著赏读,学生按照目的与爱好制定读书策略,采用多种方式赏读整本书;统筹安排课堂前后、个别和集体的读书时间,创造自主看书、愉快分享的学习气氛,并善于发掘阅读整部书的感受,适时

进行互动和分享。从而"引导学生拓展阅读视野，建构阅读整本书的经验，形成适合自己的读书方法，提升阅读鉴赏能力，促进对中华优秀传统文化、革命文化、社会主义先进文化的学习和思考，形成正确的世界观、人生观和价值观"。

（一）深入开展名著阅读活动，提升学生语文核心素养

开展《骆驼祥子》名著阅读活动，引导学生有效阅读整本书，提升语文核心素养。"抓住情节品形象，大胆假想探原因"的环节，指导学生画出《骆驼祥子》中以主人公祥子为中心的人物关系导图，并看看主人公祥子生存的社会环境。

透过演示与解析思维导图，学生能够在看似杂乱无序的知识点中整理内部逻辑，更好、更清晰地了解核心知识：祥子没有一个真正可以倾诉、依靠的人，只能靠自己。他不仅生活上困苦，内心也十分孤独。顺势让学生探究：造成祥子悲剧命运的原因是什么？

我们尤其关心老舍作品中生动刻画的动荡的时代条件和黑暗的中国现实，学生普遍认为是它造成了祥子的悲剧命运，只关注到了社会原因。悲惨并无国界，在寻找源头时，人们常常只把社会与文化因素视为挡箭牌，而将悲惨的原因推卸于"人吃人"的社会现象，却忽略了悲惨与人本身之间的密切关系。鉴于以上具体情况，设置如下开放性话题，引发学生的思考：（1）祥子如果穿越到今天，做了一名出租车司机，命运会如何？（2）祥子与虎妞结婚，假设刘四爷将车厂给了祥子，会如何？（3）祥子有没有勇气和虎妞离婚，而娶小福子？

学生在书中自由潜索，分组讨论交流，更好地进入对文本的阅读探究，个性化又深刻地探究祥子悲剧命运的原因——造成祥子命运悲剧的原因不仅是当时的社会，还有个人的性格局限。祥子太要面子，不了解时局；思想保守、目光短浅，不合群；经不起诱惑，自制力不强等。随着讨论的逐渐深入，学生对祥子的悲剧命运从最初的同情、惋惜、厌恶等渐渐多了一些理性的思考。此时，老师又重新指导他们，并让其意识到：祥子绝不仅是存在于作品中的一个人，更是一种人的象征，体现了人类中的某些共性的弱点。而祥子的故事，是社会的悲剧，也是人性的悲剧，发人深省。经典之所以是经典，原因也就在此。

（二）教师巧点拨，线上共分享，线下齐交流

后疫情时代，开展名著《钢铁是怎样炼成的》读书交流会，通过"教师巧点拨，线上共分享，线下齐交流"的独特方式引导学生阅读整本书，既调动了大部分学生阅读的积极主动性，又锻炼了胆量，提高了阅读与表达能力，个别不爱阅读的学生也会有所收获。使孩子们掌握了怎样高效的和别人沟通、协作，得到思维启发，获得审美快感。

"抓住情节品形象，线上师生共分享"环节，通过教师巧点拨，学生录制分享小视频；群策群力，开展线上读书交流会等形式的阅读指导和交流，学生对全书内容有了更全面的了解，如果对作品主题进行分析，会进一步感悟名著的魅力。因此，分析作品的主题并领悟其现实意义就成为最佳选择。恰逢疫情形势逐渐缓和，学校迎来复课之时，我以"聚焦主题谈意义，线下师生齐交流"环节继续策划相关活动，以激发学生线下的讨论与交流兴趣：（1）我们生活在这样的年代，能够从保尔身边吸取到哪些精髓？（2）谈谈对生命的认识。学生个性化又深刻地感悟到作品的现实意义，更加领悟主人公保尔的可贵精神品质。保尔身上敢于向命运挑战，顽强不息，奋起前进的精神面貌，高贵的革命斗争思想，忘我的敬业精神，坚韧的斗争意志，还有明确的奋斗目标，都是学生学习的楷模。

通过精心设计各种阅读任务和活动，让名著阅读由表及里，由浅入深，学生不但"读完"，还有相当的思考，哪怕他们的思考囿于年龄、阅历可能流于肤浅、狭隘，但这种读法也可以训练学生深入思考、思辨的能力。采用不同思考模式进行阅读的过程，是学生思维成长，提高能力的过程，是通过阅读整本书，提高语言基础素质的过程。名著阅读承载着"最美好的语言，最美好的情感，最美好的思想"，希望学生热爱、享受阅读，让名著阅读之花遍地开放。

三、传承传统节日文化，精妙设计实践活动

为培养孩子的语文能力，需要开启课堂教学窗口，打破课堂的束缚。新大纲明确指出："要充分利用现实生活中的语文教育资源，优化语文学习环境，努力构建课内外联系，校内外沟通，学科间融合的语文教育体系，开展丰富多彩的语文实践活动。"语文学科最具拓展性的育人价值，就是通过实践活动

（一）"诗文诵明月，情谊满中秋"

随着中秋的来临，我们开展了"诗文诵明月，情意满中秋"的学科实践活动，活动形式丰富，学科特点鲜明：小品《嫦娥奔月》《吴刚伐桂》和丰富的图文材料，让同学们在欢乐中了解了中秋节的传说故事和习俗。伴着优美配乐的中秋题材的现代诗、古诗文和经典美文串烧的朗诵，使学生沉醉其中，增添了美的享受。会场上同学们一起哼唱、打节拍，在《水调歌头》的旋律中载歌载舞，营造了极佳的氛围。

中秋诗会，学生通过想象与创新，采用唱、舞、诵读、表演等多种形式，在老师的指导下完成节目编排，增强了同学和老师之间的感情。他们舞台上精彩的演绎让我们惊喜不已，闪耀出更加美好的光芒！这次活动的展现是班与班之间共同协作完成，又让同学们愈加体会到沟通、包容、理解、合作的重大意义。

（二）话清明·画清明

清明文化源远流长，给我们留下了丰富的精神、文化积淀。开展主题为"话清明·画清明"的学科活动，依托学科能力，发挥学科特点，每位同学按自己的特长参与相应的活动，同学们在具有趣味的实践中学习语文，弘扬传统。具体活动方案如下：

活动一：完成一篇清明主题的诗文书法作品，硬笔完成，要求有框线，格式规范，可手绘或打印书法模板，纸幅A4。

活动二：写一篇怀念已故亲人的短文，200字以上。

活动三：写一篇怀念革命英烈的祭文，200字以上。

活动四：对清明节俗进行图文并茂的介绍，如踏青、秋千等文体活动，寒食、青团的饮食文化等。手绘、电子打印皆可，纸幅A4。

同学们积极参与，在活动中有所学，有所获。同时，我们还开辟展板展示学生的优秀作品并进行评比，并对作品完成优秀的个人进行表彰和奖励。

（三）走进端午，互赠祝福

一年中有不少传统节日，过节期间我们经常会发送一条信息向家人、朋友致以问候和祝福。而端午节该祝"快乐"还是该说"安康"一直令人拿不定主意。又一个端午就要来临，我们不妨查找相关资料，了解端午节的来历、习俗等结合不同地区人们过节的目的和情形，来试着编辑一条得体的节日祝福短信吧！活动成果包含：

1.必做三项：①资料呈现，直接摘抄或精练概括；②观点表达，基于材料得出自己的看法；③语段编辑，写出得体的祝福短信并发送。

2.选做一项：下载或绘制相得益彰的配图，为自己的短信息增色。

同学们搜集素材，将"端午节"的由来、习俗、爱国诗人屈原的故事等"讲述"出来，共度端午互赠祝福，深切感受传统文化的魅力。

学科教育实践是核心素养生成的载体，课程实施是核心素养生成的主体途径。教师应注重于语言学习实践活动的精妙策划和实施，尽力给学生创造良好的实践机会，他们在身心快乐的活动中掌握、使用语言，从而有利于语言素养的提高。

"课堂教学要从'教书'走向'育人'，从'知识传递'走向'生命价值的挖掘与提升'。"语文课课堂教学应注重发掘蕴藏于课堂教学中的德育因素，并采用潜移默化、浸润与陶冶的教育手段，采用灵活多样的教学方法，让学习者群体以文悟道，得意赏言，从而不断提高语文水平、道德素质和人文素质，最大程度上体现语文学科特色的教育意义。

参考书目：

[1]凌子风.骆驼祥子.北京电影制片厂,1982.

[2]叶澜.回归突破："生命？实践"教育学论纲[J].今日教育,2016(3).

[3]吴欣歆,许艳.书册阅读教学现场[M].北京：教育科学出版社,2016.10.

[4]余文森.核心素养导向的课堂教学[M].上海：上海教育出版社,2017.11.

[5]张志勇.中小学学科课程育人[M].济南：山东教育出版社,2019.3.

[6]温儒敏,王本华.统编初中语文教科书 教学设计与指导[M].上海：华东师范大学出版社,2021.7.

[7中华人民共和国教育部.义务教育语文课程标准（2022年版）[S].北京：北京师范大学出版社,2022.4.

李菁，北京市赵登禹学校教师。

新课标理念下单元整体教学中的读写结合实践探究

——以统编版六年级下册第五单元为例

◎李 羚

在《义务教育语文课程标准(2022年版)》(以下简称新课标)中,"思辨性阅读与表达"任务群强调引导学生在语文实践活动中,通过阅读、比较、推断、质疑、讨论等方式,梳理观点、事实与材料及其关系;辨析态度与立场,做到有条理、重证据地表达,培养理性思维和理性精神。另外,读写结合是语文教学的重要手段。"读"和"写"是相辅相成、难以分离的,读写能力也是语文核心素养的重要体现之一。下面就以六年级下册第五单元为例,谈谈如何设计、落实"思辨性阅读与表达"学习任务群,如何将读写结合融入学习任务群中去促进学生能力的提升。

一、单元整体规划,创设情境,明确任务

(一)研读教材,整体分析

统编版语文六年级下册第五单元围绕"科学精神"编排了四篇课文,口语交际"辩论",习作"插上科学的翅膀飞"等内容。本单元的语文要素是"体会文章是怎样用具体事例说明观点的",旨在引导学生初步了解论说类文章常见的表达方法,培养学生不仅要敢于表达自己的观点,还要有理有据地论证观点。围绕这个要素,教材做了有层次、有梯度的安排。《文言文二则》一课中,《两小儿辩日》要引导学生思考两个小孩的观点,以及他们说明自己观点的理由。《真理诞生于一百个问号之后》学生不仅要了解作者的观点,还要懂得作者是怎么有序组织事例证明观点的,课后"小练笔"引导学生从读到写,尝试运用具体事例来说明一个观点。《表里的生物》引导学生对人物进行评价时要找出依据来印证自己的观点。《他们那时候多有趣啊》是一篇科幻小说,为本次习作提供了很好的范例,体现了读写之间的紧密联系。

口语交际"辩论"提示辩论前"选择的事例要有说服力",是对用具体事例说明观点这一方法的运用,体现了单元编排的有机联系。习作要求是"展开想象,写科幻故事",这是学生第一次尝试写科幻故事。与以往的想象类习作不同,本次习作要结合科幻故事的特点,借助相关的科学知识展开想象,这对提高学生的科学素养、发展他们的创造性思维能力有积极的促进作用。

(二)落实课标,整体规划

基于本单元的特点,笔者就进行单元整体规划,设计了"思辨性阅读与表达"任务群。并将语文教学原则之一的"读写结合"融入学习任务群中,使学生自觉地以读促写,以写促读,在真实情境中,在富有挑战性的任务群中,发展读写能力,提升学生的语文核心素养。

新课标中还提到:语文课程实施从学生语文生活实际出发,创设丰富多样的学习情境,设计富有挑战性的学习任务。因此,笔者根据每篇文章的内容和特点,将任务群的落点分散到每篇文章、每一课时中。以"点亮我的科学梦"为学习活动主题。创设以"科学技术的发展是利大还是弊大"为题召开班级辩论会的情境。设计了三个任务,任务一:创设情境,明确任务。任务二:读写结合,习得方法。任务三:迁移表达,辩论是非。让学生在单元学习伊始就清楚了单元要完成的任务,随后通过阅读本单元古人讲道理的故事和科普作家的文章,学习科学精神,学会怎样用具体事例说明观点,并尝试进行辩论,表达清楚自己的观点(见图1)。

二、探寻科学精神,读写结合,习得方法

在语文课堂阅读环节融入写作训练,可以很好地引导学生通过读书笔记、仿写、缩写等方式,深度掌握多项文体特征,熟练使用各类修辞手法及文章布局技巧,继而优化学生的语文写作素养。本单元的任务二中,融入了读写结合,落实单元语文要素。《文言文二则》中,借助注释理解文言文的意思,再

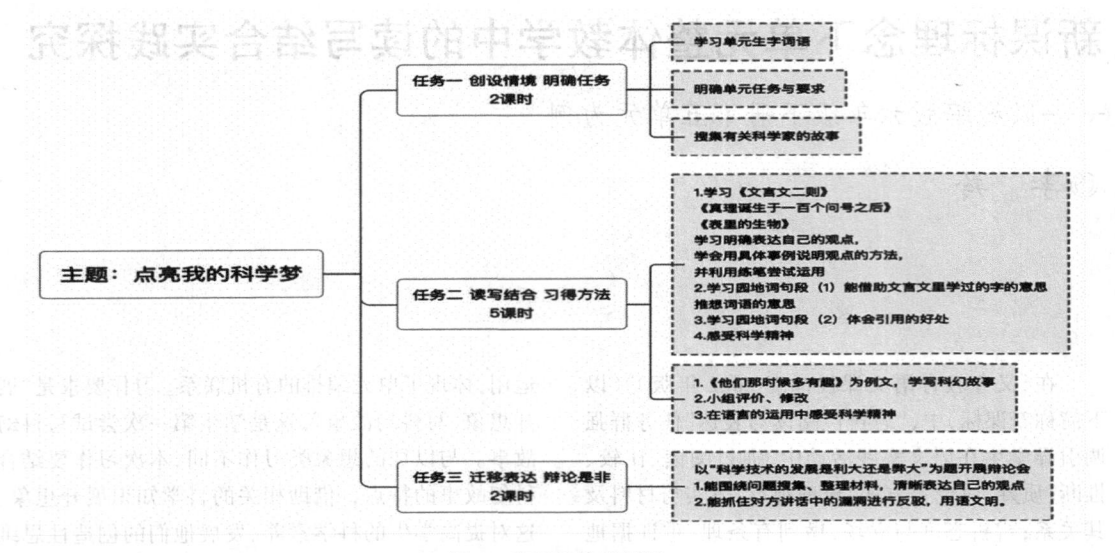

图1 单元整体规划图

主题：点亮我的科学梦

- 任务一 创设情境 明确任务 2课时
  - 学习单元生字词语
  - 明确单元任务与要求
  - 搜集有关科学家的故事

- 任务二 读写结合 习得方法 5课时
  1. 学习《文言文二则》《真理诞生于一百个问号之后》《表里的生物》学习明确表达自己的观点，学会用具体事例说明观点的方法，并利用练笔尝试运用
  2. 学习园地词句段（1）能借助文言文里学过的字的意思推想词语的意思
  3. 学习园地词句段（2）体会引用的好处
  4. 感受科学精神

- 任务三 迁移表达 辩论是非 2课时
  1. 《他们那时候多有趣》为例文，学写科幻故事
  2. 小组评价、修改
  3. 在语言的运用中感受科学精神

  以"科学技术的发展是利大还是弊大"为题开展辩论会
  1. 能围绕问题搜集、整理材料，清晰表达自己的观点
  2. 能抓住对方讲话中的漏洞进行反驳，用语文明

借助表格，将《学弈》中两人不同表现及不同学习结果进行对比，思考故事中的道理。到了《两小儿辩日》教学，也是用表格厘清两小儿的观点以及运用"三段论"（大前提、小前提、结论）复盘他们的推理过程，然后进行讨论总结（见图2）。

《两小儿辩日》人物观点推理表

人物	生活经验（大前提）	生活现象（小前提）	观点（结论）
一儿			
一儿			

图2 读写结合"人物观点"推理表

图3 "用具体事例说明一个观点"小练笔

《真理诞生于一百个问号之后》先借助表格细读三个事例的起因、经过及结果，然后讨论为何事例的经过写得很简单，而起因和结果却写得很具体。理解问号与真理之间的因果关系，最后迁移运用方法进行仿写小练笔，让学生在品读、思考与仿写中学会用具体事例去说明一个观点。《表里的生物》一课，先让学生快速找到文中"我"的观点，然后小组合作完成思维导图，了解"我"探索怀表的全过程，从而发现"我"是怎样的孩子。之后进行拓展阅读冯至的作品《彩色的鸟》《猫儿眼》，总结这三篇文章的共同点。由此唤醒自己的生活体验，自己写写类似的经历，也在巩固完成多个具体事例来说明观点的小练笔（见图3）。

"读写结合，习得方法"这个任务中，既渗透了科学精神的主题，又是将单元语文要素的要求分散到每篇文章中，是基于单元任务群，融入读写结合的策略，强调了读与写的密切关系，使学生习得了表达方法，落实了单元语文要素。

三、插上科学翅膀，拓展想象，创作故事

在任务三中，整合了两个内容，《他们那时候多有趣》与学写科幻故事。《他们那时候多有趣》这节略读课，通过梳理未来的上学方式和今天有什么不同，来发现作者写这篇科幻故事的想象奇特，主题鲜明，表现形式新颖，从而引导学生读写结合，畅想未来，大胆表达。同时，这节课还整合了习作的内容，让学生提前了解习作要求，分享自己读过的科幻故事，完成科幻故事卡，为下面的习作子任务做准备（见图4）。

学生对于想象类作文比较熟悉，但还是第一次在习作中展开想象写科幻故事。这要求学生先要了

```
┌─────────────────────────────┐
│        科幻故事卡            │
│ 印象最深的科幻作品：         │
│ 使用到的科学技术？           │
│ 技术对人们生活和命运产生的影响？│
└─────────────────────────────┘
```

图4　科幻故事卡

解科幻故事的特点：想象的合理性，科学的逻辑性，表达的准确性。再借助相关的科学知识展开想象。在习作课前，收集学生关于科幻故事的问题，布置学生查找科学技术相关材料。课堂上主要解决"情节""技术""内容"三方面的问题。关于"情节"的问题：通过观看"流浪地球"电影片段，学生梳理视频情节，寻找科幻故事情节设置的密码——"五个一"（即：遇到一个问题，用一种科技手段解决，又遇到新的问题，再用一个科技手段解决，最后有一个结果）。

关于"技术"的问题：通过分享自己课前查找的先进科技手段，讨论如何融入故事中。关于"内容"设置的问题：以《他们那时候多有趣》为例文，讨论其中的观点及内容设置的巧妙，为自己的习作做铺垫。之后确定自己对科学技术发展所持的态度，再进行科幻故事提纲的设计。学生在习作的过程中，也能通过科幻故事来表达自己对于科学技术发展利弊的观点，这也是为单元主任务"科学技术的发展是利大还是弊大"班级辩论会做铺垫。

四、学习辩论步骤，迁移表达，辩论是非

前面两个任务的完成，学生通过阅读理解、读写结合，学会了"用具体事例说明观点"。在过程中，还贯穿着查找辩论资料的作业，所以学生到单元末已经准备好了辩论的材料。通过视频学习辩论流程，准备好自己的辩论材料卡（见图5）。完成辩论会的班级分工，师生共同制好辩论评价单（见图6）。在辩论赛过程中，全程由学生组织、主持等。辩论会过程中，正方反方你来我往，精彩纷呈，辩论结束后及时引导学生总结反思：觉得自己或是辩友什么地方做得好，什么地方做得不够好，怎么改进。这样的单元情境和单元任务能让学生在语文实践活动中，通过阅读、比较筛选材料，推断、质疑、讨论等方式去梳理观点，做到有理有据地表达，唤醒学生学习的内驱力，才能推动孩子们去主动进步。

辩论材料卡	
辩论话题	
我的观点	
辩论材料要点	1
	2
	……

图5　辩论材料卡

辩论评价单	
辩论话题	
评价要点	星级评价
1.能围绕辩题搜集、整理资料，清晰地表达自己的观点。	☆☆☆☆
2.能抓住对方讲话中的漏洞进行反驳，用语文明。	☆☆☆

图6　辩论评价单

五、实践总结

（一）读写结合实现多元评价，体现教－学－评一致性

本单元教学是基于"思辨性阅读与表达"任务群的要求，同时综合考虑教材内容和学生情况，注重联系生活实际，进行单元整体设计，借助读写结合，将阅读与表达紧密连接，互相补充，关注单元素养目标的落实，注重学生评价，尤其对于小练笔的分享展示及点评，采用自评、互评、班级展示等方式，培养学生合作交流、共同学习的素养，充分关注完成任务的情境、过程、表现，做到教—学—评保持一致。

（二）在辩论中培养学生的理性思维和理性精神

本单元创设辩论会的任务情境，在辩论会的准备、召开、总结中，学生通过阅读、比较、推断、质疑、讨论，能够做到有条理、重证据地表达自己的观点。以实践活动为驱动，为学生搭建了交流的平台，让学生乐于参与，表达自己的思考，培养了学生的理性思维和理性精神，学生的能力有了可见的提升。

参考文献：

[1]顾明远.教育大辞典[M].上海：上海教育出版社，1990.36.

[1]马晓雨."读写结合"的小学高段课外文言文教学案例研究[D].硕士论文，2021.

李羚，北京市朝阳区中国传媒大学附属小学教师。

融合县域学情　构建问题场域
——初中语文课堂教学问题设置

◎ 林小云

2023年福建省语文中考"名著阅读交流"模块评分第一次采用按等级评分，不按点评分。评分等级分为：四等0分，反应错误或没有反应；三等1–2分，反应片面，缺少信息的支持；二等3–5分，反应基本正确，有信息支持；一等6分，反应深入或全面，信息充分恰切。这要求现场的考生必须在规定的时间内对试卷设置的问题或任务做出正确的解读，调动平时累积的各种知识以及考场解题应对策略，进行有效解答，提高得分率。

一、目前县域学情

依据目前的教育行政划分，结合实际的教育教学情况，县域学情大致可以分为三个梯队：以城关中学、湖美中学为主的县城中学第一梯队，生源以及语文素养整体较好；以二中、四中、龙山中学为主的城郊完整中学第二梯队，生源以及语文素养整体略弱一点；剩下的三中、曲江华侨中学、丰田中学、和溪中学、奎洋中学农村中学为第三梯队，生源以及语文素养整体较弱。各校的语文教师为了各自"一亩三分地"能够茁壮成长，并且高产能，在《义务教育语文课程标准》（2022年版）的指导下，各显神通，累积了不少的教学经验，设计了适合本校的单元作业，甚至开发了校本课程。在此，我仅是分享平时教学中的研究所得——语文课堂教学的问题设置。

二、构建问题设置场：析解文本核心素养

语文课程学业质量标准是以核心素养为主要维度。考试命题以情境为载体，依据学生在真实情境下解决问题的过程和结果评定其素养水平。命题情境可以从日常生活、文学体验、跨学科学习，也可以从个人、学校、社会等角度设置。

2023年福建省语文中考试题名著阅读交流的问题与任务设置如下：初次阅读整本名著，会遇到一些疑难，有的同学没有耐心读下去。请你以阅读某部名著为例写一段简要的话，分享你化解某个疑难的成功经验与获益，启发他们读下去、读完它。

2022年版《义务教育语文课程标准》明确指出：每学年阅读两三部名著，探索个性化的阅读方法，分享阅读感受，开展专题探究，建构阅读整本书的经验。感受经典名著的艺术魅力，丰富自己的精神世界。

问题是题目的主体部分。本道题的问题设计侧重阅读与鉴赏、表达与交流的综合型题目，让学生在复杂情境中充分展示核心素养的发展水平。首先，它立足文本信息的提取、归纳、概括，考查学生对作品思想内容、篇章结构、表现手法、语言风格的理解和把握，引导学生对作品的创作动机、表达效果作出合理评价。其次，它要求学生调动已有的知识积累和学习经验，记述生活经历，表达情感体验，就语言、文学、文化、生活等现象发表自己的看法，并且要在与学生实际生活经验密切关联的交际语境中，考查学生语言文字运用能力，思考问题的立场、观点和态度，以及思维发展水平。最后，经过梳理与探究的整合，深入思考探究，综合分析解决问题，在学以致用的过程中展现正确的世界观、人生观、价值观。

梳理此次中考名著阅读交流的问题设置得知：解决问题的关键点在于关键词"整本书""疑难""某部名著""成功经验""读完它"。抓取了文本问题中的关键信息，寻找日常生活中与之相关联的结合点，问题便可迎刃而解。

例1

当我阅读《西游记》时，我总会碰到没有见过的生僻字、读到很长的一句话，令人难于理解，我几度想要放弃，但小说中"大闹天宫""三打白骨精"等情节一直吸引着我。于是我翻找字典等工具书查寻生僻字的释意，长句自己先试着断句理解，还有不懂

的便向老师请教。在我坚持将书"啃"下来之后,我发现我阅读文言文的能力显著提升,"字词库"也扩大了不少,这令我兴奋愉悦,不仅把《西游记》顺利读完,还喜欢上阅读明清小说了(满分卷)。

例2

当我在阅读《红星照耀中国》时,我会遇到一些不懂的故事情节或历史事件影响我读下去,我会选择在阅读之前先翻阅相关的书籍,再继续阅读该名著。(三等3-5分:反应基本正确,有信息支持)

例3

《水浒传》可以让我们学会去帮助困难的人,也让我明白了兄弟情……

《书里面的黄金屋》,我看了这本书后,我受到很大的启发,因为我相信,书中自有黄金屋,所以我们要继续读下去。

在阅读《简·爱》时,我对于简·爱寄人篱下,却不唯唯诺诺感到疑惑……(四等0分:没有反应或反应错误)

从例3的解题答案中,我们可以看出考生误读了题目中的问题或任务的设置目的,没有对问题文本进行析解,对设置的问题进行详细剖析,抓取关键信息,"某部名著"完整的名著名称在答题过程中是出现了,但是在阅读真不熟的过程中,没有存在"疑难",没有化解疑难的"成果经验",而是巧取书中的一个情节或人物来说事,不符合问题设置"读下去,读完它",考查考生在复杂情境中充分展示核心素养的发展水平的目的。

三、构建归因问题设置场:洞悉文本阅读元素

初中语文的文本阅读大致可以分为浏览、略读、跳读、精读等几类,依据新课程标准,要求学生在通读文本的基础上,理清思路,理解、分析主要内容,体味和推敲重要词句在语言环境中的意义和作用,同时对课文的内容和表达有自己的心得,能提出自己的看法,并能运用合作的方式,共同探讨、分析、解决疑难问题。中学一堂语文课时间为45分钟,教师根据教学大纲和学生认知水平,针对文本阅读设置不同难度的课堂问题,能从更广、更深、更结构化的层次对学生的综合能力进行培养和提升。

学生在解决有关问题时,常常受到问题的类型、呈现的方式等因素的影响。学生解决抽象而不带具体情节的问题时比较容易,解决具体而接近实际的问题时比较困难。由于问题的陈述方式或所给图示的不同,也会直接影响问题解决的过程。除此之外,学生已有的知识经验,定势与功能固着,个体的智力水平、性格特征、情绪状态、认知风格和世界观等个性心理特性也制约着问题解决的方向和效果。因此,教师要有意识地沟通课内外、不同学科、不同知识点之间的纵横交叉联系,使学生所获得的知识不只是一个孤立的点,而是能够融会贯通、有机配合的网络化、一体化的知识结构。

以人教版统编教材七年级下册第五单元课文《未选择的路》教学设计为例,教学方案中设置了四个学习任务,依次是"朗读感知""品读鉴赏""比较阅读""迁移拓展",遵循教育规律,因材施教,在四个学习任务群中循序渐进设置了难易适中的大小问题7—8题。

(1)这首诗歌整体的感情基调是什么?注意区分不同部分感情的细微变化(提示:感情基调有哀伤、欢快、迷茫等等)。学生在课堂上朗读优秀诗文,通过语调、韵律、节奏等体会作品的内容和情感。

客观存在的景物原本是死的,诗人在创作诗歌的时候,饱含内心的情感,并且把这些情感倾注到客观景物上,赋予了景物生命,这些景物变得鲜活,自动生成了新的意义,几个富有生命力的客观景物在诗人有意的串联之下,创设了一定的情境或意境,让读者在阅读过后有更大的想象空间来体会诗人所要传达的情感。

通过语调、韵律、节奏等学生可以感悟到本首诗歌的感情主基调是含有淡淡的哀伤,感情变化线为:迷茫→欢快→惆怅→哀伤。

(2)温故知新:请说出七年级所学过的与路和选择相关的课文和名人名言。

提示:相关课文:《散步》《〈论语〉十二章》《木兰诗》等。

屈原名句:路漫漫其修远兮,吾将上下而求索!

鲁迅的名言:世上本没有路,走的人多了,也便成了路。

在指导学生学习新知识之前,有意引导学生与旧知识点建立联系,形成网络化、一体化的知识结构。孔子云:"温故而知新,可以为师矣。"整合初一年级所学的课内文章,与选择和路有直接关联的课文有《散步》,母亲与儿子,儿子与儿子,奶奶与孙子对路的选择;《〈论语〉十二章》古人对朋友的选择,对师者的选择,如"三人行,必有我师焉。择其善者

而从之,其不善者而改之"。《木兰诗》中花木兰对自己人生道路的选择即替父从军等等,引导学生从旧的知识中生长出新的想法,从中国的文化角度思考外国诗人如何从不同的情境来展现自己的情感世界,为后续的中外诗歌对比阅读奠定基础,逐步促使学生的知识形成结构化、网络化、一体化。

与路和选择相关联的信息太多,选取古今名人名言为主,可以帮助学生累积写作素材,拓宽阅读视野。

(3)象征手法在哲理诗歌的使用:(方法指导)

象征手法在哲理诗歌的使用

意象	特征	象征事物或道理
林中的路	有分岔口,景色各不相同延绵无尽头,难以回返	人生的道路
诗人选择的那条路	芳草萋萋,幽寂,人迹更少	有挑战性,须艰难跋涉的生活

象征手法是本首诗歌最主要的表现手法,学生很容易将它与比喻的修辞手法混为一谈,用表格形式设置此问题,意在让学生能够通过理解作品内容,更好地把握象征手法在哲理诗歌的作用。

(4)诗人虽然写了自己所选择的路,但重点却放在未选择的路上。诗题也表明了这一点。既然已经作出了选择,为什么着重写未选择的路呢?

本道问题的设置意在让学生理解诗歌标题的内涵,作者通过自己的人生经历,对自己发出了灵魂的拷问,凝聚成诗歌的标题,意韵深远。

(5)学了这首诗,你从中悟出了什么道理?(主旨)

每个人的人生经历大抵不相同,对于诗歌的感悟也不尽相同,因为是自己的人生经验与收获,可以自信、负责地表达自己的观点。

(6)同样是写对"路"的选择,《选择》与《未选择的路》这两首中外诗歌有什么异同点?

选文从课内转移到课外,迫使学生利用旧的知识来解决新的问题,比较出真知,自动生成新的问题,再次迫使学生的学习策略和元认知策略改变,学会自主学习,提高解决问题能力迁移的意识性。

(7)请写出孙悟空对自己人生之路,每做出一次选择,它的称呼与身份发生的变化。

这是针对学生学完本首诗歌之后特地设置的综合性问题。《西游记》是初中学业评价考试规定的名著阅读篇目之一,语文课内教学刚好与名著的故事情节可以建立一个结合点,浑然天成,故事与主人公学生都很熟悉,但是在平常的阅读中疏于梳理,没有特意寻找他们之间的联系点。学生通过解决这个问题,可以打破、打通不同知识结构点,不同学科之间的壁垒,拥有更真实的情境体验。

教师引导学生在语文课堂上客观、全面、冷静地思考问题,识别文本隐含的情感、观点、立场,体会作者运用的思维方法。在传统语文课堂教学的基础上,教师因文构建问题设置场域,关爱学生的阅读感受,指导学生自我生成新问题设置场,建立学生对文本进行评价的体系,必能促使学生更好地提升解决实际问题的能力,提升语文核心素养。

林小云,福建省漳州市南靖县和溪中学教师。

基于UbD理念下初中语文核心素养目标的有效转化

◎林子杰

笔者接触了UbD教学设计理论，深感其诸多理念能解当下困境。语文核心素养是指学生通过语文教育所获得的最具终身发展价值的人格修养与关键语文能力[1]。格兰特·威金斯认为：理解就是通过各种恰当的外在表现来显示对思想、人、条件和过程的领悟。理解意味着使所学习的内容有意义，能了解为什么，具有在不同的条件和情境中运用这些知识的能力。[2]从概念上看，笔者认为格兰特所提出的"理解"这一概念和核心素养实为同源，运用知识的能力即适应发展的关键能力，能辨别不同条件和情境即必备品格或道德自知。所以要实现语文素养目标至教学目标的有效转变，采用追求"理解"的教学设计模式或许是一种途径，笔者将借用UbD教学设计理念在文中逐一展开。

一、语文核心素养目标与语文课堂教学目标的区别

教育部制定的语文核心素养目标与日常课堂教学目标还是有区别的，他们在目标对象、达成时间、行为主体、灵活程度、表述特点上都有明显差异，具体请看表1。

	语文核心素养目标	语文课堂教学目标
目标对象	国家制定的面向全国适龄段的所有不同特点的学生	面向某一学校1-2个班的学生，相比全国的学生，有地域、家庭、心理等特殊性
达成时间	长期时间，至少经过几年的课程学习内化的学科素养	40分钟左右，着眼于特定学生一节课的课堂学习目标，也是教师预期达成的学习结果
行为主体	国家、教育主管部门	教学目标应该是学习活动的体验者（学生）
灵活程度	一般研究颁布后，很长时间内不会轻易改动	教师可根据学生的实际情况，教学进度、难度等灵活安排
表述特点	维度广，相对笼统	应涉及学生在一堂语文课内的学习目标、学习任务，以及为什么学、怎么学、如何判断自己的学习效果

可见，语文核心素养目标和语文教学目标是一一对应的关系，需要教师个人根据教材和学情对素养目标进行分解，系统地落实到每一节课中，使学生在经历多年的学习体验后获得素养的提升。

二、转化路径

（一）转变设计动机，逆向学习路径

目前语文课堂教学目标的设计大多是根据课文特质和学情——考虑我应该教什么——采取何种教学方法。UbD教学设计理念认为：教师是设计师也是评估师，该职业的一项基本工作就是精致地设计课程和学习体验活动，以满足特定的教学需求，同时使学生能够检视我们的工作是否已经达到了预期目标[2]。笔者认为新时期的语文教师称为"语文课程的设计者"似乎更为妥帖，既然是设计者，我们不得不考虑这样几个问题：

设计受众：学习语文的学生。

设计目的：学生有秩序、有目的、有方法地进行语文学习，达成学习预期结果。

设计标准：学生能评估自己是否理解语文学习内容。

所以综上，要实现素养目标——课堂目标的转化，首先要转变设计动机，这个转变首先要求教师在思考如何开展教与学的问题之前先努力思考此次学习要达到的目的是什么？哪些证据可以证明学习目的是达成的？学习者该如何处理学习内容的先后次序？

以下是在进行《背影》教学设计前，教师预设的有关学生在学习过程中可能会遇到的学习内容需求，方法选择，秩序选择，自我评估手段等，之后教师才开始拟定教学目标、选择合适的教学手段、教学资源以完成学生对《背影》的学习体验活动。

我们在设计课堂教学目标前可先思考这样几个问题。

1.学生为什么要阅读这篇文章？

了解写人记事类散文文体特征；在行文中学会

中国式含蓄深沉表达亲情的方式；在快节奏的生活方式中寻找情感的丰腴。

2.学生应该如何阅读这类文章？

抓取情感线索；品味重点核心词语，体会理解语言背后作者的思考；知人论世。

3.这篇文本有哪些与其他文本相关联的核心知识概念？

物象线索散文特征。

4.学生在学习时的优先秩序是什么？

①怎样的背影——语言、描写特征；②比较中品味父亲的心理活动，我对父亲的情感变化；③背影的作用(结合散文这个大概念)；④作品情感的现代意义。

5.学生在学习过程中将讨论什么？

背影的作用。

他们如何知晓讨论是有效的？

评估标准：能结合散文概念、散文的语言、散文的情感氛围阐述清楚。

(二)构建设计体系，基本问题引领

对于特定的主题或概念，我们很容易问一些无价值的问题，也很容易问一些无法回答的困难问题，关键是要找到一些可以解答的、有启发性的、起到媒介作用的问题。[3] 反观当下的语文教学展示、教学研究，大多集中在定篇，但我们必须要认识到：一篇课文的教学赋予了足够的素养落实，给予了充分的学习体验不一定是一堂好课。一堂好课的前提是有有效的教学目标，设计有效教学目标的前提是构建基本问题体系，教学目标可以因学情发生变化，但基本问题体系根据素养目标、课程标准和教材体系，应该是基本不变的。UbD 教学设计理念中提到，"任何复杂的学习单元或课程，自然同时涉及众多教学教育目标：知识、技能、态度、思维习惯以及理解。如果目标是帮助学生充分感知和运用所学知识，那么目标设计和由此产生的教学活动，就必须专注那些可以连接所有分散知识和学科技能并带来思考意义的基本问题"[4]。

什么是初中语文教学的基本问题呢？笔者认为应有五重内涵：一是能激发更多语文问题的深度思考；二是指向语文学科的素养核心；三是学习语文核心内容所需的东西；四是能激发先前所学语文知识与个人经历的有意义联系；五是能够最大限度地吸引各类语文学习者。

笔者根据语文课程标准，统编教材双线结构特点，认为应以1单元1基本问题的框架构建最为科学系统，具体以七下教材为例，呈现如下：

第一单元：人类群星闪耀，看作家如何展现？

第二单元：家国情怀，人类共有，我们该如何抒写？

第三单元：小人物也有大境界，如何处理"小"与"大"？

第四单元：不同时期，不同体裁的文章如何展现中华美德，读后你有何思考？

第五单元：草木山川如何附着我之境界？

第六单元：当科学幻想遇上文学想象，会迸发怎样的火花？

笔者根据教材编写体式和意图将初中三年36个单元浓缩为36个基本问题，每个单元解决一个基本问题，它不可涵盖所有素养目标，但组合起来就呈现出学习思维由浅入深，学习视角由宽到窄，学习内容螺旋递增的科学系统，在此基础上，教师应进行取舍，确定每一篇课文的目标重点，对单元基本问题整体设计、分解，有意识、有计划地将素养目标落实到日常教学中去。

(三)凸显设计深度，学科思维水平分级

单元基本问题体系建立后，教师需根据基本问题设计每一课的核心目标，当下绝大部分以知识和文化为核心的语文课堂，侧重学生对语文知识和文化的记忆和浅层的理解，教学目标的核心是知识文化掌握了多少？而以素养为核心的课堂应该凸显学科的思维能力。

何为思维能力？怎样算达到了思维深度？UbD 教学设计理念的核心是追求"理解"，包含5大维度，如下：

1.能解释：通过归纳，合理解释概念间的联系。

2.能阐明：通过故事、图片、模型等对概念进行转化。

3.能应用：在不同的真实情境中有效使用调整学到的知识。

4.能洞察：批判性地看待，聆听观点，观其大局。

5.能自知：元认知意识，能根据自我的风格、偏见、心理、习惯；意识到自己不理解的内容，反思学习的经验和意义。

如上所示，"解释和阐明"属知识建构层面，需突出学科核心知识概念间的联系，"应用"属学科能力层面，而"洞察和自知"则是在前三者的基础之上，学习者所形成的学科品格，就是我们所泛称的素养，思维能力是核心。思维的形成离不开长时间学科技能的习得和训练，即"怎么学"的问题。如语文核心素养之一"文化理解"，要落实此素养的培养，教师首先要弄清楚文化理解的维度有哪些？文化理解应包含(文化自信、尊重、认同、借鉴、自觉)，理解的维度有很多，教师不可能一节课涉及所有维度。同时教师还要根据学习内容对学习技能水平进行划分，比如文化理解素养水平从自信到自觉的5个阶段即理解水平从低到高的水平划分。

以语文学科素养目标为依据，根据学习材料逆向预设学习路径，再根据单元学习内容与重点假设单元基本问题，接着在基本问题的引领下确定各篇例文的核心目标（任务），核心任务中应包含核心知识清单和核心语文技能思维训练任务，同时知识要注意联结迁移，技能思维水平要进行等级划分。

综上所述，笔者以图示展现从语文核心素养到课堂教学目标转化的设计思路，见下图：

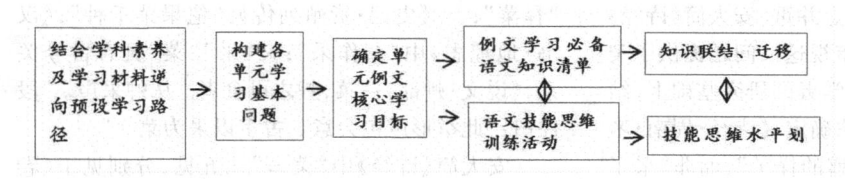

结合学科素养及学习材料逆向预设学习路径 → 构建各单元学习基本问题 → 确定单元例文核心学习目标 → 例文学习必备语文知识清单 → 知识联结、迁移
　　→ 语文技能思维训练活动 → 技能思维水平划

（四）细化目标表述：预期结果具化

前文已经阐述，教学目标设计的行为主体是"学生"，设计源头从"学生的语文学习结果预期"开始，故目标的表述应根据"预期的语文学习结果来表述"，预期结果除了阐明学生要实现怎样的学习结果外，还要让学生知道要学习哪些内容？怎样学习？完成哪些任务？怎样判断自己有没有学会？换言之，判断一堂语文课教学目标是否有效，教学是否成功，不光看教师文本研究是否翔实，教学手段是否新颖，更重要的是学生有没有学会，学会了多少？他们自己能否反思评价有没有学会。在此，笔者结合其他学者的观点，归纳总结了目前学术界研究前沿的几种语文教学目标的表述形式如下：

1. 行为主体＋预期学习结果：学生能理解什么是"默读"，默读的标准有哪些？

2. 行为主体＋学习方式＋预期学习结果：学生运用圈点勾画法，体会《纪念白求恩》一文中白求恩与其他人对"工作和人民"态度的不同。

3. 行为主体＋学习条件＋学习方式＋预期学习结果：学生阅读朱自清与父亲的补充生平资料，思考、讨论、交流作者为何两次写到自己"聪明过分"，体会作者创作文本的情感初衷。

上面的三种表述形式，行为主体是学生，且根据不同的学习结果要求，细化了学习条件、学习方式等要求，个人认为比较容易操作。但面对一些复杂的学习任务目标时，涉及情感领域，跨学科领域，深度思维学习，项目学习等就略显单薄，这些目标多是纸笔测试无法检测的，要根据学生的行为表现来评价，笔者在转化路径一中已经阐述：转变设计动机，教师在思考如何开展教与学的问题之前先要努力思考此次学习要达到的目的是什么？哪些证据可以证明学习目的是达成的？故笔者认为落实素养目标，追求理解和素养目标的课堂教学目标表述更多应采取如下形式：

概述的学习目的：理解新闻特写的特点并实践运用

具体学习结果：1. 用自己的话解释什么是新闻特写。2. 利用《飞天凌空》的特写片段，自己概述新闻特写的基本特点，小组交流完善思考结果。3. 比较课文原文特写片段和改写过的同一镜头描写片段，思考、讨论新闻特写除了满足基本特点外，还有什么魂不能丢弃。4. 运用学到的新闻特写知识，写一段篮球比赛投篮瞬间特写。5. 利用新闻特写知识进行有效评价。

学习目的清晰，学习过程分解，同时，学生本人对是否达成学习目的，学习过程中的行为表现有清晰的认识和评价。

三、后续问题

当教师能熟练并有效转化素养目标——课堂教学目标后，我们的研究视角应更多地转向学生学习过程的设计及评估，如"学习评估的指标和效度问题"；"如何架构'理解'"；"如何有效设计学习"；"理解5层面的有效应用"；"设计元素如何有效整合"等，一切为了学生更好地"理解"，提升核心素养。

参考文献：

[1]格兰特·威金斯,杰伊·麦克泰格.追求理解的教学设计：第二版[M].上海：华东师范大学出版社,2017.

[2]陈刚,皮连生.从科学取向教学论看学生的"核心素养"及其体系构建[J].湖南师范大学教育科学学报,2016(5).

[3]RM加涅.教学设计原理：第五版[M].王小明等译.上海：华东师范大学出版社,2007:4.

[4]格兰特·威金斯,杰伊·麦克泰格.追求理解的教学设计：第二版[M].上海：华东师范大学出版社,2017.

[5]王荣生.语文课程与教学内容[M].北京：教育科学出版社,2015.

林子杰，上海田家炳中学教师。

训诂方法在高中文言文教学中的实施策略
——以《芣苢》"采采"释义为例

◎刘 忆 范文阳

《诗经·周南·芣苢》中"采采"的训释一直是古今各家争论之处。一种观点认为应是动词，一种观点认为应是形容词，两种观点并重。安大简《诗经》的问世，无疑为我们重新审视这一问题提供了契机。同时，笔者在归纳诸位学者的研究基础上，结合出土文献，运用训诂方法确定《诗经·周南·芣苢》中"采采"的意义为"茂盛的样子"，而非"采了又采"，以期更好地致力于高中文言文教学实践。

《说文·言部》："训，说教也。诂，训故言也。"段注："训者，说教也。训故言者，说释故言以教人，是之谓诂。"郭在贻认为："训诂就是解释疏通古代的语言。换言之，将古代的话加以解释，使之明白可晓，谓之训诂。"[1]训诂的核心在于用现代语言解释古代语言，使其更加明确和可理解，是"书本上的考古学"[2]。学习文言文，尤其是读通生僻词汇和句子时，掌握训诂方法是非常重要的。课文注释虽然可助学生了解词的语境义，但由于文选之间的关联性较弱，更需要借助训诂方法，才能更深入地理解文言文的内涵。

以《诗经·周南·芣苢》中的"采采"一词为例，人教社统编版教材高一语文必修上册第二单元教材注释为"茂盛的样子"，而实际教学出现不一致观点。本文结合近年新出简帛文献，运用训诂方法确定"采采"一词意义为"茂盛的样子"，并探究训诂方法在高中文言文教学中的应用。

一、"采="通"蔡="例说

2015年入藏安徽大学的战国《诗经》简是现存时间最早、数量最多、保存最好的版本，为研究《诗经》提供了珍贵史料。安大简《诗经》14有"菜="一词，根据传世本，整理者将其释为"采采"，其言："'菜菜''采采'，茂盛众多貌。"[3]按："菜""采"同属清纽之部，二字相通，历代典籍多见。《仪礼·士昏礼》："乃奠菜"，《白虎通·嫁娶》中引"菜作采"；《仪礼·士丧礼》："释采"，《经典释文》作"释菜"；《史记·货殖列传》："佗果菜千种"，《汉书·地理志》中"菜作采"；又"采""菜"具有古今关系，《说文·艸部》："菜，艸之可食者。从艸采声。"段注曰："此举形声包会意。古多以采为菜。"

安大简《诗经》中"菜="凡五见，分别见于《卷耳》与《芣苢》篇中。其中《芣苢》四章四句，皆以"采采"起兴，诗中的六处"采采"之词，在安大简《诗经》中有四处写作"菜="。叠音词在很多时候并没有固定的写法，可以由不同的字记录，用字灵活，语义亦具有多义性。因此笔者推测简本中的"菜菜"当与"采采"意义一致。

二、《诗经》中"采采"的争议
（一）"采之又采"说

笔者在梳理材料中发现，有不少学者把"采采"看作动词，译为"采了又采"，不停劳作，没有停歇的场景。此观点最早源于毛亨为《诗经·芣苢》作传时的注解："采采，非一辞也。"[4]宋代朱熹在《诗集传·卷耳》中注解为："采采，非一采也。"[5]在之后的《芣苢》篇里依照前例没有过多注解。明代郝敬在《毛诗原解毛诗序说》中注解为："采采，非一采也。"[6]清代胡承珙在所撰的《毛诗后笺》中说明，毛传将之注解为"采采，非一辞也。"是因为"芣苢（苢），以妇人乐有子，明其采者众，故云非一辞也。"[7] 清代陈奂所作的《诗毛氏传疏》也持有类似的观点："古采、事同声。《尔雅》：'采，事也'。云'采采，事采之也'者，言勤事采之而不已也。"[8]今人袁行霈、徐建委、程苏东撰写的《诗经国风新注》也将之注解为："采采，采而又采。"[9]吴广平、彭安湘、何桂芬等人导读注译的《诗经》中将《卷耳》一文中的"采采"注解为："采采，采了又采的意思。"[10]而在后面《芣苢》篇中对于"采采芣苢"一句则依例翻译为"采啊采啊车前草"[11]。

（二）"状盛多之貌"说

清代大学者戴震最先在《诗经补注》中提出这种观点："毛传曰：'采采，非一辞也。'……震按：采采，众多貌。"[12]马瑞辰则在《毛诗传笺通释》中提出观点："《蒹葭》诗'蒹葭采采'，传：'采采，犹萋萋也'。'萋萋'犹'苍苍'，皆谓盛也。'……此诗及《芣苢》诗俱言'采采，盖极状卷耳、芣苢之盛。'"[13]同样出自《诗经·周南》的《卷耳》也有类似诗句："采采卷耳，不盈顷筐。嗟我怀人，置彼周行。"王力先生在《古代汉语》中将之注解为"茂盛鲜明的样子"[14]。上述引文中，戴震、马瑞辰、王力先生都认为《芣苢》《卷耳》两篇中的"采采"应注解为"茂盛的样子"。而现代不少学者也认可这个观点，认为"采采"应视为形容词，译成"茂盛鲜明的样子"更符合《诗经》首句喜用托物起兴手法的传统。

（三）两者皆可说

也有学者认为，这两种解读皆可并立。高亨先生就在他所注的《诗经今注》中注解为："采采，新鲜貌。一说：采采，采了又采。"[15]

"采采芣苢"，《毛传》：非一辞也；朱熹：始求之也；马瑞辰：茂盛；高亨：新鲜貌，一说采了又采。

三、《芣苢》中的"采采"意义

关于《芣苢》中"采采"一词究竟应作何种词性和意义理解的争论，其实由来已久。纵观诸位学者的研究，两种观点基本并重。两种解释都有其产生的历史和文化的土壤，都有其合理性。文言文教学中如果能吸收借鉴训诂的方法，能够有效地突破词义理解这一问题。训诂方法指考求古文献词义的方法与手段。训诂历史悠久，是传承文化的桥梁，训诂方法亦多样，除基本的形训、音训、义训外，还有对文推义、观境求义、集例求义等方法。

（一）对文推义

古人行文讲求对称的形式美，因此处在一句之中的词语常相对成文，形成意义上相反相关、语法上相当、形式上相对的结构。据此对文对于辨析词义和考订文字有一定的作用。

"采采"一词《诗经》中四见，即《诗经·周南·芣苢》"采采芣苢"[16]、《诗经·周南·卷耳》"采采卷耳"[17]、《诗经·曹风·蜉蝣》"采采衣服"[18]、《诗经·秦风·蒹葭》"蒹葭采采"[19]。其中"采采芣苢"、"采采卷耳"为同例。后二例可比参上下文："蒹葭苍苍""蒹葭萋萋""蒹葭采采"，郑注曰"苍苍，盛也。萋萋，犹苍苍也。采采，犹萋萋也。"[20]"苍苍""萋萋""采采"处于同一位置，语法地位大致相同，词性应相当，作形容词修饰蒹葭之繁盛。《诗经·曹风·蜉蝣》中"衣裳楚楚""采采衣服"，郑注曰："楚楚，鲜明貌。采采，众多也。"[21]"楚楚""采采"相对为文，一修饰其质地，一描绘其繁多，均用以形容衣裳之貌。根据此类对文的现象，可据词性词义确定的一方，拟推词性词义未知的一方，由此初步断定"采采"为繁盛之意。

（二）集例求义

"集例求义，是指通过集合一批同一被训释词的用例以显示词义的训诂方法。"[22]但是偶有个别被训释词用例较少，我们也可选择同类例子通过词汇、语法之间的共性加以训释。如果能搜集到越多的同类例子，则训释条件越好，结论也能更加可靠。

《说文·木部》："采，捋取也。从木从爪。"其甲骨文字形作"似手摘取树上果实之形，以此表捋取之意"。但从古代汉语构词方式看，并无动词重叠后仍表动作的词语。如"振振"一词，《说文·手部》："振，举救也"，在"螽斯羽，诜诜兮。宜尔子孙，振振兮"中被释为仁厚[23]；"振振君子，归哉归哉"中是信厚之意[24]；"振振鹭，鹭于飞"则是鸟群飞的样子[25]。可见"振"这一动词重叠后均变为形容词来描绘事物的样貌。

又从《诗经》重言词的词性来看，其多为形容词，郭锡良在《先秦汉语构词法的发展》中说道："全面考察《诗经》中的353个叠音词全是状态形容词"[26]，其功能为绘景、拟声、摹物或抒情。如"关，以木横持门也"，"关关雎鸠"中的"关关"乃是描摹雎鸠叫声的拟声词，与黄鸟的"喈喈"之声相属。"趯，跃也"，"趯趯阜螽"乃描述阜螽跳跃的样子。"招，手呼也"，"招招舟子"是形容船上的艄公摇船时弯腰摆动的样子。"采，捋取也"，"采采卷耳，不盈顷筐。"是形容卷耳"茂盛鲜明的样子"[27]。

"采"字下，段注亦曰："《曹风》'采采衣服'，《传》曰：'采采，众多也。'《秦风》'蒹葭采采'，《传》曰：'采采，犹萋萋也。'此三传义略同。皆谓可采众也。"此乃由"捋取"之本义引申指"采取的事物众多"，再引申为"繁盛"之意。笔者推测安大简《诗经》中的"采采"作"菜菜"，应是抄者注意到文字的使用差异，为与作为动词的"采"区别而写之。"采采"之义亦与"采摘"无关，其属于叠音单纯词。

（三）观境求义

语境可指物理语境、话语语境以及说话双方的背景知识。进入言语交际的句子词语表达了和语境相关的一系列信息，反过来理解这些词句需要结合特定的语境，即"语境理论"，认为应结合词语出现的具体语言环境来研究词语使用中的意义，亦是训诂"观境为训"的真实内涵。境训，沟通词的贮存义和语境义，是一种极为科学的训诂方法。

刘勰强调文章要情貌无遗，缘情而作，为情者约而写真。"菜="被释为茂盛之义时，《苤苢》则勾勒了这样一幅情景：试想和暖春日，三五田家妇女相约，平原旷野之上，风和日丽之中，一边唱着"采采苤苢"的古老歌谣，一边欢喜采摘苤苢的枝叶和种子。她一枝我一枝地摘取、拾取，又一把一把地从茎上捋取。采摘的越来越多，先提着衣襟兜起来，后又把衣襟别在腰间，继续摘取往里装。或为一餐饭食，或为求子祈愿，妇女们欢喜地交流着彼此心中美好的愿景。欢乐的场面夹杂着女子们的悄悄话和欢快的笑声。这种令人心旷神怡的劳动场面读来真是齿颊留香，有身临其境之感。但若将"采采"释作"采了又采"，与后文的行为动作则重复累赘，此种释意不仅未描摹卷耳之生长状态，抒情作用亦稍逊一筹。袁枚将"采采"之意作"采了又采"。其在《随园诗话》中笑谈："三百篇如'采采苤苢，薄言采之'之类，均非后人所当效法。今人附会圣经，极力赞叹。章斋戏仿云：'点点蜡烛，薄言点之。剪剪蜡烛，薄言剪之。'闻者绝倒。"[28]选自《诗经·周南》的这篇民风《苤苢》，句式齐整，简单明快，富于诗情和画意，在语言层层叠叠之下，蕴含着深刻的文化内涵和情感表达。笔者认为《苤苢》诗中的"采采"应训为茂盛鲜明的样子，会更符合其当时生产、生活劳作的真实情境，以及诗歌本身的语言风格，展现古人对自然的敬畏和对生活的热爱。

综上所述，关于《苤苢》中"采采"一词的词性和意义，学界存在两种主要观点：一种认为其意为"繁盛鲜明的样子"，另一种解释为"采了又采"。这两种解释都有其历史和文化背景支持，但根据古代汉语构词方式、《诗经》中重言词的词性特点以及语言情景的考察，笔者倾向于"采采"训作茂盛鲜明之意。

采用训诂方法，可以更好地理解古文词语的含义，同时也能更深刻地领悟到文学作品的内涵。在高中语文教学中，可以借鉴这种方法，培养学生对于古文的敏感度和解读能力。学生通过深入理解古文的词义，可以更好地领略到古代文化的魅力，同时也能够提升文学鉴赏水平。正如《苤苢》中的"采采"一词，古代文学作品中的字词都有着丰富的内涵，等待着一线教师去发掘和理解。

参考文献：

[1]郭在贻.训诂学[M].北京：中华书局,2019：2.
[2]胡朴安.中国训诂学史[M].北京：商务印书馆.1937：3.
[3]黄德宽，徐在国主编.安徽大学藏战国竹简[M].上海：中西书局,2019：81.
[4]毛亨.毛诗注疏[M].上海：上海古籍出版社,2013：67.
[5]朱熹.诗集传[M].北京：中华书局,2018：5.
[6]郝敬.毛诗原解毛诗序说[M].北京：中华书局,2021：51.
[7]胡承珙.毛诗后笺[M].合肥：黄山书社,1999：47-48.
[8][11]陈奂.诗毛氏传疏（壹）[M].南京：凤凰出版社,2018：28,11.
[9]袁行霈，徐建委，程苏东.诗经国风新注[M].北京：中华书局,2018：32.
[10]吴广平，彭安湘，何桂芬.诗经[M].长沙：岳麓书社,2019：8.
[12]戴震.戴震全书（二）[M].合肥：黄山书社,1994：16.
[13][14][15][27]王力.古代汉语（第二册）[M].北京：中华书局,1981：58,15,15.
[16][17][18][19][20][21]高亨.诗经今注[M].上海：上海古籍出版社,2017：281,277,384,372,372,384.
[22]王彦坤.训诂的方法[J].暨南学报（哲学社会科学版）,2005(06)：100-106+140.
[23][24][25]阮元校刻.十三经注疏[M].北京：中华书局,1980：36,59766.
[26]方玉润.诗经原始[M].北京：中华书局,1986：141.
[28]袁枚.随园诗话[M].北京：人民文学出版社,2006：97.

刘忆，西南大学汉语言文献研究所硕士研究生；范文阳，四川省成都市盐道街小学（汇泉校区）教师。

以"仁"的视角关照育人

——浅论大学语文中如何从《论语》的核心思想培塑学生良好价值观

◎罗海文

《论语》是儒家思想的经典文本，蕴含着丰厚的中华优秀传统文化资源。大学语文课程是传承和弘扬中华优秀传统文化的重要渠道，通过讲述《论语》中"仁"的核心思想，从爱亲、忠恕、精神境界三个方面阐述仁爱思想，使学生理解和掌握仁爱思想的丰富内涵，从而培育良好的道德情怀，增强文化自觉和文化自信。

《论语》是孔子的弟子及再传弟子编纂的语录体散文，是儒家和中华文化最重要的经典之一。儒家思想是中华文化的主流思想，儒家精神是中华民族的根本精神。《论语》中的"仁""礼"的核心思想对中华文化和民族精神的发展，具有积极而深远影响。正如2014年9月24日，习近平总书记在纪念孔子诞辰2565周年国际学术研讨会上发表重要讲话中指出："……研究孔子、研究儒学，是认识中国人的民族特性、认识当今中国人精神世界历史来由的一个重要途径。"学习《论语》是继承和弘扬中华优秀传统文化非常重要的途径。

学员们在初中、高中阶段都学习过一些《论语》的篇章，《论语》也基本上是高考必考的内容，所以学员们对《论语》中的一些话语、对儒家思想有一定的了解，但对《论语》中所蕴藏的中华优秀传统文化思想，理解得还不够深入和系统。在大学语文的教学中，教员就要带领学员去更加深入和系统地了解《论语》中的核心思想，尤其是最核心的"仁"的思想，从而使学员掌握《论语》中"仁"的丰富精微的内涵，继承和弘扬优秀传统文化中的"仁爱"思想，拥有正确的道德判断和道德责任，从而增强文化自觉，坚定文化自信。

"仁"是孔子思想的核心，也是儒家思想的核心。不到一万六千字的《论语》，"仁"出现了109次之多。其实，在孔子之前就已经有"克己复礼，仁也"(《左传》)的说法、仁德治国的思想，说明仁爱思想的渊源非常深远。但把"仁"作为一个思想道德范畴提出来，在内涵和境界高度上，都创造性地丰富和发展了，这是孔子给我们中国思想文化做出的重要贡献。通过学习这个核心的思想，可以让学员真正理解"仁"的丰富内涵，从而明白"仁"最终的目的还是在阐述一个道理，那就是为人之道。

一、仁的基础含义是爱亲——人之始

在《论语》的第一篇《学而篇》的第2章中就第一次出现了"仁"。有子曰："其为人也孝弟，而好犯上者，鲜矣；不好犯上，而好作乱者，未之有也。君子务本，本立而道生，孝弟也者，其为仁之本与！"(《论语·学而》)孔子的弟子有若说：如果一个人能够做到孝敬长辈、友爱兄弟，却喜欢触犯上级，这也太少见了。不喜欢顶撞上级，却又喜欢叛乱造反，更是没见过啊。君子致力于根本的事务，根本确立了，仁道也就顺理成章地产生了。孝敬父母、尊敬兄长，就是仁的根本。为什么《论语》里说孝敬父母、尊敬兄长就是仁的根本呢？这里有更丰富复杂的原因，简单来说，在孔子看来，仁是人之为人的本质，但在具体实践的过程中要以爱自己的亲人为先，实行"仁"只能从爱亲做起。仁爱是从家庭血缘亲情推衍而来的，一个人只有先爱自己的亲人，才会去爱他人。没有亲情之爱，仁爱就成了无源之水，无本之木。所以，在儒家看来，爱人要从爱自己的亲人开始，然后推而广之去爱别人、爱国家。后世的儒家继承了孔子的这个思想和逻辑。《礼记·中庸》中说："仁者，人也，亲亲为大。"《孟子·离娄上》也说："仁之实，事亲是也。""亲亲，仁也。""人人亲其亲，长其长，而天下平。"朱熹的《论语集注》说："仁主于爱，爱莫大于爱亲。"

我们每个人都有父母，有父母就有家。家是最小的国，国是千万家。有家才有国，有国才有家。家与国就是这样你中有我、我中有你。正如孟子所说：

"天下之本在国，国之本在家。"(《孟子》)孔子的仁爱关系，是从家庭出发，从有血缘关系的人出发，向外扩展的。也正是从这里开始，中国形成了家国同构的文化认同，也产生了中国人千百年来传承至今的特有的家国情怀、家国逻辑。

"仁"的基础含义是爱亲，或者说"仁"的实质是爱人，那么仁的实现方法是什么呢？《论语》中给出的答案是忠恕之道。

二、仁的实现方式是忠恕——人之道

子曰："参乎！吾道一以贯之。"曾子曰："唯。"子出，门人问曰："何谓也？"曾子曰："夫子之道，忠恕而已矣。"(《论语·里仁》)孔子认为自己的学说有一个贯彻始终的基本观念，据曾参的解释，这个基本观念就是"忠"和"恕"。《说文解字》说："忠，敬也"。"忠"就是真心诚意、尽心竭力对待人、帮助人。《论语》中曾子就说："吾日三省吾身，为人谋而不忠乎？与朋友交而不信乎？传不习乎？""恕"在《说文解字》中是这样解释的，"从心声，仁也"，直接强调"恕"是仁爱的一种表现，如心就是我的心就像你的心一样，将心比心。

宋代大思想家朱熹对"忠"和"恕"有一个权威的解释，"尽己谓忠，推己谓恕"。(《朱子语类》)说"尽己"就是"忠"，"推己"就是"恕"。"尽己"就是把自己该做的做到最好，这其实就是孔子在《雍也》篇里说到"仁"的两句名言"夫仁者，己欲立而立人，己欲达而达人"。(《论语·雍也》)就是自己想立足也帮助别人立足，自己想通达也帮助别人通达。

对于"推己谓恕"，孔子给"恕"下过明确的定义。子贡问曰："有一言而可以终身行之者乎？"子曰："其恕乎！己所不欲，勿施于人。"(《论语·卫灵公》)子贡问孔子，有没有一句话可以作为终身的行动准则呢？孔子就告诉他："其恕乎！己所不欲，勿施于人。"

"己欲立而立人，己欲达而达人。"是从积极的方面来讲的，若从消极的方面来说，从自己所不愿意的方面来说，那就是"己所不欲，勿施于人"。这其实也是一种做人的底线，用我们现在的话说就是一种底线思维。这句话，也被全世界所广泛接受，成为一种处理民族与民族之间、国家和国家之间的一种底线逻辑。

孔子在《论语》中告诉我们仁的实质，仁实现的方法，同时也告诉我们追求仁的最高境界是什么？那就是追求一种人生的价值和意义，就是一种精神境界。

三、仁的最高价值是境界——人之成

冯友兰先生在他的著作《中国哲学史》中讲到仁，把仁分成两项。一项就是说仁指的是"全德"，也就是包括了所有的各种美德，是所有美德的集合；还有一项是"四德"和"五常"之一。"四德"是仁、义、礼、智。"五常"是在四德之外再加一个信，就是仁、义、礼、智、信。在"四德"和"五常"中，仁不再是"全德"，而是和义、礼、智、信并列的美德之一。但无论"四德"还是"五常"，仁都是排在第一位的美德。这个梳理，比起前人来已经比较清楚了。

但在时隔半个世纪之后，冯先生又写了一篇文章，标题叫《对于孔子所讲的仁的进一步理解和体会》。在这篇文章中，冯先生对这两种仁做了重新定义：认为作为"四德"与"五常"之一的仁，是一种道德范畴、伦理概念，属于伦理学范围。作为全德之名的仁，是人生的一种精神境界，属于哲学的范围。这样说还是比较抽象，我们以《论语》中的文本举例来看。在《论语·里仁》篇里记载："子曰：人之过也，各于其党。观过，斯知仁矣。"这句话的"仁"字就不好解释，孔子说：每个人犯的错误，是可以各自归类的，也就是性质是不同的。最后一句"观过，斯知仁矣"，有的学者解释"看他犯的错误，就知道他是不是有仁德了"。从犯的错误里，看他的仁德，把错误跟仁德联系在一起，这有点太牵强了。也有的学者把这里的"仁"当作人类的"人"的通假字，意思是从他犯的错误，就知道他是一个什么样的人了。但《论语》里没有这样的先例，别的仁义的"仁"字，都不作为人类的"人"的通假字，如果只有这个是人类的"人"的通假字，也是解释不通的。

如果把这里的"仁"解释成精神境界，那孔子的意思就是：人犯的错误是各种各样的，从一个人犯的错误大体就可以知道他的精神境界了。精神境界，是有高低之分的，这样来理解孔子的这段话，应该要比前两种解释要好。

在《卫灵公》篇里有一句孔子的名言，子曰："志士仁人，无求生以害仁，有杀身以成仁。"这也是杀身成仁这个成语的来历。这意思是说，有着最高精神境界的志士仁人，不会用贪生来降低他的境界，只会不惜牺牲来达成他的境界。在这里，同样应该把仁理解为一种精神境界要更加合适一些。"杀身成仁"这句话也激励了两千多年的中国人,在家国危难,面临国家和民族的生死存亡的关键时刻,能抛头颅、洒热血。如写下"人生自古谁无死,留取丹心照汗青"的文天祥就义后,他的家人在处理后事的时候,发现了一篇写在腰带上的绝命诗,上面写着:"孔曰成仁,孟曰取义,唯其义尽,所以仁至。读圣贤书,所学何事?而今而后,庶几无愧!"(《衣带赞》)同样,谭嗣同、赵一曼、张自忠……无数的杀身成仁的人物流传在我们的历史之中,哺育了一代代华夏儿女。

2014年2月24日在中共中央政治局第十三次集体学习中,习近平总书记指出,要深入挖掘和阐发中华优秀传统文化讲仁爱、重民本、守诚信、崇正义、尚和合、求大同的时代价值。这些思想理念不论过去还是现在,都具有永不褪色的价值,是当代中国文化自信的重要基础。习总书记把"讲仁爱"放在第一位,意义重大,值得我们深思和研究。

《论语》中"仁"的丰富内涵,归根到底其实在说一个人如何成为更好的人。在儒家看来,仁的基础含义是爱亲,这是仁的实质,也是出发点,这是人之始。仁是忠恕之道,这是实现仁的两个方面,这是人之道。仁是精神境界,这是说人的价值和意义,这是人之成。这三个方面合起来就是一个人做好一个仁的开始、过程和结果,也就是为人之道。

仁爱思想对中华民族精神产生过积极和深远的影响,中华民族孝老爱亲、孝悌忠信、见贤思齐、礼义廉耻、见义勇为等传统美德都与仁爱思想有密切关系。对于个人来说,仁爱思想体现在"吾庐独破受冻死亦足""位卑未敢忘忧国""先天下之忧而忧,后天下之乐而乐"的精神境界上。对于社会来说,仁爱精神体现在"老吾老,以及人之老;幼吾幼,以及人之幼""民胞物与"这种思想中。对于民族、国家来说,仁爱精神体现诸如"生命至上""命运与共"的伟大抗疫精神之中。对于世界来说,仁爱精神体现在"一起向未来"、"人类命运共同体"的理念之中。仁爱思想是儒家学说的核心,也是中华文化的核心价值观念,铸就了中华民族的仁慈、善良、宽容、博大的品格,是中国人心灵家园的基石和宝贵资源。

大学语文课上,通过讲述《论语》中的核心思想,让学员对"仁"这个儒家的核心思想,有更进一步的理解和把握,从而滋养心灵,不做"精致的利己主义者",树立正确的价值观,继承和弘扬优秀传统文化中的"仁爱"思想,不断增强做中国人的文化自信。

参考文献:

[1] 杨伯峻.论语译注[M].北京:中华书局,2017年8月第2版.

[2] 翟博,韩星.仁爱:中华文化的核心力量[M].北京:中国大百科全书出版社,2020年6月第1版.

罗海文,航天工程大学基础部人文与社会科学教研室副教授。

多词一义：文言词语积累的另一路径

◎潘儒丹

文言文记录着我国悠久的历史，昭示着传统文化的底蕴，历来在语文教材和高考中都有不小的占比。但不少学生对文言文心怀畏惧，陷入了读文言文如读"天书"的困境。学生读不懂文言文，在大多数情况下，是因为词汇量不足以至于不懂文字的意义。[1]积累文言词语，是提升学生文言文阅读能力必不可少且最为基础的一环。语文教师往往会引导学生梳理一词多义、词类活用、古今异义词等重要文言知识，一些教师还会补充120个文言实词小故事和《乌有先生历险记》等内容以夯实学生的文言文基础，却往往忽略了文言文中普遍存在的多词一义现象。笔者在近几年的文言文教学实践中，逐渐意识到一词多义现象和多词一义现象分别是文言词语积累的纵面和横面，二者是相互补充的。因马全德已对多词一义现象进行了详细而合理的归类[2]，本文便从积累文言词语的角度，结合教学经历，探索引导学生积累多词一义词组以扩大文言词汇储备量的方法。

一、回归教材，消除学生的陌生感

学习文言文的最终落点是文化的传承和反思，而"言"是读懂文言文的基础，不可或缺[3]。目前，中学阶段的文言词汇教学有一个普遍现象，就是教学内容并非原创且例句多来自课外篇目，这容易造成学生对例句不熟悉、记忆效果不佳的问题。学生对例句和释义的陌生感，是不应该被忽略的阻碍文言词语积累的重要问题。因此，引导学生积累文言词语时，最好不要直接使用现成资料，而是回归教材，自己归类并整理多词一义词组，多用学生熟悉的课文里的句子，以此加强学生关于文言词语的印象，进而增强记忆效果。以"拜访"这一释义为例，笔者选出了"访""顾""过""候""诣"这五个拥有"拜访"释义的常用词，并制作了以下两份多词一义知识卡片以进行比较。

"拜访"知识卡片一
访：径造庐访成，祝成所蓄。（《促织》）
诣：遂与鲁肃俱诣孙权。（《赤壁之战》）
顾：三顾臣于草庐之中。（《出师表》）
过：臣有客在市屠中，愿枉车骑过之。（《信陵君窃符救赵》）
候：必躬造左公弟，候太公、太母起居。（《左忠毅公逸事》）

"拜访"知识卡片二
访：径造庐访成，祝成所蓄。（《促织》）
诣：及郡下，诣太守。（《桃花源记》）
顾：三顾臣于草庐之中。（《出师表》）
过：过故人庄。（《过故人庄》）
候：素与副张胜相知，私候胜。（《苏武传》）

知识卡片一里"访"和"顾"的例句分别出自课内篇目《促织》和《出师表》，"诣""过"和"候"的例句都出自课外篇目，或为笔者网上搜索所得，或来自《古汉语常用字字典》，对于文言文阅读量不大的学生而言，这三个选自课外篇目的例句是比较陌生的，特别是《左忠毅公逸事》里的"必躬造左公弟，候太公、太母起居"，缺少了具体语境，学生不了解主语是谁，所为何事，既不易理解，又不便于记忆。知识卡片二所用例句皆出自所学课文，除了《促织》和《苏武传》，其余三篇还是要求背诵的课文，学生对它们的印象自然会比课外篇目深刻。用课内篇目的句子作为例句，不仅能够唤起学生的学习记忆，还让学生感到熟悉，方便记忆之余，也节省了不少用于消化的时间。可以说，与出自课外篇目的句子相比，出自课内篇目的句子往往能够消除学生对例句的陌生感，让学生在提高多词一义词组积累效率的同时，顺带进行了相关篇目的再次记忆，不少语文知识无形之中得以沉淀。

二、织线结网,制作多词一义词组卡片

文言词语教学不仅要从纵的方面弄懂文言词语的一词多义,还要从横的角度弄懂文言词语的多词一义。[4]目前,一词多义现象已有不少研究,常见的一词多义也有比较系统的内容梳理,但有关多词一义现象的研究还比较少,可做参考的主要是马全德于1993年发表的两篇论文,常见的多词一义词组也缺少归类和梳理。教师尝试归类和整理常用的多词一义词组,除了要熟悉教材并从中挑选易于记忆的例句外,还应该合理取舍文言词语。如果把多词一义的所有相关词语都罗列出来,附以例句来让学生记忆,这对教师而言是艰巨的任务,对学生来说是沉重的负担。我们常说学生要掌握文言词语,要掌握的主要是常用词的常用义。因此,教师需要合理取舍文言词语:一是筛选出在同一释义下常用的文言词语,舍弃那些比较生僻也不常用的文言词语;二是在众多不同释义的文言词语中选出阅读文言文需要掌握的较为基础的部分,舍弃那些特殊而少见的部分。笔者暂时发现常用的多词一义词组有近百个,主要集中在代词、时间词、日常行为习惯相关词语、官职任免升降相关词语、科举相关词语、常用器物相关词语等方面。教师可以结合教材制作这些常见的多词一义词组的知识卡片,最大限度地发挥卡片记忆法便于理解、记忆和积蓄知识的作用。

当然,制作知识卡片不是一步到位的,而是一个逐渐完善的过程,它需要根据学情不断补充和调整。如表示"不久、一会儿"意思的常用文言词语有"寻""俄""俄而""俄顷""顷之""既而""已""已而""未几""无何""少间""少焉""少顷""斯须"等,这组词中有六个集中出现于《促织》一文。为让学生记住这组多词一义,笔者先将"未几""俄""既而""无何""少间""斯须"这六个出现在《促织》中的词提取出来,暂时将它们归纳为一组,让学生对这组词有一定的印象,之后在《陈情表》和《项脊轩志》的教学中复习这组词,并将"寻蒙国恩"中的"寻""已为墙"中的"已"和"顷之,持一象笏至"中的"顷之"补充到表示"不久、一会儿"之义的组词中,还增加了《茅屋为秋风所破歌》中的"俄顷"和《口技》中的"俄而"。学生结束了选择性必修下册的学习后,笔者拓展了张孝纯为高考复习撰写的《乌有先生历险记》一文,进一步对这一组词整理如下:

"不久、一会儿"知识卡片

寻:寻蒙国恩,除臣洗马(《陈情表》)。

未几:未几,成归,闻妻言,如被冰雪(《促织》)。

俄、俄顷、俄而、顷之、少顷:1.俄见小虫跃起(《促织》);2.俄顷风定云墨色(《茅屋为秋风所破歌》);3.俄而百千人大呼(《口技》);4.顷之,持一象笏至(《项脊轩志》);5.少顷闻巨啸,四山响震(《乌有先生历险记》)。

已、已而、既而:1.庭中始为篱,已为墙(《项脊轩志》);2.已而,驴惊鸣,女鬼觉之(《乌有先生历险记》);3.既而得其尸于井(《促织》)。

无何(亡何):无何,宰以卓异闻(《促织》)。

少间、少焉:1.少间,帘内掷一纸出(《促织》);2.少焉,月出于东山之上,徘徊于斗牛之间(《赤壁赋》)。

斯须:及扑入手,已股落腹裂,斯须就毙(《促织》)。

可见,制作多词一义词组知识卡片不能急于求成,要充分考虑教学的进度和学生的接受程度,循序渐进地整理,然后不断完善和巩固,将之牢牢印在学生的脑海里。

三、见缝插针,善用重复记忆法

文言词汇教学重在常用词的教学,学生阅读文言文的时候可以借助工具书查找词义,但不能遇到一个查一个,应该记住一些常用词,因为它们出现的频率非常高。[5]常见的多词一义属于常用词的范围,学生应该牢牢掌握它们。但高中学段课程任务较重,时间有限,专门集中精力积累文言词语是不现实也不可取的,进入到高三复习备考阶段,单独花费不少时间和精力来积累文言词语更不切实际。而艾宾浩斯记忆遗忘曲线表明遗忘的进程不是均衡的,不是每天固定丢掉一些知识,而是在记忆的最初阶段遗忘的速度很快,之后逐渐减慢,到了相当长的时候后,几乎就不再遗忘,也就是"先快后慢"原则。因此,教师在平时的文言文教学中,可以运用重复记忆法,每间隔一段时间就将学生已经学习的多词一义词组回顾一次,如果在某篇文言文课文遇到相关的词语就及时复习,见缝插针般地巩固常用的文言词语,当学生所学的多词一义词组经过多次重复后,就会变为永久性记忆,沉淀在学生的知识海洋里。

语言的建构是运用的前提,学生唯有牢牢掌握大量文言词语,才能逐渐通过阅读养成文言语感,

进入中国古代文化的殿堂。在文言文教学中，教师对普遍且有规律可循的多词一义现象进行归类整理，自然能够加深学生对词语的横向理解，但学生不能止于理解，更需要长久记忆。重复记忆看似笨拙，实则极为有效，因为记忆的深浅不仅与刺激的强度有关，也与重复的次数直接相关。因此，要不断引导学生重复记忆常用的多词一义词组，重复的次数越多，记忆就越深刻。当学生掌握了许多常用的文言词语后，就会慢慢读懂文言文，不再是读文言文如读"天书"。依旧以表示"不久、一会儿"的一组词为例，如上文所说，笔者曾将《促织》中的"未几""俄""既而""无何""少间""斯须"暂归一组，不时回顾。而《陈情表》《项脊轩志》《归去来兮辞并序》都是选择性必修下册第三单元的课文，在学生学习《陈情表》和《项脊轩志》时，笔者补充了"寻""已"和"顷之"，两次引导学生复习这些词，随后学习《归去来兮辞并序》，笔者发现经过多次重复记忆后，学生能够准确地把"寻程氏妹丧于武昌"里的"寻"翻译为"不久"，并且能够熟练地说出这组词，特别是《促织》中的六个。学生阅读其他文言篇目时，也基本能够正确翻译这些词。

四、组合词语，借助双音节词以增强记忆

学生成长于现代汉语语言环境中，已经形成了现代汉语的语言经验。学生学习文言文时，容易用自己的现代汉语语言经验去解读文言文，以致阻碍文言语感的养成，这是一个令教师头疼的问题。反过来想，现代汉语里的语素，多数是由古代汉语的词演变来的[6]，教师也可以利用学生掌握的现代汉语词语来引导他们记住部分文言词语。

在汉语不断发展的过程中，语音的逐渐简化、词汇系统的急剧发展和语言交际功能要求的提高等因素，共同促成了汉语词汇由单音节词向复音节词演变的现象[7]。在汉语词汇复音化现象中，最显著的是单音节词的双音节化。现代汉语以复音词特别是双音节词为主，仔细观察现代汉语中的一些双音节词，就会发现它们其实是由两个可以表示相同或相近意思的文言词语组合而成的，如"请""求""乞""丐"这四个文言词语都有"请求"的意思，它们交叉组合后，成为现代汉语中的"请求""乞求""乞丐"等词语。因此，笔者认为，教师可以借助这一类学生熟知的现代汉语中的双音节词，来引导学生记住文言文中常用的多词一义词组。至于如何借助双音节词来记住文言词语，笔者

的做法是先归类和整理多词一义词组，再让学生选择词组中的任意两个词，把它们组合成现有的词语。以表示"希望"之义的多词一义词组为例，结束了选择性必修下册第三单元的教学后，笔者结合该单元的《陈情表》和之前学生所学的《鸿门宴》《孔雀东南飞》等课文，把"希""望""盼""冀""愿""幸"这几个都可以表示"希望"的文言词语归为一组，让学生从中选择任意两个词语进行组合，这些词语经过两两组合后，就变成了现代汉语中的"希望""愿望""盼望""希冀"，而这四个双音节词包含了这组多词一义中的"幸"以外的所有词语。

当然，由两个表示相同或相近意思的文言词语组合而成的双音节词并不多，他们并不需要我们花费太多的时间和精力，教师只需在归类和整理好某一多词一义词组后，引导学生记住它们的时候使用词语组合法。但需要注意的是，教师借助双音节词来加强学生的记忆，选择的多词一义词组不能是相互之间没法自由组合的词语。另外，组合词语时，最好是让学生自己从词组中选择词语进行组合，这样学生的印象会更加深刻，而且组合而得的词语必须是汉语系统中的现有词语，不可生造、乱造。

总之，在高中的文言文教学中，教师应该重视文言文中的多词一义现象。在参考资料不多的情况下，教师可以根据教材和"新课标"合理归纳多词一义词组，多探究积累这些多词一义词语的方法，相信学生经过了文言词语多词一义训练后，他们掌握的文言词语会更加系统化和条理化。

参考文献：

[1] 王力.古代汉语（第一册）[M].北京：中华书局，2018：3.

[2] 马全德.文言词语的几种多词一义现象[J].语文教学通讯，1993(04)：44-45.

[3] 王荣生，童志斌.文言文教学教什么[M].上海：华东师范大学出版社，2014：6-7.

[4] 马全德.文言词语的多词一义现象[J].语文教学与研究，1993(05)：45-46.

[5] 李节，蒋绍愚.文白关系与文言文教学——北京大学中文系教授蒋绍愚访谈[J].语文学习，2015(11)：16-20.

[6] 黄伯荣，廖序东.现代汉语（上册）[M].北京：高等教育出版社，2017：200.

[7] 黄志强，杨剑娇.论汉语词汇双音节化的原因[J].复旦学报（社会科学版），1990(01).

潘儒丹，贵州省三穗县民族高级中学教师。

"我"代东坡发个圈儿
——以《记承天寺夜游》为例探究大单元视域下的单篇教学

◎荣禾香

新一轮的课程改革进一步明确了学科教学的逻辑起点是学科素养目标的达成，也就是学科关键能力、必备品格和价值观念的培养，这就需要从关注单一的知识点、课时到转变为大单元教学设计。无论是《义务教育语文课程标准》（2022年版）新课标中的6个任务群还是统编版教材双线组元的编排，都为教师进行单元整体设计指明了方向和奠定了基础。但正如崔允漷教授所言，所谓的"大单元"并非教材中的一个自然单元，以人文主题为来主编排的几篇课文还需要一个能"全景"透视语文要素的学科大概念，能聚合起指向学科核心知识和基本能力的核心任务，实现教学内容结构化，课程内容情景化，促进核心素养的落实。

统编版教材八上第三单元，《记承天寺夜游》在六朝山水小品中显得形单影只，如何基于大单元教学设计理念，重新定位这一篇的功能价值是笔者面临的新问题。

一、单元视域下单篇教学的价值探寻

课前，笔者设计了调查表，了解学生对苏轼其人其文的积累情况和对这篇文章的理解。学生对苏轼"唐宋八大家"称号的知晓主要来自初一年级的欧阳修《卖油翁》一文的顺带提起，可谓"有名无实"。部分学生背诵过不少苏轼诗词，但这些诗文对于理解被贬黄州时期苏轼的心境帮助不大。部分学生得益于《苏东坡传》的阅读，对苏轼的政治生涯有所了解，但对于"达观""旷达"这些对苏轼人格的溢美之词只有标签式的理解。对文中精彩的"苏轼月光"亦存在理解偏差，更难以体会区区八十几个字中传达出的幽微情绪和"闲"的深意。

笔者当然不可能用一篇课文一节课讲尽苏轼，但是至少为学生开启走近这位中国文人典范和榜样的路径。但是如果依旧循着之前的老路来走，只教这一篇只说苏轼，这言词的高妙，这意境的清幽，这心境的旷达，这背后的文化都显得太单薄了。那么如果《记承天寺夜游》走进六朝山水小品文，如果苏轼混迹于吴均、陶弘景中，又会激起怎样的联想和想象？

二、提炼核心概念，设计驱动性任务

基于新课程标准和统编语文教材的大单元设计，凸显课程视角和学习维度，是以语文学科核心概念为统领的、核心素养为取向的单元整体教学。进行大单元教学设计的第一步就是提炼单元核心概念，需要基于对课程、教材和学情进行综合考量并整合合适的教学内容。

通过对新课标基础性学习任务群"语言文字积累与梳理"与发展型学习任务群"文学阅读与创意表达"的研究，笔者初步明确了本单元教学选择六朝山水文进行精读，以《记承天寺夜游》作比读。引导学生体会诗文骈散结合的形式美，结合时代背景体会中国文人山水美文中传统的审美追求和文化传承。

结合单元导读，写作要求及每一课助读系统，可以将本单元各篇目的教学要点排布如下：

语文要素：积累文言字词，理解文章大意；联想想象画面，初步欣赏意境之美。

《三峡》教读：1.朗读课文，体会骈文的节奏分明，音韵和谐的特点。2.借助联想和想象，感受长江三峡的雄伟气势和绮丽景象。3.领会文章运用凝练的语言描绘景物特征的写法。

《答谢中书书》教读：1.借助诵读，感受骈文句

式的齐整、音韵和谐的特点。2.品味词句,借助联想和想象感受山水之"奇",学习多视角写景的方法。3.结合作者和时代背景体会作者的情感。

《记承天寺夜游》教读:1.借助诵读,感受散句的随性自然,东坡用字的天然成趣。2.品味词句,借助联想和想象体会写景句中月色的空灵,学习侧面写景的手法。3.知人论世,理解"闲人"复杂幽微的心理。

《与朱元思书》自读:1.继续在诵读中体会骈文的语言特点。2.抓住"奇山异水,天下独绝"发挥联想和形象把握作者笔下景物的特点,学习作者多角度多感官描写景物的手法。3.感受作者纯粹的审美情趣。

人文要素:从古人歌咏山水的优美篇章中获得美的享受;净化心灵,陶冶情操,激发对祖国山川的热爱,培养高尚的审美情趣。

依托教材中的四篇古文,拓展补充与作家作品和核心任务相关的文章,设计了问题情境:

假如穿越到六朝,跟随六朝山水诗人游历山水,作者会看到怎样的景,又能从他们身上体会到怎样的情怀?假如当时也有微信朋友圈,这些文人游历归来会截取哪些画面和撰写怎样的文字发圈儿?假若身在六朝与这群文人为友,结合自己的一次山水游历经历,通过微信发圈的形式记录你的这次游历,并@你最喜欢的山水文人。

那么苏轼也同样可以穿越到六朝,并带着夜游承天寺的经历与六朝山水达人展开一番交流。

三、尝试三次"用件",不失"定篇"价值

(一)用以比较,体会形式之美,小结骈文特色

课前,学生结合注释和工具书进行素文断句,粗知大意。课上,通过各种形式的朗读,特别是通过设计朗读评价标准驱动学生关注音韵和句式。在朗读中体会三篇魏晋南北朝山水小品四言句式,对仗修辞,骈散结合的形式特点,并积累相关的文学文化知识。(见表1)

在此基础上,通过对四篇文章分类的学习任务,学生在多角度比较中形成对《记承天寺夜

表1 朗读展示评价量表

评价项目	评价说明	星级评分标准
读通读顺	读准字音,正确断句,语气连贯	☆☆☆☆☆
读出节奏	运用重音、停连等朗读技巧读出节奏	☆☆☆☆☆
读出层次	通过任务分工,合作朗读,体现文章的层次结构	☆☆☆☆☆
读出韵律	找到韵脚和对仗句式,通过拖长和重读等形式读出韵律	☆☆☆☆☆

游》句式特点和情感意蕴的初步感知。这一课时的作业是将《记承天寺夜游》改写为骈文形式,既是对骈文知识的迁移运用,也为下一步的教学准备了资源。

(二)用作支架,品味虚词之妙,体会幽微情感

正式进入《记承天寺夜游》的教学,既要关注《短文两篇》的编排意图,又不脱离单元教学设计。聚焦单元核心概念和核心任务。以为陶弘景和苏轼的游历选图绘图撰写发圈儿文字为驱动性任务,设计了这样的活动内容:

核心任务:为陶弘景和苏轼设计发圈儿内容

环节一,借助学生完成的骈文版《记承天寺夜游》以及改写中的难点和错误,引导学生品味文中月色描写的精妙之处,为完成发圈文案中的"图片取名"和"美点分析"进行知识能力和素材准备。

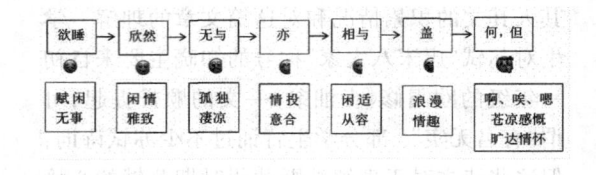

欲睡	欣然	无与	亦	相与	盖	何,但
赋闲无事	闲情雅致	孤独凄凉	情投意合	闲适从容	浪漫情趣	啊、唉、嗯苍凉感慨旷达情怀

环节二,通过品读骈文版中去掉的虚词,以绘制"夜游"表情包的学习任务激发学生兴趣,进而体会苏轼幽微变化的心境,领会"闲"的意味。

最后,学生结合对写作背景和苏轼黄州经历等资料的阅读,完成了整个发圈文字的撰写。

四、大单元视域下单篇教学设计反思

依托单元人文要素，实现育人价值。将经典单篇置于大单元的视域下，从单元教学挖掘育人价值，为笔者的设计打开了另一扇窗，特别是从中国文人的山水情怀入手，从魏晋山水鼻祖走到苏轼，看到一种文脉的传承，同时从古人歌咏山水的优美篇章中获得美的享受，净化心灵，陶冶情操，激发对祖国山川的热爱，培养高尚的审美情趣。

大单元教学设计的根基在于核心概念的确定。笔者将单元教学的核心概念分解为"形式美""画面美""情怀美"三个子概念，从而对接了本单元的骈文特色、联想想象感受画面和体会山水情怀的单元语文要素，并通过"发圈儿"这样图文结合的任务设计来聚合起理解核心概念需要的知识和能力。在多种形式的朗读、比读和有变式读和进阶性的读写任务中反复实践，提升学生学科核心素养。

单元视域下设计单篇教学，避免了之前短文长教而造成的失之于多的问题，而在四篇文章的反复勾连中形成了问题链和任务串，帮助学生建构起指向核心概念的知识结构和方法结构。

大单元教学通过在某种情境表能运用何种知识完成什么任务来评价学生核心素养的达成度，也就是情境背后是学生的生活和真实的世界。本单元教学的朋友圈儿发圈儿的任务既有真实性，又因为"跨越时空交流"而增加了趣味性和体会作者情感的移情性。从代文人发圈儿到自己发圈儿并@喜欢的作者，又实现了学习与生活的关联，进一步凸显了语文活动的真实性和情境性。

参考文献：

[1] 中华人民共和国教育部.《义务教育语文课程标准》(2022年版)[M].北京：北京师范大学出版社,2022.

[2] 王荣生.文言文教学教什么[M].上海：华东师范大学出版社,2015.

[3] 格兰特·威斯金等.追求理解的教学设计[M].上海：华东师范大学出版社,2017.

[4] 崔允漷.学科核心素养呼唤大单元设计[J].上海教育科研,2019(4).

荣禾香,北京市陈经纶中学保利分校教师。

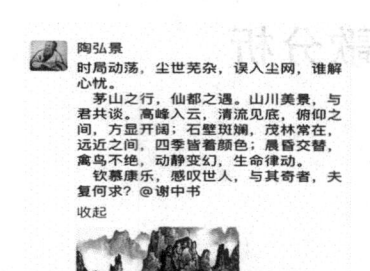

（三）用以拓展，穿越时空的对话，打通课内课外

单元教学最后的输出成果是学生模仿四位作者撰写发圈文案。在领会了中国文人的山水情怀和审美志趣之后，学生走进生活，拍摄秋天美景，贴近四位作者的写法和表达，撰写发圈文字并@四位作者中任何一位，展开跨越时空的对话。

表2 "穿越时空来对话"发圈文案内容要求

内容	要点
记忆最深刻的一次山水游历	交代时间、地点、出行缘由等
最令你感动或印象深刻的画面	为画面命名，多个画面需要排序
描绘画面	运用本单元学习的方法描绘画面
用骈文来改写一段景物描写	四六字、押韵、对仗
情感体验或思考感悟	结合本单元所学，从六朝山水文人的审美视角和体验中获得启发，从与自然关系，从摒弃世俗、刚健有为的姿态来重新思考和感悟。
@本单元你喜欢的一文作者，结合你的山水游历体会与他展开交流	联系作者的时代背景，作品的内容情感；表达共鸣或者提出质疑

核心素养视域下的先唐时期诗歌分析
——以统编版初中语文教材为例

◎阮汝佳

先唐时期即我国的先秦两汉魏晋南北朝时期，这一时期的诗歌是我国古代诗歌宝库中一个重要的组成部分。根据新课标的要求，义务教育阶段的学生要具备语文学科的核心素养，其中包括文化自信、语言运用、思维能力和审美创造。现行的统编本初中语文教材中的先唐诗歌，除了九年级上册以外，其他五册均有收录。包括《诗经·蒹葭》、曹操《观沧海》《龟虽寿》、刘桢《赠从弟（其二）》、陶渊明《饮酒（其五）》等诗，共12首。

诗歌的选择与分布是体现编者主要意图的重要内容，诗歌的学习是训练学生语文核心素养的主要内容之一。因此，对教材中的先唐诗歌进行分析，能使我们更好地认识到统编教材的独到之处，提高学习效果。

一、诗歌的选择注重文化自信、培养审美能力

统编本初中语文教材在先唐诗歌的选择上，注重文化自信的树立和审美能力的培养，体现了编者力求以语文核心素养为中心的设计理念。教材中先唐诗歌选择及分布如下：

七年级上册：《观沧海》

七年级下册：《木兰诗》

八年级上册：《庭中有奇树》《龟虽寿》《赠从弟（其二）》《梁甫行》《饮酒（其五）》

八年级下册：《关雎》《蒹葭》《式微》《子衿》

九年级上册：无

九年级下册：《十五从军征》

先唐诗歌是我国诗歌发展的起点，在我国诗歌史上占有重要地位。学习先唐诗歌，不仅仅要把它作为提高语文素养的对象来学习，同时也应理解先唐诗歌独特的文化与审美。文化和审美与语文核心素养内容中的"文化自信"和"审美创造"相契合。

新课标指出："文化自信是指学生认同中华文化，对中华文化的生命力有坚定信心，通过语文学习热爱国家通用语言文字、热爱中华文化、继承和弘扬中华优秀传统文化、革命文化、社会主义先进文化，关注和参与当代文化生活，初步了解和借鉴人类文明优秀成果，具有比较开阔的文化视野和一定的文化底蕴。""审美创造是指学生通过感受、理解、欣赏、评价语言文字及作品获得较为丰富的审美体验，具有初步感受美、发现美和运用语言文字表现美、创造美的能力；涵养高雅情趣，具备健康的审美意识和正确的审美观念。"[1]

《诗经》是我国最早的诗歌总集，是我国诗歌现实主义传统的源头，体现着先秦时期中华民族的文化和审美特点。孔子曾说：不学诗，无以言。作为一部古老的文化元典，《诗经》无疑是接触优秀传统文化、培养审美能力最好的材料之一。学生学习《诗经》能对我国四言诗有进一步感知，既可以巩固过去的学习经验，又可以引导学生继续阅读这类文本；《观沧海》和《饮酒（其五）》：《观沧海》是统编本初中语文教材七年级上册的第一首古代诗歌，意味着这首诗是学生在初中阶段遇到的第一首古诗，诗歌中透露出的昂扬向上正是步入初中的学生需要形成的精神面貌。《饮酒（其五）》是一首田园诗，诗歌中展现出的平静淡然和悠然自得能够给人独特的审美体验。这二首诗是初中生在初中阶段接触的两首先唐时期的山水田园诗歌，学习此类诗歌，能开阔眼界与心胸，提高学生的审美创造能力，激起对优秀传统文化的热爱；《木兰诗》凝聚着劳动人民的智慧，体现了中华传统文化中的道德观念：孝，呈现出语文教材的育人价值；《龟虽寿》和《赠从弟（其二）》二首诗中自强不息、昂扬奋发的精神，集中体现了中学生所需的必备品质，促进形成健全人格；《梁甫行》和《十五从军征》中，特定时期人们颠沛流离，家园荒芜破碎。反映了在战争的摧毁下普通人民的悲惨无助，有助于情感感知能力的培养；《庭中有奇树》选自《古诗十九首》，语言质朴动人，有民歌的韵味，阅读本诗能够丰富情感体验和精神世界，积淀文化底蕴。

新课标提到"强调内容的典范性，精选文质兼美的作品，重视对学生思想情感的熏陶感染作用，重视价值取向，突出社会主义先进文化，中华优秀传统文化。"[2]统编本教材中选择的这12首先唐诗歌，都是流传至今的经典篇目，被后世的广大读者所接受。中华古典诗歌能够使学生了解中华传统文化的智慧，认同中华诗歌文化，增强文化自信，提高审美鉴赏能力。

二、诗歌编排聚焦语言运用的阶段性

语文课程是一门学习国家通用语言文字运用的综合性，实践性课程。[3]在语文课程的学习中，了解语言文字的特点和能够独立实践至关重要。初中阶段上承小学，下接高中，语言文字的学习是一个循序渐进的过程，统编教材中对于先唐诗歌的编排符合初中生学习的阶段性和发展性。

(一)分布科学性

统编本初中语文教科书中共有12首先唐时期的诗歌。其中，七年级有2首，八年级有9首，九年级有1首。每一学年上下两册的先唐诗歌数量相当，七年级和九年级数量较少，八年级数量最多。诗歌和诗歌之间也有一定间隔，留出了时间给学生吸收，阶段性学习相关诗歌，做到真正的学有所获。而且从八年级到九年级的知识量呈递减趋势。诗歌基本安排在前两个学年学完，为学生的语文知识体系搭成良好体系。七年级学生刚结束小学阶段，学习经验较为欠缺，很难立刻进入诗歌学习的状态；八年级学生，诗歌的学习经验和心智都有了较大提升，因此八年级的诗歌较多；九年级的时候，学生基本处在复习阶段，而且对九年级学生的语文综合能力要求更高，加之先唐诗歌的创作时间距离当今较为久远，语言文字的理解和学习有一定的难度，所以先唐诗歌安排的较少，只选择了一首《十五从军征》。

(二)知识阶梯性

统编本教材中的先唐诗歌虽然是不同学年的分散编排，但是同类型的诗歌也尽量分为了一组。比如八年级下册有4首《诗经》中的诗歌，把《关雎》和《蒹葭》作为教读课安排在一起，《式微》和《子衿》都放在"课外古诗词诵读"。这样的安排能使学生量化学习，形成积累，从语言的理解到诗歌语言的鉴赏。

诗歌之间存在关联，教材也按照一定的知识体系进行编排。教材中先唐诗歌的难度螺旋式逐步上升，具有阶梯性。《观沧海》是一首四言诗，理解难度较小，将它作为初中诗歌学习的起点，这符合学生语言积累的实际情况，降低学生初步接触先唐诗歌的难度，学生容易接受进而深入学习。随后学习《木兰诗》这样一首五言叙事诗，从四言到五言，从写景到叙事，由此循序渐进，逐步搭成学生的诗歌学习体系。让学生在吸收知识后学以致用，形成语言运用素养。

正如课标所言："语言运用是指学生在丰富的语言实践中，通过主动的积累，梳理和整合，初步具有良好语感，了解国家通用语言文字的特点和运用规律，形成个体语言经验，具有正确规范运用语言文字的意识和能力，能在具体的语言情境中有效交流沟通，感受语言文字的丰富内涵，对国家通用语言文字具有深厚感情。"[4]

三、助读系统和课后练习突出思维能力的训练

温儒敏先生曾提出：思维训练比文笔训练更根本。可见在语文学习中，思维的训练至关重要。统编本初中语文教材中，先唐诗歌的助读系统和课后练习着重突出思维能力的训练。助学系统也

被称为导读系统，如统编教材中的"单元导语""预习""注释""插图"等内容，是方便教师教学和学生思考的一种材料。课后练习包括"思考探究"和"积累拓展"两个层次。前者主要是对文章主题意蕴、情感内容的探究，后者则主要针对语言层面，同时含有课外阅读的导向。前者推进学生联想想象的材料，后者训练学生归纳和判断思维。

通过"单元导语"学生可以提前感知单元课文内容，有目的地进行学习。奥苏贝尔曾提出"先行组织者策略"：即在讲授新知识之前，先给学生提供一些比新学知识更抽象、更概括和综合水平更高的引导性材料。先行组织者是沟通新旧知识的"桥梁"，这些引导性材料能够增强学生对新知识的理解，促进他们有目的地学习，有利于他们保持思维的敏捷性。[5]例如八年级下册第三单元的导语：

学习本单元，要先借助注释和工具书读懂课文大意，然后通过反复诵读领会诗文的丰富内涵，品味精美的语言，并积累一些常用的文言词语。

学生阅读完单元导读，会注意到课下注释的重要性，并且对单元课文的语言持有一定的好奇心。新课标提到"思维具有一定的敏捷性、灵活性、深刻性、独创性、批判性。有好奇心、求知欲，崇尚真知，勇于探索创新，养成积极思考的习惯。"[6]再到这一单元的《诗经》二首的预习提示："诵读时，要注意感受诗的韵律，初步了解《诗经》的语言特点。"能够使学生迅速抓住学习的重点，充分利用课文文本和课下注释。再看到课下注释，这篇课文选择了两篇诗经诗歌，在注释一即介绍了关于《诗经》的基本知识，学生可以在学习的过程中对知识进行归纳总结。

八年级上册第24课的课后练习1引用苏轼对陶渊明《饮酒（其五）》的评价，再提出问题："你怎么理解苏轼的这段话？说说你的理解。"显然这个问题需要学生充分理解课文的内容和苏轼这段话的观点，通过归纳与总结等理性思维而完成作答。此练习不仅能提升学生对诗歌的掌握度，更能让学生在整合信息的过程中提出自己的想法。八年级下册第12课的课后练习2介绍了《诗经》的"比""兴"手法，再让学生从课文中举例分析。这里是用一种知识补充的方式训练学生的思维，引导学生进行思考，寻找对应知识点，提取相应信息，并做到有理有据地进行分析；练习五是一道较为开放新颖的题目，让学生评价其他人对《关雎》的翻译，给出理由并另选一章也进行翻译。与之前一切在课本中"有迹可循"的练习不同，此题思考量明显的增多，学生必须要给出自己的观点且用自己的话说出理由。显而易见，学生在思考的过程中也在不断训练着自己的思维模式，在已有的经验上通过不断学习，形成辩证思维。叶奕乾曾提到："当一个人头脑中已有的概念同客观事物发生冲突时，就会产生好奇心，从而引起思考，促使自己进一步去探索未知的新情境，发现未掌握的新知识，甚至可能会创造出前所未有的新事物。因此，求知欲和好奇心的激发对培养和发展创造性思维是十分必要的。"[7]

义务教育阶段的语文核心素养在新课标中纲举目张，学生培养的最后要落实到核心素养的养成上，素养本位的时代已悄然来临。统编本初中语文教材的先唐诗歌，从选择到编排，再到助读系统和课后练习，力求以促进核心素养发展为目的。2022年5月7日，全国基础教育论坛在重庆召开，北京师范大学附中校长王莉萍提到了学习中华优秀传统文化的重要性。先唐诗歌承载着中华文明，是提升文化修养、促进文化传承的对象。教师要重视统编教材中的先唐诗歌，理解编者的匠心独运，更好地培养学生的核心素养。

参考文献：

[1][2][3][4][6]中华人民共和国教育部.普通高中语文课程标准(2022年版)[S].北京：人民教育出版社,2022.

[5]王家伦,陈宇.统编本初中语文教材四大系统的显著进步[J].福建基础教育研究,2017(08)30-32.

[7]叶奕乾.普通心理学[M].上海：华东师范大学出版社,2008.

阮汝佳,中南民族大学文学与新闻传播学院。

小议鲁迅杂文"冷""热"交织的写作特点
——以《记念刘和珍君》为例

◎沈 琴

作家毕飞宇曾在他的《小说课》中说中国的作家中基础体温最低的人是鲁迅，艺术家陈丹青却在一次采访中说鲁迅实在是一个温情的人。鲁迅先生在自己诗歌《火的冰》中用一个矛盾的意象"火的冰的人"来隐喻自己神秘幽深的现实情绪。"冰"与"火"，统一在鲁迅的笔下；"冷"与"热"，交织于鲁迅一身。下面笔者将通过对《记念刘和珍君》一文的分析，来说明鲁迅文章"冰冷"与"火热"交织的特点。

一、叙述客观但寄寓褒贬

笔者找出了课文中记叙的两个现场——追悼会现场和3月18日惨案现场。我们一起看一下。

我们先看追悼会现场。"中华民国十五年三月二十五日，就是国立北京女子师范大学为十八日在段祺瑞执政府前遇害的刘和珍杨德群两君开追悼会的那一天，我独在礼堂外徘徊……"引文部分是一个极长的单句，其中时间状语就多达56字，读来有一种压抑气喘之感。鲁迅先生为什么要这么写？"中华民国十五年"即1926年，但作者偏以"民国"纪年，运用春秋笔法，"志而晦，婉而成章"，内寓深意：民国不为民，反成屠戮民众的刽子手，讽刺愤慨之意深隐于文字内。我们接着看，"就是国立北京女子师范大学为十八日在段祺瑞执政府前遇害的刘和珍杨德群两君开追悼会的那一天"，这是"中华民国十五年三月二十五日"的同位语，原可不用交代，但我们细读，"女子师范大学""执政府""遇害"，女学生在执政府前遇害，因为什么？因为和平请愿。作者在此运用史家纪实手法，交代遇难时间、地点、人物，是希望人们永远铭记。在冷静客观的文字叙述背后，饱含着作者对烈士的拳拳深情和对敌人的雷霆之愤。惨案当天，作者写了《无花的蔷薇之二》一文，称这一天是"民国以来最黑暗的一天"，可见作者当时的愤慨。

我们再来看遇难现场。"听说，她，刘和珍，那时是欣然前往的。……但竟在执政府前中弹了，从背部入，斜穿心肺，已是致命的创伤，只是没有便死。同去的张静淑君想扶起她，中了四弹，其一是手枪，立仆；同去的杨德群君又想去扶起她，也被击，弹从左肩入，穿胸偏右出，也立仆。但她还能坐起来，一个兵在她头部及胸部猛击两棍，于是死掉了。"事发当日，段政府便抢先发布"国务院通电"，声称："近年以来，徐谦、李大钊等，假借共产学说，啸聚群众，屡肇事端。……闯袭国务院，泼灌油火，抛掷炸弹，手枪木棍，丛击军警。各军警因正当防卫，以致互有死伤。"我们试着将以上两段文字对照着读，会发现两段文字在内容上存在明显的矛盾。到底鲁迅先生所写非实还是段祺瑞执政府文过饰非？没有亲眼所见，作者为何要将遇害经过叙述得如此详细？我们一起看第一段文字中的五处细节。第一处"欣然前往"，"欣然"，高兴的样子，驳斥了流言家所谓的"受人利用"说。第二处弹"从背部入，斜穿心肺"，可见这是远距离高位射杀，刘和珍是在毫无防备，并未与卫队发生正面冲突的情况下中弹的，驳斥了段政府的"暴徒"说。第三第四处"同去的张静淑君想扶起她，中了四弹"，可见这是近距离攒射，是有组织有预谋的屠杀；"其一是手枪"，手枪是高级军官持有，可见段政府高级军官不仅直接指挥，还亲自参与；"同去的杨德群君又想去扶起她，也被击，弹从左肩入，穿胸偏右出"，说明杨德群不是在站立状态下中的枪，而是在没有任何反抗能力的跪立状态下中的枪，这些细节有力驳斥了段政府通电中的"自我防卫"说。第五处"一个兵在她头部及胸部猛击两棍"，头胸是身体要害部位，又是"猛击"，可见段政府目的全在于置人死地，其凶残恶劣,有力地证明了鲁迅先生所说的"虐杀"。这一部分用语极为简练,多用短句,极少有修饰语,叙述也极其冰冷,没有一个感叹句,与上下文形成鲜明对比,但其中的情感却十分浓烈。

作者对以上两个现场的叙述无不客观冷静,可谓"眼极冷",然文字背后流淌的是对烈士的钦佩、悼念和对敌人的痛恨、愤怒,可谓"心极热"。作者的文字像刺刀,冰冷尖利,一刀刀刺向敌人要害,撕开执政者、流言家凶残无耻的嘴脸。

二、理性评价却积极呼吁

作者悲痛于爱国青年的牺牲,那他对青年请愿行为是怎样的态度呢?我们一起看这段文字:"至于此外的深的意义,我总觉得很寥寥,因为这实在不过是徒手的请愿。人类的血战前行的历史,正如煤的形成,当时用大量的木材,结果却只是一小块,但请愿是不在其中的,更何况是徒手。"看到"惨象"听到"流言"的作者对这一次徒手请愿做了深刻的思考,给出了理性的结论——意义寥寥。为什么作者如此评价?因为当时的大环境不容乐观:庸人充斥的社会只是把烈士的牺牲当成谈资的一部分,反动文人更是别有用心地利用这些进行反动宣传!作者将人类血战前行的历史比作煤的形成,代价巨大,收效甚微。而徒手请愿更是只有牺牲,没有成果!这是作者在痛定思痛之后总结出的宝贵经验。同样的观点,他在《空谈》中写道:"这回死者遗给后来的功德,是在撕去了许多东西的人相,露出那出乎意料之外的阴毒的心,教给继续战斗者以别种方法的战斗。"这是在呼吁人们改变斗争的手段和方式。鲁迅作为中国的良医,给当时的中国把脉,力图开出最好的治病药方。他清楚地看到烈士的牺牲会永存于亲朋好友的心中,变成抹不去的一缕血痕,也会成为当局凶残下劣的明证,让民众看到真实的情况,增加觉醒的可能性!烈士的血还会鼓舞真的猛士奋勇前行!虽然作者知道这一切的希望只是微茫的,只能依稀看见,然而微光也是光,微光会吸引微光,最终汇聚成一道强光照亮革命的前路!

所以,从先生对待徒手请愿行为意义的分析中,我们感受到先生在对爱国青年流血牺牲表达哀思的同时,也极度清醒理性地评价如此流血牺牲的意义,在此基础上,还总结经验教训,呼吁更多的人以正确的方式进行斗争。这里,作者思考极为理性,可谓"冷",但呼吁又是那么赤诚,可谓"热"。

三、热情赞颂也无情抨击

写文章纪念便是一种极好的呼吁方式,但在"写"与"不写"之间,鲁迅先生陷入了痛苦的抉择之中,在"写"与"不写"的矛盾背后到底隐藏着作者怎样的情感?我将文中表达"写"与"不写"矛盾的句子摘录如下:

①"我也早觉得有写一点东西的必要了,这虽然于死者毫不相干,但在生者,却大抵只能如此而已。"(第一节第2段)

②"可是我实在无话可说。我只觉得所住的并非人间。四十多个青年的血,洋溢在我的周围,使我艰于呼吸视听,那里还能有什么言语?"(第一节第3段)

③"我们还在这样的世上活着;我也早觉得有写一点东西的必要了。……忘却的救主快要降临了罢,我正有写一点东西的必要了。"(第二节第2段)

④"惨象,已使我目不忍视了;流言,尤使我耳不忍闻。我还有什么话可说呢?我懂得衰亡民族之所以默无声息的缘由了。沉默呵,沉默呵!不在沉默中爆发,就在沉默中灭亡。"(第四节第5段)

⑤"但是,我还有要说的话。"(第五节第1段)

⑥"呜呼,我说不出话,但以此记念刘和珍君!"(第七节第4段)

第一处"我也早觉得有写一点东西的必要"不仅是因为程君的请求,更是因为刘和珍对真理的不懈追求、对革命的坚定信念让作者钦佩,所以作者觉得有必要对她进行纪念与哀悼。第二处"可是我实在无话可说"是因四十多个青年无端在执政府门前喋血而无限哀恸。第三处第一句"我也早觉得有写一点东西的必要了"是针对前面"我们还在这样的世上活着"这一句而言的,"这样的世上"是庸人们"暂得偷生的世界",抒发对这个"似人非人世界"的悲哀和激愤,第二句"忘却的救主快要降临了罢,我正有写一点东西的必要了"是为了唤醒庸人不能忘却,要牢记血债。第四处"我还有什么话可说呢"是对惨相和流言的痛心疾首,对反动当局采用屠刀加钳口术血腥镇压、妖言惑众的极度愤怒,对烈士因爱国行为而蒙受奇冤的极度悲痛。但正如作者所言,"沉默呵,沉默呵!不在沉默中爆发,就在沉默中灭亡。"其实,作者的选择应该是将这两种情况倒过来,即因为不愿在沉默中灭亡,所以选择在沉默中爆发了。于是就有了第五处的"但是,我还有要说的话",先借刘和珍欣然请愿表达对其无惧牺牲的赞颂,再以客观的叙述呈现遇难经过,无情地揭露了敌人的反动本质,最后将此次屠杀与中国军人屠戮妇婴、八国联军惩创学生的行为进行对比,表达对屠戮者的抨击和鞭挞。第六处,"说不出话",是表达无限哀思和缅怀,"以此记念"是表达对青年学生勇毅行为的由衷肯定和对后死者的激励。

这样,在"写"与"不写"的矛盾中,鲁迅的情感不断聚集交织,在克制的哀痛中有深刻的铭记,可谓"热",在激越的悲愤中有理性的思考,可谓"冷"。在"逃避"与"抗争"的矛盾中,鲁迅不断超越个人的悲哀与激愤,表现出直面惨淡人生,正视淋漓鲜血的勇毅。这里还有另外一层"冷"和"热",即对敌人无耻行径的"横眉冷对"和对青年壮烈牺牲的抚膺热颂。

四、语超常理而心怀常情

先生的文章中不仅有以上看似矛盾的情感表达,还有看似错误的语言表达。比如"我向来是不惮以最坏的恶意,来推测中国人的,然而我还不料,也不信竟会下劣凶残到这地步"这一句,为什么会出现"最坏的恶意""还不料也不信"这样看似重复的表达呢?这里其实是三层意思的递进。第一层:"我"可以用最大的想象力来想象中国人的坏,足见其坏之极。第二层:即使如此,"我"还是没有想到杀人者会这般下劣凶残。第三层:即使料到了,也不敢相信这是事实。三层意思,层层递进,最大程度地表达对青年牺牲的悲痛,对敌人行径的愤怒。从这句看似重复的表达中我们能够鲜明地感受到作者写作时那种词不能尽传其意的焦灼无力感。类似的情况在先生《无花的蔷薇之二》中也有,我们一起来看:"如此残虐险狠的行为,不但在禽兽中所未曾见,便是在人类中也极少有的。"这句话似乎应该这样表达:"如此残虐险狠的行为,不但在人类中所未曾见,便是在禽兽中也极少有的"。作者为什么要倒过来说?很显然,他要表达的是在人类的某些历史时期,人甚至不如禽兽。

从以上看似超出常理的语言表达中,我们读出了鲁迅先生对人性极度的失望,可谓"冷"。但他却将如椽巨笔化为手术刀,一刀刀剜掉人性的"恶瘤";他将崇高大爱燃成火炬,烛照浓黑的"非人间",又可谓"热"。

我们从作者对两个现场的客观叙述、对徒手请愿的理性评价两个方面感受了鲁迅先生文章冷峻理性的特点,又从看似矛盾的情感表达和看似错误的语言运用两个方面体会了鲁迅先生文章冷峻外表下火热的情感。冷能够震慑人心,警醒读者;而热能够感动人心,温暖读者。如果只有冷,大抵让人生畏;如果一味热,或许使人失智。鲁迅先生文章中"冰"与"火"、"冷"与"热"交织的特点,体现了鲁迅先生文章的深刻和复杂。

先生的文章犹如时代的一面镜子,我们读它,为的是知来路——铭记历史,从中汲取精神力量,学习革命人士使命在心、责任在肩的担当精神;我们读它,更是为了明去路——指导未来,从中汲取前行的智慧,学习先生挫而愈勇、忍而后发、理性求索的大智慧。

沈琴,武汉市新洲区第一中学阳逻校区教师。

高中语文课堂学科育人教学实践及思考

◎宋亚凤

学科育人将传授学科知识与培育人生价值融会贯通，充分发挥学科育人优势，需要着力解决"培养什么人""为谁培养人""怎样培养人"的问题。高中语文要落实这些育人目标，首先需要了解学科育人的内涵以及在语文学科上的基本要求。在此基础上，教师要在教学环节借助语文学科育人资源，发挥语文学科育人优势，尝试多种教学方式，从而在实践中落实学科育人的目标任务。

一、学科育人的内涵

学科育人的内涵极其丰富。简单来说，学科育人指要在学习学科知识、发展学科能力之外，促进学生品德修养、责任担当、情感价值等方面的提升。叶澜先生指出："学科、书本知识在课堂教学中是'育人'的资源和手段，服务于'育人'这一根本目的，'教书'与'育人'不是两件事，是一件事的不同方面。在教学中，教师实际上通过'教书'实现'育人'。为教好书需要先明白育什么样的人。"[1]《中国高考评价体系说明》中明确指出："人才培养是育人和育才相统一的过程。育人是根本，体现为立德铸魂。""（高考）要引导学生在坚定理想信念上下功夫，在厚植爱国主义情怀上下功夫，在加强品德修养上下功夫，在增强综合素质上下功夫……要引导学生培养高尚的品德、创新的思维、健康的体魄、良好的审美情趣以及崇尚劳动的品质，促进学生全面发展。"[2]因此，"学科育人"不仅要充分发挥"学科"的工具、手段作用，而且要注重"人"的主观能动性的发挥，注重"人"的培养。

就语文学科而言，语文核心素养凝练了学科内在的育人价值，在语文学科中落实育人目标，就是以"学习祖国语言文字运用"为途径，围绕"语言建构与运用""思维发展与提升""审美鉴赏与创造""文化传承与理解"四个方面语文素养设计和展开教学活动，从而引导学生获得正确价值观、必备品格和关键能力，继而落实学科育人的培养目标。

二、学科育人的教学实践

如何将传授学科知识与培育人生价值融会贯通，是实现学科育人目标的关键和突破口。依据不同文本的教学任务，语文教学实践环节可以设计多种活动形式，调动学生结合学习生活实践，积极参与课堂活动，从而落实学科育人的目标任务。

（一）构建真实的情境

情境化教学是实现"学科育人"的重要途径。结合学生的特点及发展需求，联系教学目标与文本特点，创设真实的教学情境，丰富课堂活动形式，从而易于调动学生的情感体验，实现教学效果的最佳化，实现学科育人的教学目标。

例如，在教授曹操的《短歌行》时，传统的教学活动往往围绕"感叹时光""渴望贤才""建功立业"的三层情感，带领学生由表及里地探究曹操的精神世界，并鉴赏"比兴手法"和"用典"在诗歌中的用法和特色。然而，从以往的课堂反馈来看，学生对古诗词教学的学习结果，往往简单地定义为"背诵"，粗泛地把"获得知识"本身当作学习的目的。因此，学生的学习往往与作者情感产生"隔膜"，他们无法理解和体会诗人产生复杂情感的原因，更无法将这种情感迁移并运用到自己的日常生活体验中，这也就无法完成单元教学中提出"认识古诗词的当代价值"的教学目标、完成"学科育人"的教学效果。因此，如何运用真实的情境任务，引导学生深入理解《短歌行》这首诗歌，自觉形成青年一代对理想信念的执着追求，成为教学设计的关键。

对"理想"的热切期盼和不懈追求，虽跨越千年，然而却是古往今来多少仁人志士共同的夙愿。围绕着本首诗歌的情感主题，结合学生生活实际，可以设计如下情境任务：

近期，学校第X届学生会成员招募活动正在火热进行中。优秀的你想要竞选学生会主席一职。与此同时，还有很多同学也有意向竞选学生会主席。负责老师决定给竞选者们布置一个任务，检验一下竞选者们的号召力，从而根据任务完成情况，择选出本届学生会主席。

任务：请每位竞选者以学生会主席的名义，设计学生会人员招募启事。

如何才能出色地完成任务、打败竞争对手、成为新一届学生会主席呢？正当你一筹莫展时，你突然想到了一篇著名的人才招募文案《短歌行》……

该活动旨在引导学生结合真实的生活情境，深入地理解诗歌。该情境任务需要学生以"学生会主席"的名义设计招募启事，并最终以招募人员数量的多寡作为评选结果。因此，每一位"学生会主席"既要关注到招募人员的心理需求，又要求竞选者能够凸显个人魅力与特色，以期赢得多数人的支持，取得最终的胜利。这便和《短歌行》中曹操对人才的渴求，以及自身对建功立业的渴望联系在了一切，从而便于学生深入体会曹操的雄心抱负，发掘《短歌行》的时代价值，树立积极向上的理想追求，从而完成学科育人的教学目标。

当然，值得注意的是，教学实践过程中仍然需要以教材为本，深入理解教材内容，结合每篇课文的特点设计教学任务，避免本末倒置。更重要的是，情境任务的设计、教学活动的实践要做到有机结合，要合情合理，这样学生才能在语文学习中找寻到探索、应用的乐趣，继而实现学生思维品质的提升，完成立德树人的根本任务。

（二）设置有效的问题

从教学的实际情况来看，高中生在具体的语文课堂学习中，很难主动、自觉地发现问题、提出问题。对此，在实际的教学组织过程中，就要充分发挥自身的引导启发作用，通过设置有效问题的方式将活水与生机注入高中语文课堂之中，从而展开对文本知识、内容的深度探究，进而得到情感的深化、思想的升华与素养的提升。[3]

例如，茹志鹃的《百合花》通篇采用第一人称叙述视角，因此，关于"小通讯员为什么没有借到被子"这一情节空白，恰巧为读者提供了想象的空间，也提供了再创造的可能，同时也为学生整体且深入地理解文本提供了路径。因此，可以就此情节的"空白"提出问题：

通讯员在第一次去借被子时，会发生什么故事？请结合小说，发挥自己的想象，补充故事情节。

该问题的提出，意在引导学生在通读文本的基础上，融会贯通，在阅读与填补情节的实践中掌握如下阅读鉴赏的技巧：（1）结合后文的情节及人物对话，揣测小通讯员第一次借被子时的大致情节；（2）结合上下文，借助人物描写手法分析，对小通讯员、新媳妇的形象有整体认识，从而还原小通讯员与新媳妇的对话内容；（3）在补充故事情节时，学生需要关注情节的连贯性、互证性，人物形象的整体性、发展性；（4）在补充故事情节的学习活动中，充分调动学生的学习主动性，而这样的创意表达也能够深化学生对"青春"的认识和理解。

（三）设计系统化的专题

系统化的专题设计是满足学生个性化和多样化发展需求，落实学科育人目标的又一重要途径。《普通高中语文课程标准》在"实施建议"部分明确指出："积极倡导基于学习任务群的专题学习，围绕语言和文化、经典作家作品、科学论著等，组织学生开展合作探究、研讨交流活动，鼓励学生以各种形式相互协作，展示与交流学习成果。"因此，在授课过程中，设计专题教学是提升学生学科素养的重要方式。

以杜甫诗歌专题教学为例，在前期引导学生对杜甫生平及其诗歌创作进行整体了解后，可以在教学过程中选取杜甫代表性的作品（《兵车行》《蜀相》《旅夜书怀》《咏怀古迹五首》《客至》《宾至》《登岳阳楼》，为学生列举如下参考主题：

（1）李白与杜甫；（2）杜诗中的"炼字"；（3）杜诗中的"鸥鸟"意象；（4）杜甫咏史诗；（5）生活中的杜甫；（6）诗圣杜甫

学生依据自己感兴趣的话题，自行分为若干小组，各小组可根据小组内讨论结果，从以上选题中选择研究内容，组内展开分工合作，明确个人任务，生成研究报告，最后各个小组依次展示研究成果。班级学生作为评委，从多个维度对各个小组的成果展示进行综合评价，并选出最优小组。各个小组选题迥异，重点突出，借助课堂成果展示，可以有效引导班级学生从多个研究角度切入，了解杜甫的生活与交友情况、现实主义诗歌的价值、炉火纯青的诗歌艺术，从而系统地把握杜甫诗歌创作的特点。借助专题教学的形式，将课堂还给学生，学生的个性得到了一定程度的彰显，同时也调动了学生的参与意识，培养了学生的团队协作意识，从而达到了预期的学科育人效果。

在教学实践中，除了借助情境化教学、问题式教学、专题式教学等形式达到学科育人的效果，实际上，对学生情感、态度与价值观的引导应当是随时、随地、随情境自然而然展开的过程，"育人"的契机往往是课堂上临时生成的，这就要求教师要把工作做在平时，及时把握机会，顺势引导，要持之以恒地在学科教学中实施心灵的培育和塑造，才能真正达到育人之效。[4]

三、学科育人的相关思考

育人是课堂教学的本体功能，它贯穿于传输知识、培养实践能力、发扬个性品质等多个环节。学科育人是落实立德树人教育任务的重要途径，也是满足社会发展需求的应有之义。

于漪老师说，在课堂里"一个肩头挑着学生的现在，另一个肩头挑着国家的未来，今天的教育质量，就是明天的国民素质"。学科育人实际上是教师以自身的人格育人，教师在传授知识的过程中传授真理、塑造积极的、健康的生命。因此，实践学科育人的教育功能，教师首先要有育人意识，要注重自身人格的健全、高尚和内心世界的丰富，通过自身的言传身教，以春风化雨、润物无声的方式影响和引导学生建立健全人格，树立正确的价值观念。

除了培养教师的育人意识，教师也要掌握基于学科特点形成的全面育人的能力，这种能力的落实不仅需要教师秉持终身学习的理念，不断加强学科素养，同时也要注重育人理念的可操作性和可实践性。这就要求教师在备课、授课环节秉持育人理念，备课时了解学生的需求，把握学生的学习现状和学习困惑，能够依据学生的特点探索灵活的方法，设计相应的教学活动和教学环节，从而激发学生的学习热情，培养学生的主观能动性；在授课过程中，教师要抓住教学契机，真实的课堂教学是充满不确定性的，它需要教师结合学生课堂学情的变化来机智地调整预设的教学内容，将其转化为更符合学生学习需求的学习材料，进行有针对性的引导。

当然，对于语文学科而言，围绕立德树人根本教育任务，实践语文学科的育人功能，意味着我们要根植于中华优秀传统文化，汲取精神的养料，在语文教学中弘扬传统文化，并努力进行创新性发展。[5]与此同时，我们也要与各个学科形成育人合力，全面系统、创新性地发挥学科育人的效果，将立德树人根本任务落到实处。

参考文献：

[1]叶澜.重建课堂教学价值观[J].教育研究,2002(5):3-7.

[2]教育部考试中心.中国高考评价体系说明[M].北京:人民教育出版社,2019:11.

[3]基于核心素养的情境教学策略[J].中学语文,2023(21):70-71.

[4]陈丽佳.高中语文课堂学科育人方法谈[J].现代教学,2019(6A):6-7.

[5]成尚荣.学科育人:教学改革的指南针和准绳[J].课程·教材·教法,2019(10):82-89.

宋亚凤,江苏省苏州市苏州第十中学校教师。

春水茶语透齿新　文气个性凝碧香
——培养学生个性化语文学习风格的攻略

◎孙诗银

"学习风格"这个概念源自普通心理学,最早指人用自身的人格力量来调节生活和适应社会的方式及群体工作的能动性,是由美国学者哈伯特·赛伦于1954年首次提出的。对于学习风格,长期以来没有形成一个统一的界定。西方许多学者从各自的角度阐释着学习风格的内涵。相对来说,被广为接受的是凯夫对此概念的界定。他在1979年从信息加工角度界定学习风格为:"学习风格由学习者特有的认知、情感和生理行为构成,它反映学习者如何感知信息、如何与学习环境相互作用并对之做出反应的相对稳定的学习方式。"

由于个性的复杂性,我国心理学界对个性的概念和定义尚未有一致的看法。我国第一部大型心理学词典——《心理学大词典》中的个性定义反映了多数学者的看法,即:"个性,也可称人格。指一个人的整个精神面貌,即具有一定倾向性的心理特征的总和。"

语文学习将"学习风格"与"个性化"联系起来,犹如水和茶的和谐交融后氤氲出的独特茶香。茶道即学道,都需要清热的水温、清和的礼法、清寂的心态。我们的语文教学就要围绕学生个性中的"一定倾向性"进行一番犹如采茶般的辨识和归类。让每个学生语文学习的这杯茶都有一些独树一帜的个性化特点,并且随着时间的推移,学习的深入,逐步形成自己个性化的语文学习风格。为了达到这一目的,我们不妨从以下几方面努力。

一、闲倾荷露试烹茶——培养学生个性化阅读取向的攻略

随着生活节奏的加快和新媒体的快速发展,碎片化阅读逐渐占领了学生的阅读阵地。由于学生的阅读喜好不同,他们在选择这些"碎片"时表现出了鲜明的取向性。究其不同阅读喜好的原因有很多:家庭氛围、同伴影响、教师引导、性别差异,甚至是某本读物某种漫画某部动画片等。在这些因素的影响下,学生的阅读喜好呈多样化趋势,阅读的广度和深度也令人质疑。面对学生这样的阅读现状,语文老师要做的就是依据学生的喜好因势利导地引导学生广泛深入地阅读,让学生在经典阅读、深度阅读中,提升感受力理解力和鉴赏力,努力探索形成学生个性化阅读取向的有效途径。犹如忙里偷闲,静坐庭院,试烹新茶。

例如,一些女生喜欢《意林》《读者》中高雅纯净的散文,我便向她们推荐类似风格的作家作品:张晓风、林清玄、龙应台、丁立梅等,并鼓励她们阅读时写读书笔记,再推荐一些此类作家作品的鉴赏、评论性的文章给她们读,在比较中强化学生对此类散文的理解深度和认同程度。一些男生喜欢玄幻类的小说,他们在课间、QQ群谈论的话题都离不开江南、唐家三少等玄幻作家及他们的作品。我也时常加入他们讨论的行列中,我建议他们将《龙族》等作品与《山海经》《西游记》进行比较阅读。从场景设置、人物间对立的矛盾、想象的维度空间、人物塑造的方法、作品主题的剖析等方面谈自己的理解,也可以收集这方面的资料来拓展自己对于玄幻、神魔类小说的认知,并加深对此类作品的认同度。还有些学生喜欢科幻类作品,他们对刘慈欣"地球三部曲"之一的《三体》特别推崇。当得知《三体》获得了雨果奖后,奔走相告,比自己得奖还开心。我趁热打铁又推动他们关注国外媒体和网友对《三体》的评论,读欧美作家的科幻名著,看美国科幻类的电影,以比较东西方科幻发展的不同轨迹,叙事风格的异同,甚至是宇宙观表述的文化差异等。我走进学生的阅读领域,再引领他们在其喜欢的领域中进行经典阅读和深度阅读,让他们走向更壮阔的世界,这个过程就是他们个性化阅读取向逐步形成的过程,也是阅读经典文学作品和阅读新网络文学兼收并蓄之道。由此看来，老师敏锐捕捉学生个性化阅读的兴趣点，积极加以引导，会有意外的惊喜。诚然，师道也是茶道。

二、南涧茶香笑语新——培养学生个性化文本解读的攻略

"一千个读者心中就有一千个哈姆雷特。"学生在语文学习中，对文本理解的差异是普遍存在的。我们在教学中应该理解这种差异，并通过行之有效的方法促成学生个性化地解读文本。需要说明的是：这种个性化不是肤浅的标新立异，更不是哗众取宠，而是在深入理解文本的基础上思维精华的体现形态，更是深入文本解读这顶王冠上的明珠。为了摘取这颗明珠，我鼓励学生在多元诵读的基础上小组合作质疑探究，学生的思维过程在质疑—思考—交流—辩论中碰撞出火花，达成老师意想不到的生成资源。老师抓住这个生发点，将学生的个性化文本解读不断引向深入。这也是《语文新课标》2011年版的要求："学生对课文的内容和表达有自己的心得，能提出自己的看法和疑问，并能运用合作的方式，共同探讨疑难问题。"

在诗歌鉴赏课上，我和学生读卞之琳的《断章》，我建议每个学习小组提个问题，第三组提出了这个问题：你从这首诗歌中读出了什么？这个看似空泛的问题，让学生思维的火花肆意迸溅了出来：暗恋；期待；孤独；生活处处是风景；人是最美的风景；人生的羡慕和追寻……正当大家各抒己见之时，一位男生猛地站起来朗声说道：我读出了人与人之间彼此独立又互相依存的关系！我当即表扬了这位同学：你的文本解读深入又有个性特色，大部分同学都从诗歌的画面美、情感美的角度来解读，而你的思考独具思辨性和哲学张力，是我们学习的榜样，为你点个赞！

在语文课堂上，催生学生个性化解读的方法还有：自我批注、互相换书再批注、点评讨论等。学习《最后一课》，我和学生解读小弗郎士的"可怜"，小越同学这样说道：我几乎还不会作文呢！我再也不能学法语了！难道就这样算了吗？我从前没好好学习，旷了课去找鸟窝，到萨尔河上去溜冰……想起这些，我多么懊悔！这段话中"……""？""！"清晰地表达了小弗郎士此刻内心的复杂变化："……"是他过去的幼稚与贪玩；"？"是他对以后不能学习法语的不甘与抵触；"！"是他此刻的懊悔、后悔。可是他震撼觉醒地太迟了，从此以后再也没

有学习法语的机会了，所以说他可怜。小玉同学点评说：她从标点符号的运用来理解人物的心理、情感变化，角度独到。我觉得还可以从"了"这个词的反复使用中品味出小弗郎士此时内心复杂的情感冲突，揭示他有"可怜"的一面。

西州春涨小舟横，少年个性烂漫晴。所以，我们要重视文本解读在学生个性化语文风格形成方面的作用，指导学生多渠道、多角度解读文本。鼓励学生以批判的眼光对待文本，指导学生通过搜集与文本相关的学习资料、撰写学习笔记、对文本进行个性化的批注、师生互动讨论等方式对课文内容进行多元化个性解读，最终在风格或相同或迥异的文本中形成学生的个性化解读风格。这样解读过程就如一次次惬意自在的游历，虽然会有"日高飞絮满重城"的无序，最后却有"南涧茶香笑语新"的耳目一新。

三、室香笼暖焙茶烟——培养学生个性化语言表达的攻略

"鹤啄新晴地"——语言表达是学生个性化语文风格形成的显性特质，甚至是标志。它包括日常交际的口语表达和书面表达。为了提升学生个性化语言表达的素养，我们的教学设计要将语感积累与语文活动相结合。根据学生语文学习的实际情况，在尊重其独特性、差异性的基础上有目的地安排差别化的语文活动，让学生在自己的兴趣范围内保持对文学的新鲜感。因此，以生本理念来指导教学设计和语文活动尤为重要。教学设计的各个环节要给学生自由表达、争相表达、激情表达的空间，让学生在表达中彰显个性特色，让语文课异彩纷呈。

在口语表达方面，语文课上的一个活动："我来开讲啦"，特别受学生的欢迎。因为，这个活动能让大家欣赏到同学们语言表达的不同风格所彰显的魅力。具体的做法是：在上课前五分钟，由一位同学立于讲台脱稿开讲，内容、形式自选，但必须与本节课所学的内容有关联，时长三分钟左右。讲完后，由同学从内容、语态、语调、情感等方面自选角度点评，表扬优点，指出不足。这个语文活动的魅力来自学生富有个性的表达：有的风趣幽默、有的慷慨激昂、有的朴实真挚、有的婉约浪漫……此活动是为了历练学生在大庭广众之下的口头表达能力，当这种能力再贴上个性化的标签，就更有迷人的魅力。为此，我的学生对每节课都充满期待。同时，这项活动还可以检查预习的效果，因为学生是在预习的基础上选择与之相关的内容开讲的。学生通过自己的

阅读取向进行文本选择，不仅可以提高课外阅读兴趣，扩大阅读范围，更可以有效地提升其个性化语文学习风格的形成素养。老师也有另类的惬意收获——"自看淘酒米，倚杖小池前。"

在书面表达方面，学生的个性化风格表现得尤为明显。这得益于我们开展的另一项语文活动：小组作文。将全班同学按7人/组，平均分成几个小组，选出才子或才女为组长，每个组取一个富有个性的组名，并为每个组员编号（1—7号）。1号组员周一写作文，2号组员周二写作文，以此类推。作文题目：自由命题，当天完成后，交由后一位同学精批细改，然后交给老师再次批改总结后，下发给下一位组员作文。一周循环一次。这样，每位同学每周写一篇自由命题作文，每周修改一篇同学作文。经过组员复议，老师推荐的优秀小组作文，可以发表在本校文学社刊《静湖》上。更有优秀写手被选为"文学新星"，靓丽的生活照刊载于《静湖》彩页中，被同学们争相传阅，自豪感油然而生，对文学创作就更有激情。因此，同学们参与小组作文的积极性都很高。

"室香罗药气，笼暖焙茶烟。"尤为可贵的是，每本小组作文烙上了学生个性化语言表达的印记，氤氲着不同的茶香。小懿连载原创青春小说《错缘劫》，文势曲折文风清纯；小宇连载历史玄幻小说《梦回大秦》，想象瑰丽雄奇，文风刚健豪放；小禹的议论文，观点鲜明，论证严密；步琪的散文，文笔清丽悠然；小越的诗歌，音韵和谐，情感真挚……有的同学擅长描写式开头："'扑通'一声，将烈日下蒸腾的暑气和夏蝉长长的嘶鸣甩在身后，我跳入清凉的游泳池。水花迸溅，散作颗颗晶莹的珍珠，串起了那些初学游泳的日子。"（小韵《拾起心中的珍珠》）。有的同学喜欢模仿名家句式写游记散文："不必说那穿镇而过的雨花石小道，那一级级攀在岸边的石阶；也不必说那河道两边古色古香的小木屋，单是横跨在那河道上的一座座独具风韵的石桥，便已勾勒出小镇独特的魅力。漫步在小镇之中，粉墙黛瓦的特色民舍和简易的小屋，高低错落，参差不齐，看似随心所欲的布局却极具精巧而和谐的美感。斑驳的墙皮和稍显破旧的屋檐诉说着百年岁月之中的风雨，狭窄的石板路又被多少来来往往的红尘过客打磨得光滑而低凹。我轻触那青灰色的墙角回想着如'樯橹间灰飞烟灭'般的过往。我轻笑一声，哼着小调，走在那石板的小路上，颇有一番怡然自得之感。"（子菡《这样很快乐》）。有的同学往往以小见大，立意高远："本是无意之举却可以开辟一条新的道路，循规蹈矩并不一定是最好的选择，创新改变说不定是最好的归宿。不按常理出牌似乎会带来意想不到的结果，所以，处理事情不妨换个方式！这样，我们的生活才能处处'柳暗花明'，风景独好。"（欣然《不妨如此》）。有的同学擅长托物寓意；有的同学则喜欢在特定的情境中描写风物……

"茶饼嚼时香透齿，水沈烧处碧凝烟。"——我们要重视小组合作在学生个性化语言表达形成中的作用，引领学生开展多边语文活动。精心规划、打造教学语言，构建师生语文活动的对话文本；合理设计语文活动的内容、形式，构建最适宜学生个性化语文学习风格形成的语文活动；充分发挥现代教育技术辅助教学的功能，实现语文学习活动效益的最大化；探索口语交际、文学专题研讨、名著阅读、课本剧表演、演讲、征文、每日语文摘录、影视剧点评等相辅相成、相得益彰的语文活动方式，最终在活动中逐步形成学生的个性化语文学习风格。为学生的终身学习奠定坚实的基础。

我们还要重视教师的多元评价在学生个性化语文风格中的作用，不断优化对学生的个性化评价体系。密切观察各种评价的实际反馈结果，反思评价语态、评价方式的实际教学意义和对学生的影响，不断调整、充实、优化对学生的个性化评价体系，以促进学生个性化语文风格的形成。

我们更要重视引领学生将语文能力运用于学校、家庭、社会生活中，在生活实践中不断强化学生的个性化语文风格。教师适时提醒学生在衣食住行的各个方面处处运用语文，在运用语文中形成个性化语文风格，展示个人魅力，享受文学带来的愉悦。

春水茶语透齿新，文气个性凝碧香。当学生徜徉于自己的文学茶园，天高云淡，风韵茶香扑面而来。指尖诗意蕴藉生发，诗文丰姿各异，散发个性的醇香，在语文学习的和风中弥散开来，一路茶香！

参考文献：

[1]康淑敏.学习风格理论—西方研究综述[J].山东外语教学,2003.

[2]新浪博客转载:学习风格的类型及特点,2012.12.

孙诗银，江苏省淮安市浦东实验中学教师。

从岳阳楼到黄鹤楼：刻诗何处？

——基于"语文＋信息"的九年级跨学科研究性学习一题

◎童 程

统编语文教材九年级上册选编了《岳阳楼记》一文，课前预习部分说"本文题为《岳阳楼记》，但并未具体描写岳阳楼本身"。原文仅有第一段涉及楼体，而除了介绍写作缘由、重修原因之外，只有"刻唐贤今人诗赋于其上"[1]是对楼宇装饰最直接的表述。以往教学过程中，教师多为一笔带过，简单解释为"把唐代贤达与今日俊杰的诗赋刻在岳阳楼上"[2]，而这不禁令人申发出一个疑问，诗赋是怎么被刻上岳阳楼的，又刻在哪儿了？

笔者以此设计了相应的九年级语文研究性学习的任务框架，并组织了研究资料与过程资料，来解决这一问题。希望能为教师在实际教学中开展此研究性课题给出指引与参考。

一、文本寻津：刻诗何处

中国古代典籍浩如烟海，资料异常丰富，我们这个基于语文课本生发出来的研究性学习项目，主要围绕古代典籍资源展开研究。

（一）重新认识岳阳楼

统编教材中该篇课下注释这样介绍岳阳楼："岳阳楼，湖南岳阳西门城楼，扼长江，临洞庭。始为三国时吴国都督鲁肃训练水师时构筑的阅兵台。唐开元四年（716年）在阅兵台旧址建楼。唐宋以后此楼多次重修，现存建筑为清同治六年（1867年）建。"可是我们今天实地寻访会发现岳阳楼平地而起，三层孤楼一座，与注释中介绍的"西门城楼"相去甚远。是文章注释出了错，还是重修的楼宇制式不严谨？

我们在其他文献中得到了答案。《岳阳风土记》记载："岳阳楼，城西门楼也。下瞰洞庭，景物宽广。"《南迁录》记载："岳阳楼者，即岳州之西门也。下瞰湖水，北望荆江，江自西北流，东至岳州下，与湖水合而东流，始为大江。"

另传世画作中也可识得昔日岳阳楼容颜。今台北故宫博物院收藏有五代前蜀李昇的《岳阳楼图》，画面表明古代岳阳楼是建在城门之上的，并且下临湖水，视野开阔。另宋代李公麟的《黄鹤楼图》、宋画院真迹《黄鹤楼》、宋徽宗《天下绝景黄鹤楼》绢本等画作均与此类同，可见城门上建楼是古代惯例。其实统编版语文教材的插图乃至第十套人教版语文封面及其《岳阳楼记》插图也较为信实，都遵循史实，楼建城上。所以应当只是如今翻新后的岳阳楼制式出了错。

（二）滕子京的来信

为了搞清楚"刻唐贤今人诗赋于其上"的具体方式和位置，单靠《岳阳楼记》这一单篇文献是不够的。

当我们随着"庆历四年春，滕子京谪守巴陵郡……属予作文以记之"一句追溯时，惊喜地发现滕子京索求范仲淹为记的文本完好如初地被保留了下来。因滕子京"谪守巴陵郡"，也即在湖南做官，故《湖南通志》完整保存了这封《与范经略求记书》[3]。经过对比《与范经略求书记》与《岳阳楼记》，我们发现两篇文章在叙述建楼缘由、人物遭际时均能两相呼应。更重要的是，针对《岳阳楼记》"刻唐贤今人诗赋于其上"的表述，滕子京的《与范经略求书记》原句为"乃分命僚属于韩、柳、刘、白、二张、二杜逮诸大人集中摘出……榜于梁栋间"，这里不仅清晰地说明了"唐贤今人"到底指的是哪些人，更指出诗赋被"刻其上"的方式，绝非如今多家诗文集选中认为的"诗赋石刻"，而是"榜于梁栋间"！

（二）何谓"榜于梁栋间"

对于"唐贤今人"诗赋的处理，范仲淹用的是"刻"，而滕子京用的是"榜"。"刻"在各种选本以及教材中的解释都是"刻石"或者默认为是"刻石"。如果按传统注释将范仲淹"刻"理解为刻石，一块块沉重硕大的石碑高悬于岳阳楼脊檩房梁之上，似与情理不合。而榜者,匾额也,此处名词用作动词,为悬挂之义,即悬挂匾额。栋者,脊檩,正梁;梁者,房梁。唐宋人凡建造亭阁,例皆请人题写匾额,称作"题榜",如秦观《南京妙峰亭》诗题下自注曰:"王滕之所作,苏子瞻题榜。"

这是我们研究性阅读和学习的第一步,通过一种有策略的阅读——文本比读的方式提出问题——什么是"榜于梁栋间"。那么第二个问题就是,唐宋时期是否有把诗赋制成牌匾悬挂到梁栋之间的做法?

带着这样的问题,通过关键词"梁""栋"检索《全唐诗》《全宋诗》等集部文献,我们可以发现一些例证[4]。

(1)《贞元中,侍郎舅氏牧华州。时余再忝科第,前后由华觐谒,陪登伏毒寺屡焉。亦曾赋诗,题于梁栋。今典冯诩,暇日登楼、南望三峰,浩然生思。追想昔年之事,因成篇题旧寺》(刘禹锡)

(2)《去岁自刑部侍郎以罪贬潮州刺史乘驿赴任其后家亦谴逐小女道死殡之层峰驿旁山下蒙恩还朝过其墓留题驿梁》(韩愈)

例(1)(2)分别提到"题于梁栋"和"留题驿梁",这两处都明显地表明当时诗人是会在建筑物的梁栋上题写诗句的。但问题是,诗歌是直接写在梁栋的木头上吗?下面这处例证给出了新的线索。

(3)最得时贤许,诗牌满栋间。(张奕《游栖霞宫》)

这里明确提到了"诗牌"。我们再顺着"诗牌"去检索信息,发现早已有相关的研究珠玉在前[5]。写诗的匾额,有比较通行的名称叫"诗板"。诗板,顾名思义,即指用来题诗的木板。诗板一词唐人已习用[6],唐宋人亦将诗板称作"诗版""诗牌""诗榜""诗牓",迄于明代,各指称沿用外,又以"诗匾"指诗板。我们顺藤摸瓜搜集而来更多的例证如:

(4)往恨今愁应不殊,题诗梁下又踟蹰。(白居易《赴杭州重宿棣华驿见杨八旧诗感题一绝》)

(5)《富水驿东楹有人题诗》(吴融)

(6)画检诗板暗流尘,水石鱼龙万句新。(蔡襄《题金山寺》)

(7)空梁诗板岁年多,唯有秋虫占作窠。(蔡襄《和子发》)

(8)安得杜陵翁,为我题屋梁。(毕仲游《读县父诗榜》)

(9)胜事人间无敌处,王公诗版砌虹梁。(张孝隆《题义门胡氏华林书院》)

(10)神仙药术亲留写,朝达诗牌自把悬。(何蒙《题义门胡氏华林书院》)

例(8)毕仲游《读县父诗榜》末句化用杜甫诗句"落月满屋梁,犹疑照颜色"写梁上诗板。尤其是例(9)(10),表明宋初义门胡氏华林书院便多有诗板。例(9)"虹梁"典出班固《西都赋》,李善注曰:"应龙虹梁,梁形如龙,而曲如虹也。"所以知道"诗版砌虹梁""诗牌自把悬"两句写的是书院房梁间悬挂诗板的特点[7]。

此外,在检索结果中,我们还发现了不少的笔记材料。

(11)坡之北归,经过韶州月华寺。值其改建法堂,僧丐坡题梁。坡欣然援笔,右梁题岁月,左梁题云:"天子万年,永作神主……"右梁题字,一夕为盗所窃。(罗大经《鹤林玉露》"东坡书画"条)

罗大经即使提及诗板,可根据句意,盗贼要能把题字窃走,则苏轼并非直接题字堂梁,而是写在诗板上后钉在其间。

(12)"堂之西庑有舫斋……"注引"阁上有林公诗牌":"大观三年罗殿撰畤跋其后云:'因登叙阁,视梁间尺板,见字画奇劲,语简思远……'"(梁克家《(淳熙)三山志》卷七)

此句的"梁间尺板"即为"林公诗牌",不但表明诗板挂在梁上,还侧面交代了诗板的宽度是宋制的一尺。

(13)轩名重湖,梁间一木牌,老僧指似:"是乃苏内翰留题。"登榻观之,即"八月渡重湖……"诗也。(周煇《清波杂志》)

这里提到的"八月渡重湖"即为苏轼的《南康望湖亭》,而"登榻观之"则说明游人阅读钉于梁栋间的诗板时需要抬头仰视,有时还需要借助床榻等器具来赏观诗牌。

(14)初长安慈恩寺浮图,前后名流诗板甚多。(辛文房《唐才子传》)

(15)诸寺院俱挂使君与黄孔昭山人诗匾。(骆问礼《游庐山记》)

诗板这样的一个文本的物质载体,在唐宋时期非常盛行,例(14)"甚多"二字可以体会诗板当时盛行的一个状况。例(15)则称为"诗匾"。

以上用例或称诗板,或称诗版、诗牌、诗榜、诗匾，而其悬挂位置则同用栋、梁字样，正可与滕宗谅"榜于梁栋间"一语互为佐证[8]。

（三）岳阳楼诗板

既然唐宋时钉挂诗板成风，那么第三个问题则是彼时范仲淹所写的岳阳楼上是否存在诗板？我们仍然搜检到了以下例证。

（16）岳阳西南湖上寺，水阁松房遍文字。新钉张生一首诗，自馀吟着皆无味。（李涉《岳阳别张祜》）

（17）往年一上岳阳楼，西风候忽四十秋。诗牌高挂诗两首，他人有诗谁敢留……（方回《孟浩然雪驴图》）

（18）岳阳城下系扁舟，与客同登百尺楼。寻遍诗牌追旧句，恍惊岁律叹重游。（赵汝鐩《再登岳阳楼》）

例（16）"新钉"一词，说明钉挂诗板的制度由来已久，即所谓"榜于梁栋间"是从唐代到两宋岳州地区一直在延续的规制。例（17）宋末元初的方回登上岳阳楼的时候还能看到"诗牌高挂诗两首"，一首是孟浩然的《望洞庭湖赠张丞相》，一首是杜甫的《登岳阳楼》。例（18）赵汝鐩再登岳阳楼的时间是在元丰二年（1079年），距离范仲淹写岳阳楼仅相隔三十多年的时间，故应与滕子京所创规制相同。

可见，范仲淹那时的岳阳楼上是有诗板的。

（四）李白与崔颢的黄鹤楼

统编语文教材八年级上册收录了诗人崔颢的千古名篇《黄鹤楼》，相传此诗妙绝唐人七律，《该闻录》[9]与《唐才子传》中均记载："崔颢尝题武昌黄鹤楼诗，李太白负大名，见其诗尚曰'眼前有景道不得，崔颢题诗在上头。'……"

不论此故事究竟是否属实，其中"题诗在上头"的含义应当不是单纯地喻指崔颢的黄鹤楼诗作诗艺高超。那是否和诗牌、诗板有关呢？我们经过搜检，发现还有两则笔记材料涉及这一故事。

（19）太白过黄鹤楼，有"眼前有景道不得，崔颢题诗在上头"之句。至金陵，遂为凤凰台诗以拟之。今观二诗真敌手棋也。若他人，必次颢韵或于诗版之傍别着语矣。（刘克庄《后村诗话》）

（20）头陀碑字残须补，崔颢诗牌暗又书。鹦鹉洲中芳草遍，鹭窝亭畔野烟疏。（李至《小子祗自夜来……》）

这两则笔记从另一侧面表明崔颢诗板因年岁久远而蒙尘发暗。进而可以理解，李白确实是看见了崔颢的诗板而有此感叹。

三、结语

根据文本对比与资料搜检，我们可根据滕子京《与范经略求记书》中"榜于梁栋间"提供的线索，推断出范仲淹笔下的岳阳楼初期确有悬挂的诗板，而这才是"唐贤今人诗赋"的所刻之处，而绝非一般默认或误认的径直刻在楼体或石碑上。

作为一项从课本文本中申发出来跨学科研究性学习，此任务在语文学科的基础上联系信息学科，充分调动了文本搜检和数字资源的利用与整合。思维上层层深入，逻辑性较强，老师可提前安排不同小组分工查找各板块典籍史料，最终在课堂上予以集中呈现。

参考文献：

[1]范仲淹.范仲淹全集（上册）[M].李勇先，王蓉贵点校.成都：四川大学出版社，1997：194.

[2]黄炳冈."唐贤今人诗赋""多会于此"解释的浅见[J].语文学习，1987（2）：15-16.

[3]朱东润.中国历代文学作品选（中编第二册）[M].上海：上海古籍出版社，1980：225.

[4]罗生.一份研究《岳阳楼记》的珍贵资料——滕宗谅《与范经略求记书》初探[J].云梦学刊，1986（01）：107-114.

[5]刘禹锡.刘禹锡集[M].卞孝萱校订.北京：中华书局，1990：471.

[6]吴淑玲.诗板、诗筒、诗屏和诗碑[J].文史知识，2008（7）：107-109.

[7]吴承学.论题壁诗——兼及相关的诗歌制作与传播形式[J].文学遗产，1994（4）：4-13.

[8]侯倩，李成晴.唐宋诗板考[J].江海学刊，2020（02）：219-226.

[9]辛文房.唐才子传校笺（卷四）傅璇琮主编[M].北京：中华书局，1987：113.

本文涉及语料来源于以下数字资源搜检平台：爱如生中国基本古籍库、中国方志库、历代别集库、中国俗文库、中国国家图书馆中华古籍资源库、中国高等教育数字图书馆（高校古文献资源库）、北京大学图书馆、中山大学图书馆等。

童程，广东省深圳市光明区中山大学深圳附属学校教师。

信息技术融合下的人物细节写作指导
——以《写出人物的"弧光"》为例

◎ 王楠楠

初中记叙文写作训练,记事之外,也需写人。写好一个人物的关键,在于抓住细节、突出特点。在2022年新版《义务教育语文课程标准》(后文简称为新课标)的指导下,笔者融合运用信息技术,大力推行可视化写作指导,通过《写出人物的"弧光"》一课,引导学生在片段写作、升格中综合运用人物描写的常见手法,在记叙文写作中有方向、有目的地塑造人物形象。

一、人物细节描写学情分析

在七年级记叙文写作指导中,笔者发现不少学生写人抓不住细节,特点不突出,描写手法单一,没有在事件中凸显人物变化的意识。

统编版初中语文教材选文中有不少人物描写的经典之作,比如七年级就有《秋天的怀念》《从百草园到三味书屋》《老王》《台阶》等。史铁生在《秋天的怀念》抓住那些细节中的母爱,综合运用动作描写、语言描写、神态描写,刻画出一位渴望儿子重拾生活勇气的母亲、一位罹患绝症却依然顽强乐观的女性;"将头仰起,摇着,向后面拗过去,拗过去"这一句动作描写让学生眼前立马浮现出寿怀鉴这位私塾老先生的形象;杨绛以"镶嵌"二字引出老王最后一次出现时病入膏肓的状态,与后文的外貌描写前后呼应;《台阶》一课那个奋斗了大半辈子来实现愿望的父亲,尴尬的笑容里是一辈子低眉顺眼、老实厚道后的无所适从……有这些相关语段作为人物描写的范例,学生已经在课堂中完成常见手法的习得,对人物细节描写有了初步的接触。在人物细节描写专题复习时,笔者引导学生整合这些语段,反复阅读、加深印象。

大部分学生经过一段时间的学习巩固之后,都可以在阅读文本时快速而准确地分辨出人物的描写手法,但是"找得到"与"写得出来"毕竟是有区别的。如何引导学生在写作中综合使用人物描写手法去捕捉人物细节呢?带着这样的思考,笔者设计了《写出人物的"弧光"》这一作文指导课。

二、积极落实新课程标准

新课标在课程实施中有明确建议,教师要密切关注互联网时代语文生活的变化,积极探索语文教与学方式的变革。《写出人物的"弧光"》一课,笔者积极尝试以学促教的写作指导,以信息技术拓展初中生学习语文的空间,整合视频等多种媒介的学习内容,努力在课前导学、课堂教学、课后拓学中为学生提供多层面、多角度的写作、表达和交流的机会,进而实现师生在作文指导中的多元互动。

新课标还鼓励教师在教学中发挥大数据优势。在《写出人物的"弧光"》一课的准备过程中,笔者发现利用信息技术平台布置预习作业,可以分析和诊断学生在人物描写方面存在的问题,根据学生的具体情况及时优化教学设计,进而切实做到以学生的学习来促进方法的教导。同时,大数据可以为学生的学习状况提供更为直接、准确的反馈。无论是课前、课堂还是课后,学生在写作训练各个环节中的表现都可以通过信息技术平台进行实时记录、反馈,而笔者也可以在写作指导中为学生提供更为个性化的指导。

关于课程主题的主要载体,新课标指出应该包括口头和书面交流与沟通、跨媒介阅读与表达等语文实践活动。《写出人物的"弧光"》是一堂人物细节描写写作指导课,也是一次语文实践活动。佳作赏读环节,学生通过口头表达来交流抓住人物细节的手法;人物采写环节,学生先观看视频片段、完成书面记录,然后在小组讨论中互通有无、拓宽思路;细节特写环节,聚焦"三句道歉"这一细节,学生在探讨中明确写人要用典型事件来聚集人物身上的细微之光,进而在当堂写作训练中积极尝试各种人物描写手法,在多重对比中突显人物性格、品质。

三、融合应用信息技术平台

在语文教学中融合应用现代信息技术是语文教学改革与创新的必要路径,也是学生语文素养提升的有效途径。丰富的教学素材、多样的教辅工具、灵动的展现形式……有了信息技术这样强大有力的辅助，教师可以为学生的语文学习搭建起一个更为开放的学习环境。《写出人物的"弧光"》一课便是笔者尝试以信息技术融合作文写作指导，让学生在一个相对开放的写作环境中去完成人物观察、片段写作、细节升格等一系列训练。

(一) 直观的学情分析

在信息技术平台，笔者布置了两项预习任务——"作文写人知多少"与"走，去捕捉人物弧光"。

"作文写人知多少"是两道单选题，调查学生近期作文写作中人物描写手法的使用情况。查看完成率、得分率等统计数据，此项作业的整体完成情况便一目了然。在试题详情里可以查看最高得分率与最低得分率，不难发现学生之间的区分度还是很明显的。通过信息技术平台的数据比对，笔者可以很直观地了解到班级大多数学生还没有办法综合运用人物描写手法，而人物描写手法之中动作描写的使用频率最高。在分析学情的过程中，笔者可以调整写作教学的侧重点。比如，学生常用的动作描写可以在升格训练中再次强化，引导学生通过连用动词来展现人物行动的过程，再通过添加状语、运用修辞等手段描摹人物动作行为的状态。"走，去捕捉人物弧光"则是一道片段写作训练题和一道情感把握题。笔者可以根据答题统计中各个分数段的人数来了解任课班级学生写作能力层级，直接从学生上交到平台的片段中收集素材、选择范例。笔者前后在四个班级完成了《写出人物的"弧光"》的授课，对于中高分数段人数多的班级而言，课堂的重点就可以放在当堂写作和升格，低分段人数居多的班级则需要在课堂教学中进行更为细致的方法指导。信息技术平台预习作业的评价反馈，可以让学生在课前对自己的写作水平有一个直观的了解。在上课时可以很明显地看出预习作业得分率高的学生更加积极主动地参与到课堂教学之中，而得分率较低的学生注意力也更加集中了。

(二) 高效的教学辅助

以往多媒体教学工具的使用，切换烦琐、功能有限、效果不明。而如今的信息技术平台已经大大减少切换耗损的时间，让信息技术真正成为课堂的有力辅助，而不是喧宾夺主、浮于表面。除此之外，信息技术平台丰富的教学辅助工具也可以为课堂注入不少亮色。

随机选人是最受学生欢迎的教学辅助工具了。相对于传统的点名选人方式，随机选人可以打破教师和学生的思维定式，从而有效避免因为过强的倾向性而导致不少学生在课堂上被忽略。从另一个方面来看，随机选人因为没有规律可循，可以避免学生课堂钻空子、开小差，确保学生注意力高度集中。

信息技术平台的画笔配备了丰富的颜色，笔者在《写出人物的"弧光"》一课就充分利用了这一项工具。在学生佳作赏读这一环节，外貌、语言、动作、神态、心理描写各使用一种颜色进行标记，一方面可以更加突出各种手法，另一方面丰富的色彩也可以提醒学生要综合使用人物描写手法。

放大镜与聚光灯这一类工具很适合文段的解读和重难点的聚焦。比如，在标记人物描写手法时，有学生找不到语言描写，通过聚光灯缩小范围后便立刻找出。

当堂训练最容易遇到的问题就是时间的调控。信息技术平台的倒计时工具可以全屏使用，醒目的数字、倒数十秒的特效，都可以提醒学生优化时间的分配与管理。

(三) 多元的成果反馈

在信息技术的辅助之下，《写出人物的"弧光"》一课以过程性评价为主要方向，实现了"教—学—练—评"一体化的评价模式。笔者积极运用信息技术平台的课程评价工具，确保学生在课堂每个环节的表现都可以积分。也就是说，在学生捕捉人物弧光的过程中，笔者也在以即时评价捕捉学生的"光"，在保护学生学习兴趣的同时刺激学生始终保持一种积极参与的状态。

在课堂练习与课下作业中，笔者以信息技术促进学生开展自我评价和相互评价，让学生在练习和作业中得到及时肯定的同时，再次强化对习得的手法的认知。授课完毕后，笔者在信息技术平台布置了开放性作业——"我们班的TA"。要求学生综合运用人物描写的方法，至少写出一件与他/她有关的事情，全篇不出现他/她的姓名，做到抓细微之处、写细微之事、聚细微之光。在作业设计中，信息技术平台有一项选择是"提交作业后查看其他同学的作业"。笔者合理利用了这项功能，鼓励学生互相点赞。这样一来，为了赢得点赞，学生完成作业的积极性提高了，而且他们会认真地运用作文课上习得的方式方法。给他人点赞之前，学生需要认真阅读其他同学的作业，这个过程其实又是一次"抓细微之处"的体验。学生间互相评价的标准正是课堂教学的主要内容，那么学生无论是自己完成作业还是评价他人作业，都会巩固强化所学内容。

四、推进可视化写作指导

新课标在课程目标中要求初中生多角度观察

生活，发现生活的丰富多彩，能抓住事物的特征，为写作奠定基础。这一目标如何在日常教学中推行、实现，作为教师又该在这个过程中扮演什么样的角色？受到刘濯源"思维可视化"理念的启发，笔者选择了电视剧视频片段作为训练学生多角度观察、抓细节抓特征的课程资源，希望在引起学生观看兴趣的同时，也能为学生描写人物提供一种可视化指导。

新课标关于课程内容的阐述中，明确要求将社会主义先进文化作为主题，而主要载体则为反应社会主义建设事业中取得重大成就、涌现出来的模范人物与先进事迹的作品。2021年热播的电视剧《功勋》讲述了8位功勋人物故事，《无名英雄于敏》这个单元则讲述了我国"氢弹之父"于敏投身国防安全事业的故事。笔者剪辑了视频片段作为课前预习和课堂教学的课程资源，并建议学生观看相关剧集，让学生看功勋人物是如何让青春无悔，看他们是如何应对生活的困难和挫折。

课堂上，笔者在信息技术平台播放了"三句道歉"这个片段，学生观看并在写作任务单上做好采写记录。课前导学学生已经观看过这个片段，熟悉了人物、剧情。课堂学习中再次观看，是在学生学习人物细节描写手法之后，作为细节观察采写的训练来进行的。视频开头冬日暖阳下热闹的幼儿园，结尾蓝天下高大的树林，学生在环境描写采写的过程中，可以意识到不同环境描写烘托人物的效果也不同。在人物细节采写的过程中，除了对照视频完成外貌、语言、神态、动作的采写之外，学生可以从视频中人物的表现来揣测其心理活动。优秀的演员通过细节来塑造人物、传递情绪、表达内心，那么观看视频的学生完全可以反向操作。"三句道歉"这个片段的主要剧情是两位父亲爱子之心的表现，学生在观看、采写的过程中便会直观了解到对比手法对于塑造人物的作用。

可视化写作指导并不仅仅止于观看视频、采写人物。完成采写之后，笔者让学生回忆视频里"三句道歉"有何不同，进而引导学生思考这些细节对于人物塑造的作用。学生指出同样是"道歉"二字，于敏的语气、语调并不相同，一开始是礼貌、客气，后来是一字一顿地重申，最后是一种坚决；还有学生指出于敏的神态也一直在变化，脸上先是微笑，再是笑意消失，眼神也是越来越凌厉。这些精彩细节的回顾，是学生观察能力的展示，更是学生思维能力的训练。"氢弹之父"于敏在这个视频中的身份是于辛之父，学生看到了一位心疼儿子的父亲，更可以看到一个坚守原则的人。《功勋》这部电视剧正是选择了很多生活中微不足道的小事来塑造我国优秀而伟大的科学家，展现的是他们真实的人生经历，是他们最生活化、最接地气的一面。原本不可视的刻画人物的方法和构思，在视频中得以直观地呈现出来。人物刻画被可视化之后，学生更加容易理解并掌握细节描写的手法，更加容易形成在写作中综合运用人物描写手法的意识。

在《写出人物的"弧光"》的授课过程中，笔者还发现了一个问题——观察能力不够敏锐、写作能力暂时落后的一部分学生，是无法自主完成画面观察与文字表达之间的转换的。在今后的教学过程中需要为学生提供更加精细化的引导、更加明确的指向。可以先从定格画面的观察训练做起，训练学生的观察能力，接着利用信息技术平台的倍速慢放、画面放大等影音工具强化学生捕捉细节的能力。此外，还可以在平时的写作训练中布置看视频写脚本任务，让学生熟悉图文转换的图式，明确什么样的文字表达可以超越画面。总之，可视化写作指导这种尝试，迈出了一小步，在日后的教学中需要进一步去研究、实践、调整。

现代信息技术对于人类文明的重大影响之一便是打破时空的限制。在初中语文教学中，融合应用现代信息技术，可以打破课堂的边界，为学生知识的习得、方法的掌握构建一个更为广阔、开放、包容的学习环境。在初中作文写作训练中推行可视化指导，以图像调动学生的写作情绪、以影音波动学生的情感认知。积极主动的心态、活跃灵动的氛围，初中生在这样的写作环境中，可以更加快速地产生写作的主观意愿，也会更加主动地参与到写作训练中来。

参考文献：

[1]中华人民共和国教育部.义务教育语文课程标准[S].北京：北京师范大学出版社，2022.

[2]刘濯源.赢在学习力[M].北京：教育科学出版社，2011.

[3]邹畅.思维可视化在初中作文教学中的应用[D].贵州师范大学，2017.

[4]季红翠.现代信息技术在小学语文作文教学中的运用[J].中国教育技术装备，2012(28)：96—97.

王楠楠，江苏省苏州市苏州工业园区星海实验初级中学教师。

基于核心素养培育的优化初中语文作业设计策略

◎尉 梦

《义务教育语文课程标准（2022年版）》（以下简称"新课标"）指出："教师要以促进学生核心素养发展为出发点和落脚点，精心设计作业。""双减"政策背景下，作业设计更要关注学生的学习情况和实际需求。因此，落实"双减"政策时，并不是单纯地控制作业数量，其根本在于"用少量、优质的作业帮助学生获得典型而深刻的学习体验"。"新课标"与"双减"政策均指出了作业质量对于初中教学的重要性，因此，对作业进行精心设计已刻不容缓。

树立正确的作业观，对作业进行精准设计并实施，是学校教育发展的必然趋势，也是学生素养发展的必然要求。魏书生曾说："学生作业应该有个常规量，量太少了学生不能提高学习能力，量太大了同样抑制了学习能力的提高，还不利于身心发展。"初中语文作业设计及评价是帮助学生落实核心素养的重要一环，科学有效、规范合理的作业设计能够激发学生的学习热情，巩固学生的基础知识，提升学生的思维能力。

一、初中语文作业设计的现状及问题

（一）目的性和指导性不足

布置作业是课堂教学的一个关键环节，作业的质量直接关系到学生的课后发展和学习效果，是学生学科知识和核心素养形成的不可或缺的重要路径，这要求教师高度重视对作业的设计，必须做到"心中有数"，才能"手中有策"。但不少教师布置作业时存在很大的随意性和武断性，未在备课环节做好准备，缺乏计划，更无系统性，不顾课堂教学的实际进度而直接布置几道配套习题，甚至有的教师自己都未明确每次作业的目的。如果教师在布置作业时心中没有明确的目标，也没有具体的作业要求，就无法对学生进行具体的指导和示范，在实际操作过程中容易造成有些学生无法理解作业的意义和完成标准，缺乏思路和方法，可能出现不知道如何着手完成作业的情况。对于这种针对性不强的作业，学生虽然花费了大量时间，但作业完成质量无法得到保证。

（二）启发性和挑战性不足

"新课标"中明确指出语文课程要培养学生语言运用的核心素养，在教学中，教师将对学生这一能力的重视也应延续到作业环节。目前初中语文作业注重夯实基础的语文知识，缺少发展思维能力的内容，作业的可选择性较少。现阶段的作业内容主要包括大量的字词积累、配套习题、课内外文段的阅读理解、摘抄与练笔写作等，这些重复而机械的作业缺乏启发性和挑战性，不符合初中学生关注校内外个人生活的特点，无法激发学生的学习兴趣，影响学生思维能力的有效提升。当作业成了学生提高分数的手段，教师过度强调作业和考试的关联，就会与核心素养视野下的语文课程设计意图背道而驰。长此以往，学生在完成作业的过程中容易产生枯燥、机械的感觉，最终敷衍了事，从而对语文学科产生抵触心理。实际上，语文作业不应是简单的知识巩固与检测，应是语文学习能力的提升和学科素养的累积，更应是学生思维发展的启发器。

（三）实践性和互动性不足

当前的初中语文作业仍以书面形式为主，部分教师忽视语文学科与学生实际生活的联系，以配套练习册为中心布置作业，很少自主设计作业。如果只是机械地完成习题，学生会觉得很枯燥，认为学到的语文知识在生活中没有实际用处,久而久之会觉得语文学习脱离生活,派不上用场。尤其是在学习古诗文时,由于本身的教学内容已经离当下学生生活的年代久远,再布置一些背诵默写类的作业,会让学生更觉枯燥。实际上,语文学习与日常生活紧密相关,语文源自生活,同时也应用于生活。如果能设计一些生活实践类的语文作业,会让学生对语文课程更有亲近感、认同感和共鸣感。目前常见的作业如练习册、试卷等,由于其具有诊断性作用,教师一般都要求学生独立自主完成,这也加剧了当下初中语文作业互动性、合作性较差的问题。

(四)诊断性和反馈性不足

语文作业是将学生学到的语文知识进行实际运用的一个重要载体,可以帮助检验学生对特定知识和能力的掌握情况,以反思和改进教与学,但仍有部分教师没有意识到这一重要作用。在目前的初中语文作业批改和评价中,由于教学任务繁重、工作量大等原因,有些教师对于作业的批改和评价较为简单。如果仅是以"√"或"×"来评判正误,用"优、良、合格"来评价等次或者最后直接打上一个简单而冷冰的分数和日期来批改作业,教师无法发现班级学生的共性问题,也无法了解到每个学生的个性化问题,既不利于教师本身改进教学,也不利于学生进行针对性的巩固,这样的作业评价效果甚微。实际上,在作业完成过程中每个学生都能展现出自己的优点,教师应尊重学生间的差异,在作业反馈中发现学生的亮点并及时鼓励和肯定,给予学生信心。也有部分教师在批改作业和给予反馈时可能存在一些延迟,不及时讲评会导致学生无法及时纠正错误,再加上学生会有不同程度的遗忘,那么作业评价对学生掌握情况的诊断作用就会大打折扣。如果教师无法通过作业的评价促进师生之间的互动和交流,久而久之学生会产生作业是否认真完成并不重要的心理,不再重视作业。

二、优化初中语文作业设计的策略

(一)以明确化的目标为导向

作业设计是推动培育学生核心素养的重要环节,要想发挥作业的作用,首先要有明确的作业设计目标。教师应着力于将核心素养四个内涵融入作业设计的全过程,牢记宏观层面的大方向,在学期开始前的备课环节中做好作业的顶层设计。也就是说,先明确本学期的教学目的,统筹每个单元的教学目标,再根据每堂课的具体教学目标设计每次作业。这样的作业设计坚持目标导向,同时注重系统性和连贯性,也能帮助学生明确学习一段时间后应具备哪些能力、达到怎样的水平。如在语言运用方面,以统编版教材六年级下册第一单元为例,进行大单元作业的结构化设计,教师可以先在学习课文《北京的春节》《腊八粥》时让学生摘抄、背诵课文中的优美语句和段落,同时进行思考,分析其表达方式、写作手法等亮点,再根据这些内容进行仿写,完成《我家的春节》和《我最喜爱的食物》两个练笔并讲评,然后再进行本单元的习作练习《家乡的风俗》。练笔可以帮助学生更好地理解文章结构和语言表达,逐步掌握写作方法,从而减轻学生对写作的畏难情绪。整个第一单元的作业与"分清文章主次,抓住特点来写"的单元教学目标相匹配,清晰明确,循序渐进,最终形成一个闭环,培养学生的语言运用能力。

(二)以多样化的形式为依托

作业是帮助学生进行课后巩固,培养核心素养的重要路径。在教学中,教师应根据教学目标和学生的实际情况,同时关注社会发展中的热点问题,设计合适的作业形式,而不是仅限于布置习题。比如,调查研究型作业。《苏州园林》一课的作业可以设计为以下形式:上网查询一些有关古典园林的图片和视频,整理后可以制作PPT或手抄报,与同学交流,也可以在此基础上设计苏州园林的文创产品;寻找并参观当地文化底蕴深厚的建筑物,观察其结构特点,与课文所写的苏州园林进行对比分析,完成调查报告;采访当地的建筑师,向建筑师了解关于建筑方面的知识,感兴趣的学生还可以制作"我设计的建筑"海报。再如,改写剧本。以《皇帝的新装》这一课为例,学生以分组的形式,组内合作,完成"将课文改写成短剧""组内成员每人认领导演、道具、服化、演员等角色并执行参演",培养学生的联想、想象能力,激发学生的创作意识,从而达到本单元的教学目的。这些形式多样、积极有趣、不强调答案的标准化与唯一性的作业,能够激发学生自主学习的热情。看似简单,但要想完成好这些作业,学生必须投入时间和精力,认真研读课文,同时发挥创造性和主观能动性,这类作业与学生核心素养的发展需求是相契合的。

(三)以层次性的内容为保障

每个学生的智能发展和学习背景不同,都有自己的兴趣和学习偏好。这些个体差异的存在要求教师必须采取针对性的教学策略来满足学生不同层次的需求,保护他们的自尊心,激发他们的学习动机和学习兴趣。在教学中,教师可以依据学生的个性特点、学习能力等设计层次不同的作业内容,充分满足学生的个性化、多样化发展需求。字词和背诵是每个学生都要打好的基础,这部分内容无需分层,但对于个别基础薄弱的学生,可以在作业完成量和完成时间上适当放宽要求。在语文能力的提升方面,教师需要设置不同层次的内容以供学生自主选择完成。比如说,语文教学需要培养学生基本的写作能力。教师可以在教学《秋天的怀念》时设计以下三项课后练笔:一是联系文中史铁生和母亲之间发生的故事,结合细节,写一写母亲对史铁生的爱体现在哪里;二是联系自己的生活实际,写一写自己对于母亲的爱和感恩;三是体会磨难对于人生的意义,写一写磨难是如何培养人的品质的。这三个练笔分别对应着三个层级的教学目标,关注到了所有学生的能力培养。总的来说,这些有层次性的作业是围绕同一主题设计的,只是在难度和要求上有所不同,最终都旨在提高学生的某项能力。

(四)以有效性的评价为突破

积极构建基于核心素养的作业评价体系,是教师在教学评价中必不可少的一项重要任务。教师是作业设计的主体,在语文作业评价主体中占据主导地位。教师应以身作则,以认真负责的态度批改作业,通过自身对作业评价的重视推动学生对作业评价的重视。以《木兰诗》为例,对于字词解释、翻译类的基础诊断性作业,教师应在作业收上来的当天完成批改并反馈给每个学生,这样学生可以在当天完成订正,加深印象。如发现一些共性问题,则需要在课上及时进行集中讲解。同时,学生是学习的主体,新课程《纲要》指出,要"建立促进学生全面发展的评价体系。评价不仅要关注学业成绩,而且要发现和发展学生多方面的潜能"。这种主体性也可以体现在作业评价中。所以初中语文作业评价的主体应该向多元化转变,学生也可以参与作业评价,进行自评或者组员互评。以《昆明的雨》一课为例,作业是以"雨"为写作主题,描述自己熟悉的某个地区的雨或者某个季节的雨,要求用到课文阅读中学到的表达技巧和方法。在评价时,先由学生对自己的练笔进行旁批,标注出自认为精彩的语句并写出好在哪里,之后可以在小组内进行互评,找出组员练笔中的优美语句并用不同颜色的笔来旁批以做区分,最后由教师进行总评。初中生正处于情感发展的关键期,十分注重同伴间的交往和他人对自己的评价,学生参与到作业评价中,既能让他们获得正向的情感体验,又能激发同学们对作业的完成动机,都会对学生对待作业的态度产生积极影响。

总之,初中语文作业设计必须正视目前出现的问题,坚持明确的目标导向,尊重学生的主体地位,注重培养学生的语言运用能力和思维能力,结合实际的教学情况,提高作业设计的质量,以科学有效的作业设计助推教学,提升学生的核心素养和语文能力。

参考文献:

[1]张冰渝.初中语文作业设计的"困"与"法"[J].文学教育(下),2023,(07):119-121.

[2]吕龙."双减"背景下的初中语文作业设计策略[J].语文建设,2022(21):74-75.

[3]郭洁展,李佳."双减"政策下初中语文作业设计[J].洛阳师范学院学报,2022,41(06):81-83.

[4]吴华丹.初中语文作业评价的现状和有效策略[J].课外语文,2019(13):38+40.

[5]侯志中.初中语文作业设计的问题与方略[J].四川教育,2021(10):29-30.

[6]桑燕.基于核心素养的初中语文作业优化设计研究[D].河北科技师范学院,2023.

尉梦,上海市文来中学教师。

家法后的深意:"贾琏挨打"与"宝玉挨打"对举
——《红楼梦》整本书阅读教学设计新探

◎吴子玉

作为封建社会的百科全书,《红楼梦》以贾府这样一个封建大家族的兴衰变迁为聚焦点,最终呈现出这样一个家族衰落的本质原因。中国社会家庭基本上以父与子为核心轴,而二者的矛盾也是家庭中最为常见的,所以我们将宝玉挨打与贾琏挨打对比后会让我们离这个家族覆灭的原因更近一些。同时,现存120回的体量足以让人望"书"兴叹。所以在日常教学中,我们更需要引导学生从同类的情节中找到不同质的地方,这样可以为他们感受到作品主旨提供一份线索和深意,这也是笔者设计这样一个情节对照研读的意图。

一、性与理——"宝玉被打"与"贾琏被打"原因比较

第三十三回和第三十四回中,宝玉挨打并不是偶然,而是千头万绪汇聚成一端爆发的一个体现。

节选一:

贾政道:"好端端的,你垂头丧气的嗐些什么?方才雨村来了要见你,叫你那半天才出来;既出来了,全无一点慷慨挥洒的谈吐,仍是委委琐琐的,我看你脸上一团私欲愁闷气色;这会子又嗳声叹气,你那些还不足,还不自在?无故这样,是什么原故?"

节选二:

贾政听了这话,又惊又气,即命唤宝玉出来。宝玉也不知是何原故,忙忙赶来。贾政便问:"该死的奴才!你在家不读书也罢了,怎么又做出这些无法无天的事来?那琪官现是忠顺王爷驾前承奉的人,你是何等草芥,无故引逗他出来?如今祸及于我。"宝玉听了,唬了一跳,忙回道:"实在不知此事。究竟'琪官'两个字,不知为何物,况更加以'引逗'二字。"说着便哭。

节选三:

贾环便悄悄说道:"我母亲告诉我说:宝玉哥哥前日在太太屋里,拉着太太的丫头金钏儿强奸不遂,打了一顿,金钏儿便赌气投井死了。"

从以上三个片段我们能看到,宝玉被打的原因可以总结如下:在外游荡优伶,表赠私物,在家荒疏学业,逼淫母婢,吞吞吐吐不见雨村。

那我们再来看看四十八回贾琏挨打的原因。

节选一:

且说平儿见香菱去了,就拉宝钗悄悄说道:"姑娘可听见我们的新闻没有?"宝钗道:"我没听见新闻。因连日打发我哥哥出门,所以你们这里的事一概不知道,连姐妹们这两日也没见。"平儿笑道:"老爷把二爷打了个动不得,难道姑娘就没听见?"宝钗道:"早起恍惚听见了一句,也信不真。我也正要瞧你奶奶去呢,不想你来了。又是为了什么打他?"

平儿咬牙骂道:"都是那什么贾雨村,半路途中那里来的饿不死的野杂种!认了不到十年,生了多少事出来。今年春天,老爷不知在那个地方看见几把旧扇子,回家来,看家里所有收着的这些好扇子都不中用了,立刻叫人各处搜求。谁知就有个不知死的冤家,混号儿叫做石头呆子,穷的连饭也没的吃,偏偏他家就有二十把旧扇子,死也不肯拿出大门来。二爷好容易烦了多少情,见了这个人,说之再三,他把二爷请了到他家里坐着,拿出这扇子来略瞧了一瞧。据二爷说,原是不能再得的,全是湘妃、棕竹、麋鹿、玉竹的,皆是古人写画真迹。回来告诉了老爷,便叫买他的,要多少银子,给他多少。偏那石呆子说:'我饿死冻死,一千两银子一把,我也不卖。'老爷没法子,天天骂二爷没能为。已经许他五百银子,先兑银子,后拿扇子,他只是不卖,只说:'要扇子,先要我的命!'姑娘想想,这有什么法子?谁知那雨村没天理的听见了,便设了法子,讹他拖欠官银,拿他到了衙门里去,说:'所欠官银,变卖家产赔补。'把这扇子抄了来,做了官价,送了来。那石

呆子如今不知是死是活。老爷问着二爷说:'人家怎么弄了来了？'二爷只说了一句:'为这点子小事,弄的人家倾家败产,也不算什么能为。'老爷听了,就生了气,说二爷拿话堵老爷呢。这是第一件大的。过了几日,还有几件小的,我也记不清,所以都凑在一处,就打起来了。也没拉倒用板子、棍子,就站着,不知他拿什么东西打了一顿,脸上打破了两处。我们听见姨太太这里有一种丸药,上棒疮的,姑娘寻一丸给我呢。"

节选二:

贾赦恼起来,因说道:"我说给你,叫你女人和他说去,就说我的话:自古嫦娥爱少年,他必定嫌我老了;大约他恋着少爷们,多半是看上了宝玉,只怕也有贾琏。"

根据上文我们能够看到,贾赦一纵情声色,二爱好收藏古物,贾琏没有成功地拿钱从石呆子那里把扇子买到,贾雨村却假公济私迫害石呆子,害得人家家破人亡,从而获得了扇子来讨好孝敬贾赦这样的皇亲要员,来保证自己的仕途平坦。这里贾赦主要生气的原因是自己儿子的无能和对自己的嘲讽和不敬。同时之前贾琏在贾赦讨鸳鸯时没有出力,贾赦也一直疑心鸳鸯看上了贾琏,所以这次的打骂也是对之前猜疑的滞后反应。

这里我们尤为注意的是贾琏被打和宝玉挨打在原因上的区别和本质问题是什么。

首先宝玉是"由性"挨打,宝玉挨打实际上是因为其行为偏僻性乖张的天性导致。他的一系列行为主要是由着自己的个性来表达,宝玉的挨打是其个性和其赖以生存的封建家庭的格格不入造成的,贾政与宝玉之间的矛盾冲突在于正统与非正统价值观念、人生道路的选择,换句话说,是封建旧思想和追求个体独立自由的两种文化思潮的斗争。

其次,贾琏"因理"挨训,贾琏的挨打主要原因是因为贾赦看中了几把古扇,让贾琏设法取来,但是贾琏不忍心因为扇子伤害石呆子,没有成功取回,这让贾赦非常不满,换言之,贾赦的喜怒不分公理,只看自己的喜好,并不在乎这件事情自己道德理亏,也不在乎他人的生死,只想满足自己的私欲。

所谓一叶落而知天下秋,两次挨打的情节正是这样的"一叶",父辈如此不明事理,其子侄辈又怎能行走正道？所以贾府的衰亡不仅是家族教育

问题,还有父辈们榜样歪斜的情况也都对贾府的命运有所影响。

二、封建家长的多侧面——打人者的形象对比

为了分析这个问题,我们首先要看动手者贾政有着怎样的性格和思维模式。试想,宝玉已经告诉了忠靖王府的人蒋玉菡的去处,不就没事了吗？看到金钏跳井就神思不属,不正好说明他心地善良吗？宝玉到底犯了什么罪过才让贾政怒极甚至进而要打死宝玉呢？

(一)作为封建家长的贾政

首先贾赦袭爵位,原本应该是贾府的大家长,但他不成器,所以贾政实际上是承担起贾府延续的家长,后面元宵节省亲的时候,他看到那些谜语,只有他有一种悲戚的预感,这些谜语就像谶语一般仿佛在暗示着家族的未来。他自然地为家族的未来思虑,也为家族的未来不安。而长子贾珠过世,贾宝玉却不爱考取功名要做的读书等,只爱一些脂粉钗环,所以他不成气候,家族的希望则散落一地,如果你是父母,知道自己的孩子有结交痞子混混、男女关系混乱等的做法,你的感受是什么样的？想必你也会有气急败坏,恨铁不成钢的感受吧？

其次是贾政的性情。一个让贾宝玉如此惧怕的父亲,到底有着怎样的性格呢？他"素性潇洒,不以俗务为要,每公暇之时,不过看书着棋而已,余事多不介意。"(第四回)当他还不是父亲的时候,"然起初天性也是个诗酒放诞之人,因在子侄辈中,少不得规以正路。"(七十八回)他自幼酷喜读书,祖父最疼,原欲以科甲出身的。身为次子的贾政没有资格袭爵袭官,因此他要自己考取功名,一步一步升职,只是皇上体恤,额外赐了一个员外郎的官位。所以他比别人更知道要勤勉努力,如何延续家族光荣。

在游览大观园的时候,他说"这一处还罢了,若能月夜坐此窗下读书,不枉虚此一生。"第二处,"倒勾引起我归农之意",贾政对于园林有传统士大夫的审美鉴赏,而归农之意又像极了陶渊明的归去来兮,表现出一份不喜钻营投机的清雅高标。

当众人提议贾政去题大观园中的匾额时,贾政说:"你们不知,我自幼于花鸟山水题咏上就平平;如今上了年纪,且案牍劳烦,于这怡情悦性文章上更生疏了。纵拟了出来,不免迂腐古板,反不能使花柳园亭生色,似不妥协,反没意思。"这里贾政真性情流露,结合他自幼的情况,我们能够知道,真正让他愉悦的是诗词歌赋,花鸟鱼虫的世界,而案牍劳

烦则是他身上所担负的现实生活责任,他不也是一个压抑了自己真实情性的可怜的中年男人吗?

贾政在小说中一以贯之的特点是非常在乎对后代的培养,不过贾政又是一个不知道从何下手,也不去认真想一想该从何下手落实家族事务的管理、督促子弟学习成长的家长。贵族子弟的那种不需要算计、不屑于算计、聪慧雅致的生活态度和处事风度,导致了他忧于此却不善于此的缺憾。

所以,贾政是一个喜欢读书喝茶,内心渴望清雅生活,心思细腻体贴,孝顺母亲,能顾及他人情绪,重视子女教育和家族秩序的人。长久以来,我们总是给贾政贴上一个概念式的复合标签,例如古板、严肃的封建卫道士等,但是红楼梦里的人物形象除了存在于同一个文学世界里之外,还需要面对这个世界里独属于自己特定的生命情境。在第八十四回中,贾母、贾政、王夫人等坐在一起聊起宝玉,提到他的终身大事,贾政像往日一样表达了对宝玉的诸多不满,老太太说"想他那年轻的时候,那一种古怪脾气,比宝玉还加一倍呢。直等娶了媳妇,才略略的懂了些人事儿,如今只抱怨宝玉,这会子我看宝玉比他还略体些人情呢。"作为父亲和丈夫,他也有自己的不足与掣肘,所以这一次宝玉挨打,虽然他外显的形象是一个暴怒残忍的父亲,但这也是他性格与身份凝合而成的必然结果。

(二)作为腐败家长的贾赦

贾赦虽然是家里的大家族长辈,但是本身是纵情声色、贪赃枉法、草菅人命的人,对待下属平民等极度地放肆和随意。无论是之前求娶鸳鸯还是为了扇子,都是在为满足自己的私欲。所以这样的父亲教导出来的孩子自然是荒淫无道,毫无廉耻。

三、众星捧月与无人在意——被打后的众人反应对比

宝玉挨打这一回目作为高潮情节,也用传神之笔将众人形象展现得淋漓尽致。在宝玉挨打之时,贾政、王夫人、贾母等的形象已经凸显,在宝玉挨打之后,又有宝钗、黛玉的探望,可谓是众星捧月,贾琏挨打之后只有平儿关心,更不要提有人探望,连作者也是一笔带过,寥寥数语,可谓是基本无人在意,这两个部分作对比,我们不仅能够进一步地了解人物形象。

首先是贾母,她处理父子矛盾时对于儿子会有分寸的责备和对孙子的发自内心的疼爱,还体现出她作为老祖宗这一家族最高地位的贵族老太太的气度、态势,王夫人的声泪俱下体现出她慈母心肠,管教儿子的无奈,薛宝钗端着药来看望宝玉,落落大方,具有大家闺秀的修养风范。林黛玉哭哭啼啼地进屋看宝玉,对宝玉有着深情痴爱,因为宝玉的身体被如此对待,她原本作为宝玉思想层面的同盟者,却因为这思想基础伤及宝玉的身体,而说出违心的话,为了宝玉不因叛逆受伤,黛玉也只得屈从于社会的规范。

四、家法后的深意

在文中还有一个耐人寻味的细节:"只见今日这顿打不比往日"看来贾府中通过打来教训人的方式一直存在,而且这个叙述中,宝玉在成长中没有被少打过,大家都习以为常,而且也不请大夫,只是宝钗送药,这也可能是为了顾忌家丑不可外扬。但是我们也可以看到,即便是贾府这样的"诗书传世"的世家大族,内里也是通过用武力、暴力来迫使反叛的一方屈服自己。这里我们也需要看到贾家后继无人的空乏和悲惨。宝玉的众星捧月也反倒成为家族衰亡的原因之一。贾母在劝架的时候提过,当年你的父亲是如何教导你,言下之意,当年他的父辈并没有用这种方式打骂孩子,所以我们也能够看到,在贾府,第三代无力教养,不善教养,只知道打孩子、骂孩子、吓孩子,第四代又自不争气,为了自己的自由弃大家责任不顾。这也是家长对孩子的驯服,也是专制对自由的驯服,也是集体对个人的驯服。

两场挨打在一起,能让我们深深地体悟到,贾宝玉、贾琏这样的子一辈和父一辈产生冲突,本身就暗含着父一辈教养无能的因素,因为没有好的教养方式,只能用暴力的方式去征服子一辈,因为没有好的教养方式,只能用这种最无效的手段迫使对方服从。父辈的无能、上梁不正下梁歪的深刻内涵,立刻体现出来。同时,贾宝玉、贾琏自己也存在着自身行为不端的情况,总体来说,整个贾府是一代不如一代,成为贾府最终覆灭的悲剧。同时,这样的对比式阅读也是我们日常进行《红楼梦》整本书教学的重要抓手,在对比中抓住同类不同质的情节,可以更好地深入了解主旨,达到"整"的阅读效果。

吴子玉,北京十二中教师。

树德立行,其必由学
——工读学校中语文课堂教学的探索
◎肖 虎

工读学校是对具有轻微违法犯罪行为的青少年进行矫正教育的专门学校,在大众的眼中,存在着工读学校只需要矫正学生行为上的偏差这一片面认识。其实,帮助学生在学习上有着良性的转变也是工读学校的重要教育目标。以我所在的工读学校为例,学生存在着语文兴趣低、基础薄弱、学习无章法等问题,针对这些问题,本文将从优化教学策略,适应学生学情;分解知识点,浅入深出;及时运用,巩固加深;多元化评价,建立学习信心四个方面对工读学校中语文课堂教学进行探索,总结教学方法,促进学生的教育转化。

一、工读学校中学生语文学习现状

语文基础差。几乎所有工读学校的学生学习基础都较差,语文也不例外。这些学生在小学就开始在学习上掉队,所以基础极为薄弱,初中的知识对他们来说晦涩难懂,久而久之,语文能力、基础就越拉越远。

语文学习兴趣低。由于长期各科成绩的落后,导致丧失学习信心,加之学习、生活习惯的偏差,兴趣点转移到了手机、游戏等其他方面,诸多因素的作用,学生对于学习的兴趣大大下降,语文也不例外。但相较其他学科来说,语文应该是比较容易掌握的一门学科了,因为这是我们的母语,时刻都在使用,与我们的生活息息相关,这是学习语文的一大利好因素。

学习无章法。这是绝大多数工读学校学生的通病,他们基础知识薄弱,学习兴趣低,在学习上无法获得成就感,丧失信心。在学习上不愿花费更多的精力,无法找到属于自己的学习习惯和方法。

二、因材施教,工读学校中语文课堂教学的探索

工读学校中的学生区别于普通学校中的学生,因而,针对这种情况,我们需要因材施教,依据工读学校中学生的特殊情况,教学策略进行相应的调整、创新。

(一)适应学生学情,优化教学策略

备好一节课的前提是备学情,制定符合本班学情的学习目标,这是上好一节课的基础。在工读学校中,绝大多数学生的基础知识都极为薄弱。因而,在日常的备课中,我们需要依据学生的实际情况来优化教学策略,制定相应的目标,让学生能学有所获,增长学习自信心。在我们的语文教学过程中,老师更加注重学生的学情来制定教学目标,因而在每节课前,老师会详细分析班级学生的学情,依据学情来优化教学策略,制定本节课的教学目标。

在工读学校中,学生的语文基础薄弱。因而我们需要在上课前,分析学情,依据学生的现有理解水平和能力,制定适应学情的教学目标让学生能在课堂上学有所获。例如,我在上课前,会对比常规的教学目标,依据学情,来简化教学目标,制订相应的教学方法。在讲授《三峡》前,我了解到本班学生对于文言文知之甚少,文言知识的积累更是微乎其微,仅靠常规的教学技巧很难让学生理解文意，感悟其意境，与此同时也会打击学生学习信心的建立和兴趣的培养。因此，在教学前，我将教学目标制定为看三峡的纪录片，通过看三峡的实景，来用自己的话描述三峡的样貌，再来对比课文中的文言文，寻找相对应的句子，目标就是能够梳理全文的基本大意。在课堂上，学生积极性高，踊跃参与，通过自己的描述，将文言文的大意一起梳理出来，在课中展现出较浓的学习兴趣，并且学有所获。通过视频影像的呈现方式，直观地展示文中描述的景色，削弱了学生文言文知识薄弱的影响，便于学生理解文意；学生自主探究的学习策略，更易使他们建立信心、兴趣，探索学习方法。这便是依据学情来优化教学策略，简化教学目标所带来的效果。在工读学校日常的教学中，教师教学要适应学生学情，优化教学策略，选择适合他们的教学形式和学习方法，让学生在课堂中能参与进来，并且学有所获，建立学习信心和兴趣。

(二)分解知识点，浅入深出

在我国的课程目标改革中，将课程内容由"难、繁"向"简、浅"转变是一项重要举措。在工读学校中，学生因为语文基础知识薄弱，在课堂中很难达到教学要求，掌握相应的知识点。这就需要老师将知识点分解，浅化教学内容。分解知识点是指依据简化的教学目标和学生的现有知识水平，将知识点化繁为简，选择相对浅而显，并经过提取精炼后的知识，让学生吸收、理解。比如在统编版语文八年级的《消息二则》中，为了让学生能够了解新闻的特点，把握新闻的结构。我们可以将其标题、导语、主体、背景、结语分解开来，结合我们日常生活中的报纸、电视新闻、手机新闻等接触得比较多的媒介来展开去分析，通过日常接触到、了解到的部分，一一找出来再对应着去分析。

但在浅化的同时，要做到深出。只简简单单地将知识点传递给学生，在工读学校的课堂教学中是远远不够的。依据学生的特殊性，工读教育更应该侧重于学生的德育渗透。在理解知识点后，让学生能有深刻的感悟，这是矫正学生思想、行为偏差的重要途径。在《最后一次讲演》的教学中，我通过引导学生体会闻一多为了民主和平而舍生忘死精神的同时，进一步升华感情，由闻一多联想更多民主斗士，感悟如今的幸福生活来之不易，作为青少年更应该珍惜这份来之不易的幸福，从而进行感恩教育。在当天的日评中，学生都以"检讨书"的形式反省了自己过去的种种不当言行，并定下了相应的改正目标。在晚自习的演讲中袒露心声，真情流露。渗透德育的教学过程，让学生真正做到学有所得、得有所感。在工读学校中，教学过程中分解知识点、深入浅出、渗透德育对于矫正学生思想、行为偏差有着至关重要的作用。

(三)及时运用，巩固加深

巩固性原则是教学原则之一，学用结合，学以致用。指教学中使学生在理解的基础上，将知识、技能牢固地保持在记忆中，达到熟练程度，需要时能及时、准确地再现用。在教学过程中，学生的学习，不同于成年人或科学家。学生在短时期内集中地学习大量未经自己亲身感受的间接知识与经验，又不能立刻、全部地运用于实践，遗忘的可能性极大。因此，便特别要求进行巩固加深。

在工读学校中，学生存在着语文兴趣低、基础薄弱、学习无章法等问题。学生课后自主学习，巩固所学知识几乎不可能。面对这种情况，在课堂教学中，及时运用所学知识，巩固加深是保证课堂教学效果的必要环节之一。比如我在教学《小石潭记》时，在讲解完本课的知识点后，要求学生在理解的基础上背诵全文。为了防止学生死记硬背而不知其意。我利用讲解写景作文和课后作业的方式，让学生以学校的感恩泉为写作对象，布置了一个小作文，特地提示他们，只要合理、恰当，可以引用一些文言文或者古诗文中写景的句子，会给文章增色不少。令人惊喜的是不少学生在写感恩泉中的鱼儿时都能够将《小石潭记》中的句子化用为自己的文章内容。如"潭中鱼可百许头,皆若空游无所依,日光下澈,影布石上,怡然不动;俶尔远逝,往来翕忽,似与游者相乐"。在这篇文言文的学习过程中,这种及时运用的方式已经让大部分学生掌握了相应的部分知识,达到了学以致用的目的。在课堂教学中,让学生及时地运用所学知识,是达到学以致用,加深巩固的重要手段,也是引导学生建立学习信心和兴趣的关键环节。

(四)多元化评价,建立学习信心

新课标的要求,课堂评价不能仅仅只将学生对学习内容的掌握程度作为唯一的评价标准,而是应采取多元化的评价体系,学生的课堂表现、学习态度、学习潜力也要纳入评价标准中。以对学生的鼓励、表扬等积极的评价为主,对学生进行正面引导他。在工读学校中,课堂教学的评价更应多元化,对学生以鼓励、引导为主。

在工读学校中,对学生的课堂评价要在鼓励、引导中去发掘他们自身的闪光点,引导学生重新认识自己、肯定自己,从而激发学生的学习兴趣,从事实的基础上进行拔高。因为大多数工读学生对学习的兴趣极低,在学习上因成绩、学习态度等都有着极大地挫败感,常被老师、家长,甚至自己否定。在这种情况下,教师的高度评价和积极肯定对于这些"学困生"从多方面都会有着莫大的影响。我曾经遇到过这样一个学生:他从小没有父母,一直跟着年迈的奶奶生活,从未上过学,连自己的名字都不会写,甚至都分不清人民币的币值大小。在初来班上的时候,老师上课似乎和他无关,他只能通过老师的口述才能知道课本的内容,与其他的学生差距极大,显得格格不入。渐渐地,他在课堂上也毫无生气,挫败感十足。于是我给他布置最简单的一到十的认写,在课上他便有事可做,不会显得那么"多余"。每次下课后,我都表现得很认真地去检查他的作业,虽然只是最简单的数字抄写,但我每次都会极力去找出他的亮点之处并且放大去表扬他,比如写得端正,格式、布局优美等。他得到了肯定,自信心也极大地提升了,对于数字的学习兴趣也大大提高。在后续的学习中,他竟然自己"创造"了用"纸坨子"来进行加减运算,这让我们老师大吃一惊,吃惊的不仅仅是他的这种创造力,更是他自主学习的主动性,对学习有了浓厚的兴趣。从课堂之中的"局外人",转变为学习的主人。在这个转化过程中,老师积极发掘他的闪光点,从多方面及时给予正面积极的评价,一点点地重构他的学习信心是最关键的因素。所以,面对学习挫败感极强,学习兴趣低的学生,采用课堂评价多元化,以鼓励、引导为主的评价方式,对于学生重构学习兴趣、自主学习有着极大的帮助。

工读学校的学生知识储备量少,基础较差,在学习习惯、态度、方法上都存在着较大的问题,这让他们长期处于一个学困阶段,逐渐对学习有了很强的挫败感,从而对学习丧失了信心和兴趣,不适应知识拔高的要求。因而,我们在课堂教学中要着重分析学情,优化教学策略,采用多种形式巩固所学知识,建立多元评价体系,注重学生学习信心的建立和兴趣的培养,引导他们在接受知识教育的同时,也达到思想和行为的矫正。

参考文献:

[1]傅小霞.语文教学中培养学生自主学习的习惯[J].学苑教育,2012(22).

[2]周瑞燕.良好的学习习惯为中学生的语文学习保驾护航[J].学周刊,2013(01).

[3]罗建生.工读学校语文课堂有效教学策略探索[J].中学时代,2013(12).

[4]孙双金.语文教学的"五点"主张[J].小学语文教学,2015(33).

[5]骆江涛.活用"四为本",让学生爱上语文[J].河南教育(教师教育),2021(04).

[6]刘志宏.论在语文教学中如何培养学生的核心价值观[J].才智,2020(06).

[7]张星.语文有效教学策略探究[J].文学教育(上),2021(03).

肖虎,湖北省武汉市江夏区武汉市砺志中学教师。

悲悯、愧疚背后人性的虚伪和逃避

——郑振铎《猫》文本细读与教学思考

◎杨恺航

郑振铎的《猫》是初中语文教材七年级上册第五单元中经典的篇目，所以也自然而然地成为语文教师各级各类公开课的"抢手货"。从教第五年的我，在听了各种各类版本的公开课后，发现大多数的上课教师都会问到需对文章进行整体把握的几个问题，如，可以给文中的三只猫取什么名字，并说说你的理由；在这三只猫当中，三妹和我，或者我们一家人喜欢哪只猫？或是根据文章内容完成一份关于三只猫的来历、外貌、性格、结局以及我们一家人的态度的表格。然后，课堂也会涉及有关文章情感中心的几个问题：对于这三只猫的亡失，"我"和三妹的心情如何？或是让学生当小探长，分析"芙蓉鸟被害案"，询问学生假如这样的事情发生在前面两只猫身上，结局会一样吗？

课堂上，学生能快速地根据教师的问题指向，轻轻松松地圈划出关于三只猫概况的内容加以回答，经过对三只猫遭遇的对比，在教师的引导下也能迅速得出"关爱弱小动物、平等"等主题，但细细分析，这些问题实质上都是在围绕着文章中一目了然的内容在进行频繁且无意义的互动，看似课堂热闹非凡，但并没有引导学生从文本中、从字里行间当中读出文中的"我"和三妹是否是真的喜欢猫，没有引导学生关注"我"从养第一只猫到第三只猫的冤死之后极大的情绪反差，没有引导学生深入文本思考文章字里行间中除第三只猫之外的其他弱者的遭遇，没有引导学生关注文章除了"人与自然"主题还有"人与人"主题的思考。老师的提问问得浮光掠影，学生的回答亦是浅尝辄止，于是，也引发了以下我对该如何解读《猫》以及该如何进行教学的一些思考。

一、追本溯源，散文还是小说

关于《猫》的文体是散文还是小说，一直以来都备受争议。

读散文，要读出作者的情感；读小说，要通过对文章所塑造的文学形象的分析，结合小说的环境和情节，解读小说的主题。也就是说，文中的"我"这个叙述者是作者塑造出来的一个文学形象，并不等于作者本人。

追本溯源，我们发现《猫》这篇文章最早被选入郑振铎的小说集《家庭的故事》，位列此小说集的第一篇，而浏览许多教师所分享的教学设计，大多将这篇文章当作散文进行教学。也许是因为这篇文章没有传统的小说套路和凸显的情节，有的只是对三只猫经历的叙述，所以很多教师将文章定义为散文，又或许是因为这样定位，难度较低，学生也更容易把握理解，在某些地方也能得到自圆其说。但是细读文本，会发现若是将文章定位为散文，很多关键语句无法形成合理的解释。

若是当作散文来读，最终会将文章的主题停留在"表达出作者对第三只猫的愧疚、忏悔之情"这一情感上，再进一步分析，就会得出"要尊重、保护弱小动物"以及"做事不能仅仅凭个人喜好和主观臆断，而应克服偏见，认真调查研究"的结论。

但是，既然"我"的忏悔之情如此的深刻，为什么在知道真相的两个月的时间，也未见"我"去弥补过错呢？这个关键性的问题无法得到合理的解释。

再结合《家庭的故事》中，作者在自序里写到的,"它们并不是我的回忆录,其中未免有几分是旧事,却决不是旧事的纪事"。郑振铎先生的儿子郑尔康在《石榴又红了——回忆我的父亲郑振铎》中提到,"其中家里的第一只猫被打死,第二只猫被摔死。自从这两事情发生不久,父亲便写了他的《家庭的故事》"。这些语句都在表明,这些旧事与文中的描写是有出入的,所以《猫》应该就是在"旧事"的基础上想象和虚构的。

所以,这篇文章必须要当作小说来解读。

二、整体把握,"我"眼中的猫

三只猫的来历和结局大不相同,而文中的"我"对这三只猫的态度也各不相同。

细读文章"我"的情感态度变化的句子,不难发现,对于第一只猫,"我"的态度是喜爱,因为它给我们带来"生命的新鲜与快乐"的感受,第一只猫能够取悦"我们"。对于第二只猫,"我"的态度是更加喜爱,因为第二只猫比第一只猫"更有趣、更活泼",所带来的快乐更加凸显,而且第二只猫能够"捉鼠",能够发挥猫的功能为"我们"解决实际的问题。对于第三只猫,"我"的态度是不喜欢,因为第三只猫毛色花白,不好看,性格不活泼,忧郁,懒惰。

而"我们"一家收养这只"并不好看"的猫,是因为它"很可怜","我们如不取来留养,至少也要为冬寒与饥饿所杀",同情这个生命,是"我们"收养它的原因。但是因为这只猫既不好看,也不活泼,不能够取悦我们。它也不去捉鼠,没有实用价值,因而大家冷落它,"不大喜欢它""对它也不加注意",它"是一只若有若无的动物",人性的自私又体现得淋漓尽致。而当"我"发现这只猫被冤枉而挨打,感觉到"良心受伤",这意味着人是有良知的。这只猫死后"我家永不养猫",表明对自己过失的深刻的愧疚,同样也是表现人的良知。

通过"我"对第三只猫的不同态度,通过"我"眼看猫,我们可以发现人性的自私,如果我们能够从猫那里得到满足,那就会喜欢它;如果不能,就会采取相反的态度。但同样,人性是具有复杂的两面性的,自私的人性会容易陷入偏见,同时人也有良知,具有自我反思的可能。

三、精读探析,猫眼中的世界

人眼看猫,因外形、实用性等的不同,态度也有所不同,那么我们转换一下视角,从小说教学的视角入手,将猫当作文学形象来分析,从猫的角度来看看文中的人,又会有什么发现呢?

在实际教学中,我是这样思考和设计的。

(一)第一只猫的朋友圈

假如第一只猫发了一条朋友圈:"我感觉我生病了……我不想吃饭,不想出去玩……我好难受……谁来帮帮我……""我"们一家人都会怎么评论?请学生任选其一人物,以其口吻给第一只猫评论。

精读文章语段,三妹是把第一只猫当作逗玩的物品,生病了仍想着逗玩,还为小猫买来了铜铃,用红绫带穿着。而"我"面对这只相伴两个月的小伙伴,可逗玩的动物,"我"会为生命的消逝感到伤感、怜惜,但这只猫是可以被取代的。

所以,经过此环节,学生不难发现对于第一只猫的亡失,"我"们一家虽喜爱,虽都为小猫忧郁,但家中却无人想着带小猫看病,因为在"我"们一家人看来,这只猫的死亡不过是动物的一种自然现象,弱小生命的消亡是微不足道的。

由此引导学生思考,动物的生命也是生命,希望大家能平等地对待生命,关爱弱小的生命,拯救受伤的或生病的生命!

(二)第二只猫的日记

第二只猫的结局是丢失,引导学生拿起手中的笔,假设自己就是那第二只小猫,用文字记下从来到这个家到丢失这段时间的经历,同时给学生提出写作要求,要运用第一人称,站在第二只猫的视角,运用恰当的动作描写和心理描写,细细揣摩文中人物对第二只猫的真实态度以及亡失的根本原因。同时,此环节还可以达到读写结合,训练听说读写基本技能的目的。

学生在进行写作时,会不由自主地精读文本,会很容易得出第二只猫亡失的原因有三点:偷猫之人的可恨,夺人所爱;养猫之人的不重视,三妹只寻一遍就上楼,李妈烧饭时发觉不见了,也未寻找。旁观之人的冷漠,猫被人捉去时,周家丫头明知道是"我"家的猫,但是没有出声阻止。

人性中对弱小生命的轻视与漠视,在第二只

猫身上也体现得淋漓尽致。

(三)第三只猫的天堂回音

第三只猫作者花了大量的笔墨来叙写,是因为作者觉得自己冤枉了第三只猫,第三只猫在这一场"芙蓉鸟被害案"的冤案当中,处于绝对弱势的地位,它无法通过说话辩驳,但是它的一声"咪呜"却也道尽了无尽的委屈,假如有来生,第三只猫会给文中的人或今世的人说些什么呢?

对于主人,也就是文中的"我",学生会有两种答案:怨恨或者原谅。

对于女主人,文中"我"的妻子,学生的答案多为希望女主人能多一些公平和信任,因为妻子对第三只猫从一开始就不信任,而且对猫的态度与芙蓉鸟的态度的对比十分鲜明。

对于三妹,引导学生思考"最喜欢猫的"三妹是真的喜欢猫吗?细读文本中关于三妹对于猫的态度的语句,不难发现,"最喜欢猫"的三妹看似爱猫,爱猫的活泼、可爱,爱猫所带来的乐趣,但在三妹心中猫只是可有可无的东西,而非不可缺失的生命。

而"向来不大喜欢猫"的张妈,当猫面临着冬寒与饥饿时,也并没有强烈的讨厌和排斥;当妻子嘱托张妈留心猫会吃鸟时,而并不是冲猫生气,把它轰走,只是将猫"捉"了去;当张妈被冤枉时,"默默无言"的张妈和只能"咪呜"的猫又何其相似,一个被嫌弃不得爱,一个被责怪不得尊重;一个被迁怒默默无言,一个被冤枉无处诉说。身处社会的底层,挣扎不得,亦逃脱不得。"向来不大喜欢猫"的张妈对于猫的态度和"最喜欢猫"的三妹对猫的态度形成了鲜明的对比,三妹对猫的喜爱是有条件的,而张妈仅仅是把它们当作动物当作生命来看待,不会因为可爱而多喜欢一点,也不会因为丑陋而就放弃对猫的喂养。

对于李妈,文章中有这样一句叙述,"隔了几天,李妈在楼下叫道:'猫,猫!又来吃鸟了!'"一个"又"字透露了很多信息,首先,李妈曾经亲眼看见了那只黑猫来吃第一只鸟的事实,否则何以言"又";其次,面对我们之前对第三只猫"作案"的分析和"我"责打猫的情况,李妈并没有说出猫不是"凶手"的事实。她明明知道真相,为什么不说。是因为怕,还是因为不关心?其实都是因为李妈对猫这样弱小群体的冷漠和不关心。

而对于第三只猫自己,则是反省忧郁的性格,冬夜钻炉台,白天睡懒觉,不捕捉老鼠立功劳,悲剧命运其实是自己一手造成的,引导学生关注个人命运的抗争与奋斗。

最后,对于今世的人,也是一种总结和反思,呼吁大家不要忽视和冷漠对待弱小生命,用平等的眼光看待生命,尊重生命,善待生命。

回到最初的困惑,在"我"恍然大悟,明白第三只猫是被冤枉的后,于是"我"开始忏悔。那既然"我"的忏悔之情如此的深刻,为什么在知道真相的两个月的时间,也未见"我"去弥补过错呢?第三只猫最终死在邻居家的屋脊上,为什么明明被冤枉、被伤害了却依然不肯远去?这只猫一定对"我们家"恋恋不舍,一定经常在周围徘徊,不愿意离去。而声称"我的虐待,都是针,刺我的良心的针!""很想补救我的过失"的"我"在这两个月中竟然没有发现这只猫!

怎么会发现不了呢?是不是故意装作看不见?不敢正视自己的错误?抑或是不敢面对自己的内心?发现第三只猫的尸体后,"我"做了什么?是否厚葬了这只猫呢?

无从得知,但作者留下了这样一句话,"但自从此后,我家永不养猫"不由得引发我们的思考,这是一个怎样的"我"?

所以,从小说的角度进行解读,我们不难发现本篇文章的主题是很多元的,从猫的角度思考,呼吁人们要尊重生命,善待生命;从人的角度思考,呼吁人们要摒弃内心的偏见,理智面对一切;从历史背景来看,一个虚伪、逃避的知识分子跃然纸上。

郑振铎写猫,何尝不是在写人?猫的亡失又何尝不是人性的缺失?悲悯、愧疚背后何尝没有人性的虚伪和逃避?

杨恺航,四川省乐山市市中区乐山嘉祥外国语学校教师。

前后勾连明逻辑　化繁为简读诗歌

◎杨新益

　　欣赏古诗词对于学生来说可以从整体上丰富文化素养和生活经验，培养想象、联想等能力，故而也是落实学生核心素养的重要载体之一。然而高中生因不能从整体上把握古诗词而导致客观题得分率低的原因对古诗词抱有畏惧心理，并随之对诗歌失去兴趣。因此，笔者尝试在古诗词考察目标下分析2023年高考诗歌客观题的命题路径，以逻辑思维为切入点，化繁为简读诗歌。

　　一、明目标

　　古诗词学习导向出自《普通高中语文课程标准》课程内容的学习任务群5"文学阅读和写作"，要求学生借由阅读诗歌"在感受形象、品味语言、体验情感的过程中提升文学欣赏能力"，具体从"语言、构思、形象、意蕴、情感等多个角度欣赏作品，获得审美体验"。

　　《普通高中语文课程标准》学业质量水平版块对古代诗歌的学业质量描述是从"有欣赏文学作品的兴趣"到"喜欢欣赏文学作品"再到能"鉴赏"，可见使学生对古代诗歌产生兴趣是学生学业成就的基础；从"能整体感受语言、形象和情感，展开合理的想象"到"能借助联想和想象丰富自己对文学作品的体验和感受，能品味语言，感受语言的美"，可知"感受语言""品味语言"是学生学业水平之一的展现，也是落实学科核心素养的重要维度，而"语言"本身，更是读懂古诗词的基本。

　　《中国高考评价体系》"学科素养指标体系"中要求综合运用"直觉的、顿悟的、灵感的、形象的、逻辑的方法"及"联想、类比、引申等思维方法"组织、调动相关的知识和能力，来"解决生活实践或学习探索情境中的各种问题"，总体考察考生对诗词内容、情感、表现手法的理解。其中，诗词内容是考察的基础所在。

　　二、析真题

　　以2023年四套全国卷高考诗歌客观题为例。

　　新课标全国Ⅰ卷：答友人论学/林希逸

　　逐字笺来学转难，逢人个个说曾颜。
　　那知剥落皮毛处，不在流传口耳间。
　　禅要自参求印可，仙须亲炼待丹还。
　　卖花担上看桃李，此语吾今忆鹤山。

　　15.下列对这首诗的理解和赏析，不正确的一项是（　　）

　　A.诗的首联描述了当时人们不畏艰难、努力学习圣人之道的学术风气。（A项取材首联，考查考生对首联内容的理解，关键词有"学转难""说曾颜"，结合诗题"论学"，意为研读经典是困难的，所以人们想走简单的路，就个个都学曾参和颜回之学说，也就是孔门后学的学说。故错误）

　　B.诗人认为，"皮毛"之下精要思想的获得，不能简单依靠口耳相传。（B项取自颔联，考查考生对诗句内容的理解）

　　C.颈联中使用"自""亲"二字，以强调要获得真正学识必须亲自钻研。（C项取材自颈联，考查考生对诗句中关键字词含义的理解）

　　D.诗人采用类比等方法阐明他的治学主张，使其浅近明白、通俗易懂。（D项着眼于全诗内容，考查考生对诗歌表达方式的认识）

　　新课标全国Ⅱ卷：湖上晚归/林　逋

　　卧枕船舷归思清，望中浑恐是蓬瀛。
　　桥横水木已秋色，寺倚云峰正晚晴。
　　翠羽湿飞如见避，红蕖香袅似相迎。
　　依稀渐近诛茅地[注]，鸡犬林萝隐隐声。

　　15.下列对这首诗的理解和赏析，不正确的一项是（　　）

　　A.诗人描写自己乘船归家途中所见，笔下画面随着行程逐次展开，自然流畅。（A项取材全诗，考查考生对诗歌内容的理解，关键词有"乘船归家途中所见"）

　　B.诗人眼中的景物在秋日余晖的映照之下，有动有静，多姿多彩，令人愉悦。（B项取自颔联和颈联的内容，考查考生对诗人因景而感之情，关键词有"秋日余晖""有动有静""多姿多彩""愉悦")

C.诗人如处仙境的感觉被人居之地的鸡鸣狗吠之声破坏,心情也发生了变化。(C项考查考生对尾联的理解)

D.诗人调动多种感官,从不同的角度进行描写,状物生动,笔触鲜活而细腻。(D项考查考生对全诗整体性上表达方式的认知,关键词"多种感官""不同的角度")

全国甲卷:临江仙/晁补之

身外闲愁空满眼,就中欢事常稀。明年应赋送君诗。试从今夜数,相会几多时。

浅酒欲邀谁共劝,深情唯有君知。东溪春近好同归。柳垂江上影,梅谢雪中枝。

14.下列对这首词的理解和赏析,不正确的一项是( )

A.这首词真实描写了送别场景,充分地表现出词人对朋友的眷恋之情。(A项着眼于全词,考查考生对诗词整体性内容的理解,关键词"真实描写""送别场景""眷恋")

B.词人时常感到缺乏快乐,而即将到来的离别又会强化这种愁闷的感受。(B项取自一二三句,考查考生对词作情感的理解,关键词有"时常感到缺乏快乐""即将到来的离别""强化这种愁闷")

C.因不忍与朋友分别,词人更珍惜当下,数算还剩下多少时日可以相聚。(C项取自四五句,考查考生对词作内容的理解,关键词"因不忍""珍惜""数算还剩下多少时日可以相聚",此处"还剩下多少时日"有误,应是数相聚之日还有多少)

D.春天即将到来,词人希望与朋友同归东溪游览,共同欣赏春日的美景。(D项取自八九十句,也考查考生对词作内容的理解,关键词有"即将""希望")

全国乙卷:破阵子/陆游

看破空花尘世,放轻昨梦浮名,蜡屐登山真率饮,筇杖穿林自在行,身闲心太平。

料峭余寒犹力,廉纤细雨初晴。苔纸闲题溪上句,菱唱遥闻烟外声。与君同醉醒。

14.下列对这首词理解和赏析,不正确的一项是( )

A.词人以"空花""昨梦"喻指过往的虚无,"看破""放轻"宣示自己告别过去。(A项取材自一二句,考查考生对该词句内容中关键字词的理解)

B.词人着屐拄杖、登山穿林,一个远离尘世、悠游自在的山野隐逸形象跃然纸上。(B项取材自三四五句,考查考生对该词句内容中人物形象的理解)

C.细雨初晴的春日,依然会使人感觉到寒冷,但这并没有影响词人的轻松自得。(C项取材自六七句,考查考生对该词句内容中环境描写的理解)

D.词人在最后表示,希望远方友人能与自己同饮共醉,表达了真挚的思念之情。(D项取材自尾句,考查考生对该词句内容中人物情感的理解)

综上所述,四套全国卷选择题的命题思路真正落实了"阅读浅易的古代诗文"的考纲要求,考察内容以读懂诗意为主;选项内容多是基于对全诗整体性内容的理解,或对某几联(句)诗词内容的理解,减少了对诗词的艺术表达方式的理解;选项顺序基本上按照诗词内容顺序来安排。故而,从整体上把握诗词内容,读懂诗意是学生提高得分率的关键。

三、知读法

高中课堂不乏如何读懂诗词的教学,高中生也对读诗词的方法有一定的了解,但为什么还是对诗词内容缺乏准确的理解?因为学生掌握的方法是碎片化的,且忽视一个最重要的原则——任何一首诗词都是一个有机的整体。欣赏古诗词,要从古诗词的有机整体出发,经由一定的逻辑顺序,对其艺术形象和意境进行整体观照,从而读懂诗词,认识它的审美意义。

1.以题中之意,取逻辑联结,解诗中之意。

此法适用于有具体所指的标题的诗词,如《答友人论学》《桂枝香·金陵怀古》。对于此类诗词,首先以"五何"解读标题。以"何时""何人""何地""何事""何感"的思路明确标题含义,其中"五何"内容不必求全,只需知晓解标题的方法即可,如新课标全国Ⅱ卷《湖上晚归》,即可解为于傍晚时(何时)作者或"我"(何人)从湖上(何地)归家(何事)。

其次牢记标题所指,找到诗歌每联与标题的联系,继而找出联与联的逻辑关系,读懂诗歌。以新课标全国Ⅱ卷《湖上晚归》为例(作品请看第二部分)。

在没有实践此方法之前,学生读诗所获取的印象是首联:卧在船上回家了,望见了蓬瀛?颔联:小桥横在水上,已经是秋天了,山上有寺庙,现在是傍晚,且天晴了。颈联:翠鸟飞得很快,湿?见避?荷花正红有袅袅香气好像在迎接。尾联:逐渐离家很近了。听见鸡鸣狗吠声。此时学生对诗意的理解是碎片化的、散乱的,虽然眼中有景,有意象,但是不知道怎么把自己对诗意的理解投射到选择题上,这就造成了看着每一个选项都觉得是对的这样的犹豫不定。究其原因是学生对诗歌的整体缺乏逻辑性认知,故需要在学生原有的认知基础上强化读诗时的逻辑意识。学生只知道标题是"诗眼",是诗歌的中心,不知道为什么是"诗眼",不知道每一联所写都与标题有关；学生知道"起承转合"，不知道怎么"起"怎么"承"怎么"转"怎么"合"，不知道其实就是句与句、联与联、诗歌与标题的逻辑关系。

在使用此方法之后，学生读诗时则是这样的：带着标题所指：傍晚时分我从湖上回家了，联想到诗歌内容应是我在傍晚时和湖上的所见所闻有关。读首联：傍晚时分(扣题之"晚")我卧于船中(扣"湖上")正是回家(扣"归")的时候了，眼中所见皆是水天相应、水色空濛，好像误入仙境般。读颔联：我看见小桥横(扣"卧"，人低桥高也)在水面上，树木已染上了秋色(我见水清叶黄)，远方山寺于云峰中露出一角(我因"卧"，视线自然逐渐升高，也渐至远方)，正是雨后初晴的傍晚。读一二联毕，思考联与联之间的关系——皆是我于特定地点特定时间之所见，蓬漾乎船随水动，心随意动而已：仙境之美，亦美在秋水秋色、云峰山寺。读颈联：我见(归途所见)那翠色小鸟从水上掠过(船随水行，惊扰了小鸟)就像在为我让路(归心也)，我见那红色芙蓉隐隐暗香浮动就像在欢迎我(归心悦也)。与上联的逻辑联系是此时的我已将视线从远处收回，由远及近，方可见翠鸟飞掠、红蕖相迎。

读尾联：小舟带着闲卧的我前行，已然渐至家(归家，将至)，隐隐可听见鸡鸣狗吠(晚也，正是我归家时，也是农人归家时，很是热闹)从林萝间传来。

最后，在扣紧标题，以每联与标题、联与联的逻辑方式读完全诗后，继而思考全诗与标题《湖上晚归》的关系：全诗所写：归的姿势——卧枕，归的工具——船行，归之心——清澈，归之感——好像在仙境，归之仰视——船横木秋，归之远视——山寺云峰，归之近观——翠羽湿见避、红蕖相迎，归之地——诛茅地，归地所闻——鸡犬隐隐声。由此得出此诗紧扣"归"字，以归家船行轨迹为线索，写途中视线不同角度所见之景，该景皆是或清幽或明丽或幽远或生活气息明显，然皆显"我"之悠游轻松闲适之意。

2.以"我"之五感，取意中之象，联诗之文。

如若是无题之诗，抑或是无标题之词，则需时时谨记以"我"观物，使物皆着"我"之彩，之后再结合上述第一种方法读诗。以全国甲卷《临江仙》为例(词作请看第二部分)。

上阕，读一二句：("我")身外有许多闲愁(我愁)满眼都是空，最近欢乐的事也很少。读第三句：("我"想到)第二年应为送别你而写诗作赋了。思考一二句和三句的关联：本就闲愁，如今又要和你分别，怎不令人烦恼。读四五句：("我")想尝试从今夜开始数数看，我和你见面的时间还有多少。思考四五句和三句的关联：因离别在即，故算算还剩多少时日可相聚，珍惜之情溢于言表。

下阕，读六七句：("我")想，这杯浅酒该邀请谁一起喝呢？（我想到和你分离之后，都不知道可以和谁共饮此杯）我的一片深情只有你知啊！思考六七句和四五句的关联：四五句写我和你今夜相会，六七句写你我此时共饮，为送别也。读第八句：("我想到")东溪如今春色已近，正想和你同游同归。思考八句和六七句的关联：我与你情深意厚，只想和你同赏好景。读九十句：("我想那")嫩黄柳枝垂于明净的江面，冬雪尚压枝，梅花已落。思考九十句和第八句的关联：因念及东溪春好，应是柳黄枝柔、水明梅谢，故想与你齐观。若有愉悦，必是与你；若有美景，亦欲同赏。你我情谊，可见一斑。

最后，就此词作完整性的逻辑规整：我常闲愁少欢乐（一二句），想到与你离别更让我愁上加愁（三句），念及第二年就要赋诗与你分别，让我从今夜起，细数我们尚能相聚之日子（四五句）。此时席中我与你共饮浅酒，他日无人共饮，我之深情惟你知晓（六七句）；我想到东溪春色已近，欲约君同赏好景（第八句），期待你我共观江上柳影、雪中梅谢（九十句）。故全词皆由"我"因与友人离别而起，于离别之时，书离别之情，冀别后之期，表深情厚谊。

四、行之意

鲁迅有言："还有一样最能引读者入迷途的，是'摘句'。它往往是衣裳上撕下来的一块绣花，经摘取者一吹嘘或附会，说是怎样超然物外，与尘浊无干，读者没有见过全体，便也被他弄得迷离恍惚。"（《题未定草七》）若学生欣赏诗词忽视"整体"、轻视"逻辑"，便也会"迷离恍惚"解错诗（词）意而在考试时丢分。

只有从整体出发，以清晰之逻辑关系，前后勾连，化繁为简，方可感受到由诗词个体美所构成的综合美，真正欣赏到质的美。不仅如此，读诗词的过程中还锻炼了逻辑的条理性和严谨性，很好地提升了思维发展能力。

最后，有思维的前后勾连、多元并进，使得读诗的思维回路有明确的路径可行，也因有一定的困难性，由此迫使学生投入更多的认知能力，每完成一个小环节所获得的成就感使学生逐渐产生探究诗歌的兴趣。

杨新益，云南省昆明市晋宁区晋宁一中教师。

初中语文教学中积极情绪培养方法的实践探究

◎张俊杰

初中生因其身心发展特点与初三阶段学习的阶段性特征，极易造成消极情绪的蔓延进而引发各种心理问题。针对班级学生的特殊情况，结合积极心理学与语文学科特性，对其教学目的一致性探索后进行跨学科的融合教学。在完成语文学习的任务中采取积极情绪的挖掘、探索与转化的策略，使其在个人价值和自信等方面产生增值感，从而不断强化其积极情绪，最终达到班级学习风气、学生心理健康与语文教学目的三者的和谐统一。

叛逆期、学业压力大、人际交往障碍，以上三种情况在初三这个新起点且特殊的阶段被无限放大，由此而来的是学生消极情绪的产生甚至加重至抑郁等心理疾病。面对这一情况，积极心理学以其独特的幸福之力将积极情绪和体验纳入其中，结合语文立德树人和培养学生正确人生观、世界观和价值观的课程标准要求，在初三学生积极情绪和心理的挖掘、探索与转换方面有着良好的效果。

一、研究之需：初三学生现状之悲

新学期伊始，笔者所任教的初三学生因新分班的陌生环境所带来的人际交往障碍，初三各学科作业繁多、背书任务繁重以及各科小测频繁由此带来的学业压力以及初三学生自身心理发展的成长性危机特点，导致消极情绪在班级蔓延，愁眉苦脸、精神紧张、甚至部分学生产生了抵抗和厌学情绪。语文课程作为一门立德树人的学科，语文课程标准中明确说明了语文学科有培养学生适应未来发展的正确价值观、必备品格和关键能力，引导学生明确人生发展方向，成长为德智体美劳全面发展的社会主义建设者和接班人的责任和义务。

基于学生现状和语文学科使命的双重需求，笔者认真研究并查询了相关文献探寻解决之道，由此找到了一条学生消极情绪转换的路径——积极心理学与语文学科融合之路。

二、研究之基：积极心理学的幸福力

积极心理学主张研究人类积极的品质，挖掘人潜在的具有建设性的力量，促进个人和社会的发展，使人类走向幸福。积极心理学之父马丁·塞里格曼在畅销书《持续的幸福》中提出了包括积极的情绪在内的构建幸福的五个元素[1]。

除幸福构建五要素之外，马丁·塞里格曼认为培养习得性快乐是获得幸福的动力，而选择更多的关注、品味生活中的好事，是转换消极情绪提升幸福感的有效方法并对学校的幸福教育提供了指导，同时其还认为在学校通过教育来教授幸福是可行的，这些观点为积极心理学与语文学科之间的融合教学提供了理论基础。

三、融合之理：语文与积极心理学之和

学科融合的前提是两者之间须存共同之处，简而言之，两者之间要能够通过教学达成各自的教学目的，如此才有融合的价值。在这一方面不少研究者都结合语文与积极心理学的学科特点提出了不少异曲同工的观点。

魏吉[2]和巩红兵[3]认为，初中语文教学与积极心理学融合对中学生语文学习素养的提升和学生积极情感的培养，以及世界观、人生观、价值观的塑造上有着不可忽略的作用。向香梅[4]认为，积极心理学注重个体品质、美德的塑造，将其融入语文

教学中，能够有效舒缓学生的负面情绪和消极心理，而且对教学目标的达成极为有利。钱虹[5]则提出将积极心理学融合语文教学能够实现促进学生语文学科学习、学生高尚品质的培养、学生心理素质的优化和语文学习阅读、写作和思维的提高等多重教学目标。

结合以上研究人员对语文与积极心理学之间的合理性诠释可以看出，语文学科教学与积极心理学之间存在一定的契合性。在完成语文教学任务的基础上实现学生积极情绪的培养，在理论和实践上都是可行的。

四、融合之法：积极情绪的挖掘与转换之路

向香梅认为语文教师可以在日常教学中通过渗透人物案例的方式来强化情感教学使学生增加在真实情境中的认同感；钱虹则提供了更多的方法诸如通过优势评估引导学生认识、建构自己的优势和美德、通过读写活动诸如感恩日志（Appreciation journal）和勾画完美自我的方式来预防习得性无助和维护学生心理健康，优化学生心理素质等。

除以上融入和教学方法外，巩红兵则对语文教学融入的内容提出了自己的建议。通过渗透积极的情感教育，培养学生良好的情感。本文重点侧重于包含着情绪感知、情绪表达以及最重要的情绪调控，结合对文章的理解和感受，引导学生结合自己的生活经历，让学生感受和把控自己的情绪，丰富学生的生活体验、情绪的感受和学习。其次就是渗透包含智慧、知识、仁爱、孝道等内容的高尚人格品质和引导学生树立正确、积极的人生观。

综合以上研究人员提供的方法，本文将从挖掘积极情绪内容，撰写感恩日志和引导学生情绪的积极转换三个方面来进行实践探究。

（一）引导学生挖掘积极情绪的内容

面对人生的不如意，不同的人会有不同的情绪或行为表现。但他山之石可以攻玉，更遑论他山之玉，更是妙用无穷。结合九年级上册第三单元阅山川之美，抒忧乐之情的三篇文言文来引出对学科兴趣之感，并带学生从课文中探寻古人如何应对人生不如意之事。以下表格可作为思维工具，供学生结合课本和搜寻的资料进行自学与合作学习。

内容/篇目	《岳阳楼记》	《醉翁亭记》	《湖心亭看雪》
写作背景			
不如意之事			
作者应对表现			
个人感悟	学习上： 生活上：		

首先通过学生自主和合作学习，了解三篇文章的写作背景，明确范仲淹、欧阳修和张岱三人在面对个人前途之暗淡或者家国破灭之悲伤的背景下，不仅没有消沉而是展现了"不以物喜，不以己悲""随遇而安""幽远脱俗"的胸襟或高雅情绪，以及表达"先忧后乐""与民同乐"远大的政治抱负。

其次通过对古人遭遇不如意之事时的态度和表现，让学生就自己日常生活和学习生活中面对挫折或其他容易引发消极情绪的情况进行评价和迁移。通过挖掘典型人物事例的积极行为表现，引导学生将古人的态度和做法作为自己学习和生活上效仿的对象，从而为学生提供挖掘积极情绪的榜样支撑。

（二）引导学生寻找积极情绪的方法

感恩日志（Appreciation journal）是积极心理学中常运用于学生自主寻找积极情绪的一个较为便利和行之有效的方法。"Appreciation"在英文中具有"增值、感激、欣赏"等多方面含义。

笔者认为本文的实践探究中，更多的应将其翻译成"增值日志"：增加个人意义和价值的日志。笔者认为积极情绪与个人的增值赋能呈现着明显的正向关系。一个人增值赋能感越强烈，学生就越发能够产生积极情绪，因此下文将此工具统称为"增值日志"。

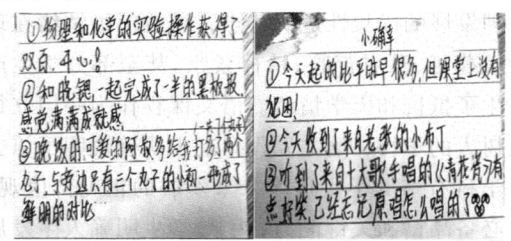

钱红[6]对积极心理学家泰勒·本－沙哈尔教授的一句话进行了转述：一件幸福的事，人们对它的欣赏越多，感激越多，它的价值就越大。由此笔者为了便于学生理解和接受，将网红词"小确幸"引入，将提供积极情绪的工具命名为"小确幸魔法卡"。此卡的具体使用方法是学生将在校园中所经历的学习和日常生活中感到幸福的三件小事以微信朋友圈的方式写在卡片上（前期是空白纸）。通过这一日志，学生可以不断地将积极情绪挖掘并强化，同时还可以提高语言凝练和句子概括的能力。

（三）引导学生情绪的积极转变

事情往往是按照最完美结局预设，但实践过程中却会因为各种问题导致"差之毫厘谬以千里"的问题。以上两种积极情绪的培养方法在使用中也会出现个别学生反向理解，使得学科融合教学效果大打折扣的事情。

如在"小确幸魔法卡"的使用过程中，有学生误解"小确幸"的概念，反而记录了一些让自己产生消极情绪的事情。

出现这一情况时，使用者应为避免消极的情绪被强化，及时与学生进行沟通并帮其梳理思路，让其采取补充事件的方式来达到将其"小不确幸"转换成"小确幸"，将消极情绪转变成积极情绪的目的。

以上的做法要想达到价值最大，使用者一定要及时地对学生的言语行动或者面部表情进行关注和捕捉，发现问题及时解决。这种情况之下，才能够实现积极情绪的挖掘、探索与转换的目的。

五、研究之思：跨学科教学之得失

初中生尤其是初三学生由于身心特点，情绪上比较容易产生消极倾向。同时群体效应的存在使得消极情绪一旦出现，便会形成快速蔓延之势，对整个班级的学习及生活产生不利影响，进而更进一步地影响学生的身心健康，造成恶性循环的后果。

积极心理学与语文因其自身的学科特性，在引导学生情绪转变上能够起到积极的作用。通过对积极情绪的挖掘、强化与消极情绪转变措施的使用，学生的积极情绪释放，个人价值和自信不断地强化，进而形成良性循环。经过跨学科融合教学的两个措施齐头并进之下，班级学生在学习和日常生活中的笑容明显增多，班级的风气通过个人约谈和观察来看也有了一定的改善与进步。

笔者的探索存在的不足主要在于目前的学科融合教学设计形式比较单一，而"小确幸魔法卡"内容也比较单调，同时因为人数较多，每天的阅读与批改甚至于部分出现问题的学生需要单独进行沟通也增加了实施者的工作量。因此后期会集中于教学设计形式的多样化，引导"小确幸魔法卡"内容的层次化，实施人员的维度化如增加心理教师辅导等三个方面。

参考文献：

[1]邓佩芳.积极有爱　春暖花开——运用积极心理学理论辅导高三复读生的案例[J].中小学心理健康教育，2021(22)：51-53.

[2]魏吉.初中语文教学中人文素养的培养[J].新课程教学(电子版)，2019(20)：23.

[3]巩红兵.积极心理学在初中语文教学中的渗透与应用[J].智力，2022(16)：175-178.

[4]向香梅.积极心理学在初中语文教学中的渗透与应用探析[C]//中国国际科技促进会国际院士联合体工作委员会.2023年教育教学国际学术论坛论文集（二）.2023年教育教学国际学术论坛论文集二)，2023：156-159.

[5][6]钱虹.在中学语文教学中引入积极心理学的探索——兼评马丁·塞利格曼积极心理学思想[J].湖北科技学院学报，2019，39(03)：125-129.

张俊杰，广东省佛山市南海区狮山镇大圆初级中学教师。

基于电影教学法的语文课堂审美教育实践研究

◎张伟骏

语文学科具有天然的美育优势，选入课本文质兼美的文章，都是作者审美创作所产生的成果。语言审美教育的内涵是丰富多样的，它不光具备语言之美，还包含了文本形象和情感表达之美。为了更好地使用电影教学法，在进行审美教育实践时，可以抓住电影的情景性，以感知美、鉴赏美、创造美作为实践路径，提升审美教育质量和效力。

一、电影教学法在语文课堂审美教育中的应用优势

电影教学法是指在教学中播放电影作品辅助教师完成教学目标的方法。与传统的语文教学方法相比，它的优点在于直观性和生动性更强，也更受当前的学生所喜爱。在语文课堂中，电影教学法可以作为审美教育的一种手段，引导学生在观看电影的过程中学习语文知识，建立审美素养，符合小学学生的发展需求和个性特征。

1.更有利于语文审美教育目标的实现

培养学生的语文审美情趣始终是语文课程标准的任务之一。究其原因，这与语文所学习的文本有着密不可分的关系。语文审美是针对言语作品的审美，在这一点上，语文和艺术具有分工的关系。但是，语言在表达美感的普遍性方面，也是其他艺术无法取代的。语文学科具有天然的美育优势，选入课本文质兼美的文章，都是作者审美创作所产生的成果。通过阅读这些文章，学生可以获得愉悦的情感体验，在具有美的词句中感悟语言文字的魅力。在语文教学中，先对作品有审美体验，被作品蕴含的美所吸引，才能更进一步地剖析作品的内容。就目前小学语文的审美教育而言，受考试指挥棒的影响，不少一线教师还是更乐意以知识为本位开展语文教学，对于美的培育"无心无力"。而电影教学法的应用，将有助于解决这一审美教育目标实现的困境。

2.更契合现代学生的个性和需求

当下的小学生是伴随网络成长起来的一代，具有自己的个性，思维活跃，且充满好奇心，愿意尝试新鲜的事物。对于小学的孩子而言，他们的注意力停留时间较为短暂，传统的语文审美教育采用灌输式的理论内容，很难引起他们的兴趣。电影作为鲜明的视听载体，能很大程度得到小学生的喜爱，是加强小学语文审美教育的有效载体。教师可以根据课本内容和教学目标，结合学生实际情况，选择不同领域和内容的电影在课堂中进行播放，边观看边思考与文本主题相关的内容，在视听中真实地体悟到美的存在与生成，引导学生深度探索文本内容，满足学生的情感需求与审美需求。利用电影教学法，开展语文审美教育，可以通过电影中的场景、台词等独特美吸引学生注意，培养学生正确的审美观和价值观，进而培养全面发展的健全人格。

二、电影教学法下的语文审美教育实践特征

语言审美教育的内涵是丰富多样的，它不光具备语言之美，还包含了文本形象和情感表达之美。教师要利用电影的台词、画面及故事，帮助学生感受美的多样性，让学生成长为审美者和创美者。

（一）聆听台词，品味语言之美

语文学科的审美特质之一就是语言之美，这种美是通过中华文字所展现的。鲁迅先生认为汉字"具三美"："意美以感心，一也；音美以感耳，二也；形美以感目，三也。"也就是说，字的构造、意义、音律都具有美的特质，而电影的台词恰恰能将汉字的这几种美蕴于其中。聆听演员字正腔圆、富有情感的发音，可以让学生校正字音的同时，领悟艺术的魅力；观看电影画面下方的字幕内容，可以感受字体的变化。尤其是对于经典和反复出现的念白，一些平凡的词汇，在电影台词的氛围烘托下，会更加容易感受到"美点"。在《我和我的祖国》电影回归篇中,为了让中国的五星红旗在1997年7月1日的零点零分准时在香港升起,中英双方进行了16轮的谈判。如果仅仅向学生说明这个故事,也许他们还很难了解当时的气氛。可当演员的一句"0分0秒升起中国国旗,这是我们的底线。154年的耻辱,多1秒都不能再等",孩子们的内心都会不由沸腾,燃起深层次的爱国之情和维护祖国统一的使命之心。

(二)欣赏画面,感受形象之美

电影为了增强视觉美感,通常在画面的构图、色彩、场景布置甚至后期制作都下了苦功夫,这种画面之美是对文字的补充,也是帮助小学生进行想象的绝佳素材。以电影《狼牙山五壮士》为例,该电影上映于1958年,时间久远。其电影画面为黑白,拍摄手法虽然简单,但却通过场景构建出五名战士在面对敌人的"扫荡"时,不惧危险,英勇阻击,没有子弹就用石块,坚持战斗到太阳落山的故事。他们的台词并不多,战争的场面也并不宏大,但通过这种细腻的电影场景,却更能让学生感知到战士极具革命精神和民族气节的英雄形象。小学课本中也选入了《狼牙山五壮士》的文章,结合电影进行课文的教学,将5名战士阻击和跳下悬崖的最精彩的画面片段进行播放,会比教师一味地强调和讲解更有效果。此外,画面并不仅仅对人物形象的塑造有帮助,还能将当时的环境进行再现,拉近学生与文本之间的时空距离,增加学生对当时时代的了解,而这些都是课本中未曾书写的内容。

(三)了解故事,发现情感之美

电影教学法是教师运用电影达成教学目标的一种手段,并不是用电影来代替教师的角色。因此,在电影的选择中,要充分考虑电影的教育有效性,综合衡量电影在社会、情感、知识学习等多方面的价值,选择出适宜年段学生观看的影片故事,帮助学生体悟故事情感。"感人心者,莫先乎情。"情感是人类表达自我的晴雨表,电影艺术的情感叙事方式可以很好地带动个人的情感体验,通过故事体悟主人公的情感变化,用第一人称的视角进入故事情景之中,增进了观影人对于电影的情感性认同。审美教育根本上而言是一种情感教育,它通过美的形象对学生进行情感的陶冶,从知、情、意几方面实现人的和谐发展。在语文审美教育中,不仅要让学生感受语言和形象之美,更要让学生发现情感之美,因为对情感的领悟是深层次的共鸣,以引导学生成为"审美的人"。尽管情感是感性的,但审美却是理性的状态,需要学生用观照者的身份去了解影片故事,在分析中达成语文情感价值目标,提升语文学习力和审美力。

三、电影教学法下的语文课堂审美教育实践策略

电影作为现代最受欢迎的视听艺术形式,是不少学生在节假日选择的娱乐方式。优秀的电影作品在故事的娓娓道来中,给观影者传递美的感受和蓬勃的精神力量。如果将电影引入小学语文审美教育课堂中,将能引导学生在语文学习中产生意想不到的效果。为了更好地使用电影教学法,在进行审美教育实践时,可以抓住电影的情景性,以感知美、鉴赏美、创造美作为实践路径,提升审美教育质量和效力。

(一)引入情景,提升对美的感知能力

审美教育是依靠审美对象具体可感的形象来吸引和感染人。也就是说,美不能脱离具体形象而单独存在。尤其是对于偏向形象思维能力的小学生而言,对美的感受是需要有可指的具体对象的。这些对象包括了汉字的构造美、文本画面描述的语言美以及人物形象的高尚美等等。但有时囿于文本创作时期与学生生活时期的距离,学生难以感知到作品创作场景的魅力。以《慈母情深》一课为例,文本中涉及的年代为改革开放初期,那时条件艰苦,母亲给了作者"一元五角钱"购买书籍,体现了母亲对作者的关心和关爱。可对于现在的孩子而言,这点钱是很少的,他们很难理解这笔钱在当时算是"巨资"。此时可以通过播放反映当时那个年代的电影,创设真实情景,引导学生从小的细节入手,以确切感受到这个钱的来之不易以及母亲沉甸甸的爱,从而顺利破解课本学习的重难点。著名教育家乌申斯基曾提到:要以尽可能完全的、真实的、鲜明的形象来丰富儿童的心灵,这些形象以后会成为儿童思维过程的要素。由于电影长于画面表现能力,学生在观看后能够留下深刻的印象,脑海中也有了与课文内容直接相关的场景,这就能积累生活的间接经验,对文本的叙事美及情感美就有了具体的觉察对象,提升了学生对于文本的感知力。

(二)体察情景,提升对美的鉴赏能力

鉴赏活动是综合性的高阶思维活动,是学生在感受的基础上对美进行分析和评价的过程。想要提

升小学生对美的鉴赏能力，教师要融入电影教学，从两个方面指导学生在电影中体察情景。第一，鉴赏审美对象，电影的审美对象包括台词、画面、故事情节等，分别涉及了语言、场景以及叙事三方面的内容。教师要指导学生对电影的这三个方面进行品评，以梯度式的问题激发学生对电影的求知欲，提升审美鉴赏能力。以《北京的春节》一课为例，教师可以选择《过年》这一部影片进行对比学习，"北京的春节习俗和影片中的春节习俗有何不同?""文本描述的画面和影片的画面，你认为哪一个更感动，请说明理由。""在观看后，你能说说关于自己家乡的过年活动吗?"通过对开放性问题的讨论，学生会从文本进入影片，又回到当下的现实世界，感受中华传统节日的风俗美和人情美。第二，激活学生主体情感。想要激发学生对课本的感受力，必须以情感为纽带，唤醒学生的主体意识，主动参与到文本的学习之中。电影就为学生的情感体验活动提供了抓手，其用丰富的视听体验吸引着学生的注意，让学生在观看时能保持高度的专注，将情感传递到学生的心中。以《桂林山水》一课为例，对于未曾游历过桂林山水的学生而言，学习本课时更多是感受到文字语言的魅力，而没有具体的自然风景感受，为了更好地引导学生感受自然美，可以播放彩色风景片《桂林山水》，通过电影镜头逐步走进桂林山水，以动态的画面和充沛的情感引导学生产生对桂林的向往，在情感的无声交融中感知美、体验美。第三，代入情景体验。

（三）表达情景，提升对美的创造能力

在感受美和鉴赏美的基础上，还要能将学生培养为创造美的人。创造美并不容易，需要学生能够用语言文字将自己内心的审美感受诉诸笔端。在过去，小学生往往囿于生活经历以及语言积累的有限性，在写作上有心无力。电影教学法的应用，能帮学生积累和丰富想象的材料，对美的感受越深，表达美的愿望就越强烈，也就有话可写、有情可诉了。首先，在观看电影时，可以积累经典台词，通过改写、创编的方式学习新的表达词汇，并应用到习作之中；其次，为了加深对美的印象，在观看完电影之后，引导学生先表达观后感，再将自己的想法记录下来，这种"先说后写"的方式，能够同时锻炼学生的表达能力和思维能力；之后，要拓宽学生的表达空间，不止拘泥于课本和影片内容，

例如在学习《星空》《只有一个地球》后，学生对神秘的星空产生了极大的兴趣，就可以收集与星空相关的影片进行播放，结合所学所看的内容，进行想象作文《遨游星空》练习，表达美可以增强学生的审美意识，学生在感受美的同时，也创造了专属的美。

四、反思和展望

托尔斯泰曾说：成功的教学需要的不是强制，而是激发学生的学习兴趣。利用电影教学法，可以极大地调动学生参与语文审美教育的积极性，提升学生的审美思维和审美能力。在教师结合课本内容精心选择影片的情况下，学生在观看电影的过程中去感受美、鉴赏美和创造美，在电影情境中学习语文知识，感知和领悟生活情趣，使书面的抽象内容化身为具象的美，变得生动和鲜活，使语文审美教育更加接地气、有灵气。同时，学生运用语言文字表达观后感，进一步激发了学生鉴赏电影之美的兴趣和热情，抒发出自身对于影片、生活和社会的思考。

总而言之，电影教学法与小学语文审美教育的融合有着广阔的应用天地，其不受课堂时间和地点的影响，学习形式自由，符合当前学生的认知，减轻学生的学业压力，是对"双减"政策的有力回应。当然，想要做好小学语文审美教育的实践，在创新电影教学法运用的同时，不能忘记语文的本质在于语言文字的运用，语文的美也深藏其中，教师要培养好学生的审美能力，引导学生成为真正的鉴美者和创美者!

参考文献：

[1] 侯灵华.微电影教学法在思想政治理论课实践教学中的应用[J].作家天地,2021(25):191-192.

[2] 任磊,韩丹,章逸倩,舒丽芯.课程思政背景下探究电影教学法在药事管理教学中的应用——以电影《我不是药神》为例[J].卫生职业教育,2021,39(13):53-54.

[3] 黄旭珍.加强语文审美教育，促进儿童美好成长——对核心素养视域下小学语文审美教学模式的策略性分析[J].小学生作文辅导(语文园地),2021(05):89.

[4] 胡国仙.统编版小学语文"审美教育"探索[J].语文世界(教师之窗),2020(Z1):136-137.

[5] 吕建霖.部编版教材中的语文审美教育研究——以朱自清《春》为例[J].课外语文,2019(34):38-39.

张伟骏，广东省广州市天河区华景小学教师。

新课标背景下中学语文教学的反思与优化策略

◎赵成峰

在我国基础教育改革的大背景下，中学语文教学正面临着新的挑战与机遇。新课标对语文教学提出了更高的要求，强调培养学生的核心素养，提升学生的综合素质，以及引导学生关注社会现实，培养其创新精神和实践能力。然而，当前中学语文教学仍存在一定的问题，如过于强调应试教育，忽视学生的主体性，教学方法单一等。因此，在新课标背景下，对中学语文教学进行反思与优化显得尤为重要。

一、新课标背景下中学语文教学的重要性和现状

基础教育领域，中学语文教学始终占据着举足轻重的地位。新课标对中学语文教学提出了更高的要求，强调培养学生的综合素质，提升人文素养，并倡导以学生为主体，教师为主导的教学模式。然而，当前中学语文教学的现状并不尽如人意。一方面，应试教育的影响依然存在，过分追求分数导致学生缺乏对语文知识的深入理解和运用。另一方面，教学方法过于传统，以教师为中心的教学模式限制了学生的主动性和创新能力的培养。此外，教育资源分配不均，城乡差距和校际差距使得部分学生的语文素养难以得到有效提升。

二、新课标背景下中学语文教学的反思

（一）过于重视知识传授，忽视学生能力培养

当前，中学语文教学普遍存在过于重视知识传授，忽视学生能力培养的现象。这一现象的出现，与应试教育的导向不无关系，教师过于注重分数，导致教学目标失衡。然而，过分追求分数，不仅无法全面提升学生的语文素养，反而可能使他们在应付考试中耗费大量精力，对语文学习产生厌倦感。根据新课标的要求，中学语文教学应当以提高学生语文素养为核心，关注学生个体差异，激发学生学习兴趣，培养学生自主学习能力。因此，教学目标的设定应注重知识传授与能力培养的平衡，引导学生从"要我学"转变为"我要学"。教师在教学过程中，应关注学生思维品质和审美情趣的培养，提升学生的语言表达和审美能力，以实现学生全面发展。

为了实现这一目标，教师需要转变教育观念，调整教学策略，充分利用现代教育技术，创设生动、活泼的教学情境。此外，学校和教育部门也应加强对语文教学的监管，引导教师遵循教育规律，关注学生能力培养，从而推动中学语文教学的持续优化和发展。

（二）传统教学模式占据主导地位，缺乏创新和多样性

传统教学模式长期占据主导地位，这种模式通常以教师为中心，注重知识传授和技能训练，却往往忽视学生的主动性和创新能力的培养。在新课标背景下，这种教学模式的问题愈发显现，如教学方法单一、缺乏创新和多样性，导致学生对语文学科的兴趣和热情不高，学习效果不佳。

（三）过于依赖考试成绩，忽视过程性评价和综合素质评价

目前，中学语文教学评价存在过于依赖考试成绩，忽视过程性评价和综合素质评价的问题。这种现象不利于全面、客观地评价学生的语文素养和能力，也不利于激发学生的学习积极性和创新精神。过于依赖考试成绩的教学评价方式，容易导致教师将教学重点放在应试技巧的传授和解题方法的训练上，忽视对学生语文素养和能力的培养。而忽视过程性评价和综合素质评价，则使得学生的学习过程、学习态度和学习成果无法得到全面、客观的评价，从而影响了教学效果和学生能力的发展。

（四）地区和校际间教育资源分配不均，影响教育公平

中学语文教学领域，地区和校际间教育资源分配的不均，已经对教育公平产生了显著影响。这种现象在新课标背景下显得尤为突出，对于中学语文教学的反思与优化提出了新的挑战。

教育资源的不均衡分配主要表现在硬件设施、教师队伍和教学资源等方面。首先，硬件设施的不均衡，如教学设施、实验室、图书馆等资源的分配，直接影响了学生的学习环境和条件。其次，教师队伍的不均衡，如教师的专业素质、教学经验和教学方法等，对学生的学习效果和兴趣有着极大的影响。再者，教学资源的不均衡，如教材、教辅资料、网络资源等，也在一定程度上决定了教学质量的高低。这种教育资源的不均衡分配，不仅影响了教育公平，也对学生的学习和发展产生了深远的影响。

三、新课标背景下中学语文教学的优化策略

新课标背景下中学语文教学过程中需要优化教学策略，以适应新时代人才培养的目标。关注学生核心素养的培养，推进课程的综合性与实践性，以及实施个性化教学。只有这样，才能真正实现中学语文教学的优化，为培养新时代的人才做出贡献。

（一）明确培养学生核心素养，注重知识、技能、情感、态度和价值观的全面发展

语文教学应注重教学目标的科学性与全面性，尤其是培养学生核心素养的全方位发展。应明确知识、技能、情感、态度和价值观的全面发展在中学语文教学中的重要性。

1.在教学内容上，应关注课程的广度和深度，拓宽学生的知识视野，增加文化底蕴。教师可结合新课标的要求，整合各类教育资源，为学生提供丰富的学习资源。同时，注重跨学科的整合，将语文知识与其他学科知识相结合，提高学生的综合素质。

2.在教学方法上，教师应摒弃传统的讲授式教学，采用探究式、讨论式、项目式等多种教学方式，激发学生的学习兴趣，培养学生的自主学习能力。此外，教师还应关注学生的个体差异，因材施教，使每个学生都能在适合自己的学习方式中得到充分发展。

3.在教学评价上，教师应关注学生的全面发展，采用多元化评价方式，如过程性评价、终结性评价、自我评价、同伴评价等。通过评价，教师可以了解学生的学习状况，为学生提供及时的反馈，帮助学生认识自我，调整学习策略，从而实现教学目标。

4.情感态度和价值观的培养也是不可忽视的一环，教师应以人文精神为导向，培养学生的审美情趣、文化素养和道德观念。在实现这一目标的过程中，教师需要对教学方法进行优化。一方面，教师应关注学生的个体差异，因材施教，使学生在适合自己的学习方式中得到成长。另一方面，教师还应注重课堂内外的互动，鼓励学生参与讨论、分享心得，培养他们的团队合作精神和沟通能力。同时，教师还应引导学生关注社会现实，提高他们的社会责任感和公民素养。

（二）推进课堂教学改革，采用多元化教学方法，提高学生参与度和自主学习能力

多元化的教学方法能够有效提高学生的参与度和自主学习能力，从而提升教学质量和实现教育教学目标。教师可以根据教学内容和学生特点，灵活运用启发式教学、探究式教学、讨论式教学等多种教学方法。这些方法相互补充，共同促进学生对知识的深入理解和运用能力的提升。

1.启发式教学注重培养学生的思维能力和自主学习能力，教师在教学过程中应引导学生主动发现问题、解决问题，激发学生的学习兴趣和动力。从传统的讲授式教学转向启发式、讨论式教学，引导学生主动探究、独立思考。鼓励学生提出问题、解决问题，从而培养他们的批判性思维和创新意识。同时，教师应充分利用现代信息技术手段，如网络资源、多媒体教学等，为学生提供丰富的学习资源，拓宽他们的知识视野。

2. 教师还应注重培养学生的合作学习能力，通过小组讨论、角色扮演等方式，使学生在互动中学习，增强团队协作能力。此外，教师还可以引入项目式学习、情境教学等多元化的教学方法，让学生在实际操作中掌握知识，提高他们的实践能力。

3.鼓励学生在教师的引导下，通过独立探究和合作研究的方式，主动发现和总结规律，从而培养学生的研究能力和团队协作精神。

4.教学过程中要关注学生的个体差异，因材施教，充分调动学生的积极性、主动性。通过对学生的

个性化指导,帮助他们找到适合自己的学习方法,从而提高学习效果。

5.通过课堂讨论和辩论,激发学生的思考,培养学生的表达能力和批判性思维。

(三)完善评价体系,实施形成性评价和终结性评价相结合,注重学生综合素质的考查

我们需要构建一个既注重学生知识技能的掌握,又兼顾学生综合素质的评价体系。

1.将形成性评价贯穿于教学全过程,实时监测学生的学习进度,发现并解决学生的学习困难。这种评价方式有助于教师及时调整教学策略,满足学生的个性化需求。

2.终结性评价应在学期末或学年末进行,以全面评估学生的学习成果。这种评价方式可以有效检验教学目标的达成情况,为教学改进提供依据。同时,教学评价应注重学生综合素质的考查。这包括学生的思维品质、文化素养、语言表达能力等。通过对学生综合素质的评价,可以促使学生全面发展,提高他们的综合竞争力。

(四)优化教育资源配置,促进教育公平

优化教育资源配置和促进教育公平是关键环节。首先,政府应加大对中学语文教育的财政支持力度,确保教育投入的稳步增长,以满足教育教学改革和发展的需求。其次,要优化教育资源配置,打破地域、校际和城乡壁垒,合理配置教育资源,缩小教育差距。此外,要关注教育公平问题,努力消除不同群体学生之间的不平等现象,为每一个学生提供平等的受教育机会。在此基础上,中学语文教学还应结合新课标的要求,对教学内容、方法和评价体系进行全面反思与优化。教师应关注学生的个体差异,因材施教,注重培养学生的综合素质和创新能力。同时,充分利用现代教育技术手段,提高教育教学效果。注重培养学生的语文实践能力,通过丰富多样的教学活动,激发学生的学习兴趣,使学生在实践中提高语文素养。

总之,新课标背景下中学语文教学,改变传统的教学模式、创新教学方法、关注学生个体差异的反思与优化势在必行。需要教师、学校、教育部门和社会各方共同努力,构建更加科学、合理、有效的语文教育体系。这将对中学语文教育的发展产生深远影响,为培养具有创新精神和实践能力的人才奠定坚实基础。

参考文献:

[1]新课程标准下中学语文教学研究[J].中国教育学刊,2010(11):68-71.

[2]张伟.新课程背景下中学语文教学反思与优化策略[J].教育教学论坛,2019(8):145-146.

[3]李丽.新课程背景下中学语文课堂教学策略研究[J].教育教学论坛,2019(9):104-105.

[4]陈云.新课程背景下中学语文教学改革探讨[J].课程教育研究,2019(10):77-78.

[5]张伟.新课程背景下中学语文教学反思与策略研究[J].教育教学论坛,2014(10):145-146.

[6]李丽.新课程背景下中学语文教学的反思与改进策略[J].中学语文教学参考,2016(6):47-48.

[7]王芳.新课程背景下中学语文教学评价的反思与优化策略[J].考试周刊,2019(30):105-106.

[8]张红岩.新课程背景下中学语文教学反思与优化策略[J].教育现代化,2017(2):65-66.

[9]王艳.新课程背景下中学语文教学的反思与改进[J].中学语文教学参考,2016(10):45-46.

[10]中华人民共和国教育部.义务教育语文课程标准(2022年版)[S].北京:人民教育出版社.

[11]张红岩.中学语文教学模式改革研究[J].中国教育学刊,2015(4):82-85.

[12]李明杰.新课程背景下中学语文教学方法改革研究[J].中国教育技术装备,2010(15):12-14.

[3]张伟.教育资源分配不均与教育公平问题研究[J].中国教育学刊,2016(4):44-46.

[14]刘燕华.新课程背景下中学语文教育公平问题研究[J].教育教学论坛,2017(9):145-146.

[15]张华.新课程背景下中学语文教学策略研究[J].中学语文教学参考,2014(9):44-45.

[16]王丽丽.新课程背景下中学语文课堂教学策略研究[J].教育现代化,2017(2):86-87.

[17]赵燕.新课程背景下中学语文课堂教学策略探讨[J].教育教学论坛,2019(5):167-168.

[18]王丽丽.新课程背景下中学语文教学的反思与优化[J].中学语文教学参考,2015(11):34-36.

[19]张红岩.中学语文教育改革与教育公平问题研究[J].中国教育学刊,2010(04):57-59.

赵成峰,甘肃省陇南市西和县洛峪镇喜集九年制学校教师。

挖掘古代女性附属地位的原因

——记《孔雀东南飞》教学片段

◎赵惠敏

《孔雀东南飞》是我国文学史上第一首长篇叙事诗,也是我国古代最长的叙事诗,它和《木兰辞》并称为"乐府双璧",叙述的是一个凄婉的爱情悲剧故事,十五六岁的高一学生对待感情自是有一份懵懵懂懂的憧憬,如何让正处青春期的学生体察这份纯真的情愫,统编版教版必修二第一单元试图为孩子们打开一扇小小的视窗,《涉江采芙蓉》《氓》均指向此一主题,尤其是《孔雀东南飞》,文本中刘兰芝、焦仲卿对爱情的执着态度,彼此忠贞不渝的坚守,用生命捍卫感情的主动选择让人悲从中来,良久不能自已。因其结局的悲剧色彩强烈地震撼人心。

文学作品的主要任务之一,就是塑造人物形象,优秀的文学作品总是通过人物形象来表现作品的中心思想。《孔雀东南飞》正是这样的一部杰作。诗中把主要人物刘兰芝的聪明能干、纯洁大方、贤淑美丽的形象刻画得栩栩如生。在艺术手法上,特别是在写作技巧上,更是匠心独具,卓尔不凡。作者对焦仲卿这另一个正面人物形象也描写得十分逼真。与刘兰芝不同的是,他受到封建礼教的影响较深,性格也比较软弱。他虽忠于爱情,爱憎分明,但又对母亲有一定的迁就和顺从,而在关键时刻却不为母亲的威迫、诱惑所动,在得知刘兰芝殉情后,亦"徘徊庭树下,自挂东南枝""黄泉下相见,勿违今日言",用自己年轻的生命,向封建宗法制度投去奋力的一击。作品将他那既软弱又有一定反抗精神的特点描写得淋漓尽致。每每拜读这部巨诗,不免令人为之凄怆,唏嘘不已,也为这对恩爱夫妻的悲惨命运而扼腕叹息。

在分析完人物形象后,我们需要做的就是探究悲剧根源,我抛出研读问题:刘兰芝勤劳、善良、美丽,与焦仲卿夫妻感情又极为深厚,但却遭到了焦母的虐待乃至驱逐,以至于最后不得不与焦仲卿双双殉情。焦母驱逐刘兰芝的原因是什么?请同学们合作谈论,自主发言讨论。这一环节学生从自己的疑惑出发,再次细读文本,找寻依据,讨论交流,通过分析比较归纳和概括,得出结论。同时有效地运用口头语言准确清晰、有逻辑地表达自己的认识。大家通过思维碰撞,不断深化认知,不断开拓创新。体现"思维发展与提升"的核心目标。

在学生讨论过程中,幻灯片展示资料链接:
链接资料:关于封建礼法(供学生参考)。

①《大戴礼记·本命篇》:"妇有七去:不顺父母去,无子去,淫去,妒去,有恶疾去,多言去,窃盗去。""七去"又名"七出",是儒家经典中规定休弃妇女的七个条款。

②汉武帝时,董仲舒提出"罢黜百家,独尊儒术",儒家思想逐渐占统治地位。到了东汉时期,"三纲五常"(君为臣纲、父为子纲、夫为妻纲,仁义礼智信)"三从四德"("三从"即"未嫁从父、既嫁从夫、夫死从子","四德"即"妇德、妇言、妇容、妇工")成了神圣不可动摇的道德原则。《孝经》肯定"孝"是上天所定的规范,"夫孝,天之经也,地之义也,人之行也","人之行,莫大于孝";同时还把封建道德规范与封建法律联系起来,认为"五刑之属三千,而罪莫大于不孝"。

(2)结合文本内容以及资料链接的提示,同学们找出以下原因:

《孔雀东南飞》:

(1)越礼说:刘兰芝没有遵从封建礼教的妇德要求,"本自无教训""举动自专由",虽然温顺,能干,但骨子里有倔劲,因而为焦母所不容。举动自由不会逆来顺受,因而为焦母所不容;就是在家里自作主张,有主见,有思想,没奴性,不是凡事都请示她这个婆婆。

（2）门第说：焦刘两家贵贱悬殊，门第不对，焦母见异思迁，为娶进罗敷而逼走兰芝。

焦母：汝是大家子，仕宦于台阁，慎勿为妇死，贵贱情何薄！（课文28段）

兰芝：昔作女儿时，生小出野里。本自无教训，兼愧贵家子。（第10段）

（3）无子说：兰芝多年不育，焦母为传宗接代考虑，找借口驱逐兰芝。有人据"共事二三年"还没子嗣，俗话说："不孝有三，无后为大。"所以兰芝被休。

④焦母无法理解也不能容忍仲卿与兰芝间真挚热烈的爱情。（焦母丈夫早逝,恋子情结）

《礼记》中还规定："子甚宜其妻，父母不悦，出。"焦母压制焦仲卿用的就是孝顺这一条。

学生对于恋子之说颇为费解。刘兰芝与焦仲卿感情很好，为官的焦仲卿公务繁忙，经常不回家，刘兰芝更多时间是与婆婆相处。焦母早年丧夫，她把全部感情都寄托在了儿子身上，守寡且好强的母亲往往对儿子有着极高的期望，海瑞、傅雷等自幼丧父的名人在小时候都遭受过寡妇虎妈的严苛课子。很可能焦家兄弟也是如此，大哥孟卿早夭，仲卿便成为母亲生命中唯一的男人，于是，焦母有了恋子情结。

此时解释文学史上恋子情结，心理学上称为伊俄卡斯忒(Jocasta complex)情结。伊俄卡斯忒（Jocasta）是古希腊神话中忒拜国王拉伊俄斯(Laius)之妻。拉伊俄斯受到诅咒说，"必将死于其子之手"，于是他丢弃了自己的儿子俄狄浦斯(Oedipus)。后来俄狄浦斯果然意外杀死了拉伊俄斯，到达忒拜并打败了怪物史蒂芬，成为忒拜国王，丧偶的伊俄卡斯忒按照习俗嫁给了新任国王俄狄浦斯，并为其生下名为波吕尼刻斯和厄忒俄克勒斯两个儿子，以及名为安提戈涅和伊斯墨涅两个女儿。之后忒拜瘟疫横行，俄狄浦斯杀死自己的亲生父亲并登上王位的事情被揭露，伊俄卡斯忒羞愧自尽。

佐证加深理解：

在西洋家庭里，丈母娘跟女婿间的争斗是至今保持的古风，我们中国家庭里婆婆和媳妇的敌视，也不输于他们那么久远的历史。（钱钟书《围城》）

拓展阅读1：

《万历十五年》共读

海瑞——古怪的模范官僚

退隐在荒凉瘴疠之区，如果有一个美好的家庭生活，也许还多少能排遣这空虚和寂寞。然而海瑞没有能在这方面得到任何安慰。他曾经结过三次婚，又有两个小妾。他的第一位夫人在生了两个女儿以后因为和婆婆不和而被休。第二位夫人刚刚结婚一月，也由于同样的原因而被逐出家门。第三位夫人则于隆庆三年（1569年）在极为可疑的情况下死去。第三位夫人和小妾一共先后生过三个儿子，但都不幸夭折。按照传统观念，不孝有三，无后为大，这是海瑞抱恨终生的憾事之一。

拓展阅读2：

《大明王朝1566》

很多人反感海母，其实杨角风想说，海母的品质没有一点问题，至少从道德上讲，在那个年代是主流，她的性格就是忠贞、刚强、正直！

海瑞四五岁的时候，父亲就被倭寇打死了，是她一把手把海瑞拉扯长大。而且，她用"标准答案"教育了海瑞，使他成为中国历史上有数的最有骨气的清官之一。

如果没有内心的足够强大，光村里面的老光棍儿们，就打发不清楚，毕竟寡妇门前是非多。显然，这一点，她做到了忠贞，是可以树贞节牌坊的。

也正是因为海母的强大内心，才能庇护海瑞读书，学习儒家文化。才会培养出一个异常讲道理的海瑞，只要这娘俩认为对的事，谁都拦不住。官场送礼往往都从家属突破，唯独海瑞家，海母坚决不拿人家一针一线。

别人可以有很多依靠，唯独海瑞母亲不行，她只有一个海瑞，所以要牢牢抓到手里。给别人的印象就是占有欲特别强烈，以至于海瑞都四十多了，还要每天晚上陪着老娘入睡。

在这种环境下成长起来的海瑞，怀着一颗报国为民的心，时刻准备着"奉献"。

通过以上作品片段的阅读，学生能深刻认识到古代女性地位的卑下和悲惨命运绝不是个体偶然的存在，刘兰芝只是其中的代表人物之一。继而引导学生对产生这种悲剧的原因进行深入的思考。

雨果说："悲剧所过之处，留下的是憎恶和怜悯。"悲剧似乎总是更能打动人心、动人心弦，正在于其通过极富戏剧性的悲情色彩,展现了个体生命在命运、在时代、在变革中的脆弱与无可奈何,引发人们对人生、对世界的思考和反省,其目的不在于"虐",而是直触人们灵魂的最深处,使人情不自禁地去感伤人生变化无常、时代洪流不可逆转。

历览古今中外的诸多悲剧名作,我们不难发现,悲剧的内核正在于美好的事物不可避免地走向毁灭,而且高明的悲剧往往会把这种毁灭的源头指向制度,指向社会,指向各种不受个人掌控的外部因素,或者个人无法改变的人性的劣根性,正是意在突出其"不可避免"的特性。

春秋战国时期,孔子提出了"君君臣臣父父子子"和"仁义礼智"的伦理观念。孟子继承和发扬了他的伦理观念,提出了"五伦"道德规范,其中指出"夫妻有别",即丈夫和妻子是不一样的,两者存在差异。在西汉时期,董仲舒在《春秋繁露》一书中提出了"三纲五常"的概念,其中就指出了在人伦关系中,夫妻之间的关系是天定的,是永恒不变的主仆关系。但是在这个时期的"三纲"还并没有走向极端,虽然董仲舒认为"夫为妻纲",但是"夫不正,妻可改嫁,妻不贤,夫则休之",两者有一定权利和义务的关系。这说明在当时,虽然女性地位并不高,但仍有一定的自主选择权,就如《氓》中,女子遭到恋人的背叛,但是女子在伤心之后毅然选择与恋人分手。

在故事的最后,刘兰芝与焦仲卿为爱情献出了宝贵的生命,焦母失去了唯一的儿子,刘母失去了唯一的女儿,刘兄失去了唯一的妹妹,在这场时代所酿造的悲剧中,没有人收获自己所想要的结果,反而还失去了自己的生命或亲人。更加可悲的是,在故事之外,现实的悲剧还没有落幕,甚至焦刘二人的爱情悲剧仅仅是个开始,自汉末至新中国成立,这中间两千多年里,源于封建礼教的悲剧从未停息,不可断绝。

参考文献:

[1]俞平伯.论诗词曲杂著·漫谈《孔雀东南飞》古诗的技巧[M].上海:上海古籍出版社,1983.

[2]赵明正.《孔雀东南飞》刘兰芝形象赏析[M].北京:人民文学出版社,2005:19.

[3]黄仁宇.万历十五年[M].北京:生活·读书·新知三联书店.

赵惠敏,新疆生产建设兵团第二中学教师。

聚形于内，发散于外
——统编教材与课外阅读的整合策略

◎郑翠丽

聚形于内，"形"指的是教材中各种不同文体的文章；发散于外，"散"指的是针对不同文体拓展课外阅读的不同方式与方法。向内聚焦，向外发散，作为教师应该认真研究课标对阅读不同文体作品的能力要求，做到有的放矢。教科书与课外阅读如何整合？笔者认为首先要辨析文体，了解文体特征，探究不同文体文章之间的交集点，实现共性，然后通过整合策略，针对不同文体的文章，采取不同的方式和方法拓展课外阅读。本文结合教学实践，阐述如何因体而教，触类旁通，实现统编教材与课外阅读的整合。

一、构建体系，迁移运用

新闻与非连续性文本阅读，《义务教育语文课程标准》（2011年版）要求"初中生阅读新闻，能把握文章的基本观点，获取主要信息。阅读由多种材料组合、较为复杂的非连续性文本，能领会文本的意思，得出有意义的结论。"笔者试着把二者构建起来，做了如下教学实践，收到了预期的效果。

在教授统编版八上第一单元的《我三十万大军胜利南渡长江》这篇文章时，笔者先介绍新闻的文体特征，紧接着进行《新闻类与非新闻类的非连续性文本阅读信息的提取与概括》的训练。这样，学生不但掌握了如何抓住新闻的导语和主体部分归纳新闻标题或主要内容的方法，同时也训练了学生筛选归纳提取整合主要信息的能力，能够从一则或多则新闻材料中发现联系，从而把握领会文本的意思，得出有意义的结论。从新闻的文体特征与非连续性文本阅读的特点中，找到了二者之间的联系和共性，实现了知识点的迁移运用。

二、由点及面，触类旁通

俗话说：授之以鱼，不如授之以渔。教学实践应着力培养学生从学习单一篇目到学会一类文章，由点及面，触类旁通。

1.散文教学与群文阅读

对于散文的教学，《义务教育语文课程标准》（2011年版）要求"初中生在欣赏文学作品时，对作品中感人情境和形象，说出自己的体验；品味作品中富于表现力的语言；对优美词句要求学生进行背诵、摘抄"，这样的结果是学生对作品对作者的了解仅限于课本上学到的。所谓知人论世，要读懂作品首先要了解作者，要了解作者就必须去阅读他更多的作品，单就教材里的一篇文章去了解一位作者，或者了解一位作者的写作风格，那是远远不够的。如何拓宽学生的阅读面，推动学生去阅读作者的其他作品呢？

笔者尝试了把散文教学与群文阅读相结合。最初做了题为《追寻梦想之光——走近文学大师林清玄阅读指导》，阅读指导方法是精读一篇《心田上的百合花开》，再读大师的同类作品。指导学生学习大师从一件平常的生活小事中感悟人生大道理的写作方法。再如，统编版教材入选了两篇汪曾祺的文章《端午的鸭蛋》《昆明的雨》，这两篇文章很好地体现了汪老散文语言的魅力，所以笔者做了题为《人生如梦，我投入的却是真情——走近汪曾祺》的群文阅读指导课。阅读指导方法：1+x，1是教材篇目《昆明的雨》，x是课外精挑汪老的其他作品，主要围绕汪老的《一定要，爱着点什么》这本书进行挑选。笔者挑选了《端午的鸭蛋》《五味》《多年父子成兄弟》《要有益于世道人心》。引导学生比、对、读、议这五篇散文，了解作者的语言风格，感受作者独特的情怀及其散文的特有魅力。培养学生关注日常生活细节的习惯，从小视角切入，写凡人小事，以小见大，引导他们在平淡的生活中发现情趣，发现诗意。知人论世，从群文阅读中了解汪曾祺的人生经历及写作风格。学习汪老积极乐观，以欢喜心过生活的人生态度。从比对读议的群文阅读中学习如何写作,怎样做人。凭小视角,看大世界。叹小人物,感大情怀。

2.文言文教学与课外拓展阅读

学习课内文言文之后,如何进行课外拓展阅读呢?学习文言文,首先让学生对文言文知识点进行归纳整理,了解课内外文言文之间的关联,学会比对、学以致用。

方法一,类比阅读。相同作家系列作品或不同作家相似作品。如《小石潭记》与《永州八记》中的另外7篇进行类比阅读。

方法二,对比阅读。不同作家主题不同作品进行对比。这前两种方法,教师在教学过程中都会用到。

方法三,群文阅读。当教授好《诫子书》之后,可推荐群文阅读,篇目是《诫子书》《朱子家训》《蔡襄家训》这三篇家训,并做题为《家风代代传》即《可怜天下为父心》的群文阅读。所谓文言,除了"言",还有"文",在学习文言知识的同时,要明白作者通过文章所传达的思想及人文精神。这节群文阅读课,学生比、对、读、议三篇典范家训,感知家训的内涵,了解群文阅读的方法,通过读文、读人、读家风,于"三读"中知家风。家训凝聚着先辈们的智慧与深情,正是有如此用心良苦的训诫,有如此美好的传承,才形成了我国的国风、家风。在家行孝,在国尽忠。孝忠一体,伸张大义。孝忠义都是儒家先贤提倡的做人根本,是儒家文化,也是家训文化中的精髓。可以让学生联系自身,想想作为学生,作为集体的一份子,我们应该怎么做,才能形成良好的班风……三篇家训中,你感觉有没有不适合传承的地方?学生思考并发言。最后通过活动设计制作书签:传家风的三篇家训中,你认为最值得传承的是哪一句?把你最喜欢的那一句写在书签上,送给自己,让中国的传统文化在我们身上得以传承。这样的课外拓展阅读,相信会让学生学有所得。课后可布置学生制作书签,让优秀家风得以传承。

三、有的放矢,纵向深入

现如今提倡全民阅读,中考也一直考查名著阅读,那么如何在小说教学的过程中推动学生进行整本书阅读呢?

第一,上小说单元的时候,可以结合篇目推荐相关作品。比如《孤独之旅》与《草房子》《故乡》与《鲁迅全集》,《我的叔叔于勒》与《项链》《羊脂球》。

第二,对于统编版推荐阅读的部分小说,如《简·爱》《骆驼祥子》《红岩》《红星照耀中国》等,建议结合影视作品及网络阅读平台的导读,更能激起学生阅读的兴趣。

第三,可以借助阅读指导课,加深学生对小说内容的了解。在通读全篇小说的基础上,可以用思维导图的方式来回顾名著内容,或围绕主要人物关系图展开,或以地点为线索,回顾相关情节。比如阅读《水浒传》,就可以让学生通过阅读目录,抓住主要人物身上的相关情节,以思维导图的方式进行回顾。举一例子,要全面了解林冲,可以从绰号、相关情节(起因、经过、结果)、形象等通过思维导图来一一梳理。这样学生对一部小说的人物、情节、甚至环境都会有很深刻的印象。下面是学生所做的思维导图:

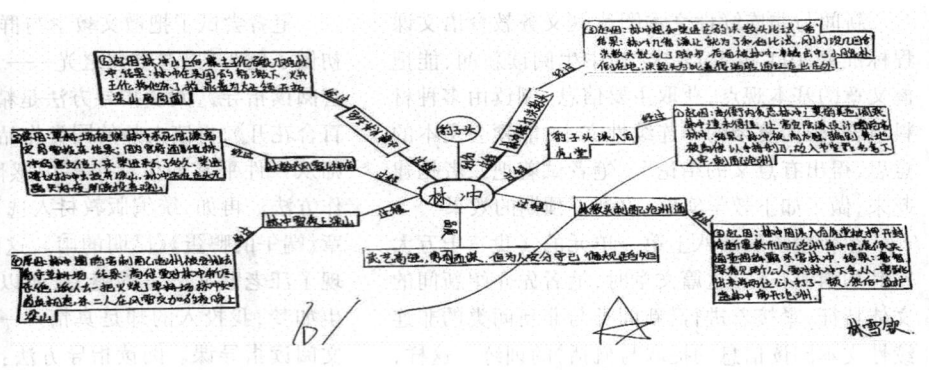

第四,还可以制作手抄报。以章节、人物、中心主旨、品质等主题,制作手抄报。摘抄关键句子,对人物进行品评,加深学生对文本的深入理解。

第五,制订阅读规划表。笔者建议按年级、阅读维度进行规划,比如七年级:《朝花夕拾》阅读规划表;八年级:《红星照耀中国》阅读规划表;九年级:《水浒传》阅读规划表。按时间、章节、内容梗概、人物形象等进行合理规划。

最后以读促写:读是为了更好地写。

每周安排一节阅读课,组织学生到学校阅览室自主读书,主要是摘抄优美语段并分享。在阅读的基础上，要求学生以自己喜欢的方式做读书笔记，写感悟，谈体会并分享。阅读课的宗旨：让学生读自己喜欢的书，享受读书的时光。老师要做的就是陪伴，共读。

四、任务驱动，提升能力

1.诗歌教学与任务群

统编版九上第一单元是诗歌，这个单元的诗歌是以任务群的形式出现，打破了以往诗歌单篇教学的模式，这就促使笔者对教学教法做了调整，在教学设计中按照任务群的要求，一个任务一个任务进行落实。诗歌教学不再停留在读读背背的层面，任务群的要求让学生听、说、读、写的能力得到了全方位的训练和提升。

任务一：学习鉴赏。独立阅读教材提供的五首诗作，涵泳品味，把握诗歌意蕴，体会诗歌的艺术魅力。（教材单元任务）

第一个任务笔者的做法是，让学生自己查找资料，自己独立完成，要求做学习笔记，圈点勾画并标记有疑问的地方，质疑合作探究。同时要求学生结合单元名著导读《〈艾青诗选〉如何读》，进一步学习读诗的方法，并运用到这个单元其他诗歌的学习上。

任务二：诗歌朗诵。学习朗诵技巧，举行朗诵会。朗诵时，要求学生注意重音、停连、节奏等，把握诗歌的感情基调，读出感情，读出韵律。（教材单元任务）

笔者的做法是借助名家录音范读，然后让学生自由读，同桌之间互读，小组读，全班齐读；在熟悉诗歌内容的基础上，再来诵读；最后给予朗诵技巧指导，以任务驱动及活动推进，比如通过班级诗歌朗诵比赛，来提升学生对诗歌的欣赏及朗诵水平。

任务三：尝试创作。选择一个对象，写一首小诗，抒发自己的情感。在写作过程中，注意句式和节奏。具体环节：1.仿写；2.自创；3.制作诗集教材单元任务。（教材单元任务）

笔者的做法是让学生挑出本单元自己最喜欢的一首诗进行仿写，然后再自创一首，最后在诗集的封面设计、目录编排、诗歌篇目、内容及主旨的筛选上进行细致要求。笔者以为要求越具体，目标越简单，执行力就越强。

2.议论文教学与影视观后感

对于初中生来说，议论文很难。那么如何激发他们学习的欲望呢？笔者通过陪着学生一起观看了《银河补习班》《老师好》《我和我的祖国》《千与千寻》《中国机长》《少年的你》等优秀影片，并强调一定要写观后感。观后感要求观点鲜明，见解独到，鼓励学生能够从影片中提炼出观点，意在培养学生的思辨思维。有位学生看完《银河补习班》，写了题为《朽木也可雕也》的观后感，洋洋洒洒写了将近800字，读后感的行文结构合情合理，观点让人耳目一新，论证起来头头是道。如此议论文的教学便在愉快中解决了。当然，议论文不只有观后感，但窥一斑而知全豹。教师在教学中善于利用生活资源，把看似很难的问题，用学生喜闻乐见的方式去呈现，不但能提升学生的思辨能力，也能提高学生的写作水平。

3.古诗文教学与经典诵读

课标要求学生能用普通话正确、流利、有感情地朗读诗词。笔者推荐网络平台的经典诵读篇目，要求学生每天安排20分钟诵读。每周安排学生倾听国学经典讲座。借助"经典咏流传"栏目，让学生把喜欢的诗词唱出来，学生不但喜欢，而且易背。同时，通过举办班级读书月活动来推进整本书阅读，培养阅读风尚，营造书香班级，活动形式可以有：同名著，畅感作文擂台赛、国学经典讲座《遇见国学，遇见经典》、师生读书会《影响你一生的一本书》、经典诵读表演、诗词大会等。提倡师生每天诵读，让经典永流传。这样长期坚持，在经典的浸润下，学生的内心丰盈了，学生的诵读和阅读能力也大大提升了。

温儒敏先生说，教师要做阅读的种子。不断地尝试之后，笔者也深感好的文本解读对初中语文阅读教学的重要性。在引导学生进行课外拓展阅读时，老师必须先阅读，只有老师对文本进行深入的解读，才能更好地把握学生阅读的方向。

路漫漫其修远兮！如何实现统编教材与课外阅读的有效整合，还有一段很长的路需要我们共同去探索。师者应根据学情，做好教学设计方案，对每类文体的阅读方法进行归纳整理，有自己的教学思路，才能成就阅读的人生。让我们在书中，邂逅初心。阅读经典文学作品，从带有温情和智慧的文字中，去寻觅、读懂作者的本心，为自己构建一个丰满的精神家园。做到眼中有书，心中有光，脚下有路。

郑翠丽，福建省福州延安中学教师。

用辩证思想春风化雨滋润生命
——以《最苦与最乐》解读为例

◎周 琴

一、时代呼唤辩证思想

辩证思想是非常迷人的人生智慧。我国古代朴素二元辩证思想认为，自然、社会处处皆为矛盾的统一体，对立双方相互交感，共同推动宇宙、社会的运动发展。《道德经》中说："故有无相生，难易相成，长短相形，高下相倾，音声相和，前后相随。"这里通过列举对立面之间的相互关系，阐述了事物对立面之间相反相成、相互转化的关系，并由此推动事物的运动、发展与变化。这种思想自带豁达的特质，让思维在灵动与中正之间，找到与时代偕行的智慧。

现实生活当中，和平盛世之时，积极入世、精进奋斗的实用主义思想大行其道，辩证思想显得式微。在这些年的教育工作中，我发现，变迁的时代对教育提出了新的命题。国际时局风云变幻，社会形势纷繁复杂，有些领域戾气日显，学生在精神层面问题层出不穷，教育面临新的挑战。当看到一些花季少年做出轻率盲目的举动时，我常常想，这何尝不是我们语文教育的失败呢？那么多的美文，竟然没有能够给学生的大脑武装以最优秀的思想，护卫他们在美好的时代继续做出美好的贡献，活出美好的样子。关于勤奋的教育，我觉得我们不缺失，甚至于有些过火了，以至于小小的孩子都厌恶了。从起跑线就开始的毫无喘息的勤奋让孩子们不堪重负，其结果是勤奋这个本该美好的品质在孩子的眼里变得面目可憎。勤奋本应该是每个孩子自觉的选择。最近又把生命教育喊得很响，我想说，重视生命教育本没错，但不应该这样赤裸裸地喊出来，语文教育的春风化雨呢？不着痕迹、水到渠成的教育才是最好的。所以我认为关于人生智慧的教育，我们真的还远远不够。比如辩证思想就是人生大智慧，而且自古以来就是大家思想，

《道德经》和《易经》中都有精辟的论述，其中一些语句至今耳熟能详，广为流传，历经千年考验，依然光芒万丈。学点辩证思想，用辩证思维直面现实，以易简之道应变易之事，成不易之理，实现既中且正的理想。对于学生而言，不失为最好的生命教育。

二、语文教育当勇挑辩证思想启蒙责任

语文教育是可以很好地担当起给学生春风化雨式辩证思想的启蒙教育的。

（一）新课标明确将"辩证思维"作为核心素养内涵之一

2022年版《义务教育语文课程标准》关于课程目标是这样表述的："语文课程围绕核心素养，体现课程性质，反映课程理念，确立课程目标。""核心素养是学生通过课程学习逐步形成的正确价值观、必备品格和关键能力，是课程育人价值的集中体现。"可见，核心素养直接指向解决生活问题的本领，体现了对生命的真正尊重与关怀。

核心素养的内涵包括文化自信、语言运用、思维能力和审美创造四个方面，"思维能力是指学生在语文学习过程中的联想想象、分析比较、归纳判断等认知表现，主要包括直觉思维、形象思维、逻辑思维、辩证思维和创造思维。思维具有一定的敏捷性、灵活性、深刻性、独创性、批判性。有好奇心、求知欲，崇尚真知，勇于探索创新，养成积极思考的习惯。"

这里的"辩证思维"常常被忽视，其最易被忽视却又集人生大智慧本身就是辩证性的很好体现。

（二）以《最苦与最乐》为例，解读教材中熠熠闪光的辩证思想

在统编本教材里一直贯穿着闪烁辩证思想光辉的篇章，中外文章都有。以七年级下册教材为例，"修身正己"单元里的《最苦与最乐》和"生活哲理"

单元里的《外国诗二首》中《未选择的路》，都闪耀着辩证思想的光辉，应当成为我们启蒙辩证思维的抓手。下面我以《最苦与最乐》为例，谈谈我的教学反思。

教学此篇文章，以往操作是解读并列结构的标题，再结合紧扣标题的设问句，很容易就能把握文章结构，再分层逐一概括两个分论点：负责任是人生最大的苦，尽责任是人生最大的乐，构成姊妹命题。然后分别学习这两个部分，分析感受论证的方法与严密，品读感悟人生苦与乐的论点，理解人生需要负责任的主题。不难发现，这种教学是机械的，层次倒是分明，但是不见辩证思维的智慧，不能很好地发挥其应有的价值。

今年教学此文，我赫然发现一切奥妙皆离不开一个"翻过来看"。

一品"翻过来看"，不难品出"最苦"与"最乐"是一体两面的关系。

从标题的语法关系来看，最苦与最乐是并列关系，好像平行的两条线，用来把握课文结构，还可以一用；但是用并列关系来理解文章思想，不免失之粗浅。很多人读到"翻过来看"立刻把它等同于"反过来看"，认为苦乐本是反向的两种人生滋味。殊不知，"翻"字自带形象，很像我们的手掌。伸出手掌，一面是手心，翻过来就是手背。手心手背是相反的关系吗？似乎是，细细想来，似乎又不成立。"手心手背都是肉"，说的是对于健全的手掌来说，手心手背缺一不可，它们共同成就了手掌。所以一个"翻"字，形象化地点出苦乐本是一个整体的关系，就像我国古代文化中的太极图，黑白分明，界限明显，却又共同构成了太极图的圆满，就是"一阴一阳之谓道"吧。品读出这一层，是不是可以化解很多人思想的偏执：只见对立，不见统一。不少的孩子长久生活在和平的环境里，在安逸的家庭中被宠坏了，百依百顺的养育方式让很多的新生代孩子误以为所有的富足都是与生俱来，所有的愿望都可以不费吹灰之力实现，所有的遇见都是为了服务自己。自私自利而不自知。随着年龄的增长，遇到的困难越来越大，心理偏执的孩子理解不了人生的真相，又缺乏弹性灵活的思考能力，乖戾之事层出不穷，造成了很多生命不可承受之重的悲剧。生活好过了，孩子的精神却没有感受到幸福富足。要是家长或老师自己懂得辩证思考，我

们的教育是不是会更有效。如果教师自己也没有意识到辩证的智慧，那么我们在解读教材的时候能够和学生一起成长，在语文教育教学工作中培养学生的辩证思维意识与能力，是不是可以体贴地关心到自己和学生的生命？这些充满哲理智慧的文章，是可以让学生温和地洞悉生活真相的契机，不能被我们轻描淡写地略过。

用辩证思维看苦乐，苦乐就是密不可分的整体。苦与乐是人生密不可分的两种滋味。认识到这一点，面对坎坷挫折，会多一些坦然少一些忐忑，多一些豁达少一些狭隘，多一些乐观少一些怨恨。戾气消融，和悦盈胸。

再品"翻过来看"，又能品出"最苦"与"最乐"之间的动态变化关系。

"最苦"可以翻成"最乐"，那么"最乐"可以翻成"最苦"吗？当然可以。再次品读，就会发现能"翻过来看"，就可以"翻过去看"，苦乐是动态的相互转化关系。宇宙自然、人类社会无时无刻不在运动变化之中，事物内部的矛盾对立面常常会相互转化。世间万物并非"非此即彼""非真即假"，而常常是"亦此亦彼""亦真亦假"。还看太极图，黑白分明将整个圆分成了两等份，却不是从圆心画出一条直径，而是以阴阳鱼的形式，表现你中有我、我中有你相反相成的轮转变化，展现了万物生成变化的动态。"祸兮福所倚，福兮祸所伏"极简的语句含蕴的也就是这个道理，是祸还是福，祸福相依。古代寓言故事《塞翁失马》更是用故事通俗易懂地展现祸福转化的过程，启示人们思考对于喜乐得失应持有的理性态度。"苦尽甘来""乐极生悲"苦乐一体，苦中有乐，乐从苦来。懂得苦乐相互转化的关系，人生才能保持难得的人间清醒。

用辩证思维看苦乐，苦就是乐，乐就是苦。当我们为着理想孜孜以求时，哪怕再难再苦，也乐在其中，自强不息；当我们面对眼前的成功沾沾自喜时，哪怕鲜花簇拥掌声雷动，也能目光高远，不骄不躁，行稳致远。还有什么生命能这样从容不迫？所以负责任是人生最大的苦，尽责任，苦就转化为欢乐。为了更高的理想，肩负更重的责任，品尝更辛苦的人生；尽责任，更大的辛苦转化为更大的乐。当对己负责变成对民负责，小责任变为大责任，小乐就变成了大乐乐，超越了自我的人生境界就此不同凡响。试问：有价值的生命是不是更坚强。辩证思维能

够促进超越小我走向大我,从而提升生命的质量。

还品"翻过来看",细细品味,苦与乐恰恰一起成就圆满的人生。人人渴望生活快乐。可是,当喜欢吃甜的人天天吃甜,有一天也会见甜无味。所以"翻过来看"告诉我们,心中向往着甜,现实却是要从苦吃起。违背了"翻过来看",一心满眼都是甜,也就永远失去识甜辨甜的能力,生活永远只剩下苦味了。惟其吃尽苦,方能品出甜。这样我们就能理解作者从"最苦"落笔,主旨却是引导读者找到人生的"最乐"。苦成就了乐,苦乐成就圆满的人生。

用辩证思维看苦乐,就有了把苦"翻"成乐的底气,心里少了不劳而获、坐享其成的痴心妄想,脚下便增了顶天立地、向光而行的力量。

综上所述,扣住了"翻过来看",便抓住了作者的思路,便能领会出其大智慧,便能在举步维艰之时静心修身,在春风得意之时警醒谨慎,便能在小小的心灵里装得下委屈,装得下别人,装得下天地,担当责任负重而行。

辩证思想作为一种中华传统优秀文化,根源在于对宇宙事物的体察感悟,天人合一,有着高远的立意,务实的情意,既益于培养谨小慎微的深沉忧患意识,又热情呼唤勇于开创的全副担当精神。学习辩证思想,能厚德载物亦能自强不息,便是伟大光辉灵气尊贵的人生,生命教育最理想的样子就是这样吧。

时光流转,世事变幻。一个时代有一个时代的使命。置身在这个百年未遇之大变局中,身为一个语文教师,当为孩子的生命教育有所作为,当为语文教育的独特魅力贡献力量,当为中国文化自信恒心恒力。

周琴,江苏省盐城市东台市广山中学教师。

高中语文大单元项目化学习探究
——以统编教材必修上册第三单元为例
◎卓婷婷

大单元教学是促进核心素养落地的重要途径，它将研究视角集中在语文学科核心素养的实施上，直面如何在教育中培养人的难题，并引导学生在单元中探索现实问题。大单元教学克服了传统课堂中以课时为单位的教学弊端，打破了学生碎片化的知识状态，有效地引导学生在知识、技能和能力之间形成连贯和结构化的理解。因此，大单元教学是基于教材单元原有结构，对情境、内容、方法、资源等进行大单元整合设计，用系统论的方法对教材中"具有某种内在关联性"的内容进行分析、重组、整合。

项目化学习是指向学科核心素养教学的有益探索，是以学科核心概念为中心，以真实情境中的任务为驱动，以高阶认知策略的锻炼为准绳、以公开的项目成果为学习成果和主要评价方式的教学方式。项目化学习强调教学过程中的体验和知识的生成，即从问题提出开始，学生就在真实的体验中制定任务、解决问题，并在此过程中生成知识，获得经验。项目化学习弥补了基础教育对学生创造性思维及解决问题意识等方面培养的不足，帮助学生树立知行合一的学习理念，让学生拥有解决真实情境问题的机会和经历，发展自己的创造性能力和批判性思维，同时形成自己的价值观和世界观。

现以统编教材必修上册第三单元为例，重点探究高中语文大单元项目化学习。

一、解读课程标准，研读语文教材

《普通高中语文课程标准（2017年版）》（以下简称"新课标"）将课程内容设计为18个"语文学习任务群"，学习任务群"以任务为导向，以学习项目为载体，整合学习情境、学习内容、学习方法和学习资源，引导学生在运用语言的过程中提升语文素养。若干学习项目组成学习任务群"。这一设计理念与项目化学习的理念相一致。

统编高中语文教材以单元的形式组织，每个单元都确定了相应的学习目标和学习重点，单元内所选的内容极具特色，有利于形成更加系统和全面的逻辑结构。加之，统编教材的编写思路是用人文主题和语文要素两条线索组织单元，各部分内容环环相扣，相互配合，使每个单元形成了一个完整的系统，为我们进行大单元整体教学提供了良好的条件。

二、整合单元内容，明确教学目标

统编高中语文教材必修上册第三单元精选了不同时期、不同体式的诗词名作，分别是魏晋诗歌、唐代诗歌和宋词。结合单元导语，将本单元的人文主题确定为"生命的诗意"——感受古典诗词的魅力，体味古人丰富的情感、深邃的思想、多样的人生，加深对社会的思考，增强对人生的感悟，激发对中华优秀传统文化的热爱，提升审美情趣和审美品位，增强文化自信。将本单元的教学目标确定为以下几点：

1.通过本单元作品的学习，认识古诗词的当代价值，提高思想修养和文化品位，增强对中华优秀传统文化的传承意识，增强文化自信。

2.通过诵读涵泳，发挥联想和想象，感受诗歌的意境之美，独立欣赏诗歌独特的艺术魅力。

3.学习本单元不同时期、不同体式的经典诗歌作品，借助知人论世、以意逆志等方法把握诗歌内涵，体察诗人对社会与人生的思考，理解诗人的精神境界，提升综合审美鉴赏力。

4.在学习本单元作品的基础上，联系对既往文学作品的学习，根据自身实际情况，写一篇文学短评。

三、指向核心素养，设计驱动任务

在语文项目化学习中，"项目"是一个载体，其目的是通过"做项目"的形式引导学生"做中学"。因此,语文项目学习的设计要立足"语文",要以发展语文学科核心素养为根本旨归。项目学习需要设计一个高度精炼的驱动问题,而这个驱动问题要能够激发学生探究的兴趣,能驱动学生积极主动地进行语文实践,使他们在语言、思维、审美、文化等方面得以提升。

为此,笔者结合单元学习任务设计的驱动任务是:央视古诗词大赛赢得了无数观众的好评,为了培养学生学习古诗词的兴趣,提高学生鉴赏古诗词的能力,班级计划举办"魅力诗词"大赛,大赛设有三个环节——常识大比拼(知人论世)、诗词咏流传(配乐朗诵)、古诗词鉴赏(文学短评),请自由分组并推举小组代表参赛。

在这个主任务的驱动下,学生要了解作者的生平经历和作品的创作背景等,要反复揣摩作品的情感基调和音韵节奏,要从网络上搜集相关资料……这些任务高度整合了自主、探究和合作的学习方式,并且深度融合了阅读鉴赏、表达交流和梳理探究的语文实践活动,最终指向语文学科核心素养的全面发展。

四、搭建学习支架,设计活动项目

搭建学习支架指的是教师组织和创设一个让学生能在其中尽其所能、充分发展自己思维能力的支持性教学环境(支架),使学生的学习过程真正成为在教师的引导下探究与再创造的过程,从而实现他们对知识的理解和意义建构,达到有效教学的目的。因此,围绕项目主任务,需设计一系列的实践活动子任务,为学生搭建学习支架。具体如下:

任务一:常识大比拼

提示:学生通过查阅资料(书籍、网络资源等),了解作者的生平经历和作品的创作背景等,积累并记忆相关常识,组内竞选,推举代表参赛,比赛采用题库抢答积分的方式,评出3名优胜者予以奖励。

设计说明:文学作品和作家本人的生活、思想以及时代背景有着极为密切的关系,因而只有知其人、论其世,即了解作者的生活、思想和写作的时代背景,才能客观地、准确地理解和把握文学作品的思想内容。

任务二:诗词咏流传

提示:每位同学选择自己最喜欢的一首诗词在小组内朗诵。朗诵前,要反复揣摩其情感基调和音韵节奏,设计朗诵脚本;也可以从网络上搜集相关音频、视频资料,学习借鉴。然后,小组推举代表参加班级朗诵比赛,可以配上合适的乐曲,增强朗诵效果。评出3名优胜者予以奖励。

设计说明:张志公先生说:"一篇文章,读出声音来,读出抑扬顿挫来,读出语调神情来,比单用眼睛看,所得的印象要深刻得多,对于文章的思想感情,领会要透彻得多,从中受到的感染要强得多。"可见诵读的重要性,诵读是一种行之有效的好方法。

任务三:古诗词鉴赏

提示:从本单元选择一首诗词,借助相关资料(名家赏析、作品集评等),就你感触最深的一点,写一则800字左右的文学短评。交给评委组批阅打分,评出3篇优胜作品,张贴在班级宣传栏上。

设计说明:优秀的古诗词作品往往具有深刻的意蕴和独特的艺术匠心,学习欣赏时应当重点关注,细加品味。比如,曹操《短歌行》运用比兴手法和典故表述心志,陶渊明《归园田居》用白描呈现日常生活画面,李白《梦游天姥吟留别》用瑰丽的想象表现梦境,白居易《琵琶行》把抽象无形的音乐化为具体可感的形象等。

以上任务目标明确,既符合学生的认知规律,又具有挑战性,可以使学生在兴趣中学习,在学习中合作,在合作中思考,在思考中推进项目进程,同时在语文的实践活动中发展语文核心素养。

五、构建评价量规,进行项目评价

项目化学习评价涵盖了学习成果和学习过程的评价,教师既要鼓励学生参与评价量表的制定与修改,又要在过程中预判、发现并修正问题,站在多元的评价角度引导学生思考和改进。评价量表需要清晰恰切,评价细则应尽可能清晰,评价维度可以在内容选择与活动表现中多元发展。以本次的大单元项目化学习为例,在"魅力诗词"大赛的过程中,围绕相关活动,经班级讨论拟定评价量表,进行分项评价,指向关键能力的同时,也在合作中提高鉴赏能力。例表如下:

1.组内根据项目式学习个人评价量表进行自评和互评,选出最佳组员。(见表1)

2.组间进行自评和互评,选出最佳学习小组。(见表2)

设计意图:本环节在评价时既关注学习过程,

表1 项目式学习个人评价量表

能力要素与分值	素质描述	自评	他评	得分
主动提升基本素养（40分）	积极参与项目学习，完成个人任务			
	积极参与小组讨论			
	主动查阅资料			
	根据组员、组长与老师的意见改进完善			
主动提升思维能力（30分）	遇到问题能够积极主动地寻求解决方法			
	会利用各种资源解决问题			
	能够根据实际情况积极调整改善			
主动提升个人素质（30分）	能与小组成员分享资源、成果和发现			
	认真审阅组员作品，倾听组员意见，并提出自己的看法			
	遵守小组协作的规则，善于协调			

我认为今后可以改进的是：

表2 项目式学习小组评价量表

关键要素与分值	简要描述	组长自评	他组互评	师评	得分
语言表现（45分）	按计划完成各项任务，作品质量高				
	小组分工合理，组员发言积极				
	组长协调能力强				
思维能力（45分）	小组成员分析能力强				
	组长集思广益				
	组长评价反馈能力强				
团队氛围（10分）	团队合作融洽，氛围活跃				
	团队齐心协力，力求最优				

我认为今后可以改进的是：

又关注学习结果，既对小组进行整体评价，又按照单项对学生个人进行评价，可以在发挥小组协作学习作用的同时，调动每位学生的积极性和主动性。

六、结语

高中语文大单元项目化学习让"一篇""一课"模式走向阅读经验的迁移探究。学生在真实的驱动性问题导向下开展实践活动，建构项目化学习的目标与任务，开展实施过程。在阶梯式任务的探究实践中，明确项目内容，依据评价量表，完成项目成果。既在项目化学习中提高了学生的合作探究能力，又充分展现了交流表达与鉴赏能力，促使学生在项目化学习中走向深度理解。但是，大单元项目化教学需要抓住主线，统筹设计，步步为营，聚焦真实情境，整体建构任务，驱动学生在持续探索中解决问题。这不仅是一个操作层面的教学变革，更是一个立足学生素养发展的教学理念的体现，教师应积极变革教学方式，营造良好的单元整体教学生态，实现学习任务群教学目标的有效落地。这对教师的专业性要求很高，教学设计与教学实施的难度也很大，因此需要在教学实践中不断摸索，不断总结和不断完善。

参考文献：

[1] 中华人民共和国教育部.普通高中语文课程标准（2017年版2020年修订）[S].北京：人民教育出版社，2020：8，17.

[2] 中华人民共和国教育部.普通高中课程方案（2017年版，2020年修订）[S].北京：人民教育出版社，2018：4.

[3] 中华人民共和国教育部.普通高中教科书语文必修上册[M].北京：人民教育出版社，2019：8.

[4] 郑桂华.普通高中统编语文教材单元教学的价值定位与教学策略[J].人民教育，2021（11）：59-62.

[5] 巴克教育研究所.项目学习教师指南：21世纪的中学教学法[M].任伟译.北京：教育科学出版社，2008：4.

[6] 杨志宏.基于"学习任务群"的语文项目学习初探[J].教学月刊·中学版（语文教学），2018（7-8）.

卓婷婷，湖北省咸宁市通山县实验高级中学教师。

新生态视域下鲁迅作品之"四读三境"法研读探究

——以《记念刘和珍君》教学设计为例

◎蒋文学

"新生态"语文注重文本研读的整体性、系统性、层次性和梯度性以及跨学科融合性。这在散文、小说文本的审美研读中呈现得尤其明显。如何具体施教呢?这要把握理论框架,谙熟实施路径,探索完善有效教法,追求内涵性成果。"四读三境"教学法循路渐进,感知初读、情感诵读、思辨悟读、妙笔赏读,环环相扣;阅读的三个境界:感受文本之美(第一境界)、说出文本之美(第二境界)、写出文本之美(第三境界),递进式拓展纵深,螺旋式增高提升。

化繁为简,毋庸讳言,确立散文文体的核心是中国现代散文理论的首要任务。然而,散文的真正核心只能说是"人文"。在散文中,"人"与"文"是一体两面的紧密关系,犹如纸之两面、车之两轮、鸟之两翼、鱼之阴阳,二者相辅相成,相得益彰。"人"是散文作者自己,而"文"是人的创造物,也是人得以呈现的文本符号。以"人—文"为核心,可以将散文文体教学内容分为四个层次:知识与经验层面、思想与情感层面、精神与境界层面、文体与语体层面。由此可见散文的审美研读是具有层次性、梯度性和整体性的。知识与经验层面就是文章的主要内容。思想与情感层面就是作者直接表达的观点、抒发的情感。精神与境界层面就是文章体现出的作者(思想)的精神境界。而文体与语体层面主要体现在文体"结构""笔调""修辞""文字"等方面。基于"新生态"语文教学的理念,项目组教师在备课授课时,致力于联系、选择、确定其中一个或多个方面进行重点学习、读写实验即可。

散文文体教学内容的这四个层次,前三者是散文的内涵层面。精神与境界层面是基于知识与经验层面、思想与情感层面的最终升华和结晶,为内涵的最高层面。文体与语体层面是前三个层面的符号显现,是读者直接接触到的信息符号,被用来表现前三个层面,是散文核心的另一面,即"文"的承担者。其中,精神与境界层面、文体与语体层面是"人"的最直接显现。精神与境界形成散文的"人格",文体与语体形成散文的"文格"。"新生态"语文教学就要着眼整体,抓住肯綮,追求讲授"人格化"知识,体味"人文性"文化,将"人格"与"文格"两手抓,两手紧,使之经纬交织,圆融谐美。

譬如,《记念刘和珍君》是鲁迅先生所创作的散文,于1926年4月12日发表在《语丝》周刊第七十四期,收录在《华盖集续编》中。它是一篇传统课文,具有永久的价值和磁性魅力。从20世纪50年代以来,不断入选中学语文课本,也是教学的重点难点,突破创新更难。现守正求新,依据散文文体学习内容四个层次划分方法,试将其备教梳理如下:

知识与经验层面:作品描述了关于革命青年刘和珍的所见、所闻、所感、所思。学习把握复杂记叙文夹叙夹议的写作特点。

思想与情感层面:为在"三·一八惨案"中遇害的北京学生运动领袖之一的刘和珍鸣不平,并痛悼其是"为中国而死的中国的青年",抒发悲愤之情。体味作者深情,铭记血债,不忘教训,增强民族自尊心、自信心。

精神与境界层面:引导学生接受鲁迅思想感情的熏陶,感受鲁迅刚正不阿的性格、澎湃喷涌的激情、高度凛然的正义感和嫉恶如仇的精神,也可以学习过去那个年代青年学生的爱国热情、社会责任感、勇敢奉献精神。学习无畏牺牲的高贵坚强的品质,感受文本所显示出的崇高人格力量,所散发出的人性光辉。

文体与语体层面:文学教育家孙绍振说,鲁迅的《记念刘和珍君》在鲁迅散文中无疑是抒情的双璧之一,文章针对现实的批判和赞颂,既有战斗性也有抒情性。文章藏匿锋芒,深化思绪于曲折的层

次中,思绪在曲折的逻辑中出奇制胜地推演,就成了鲁迅杂文的一大创造。《记念刘和珍君》的抒情就这样带上了杂文的特点:

1. 记叙、议论、抒情熔为一炉。
2. 哲理和诗情的和谐统一。
3. 反复重迭,回旋起伏。
4. 把抽象的事物和议论具体化、形象化。

在此资源储备、知识梳理的基础上精心设计,优化程序,交流互鉴,精益求精。将奋斗加眼界,勤勉加视域,秉持设计"没有最好,只有更好"的追求理念。坚信他山之石,可以攻玉。取长补短,兼收并包。系统整合,融创出新。

一、研究课程标准和统编教材

学习研读课程标准,其中要求:"阅读古今中外文学作品,注重审美体验,能感受形象,品味语言,领悟作品的丰富内涵,体会其艺术表现力;努力探索作品中蕴含的民族心理和时代精神,了解人类丰富的社会生活和情感世界,增强民族文化自信。"教学有法,根据策略方法这把钥匙可以来开启诸种文本多把锁。《记念刘和珍君》是统编版高中语文选择性必修中册第二单元的第6课课文。要想高效地诠释这篇课文,就要让学生感受到语言表达或思想价值最具魅力最独特的地方。通过挖掘教材,备注鲁迅先生运用记叙、议论、抒情相结合的方法,可知文本深刻揭露了反动派的下劣凶残,深情赞颂了几位青年的革命精神,淋漓尽致地抒写了作者无限悲愤和爱憎分明的感情。因此,可以选择把"悲愤之情"这最独特之处作为构建整个课堂的教学核心。如果教学能够紧紧抓住牵一发而动全身的问题,找准最能打动学生心灵的内容和价值,施教就会事半功倍,学生兴味盎然,乐在其中。

二、确立教学目标

根据课文文体和语言特点、课程标准要求,可以确立三维教学目标:

1. 知识与能力:了解作家、作品;阅读文本,抓住情感脉络,理清文章思路。
2. 过程与方法:学习本文记叙、议论、抒情相结合的方法,注重在写作中灵活运用。
3. 情感、态度与价值观:学习刘和珍追求真理,不畏强暴,果敢坚决的精神,提升自己的思想品德和精神境界。

教学重点:理解鉴赏文中内涵丰富的语句。

教学难点:理解作者的思想、观点和感情。

三、选择教学方法

教学以教师为主导,学生为主体,诵读为主线。可以采用诵读法、讨论法、点拨法、分组探究、读写结合等。注意在指导分组学习前,将各小组冠以美名,如鲁迅组、茅盾组、冰心组、巴金组、老舍组、莫言组等,寄予厚望,给予鼓励。

四、备学情,备学法

根据高一学生的文化知识基础、年龄心理特征和经历体验,指导学生灵活运用诵读、自主预习、合作学习、圈点评析、朱墨纷呈来预读学习文本,通过自主、合作共探究,激发学习兴趣,凝聚学习力,调动读写积极性,为持续学习注入内驱力。

五、选取教学手段

利用多媒体课件,增加课堂容量;播放课文朗读的高清录音,渲染气氛,示范导读。

六、琢磨教学设计

本课教学按照六个步骤:导入新课(激情、问题导入)—感知初读—情感诵读—思辨悟读—妙笔赏读—布置作业,有序高效进行。其中四个步骤——感知初读、情感诵读、思辨悟读、妙笔赏读,都不同程度地融合三个环节和三个境界:问题投影、学生活动、教师点拨;感受文本之美(第一境界)、说出文本之美(第二境界)、写出文本之美(第三境界)。

(一)情境(激情、问题或诗歌)导入

兴趣是最好的老师。感人心者,莫先乎情。为此,可以这样设计导语:

1. 导语:在中国现代文学史上,有一位呐喊者、民族魂,他时刻用赤子的情怀、犀利的目光、深邃的思想,殷切关注着中华民族的生存状况和精神世界。他,便是鲁迅先生。今天我们学习他的著名散文(杂文)《纪念刘和珍君》,看看他是怎样为革命、为正义、为青年而呐喊的。

2. 投放图片资料,介绍作家、作品和写作背景。

设计依据:了解作品所涉及的有关背景材料,用于分析和理解作品。

3. 播放课文录音(选择重点片段,如第二、第四、第五部分),提示学生轻声跟读。

(二)感知初读

【问题投影】自读文本,利用注释和工具书,扫清词语障碍;试给课文每部分编写小标题。

【学生活动】阅读文本,分组交流,代表展示。

【教师点拨】指导学生读准字音,读出语气,读出情感，读出理解。教师正音且范读(重点语段)。指导学生根据关键语句把握文章思路和情感脉络。

设计依据：发展独立阅读的能力。灵活运用精读、略读、浏览等阅读方法，从整体上把握文本内容，理清思路，概括要点，理解文本所表达的思想、观点和感情。

(三)情感诵读

【问题投影】勾画出自己最喜欢的、内涵丰富的语句，反复诵读，品味语言，进行点评。

【学生活动】1.反复诵读，圈点评析；2.分组交流，思想碰撞；3.代表展示，切磋提高。

【教师点拨】教师巡回，相机点拨，指导完善。指导学生根据语境揣摩语句含义，体会语言表达效果。如题目的内涵，"不敢""不愿""不屑"的含义，"真的猛士""哀痛者""幸福者"的含义，"惨象""流言"的含义，等等。

设计依据：根据诗歌、散文、小说、剧本不同的艺术表现方式，从语言、构思、形象、意蕴、情感等多个角度欣赏作品，获得审美体验，认识作品的美学价值，发现作者独特的艺术创造。

(四)思辨悟读

【问题投影】鲁迅先生对徒手请愿持什么态度？你怎样理解？

【学生活动】独立思考，分组讨论，代表展示。

【教师点拨】不赞成，应改变斗争方式。用煤的形成来比喻牺牲巨大才换来了社会的一点点进步。要认清反动派吃人的本质，汲取惨痛的血的教训，改变战斗方法。

设计依据：1.学习表达和阐发自己的观点，力求立论正确，语言准确，论据恰当，讲究逻辑。学习多角度思考问题。学习反驳，能够做到有理有据，以理服人。2.围绕感兴趣的话题开展讨论和辩论，能理性、有条理地表达自己的观点，平等商讨，有针对性、有风度、有礼貌地进行辩驳。

(五)妙笔赏读

【问题投影】如果将刘和珍君选入"感动中国十大青年烈士"，请为刘和珍君写一段颁奖词。

【学生活动】自主写作，分组交流，代表展示。

【教师点拨】注意叙事、议论和抒情相结合，注意概述刘和珍的革命事迹和性格特征。利用多媒体展示精彩语段：学生作文、教师下水文或典范美文。

设计依据：进一步提高运用记叙、说明、描写、议论、抒情等表达方式的能力，并努力学习综合运用多种表达方式，力求有个性、有创意地表达。

(六)布置作业

先请学生自主总结这堂课学习的内容和收获。然后，教师点评，布置作业。

作业：1.背诵课文第四节。2.课后阅读《为了忘却的记念》，比较异同。

设计依据：1.诵读古典诗词和文言文，背诵一定数量的名篇。(现代文也不例外)2.作业设计要注意迁移运用，为下节课做好铺垫。

【板书设计】感知初读　情感诵读　思辨悟读　妙笔赏读

夹叙夹议

悲愤

设计依据：板书设计要简洁、概括、直观、美观。

一言以蔽之，在"新生态"语文理念的支撑下，坚持"新生态取向"，实际就是强调合作、交流、融通的文化特质对师生成长的巨大影响。通过不懈探索和勤勉追求来构建具有整体性、系统性、层次性和梯度性以及跨学科融合性的学习模式，把散文文体四个层次的知识划分灵活运用于支撑备课设计，采用"四读三境"法进行审美研读，循序渐进，预设生成，争取做到有理、有序、有力、有效、有境，可以助力语文教学获得事半功倍、一石三鸟的良好效果。以纲对标，综合语境，灵活运用，以点带面。与时俱进，顺势而为，以鲁迅经典作品研读为契机，积极推进课堂教学改革，进一步打磨"四读三境"法，创新大课堂教学模式，贯彻落实"整体多元、系统全境、互动融合"的新生态教学理念；通过举行青年教师汇报课、骨干教师示范课、集体备课先行课、市区研讨观摩课等多层次、多学段、多品类、全方位、全过程的展示交流活动，不断发挥专业引领、辐射、共享、互鉴作用，促进教师队伍的备课设计、施教掌控等业务能力的整体提高，全力落实全环境育人、全过程化人，为语文教育教学生态的改善臻优而不懈努力。

【本文系山东青岛市教育学会"名家项目"课题"新生态视域下高中语文'四读三境'教学设计研究"(立项编号：2023MJ025)阶段研究成果。】

蒋文学，山东省青岛市城阳第一高级中学教师。

初中议论文思辨性教学

◎ 曾婷凤

议论文是以剖析事理、阐述观点或发表主张为目的,并以议论这种表达方式为主的一类文体。统编初中语文教材集中编入了三个议论文单元,分别在九年级上册的第三单元、第五单元,以及九年级下册的第四单元。与诗歌、散文、小说等文学文本相比,议论文在初中阶段占比较少,在教学中也长期不受重视。但2022年版《义务教育语文课程标准》把"思维能力"作为了一项语文核心素养,并以学习任务群的方式将课程内容分为"基础型""发展型"和"拓展型"三类,这就让新时期的议论文教学有了明确的方向:以理性思辨为特征的议论文是"发展型学习任务群"中"思辨性阅读与表达"的重要教学内容,因而培养学生的思辨能力才是议论文的教学追求。

以往的议论文教学通常围绕"论点""论据"和"论证"这"三要素"展开,相应的教学环节也一般集中在识别中心论点与分论点、区分论据类型和学习论证方法上,但这些实质都还只停留在对信息的辨别和提取层面,并没有深入到思辨能力的培养上来。要想真正培养学生的思辨能力,教师就必须始终用思辨的方法来教,挖掘文中具有思辨价值的教学内容,在课堂上给学生提供深入思考和反复辨析的机会。

一、认识论题与论点

议论文的论点通常是由一个中心论点和多个分论点组成,而容易与"论点"发生混淆的就是"论题"了。这两者的区别在于:论点是对具体事物态度鲜明的看法,一篇议论文的中心论点和分论点共同组成了文章的主干信息;而论题只揭示了文章所阐述的事理范畴,是一个能引发思考的开放性话题。那么,如何让学生思辨性认识论题与论点呢?

带着问题读题目,自主发散质疑。对题目发问就是对文章"可能写什么"进行大胆猜测,然后使后续阅读变得有方向,做到边读边有目的地提炼关键信息。比如,看到《敬业与乐业》这个题目,就可以问:①"敬业"与"乐业"分别是何含义?②"敬业"与"乐业"之间有何关系?⋯⋯心中有了疑惑,在阅读时自然就会更加专注,也会自觉地在信息筛选中寻找答案。于是,当读到"但我确信,'敬业乐业'四个字是人类生活的不二法门""第一要敬业""第二要乐业"这些句子的时候,之前的种种疑惑便豁然开朗了。这种揭示了文章的中心话题,引人思考却又没有给出明确观点的短语就是论题,而论点则是对论题的进一步解释和说明。议论文常以论题作为题目,像《论教养》《谈读书》《谈创造性思维》《怀疑与学问》等都是如此。对着题目发散质疑,就会滋生出"什么是'教养'""文章是从哪些方面论教养的"等疑惑,而学生顺着这些疑惑走进文本,才能充分发挥自己的主观能动性,做一个有方向的阅读者,而不只是一个被动的信息接收者。

廓清主干与枝叶,梳理文章脉络。根据分论点之间的联系,议论文的内部结构可以分为层进式、并列式、对照式等不同类别。而议论文的主干信息就是由各级论点组成的,支撑论点的材料都不过是枝叶而已。《敬业与乐业》一文由中心论点"'敬业乐业'四个字是人类生活的不二法门"和分论点"先说说有业之必要""第一要敬业""第二要乐业"共同搭建起了文章主干,各分论点是层层深入的递进关系,因而题目中"敬业"与"乐业"也只能理解成递进关系,不能因为一个"与"字就认为是并列。《精神的三间小屋》的主干信息由中心论点"人的心灵也需要空间"和分论点"第一间盛放着我们的爱和恨""第二间盛放我们的事业""第三间安放我们自身"

组成，各分论点之间是并列关系。而《山水画的意境》是围绕"意境是山水画的灵魂"这一中心，从"什么是意境""为什么山水画要追求意境"，以及"怎样才能获得意境"三个方面搭建起了文章主干，遵循了"是什么—为什么—怎么样"的逻辑思路。在阅读议论文时廓清主干，就从整体上明确了作者的主张和观点，就读懂了文章的核心要义。至于枝叶，都是在主干基础上伸展出来的论证材料，比如为了论证"有业之必要"，文中运用了孔子的话——"饱食终日，无所用心，难以哉！群居终日，言不及义，好行小慧，难以哉"和百丈禅师教训弟子"一日不做事，一日不吃饭"的故事。

二、辨析观点与材料

辨别观点与材料是否联系紧密。认识论题和论点是从整体上把握文章的主要信息，而接下来还要在此基础上学习其严谨的语言表达。严密的论证过程必定要满足观点与材料紧密联系，这可以从两个层面来理解：一是，观点与材料要相契合。以《谈创造性思维》为例，题目就揭示了文章的中心话题是"创造性思维"，但全文实际是围绕"如何成为一个富有创造力的人"在谈，古登堡、罗兰·布歇内尔以及贝多芬、爱因斯坦这些人的故事都是在论证怎样才能成为一个有创造力的人，并且人与人不存在富有创造力和缺乏创造力的区别。显然，这是将"创造性思维"和"富有创造力的人"两个概念混为一谈了。而要使材料与观点完全相符，在表述中心论点的时候就需要把"创造性思维"和"人"这两者连接起来。二是，材料分析要围绕观点展开。以《怀疑与学问》为例，在论证"怀疑也是积极方面建设新学说、启迪新发明的基本条件"时，文章用戴震的故事这样展开论述："清代的一位学问家——戴震，幼时读朱子的《大学章句》，便问《大学》是何时的书，朱子是何时的人。塾师告诉他《大学》是周代的书，朱子是宋代的大儒；他便问宋代的人如何能指导一千多年前的著者的意思"。如果这里运用逆向思维让学生从材料出发提炼观点，那么仅能概括出"戴震是一位好问的大学问家"而已。要使材料充分支撑观点，就必须补充戴震建设了哪些新学说或者启迪了哪些新发明。

分析不同论证材料的论证效果。不同论证材料的使用对应着不同的论证方法，而不同的论证方法也有着不同的论证效果。对此，可以采用增删或替换的方法来予以比较。以《敬业与乐业》为例，文中总共引用了12句名言，如果全部删去则降低了文章的论证力度。这是因为孔子、庄子、曾文正这些圣贤名人早已为大家熟知，在人们心里有着很高的威望，所以他们的话自然就比作者更有权威性和说服力，而这也就是道理论证特有的论证效果。文章在论证"凡职业都是有趣的"这一观点时，运用了比喻论证，将人在职业上的比较骈进比作赛球，能在竞胜中获得快乐。如若换成举例论证或道理论证，比读后就能发现比喻论证的妙处在于让抽象的说理变得生动形象，容易让人顺着比喻调动已有的生活经验，从而潜移默化地接受作者观点。此外，如若在论证这一观点的时候，在课文的基础上增添居里夫妇在艰苦的实验环境中依然享受科研过程并最终提炼出"镭"元素的故事，就能发现相较于原有的道理论证和比喻论证而言，举例论证的妙处在于用具体的故事来引人入胜，让说理性文章摆脱枯燥乏味，转而变得有趣、耐读。

三、揣摩副词与连词

统编初中语文教材在议论文编选上体裁广泛，包括演讲词，书信、散文、文艺类论文等各种形式。为了准确表述这类文章，采用"议论性文章"代替了"议论文"的提法。这打破了此前对议论文的狭隘认识，但也容易让人忽略这类文体独有的语言特点。

比较副词，学习严谨表达。议论文的逻辑思辨不仅表现在篇章结构上，还体现在细节处的词语运用上。以《中国人失掉自信力了吗》为例，"两年以前，我们总自夸着'地大物博'，是事实；不久就不再自夸了，只希望着国联，也是事实"这句话中的"总"和"只"是两个不起眼的副词，若将重音落在这两个字上或者删减后反复朗读，就能感受到副词带来的语义强弱变化。"总"说明我们过去已经把盲目自夸习以为常了，而"只"则突出了国人当前的愚昧，暗含着作者对社会现状的讽刺。简单的副词让语义更加深刻，也让议论文的语言表达更严谨了。此外，还有一些副词反复出现也值得关注，比如《怀疑与学问》中"一切学问家，不但对于流俗传说，就是对于过去学者的学说也常常要抱怀疑的态度，常常和书中的学说辩论，常常评判书中的学说，常常修正书中的学说；要这样才能有更新更善的学说产生"，这一句话连用四个副词"常常"，看似重复赘余却实则表明怀疑精神对于做学问的人来说应该是一种生活常态,反复出现的"常常"增强了语义强度。议论文严谨规范的语言离不开这些副词的使用,它们可以表程度、限定、范围等等,而揣摩这些词语也是我们通向规范表达不可或缺的一步。

关注连词,理解逻辑关系。连词是用来连接词与词、短语与短语、句子与句子的,所连接的两部分之间可以是并列、承接、转折、因果、选择等关系。议论文在连词的运用上格外讲究,它们往往有着提示下文或揭示句间关系的作用。比如,"至于我该做哪一种劳作,全看我的才能如何,境地如何"用连词"至于"转换了话题;"总之,人生在世,是要天天劳作的"用"总之"概述了前文;"于是有人慨叹曰:中国人失掉自信力了"用"于是"推断出了对方论点,这些连词都对语义理解和篇章结构分析有着重要作用。此外,还有一些成组出现的关联词反映了句间逻辑关系。比如,《怀疑与学问》中的第6段有一个过渡句,"怀疑不仅是消极方面辨伪去妄的必需步骤,也是积极方面建设新学说、启迪新发明的基本条件",这个长句由"不仅……也……"连接的两个短句组成,通过考察关联词的搭配原则不难发现"不仅……还/而且……"表递进关系、"既……也……"表并列关系,固定成组的关联词中并没有"不仅……也"。紧接着联系上下文分析可知,"怀疑"对于"辨伪去妄"和"建设新学说、启迪新发明"是不分轻重的,因此这里将"不仅……也……"换成表示并列关系的关联词"既……也……"会更加准确。

立足思辨性展开教学,从而最终抵达思维能力的培养,这是对议论文根本文体特性的把握,也是顺应2022年版《义务教育语文课程标准》的要求。

参考文献:

[1]中华人民共和国教育部.义务教育语文课程标准(2022年版)[S].北京:北京师范大学出版社,2022(4)29-31.

[2]曹公奇.议论文教学与思维品质发展——评析肖培东执教的《怀疑与学问》[J].语文教学通讯·初中,2022(2):36-37.

[3]张龄元.在初中语文议论文教学中发展学生的思辨性思维[J].语文教学通讯·学术,2022(4):23-25.

[4]文德泰.议论文教学的方法和逻辑[J].中学语文教学参考·初中,2022(9):58-60.

曾婷凤,湖北省宜昌市西陵区第二十五中学教师。

语文思辨性阅读教学对初中生理想信念的作用

◎吴巧玲

随着改革开放几十年的不断深入，我国一方面在科技、经济等方面已经取得了举世瞩目的成就，另一方面始终积极应对着全球化带来的"文化挑战"。这种"全球化文化挑战"直接影响着我国初中生"理想信念"的培养与塑造。全球化趋势已经潜移默化地对初中生的文化观念产生了一定影响，不得不对初中生"理想信念"的现状进行深刻而全面的分析。

初中生"理想信念"现状的部分缺失和动摇，究其根本社会原因是经济、文化全球化冲击所导致的，具体渗透影响主要表现为以下几种方式：

（一）现代新思潮、新思想的引领；

（二）商业经济活动的宣传；

（三）文化艺术的交流传播。

纵观以上分析，并结合笔者近十年从事一线语文教师兼任班主任的工作经验，深刻地认为初中生"理想信念"有待加强培养和塑造。习近平同志指出，"青年时代树立正确的理想、坚定的信念十分紧要，不仅要树立，而且要在心中扎根，一辈子都能坚持为之奋斗。"作为"传道授业解惑"的师者，我们应义不容辞地担负起"立德树人"的重任，变革、探寻出一种能应对全球化文化挑战的课堂教学方式，以此来引导初中生在"学为中心"的基础上，通过"核心素养"的提升来培养坚定的"理想信念"。

翻看《义务教育语文课程标准（2022年版）》，作为教育者，我们应看到这样的字眼——随着义务教育全面普及，教育需求从"有学上"转向"上好学"，必须进一步明确"培养什么人、怎样培养人、为谁培养人"，优化学校育人蓝图。而世界科技进步日新月异，网络新媒体迅速普及，青少年成长环境深刻变化，人才培养面临新挑战，义务教育课程必须与时俱进[1]。除了教育课程的设置需要重新修订，教学方法也应该进行变革。

一、语文的课程性质、目标引领教学变革

初中生"理想信念"的培养，必须通过"核心素养"的提升才能达到目标。

《义务教育语文课程标准（2022年版）》中明确指出"工具性与人文性的统一，是语文课程的基本特点"，"语文课程应引导学生发展思维能力，提升思维品质，形成自觉的审美意识，培养高雅的审美情趣，积淀丰厚的文化底蕴，继承和弘扬中华优秀传统文化、革命文化、社会主义先进文化，全面提升核心素养"[2]。

"核心素养"是什么？"核心素养"是学生通过课程学习逐步形成的正确价值观、必备品格和关键能力，是课程育人价值的集中体现。义务教育语文课程培养的核心素养具体的综合体现包括：文化自信、语言运用、思维能力和审美创造[3]。所以，语文课程在初中生德育方面具备了重要的育人价值。通过反复的实践创新，笔者认为"语文思辨性阅读教学"这种新的教学方法能够一定程度提升初中生的"核心素养"，并能够对他们进行"理想信念"的培养教育。

二、实践"语文思辨性阅读"教学方法的必要性

苏霍姆林斯基说："培养全面发展的人，这要求能够对许多复杂的、乍看起来似乎并不明显的相互依存关系有清醒的认识。"[4]所以初中生要从自己所见、所闻、所做和所期待的一切事物和情形中去理解各种因果关系，这就需要达到认识过程的高级阶段——思维，与此同时还应该要拥有"思辨能力"。

在《义务教育语文课程标准（2022年版）》中，设置了"思辨性阅读与表达"的学习任务群，旨在引导学生在语文实践活动中，通过阅读、比较、推断、质

疑、讨论等方式，梳理观点、事实与材料及其关系；辨析态度与立场，辨别是非、善恶、美丑，保持好奇心和求知欲，养成勤学好问的习惯；负责任、有中心、有条理、重证据的表达，培养理性思维和理性精神。

综上所述，初中生理想信念的教育着实有必要通过"语文思辨性阅读"的教学实践来进行实现。

三、初中"语文思辨性阅读"教学方法的实践过程浅析

（一）以"学为中心，素养导向"的主题来调整教学方法

"语文思辨性阅读"教学方法的实践无论对于教师还是学生来说，都是"教学相长式"的巨大挑战。师生必须调整教与学的传统模式进行改革——教师要精练教授的课程内容，做到"以学生为主体"促使学生多学、多思，而后"五育"并举多得。教学方法的具体调整主要有以下几个方面的变革：

1. 教师要缩短授课的时间，留足时间让学生在课堂进行"思辨学习"。传统的教学方法，课堂主体为老师，老师授课内容过多，讲的时间过长，而给学生自主学习和主动思辨的时间太少，导致学生的诸多核心素养得不到提升。所以实践"语文思辨性阅读"教学，教师要特别注重科学合理地安排课堂时间，归还学生时间，提高教学的课堂效益。

2. 教师要精心备课，归类教材中能进行"思辨性阅读"教学的内容。结合初中语文的教授内容和学生的实际情况，立足于文本，挖掘并梳理统编版初中语文教材中能进行"思辨性阅读"的课文，并建构对应的教学专题。笔者就统编版初中的六册教材进行了专题梳理，梳理出了利于进行"思辨性阅读"教学的典型课文，并按照"革命爱国""人物榜样""少年才智""治学修身""责任担当""人与自然""生命价值"这几个主题来进行教学内容专题的设置。

（二）初中"语文思辨性阅读"教学课例实践举隅

1. "生命价值"专题

统编版七年级上册第二单元《秋天的怀念》这篇课文在教授前，作为语文教师就应该先就这篇课文的内容与主题进行专题归类，课文中"好好儿活"这句话反复出现了两次，所以在进行思辨性阅读教学的时候，可以将这篇课文梳理进入"生命价值"的专题，引导学生就"好好儿活"这句母亲弥留之际的遗言进行"生命价值意义"的思辨。教师在花至少两个课时的教学中一定要留足时间让学生围绕两处"好好儿活"进行阅读、比较、讨论和质疑，然后让他们来分享思辨后的所得所感，进行表达。思维能力浅层次的学生可以思辨得出"敬畏生命"的第一层意思，而思维能力深层次的学生可以思辨升华感知出"生命意义的价值"。通过思辨性阅读学习，学生的理性思维和理性精神切实得到了培养。

2. "治学修身"专题。统编版七年级上册的文言文《诫子书》一文，是一篇典型的"治学修身"的课文。这篇文章除了以文言文形式出现外，还以议论文的文体出现，极具"思辨性"。这篇课文有很多值得学生进行思辨的地方，比如"'志'与'学'之间是什么样的关系""这篇文章启示我们成才要具备哪些条件"等。自古以来，中国式"家书"不仅饱含着中国人最私密又最有共鸣的情感，还承载着中国人传统文化的价值观——民族的血脉。《诫子书》是诸葛亮写给诸葛瞻的一封家书，它也是我们中国式"家书"的典范之一。教师在引领学生阅读这封家书的过程中，除了侧重在梳理观点、材料几个方面的内在关系外，更重要的就是要启发学生进行"人生之志"的选择和"修身治学"的思考。当学生能进行学后总结，认真严肃地畅谈自己人生未来蓝图和表明为之奋斗的决心时，那么，对他们的理想信念教育也就达成了。

3. "革命爱国"专题。统编版七年级下册，"革命爱国"专题的课文占了一定数量，比如《黄河颂》《老山界》《驿路梨花》等。在语文课程的总目标当中就对初中生提出了殷切的期望，期望他们在语文学习过程中，培养爱国主义、集体主义、社会主义思想道德，逐步形成正确的世界观、人生观、价值观，让自己拥有"文化自信"的核心素养，进一步弘扬中国革命文化、中华优秀传统文化。因而，教师在教授"革命爱国"专题课文的时候，就要特别关注学生的学习状态——他们是否在求知？他们是否在质疑？他们是否在辨析？教师应该组织学生去深入思辨诸如以下几个问题：（1）为什么从古至今很多文学作品都将"黄河"亲切地唤作"母亲河"？（2）红军长征二万五千里，历尽千辛万苦，为什么要特别记录红军

攀爬"老山界"的经历呢？（3）"驿路梨花处处开"中的"梨花"有什么寓意呢？除了以上这几个主要问题要呈现出来师生共同思辨外，当然还有其他值得深入探讨的点。当学生能够纵观古今，跨学科地迁移历史、地理等学科知识来思辨表达自己的观点，自然而然，那种"热爱祖国山河"的自豪感、那种对"红军乐观无畏的革命精神"的敬仰感、那种厚植于心的"爱国主义"的满腔热忱，会在初中生的内心油然而生，根深蒂固。强烈的"爱国之情"、拳拳的"赤子之心"就是当代初中生理想信念培植的重中之重。

（三）"语文思辨性阅读"教学对初中生理想信念教育的成效初见

"语文思辨性阅读"实践教学进行了长达五年的时间，这段时间，学生的核心素养是有所提升的，他们能够以"思辨性表达"的方式来呈现自己的素养所得。

《我思·我写·我在》的语文思辨性写作活动，值得初见成效展示。笔者从学生日常思辨的习作中看到了一些"闪光之作"，深觉它们璀璨夺目。比如在"写金砖"这次征文活动中，简同学通过思辨，就写出了《中国是块金砖》一文，文题范围虽大，但是该同学的思辨行文却能做到"以史立证""以小见大"，立意升华，该同学文末写道"中国，一个古老而崭新的国家，金砖上风光旖旎，但华夏经历的太多太多，不论是高缀枝头，还是飘落在地，始终保持着一尘不染，华夏那百年造就的欣欣向荣被我们见证；那百年的时间升起的璀璨的红旗是多么耀眼，我身处其中：以五千年的智慧为世界写下中国特色的注脚，金砖五国之一的中华人民共和国，正饱蘸着拼劲，熠熠生辉，照亮前行之路，大步前行……"，相信所有读者，都可以感受到这位初中生内心文化自信的豪迈感和强烈的爱国精神。

再比如戴同学的《心中的一束光》一文，文章开篇娓娓劝慰："'哪怕是这世上的灰尘，只要太阳一出来，就会散发出耀眼的光芒'。是啊，'寒冬'不是理由，只要有努力进取的意志，太阳一出来，便会春暖花开"，小作者笔下的"那束光"不就是生命的价值体现吗？就是那份"坚定"的理想信念啊！

四、初中"语文思辨性阅读"教学实践的反思

著名的教育家约翰·杜威曾在《我的教育信条》一书中阐述了这样的教育见解，"我认为一切教育都是通过个人参与人类的社会意识而进行的。这个过程几乎是在出生时就在无意识中开始了。它不断地发展个人的能力，熏染他的意识，形成他的习惯，锻炼他的思想，并激发他的感情和情绪"[5]，杜威的这段话非常值得笔者进行深思：生活处处有语文，生活处处有思辨，那么如何将"语文思辨性阅读"教学活动与初中生的现实社会生活紧密联系在一起呢？如何借"语文思辨性阅读"教学去发现和调整初中生潜藏的既定社会意识呢？希望未来，笔者能和更多的同行们一起就以上问题进行深入探讨，继续创新"语文思辨性阅读"教学的模式，引领新时代的初中生在实现中华民族伟大复兴的接力跑中跑出优异成绩，闪耀青春光芒！

参考文献：

[1]中华人民共和国教育部.义务教育语文课程标准（2022年版）[S].北京：北京师范大学出版社，2022.

[2][3]中华人民共和国教育部.义务教育语文课程标准（2022年版）[S].北京：北京师范大学出版社，2022：1，4.

[4]梁其贵.语文德育论[M].郑州：郑州大象出版社，2006：38.

[5]杜威.我的教育信条[M].上海：华东师范大学出版社，2015：91.

吴巧玲，福建省厦门市梧桐实验学校教师。

挖掘天津红色文化资源 赓续天津红色文化血脉
——高中语文必修上《家乡文化生活》设计与实施

◎宋内莉

2022年12月23日,是咱天津卫618岁生日,但又有多少学生知道天津的历史呢?统编版高中语文必修上册第四单元"家乡文化生活"恰恰给了语文教师一个契机,以"天津红色文化"为载体开展活动,引导学生了解、关注、理解"天津红色文化",积极参与"家乡文化生活"。用适当的方式关注和参与家乡的文化生活,学习剖析文化现象,有助于我们增强认识社会和阐释自己见解的能力,这也是学好语文的重要途径之一。

红色文化是新时代激励中国人民不懈奋斗的强大精神动力和宝贵精神财富。因此,教育者要加强对青少年的革命传统教育。让青少年了解国家的革命历史,知道现在幸福的生活是无数先烈抛头颅洒热血换来的,要珍惜当下生活,努力学习,把自己的个人价值与社会价值连接起来,树立正确的价值观。笔者从以下四个方面,引导学生在真实的语文生活情境中体验语文、应用语文,形成特定的语文素养,挖掘天津红色文化资源,赓续天津红色文化血脉。一、寻找天津那抹"红"。二、朗读天津那抹"红"。三、录制天津那抹"红"。四、研学天津那抹"红"。

一、寻找天津那抹"红"

习近平主席十分重视对红色文化资源的保护与利用,特别强调了红色传统、红色基因和红色精神的传承与发扬。为此,笔者设计了,活动一:寻找天津那抹"红"。学生利用图书馆、网络、访谈、调查等各种形式的基础上完成表格。表格分为三类:寻找天津那抹"红"之人物、寻找天津那抹"红"之风物、寻找天津那抹"红"之战役,每一类又分为照片和介绍两个部分。要求:凡是和天津有关的人物、风物、战役均可,比如生在天津的,长在天津的,在天津工作的,为天津抗战做过贡献的均可。生活在现代化大都市的学生,对家乡的风物和传统习俗了解较少,这次的寻找天津那抹"红"活动,让笔者也和学生一起感受到了天津红色文化的博大。以寻找到天津那抹"红"之人物为例,有:吉鸿昌、黄白莹、赵天麟、田野、罗荣光、安幸生、李振宝、徐智甫、刘亚楼、徐庆才、包森、王德、赵天麟、霍元甲、李文田、陈镜湖、于方舟、严范孙、杨大章、杨连弟、王崇实、张嗣婧、马占东、李大钊、廖峰……全班46人,上交作业57份,有的同学甚至上交了两份表格,足可以看出,学生在这个活动中深深被天津红色文化感动、熏陶。

附录一:学生活动作业展示

弘扬红色文化 传承红色基因

班级:高一九班 姓名:徐国淋

分类	照片	介 绍
寻找天津那抹红之人物		田野,原名赵观民。1938年春,田野参与了组织发动冀东抗日暴动工作,并经常来往于冀东与天津之间,是盘山抗日游击根据地主要创建者之一,有力地配合了整个冀东地区抗日斗争的开展。由于长期辗转跋涉,使田野本已过度疲劳的身体更加虚弱,在养病期间被特务发现行踪而壮烈牺牲。
寻找天津那抹红之风物		1949年1月初,三位解放军战士来到村公所,向村民寻求帮助。解放军要攻打天津,部队急需轻便应手的小镐头挖交通壕、开通道用。杨锡福发动群众力量,短短半天就收集到37把小镐头,真可谓雪中送炭。
寻找天津那抹红之战役		白草洼战斗,由军分区参谋长曾克林和八路军冀东军区副司令员包森指挥,在天津蓟县盘山全歼日本关东军一个骑兵中队的一场战斗。

二、朗读天津那抹"红"

红色作品的历史背景和学生的现实生活情境截然不同,时间的距离感和陌生感让学生在阅读红色作品时可能会失去兴趣。因此,教师要激发学生的阅读兴趣,让学生重在参与、重在过程性评价,在朗读中探析抗战时期的天津文学现状,让学生积极参与到文化建设中来。教师从语音语调到情感把握,一一给学生做出范例,提高学生的朗读能力。每个学生以"喜马拉雅"为媒介,选择适合的背景音乐,将自己分配的章节配乐朗读,最后教师将全班诵读作品剪辑,共同录制成红色有声书《抗战时期的天津文学》。

附录二:《抗战时期的天津文学》目录及红色朗读任务分配表

内容	朗读者	时长
作者简介 绪论	苑立鲲 王永鸿 于锦霖	40:25
第一章 抗战前夕的天津文坛	张炳卓 郑一鸣 范芳鑫	37:34
第二节:海风社及其作家群体的文艺救亡活动	汪梓博	17:23
第三节:《大公报》《益世报》等报纸文艺副刊的文艺救亡活动	徐照发 杨德森	23:38
第二章 抗战时期天津报刊及文艺副刊 第一节:概说	李国通	21:07
第二节:抗战时期的天津报刊	袁令奇 韩景越 刘延承	76:19
第三节:《庸报》文艺副刊	刘增兴	21:44
第四节:《东亚晨报》副刊	李荣旭	16:59
第三章 抗战时期作家群体 第一节:作家群体概况	卢冠志 窦钧宝 张宸源	63:49
第二节:张秀亚	邢耀元 李艺铭	25:53
第三节:关永吉	向朝新	16:37
第四节:马骊	赵子瑞	18:29
第五节:江寄萍	刘岳盟	18:08
第六节:吴云心	江佳宸	11:50
第七节:杨鲍	于森	20:18
第四章 抗战时期的天津诗歌及其他 第一节:诗歌概况	陆雨初	13:26
第二节:代表诗人	董昭阳	18:07
第三节:盘山根据地军民的抗战诗歌	董名锐	19:13
第四节:楹联创作	张庆玲 赵蕴莹	38:06
第五节:城南诗社	高洁	22:05
第六节:冷枫诗社	赵元绮	07:57
第七节:穆旦	韩小葳 张欣怡	24:20
第八节:刘荣恩	赵怡心	09:45
第五章 抗战时期的天津通俗小说	付伊蕊	05:52
第一节:概述	张效宁	16:37
第二节:刘云若	张睿珊 姚晨欣	27:50
第三节:白羽	徐国淋 程传捷 李文雅	32:12
第四节:戴愚庵	刘奕彤	13:06
第五节:还珠楼主	刘子铃 刘佳新	20:32
第六节:侦探小说 后记 抗战时期的天津文学	张家悦	17:42

三、录制天津那抹"红"

在前期材料搜集、甄别、整理的基础上,以天津档案网为依托,学生制作了10节"天津红色故事"微课,整个过程真正体现了以学生为主体,教师为主导的教学理念。每组选出组长进行任务的分配,从ppt的制作到微课录制平台的选择,从背景音乐的加入到视频的剪辑,每一步活动都有规划、有设计、有实施、有结果。同学之间、小组之间、班级之间、年级之间,从专题微课录制的准备与实施,成品与结果的分享与评价,都收到了良好的效果,让天津红色文化的传播更加形象化、生动化、具体化。海河水汤汤,蜿蜒入大海。在天津这片热土上,有视死如归的民族气节,有天下兴亡匹夫有责的爱国情结,有无坚不摧的必胜信念,有血战到底的英雄气概,无数的天津红色故事激励着人们。教师将学生录制的作品在年级和学校展播,让更多人接受天津红色文化的熏陶。学生也为自己能够在弘扬红色文化、传承红色基因方面出一份力而倍感自豪。

附录三:红色微课录制表

序号	红色故事	组长	组员
1	天津来电	程传捷	苑立鲲、王永鸿、于锦麟
2	红色大药房	张效宁	张炳卓、郑一鸣、范芳鑫
3	"抗交"风云	张欣怡	汪梓博、徐照发、杨德森
4	来自盘山革命根据地的歌声	向朝新	李国通、袁令奇、韩景越
5	军民鱼水情意重	卢冠志	刘延承、刘增兴、李荣旭、刘佳新
6	为我国家争国格为我民族争生存	张庆玲	窦钧宝、张宸源、邢耀元、刘奕彤

7	喋血抗战 义无反顾	刘子玲	李艺铭、赵子瑞、 刘岳盟、李文雅
8	敌人所不能毁者 南开之精神	高洁	江佳宸、于淼、 陆雨初、姚晨欣
9	数成材之木 其蔚然在望	张家悦	董昭阳、赵蕴莹、 赵元绮、付伊蕊
10	举火三天	董名锐	韩小彧、张欣怡、 赵怡心、张睿珊

四、研学天津那抹"红"

"研学"是一种"当代文化参与"的主要方式，是学校教育和校外教育衔接的创新形式。当下的教育环境，过于注重学校教育，而忽视了校外教育，引导学生围绕"研学旅行"活动，制定和实践活动方案，通过行之有效的研学，参与当代文化建设，无疑是对"家乡文化建设"和"当代文化参与"的最好体现。

1994年国家印发了《爱国主义教育实施纲要》中强调"要积极利用各类博物馆、纪念馆等红色建筑文化场馆对社会公众进行爱国主义教育。"十八大以来国家更是重视"红色经典"文化教育，习总书记在地方考察时反复多次强调"要高度重视红色资源利用，红色基因传承工作，把红色文化世世代代传下去"。2021年教育部印发《红色经典文化进入中小学课程教材指南》，"为'红色经典'进入语文课程做了系统的规划，同时为学校教育活动提供了具体指导。"教师通过带领学生走出课堂，走进承载着丰富的红色文化和革命精神的红色旅游基地，身临其境地去感受英勇无私的革命英雄和波澜壮阔的革命历程。让学生参与到革命历史中去，去体验和感知革命英雄们生活过的热土，在真实的革命历史和革命精神中学生对祖国的热爱和自豪感就会油然而生，对红色作品的学习兴趣和动力也会被激发出来。这种方式避免了课堂上枯燥乏味的说教，对学生的革命传统教育起到了春风化雨、润物无声的效果。

地域红色文化资源作为潜在的教育资源，积淀着丰富的革命传统文化。"要把红色资源利用好，把红色传统发扬好，把红色基因传承好"，这是习近平总书记对教育工作者的寄望。教育工作者应该合理利用当地得天独厚的资源优势，让学生在实地参观和实践寻访的过程中，提高对语言的表达与运用能力，提升思想道德品质和爱国主义情怀，最终成长为红色文化的践行者、弘扬者和传播

者。这些红色育人活动可以促使每位师生都主动地了解红色文化，让师生在浓郁的红色文化氛围中潜移默化地受到红色精神的熏陶和感染。校园文化的丰厚土壤给红色文化和红色精神的传播提供了丰富的养料，这种喜闻乐见的活动形式变枯燥乏味的说教为主动参与和亲身体验。学生躬耕践行感知革命精神，体会革命先烈的爱国情怀，红色精神融入学生心灵，在潜移默化中形成崇高信念，从而提高红色育人的实效性。经过学生的投票，师生从11处天津红色教育基地中最终选出两处作为"实地红色研学"，9处作为"云上红色研学"。

附录四：天津红色研学投票表格

序号	天津红色教育基地	研学方式
1	周恩来邓颖超纪念馆	实地红色研学
2	天津博物馆	实地红色研学
3	平津战役纪念馆	云上红色研学
4	大沽口炮台遗址博物馆	云上红色研学
5	天津中山公园	云上红色研学
6	梁启超纪念馆	云上红色研学
7	天津市烈士陵园	云上红色研学
8	中共天津历史纪念馆	云上红色研学
9	一二九抗日救亡运动纪念馆	云上红色研学
10	于方舟故居	云上红色研学
11	天津觉悟社纪念馆	云上红色研学

五、结语

以上活动都力争有精细的设计，详尽的规划，方法的支撑，力争做到高效、有质量。每一次活动必须明确其属性乃语文课程的一部分，必须是"语文"和"活动"的融合，既不可局限于课堂，也不可偏离了课堂，坚持"语文化"，以语文的视角看待这些活动，以防探究活动流于形式，将任务落实在活动中，课堂上教师传授相关知识，带领学生走向社会，走进生活，考察文化，整理资料，拿出物化成果，让学生真正做到"弘扬红色文化 传承红色基因"。

参考文献：

[1]王宗峰."红色经典"与文化软实力[J].文艺理论与批评,2015(1).

[2]熊思文.红色语文课堂资源的开发与利用[D].华中师范大学,2016.

[3]刘雅彤.新时代红色文化创新发展研究[D].安徽财经大学,2021.

宋内莉，天津市滨海新区大港实验中学教师。

基于语文学科核心素养落实立德树人的教学策略

◎万 巍

核心素养是学生通过语文课程学习逐步形成的正确价值观、必备品格和关键能力，是语文课程育人价值的集中体现。立德树人是语文课程的根本任务，语文课程必须充分发挥独特的育人功能和奠基作用。自从党的十八大以来，语文教学改革风起云涌、翻天覆地。立德树人一路走来，照亮、温暖、滋长了一批批中小学生。初中语文教师更是与时俱进，他们加强学习、转变角色、调整策略、激发兴趣、搭建平台、提供助力。这一切只为促进学生在文化、语言、思维、审美等核心素养方面全面发展，让立德树人潜移默化地渗透到语文学习的每一处细节，并且有实际的获得。

一、设问激发学生主动参与，让立德树人变得可能

立德树人的教育理念要想在语文课堂上得到实施并且获得实效，一个前提条件就是学生要自愿、自主、乐意地走进语文教学的课堂。语文教师必须扮演好语文课堂总设计和总导演的角色，采取多种策略，开展各种活动，把学生作为主体，保证学生在学习中形成正确的知识结构、能力体系，进而形成正确的世界观、人生观、价值观。

在课堂上设计有价值、有吸引力的问题是一种有效的方法。问题的选择和设计应该来源于对学情的调查，这样的设问更有针对性，更能激起学生的探知欲望和热情。本人在进行《"主题阅读"背景下的自主阅读策略探究——以柳宗元〈永州八记〉山水游记阅读为例》单元教学的过程中，针对学生对《永州八记》的疑问做了一个学情网络调查。最后选择设计了一个问题作为整个主题阅读的切入点。为什么柳宗元经常在景点拔草、砍树、放火。学生一下被这个设问吸引住了。提出这个问题到底有没有依据，依据在哪里，柳宗元为什么要这样做。围绕这个问题，学生再次细读文本、比较分析，归纳判断、想象联想。最后得出自己的认识如下，永州这些幽丽奇景地处荒郊僻野，早已被人们遗忘、遗弃；柳宗元只有通过这样的方式，才能到达这些奇美的景地；柳宗元这样一位被贬谪到永州的臣子经历万难执意要去寻找那一片被遗弃的山水，只因柳宗元从永州山水中看到了自己的影子。围绕这个设问，学生阅读、讨论至此，柳宗元沉溺永州山水的原因以及当时的心境，学生就不难理解了。

一个能够抓住学生的有意义的设问，能够推动课堂节奏，让德育润物无声，春风化雨。

《生于忧患，死于安乐》一文的核心观点是生于忧患，死于安乐。孟子在论述生于忧患时又从造就人才的客观因素和主观条件两方面加以论述。

教材对第二段第一句话中的第三个小分句的注解为"表现在脸上，流露在言谈中，才能被人们了解"。以此类推整句话的意思应该是，人常常犯错误，这之后就能改正；心烦意乱，思想堵塞，之后才能有所作为；(一个人的想法，只有)表现在脸上，在言谈中流露出来，之后才能被人们理解。

学生质疑这样的注解既不合情也不合理。教师利用这个质疑设问，激发学生探究思维的头脑风暴。学生仔细研读了原文，查找资料，对这个问题进行了深入探究，给出了他们自己的结果：

首先，这种理解与客观事理不符。人们总是会犯错，这之后怎么就能改变呢？思想受到困扰，这之后怎么就能振作了呢？(一个人的思想)表现在脸上，表现在讲话中，之后人们怎么就能了解他呢？学生认为，做一个德才兼备的人，除了外在的因素外，还有内在的因素。内在因素有自身遭遇挫折、逆境之后的自我反省，奋发有为。孟子这句话的重点就在于强调人的主观努力，而书下注释以及教学参考恰恰忽视了这一点。

其次，这样的翻译与整篇文章的论证思路不

符。文章在论证"生于忧患"时，首先从个人的角度，列举六位历史人物的事例，说明这些人虽然出身贫贱，但他们在经历磨难之后，终于成就了不平凡的事业。这说明的是客观环境造就人才。同样，孟子也非常重视人的主观能动性对成才的影响，即"人恒过,……而后喻"。只有积极主动地"改""作""喻"才能有所成就。所以应该把"改""作""喻"当作先决条件(而不是当作结果)，翻译成"人常常犯错误，这之后如果他能改正；人的内心忧困，思虑堵塞，之后如果他能奋起；(一个人的想法)表现在脸色上，流露于语言谈话中，之后如果能被别人了解(那么他就能够有所作为)"。这样才是真正理解了孟子的本意。这就是孩子们探索的真实结果，这是多么合情合理的见解。

正是这一设问激发了学生的主动参与——他们细读文本、查阅资料。这不仅让他们对整篇文章的论证思路有了一个完整的理解，更加让他们懂得了在逆境中走向成功的主观条件，那就是人的主观努力。正是在有意义的设问驱动下，立德树人在语文课堂的探究中和核心素养比翼齐飞、相得益彰。

二、任务驱动学生思维发展，让立德树人落到实处

为学生设计有价值的任务，加快学生思维能力的提高，为学生核心素养和道德素质的发展提供更加坚实的保证。

《生于忧患，死于安乐》一文，老版人教版义务教育课程标准实验教科书与现行统编本教材人教版教科书，均将原文分成两段。

如果你是人教社的编辑，请重新给原文编排段落，你会怎么编排，说明理由。

再次挑战教材！有些学生的脸上写满了疑惑，这怎么可能！他们大概以为我神经出了毛病。我笑着重申这是今天语文课的一项重要任务。学生低下头开始再次琢磨文本，有的在课文上重新标注层次、擦掉、再标，慢慢地有学生已经就近和周围同学结成小组讨论上了，教室中不时地发出一声"啊哈"，我知道，他们有些思路了，慢慢地教室里已经议论纷纷、唇枪舌剑了。10分钟过去，教室里一片生机盎然，自信的微笑闪亮在很多同学的脸上，他们纷纷举手，争先恐后，跃跃欲试。他们呈现了自己的探索结果：有按照分总关系重新把文章分为两个层次的，有按照分分总的关系把文章分为3个层次的，还有按照起承转合把文章分成4个层次的。他们侃侃而谈，理由阐述简直就像一篇小论文。学生在这一任务的引领下，不仅对文章的思路层次有了一个更加清晰的理解，更重要的是在比较分析过程中，学生的逻辑思维、辩证思维得到了提升。同时在这个探究过程中他们深入地理解了如何从忧患中走向成功，明白了安乐让人灭亡的道理。当然学生也明白了自主探究、合作讨论的重要性以及探索的乐趣。一项任务设计，在提升学生核心素养的过程中，让立德树人的目标走向深入。

学习《周亚夫军细柳》一文，第一课时之后，学生对"真将军"这一评价耳熟能详。他们脱口而出：真老师、真同学、真朋友……第二课时，教师据此设计了一项任务，围绕这个"真"字，给《周亚夫军细柳》一文画一幅思维导图，并且要给自己的思维导图进行解说。再次细读文本，有同学很快就开始动笔，有同学则凝神静思。围绕"真将军"，有学生从军礼、军容、军纪，把整篇文章串联起来；有同学从正面描写、侧面描写、以及对比的手法把文章连缀起来。有理有据而且逻辑严密。而有同学则不仅仅停留在"真将军"这一评价上，而是由"真将军"联想到了周亚夫的坚守岗位、忠于职守、一丝不苟的"真精神"，继而想到了汉文帝是一位知人善任的"真君主"，甚至关注到了文章的语言是"真文字"，司马迁的不隐恶、不虚美的"真情怀"。一个"真"字，触发了学生思维的深度、广度，同时让所有同学真切细致地感受到了为人处世要"真"，要学习周亚夫那种真精神，司马迁那种真情怀。一项画思维导图的任务，不仅拓展了学生的视野，扩展了学生思维的深度和广度，立德树人的目标也在任务中潜滋暗长。

三、组织学生开展创编，让立德树人走向深化

审美创造是一个人必须具备的能力之一。一个人只有形成了正确的世界观、人生观、价值观，具备了判断善恶、黑白、美丑的能力，才能看清什么样的生活是好的、高尚的、值得尊敬的，什么样的生活是光荣的、伟大的、受人尊敬的。在初中语文教学中，教师除了组织学生对文章及语句进行赏析，更应该让学生拿起笔在原有学习素材的基础之上进行再创作，比如续写、改写等等，从而让学生对于真善美形成正确的感知，升华积极的价值观，进而提高立德树人的教育效果。

在学习《生于忧患，死于安乐》的最后阶段，教师组织学生根据情景设置创编寓言故事。故事要求,不仅要让读者明白"生于忧患,死于安乐"的道理,还要让他们获得从忧患走向成功的积极启示。学生正是在续编寓言的过程中,进一步升华了从忧患走向成功的主观条件,即人的主观努力。立德树人的体验在不知不觉中,对学生的世界观、人生观产生了积极的影响。

四、整理归纳文学、文化知识,增强民族自信心和自豪感

语文学科饱含着我国的传统文化和民族精神。然而,当前有些年轻人被西方的文化思想侵蚀,渐渐淡忘了自己国家的文化和精神,对西方思想和生活方式过分崇洋媚外,对学生个体的危害不言自明,对国家发展更是灾难性的。作为语文教师,有责任指引学生认同中华文化,坚定学生对中华文化生命力的信心;有义务让自己的语文课堂围绕立德树人的根本任务,充分发挥语文课程的育人功能和奠基作用。

在学习古诗词的过程中,教师指导学生认识古诗词韵律的变化,学习"平仄"规律,了解首、颔、颈、尾四联的分类,认识五字、七字、格律诗和绝句的划分,让学生为古诗词的美感所折服。学习《游山西村》,老师可以组织学生探索中华民族的传统节日,春节、元宵节、清明节、端午节、七夕节、中秋节等传统节日的起源、传说、习俗及相关艺术形式,进行收集整理。这种活动让学生体会到祖国丰富的传统节日,更加惊叹祖国的传统文化,随着学生自豪感的自发生长,立德树人自然而然地获得成效。

五、引领学生多维品读,形成丰富的文化内蕴

德国学者卡希尔认为语言具有理性和情感的双重特征。而语文课程是一门学习国家通用语言文字运用的综合性、实践性课程。发挥语文学科独特的"立德树人"功能,达成"润物无声"地整体渗透,就要从语言文字上多下功夫。

"品读"是语文学习的灵魂,它能让师生通过共同的阅读和品味,赏析文本中语言文字的魅力,剥离开文字表面的迷雾,深入文本揣摩、品鉴,形成与作者的共鸣。品读的过程是思维内化和情感积淀的有力保障,以此形成丰富的文化内涵,渗透德育的根本。中国文化传统内涵丰富,爱国主义是其中的重要主题之一。

《谁是最可爱的人》是一篇经典之作,也是一部感人的爱国主义重要篇章。学习时,教师引领学生深入研读课文,从三个维度给学生安排阅读任务。学生在多维品读下,能够自己精读文本中有关抗美援朝的三个故事,然后选择某一个故事中最动人的点、最动人的片段,最动人的细节……用书信、诗歌、读后感等形式呈现自己的品读成果。或是拿起画笔,为这打动人心的一幕勾勒出内心的色彩,并为其配一段文字说明,说说自己的创作心得。

这种多维品读调动了学生的生活感受和情感,形成自己的创作,让品读找到归属,对于"最可爱的人"找到了他们的动人点——深刻的爱国主义精神。学生通过多维品读内化中国传统文化的内蕴,通过多种形式更加深刻地感悟抗美援朝中中国人民的英勇、伟大的爱国主义精神,深化德育目标。

六、支撑学生创意表达,形成深刻的德育内驱

语文教学过程中,学生应该阅读经典文章,还应该重视学习丰富的阅读经验。真正动人的,是发自内心的感受流淌在笔尖。渗透、积淀后应该能够进行自己的创意表达,来展现自己的内心世界,也将立德树人的思想贯穿其中,通过创作,提升自己的思维水平,创作能力,更是能以内驱力,涤荡心灵,升华立德树人的目标。

魏巍的《谁是最可爱的人》感动了一代又一代的人,它所展现出的中国式爱国主义教育的魅力让人永久铭记。情贵在真,魏巍以其饱满的感情,诗意的笔触,写下这篇文章,恰当抒发了自己的真情实感,为一代代人书写了这爱国主义的经典篇章。学生通过理解力透纸背的那种真情实感,达成与作者的共鸣,更好地理解作者所表述的"可爱"真谛。这些可爱的人不仅保家卫国,更是我们精神的榜样,更是"立德树人"的重要根基。理解虽不在朝夕,但是一篇精彩的通讯文字,打开了学生的心门,形成了深刻的内化,让情感积聚的同时,达成"立德树人"的目的。同时这种内化还应该有其表现的外化形式,即创作"动人",课堂上屏幕上展现了一幅幅动人的画面,当学生拿起笔进行创作的时候,也是最终实现了"立德树人"的教育目标。这种教育不是空洞乏味的,是一种能量的内外转化,是心的碰撞得来的教育,是真正的道德教育,这样的爱国主义教育更深刻,更有力量。

万巍,北京市第五中学分校教师。

领会编者意图,教活文言短篇
——《咏雪》课堂教学实践

◎李廷梅

《世说新语》二则《咏雪》是第二单元的最后一篇,全册书的第八课。

本单元的前面三篇课文分别是:史铁生的《秋天的怀念》、莫怀戚的《散步》、泰戈尔的《金色花》和冰心的《荷叶·母亲》,教材编写者很显然是从学生的认知由近到远的时间顺序来安排篇目的,离我们最近的"亲情"史铁生的《秋天的怀念》、莫怀戚的《散步》与离我们较远的"亲情"《世说新语》二则"咏雪"都最美好的,但表现形式却不一样了。今天,三口之家、四口之家的小家,怎么理解古人的"大家亲情",这是我教学设计的重点,其次,怎么理解古人"大家庭"的"大家亲情雅文化"并努力传承,这是我教学设计难点。

基于以上的两个教学目标,结合单元主题的第二段:"学习本单元,要继续重视朗读,把握文章的感情基调,注意语气、节奏的变化。在整体感知全文内容的基础上,体会作者的思想感情。有的文章情感显豁直露,易于直接把握;有的则深沉含蓄,要从字里行间细细品味。"

为此,教学手段仍然重视朗读,通过多种形式的朗读指导,引导学生从字里行间细细地品味深沉含蓄的大家亲情。让学生通过一问:谢太傅欣然曰:"白雪纷纷何所似?" 兄子曰:"撒盐空中差可拟"、兄女曰:"未若柳絮因风起",这三句话的语感朗读指导达到语言理解的目的。

《咏雪》课堂教学实践

(生课前读课文)

师:坚持课前三分钟朗读做得真好,朗读很到位,同学们坚持下去会很棒。

一、导入,今天,我们一起学习《世说新语》里的故事《咏雪》,同学们预习过了吗?

(生有的预习过了,有的没有预习过)

二、整体感知

师:结合注释读课文。(提示学生:右手拿笔,边读边结合注释作圈点勾画批注)

(生边读,边结合注释批注)

师:同学们批注完了,再抬起书来,身子坐正,我们一起再读一遍。注意,这一遍的朗读要把注释的意思融入文字里。

(生结合注释的意思有感情地朗读)

师:我们读得怎么样呢?

生:不够好,我们读的声音很大,但都是一个调。

师:为什么都读成一个调呢?所以,朗读的时候,我们要注意:文中有几个人的口吻?注意区分。

生:有三个,谢太傅、兄子、兄女。

师:还有第四个人吗?

生:王凝之的妻子。

三、品读咏雪的"三句话"

师:老师问的是文中有几个人的口吻,老师有没有问文中有几个人?王凝之的妻子说话了没有呢?

生:没有。

师:文中还有第四个人吗?

生:有,是作者。

师:非常好,作者的口吻怎么读?

生:旁观者的口吻。

师:请同学读一读,读出旁观者叙述故事的口吻。

四、品读第一句问话,读出谢太傅欣喜问句背后的深意

师:这个故事最精彩的对话口吻在哪?

生:公欣然曰:白雪纷纷何所似?

师:从哪个词可以看出是最精彩的对话口吻?

生:欣然。

师:"欣然"是表达什么意思?

(生答不出来)

师：注释上没有，那我们按字面意思猜猜看？
生：高兴的意思吧。
生：还有欢快的意思。
师：真好，谢太傅的口吻我们知道怎么读了，一起朗读，读出欣慰、高兴的意思。老师读"公欣然曰："你们读："白雪纷纷何所似？"
师：高兴、欢快的读："公欣然曰："
生：白雪纷纷何所似？
师：谢太傅为什么"欣然"？
生：高兴。
师：对，很高兴啊，他看到什么了？
生：雪。
师：大家看到雪会很高兴吗？
生：会。
师：我们看到雪很高兴地要干什么了？
生（异口同声地说）："玩雪"。
师：谢太傅想到了什么？
生：他想到雪飘的时候像什么。
师：对，"他想到雪飘的时候像什么？"我们一起再来读。很高兴，很欢快的感情读出来。
师：好，这是谢太傅的口吻，下雪了，他不像同学们，下雪了可以玩雪了，而是想到雪像什么？他是对谁说的？
生：他的儿女们。
师：他的儿女们吗？看注释哦。
生：不是他的儿女。
生：是他的侄女、侄儿。我从注释上看出来的。
师：看得真仔细。这里有一个文学常识：古代的儿女是泛指同宗的子侄辈。今天是指自己亲生儿子、女儿。这里能不能说成自己儿女？
生：不能。
师："公欣然曰："这个"曰"解释成"说"吗？
生：不是，是问。
师：对，是问小辈。问"白雪纷纷何所似？他为什么这样问？为什么不像大家同学一样的想，下雪了，我们出去玩雪吧。
（生答不上来）
师：我们一起看这个问句的前面写了什么，一起齐读。
生（齐读）："谢太傅寒雪日内集，与儿女讲论文义。"
师：前后联系起来读，他们在干什么？
生：讲论文义。

师：非常好，"讲论文义"是什么意思？
生：一起讨论文章的义理。
师：下雪了，谢太傅问的："白雪纷纷何所似"与"讨论文章的义理"有没有联系？
生：有。
师：有什么联系？你从哪里看出来？
生：他们之前在讨论文义，现在下雪，突然出题让小辈来回答，看小辈们掌握了没有。
师：非常好，出的题目和前面的理义是有联系的，有哪些关联呢？
生：她告诉我们"谢太傅寒雪日内集"。在谈论文章的义理，然后现场举例讲。
师：对，这样既有理论，又有现场鲜活的例子，两者相结合。这个家和我们今天的小家一样吗？
生：是同宗的那个大家。
师：对，说得真好。
师：所以，这句话的意思是？
生：是在寒冷的下雪天，和同宗的儿女们讨论文章的义理。
五、品读两句答语，品出"俗"与"雅"
师：兄子回答像什么？
生：撒盐空中差可拟。像盐撒在空中。
师："差可拟"是什么意思？
生：大体可以相比。
师：这句的回答怎么读？
（生思考）
师：（引导）哥哥和妹妹说话的前后顺序可以调一下吗？为什么？
生：不可以，因为是哥哥先说的。
师：那从回答问题的速度上看谁快？谁稍微慢一点？
生：哥哥回答的速度快，妹妹的回答稍慢。
师：这两句话应该怎么读？
生：哥哥的回答读得快，妹妹的回答稍慢。
师：好，我们一起来读。老师读旁白，同学们读句子。
师：你们喜欢谁的回答？为什么？
生：我喜欢兄女的回答。因为她说得比较具体。
师：你从哪个字词看出具体？
生：兄子说的是"差可拟"兄女说的是"未若"，所以，兄女说得具体。
师：为什么"未若"具体？"差可拟"就不具体呢？你们同意吗？

生：因为"未若"是"不如""不及"的意思。
师："未若柳絮因风起。"整句话的意思是？她是接谁的话说的？
生：哥哥的。
师：妹妹说"未若柳絮因风起"，"未若"是"不如""不及"的意思。整句话的意思是？
生："不如比作柳絮随风而起。"
师："不如"是指什么？
生：指哥哥说的"撒盐空中差可拟"不如"柳絮因风起"。
师：就是说哥哥把下雪比作"盐撒空中"的比喻，不如妹妹的"柳絮因风起"。"因风"是什么意思？
生：柳絮随风而起。
师：对，是柳絮乘风而起。为什么"柳絮因风起"更好？前面朱自清的《春》里，我们学了比喻的本体和喻体，说说看为什么妹妹的比喻好？
生：哥哥说的比喻是：盐的颜色和雪的颜色是一样的。
师：都是白色的。还有吗？
生：盐下落的形态和雪下落的形态是一样的。
师：板书：颜色一样；下落的形态一样。还有吗？
生："撒盐空中"比喻出像雪一样落下来，有点重。比作柳絮就感觉特别的轻。
师：板书：轻；重。除了"轻"，柳絮还给人什么的感觉？
生："柔"。
师：其实盐撒空中，也不重。但是有"柔"的感觉吗？
生：没有。
师："柔"从感官上来说是什么感觉？
生：触摸的感觉。
师：对，我们叫"触觉"。还有不同的吗？
生：兄女说的"柳絮因风起"，给人感觉春天快到了。
师：说得太精彩了，柳絮是春天的象征。这位同学的想象就使这句话意境往外延伸了。人的期待表达出来了，在冬天里期待春天到来的美好温馨画面就呈现出来了。我们再读，多读就感受出更多的东西了。再来一起读。
师：再说说看。
生：兄女比喻的喻体"柳絮"比哥哥的"盐"的

喻体更贴切。
师：真好。他说了喻体的贴切。还有吗？
生："撒盐"是人为地去撒，"柳絮"是非常自然的自然现象。
师：这位同学太敏锐太厉害了呀！
（生掌声）
师：人为的去"撒盐"，一般人会这样做吗？
生：不会。
师：所以，这样的比喻虽然也不错，却不够雅。有点"俗"了，而妹妹的"柳絮因风起"就非常自然，也非常雅。板书：俗——雅
师：追问：你们喜欢"雅"的还是"俗"的呢？
生：喜欢雅。"柳絮因风起"有在冬天里憧憬美好春天到来的意思。
师：柔风带着这一大家的大小雅人走向美好的春天。多么美好的画面，多么美好的家庭，多么诗意的大家庭啊！
师：所以，我们学习语文就是要让自己变得优雅高尚起来，我们就不会轻易说粗话和俗话了。这就是这两个比喻背后我们要学习的东西。
师：还有吗？
生："盐"是人为生产出来的，而"柳絮"是自然本身的。
师：对，除了"雅"和"俗"第二句还有一个词柳絮"因风起"。注解告诉我们了吗？
生：告诉了"乘风而起"。
师：什么感觉？
生：柳絮随风自然的飘起。
师："盐"有这样的感觉吗？
生：没有。

六、扩写大家庭的"雅"，努力朝向"雅家庭"

师：所以，从动态的感觉来说，还是兄女的比喻好。把下雪写活了。
师（结束语）：在一个寒冷的下雪天里，谢太傅带领同宗的晚辈们一起学习，一起现场演绎一场《咏雪》的篇章。
作业：这是一个怎样的大家庭？你喜欢这样的大家庭吗？请结合你对课文理解的元素写成200字左右的短文。并努力尝试把你的家庭也朝着这样的家庭努力。
师：下课，同学们休息。

李廷梅，昆明西南联大研究院附属学校教师。

自主学习为中心的戏剧体验式教学策略探究
——以人教版高中必修四第一单元为例

◎邓 琦

人教版高中语文必修四一单元收录了古今中外三部最负盛名且最具影响力的经典剧作，关汉卿的元代杂剧《窦娥冤》属于中国古代戏曲，《哈姆雷特》是欧洲文艺复兴时期英国大戏剧家莎士比亚的代表作，《雷雨》是我国现代戏剧家曹禺的代表作。戏剧有它独特的魅力，鲜活的人物形象、精彩的戏剧语言、扣人心弦的戏剧冲突让人爱不释手，戏剧比诗歌、散文、小说的表现形式更丰富、更广阔。《普通高中语文课程标准（2017年版）》要求，戏剧教学应增强专题阅读、群文阅读，结合地域特色开发课程资源，发展学生的辩证思维与批判性思维，以更好地提升学生语文学科素养。所以，我们在教学中应该摒弃功利的想法，不能因为戏剧在中高考占比分不多，就不愿在戏剧教学上浪费过多的时间。戏剧教学不该被忽略或只是走过场，我们应从语文学科核心素养培育的角度重新审视戏剧单元的教学，真正发挥它的育人功能。

自主学习是与传统的接受学习相对应的一种现代化学习方式，以学生为学习的主体，通过学生独立的分析、探索、实践、质疑、创造等方法来实现学习目标。自主学习倡导学生主动参与、乐于探究、勤于动手，培养学生搜集和处理信息的能力、获取新知识的能力、分析和解决问题的能力以及交流与合作的能力。

体验式教学是指根据学生的认知特点和规律，通过创造实际的或重复经历的情境和机会，呈现或再现、还原教学内容，使学生在亲历的过程中理解并建构知识、发展能力、产生情感、生成意义的教学观和教学形式。体验式教学以人的生命发展为依归，尊重生命、关怀生命、拓展生命、提升生命，蕴含着高度的生命价值与意义。它所关心的不仅是人可以经由教学而获得多少知识、认识多少事物，还在于人的生命意义可以经由教学而获得彰显和扩展。体验式教学注重引导学生在体验中感悟、在体验中创造。

戏剧作品具有丰富的人文内涵，在戏剧作品教学中实施以自主学习为中心的戏剧体验式教学有利于确立学生学习的主体地位，激发学生主动学习的热情，使学生在体验中不断产生新经验、新认识，并由此获得适应自然与社会的能力，形成积极的人生态度，促进个性成长。以人教版必修四第一单元为例，在充分发挥学生学习主动性的前提下，引导学生去参与、感受、体验、领悟。在戏剧单元的学习中，让学生在诵读中咀嚼品味语言，在有效活动中提升认识，在比较阅读中探索发现。学生通过诵读品鉴、自我情景再现、亲身排练演出、续写结局等方式，获得审美愉悦境界，达到理性认识的高度。下面，笔者就以自主学习为中心的戏剧体验式教学策略做如下阐述：

一、在反复咀嚼中品味语言

戏剧剧本中人物的语言，是塑造人物形象的重要手段。戏剧语言包括人物语言（即台词）和舞台说明，戏剧文学的魅力就体现在人物语言上。哪怕一个小小的语气词，在特定环境中从特定的人口中说出来，就有其独特的意味。通过分角色朗读、还原角色心理活动等方式，咀嚼品味人物语言，激发学生阅读兴趣。

在《雷雨》的第二幕里，鲁侍萍到周公馆去找他的女儿四凤，她和周朴园在客厅的一番谈话中，多次出现"哦"字。学生寻找对话中的"哦"出现的次数，并思考一个语气词为什么要多次出现，曹禺安排这个字的用意是什么？鲁侍萍说了8次，周朴园说了11次，为什么周朴园话语中的"哦"比鲁侍萍多？这19个"哦"主要集中在周朴园和鲁侍萍见面这一部分，在鲁大海和周萍上场后，鲁侍萍和周朴园的嘴里就没有了"哦"，这是为什么？学生分角色朗读，代入人物身份，仔细揣摩后会发现，在周朴园和鲁侍萍曾经的关系未被挑明时，一个下人和老爷的对话，只是有一搭没一搭的闲聊，那是身份和关系上的疏离，只是应付性的交流。当鲁侍萍把梅姑娘的遭遇一一清楚地说出来以后，周朴园先是痛苦地"哦"了一声，后又汗涔涔地"哦"了一声，很明显，周朴园在意曾经的那段关系，曾经的关系让他紧张、惶恐，简单的一个"哦"是关系渐渐明朗时尴尬情绪的一种掩饰。当周朴园明白眼前的女人就是侍萍以后，周朴园想的是如何打发鲁侍萍这个麻烦，他的真实嘴脸暴露出来，主动出击，步步紧逼，这时没了迟疑、犹豫、掩饰，也就没有了"哦"。

戏剧语言没有多余的闲话，一个"哦""嗯"也有其存在的意义。学生在反复咀嚼语言的过程中，不断探究质疑，可以获得新的认识，从而获得学习的乐趣。

二、在有效活动中提升认识

余文森在《论学科核心素养形成的机制》中谈道："学科知识与学科活动是学科核心素养形成的两翼，学科知识是学科核心素养形成的主要载体，学科活动是学科核心素养形成的主要路径。"学科活动的重要性毋庸置疑，在核心素养背景下，我们更要科学设计活动的目的和内容，因为有效的活动才能发展和提升核心素养。

不管是"演了再学"还是"边演边学"，都要思考"演"的目的是什么，为何而"演"。如果只图台上台下的热闹，而忽视了思考与创造，那么这样的学生活动就毫无意义。

窦娥、鲁侍萍、哈姆雷特都是经典的人物形象，他们丰富复杂的个性使这些人物特别有魅力，学生往往伴随人物命运或叹息，或欢喜。在学生自主学习的前提下，以"解密悲剧人物"为议题，把不同国度、不同时代的窦娥、鲁侍萍、哈姆雷特放在一起赏析探究，探寻悲剧人物性格和命运，解密悲剧人物的独特魅力，获得对悲剧人物的独特审美体验。

体验活动一：读剧本，筛选信息

学生自读三篇课文，筛选主要信息。

窦娥：蔡婆家的童养媳。

遭遇：7岁被父亲卖给蔡婆家做媳妇，以抵偿欠债。17岁成亲，不幸丈夫去世。张驴儿父子胁迫蔡婆，逼婚窦娥，窦娥不从。张驴儿误毒死他爹，嫁祸窦娥，太守桃杌判断葫芦案，窦娥蒙冤招罪。

结局：窦娥蒙冤惨死。

鲁侍萍：30年前周家的侍女，普通的劳动妇女。

遭遇：30年前周家的侍女，与周朴园相爱，但在年三十夜里抱着才生三天的小儿子投河，被人救起，嫁给了鲁贵，生下四凤。四凤在周家帮工，她来找四凤，与周朴园相遇。

结局：与周朴园无法再续前缘，与周萍也无法相认，最后疯了。

哈姆雷特：丹麦王子。

遭遇：克劳狄斯害死哈姆雷特的父亲，霸占他的母亲。哈姆雷特揭露了克劳狄斯妄图借英国国王之手杀死哈姆雷特的阴谋，逃回丹麦。接受国王比剑的安排，与雷欧提斯在比剑中丧命。

结局：刺死克劳狄斯，中毒剑丧命。

通过以上梳理，学生发现这三个人有相同的特点：经历坎坷、结局不幸、具有天命思想。通过对人物遭遇的梳理，学生可以得到这样的审美体验：窦娥、侍萍、哈姆雷特生活经历坎坷，命运无法把握，结局凄惨。

体验活动二：当演员，谈表演感受

1.学生体验活动：戏剧表演。学生自建剧组并参与表演。

戏剧表演成果展示：

（1）评选最佳男演员、最佳女演员、最佳剧组。

（2）演员谈自己对人物的理解、感受。

2.学生交流：以《窦娥冤》逼婚、第三折，《雷雨》中周朴园和侍萍在客厅的对话，《哈姆雷特》中的"比剑"为例。通过剧本中个性化的语言、动作化的语言和潜台词来体验人物性格特征，把握矛盾冲突。

赖声川说："真正的戏剧教育，需要孩子走入角色的内心，需要融入深刻的理解。"小演员们参与了表演，有着自己对人物的理解和表演的独特感受，如学生虞恬和说："我喜欢侍萍的善良、坚强。三十年来的艰辛生活，钱定然是她生活中缺少的，在周朴园面前，她只要开口就可以得到很多钱，但她选择的是做人的骨气和尊严。柔弱，不是女人的代名词；坚强，才让您立于天地间成为大写的人！"高成楠说："让我再演一次，我一定把哈姆雷特的优雅演出来。毕竟，他是丹麦王子。"朱芹庆说："我很喜欢窦娥这个人物，她的无畏和勇气真让我佩服！"

通过表演来感受人物，学生可以获得这样的审美感受:这些人物有人性美好的一面,在面对厄运时,没有逆来顺受,被命运随意摆弄,而是以不甘的姿态、抗争的精神来面对不幸。他们努力维护着自己的生命尊严,用不屈、抗争彰显自己的生命价值。这些人物具有性格魅力、道德魅力和生命价值。

体验活动三:写结局,把思想引向深处

在这些作品中,悲剧人物的结局可以改写吗?例如让侍萍拿着周朴园给的钱带着儿女远走他乡,平静地过自己的生活;窦娥在临刑前得以申冤,全家团聚;哈姆雷特被解毒救活,当上国王,这样的结果可以成立吗?通过写作结局,再把它和原文比较,学生可以得到这样的体验:改写结果,悲剧性大大削弱。在人与人、人与社会纠结起来的矛盾冲突中,只有被毁灭而无一幸免。由美的毁灭,来否定丑的存在,从而引起人们的怜悯、恐惧、净化、超越之情,这就是真正的悲剧。

学生在朗读、表演、交流讨论等体验活动中,领悟到悲剧人物的独特魅力:性格魅力、道德魅力、生命价值、审美价值。学生对悲剧有了更深的认识,在与悲剧人物的情感共鸣中,达到净化人灵魂的目的。

三、在比较阅读中探索发现

比较阅读是培养学生理解能力、分析能力的有效方法,在对比鉴赏中可以激发学生的阅读兴趣,培养学生的探究质疑精神,开拓学生思维角度,扩大学生阅读视野。在教学中,设置梳理人物关系、比较人物异同、探究人物性格、寻找人物意义几个环节,学生分小组合作探究,通过画人物关系图、绘制思维导图、精选片段表演等方式,让学生从文本出发,从文本中寻找依据,挖掘有效的文本信息。

比如繁漪、愫方、陈白露都是曹禺笔下极具风韵的女性形象。把《雷雨》《北京人》《日出》进行对比鉴赏,学生选取最能体现人物形象的戏剧片段表演,挖掘这些女性身上蕴藏的独特魅力,探究作者塑造这些女性人物的社会意义。

通过比较,学生会发现繁漪、愫方、陈白露有着众多的相似之处,她们都是深受资产阶级个性解放影响的新知识女性,都追求美好的生活,却始终生活在被压抑、被禁锢的环境中。她们的自我意识开始觉醒,她们反抗却又困难重重,作为新女性的她们被搁置在旧家庭体系中,只能痛苦不堪,找寻不到出路,这种矛盾冲突造成她们的命运悲剧。

在比较中追根溯源,让比较阅读更有意义。进一步思考,曹禺为什么能够成功塑造这样独特的女性形象,学生再向深处挖掘,他们会翻阅资料,查看更多书籍,试图找到创作的原因。学生会发现青少年时代的曹禺就耳闻目睹了许多女性亲友的婚姻恋爱悲剧和下层妇女的生活惨剧,这些处于中国社会结构最底层的妇女的命运和情操深深地打动了曹禺的灵魂。他说,给我印象最深的,还是那些受苦受难、秉性高贵、引人同情的妇女。学生深深震撼于作者身上的人文情怀,在阅读中,学生可以获得思想的洗礼和精神的滋养。

以自主学习为中心的戏剧体验式教学符合学生为主体、教师为主导的新课标要求,它调动了学生参与学习的积极性,锻炼了学生的批判性思维和创造性思维,发挥了学生在课堂学习以外的能力,激发他们进一步学习的愿望,对于提升学生的语文素养有积极作用。

参考文献:

[1]王浩.戏剧作品体验式教学的有效策略[J].语文教学之友,2011(12):12.

[2]朱凤华.在困境中追求 在黑暗中毁灭——繁漪与陈白露形象之比较[J].柳州职业技术学院学报,2004(01).

邓琦,四川天府新区华阳中学教师。

借补写解比兴，辩浪漫主义与现实主义，寻诗意
——以《氓》《离骚》的比兴分析为例
◎段德瑜

从《诗经·氓》课堂里一次尝试谈起，借助"补写"这种高考题，从形式和内容上助解比兴，尤其是起兴手法的运用与效果，让学生在过程性体验中加深体会；借助比兴，从比兴手法所选用的可见可感的景、物等，以及它背后所表达的深意、情感等，辩证性比较，以理解浪漫主义与现实主义的不同；借助比兴，从《诗经·氓》《离骚》出发，理解"诗意的探寻"——做拓展性提升：完成本单元研习任务。以此浅谈在课程与教学改革的"综合性"实践中的一次尝试与反思。

一、借助补写，助解比兴——过程性体验

往常教学，重知识而轻体验。关于解读《氓》里"(赋)比兴"时，大多数教师以及以前的我都是先引用名言给学生讲其定义或特点——例如"以彼物比此物"和"先言他物以引起所咏之辞"，然后带领学生进入文本找相关诗句进行"验证"似的分析，如此教学，未觉其弊，更未思考过学生是否真正理解——他们得到的是最后的知识性结果，还是过程性体验？而哪一种又会对学生提升更好？

今日尝试，重过程且重体验。按习惯带领学生阅读《氓》《离骚》后的学习提示，两文里比兴都是要掌握的重要手法。于是我在《氓》第三章开头便设计了以补写来对"比兴"做解读的活动。开头两句写"桑""沃若"，桑叶的新鲜润泽，这种"兴中含比，取兴象于植物"的含蓄性比兴，开始时学生并不关注或者难以深入理解。但后面"鸠"贪食"桑葚"，接的"女""与士耽"这种明见所取"兴象"和所寄"情感"的比兴，学生理解起来比较容易。

就此调整，先简易后加难度。先理解清楚"鸠""桑葚"为所兴之景——斑鸠贪食桑葚易醉，劝其勿贪；后接"女""与士耽"为所兴之情——感叹女子(比男子)容易沉溺爱情，劝其勿耽。让学生判断出"桑""沃若"是所兴之景，还是所兴之情——

学生就此容易得出此处为所兴之景。之后便可让学生模仿"于嗟女兮，无与士耽"，在"桑之未落，其叶沃若"后补写所兴之情。学生基本可以理解出"女子爱意浓烈""二人爱情甜蜜""婚姻幸福美满"等情感。掌握这处，便可进入第四章，尤其较难的第六章的比兴分析。

借助补写，重内容也强调形式。确定内容后，"补写或者仿写对句式是否有所要求？"——提示学生这个问题后，大部分学生便会自行调整。我们再通过课上板书，互相修改，大致补写出以下几种："女之爱浓，其意汹涌""爱之未弛，其情深厚""情之未变(衰/减/没)，其心(志/爱/意)相通"等。随着课程推进到第四章，提是"黄"联想到女主人公什么——人老珠黄，容貌衰老——色衰爱弛。"桑之落矣，其黄而陨"后学生补出约："爱(心/意/志/情)之泯(灭/显/露/失)矣，其貌而衰(其色历也，其性暴也，其老(憔)而悴)，情(男)之没(弃)矣，其衰而弛"。回想第三章后便可再次补出"女之未老(嫁)，其容(貌)姣好(明丽)"等。在课堂上努力做到"鼓励学生以各种形式相互协作，展示与交流学习成果"[1]。

除了"桑叶"，还有"淇水"之景起兴。三次提及，从"送子涉淇"到"淇水汤汤"，最后是"淇则有岸，隰则有泮"，点到此处即可。让学生自己分析三句"淇水"景物特点，结合内容和情感补写三句后所兴之情(当时课堂上讲解仓促，其实可留为作业，让学生下课交流讨论，表达成文)。学生大致写道："爱君(子/尔)如命(痴/狂)，至于婚嫁(私奔/登楼/远望)"；"悔意泱泱，裂人心肠""爱意迟迟(澹澹)，车行尘扬"，"去意决绝，不恋旧伤"；"女则有止，情则有断"——正说，"男则无极(准/常/限)，德(心)则无修(定)"——反说，再从"比"这个角度分析，它本身是反喻(本体不具备喻体的特点)……至此，爱情—婚变—决绝的过程清晰可知，由景及情。

借补写而解比兴,将比兴拆解,侧重于兴,引入补写句式,找出显性所见之景,体会隐性未言之情,并补写、外显该意。在讨论、板书和修改以及后期作业的过程中,学生便有了不同层次的过程性体验。这种课堂上开放型语文阅读教学,更能体现学生知识与能力的整合。

二、借助比兴,理解浪漫主义与现实主义——思辨性比较

"比兴""浪漫主义""现实主义"——这是我在带领学生从本课学习提示里找到阅读任务的其中三个关键词。初读《氓》和《离骚》后,同学们集中提出了以下几个问题——在《氓》《离骚》两文里,如何从同一个比兴手法读出现实主义和浪漫主义这两种文学传统的各自特点?比兴与现实主义、浪漫主义这二者有什么关系?

以下面两个问题为例:

1.《诗经》开创的现实主义文学传统怎么体现?而且比兴在《离骚》中似乎含蓄浪漫引人联想可以理解,但在《诗经·氓》里如何体现"浪漫主义"?所兴之景,可见"现实"。先从比兴的景和情特点来看《氓》——先看所兴之景,背后所体现的现实主义:"桑之未落""桑之落矣"两句中,引导学生猜测女子职业、身份等。若没有思路,可以提示男子"抱布贸丝",猜测二人为何有交集。这样下来学生大致可以猜到女子很可能是桑农,而这里"桑"作比兴,符合她的身份,也是她熟悉的生活场景。也能看到男子因为贸易丝品和种桑养蚕的女子在职业上相关,二人就有了接触的可能,在现实层面有实现相爱的可能,但二人地位不同、阶层不同(农与商),也预示了二人爱情悲剧、分道扬镳的现实。"淇":从"涉"到"汤汤"再到"有岸""有泮"的三个阶段,在二人恋爱到婚变再到决绝的关系变化中,不止提供了所兴之景——从空间上给人以真实感或者说现实感,更提供了二人相处的生活场景和故事背景。而本诗以女性口吻来自述爱情婚姻悲剧,"爱情"这个主题的永恒性,以及对女性命运的关照,引人思考,至今仍有现实意义[2]。学生通过分析、归纳等找到文字背后的逻辑联系、情感、思考[3]。

所兴之景,亦见"浪漫"。另外再看所兴之景,背后所体现的浪漫主义:桑树、桑叶——枝繁叶茂、其叶蓁蓁、叶落伤怀等树、叶相关的联想性很丰富,能把女子从劳累的现实劳动场景解放出来,

给读者营造场景的多样化和故事的层次感。在平日劳累的采桑场景里,女子有内心的甜蜜;而后期即使二人感情变淡,她仍然下地劳动采桑,可见女子之恋爱时的投入、劳动时的勤劳与被弃后的坚强。终于培养出"乐于展示自己的成果"[4]的同学,主动分享到"桑"的谐音是"伤",从眼前之景已经联想到故事结局,哀情基调,这"哀而不伤"的风格,也是其浪漫主义在语言和情感上的一种体现;淇水——流水,水的流动性,暗示着时间的流逝,这是学生积累已有的;此处也有学生说到"水"——泪水:开始时相爱热烈所以喜极而泣,后来情感消逝所以伤心大哭,最后决绝离开所以泪水近干(有岸有边)。以及"水"的永恒、不息喻示着"爱情"的永恒、长久,但也与个人渺小形成来对比,爱情是恒久主题但各人喜悦伤悲又各有不同体现,比如水势变化。

结构辅助,理解浪漫。《氓》是首叙事诗,其中插入是"桑"和"淇"相关的多个比兴句,不仅可使叙事暂停,避免叙事的平淡,节奏上变得舒缓调和;还起到了内容上的暗示作用,让读者从景象变化中感受到其爱情悲剧,加强抒情氛围;几组比兴在婚前和婚后的过渡处,使文气顺畅。置身诗境,可见由外至内的浪漫。不仅知其然——浪漫主义与现实主义是什么,更要知其所以然[5]——如何分析二者特点与区别。

2.《离骚》里"香花香草"名字很美,用来装饰自己倒也是很浪漫,但屈原写时间流逝、仕途不顺,身死且理想破灭,为什么还是浪漫主义?

表面——香草美人的意象:"江蓠""秋兰""木兰""宿莽""鸷鸟""兰皋""椒丘""芰荷""芙蓉"等名词性意象的香花香草、善鸟美禽;"辟芷""蕙纕""揽茝"等动作性意象……在这些装饰下,一个外表华美的浪漫形象立显,仿佛文章有花香和色彩,溢出字词间的浪漫。

内在——高洁坚贞的人格:即使多次说到自己面对着昏聩君王和奸佞小人,以及污浊世俗,仍然愿意以死明志。不是无奈、无意义的赴死,而是一种慷慨、执着、不屈、坚贞、可贵、为理想主义而献身的浪漫——对高洁人格的坚守和高远理想的追求[6]。

总的来看,作者执着不屈、坚贞修洁、对抗浊世的可贵,强烈的抒情,夸张的表达,繁复的意象,独特的节奏(直抒胸臆,穿插"意象"使用和比兴手法),叙事中插入抒情,记叙和抒情结合,也是浪漫节奏的体现。

从外在景物和外在人物形象，内在情感和内在人物品质，抒情方式，意象特点比较，可以看到：看似矛盾的二者，辩证分析后其实各有特点。考试形式在创新，教育理念得更新：最直观的就是学生练就的语言表达，背后是思维，引导学生"自觉地进行分析与论证、权衡与判断"，掌握"21世纪技能的核心"——尤其是辩证思维这种思辨性的思考[7]。

三、借助比兴，探寻诗意——拓展性提升

本单元学习任务是"诗意的探寻"，学生看本单元导语时提出过有好几首早就读着觉得并不优美甚至伤感悲沉，何谈"诗意"？课程结束时我们共同探讨了以下疑问：第一课里《氓》这样一个弃妇自述的一首现实主义悲剧的诗歌[8]，《离骚》一个逐臣强烈的抒发个人悲情与家国衰败命运的诗歌，如何体现"诗意"？……推而论之，第二课《孔雀东南飞》一场封建家长制导致的爱情悲剧，第三课《蜀道难》一首感叹蜀道险难和仕途艰难之歌，《蜀相》一首深沉悲慨的吊古伤今之作，第四课《望海潮》一首城市繁华国泰民安的赞歌，《扬州慢》一首写惨遭巨变劫后空城的叹词，如何体现"诗意"？

在发现这些问题后，借助第一单元背后研习任务，引导学生从内容、情感、手法、语言等几方面探究，梳理中国古代诗歌发展源流，最后侧重从比兴来看其"诗意"。略举几例：

《氓》虽然写爱情婚姻失败，但是"桑叶"与"淇水"的比兴变化中可见女子热烈、诚挚之可贵，清醒、决绝之可敬，超越现实（物质、家庭、社会等制约）的独立、反抗精神之可嘉，这是一种超越现实、追求精神自由的"诗意"。

《离骚》"香草美人"之比兴繁复多见，绚丽芳香之景、高洁美好之品、坚贞不屈之情贯穿全诗，结合强烈的抒情，何尝不是一种对抗现实、追求高远的"诗意"？

《孔雀东南飞》，以孔雀分飞"比兴"，缠绵悱恻的情调得以奠定。反映了现实封建家长制下的爱情悲剧，虽有其伤感之处，但首尾以禽鸟失偶比兴，以"合葬""鸳鸯""松柏"等比兴结尾，大团圆结局里生死相伴、坚贞不屈，充满一种"现实虽苦，理想却甜"（学生语）的"诗意"。

《蜀相》，再现武侯祠的森然之景，以此比兴，虽然后人渐忘蜀相，但是作者再现其雄才大略、忠贞爱国，不也是一种赞美贤臣能人、忧心家国时局的"诗意"？

《望海潮》盛赞杭州天时地利、百姓和乐、政治清明之景，例如下片起句"三秋桂子，十里荷花"不也让"干谒诗"除了奉承，多了几分真诚的夸赞、繁华背后亦有清新的"诗意"。

《扬州慢》渲染当今空城之衰败，更回顾昔日扬州之繁华，例如"红药"比兴，既见芍药花红鲜艳之景，也见少女美好人生之象征，更有扬州城市繁容华丽之联想，多了几层联想丰富、意蕴深远之"诗意"……

打破对"诗意"的狭隘理解，以比兴入手论文学，拓展到第一单元所有篇目。理解作品诗意的人文性内核，完成输出——工具性表达：口头（当场发言）或书面（作业留痕）。本次尝试中，借助补写形式帮助理解比兴，师生共同讨论，以比兴书起浪漫主义、现实主义和诗意的探寻，基本完成课文、单元学习任务。而后期需改进的一处是给起兴类型作细分，二处是补写理解起兴，情景相合，可在写作中加强实践，比如拟小标题、开头句、结尾句等，可使用这种兼具抽象、深刻之情理和具象、形象之情境的方式，助力作文准确达意、表达美化。

可以明确的是课程与教学改革的"综合性"实践中，一定要坚持带领学生进行过程性的体验、思辨性的比较、拓展性的提升。

参考文献：

[1][4]中华人民共和国教育部.普通高中语文课程标准（2017年版）[S].北京：人民教育出版社，2018.

[2]徐晓莉.从《乐府·陌上桑》与《诗经·氓》中采桑女形象的比较中看现实主义"文学"与"人学"的进步[J].社会科学论坛（学术研究卷），2009（9）.

[3]张克中.设计：语文课的有效教学的关键[J].中学语文教学参考，2017（10）.

[5]郭跃辉.思辨性阅读的教学实践[J].中学语文参考，2018（1-2）.

[6]朱丽婷.论《离骚》的现实主义与浪漫主义[J].汉字文化，2021（3）：34-35.

[7]彭正梅，邓莉.迈向教育改革的核心：培养作为21世纪技能核心的批判性思维技能[J].教育发展研究，2017（24）.

[8]石佳豪.从《氓》管窥《诗经》弃妇诗中的女性命运[J].三门峡职业技术学院学报，2020（9）.

段德瑜，云南省昆明市昆明八中教师。

浅谈小班化模式下初中语文名著阅读教学策略

◎郭炯彤

在漫长历史进程中，教育范式与传统的集体授课模式紧密相连。然而随着社会不断演进，传统的班级授课方式逐渐显现出局限性。教师难以兼顾每位学生的学习需求，个体差异的因素容易被忽视，也就是"因材施教"的理念实行起来并不容易。传统授课范式在一定程度上不利于学生多方位的个性化成长，也阻碍了培养学生的创新思维和实践能力等核心素养。

在此背景下，小班教学理念愈发受到关注。小班化教学研究的兴起，一方面源于人们对传统班级授课范式的反思和批判，另一方面则源自教学组织形式的不断改革。在学校或班级这一共同体的框架下，教师应充分包容各异的学生性格、兴趣和能力，并持续关注个体的全面发展。

一、小班化初中语文名著阅读教学面临的困境

（一）教师缺乏对学生阅读兴趣培养的引导

在当今信息技术高速发展的时代，初中生对语文名著阅读缺乏兴趣是一个普遍存在的问题。尤其是在涉及考试的书目上，学生可能感到厌倦和无趣。这是因为他们在获取知识的方式上有了更多的选择，包括网络和社交媒体等，这些内容更加生动有趣，与传统的名著阅读形成鲜明对比。

在实际教学中，教师常常面临着教学任务的压力和应对考试的挑战。在这种情况下，他们可能更倾向于将重点放在基础知识和写作能力的培养上，以满足考试要求。然而，这往往导致了学生阅读习惯和能力的忽视。学生缺乏阅读兴趣不仅影响他们的学习体验，也可能影响到他们综合素养的培养。培养学生的语文阅读兴趣是当前教育中的一项重要任务。教师应当在教学中注重创造兴趣、多元化教学手段、积极的阅读氛围等方面下功夫，以激发学生对名著阅读的热情，为他们未来的学习和人生积累宝贵的素材。

（二）教师缺乏对学生深入理解名著的指导

一些学生表示，在阅读名著中会感到困惑，无法理解作品的内涵，这也影响了他们的阅读兴趣。我们可以发现，无法理解和深入阅读名著是阻碍学生阅读能力提升的主要原因之一。如果学生不能理解文本，又如何能产生对阅读的兴趣呢？在目前的小班化教学模式下，少部分教师仍然延续着传统的大班化教学方式，把全班学生当成一个整体进行教学，而缺乏针对个体差异的精准指导。因此，学生对名著的理解只限于浅表层面，无法深入挖掘，仅仅停留在浅显的理解上。这也使得他们追求的是表面的印象，而没有深入思考。

在这种背景下，作为语文教师，我们肩负着重要的任务，即教给学生如何正确地理解和深入阅读名著。我们需要引导学生掌握有效的阅读方法，教会他们如何分析篇章结构，把握作品的中心思想，捕捉作者的观点和情感。通过多次实际操作，让学生逐渐培养起从多个角度去理解名著的习惯，从而深化他们的阅读能力。

（三）教师缺乏对学生自主探究问题的意识

长久以来，语文教学中存在着一个明显的问题，即教师过于主动，学生过于被动，这在课堂中表现为教师过多地进行串讲和串问，导致学生缺乏自主性。同时，在回答问题或测试中，教师常常采用预设的唯一标准答案来评价学生的表现，限制了学生发表自己的见解和理解。如何在名著阅读教学中激发学生的自主探究能力，也成为一个重要的课题。

《义务教育语文课程标准》（2022年版）不仅是教学的指导，也体现了新的课程理念，需要一线教师深入领会。在实际教学中，针对学生的现实情况，我们应该致力于激发学生的学习兴趣，让他们真正喜欢上语文课程，积极参与到阅读活动当中。从学

生生活实际出发,创设丰富多样的学习情境,设计富有挑战性的学习任务,激发学生的好奇心、想象力和求知欲,这正是新课标提出的要求。

为了实现这一目标,教师需要转变教学方法。我们可以采用启发式教学,提出开放性问题,鼓励学生自由思考,发表独立见解。在课堂上,教师可以引导学生互相交流,分享自己的理解和感悟,从而激发他们的思维活力。此外,教师还应赋予学生更多的自主权。在阅读分析上,我们可以引导学生多角度思考,多样化解读,不拘泥于固定答案。学生应当被鼓励展示自己的独特观点,允许不同的合理解释,从而培养他们的独立思考能力。

(四)教师缺乏对学生个性发展差异的关注

在小班化的课堂环境中,由于学生人数较少,学生之间的层次差异愈发显现。学生在进入初中学习后,较容易出现两极分化的现象,课堂上一些学生表现"吃不饱",而另一些学生"不消化"或"消化不了"。部分教师为了整体教学效果的考虑,课堂教学仍然停留在传统的大班化教学模式上,对学生的个性发展差异处理不够充分。

事实上,学生之间的差异性是客观存在的。小班化课堂教学为弥补学生间的层次差异提供了可能性,教师根据每个学生的实际情况,提供针对性的阅读指导,让学生互相学习,取长补短。通过个性化的指导和差异化的教学策略,每个孩子能在自己的基础上都能取得不同程度的进步,这样的小班化教学模式才能够使课堂达到更高的效能,使得教学实际效果更为显著。这也有助于学生在理解名著的过程中更加得心应手,真正领略到深度阅读的乐趣和意义。

二、小班化初中语文名著阅读教学实施的策略

(一)以阅读为基础,结合学生特点进行语文积累

在阅读教学过程中,教师的首要任务在于关注学生的阅读进展,确保他们有充足的阅读时间,并引导他们逐渐形成"多读书会读书,多思考会思考"的阅读习惯。教师应该在布置阅读任务之前,设定明确的阅读目标,引导学生在阅读过程中产生深刻的思考,并在完成阅读之后鼓励学生进行充分交流与分享。

在采取阅读方法上,教师也应针对学生和书目的特点,提供多样的选择,以培养学生适应多种阅读习惯,促使学生在每次阅读过程中都能体会和享受新鲜和成功的体验,最终帮助学生走上能自主选择合适阅读方法的书香道路。

统编版教材为必读名著提供了不同的读书方法指导,例如《西游记》是"精读与跳读",《骆驼祥子》是"圈点与批注",《海底两万里》是"快速阅读",《钢铁是怎样炼成的》是"摘抄和做笔记"。新课标下教材的编写很大程度上为一线教师提供了教学方法的指导,但教师仍应深入研究课标和教材的设计,以确保教学方法的有效运用。

同时,教师在阅读教学中也要做到以身示范,与生同读,努力为学生创设浓郁的读书氛围。对于阅读教学的设计,不能延续或采取过去的应试思维和死记硬背模式,而是要鼓励学生在阅读过程中充分展开思维,从封闭沉闷的内容分析中走出来,将经典名著与现实社会相连接,尽可能开放课堂,将阅读教学向课外、向社会延伸,以激发学生阅读的兴趣,提升语文素养并积累扎实的基础。

(二)以兴趣为驱动,进行项目设计与整合

在项目式学习的框架下,名著阅读可以被构建成引人深思的学习项目,以促进学生深度思考和跨学科的综合素养发展。在项目设计阶段,教师应根据经典名著的特点,以其主题内涵为基础,设计与现实问题相关联的、可探索的深刻性的驱动型任务,以确保任务能够激发学生的兴趣和探索欲望。

举例而言,对于《西游记》,教师可以构建项目主题为"文化交流与理解"。学生以小说中的情节为基础,改编、设计并表演一场反映不同文化交流与合作的现代情境话剧,以此深入理解各国文化之间的交流与合作。对于《海底两万里》,项目主题则可以聚焦"科学探索与创新"。学生在阅读小说的基础上,深入探索与科学有关的领域,选择小说中的某一科学概念(如潜水、鱼类生态等),发挥创意并设计一个展示,介绍该概念的现实应用和发展前景。对于《昆虫记》,则可以将主题设定为"生态保护与意识培养"。对生物感兴趣的学生可以选择小说中的某一昆虫物种,进行生态调查,分析其生境、食物链、受威胁因素等方面,设计一个提倡昆虫保护的小型展示,学生通过项目不仅能深入了解昆虫生态,更能从中培养对生态保护的意识。而对于《红星照耀中国》,教师可以关注"历史回顾与现实启示",鼓励学生以作品中的历史事件为基础,研究该事件对中国社会和国家发展的影响,结合现实情况进行讨论，并撰写一份历史回顾和现实启示的报告。

（三）以合作为手段，开展丰富小组活动

在前述所提及的项目中，小班分组的作用显著，为教师实现深度互动和关注每一位学生提供了有利条件。小班化模式不仅是简单的形式和人员规模的缩小，更是合理整合教育质量和教育资源的一种方式。在这样的环境下，教师应为学生创设主动阅读的时间与空间，重视他们的独特感受和体验，真正把阅读的主动权交给学生，引导学生深入地、广泛地、自觉地读书，使每个学生都能处于自主学习和主动发展的状态。

当然，在小班化教学模式下，学生可以按照学习能力和兴趣进行分组，小组的设计同样有助于激发生生之间的互动和合作。在名著阅读教学中，小组合作能够促使学生分享不同的解读角度，讨论并思考名著作品内涵的多样性。学生可以在小组中互相启发，互相纠正，从而深化对作品的理解。以《西游记》为例，组内、组间不同的学生均可以扮演师徒四人等角色，通过观察和对比，学生之间互相讨论合作，能够加深他们对任务主题的理解。在任务的实施过程中，教师一定要根据具体情况协调好小组人员构成及组员的明确分工。在课堂参与和阅读成果展示的环节鼓励成员与成员、小组与小组之间的有效沟通和交流。当然，小组合作也还可以促进学生的批判性思维和解决问题的能力，培养学生的团队协作意识。

小组最终成果的呈现可以多样化，包括口头报告、展示板、多媒体展示等。通过不同形式的呈现，学生不仅可以展示自己的观点，还可以学习倾听他人的意见和反馈，进一步拓宽自己的认知。

（四）以探究为动力，教师提供个性化针对性指导

在项目式学习和小班化教学中，教师的角色发生了重要的变化，个性化指导有了更为广阔的实现可能，使教学过程更加符合学生的需求和特点。个性化指导是小班化教学的核心特征之一。在小班化教学中，教师需要深入了解每个学生的学习需求、兴趣和能力，根据学生的这些特点提供有针对性的指导。例如，针对阅读理解困难的学生，教师可以提供额外的辅导材料；对于思维敏捷的学生，可以提供更深入的问题引导。在任务实施的过程当中，教师可以根据学生的反馈和表现实施调整，不断改进教学设计，以确保每位学生得到适当的支持和引导。

在项目式学习中，教师还需要为学生提供丰富的学习资源，以支持他们的学习和研究。对于名著阅读，教师可以为学生提供与主题相关的多种形式的资源，如文本、影音资料、研究论文等。例如，在《海底两万里》的项目中，教师可以提供关于潜水技术、海洋生态等方面的资料。在《红星照耀中国》的项目中，教师可以为学生提供历史研究方法的指导，引导他们分析历史事件对社会的影响。如有条件，教师还可以将课堂"搬进"博物馆，带领学生走出校园，领略"社会大课堂"的作用。这些丰富的资源可以满足不同学生的学习风格和需求，帮助他们更好地理解名著的内容。

此外，教师还可以引导学生寻找和筛选适当的学习资源，培养他们信息获取和评估的能力。在信息爆炸的时代，培养学生的信息素养变得尤为重要，这也是项目式学习的一项重要目标。总而言之，教师在小班化教学中，扮演着引导和支持的角色，需要关注每个学生的学习进度，致力于满足学生个性化的学习需求，促进他们深入研究和探索。

三、结语

在小班化教学模式下，初中语文名著阅读教学策略展现了崭新的前景。教师成为学生学习之路的引路人，通过深入了解每位学生的学习特点和需求，教师能够为他们提供个性化的指导，从而让每个学生都能在自己的舒适区内发展潜能。同时，学生可以将名著与实际问题相结合，培养出创新意识和批判思考的能力。这种融合能够使学生在不断探索中培养综合素养，提升他们在信息时代的适应能力。这种教学方法为学生提供了更多的个性化指导和深度思考的机会，同时也促进了跨学科探索和合作学习。

总的来说，小班化模式下的初中语文名著阅读教学策略充满了希望和活力。它引导学生在实际问题中学习、思考和合作，培养了多方面的能力。同时，也赋予了教师更丰富的角色，促进了个性化指导和资源提供。在不断变革的教育领域中，这种模式必将为培养更具创造力和适应力的新一代学生做出积极贡献。随着时间的推移，我们期待着这种教学模式在未来继续展现出令人鼓舞的成果。

郭炯彤，广东省深圳市南山区深圳湾学校教师。

核心素养视域下思辨类写作微课教学设计方法

◎沈冬芳

《普通高中语文课程标准（2017年版2020年修订）》指出教师在开展高中语文教学时，"教学过程要注重对学生思维过程和思维方法的引导，注意发展学生的辩证思维和批判性思维，注重培养学生思维的逻辑性"。核心素养视域下的高中写作教学，培养学生的批判性思维是其中一个重要方面。在信息时代背景下，微课依托网络技术手段，短小精悍，但又内容丰富，可以起到见微知著的效果，容易给学生留下深刻印象。它既是新形势下将被普遍运用的教学手段，也是符合学生需求的有效辅助工具。

一、微课在思辨类写作教学中的优势

学生对于写作存在畏难心理，特别是思辨类作文要求学生具备多元、开放、理性等思维水准，思维过程的复杂性无疑给写作教学增加了难度。

微课的高互动率则能提高学生的参与度与思考热情，让学生成为主体，迸发思维火花，获得思辨乐趣，从而亲近思辨，乐于思辨。

"师者，传道授业解惑也"，教师是真理的"传达者"，而非真理本身。对思辨类写作教学来说，需要教师给学生将复杂的思维过程阶段化、可视化，搭建说理平台，建构通往真理的桥梁。微课教学的多媒体手段，以清晰的思辨推进步骤和形象的思维导图提供具体可感的路径和支架，构建学生思辨能力，让他们在独自应对的场景中稳步向前。

二、学生思辨类写作的生长点

尽管学生在思辨类作文中暴露了无序化、空泛化、浅表化、片面化等问题，可仔细推敲"思辨"的内涵发现，其实"思辨"对学生并不高深莫测，说到底，它是一种更符合逻辑、更综合、更动态的思维方式，只是学生对它的陌生感拉开了彼此的距离。"所谓'辩证分析'，其精髓是以'联系'与'运动'的眼光看待世界与人生"[1]，只要能够不以机械的、孤立的、静止的、极端的思维方式思考事物间的矛盾关系，就是思辨。我们以余党绪所列的日常思维与批判性思维的区别图来观照学生是否具备思辨的基础能力。

余党绪《说理与思辨——高考议论文写作指津》P65

日常思维	批判性思维
思考	思考自己的思考（反思性）
在情感与理智中纠结	力图区分对待情感与理智（理智化）
以自我为中心思考	警惕和审慎自我中心（多元化）
以联想、想象、类比代替思考	在实证、推理与求证中思考（合理性）
以直觉代替思考	有要素、有结构、有过程的思考（结构性）
逻辑模糊	追求逻辑的周全与严密（逻辑性）
常常被自己的思想所控制	主动控制自己的思想（主体性）
止于具体事务	理性的关联（创造性）

常人的思维水平都具备一定的理性和反思能力，更何况高度重视批判性思维能力培养的今天，学生对表格中所有"批判思维"要素并不陌生，学生不是不懂得如何思辨，而是尚未有意识地将它和自身已具备的思维能力联通起来。因此，我们不必将它高大上化，我们要做的恰恰是将它通俗化、平易化，用学生乐于接受的语言和方式传达"思辨"真谛，达成师生共识。否则，"成也萧何，败也萧何"，学生因与之隔膜而不敢思辨，或将思辨套路化，这更不利于思辨写作的教学与实践。基于此，可借助微课的多媒体手段，帮助学生梳理由感性至理性、由

无序至周密、由孤立到联系的思维过程,激活学生思辨思维生长点。

三、思辨类写作微课教学策略:删繁就简,突出重点

20世纪原创媒介理论家麦克卢汉曾说过,"每一种新媒介的产生与运用,都宣告我们进入了一个新时代""我们塑造了工具,工具又反过来塑造了我们的思维"。微课教学的多媒体手段和网络技术手段丰富多样,但我们使用这些工具时必须立足语文教学目标,不能偏移以思辨类写作教学为中心、为思辨类写作教学服务的宗旨。

然而,在一些作文教学课堂上,教师虽善于利用信息技术辅助工具,链接网络搜索到的各种素材,将课堂讨论氛围营造得异常活跃,但学生课后独立写作时,却思路阻滞,脱离了教师引导和网络资源,便不能以一己之力剖析问题,顺畅思辨。有感于此,笔者认为,微课教学追求的不是频繁地展示多媒体课件,教师挑选多媒体手段时,正应警惕"乱花渐欲迷人眼",不能以形式的多样代替内容的深刻,且思辨思维本就注重自主思考,更不能因多媒体和网络资源让学生养成思维依赖。因此微课教学是"善假于物",将学生的注意力都聚焦到授课要点上,否则,则反而让学生不明重点,热闹之后只剩寂寞。

于是,笔者在微课设计中,充分考虑到学生独立写作场景,舍弃了网络链接、视频、音频等功能;为了充分展开写作思维训练,重点选用和思维相关的软件,意在激活学生思维,将思维过程形象化。

四、思辨类写作微课教学方法:强化过程,图示思维

因为如今希沃系统已被普遍应用于学校课堂教学,所以可就地取材,充分利用教室现有的希沃系统自带多媒体功能,开展写作教学。

(一)以比赛催动思考,以多媒体优化比赛活力

用比赛的形式让学生动起来,是教师的常见教学方法。但比赛的形式却可以各不相同,各有千秋。笔者设计分组比赛,将比赛过程分为几个阶段是设计重点,因为这是契合思辨必要的展开过程,让学生对此有切身体会、加深印象的一种形式。

以一个班级为例,将学生分成几大组,再将每一组人员分成几小组(根据作文题思辨内容决定)。几小组进行"圆桌讨论"并和其他组同步、逐步展示不同阶段的思辨成果,用希沃系统"倒计时"功能公平限定时间、紧凑课堂节奏;用希沃"班级优化大师"软件中的"打分"功能让同学为对手打分,最终几大组以田忌赛马式将各阶段的打分总和决出比赛胜负,在这过程中还可以用希沃"易课堂"软件将每一大组每阶段得分结果转化成柱状图展现动态变化,提升学生关注度。同时,如果在网课环境下,学生还可以通过发送"弹幕"做到全员参与点评,以使得尽量多的同学一直保持思维在线,积极投入思辨活动中来。

(二)搭建思辨支架,推进思辨深化

笔者以2023年上海某区高三一模卷作文题为例展示思辨类写作微课教学过程。

"生活中,人们总是乐于分析问题,但有人说,更重要的是解决问题。对此,你有怎样的思考?请自拟题目,写一篇不少于800字的作文。"

1.第一阶段:理性发问,逻辑分析

"思辨"的展开有其过程,"思辨"不意味着质疑就是真理,反对就是王道,且完全忽略对方合理性的质疑陷入为质疑而质疑的另一种简单化思维中,合理的质疑往往建立在对事物充分认识的基础之上。所以思辨首先要理性发问来辨认事物真伪,在确认后用合乎客观规律的逻辑分析进一步验证正误。余党绪说:"议论文写作中的毛病,很多是因为缺乏基本的逻辑素养造成的。"[2]作为最先发言的第一小组,一般处于思辨的初级阶段,而思辨类作文题一般不会呈现彻底不合理的"有人说",所以同学思辨的起点多始于考虑"有人说"的合理与否与背后的道理。

比如学生会这样论证:"分析问题相比之下之所以没有解决问题重要"是因为"纸上得来终觉浅,绝知此事要躬行。有的人分析论证头头是道,慷慨陈词,但实行起来虎头蛇尾,问题又谈何解决";"解决问题之所以更重要",是因为"解决问题需要的是对问题更深入的思索,面对复杂多变的实际情况。目光不仅停留于问题本身,而是将问题放入社会大环境中,寻找可以'批大郤,导大窾'的最优解";或者"面对事物的复杂性与不确定性时,才发现所谓各个角度的分析也不过是自以为是的全面,实践是

检验真理的唯一标准,而解决问题也是对问题分析的最终检验、落实,在抽象的概念、方法与现实之间建立桥梁"。

2.第二阶段:自我质疑

哲学家哈耶克说警惕"理性的自负",思辨思维特别强调反思,人在认识事物时既容易流于表面,更容易走向思维的惯性与惰性。因此,为了让学生学会走出自己的死角,意识到已有认识的局限,笔者以苏格拉底式的追问法引导第二组同学对第一组同学成果进行"质疑+反思"的思维训练。

质疑:第一组同学所谓"解决问题更重要"完全合理吗?

反思:为什么不完全合理?哪里不合理?

追问:"分析问题"与"解决问题"各自的重要性是什么?更合理的关系是什么?

于是,第二组同学通过"慎思"而"明辨",得出"分析问题也很重要","正是不断思考、分析、质疑、再思考,看似浪费了时间,但摸索规律是为了切中肯綮寻找最优解,从而能避免弯路,从根本上解决问题、提高效率。这使人类从'两小儿辩日'的简单幼稚的思维模式中跳脱出来,走向崇尚理性的现代社会;从各个角度分析,还使个体摆脱自我中心的自恋结构,以他山之石,攻己之玉,获得更完善的认知"。

而"解决问题也有其弊端",因为"由于人们的趋利性,对问题走马观花式的分析或不假思索地仓促解决,然而这样的'解决'时效性短,也使人们人浮于事,不善思考"。

因此,"它俩事实上并非简单的谁更重要的关系,因为它们对问题的解决都有必要性和重要性,且作用各有不同,所以真正重要的是,打破它们的高下之分,追问它们之间更符合事实的内在联系"。

3.第三阶段:多元对话

二元概念的分析与思辨常常被高考写作关注,那是由于在日常的思考与表达中,我们常常夸大了某些"二元"之间的对立性,为了方便理解与区别,人为制造了两者之间的对立,造成对两者机械的分解。本题比较两者高下,倾向于侧重区别,但其实两者并非对立,可以统一。分析问题可以是解决问题的有机环节,解决问题也是分析问题的重要依据。

笔者引导第三组同学继续打开思维,以联系的动态的思维方式审视两者关系,将前两组同学思考成果加以完善。

同学们经过再思考发现,"解决中遭遇的难题和困境,促使人们不断突破思维牢笼,继续反思、探究、明辨。解决问题不是最终的目的和结果,也只是下一步思维探险的开始"。还有的同学立足长远,能想到"解决问题更多是从现实维度寻找切实的解决方案,但解决问题所选的解决之道未必能超越分析问题时的高瞻远瞩,涵盖各个角度的真知灼见。春秋战国时期诸子百家从各个角度对治国之道社会理想提出分析,最契合现实的法家脱颖而出,但它并没有成为中华文明的核心思想和民族立身之本。因此,分析问题不止解决了眼前的问题,还为以后类似问题提供思路和借鉴。解决问题则为分析问题验证了规律,提供了现实依据"。具体有力地分析了两者之间对立假象之外的统一性。

小结:我们可以看到,同学们在多媒体手段的帮助下,让思辨推进步骤有序化且清晰地呈现了出来,强化并深化了学生对思辨方法和路径的认识。

(三)以思维导图让思辨过程可视化

为了进一步巩固思辨成果,可以让学生借助希沃的思维导图软件绘制相应的思维导图。笔者简单示例如下:

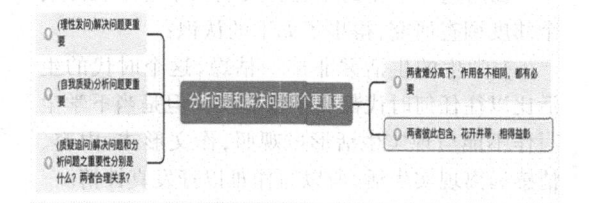

五、思考和启发

当教师把多媒体的方便快捷作用于凸显学生主体和教学重点后,微课的价值和意义趋向最大化,思辨类写作教学也可借此利器,突破思辨过程抽象复杂、缺乏抓手的难点,帮助学生铺好台阶,逐步养成自主、求真、严谨、开放的思辨力。

参考文献:

[1][2]余党绪.说理与思辨——高考议论文写作指津新版[M].上海:上海教育出版社,2022:54,39.

沈冬芳,上海师范大学附属中学教师。

问渠那得清如许，为有源头活水来
——研学旅行体系下写作路径的探究

◎王 盈

新课程标准下的课程实施建议强调语文学习要创设真实而富有意义的学习情境，凸显语文学习的实践性，这一点引发了我们对写作路径的新式探究。如何把作文的实践体验与创作有机结合起来？我们决定结合研学旅行与写作双线并行的路径，在实际探究的过程中，取得了比较好的成果。

一、初中生的写作现状调查与归因探究

写作乃真情实感的自然流露，理想的写作生态应是"我手写我心"，即用手中的笔来抒写真实的内心世界。但是跟踪调查学生多年来的写作现状，相当一部分中学生的习作给人的感觉是：不会感动，作文缺乏真情实感；不善感悟，作文缺少真知灼见；习作内容苍白空乏，素材单薄陈旧，主题零散虚假，结构模式固化，语言干瘪贫乏。

面对这一习作的难题，我们从学生和教师两个纬度调查研究，得出了如下的认识：

1.学生的生活并非单一枯燥，这个时代的生活比以往任何时代都要丰富充实。但是当下学生写作不能与现实生活形成观照，作文形式、内容、情感远离现实生活，所以写作难以抒发真性情。

2.学生的感情虽然是与生俱来的，但也需要后天的培养和激发。我们的作文教学，侧重写作技巧的传授，偏重审题、立意、谋篇布局等模式化的指导，缺失对真实生活的观察、对写作过程的情境体验，所以学生不会观察生活、不善留意生活，不懂得从生活中获取写作的素材，习作自然呈现矫揉造作、空洞虚假的现象。

3.我们的作文教学模式有些粗暴，惯性的做法为圈定题目，硬性写作。写作前脱离实际，缺少体验，故难于调动生活经验，创作出佳作。

从以上的归因出发，我们试图做一些改变，以期引导学生用眼睛发现生活的精彩、用心灵感悟生活的情趣、用文字抒发对生活的热爱，并在此基础上倾吐真性情，抒发真感受。所以我们的写作探究力行创设写作情境、贴近学生生活，引领学生走出课堂、走进生活、观察和记录生活，引导学生关注家庭生活、校园生活、社会生活，注重学生作文过程的情境体验，最终形成真实的表达，而研学旅行为我们的写作探究之路提供了一条可行之道。

二、研学旅行体系下写作路径探究的理论依据

1.《义务教育语文课程标准》（2022年版）"表达与交流"第四学段要求"多角度观察生活，发现生活的丰富多彩，能抓住事物的特征，为写作奠定基础。写作要有真情实感，表达自己对自然、对社会、对人生的感受、体验和思考，力求有创意"。由此可见，写作的基础来源于对生活的观察与发现，体悟与思考，在此基础上来表达对自然、对社会、对人生的感受、体验与思考，这样的写作才能水到渠成，写作才有真情实感。所以我们的作文指导需要立足生活实践。

2."写作心理学认为，写作内容知识主要有两种来源：一是作者亲身参加生活实践而获得的直接经验；二是作者从书籍、影视、网络等媒体或他人那里得来的间接经验。因此，应当从直接经验和间接经验两方面加强对学生发掘与积累写作素材的训练。"

3.研学旅行是一种体验性、开放性、探索性和综合性的学习活动。《关于推进中小学生研学旅行的意见》中指出"研学旅行是有计划、有组织、有目的地培养学生核心素养的教育性活动，让学生走出教室，从学校走向社会，走向大自然，学以致用"。研学旅行中的"研学"是在教师的指导下，从自然、社会和实际生活中确定研究主题，使学生主动地获取知识，进而提升解决问题的能力。

三、研学旅行体系下写作课程框架

（一）自然研学主题

1.植物天地

研学内容：（1）走进大自然，调动多种感官，细

心观察和记录大自然界中你最喜欢的花、草、树木的形、色、味,能准确辨识你感兴趣的植物典型特征。(2)通过实地观察和上网查阅资料,学会多角度细致描写你感兴趣的植物特征。(3)透过植物表象,由表及里,由物及人,借助物来寄寓自己的情思或者品格。

研学路线:中国科学院华南植物园/自家阳台或者小区里的绿化带

研学时间:周末(时间吻合上课进度)

对标教材:七年级下册第五单元《紫藤萝瀑布》《一棵小桃树》

2.动物世界

研究内容:(1)寻访研学基地的草丛、绿化带、动物园你感兴趣的小动物(昆虫)。(2)观察和记录你感兴趣的小动物(昆虫)的外形特征、生活习性、产卵、进食、捕食等特性。(3)结合研学成果和上网抽查的资料,描写你的动物观察笔记,表达对动物生存的欣赏,对生命的敬畏,形成尊重动物、善待生命的意识。

研学路线:广州长隆野生动物世界/家附近的绿化带

研学时间:周末(时间吻合上课进度)

对标教材:七年级上册第五单元《猫》《蝉》

3.自然风光

研究内容:(1)日月经天,江河行地,春风夏雨,秋霜冬雪,大自然生生不息,四时景物美不胜收,以脚步丈量世界,用眼睛收取自然的美好河山。利用寒暑假选取一处自然风光景区开展研学旅行,领略自然风光之美。(2)对大自然美不胜收的自然风光,细心观察,并用多种感官感受、欣赏。(3)经过研学观察和体验,尝试用优美的语言,使用比喻和拟人的修辞手法,描绘多姿多彩的自然风光,抒发对大自然的喜爱与赞美之情。

研学路线:你和家人打算去往的旅游景区

研学时间:寒暑假

对标教材:七年级上册第一单元《济南的冬天》《三峡》

(二)人文研学主题

1.人间风味

研究内容:(1)选取你最喜欢的美食、饮品或者有特色的地方美食开启美食制作、品鉴之路。(2)实地观摩美食的制作过程,并采访烹饪制作的精髓,有机会自己尝试动手制作。(3)细心品味食物,感受它的形、色、味,并有深入的美食体会,能准确感知食物的软硬、酥脆、甜淡、细腻等多重风味,并对第(2)(3)点进行详尽的记录。(4)搜集美食家作品,研究美食家是如何描写美食的烹饪、品尝的过程,如何表达对美食的喜爱与赞美。

研学路线:你所居住的附近美食街或者家里。

研学时间:周末(时间吻合上课进度)

对标教材:八年级上册第四单元《昆明的雨》

2.街头风景

研学内容:(1)街头的吆喝声、林立的商铺、热气蒸腾的街头小吃、街头风景里带给你温暖的人、事、景,应该用心地记录。(2)选取以上的任一打动你的人、事、物、景,用相片记录下来,细心观察,用心感受,记录触动你的那一个瞬间。(3)根据你的实践与体会,表达成文,抒发你的生活感悟与思考。

研学路线:你所居住的附近街道、商铺

研学时间:周末(时间吻合上课进度)

对标教材:八年级下册第五单元《一滴水经过丽江》《吆喝》

3.凡人小事

研学内容:(1)在我们身边,有许多的普通人,他们虽然平凡,甚至有弱点,但是它们身上常常闪现出优秀品格的光辉,引导人们向善、务实、求美。其实,普通人也可以活得精彩,抵达某种人生的境界。(2)留心观察身边的普通人,捕捉他身上平凡和优秀的品格。(3)留心观察生活,学习抓住细节描写,写出人物的特征与精神品质。(4)培养向善、务实、求美的美好品质,学会发现凡人身上的闪光点。

研学路线:校园、家庭、居住的街道、社会上让你怦然心动或感动的陌生人

研学时间:周末(时间吻合上课进度)

对标教材:七年级下册第三单元《老王》《阿长与〈山海经〉》《台阶》

4.园林建筑

研究内容:(1)广州是岭南建筑的代表城市,具有传统文化的韵味。参观走访有代表性的祠堂、骑楼、园林建筑,了解岭南建筑风格。(2)学会采用合理的说明顺序,抓住事物特征,使用恰当的说明方法说明对象特征。(3)走进广州,了解广州建筑、园林文化,感受前人的非凡智慧和杰出的创造能力,增强对故乡的热爱之情。

研学路线:广州市岭南代表建筑区

研学时间:周末(时间吻合上课进度)

对标教材：八年级上册第五单元《苏州园林》

说明：关于研学旅行体系下的写作课程设计，我们结合教材、研学开展的难易程度，以及学生的兴趣选择性、计划性开展，以上内容只是节选部分。

四、研学旅行体系下写作路径具体实施案例

以"人间风味"美食探寻为例：

（一）研学准备

阅读汪曾祺《昆明的雨》、林清玄《一碗入梦》、查一路《在冬夜唱歌的鱼》、孙守名《舌尖上的乡村》《风味人间——螃蟹横行记》名家作品，积累描绘美食的词汇、语句，提炼经典名篇是如何描写挑选、制作、品尝美食的过程，思考这些作品是如何借助美食来表达对食物的喜爱与赞美，对美好品质的讴歌、对生活的热爱或对故乡的怀念。

从以上范文提炼写作支架：

（1）写什么？

挑选、获取食材——制作（烹饪）食材——品尝美食。

（2）怎么写？

"挑选食材"和"制作食材"的方法：①分解每一步动作；②精心挑选动词，力求准确生动；③为美化语言，我们还可以在动词前加一些修饰成分。

品尝美食的方法：①多角度描写食物，观其色，摹其形，闻其香，品其味。②通过人物的动作、声音、神态、心理感受来展现享用美食的情趣。③巧用修辞，赋予食物人的性格、情态，写出情趣。

升华立意：①美食中蕴含着回忆和乡愁：如：童年的记忆、亲情的回忆、家乡的风土人情……②美食蕴含着丰富的人生哲理：如：清贫的日子也有华丽的光。③美食里蕴含着人性的光辉：如善良、友爱、互助的美好品质。

（二）走进生活，体验观察

选取最喜爱的美食、茶饮，在家庭里或者街道美食店（美食街）开展研学旅行活动，实地观摩、采

小组名称与成员（1-4人均可）：
研学时间、地点：
采访的对象（适当介绍职位与生平事迹）
制作美食的名称
准备的食材
制作过程（详述操作过程）
品尝美食的过程与体会（形、色、味、香）
美食传情

访自己的亲人或者小食店的师傅，真实体验并记录美食的制作过程。有条件的同学尝试动手制作。调动感官细细品味食物，对美食的形、色、味有深入的体验，并进行详尽的记录。

（三）真实写作

运用提取的写作支架，积累的词汇、句段和收集的素材表，进行真实的创作。

五、学生片段作品展示及评价

九月可以赏荷，十月荷叶枯萎，而奶奶总在年末便开始挑藕，采摘。把莲藕洗净，用小刀去皮，切成小块，倒入搅拌机打成藕浆，再用奶奶自制的筛网过滤。奶奶轻拧眉间，小心翼翼地将滤出来的粉末平铺在阳台上，等待温暖的日光亲吻每一颗调皮的藕粒时；阳台的茶花叶也被藕粉的香味醉了心，那抹怡神的叶香被沁脾的粉香笼着、染着，氤氲了整个夏天的记忆。

童年的考试，于我总像是吞噬宇宙的黑洞，牢牢地钳着我的恐惧和焦灼。善解人意的奶奶总会端来一碟我爱的藕粉糖糕，消散心结。白色的枫木桌上，蓝底白瓷边的小碟里盛着樱花色的藕粉糖糕，淋上奶奶秘制的琥珀色桂花糖露，感觉整个小碟里满是溢出的甜蜜。伸手，沾到手指的，是藕粉的细腻，而触及舌尖的香甜软糯，足以攻占紧张的神经，穿透浑身的细胞，那糖衣的诱惑足使我味蕾满足，口舌留香。

奶奶这个生活的艺术家，总会说："莲藕的心语，就是心向阳光，努力向上。闻多了考场中的书卷气，不如停下脚步，心向阳光，慢煮生活，嗅一嗅生活中的烟火气，生活也会多了一份单纯的美好。"是啊，正如奶奶所言，你是热爱生活的，那么你必然是被生活所热爱的。

——《樱花色的记忆》/初二4班 李祖伊）

【点评】选段①详细描写了制作藕粉糖糕的详细过程，动作分解具体、过程描绘细腻、动词选用准确，在一些细微之处，动词前面加入一些修饰成分，将藕粉制作过程完整清晰地展现在读者眼前。品尝藕粉糖糕段落观其色，摹其形，闻其香，品其味，加上运用人物的味觉、视觉和心理感受，全方位展示了糖糕的色味俱佳之态。在最后一段，小作者能通过制作、品尝糖糕领悟出奶奶意味深长的话语里，蕴含着生活哲理与智慧，立意深刻，格调高雅。

王盈，广东省广州市增城区应元学校教师。

阅《经典常谈》 品古诗经典
——《经典常谈》项目化学习设计与实施

◎魏宏佳

项目化学习是一种构建主义理念下以学生为中心的教学方式，以小组合作的方式，既是解决复杂问题的过程，也是精心设计项目作品完成任务的过程，在这个过程中逐步习得知识、可迁移技能、思维方式、价值观等在内的核心素养。

基于学情的名著阅读项目化学习设计与实施，一般遵循"分析—设计—开发—实施—评价"的程序，即在分析课标、名著、教材、学情的基础上，确立项目化学习项目，设置驱动性任务，将驱动性任务分解为学习任务群，形成完整的名著阅读项目化学习方案，并且在实施过程中由教师开发教学资源包，提供学习支架，确定评价工具。

笔者依据上述思路，将统编教材中的专题探究转化为项目化学习方案，设置与学生学习和生活相关的驱动情景，激发学生的学习兴趣，指导学生学习《经典常谈》的相关内容。

一、项目化学习方案理论分析及设计

（一）课标分析

《义务教育语文课程标准（2022年版）》中核心素养要求学生"通过语文学习，初步了解和借鉴人类文明优秀成果，具有比较开阔的文化视野和一定的文化底蕴""学生通过感受、理解、欣赏、评价语言文字及作品，获得较为丰富的审美经验""涵养高雅情趣，具备健康的审美意识和正确的审美观念"。学业质量中要求学生"能理清行文思路，用多种形式介绍所读作品的基本脉络""能分类整理富有表现力的词语、精彩段落和经典诗文名句，分析作品表现手法的作用""能根据具体情境要求，选择合适的文本样式记录经历、见闻和体验，表达感受、认识与观点。""整本书阅读"的"拓展型学习任务群"强调："根据阅读目的和兴趣选择合适的图书，制定阅读计划，综合运用多种方法阅读整本书；借助多种方式分享阅读心得，交流研讨阅读中的问题，积累整本书阅读经验，养成良好的阅读习惯，提高整体认知能力，丰富精神世界。"在对整本书阅读"教学提示"中指出"整本书阅读教学，应以学生自主阅读活动为主""设计、组织多样的语文实践活动""建立读书共同体，交流读书心得，分享阅读体验"；整本书阅读评价"以学生的阅读态度，阅读方法和读书笔记等为依据进行评价"，教师"围绕读书的主要环节编制评价量表"。

因此，在教学过程中，要设计学生喜闻乐见的阅读活动，引导学生采用选择性阅读方法，采用精读和圈点批注的阅读策略，激发学生的阅读兴趣，消除畏难情绪，领略经典之美；及时给予学生表现以过程性评价，学习成果的成果性评价，促进学生素养的提升。

（二）名著分析

《经典常谈》是一部国学启蒙读物，主要介绍了我国古代文学、历史、哲学方面的经典，是学生了解我国古代文化典籍的经典指南。阅读《经典常谈》能让学生感受并传承中华优秀传统文化，启智增慧，落实"立德树人"的根本任务。《经典常谈》中有的内容繁杂，信息量大；有的内容与教材关联度高，是学生学习与考试的重点；有的与学生的生活密切相关。因此，可以采用精读的方式引导学生阅读。其中，《《诗经》第四》《辞赋第十一（楚辞部分）》《诗第十二》介绍了中国诗歌的发展流变，涉及重点诗人诗作的风格特色，且与课内学习沟通衔接。诗歌是学生学习的重点，学生在日常接触也较多，所以在教学中可以以教材中的诗歌作为材料，结合《经典常谈》中的内容，引导学生开展精读活动。

（三）教材分析

统编初中语文教材将"选择性阅读"作为开启《经典常谈》阅读的钥匙，教材中提到"选择性阅读是一种理性的、目的性很强的阅读方式，它往往与

阅读者的兴趣、目的密不可分。"因此,《经典常谈》的阅读既要基于学生的学习兴趣,又要有目的性地进行研读。

(四)学情分析

八年级学生有了一定的名著阅读经验,已经具备了小说、回忆性散文、纪实性文学等作品的阅读体验,掌握了精读、跳读、略读和圈点批注等阅读方法。但是对于专门介绍中国传统文化经典的理论著作比较陌生,阅读时会遇到一定的困难,首先是该书内容繁杂,信息量大,有专业性词汇,学生会产生畏难情绪;其次,书中的经典与学生相隔较远,无论是内容还是思想主张,都比较难理解;最后,书中的语言与现代的表达有一定的差异,学生阅读会有不通畅的感受。

八年级学生已经积累了一定数量的诗歌,但是由于诗歌学习的碎片化,对不同时代的诗歌、不同诗人的诗歌、诗人的整体创作风格缺少宏观的认知;不了解中国诗歌发展的脉络和状况,出现对诗人所属朝代的认知混乱,对于诗歌的理解存在套路化、浅层化的情况。

综合学生的学情,对于《经典常谈》中阅读内容的选择、项目化学习驱动情景和学习活动的设计,要贴合学生的学习内容和真实生活,以兴趣为纽带,以主题为引领,以具体是诗歌作品为载体,完成《经典常谈》中诗歌相关内容的研读,从而整理贯通所学诗歌,对所学诗歌形成系统化认知。

(五)项目化学习设计

折页册是一种灵活方便的宣传交流工具,学生在日常生活中也较为常见。因此,笔者结合《经典常谈》中《〈诗经〉第四》《辞赋第十一(楚辞部分)》《诗第十二》的内容特点,以折页册为活动载体,指导学生开展阅读交流活动。具体项目化学习方案如下:

项目名称:阅《经典常谈》 品古诗经典

驱动任务:为了更好地阅读《经典常谈》,指导中国古代诗歌学习,我班将举办"诗海拾贝"阅读交流会。阅读交流会需要每个小组设计制作一份"诗海拾贝"学习成果折页册,以便更好地交流学习成果。折页册主要包含四个部分:诗之感、诗之脉、诗之萃和诗之悟。

项目成果:制作学习成果折页册,举办"诗海拾贝"阅读交流会

学习目标:①通过制作折页册,举办"诗海拾贝"阅读交流会的驱动任务,激发阅读兴趣。②通过设计折页册封面,初读感知中国诗歌发展的状况及特点;将抽象的阅读感受转化为具象的设计元素,提升审美能力。③小组合作绘制诗歌发展脉络图,了解古代诗歌发展脉络、成果和风格特点,提升对中国诗歌文化的认知,增强文化自信。④将所学的具体诗歌作品,和《经典常谈》中的抽象理解相联系,赏析经典诗句,表达个性认知,提升学生阅读鉴赏和表达交流能力。

二、项目化学习实施

活动以小组为单位,以学习任务为纲,任务之间既有学习内容的推进,也有能力的进阶;任务下面包括相应的学习活动,为最终完成项目成果服务。本学习项目共包含五个学习任务,具体如下:

(一)学习任务一:诗之感——折页册封面设计

学习活动:①观察折页册,分析构成折页册封面所需要素。②通过自主阅读《〈诗经〉第四》《辞赋第十一(楚辞部分)》《诗第十二》的感受,设计"诗海拾贝"学习成果折页册封面,并陈述设计理由。

学习支架:①阅读折页册相关内容,了解典型折页册。②《封面设计评价量表》

学习成果:学生形成对中国诗歌的初步整体感知,表现出一定的创造性,利用相关元素,如文字、图案、色彩等,绘制折页册封面,将抽象的阅读感受转化为具象的设计元素,突出活动主题和个性感知。

设计思路:通过设计折页册封面,激发学生的阅读兴趣;初读感知中国诗歌发展的状况及特点;学生将抽象的阅读感受,转化为具象的设计元素,提升学生的审美能力;引导学生阐述设计理由评价学生阅读质量。

(二)学习任务二:诗之脉——绘制诗歌发展脉络图

学习活动:①再次阅读《〈诗经〉第四》《辞赋第十一(楚辞部分)》《诗第十二》,圈画有关诗歌发展的时间、主要成果、诗歌风格特点以及代表人物等信息。②小组合作在折页册上绘制中国诗歌发展和成果脉络图,并标注诗歌发展时间、主要成果、诗歌风格特点及代表人物等信息。③小组合作将中小学教材中学到的诗歌(或自己平时积累的诗歌),按历史进程归类到诗歌发展脉络图中,并在班级分享。

学习支架:①中小学教材中的诗歌。②《汇报评价表》。

学习成果：初步形成对中国诗歌发展脉络、成果和风格特点的认识；通过绘制诗歌发展脉络图的形式，锻炼了筛选和提取信息的能力；将所学诗歌按照诗歌历史进程归类，对不同时代的诗歌、不同诗人的诗歌、诗人的整体创作风格有了宏观的认知。

设计思路：以小组合作绘图的方式，引导学生了解古代诗歌发展脉络、成果和风格特点，锻炼合作探究能力，变枯燥的阅读学习为生动的阅读实践，激发学生的学习兴趣；在交流汇报的过程中，加深对诗歌发展的认识，提升表达能力。

（三）学习任务三：诗之萃——以《经典常谈》品经典诗歌

学习活动：任意摘录两个时期诗歌的经典诗句（或整首诗歌），结合《经典常谈》中的相关理论，解读经典诗句，将学习成果整理到折页册的相应位置。

学习支架：①"诗之萃"学习任务单。②诗歌（句）解读范例。

学习成果：完成折页册"诗之萃"部分，建立《经典常谈》中理论与所学诗歌的联系，尝试利用理论内容，形成自己对诗歌（句）的个性赏析。

设计思路：在厘清脉络的基础上，将所学诗歌归类，加深对已学诗歌风格特点的认知；将所学的具体诗歌作品，和《经典常谈》中的抽象理解相联系，将阅读所得反馈到具体诗歌中，表达对诗歌的认识，提升学生阅读能力；通过学生解读结果评价学生的阅读鉴赏和表达交流能力。

（四）学习任务四：诗之悟——为"我最喜欢的诗人"写推荐语

学习活动：①选择一位喜欢的中国古代诗人，结合诗人的生平和创作，在折页册的末页写一段"我最喜欢的诗人"推荐语，表达对这位诗人的看法和独特情感。②组内交流，推选出最佳"推荐语"，班级内交流。

学习支架：①重点诗人生平及作品介绍。②《最佳'推荐语'评价表》。

学习成果：学生通过对诗人生平及创作的详细分析，从中得到独特的认知；将自己对诗人的看法和情感，通过"推荐语"的形式表达出来。

设计思路：学生在品读经典诗文的基础上，通过为"我最喜欢的诗人"写推荐语，进一步了解诗人的生平和人生态度，形成自己独特的感悟。

（五）情境任务："诗海拾贝"阅读交流会

学习活动：①举办"诗海拾贝"阅读交流会，展示交流学习成果折页册。②同学交流阅读活动感悟。

学习支架：《折页册评价量表》。

学习成果：完成"诗海拾贝"阅读交流会，形成对中国诗歌的整体认知。

三、项目化学习反思

（一）创设活动情境，激发学习兴趣

本课以举办"诗海拾贝"阅读交流会为活动情境，以设计制作"诗海拾贝"阅读交流会学习成果折页册为核心任务，设置了四个子任务，激发学生的学习热情，逐步实现学习目标。

（二）采用合作探究，提升学生能力

采用小组合作的形式，以学生自主阅读为主，在小组合作中发散思维，提升学生的创造性，从而培养和提升学生语文素养。

（三）综合多元评价，关注学生表现

本课教学过程中，用过程性评价关注学生的阅读质量，用成果性评价评价学生的学习成果；发挥多元评价主体的作用，为学生提供评价量表，引导学生开展互相评价，充分尊重学生的主体地位。并将评价融入教学，实现"教—学—评"的一致和连贯。

（四）提供学习支架，助力深入研读

学习支架是多层次的，一份资料、一个范例、一张任务单都可以引导学生进行深度思考和探究。本项目在每个学习任务下面，都为学生提供了相应的学习支架，包括具体的问题情境、相关资料、学习任务单、评价量表以及成果展示等，保证了核心任务的完成。

参考文献：

[1]朱彦斌.基于学情的名著阅读项目化学习设计与实施——以《傅雷家书》为例[J].语文教学通讯B刊,2021(11).

[2]赵德琳.科幻小说阅读项目化学习设计与实施——以导读《海底两万里》为例[J].语文教学通讯B刊,2022(6).

魏宏佳，北京十二中朗悦学校教师。

"双减"政策下利用教材美文激趣乐写

◎袁 英

新课程改革后的语文教材,无论在选材立意、谋篇布局还是文章的语言上,在文化内涵的丰富和时代气息上,题材与体裁上都具有典范性,都是我们写作借鉴的典范。那么如何在"双减"政策指导下,既不增加学生的额外阅读量,又能让学生深入阅读,从教材的阅读中学以致用,提高自己的写作能力,让学生通过课堂阅读,拓宽视野,提升个人修养。如何适时抓住时机提高课堂质量,利用教材激发兴趣,引导学生写出佳作。笔者就此粗略谈谈在教学中的几点体会。

一、走进美景,想象画面,享受美好,激发兴趣

孔子有句名言:知之者不如好之者,好之者不如乐之者。兴趣是最好的老师,要让学生有浓厚的兴趣自愿快乐地写。在课堂中通过教材中的美文欣赏美景激发写作的兴趣。比如在教学《紫藤萝瀑布》时,就这篇文章的前面写景部分,我让全班同学闭上眼睛,让很有朗读天赋的黄紫怡声情并茂地读给大家听,并嘱咐大家在听时想象语言所描绘的画面,朗读早已结束,可我看到全班同学仍闭着眼睛,一张张笑脸像一朵朵花,他们沉浸在美的意境中了。在"提质增效"的课堂中学生的学习方式是:自主学习、合作学习、探究学习。师生交流、生生交流,争取每个学生都能发言,所以欣赏文章之美时,我让同学们各抒己见,大家你一言我一语畅谈自己在这部分里找到的美点:语言使用多种修辞的美、画面色彩的美、充盈蓬勃生命力的美、不与群芳争艳,独自绽放生命的坦荡美……这样让学生把自己当作者来体验,他们的感受会更强烈,更真实,对课文的理解更到位。无形中把课文当作了优美的范文,在一种美的愉快的自信情绪当中,感受优美作品的魅力。我趁势问大家见到过怎样的美景跟大家分享,马上一个个七嘴八舌地讲自己在哪看到过的美景,迫不及待地要分享给大家,我见机宣布下节课就开设专题课——说作文,写作文,让同学们讲讲美景,并描述在自己的作文本上。课堂上他们一个个奋笔疾书,下笔千言,还有几个学生模仿了文中刚学的通感修辞手法把景写得妙极了。宁晨在作文《停云终破,明日春来》中写道"在强烈的光线下,我的眼睛有点花。东方的海上明月与潮水共生,与小城内的闪光照了个满怀,春天的江水在明月下诡谲云涌,空里的停云不被察觉地破开一道道裂隙",化用唐朝诗人张若虚的"海上明月共潮生"的诗句,与其说是对景的细致观察描绘,不如说是自己内心情感的抒发。这就充分通过课堂教学,利用教材美文激发了他们创作的兴趣,激发了写作的灵感,从而提高写作能力,达到了提质增效的目的。

二、情景再现,感同身受,体悟真情,产生共鸣

现在孩子受宠的比较多,他们往往依赖于自己的父母,却体会不到父母对他们的良苦用心。那么在课堂上我就想尽办法激发他们内心的温暖,利用表演情景剧的方式让他们感同身受。比如在教学《散步》时,划分小组,撰写剧本、情景剧扮演的课堂交流互动的方式,让一家四口最平凡的散步细节情景再现,让学生在情景剧的扮演中体会温暖的亲情,从而产生共鸣,由此激发学生在自己亲人间发生的小事情,小片段中去回味亲情。激发学生拿起笔来的欲望,让他们用手中的笔书写自己的家,书写自己的亲情,写出自己的温馨温暖温情。

在这次情景剧的作文中,唐雯芊的《静享时光·如沐暖阳》中这样写道:"从一饭一粥,一汤一羹,衣食住行,哪一样不是父母给予的?我们不知道他们经历过什么,承受着什么。但在我们衣食无忧的背后,是他们的努力在支撑着我们的成长。"在罗雯雯的《浸入暖阳·时光》中有这样的话"万物藏于心而不表于情,生活很难,回头望,总有人在你身后。"一滴水中见乾坤,一滴水中流淌着真情,闪烁着哲理,抒发着感悟。无疑,情景剧的再现给予了他们深刻的感受,不需要课外的时间去搜集素材,不需要再花时间细致构思选材,经过课堂上的剧情再现,足以打开思路,素材涌现,才得以让他们写出感恩亲情又富有哲理的妙语。充分利用教材,策划教学环节,找到学生的感触点,引起学生的共鸣,从而提高课堂效率,又利用此提高写作能力,真是一举两得。

三、走进文章,走进生活,激趣乐写,再创佳作

在减负"让学生成为生活和学习的主人""让学校经历成为学生一生幸福成长的基础"的思想指引下,让学生走进精彩的篇章中,扣人心弦的故事情节中,走进鲜明的形象中,由此联系生活,进行再创作,不失一个好办法。

叶圣陶曾说:生活犹如泉水,文章犹如溪水。泉源丰盈而不枯竭,溪水自然活泼地流个不停。在《狼》这篇文章中讲述了人与狼的博弈,学生充分认识到了狼的贪婪凶残狡诈阴险,但在智慧勇敢的人面前终究难逃灭亡的命运。课堂上,我让学生畅谈自己认识到的狼是怎样的。几个学生正争论动画片《喜洋洋与灰太狼》中认识到的狼的形象,而且还复述精彩情节,我特意凑过去说:"我没看,不知道里面的情节原来是这么有趣,你们能用文字表述出来让我看看吗?不过加一条,要有新意。"随即,同学们充分发挥了自己的想象,一个个天马行空。在他们的笔下,每一只羊和狼都是富有个性的角色,有一个学生写的《时光机》,我以为是《喜羊羊与灰太狼》里面原有的情节,一问才知是她自创的,狼的狡诈贪婪恶毒与羊聪明机警的个性真是呼之欲出。这是她独特的认识和感受,她用文字表述了出来,我在全班念给大家听了,同学们投去了羡慕的眼光,这使她有了自己获得成功的喜悦,每个同学也都明白了写作原来这么容易,生活中点滴的喜怒哀乐都是作文的内容。这就是以教材为线,牵引出生活中的点滴进行创作,进行针对性的文笔小练习,让他们用生活的理念指导自己的习作,把教材中材料和日常生活及习作练习结合在一起,形成一个"以教材为契机,以创新为核心,贴近生活,凸现个性,充满生命活力,开放的习作大课堂",那么他们一定爱写会写善写乐写,也会写出有灵性的习作来。

四、自选借鉴,纵情畅怀,手写心声,练就文笔

"减负"政策始终把课后服务作为学校全面育人的保障,学校是学生课后服务的主渠道、主阵地。教师就要充分利用政策所释放的空间发展校内教育,做好知识教育与素质教育的衔接和协调工作,不断增强学校对学生的影响力,强化学生对于学校的认同和依赖,减轻家长的教育压力和焦虑,让学生成为生活和学习的主人。在这一思想的引领下,在教学作文这一块,开设特殊的提质增效的作文课。

在课堂上充分利用教材中文质兼美的篇章,把学生的积极主动性调动起来,从而提质增效,每两周开设一次特殊作文课。教材文章是学生再熟悉不过的内容,请他们在教材中自选一篇课文的某一个点受到的启迪书写感慨。课文可以是小说、散文、古文、诗歌等;任意一点,这个点可以是其中的思想、故事、一个画面、一个人物、一句话、一个词、一个字等,从中受到什么启示,有什么感悟,就此展开写作,你会写什么内容,表达什么主题,说出你的构思遐想。让他们各显神通,这个活动中每个学生都有讲不完的事,说不完的人,叙不完的景,抒不完的情,我印象最深刻的莫过于爱学习又乖巧的邓思涵了。她文静寡言,说话音量小,平常安安静静坐在教室做自己的事情,在课堂上的发言大胆又朴素:"跟着作者梁衡欣赏了气势磅礴动人心魄的壶口瀑布,自己多么想去亲眼看看,可是自从2020年发生疫情以来,不再大胆全国各地旅游,但是学了古人柳宗元的《小石潭记》,突然觉得我也可以就在附近走走看看,说不定也能有意料不到的收获。观塘的夜景,周末的广场,桥西的博士湾,王河旁的小公园,附近的双峰山,不远的观音湖,都可以是小游去处。"是啊,在这样一个没有大景点的县城,休闲无处可去,也就没有游记的素材,现在经此一说,一下子为大家打开了游记的思路,只要有一双能发现美的眼睛,一颗聪慧的心,何处无景点啊!武子怡受到莫怀戚的散文《散步》中浓浓亲情的启示,写出优秀作文《紧关的门,敞开的爱》,其中"温柔的妈妈,幽默的老爸,调皮的弟弟,还有我,这就是家""紧关的是门,打开的是心,流露的是爱。这一个个爱的聚集,构成了一道道阳光,照进人的心底"等美句,不

仅打动了她,还感染了全班的听众。利用教材篇章中的某一点触动学生,引发学生写作思路,让其书写内心,真是一个值得推广而又有意义的做法,对于"提质增效"达到了意想不到的效果。

五、依照典范,学写传记,感悟人性,升华人格

苏联教育家赞科夫说过:"作文教学一旦触及学生的情绪,触动学生的精神需要,就能发挥高度有效的作用。"《邓稼先》中,我们看到了一位具有忠厚谦虚、真诚朴实的普通人,又看到了为中华民族的崛起身负重任、身先士卒、不怕牺牲、无私奉献、对祖国对民族的发展有巨大贡献的杰出科学家。他用自己的一生在诠释着"鞠躬尽瘁,死而后已"的奉献,用自己的行动在诠释着"天下兴亡,匹夫有责"的豪情壮志。历史的星空,有众多杰出人物。学习了《邓稼先》《闻一多先生的说和做》《回忆鲁迅先生》等传记后,引导学生写人物传记作文,历史上有叱咤风云的政治家,有决胜千里的军事家,还有为人类奉献宝贵精神食粮的文学艺术家,在任何一方面令你敬佩的景仰的人都可以写。由此激发学生对英雄人物的崇敬之情,从他们的身上感受非凡的气质,唤醒学生对理想的憧憬与追求。

课堂上,学生慷慨激情,纷纷吐露自己景仰的英雄人物。智慧的化身诸葛亮,千古奇才苏轼,诗仙李白,诗圣杜甫,一代伟人毛泽东,敬爱的周总理等众多的历史人物都是大家耳熟能详的。但是想写好却不那么容易,刘国正先生说:"取法乎上始得乎中,让学生登高丘而望远海,开开眼界,大有好处。"这就要搜集资料,整理归纳综合,在搜集的过程中已经是大开眼界了。紧接着就是选取最有价值的,模仿范文,仔细构思,表情达意,锻炼文笔,提炼思想,感悟精华,受到熏陶,升华人格。武文博与李庆胜等很多人的阅读量本来就广泛,文笔也美妙,现在让他们写景仰的英雄,那真是独具慧眼,文笔奇妙,各行各业的杰出人才都是他们笔下的主角,文笔下人物的故事让他们也深受鼓舞。人物的精神品质也让他们受到人格的感染,精神的洗礼。武文卓在《我的父亲》中写道"在我小的时候,父亲几乎每天都会去几次田地,不论刮风下雨,都会在田地中看到一个拿着农具、戴着草帽,穿梭在田地中弓着的身影,这也让我养成了勤劳简朴的好习惯。"纯朴勤劳的父亲就是他心中的英雄,学习的榜样,感人肺腑。作文写成,当堂念诵,互相传阅,毫无疑问,这就很好地增加了课堂的容量,同时也很好地锻炼了文笔,在彼此的学习中提高了写作水平。

在"减负"的政策下,利用教材直接在课堂上高效完成作文,在这样的作文活动中,他们的人格也得到了升华。用宁晨作文中语句来诠释这个作文活动带给他们精神的震撼再合适不过了:"我想到《杀破狼》中的一句话:倘若天下安乐,我等愿为渔樵耕读,江湖浪迹。倘若盛世将倾,深渊在侧,我辈当万死以赴。"情感是学生作文的原动力,利用教材中的典范文章,引发学生写作的情感,引导学生写出佳作,学生会写出生动感人的文章来。

总之,在"减负"政策指导下,积极开展研究,为减负工作提供新动力,新方案。而语文教材汇聚古今中外的名篇佳作,是一个璀璨夺目的美妙世界。通过学习这些美文,让学生沉浸在课文浓厚的情感意境中,与作者、文本产生共鸣,当联系现实时,他们会有倾吐的欲望。所以优化课程设置,整合课程资源,从减轻负担入手,利用教材中的经典美文,激发学生写作的欲望,让他们主动去寻找、挖掘适合自己的写作技巧,培养学生的写作情感,引导成就一篇好文章,从而提高写作能力。

教育和成长都是"慢变量",教育改革点多面广,观念之变,知易行难,必须久久为功,吾将上下而求索,持续推进"双减"落地,也有待一线老师继续探索"减负、增效、提质"的新思路,新方法。

参考文献:

[1]何光漫.囿中漫步·何光漫教育教学论文集[M].西安:陕西科学技术出版社,2020.

[2]蒋红森.初中语文依托教材构建写作训练体系及写作支架的实践研究.开题报告辩论.2021.

[3]温儒敏,王本华.教师教学用书[M].北京:人民教育出版社,2018.

[4]刘莉.走进生活·快乐作文[J].孝感教育,2017(35).

[5]刘真福.从经典课文中开掘写作资源[J].语文教学通讯,2019(66).

袁英,湖北省孝感市孝昌县第一初级中学教师。

低年级语文教学策略：深化对"新课标"的理解与实践

◎陈　卓

《义务教育语文课程标准（2022年版）》提出了新的教育目标与课程要求，强调了学段衔接，尤其关注幼小衔接。针对小学一至二年级阶段，要求教师基于对学生在健康、语言、社会、科学、艺术领域发展水平的评估，合理设计课程，同时注重活动化、游戏化、生活化的学习设计。为此，本文将系统地探讨低年级语文教育的教学目标、内容与方法，旨在为广大一线教师提供理论与实践参考。

一、教学目标定位与导向

1.培养综合素质：外延式的认知与表达能力、内涵式的情感态度与价值观是综合素质教育的主要指向。为此，教师应关注学生的健康成长、道德意识、审美能力等方面的培养。

2.核心素养的培养：课标要求教师以培养学生的核心素养为目标，提高学生听、说、读、写的能力。因此，教师应激发学生的兴趣，灵活运用教育教学手段，培养学生运用语言文字的基本能力。

3.以学生为本：逐步摆脱"填鸭式"教育的束缚，转向以学生为主体的教育方式。这意味着教师要关注学生的现实需求，设计与学生生活密切相关的素材，提高教学内容的生活化。

在新课标背景下，小学低年级语文教学要紧扣培养学生的综合素质、核心素养和以学生为本的目标导向。因此，教师需要深入研究教学方法，从多维度将这些目标与具体的教学内容、教学方式、评价标准结合起来，以培养具备全面发展能力、适应未来社会的新一代国民。

二、教学内容设计

1.文本阅读：选材要符合学生年龄特点、认知水平和兴趣，贴近实际生活，注意结合课程话题。不限于传统文学名著，可以包括现代作家作品、新闻报道、广告等，则有助于开发学生的阅读兴趣、培养审美能力。

（1）经典与现实相结合：在选择阅读材料时，兼顾经典文学作品和与现实生活息息相关的素材。经典文学作品在传统文化和思想价值上具有丰富的内涵，有助于培育学生的文化素养和审美情趣。现实生活中的素材则有助于提高学生解决实际问题的能力，培养践行精神。

（2）多元文本阅读：为了拓宽学生的阅读视野，提高他们的阅读兴趣，教师应设法引入不同类型的文本，如诗歌、散文、童话、寓言、科普等。这种多元化的阅读方式有助于培养学生的阅读技巧和综合素质。

（3）导读策略：教师在组织文本阅读活动时，要引导学生运用恰当的阅读策略，如预测、提问、总结、评价等，锻炼学生的阅读能力。此外，教师还可以借助多媒体和现代教育技术，如动画、视频、交互式软件等，丰富学习资源，提高阅读兴趣。

2.语言知识：教师要在选材过程中融入必要的语言知识，如同音义、形声字、近义词等，使之与故事情节相结合，增加文本的启发性。

（1）语言知识的渗透：在教学过程中，教师要有针对性地融入音韵、构词、句法等语言知识元素。通过将语言知识与文本阅读相结合，提高学生的语言运用能力。

（2）融合交际维度：教学中，教师要注重语言知识的实际运用，引导学生将所学知识用于日常交流。如安排角色扮演、情景会话等互动环节，让学生体验运用语言的场景，增强运用语言知识的能力。

（3）启发式教学策略：教师可以通过启发式的提问，引导学生进行自主思考、讨论等方法，帮助学生发现语言规律，并在实践中逐步升华和巩固。

3.文化味道与现实意义：在选材中注意挖掘文化内涵，引导学生关注传统文化价值、民族精神等，同时也要不断地寻求与现实生活的联系点，如环保、道德等热点话题。通过文本阅读，引导学生思考现实问题，发挥他们的想象和创新能力。

（1）引导文化熏陶：在教学过程中，教师要挖掘文本中蕴含的文化内涵，激发学生的文化兴趣，培养学生的品格、道德、审美等方面的内涵素质。

（2）针对现实问题：将课堂教学与现实生活紧密结合，关注热点话题，引导学生关注社会问题。通过不断地讨论、分析现实问题，提升学生的批判性思维、创造性思维能力。

（3）跨学科整合：教师要关注与其他学科（如科学、历史、艺术等）的整合，使得语文学习的过程更为多元、生动。在课堂教学中引入跨学科内容，有助于开拓学生的思维空间，拓展他们的知识结构。

通过精心设计的文本阅读、语言知识和文化味道与现实意义等教学内容，教师可以让低年级语文教育更加贴近学生的实际需求，激发他们的学习兴趣，提升他们的综合素养。

三、教学方法运用

1.活动化教学：这是一种能全面调动学生参与主动性、思维活跃性及发挥潜能的教学方式。教师要精心设计多种类型的教学活动，引导学生通过参与、合作、探索等手段，让他们在学中做、在做中学。

（1）情境创设：教师需要根据课程内容设计生动有趣的情境，让学生置身于学习内容中，激发他们的学习兴趣和积极性，提高学生的学习效果。

（2）合作学习：教师可组织学生进行小组或者班级合作活动，让他们共同完成任务，发挥集体智慧。在合作学习中，学生能学会倾听、沟通、协作，从而培养团队精神和社会交往能力。

（3）探究学习：教师要引导学生主动关注生活现象和学术问题，培养他们的求知欲和独立思考能力。通过组织实践活动、实验等方法，教师可引导学生深入探究，将所学知识应用于实际问题解决。

2.游戏化教学：游戏是儿童的天性，通过游戏降低学习压力，创造轻松愉悦的学习氛围。因此，教师要把游戏融入课堂，使学生在游戏中感受学习的乐趣，培养他们的语文能力。

（1）教学游戏设计：教师要根据学生的年龄特点和兴趣，设计富有教育意义的有趣游戏。游戏中，学生可在轻松的氛围下感受学习的愉悦，提升学习动力。

（2）创意教学：引入创意教学元素，如故事接龙、成语接龙、诗歌朗诵等，让学生在游戏中体验不同的学习方式，培养他们的创造力和想象力。

（3）道德教育融入：在游戏过程中，教师可以引导学生关注道德教育问题，如分享、尊重、合作等，通过游戏培养学生的品格和道德意识。

3.创设情境教学：情境教学能激发学生的学习兴趣和积极性，提高认知效果。设计情境时，要将学生代入情境中去思考、质疑和解决问题。这样既能培养学生的问题意识，又能潜移默化地提高他们的语文技能。

（1）寓教于乐：教师需在教学过程中设计吸引学生参与的情境，让他们在轻松愉快的过程中学习，提高教学效果。

（2）体验式教育：通过设置虚拟场景，让学生将所学知识运用于实际生活，以提高学生的实践能力和问题解决能力。

（3）提升情感共鸣：情境教学要注重情感因素，让学生在情境中感受到文化、道德、艺术等方面的内涵，培养学生的情感体验。

4.应用现代教育技术：利用多媒体、网络等现代教育手段，为学生提供丰富的学习资源和多样化的学习体验，拓宽教学手段与途径。如利用动画、视频、PPT等形式呈现教学内容，用电子书、互动软件等激发学生的学习兴趣。

（1）多媒体教学：利用图片、音频、视频等形式呈现教学内容，不仅使课堂更加生动丰富，还能激发学生的学习兴趣和积极性。

（2）互动教学：借助计算机、网络等现代教育技术手段，教师可设计在线互动环节，如互动测试、讨论、分享等，提高课堂参与度。

（3）资源整合与共享：教师要善于利用网络资源，搜集优质素材，整合教学资源，为学生提供多种学习途径和资源支持。

通过运用活动化教学、游戏化教学、创设情境教学以及现代教育技术手段，教师将能为学生打造个性、生动、有趣味的语文教学环境，从而提高学生的学习兴趣、积极性和能力。在课程改革的新形势下，这些教学方法有助于培养独立思考、积极探究、团队协作的有素质人才。

四、学生学习能力的培养

1.激发学习兴趣：结合学生的年龄特点和兴趣

爱好,设计生动有趣的教学活动,培养学生的学习兴趣和积极性。

(1)个性化教学:了解学生的兴趣特点,提供差异化的学习任务和教学资源,使学生在学习中体验成功和满足感,从而增强学习兴趣。

(2)寓教于乐:通过举办各类文学作品征集、朗诵比赛、文学创作活动等,激发学生的学习兴趣,培养学生对语文学科的热爱。

(3)鼓励大胆发表:教师要鼓励学生在课堂上提问、讨论、发表观点,保持开放的学习氛围,激发学生的探索欲望和表现欲。

2.培养良好的学习习惯:教师应帮助学生养成良好的学习习惯,如预习与复习、听课与记录、时间管理等。同时,教师要引导学生形成自主学习、合作学习和探究学习的能力。

(1)有效的听课与记录:教师要引导学生养成认真听讲、有效记录的习惯,使学生在课堂上积极参与,以便互动教学与自主学习。

(2)激发思考力:教师应多借助启发式提问方式,鼓励学生提出看法、质疑、设问,锻炼学生思考及解决问题的能力。

(3)养成预习与复习习惯:通过布置预习任务、组织复习监督等办法,培养学生良好的预习和复习习惯,提升课堂教学效果。

3.指导学习方法:教师应注重培养学生的元认知能力,了解学生的认知策略,调整优化教学过程。通过示范、指导、组织活动,使学生掌握恰当的学习策略,学会运用批判性思维、创造性思维等解决问题。

(1)提高元认知能力:指导学生掌握恰当的学习策略,培养他们对自己学习过程的认识、监控及调控能力。

(2)学习策略指导:教师可引导学生探索与实践各种学习策略,包括预览、预测、总结、提问、联想、归纳、演绎等,从而形成适合自己的学习方式。

(3)有效的时间管理:教师应关注学生的时间管理能力,引导他们科学合理安排学习和生活时间,培养自律的学习态度。

通过有针对性地激发学习兴趣、培养良好的学习习惯和指导学习方法,教师能够帮助学生提高学习能力,使之在每一个学习阶段都充满自信、富有成效。从而使学生在语文学科的学习和成长过程中具备自主学习能力和持续发展潜力。

五、教师自我提升的策略与途径

1.更新教育理念:教师要不断地更新教育观念,理解国家教育政策,顺应新课程改革的趋势,将以学生为中心的理念贯穿到每一个课堂。

(1)以学生为中心:教师需要转变教育观念,将教育重心从知识输出转向满足学生个性化需求,关注他们的全面发展,使教育更为人性化。

(2)关注素质教育:深入理解素质教育理念,均衡关注学生的知识、技能、情感、态度、价值观等多维度发展,着力打造全面发展的人才。

(3)倡导创新精神:努力培养敢于挑战、敢于创新的学生,关注学生的创造性思维和创新能力的培养,适应时代发展的需要。

2.提升专业素养:教师应积极参加各类培训,自主学习,不断提升个人的教育教学水平和专业素质,推动自身成长。

(1)深入学习业务知识:教师应努力提高自己的语文学科知识和教育学知识,使之更具趣味性、启发性,并将尖端理念融入课堂教学。

(2)继续教育与研修:积极参加教育部门组织的培训、研讨等活动,利用各种机会提升自身的综合能力和素质,为学生的成长输送源源不断的活力。

3.团队合作:教师要抓住课改的机遇,积极参与教育教学研究活动,加强与同行间的交流与合作,共同推进课程改革,共同成长。

(1)交流与配合:加强与同行之间的沟通与交流,分享自己的成功经验和教学教研成果,以取长补短,实现互补互助,提高整体教育教学水平。

(2)教研活动:积极参与校内外的教研活动,关注教育研究的新动态、新发展,探讨教育教学问题,共同成长。

六、结论

在应对《义务教育语文课程标准(2022年版)》的挑战时,小学低年级语文教师要从课程理论和实际需要出发,明确教学目标与内容,依据学生特点选择教学方法,并关注培养学生的学习兴趣、习惯和方法。同时,教师需要不断地提升自身的教育理念与教学能力,携手同行共同推进课程改革。只有这样,我们才能培养具备全面发展、适应未来社会变革的新一代国民,为中华民族的繁荣发展贡献力量。

陈卓,四川省成都市天府第七中学小学部教师。

核心素养视域下小学语文教学策略研究

◎黄锦辉

在小学语文课堂上,培养学科核心素养显得尤为重要,因为它涉及的内容较多,能够有效地促进学生未来的个性发展和人格塑造。然而,目前,许多教师尚未充分认识到这一点,从而导致了一些潜在的挑战。因此,为了提升课堂教学的质量,我们应该加强对核心素养的培养,并采取有效的措施来提高教学效果。尽管许多教师尚未认识到核心素养在小学语文课堂中的重要性,但我们可以通过深入的研究和讨论来探究这一重要性,以期提升教学质量。我们将根据实际情况,提出一系列具体的解决方案以满足需求。

一、在小学语文课堂中,核心素养扮演着极其重要的角色

我们的目标是通过培养学生的良好道德品质来促进他们的全面成长。我们致力于通过深入的研究来更好地洞察学生的身心发展规律,以科学的思维方式为基础,提供有效的指导和建议,以期促进学生的全面发展。我们相信,通过这些努力,我们能够确保我们的研究结果的可靠性。学科核心素养指的是在学科教育教学中,为了实现教学目标,学生应具备的基本技能和素养。本文旨在对小学语文学科的核心素养培养进行深入研究和分析。

新课标提出,学生是否具备学科核心素养将会直接影响其最终学习成果的质量。学生具备语文核心素养的学习能力比不具备核心素养的学生更能有效地完成任务。然而,培养核心素养并非易事,需要学生不断积累知识,并采取有针对性的训练措施以提升能力,因此教学人员应当加强对核心素养的重视和培养。语文核心素养是小学生学习语文的基础和前提,也是教师提高教学效率的基础。为了提升学生的语言应用能力和对语文学科内容的理解能力,必须加强对学生核心素养的培养,以期促进学生全面发展。

一般来说,首先应当对学生的基础知识进行有效的巩固,然后在此基础上进行后续的语文教学活动。对于小学生而言,学习古诗是其学习过程中的一项重要挑战。若是学生具备良好的语文核心素养,并且通过长期的阅读和学习,对古诗以及后续学习的文言文基础字词含义有了深入的理解,并且形成了语感,那么他们在学习古诗以及文言文时将会取得更佳的成效。相对于缺乏核心素养和语感的学生,具备核心素养的学生在学习更深层次的文言文时有可能取得更大的成功。

相对于数学和英语等主科,语文学科具有较强的审美性和艺术性,因此,学习语文可以在一定程度上提升学生对文字和文学作品的审美能力和鉴赏能力,而新课标对于学生综合能力的培养也更加重视。根据最新的课程标准,可以清楚地认识到核心素养在小学语文教学中发挥着极其重要的作用。因此,教师需要深刻理解这个问题,并从多方面来分析它的缺陷,根据具体情况制定相应的解决方案,以便更好地培养和提高学生的核心素养。

二、在核心素养视域下,小学语文教学策略面临着一些挑战

(一)由于教学目标不明确,学生缺乏有效的理解能力

经过对当前我国小学语文教学状况的深入分析,可以发现,确定教学目标对于教学过程具有极其重要的影响力。大多数教师在实际教学过程中都会将教学目标确定为帮助学生掌握相关知识点以及其他教材内容,但是,最终的教学目标仍然与教材紧密相连,以实现有效的教学效果。然而,仅仅将教学目标和教学内容局限于书本,将无法有效地帮

助学生拓宽视野,也无法深入挖掘语文教材中知识点背后的丰富内涵,从而无法实现有效的教学效果。语文教学的最终目标在于培养学生运用语言文字的能力,因此,提升学生核心素养是语文学习的重要任务。在实际教学过程中,教学人员应当将不同的知识点和教材内容与学生核心素养的培养有机结合,以培养学生核心素养为导向,实施有效的教学策略。

由于当前我国许多小学语文教师未能正确选择最终的教学目标,学生在学习过程中也自然而然地将自己的目标定位于考试成绩或记住教材中的知识点,从而导致学生在学习过程中将重点放在死记硬背上而非理解上,从而使得许多学生的理解能力极其不足。在当前的语文课堂上,学生经常会出现能够背诵某一首古诗,但是对古诗的背景、含义以及作者想要表达的思想感情却完全不理解的情况,这种情况对于后续的教学工作产生了极大的不利影响。

(二)由于教学模式落后,导致学生阅读能力显著不足

经过对当前我国小学语文课堂的调查,我们发现许多教师仍然坚持传统的教学方法,但这种方法缺乏创新性,无法有效地适应当前的教育环境,也难以有效地激发学生的学习兴趣和提高注意力。作为语文学科的核心素养,阅读能力对学生未来的语言表达能力、沟通能力等具有极其重要的影响力。然而,由于许多教师未能正确选择教学模式,导致学生的阅读能力未能达到预期的水平。许多学生在背诵课文时,如果要求默写能够写出来,但却无法表达出来,这可能是由于教师未能合理选择教学模式,从而导致学生缺乏阅读技能等核心能力。缺乏阅读技能会对学生的学习成果和其他学科的发展产生不利的影响。因此,教师应当认真审视这一问题,并采取有效的措施来解决它。除此之外,教学模式应当根据学生的实际需求进行创新和优化,以期提升学生的阅读能力和理解能力。

(三)由于教学缺乏有趣性,导致学生的写作技能显著下降

写作能力被认为是语文学科最重要的核心素养之一,因此教学应当给予充分的重视和培养,以促进学生写作技能的发展。然而,要想提升学生的写作能力并非易事,因为首先必须确保学生具备良好的阅读理解能力和文学欣赏能力,其次还需要学生具备良好的语言运用能力,以便采取有效措施来激发学生对语文学科以及写作的兴趣。兴趣是最佳的教师,只有确保学生对写作的热情,才能够有效地激发学生的学习兴趣,从而使教学活动取得最佳的教学效果。综观当前小学语文教学的整体状况,许多教师尚未认识到这一问题的重要性,因此采用较为传统的教学模式,导致教学活动缺乏趣味性,课堂气氛沉闷,这也是学生写作能力不足的主要原因之一。

三、在核心素养视域下,提升小学语文教学水平的几点建议

(一)重点关注主线,以提升学生的理解能力

作为小学语文教育的核心素养之一,理解能力对学生的语文学习效率具有重要的影响,因此教学人员应当重视这一问题,明确影响学生理解能力的学习内容,并结合学生的学习习惯和行为习惯,以提升学生的理解能力,以促进学生语文学习效率的提高。

为了有效提升学生的学习成效,我们建议教师采用把握文本主题的策略,以期帮助学生更有效地掌握文本的核心主题。通过对文本主题的深入探究,学生可以更加清晰地洞察作者的思维模式和情感表达。采用这种方式,学生不仅可以更有效地掌握文本内容,还能够增强他们的探索能力和学习热情。特别是对于年幼的孩子,如果他们对阅读抱有浓厚的兴趣,那么他们就会更容易被其强大的吸引力所吸引。通过持续的探索和思考,我们可以深入挖掘文章的潜在价值,从中获取宝贵的智慧,这种成就感将激发我们对未来的探索欲望。教师应当根据教学内容和学生的特征,采取有效的指导策略,以确保学生在探究文章主旨时能够有效避免出现偏差。

在学生探究写景文章的主线时,教师应该提前提出有针对性的问题,以引导学生的思维方向,以防止学生陷入不良的思维模式。教师提出的挑战性问题可以有效地帮助学生掌握深入探究文章主旨的技能,从而提升学生的学习能力。

(二)采用创新的教学模式,以提升学生的阅读能力

自21世纪以来,我国已经迈入信息化时代,在这一历史性背景下,各行各业在实践发展过程中,积

极推动现代化技术的应用,以实现全面现代化转型的战略目标。因此,教育行业应当加强对此问题的重视,新课标明确指出,新时代的教育行业应当与现代化技术相结合,以实现教学模式的创新和优化,通过合理运用现代化教学手段和信息化教学手段,以提升学生学科核心素养。

为了更有效地指导学生,小学语文教师应当深刻认识到这一课题的重要性。为了进一步推动教育发展,我们应该将这一理念融入日常教学实践中,不仅要坚持传统的教学方法,还要积极探索新的教学内容,以期实现教学质量的提升。为了提升学习效率,我们建议采用先进的教育技术,如多媒体技术,如语音、动画和视频等,以便有效地协助学生更好地掌握课程内容。采用这种方式,学生可以更有效地掌握课程内容,从而提升他们的注意力集中度和学习积极性。为了使学生更加清晰地理解学习目标,我们应该采用现代化的教学方法来设计合适的导入环节,以激发学生的探索欲望。教师应该采用多种教学策略,如利用游戏和情境教学法,以激发学生的学习兴趣,促进他们掌握学习技能的发展。学生只有通过采用更有效的学习策略来深入理解语言,才能更有效地掌握语言技能。

采用情境教学法可以为教师提供一个具有情感和形象性的、生动逼真的教学环境,从而有效地激发学生对课堂内容的兴趣,促进他们对教学内容的理解和掌握,进而提升学习效率。相对于传统的教学模式,情境教学法能够有效地激发学生对学科的兴趣,提升课堂参与度,从目前情境式教学法的应用情况来看,其应用效率显著优于传统的教学模式。为了提升课堂的趣味性,加强与学生的生活联系,我们应该采用多种教学情境,如游戏教学情境和生活化教学情境等,以增强学生的学习体验感,进而提升课堂教学的有效性。

(三)应重视兴趣引导,以促进学生写作技能的发展和提升

写作能力是语文教学中不可或缺的重要组成部分,因此小学语文教师应当加强对此的重视,以提升教学质量。然而,从当前的整体情况来看,大多数小学生对写作的兴趣并不高,这种现状的形成原因相对复杂,其中最主要的原因在于教师在教学过程中没有采取有效的措施来激发学生的学习热情,从而使学生认为写作只是一种枯燥乏味的学习方式和作业内容。相对于大学生而言,中学时期的学生仍然具有较强的小孩子天性,对于与实际生活无关的书面性作业内容,小学生缺乏兴趣,而且写作对字数有一定的要求,这使得学生更容易产生反抗心理和抵触心理,加上小学生本身对文学的理解能力较低,无法感受到语言之美和文字之美,这进一步增加了小学语文培养学生写作能力的难度。

为了解决这一问题,教学人员应当加强对学生兴趣吸引的重视,在日常教学和生活中应当着重关注学生的行为习惯以及其主要的兴趣点,并根据学生的具体兴趣点采取适当的教学方式来激发学生的学习热情,以期有助于学生养成良好的写作习惯。为了激发学生的学习兴趣,我们应该让他们将所学的知识与他们的记忆结合起来,以期达到更有效的学习效果。为了达到这一目的,我们应该将课堂上的内容与学生的日常生活联系起来,以便让他们能够回想起自身的经历,从而激发学生的学习兴趣和积极性。通过以故事的形式向学生展示课堂上的经历,可以有效地帮助他们更加深入地理解课文的主旨,从而促进他们思维能力的发展。通过运用写作技巧,学生可以更有条理地表达他们的故事。

四、结语

在小学语文课堂上,我们必须认真贯彻核心素养的要求,并将其作为我们的首要任务。核心素养在语文教学中具有极其重要的意义,它不仅涉及诸多内容,而且对学生未来的个性发展和人格发展也具有深远的影响。然而,当前我国小学语文教学中仍存在一些教师对核心素养培养缺乏重视的现象,这需要我们加强对此领域的关注和重视,以促进核心素养的全面发展。由于教师尚未认识到核心素养在小学语文教学中的重要性,这导致了当前教学质量的显著下降。作为一名教师,我们应当不断努力,以提升我们的语文学科核心素养,并增强我们的专业技能和素养。我们需要重新构建课堂结构,以实现创新的教育理念,并以此为基础为学生提供更加可靠的学习环境。为了提升小学语文课堂的活力和多样性,教师应当持续不断地努力,以培养学生的核心素养。

黄锦辉,广东省罗定市金鸡镇中心小学教师。

思辨性预学在小学高年段语文教学中的应用

◎ 李幼娟

为什么要进行思辨性自主预习？是源于目前小学语文教学中存在的问题。

语文课程丰富的人文内涵对人们精神领域的影响是深广的，学生对语文材料的反应是多元的，应重视语文的熏陶感染作用，注意教学内容的价值取向，应尊重学生在学习过程中的独特体验，应着重培养学习语文实践能力。（引自《小学语文新课标》）

对照新课标要求，我们对语文教学取得成绩肯定时，也应该看到存在的不足：

1.重视课后复习，不重视课前预习；只有复习大纲，没有预习大纲。如果有人在研究复习，认为复习课堂知识非常重要，那么我们只能说他的上课是为复习而准备的。

2.重视考试成绩。考试统一单一的答案对学生独立自主思辨体验是无益的。考试制度造成学生和家长偏重分数，对独立思考不够重视深入。

3.重视教师为主课堂授课（备课本检查制、教师听课制、公开课制），不注重学生自主思辨自我感受在参与合作探究的重要作用。

一、思辨性自主预习的必要性

叶圣陶先生说过：语文教学成功与否，是要看学生最终能否离开教师自己去读书作文，做好课前预习不仅提高听课效果，而且能培养学生的思辨能力。一代文学巨匠鲁迅先生，在小说创作之前，曾在北京的绍兴会馆抄写誊录古文献七年之久，为其文学创作打下了坚实的基础，如果说这段时期是对中国文化的预习，那么后来发表的以《阿Q正传》为代表的文学作品就是对民族性思辨探究。而在对待小学高年段自主预习，不少老师认为自主预习不过是学生把自己能完成的学习内容完成而已，如查词典认生字，找出修辞格等熟能生巧

的学习内容，为课堂教学腾出宝贵的时间，可以用于合作探究，课堂讨论，文本拓展。而未意识到预习是一门学问，是需要一整套环节和流程的。学生在自主预习中形成自主的思辨见解与情感体验，才能参与合作探究。这样的独立思考预习经过长期训练形成习惯，会成为动力定势。

小学高年段自主预习，具体列举四个方面：

1.品味文意，形成自我体验，参与合作探究。

2.提高人文素养培养沉浸式阅读习惯。

3.预习中掌握基本知识，为上课腾出更多时间，拓展深度广度。

4.提高学习成绩，满足家长期望。

由此可见，思辨性自主预习不仅处于语文教学各项要求的交集中，也是进一步落实新课标的突破口！

二、思辨性自主预习的可行性

在如何让学生进行有效思辨性自主预习，教师都有自己的办法。我的办法是参与整个过程中起指导、检查、评估，以自行预习模式为基点，即整体感知—部分感知与深究—整体回顾。

（一）系统的思辨性自主预习方法渗透

我用一节课专门指导（生字词语句子—课文—资料的收集），另外一堂课以板书形式整理作者思路，并记录下了学生课堂表现的情况。两堂课后，让学生谈自己两节课的收获，学生都觉得通过思辨性自主预习后，课文上得轻松有活力，从而明白了预习在学习中的重要性。

（二）提出思辨性自主预习要求

认识预习的重要性后，对预习提出要求，这是一个动手动脑的语文实践过程。包括自能识字，解词，自能阅读笔记填写，自能辨析（问题由教师设计），自能赏析。以上检查可以用笔录与口语回答相

结合。归纳起来大体流程是一读,二圈点划,三批注,四构思。

读就是读课文。预习时要求学生读六遍课文,且每一遍的读都要有一定的目的。

1.二遍默读

第一遍读解决生字新词,扫清障碍。拿到一篇新课文,由于会有一些不认识的字和不理解的词语。初读课文时,通过查字典、词典,或问别人(包括同学、老师、家长)对不认识的字读准字音,对不理解的词语,要初步了解它的意思。第二遍读了解文章大意,注意文章结构,写作方法。

2.二遍朗读

认识生字后放声诵读。"眼过三遍,不如嘴过一遍",大声诵读,对文章内容的理解和记忆都很有好处。预习的朗读一般可读二遍,第一遍重在巩固生字的读音,要把课文读通读顺;第二遍注意文章内容,思想意义,了解文章写的人、事、物、景和作者想说明的东西;第三遍要注意文章结构,写作方法。读过几遍课文,其印象肯定会比"默看"时深刻。让学生预习一篇课文前,先让学生用笔在课文每个自然段前用阿拉伯数字标出序号。这个小序号的标画看似简单,其实在小学生标画的过程中,对文章就有了一种感性认识,知道一篇文章是由许多个自然段构成,在教学活动中师生便于操作。

圈点划。在多遍的读后,我让孩子们开始对文章进行梳理。用各种各样的符号来表示,这也是为孩子们积累好词好句作辅助的。

小圆点(·)表示文章中的好词,所谓好词就是一篇文章中使句子生动形象的表示修饰和限制作用的词;

三角形(▲)表示文章中的重点词,重点词即最能表示全文意思的词语或一段文字中最能体现意思的词语;

波浪线(~~~)表示文章中的佳句,佳句是一篇文章中最美的句子,特别是那些采用了各种修辞手法的句子,学生在找和划的过程中对美句进行第一次的感性阅读,为下面文章的阅读做一些准备;

双线(=====)表示文章的重点句,即一篇文章中所要表达的意思的句子,是文章的中心句、总起句和总结句等。

单线加一个?(——?)是疑难处,不明白的地方,便于在课堂上与同学、老师交流讨论解决。"学源于思,思源于疑",学方有所得。长此以往,真正养成了"一边读一边想"的好习惯。

批注。每一篇文章的出现都有其自身的背景资料,指导学生通过上网、查资料等多种方式搜集有关的资料,并稍做批注,利于学生理解课文内容。如《为中华之崛起而读书》一课,为了帮助学生理解课文,需要了解当时帝国主义列强侵略中国的时代背景和周恩来的生平。然后让学生从命题、开头、结尾、好词佳句及重点词句的方面通过自己的理解以书面的形式在书上记录下来。就像一些重点词语,上课时老师提出来,学生就能很快地解释出来,节省了时间,提高了效率。

构思。这种预习方法开始实施前,必须先做足功课,带学生完成几课的预习,让学生有据可依,有法可循。具体的实施方案是:学生了解课文内容充分批注的前提下进行阅读四大块第一大块的操作与反馈。第一大块整体感知课文,用《习作构思表》剖析作者的构思过程,全方位地对文章梳理,了解作者如何立意、如何定向、如何选材、如何组织和安排材料、如何叙材。

如《卖火柴的小女孩》这篇课文,它的构思如下:

【立意的目的和意图】反映出作者对穷苦人民的深切同情和对贫富悬殊的黑暗社会现实的强烈不满。

【定向】文体(童话);类型(写人);对象(小女孩);范围(时间——大年夜,地点——街上);内容(一个卖火柴的小女孩在大年夜冻死在街头)

【取材】取与中心有关的材料:1.年夜下着雪,又黑又冷一个小女孩在街上卖火柴。2.女孩一次又一次地擦燃火柴,在火柴的亮光中看到了种种幻象。3.小女孩在大年夜冻死了。

【组材】材料的组织与安排:结构(顺承);顺序(按事物的几个方面)

【叙材】材料的叙述,即:表达(段、层)

主(详写)小女孩一次又一次地擦燃火柴,在火柴的亮光中看到了种种幻象。(1.第一次擦燃,看到火炉。2.第二次擦燃,看到烤鹅。3.第三次擦燃,看到圣诞树。4.第四次擦燃,看到奶奶)

次略写,秋白梨是家乡的特产

表现形式:1.写作手法(叙述、描写说明相结合;以描写、说明为主);2.修辞格(比喻、拟人)

命题方法:写作对象

开头方法:开门见山　环境描写

结尾方法:点明中心

(三)注意学生差异,进行分层设计,激发学生

1.一个班级里面,就学习基础和学习的素质来说是有一定差异的,也有共同的弱点。如即使是小学六年级的学生,理解事物也往往是孤立的,不注意它们的内在联系。反映在阅读上,理解支离破碎,抓不住重点,深入不下去。针对学生的这个弱点,要有意识地安排预习,让他们在思辨中逐步理解体会一篇文章中词、句、段、篇与中心内容之间的联系。

2.一个班的学生除了共同的弱点外,还存在能力的差异,注意改变"一刀切""一锅煮"的做法,对不同的学生安排不同的预习目标。对阅读能力不强的学生,设定最低目标要求,组织同学之间用口语相互问答。对阅读能力较强的学生,设计较高目标要求,从文情、文意、文法、文思去辨析,给予沉浸式阅读,用读后感小作文完成辨析。

三、思辨性自主预习针对性

1.从教材(课文)的特点出发。每一篇课文,都有写景写人写事写情,或点面结合或象征手法或寓言故事或人称转换,描写叙述抒情等等,其文意表现的侧重各不相同。因此设计预习问题时注意从教材(课文)的特点出发,避免清一色与流于形式。从合情合理又独特的角度设计问题,使学生在问题情景中提高思辨能力。如《难忘的一课》重点训练要求"真情实感,恰如其分"。根据重点训练,设计了下列的预习:1)作者在教室看到了什么情景?产生什么感情?2)下课了,作者听老师讲了什么?3)作者在小礼堂里看到什么?作者想到了什么?在布置预习时,围绕训练重点,让学生边思边学。

2.设计预习时要注意体现不同体裁的教材特点,使学生逐步掌握学习各类文章的规律。《卖火柴的小女孩》是一篇童话。童话的主要特点是运用丰富的想象或幻想来反映现实生活,文中不少地方写小女孩由于幻想而产生的情景(幻景)。预设一些饶有兴味的预习题,激起学生思辨的欲望。尽管不少学生看过《安徒生童话》,然而学习该文时,兴趣浓,积极性依然高。不但学懂课文,憎恨黑暗的社会,并且在学习中掌握了童话的特点。《火烧云》一文中,作者运用一些叠词描写云的各种颜色是这篇课文用词上的一个特点。设计预习时,要求:1)找一找文中的叠词,能按ABB、AABB、ABAB的形式归类整理。2)找一找文中表示颜色的词的构词方案。3)想一想,作者运用这些叠词分别描写什么?4)根据下面的简图提示,用上你所找出的叠词。设计预习问题时注意从教材特点出发,就可以避免"清一色","流于形式"。这样既能唤起学生的学习兴趣,又让学生从不同角度去思考辨析,加深对文本的探究。

四、思辨性自主预习科学性

习惯的形成过程,需要21天的持续。对于大部分孩子来讲,能持续预习是很难保证,因此在最初的训练中,最关键的是要加强监督、管理,使之坚持而形成自觉的思辨性自主预习习惯。

首先一定要形成作业机制,做到有课必预,有预必查,有查必严。这是有效预习的必要保证。

其次要及时了解学生预习的反馈情况,及时有针对地调整预习安排,能保证预习的有效性,科学性。然后可以分层布置预习要求,让不同层次的学生在预习中找到自己能够做的事,找到自己的乐趣。

最后应建立评价激励机制,可以采用口头表扬、发小红花、书面批语等,做到不断评价鼓励学生。评价语采用(有进步、理解深刻、态度认真)等鼓励性、感受性评语,不采用优良及格不及格的等级性评语。正面引导,多激励,充分发挥学生的主观能动性,让学生主动进行思辨预习。

李幼娟,浙江省绍兴市上虞区博文小学教师。

小学语文综合性学习的评价策略

◎武雁赟

小学语文综合性学习编排于语文教材中，是对语文知识的综合运用。综合性学习活动将语文课程与其他课程进行沟通、书本学习与生活实践紧密结合，使学生运用语文知识的能力、听说读写能力及跨学科学习能力得到整体发展的一项学习活动。在设计、实施语文综合性学习时，老师应精心准备，前期做好活动开展计划，过程中指导学生按计划、分步骤完成整个学习活动，重视学生在学习活动中的表现及掌握的能力。而小学生在学习活动中是否学有收获，则需要一套贯穿活动始终的评价体系。小学语文综合性学习评价是在进行实践活动时不可或缺的重要环节，是学生不断反思、不断自我激励的过程，对促进学生在活动中体验进步和成功有着重大的作用。语文综合性学习评价也是考察和评价学生在活动中实际表现的参考依据，帮助学生了解自己的完成程度，量化自己的学习成果，鼓励学生高质量完成实践活动的学习任务。语文综合性学习评价还是完善课程管理的有效手段，可以发现和总结活动实施过程中的经验，为完善活动过程提供实践依据和理论基础。而考查学生在活动中的表现，难以通过普通的考试测验来完成，需要一些科学有效的评价策略来指导完成评价。

目前关于语文综合性学习评价还存在许多问题：在评价主体方面，多数以教师评价为主，学生评价为辅；评价方式上，绝大部分教师只是随意的口头评价，没有评价量表或其他方式[1]。也有学者调查发现，小学语文综合性学习评价存在着评价标准不明、评价主体缺乏互动、评价对学生的促进作用不明显等问题，评价功能在活动实施过程中是缺失的[2]。甚至很多一线语文教师认为，小学语文综合性学习是为了培养学生综合能力，只需在常规教学中布置一些开放性的任务就可以了。考试不考，就不需要评价，因为评价还会增加教师的教学负担[3]。这些问题表明语文综合性学习评价在实际操作中还有很多有待突破的困难。教师缺乏一套可以使用的评价标准，评价方式简单随意。因为学习成果不会体现在考试成绩上，教师会直接放弃评价环节，对评价的重视程度远远不够，但考查学生在活动中的表现情况，科学的评价策略必不可少。

小学语文综合性学习评价不仅关注最终呈现的结果，也关注学生在活动中以自主和合作的方式解决问题的态度、收获的经验和方法，鼓励学生的个性化发展，实施多元评价。由此，小学语文综合性学习评价应关注活动全程，既关注过程，也关注结果。用评价引领活动、推动学习、反思成长，实施科学评价策略，构建有效评价体系。

一、评价引领活动，激发学生动力

教师在设计小学语文综合性学习活动时，应同时把评价标准设计出来。在实施综合性学习活动时，应提前向学生明确任务要求和评价标准，让评价引领活动，帮助学生有目标有方向地开展活动，激发学生积极参与的动力，推动活动高效地实施和完成。

（一）评价标准以活动任务为依据。在设计活动评价时，首先要明确本次综合性学习活动的任务和要求，将评价与目标密切关联，使评价标准的制定做到有据可依。由于每次综合性学习活动的主题和任务各不相同，所以在制定评价标准时，也应该根据活动目标的不同而进行对应的调整，不能用一个评价标准去衡量所有的活动表现。并且要预测学生在活动过程中可能出现的问题以及最终的成果呈现，整体把握综合性学习活动的各个阶段，结合三维目标，制定科学合理的评价标准。

（二）评价是激励的手段，不是施加的压力。教师在组织学生在开展综合性学习活动之前就明确，评价标准是为了激励学生有目标、有计划地进行活动学习,而不是为了给学生施加压力,导致学生"寸步难行",失去体验活动过程的快乐。

教师作为活动的主导者,要根据小学生的年龄和身心发展特点,用鼓励性的言行,营造自主、合作、探究的良好氛围,传递包容、互助的合作理念,激发学生积极参与的兴趣和动力。教师要利用好评价的作用,让学生在活动前就有目标、有方向、有动力。

二、评价推动过程,改进学习方法

小学语文综合性学习活动不是一两节课就可以完成,它是一个持续性的活动,往往贯穿整个单元的学习,或是独立的一个综合性学习单元,在时间上有一定的跨度。这一特点决定了学习评价要以过程性评价和阶段性评价为主,关注学生的动态成长,引导学生适时改进学习方法。教师要把评价行为运用到活动过程的每一个阶段,促进学生不断进步,激发学生持久的学习动力。

(一)树立"教—学—评"一体化意识,即学即评。教师在组织综合性学习活动时,应是有步骤、分阶段布置的,在综合性学习活动的推进阶段,学生已经完成了一部分任务,教师可以利用一两个课时组织学生进行阶段交流,分享现阶段的优秀作品,结合阶段交流发现问题,调整改进,并持续关注学生接下来的动态变化。例如统编版四年级下册的综合性学习活动的主题是"轻叩诗歌大门",活动开展阶段是布置学生收集自己喜欢的现代诗,并摘抄下来。学生摘抄的过程中,可能受其认知水平和收集途径的限制,呈现出一定的趋同性。因此,教师可以将评价指导的重点放在丰富摘抄类型,进行分类整理上。评价的主体既可以是老师,也可以是学生。通过对比分享,学生可以发现现阶段出现的问题,互相评价,提出改进方法,不断调整活动实施策略。

(二)采取多种评价方式,关注学生的阶段性成长。语言上的激励性评价,可以鼓励学生在轻松愉悦的氛围中不断成长。教师作为活动的主导者,可以在坚持严谨认真、依据事实的原则下,抓住学生在活动中的闪光点进行恰当合理的评价,既不伤其自尊,又能指出问题,为学生指明今后努力的方向。教师要追求评价的艺术,帮助学生发现不足、解决问题、发挥长处,使学生在老师诚恳的语言、温和的言辞、温暖的笑容中感受活动的快乐,在活动中得以成长。

除了语言上的激励,教师还可以制定《个人活动反思记录单》,帮助学生进行活动回顾,通过反思发现亮点,反思不足,查漏补缺,从而提升自己的认知能力,在反思中成长,在阶段中收获进步。同时也可以督促学生及时总结,为后面的活动开展或今后的活动参与注入动力,不断改善活动参与的方式、学习的内容,保持持久的学习力。

(三)融合多元评价,加强协同交流

小学语文综合性学习考查学生综合运用语文知识进行实践探究的能力及跨学科学习的能力等,学生在课堂展示之外,更多的活动体验是在课下的准备和完成。在开展学习活动时,教师一人无法关注到学生全程的学习过程。为了更真实客观地评价学生的表现,在小学语文综合性学习评价时,应采用多主体的评价方式。教师要鼓励学生开展自我评价、相互评价、小组评价,让学生成为主要的评价主体。除了教师评价、学生评价,还可以邀请家长、其他老师等一起参与评价,活动期间提醒学生细心观察,注意加强与周围人的沟通交流,调动一切积极因素,促进综合性学习活动扎实开展。

三、评价总结成果,促进持续发展。小学语文综合性学习活动考查学生合作沟通的能力、处理整合信息的能力、综合运用语文知识进行实践探究的能力等,活动结束后,这些能力得到了怎样的进步,以及综合性学习的成果呈现的效果如何,都需要一个终结性的评价来评定。终结性评价主要指对综合性学习活动结束后进行的汇报展示交流以及依据制定的评价量表对参与者的活动表现进行的评价。

(一)汇报展示成果,在互动交流中进行终结性评价。一次综合性学习活动完成后,教师应利用一个课时的时间来给学生进行成果展示和汇报交流,为学生搭建展示的平台,这是实现终结性评价的前提。成果展示可以是口头形式,也可以是书面形式。例如统编版四年级下册的综合性学习的成果就包括书面形式的小诗集和口头形式的朗诵会,五年级下册的综合性学习成果包括开展猜字谜活动和趣味汉字交流会,六年级下册的综合性学习成果则是书面形式的成长记录册。在学生进行成果展示汇报时,老师应提前布置汇报任务,明确汇报要求。汇报后,要及时进行交流评价。

针对口头形式的成果展示,要注意根据活动目标,科学评价。例如诗歌朗诵会的活动目标是"用合适的语气朗读,表情、体态自然大方",教师要在前期引导学生通过感受范读、练习朗读等方式建立对"表情、手势要自然"这一要求的具体认识,明确评价标准。在同学诗歌朗诵展示后,教师可以组织学生按照朗诵标准,科学评价同学们的表现,并评选出最受大家欢迎的朗诵节目。针对书面形式的成果展示,教师要关注展示平台的搭建。例如合编小诗集的活动,教师要组织学生在课上展示、交流小组合作编写的小诗集,或者在一段时间内,在班级的某个固定区域,将各组合编的小诗集集中展示,供同学们在课余时间翻阅。展示后,同学之间依据展示内容进行合理评价,并评选出若干奖项,强化评价的效度。

(二)依据评价量表,指导完成终结性评价。语文综合性学习的评价如果只有口头评价,总会有不够全面或不够正式的顾虑,但制定合理的评价量表就可以指导学生进行全面的终结性评价。在制定评价量表前,要根据每次学习活动的目标和内容,确定不同的评价项目和重点。制定评价量表时,要结合三个维度来设计评价内容:活动准备过程是否积极、作品呈现是否合理、成果展示是否清晰。在设计评价量表时,要注意评价要点和评分方式易于学生理解,且易于操作,要符合小学生的认知水平,要坚持评价量表是为了方便师生交流评价,为师生服务的原则。例如结合四年级下册"轻叩诗歌大门"的综合性学习活动的目标和任务,我制定了"综合性学习活动小组评价量表",依据此

综合性学习活动小组评价量表

活动名称	合作编小诗集	组名		记录时间	
评价内容	评价要点			点评人名	
活动准备	任务分配合理				
	成员积极参与				
作品内容	诗集取名有特色				
	封面设计有特色				
	目录清晰有特色				
	内容编排合理				
	插图合理优美				
汇报展示	汇报清晰具体				
	勇于反思改进				
	声音洪亮、姿态大方				
总计					
评价等级	优秀:10分 良好:8分 一般:6分 需改进:4分				
我们的建议					

表,实现对活动质量和学生表现较为直观的终结性评价。

在制定评价量表时,首先要搭建框架。结合语文学科素养训练要点和综合性学习活动的目标达成,将评价内容设置在三个维度上,即活动准备、作品呈现、成果展示。其次要确定评价要点。根据学习活动的实际任务,结合评价内容,细化评价要点。最后,要制定评分规则。根据小学生的年龄特征和身心发展的特点,将评分规则划分为优秀(10分)、良好(8分)、一般(6分)、需改进(4分)四个评价分值。在活动中,利用评价量表进行小组合作评价,并提出合理化的建议。这既是将综合性学习的小组合作贯彻到底,又激励了学生的评价积极性,同时使学生在活动的结尾进行再一次的反思,实现发展的可持续性。

终结性评价在帮助学生回顾和总结本次活动的参与过程上起到关键性的作用。通过汇报展示成果的方式来交流和反思活动中的得失,通过评价量表的评定了解自己的进步与不足。并在终结性评价中体验收获的乐趣,促进学生持续性的发展与进步。

总之,小学语文综合性学习评价贯穿综合性学习活动的全程,科学及时的评价可以成为学生追求上进的助推器,也是内化学生自我发展的营养剂。在实施小学语文综合性学习活动的评价中,要做好每一个阶段的评价,做到因材施教和因势利导,借助持续性评价、多元评价及多种评价方式推动综合性学习活动高效完成,为学生长久的可持续发展助力。虽然在一线教学中,坚持执行各项评价活动还有很多困难和阻碍,但这样系统的评价活动仍然值得一线教师去实践,并在实践中不断改进。

参考文献:

[1]曾敬.初中语文综合性学习现状调查与教学策略研究[D].重庆:西南大学,2008.

[2]陈茵.基于核心素养的小学语文综合性学习实施策略研究[D].长沙:湖南师范大学,2019.

[3]叶新.小学中年级语文综合性学习中表现性评价应用的研究[D].南京:南京师范大学,2020.

武雁赟,广东省深圳实验学校坂田部教师。

小初高阶段语文教学中整本书阅读系统化研究
——以《红楼梦》为例

◎杨博文

整本书阅读的目的是深入探究书籍背后的文学叙事、历史背景和人文素养；而在基础教育阶段的语文学科之中的整本书阅读教学，有着阶段性、渐进性和发展性的特点。整本书的名著阅读不仅仅在一个阶段上进行阅读研究，而是反复多次地出现在语文阅读教学过程中，这不仅仅凸显了语文教材研究中编写原则的系统性、统筹性和时代性原则，还展示出了语文阅读教学过程中的整体把握和整体观照。而本文之所以选择《红楼梦》作为研究范例，不仅是因为它在小初高课本中都有所涉及，且选文内容循序渐进具有阶段性和层次性，还因为《红楼梦》本身的文学地位和深远影响。《红楼梦》所蕴含的多角度、多方面的人文历史知识和它的文学意蕴和艺术价值，支撑着它成为整本书阅读的经典范例和教学典范。学生在不同教育阶段的学习和阅读分析，更表明"在阅读教学过程中，教师有意识地组织学生重读，提倡从各种不同角度随机的进行阅读理解"[1]，即组织多角度阅读的重要效果。而对整本书阅读的系统化分析，是基于整体性的教学原理解析，是以发展性原则为矢量的教育探究。

一、《红楼春趣》：阅读积累与习惯培养，初步培养学生阅读能力

统编版五年级下册第二单元的《红楼春趣》一文节选自《红楼梦》第七十回《林黛玉重建桃花社 史湘云偶填柳絮词》，它所讲述的是贾宝玉、林黛玉等人在大观园里放风筝的故事，这也是《红楼梦》大观园最后一次快乐而纵情的聚会。

本单元的教学目标是"初步学习阅读古典名著的方法；学习写读后感"[2]，两个单元教学目标，而本课的知识与技能目标除了基础生字的积累之外，也包含了文章的概括和人物形象的分析。

基础知识是语文学习的重要内容，也是阅读学习的支撑内容，在小学阶段的基础积累对于培养学生的阅读素养显得尤为重要，这也是整本书阅读的积累。

《红楼春趣》一课为阅读课，在课文伊始明确指出："读读课文，能读懂大意即可。"[3]这说明，在小学阶段的学生由于知识积累和思维发展等原因无法对于红楼梦的人物和叙事有着更加深刻的解读。现阶段的目标应该注重学生的阅读积累和习惯养成，为之后对于《红楼梦》的整本书阅读做铺垫。

在此阶段，学习《红楼春趣》应该完成识字积累，初步探究人物形象，为今后的阅读打下坚实的基础。培养学生的阅读习惯，发展学生的阅读能力是要尊重学生的主体地位，发挥教师的主导作用，在教学形式方面采用多样化、信息化和趣味化的教学策略和手段，引导学生掌握知识积累的同时为日后的阅读教学打下了坚实的基础，这体现了《红楼春趣》在小学阶段的基础性，而这样的基础性展现了语文阅读教学的独立阅读能力和习惯养成。

在小学语文的阅读环节，主要依靠多种阅读方式来进行理解和分析，陈寿在《三国志》中有言："书读百遍，其义自见。"这恰恰说明了阅读技法的重要性，这样可以"通过阅读积累中的语感图式，形成良好的语感"来完成依靠阅读形成积累和能力培养的重要任务。在小学阶段进行了积累和习惯培养，为日后整本书阅读的文学鉴赏和艺术研究提供了相关工具和规律。

二、《刘姥姥进大观园》：人物分析和叙事鉴赏，引导阅读创设学习情境

统编版九年级上册第六单元的《刘姥姥进大观园》一文节选自《红楼梦》第四十回《史太君两宴大观园 金鸳鸯三宣牙牌令》，该课的教学重点主要聚焦在刘姥姥的人物形象分析和笑剧，为后来大观园的衰败设下了伏笔。

刘姥姥进大观园这一课中，是以刘姥姥的人物为线索，进一步分析人物形象，了解故事发展导向，研讨艺术叙事的学习环节。学生此时处于初三阶段，即濒临中考阶段，该学段会更加注重学生的阅读能力中的理解和分析能力。

通过和《红楼春趣》的对比，我们可以明显发现，刘姥姥进大观园的节选注重分析人物形象，把握人物性格的同时，注重故事发展脉络的把握分析，和小学阶段了解故事注意内容相比，更注重故事线索的寻找和探究。与此同时，课文下面的众多注释和文旁批注也在为学生阅读学习提供帮助和引导作用。该课程设置是整本书阅读的巩固提升阶段。

本课的难点在于分析文章脉络，找出文章线索进行更加深入的巩固和分析，这不仅仅需要了解《红楼梦》的部分基础内容，更应该深入进行整本书阅读才可以完成。单一的片段式阅读和单章的故事型阅读无法满足学生学习的要求了。

刘姥姥进大观园这一刻的主要内容是在探究人物形象，众所周知小说阅读是以塑造人物形象为中心，在该课程是在理解人物的分析过程中，实现人物分析和文学鉴赏，在情感体会中实现符合科学规律的认知注意驱动。根据初中的学情设置，将《红楼梦》繁冗的阅读篇章分块驱动，以探究人物性格导向为主线，以寻找线索为辅助，进一步完成在整本书阅读的发展阶段进行形象思维的阅读任务。

刘姥姥这个角色是其中的小人物，在小人物的探究过程中可以对角色分析得透彻，更可以分析的多角度和多方面。在该阶段中，是以通过学生阅读的过程之中，完成学生和角色的对话，在这一阶段进一步丰富了学生对于角色的理解，完成了教学驱动过程中整本书阅读的互动性议题。与此同时，在其中更加丰富了教学过程中的整体关照，与《红楼春趣》中的整体关照不同，在初中阶段的课程设置比较而言有着更深层次的整体把握——从局部探究全文构造：从刘姥姥进大观园实际上也是红楼梦的一个伏笔，意在揭示大观园鼎盛之后的衰落的结局[4]。

在初中阶段的选择，对于整本书的阅读进一步深化，也更加注重篇章段落的阅读和整本书阅读之间的关系，这是在锻炼鉴赏性的阅读能力和理解感知的阅读手法。

三、《整本书阅读：红楼梦》：构建整本书阅读体系，研究《红楼梦》悲剧意蕴

《整本书阅读：红楼梦》选自统编版必修下册，第七单元整本书阅读。也算是在小初高中阶段对于《红楼梦》整本书阅读的系统性总结。该课程以阅读指导为主要线索，以完成学习任务为主要内容，以完成综述写作为提升要求。是贯穿整本书阅读的针对性自主探究形式的课程。

阅读指导中以"把握前五段的纲领性作用""抓住情节主线""关注人物形象塑造""品味日常生活细节的刻画""了解社会关系与生活习俗"和"鉴赏语言"[5]六个方面来进行指导教学。六个学习目标循序渐进，同时也展现出来了整本书阅读在小初高语文课程中的系统化。

在这六个方面实际上都在小学和初中的教学体系中有所涉猎，比如"了解社会关系与生活习俗"部分，《红楼春趣》这一课程之中就学习了风筝的相关理论和民俗知识；而《刘姥姥进大观园》一课的主要任务也是抓主线和塑造人物形象两部分。这更加突出了整本书阅读的系统化和整体关照。

相比于初中课程中艺术叙事部分真实的人物形象塑造的分析，高中课程更加注重对于主旨的理解，即对《红楼梦》悲剧底蕴主旨的探究和发掘。从小学阶段学习基础知识和了解相关人物，到初中阶段寻找文章线索，研读人物形象，到高中课程中对于主旨的探究；实现了阅读教学过程中形象的塑造和情绪的感知，从培养基本阅读素养到研读情感逻辑和艺术价值的还原，完成了整本书阅读中更深层次的教学目标。

高中的整本书阅读学习，凸显了创新性阅读的重要性，其设置的任务立足于科学的教育理念情况下进行的教学研讨。其所受益的不仅仅是学生也包含教师，"这就需要教师和学生深入探究教材，在教与学的过程中，共同寻找创造性的因素，使之成为学生思维的触发点"[6]。由此可见，创新性的学生自主学习的阅读课程，是需要以教材为范本，反复研读和深入思考才能实现的阅读新素养。

本单元的课程设置是将悲剧的主体意识为主要研究对象，进一步对于主旨的教学，也表明了高中阶段的课程设置是对于主旨大意的研究，到了后面的综述写作，是阅读和写作能力培养的整合发展，是阅写能力的培养和提升，在此看来是对于整本书阅读学习过程的能力拓展。是高中阶段在读写

结合的基础上进行的提升。

学生在学习对于主旨把握的过程中,也在进行着批判式阅读,在此过程中的学习,不仅仅培养学生的阅读能力,也在培养学生的质疑精神。在整本书阅读中,实现了从基本理论学习和德育与三观的塑造。阅读的能力培养不仅仅是价值观的建设和发展更是"个人与社会价值的统一,人类价值与自然价值的统一。这三个统一,就能使学生自觉地追求真、善、美的价值,抛弃假、恶、丑的价值,让他们牢固地树立起人与社会,人与自然和谐发展的理念。在阅读教学中,情感、态度、价值观不是外加的东西,它应是阅读教学内容的血肉,是阅读教学中,情感、态度、价值观不是外加的东西,它应是阅读教学内容的血肉,是阅读教学中的灵魂,教师要有意识地把情感、态度、价值观渗透到阅读教学的过程中去。"[7]由此看来,随着年级的升高,学段的进阶,学生的阅读能力逐渐向对于主旨的价值观的梳理转变。

四、整本书阅读系统化中的实践性创新

实际上,在整本书阅读的过程中,应该进行教学创新,在鼓励学生的自主形式的学习过程之中也是在完善更系统化的教学过程,同时实践性的阅读课是创新式教学的重要组成部分。那在整本书的阅读环节中,可以采用那些创新性的实践阅读方式,现列举如下。

角色扮演——话剧展示:该环节可以设置话剧展示,在改变创作的过程中,在角色对白的排练之中,更加切身地体会人物形象,进行人物和性格的分析,在活动的过程之中体会主旨,实现对于角色的认同和书籍的把握。

唇枪舌剑——故事辩论会:该环节可以在探讨过程之中进行思维的碰撞,在把握整体的同时对局部细节进行局部关照,从而可以获得学生对于《红楼梦》的细微情节梳理,在进行辩论的过程之中得到新的灵感,同时也可以进一步提高学生的口语表达能力,不仅仅让学生完成应试教育中的僵化课题,让学生对于问题的解决更加思辨化。

比较阅读——读书研讨会:学生可以通过阅读研讨会,进一步讨论自己感兴趣的问题,也可以进行分享和对比,在比较阅读的过程中,扩充更加丰富的知识。通过比较阅读和探究,不仅仅可以丰富知识,还可以营造良好的班级学习环境和学风。

创意任务——综述写作与翻转课堂:用高中语文必修教材中的《整本书阅读:红楼梦》的综述任务为例子,这就是创意任务类作业,并没有拘泥于死板的教学流程,和翻转课堂一样,这是创新创意的作业类和课堂互动类任务,该环节会提高学生的多面能力,对标高等教育中的实践性和自主性学习环节,在提高学生归纳写作能力的同时,为基础教育和高等教育衔接做了铺垫。

实际上,在小初高每一个阶段的教学环节中,都可以看到整本书阅读的系统化影子,因为系统化不仅仅是在小初高三个学段中,课程设置的系统化;还是每个课程内部设置的系统化,也是小初高的不同的教学内容,但是所有的教学目的的系统化,更是符合在教育过程中,学生自主,教师主导的科学的教育规律。而创新的整本书阅读的课程设置会更高程度地提升学生学习能力。

五、总结

整本书阅读的系统化是在实现育人要求下所进行的系统化阅读,是以科学的教育手段进行语文学科教学过程中的教育性阅读,是在创新实践的指导下所进行的实践性创新,是符合学生的在小初高阶段的教育发展规律的教学过程,它的系统化发展是不仅仅要提高学生的学习能力,更是为了促进教学创新,丰富教育内容,提高学生读写能力,培养学生阅读习惯,树立正确的价值观的教学手段和教育方法。而中小学各个阶段的系统化教材和课程设置,正是教师进行实践创新的基底,也是育人的工具。

参考文献:

[1][4][6][7]刘永康,张伟主编.语文课程与教学新纶(第2版)[M].北京:高等教育出版社,2017:154,144,159,140.

[2][3]温儒敏编.小学语文教材《语文》五年级下册[M].北京:人民教育出版社,2019:17,31.

[5]温儒敏编.高中语文教材《语文》必修下册[M].北京:人民教育出版社,2019:138.

杨博文,黑龙江大庆第一中学附属机关小学教师。

以"标题管窥法"构建整本书阅读导读课教学策略
——以统编高中语文《红楼梦》整本书阅读为例

◎阳 雪

整本书因其篇幅长导致阅读周期长，整本书阅读导读课也因文本意蕴深导致教学难度大，有效的整本书阅读导读课以激发学生阅读兴趣、搭建良好的阅读框架、构建学生认知体系显得尤为重要。在统编高中语文《红楼梦》整本书阅读导读课中用"标题管窥法"这一小切口辅助进入文本，小中见大将全书的意旨统摄起来，导以阅读的方法教会学生学会阅读，能提升整本书阅读的教学效果。

一、导方法：导读课型的独特突破口化解学生畏难情绪

整本书阅读导读课是学生阅读整本书的指引，目的是激发兴趣、指明方向、学习方法。让没有本书阅读体验的同学生发阅读兴趣，起到助读的作用；对已有相应阅读体验的同学，起到加深理解的效果。《红楼梦》文本内容的丰富深广，导致学生进行整本书阅读时出现畏难情绪。第一，由于课时紧张，教师教学能力不一等问题，教师对于学生的阅读方法的指导比较泛化，缺乏针对性。课堂多以教师讲解为主，对学生阅读技巧的训练不够，仅从浅层次带着学生了解全书，讲求横向面面俱到的讲解，而忽视纵向深层次的挖掘。第二，在教学内容的安排上，很少能抓住主线进行教学，教学内容比较松散。第三，课堂上往往以教师的解读为标准答案，忽视学生的解读。学生独特的解读正是建立在对具体问题有自己的独立思考之上，教师应该鼓励并正确地引导，借此激发学生的阅读兴趣。若未养成良好的阅读习惯，没有有效的阅读方法，又缺乏坚持阅读大部头书籍的耐心，就会导致阅读进度推进困难，从而停滞阅读。针对现有问题，需采取相应的教学策略，利用导读课纾解学生畏难情绪，拉近学生与文本之间的距离，搭建理解文本的阶梯，帮助学生循序渐进入文本。

教师在了解学情的基础上，选取"标题管窥法"这一小切口，从方法着手突破文本长与难，既不会使提问流于普通，亦不会使回答过泛，课堂始终围绕教师选取的中心讲述。《红楼梦》整本书阅读可通过阐释别名的含义和象征意义来引起学生的兴趣和注意，激发学生对作品主题和内涵的探究欲望。《红楼梦》第一回中给出了思考方向：

"空空道人……改《石头记》为《情僧录》。至吴玉峰题曰《红楼梦》。东鲁孔梅溪则题曰《风月宝鉴》。后因曹雪芹于悼红轩中，披阅十载，增删五次，纂成目录，分出章回，则题曰《金陵十二钗》……至脂砚斋甲戌抄阅再评仍用《石头记》。"

可见文本的命名，是对文本内容和哲理内涵的高度概括，又从甲戌本《脂砚斋重评石头记》中可见到批语：

"若云雪芹'披阅''增删'，然后开卷至此，这一篇'楔子'又系谁撰？足见作者之笔狡猾之甚。后文如此处者不少。这正是作者用画家烟云模糊处，观者万不可被作者瞒弊（蔽）了去，方是巨眼。"

由此可以窥见几种别名可能分别对应着不同的感悟者，或许是身经其事之人，或有曾见证过曹氏家族盛衰，甚至是文中某一主人公原型的作者亲友，他们从同一文本中读出了不同的旨义和内蕴，因而以命名来呈现自己对文本的理解。从脂批来看亦有可能此别名就是作者在创作时的意旨，作者以不同的命名对文本内涵作出阅读提示，告知读者《红楼梦》可从不同层面理解其内涵。更因此书非一次创作完成，别名的出现即体现了文本内容的不同发展阶段。

教学过程中通过询问学生知晓《红楼梦》有哪些别名，其中的哪个别名更能够激发阅读兴趣，即是从"标题管窥法"入手分析书名中所蕴含的信息。若对文本内容不熟悉，则可以阐释对标题的理解，由标题说开去联想文本可能会描述的内容，进而。由

学生都能够接受且进入文本的方式开启能够有效缓解学生的畏难情绪，进而进入小说本身的叙事内容，这也是在进行语言积累、梳理与探究，提高学生语言、知识、技能、思想情感、文化修养等，从多方面、多层次引导学生的思维走向综合发展。

二、导内容：整本书阅读的宏观把握提升学生审美能力

《红楼梦》整本书阅读导读课应注意从宏观上把握整本书的内涵，以"标题管窥法"切入文本后，还应该有宏观把握，做到以"一"带"整"与有效激趣，从而进入文本内容，提升学生审美能力。

所谓以"一"带"整"就是指用"标题管窥法"这一小切口提问能够勾连整本书阅读教学，以一个任务或情节能够辐射整本书内容，以单篇内容能够联系全文。例如，从《红楼梦》别名能够窥见整本书所述内容，甲戌本凡例详细交代了不同书名的得名缘起及所负载的不同内蕴：

《红楼梦》旨义。是书题名极多。《红楼梦》，是总其全书之名也；又曰《风月宝鉴》，是戒妄动风月之情；又曰《石头记》，是自譬石头所记之事也。此三名皆书中曾已点睛矣。如宝玉做梦，梦中有曲，名曰《红楼梦十二支》，此则《红楼梦》之点睛。又如贾瑞病，道道人持一镜来，上面即錾"风月宝鉴"四字，此则《风月宝鉴》之点睛。又如道人亲眼见石上大书一篇故事，则系石头所记之往来，此则《石头记》之点睛处。然此书又名曰《金陵十二钗》，审其名则必系金陵十二女子也。然通部细搜检去，上中下女子岂止十二人哉？若云其中自有十二个，则又未尝指明白系某某。及至"红楼梦"一回中，亦曾翻出金陵十二钗之薄籍，又有十二支曲可考。

又如谈到某一人物形象时可联想到曾学习过的课文，进而联系整本书全面了解，如分析王熙凤这一人物形象时，可联想到《林黛玉进贾府》这一课文，先引导学生通过关注人物的外貌、语言、动作、心理描写，体会课文中个性张扬、机变逢迎的王熙凤人物形象。在此基础上进一步提问：除了课文中展现的人物形象特点外，结合《红楼梦》其他章节，说说王熙凤还有哪些特点？设置悬念，激发学生好奇心，让学生主动阅读整本书。如，可以从"协理宁国府"这一章节中，感受凤姐的才干；从"弄权铁槛寺"这一章节中，看到凤姐的贪婪；从"毒设相思局"这一章节中，看出凤姐的残忍⋯⋯这种从细处着手勾连整本书阅读的教学方法，不仅激发学生的阅读兴趣，也让学生更加深层次、全面地理解了人物形象。

有趣的导读课能够有效激发学生的阅读兴趣。《红楼梦》一书前五章故事是整本书的总纲，教师要带着学生认真仔细地阅读前五章，对前五章中的神话故事、现实故事进行详细的解读。例如，在第五回"贾宝玉神游太虚幻境，警幻仙曲演红楼梦"中，可以从下几个方面重点解读：一是太虚幻境地名、物名、对联等的意味；二是金陵十二钗判词，包括人物性格、命运。三是《红楼梦》十二（十四）支曲，包括人物性格、命运、小说主题。通过对这些预示着人物命运的判词的解读，激发学生的好奇心，从而去主动阅读《红楼梦》整本书内容。

按西方解释学与接受理论，文学文本能脱离创作它的具体语境，具有作品自身的语境，文本的意义不局限于作者的意图或意思，它是向读者的理解开放的，善用以"一"带"整"与有效激趣，以"标题管窥法"带动整本书内容的阅读，呈整体性启迪学生思考，提升学生综合审美能力。

三、导能力：契合课型与文本的抓手增强学生阅读能力

好的整本书阅读导读课教学方法，能够提升学生阅读整本书的能力。教师在激发学生阅读兴趣之后，在整本书阅读导读课上有意识地传授好的阅读方法，促进学生思考，让学生形成对文本的认识，更是构建《红楼梦》整本书阅读导读课有效教学策略的关键。第一，能掌握正确的阅读顺序和阅读方式，提高阅读速度。像《红楼梦》这样的鸿篇巨制，掌握正确的阅读顺序很重要。首先，明晰"标题管窥法"的意图，标题就是整本书内容的高度凝练，结合自身的理解从不同角度赏析文本，在此基础上，了解作者曹雪芹的生平以及写作背景，接着通过阅读序言、目录、后记来了解整本书的内容、主题，掌握正确的阅读方式，扫清阅读障碍。第二，学会批注性阅读，读写结合，提高阅读效率。所谓批注性阅读，就是在阅读的过程中，要做到动眼、动脑、动手，将自己的所思所感写在书的旁边，可以是对一句话的感悟，也可以是对一个情节的评论或是人物形象的分析，提高学生的语文素养、语文应用能力以及语文审美探究能力。第三，尝试根据自身对文本的理解，给整本书命个名。再命名不论是否能够超越原著命名，都是一种能够体现自身对文本人物、情节、环境的体会，更关键的是对主旨的领悟。而这一命名的过程不仅影响学生阅读的当下，更启迪学生的终身。

在《红楼梦》整本书阅读教学中，要根据新课标的要求，有针对性地培养学生的阅读能力，这是有效阅读的保障。第一，促进主动阅读，形成发现问题的能力。这个能力就是指在阅读过程中要善于思考，读有所得，敢于提问，敢于质疑。引导学生从标题影射的主要人物、环境、情节、主题等方面进行思考。第二，创建学生阅读任务单，培养学生有计划地阅读的能力。阅读任务单中明确阅读范围、阅读时间、阅读目标及具体任务。教师可以按照《红楼梦》章节，将整本书阅读分为四个阶段。以第一阶段（第一至五回）为例，规定阅读时间为一周，阅读方式为精读，具体要求如下：概括前五章出现的三个神话故事以及两个现实故事；根据冷子兴的演说，评论荣国府的现状；熟读判词，根据判词梳理主要人物的命运。第三，交流展示阅读成果，培养语言表达能力。教师可以通过开展交流活动，来检查学生的阅读成果。交流展示不仅能提高学生的语言能力，还能使班级形成良好的阅读氛围，个人和群体相互促进，优化阅读效果。让学生尝试解读或为整本书重新命名，更是一种阅读能力的加深和再创造，将思考后的结果与最终的呈现和其他同学进行交换，倾听他人的思考并与自身观点进行比照整合，也是对整本书阅读能力的促进。

《红楼梦》整本书阅读导读课的教学策略构建对统编高中语文教材中整本书阅读有促进作用，对高中语文课程学习也有很大的价值。不仅弥补阅读碎片化局限，让学生的阅读选择更加多样化，不受限于课堂宏大主题，从"标题管窥法"进入教学能够有效呈现整本书阅读教学效果，导方法、导内容、导能力让课堂教学切实成为学生发展语言理解能力与应用能力的主阵地。

参考文献：
[1] 章芬.基于整本书阅读实践的教学探究[J].语文教学通讯·D刊(学术刊),2023(04):40-42.
[2] 纪秋香.学习任务群视域下的核心知识教学——以《红楼梦》整本书阅读为例[J].中学语文教学,2023(02):12-15.
[3] 王元华."整本书阅读与研讨"教学之道探究[J].中学语文教学,2022(11):32-38.
[4] 王本华.任务·活动·情境——统编高中语文教材设计的三个支点[J].语文建设,2019(21):4-10.
[5] 苏捷.模仿史书体例，探索整本书阅读"织网式"教学——以《红楼梦》为例[J].语文建设,2022(15):67-69.
[6] 张庆善.中学生如何整本书阅读《红楼梦》[J].红楼梦学刊,2022(01):1-22.
[7] 贝京,王攸欣.大钧无私力 万理自森著——论《红楼梦》的复调性[J].红楼梦学刊,2008(05):257-272.
[8] 俞晓红.《红楼梦》整本书阅读与文学教育[J].红楼梦学刊,2022(01):43-63.
[9] 詹丹,曹静河.《红楼梦精读》[J].红楼梦学刊,2022(01):332.
[10] 黄厚江,孙国萍.整本书阅读教学的常见问题及其解决策略[J].语文建设,2021(23):29-32+46.
[11] 詹丹.论《红楼梦》整本书阅读与教学的整体性问题[J].上海师范大学学报(哲学社会科学版),2021(04):107-114.
[12] 段爱华.整本书阅读教学的有效策略[J].语文教学通讯·D刊(学术刊),2021(06):26-28.
[13] 张心科.《红楼梦》整本书阅读教学[J].中学语文教学,2021(04):31-37.
[14] 陈金华.整本书阅读主问题教学策略[J].中学语文教学,2021(06):18-22.
[15] 李紫军.统编教材整本书阅读实施策略[J].文学教育(下),2021(05):94-95.
[16] 黄玲,谢丽莎.课外阅读整本书导读模式初探——以童话《青鸟》为例[J].教育观察,2020,9(43):91-94.
[17] 詹丹,言已.《重读〈红楼梦〉》[J].红楼梦学刊,2020(06):102.
[18] 吴海华.浅谈整本书阅读的激趣导读策略——以《红楼梦》为例[J].汉字文化,2020(14):62-63.
[19] 詹丹.《红楼梦》整本书阅读的选择性问题[J].语文建设,2020(01):4-8.
[20] 吴欣歆.立足课标，推进"整本书阅读与研讨"——以《红楼梦》阅读为例[J].语文建设,2020(01):8-11.
[21] 杨伟.《红楼梦》整本书阅读教学要点与难点[J].语文建设,2020(01):12-15.
[22] 吴泓.《红楼梦》整本书阅读教学建议及方法[J].语文建设,2020(01):16-19.
[23] 戴健.从建构角度看整本书阅读教学的独特性——以《红楼梦》教学为例[J].语文建设,2019(17):36-40.
[24] 胡根林.整本书阅读：读法及其教学路径[J].中学语文教学,2019(08):27-34.
[25] 徐逸超.《红楼梦》整本书阅读课程形态探索[J].语文建设,2019(13):39-42.
[26] 蒋霞.整本书阅读视域下的高考名著阅读考查——以《红楼梦》为例[J].语文建设,2018(16):62-65.
[27] 王春晶.关于整本书阅读教学的思考与实践——以《红楼梦》阅读教学为例[J].中学语文教学,2017(10):24-26.

阳雪，湖南省长沙市湖南师范大学附属中学教师。

基于隐微解释学的《背影》主题解读

◎黄健萍

朱自清的散文《背影》是中国现代散文史中的佼佼者，也是初中语文教材中的常驻之客。《背影》早在1930年便选入《初级中学混合国语教科书》。进入21世纪，新课程改革之风没有将它吹走，反而更受重视，相继选入人教版、语文版、北师大版、苏教版的语文教材，可以说是语文教材中的"常胜将军"。然而对《背景》的解读自1925年发表以来更是争议不休。而本文是基于隐微解释学视角，旨在理清《背影》的主题。

一、隐微解释学与《背影》

隐微解释学是从隐微写作的视角来解读古典哲学的解释学，关注作者的"难言之隐"或"隐微教诲"，指证文本的字面意义与隐含意义的差异。隐微写作不是由施特劳斯首创，但是，现代意义上的"隐微解释学"却由施特劳斯率先提出来。施特劳斯本人亲自采用这个视角和相应的解释学方法重新解释了系列古典作品。施特劳斯的解释学作品重新"解构"了古典作品。如果把"解构主义"理解为对文本的分解和重构，那么，施特劳斯解释学也可视为解构主义解释学。

在施特劳斯看来，哲学和社会总是存在冲突，哲人因"思想癫狂"触犯政治统治而遭迫害，因此，哲人不得不采用"隐微教诲"的方法。哲人所采用的"写作的技艺"使同一个文本存在两种教诲：大众教诲(或显白教诲，exoteric teachings)和哲学教诲(或隐微教诲，esoteric teachings)。哲人通过这种写作技艺，让真理只向其中一小部分力所能及的人敞开，而对大多数人隐身。作者因此将读者分成不同的群体，不同的群体阅读同一个文本后会获得不一样的感受。那些细心谨慎且训练有素的读者能洞悉作者写作的真实意图，也就是理解到作者要传达的真实的哲学教诲。而大多数读者也能轻松地理解到作者要给他们传达的、有益于社会的显白教诲。

朱自清在写作《背影》一文时，也许不存在像古代哲人因受政治压迫而不得不采用隐微写作的处境，但他却有区分读者理解程度的倾向。他有两大阅读群体，一是他的学生、大众读者，二是志同道合者(知己者)。朱自清曾坦言，他作为一个国文教师，他国文教师职业的开启也是他写作事业的开始。他在《欧游杂记·序》中，更是直言要为中学生写一些游记。对此，钱理群先生是这样剖析，朱自清是个国文教师，他的主要阅读群体是中学生，因此朱自清的散文就是一个国文教师写给中学生看的文章。那么，作为写给学生看的文章就要能让他们看懂，不能过于深奥，由此就存在显白教诲。而作为一个作家，为了能与行内人进行交流，就要求有一定的深度，因此也就存在隐微教诲。

二、《背影》中的大众教诲(显白教诲)

《背影》是一篇纪实抒情性的散文，文章涉及记叙文的要素以及感情都比较简单，脉络较为清晰，质朴的文字中饱含情感。在文章发表之初，人们对其主旨的理解也较为一致，普遍认为《背影》的经典主题是讴歌"父子情深"。《背影》通过讲述父亲送儿子去火车站，细致照料他上车，吃力攀爬月台为给儿子买橘子等情节和细节，把一个父亲对儿子的关爱和不舍表现得淋漓尽致。因此，人们一致认为《背影》是一篇文字质朴而情感真挚的歌颂伟大父爱的经典散文。

1934年，朱剑芒主编的《初中国文》第一册，这样解读《背影》："本篇描写的是一个老父亲为儿子的送别的记叙文，一方面刻画了一个慈爱的父亲形象，一方面也夹杂着别离的悲伤情绪。"新中国成立后，语文教材的解读也深受极左话语的影响，蒙上了政治价值的色彩。1951年,《人民教育》刊登了多篇关于《背影》的讨论稿,均对这篇散文传达的主题持否定态度,认为《背影》体现的是一种"颓废而又感伤"的父子之情,缺乏正面导向作用,通篇都看不到"非丑恶""爱人民"的影子,只看到一个行动笨拙、眼含泪光的软弱肥胖"背影",宣扬一种狭隘的父子私情和充满了小资产阶级的感伤情绪。这种对《背影》价值的否定,又恰是承认了其"父子挚爱"主题。新时期以来,语文教材编写回归正途,多个版本的教材都选录了《背影》,将其作为"亲子至爱"的典型文本。如1996年的苏教版评价《背影》表现了慈爱父亲对儿子的爱护和儿子对父亲关怀的感激。台湾的语文教材的点评也不例外,认为本篇文质兼美,用平实的笔触刻画了亲子间的自然之爱。

从各种教材呈现出的结果来看,"父子情深"无疑是《背影》的主流解读。这一主题可以从文字表面轻而易举地看出来,中学生不需要教师的过多指导也能读出来。而且这一主题非常适合对中学生进行感恩教育。因此,"父子情深"是《背影》面向广大中学生群体的显白教诲。

三、《背影》中的哲学教诲(隐微教诲)

《背影》一文难道真的仅仅是表达"父子之爱"的主题吗?就因为它的情感动人而在教材中无可替代?学者夏志清就对《背影》长期占据台湾和大陆教材提出了这样的疑问:"比《背影》更真挚感人的文章有的是,还为什么要这一篇?"既然《背影》一文能成为语文教材中的经典,那当然不仅是其情感动人,更重要的是其中隐含的义理。朱自清对于《背影》的一些说明也可以给我们一些暗示:"似乎只有《背影》是'情感的自然流露',但也不尽然","我不大信任'自然流露'"。为了解码《背影》中的"微言大义",根据施特劳斯隐微解释学的方法,则需要在分析时留意文本表面的"矛盾"、"谋篇布局"、"特殊词汇"等,以及要把整体与部分统一起来。

从矛盾之处探析《背影》的微言大义。在《背影》中有三处略显矛盾的地方,第一处是,如果《背影》仅仅是要抒发"父子情深"的感情,为何文中要搬出"祖母"和"朱子"这两个人物来呢?减少枝蔓,删去开头的"祖母"部分和后文的"孙子"部分,可以使"父慈子愧"的主题更集中,更突出。这样,事件和线索固然简明,但文章就显得单薄,意味寡淡,意蕴轻浮。《背影》也将不是经典,也可能变得可有可无了。作者把"祖母"放在开头,把"朱子"放在结尾,这样的布局是匠心独运的。处于暮年的"祖母"象征着"死亡",而朝气的"朱子"暗示着"新生"。仔细思量,会发现祖母、朱父、朱自清、朱子四个人物,是一个由老到少,由衰到强的生命历程。这条"生命链",血脉流通,代际传承,既坚韧,又脆弱。前人留给后人的只是一个"背",后人看到前人的也只是一个"影"。第二处矛盾是在文末,父亲在信中说,"大约大去之期不远矣"。朱父是一个不善于表达情感的人,也是一个受传统礼制影响的人,秉承"报喜不报忧"的心理传统,为什么他要这样说来使儿子担心呢?这缘于朱父心中强烈的死亡意识,在死亡面前人都是脆弱渺小的。如果朱父这样说有夸大的嫌疑,那么他只想在生命的黄昏里不要继续和儿子僵持,好好珍惜父子团聚的时间罢了。由于朱自清对死亡的意识同样敏感,才有了这篇《背影》。朱自清在《关于散文写作答〈文艺知识〉编者问》中说:"我写《背影》,就因为父亲的来信那句话——'大约大去之期不远矣'。"第三处矛盾是朱父写信时并不老,只56岁,而朱父送别朱自清时只有48岁,正值壮年。但我们从《背影》一文中读出的朱父却是一位老迈的父亲,步履蹒跚,行将就木,执拗地攀爬月台给儿子买橘子。朱自清这种不经意的"铺陈"、"渲染",都无形中流露了其对生命脆弱的极度敏感、深沉喟叹!

从特殊词汇探析《背影》的微言大义。"背影"既是文章的线索,更是文章的核心词汇。文章以"背影"为标题;开头点题,"我最不能忘记的是他的背影";中间析题,用细致的笔触刻画父亲买橘子的背影;最后扣题,写记忆中穿着"青布棉袍、黑布马褂的背影"。"背影"是背向而行,是距离的不断拉大,直至消失不见。"背影"也是一个人的背影是他衰老和承受压力的毫无遮挡的暴露。因此"背影"是一种无声的告别,也是生命消逝的暗喻。"背"是同义词是"负",含"背负""负重"的意思。而父亲就是家中的顶梁柱,支撑着整个家庭,看着父亲渐渐老去,昔日的健壮不再,难免伤怀。"背"也有"别"的意味,人走远了,淡去消逝在远方,留给世人的只是一个影子罢了。近的是地域上的分别,远的是生死之别。这样就不难理解为什么"背"也有死去之意了,古人也有"见背"的说法。而"影"是美妙而虚幻之景。"影"看得见却抓不着。《背影》实讲"生命如影",虚幻不实,易于破灭。

从人生信念探讨《背影》的微言大义。普遍读者只从"背影"中读到父爱,却很少有人发现"背影"二字折射着朱自清的哲学观、人生观。朱自清在北京大学,痴迷于佛学研究,对人生的"幻灭不实"感受深刻。他秉持"刹那主义"的人生哲学,又可以称为"颓废的唯美主义"哲学,认为每个生命历程都是由无数的"刹那"组成,每一"刹那"有其独立的价值,人们应当认真度过每一个生命的"刹那"。无论是"历程"、"段落"还是"刹那",都是对个体生命的静态切割和概括。在此基础上,朱自清又提出"过去"、"现在"和"将来",对生命做了一个动态划分和提炼。过去、现在和将来都是生命的一段历程,每一个历程都有过去、现在和将来三种形态。他的写作深深的受其"人生观念"的影响。朱自清1923年写散文《父母的责任》,1928年写散文《儿女》。在1923年与1928年之间的1925年写《背影》。正是反映了生命历程的上承下启的过程,也意蕴深刻"人生是短暂的,稍纵即逝的,生命终将走向消亡"。由此看来,就不难理解为什么朱自清不将这种无奈颓废的生命观展示给正值青春年少的学生了。

朱自清《毁灭》里说:"在风尘里老了,在风尘里衰了,仅存的一个懒惰惰的身子,几堆黑簇簇的影子!"这应该是最合乎朱自清自己心思的《背影》主旨吧!

参考文献:

[1]朱自清.朱自清全集[M].南京:江苏教育出版社,1997.

[2]朱自清.信通三//我们的七月[M].上海:上海亚东图书馆,1924.

[3]朱自清.写作杂谈//朱自清全集[M].南京:江苏教育出版社,1988.

[4]台湾编译馆.民国中学国文教科书(第二册)[M].台北:台湾编译馆,1999.

[5]钱理群."做"与"不做"之间——读《绿》、《背影》、《春》//钱理群.经典阅读与语文教学[M].桂林:漓江出版社,2012.

[6]刘良华.教育研究方法[M].上海:华东师范大学出版社,2014.

[7]施特劳斯.剖白[C]//刘小枫.苏格拉底问题与现代性.何子健,译.北京:华夏出版社,2008.

[8]施特劳斯.注意一种被遗忘的写作技术[C]//刘小枫.苏格拉底问题与现代性.林志猛,译.北京:华夏出版社,2008.

[9]田芸.《背影》研究述评[J].现代语文文学研究,2008(03).

[10]陈民.东方版父子冲突——重读朱自清《背影》[J].名作欣赏,2003(10).

[11]朱自清.刹那[J].春晖 1924(30).

[12]杨正勇.让父亲的"背影"转过身来——朱自清《背影》的符号意象解读[J].贵州师范学院学报,2013(04).

[13]郑桂华.经典作品与经典课文——《背影》的语文教学价值解读[J].上海师范大学学报(基础教育版),2010(06).

[14]韩军.生之背,死之影:不能承受的生命之轻(上)——《背影》新解码[J].语文教学通讯,2012(02).

[15]韩军.生之背,死之影:不能承受的生命之轻(下)——《背影》新解码[J].语文教学通讯,2012(05).

[16]李先国.现代文人的颓废——朱自清的刹那主义[J].文艺争鸣,2005(02).

[17]赵焕亭.《背影》教学史[J].中国现代文学研究丛刊,2009(03).

[18]段美乔.论"刹那主义"与朱自清的人生选择和文学思想[J].中国现代文研究丛刊,2003(03).

[19]郑兴凤.施特劳斯解释学方法研究[D].西南师范大学,2005.

黄健萍,广东省中山市中山纪念中学教师。

立足"真情境" 打造"真语文"

◎包 航

"无情境不教学,无情境不命题"在新课标实施的当下业已成为共识,这是语文教学发展的好现象。然而,也不乏较多教师"走过场",情境的设置没有带来思维力的提升,甚至出现了"为情境而情境"的"伪情境"。因此,立足"真情境",解决"真问题",打造"真语文"很有必要。

一、"真情境"需"必要有效"

"真实的语言"运用到"情境"中去,必然要求"情境"的"真实性"和"有效性",随着教学评价的改革,"教学评一体化"的实施,义务教育学业水平的测试也很好地体现了这一点,因此"情境化命题"应运而生,不仅回答"是什么",更重要的是回答"如何解决问题",这就体现了"依标命题,素养立意"的要求。

情境命题旨在将情境任务作为试题的载体,考查学生运用语文知识解决具体问题的能力,进而测评学生的素养水平。只有在日常教学中开展"真情境"的教学,学生才不会面对"情境命题"手足无措。

不可否认,在新课标和中考的"指挥棒"下,导致情境教学进入了一些误区。其中既有对语文课程性质理解不透彻的原因,也有具体实践操作中语用理念贯彻不到位的失误。

毋庸置疑,我们看到了有些教师为了"赶潮流"让公开课上出所谓的"新意",不得不搞一个情境,导致情境设置"非必要",抑或"为情境而情境"。情境是为教学服务的,好的情境有较强的"带入感",可以让学生快速进入到学习状态,并在情境的驱动引领下产生主动探究的欲望。但是在教学中,我们看到很多轰轰烈烈的课堂表面繁花似锦,但品之却无味道,其中不乏情境创设虚假的因素。

例如,笔者网上看到某位教师对《猫》这篇课文的情境创设,就是属于画蛇添足。案例:

情境活动一:我当档案员

郑振铎先生一家,最终"永不养猫"了。但是他们想深深地记住曾经养过的三只猫,于是邀请你当"小小档案员",帮助完善三只猫的档案。

活动要求:快速默读课文,运用圈点勾画的阅读方法,摘录文中相关语句,根据教材表格完善三只猫的"猫生"档案。

笔者认为这个情境是"伪情境","我当档案员"这个情境和以往的教学方式没有太大的区别。在情境的设置过程中重形式,"旧瓶装新酒",徒增了很多无用信息,实际上增加了学生的阅读量。教学是教师、学生、文本对话的过程,如果给文本添加"非必要"的情境,无疑干扰学生与文本的对话,增加学生与文本对话的难度。"伪情境"最常见的形式是给教学问题"戴帽子",增加一些"非必要"的情境。

情境创设只是手段,不是目的。在教学实践中,不是每节语文课都能够或都需要创设情境,并且不是每节语文课所创设的情境都能收到好的效果。因此,一堂语文课,什么时候要创设情境,要创设几处情境,都要慎重。

二、情境教学需"贴合文本"

我们要根据课文的不同类型、难易程度和学生的年龄特征、心理特点及学习状态来考虑创设需要。浅显易懂的文章,更适合学生自然阅读;文意深涩、内容枯燥且障碍明显的文章,则要教师积极地在文章的重点、难点、亮点以及观点凸显处创设情境,激发学生的学习兴趣,促使学生积极、迅速、准确地感知、理解和运用,有效地进行学习。《活板》案例情境化教学设计:

假如你有机会穿越到北宋,成为印刷馆的老板,推行毕昇之法,圆毕昇之梦,请你写一份活板印刷经营策划书,并经营活板印刷馆,尝试获得投资。

开业准备:需要准备的材料及材料的用处
员工培训:制活板和印刷的步骤
印刷项目:店内主营项目
员工招聘:员工所需技能
产品优势:活字印刷的优势

《活板》这篇课文是近两年刚入选教材的,在教学过程中,笔者发现学生在活字印刷的制作方式上难以理解,传统的授课方式比较枯燥无聊。一般是翻译一下课文,讲解重点句子,说说活板印刷是怎么制作的,活板印刷比雕版印刷"活"在哪些地方。

此案例的一些活动"开业准备、员工培训、员工招聘",旨在引导学生理解原文,了解活字印刷工艺流程。"印刷项目,产品优势",旨在引导学生体会活板与雕版相比有哪些优势。如此教学,学生在整个项目学习过程中,以理解赏析《活板》原文为重点,通过梳理和实践活字印刷的工艺流程。这样就可以促使学生在教师创设的情境中去理解文本内容,吸取文本中精华部分,实现对文本真实有效的阅读。

因此,真实的学习情境,要立足于文本,借助情境,以境促悟。语文学习情境的设置,也必须指向语言,落脚于语言学习,以学生的语言生活实际为基础,拉近语言学习与学生现实生活的距离,使课堂教学更加充满活力,有效打通语文学习和社会生活、学生经验之间的关联。

三、情境教学需"系统有序"

当前语文情景化教学多数停留在同一篇课文的单个问题情境化,或者整篇课文的情境化。笔者以为,结合当前"大单元教学"和"项目化学习"热潮,情境教学可以结合单元目标,从单元整体教学思想出发,以学生真实生活经验为基础,选用真实的教学素材创设单元情境,引导学生完成大单元统领下的学习任务,发展学生的语文学科核心素养。以八上第三单元为例,某教师结合"单元目标",对本单元设置了如下情境任务:

单元设想:主题"扶摇直上三万里"
情境任务:"绘制中华历代诗文生命大系"
1."长安三万里"——《唐诗五首》
2."山水三万里"——南北朝写景文
3."人生三万里"——《记承天寺夜游》
4."风骨三万里"——"课外古诗词诵读"
5."红色三万里"——纪实作品的阅读

6."盛世三万里"——单元复习整理课
任务一:《长安为我倾耳听》"吟诗卡"发行筹备会任选一首律诗,反复诵读,同伴交流改进,录制"吟诗卡 demo"。具体要求:
1.欣赏《将进酒》片段,学习在理解基础上诵读的方法。
2.反复诵读所选诗歌,比较之下读出律诗的节奏和韵味。
3.与同伴交流诵读并改进,推选代表录制吟诗卡 demo。

任务二:《长安诗选》筹备会
小组合作,任选一首律诗,完成《长安诗选》入选申请书。具体要求:
1.团读《关于这人这诗》,了解诗歌的相关背景。
2.品析关键词句,体会诗人情感,把握诗歌主旨。
3.仿照示例,小组合作完成入选申请书,并全班交流。

任务三:《长安三万里艺术设定集》筹备会
小组合作,任选一首律诗,绘制诗歌"起承转合"故事板。具体要求:
1.通过诵读,把握律诗的情感基调。
2.根据律诗的章法结构,绘制所选律诗的故事板。
3.派代表讲解故事板,还原诗人创作的心路历程。

以上开展以"大单元"教学进行系统化的系统设计,以"大情境"下三个"子任务"驱动活动的"有序"推进,充分结合单元目标,深入挖掘相关课文的主题情境,围绕语文核心素养,统整学习内容、确立课时学习目标、设计学习任务。教学实践中尊重学生的文学体验,植根现实生活的"原点"设置主题情境;撬动情感需要的"支点"进行探究作品主旨;立足学生思维生长的"触发点",将读写结合,实现读写共创,从而使语文核心素养落地生根。无论是情境教学,还是情境命题,均需教师立足"真情境",解决"真问题",生成"真体验",以生为本,去假存真,让"真实的情境"必要有效,立足文本,整合教材结合生活,来创设主题情境。同时,找准切入点,追求大单元主题情境教学结构化、系统化,真正促动学生思考,提升学生的语文核心素养。

包航,浙江省东阳市白云初级中学教师。

基于学科核心素养的项目式写作任务群教学实践

◎崔萌萌

在"三新"背景下,我们看到语文学科的核心素养更加凝练和明确,语文课程的特质得到了进一步的明确,同时,进一步强调了以学生为主的理念和学生的自主学习活动。另外,新课标提出的"语文课程'任务群'的组织方式"也让学生通过真实情境的自主语文活动,自己去体验,完成任务,发展个性,增长思维能力,形成理解。

面对以上种种,一线教师该如何设计、授课才能更好地在"三新"背景下培养学生能力、提升学生素养呢?笔者认为,我们要充分把握语文课程的特点,坚持语文课程的价值导向和基本学习方法,不折不扣地以提升学生的语文学科核心素养为目标,以学生自主学习为宗旨,建设新课程标准指引下的新语文。因此,一线教师需要思考如何才能在学生的自主探究活动中将写作教学落到实处,有效提升学生的思维能力和写作素养?

联系"三新"的要求,我们发现对项目式写作教学模式的探索、践行,可以使自身的教学模式与新课程的教学要求相契合,凸显学生的主体地位,践行新课程改革背景下的育人理念,以项目为主导,发挥学生的主体作用,借助教师的引领,引领学生在完成项目、展示项目成果的过程中,不断提升高中语文课堂教学的有效性,最终促使学生在项目化教学过程中落实教学目标。由此,教师首先要明确教学任务,以任务为支架,"欲明人者先自明,绝知此事要躬行"。

一、拟定一个项目主题,项目任务驱动

在语文学科项目学习中,项目是开展学习的依托,整个学习过程完全溶于一个真实的项目中。对于学生群体而言,只有符合他们生活体验的项目,才能吸引他们、引导他们,并最终解决与他们生活联系密切的问题。因此,在设计并拟定项目主题时,都必须以知识为依托。

教师在拟定项目主题时,要清楚文本所在单元的单元学习任务,在规定的教学任务框架下,教师指导学生选择或提出一个项目构思,通过与真实情境相结合的实践方式,使学生更有效地掌握学科知识,提高综合能力,从而完成教学任务的一种教育和学习方法。

比如统编教材必修上册第一单元,"青春的价值"的本单元的人文主题,在这一主题的统领下,有《沁园春·长沙》《立在地球边上放号》《红烛》《峨日朵雪峰之侧》《致云雀》五首诗词以及《百合花》《哦,香雪》两篇小说。面对这样的编写体例,用"单元学习任务"串联教学逐渐替代"传统"的一篇接一篇地"教课文"的方式转变,教师就要思考如何设定一个项目,并拟定这个项目的主题,以项目任务来驱动学生的学习活动。

在本单元的学习任务中,有这样一个任务,"青春之美,在人的一生中是弥足珍贵的。结合本单元诗作和能够引发你思考的其他作品,发挥想象写一首诗,抒写你的青春岁月,给未来留下宝贵的记忆。注意借鉴本单元诗歌在意象选择、语言锤炼等方面的手法,使诗作多一些'诗味'。汇总所有同学的诗作,全班合作编辑一本诗集作为青春的纪念"。教师便可在此任务基础上,拟定这一写作项目的主题,即"诗情致青春——珍藏纪念册"。

在这一项目主题统领下,学生反复诵读本单元诗歌作品,围绕"意象"和"诗歌语言"探讨诗歌创作的方法,通过揣摩诗歌作品的诗蕴和情感体悟创作的深层表达。既是诗歌创作的项目主题,而本单元却出现了两篇小说,教师便可以引导学生在前面学习活动基础上,用课上所学方法来改写这两篇诗化小说,以诗歌形式进行再创作。

二、打造多人项目团队,项目分工执行

学生群体合作学习可以鼓励学生相互支持并

提高学习能力，增强学生的归属感和成就感，建立积极的、相互尊重的师生关系，让游离的、边缘化的学生参与、专注学习。说到合作的作文学习方式，在常规的作文教学中，教师可能也会设计，但是形式趋向单一化，学生思维碰撞、合作解决问题的机会就会少之又少，因此，教师在打造多人项目团队时，要重视项目团队中的分工问题。这样能够提高学生的学习效果，锻炼学生的口语交际能力和写作能力，在思维不断碰撞的过程中激发写作的智慧，进而提升学生的综合能力。

但是，在这一项目推进的过程中，如果项目团队分工不明，则容易出现部分成员在团队中无所事事。那么，通过给学生分配项目协作团队的角色，就可以赋予他们责任，让他们从项目的任务初始就开始参与其中。项目团队的人数可以依项目具体内容、难度、时间限制等科学安排，一般以四人为参考。

以统编必修上第二单元"劳动光荣"为例，结合单元学习任务可以拟定"致敬劳动者"的项目主题。在这一项目主题统领下，我们可以分为两个子项目，一是"为文中不凡劳动者撰写颁奖辞"，一是"为身边平凡劳动者撰写通讯小故事"。具体分工如下：

学生1——负责收集教材中不凡劳动者的典型事迹，确保收集的资料重点突出。

学生2——负责收集生活中平凡劳动者的典型事迹，先"加法"多方收集，再"减法"精选典型事迹。

学生3——负责从学生1收集的典型事迹中概括不凡劳动者的精神品质。

学生4——负责从学生2收集的典型事迹中整合概括平凡劳动者的精神品质。

在每一位组员完成负责的任务之后，汇总到一起，小组在此基础上根据教师的"项目任务单"完成任务，即进行个性化创作，在组内推选出一份优胜作品。最后，在班级内由小组宣讲员进行展示。

当然，在项目团队中，可以有其他角色，比如"统筹员"统筹项目任务进度，"质量监控员"检查成员的任务完成过程及时纠正错误，"发言人"通过个人或小组展示，向班上其他人展示。由教师或学生自己分工，但如果学生的强项和弱项特别突出的话，应该由教师进行分工。

三、创设集体项目评委，项目成果评比

"项目式"写作任务是一种实践活动，而任何一项语文教学实践活动，都不能缺少结果的评估。因此，写作项目的检测与评估是写作项目非常重要的一个环节，通过这个环节，可以使本项目设计的价值得到最大彰显。首先，通过项目成果的展示让各个项目参与人员回顾自己的任务完成过程；其次，有利于各个项目组通过观摩其他组的成果发现他人优点，反观自己项目成果问题，在碰撞中促使学生语言表达能力和写作能力的提升。

既然要评比，就需要有评价量表。而评价不能是"一家之言"，要体现评价主体的多元化，可以由师生共同拟定。教师提供思路，引导学生梳理、制定。以统编必修上第三单元"诗意人生"为例，本单元有一项写作任务是"学写文学短评"，具体项目是"制作'诗意人生'卡片"，卡片正面是所选诗句，反面是相应的短评，配上个性化的图案。在项目任务的驱动下，师生共同拟定评价量表。

在这一任务中，评委组先就"诗意人生卡片"之"短评"进行评价，选出的优胜组再继续进行"卡片"的下一步进行创作。这个评委组可由项目组员（各项目组内部推选一人）、班委、教师和家长组成。这种个性化的学习评估，同时面向教师和家长的评估方式可以让学生的写作成果得到更多展示的机会，对提高学生爱创作、再创作的积极性。对于优胜项目成果的展出方式可以多种多样，班内张贴、校内展示，利用班级公众号展示，进而推送到更高媒介进行展示。

总之，在项目式写作任务中，教师努力引导学生做到"做中学，读中悟，写中思"有机融合，学生在这样的过程中，既可以独立完成不同的工作，又可以通过合作进行思维碰撞激发创造灵感，互相讨论形成共识，协同相助实现写作目标。在实施项目式写作任务时，教师需要研读语文课程标准和教材，以写作学习内容体系为中心，在写作教学中去系统设计真正对学生有益的具体项目。这样的过程，教师是项目活动的设计者、组织者和引导者，学生不再是孤军奋战，而是团队协作。如此教学互助的项目式，既强调写作任务的完整性和系统性，又促使学生进行深度思考、表达，是落实核心素养的重要途径。

崔萌萌，新疆生产建设兵团第二中学教师。

情境任务驱动下"思辨性阅读与表达"教学实践探索
——以八年级下第四单元教学为例

◎付荣荣

一直以来,阅读与表达都是语文学习中的难点,也是重点,如何对学生进行阅读表达能力的培养,使学生的核心素养实现发展,就成为教师思考和探索的问题。义务教育语文新课程内容主要以学习任务群组织与呈现。语文学习任务群由相互关联的系列学习任务组成,共同指向学生的核心素养发展,具有情境性、实践性、综合性。下面我将以统编版语文八下教材第四单元为例,具体阐述情境任务驱动下的"思辨性阅读与表达"任务群教学与实践探索。

一、确定单元学习目标

1.理解演讲词作者的思想观点,把握演讲词特点。

2.理解写作演讲稿的常见技法,学习撰写演讲稿。

3.掌握演讲的技巧,提高在公开场合的表达能力。

本单元有四篇演讲词,通过学习四篇演讲词,学生需逐步了解演讲词的针对性、鲜明性、条理性和语言得体的特点。由于各篇演讲词的演讲语境、演讲目的和演讲对象的不同,各篇课文在单元中承担的角色各有侧重。学习本单元内容,要了解关于演讲词的基本知识,在此基础上学习写作技法,最终学以致用,可以写一篇演讲词并表达。

本单元在编排上非常注重语文的工具性和人文性,在教学的过程中注意用情境化教学发展学生的理性思维十分重要。有利于培养学生的理性思维和理性精神。理性思维强调基于证据和逻辑作出判断,而不是信口开河;强调对别人和对自己的观点进行质疑和反思,而不是人云亦云或者固执己见;强调包容的态度、担当的精神,而不是自大与回避;强调所有命题的局限性和适用性,而不是一味地顶礼膜拜。

二、设计单元核心任务和子任务

本单元的四篇文本素材最终指向了一个核心任务——写作和表达。因此核心任务设置为:"超级演说家"演讲比赛。

班级准备举办"超级演说家"的演讲比赛,主题是"我的校园偶像",请你为此次活动撰写一篇演讲稿并演讲。

要求:①演讲词要有针对性,考虑到听众的年龄、身份、心理需求等,确定演讲主题;②观点要明确,思路要清晰;③语言要有感染力,能运用本单元所学方法增强语言的表达效果,调动听众情绪。

本单元核心任务设计一是基于思辨性任务群的要求,二是基于情境化教学的指引。在教学过程中,教师创设特定的场景,从而引起学生的情感体验,帮助学生理解学习内容,形成学习能力,并使学生的心理机能得到发展,其核心是激发学生的情感体验。"我的校园偶像"贴近学生生活,能让学生"有话可说";什么是校园偶像?因何成为校园偶像,这些也是逐层深入思考的过程。而交流和分享也会尽可能碰撞出更多的思维火花。

子任务一:做知识海报

阅读单元课文,制作一张演讲词知识海报。(包含演讲词要素)

子任务二:写颁奖词

班级举办"我的校园偶像"主题班会,将要评选10位同学作为班级之星,请你模仿感动中国十大人物范例,为他(她)写一段颁奖词,并在全班分享交流。

子任务三:写演讲提纲

通过对颁奖词的交流,取其精华去其糟粕,为自己最终的演讲稿完成提纲。演讲稿偏议论文体,要符合该文体的要求。完成后小组合作修改完善。

本学习任务群以生活为基础,以语文实践活动为主线，以学习主题为引领，以学习任务为载体，整合学习内容、情境、方法和资源等要素，因而具有以下特色：

1. 以任务驱动代替传统学习方式。例如：子任务一是制作一张小报，其目的是引导学生吸收课内知识，充分阅读四篇演讲词，了解演讲要素。这张小报设计是开放性的，既非填空，也非选择，学生在完成该任务时考察阅读能力、整理归纳能力、文本表现能力、音画综合能力等。

2. 以情境创设营造学习氛围。本任务群情境设计与校园活动结合起来，通过演讲促使学生思考自己在校园要做怎样的初中生，可以让学生在积极的语言活动实践中体会成长。因此，该活动有一定的思维训练。而初中生渴望表达，演讲活动也可以和班队会德育活动结合起来，给学生一个表达的平台，增添学生学习语文的兴趣。

3. 以活动锻炼学生的思维能力。做小报、写颁奖词、写提纲、最后写演讲稿、展示，这些活动的设计由基础到复杂，尊重学生的学习体验，同时从课内到课外再到生活也符合教学规律——学以致用。

4. 关注小组交流、合作。带着个人阅读研究的结论，开展活动二三，在交流中听取同学们不同的声音，到底怎样的同学称得上"偶像"，哪些方面很突出才能让人敬佩？自己所写是否立意不够高？内容不够具体？学生在倾听中加深思辨能力，提高表达能力。

5. 搭建可行的学习任务框架。学习本单元的三个学习目标，学生分步骤完成3个子任务，1个核心任务，在写——说——评的过程中提升个人语文素养。

三、评价系统

新课标中关于思辨性阅读与表达学习任务群的评价建议是：评价要关注学生在问题研究过程中的交流、研讨、分享、演讲等现场表现，以及活动过程中产生的文字、表格、统计思维导图等学习成果，要特别关注学生思考的过程和思维的方法[1]。

本任务群评价设计：（每条评价指南3颗星，星多者则评分高）

子任务一：做知识海报

阅读单元课文，制作一张演讲词知识海报。（包含演讲词要素）

1. 是否包含课文内容？
2. 是否包含演讲词要素？
3. 形式是否让人耳目一新？

子任务二：写颁奖词

班级举办"我的校园偶像"主题班会，将要评选10位同学作为班级之星，请你模仿感动中国十大人物范例，为他（她）写一段颁奖词，并在全班分享交流。

1. 是否简要陈述人物事件？
2. 是否有定性人物品质的词语？
3. 文从字顺，语言让人眼前一亮。

子任务三：写演讲提纲

通过对颁奖词的交流，取其精华去其糟粕，为自己最终的演讲稿完成提纲。演讲稿偏议论文体，要符合该文体的要求。完成后小组合作修改完善。

1. 提纲是否条理清晰？
2. 选材是否得当？
3. 立意是否出彩？

核心任务：写演讲稿、演讲

1. 讲稿是否包含演讲词要素。（例如演讲者身份、观点、场合等）
2. 表达时的声音、表情、形体评分。
3. 情感是否充沛。
4. 演讲后听众效果。

该任务评价指南充分尊重了新课标要求的过程性评价和多元化标准，关注到了学生每个过程的产出，这不但有助于反映学生当下的学习状况，也有助于教师了解该情况，并随之调整教学内容及方式。

当然，"思辨性阅读与交流"不仅只局限于语文学习、教学，在思辨性读写领域，认真、谨慎、开放、宽容、客观、公允、理性是常见的关键词。从这个意义上讲，今天，我们强调"思辨性阅读与表达"，不仅是为了完成一个任务群的修习，而是真正着眼于未来公民核心素养的培养。结合笔者的教学实践，笔者也在不断进行自我反思和教学调整，教师要从生活实际出发，创设丰富多样有趣的学习情节，设计环环相扣的教学活动，激发学生的好奇心、学习兴趣，促进学生自主、合作、探究学习。

参考文献：

[1] 中华人民共和国教育部.义务教育语文课程标准（2022年版）[S].北京：北京师范大学出版社，2022.

付荣荣，上海市嘉定区同济大学附属实验中学教师。

设计情境问题,增进课堂实效

◎龚龙华

《义务教育语文课程标准》明确提出,在教学中,教师要整体规划学习任务,创设真实而富有意义的学习情境,凸显语文学习的实践性。要综合考虑教材内容和学生情况,设计不同类型的学习任务,依托学习任务整合学习情境,激发学生探究问题、解决问题的兴趣和热情。当教学过程真正成为学生学习时,教学才具有真正的意义。

一、课堂情境问题设计的必要性

目前,课堂设计的问题有很大局限性:所提问题与教学目标不符,随意性强;问题大多以学习中等偏上学生为对象,对学困生照顾不够,顾此失彼;单一的发问模式,多是老师自问自答;教师临场变通能力不足,对学生的"创新"回答,不能有效回应和评价,这些都导致课堂低效。

新课标以来,要求教师重视教学环节的优化设计,通过对教材的深入钻研,精心设计有情境性的问题,并在课堂中引导学生解决问题。学生看似主动,课堂看似热闹,但学生却依然沿着设定好的问题轨道前行,学生仍处于没有体现自主学习与探究超前思维的被动接受状态,属于"知识本位式"教学。

事实证明,绝大多数教师在过去的几年里,偏重于"教"的研究,较少涉及对"学"的探索。事实上,教育的本质和目标是为学生的全面发展、人格的健康发展和终身的可持续发展。因此,"习"是"教"的目的,教师"教"是让学生"学",真正着眼于学生的情境问题设计,才能让学生学以致用。

二、课堂情境问题设计的原则

课堂提问的目的在于激发学习动力、引导思维方向、激发学生的求知欲,以利于学生对教学内容的深入理解。根据这一宗旨,教师应遵循以下基本原则进行课堂提问和设计。

(一)设计清晰,注意目的性

审题的清晰程度对学生的思维方向和答题水平有直接影响,为了突出重难点,引起学生的兴趣和思考等,教师在备课时要明确提出问题的目的是什么,教师在备课时要尽量排除可有可无、无的放矢的题目,保留有针对性和现实意义的题目,达到"一石激起千层浪"的效果,这是一条正确的思路。

(二)问题设置,注意逻辑性

教学是根据学生的已有认识和心理状态,在单元整体目标和单课目标的指引下,考虑具体教学内容,根据情境的需要按知识点设问,因材施教,以有效地选择、组织、传递和运用知识信息,促进学生在情境的运用中逐步了解和掌握知识的活动,只有讲究严密的逻辑性,才能真正实现"做中学",体现问题的价值。

(三)适时引导,注意启发性

课堂教学是教师和学生动态交流的过程,学生兴奋点稍纵即逝,需要教师善于捕捉、适时引导,不失时机地提问。"不愤不悱,不启不发",教师善于抓住"愤而不发"的地方,带着问题打开学生的思维之门,既尊重学生主体,又考虑学生实际。教师心中有"课标"(课标),目中有"人"(班情),课堂提问的启发性就可以别出心裁。

(四)因材施教,注意针对性

老师的情境问题设计要有针对性。尖子生能"拔高",普通生能"突破",学困生适当"降格",满足不同口腹之欲,从而出现"仁者见仁,智者见智"的情况。课堂教学时,教师虽不能照顾到每一个学生的需求,但要引导学生根据情境"动"起来,积极参与课堂,自主合作探究,有自己的思考和做法,在做中完成对知识的掌握,使不同层次的学生都能游刃有余。

总之,教师作为组织者,要激发学生的积极性,引导学生积极参与课堂学习,在情境问题的引导下,在具体的"做"中提高语文核心素养,优化课堂,从而提高课堂效率。

三、课堂情境问题设计的方法

从学生的学情出发，设计学生感兴趣的情境问题，增进课堂实效有以下方法：

（一）根据教学目标设计

在设计情境问题时，首先要考虑教学目标是什么，如何达到目标，怎样判断达到了目标。不能为了情境忽视教学目标，问题设计的目的是引导学生思考并主动学习，提高语文核心素养。形式大于内容的问题设计是无效的，甚至是有害的。

【案例1】《朝花夕拾》的情境问题设计如下：

拟计划在鲁迅纪念馆门口设置"知识竞答"电子显示屏，以增强与游客的互动，请以《朝花夕拾》为蓝本，协助完成以下任务。

任务一：讨论板块，确定内容。从书本上对《朝花夕拾》的简介入手，讨论决定"电子显示屏"的板块内容，并制定相应的标准。

任务二：精选人物，丰富形象。根据对整本书的了解，找出鲁迅生命中的重要他人，并进行适当的分类，概述人物的主要事迹，丰富人物的形象。

任务三：撰写前言，互动激趣。根据理解撰写一段有吸引力的前言，实现和游客的互动，增加趣味性。

了解回忆性散文的主要内容是其主要教学目标。教师根据教学目标和学生认知水平，层层深入设计问题，由简到繁，由易到难，设计情境性问题，既激发了学生积极参与，又给了学生一定的支架，指出攀登的途径，激励他们攀登的勇气。如此情境教学设置问到了学生的关键处、有用处，教学目标的达成就水到渠成了。

（二）根据学生兴趣设计

教师应根据学生的学情设计情境问题，尊重引导并重。尊重每个学生，引导学生课堂生成问题，并在问题的解决中提高能力。

【案例2】如在学习《旅鼠之谜》时，下发课外资料《北极旅鼠的生活》，设置情境问题"《十万个为什么》要重新修订，面向广大中学生读者，你觉得怎样介绍北极旅鼠更合适。"

学生进行比较阅读：

学生1：课文更合适。因为文中采用对话的方式、叙述的框架来构思全文，比较有悬念，读起来生动有趣。

学生2：课文更合适。因为标题新颖，设置悬念，正所谓是"题好一半文"。

学生3：下发材料更合适。因为它简洁、明了，还补充了其他知识，比较丰富。

……

从学生立场出发设计问题，通过对比阅读，不仅激发学习枯燥说明文的兴趣，而且了解了文艺性说明文和平实性说明文的区别，丰富了知识，思考了生活中的语文现象，可以说是一举两得。

（三）根据问题梯度设计

情境问题的设计还要注意梯度，前一个问题的解决是为后一个问题的设计奠定基础，后一个问题的解决又起到承上启下、逐步加深文本内涵的作用，从而促进有效课堂教学成果动态生成，促使课堂走向深入。

【案例3】如在教学《西游记》时，设置情境问题设置一系列活动任务：

为帮助七年级新生更好地适应初中学习生活，校学生会"心理驿站"征集成长指南，拟以《西游记》中孙悟空的成长为蓝本，制作宣传手册。

任务一：为宣传册题名。跳读文本，圈画孙悟空的称呼，为孙悟空题一个另外的名字，并说明理由。

任务二：为宣传册绘图。精读孙悟空取经路上的重大抉择章节，绘制孙悟空的"人生轨迹图"，并分析其性格特征，描绘绘图的色彩。

任务三：为宣传册写腰封。为了提高宣传册的视觉效果，让更多同学从中获得教益，请为宣传册写几句"腰封"，50字以内。

这个情境问题有三个任务，第一任务是把握主要内容，考查学生跳读能力；第二任务立足文本，但高于文本，要求同学们有能够判断是非的能力，涉足学生的人生观考查；第三任务延伸到写，立足于学生深入挖掘文本的概括能力，根据学生的口头表达情况，通过同伴互评，引导学生成为课堂教学评价的主体。

苏霍林斯基说过："学生来到学校，不仅是为了取得一份知识的行囊，更主要的是为了变得更聪明。"课堂情境问题设计，围绕情境展开教学，引导学生在具体可操作性的实践问题中获取知识是非常有价值的。当然，如何更好地设计契合教学目标的情境性问题，增进课堂效率，还需要在今后实践中不断探索。

龚龙华，浙江省桐乡市教育局教研科研室教研员。

高中语文教育教学研究性学习的思考

◎韩 伟

高中语文中含有大量的知识需要学生进行理解记忆，例如，古诗词背诵等内容。但是也有许多内容学生死记硬背也帮助不大，例如，文言文的理解以及写作等。这些都需要学生具有较高的理解能力，能够从大量的习题中总结出经验，从而才能够应对多种多样的题型，提升语文成绩。研究性学习为学生提供了更高的学习自由度，学生在学习的过程中拥有更多的时间进行独立思考，因此学习效率也能够大幅提升。

一、高中语文研究性学习的重要性

语文研究性教学是指在语文教学中让学生主动学习、探究问题的学习方式。也就是在教师指导下，应用科学研究的方式来研读语文，从中获取人文知识，掌握语文学习规律，解决实际生活中的问题。它的主要目标就是培养学生研究意识，加强学生的探究能力，促进学生的综合素质发展，使学生的听说读写能力、交流表达和实践能力都能提高。其实早在我国古代就存在这种学习方式，孔子在教学中就强调"不愤不启，不悱不发。举一隅不以三隅反，则不复也"。我国最早的教学理论《学记》中也有"君子之教，喻也。道而弗牵，强而弗抑，开而弗达。道而弗牵则和，强而弗抑则易，开而弗达则思。和易以思，可谓善喻矣"。这些教学方式都是采用启发式，让学生思考，从中得出学习规律，而不是填鸭式灌输。高中语文教学就应该采取以研究性为主、强记性为辅，因为学生通过初中学习已经掌握了一定的语文知识，具备自主学习的能力，因而能够自主学习，对于一些高深的语文知识还需要老师在课堂上指点。

二、高中语文教育教学研究性学习的主要思路

1.帮助学生扎实语文基础知识。高中语文的研究性学习可谓是突破性的教学方式，这打破了传统的高中语文教学理念。但是这种教学模式并非没有依据。大多数的大学在对学生进行教育的时候都是采用研究性学习教学模式。但是，这需要学生具有扎实的基础，如果学生缺少基础知识，学生在研究的时候就会缺少思路。因此，高中语文教师在开展研究性学习教学的时候，应当先帮助学生扎实语文基础知识。语文基础知识涉及的内容众多，幸运的是这些基础知识学生可以通过记忆的形式掌握。例如，古诗词、常见的文言文翻译、写作技巧等。学生如果掌握了扎实的语文基础知识，就能够在研究的时候合理地运动这些知识，在头脑中构建出清晰的思路，从而帮助学生快速地寻找出解决问题的方法，同时提升学生的语文素养。

2.激发学生对语文学习的兴趣。研究性学习需要学生主动进行学习，即学生应当体现出积极性和主动性，如果学生不能够积极主动地去学习，而是需要他人对其进行监督，就会导致学生的研究效率大打折扣，甚至有可能会出现学生学习成绩倒退的情况。学生只有对语文学习拥有足够强烈的兴趣，或者对教师所提供的研究话题具有兴趣，才会投入精力和时间认真地进行研究与思考，否则学生的大脑就不会快速地转动。学生在研究的过程中能够产生各种各样的思路，这些思路都是学生量的积累，当学生思考到一定的程度时，这些量的积累就能够演变成质变，能够让学生的语文水平得到大幅提升。例如，在古诗词赏析中，如果教师能够激发出学生的古诗词学习兴趣，教师就可以为学生安排研究作业，即让学生研究古诗词中作者常见的书法情绪都有什么？尽管在许多参考书中都有答案，但是学生直接查看答案的效果远远比不上学生通过自己的努力研究总结出来的记忆深刻。

3.彰显出学生的学习主体地位。教师应当彰显出学生学习主体的地位，因为研究性学习就是让学生带着问题进行研究，因此学生应当拥有足够广阔的空间对个人的学习和研究进行安排，教师应当努力降低自己的存在感，让学生能够沉浸在研究当中，而不是一遇到问题就想着向教师寻求帮助，学生应当拥有独自解决问题的勇气与决心。这对于许多学生而言具有一定的难度，这个时候就需要教师选择科学的方案，为不同的学生提供不同难度的任务。学生应当尽其所能努力尝试完成任务。教师可以为能够顺利完成研究任务的学生进行奖励，这样能够有效地提升学生的学习动力，同时也能够体现出学生的主体地位。

三、高中语文教育教学研究性学习的策略

1. 数据化知识清单帮助学生梳理基础知识。高中语文教师可以通过知识清单的形式帮助学生梳理基础知识。因为高中语文含有大量的基础知识，如果采用纸质化的知识清单，则需要多张清单，这些清单会增加学生的整理难度。对此，教师可以鼓励学生采用数据化的知识清单帮助学生梳理技术知识。因为对学生开展研究性学习，教师可以鼓励学生自行整理数据化的知识清单，尽管学生在整理知识清单的时候会消耗大量的时间，但是学生所花费的这些时间绝对值得，学生在整理的过程中，对这些知识的记忆再一次被加深，同时还能够帮助学生对自身的基础知识掌握水平拥有更加清晰的认知。教师可以组织学生每周完成对每一个单元的知识整理，数据化的知识清单应当全面且细致。学生整理好的知识清单可以上交给教师，教师再为其提供标准化的知识清单，让学生利用周末的时间按照标准化的知识清单完善自己完成的知识清单。

2. 小组合作学习模式培养学生对语文学习的兴趣。教师可以开展小组合作学习模式帮助学生提升对语文学习的兴趣，从而能够让学生拥有学习的主动性，能够主动地参与到研究性学习当中。小组合作学习有益于调动学生的学习氛围，让学生之间起到了互相督促的作用，同时学生能够通过与他人进行沟通，获得更多的研究思路，这对于提升学生的研究学习效率有很大的帮助。教师可以为小组布置学习任务，要求学生在规定的时间内完成小组学习任务。例如，教师可以要求学生对李清照的背景和任务性格进行研究，学生可以通过课本中的诗词以及互联网上的资源进行研究学习，再将各自收集到的信息内容在小组内交流分享，最终将这些内容整理在一起。这对于提升学生对李清照的理解有极大的帮助，当学生后续再在练习中遇到李清照所写的诗词时，也拥有更加清晰的分析思路。

3. 学习任务自由选择教学模式。为了能够确保学生能够合理地支配自己的学习，教师可以将个人的研究任务划分等级，学生可以在每一次教师发布研究任务的时候，根据个人的时间与能力选择任务，但是学生自己所选择的任务必须要完成，如果不能完成则需要接受惩罚。

综上，高中语文具有较高的学习难度，这是因为高中语文更加偏向于考查学生的语文能力，同时也对学生的语文基础知识进行考查。如果学生仅掌握了语文基础知识，但是却缺少理解能力，或者学生的写作能力不足，就会导致学生的学习成绩难以提升。对此，高中语文教师应当努力帮助学生提升语文能力，而提升学生语文能力的过程中，教师只能起到辅助的作用，需要学生依靠自身的努力与悟性提升能力。对此，高中语文教师应当开展研究性学习教育模式，帮助学生扎实语文基础知识，激发学生对语文学习的兴趣，彰显出学生的学习主体地位。为了能够充分地体现出学生的主体地位，让学生能够进行研究性学习，教师可以采取的教学策略为，应用数据化知识清单帮助学生梳理基础知识，小组合作学习模式培养学生对语文学习的兴趣，以及学习任务自由选择教学模式。

参考文献：

[1]孙爽红,顾玉军.学生发展视角下的高中语文核心素养生成路径探析[J].西北成人教育学院学报,2020(06):97-101.

[2]韦育.研究性学习在高中语文教学中的实施策略研究[J].科学咨询(教育科研),2020(07):231.

[3]杨小娜,张荣云.高中语文教学中运用"互联网+"培养学生研究性学习能力的思考[J].华夏教师,2019(15):31.

[4]吴欣歆.学习任务群：高中语文课程内容的重构[J].教育科学研究,2018(11):76-81.

[5]李金云,马欢.当前高中语文教学研究的探索与反思——以人大复印报刊资料《高中语文教与学》为中心的分析[J].河北师范大学学报(教育科学版),2015,17(05):123-130.

韩伟,吉林省吉林市亚桥高级中学教师。

"加法"咀英华，"减法"见真章
——以《马嵬》(其二)为例浅议咏史诗"加减法"策略

◎冷君洁　许东芳

《高中语文新课标》的实施标志着我国的语文教学改革步入了一个崭新的发展阶段，"实施素质教育，培养学生创新能力"已成为我国教学改革的主旋律。笔者认为新课标的核心是培养学生的创新意识，激发和启迪学生的创新思维，进而提高他们的创新能力。创新能力是语文教学的终极目标，而"填鸭式""满堂灌"的应试教学模式使学生学习方法机械呆板，难以适应新的学习。

黄厚江老师曾说："语文的'可为'，很重要的是理念落到现实，必须具有很强的操作性。语文教学就要巧做加减法。"基于此，在古诗文单元的课堂实践中，在吃透古诗文单元的目标任务前提下，笔者尝试采用"加减法"来进行《马嵬》(其二)教学，以期培养学生的创新思辨能力。

一、"加法"——读厚诗歌咀英华，善假于物明诗意

学起于思，思源于疑，疑明于研。新课程的观念是：教师的职责是引导学生不断地提出问题，使学习过程变成学生不断提出问题、解决问题的探索过程。指导学生收集和利用学习资源，帮助设计恰当的学习活动，让学生触景生疑，是语文教学中的重要环节。

任务一："增"人论事

令狐楚 + 李商隐 = 伯乐识马
王茂元 + 李商隐 = 慧眼识婿
王茂元 + 令狐楚 = 牛李党争

设计说明：李商隐是唐末著名诗人，学生对其生平、作品了解较多，但对其牵扯的政治事件不甚明了。此环节增加令狐楚和王茂元二人，引入政治事件"牛李党争"，深入了解作者所处的社会背景，更有利于把握诗歌的主旨和创作风格。他们可以根据这几个等式，在自主分享中增加背景知识，做到知人论世。

任务二："增"读知文

1.自悟

通过自己的理解齐读第一遍，并明确此诗写的具体事件。

2.自悟 + 注释

通过自己的理解和书下注释的帮助自由朗读，明确作者对此事件的态度——用一个词语总结。

3.自悟 + 注释 + 观点词

个性朗读，抓住"空闻""无复""如何""不及"等暗示作者观点的词语。

设计说明：对于古诗，读不可少。咏史诗是一种很另类的诗体，怎样读才能更快明了作者的看法？其中作者的观点词是比较重要的。同桌互相分享发现的观点词，针对观点词谈看法，然后再进行个性朗读，进一步加深对诗意的理解，为探究作者的写作目的打下基石。

二、"增减法"——减词减意减情致，增词增意增细节

古诗文是华夏文化的精粹所在，它以含蓄凝练的文字，丰富的情感，深沉的意境，承载着中华民族的智慧，滋养着中华儿女的性情。因此，一首诗稍微增删一些字词，实际上可能会大大改变诗歌的情致，失去一些通过具体细节呈现出来的韵味。

任务一：依章法，寻细节

诗中直接描写马嵬事件的是哪几句诗？试着将这几句诗做一个减法，改成五言。

明确描写马嵬事件的诗句：

空闻 / 虎旅 / 传 / 宵柝，无复 / 鸡人 / 报 / 晓筹。
此日 / 六军 / 同 / 驻马，当时 / 七夕 / 笑 / 牵牛。

改后：

虎旅 / 传 / 宵柝，鸡人 / 报 / 晓筹。
六军 / 同 / 驻马，七夕 / 笑 / 牵牛。

分析：首先分析改后的颔联"虎旅 / 传 / 宵柝，

鸡人/报/晓筹"。这是两个赤裸裸的事件,但这两件事所发生的地点却不一样,一个在马嵬坡,一个在宫中,这两个事件放在一起就形成了鲜明对比。此事件对比的背后更是一种处境的对比,突出了唐玄宗昔安今危、昔乐今悲的人生处境。改后读起来更清楚明了,但却少了唐玄宗在面对这种处境时的体验感(或者说作者的态度倾向),那么他的体验感到底是什么呢?再请学生将"空闻"和"无复"加上去,用颤音再读一遍,读的时候采用"颤音"朗读法,将唐玄宗对人生无常的嗟叹,对政治不可控的无奈之情引导出来,细品其间意蕴,会有更深入的认识。

同理,学生用相同的方法来解读颈联,先减去表示时间的词,再来解读这两个事件,能读出一个是六军胁迫的无义,一个是讥笑牵牛的有情。而再将这两个事件的前面加上不同的时间,明显发现有了"倒叙"手法的运用,而且也呈现出了作者对此事件的态度:没有"当时"的迷恋女色,荒废政事,哪有"此日"的此恨绵绵,天各一方!"当时"的海誓山盟有多浓烈,"此日"的赐死之举就有多讽刺。

"空闻""无复""当时""此日"这些副词的运用,恰到好处地揭露出了人生无常的残酷——难预料,难拒绝,难厮守……

设计说明:颔联和颈联是借古讽今中的"古",咏史诗事件的描述往往透露出作者的情感倾向,这对诗歌的议论做了极大的铺垫。先用减法分离出事件,这对学生理解诗歌的手法(对比和倒叙)排除了一定的障碍;然后再用加法,深入理解诗歌中的讽刺意味。

任务二:减语气,辨情感

针对马嵬事件,作者明确表露了看法,请问是哪一句?

明确:如何四纪为天子?不及卢家有莫愁。这一句,主要关注点应放在"如何"这个词上,如果不用反问语气,减为一个陈述语气(四纪为天子,卢家有莫愁),不仅语义有所差别,语气更是明显不同。原诗的反问最大的作用就是极大地宣泄自己的情绪。此句的"讽"不仅体现在语义和手法上,更展现在语气上,如此一来,作者就将"讽"的意味推向了高潮。通过减法这一对比阅读,我们能从大处体会"借古讽今"这一写法,更能从细处体会李商隐咏史诗冷峻直白的写作风格。

三、"减法"——多元探究减结论,个性解读明思辨

探究是学习的有效途径,探究目的是让学生充分利用自己的感官进行感知,培养学生辩证看待问题的习惯,训练他们分析问题、解决问题的能力。通过探究可以大大激发学生的认知内驱力。语文教学中应多让学生探索、自行研究,令学生身临其境,久而久之,自行探究就会变成自觉探究。当然,少一些结论,并不是不要结论。实际上,学生的学习往往要经历"具体感知——抽象概括——实际应用"这样一个认识过程,这个过程是不可忽略的,压缩或省略学生的思维过程,直接得出结论或由他人提供答案,这种舍本求末的做法是十分有害的。

课堂语文教学中,我们应注意的不是让学生如何得出唯一的标准答案,而是鼓励学生从不同角度沿着不同的思路去寻找更多的解决问题的方法,学习不在乎知识本身,不在乎掌握一些结论,而在乎将知识作为创新和学习的阶梯。

任务一:纵深质疑,升华情感

1.唐玄宗 - 杨贵妃(杨国忠)=?

没有红颜误国,没有贼臣乱纲,是不是就没有马嵬之变,没有安史之乱,没有大唐之衰?(请同学们针对此问题,发表自己的看法)

2.李商隐 - 令狐楚(王茂元)=?

这是李商隐的机遇,也是他的挑战。如果他的人生中没有这种两难的境地,他的人生会是怎么样的?(请同学们针对此问题,写一段200字左右的人物评论)

明确:针对以上两个任务,学生任选其一完成。此任务做了一个减法,让学生能辩证地看待历史事件、深入地思考历史问题,这对于培养其创新思辨精神极其重要。

"教无定法,贵在得法",在语文古诗文教学中尝试运用"加减法",增加一些方法的指导,减少一些知识的灌输,却让学生跳出了被动接受灌输的怪圈,让咏史诗教学的课堂绽放异彩,"加法"中增加了课堂的广度和厚度,"减法"中挖掘了课堂的深度和精度,为以后的语文教学提供了更多有益的尝试和突破。

冷君洁,许东芳,四川省资阳市安岳县四川省安岳中学教师。

现代文阅读的命题趋势和答题策略

——以湖北省技能高考语文试卷为例

◎李继平

新课改对学生的阅读水平提出了新要求。语文试卷中增加了阅读理解类题目的分值。从2016年以来的湖北技能高考语文试卷可以看出，语文现代文阅读理解题目有3个，每个题目4分，分值12分，其中2个主观题为简答题，1个客观题为单选题，这已成为湖北技能高考语文试卷的固定命题模式和命题框架。我们在教学实践中发现，学生在做此类题目时，不仅花费了大量时间，而且经常出现错误。为此，在语文教学中，教师应当以学生的学习需求为主，结合学生的学习情况制定教学策略，帮助学生掌握阅读理解答题技巧，运用科学的方法解答题目。

答题策略一：纵观全文，把握主旨

1.掌握文章思路。在日常的阅读教学中，教师应让学生给文章标段，总结每个段落的含义，提炼中心思想。

2.抓阅读材料的关键词句。阅读理解中一些能够展现作者观点，反映文章深层含义且内涵较为丰富的词句，如文章的开头句、结尾句或者一些独立成段的句子等，文章的主旨往往隐含在其中。

（1）在做阅读理解题目之前，可以先简单浏览一下题目。不要急着去答题，带着简单的问题阅读至少2遍材料。第一遍可以快速阅读，重点是快速分辨文章的题材。一定不能在还没有完整阅读材料时就匆忙答题。需要先完整浏览材料，对文章有了整体的认识与理解，才能够为正确答题做好铺垫。在阅读文章时，可采用顺读法或者倒读法。顺读法通常是先阅读材料后再去看题目，随后再读材料，逐一寻找正确答案。倒读法是先读题目，带着问题去阅读材料，此种方式能够使学生快速理清文章中与题目有关的信息，帮助学生节省答题时间，值得提倡。此外，倒读法对于一些表层理解的题目，如时间、地点、人物等效果最佳。对于深层次的题目来说，则需要从整体内容出发，对文章进行概括与总结，逐一分析选项，最终得出正确答案。

（2）重点标注在文章结构中起过渡、连接作用的词语或者句子，标出每个段落的核心句子，尤其要关注段首、段尾。这些词语通常就是答题时需要反复阅读的。找到这些重点词句，就能够进一步掌握文章的结构层次，理解文章的含义。

（3）要有文体意识，找到文中的点睛之笔。在阅读教学过程中，教师应当提醒学生树立文体意识，找到阅读理解材料的关键字词和句子所在的段落，在阅读时进行重点标记和分析。如果题目要求学生用文中的原句来回答，学生就能够快速找到原句。如果没有提出明确要求，学生就可从文中提取相关信息进行作答。

答题策略二：认真审题，定向扫描

审题是做阅读理解题目的关键，抓住这个要点，就能够逐渐掌握答题的方法与技巧。在审题时，教师可引导学生从以下方面着手：

1.抓住关键词，把握题目传达的基本含义。尤其需要提醒学生，在阅读材料时，应结合题目进行，从而发现其中隐藏的有效信息，为后续的有效答题做好准备。

2.无惧生字词。在遇到生字词时，学生可通过上下文大胆地推测题目中或者材料中的个别词义与句义，也可采用构词法推测生词的大概含义。

3.重点关注作者的话语和命题者的话语。命题设计者的主要目的是限定答题的内容。命题者为了给学生指明方向，通常会在题目中提示学生，答题内容处在材料中的哪个位置，甚至限定于具体的段落和句子，有时直接在某一个句子下画横线，指定答题的位置和内容。面对这样的题目，学生就可结合题目给出的提示，找到题目的出题点，锁定答题区域，可具体到段、句或者词。只要找到了相应区域，认真阅读材料，并且抓住关键词句，多数题目都能够正确作答。如2020年湖北技能高考语文试卷，现代文考查的是小小说《卖艺》，题目"请简要概括李二娃一天中四种不同的心理变化"，分析题干得知，题目考查的范围是全文，让考生分析主人公李二娃心理活动的变化。题目指向明确，只涉及李二娃的心理和情感变化，没涉及其他人物。考生只要在原文中逐一搜索表现李二娃心理和情感活动的关键句子，就可以总结、概括出李二娃的四种心理情感变化：着急、紧张、庆幸、震惊。再如2021年湖北技能高考语文试卷，现代文考查的是小小说《牛奶》，题目"文中划线的句子在情节上有何作用？请简要说明"，更是直接指定答题区域——具体句子，划定答题范围——表达作用，考生围绕该句子进行分析，总不会至于偏题离题。

答题策略三：明确文体，快速答题

湖北技能高考的文化综合考试，实行的是语文、数学、英语三科合卷，考试时长为150分钟。对中职生而言，数学、英语是其薄弱学科，用在数学和英语两科的答题时间，肯定多于语文。所以在语文试卷上，不能花费太多的时间，要节约时间出来，从而保证有足够的时间，让考生用于数学的推理计算和英语的阅读答题。这就要求考生作答语文现代文阅读理解，要针对不同的文体，采用不同的解答方法，找到切入点，从而做到快速答题，不磨磨蹭蹭，提高答题效率。

题型一：理解文章的主题主旨、中心句和重点词句。如2016年：母亲认识麻雀，却反复问"那是什么"的原因是什么？2017年："微细的爱"是什么样的爱？2019年："改变"二字在文章题目中的含义是什么？2021年：简要概括文章的主题。2022年：简要概括老兵的形象。2023年：简要概括士兵小于的性格特点和精神品质。题型二：分析作者的情感倾向。对于此类题目，考生须从整体出发，观察和把握作者的情感变化。如2017年：作者为什么看重这种"微细的爱"？2018年：小说三次写到雷雨，分别传达出作者什么心情？2023年：文章中突出反映了记者"我"在舱室里难受的表现，表达了作者的什么感情？题型三：文章的表现手法、写作方法的表达作用，属于写作技巧赏析。如2016年对比手法的作用，2019年比喻手法的作用，2022年故事套故事讲述方式的作用。做此类题目，切忌空泛，一定要结合具体的文本内容来作答。

审视2016年至2023年这8年间的湖北技能高考语文现代文，所考查的文体，2016年、2018年、2020年、2021年、2022年这5次考查的是小小说，2017年、2019年这2次考查的是散文，2023年考查的是非虚构文体（人物通讯），可见小小说文体备受湖北技能高考命题者的青睐和喜爱。小说、散文、非虚构文本等，都各有自己的文体特点。教师要教给学生必要的文体知识、写作知识，辨析不同文体的区别，掌握不同文体所运用的写作方式，从而充分应对考试中出现的各种文体。

2023年湖北技能高考语文现代文阅读试题进行了创新，考查了一篇人物通讯《普通一兵》，作者是李倩，为《解放军报》年轻女记者。原文不到1200字，刊发于《解放军报》2023年1月13日"长征"副刊头版，并配发记者心语："于平凡之中，发现精神之美。"时隔6天，《解放军报》2023年1月19日刊发了主题采访活动的记者感悟，记者李倩的感悟体会文章放在头条。李倩在《走进战位，贴近兵心》写道："在海军某驱逐舰支队，我深入机电兵战位，刚进机舱，一股夹杂着浓烈机油味的热浪向我迎面袭来，隆隆机器释放着灼人热量……在这样的环境中与官兵交流，体验他们的艰苦与奋斗，感悟他们的热血与奉献，笔端就会不自觉流露出真情和力量。"《普通一兵》的主人公是一名出生于1997年的海军士兵小于。2023年的湖北技能高考语文现代文，取材非虚构文本，并且是反映青年战士保家卫国、奉献青春的主题，对考生具有很强的激励作用和教育价值。在接连考查小小说和散文的定势之下，命题者突然转向考查非虚构的文体，且选材充满正能量，弘扬主旋律，确实是一次很好的变化和尝试，值得点赞。可以预测，非虚构的文体，肯定会在今后的技能高考中继续出现。今年的题目，考查了士兵小于的性格特点和精神品质；还有文章中反映记者"我"在舱室里的现场感受，这表现了记者的什么感情，对文章的表达具有什么作用；概括"普通一兵"的不普通之处等，难度都不是很大。

在中职语文教学中，教师不仅要指导学生解读文本，读懂文章，还需为学生提供答题步骤与方法，帮助学生养成良好的思维习惯，形成一定的阅读素养，指导后续的阅读活动。只有这样，才能够提高学生的阅读理解能力，在高考中取得良好的成绩。

李继平，湖北省汉川市中等职业技术学校教师。

化繁为简　提要钩玄

——以《种树郭橐驼传》为例

◎李小红

化繁为简,提要钩玄,高效掌握课文的重点与难点,让学生感到学有所获,一直是笔者思考的问题。课本中的文言文都是岁月沉淀的精华,具有思想的厚度和思维的深度,可谓经典。想要化繁为简、提要钩玄,需要提纲挈领、纲举目张,简而言之,需抓关键、明要害,让"关键处"成为思维之线,串联散落的珍珠精华。如何抓关键、明要害?笔者认为,"关键处"需建立在疏通文义的基础之上,但又不囿于普通的文意梳理,是能够打通各部分之间关联的关键点。在本文中,化繁为简的核心便是种树和为官之间的关联,这也是本文的纲要精微之处。

一、意象导入　知人论世

"种树者必培其根,种德者必养其心。""树"与本课传主橐驼的职业密切相关,但因习以为常,并不会特别在意。实际上,"树"也与中国古典文化有内在的关联。常言道"十年树木,百年树人""落叶归根""立志用功,如种树然"。树不仅仅是自然界的代表,更与我们的文化深深关联。

"意象"是诗歌的常客,"树"常见但不易被激发。"树"是郭橐驼的谋生职业,但是也可以让"树"关联"高树多悲风",也可以关联"我必须是你近旁的一株木棉,作为树的形象和你站在一起"。由物及象,由象及人,丰富意象的内涵,拓展思维的触角。

文本是作者思想的载体,作者生活的体验和感悟是其思想的源头活水。关于作者的一切过往都可以被唤醒,为理解文本提供养料。缺少了知人论世的背景探寻,那么文本便缺乏其生命力,缺乏与读者连接的内核。千古同心,只有理解了作者创作的背景,方可真正进入文本,真正理解作者,从而领会其大智慧。

因为《捕蛇者说》等篇目,柳宗元对学生来说,并不陌生。正如有人所言:"人生关键处,有时候就那么几步。"柳宗元也是如此。化繁为简,提要勾玄,把人的关键点把握准确了,看似复杂的人生经历也便不再那么琐细了。笔者将其人生阅历倒置,柳宗元穷其一生不过活了46岁,连孔子口中"五十而知天命"的年纪都没达到,可见生命之悲。773年出生的他,似乎生下来便有时代的使命,793年中进士,可谓少有才名。其人生的转折点在于805年唐德宗驾崩,顺宗即位。之后,与王叔文共同推进了永贞革新。革新小有成绩,抑制藩镇势力,罢黜宦官,《卖炭翁》便是证据。但前后只持续了约半年,王叔文便被赐死,柳宗元也被贬黜。永州司马、柳州刺史……柳州便由此而来。

本文具体作于何年已不详。"富者兼地数万亩,贫者无容足之居"是大背景。

二、人物塑造的普遍意义

"不知始何名"的橐驼,以其状被乡里人称呼,且言之"甚善"。外貌和语言描写,用语简洁,却生动形象。外表丑陋却精于种树。写其所种树,不管正面描写还是侧面烘托,都充分反衬出橐驼的超群本领。

病偻,隆然伏行,状若骆驼,让人联想到沙漠之舟,耐渴,能干。由物及人,何尝不是一种象征?骆驼祥子,祥子年轻力壮,为何成为文学画廊里的经典形象?其底层小人物身上不甘于命运,凭借自己能力试图改变命运,如此,祥子不仅仅是一个个体,而是旧时代劳苦大众的代表。橐驼所见所闻又何尝不是底层小人物的心声呢?

底层大众才能代表大多数人,底层大众才能看到人间真实,底层大众才是时代的检验者。可不管是郭橐驼还是祥林嫂,他们都没有自己的名字,他们在人间认真地生活,却不足以有自己独一无二的象征身份的名字,何其悲也!

名字尚无,哪里去寻人格尊严?

郭橐驼其人,不仅代表底层大众,其外表丑陋内里技术高超的特点在经典任务画廊中独树一帜。

放眼世界,外表丑陋与精于种树所形成的张力,或者说,人物外在与内在所形成的巨大反差,很多人首先想到敲钟人阿西莫多。而在我国古代,庄子笔下塑造了很多具有特殊才能的匠人。例如庖丁解牛下的庖丁、运斤成风的匠人。理解人物的普遍性与共同性,求同存异,不断挖掘和探寻人物的特点,不断丰富学生的想象力和思维的发散性。

三、由事及理——种树与治民

人问种树的秘诀,橐驼毫不遮掩。直言相告:能顺木之天,以致其性焉尔。用四个"欲",概括种树之本性,提示要领,保其生机。用对比的手法,揭示管理的善与不善。其中,既有叙事性的对于两种种树方法的对比,也有论述性的对自己种树方法的归纳和对他植者的批评。

人法道,道法天,天法自然。顺木本性是否体现柳宗元对老庄思想的传承?非也。橐驼种树与管理皆是掌握事物内在发展规律下的对于自然的积极适应。

橐驼业种树,不知官理。然橐驼以己见官吏如何扰民之事实,更能凸显其真实性。三个"尔"四个"而",将官吏催民之状描摹得如此真切,自然而不做作,生活化鲜明。

种树到养人的自然过渡,无痕且深刻。一个"知种树而已"的驼者,欲止又言,在朴实的类比中,揭示吏治的弊端。

类比这种思维手法对学生来说并不陌生,《邹忌讽齐王纳谏》便是类比的经典文本。但是,"类比"和"比喻"的异同点,学生容易混淆。作为这篇文本的重要手法,可以作为知识点的拓展与辨析,从而丰富课堂容量。

我们不得不感叹,柳宗元见微知著,种树人人人可见,但是有这番感受和体悟的人却少之又少。这篇文本从普通小人物的一件小事出发,通过类比思维,让我们感受到"为官"之理,结合当时的社会弊端,针砭时弊,发人深省。不用刻板的说教,命令式的要求,让人在故事中得到启发,可谓言浅意深。

理论或道理式的说教容易让缺乏生活经验、脱离时代背景的学生心生枯燥,由此,寓言式的文本通过故事的形式,以其人其事的情节易于被学生把握和复述,在此基于上容易反复把玩思索,再思索着追问原因,层层推演,找到种树的秘诀,类似于养生之道,顺乎其理,可以联系"顺理而举以为力",让文本化为思想的养料,让文本与做人勾连,化为做人的智慧。

最后,以"种树者必培其根,种德者必养其心"(《传习录》)结束。强化树的文化意义与类比的表现手法。

万物一理。由人及事,从事到理,让复杂简单化,提取关键与重点,提要钩玄,提纲挈领。同时,又尽量不囿于一事一理,进行思维的拓展与联系,不断丰富学生认知,尽量达到是一课又不局限于某一课,也就是说,文本固然是有限的,但是文本带来的思考是无限深广的。

李小红,广东省深圳市翠园中学教师。

从《庖丁解牛》浅谈语文课程中的思政元素

◎李秀英

在全面推进"大思政课"建设战略指导下,以高中语文篇目《庖丁解牛》为例,探索在语文教学中如何切入思政,为此在文章中我分析了语文课程思政的研究意义,从道德伦理教育、爱国主义教育与科学文化教育三个方面来探讨该篇课文涉及的思政元素。在教学中,我们总是把思政内容及教学搞得很死板,学生也不易于接受,对这些问题,在具体教学中要学会把思政元素与语文教学有机结合,为高中语文课程思政建设与落实铸魂育人提供可参考的思路。

一、高中语文课程思政研究的意义

习近平总书记曾在学校思想政治理论课教师座谈会上强调,"青少年阶段是人生的'拔节孕穗期',这一时期心智逐渐健全,思维进入最活跃状态,最需要精心引导和栽培"。青少年是祖国的未来、民族的希望。而高中学段是青少年学生世界观、人生观、价值观形成和塑造的关键时期,也是他们成长成才的重要转折点,在全面推进"大思政课"建设、推动用党的创新理论铸魂育人的战略举措大环境下,高中"课程思政"对培养健全人格的时代新人尤为迫切和重要。

高中语文课程内容蕴含着理想信念教育、爱国主义教育、探索精神教育、责任与担当教育等丰富的资源,是思想政治教育的有效载体。将思想政治教育元素,包括思想政治教育的理论知识、价值理念以及精神追求等融入高中语文课程中,潜移默化青少年学生思想意识与言行举止,从而达到立德树人目标,培养具有社会主义核心价值观的合格人才。

二、以《庖丁解牛》为例的课程思政元素探讨

高中语文课程思政区别于思政课程,语文课程承担着隐性的思想政治教育功能。高中生处于青春期,较为叛逆,如果采用传统的思政讲授与听讲模式,学生的参与度、主动性、认知度会降低,若在语文课程篇目设计中将思政元素有效融入文学作品,以"随风潜入夜,润物细无声"的传授方式让学生欣然接受,其教育效果会显著提高。以课文《庖丁解牛》为例,浅谈这篇文章中可实施课程思政的三个方面。

(一)教学方式体现道德伦理教育

《庖丁解牛》出自中国古代思想家庄子所著的《庄子·养生主》中。讲授该课文时,其中一个重点是介绍庄子的哲学思想。随着经济水平的提高,高中校园物质攀比之风、过度物欲化之类的问题频频出现,功利主义、实用主义等倾向在一定程度上消解了传统道德教育的时代价值[1]。

课文中庄子的道德思想对于高中生道德伦理教育具有一定的借鉴意义。《天道》篇写道"水静则明烛须眉,平中准,大匠取法焉。水静犹明,而况精神?圣人之心静乎,天地之鉴也,万物之镜也。夫虚静、恬淡、寂寞、无为者,天地之平而道德之至"。庄子追求理想真人的虚静品格,享受生活恬淡而灵魂安宁。与此同时,庄子还歌颂安时而处顺,"适来,子时也;适去,夫子顺也。安时而处顺,哀乐不能入也",对死生、毁誉、成败、美丑等顺其自然,泰然处之。在自然境界、功利境界、道德境界、天地境界中追求逍遥自适,"乘道德而浮游","浮游乎万物之祖,物物而不物于物"[2]。

由此可见,庄子的道德伦理思想在当今社会仍具有重要的现实与教育意义。结合当代高中生的实际情况,寻找语文课程思政元素切合点,为道德教育工作提供管窥之见。

(二)教学内容展示爱国主义教育

中华民族是一个有着优秀文化传统的民族,爱

国主义深深地植根于中国久远的传统文化中。庄子是先秦文化的杰出代表，他的文章被鲁迅先生赞之："其文则汪洋捭阖，仪态万方，晚周诸子之作，莫能先也。"被誉为"钳捷九流，括囊百氏"[3]。他的思想对于世界哲学史的发展产生了深远的影响，被誉为中国哲学的瑰宝。以"庖丁解牛"为例，设计爱国主义教学专题，有机结合思想内容与文学艺术形式。

在课程内容讲授中，重点强调中华民族灿烂的政治文明、物质文明、精神文明及其对社会发展和人类进步的卓越贡献，突出中国优秀传统文化的核心和内涵，增强民族自尊心、自信心和自豪感。同时充分引入并利用翻转课堂这一授课形式，让学生积极主动收集与先秦文学中爱国主义思想的代表作，撰写读书心得与体会，做到有的放矢，不流于形式，不将立德树人作为一个高高在上的空中楼阁，真正地将教学内容融合思政建设，从而深入强化学生的爱国意识，增强学生的民族文化自信与价值观自信。

（三）教学导向立足科学文化教育

科学文化教育是一种以科学知识为基础，以文化传承为目的的教育形式。它旨在培养学生的科学素养和文化素养，使他们具备批判性思维和创新能力，能够适应现代社会的发展和变化。《庖丁解牛》一文充分体现了尊重科学、尊重自然的科学文化观。庖丁在解牛前已通过无数次实践，熟知牛的"枝经""肯""綮"生理结构这一客观实物，并尊重"天理""固然"这一本质规律，即充分了解了科学知识的内涵[4]。

在解牛过程中，又善于观察规律，总结经验，每实施一步都有严密的推理，充分体现了科学思维观，这一科学思维可以很好地借鉴到学生的动手实践中。"工欲善其事必先利其器"，庖丁的游刃有余还在于依据科学知识与科学思维实施科学方法，庖丁不满足于简单地解剖牛，而是不断尝试新的方法和技巧。他善于发现问题并寻找解决方案，不断优化自己的手法，以提高效率和准确性。他还大胆假设和提出猜想，并通过实验和观察来验证自己的想法，其研究方法不仅具有独创性和创新性，而且非常科学和系统化。这即科学态度与科学思维。这种方法和思维方式具有很强的实用价值和启示意义，可启迪学生认识世界，提升学生解决问题的能力。

与此同时，课文教授时强调人文学科对科学发展的重要，科学讲天道，人文讲人道，两者缺一不可，即"天人合一"，注重科学文化教育两者的相容性，全面培养学生的科学与文化素养。

综上所述，在全面推进"大思政课"建设的过程中，我们通过精选高中语文篇目，以《庖丁解牛》为例，明确课程思政研究意义与课程思政元素，全力推进青少年人才培养工作，真正贯彻落实新时代中国特色社会主义思想铸魂育人目标。

参考文献：

[1]赵莎,肖枫.庄子的道德思想教育[J].沧桑,2007(01):122-124.

[2]王国成.庄子教育思想及其对道德教育的启示[J].教育评论,2017(02):84-88.

[3]蔡廷伟.先秦文学中的爱国主义传统教育[J].南京广播电视大学学报,2007(04):30-33.

[4]杨叔子."庖丁解牛"对科学教育的启迪[J].天津大学学报(社会科学版),2003(03):187-193.

李秀英，广东省深圳市盐田高级中学教师。

情境化命题背景下的语文教学设计及实例分析

◎廖苹玲

高考命题的情境化是高考内容改革倡导加强理论联系实际的体现，这要求命题需与国家经济社会发展形势或学生学习生活实际紧密结合，把课本知识与"具体真实的世界"联系起来，考查学生灵活运用所学知识方法解决实际问题的能力，凸显试题的开放性和探究性[1]。

一、语文学科三类情境与高考真题分析

根据《普通高中语文课程标准（2017年版）》即新课标内容，语文学科情境分为个人体验情境、学习与认知情境（又名学科认知情境）和社会生活情境[2]。这三类情境之间的界限并不是绝对的，但各自有不同的侧重，可以从情境来源、任务特征和测试目的三个方面来加以区分。

（一）个人体验情境

个人体验情境是指学生个体独自开展的语文实践活动。它基于学生的自主阅读、独立思考与自主写作实践，强调获得个人情感体验和学习体验。其情境来源于个人独自开展的语文活动，设计了较大表达空间，在解决问题的思维过程和结果中都体现较强的个人色彩；它的任务是为了检测学生个人体验成果；测试目的是让学生获得个人体验，包括情感层面和学习过程方法建构层面[3]。

如2016年高考全国Ⅲ卷文学类文本阅读题选取贾平凹《玻璃》作为阅读材料，设置一道8分的问题："是否状告酒店，'我'与王有福的态度不同。你更认同谁的态度？请结合全文，谈谈你的观点。"题目设置的开放度较高，学生可以将自己的阅读体验和文学作品较为宽广的阐释空间相结合，表达个人独特的体验和认知。并且此题的参考答案中也强调："意思对即可。其他答案，可根据观点明确、理由充分、论述合理的程度，酌情给分。"即在批改试卷给分时也具有相当程度的开放性。

（二）学科认知情境

学科认知情境是指学生探究语文学科本体知识的具体过程。它基于语文学科的综合性、整体性、系统性，突显学生参与语文实践活动过程的语文学科认知能力。其情境来源于语言文字材料内部或材料之间构筑思考空间；它的任务特征是涉及较为深入的学科本体知识；其测试目的是让学生进一步探究学科规律性知识。

在2021年新高考Ⅱ卷文学类文本阅读中，选择了废名的《放猖》《莫须有先生教国语》两篇文章。其中第9题：文本二指出，教小孩子作文要"能懂得小孩子的欢喜"，谈谈文本一是如何实践"能懂得小孩子的欢喜"这一主张的。题目在两则材料中搭建思考空间，用文本二得出一种文学创作的理论，让学生用这一理论去解释分析文本一。另外此题参考答案的命制：①选题为儿童喜欢的放猖；②在回忆放猖时，选用儿童视角，用儿童的口吻和语言，写儿童看到的场景和参与的活动；③注重表达儿童的心理，写小孩子的羡慕、寂寞和失落。（评分参考：注意答案要从选题、视角、内容等角度突出"儿童"这一核心要点）[4]就是考查的小说叙事策略中的"视角"里面"儿童视角"的相关知识。学生要想答好此题，需要调动自己学习的语文中比较深入的学科本体知识。

（三）社会生活情境

社会生活情境是指学生熟悉的家庭生活、学校生活和社会生活等具体的生活场域中开展的语文实践活动。它基于语文学科特有的工具性、基础性、实践性，突出运用祖国语言文字参与社会实践的语文核心素养。其情境来源于校内外具体社会生活场域，表现为明确的任务背景和需求；它的任务特征是综合性强，包括阅读与鉴赏、表达与交流等多个领域；其测试目的让学生完成一场语言交际活动。

如2020年新高考Ⅱ卷文学类文本阅读《大师》的第9题：父亲说"我们下棋是下棋"，怎样理解这句话？请结合全文具体分析。如果只考虑从表层义和深层义去理解这句话，很可能会漏掉关键点。因

为这句话是对话，在交际情境中要考虑言说主体——我是谁；言说对象——说给谁；言说内容——针对什么；言说目的——意图是什么。此题的言说主体是父亲；言说对象是眼镜，意图表达拒绝；也是说给儿子听的，目的是教育儿子不能赌，人穷志不短。然后再去探究这句话和《大师》这篇文章的主题有什么深层联系，即"下棋是下棋"这句话的意味(言说内容)。所以参考答案也是从交际情境和主旨体现两方面来命制的："①父亲这话既是说给眼镜听，以拒绝对方馈赠，也是说给儿子听，含有言传身教的意味；②父亲追求的是下棋的纯粹，恪守君子之交，绝不拿棋艺换取世俗利益，这既关乎下棋之道，更关乎个人尊严。"

三、语文教学情境设计要素与实例分析

（一）教学情境要素

情境化试题的设置是为了发展学生在具体而又复杂的情境中解决问题的能力，是将知识、技能的静态掌握转化为动态运用。这启示语文教学不仅要关注言说的内容，还要关注言说的形式；不仅要关注"说什么"，更要关心"怎么说"。把"怎么说"作为重要的教学内容，通过品味语言的方式，既要理解言语内容，又要学习言语形式。这在实际教学中可以通过设置学习情境来实现，而设置教学情境需要包括背景要素、问题要素、任务要素和目的要素。

（二）片段式情境设计

如要让学生学会用比喻论证进行说理论辩，可以结合学生生活实际设置一个情境："如果你的室友犯了错，你要如何委婉地劝说他呢？请用比喻论证的方式写一段话。"在这一个任务情境中，学生通过解读背景，提炼出题目和现实情况下需要表达的问题，以问题作为驱动，去完成片段写作的任务，在这一过程中所锻炼的语言建构与运用的能力素养，就是此任务情境所要达到的目的。

与此情境相似，在以论证方法作为切入点的《鸿门宴》语言分析教学中，要让学生应用刚学到的论证方法表达观点(目的要素)，于是设置情境：听完樊哙指责项王做事不义，你作为项羽麾下的第一大谋臣范增，该如何应对(问题、背景要素)？学生可以从中提炼自己的角色和立场，以及表达的现实需要，并且进一步明确自己接下来该对谁说这一番话，是无视樊哙，劝说项王；还是直接反驳樊哙，进而指责沛公呢？言说对象的不同，决定着言说内容的不同，是维护项羽应居灭秦首功，还是指责刘邦拒守函谷关不义？在明确观点之后，完成用一种论证方法写作语言片段的任务。

选择现实生活或古人故事设置情境，需要考虑该任务中学生表达意愿的强弱。以上两个情境的设计较小，如果要设计贯穿整个课堂的情境，可以参考以下模式。

（三）整体式情境设计

教学《装在套子里的人》这篇课文时，可以设置"别里科夫之死"专案调查情境，将社会生活中专案调查需要涉及的信息：现场勘查、案发背景、本人档案资料及有关人士采访等与小说三要素——环境、情节、人物联系起来，达到分析小说文本的目的。

另外在《林教头风雪山神庙》这篇课文的情境设计中，授课教师将课文结尾的山神庙案发现场以视频的方式呈现，营造悬疑气氛，激发学生探究欲望，给出案情："沧州城外山神庙惊现三个无头尸颅。死者分别是谁？杀人者究竟是谁？他们之间有何深仇大恨要下此毒手(问题要素)"，让学生代入智慧的侦探角色(背景要素)思考如何解决自己心中的疑惑，突出学生的"我意识"，让小说解读变成自己的事，有了更好的驱动性，通过完成案件调查这一任务，完成分析小说情节、环境和人物形象等目的。

在新课标中，"情境"一词出现了34次。"学业水平测试与高考命题建议"中指出："语文学科核心素养是在具体的阅读与鉴赏、表达与交流、梳理与探究等语文实践活动中形成与发展，并通过具体、多样的实践活动表现、展示出来的。考试、测评题目应以具体的情境为载体，以典型任务为主要内容。"[5]如何设置鲜活的教学情境，注重课堂的整体性，加强任务的驱动性，调动学生的积极性，以提升其语文素养，还需要更多的思考。

参考文献：

[1]中国高考报告学术委员会编.高考评价体系解读（2023年）[M].北京：现代教育出版社,2021.

[2][3]王意如等著.普通高中课程标准（2017年版）教师指导·语文[M].上海：上海教育出版社,2019.

[4]中国高考报告学术委员会编.高考试题分析·语文（2023年）[M].北京：现代教育出版社,2021.

[5]叶丽新."情境"的理解维度与"情境化试题"的设计框架——以语文学科为例[J].课程·教材·教法,2019(5).

廖芊玲，重庆市云阳县重庆市中山外国语学校教师。

"新课标+双减"背景下的小学高段语文作业设计

◎林柳东

2022年版《义务教育语文课程标准》(以下简称"新课标")对作业的描述少而精,与《关于进一步减轻义务教育阶段学生作业负担和校外培训负担的意见》(以下简称"意见")里的"双减"相关要求有异曲同工之妙。新课标与双减政策日渐渗透到教育教学中,也为小学高段语文作业设计提供了新视角、新样态和新思考。如何让时间短、数量少的小学高段语文作业衍生出作用大、影响远的效果,如何做到作业有温度、作业有限度、思考有深度、学习有广度,是一线教师必须面对和思考的问题。本着既有普及性又有针对性、既有基础性又有提高性、既有实践性又有探究性的作业设计原则,设计出树状作业、阶梯状作业、环状作业。

一、设计树状作业

树状作业,顾名思义即由一树干,生伸出多树枝。枝与干紧密相连,又主次分明。

(一)树状作业的主干指向单元要素,明确单元作业目标。

统编版小学高段语文课本每单元首页都有内容主题,以及语文要素。语文要素多为两点,其中五年级下册第三单元、六年级下册第四单元甚至提出三点语文要素,这些语文要素,主要对应着本单元的阅读要素与表达要素,为单元教学重点,因此也作为单元作业设计重点。

(二)树状作业的枝丫链接学习任务群,明确课时作业目标。

《义务教育教科书教师教学用书》(语文五年级上册第二页)梳理出了本册第一单元教学要点。经过重组教学要点,可以梳理出本单元的三个学习任务群:其中基础型学习任务群主要为文字积累与梳理类作业,为识记生字、多音字、生词,有感情地朗读课文、古诗,背诵古诗。发展型学习任务群主要为把握课文主要内容,体会作者表达的情感,初步了解课文借助具体事物抒发感情的方法,能尊重不同见解,梳理总结大家的意见,把自己心爱之物的样子、来历写清楚,表达自己的喜爱之情,乐于分享习作。拓展型学习任务群则要求将所学内容进行迁移,进行整本书阅读、跨学科学习。因而在设计此类作业时,注重化零为整,进行单元作业统整设计。

二、设计阶梯状作业

阶梯状作业,意味着学期作业一脉相承,在学生对原已掌握知识点的基础上有衔接和提高的作用。

以"情感"这一语文要素为例,从"初步了解"到"结合资料"体会文章的感情,到"体会场景和细节描写中蕴含的感情",到"初步了解课文借助具体事物抒发感情的方法",最终"体会文章是怎样表达情感的"。层层递进,联结上升。再以"资料"这一语文要素为例,从"结合资料"到"搜集资料",到"学习搜集资料",到运用搜集到的资料介绍一个地方、理解课文主要内容、加深对课文的理解,最后整理资料。层层递进,联结上升。因而在设计此类作业时,应当遵循教材编排特点和学生学情特点,注重由易入难、从简至繁。

三、设计环状作业

环状作业,即是由一个固定的圆心来画圆。

以课内知识要素为圆心,拓展延伸到课外相关知识,以语文学科为圆心,辐射跨越到其他学科。全方位、多角度调动小学高段学生的感官参与作业。从零散布置到统整设计,从单一训练到综合提升,从静态学习到情境涵养。以统编版五年级上册第一单元第三课《落花生》为例:

写作技巧大练兵
——从《落花生》揭幕

"深圳市十佳文学少年"的评选即将开展,全市所有中小学都摩拳擦掌、跃跃欲试,力求在评选中夺得头筹、脱颖而出。我们班的同学也不例外,既然要获佳绩,必定要付出努力,今天我们要进行大练兵，请所有将士做好准备，随我在沙场苦练！

（一）课堂作业：梳理·巩固

兵法一：疏通文义，梳理内容。

兵法二：讨论探索，悟出道理。

花生的特点：

桃子石榴苹果的特点：

它们＿＿＿＿＿＿＿＿＿＿＿。

兵法三：总结写法，自由表达。

看到竹子、梅花、蜜蜂、路灯，请我们先联想到事物的特点，再思考它们代表着哪一类人。请你利用本节课所学借物喻理、借物喻人的方法，简单来写一写其中一个事物。

（二）课后作业：拓展·探索

1.请你查阅资料、了解许地山的父亲为何会说出这一番道理。

2.请你将《落花生》的故事讲给身边的人听，鼓励大家成为有落花生一样品格的人。

再以统编版五年级下册第四单元第十一课《军神》为例：

也知许国怀忠荩，一寸丹心铁石坚

——与军神同行的深圳博物馆时空胶囊之旅

"时光胶囊"是当下深圳人打卡深圳博物馆（古代艺术馆）最喜欢用的关键词。不仅因为其电梯形似胶囊，更因为在这里可以打开时空之门。现在，让我们一起乘坐黑白时空胶囊穿越古今，与军神刘伯承并肩同行。

时空胶囊第一站：心灵沟通站

《军神》一文理应着重通过军神刘伯承的动作、语言、神态，使我们了解他的内心，这篇文章却花了很多笔墨来描写沃克医生的动作、语言、神态，这是因为刘伯承钢铁般的意志力让沃克医生感到震惊和肃然起敬。所以沃克医生大声嚷道："你是一个真正的男子汉，一块会说话的钢板！你堪称军神！"

而此刻，正从时空胶囊走出来的你，面对着军神刘伯承，你想对他说些什么？

刘伯承元帅，我想对您说：

听完你的心声，刘伯承元帅也感受到了你的内心，并愿意与你同乘时空胶囊。时空胶囊急速上升，刘伯承元帅一如既往的从容镇定。

时空胶囊第二站：文本故事站

你从《军神》一文中了解到军神刘伯承，但人物故事站的旅客对其事迹却知之甚少。正在这时，一位只顾观光的旅客不小心撞到了你身旁的刘伯承元帅，并留意到他右眼上明显的伤疤，这位旅客心中升起一丝疑虑。为了更好地还原细节，你决定以沃克医生的身份，对逐渐围拢过来的旅客们讲一讲这个"封神"的手术故事：

有一天，我的诊所里进来了一位病人。

旅客们也如文中的沃克医生一样，为你讲述的故事而震惊和肃然起敬。

时空胶囊第三站：人物名片站

时空之旅在继续。你看了看刘伯承元帅，想到在课文里，面对沃克医生"你是军人！"的质疑时，他只有淡淡的一句："你说我是军人，我就是军人吧。"深藏功与名的军神，在和平年代，更需要被我们铭记。

可我们对刘伯承元帅的了解不多。你需要在课余时间查阅资料，更加深入地了解刘伯承元帅，并为他制作一份独一无二的人物名片。

光阴似箭。转眼与军神同行的深圳博物馆时空胶囊之旅已经到达了终点站。你与刘伯承挥手道别，看着他渐行渐远的高大身影，你真正感悟到了老一辈无产阶级革命家的英雄气概、优良作风和高尚品质，并立志要好好学习，将来为建设祖国奉献自己的一份力量！

因而在设计此类作业时，应注意从课内延伸到课外，从语文学科辐射到其他学科。

总之，"新课标＋双减"背景下的小学高段语文作业设计中，无论是设计树状作业、设计阶梯状作业、还是设计环状作业，都旨在关注差异、分层布置的前提下，发挥好作业的育人功能，强化作业对巩固知识、形成能力、培养习惯的重要作用。如此，才能真正做到作业有温度、作业有限度、思考有深度、学习有广度；才能真正做到让时间短、数量少的小学高段语文作业衍生出作用大、影响远的效果。

林柳东，广东省深圳市坪山区坪山实验教育集团坪山实验学校教师。

"纠错"与"音律"
——浅谈基于深度教学的趣味性文言诗词教学策略

◎林莹菲

文言文是我们语文教学中的一大痛点。而教师也因文言文篇目长、知识点多等因素，把文言文的授课变成了枯燥的照本宣科，或者直接上成了"记笔记课"和"背诵、默写课"。正所谓"兴趣是最好的老师"，我们可以通过深度教学，深入理解和探究学习材料的方式来促进学习。从兴趣着手，落实学生为主体的课堂，让同学们自动自发地理解文言字词、研究课文内涵。

一、纠错式学习策略

（一）角色扮演与纠错的融合——自主学习，自主运用

在文言文教学中，字词句的解释是非常重要的一环，也是教师无法忽略的一环。运用深度教学的方法，让学生充分理解所学内容，而不仅仅是短期记忆和机械应用。纠错式学习，就是让学生运用课下注释自己读懂文章的基础上进行角色扮演，再运用文章来发现其他同学作品的错误。也就是让角色扮演与纠错式学习策略融合，能使学生在纠错中学习，省却教师过多的讲解。

在讲解《核舟记》的时候，我发现这篇文章注释多、篇幅长，不利于学生掌握。但这篇文章人物多，且描写细致、形态各异、活灵活现。何不让同学们来一次穿越时空的角色扮演比赛呢？说做就做，我让学生以小组为单位，组内每人分配扮演人物、旁白（念文章），要求在课前按照课文描述制作该人物的道具、服饰，并造型，再现"东坡泛赤壁"的情景。而演示小组以外的同学，则在旁白念文章时观察、对照课文，对演示小组进行纠错，被发现错误最少的一组获胜。

课堂上，每一个小组都需要表演一次，同学们对这样的"角色扮演"非常感兴趣。在同学们的努力下，虽然在课堂上我们不可能看到这一枚精致珍贵的核舟，也不可能穿过漫长的岁月看到苏东坡与友人泛舟赤壁的情景，但是同学们的努力，确实让我看到这些核舟上的人物正在慢慢地渗透进同学们的心里，并且在他们的演示中丰满、生动了起来。在制作道具时，每一个同学都细细地斟酌自己扮演的角色，力求原汁原味地呈现，在这样的过程中，其实已经完成了课堂上应由老师带领学习的字词解释与人物形象的研读，而这些都是学生在角色扮演的准备过程中自发完成的。

如果说根据课文注释和自己的理解来再现人物、制作道具是了解文章大意与各个角色形象，那么"纠错"就是精读、细读。要纠错，首先就要通读全文、读懂全文，但这远远不够。因为每一个扮演的同学都是经过理解文章而完成角色扮演的，因此纠错需要更细致地理解文章。在纠错过程中，有同学发现"东坡""鲁直"的两膝是分开的，没有"相比"；"佛印"的右脚直直地放着，没有"卧右膝"；"东坡""鲁直"拿着"卷"反了，然后大家就了解到原来"卷端"指的是"卷"首，而"卷末"指卷尾；还有同学发现船后方的"执蒲葵扇"的"舟子"是笑着低头看着"壶"的，与"视端容寂"的表情不符合等。

通过角色扮演与纠错的文言文深度教学策略，学生与平时的文言文学习有明显的变化。在角色扮演的过程中，学生尽自己最大的力量在课前预习了文章，并自己制作道具；在纠错的过程中，同学们个个都踊跃参与，也就是每位同学都在多次精读课文，并且对照课文注释、经过自己思考、最后再向面前的角色"纠错"。一节课下来，学生已经对这篇文章中必须掌握的字词解释、人物描写了如指掌。

（二）寻找矛盾点——提出疑惑，深度探究

"纠错式"的教学策略还可以用到领会作者隐含情感、体会文章主旨上。例如《湖心亭看雪》，作者有意在文章中埋下了许多伏笔，如"崇祯"的年号、"独往"看雪等，这些奇怪的地方暗含着作者隐晦的情感。而教师如何让学生理解这些幽深的情感呢？

《湖心亭看雪》是一篇适合"纠错式"教学的文

章。在学生了解文章内容后，就可以让学生对文章进行"纠错"了，而这个"错"并不单指"错误"，还包括了发现文章一些不合常理的、莫名其妙的地方，小组内进行整合梳理，并在班里讨论得出答案。

他们的发现却很有意思。有同学说，"大雪三日"说明环境恶劣，"人鸟声俱绝"说明在这样的环境下根本没人外出，作者还偏偏选择晚上看雪，那时晚上没有灯，再加上他说"上下一白"，也就是根本是看不清的，这样的做法明显不符合常理。我总结，为看雪，作者选的时间错，地点也错，我们都知道错的事情作者为什么还要去做呢？由此引起同学们对作者当时心情的猜测，有说闲着无事出去看看的，有说可能因为被贬而心情郁闷的，一时之间众说纷纭。这时就是知人论世的好时候，我们只需要把背景资料给学生自行阅读，他们便会领会这些错误的原因。还有学生找到一处明显的错误，"问其姓氏？是金陵人"，这是牛头不搭马嘴的一个问答，作者非但没有认为这是个错误，而且写到了文章里。这一处错误显得非常刻意，学生七嘴八舌地讨论起来，这时我适时地加入历史常识："以金陵为首都的朝代有东吴、东晋、南朝·宋、南朝·齐、南朝·梁、南朝·陈、五代·杨吴（西都）、五代·南唐、南宋（行都）、明、南明、太平天国、中华民国。"学生发现明朝也是以金陵为首都，立刻就能联想到这个故意的错误是突出作者对故都的思念。

学生的想法是多样而且非常发散的，课堂中还有学生提到："这一次泛舟看雪就是有错误的，怎么大雪三日后，湖面还能划船？还不结冰"等非常有意思的问题，这就需要老师提前搜集好学生揪出的"错误"并细致分析备课。

纠错式学习策略，能够在教授篇幅长、内容比较乏味、缺乏情感起伏、需要背诵段落较长的文章时，让课堂有趣起来。也可以在一些有比较多伏笔、矛盾的文章中，让学生来纠错，从而体会作者情感。纠错式学习还能与许多种其他策略相融合，除了角色扮演外，让学生做模型、绘画，或让学生根据文本进行话剧表演、改编现代文等，这样能够让学生的文言文阅读走向深度的学习体验。

二、音律、朗诵结合的教学策略

在教学实践中，我们经常发现一些同学在学习时不能准确记忆，或是背诵困难，或是记忆混乱。但同时，我们又发现学生在识记歌词方面似乎信手拈来，许多流行歌曲歌词繁复，他们却能够轻松地掌握。这一现象有多方面的原因，但音律与节奏确实能够对于记忆起到重要的辅助作用。

近几年，古诗词歌曲创作除了民族化、艺术化方式外，也出现了通俗化、流行化的倾向。有的影视作品采用了古诗词歌曲作为插曲，例如2014年版的《神雕侠侣》，片尾曲选用了重新编曲的元好问的《雁丘词》，这首词在各个影视作品中出现频率很高，"问世间情为何物，直教生死相许"这句学生是知道的，却不知道词的故事。在早读课上，我就其优美的曲调，感人的故事结合神雕侠侣的故事情节，给同学们上了生动的一课。除了影视作品，有的流行歌手、网络歌手也演唱了深受学生欢迎的古诗词歌曲，例如HITA，演唱了非常多古风歌曲的同时，也演唱了诗经的《子衿》、吴泳的《水龙吟》等古诗词。这些歌曲的特点是不需要高难度的演唱功底，也没有复杂的演唱技巧。更为重要的是，这些歌曲往往融入与时代相合拍的流行元素，深受学生一族的喜爱。很多老师在教授诗歌的时候都会借助歌曲来让学生更好地记忆，其实文言文中，一些音韵和谐的、字数相等的骈文也适合用歌曲来协助记忆。

《陋室铭》是一篇骈文，我曾尝试用《沧海一声笑》的旋律来进行陋室铭的背诵教学。《沧海一声笑》运用五声调式，即我国古曲用的"宫、商、角、徵、羽"五调，抓住了五声音阶的神髓，具有浓烈的中国古典音乐特质。而本篇文章借陋室之名行歌颂道德品质之实，表达出室主人高洁傲岸的节操和安贫乐道的情趣，与歌曲的潇洒自得很是般配。在学唱"水不在深，有龙则灵"时，"深""灵"在配歌时要强调拖长，可以占几个音节。而最后一句"孔子云：何陋之有？"是不能入调的，因此我们可以在最后用朗诵的方式，让学生潇洒地朗诵此反问句，更是与《沧海一声笑》的恣意飘逸相结合，足以表现音律、朗诵都能够让学生更好地领略文章的情感意蕴。

通过深度教学的引入与学生生活实际联系的学习资源的教学策略。将文言诗词的学习与时代流行元素融合，帮助学生更好地理解记忆古诗文的同时，也更好地感受作品音乐唱诵之美。

【本文系广州市教育研究2022年度科研课题专项课题"基于深度教学的初中语文单元教学设计研究"（课题编号：2022sdjx38）阶段性成果。】

林莹菲，广东省省广州市东风实验学校教师。

高中语文整本书阅读教学的功能价值和实践探索

◎刘宏亮

整本书不是数量上的概念，不等于"整册书"，单篇短章与整本书的区别在于单篇短章是演绎式分析，其教学的主要目标在于语用，而整本书在于归纳式应用，文学赏析、知识掌握都内化在其应用中。阅读教学是高中语文教学的重要组成部分，是语文教学的核心内容。而整本书阅读教学作为一种新的阅读教学形态被人们日益关注。

一、开展整本书阅读的价值与意义

1.拓宽学生的阅读视野

整本书阅读相对于传统的单篇阅读而言，最主要的一个特点就是能拓宽学生的阅读视野，传统的单篇阅读就好比是对一幅画中局部进行窥探，好比管中窥豹，而整本书阅读就是将整件事的面貌都展现在读者面前，由读者进行审视。

例如在阅读《水浒传》的节选《林教头风雪山神庙》时，学生通过林冲遭诬陷、被刺杀，最终被逼上梁山的故事能对当时社会的黑暗现实有一个大致了解，甚至得出官逼民反的结论，但这样的解读并不全面，认识也具有片面性。如果学生能够将《水浒传》通篇阅读，会对当时的社会现实以及人性之恶有一个更全面的认识，而且会重新审视"官逼民反"这一主题，对历来受人称赞的一百零八位好汉形象能有一个更全面的认识。可见，整本书阅读能够拓宽学生的阅读视野，在一定程度上有助于学生思辨能力的提升。

2.提升学生的思维能力

"思维的提升与发展"是语文核心素养的重要内容，而整本书阅读便是促进学生思维提升与发展的有效途径。整本书提供的内容信息量大、连贯性强，学生在阅读的过程中不仅需要注意力集中，而且还需要借助思维联想将文本的信息进行整合，然后进行分析，从而透过文本表面去探究内在本质，思考文本的价值内涵。相较于单篇阅读，学生在阅读整本书时会更加投入，思考更多，对文本价值内涵的理解也会更深。

在学习《老人与海》时，学生能在阅读中感受到老人与鲨鱼搏斗的激烈场面，深入了解老人的处境，认识一个更加立体、全面的英雄形象，并明确圣地亚哥这位英雄代表的精神，他虽然只带回了大马林鱼的骨架，但是他在与鲨鱼搏斗的过程中战胜了自己，战胜了代表大自然的鲨鱼，展现了自己百折不挠的斗争意识。而学生这个认识不断深化的过程就是其思维发展提升的过程。除此之外，内容丰富、人物众多的文本需要学生对人物关系进行梳理，这个梳理的过程锻炼了学生的线性思维；而分析人与人之间的关系，人物与事件之间的关系，则锻炼了学生的发散性思维。

3.文化传承与价值确认

单篇阅读与整本书阅读都是文化载体，都有利于文化的传承和学生价值观的塑造。但单篇阅读呈现的只是文化历史的一个"横截面"，它向学生展示的只是一个生活场景、文化场域里的一个现象，而整本书则是对文化的全面展示，它向学生展现了更全面的社会生活图景，利于学生对历史文化进行纵深向把握。

巴尔扎克的《人间喜剧》能让学生看到更全面、更丰富的法国风俗，《飘》能让学生对美国的黑人历史有更深刻的理解认识……其实，书可以看作是历史文化的一面镜子，它映射出一个相对完整的文化场域，学生在其中感受不同的文化风采，吸纳不同的文化营养，理解不同的文化内涵，这对学生进行文化的理解与传承意义深刻，并且也有助于学生对自身价值的确认。

二、开展整本书阅读的策略和途径

1.明确主题

根据新课程标准中给出的具体要求可知，学生在阅读整本书时需要明确作品的主题，假设是小说类文本，应当能够明确小说的主题，理清故事发展脉络和结构框架，整体把握其中的内涵与精髓。

以《家》为例，根据本作主要内容来看，故事是从几对青年人的爱情纠葛展开的，分别讲述了他们不同的人生遭遇，借此歌颂了青年人反抗意识在那个时代下的觉醒。教师可以将本次阅读的主题确定为"在时代激流中辨识人性与情感"，人性与人情构成了本次阅读的主题，教师可以用"死亡"引导学生进入本次阅读，从小说中知道"祖父"代表了专制和腐朽，如果说这样的人物死亡，那么对于读者而言一定不会是惆怅的，但仔细读过关于祖父死亡的这段描写后却能够体会到作者对于人性和人情的细腻描写，从而思考为什么会有这样的情感表现。祖父的经典话语是"我说的是对的，哪个敢说不对"，极具专制色彩的任务在临终前消解了人性中的丑恶，回归到了理解和宽恕当中，读来令人伤感。此处启发了我们在看待任何人或事时都应当从多个角度、综合多方因素去进行分析。

2.教师先读

整本书阅读教学实施的前提应当是教师对于作品要先形成一个充分的认知，通过全面、深刻和理性地看待阅读过程中遇到的各种问题，为引导学生阅读整本书做好准备。教师先读意味着不仅仅是读，更需要结合实际学情去梳理书中内容，以"整本书"的"整"为切入点，强调深度阅读，以师生对话为载体，渗透对学生阅读鉴赏能力的培养。如果是小说类体裁，则需要完全掌握故事的梗概和脉络，这样才能够对一些细节有深刻、到位的理解，以便于指导学生进行深入阅读。

仍以《家》为例，教师可以通过设置阅读任务清单的方式，让学生先对作品的创作时代背景和主题有一个大致了解，因为时代相隔甚远，所以很难保证学生对于本作的兴趣，因此通过教师先读，为学生罗列好阅读任务清单，学生在任务清单的指引辅助下进行阅读，第一周基本可以掌握整本书的主要故事情节，理清其中的人物关系，随后便可以展开对人物形象的赏析，立足于背景和现实意义等方面探究作品的价值。

3.开拓思维

尽管有了任务清单的帮助，但学生可用的阅读方法和工具还是较为匮乏，所以在整本书阅读中，教师要多提醒学生活用"略读、精读"等基础性的阅读技巧，以解决在面对不同章节时的不同问题。除此之外，还可以运用批注、卡片等方法，积累阅读经验，实时对作品进行点评，或是记录下自己当时的体验和感受，对作品做出个性化、多元化的解读。

在阅读《红楼梦》时，前八十回都可以使用批注法进行阅读，而后四十回则要以点评式阅读思维为主，这样做的目的一方面是增加了学生对多种方法的使用，另一方面也是为了减轻学生在阅读这一类长篇巨著时容易长生的厌读情绪。在指导过程中，教师还要适当引入一些权威性的文学解读观点，帮助学生有意识地去从多角度进行思考，这也正对应了"阅读本身就是和文本对话的过程"这一理念。

4.读写结合

阅读和写作之间是不可分离的，阅读在学生写作素养锻炼中的效益是不容忽视的。在高中语文整本书阅读中，高中语文教师应该有意识地引导学生在阅读中思考写作手法、写作风格、写作思路等，将其归结起来，都将成为后续学生行文的基本范本。在这样的读写结合教学过程中，学生可以进入深度理解的状态，也为后续各种写作工作夯实基础。在整本书阅读中，可以写章节读后感，也可以写文本语言鉴赏报告，这样将写作任务与整本书阅读的各个环节关联起来，合理地进行规划，就可以使学生的思想得以碰撞，保证阅读文本的理解进入深度状态，记录学生的阅读心得，继而使写作能力和素质得以锻炼。

综上所述，"整本书的阅读与研讨"作为新课程标准中学习任务群的第一位，是一项具有较强综合性的学习活动，教师作为引导者和启发者，应当通过整本书阅读的活动，帮助学生形成良好的阅读习惯，同时提高阅读鉴赏水平，将所学知识与方法应用于其中，在迁移中感受知识的力量和阅读的魅力，通过丰富的文本阅读形成正确的价值观念。同时必须从实际教学情况出发，充分考虑其必要性、可行性。教师在教学实践的基础上，选择适宜的阅读内容，培养学生的自主阅读能力，进行及时的阅读教学评价，营造良好的读书氛围。若能将以上措施逐一落实，那高中语文整本书阅读的教学实践，定能培养高中生语文学科核心素养，完善其人格，使其逐步形成良好的世界观、人生观、价值观。

刘宏亮，广东省深圳市盐田高级中学教师。

语文课堂教学中的"学习错误"如何转化为教学资源

◎刘毛毛

长期以来，很多教师担心课堂上会因为学生的错误影响自己的教学流程、教学任务和教学效果。在日常的教学中，学生难免会犯各种各样的错误。对此，教师可以有不同的处理方式。通常的做法是，当某个学生回答问题出现错误时，教师再提问其他同学，直至得到教师自己认为是正确的答案为止。教师之所以这样做的原因不外有二：一是主观上认为正确答案是唯一的；二是客观上有限的教学时间也不容许对每个学生的错误答案作出解释。殊不知当我们把所有的错误都关在门外时，真理也就被关在门外了。恩格斯说："最好的学习就是在错误中学习。"教师要允许学生犯错，让学生真实地表露自己的看法，让学生经历错误、认识错误、纠正错误才能更好地防止错误。在实际教学中，"学习错误"具有很大的价值，教师应该把学生的错误当作是最好的教学资源，引导学生反思错在哪里？为什么错？然后让学生在老师的引导下有针对性的纠错，让错误发挥最大的功效。

一、"学习错误"的内涵及其教学价值

从概念上说，"学习错误"就是学生在学习过程中出现的错误。包括学生在学习过程中对本门学科所学内容的认知方面的浅薄或理解不到位的错误，以及由于自身能力的欠缺从而导致无法良好地运用本学科所学知识去应用与实践能力的失误之处。而对于语文学科来说，"学习错误"就是指学生在语文知识学习的过程中，由于语文知识功底的浅薄而导致的对语文课堂中所讲授的课文内容的理解不足或者听说读写实践能力和思维的欠缺，从而导致在语文知识运用过程中出现失误之处。所以我们可知，在课堂上，学生所出现的"学习错误"正是教师课堂教学资源的生成，同时能让教师更好地把握学生的学情，把握学生学习的真正困难之处。

"学习错误"的教学价值主要体现在：

（一）诊断学生的学习水平。"学习错误"的出现，其实是为教师提供学生学习本篇课文的真实学情。教师在上课之前，备课的过程中会依据学生以往的学习水平和学习认知来估计学生学习新课文的学情，那么在备课这个过程中，教师通过备课标、备教材、备学生来制定本篇文章的教学目标，安排整堂课的学习环节。但是学生每学习一篇新的课文，一部分是基于学生的背景信息和认知经验来进入新的篇章，同时也不可忽略，学生学习的过程就是对知识的不断认知和发展的过程，也就是对新知识的一种摸索、探知、理解、提升的体验过程。由于学生自身的知识积累、思维方式、领悟能力、情感体验无法达到学习本篇课文的水平，那么学生就会在课堂上出现"学习错误"，教师只有清楚学生的"已知"和"未知"才能设定符合学生学情的教学目标，也才能够在课堂教学上有的放矢。

（二）改进教师教学效果。拥有"错误"的课堂是真实的、鲜活的，教师在遇到错误时，不应以一个"错"字忽视学生的"错误"和否定学生，而应该积极思考错误产生的原因，并有效应用各种教学方法对学生进行引导，利用"错误"活络课堂，激发学生的思维，引导学生发现错误、分析错误、解决错误，培养学生发现、思考、解决问题的能力。语文课堂教学的重要价值之一就在于通过教学活动的设计与实施催生学生语文学习行为与学习效果的变化：由不知到知，由知之较少到知之较多；由不懂到懂，由理解肤浅到理解深刻。在这个过程中，学生必然会出现多种多样的学习错误，有知识上的错误，有理解上的错误，有方法上的错误……学生学习上的这些错误，既是教学过程的常态表现，也是教学活动赖

以有效进行的宝贵资源。正是因为有了这些错误，教师才能把握学生学习的状态和水平，也才能采取有效措施来解决或矫正这些错误。这些错误被解决或矫正的过程，也正是学生产生实质性学习行为的过程。

（三）检测课堂生成的效果。语文课堂的预设和生成是语文教学中一组重要的关系，直接影响着教学的效果。"预设"是教师在上课前基于课标、教材和学情进行的有计划、有目的的设想和安排；"生成"是指在弹性预设下，通过教师的引导和学生的课堂表现展开的教与学的活动，从而产生教师预期的教学结果和超出教师预期的学习效果，促使学生在知识经验、情感方面、知识技能方面得到更高的发展。在语文课堂的有效生成过程中，"学习错误"往往能成为激发学生成长的"催化剂"，使学生的学习历程由错误到正确、从片面到全面。也只有让学生充分暴露出学习错误，教师才能有效引导和矫正，学生也才能在语文学习上完成质的飞跃。

二、善用"学习错误"策略

在教学中，我们应该要特别重视学生在语文课堂上产生的有意义的"学习错误"，因为"学习错误"与"学习困难"是相伴而行的，"学习错误"的出现，就说明是学生学习的困难之处。因此，基于对语文课堂"学习错误"的利用，我提出以下几条策略性建议：

（一）对于学生能力不足导致的学习错误，要对症下药，强化训练

语文教学中，最基础也是最重要的就是听说读写，比如利用朗读、默写和表达来举例：学生学习文言文和古诗词时，在朗读过程中会出现读音不准、节奏不当等情况；在日常课文的学习中或者古诗文的默写中，错别字百出，比如振聋发聩和震耳欲聋的"振""震"分不清；课堂回答问题或者写作中出现语句逻辑不清晰，思维混乱，即古人所说的"足将进而趑趄，口将言而嗫嚅"。这些"学习错误"的出现，就需教师耐心引导学生。比如教给学生一些朗读的技巧：古诗应该结合音节、诗意、诗歌体裁、韵脚等特点等来把握诗歌节奏；对于课文中的一些形近字容易出错，教师可以引导学生从造字角度来区分，让学生了解两个字的本质区别；口语表达与写作方面思维不清晰，应该鼓励学生在课堂上勇于发言，锻炼自己，写作中可以让学生利用课文或作文完成思维导图，培养学生的思维体系和逻辑结构。

（二）对学生内容理解上的错误，要引导学生回归课文，品味语言

在语文教学中，学生对课文内容理解不到位，多是由于他们对课文不熟悉，或是阅读不细心。出现了这种情况，教师应该引导学生回归课文认真阅读，而不是直接将答案展示出来，让学生看着答案去回顾问题。例如在《回忆我的母亲》这篇文章教学中，除了分析母亲具有哪些优良品质外，还有一个重要的内容是作者朱德从母亲身上学到了什么？学生很容易忽视掉这个文章主题之一，所以必须引导他们认真阅读文章的第五段、第七段、第八段、第十四段以及第十五段，让学生用具体的原文来分析作者具体从母亲身上学到了哪些教益。这样学生才会细读课文，并将这种结合文本的学习方法迁移到日常课文的学习中，这就做到了"授之以鱼不如授之以渔"。

（三）对语文知识理解和运用上的错误，要追寻原因，补充相关知识

在语文教学中，出现语文知识不理解或者运用上错误的原因有二：一是学生的现有生活经验和学习经验不足以支撑学生理解准确；二是由于学生对所学知识只知其一不知其二。面对这样的情况，教师要为学生补充一些相关知识，帮助学生完善他们的知识体系，多方位地去理解其内涵。例如：在《咏雪》中，学生一看到"与儿女讲论文义"，他们就认为是谢太傅与自己的儿子女儿谈论文章的义理；还有学习《梁甫行》时，"妻子象禽兽"，学生就会理解为，作者的妻子长得不如意。这就是由于他们的学习经验和生活经验的不足导致的理解错误。所以必须给学生补充相关字词的古今异义来帮助他们理解，同时减少他们对古汉语的隔阂。

总体来说，"从错误中反思自己"是学生成长必不可缺的环节。学生出现学习错误是必然表现，教师的教学敏锐在于如何发现学生的"学习错误"，并针对不同学生的"学习错误"，采取有效的教学策略，引导学生走进聚焦又深入的学习活动。

刘毛毛，陕西省西安市长安区第一中学实验初级中学教师。

巧借微课，培养学生语文素养

◎鲁秀明

"微课"作为一种以视频为知识解锁载体，利用信息技术手段在遵循生物认知规律前提下，实现碎片化知识及拓展素材展示，以此来引导学生学习知识，保证学生最佳学习效果的新型授课方式。

一、语文教学中应用微课的教学功用

（一）增强课前指导效果

自素质教育思维渗透入中学教育体系开始，语文教学工作一直尝试以培养学生素质能力为出发点，来提升学生语文学习效果。但实际上，能够跟随教师指导，自主开展课前先学的学生寥寥无几，绝大多数学生因不善自学而无法于课堂学习之前率先了解即将学习的内容。然而，在"微课"手段引入课堂教学活动之后，精炼的知识概括很大程度上引导了学生的学习方向，这让学生有信心与有自觉在学习知识之前进行自主先学。例如，对比"微课"投入前后学生提交导学案的填写情况，会发现"微课"使用后学生导学案的完成率与完成效果都远高于"微课"使用前。由此可见，"微课"的投入应用能更好地引导学生自主先学，而这大大增强了语文教学活动的课前指导效果。

（二）调动学生学习兴趣

在多年的语文教学生涯中，笔者发现很多课本上的内容虽然具有非常重要的传承意义，但本质上是与现代社会脱节的。诸如舒婷的《祖国啊，我亲爱的祖国》内容的前半部分对于当代学生而言是很难真心体会的内容。对此，为了引发学生的共鸣，为了调动学生的学习兴趣，运用"微课"技术手段，将舒婷诗词前半部分描写的真实场景以影音方式加以呈现，用以具象化文本内容，拓展学生的见闻，可以更好地引发学生的共鸣，让学生在学习的过程中体会诗词前半部分的压抑与悲凉。而这也会诱发学生对于后半部分的共鸣，从而达到语文教学的最终目的。值得注意的是，利用"微课"的影音成像能力，能真正地激发学生对于文字内容的探索兴趣，而这以更好地引导学生参与语文知识的学习，并在语文学习中培养自己的思想情操。

（三）保障语文教育质量

语文教育活动开展期间，无论是保证学生自主先学的效果，还是调动学生参与语文学习的积极性，从本质上来说都是为了保证学生的学习质量，提升语文教育的开展效果。而通过运用"微课"手段引导学生参与学习，可以明显地感受到学生学习语文的热忱，而反馈到教学成果方面，学生无论是对于文章的理解，抑或是对于诗文的背诵，其质量都有了飞跃的提升，学生也借由对课本知识的兴趣，拓展了一些阅读内容，不仅更加了解文章写作者的生平及其写作内容的隐喻，同时对于作者其他文学作品也有了更为清晰并深入的认识与理解。

二、语文教育中微课的应用办法

结合教学实际经验，在充分了解"微课"应用于语文教学活动中所展现的价值基础上，本文根据实际的教学案例，探讨《孔乙己》一课开展期间，运用"微课"如何提升教学效果。

（一）自主先学的课件引导

在运用"微课"手段带领学生学习《孔乙己》一课时，笔者根据掌握的学生实际情况，结合课文后"思考探究"内容，选1981年由梁秉坤改编的12分钟电视剧为基础蓝本，为学生制作了约7分钟的"《孔乙己》故事概述"，一边说明《孔乙己》的故事内容，一边突出展现电视剧中众人"笑"的场景，借由此更为生动形象的展现孔乙己在公众面前被"笑"的情况，由此来带领学生更为深刻地理解"笑"对于孔乙己的含义。与此同时，笔者设计了自主先学的"导学案"材料，在"导学案"中不仅融入了课后"思考探究"内容，还引导学生借由观看"微课"内容，对于"孔乙己"这一形象进行个人评述，同时对"孔乙己"所处时代与环境的其他人反应进行评价，由此更为清晰地、立体地、深刻地认识"孔乙己"，并对"孔乙己"这个形象有属于自己的理解。

（二）课堂教学的内容拓展

《孔乙己》虽然是一篇字数不超过3000字的小短文，但其作者鲁迅却是一位"以笔为枪，以文救世"的思想家，诸如"孔乙己"这类可悲、可叹的角色不胜枚举。针对于此，为了让学生更加深入地了解孔乙己这一形象，同时也是为了更好地带领学生感受鲁迅所生活的年代，了解当时人们的愚昧，认清鲁迅"弃医从文"的初衷。在课堂之上，笔者利用视频整理了一些如鲁迅笔下"孔乙己"般的"可怜人"，并结合当时情况，分析造成"可怜人"产生的根本原因，以影像与声音带领学生走入那仿若看不到未来的混沌时空，从而让学生拥有身临其境之感，可以从"孔乙己"及如孔乙己一般的"可怜人"身上，感受到时代的绝望，从而更为清晰立体地认识"孔乙己"这一角色。

综观孔乙己的形象，可怜可笑只是表层，可悲可叹才是深层，作者予以同情又进行了强烈批判。鲁迅早年在论文《摩罗诗力说》里评论英国诗人拜伦时说道："苟奴隶立其前，必哀悲而疾视，哀悲所以哀其不幸，疾视所以怒其不争。"孔乙己正是这样的，其痛处被人当作笑料是让人"哀悲"的，但其不知不争更让人"疾视"。作者通过孔乙己的可悲结局，呼告的正是"哀其不幸，怒其不争"这个深刻的主题。

（三）课后学习的知识巩固

课前的先学是对知识的初期探究，课上的深入学习是对知识的进一步巩固，而在课后，利用"双减"政策解放的自由时间，引导学生自主地进行知识巩固，是"微课"教学活动的又一模式。对此，教师利用"微课"向学生展现了诸如B站UP主书歌sugar创作的《人人都笑〈孔乙己〉，人人亦是"孔乙己"》，以及司墨尧smile创作的歌曲《一件长衫》，以此为启发，让学生基于"孔乙己"或其他人的视角，去自诉或评判，进行相应的衍生创作，或以自传形式表达，或以歌曲形式诉说，或以绘画的形式展现，以此更深刻地理解与认识"孔乙己"，以及"孔乙己"所在的那个时代。简单明了的故事背后，潜伏着内在情节的矛盾性，这是《孔乙己》文本的特性。打破统一，还原真相，揭示矛盾，是探究文本深层的有效方法。孔乙己在"笑"声中热热闹闹登场，在"笑"声中"之乎者也"表演，最后也在"笑"声中穷困潦倒落幕。"笑"伴随着孔乙己，"笑"充满了咸亨酒店的内外空气，"笑"也让异己们似乎得到了自己的"尊严"与"满足"。"笑"是整篇小说情绪的逻辑起点和整篇小说的结构支点。

（四）翻转课堂的锻炼项目

在带领学生利用"微课"开展学习之时，笔者发现制作"微课"本身便是对知识的凝练与深入理解，因此制作"微课"也可以成为一种学习手段，帮助学生更好地学习课文知识。所以，在针对学生进行《孔乙己》一课的教学时，笔者也曾经尝试分享一些视频制作软件，让学生基于自主先学掌握的知识，从自己的理解角度去制作一份关于《孔乙己》课程的"微课件"，并将该课件上传到网络供其他人观看。与此同时，组织翻转课堂活动时，教师会给学生足够的时间播放自己制作的微课件，阐述自己在制作期间的关注重点，由此确保学生在课程学习期间的主动性与自发性，让学生潜移默化地进行自主学习，并在学习过程中体会到快乐。

通过制作"微课件"后，学生更加深刻地理解《孔乙己》表层平淡的叙述与内在深刻的主题构成强烈落差。文本以喜写悲，似喜实悲，且愈喜愈悲，这是作者曲笔手法达成的艺术审美效应。作者以一个咸亨酒店12岁小伙计为叙事视角来回忆，起笔就为主人公拟写了一个无聊的开场，说是因为"只有孔乙己到店，才可以笑几声，所以至今还记得"。就这样把一个严肃沉重的主题消解为只是一个孩子聊以寂寞罢了，把一个凄惨悲凉的故事定性为一个嬉笑热闹的喜剧。

综上所述，"微课"的运用无论在课前指导强化，学生兴趣引导，还是在学习质量保证方面都有非常积极的影响作用。因此，于语文教学活动中运用"微课"手段来增强教学的吸引力，是语文教学工作应重点关注并积极落实的内容。

参考文献：

[1]蔡幼丹.初中语文微课教学探究[J].文理导航(上旬),2023(05):4-6.

[2]黄建明.初中语文学科课程资源整合与应用探析[J].新作文,2023(09):17-18.

[3]刘慧芳.微课在初中语文阅读教学中的有效应用[J].教育艺术,2023(03):63.

[4]董晶.教育信息化下初中语文微课教学的实践研究[J].语文世界(教师之窗),2023(03):50-51.

鲁秀明，北京市第二中学分校教师。

认识与解读小说角色的教学思考

◎鲁秀明

"小说"是以所刻画的人物为中心，设计安排完整的故事情节并用文字加以表达的文学体裁。无论作者出于什么目的创作小说故事，其故事本身与内部角色设定都能反映出作者的思想及其创作的内心寄语。因此真正地解读小说中作者塑造的各类角色形象，只有对这些角色形象有充分的认识与理解，才能真正地体会作者创作小说的意图，更为深入地与作者的故事内容共情，从故事中体会到人生百态，从故事中收获心灵的慰藉。

为更好地带领学生开展小说的阅读活动，让学生通过阅读小说而心灵有所成长，眼界有所开阔，思维有所拓展，首先，要积极规划设计小说阅读活动内容，注意以"角色解读"为研究主题，设计"认识与解读小说角色"。主要落实的活动内容如下：

一、活动1：我心目中的那个"他"

莎士比亚在评价自己创作的《哈姆雷特》一作时曾表示，"一千个人眼中拥有一千个哈姆雷特"，这说明了不同人在阅读同一部作品时，因个人思想、所处角度的差异，对于同一角色的观感会有极大的差别。故此，在本活动中，教师注意引导阅读同一部作品且喜欢同一角色的学生聚集一处，联合制作"我心目中的那个'他'"PPT，并于其中分别表述个人喜爱角色的原因、关键性剧情，以及自身与他人喜欢角色的差异，以此充分地展现不同人在阅读同一部作品时对角色的理解差异。例如，以《孔乙己》的形象为例，不同的学生在阅读同一篇文章后，对于孔乙己的想象有不同的联想，有些人觉得孔乙己的长衫"一块黑、一块花、一块青、一块棕"，应该是在不同地方蹭到的颜色，因此脏的色彩多样；而有学生则认为孔乙己的长衫应该是黑得发亮，多年磨蹭都反了光；甚至有人认为孔乙己的身上味道一定不好闻，夹杂着衣服的臭味、酒臭味等。

设计意图：个体的思想因人生阅历的差异终究存在局限，而突破这种局限的有效方法，不仅需要增加阅读量，更要在阅读后进行高效的交流。对此，为激发学生的交流热忱，让学生在交流的过程中可以发觉自己的局限，突破自己的狭隘，以共同喜欢的角色为探讨出发点，让学生尝试从他人的角度去了解自己喜爱的角色，通过他人的解读更理解喜爱的角色，不仅能拓宽学生对于角色的认识，更能强化学生的换位思考能力，让学生更得心应手地体会角色心境，并就此感悟作者刻画角色的意图。

二、活动2：我脑海中的那个"他"

读者心中的想象是对喜爱角色灵魂的描摹，而脑海中的想象则是对喜爱角色体态的刻画。因此，在描摹了学生喜爱角色的灵魂之后，以数字技术为载体，激发学生概括汇总文字内容，用以刻画喜爱角色的面貌，便成为本地阅读活动的又一活动模块。具体来说，活动开始之前，语文教师特别选用了市面上口碑最好的AI绘画软件，让学生根据阅读内容提炼喜爱角色的外貌关键词，并输入AI绘画软件中生成人物角色。例如，学生尝试提炼《我的叔叔于勒》中"于勒"形象关键词，将"于勒"有钱与落魄的形象用AI呈现。当然，这仅是初步的人物形象刻画。在软件生成角色之后，学生会自然而然地评判生成图是否符合自己的脑内预期，并进行适当调整，以此来完善自己的脑内构想。而在此基础上，语文教师鼓励学生利用文字表述，将脑内构想进行勾勒，从而生成更为立体、全面的角色形象，真正地利用文字绘制学生喜爱角色的音容笑貌。例如，对于AI还原的"于勒"，学生进行自己的挑错，并结合图像与自己的想象，进一步刻画生动的"于勒"形象。

设计意图：通过大量的阅读可以发现，很多小说中角色的形貌刻画并不刻意，想让学生对于角色形象有更为生动、立体、具体的想象，便要将这些内容找出、罗列，以便提取关键词，再基于此进行想象的延展。当然，考虑到画面会给予其极大的冲击，并激发其联想能力来完善角色想象，因此引入了 AI 绘画技术手段，帮助学生通过关键词进行角色刻画，以便就此更好地引导学生勾勒喜爱角色的样貌。于此基础上，为了让学生对于自己设想的角色有清晰的认识、准确的表述，因此鼓励学生再将想象画面进行文字表达，最终达到清晰、准确、具体的了解角色。

三、活动 3：我行为中的那个"他"

通过"文字→想象→具象→文字"的过程，学生对于喜欢的角色有了更为深入的了解，不仅掌握了其音容笑貌，也能通过作者字里行间的刻画对角色的性格、言行有更深入的理解。对此，为了让学生更好地代入角色，去感受角色的心境，让学生选取最喜欢的片段进行话剧表演，以角色的思维视角去体验片段中角色的心境，是引导学生走入角色，理解角色的重要手段。对此，教师特别安排阅读同一故事喜欢不同角色且彼此有对手戏的同学沟通交流，或数人组成表演团队，或邀请其他同学加入配合，甚至可以尝试一人分饰几个角色，演绎自己心目中的经典桥段，扮演自己心目中最喜欢的角色，以此来感受角色心境。例如，让学生在《智取生辰纲》中选择自己喜欢的角色进行角色扮演，以此来体会角色心境。

设计意图：再了解一个人都不如站在其的思维视角，基于其的性格行事来得更为容易理解其的一举一动。因此，为了让学生能在阅读故事的过程中更理解喜爱的角色，尝试运用了角色扮演的方式，让其站在喜爱角色的思维视角，以喜爱角色的思考方式来应对故事情节，从而设身处地地理解角色的各种表现、各种决定，这很大程度上可以让其更接近喜爱的角色，更能理解喜爱角色的各种行为，并就此对故事整体有更为深刻的认识。

四、活动 4：我创作中的那个"他"

借各类手段分别从心理、生理与情感等三方面了解了喜爱的角色形象，并通过对角色的理解更能体会作者的创作心境与情感表达后，效仿作者的创作心境，赋予喜爱角色有别于原著的故事剧情，是培养学生创作能力的重要手段。针对于此，本次活动开展至此注重的是引导学生进行喜爱角色的同人创作，不限制其创作题材与故事内容，引导学生在不打破原作角色性格的基础上，进行同人故事的创作。例如，在阅读《范进中举》的故事后，教师引导学生以"路人""同榜学子""落榜书生"等角色为视角，去看待"范进中举"这件事情，以及衍生出全新的故事内容，展现不同人物对于"范进"的行为理解。

设计意图：阅读、理解与感悟的本质，是激发学生创作的热忱，强化学生文字应用的实力。因此，一切的文学鉴赏、小说赏析、角色分析溯源，均是以强化学生语文实力，增强学生语文感悟力为目的而开展的活动。基于此，为了更好地保证学生在认识与理解小说角色的基础上产生创作热忱，强化创作实力，让学生凭借对于角色的热爱，为角色创造一段有别于原著的瑰丽人生，这更有利于激发学生的创作热忱，确保学生在阅读之后积极参与到文学创作活动之中，并于其中体会到创作的快乐。

综上所述，在组织开展阅读活动的过程中，为更好地引导学生理解小说故事内涵，以认识与解读小说角色为侧重点，让学生基于个人爱好开展阅读，去了解自己喜欢的角色，并从自己喜欢的角色出发，充分地体会作者的形象刻画意图，进而深入地解读小说中故事的内核，可以较好地确保阅读教学的开展效果。所以，设计了本次教学活动，让学生真正地投入到角色的认识与理解之中，并在体会角色心境的基础上参与文学创作，从而真正地发挥阅读作用，在培养学生换位思考能力的同时，引导学生积极地参与文学创作活动，从其中感受创作的快乐。

参考文献：

[1]徐菊素.“双减”背景下的初中语文阅读学习活动设计策略[J].中学课程辅导，2023(08)：3-5.

[2]于忠刚.初中语文整本书阅读活动设计原则例谈[J].语文教学通讯·D刊(学术刊)，2023(02)：38-40.

[3]张丽娟.学生语文阅读能力的培养策略[J].中学课程辅导，2023(05)：90-92.

鲁秀明，北京市第二中学分校教师。

任务驱动：单元作文教学项目化的实践
——以七年级下册《抓住细节》作文教学为例

◎王荫楠

《义务教育语文课程标准（2022年版）》明确提出："写记叙性文章，做到内容具体真实。"要想做到具体真实，就要进行有效的细节描写，聚焦训练目标，以任务驱动，开展单元作文教学细节描写的项目化实践。《抓住细节》体现了统编教材七年级下册第三单元的作文教学主题，教学实践中只有把握好习作单元的语文要素，方能有效开展细节描写的单元作文教学的项目化探究。

一、锚定单元核心知识

夏雪梅教授在《项目化学习设计：学习素养视角下的国际与本土实践》一书中指出：学生通过项目来学习重要的观念、概念、能力，而不是将项目作为传统课程结束后的展示、表演、附加实践或例证。用项目化学习开展单元作文教学，不仅仅是为了提升学生的写作热情，更重要的是通过实践、体验，加深对核心知识的理解，并提高学生的综合实践能力。

《义务教育语文课程标准（2022年版）》："注重听说读写之间的有机联系，加强教学内容的整合""多角度观察生活，发现生活的丰富多彩""指导学生在写作实践中学会写作，要重视写作教学与阅读教学、口语交际之间的联系，善于将读与写，说与写之间有机结合，相互促进"。再结合七年级下册教材中单元的要求，可以提取出"细节描写的定义及作用""细节描写的方法及注意事项"这几个核心概念。基于对课标、教材的研读以及自己下水作文的亲身体验，《抓住细节》单元作文教学的核心知识应为：

1.理解细节描写的含义，调动阅读经验，感悟细节描写在作文中的运用效果。

2.从多重路径深入探究细节描写的方法。

二、设置写作情境任务

基于对核心知识的锚定，笔者提出了《抓住细节》单元作文教学的本质问题：细节描写的定义是什么？如何充分调动阅读经验，感悟细节描写在作文中的运用效果？细节描写有哪些方法？本质问题的提出，就是树立问题导向意识，以问题推动学习。为了激发学生以饱满的热情投入到细节描写的探究和运用中，笔者进一步创设真实生活的情境，将本质问题转化为下面的驱动性问题：

班级要开展一次"我来当老师"活动，制作主题为第三单元作文教学《抓住细节》。全班37位同学分成5个小组，每个小组有8分钟展示时间。请你和你的组员合理分工，具体阐释：细节描写的定义、细节描写在作文中的运用效果以及细节描写的方法。

驱动型问题显示出"驱动"和"挑战"两大功能。它把比较抽象的、深奥的本质问题，转化为学生感兴趣的问题。本质问题比较抽象，而驱动性问题则嵌入学生更感兴趣的情境。笔者将驱动性问题嵌入到ppt制作大赛的情境中，既有挑战性，又能引发学生的兴趣，在实质上起到驱动的作用。

三、实现知识迁移能力

这个阶段的主要目的是让学生建立与以往所学知识或已有经验的关联，探索问题和已有知识、将要学习的核心知识间的联系。因此，教师在以驱动性问题激活了学生的活动兴趣之后，应顺势指导学生如何做相应的准备工作。除此之外，教师还需要为学生提供自己写的范文，以多维路径建立知识联系。以下，是笔者开展的"我来当老师"活动准备的教学片段：

师：同学们，你们知道老师上课之前都要做一项什么工作吗？

生：备课。

师：没错。备课是上课前必不可少的环节。首先，我们要明确教学目标。谁来说说我们这个单元作文课的教学目标是什么呀？

生：细节描写的定义、细节描写在作文中的运用效果以及细节描写的方法。

师：要讲清楚这些内容，我们要做哪些准备工作呢？

生：翻阅资料，收集相关信息。

师：那么对于我们来说，最好的也最方便查阅的资料从哪里来？

生：语文书。

师：很不错，语文书上的课文是最好的范文。我们七下第三单元的课文都是关于"小人物"的故事。那么这些名家又是怎样通过细节描写将小人物写得活灵活现的呢？这就需要同学们好好地细读文本去发现啦。大家可以在做准备工作时圈画课文中的细节描写，做好旁批并摘录。我们还有哪些查阅资料的途径呢？

生：图书馆、网络。

师：没错。查阅完资料，我们基本上应该能解决细节描写的定义及它在作文中的运用效果这两个问题。下一个问题有点难，就是怎样阐述细节描写的方法呢？

生：自己先写一写吧。

师：差不多，同学们可以读一读前两个单元写的作文，看看是否做到了抓住细节进行描写。如果没有，就需要大家进一步讨论思考，怎样抓住细节进行描写。先讨论，然后继续查找资料。

生：老师，资料都找好了，接下来我们该做什么呢？

师：问得好。有同学能回答这个问题吗？

生：我会想该怎么把这些知识讲解清楚。

师：为了把知识讲清楚，你会运用哪些方法呢？

生：制作 ppt 或问答讲解。

师：对，我们要确定好教法和教学环节。我们要确定好先讲和后讲的内容，由浅入深，深入浅出。下面，老师给大家一张 ppt 制作支架，同学们可以按照支架来备课。

四、开展项目实践活动探究

项目化学习要锻炼和培育的是学生在复杂情境中灵活的心智转换，是一种包含知识、行动和态度的"学习实践"，而不是按部就班完成探究的流程。认知维度保证了学生进行高阶思维的可能。但是，如何在项目化学习过程中让学习者实际的知、行、思合一，还需要对学习者如何参与实践活动的探究进行设计。

（一）有序开展活动探究

项目化学习是一个持续时间很长、复杂艰巨的课程，实施进程要尽然有序方有效。七年级的学生思维层次较浅，教师给他们提供推进程序：搜集信息—整合信息—撰写文稿—制作PPT—模拟课堂。而在具体程序上，也要有序开展。比如在搜集资料时，应遵循"浏览资料—筛选材料—整合信息"的顺序。再者，任何一个富有创造力的产品都是在不断修改中日臻完善的。在实践过程中，笔者也指导学生反复修改，逐步完善自己的成果。

（二）展现多样项目成果

作文项目化学习的成果要反映对语文细节描写核心知识的深度理解。成果的形式是多样化的，包含视觉语言、口头语言、书面语言三个方面。在团队的共同协作下，他们经历了自主设计、合作探究、反思论证、修改完善的过程，最终形成了项目化学习的成果。五个组的表现都非常优异，"悦写"组采取了两人讲授的方式，配合生动的 ppt，清晰地讲解了各项知识点，细节描写生动有趣，最终获得了评比的第一名。

五、实施活动有效评价

项目化学习还需要对每一个参与者做出精细化的评价，斯坦福大学的专家团队把这种评价叫作基于表现的评价（PA）。教师应先设计成一份评价量表，在项目开始时就发给每位学习者，着重考查学生在学习过程中的参与度、在团队中的贡献程度，有没有独特的精彩观点和重要的研究成果等。学习者带着量表开始学习，学习过程中根据量表的要求调整自己的研究态度和努力方向，最终评价结果结合自评、组内他评和成果展示的情况综合确定。

项目化学习作文写作的主体是学生，教师应当相信学生，大胆放手；同时，也要适时进行有效的指导，激发学生对项目化单元写作的兴趣，引导学生向真、向美，以不断提升学生的写作能力。

参考文献：

[1]夏雪梅.项目化学习：学习素养视角下的国际与本土实践[M].北京：教育科学出版社，2018：103.

[2]张占营.情境建构　项目推进——《围城》整本书阅读的基本范式[J].中学语文教学参考（中旬），2021.

[3]周振宇.项目学习——基于学校的行走[M].江苏：凤凰科学技术出版社，2019.

王荫楠，浙江省东阳市外国语学校教师。

国际理解教育视阈下的课程思考与实践

◎李雷鸣

随着科技的发展，地球俨然成为一个小的村落，各国交流更为频繁与便捷。在这样的背景下，以世界和平和全球安全为目标的国际理解教育就成了必然选择。国际理解教育课程是国际理解教育的重要载体，学校应该积极采取措施构建国际理解教育课程体系，其中，"多元文化"和"文化理解"是国际理解教育课程的核心内容，基于此，国际学校在课程目标的设定上主要以尊重"多元文化"作为其主要定位，以"多元文化"的理解作为切入点，将"跨文化"作为国际理解教育实践的重点。

国际理解教育中以"多元文化"为核心的课程定位主要从以下几个基准点发力：首先，国际理解教育是植根于"民族教育"，在起点上滋养着具有家国情怀的底色，对自己主体文化的认同与尊重的受教育者；其次，国际理解教育是以"多元文化"作为核心价值观，在焦点上培养具有全球意识、尊重世界多元文化，能够参与跨文化交流的受教育者；最后，国际理解教育是"知行合一"的教育，在终点上注重学生能够关注全球性的挑战，解决世界发展过程中所面临的共同问题。

一、国际理解教育中的以"学科渗透"为特征的课程融合

国际理解教育的学科渗透是建立在国际理解教育的培养目标和《中国学生发展素养》为基础的一种课程实践，在这个课程实践中，教师始终是国际理解教育的主导力量，他们通过不同学科老师的共商共建，探寻及挖掘不同学科的人文精神及人文价值，精心挑选历史事件，巧妙创设历史情景，把国际理解教育理念灵活渗透进课堂中。各学科渗透国际理解教育的方法策略及手段是不拘一格的。

"学科渗透"特征的课程，即是一种教学的素材，也是一种不同学科之间的有机融合，更是一种目标的凝聚，即在"全球"的背景下，思考学科与学科之间，知识与知识之间，知识与人之间，人与社会之间的关系，学科渗透中蕴含了一种国际理解素养的目标凝集，"学科渗透"为特征的融合课程也是国际理解教育的主要理念。

国际理解教育的课程，尤其重视学生能力的培育，引导学生对全球事务和多元文化的理解，培养学生的综合能力和跨学科思维，使其能够在跨文化交流中具备跨文化的适应能力，关注国际重大议题，对国际问题充满激情，全球问题解决中拥有较强的责任感与使命感意识。

跨学科课程设计：通过整合社会科学、人文科学、自然科学等多个学科的知识和概念，设计国际理解教育的跨学科课程，让学生从多个学科的角度来理解和探索全球事务和多元文化。

教学活动的跨学科整合：在教学过程中，运用跨学科的教学活动，如小组讨论、实践项目、模拟演练等，让学生能够在实际情境中应用跨学科的知识和技能，培养解决全球问题的能力。

学科的互补和交叉：通过学科的互补性和交叉性，让学生从不同学科的角度去理解和分析全球事务和多元文化。例如，在经济学课堂上讨论全球化的影响，在历史学课堂上研究不同文化之间的交流与冲突等。

跨文化理解的跨学科研究：鼓励学生进行跨学科的研究，从多个学科的角度来研究和分析跨文化交流和跨国合作的问题，这可以促进学生的综合思考和综合研究能力。

二、国际理解教育中以"自我认同"为特色的课程创新

自然科学的课程，更多揭示的是物质层面的或真或假，而人文社会课程，主要呈现为对精神层面或好或坏的评价，展现出了对价值观的判断，国际理解教育的核心内容是"文化理解"，也即"价值观"的理解。这种理解在深层上表现为人的理想信念、善恶美丑，甚至于人生的利弊得失、使命态度等，在理解教育中，既有揭示最外层物质文化的课程，也有揭示中层制度文化的课程，而最具特色与创新的课程则是揭示核心价值观的地方文化课程，通过这

种极具特色与创新的校本课程可以在国际理解教育的课程中积极扮演一种价值引领的角色。

对于文化属性的理解,首先是对本国、本民族和本土、本乡文化的认识与理解,我们通过对《楚文化》内容的学习为例,让学生欣赏本土文化的独特价值,培养他们对于传统文化的认同与归属感,更好地理解中国文化的多样性,进而又可培养他们对世界不同文化的开放尊重与包容互鉴的认知心理。

三、国际理解教育中以"主题活动"为方向的课程路径

国际学校国际理解教育的主题活动课程是按照特定的主题,组织学生参与一系列与该主题相关的活动,以促进学生对于全球事务和多元文化的理解和认知。这些主题主要包含四类,家国情怀、国际问题、国际文化、国际联结,其中人类命运共同体意识是贯穿所有主题活动的必备品德。

国际理解教育的主题活动课程通常包括以下几个要素:

定义主题:选择一个具体的主题,如"全球化与文化多样性""环境可持续发展"等,明确活动的核心内容和目标。

学习资源:准备相关的学习资源,包括文献资料、视频、图片、案例等,帮助学生了解和探索主题领域的知识和概念。

探究和讨论:组织学生进行探究和讨论活动,让学生在小组或整体上深入了解主题的背景、现状和挑战,分析不同观点和立场。

实践活动:组织学生参与实践活动,如参观国际组织、社区服务项目、模拟联合国会议、跨文化交流活动等,让学生亲身体验和实践相关的主题。

思辨和反思:鼓励学生进行思辨和反思,通过写作、辩论、小组演示等形式,表达自己对于主题的理解和观点,并与他人进行交流和讨论。

结合学科:在主题活动课程中,将不同学科的知识和概念进行整合,帮助学生在多学科的视角下探究和理解主题。

学习评估:设计合适的评估方式,评估学生对于主题的理解和能力的发展,如项目报告、主题演示、写作作业等。

通过国际理解教育的主题活动课程,学生能够参与有意义的实践和讨论,深入理解全球事务和多元文化,同时培养他们的批判性思维、跨文化交流能力和全球公民素养。这些活动也有助于激发学生的兴趣和参与度,提高他们的学习动力和自主学习能力。

当下中东问题是热点,解决中东问题需要理解和平衡不同国家和利益之间的关系,考虑到历史、文化、宗教等多个方面的因素。通过设计和实施这样的中东问题主题活动,能够帮助学生加深对中东问题的理解,并培养他们的全球意识、批判性思维和跨文化交流能力,有助于培养具备综合智能和全球竞争力的全球公民。我们以《中东问题的缘起以及我们的思考》主题活动课来看实施的路径。

预期目标:在项目的驱动下,关注世界不同民族、种族及宗教,思考不同文化和谐共处的相处之道;通过搜集资料,结合联合国决议,发现解决之途。

实施路径:主题介绍——向学生介绍中东地区的背景和重要性,解释中东问题的复杂性和影响力,引发学生对该主题的兴趣;学习资源准备——收集相关的学习资源,包括书籍、文章、新闻报道、纪录片等,确保资源的权威性和全面性,使学生获得关于中东问题的多方面信息;深入研究——组织学生进行深入研究,了解中东问题的历史、地缘政治、宗教、文化等方面的因素。通过小组讨论、个人研究报告等形式,帮助学生对中东问题有了更为深入的了解;观点对比——引导学生了解和比较不同国家和地区对中东问题的观点和立场,分析各方的利益和关切,学生的批判性思维和跨文化交流能力得到了锻炼;

模拟会议——组织学生模拟联合国会议和阿拉伯国家会议,扮演各个国家和地区的代表,通过辩论和协商来解决中东问题。让学生亲身体验到各方利益的冲突和妥协,培养学生解决问题和团结协作能力;研究项目——鼓励学生进行独立的研究项目,深入调查某个中东国家,分析该国的政治、经济、社会状况以及与其他国家的关系。培养学生的研究能力和跨学科的思维;问题解决——引导学生思考和提出解决中东问题的方案和建议,鼓励他们提供创新的思路和多元的解决方案。

上述案例引导学生关注了国际问题,并从中东阿以和巴以的冲突出发,深度思考,国际冲突何以产生,然后团队协作,运用所学知识,设计中东和平的方案与建议。在这样的实践活动中,学生提升的不仅是跨学科的能力,更有"天下兴亡,匹夫有责"的责任与担当意识,国际政治与国际关系是国际理解教育中绕不开的重大主题。

李雷鸣,武汉爱莎国际学校教师。

初中语文课堂教学微项目设计路径与评价探索
——以《卖油翁》教学为例

◎许妙亚

随着新课程改革的推进和深入,新课标已经深入人心,语文核心素养的培育正逐步成为语文教学的"指挥棒",在大力倡导"教一学一评一体化"新理念背景下,情境预设与任务驱动成为教学的常态,而维系教育过程完善和完美的教育评价,其功能和作用越来越突出和重要。因此,对微项目的设计路径及评价的探索与实践有着重要的意义。

一、微项目催生新评价的改进

新课标十分明确了语文教学中要开展任务驱动。为此,微项目化学习在课堂中的运用也渐现其优越性。微项目化学习是指在课堂中为学生提供的15~20分钟长时段的探索性微项目任务,或者在课外用类似实践性作业的形式对某个内容或主题进行微探索。因此,微项目学习的评价也较之于传统教学有其优越性。

二、微评价驱动项目设计实施新路径

评价需关注两个重要节点,即过程和结果,而学习目标的设定又驱动着过程评价和结果评价。《义务教育语文课程标准》明确指出:"语文课程评价的根本目的是为促进学生学习,改善教师教学。"而过程又牵涉到微项目的设计路径。现以《卖油翁》为例进行微项目设计路径的探索。

(一)施行学情评价。课前使用 KWH 表了解评价学生已知了什么—还想知道什么—想运用这些知识解决怎样的问题。如小组甲在 KWH 表中写道:在学习《卖油翁》之前已经对这篇课文有所了解了。大概知道了主要的情节内容,但不是很清楚人物的名字等一些比较详细的东西。我在学习这篇文章之前是怀着好奇的心情想要了解故事中人物具体的背景以及更多的人物形象去感受当时的情景,揣摩人物当时的心理感受等等。统计两个班得知:学生已学过《狼》《穿井得一人》等文言小说、寓言,初步掌握了阅读此类文本的方法。但学生精读能力有待提升,对《卖油翁》所蕴含的深刻道理还无法准确、全面把握。

(二)确定预期目标:

(1)以比赛活动,完成积累重要实词和虚词。

(2)以短小课本剧开展演读和比较朗读,体会作者用词准确与传神,把握人物形象。

(3)以辩论形式辨析作者写作本文的意图,培养思辨能力和明理能力。

(三)预设评估方案

我们如何知道学生是否已经达到预期结果?有什么证据能证明学生理解和掌握的程度?我们需要"像评估员一样思考",思考收集怎样的评估证据才能确定学生是否达到预期结果。确定之前做了一个评估调查表。调查结果显示"熟能生巧"是学生能概括出本文的主旨,但是除却此之外,就很难再概括出其他东西来了。知道了学生的知识原点后,还要评估学生的兴趣点又在何处呢?如何激发学生的创新意识,体现学生的个体差异呢?老师收集评估后设计了学习活动环节:(1)欣赏"高手在民间"活动(2)"高手"自荐;(3)我评"高手";(4)作者心中的"高手;"(5)我为"心中高手"作宣传。预设在真实情境中引导学生通过自主学习、小组讨论、合作探究进一步探究本文主旨。通过学生自我评价,老师点评,其他同学互评相结合,通过评价打分表,展示成果,多元评价;记录每次提问师生互动情况的课堂观察表,写反思、反馈总结等学习方式及评价策略进行项目化学习。

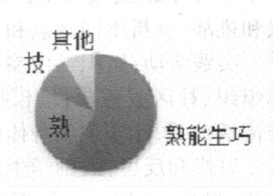

收集的评估证据正是我们设计课程的依据,也是我们制订学习活动、学习目标、学习方式、学习手

段及学习策略的课堂观察量表的依据。

三、深度探究多维评价

《深化新时代教育评价改革总体方案》中提出，深化新时代教育评价改革的重点任务是"改进结果评价，强化过程评价，探索增值评价，健全综合评价"。这"四个评价"也为我们科学有效地探索课堂微项目化学习的评价指引了方向。

有鉴于此，对《卖油翁》微项目化学习评价进行再探究：

（一）分层评价，因材施教

对感悟能力一般的学生，实现定性评价，其评价语言改为诚挚的欣赏性语言。例如："很欣赏你读出了陈尧咨的傲情""你真像手法娴熟的卖油翁！"对感悟能力强的优等生，评价语言发挥其启迪性：对"徐"字的理解，从已学的《周亚夫军细柳》里"按辔徐行"，迁移到"徐以杓酌油沥之"；对学习有困难的学生，采用鼓励性评价语：鼓励学习态度；鼓励面对失败的勇气；鼓励做示范等，不同孩子的能力不同，表现不一，教师所给的评价语也应不一样。

评价是一项技术，更是一项艺术。科学得当的评价方式无疑能够增强学生的自信心，消除学生的自卑感，让学生体验到学习的成就感，提高学生学习的积极性，最大限度提升学习的激情和饱满的热情参与到学习中来，从而对语文形成浓厚而持久的学习兴趣。要强化过程评价，那就必须进行分层评价。教师设立不同的评价标准帮助学生尝到成功的快乐，以提升学生自主学习的积极性。实施分层评价后，由于目标的设立处于学生的最近发展区，学生能在自我评价和相互评价中得到肯定，提升了自信，获得了内在学习动机，激发了学习兴趣，形成一种良性循环。

（二）量规评价，点面结合

不管是对学习实践的评价还是对学习成果的评价，量规都是其中不可或缺的工具。一个好的量规可以强调关键的评价维度，给学生充分的指导，引发学生的自我反思，引导学生更深层次地探索、创造与合作。

当然，每一个微项目学习活动中都可以根据需要设计一个评价表。如分角色朗读的评价标准表、辩论角度提示表、课堂观察记录表、自我评价反馈表等等。

（三）增值评价，助力挖潜

"为了改进而评价"是现代评价活动的价值和生命所在。著名教育学家维果茨基认为"学生的发展有两种水平，一种是现有水平，指独立活动所能达到的解决问题的水平；另一种是学生可能的发展水平，也就是通过教学所获得的潜力，两者之间的差异就是最近发展区"。增值评价不强调结果，而注重成长和进步的增量，是对教育评价本质属性的回归。所以课堂中，老师将评价着眼于学生的行为上，引导学生明确自己该怎么做，自己的哪些行为是积极的、应该继续保持的。

利用这种增值性评价的引导，我们可以使学生在心理上经历从不知到知的过程，经历从简单到复杂的操作过程，让学生有意识地觉察自己的优点以及不足，并在觉察的过程中感受到成长的快乐。也可以对学生的最近发展区做有数据指向的测评。将学生的发展起点和终点同时纳入评价活动之中，以起点预测终点，以终点来计量超出预期的程度，从更为长期、更为全面、更加符合教育规律和教育本质的视角来评判教育活动的成效与意义。

（四）综合评价，科学覆盖

综合评价，是完善对课堂教学育人指标的多元性评价，是科学有效地开展课堂教学评价的目标追求。旨在破除课堂教学"唯分数"和"唯升学"的单一性评价，从而彰显对课堂教学育人质量的整体性评价，也就是突出对立德树人目标、内容、方法、过程与结果的整体性评价，无疑，它是科学有效地开展课堂教学评价的价值导向。

《卖油翁》学习进行到40分钟后，剩5分钟引导学生反思学习过程，从课堂表现、学习收获、心理感受等方面再对自己进行评价："如果你觉得自己在这方面表现不错，给自己打8-10分，如果你觉得不够好就评5分左右，如果你觉得自己今天完全没有意识到这方面的情况，你的分数就在5分以下。""看看评价表，如果某一项是分数最低的指标，那它将是你以后努力改进的方向。"通过引导学生反思与回顾，增强自主意识，发现自己的问题，找到发展方向。

开展初中语文课堂教学微项目设计路径与评价探索，能准确反映学生的学习水平和学习状况，全面落实语文课程目标，有利于提升学生的语文综合素养。

许妙亚，浙江省东阳市吴宁三中教育集团教师。

静悄悄地革命

◎李　娟

从2023年的中高考看，考试内容、教材、评价体系都发生了改变。中高考的考题全面转向了情境化试题，即用文字描述情境，学生从描述中提取信息，找到条件，再运用所学的知识综合分析，灵活地答题。中高考的命题，强化基础知识的同时，更强调核心素养的考察、综合能力的考核。在这样的导向下，我们的教学无论是教学目标、教学内容、教学形式、教学评定都在发生着变化。新课标描绘了新的育人蓝图，理想蓝图的实现，新课程的有效落地，教师首先要更新教学理念，改变教学模式，转换评价方式，让教育改革在自己的课堂悄悄发生。

一、让情境真实发生

从2023年的中高考试卷就明显看出命题大多以"情境"化模式出题，都常以生活情境呈现试题，注重考查学生提取信息、构建模型、解决问题的能力。像安徽中考语文"以情境式默写"，改变了原来机械的默写方式，从实际出发，以情境为载体，让学生在真实情境中回归诗歌抒发诗歌情感的本质。像"孙悟空三打白骨精"阅读语段的"任务情境的设置"，也是在具体的语境中，考查学生语文基础知识和基础技能的掌握情况。这都在提醒我们一线教师：课堂教学再不能像从前一样，以灌输知识为主的课堂教学模式了，要改变课堂教学，用心、精心地创设合适的教学情境，让学生在真实的情境中，完成语文任务的学习，在任务情境中提高语文学习的能力。

如教学《送元二使安西》一诗时，为让学生感悟王维"劝君更尽一杯酒"的留恋、不舍与担忧的复杂情感，老师先出示地图引导学生直观感受渭城与安西的遥远距离，再出示安西荒凉的图片，再以渭城的勃勃生机对比，配以悲伤的音乐，让学生想象元二这一路可能会遇到的困难，长途跋涉的艰辛与孤独以及未来再见无期的绝望，从而体会王维此时的千言万语只能化作这一杯又一杯的酒中。这满目的荒凉，这哀伤的乐曲，长路漫漫，风沙茫茫。这样的情境创设，孩子们很容易体会作者与好友那说不完的离愁别绪，道不完的深情厚谊。

二、让思维碰出激情

纵观近两年的中高考命题，我们不难发现考查的重点都落在了学生是否拥有较强的思维能力。"双减"之后，试卷"不减反难"，难的是对学生的思维能力要求更高。这一命题改革的趋势，明确了一线的老师在教学中要注重培养学生思维能力的导向。思维是学生知识形成的核心素养，教学中老师要训练学生运用创造性、发散性的思维多角度地去分析问题、解决问题，训练学生创新的意识，个性化表达。

如在教学《曹冲称象》时，在学生对课文的内容有了一定的了解后，教师可以抛出一个开放性的问题："假设当时你也在现场，在科技比较落后的古代，你会采用什么样的办法来称量这个大象的重量？""在科学技术发达的今天我们有哪些办法可以称出这头大象的重量？"这样开放性的问题使其可以大胆思考与探索，找寻独具特色的称重方式，促进学生思维的训练以及对教材深度学习的开展，结合现代的科技又引导学生把课文与时代相连，以课文的情境带动学生发展性地看待问题。

再比如教学《坐井观天》这篇寓言时，为让学生理解青蛙与小鸟为什么对于一件事情的看法会截然不同。在引导学生进行朗读，对于课文的内容有所了解之后，教师便可以让大家就这个问题进行交流：探讨一下，是什么决定了在小鸟的眼睛中天是无边无际的，而青蛙的眼睛中天空却只有井口这么大；有没有什么方法可以让青蛙认同小鸟的看法；从这件事延伸到我们的日常生活中，如果你的看法观点别人不认同时，你将用什么方法得到他人的认可？让学生以小组的形式进行讨论，会发现小学生的年龄虽小，但是思维却非常灵敏，往往会有让人眼前一亮的言论，从而使其对于教材中的知识有了更深入的理解。这样的学习方式，让学生的思维在不知不觉中打开，无形中提升。借助交流不仅让课堂氛围更加轻松、愉悦，并且有助于思维的拓展。

三、让阅读浸润生命

阅读一直是语文教学的重要任务，但新课程改革下的阅读要求更高，命题更加宽广、灵活。如安徽中考语文试卷"给三张有故事情节插图的《西游记》邮票，排顺序以及对人物进行评价"等都体现了阅读的深度和广度，体现阅读要回归真实的阅读。

在平时的教学中，我很是注意培养学生的阅读，课堂上学习的课文我会有意识地选择与之相辅的阅读材料引导阅读。如学习了《刷子李》，就给孩子们推荐冯骥才的《俗世奇人》；学习了《草船借箭》，我就给他们推荐《三国演义》。我还常常会结合各种节日给孩子们推荐书籍。如中秋节、春节就推荐读《嫦娥奔月》《奇风异俗》等有关民风民俗的书籍、文章。教师节就读《一个都不能少》《山区女教师》；圣诞节就读《外国习俗》《卖火柴的小女孩》；名人诞辰的纪念日就读读相关的名人传记等。除此还会利用各种活动、比赛引导读书。经典诵读比赛就读《弟子规》《千字文》；科学知识竞赛就读《十万个为什么》等。课外阅读是课堂教学最好的延伸，这样的引导即满足了学生因课本的局限满足不了的兴趣，又拓展知识面，强化了记忆和理解，达到了学懂会用，学以致用的目的，真正让阅读浸润学生的生命。

四、让文化厚重人生

"文化自信"是语文核心素养之一。而近两年的中高考也在围绕文化命题，覆盖面广，纵深之长，既考学生的文化视野，也考学生对当代文化生活的参与度，所以作为语文老师的我们更应该努力落实"文化自信"，推动这一核心素养的发展，让文化厚重孩子的一生。

厚重文化要引导学生对中华文化的认同，激发学生文化的自信。课程标准明确指出：文化自信是指学生认同中华文化，对中华文化的生命力有坚定的信心。我们的生活、学习无处不存在文化，但不代表学生认同。所以作为老师的我们要在平时的教育教学中以具体载体、鲜活的事例，来引导学生对文化的认同，从而培养学生民族自豪感。

如教学《元日》《北京的春节》《藏戏》等与传统文化相关的诗词、文章时，我们可以多种方式引导学生了解我们的各种传统文化，可以让学生结合自己家乡的风俗习惯说经历、谈感受，或以某一主题开展活动，如组织包饺子、包粽子、赛龙舟、做花灯等，丰富学生的认知，拓宽学生的视野，形成传统文化的感知和积淀。

如教学《长征》《十六年前的回忆》《董存瑞舍身炸暗堡》《青山处处埋忠骨》等革命类诗词、文章时，可以引导学生查阅更多的英雄故事开一场革命文化故事比赛；背诵更多革命类诗词开展诗词大会；带学生去参观雪枫公园、博物馆；看革命电影等，让学生在实践活动中感受到革命的精神，受到感染和熏陶，从而树立正确的价值观。

如学习《他们那时候真有趣》《表里的生物》等可以引导学生搜集整理我国现代化的成就、科技的发展具体事例，让学生在具体的数据和事例面前感受国家的发展，感受国家的强大，从而树立强烈的民族自豪感。

在引导学生认同的同时，更要引导学生去弘扬和继承。如鼓励学生在面临文化质疑时，能坚定地选择民族文化；当国外不文明的文化入侵时，能坚决地站在民族文化的这一面去积极抵制；当遇到问题时，能用正确的文化去解决问题；另外还可以鼓励学生去博物馆当小小讲解员；去做一些公益事业等。让学生在具体的问题和实践中继承和弘扬中华优秀文化。

总之教师要有心引导学生认同中华文化，树立文化自信，将文化自信真正落实到孩子身上，让文化厚重孩子的人生。

总之，新的教育改革已在悄悄地发生，改变刻不容缓。课标是课堂的方向，课堂是课标深耕的土壤。因此，在小学阶段的语文教学中，教师需要认识到课堂教学改革的必要性与重要性，在深入学习新课程标准的基础上，走出传统教育理念与模式的误区，以教材为基础、学生为中心打造新的教育模式，引导学生在学习课文知识的基础上进行，使小学语文课堂教学的效率与质量得以提升，促进小学生的语文综合素养得到有效培养。

李娟，安徽省宿州市拂晓小学教师。

让语文思维真实发生

——浅谈混合式教学理念下小学语文"预测"单元教学策略

◎王轶群

《义务教育语文课程标准（2022 年版）》明确了思维能力在核心素养中的重要作用，并体现在了课程要求的多个方面。其中提到的"学会运用多种阅读方法，具有独立阅读的能力"则正体现了新课标对于儿童在阅读过程中思维能力的强调，反映到 2019 年起全国统一推行的统编版语文教材中，则体现为阅读策略的教学。统编版三年级上册第四单元是小学阶段的首个阅读策略单元，其将"预测能力"作为教学主线。由此可见，预测策略的教学对于学生思维能力的提升与整个小学阶段阅读策略的起步都有着重要的意义。

混合式教学是在教育信息化浪潮下催生的产物，其将传统面授教育和线上教学有机结合的教学模式也逐渐成为教育发展的新趋势。笔者认为，混合式教学在其信息技术手段的支持下，在其灵活多样的教学形式的推进下，其对于小学语文"预测"单元的真正落实有一定的借鉴意义。基于此，笔者以统编版小学语文三年级上册第四单元为例，尝试探索混合式教学理念下小学语文"预测"单元的教学策略，以期助力一线教学。

一、课前：扫清障碍，培养预测意识

对于预测单元课文的教学，一线教师始终面临着一组矛盾：如何平衡课文中语文知识与阅读策略的教学？笔者认为，对于统编版教材的教学应以单元统整的眼光来对待，对于预测单元的单元整体设计，显而易见，落脚点是在阅读策略上。此时教师便可适当弱化对语文知识的强调，以助力文本阅读为主要目标，将更多课堂的时间留给阅读策略的教学。

（一）基础先行，助力阅读

对于语文基础知识，教师可利用混合式教学中的线上教学形式向学生提供自学渠道：生字的书写讲解与练习、生词的理解、难读句子的朗读等等，都可以借助线上平台的形式提前解决，以助力课堂上学生对于文本本身的理解。

例如：《总也倒不了的老屋》作为预测单元中唯一的一篇精读课文，文中的一些字词对于学生而言无论从书写还是朗读上都有一定的难度，教师在课前便可挑选一些易写错的字如"漂""暴"等，通过线上范例、字形讲解等多样化的呈现形式帮助学生掌握生字词；《小狗学叫》一文中出现了多种动物的不同叫声，文中描写不同动物叫声的拟声词既值得积累，也是学生理解课文的重点，因此教师在课前可通过趣味连线、学叫等游戏形式让学生先行感受。

（二）搭建支架，启发思维

作为小学阶段首个阅读策略单元，教师在教学前不单可利用混合式教学线上教学的形式提前解决基础，还可以利用线上的形式提前为学生搭建预测的支架，避免让学生"两眼一抹黑"地进入课堂，盲目跟随教师进行预测。

例如：《总也倒不了的老屋》一文的题目本身就极具张力，教师在课前可以搜集学生根据题目对故事内容的预测，同时可以了解学生预测的起始水平；《胡萝卜先生的长胡子》一文的插图十分生动，教师在课前可提供插图让学生进行预测，课堂上根据文本进行验证，既帮助学生理解了课文内容，又让学生真正体会借助"插图"这一支架进行自主预测，享受预测的乐趣。

利用混合式教学的线上平台，在课前为学生搭建预测支架，不但可以让学生更直观地尝试使用、感受简单的预测策略，启发思维，更能帮助教师了解学生的预测起点，做出更有针对性的课堂预设。

二、课中：文随思行，运用预测策略

在一线的教学课堂中，教师对于学生在课堂中预测的推进始终存在这样一个难点：在阅读策略的初步感受与使用过程中，学生往往会本能地跳过自主预测过程而选择直接看课文内容，再返回教师的提问根据事实给出所谓的"预测"。这样结果可想而

知，教师对于课堂中预测策略的教授与运用流于表面，对于学生的学情也难于及时掌握。而这一问题，在混合式教学模式以"网络学习环境与课堂讨论相结合"为主要特点的教学情境中，能够得到很好的解决。

（一）预测先行，文本揭秘

对于传统教学形式下教材内容完全暴露与学生预测空间的冲突，在混合式教学电子资源的有力支撑下，便能得到很好的解决。

教师在教授预测单元的课文时，可以以电子课本的形式向学生呈现文本内容。电子课本的呈现方式可以给学生留有足够的思考空间，学生所接收的文本内容在教师的控制之中，真正让学生的预测行为在课堂中落地，真正让学生在自我预测与文本揭秘中掌握预测策略、享受预测乐趣。

（二）数据呈现，交流方法

预测单元是一个阅读策略单元，这就决定了课堂中学生对于预测策略的学习是一个不断试错、调整的过程。然而实际教学中，教师更多地将注意力放在正确的预测上，而忽略了学生一些错误预测的原因，只是让课堂一味地按自己制定的"剧本"进行，而忽略了语文课堂中学生的主体地位。

在混合式教学的课堂上，教师可利用其数据可视化的特点，在课堂上将学生的预测结果呈现出来，兼顾不同预测结果的预测依据，让更多的学生参与进来。例如在执教《总也倒不了的老屋》一课时，对于母鸡的请求学生可根据不同的依据做出不同的预测，此时，教师在课堂上推出调查问卷，这样通过数据的形式迅速了解学生的预测倾向，也可以通过这样的形式激励每个学生积极思考，给出预测依据。当然，教师需关注的是，尊重学生的每一种预测结果，将重点更多地放在预测策略的讲授上。

当然，在课堂上教师也并非只关注学生的预测方法，而将预测结果完全置之不理。在学生对于预测方法有了一定的认识之后，教师便可适时引导学生关注自我预测与文本内容的不同之处，由此引导学生关注文章在写法上的特征，以为本单元《小狗学叫》一课中的预测故事结局与习作中的《续写故事》做铺垫。

三、课后：拓展实践，提升预测能力

实践是提升预测能力的有效载体，然而实际教学中受传统教学方式时间空间的限制，教师对学生的课后预测实践往往难以监控其质量，更遑论关注学生的思考过程。然而，混合式教学借助其线上平台与多样化的教学资源，不但可以让学生的课后预测实践摆脱枯燥的读写任务，更能为学生提供更多的预测文本，在拓展阅读面的同时鼓励学生在阅读中养成预测的习惯。

（一）依托文本，迁移预测

预测单元的学习旨在能引导学生在今后的阅读中主动运用所学到的预测策略，这就决定了教师在教学时不应一味地灌输知识，更应鼓励孩子主动迁移、运用所学到的预测策略。教材文本无疑是学生主动运用预测策略进行阅读的第一练兵场，而混合教学模式下的线上平台则真实记录了学生思维的过程，并能为学生提供分享、交流的平台。

例如：在学完本单元的精读课文《总也倒不了的老屋》一课后，教师便可让学生将本课所学到的预测批注迁移运用到后面两篇略读课文《胡萝卜先生的长胡子》和《小狗学叫》中，并借助线上平台共享学生的批注，以供生生间互动、点评，提高其学习积极性；对于《小狗学叫》一文课后习题中的"预测故事结局"，教师亦可让学生将阅读策略迁移为写作能力，尝试写一写自己预测的故事结局，并组织学生通过线上共享平台投票选出最喜欢的结局，通过展示、竞争的方式激励学生主动运用预测策略。

（二）拓展阅读，独立预测

当然，课堂是起点，决定学生是否真正掌握、内化为能力的"试金石"仍应是课外阅读的拓展与延伸。此时，混合式教学便可利用其资源丰富多元的特点，向学生提供更多的选择。

例如学完《胡萝卜先生的长胡子》一课后，教师可通过线上的形式提供课后习题中罗列的几本作品的链接，并设置基本的预测问题，引导学生选择自己感兴趣的作品，不仅拓展阅读，更在阅读中有意识地运用所学阅读策略；再如教师可提供与本单元课文题材类似的文章，如《爱打哈欠的帽子》《做在大胡子里的鸟窝》等单篇文本供学生共同阅读、交流。

总而言之，实践是内化知识与能力的主要途径。在预测单元的教学中，教师可以以课堂为起点，借助线上平台引导学生拓展阅读实践，通过多种形式鼓励学生在阅读时自觉、主动运用预测策略，并收获自我效能感。

王轶群，江苏省苏州市苏州工业园区东沙湖小学教师。

提质增效,走向作业优化

◎朱晓丽

"双减"政策一经提出,作业的提质减量在渐高的呼声中成为热点。作业在优化设计时应秉承以下理念:一是在学习过程中发展学生;二是在开放资源中探究知识;三是在丰富多样中新颖创新;四是在差异对比中量力而施教;五是在评价过程中欣赏激励。这样才能培养学生刨根问底的探究欲、解决问题的思考力、品悟感受的审美力等。笔者亦希冀通过作业优化,教会学生在热爱学习中迁移运用,在文化浸润中感受美好,在整体发展中升华生命。

一、作业分层因材施

不同学生的认知水平存在差异,"一刀切"的作业弊端逐渐凸显,此类作业不再能满足学生的差异化发展。而作业超市则是综合考量学情,关注个体经验,谋求学生个性的最大化发展,让学生结合自身学习情况,选择最适合自己的作业。

在"我来编童话"的习作教学中,便可围绕"编写童话"这一主题,将作业分为甲、乙、丙三个等级。甲类作业的设计为"大胆自由想象,并能流畅完整地记叙想象内容";乙类作业的设计为"根据关键词展开想象,并能比较流畅地记叙内容";丙类作业的设计为"根据老师提供的四宫格漫画,展开想象,通过仿写等方式写一段话"。因材施教式的作业设计,让学生更为自信地学习,提高了自我效能感,驱动了习作兴趣。

学生在进行《中国古代寓言》的整本书阅读时,教师也可结合学情,设计三类作业供选择。甲类作业是"理清人物关系,理解故事内容,并用思维导图的形式呈现";乙类作业是"说说从不同故事中,你明白了什么道理,完成表格式阅读卡";丙类作业是"摘抄你最喜欢的词句,写下你的感受"。学生在合适的认知区间选择作业,在合适的作业中接纳作业。

二、任务创建生活化

链接生活的作业,沟通了学习与生活的关联,打开了通往生活的学习之门。由此,教师在作业设计时,若能创建一系列的任务群,借助学习任务群实现作业优化,将会使学生解决实际问题的能力有效提升。当教师结合学科核心知识,联系真实生活,找到驱动性问题后,这些由主问题细化而来的子问题,便构成了任务群。

《纸船和风筝》的作业优化,便有了上述理论依据;其中的主任务是:雨彤给诗函起绰号事件,因此二人有了矛盾,请你结合课文化解矛盾。任务一是:小组创编《纸船和风筝》课本剧,在班级表演,特邀雨彤和诗函出席,为化解二人矛盾铺垫表演;任务二是:帮助雨彤编写"破冰"卡片,并以雨彤的名义,悄悄送给诗函;任务三是:说说你还有哪些化解二人矛盾的小妙招。在作业的任务群中,学生可以将课本中的矛盾化解之法,迁移至现实生活中,收获友谊的快乐。

《一幅名扬中外的画》一文的主任务可设置为"爸爸的外国朋友来到你家做客,请结合所学,有条理地向外国叔叔介绍这幅画"。子任务一创设为"说说画面里的繁华景象";子任务二可以是"简要说说画里所描写的人物神采";子任务三是"说说与这幅画相关的中国文化"。此类任务群的创建,让学生的学习回归真实生活。

再如在阅读教学中,学生在学习《三月桃花水》时,教师可尝试设计的主任务是:你作为漓江景区的小导游,仿照《三月桃花水》中的表达,巧用修辞,介绍出景区之美。子任务一是:你带领游客泛舟漓江,听到江水之声,你会如何介绍出漓江之美;子任务二是:漓江平静如镜时,你如何生动介绍漓江。学生联系课文而完成介绍,在任务群中链接生活。

此中,教师对学生的回答均应进行有效评价,此时的作业设计是实际情境中的学习,是学生走进现实生活的一束亮光。学生阅历有限,并不可能亲历所有真实活动,而任务群式的作业设计,无限还原了学生的生活经验,这是作业的生活化,也是学生任务中的问题解决。
三、学科统整项目推

作业的跨学科设计，消弭了学科的壁垒，还原了知识的整体性，相同主题的知识串联为整体，以项目活动的形式为推进，学生在若干个小项目中，学会综合分析与问题解决，学生不再片面地重复学习知识，这是通往个体生命整体的一扇门。

在《一项有趣的实验》的习作教学中，语文可与化学、科学等学科统整。项目的第一阶段，安排学生提前查找相关资料，例如，学习小苏打、白醋等的化学性质；项目的第二阶段，选定自己感兴趣的实验后设计过程，例如有学生借助表格，设计了《小火山喷发》实验过程；项目的第三阶段，学生在课堂上展示实验，评选出最佳实验奖；项目的最后阶段，描述实验全貌并撰写报告。学生在实验中流露出浓厚兴趣，记录下令人难忘的实验细节与过程，于是一篇习作就完成了。

《秋天的雨》一文，其作业设计可与音乐、科学、美术等学科融合。项目统整阶段一，请你欣赏歌曲《秋雨西窗》，学生结合课文画出自己心中的秋雨图；请你巧用修辞，为你心中的秋雨图配文解说。项目统整阶段二，班级围绕"为什么秋天的雨有一盒五彩缤纷的颜料"，开展小小科学家路演会，从科学的角度解释该问题。项目统整阶段三，倡议学校举办《无忧秋雨知多少》画展，并介绍自己的秋雨图。在这样学科纵横联系的作业中，学生有了更为真实的学习场域，学生在知识生成中实现个体生命的整体发展。

四、进阶支架层层递

复归整体的单元作业，在分课而施时，作业的逐层进阶性，也应成为作业优化的重要理念。在课时作业相互关联的基础上，每课的作业还应具备一定的进阶性。具有一定关联性、进阶性的作业，更加有利于学生形成系统性框架，实现学生对知识的整体把握，由此学生才能逐层深入而实现深度学习。当学生面对复杂的问题时，教师若能在作业设计时设置阶梯式支架，帮助学生创设递进式问题，复杂问题的解决路径便产生了。由此学生的学习有了分解复杂问题的支架。

在"回忆革命岁月"的单元课文中，为深化学生对历史的理解，通过进阶支架的策略，开展煮茶论英雄活动。一阶作业是，说说在你的家乡有哪些英雄人物；二阶作业是，说说家乡英雄人物与课本中的英雄人物有什么异同；三阶作业是评选出你最喜爱的英雄人物，评论人物特有的革命精神。不断进阶中，学生借助特定的表格、思维导图等，将革命历史印刻于心，最终具备评价人物的能力。

在《爬山虎的脚》一文中，三阶作业比较《爬山虎的脚》与《牵牛花》的异同，培养学生对比分析的能力；二阶作业是根据课文内容，向同学概括介绍爬山虎的脚，旨在锻炼学生的概括能力；一阶作业是读中思，旨在借助朗读理解文意。

学生在学习《火烧云》后，也可以通过类似的优化作业。一阶作业是结合描写火烧云特点的文段，为短视频《火烧云》配音，重点锻炼学生的课文朗读能力。二阶作业是概括说出火烧云的特点，并用流程图的形式表达。三阶作业是仿照课文，描写一处景物的变化，此时的作业转向对学生写作能力的培养。在一系列的支架中，作业难度逐级增加，学生的思维不断走向深化。

五、品美创生浸文化

品美创生浸文化是指在品悟作业之美中，创生新美；在无声浸润中感知文化，实现美与文的共融互生。《田家四季歌》中诗一样的语言，让田家四季的美景宛若画卷，每个季节展现其独有的美景，农民伯伯们忙碌的身影是一道美丽的风景线。在作业设计时，首先引导学生欣赏绘本《节气歌里的秘密》，感受四季之美。其次，学生读出诗歌中美的节奏，美的韵律，唱出美的旋律，舞出美的四季。最后，用美的句式创编诗歌。四季之美与节气文化融合，学生浸润在美的农耕文化中品悟，通过多样的形式表达对农民的赞美，对四季的热爱。

放风筝主题下的看图写话中，教师可以布置周末放风筝作业：第一，体验风筝成功放飞之乐；第二，感受风筝漫天飞舞之美，学生玩中亦能品味纸鸢文化；第三，写出风筝飞行的动态美。学生亲历春之美，感受美并创造出自然的诗意美。美的作业设计，不仅能够增长学生的理性智慧，还能够激发学生的特有灵性，这是在为学生打造更大的审美时空，召唤学生美的灵魂，学生在艺术文化的浸润中愿意创造。

六、总结与展望

教师应持续帮助学生，跳出学业负担过重的怪圈，摒弃功利短视的作业设计理念。教师在新课标的指引下，应持续关注学生的感受与体验，让学生任务群中提升思维品质，提升文化审美，学生在探究中尝试创造。学生在高质量的作业中，不仅能够巩固所学，还能深入语文世界，感受语言文字的无穷魅力，感受语言文化的无限美好。

朱晓丽，广东省东莞市大朗镇鸣凤小学教师。

漫谈农村学校初中语文课堂作业中写作训练设计
——以统编版七年级语文为例

◎ 蔡林艺

农村学校学生由于自身的阅读量不足,导致知识面狭窄,且没有课外阅读的环境和习惯,导致自身知识储备不够,没有丰富的词汇和表达形式积累,加上课内习作题目和农村现实生活差得太远,没有丰富的人生阅历,而且语文课堂缺少语言文字运用类的训练,没有把课文当作例文学习等多方面的原因导致学生普遍怕写、厌写、不会写、无东西可写的状态,从而使得学生习作成了无源之水,严重妨碍了学生语文素养的提高语文基础相当薄弱。为此,笔者充分挖掘课文的内容,让学生尽量能从每个类型的课文中获得写作素材或是写作技巧。

一、从写人传记类课文中学习人物描写方法

农村学校学生由于知识积累有限,导致人物描写的方法受限,更遑论能刻画出人物特点,体现出人物的精神风貌。而统编版七年级下册第一单元就是学习刻画人物相关的文章,所以笔者充分利用这些课文引导学生如何刻画人物。以《回忆鲁迅先生》为例,文章当中有这么一段话:"鲁迅先生走路很轻捷,尤其使人记得清楚的,是他刚抓起帽子来往头上一扣,同时左腿就伸出去了,仿佛不顾一切地走去。"在这一小段话中,笔者先让学生明白运用了什么人物描写方法,这种人物描写方法的作用是什么,接下来并让学生仿写,学生之间互评,选出他们认为好的语段,再让教师进行点评。

二、从写景抒情类课文中学习景物描写方法

景物描写方法多样,但农村学生在描写景物时比较单一,甚至作文时都不会动脑思考,仅用小学背诵范文中单一的素材或是描写方法,所以,写出来的作文干巴巴的,甚至语句都不通顺。而七年级上册语文教材第一单元便是学习景物描写,感受大自然之美,因此,在教学本单元之前,笔者先让学生摘抄他们认为优美的语句,并把自己认为语句优美的原因写下来,在上课之前作为读书感想分享给大家,教师对于学生做得不够好的地方进行点评。教师点评结束后,让学生找出自己最喜欢的语句进行仿写。

三、从记事类课文中学习如何传神的叙述事物

每每让学生写记叙文时,他们总是抓耳挠腮,既不知道如何寻找写作素材,也不知道如何下笔,更不用讲能将一件事记叙得传神了。为此,笔者在课文教学当中也想了多种方法,充分发挥学生的发散性思维。以七年级上册第二单元为例,本单元从不同角度抒写了亲人之间真挚动人的感情,所以学生可以从字里行间体会作者的创作方法以及深沉含蓄的思想感情。以《散步》为例,散步本是生活中十分常见的事,但是作者确实抓住这一细小的事,用充满温情的笔调刻画亲情。因此,在教学本课后,我会让同学们先闭上眼睛思考,他们生活中是否有类似的经历,如有,他们的感想如何,静思五分钟后,请学生举手回答。刚开始时,好多同学都不敢站起来回答问题,但自从第一位同学开始后,越来越多的同学站起来回答。最让笔者记忆犹新的是一位同学说了这样一个场景:初一刚来报名的时候,由于父亲坐牢,母亲离去,家里只有一位生病的奶奶拉扯两个孩子,生活压力非常大,所以来送他读书,为了节约车费,背起行囊硬生生走了二十里路。奶奶背着蛇皮袋装着的被子,他提着桶,拿着席子,由于天气炎热,奶奶头上的汗水一滴滴滚落下来,手上青筋暴起,以及蛇皮袋越来越贴近地面的场景他永远都忘不了。笔者认为这是一个非常传神而生动的例子,学生能够把自己最不"光鲜"的一面展示出来,非常难能可贵,便好生表扬了该生一番,自此越来越多学生愿意分享自己生活中最难忘的一件事。最后,在本单元写作时,该生便把这个生活场景写

进了文章，文章最后一段话，便是化用了《散步》中的结尾：但我和奶奶都是快快地，稳稳地，走得很仔细，好像我手中的同她手上的加起来，就是我们家的新世界。时至今日，我仍然记得这句话，祖孙俩都把所有的希望寄托在他的学习上，希望能够通过读书改变命运。

四、从诗歌当中学习如何写作

在背诵任务当中，同学们最喜欢诗歌，因为诗歌"字少"而又"朗朗上口"，背起来较为轻松，在他们的说法下，我就引导他们思考为什么诗歌读起来会"朗朗上口"？我们在写作时是否可以借鉴这种写法？在教师的鼓励之下，学生七嘴八舌谈自己的看法。以七年级上册《天上的街市》为例，有的学生直言在"远远的街灯明了"这句话中，如果是他自己创作，他会写成：不知道什么时候，路两边灯就亮了起来。这样写的话，语文失去了美感。还有的同学说在诗歌注重押韵，而自己在写作时从来不会考虑这一点，写作文时也可以使用押韵的语言。还有同学讲，诗歌当中写景注重顺序，而自己写这东西从来都是乱来一气，想怎么写就怎么写……他们讲到好的点子，笔者会让学生记下来，最后整理好放在语文书的第一页，以后每次写作都拿出来看看。

五、从文言文当中学会积累写作素材

统编版七年级语文教材选编的文言文都是非常经典的，里面含有非常多的写作素材，笔者会要求学生把文言文中的素材用摘抄本记录下来，为自己以后写作打好基础。以《狼》为例，在学习本文时，笔者让学生分析了"屠夫""狼"的性格特点，并让他们思考生活中是否有这样的人？我们可不可以用写"狼"的方法去描写人？继而让学生挖掘与"狼"有关的成语以及典故，并让学生当堂讲出来，谈谈自己的感想，其他同学做好笔记。再以《〈论语〉十二章》为例，本文中的语句字字珠玑，发人深省，学生在学习完课文后，笔者会让他们联系实际生活谈谈自己的感想，并将自己的感想作为写作素材写下来。

六、充分利用各个单元所积累的生字词

统编版中每个单元都有生字词，所以笔者会让孩子们在学习完一课后把生字词记在摘抄本上，并要求每位同学在单元写作上至少使用十个本单元学过的词语，学生在写作时刚开始有点困难甚至生搬硬套，后来慢慢地越来越轻松。有时兴之所至，笔者会让同学们即兴比赛，所有同学写一段200字的语段，比一比谁使用的词语最多，且写得最好，评出写得最好的三位同学予以表彰和奖励，并将课堂表现反馈至家长群。

七、结束语

综上所述，将学生的写作训练带入到每堂课中，让学生每堂课都学有所得，学有所用，能够激发学生的写作兴趣，他们所积累的写作素材不至于让他们在以后的写作中"无从下手"，同时也实现了"以生为本"的教学理念。

参考文献：

[1] 欧巴的教育史. 农村初中语文作文教学的现状. (BaiDu).https://me.mbd.baidu.com/r/15vL4JzsUko?f=cp&u=4dbe489a49230bff(2021.08.25).

[2] 温儒敏. 语文七年级上册教育部组织编写[M]. (2016.11).

[3] 温儒敏. 语文七年级下册教育部组织编写[M]. (2016.11).

蔡林艺，湖南省宁远县第三中学教师。

顺"思"而"维"，把握方向

◎杜志权

辩证思维是逻辑思维中的一种极为重要的思维方法。所谓辩证思维就是运用联系的发展的一分为二的观点去认识事物、认识世界。它要求我们在研究事物，认识问题时注意事物之间的整体与局部、原因与结果、量变与质变、现象与本质、共性与个性等关系。

一、研读高考作文新特点，把握命题新趋势

2019年全国Ⅰ卷要求写"热爱劳动，从我做起"的倡议书，2020年新高考Ⅰ卷则变成要求以"疫情中的距离与联系"为主题，写一篇文章，2021年全国Ⅰ卷，从中国共产党百年历程领导导入，回顾革命文化和社会主义先进文化的滋养和激励。把考生带入当下大有可为的时代来思考伟大复兴新征程的"有为"，要求以"可为与有为"为主题，写一篇文章。新高考Ⅱ卷则以漫画的方式从用毛笔书写的人字的"藏而不露""不偏不倚""缓缓出头"到"描红"，从传统文化出发思考做人的道理。要求整体把握漫画的内容和寓意写一篇文章。实则说的是"写人与做人"。

通过罗列近年来高考作文命题的特点，我们发现新高考作文命题的方向悄然在发生变化。作文题目善于调动学生的思维，把时代特点与学生实际充分结合起来，通过情境性设置，让学生有话可说。更为重要的是，从2019年考查实用文体逐渐过渡到对关系性问题的思考上来。说到底，考查学生写作的思辨能力。

这种能力的考查与《新课程标准》的目标和宗旨是完全一致的。它紧密围绕"立德树人、服务选才、引导教学"的核心功能，增强对必备知识、关键能力、学科素养、核心价值的考查。这种考查其实在2019年以前就一直在进行。以2017年全国卷Ⅰ作文题为例，要求从12个关键词选2-3个向外国朋友呈现你所认识的中国。命题有限制和明确的指令。"呈现你所认识的中国"作为明确指令，旨在鼓励考生从所知所学所感出发，在对宏大话题的把握中，感性叙说，理性思辨，畅所欲言，"讲好中国故事"；引导考生用中国梦激扬青春梦，关心现实国情与改革发展，展示他们的理想信念、精神状态与综合素质。但同时题目要求用2-3个有关联的关键词来呈现中国，形式上看似很自由，实则要想很好地驾驭它，对思维的品质要求极高。

从现场学生作文的现状来看，表现不尽人意：

（一）所选关键词内涵阐述不清而无法把握其关联

有考生选取了"一带一路"，由于搞不清"一带一路"是何物，索性从字面上去理解，把它说成是"一个带着一群人过马路的人"。更多的考生则是分别介绍了几个关键词而没有形成有机的关联。有的看似有关联，前后的逻辑显得比较牵强，如《谓中华》，考生选取了"一带一路""大熊猫""京剧"来呈现中华的品格、形象及文化，是中华文化的代表。这里说"京剧"是中华文化的代表是可以的，但说"一带一路""大熊猫"是中华文化的代表就显欠妥。考生在阐释"大熊猫"是中华文化的代表这一观点时，这样推理：大熊猫是食用竹子的，而竹子在传统文化中代表着文化品格。因此，熊猫是中华文化的代表。强拉硬扯，凸显思维品质低下。

（二）所选关键词表浅化、低幼化、抽象化

表浅化、低幼化表现在有考生选取了"中华美食"，"长城"，"广场舞"，内容的呈现则是中午吃"中华美食"，下午爬"长城"，晚上看中国大妈们跳"广场舞"。考生按时间顺序依次罗列来介绍中国。有的则变换成小说或者书信的形式来呈现眼中的中国，关键词间的关联流于表面，而没有从内在或内涵上更深入地把握其关联性，这样的文章即使语言文字很美，也很难俘获阅卷老师的"芳心"。

抽象化则体现在有的考生抓住了几个关键词，用一个词笼统概括其共同特征。如《国粹》一文，将"中华美食""京剧""长城"三个关键词用文化统领，代表着国粹。显然，对国粹的界定搞不清。国粹指的是指一个国家固有文化中的精华。在中国，国粹指华夏民族的传统文化中最具有代表性和最富有独特内涵的深受许多时代的人们欢迎的文化遗产。誉满中外的中国京剧、中国画、中国医学，被世人称为"中国的三大国粹"。由此，对关键词的核心内涵理解不透而导致关联把握不准。有的考生通篇写创新，文化自信，继承传统文化，诚信，责任，工匠精神等，忽视了关键词的具体阐释与其中关联的把握，从而使文章显得很抽象。

高考是国家选拔人才的一种重要的手段和方式，在题目的设置上仍旧遵循"立德树人，注重思维品质的考察"。因此我们必须在平时的教学中加强对学生作文思维品质的培养和提升。而思维品质的提升一方面既要靠大量阅读来获得，同时也要靠平时不断的写作来强化。平时的训练既要立足课堂课本，又要关注生活和国家大事，既要了解中国的历史和文化，又要关注中国的现状。一味地死读书，不关心国家社会，显然和国家选拔人才的宗旨相背离，必然会被淘汰。

二、如何提升作文思辨能力

首先要理清事物之间的关系。辩证唯物主义者认为任何事物都是相互联系的。正确把握事物之间关系是提高思辨能力的前提。事物之间的关系主要有四种：依存关系、主次关系、取舍关系、条件关系。

其次，要厘清核心概念。概念是思维形式最基本的组成单位，是进行分析论证的基础。厘清概念的内涵与外延能帮助我们确定论证方向，使写作中的观点表达始终围绕同一核心对象展开，思维更有聚焦性，从而避免逻辑的混乱。如2021年关于强与弱的关系问题。我们首先要搞清强与弱的内涵与外延。强与弱既指身体上与力量上的强与弱，又指国力、科技、文化等的强弱，有硬实力与软实力之别。

有时材料涉及多个概念，关系又比较复杂，这给学生增加了思考的难度。如：棋盘虽小，方寸之间，却蕴含无穷智慧。围棋，弈者持黑白二色圆形棋子在方形棋盘上对弈，棋子地位平等，双方以围地更多为目标，棋盘上往往出现你中有我，我中有你的局面。象棋，开局双方隔阵对垒，棋子分为不同角色，行棋时有各自的规则，棋手排兵布阵展开攻防。跳棋，棋盘为六角型，可多人共同参与，棋子功能相同，行棋时棋子可彼此借力，相互搭桥铺路，力求己方棋子率先全部达到终点。以上材料具有启示意义。结合材料内容写一篇文章，体现你作为新时代青年的感悟与思考。

这道作文题，涉及多个核心概念，目标、规则、角色、借力、智慧。这些核心概念彼此关联。因此，厘清它们之间的关系，弄清其内涵尤为重要。我们可以从三种棋中提炼其中的智慧，来作为对"启示意义"的理解。

从目标来看，三种下棋是不一样。围棋是以围更大的地盘为目标；象棋的目标在于"将军"；跳棋的目标是力求己方的棋子率先全部到达终点。从这个角度来思考，可以提炼出：做事要选择适合的策略实现目标，也即智慧。

从实现目标的途径来看，围棋"你中有我，我中有你"，可以提炼出相互和谐相处，灵活务实的策略。象棋"棋子分为不同角色，行棋时有各自的规则，棋手排兵布阵展开攻防"，可以提炼出要有角色意识，有规则意识。不同的角色，要遵守不同的规则，要学会利用好不同的规则，达到最终的目标。跳棋"行棋时棋子可彼此借力，相互搭桥铺路"，我们可以提炼出要学会借力，互相支援，要有团队意识。

从概念关系的角度来看，我们可以建立它们之间的逻辑关系。如以"成长"为链，演好自我角色—善于交流融合—巧于借力互助，以求高质量成长，共同成长。

再次，学会用矛盾的观点去看待生活中的现象，一分为二的观点去分析具体的问题。如何看待强与弱的关系上。我们可以用矛盾观点去看待。强并非恒强，弱并非一直弱。有时，在一定条件下可以转化。运用一分为二的观点去分析问题，会让我们分析问题更加深入，更加透彻！在提升思辨时，对于比喻性的材料，也可以类比或对比的方式来进行。如上面的三种棋，我们可以抓住材料的内涵，紧扣棋的特点与启发意义，类比或对比现实，由此及彼，由浅入深，层层深入，也会促进思维的提升。

总之，面对新的作文命题方向，我们只有顺"思"而"维"，顺势而为，保持进取之心，才能立于不败之地。

杜志权，湖北省武汉市第二十三中学教师。

"三元归一"法在高中古诗词鉴赏中的运用研究

◎方 蓉

高中是培养学生综合素质的关键时期,古诗词鉴赏作为中国传统文化的精髓之一,在高中文学教育教学中占有非常重要的地位。然而,传统的古诗词教育教学方法可能难激发学生的学习兴趣,限制了他们的学习体验及鉴赏能力的提升。因此,寻求一种创新的古诗词教学方法来提高高中生的古诗词鉴赏能力,是当下最重要的事情。而本研究旨在探讨"三元归一"法在高中古诗词鉴赏教育教学中的实践,以提升学生的文学素养和促进中华传统文化的传承。"三元归一"法将绘画、音乐和表演三个要素有机地结合,为学生提供了一个更全面的学习体验,有望培养他们的审美情感、文学鉴赏能力以及创造性思维。

一、理论基础

"三元归一"法是一种创新性的教育教学方法。"三元"的核心在于将绘画、音乐和表演等三个艺术要素有机融合在古诗词鉴赏教学中,而"一"是落实学生的微诗创作能力的培养,从而促进学生的综合素养和综合能力的逐步提升。这一方法的原理和特点具体如下:

1.融合多重艺术要素

"三元归一"法的独特之处在于它将绘画、音乐和表演三个不同的艺术领域融合在一起。学生不仅通过文字来理解古诗词,还通过画面、音乐和表演来感知古诗词的内容和表达诗意,从而深化对诗歌的理解和体悟,并且将古诗词鉴赏教学落实在微诗创作,更深入地理解古诗词独特的艺术魅力,从而传承中华诗词文化。

2.提升审美情感

这一方法注重培养学生的审美鉴赏能力及审美情感,通过视觉和听觉的感知以及情感表达来增强学生古诗词鉴赏的能力,加强与古诗词的情感共鸣。学生在欣赏、表演和创作的过程中,逐渐培养了对美的敏感性和审美鉴赏能力。

3.促进创造性思维

"三元归一"法鼓励学生在艺术表达中充分发挥创造性思维。通过自己的绘画、音乐和表演作品,更自由地探索和表达古诗词中的意境和情感,从而培养他们的创造性思维和创作潜力。

二、研究方法

本研究采用实验研究设计,以评估"三元归一"法在高中古诗词鉴赏能力提升中的有效性。研究的参与者包括XX高中高一、高二的学生,年龄在15至17岁之间。这些学生被随机分为两组:实验组和对照组。为了评估学生的古诗词鉴赏能力,我们采用了定量数据收集方法。在研究开始前和结束后,我们将对所有参与者进行古诗词鉴赏能力的测量,以比较两组之间的差异。本研究将在一个学期内进行,包括教学介入和数据收集阶段。研究的时间框架将从学期开始的第一周开始,一直持续到学期结束的最后一周。

在教学介入阶段,我们将详细描述如何在高中古诗词鉴赏课堂中应用"三元归一"法。教学介入将包括以下关键步骤:

文本选择:选择适合"三元归一"法的古诗词文本,确保文本内容能够充分展示绘画、音乐和表演的融合,例如统编版必修上册《沁园春·长沙》《归园田居》《琵琶行》等,均可以加入绘画、音乐、表演等元素,让学生由浅入深感知诗歌的内容和体悟诗人的情感,并且通过在鉴赏诗词的过程中加入诗词创作的方法,引导学生进行微诗创作,以落实和检测学生古诗词鉴赏的能力。

教学策略:制定教学策略,包括如何引导学生进行绘画创作、选择音乐和表演等步步深入的情感表达。教师将引导学生在鉴赏古诗词时通过多种艺术形式来体验诗词内容,理解诗意并且以站在诗人角度感悟诗人情感，从而掌握鉴赏古诗词能力的方法和步骤，以期达到学以致用的效果。

资源的使用：为支持"三元归一"法的实施，将提供相关的绘画、音乐和表演资源，包括艺术材料、音响设备以及表演道具。这些资源将帮助学生更好地参与到多重艺术要素的融合中。

课堂活动：设计丰富多彩的课堂活动，包括绘画、音乐演奏、表演和讨论等课堂活动，以任务为导向，在实际的情景中展开课堂的讨论和分享，充分体现以学生为主体的学习主人翁的地位，从而激发学生的创造力和兴趣，深化对古诗词的理解，加强学生语言能力的表达，以及传承中华诗词文化的重点。

三、实证研究

在实施"三元归一"法的教学过程中，我们依托学校内刊《星空》《仰山》，基于"三元归一"法的理念，研究创作微诗的教学方法。这一创新方法的目标是将提升学生诗歌鉴赏能力落实到学习微诗创作上。

1. 文本选择与分析

在教学开始之前，我们选择了一组经典的微诗文本，这些微诗既具有文学价值，又适合于"三元归一"法的实践。教师对每一首微诗进行了深入的分析，以便更好地引导学生理解其中的情感、意象和文化背景。

2. 多元艺术融合

教学过程中，我们鼓励学生通过绘画、音乐和表演等多元艺术形式来创作和表达微诗。学生被引导参与创作绘画作品、演奏音乐，以及进行诗意表演。这种多元艺术元素的融合将学生带入诗词创设的特定情境中，有助于学生深入体验微诗的内涵和情感，促进学生的共情能力。

3. 校本课程设计

我们的研究旨在将"三元归一"法的理念应用于校本课程中，以形成一个创新的教育模式。通过将微诗创作纳入校本课程，我们希望能够更好地实现传承传统文化的目标，同时提升学生的文学素养和诗歌鉴赏能力。

为了评估学生在微诗创作和诗歌鉴赏方面的提升，我们采用了综合性的评估方法，包括问卷调查、创作作品评价和口头表达等多种评估工具。这些工具旨在测量学生的文学理解、创造性表达和口头沟通能力，以及对"三元归一"法的理解程度。

四、讨论与结论

在本研究中，我们实施了"三元归一"法，将绘画、音乐、表演元素融入高中古诗词鉴赏教育教学中。通过对学生的课堂表现和鉴赏能力进行综合分析，我们得出以下结论：

首先，实施"三元归一"法明显提升了学生的古诗词鉴赏能力。学生通过多元艺术的参与，更深入地理解了古诗词的情感、意象和文化背景。他们的文学素养得到了提升，表现出更高的文学鉴赏水平。

其次，学生对诗歌创作和表演表现出浓厚的兴趣。通过将微诗创作纳入校本课程，激发了学生的创作热情，培养了他们的文学创造力。学生在绘画、音乐和表演方面的表现也有所提高，体验到了多元艺术的乐趣。

尽管"三元归一"法在高中古诗词鉴赏教育教学中表现出巨大潜力，但我们也要意识到它存在一些限制。首先，该方法需要更多的教师培训和资源支持。教师需要具备跨学科的教育背景，以能够有效地将绘画、音乐和表演元素融入课堂教学。此外，获取艺术资源和设备也可能是一项挑战。

其次，学生的学习兴趣和能力差异可能影响"三元归一"法的效果。一些学生可能更容易融入多元艺术学习，而其他学生可能需要更多的支持和引导。因此，教师需要根据学生的个体差异进行差异化教学，以确保每位学生都能受益。

综上所述，本研究以"三元归一"法为理论基础，通过将绘画、音乐、表演元素融入高中古诗词鉴赏教育，取得了显著的教学效果。学生的文学素养得到提升，他们表现出更高的古诗词鉴赏能力和文学创造力。此外，我们成功将微诗创作纳入校本课程，实现了传承传统文化的目标。

参考文献：

[1]张惠翠.古诗词鉴赏教学助力提升语文素养[J].学语文,2021.

[2]戴欢欢.高校古诗词鉴赏课程教学策略[J].文学教育,2022.

[3]郑晓莲.立足高考的古诗词鉴赏教学策略研究[D].东华理工大学,2021(6).

方蓉,贵州省罗甸县第一中学教师。

"发现教育"提高学生思维能力
——以古诗文阅读教学为例

◎何 鹏

思维能力是《语文课程标准》所要求培养的核心素养之一,在语文教学中如何达到促进学生这一核心素养发展的目的是一个值得研究的问题。在平时的语文阅读教学中,贯彻"发现教育"的思想有助于提高学生的思维能力,培养学生的核心素养。对于初中生来说,古诗文阅读是难点之一,贯彻"发现教育"的思想尤其重要。

"发现教育"是指"教育者基于发现的基本原理、教育的发展规律及学生的身心发展规律,以教育教学方式的改变为手段,以发掘激发每一个学生的潜能优势为核心,以培养创新创造人才为目标的育人活动"[1]。古诗文阅读是初中语文阅读教学的重难点。在这个领域的教学中,锻炼提高学生各方面的思维能力是很重要的。提高思维能力也是提高核心素养的要求。如何在初中语文古诗文阅读教学中贯彻"发现教育"的思想,让学生的思维能力得到提高呢?教师在教学中在以下方面要有所突破。

一、于深度阅读中发现逻辑思维的深刻性

"深度阅读"指的是"在阅读过程中能够从深度和广度两个方面共同开掘的阅读方法"[2]。这要求在语文阅读教学中带领学生深潜到文本中,深入感受作品的语言之美、情感之美、哲理之美、思维之美等,带领学生不断深入思考。对此,教师在课堂上的问题设计引导非常重要。在问题设计上从以下几点入手,可带领学生逐步深入走进文本,不断发现逻辑思维的深刻性。

(一)找好切入点

在进行古诗文阅读教学过程的设计时,往往找准一个好的切入点是教学的突破口。切入点可以是文本的题目或题目中的关键词,可以是文本中反复出现的词句,可以是一个细节,也可以是文章中的一个情感关键词等。找准一个好的切入口往往可以带领学生层层深入地进行思考,不断向文本更深处漫溯。例如,在《醉翁亭记》一文中,文章中反复出现一个"乐"字,教师可以抓住"乐"这个情感关键词作为切入点,带领学生梳理"乐"的不同主体(人物)和客体(乐在何处)以及相同主体之"乐"的不同客体,并在比较分析中探究作者最主要乐在何处,进而带领学生在层层剖析中分析感受文章的主旨情感——"与民同乐"的情怀。

(二)关注异常点

有些文章中人物会存在异常点,或者一反常态,或者不同于世俗的规矩,这往往是深入理解文章的关键所在。教师如果能够在设计问题时抓住这些异常点来引导学生理解文章,学生的思路会一下子被打开。学生抓住不同寻常之处去找线索、寻深层原因的过程就是深入理解文本的过程,也是逻辑思维不断深入的过程。例如,在赏析《天净沙·秋思》时,这首小令的主旨、情感基调很好把握,但是其中有一句"小桥流水人家"所体现的温馨的氛围特点与整首诗悲伤低沉的基调似乎不协调。教师就可以抓住这个异常点引导学生思考二者的关系,并借此深化学生对反衬(乐景反衬哀情)手法的理解。

(三)发现矛盾点

文章中出现的一些矛盾点也是理解文章的关键。引导学生找出矛盾并分析矛盾的原因,不仅可以激发学生的兴趣,也能锻炼学生的逻辑思维能力。阅读作品中经常出现的矛盾点包括答非所问的矛盾、前后言行不一致的矛盾、作品语言表达逻辑上的矛盾等。例如,在《湖心亭看雪》一文中,"问其姓氏,是金陵人,客此"就是一处表达上的矛盾或者说是答非所问。所问是"姓氏",后面强调的却是故乡名"金陵"。教师在设计问题驱动时,引导学生关注这一矛盾,并给出适当的背景资料来帮助学生进行深入思考,文章的主要情感就会渐渐浮出水面。

二、于多彩活动中发现辩证思维的全面性

辩证思维能力也是思维能力的重要组成部分。在初中语文古诗文阅读教学中，开展形式多样的语文活动不仅可以激发学生阅读探究的兴趣，摆脱畏惧心理、抗拒心理，更能锻炼学生的思维能力。对于辩证思维能力的锻炼，在阅读教学中要鼓励学生进行质疑，可以开展形式多样的辩论赛、多元主体评价等活动。

（一）形式多样的辩论

鼓励学生质疑，这对学生批判性思维、辩证思维的培养有着重要的作用。形式多样的辩论可以作为有效锻炼思维的载体，如课堂上的适时辩论、正式的辩论赛等。例如，在学习《愚公移山》一文时，学生常是很激动，总是忍不住建议愚公搬家。对此，教师可以设计一场辩论赛。"搬家"与"移山"，其背后分别是出于什么思想在支撑。支持"移山"的学生中他们看到了古人"安土重迁"的思想，这就让人很惊喜。这一活动环节不仅锻炼了逻辑思维能力，慢慢发现这篇古文"移山"背后不易理解的中国传统文化思想，并进一步使得学生发现辩证全面看问题的意义。

（二）多元主体的评价

《语文课程标准》倡导"重视评价的导向作用"，"采用多元主体、多角度的评价反馈"可以帮助学生不断进行反思，不断发掘自身的潜能。在辩证思维能力的培养上，多元主体、多种形式的过程性评价同样有着非常重要的作用。比如，在课堂阅读教学中，就某个具有辩证性思维的问题探讨，可以进行师生、生生以及学生自我的多元评价；还可以结合现代信息技术的进步，教师课前设计好客观选择题，就阅读中涉及的某个话题采用更加直观的形式评价学生回答的全面性，给出及时的反馈。

例如，在学习《周亚夫军细柳》一文时，对表现周亚夫人物形象手法的分析。正面描写、侧面衬托、对比反衬等手法是否能分析全面，要给予及时的反馈评价，可以进行生生互评，引导学生思维的辩证全面性。这都是锻炼学生辩证思维能力的好方法。

三、于读写结合中发现创造思维的新颖性

"语文发现教育坚持实践第一的观点"[3]，在初中语文阅读教学中除了问题导向、组织讨论辩论等语文实践活动之外，写作实践必不可少。这里所说的"写作"强调情境任务下的一系列写作实践活动。一方面，读写结合可以深化学生对文本的理解，以写促读；另一方面，反映生活实际的情境式写作任务，不仅可以激发学生的学习兴趣，还可以让学生不断发现创造思维的魅力。

下面以古诗词群文阅读教学为例，谈谈如何在读写结合中提高学生的创造思维能力。

在学习课本中李白的《峨眉山月歌》《闻王昌龄左迁龙标遥有此寄》这两首诗歌后，教师以这两首诗为出发点，让学生商量并确定了李白各个时期富有代表性的一些诗歌作品，目的是串联起李白的一生经历以及情感变化脉络，让学生全面认识到一个发展着的、立体的李白。在此过程中通过引导学生认识李白诗歌中的一些常见意象，积累诗歌赏析方法、理解李白诗歌特色。这一教学目标的实现，主要是通过一个"项目式"情境编写任务实现的——李白诗歌成长馆项目设计。项目主要板块如下：

1.李白各时期代表性诗歌展厅设计。学生根据搜集的资料，商量并确定李白不同人生时期代表性的诗歌各三首，并写出选择理由。2.李白文创品展厅——李白诗歌经典"意象墙"的绘制及诠释。3.李白诗歌朗诵会——制作代表性作品的朗读音频。4.李白诗歌鉴赏报刊展。

学生在这个项目式学习中，不仅要有大量的资料搜集和阅读，而且要有思考性的、创造性的写作生成，创造力在这个富有情境化读写结合的任务中不断地被"发现"。

综上，教师在初中语文古诗文阅读教学中，通过各种策略贯彻"发现教育"的思想，让学生在古诗文阅读中不断发现思维的逻辑深刻性、辩证全面性及创造性，不断发现思维能力的提高，从而慢慢发现语文素养更好的自己。

参考文献：

[1]徐金海,任志瑜.发现教育：理论建构与实践路径[J].教育理论与实践.2018(34).

[2]李思琪,李光杰.双减政策下语文深度阅读教学困境与突破[J].经济师,2022(8).

[3]沈江峰.发现：实现主体性阅读的通道——中学语文阅读"发现教育"的思考[J].上海教育科研,2005(1).

何鹏，江苏省苏州市苏州工业园区星海实验中学教师。

于漪作文教学的实践研究

◎黄春思

作文教学是语文教学的重要组成部分，因此，长期以来作文教学一直是语文教师探讨和研究的课题，许多教师在教学实践和教学改革中积累了宝贵的经验财富。分析语文特级教师的作文教学思想，可以为我们从事作文教学提供良好的借鉴。全国著名语文特级教师于漪已从教50周年了，她在语文教学中积累了宝贵的经验，形成了自己独特的教学风格和语文教育思想，在作文教学方面也取得了丰硕的成果，有自己独到的见解。作为新中国的第一批特级教师，于漪在当代中国语文教育史上标出了一个闪光的坐标。于漪，江苏镇江人。1951年毕业于复旦大学教育系。长期从事中学语文教学，是著名的语文教育家，其主要著作有《于漪新世纪教育论丛》（共六卷）、《于漪文集》（共六卷）、《于漪语文教育论集》《于漪老师教作文》《于漪与教育教学求索》《于漪教育文丛》《岁月如歌》《我和语文教育》《语文教苑耕耘录》《教你学作文》《语文教学谈艺录》等。其中《于漪老师教作文》《教你学作文》和《于漪文集》（第四卷和第五卷）对作文教学提出了自己独到的见解。笔者通过阅读于漪老师的大量语文教育论著及教学实例，研究于漪老师丰富多彩的作文教学实践，寻找作文教学三个有益的观点和做法，即作文教学要破除"三大心理"。要重视积累培养兴趣。要注重作文教学讲评的目的及环节的设置。以期能够对当前新教改背景下的作文教学提供一些新的思路。

一、作文教学要破除"三大心理"

"三大心理"指"怕"心理、"懒惰"心理、"难"心理。为何会产生这"三大心理"？究其四个原因：1.因写不好作文而长期受到忽视或批评，自信心受到无情的打击；2.不知道该写什么，没有素材的积累；3.认为写作是文人作家的事，是一项很高级而又神秘的工作，而自己只是一个普通之人，能力不足，无法写出作文；4.懒惰，不愿动脑子。如何消除这些心理呢？

于漪提出了两个建设性意见：首先要找准恐惧的原因，其次是从鼓励入手，加强"对症"教育。我非常赞同这些观点，破除学生的心理防线是学生写作文的第一步，想要突破"怕"心理，在分析了学生"怕"写作的原因之后，要从鼓励入手，加强"对症"教育。于漪老师说："语文和生活紧密相关，离开了生动鲜活的社会生活，语文的生命力何在？教语文忽视生活活水，忽视引导学生对生活的观察、认识、体验、积累、实践，抓住课内一小块，放弃课外一大片，那无疑是沙上建塔、根基极差，终难成效。"[1]这句话充分体现了于漪作文教学方面，注重学生观察生活，加强语文的实践，生动活泼地开展课外观察，强调创设语文写作的环境，写作是一件平常之事，一次周记，以及随笔都是写作，观察要身入生活、心入生活，不但用眼睛看，还要用耳朵听，用真心去感受生活。学生将身边的人、事、物以及自己的心情变化坚持记录下来，以此激发学生观察生活、写作的兴趣。假设每次学生的作文都被老师当作范文，课堂上读给同学们听，树立学生写作的信心，满腔热情的积极鼓励，学生就不会怕作文而是因此很自豪。破除"怕"写作心理，学生便愿意写作。

二、注重积累

学生写作的头号难题是"做饭无米"。总觉得无话可说，无物可记，无事可叙，心中茫然。其实，这样的学生并非真的无"米"，只是不知道哪些是"米"。教师引导他们重新认识，他们就会尝到获得写作材料的喜悦。于漪是适应时代要求，与时俱进的，她提出了作文教学应注重课内外相结合的积累，课外注重观察生活，课内选择经典古诗词进行赏析积累，文言文短篇应熟读背诵，古今中外名著中的名言警句也要背诵，词语也要积累。有了点文化底气，课堂上学习起来就会生动活泼，沉浸在优秀文化的氛围之中。积累古诗文，积累语言，也是积淀文化、积淀精神，背诵篇章里闪耀着民族精神和国家意志的光辉。《唐雎不辱使命》中唐雎的"不辱"，维护了国家的尊严；《触龙说赵太后》中的"父母之爱子，则为之计远矣"，留给我们做父母的是教育孩子要有长远的目光，留给当时赵国的却是赵国的和平安定。若学生将自己背诵的古诗文、名言警句内化成自己的精神，方能恰如其分地运用到作文中，既能提升作文的文采，又能提升作文的思想主题。

三、建立系统有层次的作文讲评体系和注重"二环节"

于漪老师把作文讲评看作一个整体，通盘考虑，讲求计划性，把学生的原有知识、接受能力、教学大纲的要求与写作的规律有机结合起来。形成由浅入深、循序渐进的层级体系，从而将作文讲评系统整体性和层次性有机地统一起来。她说："教师要努力掌握讲评的主动权，不能无目的无计划地随着学生习作'飘'，要把每一年级每一学期写作教学的目的要求和学生习作中的情况进行有机地结合，制定切合学生实际的讲评计划。"[2]例如于漪老师将初一年级语文教学大纲中规定的写作要求（着重培养学生记叙能力，力求做中心明确，内容具体，条理清楚，前后连贯，首尾一致）与学生的写作能力、接受能力结合起来，形成整体的讲评计划，环环相扣、循序渐进，学生就可"凭借自己的材料培养他们观察、想象、思维、记忆等能力，学生有贴肉之感"。[3]讲评计划切合学生教学实际，从学生习作的感性材料出发，上升到理性的知识，知识穿成了线，再以它指导写作实践，学生就会从写作盲目的境地中逐渐走出来，学会自觉地运用语言与准确地表达自己的思想情感，达到作文讲评的效果。同时，于漪老师在讲评过程中重视两个基本环节：一是选择，二是转换。所谓选择就是依据教学目标和课文走势，对课文文本进行筛选，点面结合。于漪提出选择的点要恰当：比如：1.课文中能起点睛作用或关键作用的；2.语言经得起推敲，内涵丰富又咀嚼有味的；3.能在思想上给学生以启迪，拨动情感琴弦的；4.能拉出联想或想象线索的；5.知识和能力训练扩散点明显丰富的。如讲到李广田《花潮》中的联想和想象写作方法，引导学生联想到龚自珍的《西郊落花歌》，对开启学生想象的作用时，于漪老师设计了一个作文题目《黑土地上的忏悔》，让学生学以致用进行读写迁移。学生要点拎准了，就可以大胆删减旁枝繁叶，使教学上的迁移点显露突出。这种"抓点拎线"的素材处理难点在于，选择要准要精，要的确能够以点带面。于漪总是反复提炼，精选点，巧选点，深入文本最大程度地压缩素材，为文本的转换开拓出空间。所谓"转换"，就是把筛选出来的教学素材转化成一个个知识发生的过程，思维展开的层次，可以引导学生通过思维去探索，获得结论的教学步骤。于漪认为："教师不是把整理好的预先包装好的一批批知识传授给学生，而是带领学生充分参加探索知识的过程，让学生用自己的头脑亲自获得知识。要引导学生自己寻找答案，教师千万不能因为赶进度而丧失启迪学生思维的良机。"[4]于漪对转换这个环节十分重视，她发掘出丰富多彩的训练样式，从容地驾驭课堂教学。她运用了开启想象、重点剖析、讨论归纳、读忆对照、读写对照、文文对照、比较异同、联系扩展、复读反馈、交流作文、自评互评、综合评论等方式来训练学生的作文能力。这些方式方法闪烁着创造的火花。

作文是语文教学的重要内容，而习作讲评是作文教学的一个重要环节。传统的作文讲评是以教师为中心进行的，学生及其作文都没有真正成为教学的主体，无论是受到表扬、肯定，还是受到批评、讽刺，都只能被动地接受。于漪的习作讲评方法是一种全新的概念，她以学生为主体，坚持兴趣启发鼓励的教学原则，从讲前的心理辅导、素材积累、讲评系统的设定到习作的环节设定、讲评材料的选择等，每一个环节都精心设计。教学方式灵活，课堂灵动高效。苏霍姆林斯基说："只有你在其中倾注了自己的智慧、自己的活的思想的教学方法，才是最好最有效的方法。"[5]因于漪老师真正做到了这一点。

参考文献：

[1]曹明海.语文陶冶性教学论[M].济南：山东人民出版社，2007.

[2][3]于漪.于漪语文教育论集[M].北京：人民教育出版社，1996.

[4]潘庆玉.语文教育发展论[M].青岛：青岛海洋大学出版社，2001

[5]苏霍姆林斯基.给教师的建议[M].杜殿坤，译.北京：教育科学出版社，1984：407.

黄春思，广西桂林市宝湖中学教师。

探索"三元归一"法在高中古诗词鉴赏中的应用

◎金光燕

高中古诗词鉴赏教育一直以来都被视为中国传统文化教育的重要组成部分。古诗词不仅是语言艺术的典范，更是传承中华文化的精髓。然而，在现代教育背景下，高中古诗词鉴赏教育面临着新的挑战和机遇。本文探讨"三元归一"法在高中古诗词鉴赏教学中的应用，并评估其实际效果。通过多元方式，包括绘画、音乐和表演，学生更深刻地体验和表达诗词中的情感，提高了创造性思维和跨学科能力。

一、现状与理论基础

高中古诗词鉴赏教育一直被认为是中国传统文化教育的核心内容之一。古诗词代表着中华文化的深厚底蕴，它们不仅是文学艺术的瑰宝，更承载着历史、哲学、道德等多重文化内涵。在过去的教育实践中，高中古诗词鉴赏教学采用了多种模式，包括传统讲解式教学、注释法教学、比较分析法教学等。这些模式各有特点，但也存在一些不足之处。

传统讲解式教学通常由老师主导，老师对古诗词进行解读和讲解，学生被动接受。虽然这种模式能够传授知识，但学生的主动性和创造性较低。

注释法教学侧重于解释古诗词中的生词和典故，帮助学生理解诗句的字面意义。然而，这种模式忽略了诗歌的情感和意境，使学生难以领略诗词的深层内涵。

比较分析法教学通常将不同的古诗词进行比较，帮助学生理解共性和差异。尽管这有助于学生拓宽视野，但缺乏对单首诗词的深入理解和感悟。

"三元归一"法是一种创新的古诗词鉴赏教学方法，其理论背景基于多重艺术元素的综合应用。其中，"三元"指的是绘画、音乐和表演，而"归一"表示将这三种元素有机融合在一起，以丰富学生对古诗词的理解和感受。该方法的理论背景包括以下要点：

强调多感官体验：通过绘画、音乐和表演等多种艺术手段，学生能够以多感官的方式参与古诗词的赏析，从而更深刻地理解诗歌的情感和意境。

促进创造性思维：学生在"三元归一"法中需要自主创作，这有助于培养他们的创造性思维和表达能力。

融合传统与现代：该方法旨在融合传统文化与现代艺术，使古诗词在当代教育背景下更具吸引力和可操作性。

二、核心概念

古诗词鉴赏是文学教育领域中的重要分支，它涉及对古代诗词作品的深入理解和赏析。"三元归一"法是一种创新的古诗词鉴赏教学方法，其核心理念是将绘画、音乐和表演三种艺术元素有机融合，以丰富学生对古诗词的理解和体验。以下是"三元归一"法的关键概念：

三元：指的是绘画、音乐和表演这三种不同的艺术元素。这些元素代表了不同的感官体验和艺术语言，通过它们可以更全面地表达古诗词的内涵。归一：表示将这三种艺术元素融合成一个整体，使它们相互呼应、相互补充，创造出更丰富、更深刻的艺术表现力。归一强调了综合性和整体性。

三、实施案例分析

1."三元归一"法在古诗词鉴赏中的应用

《锦瑟》是中国古代文学中的一首经典古诗词，它充满了深刻的情感和丰富的意境。在高中古诗词鉴赏教学中，采用"三元归一"法可以让学生更深入地理解和感悟这首诗词，同时提高他们的创造性和表达能力。

绘画：通过绘画，学生可以将诗词中的意象具象化。在《锦瑟》的教学中，学生可以被鼓励绘制与诗意相关的画作，如画出乐器琴瑟的形象，以及诗中描写的"庄生晓梦迷蝴蝶"的情景。这种绘画活动可以帮助学生更好地理解诗词的意境和情感。

音乐：音乐是情感的表达方式之一。学生可以学习古琴等传统乐器，演奏与《锦瑟》相关的曲调。通过音乐演奏，学生可以感受到诗词中所传达的情感[4]，将音乐与文学相结合，使诗词更加生动。

表演：学生可以参与舞台表演，将诗词中的情感和情节通过表演方式呈现出来。他们可以扮演诗中的角色，表现出诗词中所描写的情感。这种表演活动有助于学生深入体验诗词的内涵，同时提高他们的表达能力和自信心。

2.教育成果评估

在使用"三元归一"法教学古诗词《锦瑟》后，我们需要进行教育成果评估，以客观的评价这一教学方法的效果，并为未来的教育实践提供指导和改进建议。

学术表现评估：首先，我们将收集学生的学术表现数据，包括他们在课堂上的表现、课后作业和考试成绩等。通过比较使用"三元归一"法教学的学生与传统教学方法的学生之间的学术成绩差异，我们可以初步评估这一方法的教育效果。如果使用"三元归一"法的学生在古诗词鉴赏方面表现更出色，那么这将是一个积极的教育成果。

学生创作作品评估：最后，我们将评估学生的创作作品，如绘画、音乐演奏和表演。这些作品将展示学生对古诗词《锦瑟》的深刻理解和创造性表达。评估这些作品将有助于我们了解学生是否能够将诗词的意境和情感通过多元方式生动地呈现出来。

四、讨论与分析

采用"三元归一"法进行高中古诗词鉴赏教学后，取得了显著实际效果：

提升情感体验和表达能力：学生通过绘画、音乐和表演方式更深刻地感受和表达诗词中的情感，培养了情感智力和情感表达能力。

拓宽创造性思维：学生参与多元创作活动，激发创造性思维，培养了艺术和创作能力。

提高跨学科能力：融合文学、绘画、音乐和表演等领域，促进了跨学科思考和学习。

增强自信心和参与度：学生积极参与多元活动，提高了自信心，活跃了课堂氛围。

深化对古诗词的理解和记忆：学生通过多元参与更深入地理解和记忆课文，提高了学习效果。

在采用"三元归一"法进行高中古诗词鉴赏教学时，我们面临了一些挑战，但也提出了相应的解决方案：

挑战1：教材匹配难度较大。部分古诗词教材难度较高，不同学生的理解能力不一致。

解决方案：我们采用分层教学方法，根据学生的水平选择适宜的教材，并提供不同难度的任务，以满足不同学生的需求。

挑战2：教师需要跨学科教学能力。实施"三元归一"法需要教师具备文学、绘画、音乐和表演等领域的知识和技能。

解决方案：我们提供教师培训和资源支持，帮助他们获得跨学科教学技能，鼓励合作和分享最佳实践。

挑战3：评估方法多样性。评估学生的多元表现和创作作品需要多样性的评估方法[3]。

解决方案：我们设计多种评估工具，包括学术成绩、学生反馈、创作作品评估等，以全面评估学生的学习效果。

五、结论与展望

通过本研究，我们对"三元归一"法在高中古诗词鉴赏教学中的应用进行了深入探讨，并取得了一系列显著的实际效果。这种多元化的教学方法不仅提升了学生的文学素养，还培养了他们的创造性思维、跨学科能力和自信心，深化了对中国古代文学的理解。然而，我们也面临了一些挑战，包括教材匹配、教师跨学科能力、评估方法多样性和有限的时间与资源。面对这些挑战，我们提出了相应的解决方案，以确保教学顺利进行。在未来，我们将继续推进"三元归一"法在高中古诗词鉴赏教学中的应用，并进一步完善教育模式。

参考文献：

[1]郑伟.目的论指导下太极拳文化特色词翻译实践报告[D].江苏师范大学,2020.

[2]邹伟.高中语文古诗词鉴赏教学分析[J].新课程,2017(3).

[3]杜琳宸.求索中国文化的深处与远方——上海交通大学神话学研究院首届新成果发布会暨专家论坛综述[J].百色学院学报,2019,32(03):25-32.

金光燕,贵州省罗甸县第一中学教师。

《鸿门宴》——基于思辨性阅读看范增的不智

◎李昌成

《普通高中语文课程标准》(2017年版)"思辨性阅读与表达",要求"在阅读各类文本时,分析质疑,多元解读,培养思辨能力""注意发展学生的辩证思维和批判性思维,注重培养学生思维的逻辑性"。[1]《鸿门宴》中"项庄舞剑,意在沛公"以失败而告终,放过了刘邦,项羽最终兵败垓下,自刎乌江,于是我们往往受"以成败论英雄"观点的影响,自然就想到鸿门宴上项羽不听范增意见,政治糊涂、缺乏远见,导致了自己失败的悲剧,这种固有的思维让我们认为范增是一位有远见卓识的谋士。而我们运用辩证思维和批判性思维来对文本进行多元的解读,便会发现范增在鸿门宴中的一些不智之举,缺乏作为谋臣的基本策略。

一、自作主张,僭越谋臣之权

鸿门宴上,"范增数目项王,举所佩玉玦以示之者三,项王默然不应",因为头天晚上,项伯劝告项王:"沛公不先破关中,公岂敢入乎?今人有大功而击之,不义也。不如因善遇之。"于是项王许诺,可见,项王与项伯已形成不杀沛公的一致意见,而范增却公然代项王发号施令,让项庄舞剑,行刺沛公,这种以下犯上的举动,有失谋臣的身份,有损项王的威严,虽然项羽称范增为亚父,但君臣之礼岂可丢失。如刘邦称帝后,"后高祖朝,太公拥篲迎门却行。高祖大惊,下扶太公。太公曰:'帝,人主也,奈何以我乱天下法!'"[2]太公对儿子刘邦都行君臣之礼,而项伯自作主张让项庄舞剑,行刺沛公,项王怎能容忍呢?项伯拔剑翼蔽沛公,明显也是项王的意图。在《三国演义》六十一回,上演了与"项庄舞剑,意在沛公"相似的一幕。庞统、法正二人劝玄德在席间杀掉刘璋,西川唾手可得,玄德不从。刘备与刘璋宴于城中,酒至半酣,庞统与法正教魏延登堂舞剑,乘势杀刘璋,刘璋手下从事张任亦掣剑共舞,刘备大惊,曰:"不弃剑者立斩!"[3]行刺最终失败,这便是"魏延舞剑,意在刘璋"。可见,目无君上,擅自行动,僭越谋臣权力,这是犯禁的,自然也是难以成功的。

二、项庄舞剑,行刺方法不当

刺杀行动的目标一定要明确,趁其不备,果断、迅速地采取行动,优柔寡断、节外生枝往往导致失败。如荆轲刺秦王,"事所以不成者,乃欲以生劫之,必得约契以报太子也",荆轲刺杀秦王不果断,还想劫持秦王,订立盟约,这样目标不专一的刺杀行动,最终让自己命丧秦廷。鸿门宴上,范增让项庄用舞剑的方式来刺杀沛公,不外乎想制造一起"意外"事件,这样便可推卸责任。可刘邦老奸巨猾,张良足智多谋,项羽、项伯没有除掉沛公之意,而项庄一舞剑,肯定引起了沛公的高度警觉,还未刺杀就已暴露了自己的目的,立即引出了项伯翼蔽沛公,而项羽没有反对项伯的行为,因为他们都不希望除掉沛公。可见,项庄舞剑是不恰当的行刺方式,而应直接果断地刺杀沛公,沛公、项伯都猝不及防,这样恐怕刘邦难有逃命的机会。我们看《史记·刺客列传》中"专诸刺王僚":"酒既酣,公子光佯为足疾,入窟室中,使专诸置首鱼炙之腹中而进之。既至王前,专诸擘鱼,因以匕首刺王僚,王僚立死。"[4]专诸藏匕首于鱼腹中,做得非常隐秘,呈上鱼,掰开,拿起匕首果断迅速地刺向吴王僚,吴王僚立即毙命,这才是真正的刺客。

三、放任项伯,未尽谋臣之职

"项庄拔剑起舞。项伯亦拔剑起舞,常以身翼蔽沛公,庄不得击。"这着实超出了范增的预料,最后刘邦从鸿门宴上脱险,可让我们难以理解的是范增为什么不去深究项羽放纵项伯翼蔽沛公的行为,作为项王的重要谋臣,追查项伯吃里爬外的不义之举是他应尽之职,只要彻查便知头天晚上项伯私见张良,泄露攻打沛公的重大军事机密,还与沛公"约为婚姻",这种为私义而出卖自己军事集团利益的行为,影响恶劣,危害巨大,项羽对项伯理应严惩,如刘邦回到军营,立即诛杀了告密者曹无伤。虽然项伯是项羽叔父,但从公的角度范增应劝谏项羽不能放纵项伯,让其清醒地认识到项伯通敌的严重后果,从而匡正过失。正如唐太宗尝谓公卿曰:"人欲自照,必须明镜;主欲知过,必藉忠臣。主若自贤,臣不匡正,欲不危败,岂可得乎?"[5]遗憾的是范增对项伯的通敌之举没有任何劝谏之辞,最后项伯越滑越远。"汉元年正月,沛公为汉王,王巴蜀。汉王赐良金百镒,珠二斗,良具以献项伯。汉王亦因令良厚遗项伯,使请汉中地。项王乃许之,遂得汉中地。"[6]项伯公然受贿帮助刘邦索取汉中之地,已毫无原则和底线,且汉中之地为刘邦势力的壮大及再次打回关中起了重要作用。最后项王战败,沛公封项伯为射阳侯,显然项伯对沛公来说是一位重要的功臣,而对项王来说却是一个巨大的灾难。可见,鸿门宴中项伯出现通敌的异常举动,项羽对其放纵,范增没有加以匡正,项伯最终滑入了深渊,给项羽带来了巨大的危害。虽然项羽对此有不可推卸的责任,但范增未尽匡正之责,这是一个谋臣的严重失职。

四、不知反省,导致悲剧结局

刘邦从鸿门宴上脱险后,我们看到的是"亚父受玉斗,置之地,拔剑撞而破之"的恼羞成怒,听到的是"唉!竖子不足与谋!夺项王天下者必沛公也。吾属今为之虏矣"的愤激之辞,而没有看到范增的自我反思。作为一个谋臣,自己一片忠心为主子除掉后患,却被项伯阻止了,"急击勿失"的策略流产,刺杀行动失败,可以说,范增是不被项羽看重的,此时离开不免是一个明智的选择。如陈平曰:"项王不能信人,其所任爱,非诸项即妻之昆弟,虽有奇士不能用,平乃去楚。闻汉王之能用人,故归大王。"[7]韩信谢曰:"臣事项王,官不过郎中,位不过执戟,言不听,画不用,故倍楚而归汉。"[8]陈平、韩信都因项羽不听意见,不重用人才而离开,且实现了人生的抱负。而范增却没选择离开,就应反思自己进言的技巧,这是一个谋臣劝谏成功的关键。其实项羽并不是完全听不进意见的人,如"(项羽)乃东,行击陈留、外黄。外黄不下。数日,已降,项王怒,悉令男子年十五已上诣城东,欲坑之。外黄令舍人儿年十三,往说项王曰:'彭越强劫外黄,外黄恐,故且降,待大王。大王至,又皆坑之,百姓岂有归心?从此以东,梁地十余城皆恐,莫肯下矣。'项王然其言,乃赦外黄当坑者。东至睢阳,闻之皆争下项王。"[9]项羽采纳了外黄儿的建议,正是因为

小孩说得有道理。所以王安石有诗曰:"鄹人七十漫多奇,为汉驱民了不知。谁合军中称亚父,直须推让外黄儿。"显然是嘲讽范增不及一个十三岁的外黄儿。而范增仅用"吾令人望其气,皆为龙虎,成五采,此天子气也"的理由,让项羽"急击勿失",实际没把灭掉刘邦的道理说透,如秦国灭亡,曾经"约为兄弟"的刘邦已是强劲的对手;"函谷关有人把守,不得入",曹无伤使人言"沛公欲王关中",足见沛公的野心;沛公军队10万人,这是一个巨大的威胁;沛公身边的张良、陈平、萧何皆非等闲之辈……把这些道理讲透了,或许项羽是有所触动的,遗憾的是我们没到看到范增深入地阐释灭掉沛公的道理,最终范增因项羽中陈平离间计而离开,未至彭城,疽发背而死,落得"平生心力为谁尽,一事无成空背疽"的悲剧结局。

因此,在阅读教学中,我们不要受固有思维的限制,而应积极践行新课标精神,培养学生辩证思维和批判性思维的能力,多元理解文学作品中的人物形象。虽然一些人认为"项庄舞剑,意在沛公"体现了范增的深谋远虑,但我们也应看到范增的不智之举,从而有效地培养学生的思辨性阅读能力。

参考文献:

[1]中华人民共和国教育部.普通高中语文课程标准(2017年版)[S].北京:人民教育出版社,2018:19.

[2]司马迁.史记·高祖本纪[M].郑州:中州古籍出版社,1994:79,79.

[3]罗贯中.三国演义[M].北京:作家出版社,2018:499.

[4]司马迁.史记·刺客列传[M].郑州:中州古籍出版社,1994:754.

[5]吴兢.贞观政要·求谏[M].上海:上海三联书店,明成化九年内府刊本.

[6]司马迁.史记·留侯世家[M].郑州:中州古籍出版社,1994:606.

[7]司马迁.史记·陈丞相世家[M].郑州:中州古籍出版社,1994:612.

[8]司马迁.史记·淮阴侯列传[M].郑州:中州古籍出版社,1994:790.

[9]司马迁.史记·项羽本纪[M].郑州:中州古籍出版社,1994:67.

李昌成,重庆市铜梁区铜梁二中教师。

巧用资料精布局　妙寻文章真性情
——知识卡片的穿插在文言课堂教学中的运用

◎李　娟

文言是古人写文章的用语。新文化运动推动语言文字的改革后，现如今学生学习的普通话语法与字义，与文言文相较，已有了一层认知隔膜。再加上中国文化源远流长，朝代几经更迭，文化背景也大不相同，这就加深了学生与文言内容的情感隔阂。因而在文言教学中，适当地根据课文内容补充相关知识资料不可或缺。但一下子在开篇把知识链接和资料全部展现出来，学生不一定可以在文本解读的过程中及时调动并且运用到；而在结尾才把知识资料亮出来，会导致学生浪费过多的时间在文章的边角上，人为地加大了学生理解文本的难度。因此，资料补充不宜集中在课堂的某一个部分，教师在教学中顺势穿插知识资料卡片是提高课堂效率的合理举措。

那么，在文言文课堂教学中，我们怎样顺势穿插知识卡片来调动学生的学习热情、加深学生的学习体验、落实学生的学习效果呢？笔者以《岳阳楼记》和《湖心亭看雪》两篇文章为例，展开论述。

知识资料的补充是建立在帮助学生进行文章解读的基础之上。教师在备课时，先要确立一篇文章在课堂上引领学生解读的核心点。《岳阳楼记》的核心是对范仲淹的忧乐观和豁达胸襟的理解；《湖心亭看雪》的中心点则是对张岱故国之思的理解以及其清新脱俗小品文风格的感知。因而在制作知识资料卡片的时候，需要层层铺就，以达到学生充分解读文章这一课堂生成的目的。

一堂课的开篇，在于引导学生对文章整体基调的把握和建立，故而知识卡片的内容可以借别人对于这篇文章的评价入手。在《岳阳楼记》的开篇，可以用知识卡片这么介绍："中国四大名楼皆因流传千古的诗文名篇而流芳百世。就像一提起岳阳楼，大家都会想起《岳阳楼记》。"学生一下子就兴趣盎然了，自然也会投入更多的精力和专注度在课堂上。又如学习《湖心亭看雪》时，在课前用知识卡片展示梁衡先生的经典评价："有一种画轴，静静垂厅堂之侧，以自己特有的淡雅、高洁，惹人喜爱。在我国古典文学宝库中，就垂着这样两轴精品——宋代苏东坡的《记承天寺夜游》和明代张岱的《湖心亭看雪》。"此番高度的评价，会激发学生对学习文本的强烈欲望。学生带着景仰和好奇之心来学习课文，学习会更认真投入，课堂的效率自然提高。

进入课堂正题，则让学生从知人论世的角度开始了解文章，这样不仅可以帮助学生快速进入文章的情感，还可以拓宽学生的知识面、课文解读的宽度和深度。就如实斋学派创始人章学诚在《文史通义·文德》中说："不知古人之世，不可妄论古人文辞也；知其世矣，不知古人之身处，亦不可遽论其文也。"《孟子·万章》中也如此记载："颂其诗，读其书，不知其人可乎？是以论其世也。"解读文本时结合作者所生活的时代背景和社会生活去理解作品的内涵必不可少。特定的社会历史背景是学生学习古诗文的一大障碍，尤其是古诗文，涉及很多古代传统文化中的典故、风俗等，在课堂教学过程中适时引入背景资料，既可以消除学生阅读古文的畏难情绪，还有助于学生对课文的深刻解读。

由此我们不难看出，正式入题的知识卡片内容宜侧重选择文章作者与本文内容相关的生平介绍、文章的写作背景。如《岳阳楼记》的课堂教学，除了重点介绍范仲淹的贬谪始末，还要补充写作背景，即是范仲淹未曾到过岳阳楼，只是通过一幅画想象岳阳楼的景象，因而全篇并未细致描写岳阳楼，多借写楼而抒情，开篇文章的重点就落在情感的解读和共鸣上，学生在上课伊始就有清晰的方向。又如《湖心亭看雪》中，在介绍张岱的时候，知识卡片的内容应突出张岱前朝遗老的身份，学生就不会轻易地将它看成是仅写山水的记景记事文，从而侧面奠定故国之思的情感方向。

遇到学生可能有理解障碍的文章相关段落或内容，如古代约定俗成的表达方式但现代完全不再使用，以前教学中未涉及的写作技法等等，教师在课堂教学过程中，可当即穿插知识卡片来完善学生的阅读体验。通过填补学生知识盲区的方式，让学生能更清晰且深刻地理解文章的内容。这类知识卡片内容可分为以下三个方面：

一是文化常识补充。尤其是涉及文章里的历史文化常识。如《岳阳楼记》里，讲授内容大意时，可以制作这样的知识卡片："宋代沿袭科举制，科举高中方可为官。贬谪，封建时代指官吏降职，被派到远离京城的地方。客观上会一定程度降低贬谪官员的政治积极性。"前文已经提到范仲淹贬谪遭遇，加入此知识卡片，更能凸显范仲淹难能可贵的"不以物喜，不以己悲"的旷达胸襟、"居庙堂之高则忧其民，处江湖之远则忧其君"的大度气概以及"先天下之忧而忧，后天下之乐而乐"的政治抱负。《湖心亭看雪》里，可以补充明代汪珂玉在《西子湖拾翠余谈》的论述："西湖之胜，晴湖不如雨湖，雨湖不如月湖，月湖不如雪湖……能真领山水之绝者，尘世有几人哉？"以此资料来映衬张岱的雪夜游西湖，一次将夜湖和雪湖同时游览，赏雪时机绝妙，增强学生理解第一段雪景描写的兴趣和专注度。

二是写法作用。如《岳阳楼记》明显的对比手法和对偶，用知识卡片注明这两种写作手法的作用："对比：将两者及以上的事物进行比较，突出强调了事物的特征或作者的情感倾向。对偶：句式一致，字数相同，词性相对，朗朗上口，对仗工整，具有音韵美。"这对于记忆背诵文章里的名句有着提点的作用。《湖心亭看雪》里的白描手法也值得一提："白描是中国画技法名，指单用墨色线条勾描形象而不施彩色的画法；白描也是文学表现手法之一，主要用朴素简练的文字描摹形象，不重词藻修饰与渲染烘托。"以此让学生更为清晰地了解张岱简约而不简单的小品文风格，足见张岱深厚的语言功底。

三是拓展联读。如《岳阳楼记》讲到主旨段的时候，可穿插以范仲淹小时候冷粥就咸菜的故事为内容的知识卡片："范仲淹小时候每天只煮一锅稠粥，凉了以后划成四块，早晚各取两块，拌儿根腌菜，调半盂醋汁，吃完继续读书。后世便有了划粥割齑的美誉。"这段补充知识材料侧面体现了范仲淹年少之时就已养成了高度自律的习惯，以及他初步形成的忧乐观。帮助学生进一步理解"先天下之忧而忧，后天下之乐而乐"的政治思想抱负。又如讲《湖心亭看雪》，到结尾品析作者国破家亡之哀痛及独与天地精神往来的情感时，宜引入张岱写的《自为墓志铭》节选制作知识卡片："少为纨绔子弟，极爱繁华，年至五十，国破家亡，避迹山居，所存者破床碎几，折鼎病琴，与残书数帙，缺砚一方而已。布衣蔬莨，常至断炊。"从张岱年幼时历经的奢侈生活到国破家亡后的衣不蔽体食不果腹，他的故国忧思可见一斑；而承受了丧国之痛的动乱，人的思想境界更能开阔，凡事不过如此罢了，更见张岱的清高孤傲，自成一派。

课堂快结束的时候，加入一些与文章相关的书籍介绍作为结尾的知识卡片，不仅能够与课堂的开头相呼应，还能激起学生课后阅读的兴趣，将课堂上的语文味延伸至课后，培养学生主动看书的能力，熏陶学生的文化底蕴，加深学生对课堂文章的解读与感悟。

讲《岳阳楼记》的时候，可以制作这样一张知识卡片："论曰：自古一代帝王之兴，必有一代名世之臣。宋有仲淹诸贤，无愧乎此。仲淹初在制中，遗宰相书，极论天下事，他日为政，尽行其言。诸葛孔明草庐始见昭烈数语，生平事业备见于是。豪杰自知之审，类如是乎！"（《宋史·范仲淹传》）引导学生去查看《宋史·范仲淹传》全文，了解文章末尾给予范仲淹如此高评价的理由，从而能够让学生对范仲淹心系百姓、忧国忧民的形象牢不可破。

《湖心亭看雪》则可以用书评的知识卡片介绍《陶庵梦忆》《西湖梦寻》这两本书收束课堂，让学生能够了解张岱的小品文风格："张岱喜欢用典故、谈故人。《陶庵梦忆》字缝间频见极隐晦的故国之思。喜欢张岱讲红尘热闹的故国人民，与独自留下看戏的自己。《西湖梦寻》处处随意点染，合则如长卷水墨，每则下系前人诗文与掌故。"以整本书阅读的方式，让学生对张岱的故国之思和小品文随性独特轻巧的风格深植心中。

总之，在课堂上巧用资料，把知识卡片的内容根据课堂需求，将资料合情合理地编排呈现，能够最大化地帮助学生贴近文本，解读文本，感悟作者的妙构想，体会文章的真性情。

李娟，广东省深圳市罗湖外语实验学校教师。

开拓思维，以"图"促"写"
——思维导图在初中语文写作构思教学中的运用

◎李科模

写作构思是学生展开写作实践的基本前提，没有缜密的构思，学生所写出来的文章就没有主题、没有方向。思维导图是一项能够帮助学生理清思维的有效"图形思维"工具，有着重点突出、简单实用的明显特点。教师借助思维导图展开语文写作构思教学，不仅能够有效避免学生的写作问题，还能让学生的文章创作更加条理化、结构化，对促进学生写作水平的有效提升有着积极作用。

一、思维导图在初中语文写作构思教学中的运用意义

首先，教师运用思维导图展开初中语文写作构思教学，有利于激发学生的创作热情。在传统的初中语文写作教学中，教师往往会先给学生呈现写作主题，之后再根据主题引导学生展开思考，接着让学生阅读范文寻找写作灵感，最后让学生展开实践写作，这种"理论式的灌输教学手段"不仅会让学生感到极其无聊和厌烦，同时也会大大降低学生的写作热情。而利用思维导图展开教学实践，就能够让学生在一种更为新颖的"构思模式"中理清自己的创作思路，学生一旦掌握写作的技巧，就会在之后的写作中更为积极，课堂氛围也会更为活跃。

其次，教师运用思维导图展开初中语文写作构思教学，有利于培养学生的写作个性。前文提到，思维导图是一种"图形思维"工具，而思维导图的重点就在于它是个体思想的直接表达。但由于各种客观因素的影响，学生与学生之间有着较大的差异性，这种差异性也体现在学生的思维模式中。学生在教师的引导下基于思维导图进行写作构思，其所创作出来的思维导图就会有着强烈的自我个性，从而促使学生在文章创作中产生个性化的表达和发展，这对学生综合写作水平的提升大有裨益。

二、思维导图在初中语文写作构思教学中的运用策略

（一）以"图"促主题确立

众所周知，创作者的写作思维、写作手法，以及充分的写作素材是写好文章的基本前提，而在这其中，写作素材的积累又是前提中的前提。因此，教师在运用思维导图开展语文写作构思教学的过程中，可以利用思维导图引导学生对自己搜集到的写作资料提前进行细致化分析，取其精华去其糟粕，选择出最符合主题方向的材料内容，以此为之后更为高效的写作活动奠定基础。

以《紫藤萝瀑布》思维导图立意剖析示例：

《紫藤萝瀑布》这篇文章运用"托物言志"的手法，作者由紫藤萝的辉煌和命运感悟到了生命的永恒。因此，为了进一步提升学生的写作水平，教师在教学完具体的知识内容之后，就可以以此篇文章为切入点，给学生讲解如何利用思维导图，运用"托物言志"的写作手法进行记叙文创作练习。记叙文是初中语文写作教学的重点内容，不仅需要学生能够准确地描绘一种事物，同时还要将自己的情感巧妙地渗透其中。相较于其他文体来说，记叙文更偏重于"叙述"，对素材也有着一定的指向性。因此在教学中，教师可以先让学生确定一个自己想要撰写的"对象"，并以此为思维导图的中心进行资料的搜集与分析，确定情感方向以及撰写方式，如此不仅能够让学生的写作主题更加鲜明，创作思路更为清晰，同时还能让学生的文章结构更为完整，从而促进学生写作构思能力的发展。

（二）以"图"促结构安排

通过对初中生写作内容的分析可知，主次不分、杂乱无章的问题十分严重，究其原因就是因为学生在写作之前并未产生清晰的写作思路，在看到一个写作主题时，不假思索地就开始写，想到哪里

写到哪里，想写什么就写什么，整篇文章如同一盘散沙，读者难以理解其中的含义，作者也只是为了完成写作任务，因此引导学生建构缜密的写作框架十分重要。为了达到这一目的，教师就可以借助思维导图展开教学，让学生从写作主题出发，一层一层地帮助学生梳理文体结构，让学生从整体的角度进行写作，避免上述问题的出现。

仍以《紫藤萝瀑布》这篇"写景状物"的记叙文创作为例，当学生利用思维导图完成"记叙文"的资料整理之后，教师就可以引导学生对记叙文的创作结构进行进一步梳理。在这个过程中，教师可以《紫藤萝瀑布》为切入点对文章的写作特色进行分析，以"写作特色"为思维导图的中心词汇，第二阶梯设置三个部分，即"借景抒情""写作手法"和"脉络分析"，在"借景抒情"中确定"花之旺盛→花之劫难（由花及人）→生命无止境"的基本方向。在此基础上，教师再让学生结合自己确定的"写作对象"进行思维导图的设计，既帮助学生进一步完善了写作脉络，也健全了学生的写作思维。

（三）以"图"促描写细腻

在传统写作教学中，学生往往在写完之后就将文章直接交给教师，即便是有学生"回顾"文章，其侧重点也是停留在"寻找错别字、纠正病句"的层面，对文章的细节描写方面往往"漠不关心、视而不见"。而运用思维导图展开写作构思教学，教师就会引导学生基于思维导图对文章的整体结构进行分析，对每一部分的写作内容进行"对号入座"，从而帮助学生从更为宏观的角度进行分析，提升文章创作成效。

比如《紫藤萝瀑布》这篇"写景状物"类文章，在"写作手法"中就要运用"五感法、修辞手法"等对景物进行细腻描写，并让学生将文章中运用对应写作手法的句子填到相应位置；在"脉络分析"中，从"赏花""忆花""悟花"三个方面进行分析，再让学生根据具体的"发展脉络"进行下一阶梯内容的填充。

当学生在思维导图的引导下完成了"写景状物"的记叙文创作之后，教师要告知学生不要急于上交，而是再次结合思维导图对文章内容进行再阅读、再分析、再把握，如文章的整体结构是否与思维导图的结构设计相契合；每一部分的写作手法、详略安排是否得当；文章中有无出现与前期的设计框架有出入的问题等。让学生在基于思维导图指引的回顾中，进一步分析自己的文章结构、文章内容，在保障结构完整性的同时，检查文章有无错别字、语句是否通顺、内容是否合理。通过借助思维导图进行"再回顾"，不仅有效强化了写作教学实效，也让学生的写作构思能力得到锻炼，更让学生在这种结构化、高效化、完整化的写作教学中提升自身写作水平，助力学生核心素养的全面提升。

三、思维导图在初中语文写作构思教学中的运用效果

从上述案例可知教师利用思维导图展开写作构思教学，对促进学生写作水平的提升产生了积极作用。首先，学生绘制思维导图的过程就是他们将自己的思想"具象化"的过程，这就能够帮助学生更为轻易地发现自己的思维误区，从而及时进行修正，让自己的写作思维更加成熟。其次，利用思维导图进行文章结构设计的过程，就是学生建立思维框架的过程，在"框架"中他们既可以根据写作主题将自己搜集的资料"对号入座"，也能够更为高效率地"成图"，既节省了时间，又捋清了思路。最后，学生利用思维导图进行文章回顾的过程，就是帮助学生发现问题的过程，既锻炼了学生的观察能力、纠错能力，又让学生积累了一定的写作经验，在真正意义上促进了学生写作水平的提升。

总而言之，思维导图是新时代教育教学中广泛运用的一种教育理念和教学模式，需要各学科教师灵活地掌握此种教学模式的方式方法，并结合自身的学科特点进行不断地创新、优化、改进。作文作为初中语文教学的重点难点，是衡量学生语文综合水平的重要内容，初中语文教师运用思维导图展开写作教学活动，既能够帮助学生积累丰富的写作素材，又能锻炼学生的写作思维，还可以在拓展学生写作思路的同时，让学生对写作产生正确的认知，从而切实提升学生的写作能力。

参考文献：

[1]赵平新.思维导图在初中语文写作教学中的应用[J].华夏教师,2023(08):49-51.

[2]宋淑霞.思维导图在初中语文写作教学中的运用分析[J].试题与研究,2021(34):67-68.

[3]段新苗.基于思维导图的初中语文写作教学的行动研究[D].山西师范大学,2021.DOI:10.

李科模,贵州省绥阳县实验中学教师。

高中语文课程中的民俗文化实施路径探究

◎刘译蔓 张 霞

《普通高中语文课程标准(2017年版2020年修订)》呼吁"传承中华文化""理解多样文化""关注、参与当代文化"[1]。教学目标体现育人的核心,是课堂教学活动的出发点和落脚点。教学目标的践行也向语文学习提出了自主合作探究的学习方式,力求发挥学生学习的主观能动性。具体而言,可确定为两条实施路径。

一、甄别选择民俗文化词汇,画龙点睛

语文课程中民俗文化与文本语言的"结合点"是蕴含民俗文化的词汇。语文课堂主动地了解民俗词汇,便可带领学生依托词汇去探寻词汇蕴含的文化故事和内涵。以朱自清先生的《荷塘月色》为例,教学过程中引导学生了解"江南采莲"代表着青春自由美好。之后回归到朱自清先生的情思,理解采莲的自由欢乐是少年人的专属,这个时代的中年人却无法拥有这样的自由状态。最后,由采莲习俗归纳朱自清先生的深层想法,在"荷塘月色"的时间里他可以无所顾忌地畅想自由,暂时解脱现实得到片刻欢愉,也唤起他对生命自由的渴望,向往着精神的自我能够毫无羁绊。

(一)以词汇蕴含的民俗为导语,设趣激疑

教师以生动有趣的民俗文化知识作为课堂导入,能够迅速有效地调动学生学习的积极性与主动性。古诗词与现今相隔的时空距离较为久远,学生对其内容、情感的理解存在一定难度。以杜甫《登高》为例,教授本课时可结合以"重阳节登高"为主题的古诗词展开,如王维《九月九日忆山东兄弟》、杜牧《九日齐山登高》。首先,设置问题"诗歌中体现了重阳节哪些习俗?诗人们重阳节所见的景象,所抒发情感是怎样的呢"?王维在诗中遥想远方的兄弟在佳节重阳登高插茱萸,抒发出独在异乡思念亲人的浓浓乡愁之感。与此同时,杜牧在诗歌中与友人登高。此外,其插菊花也是重阳佳节的重要习俗,但"难逢""须插"则表达了要珍惜当下,珍惜节日所带来的这份难得的快乐,暂时放开生活中的羁绊。其次,教师用关键词去总结课外两首古诗的情感态度,如《九月九日忆山东兄弟》是"思念",《九日齐山登高》是"力求豁达"。由此,总结这两首诗歌中的"登高"成为诗人们暂时远离尘世困扰,抒发自己心中所思所虑的重要排遣方式。再借此顺势介绍"登高"民俗的缘起。最后,教师展示杜甫的行迹与所著的诗歌篇目,如"766年夔州作《阁夜》,767年夔州作《登高》"等,以此归纳杜甫晚年频频登高,其实也是在频频表达自己对国家的志向。设置问题"《登高》拥有古今七律第一的重要地位,你能从这首歌中了解多少杜甫'沉郁顿挫'的人生"?带领学生正式走进《登高》字里行间。以此,学生能够回顾"登高"主题的诗歌,了解重阳节的民俗活动,调动起学生阅读杜甫诗歌的积极性。

(二)以词汇蕴含的民俗文化为线索,庖丁解牛

鲁迅先生的文章多以民俗为线索,《祝福》尤为典型,细致入微地描绘了江浙地区过年的祭祀民俗。以《祝福》为例,首先,"送灶":又称"小年",标志春节的开始。人们相信人间的所有神灵也都随其一起上天,人间没有诸神的看管,人们可随心所欲地置办年货,不必担心触犯神灵。其次,"捐门槛":属转换迷信,带有禳解途径和办法的迷信。再次,祥林嫂的服饰穿着"扎白头绳和月白背心"。这是江浙一带吊丧期的穿戴。最后,家族制度,如祥林嫂因婆婆的权威而再嫁。总的来说,文章标题为"祝福",围绕这一民俗活动展开,暗示祥林嫂生存的时空背景。同时,祥林嫂在民俗生活模式中或是反抗,或是顺从,都无法逃脱封建礼教下的现实困境。教师在具体教学设计中,首先可归纳《祝福》的情节,"第一,祥林嫂初到鲁镇,童养媳婚姻结束,被婆婆强制嫁给贺老六。第二,祥林嫂再到鲁镇,被视为不祥之人,遭人冷眼相待。第三,祥林嫂捐门槛赎罪孽,仍被视为不祥之人,精神再受打击。第四,祥林嫂在祝

福前夜,含恨死去。"其次,找出四个主要情节中表现地方民俗的描写,对其进行分类整理,分析祥林嫂的心理变化。最后,分析祥林嫂死亡的"病因"——封建礼教。以此明确旧社会的封建礼教支配着鲁镇人们的日常生活,从上层的鲁四老爷到底层的祥林嫂,每人都深受其影响。以此逐层分析,帮助学生真正理解祥林嫂悲剧的始末。

二、整合编排民俗文化类别,明风明俗

统编本高中语文教材选文有蕴含民俗文化的课文,如《边城》《祝福》;也有以整个单元为单位蕴含民俗文化,如整本书阅读《乡土中国》、"家乡文化生活"单元学习活动。针对语文课程中的民俗文化广泛、细小的特点,需对其内容进行有机整合,在语文课程中巧妙地把握讲解的广度、深度,引导学生开阔视野,了解不同的风土民情。

(一)以民俗描写为"窗口",明风明俗

明风明俗意在跨越时空距离,教师通过多样化的形式帮助学生在脑海中建立作品所表现的社会生活图景。以沈从文的《边城》(节选)为例,《边城》(节选)蕴含的民俗文化,主要有四类:一是建筑民俗,表现为吊脚楼建筑。湘西位于南方,多雨水天气,空气湿度大,吊脚楼有利于通风防潮避湿。因此,湘西人民依山傍水建造吊脚楼,楼上住人,楼下饲养家禽。二是岁时节日习俗,端午节举行赛龙舟、赶鸭子大型比赛。以"鸭子"民俗意象暗示青年男女的恋爱之情。三是民间信仰,"天保""傩送"二人的名字本身暗含湘西对"傩神"和上天的崇拜,认为以此取名能为小孩驱邪去灾。四是语言民俗,"你个悖时砍脑袋的!"有意利用翠翠一反常态的语言暗示翠翠单纯朴实而又紧张害怕的情态。教学过程可围绕"端午节"为中心,梳理小说主要情节,挖掘《边城》里的人物美、人情美和风俗美。首先,带领学生默读课文,圈点勾画出最体现边城热闹的描写。总结出热闹主要表现在端午节、中秋节和春节。其次,引导学生讨论边城的岁时节日具有怎样的特点,教师适时地点拨思考角度,如活动形式、人们参与度、人们的感受。最后,聚焦三次端午节场景,梳理小说故事情节,体会散文化小说用场景去推进故事发展的写法。简言之,《边城》是一座世外桃源,如何让学生感受到它是一座世外桃源,这绕不开文字所描写的节日盛景。以此带领学生"身临其境",逐步地去认识翠翠、爷爷、天保、傩送等淳朴善良的人们,了解边城之美。

(二)以民俗文化为专题,薪火相传

民俗文化呈现广泛、细小的特点,语文课程对它进行专题分类学习,一方面让学生能够集中地接受民俗文化的熏陶,了解日常生活模式的缘起、演变等;另一方面又能让学生以专题为依托,拓展语文写作或口语训练,如"参与家乡文化"单元就可学习"选点和拟定提纲",完成调查报告的写作。结合附录梳理的民俗文化知识点,可将高中语文课程中的民俗文化分为"日常生活""精神生活"两大类别。具体的语文专题课堂,可依托"学习任务"展开,关注以学生为主体搭建起民俗知识点与生活实践的桥梁。以《乡土中国》的"家族"篇为例,首先设置任务一:初次见面,认识家族概念。以"旧时王谢堂前燕"中"王谢"切入家族的概念、范围。其次设置任务二:博古观今,探讨家族意义。结合对《乡土中国》的理解,针对古今的"家族"差异,[2]一起探讨"家族"对当下人们关于归属感、认同感的意义所在。最后,设置任务三:回归生活,倾听家族故事。家族的故事有家人、家风、家谱等等,学生回归自己的家庭生活,用访谈法倾听自己家族的故事。经由整理,学生在课堂进行家族故事分享,认识不同的家庭文化。自然而然地,这会让学生认识到了解我们的"日常生活"和"精神生活"首先是一种自发的乐趣或兴趣;之后才是开阔个人的视野;最后结合具体的生活见闻,形成独具个人创造性的语文思辨能力。

总的来说,民俗文化是中国传统文化的雏形状态。而青少年时期系统地接受传统文化的熏陶,对个人的成长具有重要的意义。语文与民俗文化在当代进行碰撞交流,二者之间的对话对学生追本溯源文化的缘起,或是语文学科肩负的传承重任,再或是建立起学生关于文化方面的精神家园,都有不可或缺的促进作用。兼具母语特性的语文学科,当然也要采用"取其精华,弃其糟粕"的观点,找寻民俗文化与语文课程的"结合点",努力搭建一条通往学生心灵深处的文化之路。

参考文献:

[1]中华人民共和国教育部.普通高中语文课程标准(2017年版2020年修订)[S].北京:人民教育出版社,2021:47.

[2]费孝通.乡土中国[M].北京:人民出版社,2008:43-51.

刘译蔓,张霞,重庆科学城慧谷小学校教师。

反常之处蕴深意，细微之处显真情
——《项脊轩志》创意教学谈
◎罗春宇

文言文情感教学能让学生领悟作者情感，与人物产生共情，帮助学生树立正确的三观，获得珍贵的生命体验。因此，在日常教学过程中，情感教学不容忽视。

一、设计初衷

《项脊轩志》是统编版高中语文教材选择性必修下册第三单元的课文。本单元课文在单元导读里提出了以下学习要求：学习本单元，重在把握作者的思想情感以及承载的文化观念，领会不同作者在文化上的追求；要反复诵读，吟咏品味，把握文意；要理解作者如何通过特有的语言形式去抒情言志，形成独特的美感。在本课的学习提示后也提到，文中有一些细节，用语平淡而情感浓厚，阅读时要注意领会其中的妙处。

结合以上提示，本课教学应把重点放在品读细节、体会情感上，并适当结合学习提示进行思考。基于此，笔者拎出了一条"反常之处蕴深意，细微之处显真情"这样一条主线设计教学方案，旨在通过有层次的课堂提问环节、有深度的课堂思考环节、有厚度的课堂总结环节，训练学生品读语言的能力。

【创意设计】

教学目标：1.学习本文善从日常琐事入手，来传情达意的技巧；2.体味"反常"语言中的真情，体会本文笔墨清淡而情真意切的特点。

教学重点：学习本文善从日常琐事入手，来传情达意的技巧。

教学难点：体味"反常"语言中的真情，体会本文笔墨清淡而情真意切的特点。

教学方法：齐读——熟悉文本，自主感知；探究——学生实践，练习提升；思考——探究释疑，深入挖掘。

全文教学共两课时，本文叙述的教学过程为第二课时，旨在训练学生品味语言的能力。

二、还原教学过程

（一）温故知新，导入新课

同学们，在上一节课我们一起翻译了本文的重点字词、句式，概括了作者围绕项脊轩记叙的5件小事——旧阁修葺、叔伯分家、老妪忆母、祖母励志、回忆亡妻，找出了贯穿本文的两种情感"喜"和"悲"，并结合了第一段品析了作者为何而"喜"。这节课让我们一起品味第二到五段，在反常之处体味深意，于细微之处体察真情。

（二）创设情境，以读促悟

要求：下面我们要为大家配上音乐，带大家坐上时光列车，开启一段时光之旅。请大家把自己想象成刚写作落笔的归有光，并齐读第二到五段。这个环节意在让大家初步感受文字大意。

（三）史料助读，深度还原

师：请大家先读第2段，读完后请大家思考"东犬西吠"说明了什么？

生：人与人之间有了隔阂，连东边的狗都对着西边叫。

此处还写到了"客逾庖而宴，鸡栖于厅"。"厅"在古代，是重要节假日、盛大典礼举行之地，大家族往往在这里待物接客。如今，狗对着熟悉的陌生人狂吠，鸡得意地在厅堂栖息，客人只有越过厨房才可赴宴。大家族呈现出严重的无序、混乱与败落。

归有光曾经在《家谱记》中写道："归氏至于有光之生，而日益衰。源远而末分，口多而心异。自吾及诸父而外，贪鄙诈戾者，往往杂出与其间。率百人而聚，无一人知学者；率十人而学，无一人知礼者。贫穷而不知恤，顽钝而不知教；死不相吊，喜不相庆；入门而私其妻子，出门而诳其父兄；冥冥汶汶，将入于禽兽之归。"

师：上述材料可以帮助我们了解历史背景。这里的细节"庭中始为篱,已为墙",说明了什么?

生:"篱"说明栅栏非常低矮,鸡狗可以互穿,仿佛彼此可以互相交流;"已为墙",说明了彼此有了愈来愈厚的心理隔阂。

师:这也能成为归氏家族人心离散,最终分崩离析的佐证。归有光十年来目睹了家族的衰败经过,这是第一"悲"。

师:接下来请同学们思考为什么仅一句"儿寒乎"就会让乳母和我双双落泪呢?

生:根据资料,我知道了归有光自幼丧母,孤独地长大。这是仅存在他脑海里的母亲印象。听到乳母的回忆,作者的委屈和思念之感更加浓厚。

师:你认为祖母哪个行为最能触动作者的心灵?

生:"吾儿,久不见若影,何竟日默默在此,大类女郎也?"诙谐中带有祖母的疼惜、肯定。

生:"比去,以手阖门,自语曰'吾家读书久不效,儿之成,则可待乎!'"轻扣房门,生怕干扰孙儿读书,表达了祖母的关心。

生:"顷之,持一象笏至,曰:'此吾祖太常公宣德间执此以朝,他日,汝当用之!'"希望爱孙功成名就后光耀门楣。

师:象笏是家族尊容的代表。祖母把它交到归有光的手上,可见期望之深。而祖母已离世,作者至今未实现祖母夙愿。

(四)咬文嚼字,文本细读

师:这间寄托深厚感情的阁子,四次遇火却未焚毁。此后又发生了一些事,第4段写了哪些片段来表现作者与妻子的亲密感情?

生:"时至轩中,从余问古事,或凭几学书。"妻子和我一起学习,她虽然没有读过书,但她却和我这个读书人有学有教。二人在轩中游戏打趣,欢乐嬉闹自可料见。

师:"吾妻归宁,述诸小妹语曰:闻姊家有阁子,且何谓阁子也?"从这里我们可以看出什么?

生:这是妻子回娘家后转述给各姐的话,话里可能向姐妹们夸奖家里的小阁子。因为爱他,所以爱它,爱屋及乌就是这么来的。

师:表面看来,似乎与前文全不相干。然细细体味,却能看出二人的亲密无间。

师:"其后六年,吾妻死,室坏不修;其后二年,余久卧病无聊,其制稍异于前"。当项脊轩坏掉后,作者先是"不修",后又"复葺",最后"余多在外,不常居"。这里语言显得很反常,为什么要这么写呢?

生:"不修"是为了保持原貌,"复葺"是为了忘掉过去。

师:大概妻子去世使归有光身心交瘁,项脊轩便成了他的心中淡漠之地,大概怕睹物思人,愁绪难排,所以要"复葺"来抹掉一些顽固的记忆吧;短短六年,曾经的琴瑟和鸣,转眼就人去阁空。

他逃离了这个承载过他半世情缘的故居。睹旧物可思故人,其后不敢睹旧物了,是否害怕思故人呢?如今,爱妻已死,爱情不再。修好它也没有什么意义。这是作者所写的第四"悲"。

(五)对比分析,深层追问

师:请同学们对比分析以下句子的不同,说说原句好在哪里。

1.庭有枇杷树,吾妻死之年所手植也,今已亭亭如盖矣。

2.庭有凉亭,吾妻死之年所修也,今已断瓦残垣矣。

生:枇杷树是"亭亭如盖",凉亭是"断瓦残垣",前者长势旺盛,后者缺少生命力。

师:说得很到位,还有没有其他的?

生:枇杷是一种具有药用价值的果树,作者种下也许是想要祈祷妻子身体安康。

师:从植物特性出发看寓意,这个出发点很好。此处我有个疑问,枇杷树到底是谁种的呢?

生:归有光种下的可能性更大。当时妻子已重病缠身了,自己应该是没有精力去种树的。

(六)总结概括,明情悟理

师:文字清清浅浅,虽一字不着眼泪,却能于轻笔处见深情。我们似乎看到作者手抚着妻死之年种下的那棵枇杷树,一次次流连。枇杷树根深叶茂,不断生长,爱妻的一颦一笑和我对爱妻的深深怀念也在树的生命中发芽、生长、延续。

三、总结反思

这篇设计最大的特点在于通过有层次的课堂提问环节、有深度的课堂思考环节、有厚度的课堂总结环节,训练学生品读语言的能力。将教学目标落实到各个环节中去,调动学生的学习参与度以达到教学目标,是这节课的设计要领所在。当然,也有一些不足,如对文言文字词落实得不够,时间把控不到位,耗时50分钟等。这都是下次教学需要改进的地方。

罗春宇,重庆市武隆中学教师。

新课程背景下初三语文古诗词教学
——以甘肃地区为例

◎马明启

古诗词是中华民族的瑰宝，是中华文化的重要组成部分。然而，在过去的语文教学中，古诗词的教学往往被忽视，学生对古诗词的兴趣和理解能力也较低。随着新课程改革的推进，语文教学对古典文学特别重视，教学方向紧贴课程标准。本文以统编人教版九年级语文课本中的古诗词教学为例，探讨新课程背景下如何有效地进行古诗词教学，以提升学生对古诗词学习能力、思维能力和创新能力等语文综合能力。

一、甘肃地区初三学生古诗词教学现状分析

甘肃地区初三学生的古诗词教学现状较为严峻。学生对古诗词的兴趣较低，往往将其视为枯燥无味的功课，而缺乏学习积极性，教学效果也就不佳。

1.学生对古诗词的兴趣较低：由于古诗词的语言形式较为古雅，内容与学生的生活经验相距较远，导致学生对古诗词的兴趣不高。他们往往认为古诗词与现代社会无关，难以理解和欣赏。

2.学生对古诗词的理解能力较弱：古诗词的语言表达方式与现代汉语有所不同，需要学生具备一定的文化背景和古文字语言应用能力才能准确理解古诗词的含义。然而，由于学生对古代文化的了解有限，缺乏相关知识和阅读经验，导致他们对古诗词的理解能力较弱。

3.教材内容单一：传统的古诗词教材内容较为单一，缺乏与地方文化相结合的教学资源，缺乏与学生生活和现实社会相结合的案例和实例。这使得学生很难将古诗词与自己的生活联系起来，缺乏实际应用的体验。

4.教学方法单一：过去的古诗词教学理念主要以讲解和背诵为主，缺乏多样化的教学手段和活动，使得学生的学习兴趣低落，难以激发他们的学习动力和创造力。

二、新课程背景下初三语文古诗词教学的意义

古诗词作为文学的瑰宝，具有独特的审美价值。通过古诗词的教学，可以让学生了解和传承中华文化的精髓，以其优美的语言和深邃的意境，能够培养学生的审美情趣，提高他们的认知兴趣，以感受到美的力量，提高对美的欣赏能力，增强对中华传统文化的认同感和自豪感。

古诗词的学习需要学生具备一定的语文综合能力，包括对词语的理解、句子结构的把握、意象的感知等。通过古诗词的学习，可以提升学生的语文综合能力，培养他们的语言表达能力和文学素养。古诗词蕴含着细腻的情感和思想，学生可以通过品味古诗词中的情感和思想，提升自己的情感表达能力和思维深度。

三、在新课程背景下初三语文古诗词教学方法

1.情境导入与词语解读：通过选取生动有趣的古诗词作品，结合多媒体技术和互联网资源，利用音频、视频、图片等多种形式展示古诗词，创设情境，引发学生的兴趣和好奇心，激发他们对古诗词的学习热情。对于生僻的词语，可以通过解释、举例或配图等方式帮助学生理解词义，增加词语的感知记忆和理解。例如：在教学人教版九年级语文下册第三单元课外古诗词诵读"定风波（莫听穿林打叶声）/苏轼"时，老师创设情境，分析这首词展现作者旷达的心态。利用多媒体展示"作者笔下的雨中，镇定自若的心态，盛似闲庭信步；雨后，宽慰喜兴的心态，意归仙境圣人"。作者借景抒怀，层次井然有序，立意十分清晰。充分理解"同行皆狼狈，余独不觉。莫听穿林打叶声，何妨吟啸且徐行"。由此，才可以深刻感悟到苏轼的一种超乎想象的心态，旷达的心胸凸显在字里行间，让我们感受情境设置和语言文字的魅力所在，不用言表。

2.意境感知、创设角色与情感体验：通过朗读、音乐欣赏等方式，让学生感受古诗词所表达的意境和情感，培养他们的审美情趣。通过情境创设、角色扮演、情感体验等方式，让学生身临其境地感受古诗词所表达的情感和意境，增强学生的情感体验和思维感知。例如：在教学人教版九年级语文上册第三单元第14课诗词三首中的"行路难（其一）/李白"一课时，重点让学生感受境和情感的表达。理解作者"停杯扔筷不想饮，拔出宝剑环顾四周，心里一片茫然"。"行路难啊，行路难！岔路何其多，我的路，今日在何处？""总会有一天，我要乘长风，破巨浪，高挂云帆，渡沧海，酬壮志。"全诗情感迭变，教师指导学生反复朗读，充分体会这首诗既淋漓尽致地展现了李白的迷惘、苦闷、慨愤，又饱满激情地抒写了李白对未来充满信心，执着追求的胸怀。

3.文化内涵的解读、创作与表达：解读古诗词中蕴含的文化内涵，如历史背景、传统价值观等，让学生了解和体验中华文化的精髓。通过古诗词的学习，引导学生进行写作和创作，培养他们的语言表达能力和创新能力。例如：在教学人教版九年级语文下册第三单元第12课词四首中"渔家傲·秋思/范仲淹"一课，理解作者创作和表达能力。这首词上阕以"异"为词眼，衬托延州秋天到来"塞下秋来风景异，衡阳雁去无留意"，作者面对自然现象和候鸟的动向，触景生情，将士家信只能揣于怀，边境苍凉，"四面边声连角起"，军号声、风雨声、人喊马嘶，凄婉荒凉回荡山谷。"千嶂里""孤城闭"几个字，传递着战前的杀气腾腾，城门的戒备森严。因此，作者思绪的忧虑，也就表露无遗了。但是"作为边镇的守将，又怎么能只眷恋于家人乡亲，而忘记国家的重托呢"？

4.修辞手法、阅读与分析训练：通过深入解读古诗词的意境、修辞手法、文化内涵等，引导学生深入理解和分析古诗词，如比喻、拟人、夸张等修辞手法，帮助学生进行古诗词的阅读和分析，培养和提升他们的文学鉴赏能力和批判思维能力。再如：在教学"行路难（其一）"时，老师通过对诗词的阅读与分析，理解作者独特的修辞手法。诗人用夸张的修辞笔法，写"金樽清酒、玉盘珍馐"的宴饮中，举杯停空、丢弃筷子、手执长剑，心茫然，欲饮不能。诗人用典"闲来垂钓碧溪上，忽复乘舟梦日边"，表达诗人的追求志向——"辅弼天下"。但愿望却遥遥无期，因此悲叹"行路难！行路难！多歧路，今安在"？

四、在新课程背景下初三语文古诗词教学效果

首先，教学内容的选择更加注重学生的实际需求和兴趣。在甘肃地区，许多学校在教授古诗词时，不再仅仅局限于教科书中的内容，而是结合当地的历史文化和地理环境，选择一些与学生生活密切相关的诗词。例如，甘肃是丝绸之路的重要通道，因此，许多学校会选择一些描述丝绸之路的古诗词进行教学，这样既能增强学生的学习兴趣，又能帮助他们更好地理解和感受本地的历史文化。

其次，教学方式更加注重学生的主体地位。在新课程背景下，教师不再是知识的唯一传授者，而是成为学生学习的引导者和助手。在甘肃地区的一些学校中，教师在教授古诗词时，会采用小组讨论、角色扮演等多种教学方式，让学生在互动和实践中学习和理解古诗词。

最后，评价方式也发生了变化。过去的教学评价方式往往过于注重学生的知识掌握程度，而忽视了他们的思维能力和创新能力的培养。而在新课程背景下，甘肃地区的一些学校，结合本地的文化特色，挖掘教学素材，让学生设身处地、亲身临历文化瑰宝，激发学习兴趣。例如，天水地区以麦积山石窟文化、杜甫旅居天水创作的作品、当地文人墨客留下来的文化遗产等等，既丰富了学生对古诗词认知和理解的宽度和广度，又更进一步了解当地的风土人情，深刻感受自己家乡深厚的文化底蕴。

五、结论

总的来说，在新课程背景下，初三语文古诗词教学具有重要的意义。通过古诗词的学习，可以传承中华文化，培养学生的审美情趣，提升语文综合能力，培养情感和思维能力，以及培养学生的创新能力。

参考文献：

[1]季永进.新课程背景下初中语文古诗词教学现状及策略[J].求学,2021(40):63-64.

[2]田存平.古诗词教学中如何渗透传统文化[J].华夏教师,2022(32):69-71.

[3]董小玉,李林原.论古诗词教学的文化记忆建构[J].福建师范大学学报(哲学社会科学版),2023(03):156-166.

马明启，甘肃省积石山县移民初级中学教师。

"三元归一"法下的高中古诗词鉴赏教学创新研究

◎毛成林

在中国传统文化中,古诗词一直被奉为珍贵的文化遗产,蕴含着深刻的情感、智慧和历史记忆。近年来,对于古诗词的鉴赏与传承逐渐成为教育领域的焦点之一。然而,传统的古诗词教学模式面临着挑战,需要创新和改进,以满足当代学生的需求。本研究旨在探讨以"三元归一"法为基础的高中古诗词鉴赏教学方法,旨在提升学生的古诗词鉴赏能力,传承中华优秀传统文化。这一研究不仅有助于教师的专业发展,还为学生提供了更具吸引力和有效性的学习方式,同时也有助于中华文化的传承和发展。通过深入研究古诗词,我们可以更好地理解和欣赏这一珍贵的文化遗产,同时也为未来的文化传承和创新提供了新的思路和方法。

一、理论基础

古诗词鉴赏在教育中具有重要性,它不仅有助于传承中华文化的精髓和价值观,还能提高学生的文学素养,锤炼语言表达能力,培养审美情感,拓展文化视野,促进情感沟通与交流。通过古诗词的学习与鉴赏,学生能够深刻领悟中国传统文化的智慧,同时培养对美的欣赏和感受,对于其个人成长和社会融入都具有积极作用[2]。因此,古诗词鉴赏在教育中不可或缺。

"三元归一"法的理论基础在于马克思主义关于人的全面发展教育理论,它强调人的全面发展,包括智力、体力、才能、志趣和道德品质的多方面发展。这一理论为"三元归一"法提供了坚实的基础,因为它注重了学生的审美情感和实践能力的培养,符合综合素质教育的要求。"三元归一"法的实践意义在于它提供了一种创新的教学方法,将绘画、音乐、表演与创作结合,使学生能更深入地理解古诗词,感受到诗歌的魅力。通过这种实践,学生不仅提高了古诗词鉴赏能力,还培养了创造力和审美情感。

二、教师成长与课题研究

教师的古诗词教育观念与现状在教育领域中具有重要影响。传统上,一些教师可能将古诗词教育仅视为知识传授,侧重于字词解释和文学分析,而忽视了学生的情感体验和审美情感培养。此外,一些教师可能面临教材选择受限、教学资源不足等问题,难以创新教学方式。

然而,随着教育理念的不断发展和教育政策的调整,越来越多的教师开始认识到古诗词教育的重要性。他们逐渐意识到古诗词不仅是文学知识,还是中华文化的精髓,应该通过情感体验和实际应用来传授。这些教师可能采用创新的教学方法,如"三元归一"法,将古诗词与绘画、音乐、表演等艺术形式结合,激发学生的创造力和兴趣。

"三元归一"法在古诗词鉴赏教学中的实践可通过以古诗词《归园田居(其一)》为例进行说明。这一方法将绘画、音乐、表演与创作融入教学,使学生能更深入地理解古诗词,感受到诗歌的魅力。

教师可以引导学生一起欣赏古诗词《归园田居(其一)》,并提出问题,如"诗中表达了怎样的情感和意境?"或"你如何理解诗中的'羁鸟恋旧林,池鱼思故渊'?"这有助于激发学生的思考和讨论。

教师可以引导学生进行绘画。学生可以根据自己对诗歌的理解,绘制与诗中意境相关的图画。这有助于将抽象的诗歌内容具体化,并培养学生的创造力和表达能力。

教师可以引导学生进行音乐创作。学生可以选择适合诗意的音乐,或者创作自己的音乐,以配合古诗词的朗诵或演唱。这有助于将音乐与诗歌相结合,增强学生的审美情感。

教师培训与专业成长是教育领域中至关重要的方面。通过持续的培训和专业发展,教师能够不断提升自己的教育水平和教学技能,从而更好地满足学生的学习需求。这包括参加各种教育研讨会、研究课程和最新的教育趋势，以及与同事分享最佳实践和教学经验。此外，教师还可以通过获得教育领域的相关证书和学位来加强自己的专业知识。

教师反思与改进是教育领域中的关键要素。通过定期反思自己的教学方法和教育策略，教师可以识别出改进的机会，并不断提高自己的教学质量。这包括审查课程计划、教材选择以及教学方法的有效性，以确保它们与学生的学习需求相匹配。教师还应该主动寻求反馈，包括学生的意见和同事的建议，以便做出有针对性的改进。

三、教学实践与案例分析

课程主题：古诗词《归园田居（其一）》的鉴赏与创作

学习目标：

了解《归园田居（其一）》的背景和作者。

分析《归园田居（其一）》的诗意表达和情感内涵。

学习运用"三元归一"法进行古诗词的创作和表达。

提高古诗词鉴赏和创作能力，培养审美情感。

课程内容与步骤：

第一步：课前准备

教师在课前准备阶段需：收集《归园田居（其一）》的相关资料，包括作者介绍、诗歌背景等。准备多媒体资料，展示相关图片和视频，以便学生更好地理解诗歌背景。准备材料，如纸张、画笔、音乐等，用于"三元归一"法的实践。

第二步：导入

教师播放相关视频和图片，介绍《归园田居（其一）》的背景，引发学生对古诗词的兴趣，让学生产生问题和疑惑。

第三步：文本分析

教师指导学生一起朗读《归园田居（其一）》，注重发音和语调的表达，把握节奏和情感。分析诗歌的结构、词语选择和修辞手法，帮助学生理解歌的意境和情感。引导学生讨论诗歌中的主题和作者的情感表达。

第四步：创作实践

介绍"三元归一"法的理念，即通过绘画、音乐、表演的方式来表达诗歌的情感。学生分为小组，每个小组选择其中一个元素（绘画、音乐、表演）来表达《归园田居（其一）》中的情感。每个小组进行创作和实践，教师提供指导和帮助。

第五步：分享和讨论

每个小组展示他们的创作，分享他们如何用绘画、音乐或表演来表达《归园田居（其一）》的情感。教师和同学一起讨论每个小组的作品，探讨不同元素的表达方式和效果。学生可以提出问题、分享感受，教师引导他们深入思考诗歌和创作的关系。

第六步：总结与反思

教师总结课程内容，强调学生通过"三元归一"法提高了对《归园田居（其一）》的理解和鉴赏能力。学生进行反思，回顾他们在课程中的学习和创作过程，提出建议和想法。

课后作业：学生可以选择继续创作以表达他们对《归园田居（其一）》的理解，也可以写一篇学习反思，记录他们在课程中的学习心得和体会，还可以进行微诗创作，写一首小诗。

经过"三元归一"法的实际运用，学生的古诗词鉴赏能力得到显著提升。他们不仅在诗词的语言、形象、表达技巧等方面有了更深刻的理解，还能够更好地评价诗歌的思想内容和诗人的观点态度及情感态度。学生通过与绘画、音乐和表演的结合，更全面地感悟古诗词的魅力，使其审美情趣得到增强。

参考文献：

[1]张惠翠.古诗词鉴赏教学助力提升语文素养[J].学语文,2021.

[2]戴欢欢.高校古诗词鉴赏课程教学策略[J].文学教育,2022.

[3]曾育林.守正与创新——"三元关系"类作文写作构思的困境与突破[J].语文教学通讯,2023(04):68-71.

[4]顾建峰.新课标背景下高中诗歌鉴赏的教学策略[D].东北师范大学,2020.

[5]郑晓莲.立足高考的古诗词鉴赏教学策略研究[D].东华理工大学,2021(6).

[6]郭晶.提升高中生古诗词鉴赏能力的教学策略研究[D].西北师范大学,2020(12).

[7]韩宝珊.从高考试题分析高中语文诗词鉴赏教学[D].内蒙古师范大学,2020.

[8]邓柯.比较策略在中学生古诗词鉴赏能力培养中的运用研究[D].苏州科技大学,2020.

毛成林，贵州省罗甸县第一中学教师。

诗风的形成——以唐代大诗人为例

◎舒玉潇

唐代诗歌按照时间先后顺序可以分为四个阶段：初唐、盛唐、中唐和晚唐。每个阶段都产生了足以标榜后世的伟大诗人和诗篇。初唐时期，"王杨卢骆当时体，轻薄为文哂未休"，初唐四杰开创了新的诗歌风格，但是后世浅薄的评论家却讥笑不止，杜甫本人对于初唐四杰的诗歌贡献还是非常认可的，但唐诗在此时显然并未成熟。后来，唐诗的发展历程中涌出了一批又一批彪炳千秋的大诗人，盛唐、中唐、晚唐各有代表，并且不同时期，这些诗人的诗歌风格大相径庭，了解不同诗歌风格的形成，有助我们进行诗歌鉴赏时对诗人的思想内容有一个较为清晰的认识。为了和书本结合紧密，暂且选取李白、杜甫、白居易、李商隐这几位耳熟能详的大诗人。

首先，他们分别生活在盛唐、中唐、晚唐这几个不同的时期，大家广泛认可的诗歌风格，这几位也大不相同。时间点中需要注意的是天宝十四年，也就是公元755年发生的安史之乱，安史之乱这一历史事件标志着大唐盛世的完结，盛唐由此步入走向衰颓的中唐。玄宗被迫退位后，他的儿子李亨继位，改年号至德，安史之乱时期是杜甫诗歌创作鼎盛的阶段，尤其是他寓居蜀地的这一时期，这一阶段杜诗中多有战乱之苦、漂泊不定之孤、家人离散之悲、报国无门之愁以及对百姓深深的同情，这是我们需要了解的。

那么有哪些因素造成了他们诗歌风格如此大的差异呢？

愚以为，诗歌风格的形成和时代背景、家庭背景、情感经历、人生经历、思想熏陶、交际圈子等因素有关。而其中影响最大的当属时代背景、家庭背景和人生经历了。

李白的"清新飘逸"是杜甫的评价沿用：
春日忆李白
白也诗无敌，飘然思不群。
清新庾开府，俊逸鲍参军。
渭北春天树，江东日暮云。
何时一尊酒，重与细论文。

他的飘逸还来自卓然不凡的"仙气"：
饮中八仙歌
李白斗酒诗百篇，长安市上酒家眠。
天子呼来不上船，自称臣是酒中仙。
寄李十二白二十韵
昔年有狂客，号尔谪仙人。
笔落惊风雨，诗成泣鬼神。

他的"仙气"又从何而来呢？唐代孟棨《本事诗》载："李太白初自蜀至京师，舍于逆旅，贺监知章闻其名，首访之，既奇其姿，复请所为文。出《蜀道难》以示之。读未竟，称叹者数四，号为'谪仙'，解金龟换酒，与倾尽醉，期不间日，由是称誉光赫。"李白少好游侠，一生都有远大的抱负，他毫不掩饰地表达对功名事业的向往。在长安的三年政治生活，对李白的创作产生了深远的影响。他的政治理想同黑暗的现实产生了尖锐的矛盾，胸中郁积了难以言状的痛苦和愤懑，例如《行路难》，但即使是表达内心郁意的《行路难》也带着几分仙气。有人说李白是西域胡人，少时游牧为生，所以性情粗犷，后移居至蜀地，受到这里道教文化的影响，好剑术，故一生仗义执言，游荡不羁，性情豪爽，在中晚年时爱好道士修仙之术，这也情有可原，有诗为证"太白何苍苍，星辰上森列""我来逢真人，长跪问宝诀。灿然启玉齿，受以炼药说""吾将营丹砂，永世与人别"。

其次，李白少年闻名，长安游历时期名满京都，取唐朝前宰相的孙女为妻，自然可以潇洒肆意地过上"金樽清酒斗十千，玉盘珍馐直万钱"的奢侈生活，不为生计担忧。何况李白12岁这一年，也就是公元713年，正是玄宗开元元年，开元盛世在李白的青春时期迅速展开，国泰民安，游历山水，安能不乐？

公元744年，天宝三年，当32岁考进士不第而游历四方的杜甫,在洛阳遇到了43岁被玄宗赐金放还的李白时,中国文学史上最伟大的两位诗人见面了。如果没有了李白,历史上很多光亮就没有了,李白让人觉得生命还可以发亮。如果没有了杜甫,也会遗憾得不得了,因为杜甫是照到最角落的地方的光。我们从来没有发现有人在那个角落生活,可是杜甫看到了。杜甫把历史里面的悲惨事件一一做了记录,没有他的记录,我们会说唐朝是一个伟大辉煌的时代,读了他的诗,会看到辉煌灿烂的背后,一样有悲剧在发生。杜甫的反战,是站在关心人民百姓生死的角度,而不是站在帝王功业的角度。李白永远在完全超越于现实之上的个人心灵世界行走,杜甫则落脚于实在的土地,让我们看到人世间最大的悲痛和具体的悲剧。

杜甫的诗歌风格是"沉郁顿挫",所谓"沉郁顿挫",是说他的诗歌手法多样、情感深沉。

唐代经历唐太宗的"贞观之治"、唐高宗的"永徽之治"及唐玄宗的"开元盛世"后,成为一个国富民强的国家,经济在唐玄宗天宝年间达至鼎盛。天宝十四年(公元755年)的安史之乱,对唐朝的发展产生了重大影响,成为唐朝由盛转衰的转折点。

杜甫出生于"奉儒守官"的官宦家庭,因此他把从仕与作诗都当作自己的家业来看待。他一生颠沛流离,饱尝世间疾苦,所以十分体恤老百姓的苦难,具有人道主义的关怀。他的诗歌蕴含着一种深沉的忧思,"默思失业徒,因念远戍卒"。那种个人的惆怅和对百姓苦难的悲悯呼之欲出,意味深远。再者,杜甫也游历过众多地城山河,但由于大多时候是在颠簸中流离,所以与李白的自由洒脱相比,杜甫的诗歌很多时候展现的是磅礴大气,丰富的生活经历使得他更加深沉稳健,用细腻流畅的笔触和内心情感来表现诗歌作品的豪情万丈,"尤工远势古莫比,思尺应须论万里"(《戏题王宰画山水图歌》)。受儒家思想影响较深,所以他把家国当成了自己的终身事业,这也是杜诗最感人的地方,苏轼也说:"古今诗人众矣,而杜子美为首,岂非以其流落饥寒,终身不用,而一日未尝忘君也欤?"他说杜甫的不朽就在于他"位卑"却从来"未敢忘忧国"。要了解杜甫,就要了解历史,了解社会,要从个人对文艺文学的爱好,转到社会的关怀。

白居易,"世敦儒业"小官僚家庭,11岁时,因战乱流离。青少年时期生活艰苦,28岁举进士,元和十年,上书请逮捕刺杀武元衡的凶手,被贬江州。正是因为他青少年时期见过太多的中低层人民,了解他们的疾苦,不像李白那样飘然若仙,生活在市井之中的人不会有那种仙气,况且此时唐代在一步步衰落,从小看惯疾苦的白居易好不容易有入朝为官的机会,当然要为民请命。哪怕是在诗歌创作当中,"为民请命"的观念一直贯穿其中,他倡导新乐府运动,强调古典诗歌的现实主义传统,"文章合为时而著,歌诗合为事而作"。白居易写诗要让不识字的老太太能听懂,是他作为一个知识分子的心愿所在。他觉得他的文字如果只满足上层阶级,没有意义。白居易的写作理想是成为民间的发声者,成为民间的代言人。"非求宫律高,不务文字奇",是他检验自己的方法。"惟歌生民病,愿得天子知"。

他没有李杜那样光彩夺目,他只是勤勤恳恳在为卖炭的老翁捏一把汗、在西湖为百姓建一座堤,偶尔才会感慨"天涯沦落人"的身份。

李商隐出身小官僚家庭。曾三次应进士考,终得中进士。因受牛(僧儒)李(德裕)党争(令狐楚、王茂元)影响,被人排挤,潦倒终身。诗歌创作上继承了唐代积极浪漫主义精神和严谨、深沉、雄浑的语言特点。同时又融合了齐梁诗歌绮丽浓艳的色彩,形成自己独特的风格和流派。但也有语言晦涩、用典生僻的缺陷。

安史之乱后,大唐盛世、李白的故事已成为传奇,玄宗和贵妃的爱情故事成为传奇,杜甫万年有很多对繁华盛世的回忆,半个世纪后,到了李商隐的时代,唐代的华丽只能是追忆。男儿立志报国,可是幽暗飘零的晚唐并没有他大展身手的舞台,相反,他因为第一段婚姻被夹在党争的漩涡中无力自拔,一生不得志。妻子去世后,另外两段恋情也无疾而终,功业未成,情感失意,也无疑李商隐在书本上的形象为什么是清瘦苦闷的了,他心中"沧海月明珠有泪,蓝田日暖玉生烟"的惆怅惘然怕是追随了他一生。心有无法展开的郁结,在诗中自然也是沉闷纠缠的了。

以上四位诗人诗歌风格变化让我们看到了整个唐代由盛转衰的历程,对不同的因素进行分析之后,对风格的形成更加了然,但是需要注意的是诗风只是一个总括,并不绝对;只是方向,不是镣铐。在做诗歌题目的时候,一定要具体诗句具体分析。

舒玉潇,湖北省随州市曾都区随州二中教师。

善用文言教学,力扬传统"义"文化
——浅谈核心素养下如何将传统文化与语文教学相融合

◎谭一清

文言文是基础教育的重要组成部分。文言文篇目在当前的中学语文教材中所占比率很大,尤其是新课改后,古诗文教学的重要性越发凸显,在《普通高中语文课程标准(2017年版)》附录部分明确推荐的72篇古诗文中,文言文就占了32篇!文言篇目还是考试大纲里必不可少的内容之一,并且分数占比大。单单文言文阅读就有19分,这还不包括迁移运用到古诗、名句名篇默写、写作中的分数。

高中语文教学大纲对文言文学习的要求是:能诵读浅易文言文,背诵一定数量的名篇。掌握文中常见的文言实词、虚词和句式,能理解词句含义,读懂课文,学习用现代观念审视作品的内容和思想倾向。然而,在文言文的教学实践中,不少教师和学生只着眼于文言字、词、句等语法知识的理解,满堂烦琐的"考古"分析,课堂干巴巴,文绉绉,久而久之,便加深了学习的畏难情绪。疏通词义,是前提,而非终极目标。文言文教学,固然应强化基本的文言知识,但更要让学生感受领悟古文中的思想和艺术魅力,即承担起提高学生文化素养的使命。

一、"义"在传统文化中的地位

中华传统文化博大精深,文言文教学抓住其核心,方能引导学生学习民族精神,更为深入、有效地塑造学生健全的人格。毕竟,人才人才,先是"人"后成"才"。正如国学大师钱穆之子、清华大学钱逊研究员所言,中华文化的核心是讲做人,而"义"恰是为人之道的首个核心要求。"以义为上"是几千年来中国传统文化发展变迁过程中逐步形成、确立、巩固并为人们普遍认同、自觉遵守、代代相传的核心价值、精神品格和道德追求。纵观高中人教版《必修一》至《必修五》的教材,高扬"义"文化的篇目不在少数:《烛之武退秦师》《荆轲刺秦王》《鸿门宴》《廉颇蔺相如列传》《苏武传》《陈情表》……语文教师在文言文教学中,应善于挖掘文言背后的传统文化内涵,激发学生对传统文化的兴趣,逐步形成对社会的历史使命感和责任感,培养起健康的审美情趣,进而确立积极乐观坚韧向上的人生态度,形成健全的人格。

二、文言教学与"义"文化融合的教学策略

(一)善于挖掘文本蕴含的传统文化,在古今贯通提升思想境界

文言文是中华优秀文化中最重要的承载者之一,也是学生感受古人崇高的理想和美好的情操、提高语文素养的有效途径。文言文教学要善于挖掘文言文中蕴含的传统文化。文言文,毕竟与现代生活相距甚远,挖掘文言背后所蕴含的传统文化,才能让古老的文字焕发活力,让学生乐于接受并明确继承和学习的方向,最终实现文言文教学传承中华文化的终极目标。

作为"民族精神的核心""中华民族团结奋斗、自强不息的精神纽带",忠义是高中许多文言文篇章中流淌的主旋律。如《烛之武退秦师》中受尽冷落,年华已逝,却在国家危难关头,挺身而出,倾其才智,保国太平的烛之武;又如始终以国家利益为出发点,大公无私,顾全大局、鞠躬尽瘁、死而后已的蔺相如;再如终其一生,饱受苦难却不畏权贵,终不改忠君爱国节操的苏武。他们,都将忠义当成自己的本分、自身的职责,用行动奏响了一曲曲浩气长存的爱国主义壮歌。教师恰应借此引导学生去体会和领略历史人物的英雄气魄,在回溯历史中联系社会现实,启发学生思考新时代背景下如何传承和发扬传统文化中的"忠义"精神,让学生在崇敬与感慨中思考、陶冶情操,从而培养起崇高的爱国主义情

感。

国是最大家，家是最小国。如果说，忠是立国之本，孝则为立家之本。"忠孝"两字，是支撑着我们整个国家、民族以至于整个家庭的"大厦"，保家国大厦屹立不动。《孝经》上说"孝乃天之经也，地之义也"，可见孝文化的源远流长。甚至可以说，中国文化是以孝为根本的文化，中国社会是以孝为基础的社会，讲求孝道是中华文化的主要特色。在学习《陈情表》一文时，学生很容易为那个不畏权势、果断舍弃功名利禄，只求在病榻前悉心照料祖母的李密感动。为何以"孝"的名义"愿乞终养"，竟终得晋武帝恩准？这就需要引领学生一起追溯"孝道"的根本出发点了，即春秋时期，孔子为了维护家庭的和睦与稳定，从而稳定社会秩序的一种治国思想。这一思想贯穿了中国两千多年的封建历史，包括"以孝治天下"的汉。而如今，我国人口老龄化问题突出，弘扬孝道文化对实现老有所养、老有所依的目标意义重大。不妨就此抛出问题，启发学生思考：人口老龄化背景下，中学生该如何弘扬和传承孝道文化，让学生在思考与行动中，真正厚植"孝"这一传统文化之根。

（二）善于挖掘文言文写作素材，在写作运用中提升思想境界

文言文是中华民族传统文化的精华，而选入教材中的文言文，更是流传千古的经典之作，其散发的文化气息，绽放的思想光芒，恰是写作最佳的"源头活水"。如果我们善于挖掘，我们的作文就能拥有无尽的名言佳句，典型的人物形象，及丰富的历史事实。在写作运用中，我们也渐渐打通文言文学习与现实社会的联系通道，用古人的经历丰富我们相对浅薄的人生阅历，在议论分析中学会客观评价古人，敦促自己积极关注现实人生，真正达到知行合一、学做合一的境界。

如学了《荆轲刺秦王》一文后，有学生习作中写道：

"风萧萧兮易水寒，壮士一去兮不复还"，荆轲为报答太子丹的知遇之恩，毅然将生死置之度外，深入虎穴，血溅秦殿。虽刺杀失败，但他的名字却永载史册，原因为何？不正是他有"路见不平拔刀相助"的义气，不正是他有"知其不可为之"的勇气，不正是他有"士为知己者死"的信念吗？心怀悲悯，舍己为人，为国捐躯，这大写的人格让他永远配得上英雄这一称号！

从这样的文字抒写中可以想见，学生是参透了传统文化——侠义精神的内涵的，即对国家对社会主动自觉的责任感，及为之舍生取义的坚定与大无畏的精神追求。在挖掘运用荆轲这一写作素材的同时，他也与古人进行了一场灵魂的对话，在是与非的评判中，心灵获得了传统侠士精神的滋养。

（三）善于利用课本剧，在表演展示中弘扬传统文化

《语文课程标准》强调："语文教师应高度重视课程资源的开发和利用，创造性地开展各类活动，多方面提高学生的语文能力"。戏剧矛盾集中，人物个性鲜明，情节曲折的叙事类文言文是最适合以课本剧为载体进行教学的。要进行课本剧的表演，学生就不得不"言""文"两手抓，主动积极疏通文义后还要"置身"于人物所处的年代，想古人之所想，言古人之所言，行古人之所行，才能把人物演活、演好。这样，学生对文本中涉及的传统文化自然要多加上心。

通过课本剧表演，学生对人物称谓、座次所体现的"礼"文化有了更深的理解，对于人物形象的把握更充分。表演结束，可以追问学生：项羽和刘邦谁才是真英雄？谁更受人尊敬？学生不难感悟：项羽之死，令人扼腕，项羽不忍杀刘邦，放虎归山，是不愿恃强凌弱的"侠义"；相比刘邦的狡诈圆滑、寡情薄义，他，才是堂堂正正、光明磊落的真英雄！借助课本剧这一抓手，学生深入地体会到了项羽人格的最大魅力——"义"，而提高学生思想道德修养，帮助形成积极的人生观和价值观的文化浸润目的也得以完成。

习近平总书记指出："中华文明绵延数千年，有其独特的价值体系。中华优秀传统文化已经成为中华民族的基因，植根在中国人内心，潜移默化地影响着中国人的思想方式和行为方式。今天，我们提倡和弘扬社会主义核心价值观，必须从中汲取丰富营养，否则就不会有生命力和影响力。"教育是中华文明继承和发扬的重要手段，语文教师更应该借助教材中文言文所蕴含的丰富的传统文化因素和中华民族精神，来激发学生中华文化寻根的兴趣，积极引导学生树立正确的人生观、价值观及良好的道德情操。

谭一清，广西钦州市灵山县新洲中学教师。

新时代背景下的高中语文课程人文性教学实践

◎ 唐胜琴

新时代背景下,学生的基本情况发生了改变,对生活过早的多方面接触、复杂多元的网络文化,都让他们在这个信息爆炸的时代陷入一定层次的迷茫。因此,对于高中语文老师来说,在进行教学的过程中,应从人文性的角度入手,培养学生的个性,使其能够更好地满足社会对学生全面发展的要求。基于此,应重点研究当前高中语文教学工作中渗透人文性教育的必要性,在为学生讲解语文基础知识的基础上,让学生的人文修养有所提高。

从教材编写的角度来说,无论是选修还是必修,都有一个一以贯之的双线组元结构,其中人文主题都在不断深化并回归本真。如"中华文明之光"和"伟大的复兴"两个单元,皆体现了"铸魂培元"的人文主题。具体实施方面,立足于"根植素养"的学习任务群,如"语言积累、梳理与探究"1学分,"中华传统文化研习"2学分。在每一个单元的单元导语中设置核心任务,引领人文教育,围绕语文素养的培育以及语文实践的活动展开。高中语文的学习并非一日之功,好的答题技巧还需要学生有良好的文学素养,打下扎实的语文基础。

一、新时代背景下高中语文课程人文性教学的问题

当下,我国社会经济文化处于高速发展时期,然而我们的教育观念还较为传统。应试教育的大环境下,成绩依旧是高中阶段衡量学生学习成果最直观的要素。这在一定程度上偏离了语文教学的宗旨。因此,人文性教学被忽略也就司空见惯了。

基于考试的宗旨,老师们在讲解知识点的时候还是更加注重于打基础和讲考点,那么学生也就只能枯燥地接触一些答题技巧和作文模板,长此以往,学生对于道德、审美、感受等人文性感知不足,很容易出现高分低能或者高分低素质的现象。忘记了人性的真善美,忘记了传统文化的人文魅力,失去学习语文的兴趣。

另外,想要学习语文就不能只学习语文课本当中的内容。如果老师们只是把课本的基本知识点传输给学生,那么他们的思维就还是停留在被动学习和死记硬背上,没有办法把学习的内容融会贯通。新时代的语文学习,更加注重任务群的学习,甚至是专题研究,这就对学生提出了更高的要求。需要学生不仅是学习课文,更要回到历史现场,了解作家作品的相关背景;研读文本,串联起知识点;分析归纳单元主题,由点及面地体会中华传统文化的内涵。这样的学习要求站在宏观的基础上,深入探究每个专题最具代表性的作品,避免了语文学习变成干巴巴的说教,而是以学生为本,构建起整个高中语文学习的系统性。且,语文作为众学科的基础,如若不能很好地整合语文资源,组织专题学习,那么对于其他科目的学习恐怕也是一个挑战。语文的人文性还需要跨学科意识。

二、新时代背景下高中语文课程人文性教学的实践

1.转变传统教学思维,优化新型课堂教学

传统的教学以教授为主,教师把大量重要的知识点传授给学生,学生大多参与感不是特别强,如果教师的讲课风格不是特别有趣,那么大概率会导致学生的注意力松散,对语文学习渐渐失去兴趣,并且学习浮于表面,并没有调动思维。高中阶段是学生养成思维的重要时期,这个阶段的学生往往表现为独立意识增强,具有初步的判断能力,对一些事物和规则具有独特的见解和想法,但是比较固执和偏激。对于这种现象,多半是由于缺少人文教育的熏陶,因此,教师要充分发挥自己的引导者身份,将学生置于课堂的主体地位,尊重每个学生的差异性,结合高中语文教材实施人文性教学模式,让学

生能够感受到课本背后丰富的文学世界。

例如，在学习《六国论》这篇文言文时，教师除了要引导学生借助注释、工具书独立研读文本，并联系学过的古代作品，梳理常用文言实词、虚词和特殊句式等文化常识。还可以让他们借助学过的历史、政治等学科知识，了解作家生平和历史背景。教师在教学时可以结合相关的时代背景和本课主题："关于六国被灭的原因，汉代的贾谊认为是'仁义不施'；唐代的杜牧认为是'不爱其民'。那么我们今天通过以下活动来探讨在《六国论》中，北宋的苏洵是如何看待这个问题的？"这样，我们既能把前面的史论文放在一起对比分析，加深学生的理解，还能以此为上课的逻辑线索——探究苏洵笔下六国破亡的原因。此外，我们还可以查找更多与"六国"相关的一些论著来对比分析，拓宽学生的视野，比如苏洵的儿子苏辙也写过一篇《六国论》，里面谈到六国破灭的原因是"背盟败约"，通过不同的观点和论据来全面总结六国和秦双方的因素。最后以史为鉴，让同学们代入仁宗和作者的视角，产生对话，获得现实启示，形成自己的观点和写作素材，激发学生的爱国情怀，实现高效、贯通的课堂教学。

2.开展互动式学习，调动学生的参与性

高中阶段的学生，大多自主性比较强，在学习和个性上都有自身的特点。学生其实不是对语文不感兴趣，而是他们可能没有在学习语文的过程中获得成就感和参与感。语文教学的目标不应该仅限于帮助学生理解知识，更重要的是结合学生发展的实际情况，激发他们的人文思想。我们在教学过程中可以合理设置问题，将知识点以问题的形式进行传授，这可以在一定程度上发散学生的思维，创造学习型的教学环境，激发学生的学习热情，使其能够以饱满的精神状态来面对课堂学习。

在具体讲解《六国论》的过程中，我总结梳理了课文的作者、背景、历史等要素，把"探寻六国破灭之道"作为主题，分别设置了四个活动：活动一"寻六国破灭之道"、活动二"思文章论证之法"、活动三"以史为鉴明得失"、活动四"绘导图悟现实启示"。以这四个任务来推动同学们去思考，文章的中心论点是什么？文章是如何论证的？我们能从中获得什么启示？为了增强同学们的参与感和代入感，我让同学们回到历史现场，将历史和当下结合起来思考，在开头让同学们站在作者苏洵的角度梳理文章的论证思路，最后又让同学们站在仁宗的角度谈谈看完本文后获得的现实启示，二者形成对照，让同学们感受不同时代的家国情怀，为语文教学注入人文情怀。

3.活动育人，在展示中获得认同

一味地灌输式的教育是教不出鲜活的学生的，只有解放天性，方能投入语文学习。当今科技发展迅速，多媒体教学已经遍布课堂。教师整合教育资源，用多媒体设备展示相关的图片、视频等，设置情境，让同学们更好地代入古诗词的氛围中。此外，学生日常高强度的课程和作业也消磨了一部分的斗志，教师能够营造良好的氛围，多组织同学们参加语文专题研讨或者多样化的活动，会激发学生更多的热情。

比如，为了让同学们熟悉中国话剧的创作，我组织班上的同学开展了《雷雨》（片段）话剧表演活动。首先，教师要引导学生了解古今戏曲信息，再用一节课讲解雷雨的相关背景、分析人物和剧中的潜台词，帮助同学们对这部作品有更多的了解和研究。然后，进入到正式的活动准备阶段，让班上的同学们自由组队，分工合作去创作剧本、分角色熟悉台词、设置表演道具，排练。最后，就是公开的演出，分为六个小组抽签上台，其他同学和评委老师按照标准投票，点评。同学们在再创作的过程中，慢慢体会了现代话剧的表演形式，更加深刻地理解了话剧这种体裁的艺术风格。在活动中，他们代入自己扮演的角色身份中，感受人物的悲欢离合，明白了曹禺悲剧中的人文性。最终在一个完整的活动中获得成长，感受文学经典的魅力。因此，教师在教学中要摒弃传统以学生的角度结合社会去面对学生这一主体开展教学内容，认真思考给予鼓励、激发学生创新思维，突出教学的人文性。

综上所述，在教育改革发展下，在高中语文教育过程中，有必要加强人文性教育。对于高中语文教师而言，在具体教学中应采取有效措施，开展人文性的教学活动，以学生作为主体，培养学生人文精神，吸引学生注意力，让学生的积极性得到调动，同时对学习产生浓厚的兴趣，使其获得良好的教学效果。

唐胜琴，江苏省苏州市太湖旅游中等专业学校教师。

把任务驱动式整本书阅读教学做"实"
——以《钢铁是怎样炼成的》为例

◎王依然

任务驱动教学法是以教师为学生设计的学习任务来激发和保持学生的学习动机,学生通过学习任务的完成习得相应知识技能,提升能力和素养的教学方法,有利于调动学生阅读的内驱力,在具体的言语实践活动中发展能力和素养。但是整本书阅读在开展任务驱动教学时容易产生"为任务而任务"的现象,在教学设计和教学过程中容易产生以下四个问题:一是任务过"大",课时任务分解不够细致;二是任务脱离文本,不能凸显名著本身的特质;三是任务情境不真实,脱离学生的阅读需求;四是任务重结果,轻过程,学生的学习过程缺乏支架和有效的评价。从而造成任务驱动式整本书阅读出现"浅""虚"的现象。为了让任务驱动式整本书阅读教学做得更扎实,笔者以《钢铁是怎样炼成的》为例进行探索,梳理教学策略。

一、核心任务引领,课时任务落实

为了避免任务"大而无当"的现象,笔者在《钢铁是怎样炼成的》的阅读教学中采取了"整体核心任务引领+课时分解任务落实"的方式,细化学习过程的同时增强任务间的逻辑性。

本书阅读的主题是"我为名著做编辑",其核心驱动任务是"为学弟学妹编辑整理自读版《钢铁是怎样炼成的》",以此作为引领,将大任务分解为小任务分课时解决完成。小任务包括在原版本名著的基础上添加腰封文案、目录、前言(人物小传及思维导图插图)、随文阅读提示和附录("红色经典的现实意义"论坛发言稿)。课时任务之间的程序性和关联性较强,学生学习持续深入,最终呈现出完整而清晰的阅读成果。

二、回归文本特质,关注能力训练

任务驱动式阅读,重点并非完成任务本身,而是强调学生在完成任务的过程中落实目标要求培养的能力,同时提升学生在具体情境中运用语文知识和能力解决问题的素养。

在设计教学的过程中要特别处理好任务与文本的关系。首先,任务的设计要依据文本特质,体现这本书独特的教学价值。这是一部红色经典著作,塑造了保尔·柯察金这一无产阶级革命英雄形象,闪耀着崇高的理想主义光芒;二是八年级(下)教材在名著导读中要求学生落实阅读方法是摘抄和做笔记,这两种读书方法需要教师有意识地教、学生有意识地用;三是同时,小说的人物描写、环境描写也都相当出色,可以培养学生的审美鉴赏能力。因此,我们可以通过设计腰封文案,让学生从整体上认识这本书,了解本书的特质和内容;通过给保尔画成长坐标系、写小传,感知人物精神;通过做主题摘抄、撰写阅读提示,赏析小说语言的表现力;通过给读者写回信、举办论坛,思考小说的主题和阅读红色经典的现实意义。

其次,任务的设计要聚焦学生的能力训练。确保学生在"做事情"的过程中其语文能力得到有效的提升。将本书阅读需要训练的核心基本能力,如内容概括、人物理解、语言赏析、主题探究自然地融入到任务中去,通过任务,将传统的"老师教"转化为"学生学"。以为本书设计"腰封文案"和"目录"为例。学生一方面要学习"腰封文案"和"目录"的内容和形式特点,另一方面也要通过快速阅读各类资料获取所需要的信息并且根据目的加以运用。由此既让学生对这本书的内容和特点有了清楚的认识,又锻炼了学生概括内容和提取信息的能力。

三、尊重阅读需求,关联个人成长

任务在整本书阅读中承担的是驱动学生亲近文本、让学生"读进去"的责任;而任务不能喧宾夺主,因为整本书阅读"就是学生的生命体验与人类那些最深刻的经验建立联系，从而在语言、思维、审美、文化诸方面提升素养，最终指向终极关怀。因此，要引导学生发现阅读与自我、与生活的联系，"读进去"之后还要"读出来"。在指导《钢铁是怎样炼成的》教学的过程中要尊重学生的阅读需求，特别关注引导学生联系自身实际从阅读红色经典中汲取营养。

"读一本外国革命小说，对我们这些中国学生有什么价值？"这是每个学生在阅读中可能产生的困惑，这个问题的答案其实就藏在这部小说的主题中。因此，笔者设计了"我为读者写回信"的任务。将学生提出的关于小说主题的问题整理成了三封读者来信，比如其中一封来信用以引导学生思考苦难。"苦难一定会造就英雄吗？那《骆驼祥子》的主人公祥子为什么受到那么多苦难，却最终走向堕落呢？盼望得到你的回信。"为了回答这个问题，我引导学生完成了三个支线任务：①梳理对比保尔和祥子的形象；②列举使保尔成长为英雄的要素；③说说个人命运与时代有什么关系，以及带给你的启示。由此，学生既深入思考了本书有关的个人和时代的主题，也从中获得了思想启迪——个人命运与时代紧密相连，个人选择要与民族命运相结合，这就是本书带给我们的超越了时代和国别的价值之一。

在此基础上，引导学生进一步思考"阅读红色经典有什么现实意义"，举办论坛。学生可以勾连《红星照耀中国》《红岩》《长征》等一系列红色经典，根据自己的阅读经验，对这一问题进行思考，形成认识，撰写发言稿，有理有据地发表自己的看法。

四、提供学习支架，开展过程评价

整本书的阅读过程和效果本就难以有效监测，任务驱动式教学更让过程性指导难上加难。学生选了哪条路？如何走的？到了没有？都是实现"教－学－评一致性"要弄清楚的问题。为此，笔者进行了两个方向的尝试。

第一，提供学习支架，外显学习思维。学习支架能够帮助学生更加明确学习任务，将任务具体化。同时学生也能够借此不断审视、调整自己的阅读过程和阅读成果，也为教师评价学情提供了外显化的依据。在阅读过程中，教师的指导作用可以更多地通过设计学习支架来体现，为学生的学习活动提供必要的支持。在《钢铁是怎样炼成的》任务驱动式阅读中，笔者主要使用了以下五类学习支架：各类参考示例（如腰封、思维导图、阅读提示的范例等）、记录阅读成果的阅读卡或者表格、链接材料、小组探究表和评价工具表。

第二，重视评价设计，以评价促进学习。在进行本书的阅读教学设计时，从整体设计到课时设计，都朝向目标，设计可检测性任务，明确评价标准，并设计了评价工具。在教师评价的同时，增加学生自评和生生互评。

比如在随文撰写阅读提示的任务中，笔者先是提供了小说第一部第五章四个文段的阅读提示作为范例，要求学生阅读并补写，并总结阅读提示可以从哪些角度去写。学生由此会发现阅读提示主要是赏析式的阅读提示、启发式的阅读提示、感想式的阅读提示和解读式的阅读提示四类。而后要求学生给小说第二部第九章的两个文段补写不同类型的阅读提示，交流展示。在交流环节，笔者为学生提供了"阅读提示编辑小组自查表"，由学生自主评价。通过参考自查表，学生先对明确发言稿的评价标准并发放评价量表进行生生互评，使其通过自评互评来促进学习，优化自己的阅读提示。

总之，在进行任务驱动式的整本书阅读教学中，要处理好任务情境与文本细读的关系、处理好教师的教和学生的学的关系。要以学生为中心，从学生的阅读需求出发，在任务过程中切实提升学生的阅读能力，搭建好学生的学习支架，用评价促进学习，支持学生的学习，对学习过程进行有效指导。

参考文献：

[1]吴欣歆.语文课程视域下的整本书解读[J].中学语文教学,2023(01).

[2]王本华.任务·活动·情境——统编高中语文教材设计的三个支点[J].语文建设,2019(11).

[3]关舒文,吕立杰.整本书阅读：价值向度、现实困境与当代突围[J].中国教育学刊,2019(09).

王依，北京市第八十中学嘉源分校教师。

巧用参考答案，激发备考信心

◎王志强

参考答案，通常是教师讲评试题的标准，也是学生理解试题的依据。然而，作为语文学科的答案，特别是主观题的答案，往往是一家之言，难免有失偏颇。因此，我们不能有唯答案至上的思想，在以思辨的眼光借鉴、完善答案的同时，更应以参考答案为参照物、助推器，激发考生的备考自信。

一、优化答题思路合理性的信心

因文设题，突出试题的情境化、生活化，是当下高考语文主观题命题的趋势，面对扑面而来、来势汹汹的新题型，手足无措的不仅仅是考生，更有教师自身，当已有经验、套路不能再包打天下时，教师容易陷入茫然无措、焦虑不安，甚至自我否定的怪圈中，考生似乎也只能意兴阑珊、一筹莫展。其实，教师不妨引领学生，换个思路：新题型的不确定性，恰恰是为师生自由阅读，拓宽阅读思路，个性化表达，创造了机会。教师可以先指导学生依据题干要求，自主生成答案，然后利用投影、ppt 呈现学生的答案，并与教师及试题所提供的参考答案进行比较，在比较中明确了问题解决的思路，更让学生发现了参考答案的不足之处，自己答案生成过程中的思维亮点，从而有效地激发了学生对于分析问题、解决问题思路的认同感。

如：2023 年高考语文全国乙卷的文学类文本《长出一地的好荞麦》，试题要求考生赏析文本中人、牛、犁浑然一体的艺术效果是如何营造出来的。参考答案的前两点分别从比喻、拟人两种修辞角度出发，以犁与人的相似性，人与牛精神状态合二为一为答案要点，然后又从叙述逻辑上看，认为文本分述"人、牛、犁"，但实则三者联系紧密，构成了一幅和谐的画面，形成一个答题维度。学生现场模拟作答，从内容、手法、结构、语言、叙述节奏等方面编撰了非常丰富、准确的答案，而且，认为参考答案分别说了犁与人、人与牛的相似性，但没有体现出三者的统一性，应该整合为一点；参考答案的最后一点又将结构、内容混杂，其实可以拆分为两点。

学生在提升自己对文本认识的同时，又欣赏到了自己的解读成果，有了跃跃欲试解新题的信心。

二、强化答案表述专业性的信心

长期以来，在所谓教的都没考，考的都没学，学的都没练的不良舆论影响下，教师在语文教学中没有了语文教学专业化的底气，学生自然也缺乏专业化学习的意识，语文沦为了"玄学"，当此之时，教师若能独辟蹊径，以专业化的视角培育学生语文学习的专业素养，于学生而言既可以收获精神的自足感，又可以获益终生。利用参考答案，指导学生语文学习的专业化，是立竿见影，吹糠见米的捷径。答案的表述有条理性、合理性、准确性、简洁性、逻辑性的内涵要求，而这些也都是语文学习最基本的专业素养，教师积极有效、适时适度地呈现、利用、校正、点评参考答案的过程，就是在以最生动、最直观的方式，引导学生培育语文学科的专业化素养。

如：2023 年高考语文新课标Ⅰ卷文学类文本《给儿子》的简答题，要求考生围绕关键词"未来、回忆、成长"或"河流"拟写短评思路。教辅资料提供的答案示例，有许多值得商榷之处，这恰是指导学生进行专业化提高的契机。答案以"未来、回忆、成长"为角度，第三个答题要点，有"为何交叠未来与过去"的语句；以"河流"为角度时，又有"那么河流究竟意味着什么"这样的表述，两处表述的硬伤在于把思维流程，当作答案进行表述，使得答案构成冗余杂乱。学生练习生成的答案则简洁明了、言简意赅，此时教师应鼓励学生，以强化答案表述简洁化的意识。另外，答案示例在以"河流"为角度作答时，用语随意、啰嗦，如第二个要点"（河流）其表现就是，从爬上江堤到独坐河滩，儿子的板桥之旅始终与河流相伴",学生立刻发现"河流"就是文本中的线索,儿子的旅行与成长,始终与其相随,阅读的结构意识得到了深化。答案示例言及"河流"的内涵时,说到"文章有很多抒情的意象,河流就是其中最重要的一个",这个表述顾此失彼,学生认为"河流"是重要意象,其意义在于一种文化、一段历史的延续与传承,学生的回答既突出了"河流"的文学概念,也明确了其内涵要义。

一个简答题的参考答案,在教师细致耐心的引导下,竟成了学生提升语文专业化学习能力的机遇,真可谓妙手天成。

三、提升备考方向科学性的信心

邯郸学步、亦步亦趋追随高考真题的高考语文备考,使得师生大量的时间淹没于所谓的仿真模拟训练中,背离了语文学习的科学性、系统性原则,而无源之水、无本之木式的学习,损伤了学生学习的积极性,凋零了学生的创造性思维之花,隔绝了学生与语文的天然联系,可称得上是制约学生语文关键能力、核心素养提升的头号敌人。教师不妨换个路径,在进行必要的训练时,研究试题及其答案,以功利阅读为原点,密切考题与语文学科内在知识、能力的关联,指导学生回归语文学习的本原。

如:2023年高考语文新课标Ⅰ卷的文言文翻译,当学生困惑于"请略说一隅"中"一隅"的理解时,可引导学生回忆《论语》中"子曰:'不愤不启,不悱不发。举一隅不以三隅反,则不复也。'"的内容,阅读障碍迎刃而解。

再如:2023年高考语文全国乙卷的文学类文本阅读,客观题A项表述,认为文本中一年里多次耕种都颗粒无收的事实,为塑造德贵形象埋下了伏笔。作为答案的这一选项,参考答案却避重就轻,没有分析到错误的本质,忽略了"伏笔"与"铺垫"在概念及艺术效果方面的差异。这时,教师可及时建立知识关联,调动学生的学习经验,引导学生结合课内文本畅谈二者的区别。

学生联系《林教头风雪山神庙》中林冲进了山神庙:"入得庙门,再把门掩上。旁边止有一块大石头,掇将过来靠了门",这个细节描写为下文"用手推门,却被石头靠着了"埋下伏笔,陆虞候等人只好站在庙外边看火边说话,林冲躲在庙内听得一清二楚,知道了事情的真相,学生进而认识到伏笔的妙处在于一"伏"字,且要"伏"得不露痕迹。沽酒御寒、挡门避寒,都是当时的实际需要,并且都又于风雪天气有关,所以读起来感到自然合理,不认为是有意设伏。学生又联想到《孔乙己》中的描写:"中秋过后,秋风是一天凉比一天,看看将近初冬;我整天的靠着火,也须穿上棉袄了",文中这里通过自然环境的描写,暗示当时天气已经很冷了(秋风越来越凉,初冬,靠着火,穿棉袄),为下文写孔乙己的悲惨遭遇做了铺垫。最后,教师加以点拨:伏笔是文学创作中叙事的一种手法,上文看似无关紧要的事或者物,对下文将要出现的人物或事件预先作的某种提示或暗示,或者说是前文为后文情节埋伏的线索。它为了前后照应,使读者在看到后面情节后恍然明白前面写一些看似闲笔的内容原来是为此服务的,其作用有助于全文达到结构严谨,情节发展合理的效果。铺垫是为了突出后面要出场的主要人物、事物或要发生的事件,先对人物、事物、事件进行铺陈描述,来烘托、引出重要的情节和内容的一种手法,其目的就是为了让后文的意思表达得更清楚,更形象而做的一种烘托,一种陪衬。其实也是利用写作手法中的烘托手法,为了表现主要写作对象而提前做的基础性描写,或为行将来临的事物的衬托。

在经过对类似问题的深入思考后,师生不难发现,语文学科的考查,越来越回归到了学科的本原,当学生明确了学习方向,学习信心也便得以提升。基于此,师生也应改变唯试题至上的观念,坚决以教材为根本,以课标为指针,切实提升学生中学阶段语文学习的关键能力。"皮毛剥落尽,惟有真实在",教师应以学生中学六年所学语文课本为复习蓝本,以语文知识为核心,统筹整合单元、专题知识,形成知识网络,在科学备考的前提下,全方位提升学生受用终生的语文素养。

综上,教师充分、合理地使用参考答案,发挥其在优化答题思路合理性、强化答案表述专业性、提升备考方向科学性等方面的独特作用,以激发学生学习的兴趣、信心,是新形势下语文高考备考的有效途径,可在日常教学中不断丰富发展,从而使语文备考成为一件有意义且有意思的事情。

王志强,内蒙古乌海市第一中学教师。

影视作品在初中语文议论文教学中的运用

——以《觉醒年代》为例

◎夏 露

初中阶段写作由记叙文转向议论文，对学生来讲是一个思维的跨栏，除了写作逻辑要通达严谨，还要有大量的素材可供发挥。但是在教学中发现学生议论文素材的几大困境：首先，最让学生头疼的就是了解了题意，就是搜罗不出符合题意的素材，尤其到了紧张的初三，没有时间和精力去做更多素材积累，写起议论文来可谓是"巧妇难为无米之炊"。其次，学生在大环境下视野被迫缩小到只有校园、家庭，写起议论文来出镜率最高的永远是"爱迪生、居里夫人、越王勾践、海伦凯勒、贝多芬"等课本上人物的俗套事迹，缺乏新意。此外，由于视野所限，初中生积累的事例多为个人努力的励志故事，与社会、家国关联少了些，显得格局不够开阔。影视作品的输入可以帮助学生更加直观地扩展、积累素材，并多角度运用到议论文的写作中。

一、选剧依据

《觉醒年代》是一部重大革命历史题材剧。它展现了从新文化运动、五四运动到中国共产党的建立这段波澜壮阔的历史画卷，讲述了陈独秀、李大钊的革命之路以及胡适、鲁迅、辜鸿铭、蔡元培、毛泽东、周恩来、陈延年、陈乔年等风云人物在那个年代追求真理的历程。看到这部剧时我就发现这个剧非常适合给学生做素材积累。它是个人物群像剧，里面有众多的历史人物，一些重要思想、重要作品、典型事件都有讲述，这么多人物和事件，让学生写作时有一个相对连贯且丰富的素材库。剧中还有一些比较细腻的刻画，如蔡元培三请陈独秀、新旧派争鸣、《狂人日记》的诞生等。这些细节刻画无疑能够让学生写人物时角度丰富、新颖起来：蔡元培不仅兼容并包，还礼贤下士；李大钊不仅慷慨仗义，还温柔体贴；陈独秀既大义凛然又有滑头的一面……这种丰满的人物形象能够给学生提供更多的写作方向。这部剧传递出的社会责任感和家国使命感能够给学生直观的冲击，让学生在波澜壮阔的觉醒年代中受到鼓舞，从而视野得以开阔，境界得以提升。

二、实施方案

1.准备阶段：这部剧2021年初开播，这一年我的学生读初二。平时课堂上涉及相关内容时只是简单给大家介绍了这部剧，推荐了一两个这部剧的精彩场面，让学生对此剧"心向往之"。

2.积累阶段：在初二下学期暑假前安排了三次课全班一起观看电视剧，看完后回家写主要剧情以及你印象深刻的名场面，有感而发也可记录，作为作业上交。精彩的剧情使学生看得津津有味、写得情真意切、讨论得热火朝天，积极性都很高，我也会对剧中的情节、学生的记录加以评论，回顾主要剧情、讨论真实性存疑的剧情、点拨他们写作可用的主题及方向。暑假安排的作业就是每天看2集《觉醒年代》，并写一则记录以及适用主题。认真做好这一件事，就扎扎实实积累了一个素材库。追剧是大多数孩子都愿意做的事，不少家长也跟着孩子一块看，一起讨论。有家长拍下孩子看剧的照片发给我，表示这种看剧积累素材的方式既轻松又有意义。

3.反馈阶段：返校后收集假期作业时发现这次大家的追剧记录都写得工整且丰富。初三再讲议论文时，班上同学就很自然地能够联想到鲁迅、李大钊、陈独秀、蔡元培、胡适，甚至陈延年、陈乔年、郭心刚、邓中夏等人物的事例，且角度多样。以下为两个训练片段：

片段一：题为"一切从实际出发"

上世纪二十年代，中国正处于自身状况的最低谷，无数不平等条约接踵而来，北洋政府的软弱，清政府的腐败，任敏德麻木不仁，都使这个千年大国即将不复存在。而在这个生死存亡之际，陈独秀等一群具有反抗精神的人站了出来，他们本可以走以往前人的老路，推翻无能的政府，建立新的王朝，但经过陈独秀、李大钊等人与中国底层人民的长期接触,他们发现,中国存亡的最大问题在于人民的麻木,如果民智未开,那么无论建立怎样的王朝,中国最终都会灭亡。根据这个实际状况,陈独秀立下二十年不谈政治的目标,不远千里回归中国,创办《新青年》,发表一篇篇振聋发聩的文章,留在北大教书,向学子们传授他的新思想,随着影响渐渐变大,他们以数人之力扭转整个民族的思想,使人民看清现实,站起反抗,最终成功开启了民智,使中国从本质上迎来了一个全新时代。面对国家存亡,陈独秀没有一味跟随先人,而是从中国的实际出发,带领工农阶级反抗,最终才能开启民智,迎来中国新纪元。

由此可见,一切从实际出发,方能行稳致远。

(八年级16班 周心语)

片段二:题为"兼听才能正确认识事物"

蔡元培担任北大校长时,以辜鸿铭为代表的保守派与以陈独秀为代表的革新派在北大起了学术上的抗争。蔡元培身为北大校长,并没有偏向任何一方,而是选择兼听。从辜鸿铭那,他了解到保守派保守的是老祖宗留下来的源远流长的文化,应当加以传承。例如久远的唐诗宋词,都意义非凡且都是文化瑰宝,这些并不应该被抛弃。从陈独秀那他了解到,革新派思想与文化上的变革更能让民众与新时代文明接轨,从而让人民见识到民主与自由的文化氛围,让人民认清现实,而不是让人民一直保有封建顽固的思想。双方的说法让蔡元培意识到两派学说各有所长,北大作为当时的学术风向标,保守派的文化瑰宝要留存,革新派的民主自由的思想也要留存,所以唯有两者并存,才会使民智的开发更加清醒彻底。最终,蔡元培所领导的北大兼容并包,促进了北大校训的形成,两派的并存也让北大成为学术天堂。正是因为蔡元培没有偏听一方而选择兼听,才使得蔡元培对两派的认识更加全面,从而北大的学术风气在百家争鸣中更加多元、先进,引领着中国思潮的发展进步。我们也应该兼听别人的意见,从而更全面地了解问题,从而去解决,这能让我们在人生道路上少走弯路。(八年级16班 冯仕睿)

剧情让学生对事件有更加直观的记忆和理解,加上《觉醒年代》这部群像剧包含众多的人物和鲜明的性格特点,所以学生在关联事例和作文题目时有更加丰富的素材和角度来使用。这次的影视作品在作文教学中的运用达到了预期的目标:扩展学生的素材库,并多角度地运用到议论文写作中。

三、影视作品在初中议论文中教学运用的反思

1.像《觉醒年代》这样的影视作品作为议论文教学的积累素材需要大量的时间,如果平日教学去进行在一定程度上会影响课程进度,建议寒暑假这样的时间寓教于乐。平日里可选质量较高的电影作品来给学生积累,只是积累的容量就不如电视剧了。

2.在网络媒体高度发达的今天,海量的影视作品让人眼花缭乱,既要能对学生起到教育目的,又要能让学生感兴趣。所以就需要对题材、制作方、演员、剧情乃至台词等进行综合考量,精选出真正能起到作用的、正能量、跟紧时代的精彩作品,否则达不到效果或误导学生。

3.基于历史题材改编的影视作品作为一部文艺作品,会有大量的史实重现,但不可能每个场景都是真实的,会有一些夸张虚构的成分,比如历史上鲁迅在张勋复辟时确实到教育部去辞职,但他是否真的如《觉醒年代》剧中呈现的那样,拿一块写着"不干了"的牌子站在教育部门口抗议辞职?那么该如何去辨别这些细节刻画的名场面?影视作品中的某些夸张场面能否作为议论文中论点的有力支撑?支撑力度又有多少?

4.一部影视作品是带有很强的主观性的。如改编《三国演义》的电视剧有唐国强版和陆毅版的,唐版的诸葛亮更加自信潇洒,陆版的诸葛亮更突出他的忧国忧民,这就是创作者在人物塑造上侧重点的不同造成的。创作者的主观色彩融入影视作品中会对观众的判断和认知产生多大影响?这也是在观看和引用影视作品人物时不得不考虑的问题。

影视作品作为学生喜闻乐见的教学素材在议论文教学中可以作为鲜活丰富的素材库,有计划、有目的地观看、布置积累任务能够让学生头脑里有人物、有事例,片中一些精彩的名场面就很容易转换成学生印象深刻的素材,若能贴切运用,能使文章不落俗套。只是在教学过程中教师要甄别剧中过分渲染的夸张剧情和创作者个性化文艺化的表达,注重积累重大的、真实的、典型的人物事件。在我看来,优秀经典的历史类影视作品是可以为我们议论文教学助力的!

夏露,湖北省武汉市一初慧泉中学(前进校区)教师。

引课程资源之活水 让语文课堂开放有活力

◎夏友田

我校地处比较偏僻的农村，家长的文化素质相对较低，对学生的语文学习不够重视，不少学生业余时间不是"手不释卷"，而是"手不释机"。长期受电子产品的毒害，不少学生精神荒漠化，语言感受力、表达力退化。其实，只要我们开发利用课程资源、进行再创造，就能让学生在开放、立体的大环境中学习发展。

一、捕获生成资源——让课堂精彩起来

课堂教学过程是一个不断变化、渐进的过程，需要教师从以"教师为中心"走向"师生互动的学习共同体"。在这一"共同体"中必然会碰撞出新的学习信息，其中有可供教师使用的有价值的教学资源，因此教师应把执行教案看作课程实施的一个起点，而不是终点，用心收集、捕捉和筛选学习活动中学生反馈出来的有利于促进学习者进一步学习建构生动情境和鲜活的课程资源，据此来调整教学行为，从而使课堂成为孕育人才的沃土。

在执教八年级下册《湖心亭看雪》时，学生初步感知课文内容后，正准备下一步教学，突然"半路杀出一个程咬金"，一同学举手说："老师，我发现作者犯了一个前后矛盾的错误，文中开头说：'独往湖心亭，应该是一个人，可是下文中舟中人两三粒而已'，文章结尾时还有舟子在说话。"其他同学纷纷称是。我当时一愣，课前预设时，根本没有想过这个问题。但又一喜，学生对文本进行了质疑，可是要跳过这个疑问，肯定会打消同学们的积极性。于是我顺水推舟，问："舟子是干什么的，他是不是和张岱一起看雪景？"学生明白之后，我又追问："张岱赏雪与一般人赏雪有什么不同的地方？"带着问题，同学之间合作探究清楚：原来张岱如舟子所说是一个"痴人"，行为痴，眼中雪景与众不同，有点怪。我进一步追问："还有什么怪处？"学生读下文讨论，一学生说："张岱待人接物方式很怪，对酒逢知己千杯少的知音不留地址，不留姓名，屁股一拍就走人。"学生哄堂大笑。我紧紧问："对，结合他的生活背景，他追求一种怎样的人生？"学生顿时明白：原来张岱与自然中的花草山水为伍，不愿进入世俗生活。于是我又问："张岱同学是不是犯了一个低级错误？"学生恍然大悟：连知音尚且不顾，舟子又怎能算数。虽然这一教学环节不是我预设的目标，但学生在充满挑战、充满愉快的情境中，品析了作者笔下富有诗情画意的描写，理解作者在文中所流露的感情，这种跳出预设的动态生成，使课堂成为一个生命相遇、心灵相通的场所，无疑是本节课焕发活力的精彩之笔。

二、丰富教学内容——让书本厚实起来

语文是一门综合性很强的学科。以教材为本，唯书是教，那么这本薄薄的教科书肯定会淹没于浩如烟海的语文世界。这就需要我们跳出书本的藩篱，将教学内容拓宽、延伸，使其变得丰厚。

（一）横向拓展——学科间整合联姻

语文是其他学科学习的基础，其他学科的学习同样也为语文的学习拓宽了空间和视野。注重跨学科的学习，使学生在不同内容和方法的相互交叉、渗透和整合中开阔视野，提高学习效率。

在上《沁园春·雪》这一课时，以电视连续剧《长征》中主题曲《十送红军》导入，介绍当时毛泽东是在怎样历史背景下写这首词的。熟悉的歌曲一下子就让学生与这首词拉近了距离。在学习下阕时，让学生回忆历史上的秦皇汉武、唐宗宋祖所建立的丰功伟业（学生已经学习了历史课本上的相关内容），进而体会词中"惜"字的意味。学生结合当时时代背景，思考更深入。又如在教学《长城万里行》这一课时，我让学生在中国地图上找出作者刘雨田万里行的路线：万里长城横跨的七个省区，陕北的"圣地行古丝绸之路，……漫长的路线使由课本上的抽象变为地图上的具体，学生更深刻地体会到作者对祖国的热爱之情在语文教学中与音乐、历史、地理等学科整合，学生觉得轻松、有趣，理解得更加透彻，感悟得更深刻。

(二)纵向延伸——内容间相互关联

在我们学科内部，也存在系统知识体系。一篇课文犹如一条线段，在教学中，我们可将封闭的线段前后作射线，一线串珠，使知识更为系统化。

在《鲁提辖拳打镇关西》一课的"拓展延伸"中老师提问:本单元中除了鲁达之外，你还喜欢哪位英雄?你心目中的英雄有哪些?我们现在最需要什么样的英雄?问题一出，一下子就激活了课堂，使文本与学生现实生活相勾连，拓展了视野，活跃了思维，进一步认识了英雄的广义，从课本走向课外，培养了学生的情感态度和价值观。

读完《水浒传》，我要求学生在水浒英雄中评选最具侠义精神奖，并写一份颁奖词，有一个学生是这样写的:我把最具侠义精神奖颁给柴进。沧州大地，人潮滚滚;柴家大院，酒香浓浓。在这里，你仗义疏财，聚得门客三百，广交天下侠士。水泊梁山，义薄云天;方腊战场，硝烟漫漫。在这里，你不惧虎穴，破得敌方众将，赢得身后美名。行侠仗义，为国为民，最具侠义奖非你莫属。

颁奖词写作对于加深学生对名著人物的认识、提炼人物精神特别有效。

当然还可以将课内外阅读衔接起来，这一点，语文老师已相当熟悉。

三、拓展教学时空——让课堂广阔起来

著名的语言学家钱志公曾说:"以自己学习经验来看，得自于课内的与得自于课外的比例是三七开。"这表明，语文应使学生的学习向40分钟以外延伸。

(一)延伸课堂时间

古诗词有着极其丰富的文化内涵和极其辉煌的人文精神。诗词的吟诵达到了内容与形式的珠联璧合，而应试考试又使许多教师把诗词教学停留于一般字面的解释和背诵名句的层面上。于是我在班上成立了古诗词朗诵小组，从中小学语文教学大纲附录"古诗文背诵推荐篇目"中和唐宋等诗词中选取名篇充当教材，利用早晨时间(新作息时间制定后，学生在早晨有一两个小时是"真空区")，每周两次，每次半个小时，指导学生学习理解其内容，又侧重教学吟诵。象"人生自古谁无死，留取丹心照汗青""黄沙百战穿金甲，不破楼兰终不还"等爱国诗篇;像"问君那得清如许，为有源头活水来""欲穷千里目，更上一层楼"等激人奋进、努力进取的诗篇;像"长河落日圆、大漠孤烟直""山随平野近，江入大荒流"等优美境界的篇章，已逐渐在我们班广为传诵。还有课前的课文预习，课后进行的课外阅读，特别是现在的综合性学习，都需要我们语文老师结合课堂教学进行指导，将短暂的课堂时间变得长久。

(二)拓宽课堂空间

随着信息技术的快速发展，媒体运用给我们的课堂注入新的活力，尤其是"班班通"的问世，给各学科的教学带来很大方便。无论是情境氛围的营造，直观动感的呈现，还是丰盈充实的资源，无不让老师拍手称快。但是过于依赖媒体而忽略传统教学手段，也会给教学效果带来不小的负面影响。

我校教师将语文与生活联系起来，引进源头活水，开发利用课程资源。春天，带领学生到江边踏青，让学生体味"小草偷偷的从土里钻出来了，嫩嫩的，绿绿的";夏天，让学生在长江堤上感受"滚滚长江东逝水"的气势和"大江东去，浪淘尽，千古风流人物"的感慨。结合本地道路设施的特点，让学生以"路"为写作内容进行自由写作，以双柳万亩蔬菜基地为素材进行社会调查。学生积极参与，一篇篇优秀作文和调查报告应运而生。其中梅思的作文《路见不平一声吼》、邱萱的随笔《萱草的姿态》等六位同学的作文和随笔发表在《学语文报》上，曹真的《我终于读懂了他》、张欣悦的《换个角度看问题》等八位同学的作文发表在《帅作文报》上。

我们让学生把"泥土"和"草叶"装进书包，把"鸟语"和花香带进课堂，让学生到田野去，到果园去，亲近自然，让学生的语文学习和日常生活充满泥土和草叶的芳香，既激发了学生的探究兴趣，拓展了求知的空间，又培养了学生语文学习中的创造思维和创造能力。这是再好的多媒体课件所无法比拟的。

在语文课堂教学中，还有许多可利用的课程资源值得我们去开发、利用并进行创造。唯有此，语文课堂才能走向开放，真正走进大语文世界;也唯有此，语文课堂才能充满活力，让每个生命都得到发展!

夏友田，湖北省武汉市新洲区双柳街挖沟中学教师。

找到开门的那把钥匙

——从高考语文作文考试讲起

◎ 肖 音

经过12年的学养累积,从像冰川融化一般的认知开悟到泉水、山涧、河流汇聚一般的语言表达,学生的语文水平从漫长的时空深处穿越而来,流经高考语文各题枝干,终于,从作文题目奔腾入海。陪伴了学生三年之久的语文教师,很快就能从每年度的高考作文题中观测到学生在入海口汇流时的具体状况:水流之深浅、缓急,是否掺杂砂石,是否藏污纳垢。大海无言纳百川,但河流本身的质地却决定着它将以怎样的姿态融入大海。有鉴于此,高考作文的谨慎分析,就成了语文教师在当届教学过程中最后也是最庄严的一项工作。而这项工作的突破性发现,又将延伸到下一条河流奔腾入海的那一刻。

一、学生作文问题概述

"高考作文越来越难以琢磨"的声音越来越响亮,但换个角度看,对高考作文感到困难,是否也可以理解为:长期以来,学生甚至包括部分语文教师,对作文写作不重视?或者至少可以说,没有从根本上引起重视?

因此,"灵感枯竭""没有感觉""没有素材"的说法层出不穷;"下笔千言,离题万里",甚而抄袭、套作、空洞机械的交差文渐渐成为趋势。

学生、教师,都对此隐隐不安,感到心虚委屈,日常教学已然按照普遍的作文教法进行教学,甚至网络名师之法,也悄悄一一实践,但学生写作就是不得要领,不见其效。那把打开写作大门的钥匙,它到底在哪儿呢?

二、回到作文基本面

不要为了作文分数而盲目进行作文技法的探索与尝试,要抬起头来自问一句,写作,究竟是什么?究竟为什么?

为了把字数写满,那不是写作。

为了拿一个比较好看的分数,那也不是写作。

写作是"为了以读者为对象,务使读者不觉苦痛厌倦而得趣味快乐。所谓要有秩序,要明畅,要有力等等,无非都是想适应读者的心情"。夏丏尊在《文章作法》里如是说。

放在日常写作训练,放在高考场上,写作就是为了向老师(阅卷者)表达清楚自己对作文题目的理解。理解,是内在的隐含的学习能力;表达清楚,是外在的显性的学习成果。

要训练的不是技法,要训练的是"理解力"与"表达力"。这也是《新课标》向学习者、教育工作者提出的要求。《新课标》将"理解力"与"表达力"总结为:以"文化理解与传承、思维发展与提升、审美鉴赏与创造、语言建构与运用"为核心的素养与能力。

教、学、评三者,率先在《新课标》中合流了。只训练技法,期望继续以走捷径的方式达成期望与目的,自然失效。

三、作文教学可行性方法初探

既然说一劳永逸的方法已经失效,那么我们回到最初,又该如何找到那把开启写作大门的钥匙呢?

我们不妨以2023年高考语文甲卷作文题为例:

人们因技术发展得以更好地掌控时间,但也有人因此成了时间的仆人。

这句话引发了你怎样的联想与思考?请写一篇文章。

这个题目初看不难,这也是高考语文作文题的直观特点。字面意思都浅显易懂,但要进一步分析,从中找到立意的高地,要能表达清楚,要能有所见地,就感到不那么容易了。那样的题目,从哪里入手进行审题立意呢?

1.找。找准并找全关键词或词组。一句话里会出现撬动理解这句话的关键词,一段话里同样如此。

学生往往能找到一两个关键词,比如他们能找到"技术发展"与"时间",然而问题也在这儿,学生心中似乎有一种交差了事的潜意识,在找到一两个关键词后他们就停止寻找了。然而"找准"与"找全"才是重点功夫。

在这个题目里,"技术发展""掌握时间""时间的仆人"三个词组都是关键词组,并且,三个词组在立意时,因为清晰具体的概念内涵与外延,不能轻易置换。三个词组都找到,就是找全;三个词组不被置换,就是找准。

"语言建构与运用"这个维度的核心能力,在写作考查中,是从文字阅读与文字筛选,而不是从文字写作开始的。

2.关联。找准与找全关键词之后,就要进行关键词的关联性思考。这几个关键词本身,是什么意思?这几个关键词之间,是什么关系?它们是怎么关联到一起的?为什么技术发展,可以更好地掌握时间?为什么有的人因此成了时间的仆人?这个因果关系是怎么形成的?

《文心雕龙》里所写:"原夫论之为体,所以辨正然否。穷于有数,究于无形",讲的就是要从正面、反面、多角度去关联概念与概念之间的关系,要穷尽可能,要全面考虑。

如果找到关键词就准备开始构思文章,甚至准备提笔成文,显然就失于轻薄。

3.定中心。能将上述问题反复推敲,并得出答案之后,写作的中心也就呼之欲出了。

技术,无论是经济、军事、人工智能还是航空航天……任何领域的技术发展都是一把双刃剑,它承载了技术研发者最初的理想与探索初心:为了突破某种现实限制,技术被发展出来,最显性的成果就是帮助人类解决了当下困难的技术性问题,从理论上让人类节约出更多的时间去解决下一个难题,去创造更多的生存与生活空间。

然而理论与现实的差距,在于人们并不能准确掌控时间。当技术被发展出来,问题被解决之后,部分人的思想与认知会同时产生懈怠,只选择享受技术带来的便捷,而拒绝进一步利用好这份便捷,去探索与创造更多的可能。

停止思考与探索的人,就是技术蓬勃发展时代的仆人。他们不受任何人的奴役,他们只是停止了发展,从而被限制在了有限的时空里。

技术是工具,它不止帮助人类获得便捷,更重要的是,它能帮助人突破时空限制,创造更美好的未来。这或许更能呼应海德格尔的那句名言:人从根本上讲,是时间性的存在。

4.学生可能出现的问题:是先搜集写作素材还是先分析材料?

搜集写作素材与分析材料原本不矛盾。矛盾的是思维在理解题目之初时的混乱状态。《新课标》对学生在高中阶段的思维能力有着明确的要求:

"思维是心理活动过程,它借助语言等抽象的反映现实世界、创造世界。思维的本质在于创造,即发现新的关联、推断、整合出新的信息或解决问题的策略、程序和方法。"

"思维发展与提升,是指学生在语文学习过程中,通过语言运用,获得直觉思维、形象思维、逻辑思维、辩证思维和创造思维的发展,以及深刻性、敏捷性、灵活性、批判性和独创性等思维品质的提升。"

因此,写作的困难不在于作文素材搜集和掌握不够,而在于对题目的理解不够。上文中列举的对题目理解的方法,就是围绕《新课标》中"思维发展与提升"这一核心素养目标进行的一种训练方式。围绕着目标展开的方法,最能够达到举一反三的效果。

四、找到开门的那把钥匙

高考作文是学生这条河流汇入大海的入海口,它不止关乎分数成绩,更关乎学生解读文本的思维能力与准确方法,而思维能力与准确方法,不是临时抱佛脚可以获得的。它需要的是在日常教学过程中有规律的、持续性的训练。

如果说训练核心的钥匙不拘于某种形式,而在学生"理解"能力的日益精进,那么日常的写作训练课与日常阅读课就可以彼此呼应起来,无论是从哪个角度,都能对学生从词语语义到词语关系乃至文本结构的理解能力的全面训练。

学生的语言是否能准确建构与灵活运用,就是建立在对具体语言准确理解的基础之上的,无论是作文题目的文本,还是阅读课的文本,只有从关键词的寻找与识别开始,针对性地训练学生的文本理解能力,学生在最后的考试中才有可能胸有成竹、临考不乱。

那条汇聚了12年之久的河流,才能在入海那一刻,完成最美的一跃。

肖音,四川省成都市鸿鹄高中教育集团教研院教师。

杜诗对仗艺术管窥

◎ 熊 瑛

在我国诗歌文化中,杜诗可说是一艺术宝卷,"诗圣"杜甫继承《诗经》和汉乐府的现实主义传统,同时批判地吸取六朝以来诗歌在音韵格律、遣词造句等方面的艺术技巧,丰富和发展了我国古典诗歌艺术创作,对后世影响是深刻和巨大的。正是由于杜甫执著追求和艰苦探索,才得以产生其具有深刻认识价值和很高审美艺术的诗篇。他成功的艺术经验和高超的写作技巧是很宝贵并足资借鉴的。

所谓对仗,即诗中用同类词句成对排列,以其如古代帝王仪仗两两相对而得名。律诗中的对仗指两句相对,一般规律是词性相同,平仄对立,出句与对句(上句与下句)的字不能重复。律诗要求中间二联必须对仗(绝句可对也可不对),其方式大致有工对、宽对、借对、流水对等。《文镜秘府论》所列对仗,名目繁多,今据常规作主要介绍。

对仗,它源于客观事物的奇偶对称和人们主观心理联想,均齐匀称,和谐统一,既有辩证性,又有艺术美。客观事物本来就相互依存,对立统一,造文为辞是文学作品的反映。我国古代刘勰说"造物赋形,支体必双,神理为用,事不孤立"(《文心雕龙·丽辞》),又说"心生文辞,运裁百虑,高下相须,自然成对"(同上),说的就是这个道理。对仗"有助于辩证思维的发挥作用"。(严北溟《论律诗对偶形式与辩证思维》)对于对仗的认识,还可用朱光潜先生的话来说:"律诗有两大特色,一是意义上的排偶,一是声音的对仗",还说意义的排偶或声音的对仗"都起源于描写杂多事物的赋"。可见对仗是要求艺术地展示矛盾对立,且是用于描写杂多事物即客观对象与心灵世界,也就是对仗这种形式是服务于内容来表达的。

杜甫的创作实践充实和丰富了对仗这一独特的艺术形式,有其突出贡献。杜甫是位众体兼长的诗人,尤以七律为最。这是称道杜甫会作律诗,不妨说也是称道他善于运用对仗,因为对仗是律诗的核心。杜甫一生写作七律一百五十一首,在数量和质量上都超过前人。称杜诗为"集大成者",也自然包括对仗在内。唐元稹在《杜工部墓系铭序》中道"少陵体"之诗风云:"至于子美……尽得古今之体势,而兼人人之所独专矣。"又云:"词气豪迈而风调清深,属对律切而脱弃凡近。"也足资说明杜诗之成就与对仗之艺术。

下面试做分类分析,供鉴赏其对仗艺术:

1. 工对。所谓工对,是指词性、词类相同的词相对仗。如名词对名词,动词对动词,形容词对形容词等,这就是词性相对。还有意义相同的类别相对,如时令对时令,饮食对饮食,文具对文具等。与"宽对"相对而言,古人把名词分为天文、时令、地理、宫室、服饰、器用、植物、动物、人事、形体、人伦等意义门类。严格的对仗,词性、词类都要相对,称为工对。颜色、数目字、方位词相对,也属工对。如杜甫《春望》诗:"国破山河在,城春草木深。""城"对"国","春"(作动词)对"破","草木"对"山河","深"对"在",对得工整。又如:"鱼吹细浪摇歌扇,燕蹴飞花落舞筵"(《城西陂泛舟》),"思家步月清宵立,忆弟看云白日眠"(《恨别》),"盘飧市远无兼味,樽酒家贫只旧醅"(《客至》),"露从今夜白,月是故乡明"(《月夜忆舍弟》),"清新庾开府,俊逸鲍参军"(《春日忆李白》),"扶桑西枝对断石,弱水东影随长流"(《白帝城最高楼》),"王侯第宅皆新主,文武衣冠异昔时"(《秋兴八首》),"感时花溅泪,恨别鸟惊心"(《春望》),等等。

下含数目字相对:"新松恨不高千尺,恶竹应须斩万竿"(《将赴成都草堂途中有作先寄严郑公》),"烽火连三月,家书抵万金"(《春望》),"逐客虽皆万里去,悲君已是十年流"(《寄杜位》),"三顾频烦天下计,两朝开济老臣心"(《蜀相》),"皇舆三极北,身事五湖南"(《楼上》)等。

下含颜色词相对:"红入桃花嫩,青归柳叶新"

(《奉酬李都督表丈早春作》），"绿垂风折笋，红绽雨肥梅"（《陪郑广文游何将军山林十首》），"青惜峰峦过，黄知橘柚来"（《放船》），"蓝水远从千涧落，玉山高并两峰寒"（《九日蓝田崔氏庄》），"香稻啄余鹦鹉粒，碧梧栖老凤凰枝"（《秋兴八首》）等，色彩词置句首相对；"瓢弃樽无绿，炉存火似红"（《对雪》），"远岸秋沙白，连山晚照红"（《秋野五首》），"波漂菰米沉云黑，露冷莲房坠粉红"（《秋兴八首》），"寒轻市上山烟碧，日满堂前江雾黄"（《十二月一日》），"宠光蕙叶与多碧，点注桃花舒小红"（《江雨有怀郑典设》）等，颜色词置句尾相对；"映阶碧草自春色，隔叶黄鹂空好音"（《蜀相》），"苦遭白发不相放，羞见黄花无数新"（《九日》），"云随白水落，风振紫山悲"（《人日》）等，颜色词置句中相对。

下含叠字对（也属工对）："穿花蛱蝶深深见，点水蜻蜓款款飞"（《曲江二首》），"繁枝容易纷纷落，嫩蕊商量细细开"（《江畔独步寻花七绝句》），"风含翠筱娟娟净，雨浥红蕖冉冉香"（《狂夫》），"年年非故物，处处是穷途"（《地隅》），"汩汩避群盗，悠悠经十年"（《自阆州领妻子却赴蜀山行》）等。

需要说明的是，大多数近体诗的对仗，只要做到每联有一大半的字工对，其他字稍宽些，也是工对。

2.宽对。这是一种较宽松的对仗，只要词性相同就可相对。如杜甫《月夜》颔联"遥怜小儿女，未解忆长安"，"遥怜"对"未解"，其他字不相对。颈联"香雾云鬟湿，清辉玉臂寒"是著名的工对。

3.借对。借用一字多义的现象构成对仗，即一个词有两个或两个以上的意义，诗中用甲义，同时借用乙义与另一词相对。如《曲江》："酒债寻常行处有，人生七十古来稀"，"寻常"对"七十"，诗中用的是"平常"义，同时又借用"八尺为寻，倍寻为常"数量义与"七十"相对。《陪章留后侍御宴南楼》："本无丹灶术，那免白头翁"，诗中用的"炼丹"之"丹"，同时借"丹"之"红"义与"白"对。《宿府》："永夜角声悲自语，中天月色好谁看"，诗中用"画角"义，同时又借二十八宿之"角宿"义对"月色"。《九日》："竹叶于人既无分，菊花从此不须开"，诗中用的是酒名，同时又借"竹子之叶"义对"菊花"。以上为借义对，还有借音对，如《陪郑广文游何将军山林》："野鹤清晨出，山精白日藏"，诗中"清"义之外，又借为"青"与"白"对。

4.扇面对。又叫隔句对，即律诗中一、三两句相对，二、四两句相对，以其形式展开如扇而得名。如《哭台州郑司户苏少监》："得罪台州去，时危弃硕儒；移官蓬阁后，谷贵殁潜夫。"从语义看，一、二句一联，意思是郑虔被贬台州，三、四句一联，说苏源明饥饿而死。从形式看，是一、三两句相对，二、四两句相对。扇面对在近体诗中极为罕见。

5.流水对。即上下两句字面对偶而意义相承的对仗形式，以其上下两句如水顺流而下得名。其特点是上下两句不能颠倒，而一般的对仗两句可以颠倒。这种对仗运用很广。如《登岳阳楼》："昔闻洞庭水，今上岳阳楼"；《登高》："无边落木萧萧下，不尽长江滚滚来"；《闻官军收河南河北》："即从巴峡穿巫峡，便下襄阳向洛阳"。

6.当句对。即"对中对"，句中自对。如《涪城县香积寺官阁》："小院回廊春寂寂，浴凫飞鹭晚悠悠"。"小院"对"回廊"，"浴凫"对"飞鹭"，然后"小院回廊"对"浴凫飞鹭"。又如《白帝》："高江急峡雷霆斗，古木苍藤日月昏"，《江村》："自去自来堂上燕，相亲相近水中鸥"等都是。洪迈《容斋诗话》说："唐人诗文或于一句中自对偶，谓之当句对。"钱钟书《谈艺录》："此体创于少陵，而名定于义山"，这是说当句对由杜甫首创。

以上是从不同角度分类看对仗的，而于诗中则可综合分析、鉴赏。下及整诗，如唐诗中不可多见的全首都构成对仗的杜诗《登高》："风急天高猿啸哀，渚清沙白鸟飞回。无边落木萧萧下，不尽长江滚滚来。万里悲秋常作客，百年多病独登台。艰难苦恨繁霜鬓，潦倒新停浊酒杯。"又如著名"快诗"《闻官军收河南河北》："剑外忽传收蓟北，初闻涕泪满衣裳。却看妻子愁何在？漫卷诗书喜欲狂。白日放歌须纵酒，青春作伴好还乡。即从巴峡穿巫峡，便下襄阳向洛阳。""其疾如飞"，诗中二联、三联、四联对仗。还有如工对优美、明丽如画的《绝句》："两个黄鹂鸣翠柳，一行白鹭上青天。窗含西岭千秋雪，门泊东吴万里船"，真乃"一句一绝"，诗情画意，工整优美。

杜诗对仗的艺术美，由上所述略见一斑，仅以工对、宽对、借对、扇面对、流水对而论，足见其锤炼之功，若许源远流长的语言艺术，随时代而长进，它的生命是常绿的，学习、借鉴和创新，可为民族的语言艺术平添新的异彩。

熊瑛，湖北省襄阳市实验中学教师。

戏剧类文本鉴赏方法探析
——以《窦娥冤》《雷雨》《哈姆莱特》为例

◎杨 丽

传统观念认为戏剧文学作品的鉴赏不外乎包括戏剧作品的内容即戏剧人物形象的塑造、戏剧语言、戏剧矛盾冲突、戏剧结构、戏剧场面、戏剧主题等的分析和戏剧的形式，包括戏剧的表达方式、戏剧的风格特点等的掌握。笔者以统编版普通高中语文教材必修下册节选的《窦娥冤》《雷雨》《哈姆莱特》三篇戏剧文本为例，试从宏观、中观、微观三个角度探究戏剧类文本的鉴赏方法。

一、立足基础，宏观把握

戏剧按照不同的标准，可以分为许多种类。统编版高中教材中所选的戏剧文本主要是中国古代戏剧（戏曲）和中外现代戏剧。虽说同属于戏剧，但也存在明显的差异。周健教授就曾指出，中国古代戏剧（戏曲）具有角色细致化、戏曲故事歌舞化、演员表演虚拟化、艺术形式综合化的特点；而话剧则具有舞台性、直观性、综合性的特点。可见，中国古代戏剧和现代话剧在角色的分类和舞台表演等方面都存在着明显的差别。只有从宏观上了解戏剧文本本身所具有的特性，这样才能各有侧重地进行分析鉴赏。例如作为元杂剧代表剧目的《窦娥冤》，其中的语言极具特色，无论是说词还是唱词都兼具"表情"和"达意"的功能，极具形象价值。人物语言共同架构起了剧本的框架，不同的人物语言具有不同的特点。尤其是作为主角的窦娥，她的语言更是极具审美价值和文学批评价值。在第三折中，窦娥的唱词极其具感染力。"没来由犯王法，不提防遭刑宪，叫声屈动地惊天！顷刻间游魂先赴森罗殿，怎不将天地也生埋怨。""可怜我孤身只影无亲眷，则落得吞声忍气空嗟怨。""若果有一腔怨气喷如火，定要感的六出冰花滚似绵，免着我尸骸现；要甚么素车白马，断送出古陌荒阡？"窦娥三次喊"怨"，她怨天地不分清浊，错勘贤愚；怨自己孤身只影，无处伸冤；怨官府黑暗，自己有口难言。这里的语言不仅表明了她所受的冤屈之大，同时也展现了窦娥的反抗精神。一叶而知秋，分析类似于《窦娥冤》这种中国传统戏剧，我们则可以从"本色"的语言和中国传统的价值取向入手。而对于《雷雨》这种中国现代话剧则可以从其中鲜明的人物形象以及意味深长的潜台词入手，而《哈姆莱特》则可以抓住其中人物内心的冲突进行鉴赏分析。

二、篇目中心，中观突破

鉴赏戏剧除了把握宏观上的概念，运用整体思维去分析，还不可忽视单篇文本的特性。《窦娥冤》和《雷雨》都属于悲剧，但是悲剧的内涵却是通过不同的形式表现出来的。《窦娥冤》主要通过唱词表现，而《雷雨》则主要通过人物的语言和人物之间的矛盾冲突，表现的方式不一样，我们分析鉴赏的切入点自然也不相同。《雷雨》由于其剧作内涵的多样性，存在着多元化的解读。而这些解读无非指向两个大的方向，一个是文学解读，一个是教学解读。《雷雨》的文学解读从1979年到2000年经历了蜕变的过程。新时期《雷雨》的文学解读倾向于将其解读为社会问题剧，而近年来角度逐渐拓展。20世纪90年代以前，不少学者将《雷雨》作为现实主义戏剧模式进行解读；新时期以后，认为它的主题是反封建和追求个性解放，后又有学者将目光投向曹禺个人的生平经历，认为主题是恋母情结的难抑和寻求宗教的救赎；或又有学者认为它表现的是人类追求的难以满足和与命运抗争的悲剧。

《雷雨》作为话剧文本之外，它还是教学文本。那么作为教师又该如何鉴赏这部剧本呢？90年代之前的教师可能更多的是文本内容和思想政治教化相关联。作为新时代的教师，更多的则将目光投向文本本身。在解读《雷雨》时，应该首先关注作者本人，应该感受到作者将自身对生命的体验注入人物和戏剧之中，将个体的体验升华到对人类生命本源的体会。在进行剧本内容的鉴赏时,可以分析其中的矛盾冲突,分析人物形象,感受悲剧内涵……而人物形象的塑造,离不开语言,在戏剧作品中,则是人物台词。台词塑造人物,台词引起冲突,从台词及潜台词的解读中,师生能够把握人物形象。

例如,对周朴园这一人物的分析,便可以从台词入手。周朴园作为《雷雨》的主人公,三十年前他抛弃侍萍,三十年后在周公馆再聚首,他将剧中的三十年进行了完美的衔接。从他对侍萍态度的变化,我们很容易分析出他是一个虚伪狡诈、冷漠无情的人。然而他对侍萍的怀念和感情又并不是虚假的。剧中写道三十年来他保持着穿旧雨衣、旧衬衫的习惯,记得侍萍的生日,按侍萍生前的喜好摆放家具,甚至于在序幕部分,周朴园已是一位年老体衰的老人,当他前来探望同在医院的繁漪和侍萍时,进门之后和尼姑甲进行了如下对话:

老　人　(点头)嗯——(关心地)她现在还好么?
姑　甲　(同情地)好。
老　人　(沉默一时,指着头)她这儿呢?
姑　甲　(怜悯地)那——还是那样。(低低地叹一口气)
老　人　(沉静地)我想也是不容易治的。
姑　甲　(矜怜地)您先坐一坐,暖和一下,再看她吧。
老　人　(摇头)不。(走向右边病房)
姑　甲　(走向前)您走错了,这屋子是鲁奶奶的病房。您的太太在楼上呢。
老　人　(停住,失神地)我——我知道,(指着右边病房)我现在可以看看她么?
姑　甲　(和气地)我不知道。鲁奶奶的病房是另一位姑奶奶管,我看您先到楼上看看,回头再来看这位老太太好不好?
老　人　(迷惘地)嗯,也好。

从这简短的几句对话中,可以得出以下信息:年老的周朴园冒着大雪仍然前来探望侍萍;在自己明媒正娶的夫人繁漪和曾经的恋人侍萍之间,他更为关心侍萍;老年的周朴园,自身身体和精神状态也不太好。一个人直至年老体弱之时,还能保持着对另一个人的关心,这又何尝不是爱呢?人性本来就是复杂的,虚构的人物其复杂性可见一斑。对于人物形象的分析,不可局限于人物的单个方面或者对其进行单一的形象认定。

三、见微知著,微观探析

戏剧除了显而易见的人物和人物语言之外,还有舞台提示(说明)。舞台提示市是剧作者根据演出的需要,提供导演和演员的说明性的文字,按其内容和作用的不同,可以分为人物说明,舞台场面说明,人物语言说明,唱腔、板式说明。例如《雷雨》第二幕开始时的舞台说明为"午饭后,天气更阴沉,更郁热,低沉潮湿的空气,使人异常烦躁"。此处的舞台说明交代了时间,天气情况,夏日午后的炎热烦闷也为后文情节的展开设立了环境背景。再如这一幕中周朴园的很多语言前都有人物语言说明,如"沉思""苦痛""汗涔涔""惊愕""忽然严厉地""冷冷地"等,这些人物语言说明极为清晰准确地展示了此时人物的心理和态度,是我们鉴赏人物形象时不可忽视的内容。

除了舞台说明,戏剧中人物形象的分析还可以从潜台词入手。例如周朴园知道侍萍的身份之后说:"你来干什么?"实际上潜在的含义就是周朴园认为鲁侍萍此番前来肯定有不可告人的目的,不是想来要儿子就是为了钱,十有八九是为了勒索一笔钱。周朴园后又问:"谁指使你来的?"既然有目的,那么肯定就有同伙或指使人,这个人十有八九是鲁贵。"三十年的功夫,你还是找到这儿来了。"潜台词指三十年的时间鲁侍萍一直在寻找,果然是蓄谋已久。最后周朴园摊牌性地对鲁侍萍说:"那么我们可以明明白白地谈谈。"潜在含义就是说既然大家曾经有一番情意,既然不想提过去的事情,那就针对现在的情况,有什么要求,想要多少钱,都可以明明白白地提出来。人物语言除了表面的含义之外,我们还得分析潜台词的含义,这样可以帮助我们更好地分析人物形象,感知故事情节。

戏剧类文本的鉴赏方法有很多,可以从人物形象的塑造、戏剧语言、戏剧矛盾冲突、戏剧结构、戏剧场面、戏剧主题等各个方面进行分析探讨。而具体从哪个角度切入进行分析,笔者以为首先应该从宏观上把握戏剧的类型入手,然后从中观的角度把握单篇戏剧的特点,最后抓住剧本中最值得分析鉴赏的地方进行鉴赏。只有抓住剧本的独特之处,才能在鉴赏过程中得到不一样的审美体验。

杨丽,西华师范大学文学院学生。

例谈高中语文文学短评写作策略及意义

◎杨秀云

文学短评是以评为主的小论文。高中学生写作文学短评，不用像文艺理论家那样从文学思潮、文学流派、文学作品、文学发展史、文学理论等方面对作品进行高深的评价，而是侧重于对具体文学作品人物形象、情感态度、艺术技巧等方面的分析和评价，是文学评论的初级阶段。虽然篇幅较文艺理论家的评论来说是短小的，但也要求观点鲜明，层次清晰，论证有力，语言精到。写好文学短评是由语文学习阅读层到鉴赏层的重要一步。

高中语文的多个任务群都有写作文学短评的要求。如"撰写文学评论，借以提高审美鉴赏能力和表达交流能力"，"选择感兴趣的作家、作品或话题从不同角度撰写评论，发表自己的见解"。文学短评写作是文本研读的成果总结，它能够激发学生研究性学习的开展与实施，促使学习由浅阅读到深阅读的转化。

写作文学短评，要在文本学习过程中逐渐形成评论的眼光，发现评论"点"，既要读有见解，又要写有章法。其具体创作过程如下：

一、研读文本，读有创见

带着研究性学习的目标去深入研读文本，在理解文本内容的基础上有独特研究发现。所谓深入研读，既要拓宽广度，又要增加深度。如去发现文本的语言特色、构思技巧、情感价值等，视谓广度；文本的情感价值是什么，其产生的根源是什么，视谓深度。在广拓深挖的过程中形成自己成熟而新颖的阅读感悟。如在学习选择性必修下"诗意的生活"这一单元文本的过程中，学生及时捕捉了如下创见：

1.《氓》中女子认清现实的心路历程；2.三渡淇水的不同心境；3.古代女子婚姻爱情悲剧探析；4.《离骚》的浪漫与现实；5.《离骚》的象征手法；6.《孔雀东南飞》的铺陈；7.《扬州慢》虚实相生的艺术；8.李白的浪漫与杜甫的现实；9.杜甫诗歌的沉郁顿挫。

以评论的眼光去阅读文本，就会发现文本中值得评论的"点"很多，只要适时捕捉，就能不断拓展自己的评论视域，拥有文学评论的眼光。

二、切入点小，层次清晰

对文本的评论不要面面俱到，一味面面俱到，结果会流于浮泛，不足以动人，无法呈现有价值的研究成果。应该选择小切入点，分层次深入探究。如一篇800字的文学短评，如果同时从文本的语言、构思、意象、情感等几个方面进行综合评论，那么这篇文章就会因评论的"点"太多，而无法体现对文本"精华"的深度研究。有的学生这样分层次评论李白的《蜀道难》：

一、叹其语言之豪迈；二、赞其想象之奇特；三、品其情感之奔放。

评论层次很清晰，但因为评论的角度过多，难免深度不够。我们不妨攻其一点，小切口，深挖掘。可以仅从情感入手进行评论，将其改为这样的评论层次：

一叹蜀道难，叹蜀道险峻；二叹蜀道难，叹政治动荡；三叹蜀道难，叹志不得抒。

这样仅从情感角度入手，将情感进行多层次的细致探究，由浅入深逐层挖掘，就会对作者的感情领悟更深刻透彻，更能体现研究的深度。

三、结合例证，评要有据

文学评论要有针对性，不能自说自话，要结合文本中的语句、意象等进行举例分析，做到言之有理，言之有据。如评论杜甫诗歌的沉郁顿挫风格，我们要结合具体的例句进行评析。

顿挫之法是昂扬后的挫锋逆转，一扬一抑间更显深沉。

"沉郁之中，运以顿挫，方是词中最上乘"（陈廷焯《白雨斋词话》卷七）。顿挫是沉郁感情的外显，是语气、音节的跌宕摇曳。萧萧落叶辅以"无边"之状，不尽江水加之"滚滚"气势，昂扬疏宕之势如建瓴走坂，紧接却挫锋而下，如此开合多变之章法尽显杜诗之顿挫。此外亦有高低多变之音韵，"万里 / 悲秋""艰难 / 苦恨"到"潦倒 / 新停 / 浊酒杯 /"；"三顾 / 频烦""两朝 / 开济"到"长使 / 英雄 / 泪满襟"音韵由铿锵洪亮到哀婉低沉，亦于抑扬顿挫间更显深沉。

此处就结合了杜甫的《登高》与《蜀相》中的相关诗句进行了评析，既有理论的概括，又有分析的支撑，做到言之有理有据。

四、把握语言，详评略感

文学评论的语言是理性的，重在发表见解，结合事例表达自己新颖、精辟的见解。文学评论与读后感不同，读后感侧重抒发阅读感受，在表达方式上表现为抒情；而文学评论更多表现为议论。如评论《氓》中女子的悲剧命运，有的学生这样写：

千百年来，世人对这位柔弱的女子寄寓了太多的同情。她也曾青春貌美，她也曾沉浸在爱情的甜蜜，但恰恰就是这份对爱情的幻想与沉浸，使她遭遇无尽的苦痛。感慨女子的痴情，以至让自己在容颜老去时遭遇婚姻的不幸；感慨女子的无助，以至让自己除了决绝的离去没有更好的反抗，掬一把同情泪寄这位女子，唯有自立方能真正摆脱悲剧的命运。

显然，这段话更多的是在抒发阅读的感受，不是理性地发表见解，因此它不属于文学短评，而属于读后感。不妨这样改写：

《氓》中的女子具有所有中国传统妇女的美德，勤劳、贤惠、善良、活泼、美丽、忠贞、坚强，她也具有传统女子的美好愿望。但这样一位集各种美德于一体的女子，却遭遇了婚姻的悲剧。其悲剧原因，一方面是女子的遇人不淑。另一方面就是古代女子地位的低下。文中男子的性格在婚前就已初见端倪，"将子无怒，秋以为期"，已经显露了男子易怒的性格，这样就不难解释男子前后的判若两人，由此前期的"氓之蚩蚩，抱布贸丝"不过是富有心机的狡黠。古代的女性是没有地位的社会附庸，在当时男尊女卑的社会伦理秩序下，在那个男人说了算的家庭格局中，女子针对"氓"的背叛和凶暴，没有任何有效的反制手段，而且就算是在公众舆论方面，女子也没能得到任何有价值的支持。

修改后的片段，才是理性地对《氓》中女子的悲剧命运进行评论。摆出其悲剧之实，挖掘其悲剧命运之因，不重在抒发对女子的同情，而重在结合例证发表自己的看法，在表达方式上以议论为主。

为锤炼评论语言，可以多读一些名家评论文章，从中获得评论语感。可以读一读刘勰《文心雕龙》、钟嵘《诗品》、严羽《沧浪诗话》、司空图《二十四诗品》等，借名家评论经典为自己的文学评论增添理论的深度和光彩。

需要说明的是，目前高考对文学评论的考查评价还没有在作文中具体体现，而是体现在文学类文本阅读和诗歌鉴赏题中，如阅读题中的"评价文章的主要观点和基本倾向"，"评价文章产生的社会价值和影响"，"对作品表现出的价值判断和审美取向做出评价"等，都属于文学评论的范畴。如2023年新课标Ⅰ卷的文学类文本阅读第9题，读书小组要为此文写一则文学短评。经讨论，甲组提出一组关键词：未来·回忆·成长；乙组提出一个关键词：河流。请任选一个小组加入，围绕关键词写出你的短评思路。这其实是写文学短评的提纲，如果我们在平时教学中注重文学评论的训练，注重文艺理论的探究，就会很容易地读懂题意，分角度写出短评思路。

总之，文学短评写作的训练无论是在提升学生的文学素养，还是在提高应试能力方面都是很有必要的。文学短评让语文学习真实发生，让文本阅读读有所感，读有所得，形成理论见解，进而提升文艺理论素养。

杨秀云，山东省德州市临邑县第一中学教师。

浅谈有效指导小学生朗读的要点

◎杨雪梅

指导小学生朗读是小学语文教学应面对社会发展的需要，在教学中尤其要重视培养良好的语感和整体把握的能力。加强朗读指导，发展小学生朗读能力，是时代赋予小学语文教师的使命。因此，在小学阶段，我们要注意培养以及重视孩子的朗读能力，将朗读始终贯穿于整个语文课堂。

一、朗读对小学生的重要性

朗读，是把文字转化为有声语言的一种创造性活动。是一种出声的阅读方式，它是小学生完成阅读教育任务的一项重要的基本功，就语文学习而言，朗读是最重要的。朗读是阅读的起点，是理解课文的重要手段。它有利于发展智力，获得思想熏陶。朗读有助于情感的传递。朱熹要求学生从小养成正确朗读的习惯，还要求读书必须逐字逐句透彻理解，进而深入体会，反复揣摩。而且朗读中，可以让某个字突出出来，让人更加能理解读的文字的意思。"朗读"实质就是说话，不过说的是"书上的话"或是事先写在讲演稿上的话。我们所学的语文就是用文字记录的语言。

"朗读"是小学生学习说话，积累词汇、语汇的过程。现行小学语文课本中的文章，是根据儿童的认知水平和生活实践编写的，文中不管是短句，还是长句，都符合小学生现在的水准要求。

朗读是培养小学生说话能力的重要途径。读是吸收，读是模仿，课文是规范的语言，只有规范地去朗读课文，才能思索练就自己规范的语言，从而形成用规范的语言清楚明白地表达思想感情的能力。

二、小学生朗读的技巧

所谓朗读的技巧，正是指朗读者为了准确地理解和传达作品的思想内容和感情而对有声语言所进行的设计和处理，是一种具有创造性的语言活动。这些设计和处理是从作品内容出发的，它将正确处理语言的断和连（停顿），轻和重（重读），扬和抑（语调），不仅使语言生动、形象，还使语言具有表现力和音乐性。主要从读正确、读流利、有感情朗读来分析朗读技巧。

（一）读正确

1. 不错字。在读正确的这个大目标下，我们还有很多小目标来围绕，以至于我们能实现"读正确"这个大目标。小学阶段，要正确地朗读好一个句子，最基本的要求就是"不错字"，能做到不错读一个字。对一年级的孩子来说，"不错字"对他们来说有点困难，识字是他们最大的挑战，但是只要我们从一开口朗读就将这一目标提出，孩子们定会完成得很棒。

2. 不添字。在朗读时，要注意在不错读字的基础上，还要做到不添加字。在课堂中，我总是听到孩子添字，他们总会以自己所认为的那样去读。

3. 不丢字。不错字和不添字也就强调了我们在朗读时只能看着课文读，不能错读、添加或者丢掉其中一个字，如果丢字就不符合读正确这个大目标。

4. 轻声、儿化。在每一篇课文中，或多或少就存在着轻声或儿化，两者并不同时存在，但在朗读时要注意其中的轻声和儿化。例如二年级上册《我是什么》中的儿化"点儿"，这个儿化就写出了"我"的调皮，会变成各式各样的形态。再如《小蝌蚪找妈妈》中"快活地"这个轻声。

5. 不拖拉。在朗读中，要做到"不拖拉"对孩子们来说稍有困难。那么何为拖拉？拖拉简而言之就是字与字之间没有连接在一起，读得慢吞吞、死气沉沉，整体就开始拖拖拉拉，以至于读一个词语仿若风筝断了线一般。这也跟孩子们的语感有关系。

6. 不唱读。所谓的"唱读"，朗读时以不变的声音形式应一个腔调，不管是什么内容，什么体裁，也不管是书面语言还是口头语言,是文言还是白话,使读书像唱歌一样。学生唱读,往往时不按标点符号朗读课文,要么所有的标点符号的停顿时间一样,要么就是一口气读到安儿就在哪儿停顿,这样,句子所要表达的意思就全被读没了。大多数学生写作时也不会正确使用标点符号。唱读还严重影响到学生声带的正常发育。整篇课文都按同一音调,音速朗读,死板重复,就导致学生的声带发育不全。教师在指导朗读时要重视培养孩子的语感,加强朗读训练。

(二)读流利

1.不重复。"不重复"就是在朗读时要做到有板有眼地朗读,做好停顿的工作,不回读一个字或者一个词。

2.不破句。"破句"指在读句时,由于把应属于上句末了的字连到下一句中,或把下一句句头的字读到上一句中。朗读时的"不破句"意思是在你朗读一篇课文或是文章的时候,不把一个句子中的一个词语读断。比如说,"池塘里有一群小蝌蚪",你应该读成"池塘里／有／一群小蝌蚪",而不是"池塘里有／一群／小蝌蚪"。这样读出来就会闹笑话的。

3.有一定速度。速度是指朗读或说话时每个音节的长短及音节之间连接的紧松。朗读各种文章时,要正确地表现各种不同的生活现象和人们各不同的思想感情,就必须采取与之相适应的不同的朗读速度。速度是由五个方面决定的:

(1)不同的场面,急剧变化发展的场面宜用快读;平静、严肃的场面宜用慢读。

(2)不同的心情,紧张、焦急、慌乱、热烈、欢畅的心情宜用快读;沉重、悲痛、缅怀、悼念、失望的心情宜用慢读。

(3)不同的谈话方式,辩论、争吵、急呼宜用快读;闲谈、絮语宜用慢读。

(4)不同的叙述方式,作者的抨击、斥责、控诉、雄辩宜用快读;一般的记叙、说明、追忆宜用中速或慢速读。

(5)不同的人物性格,年青、机警、泼辣的人物的语言、动作宜用快读;年老、稳重、迟钝的人物的语言、动作宜用慢读。

(三)读出感情

1.有重音。什么是重音?指朗读时,为了使整句话的意思表达得更清楚,或是为了突出某种特殊的思想感情,而把句子中的某些词语读得重一些,强一些。例如,"六月是鸟岛最热闹的时候"中的"最"。

2.有逻辑顺序。朗读时要注重朗读的逻辑顺序关系,什么是逻辑顺序?也就是朗读时要弄清作品中的概念、判断、推理以及全篇的思想发展脉络,层次、语句之间的内在联系,认真体会和把握主次感、并列感、对比感、递进感、总括感、转折感、因果感等多种感受。在朗读时,根据每句话的逻辑感赋予不同的语调,感情。让听者更加明白你所传递的感情。

3.语气自然。朗读要像说话那样自然,这是叶圣陶说的。不要拿腔捏调,不要唱读,要让人听得舒服。准确把握课文中人物对话的语气尤为重要,力求做到读谁像谁,把人物读活,让学生进入人物的内心,理解人物,感同身受。朗读时,要把握人物的内心,读出不同人物说话的语气,就要反复练习。在教学实践中为小学生朗读时语气要略带夸张,同时要配合适当的表情和动作。为低年级小学生朗读,最好让他们放下书本,听老师朗读,因为肢体语言同样能表情达意。有声语言和肢体语言配合得当,能收到很好的表达和视听效果。朗读学就是语气学,读出恰当的语气,读出不同人物说话的语气非常重要,教师要反复练习修炼出见文生情的功夫。

4.语调自然。语调,是指一句话语音的高低变化,注意到语调的不同,朗读起来就给人有抑扬顿挫变化的感觉,如果不注意这一点,朗读从头到尾一个调,就像是和尚念经,非常呆板,那么教师在语文课堂中指导孩子齐读时,更要注意这一点,否则就可能变成唱读而不是朗读

总之,从思想上认识朗读在小学语文学习中的重要性,自觉地认真朗读是前提;了解朗读的基本要求,认真地身体力行地去实践是关键;并注意一些必要的事项,长期坚持必能有效地提高小学生的朗读能力,乃至阅读水平。

参考文献:

[1]胡勤.朗读在小学语文教学中的重要性分析[J].中国校外教育,2018.

[2]王文光.朗读训练在小学语文阅读教学中的应用探[J].作文成功之路,2017(04):50.

杨雪梅,重庆市高新区科学城第一实验小学校教师。

作文教学的困惑与思考

◎杨颖欣

作文教学，一直是语文课堂教学中，我觉得最难的部分。

其一，在于课堂建构的困难。似乎每次讲评作文，最终回归的都是审题。由此，就得出一个问题，如果学生反复在审题方面出问题，那是不是作文审题教学中，学生并没有习得有效的知识迁移能力，以至于，在下一次写作的时候，仍然不能破解审题迷局。由此延伸出来的问题是——如何教审题，才可以让学生从单篇作文审题习得多篇作文审题的能力？我们在讲作文审题的时候，其实是想通过作文材料的"例子"，教会学生破解审题之道的"原理"。

所谓知识迁移的过程，就是通过具象知识的学习总结抽象出一般原理，学生掌握了一般原理后便能对另一具象问题进行解答。

我曾经在作文课上，将审过的四道作文题，做一个整体回顾。

材料一 漫画作文。这是一组带标题的漫画。第一幅漫画的标题为"似虐之爱"。在图上母亲拉着哇哇大哭的孩子离开飞满苍蝇的西瓜摊。第二幅漫画的标题为"似爱之虐"。图上母亲正在给一个孩子斟酒。虽然是漫画作文，实际上，关键词已经给出来——就是"似虐之爱"和"似爱之虐"。这一组关键词的关系也很明显，它们是相对的关系。关键词中的"似"就意味着，表现形式和核心的"貌似"对立。母亲拉走孩子，看似一种"虐"——在形式上并没有满足孩子的需求，但是真正的出发点是出于对孩子保护的爱。母亲给孩子倒酒，看似一种"爱"——满足了孩子的一切需求，哪怕是去喝对他的年龄来说并不合适的酒。实际上，这样的"爱的行动"带来的结果是一种伤害。

由该题，我们可以总结出：在审题的时候，我们可以先提炼关键词，并且梳理关键词之间的关系。

材料二 材料由三则材料和一句核心句构成。三则材料是核心句的拓展表现。核心句中的关键词是我们要把握的重点。这则材料实际强调的关键词是"选择"和"坚守"。这则材料和材料一同为有两个关键词的材料，区别在于，这两个关键词的关系，不再是"对立"的关系，而是显隐的关系。显性的是选择，隐性的是坚守。显性的是选择的决定，隐性的是坚守的理念、信念、品质、精神等等。

材料三和材料二的材料构成方式是一样的。都是例子加核心句的组合。在这则材料中，关键词同样是成组出现的。两个关键词"速度""温度"。这两个关键词是相生并存，缺一不可的关系。看起来是相悖，但是"中国速度"的背后是"中国温度"作为支撑力量和动力源泉。"中国温度"伴随着"中国速度"的发展，起到熨帖人心的作用。

材料四与前三则材料有所不同，材料四中并没有出现明显的关键词，也没有出现核心句。这也是我将其排在最后一则的用意所在。相比起来，会稍微有一些难度。而且第一句名言，还是以文言的形式出现，也加大了一点点难度。实际上，材料四体现的是两种价值观。一种是提前预备，做好计划。另外一种，就是松弛地接受变化，而不必事事计划。那么，缺少了核心句，我们是否就是选择其中一作文即可呢？是否还要去探寻两组关键词之间的关系呢？

我们在审题的时候，仍然要去思考二者之间的关系。只是这二者的关系可写性，大大放宽了。可写并列的关系：既要做好计划，又要接受变化。也可以主要倾向一种价值观来作文。

我设计这四道作文题的回顾是因为这四道作文题都有两个关键词，但是关键词之间的关系各有不同。希望学生能够通过这四道作文题，找到审题的共性——面对二元核心的作文审题，应当先找到核心词，继而寻找二者之间的关系，接着在关系建构中作文。

现在走过高三,重新回顾,这样的作文训练目标明确,训练指向也比较清楚,可是训练的次数非常有限。学习,并不是一下子就习得的。语文学科的特殊性还在于,这是一种归纳思维的训练,并非一蹴而就的。回头看的话,这样的训练,应该要进行多次。并且每次还要有一定的难度升级。

然而,审题训练只是作文训练的入门级训练。学生反反复复出现的审题问题,是否通过加强审题就可以得到改善呢?是否存在学生明白关键词,也明白关键词的关系,可是因为不懂得表达,造成阅卷老师读来云里雾里,便认为其审题出错?

作文训练,在审题入门之后,进入概念阐释、界定核心概念的部分。学生抓耳挠腮,难以表达的正是这个部分。但是,我们每一次作文训练所要厘清的概念并非相同的,学生又该如何跟上这样的变化呢?这是作文课堂可以解决的问题吗?我们写"共生现象",写"CHATGPT"和"问题意识",写"熟人社会"和"陌生人社会"……学生的阅读量如果没有跟上,对这样词语的解释就会苍白无力。那我们的作文教学在给出全新写作领域的时候,是否需要给学生相应的阅读材料。如果给了相应的阅读材料,是否会造成作文的同质化?习惯于老师提供材料,学生是否会怠惰于自我搜集资料和主动思考?习惯了支架,考场上没有支架,学生还能否作文?平时作文训练的成果能否迁移到考试中应用?

除了概念阐述有难度以外,学生的整体作文框架建构也存在着需要扫清的思维障碍。

以"共生现象"材料作文为例。

例:生物世界存在一种"共生现象"。小心地拔起大豆等豆科植物的根,你会发现,根上附生有许多瘤状的结构,其横切面呈红色,这便是根瘤。根瘤由根瘤菌侵入豆科植物的根而形成,是一种根瘤菌和豆科植物的共生体。根瘤菌能有效地固定空气中的氮气,除满足自身需要外,多数供给豆科植物,后者则为根瘤菌的生长、繁衍提供特殊的环境条件。在海洋之中,海葵和小丑鱼的关系也是很典型的共生现象。海葵有很多毒刺,但不会伤害小丑鱼,反而保护它不受其他鱼类攻击,小丑鱼吃海葵消化后的残渣,帮它清理身体,甚至还可以当作海葵捕食其他鱼类的"诱饵"。

这则材料引发了你怎样的联想、感悟?请写一篇文章,表达你的思考。

要求:选准角度、确定立意,明确文体,自拟标题;不要套作,不要抄袭;不得泄露个人的信息;不少于 800 字。

在对这则材料作文进行回顾讲解的时候,我要求学生按照四种论证结构:总分、并列、对照、层进,列出构思框架。学生对并列和对照框架的把握是比较熟练的,欠缺的点在于:总分之间是否存在真正的总分关联,层进结构是否层层深入。学生更多的时候是照搬"架子",好像"到了什么山就改唱什么歌",但是没有真正地理解。

最后,还有一点,就是学生能够丰富地去阐述材料相应知识储备的欠缺。黄厚江老师认为,"不是用写作知识教写作,不是用写作技巧教写作,不是用作文的标准教写作,不是用优秀作文教写作"。这就让我更加困惑。不是用写作知识教写作,作文训练的序列化该如何实现?不是用写作技巧教写作,作文对应的亮点应当如何体现?不是用作文的标准教写作,那好的作文应该如何判定,作文训练的落点应该在哪里?

黄厚江老师的共生教学理论认为教师应当"用自己的写作引领学生的习作,用自己的感受引发学生的写作兴趣,用自己的写作体验激活学生的写作体验,用自己的写作经验引导学生的写作过程"。同时,"让学生在写作中获得协作体验,在写作中掌握写作方法,在写作中形成写作经验,在写作中培养写作能力。"

在刚结束的高三,我确实有陪着学生一起当堂写作,也感受到了写作成文中,谋篇布局,精准表达,在限定的四十分钟内,是非常高难度的事情。我也借着自己的写作经验,很多时候是失败的经验,和学生一起分享了写作修改,提升的过程。但是,训练下来,我觉得我有所收获,学生的收获,自觉的提升,还是极其有限。特别是有一部分学生,几乎是看不到变化。

我们有限的作文课堂,到底可以给学生什么样的提升?到底应该如何有序列,并且行之有效地提升学生的写作水平,我仍然很困惑。或许,这些都要继续地看他人的写作课,并且自身有意识地对自己的写作课诊断,在反复思考中才能寻找到一线光明。

杨颖欣,海南省海口市龙华区海南华侨中学教师。

作文源自生活 作文回归生活

◎移高霞

初中阶段的学生,作文较小学有很大的提升,但是多多少少也有一些问题。下面我根据教学实际中的观察、研究、调研,从"问题及原因分析、改进措施及方法、效果和反思"这四个方面进行分析。

一、问题及原因分析

作文是初中语文学习的重要内容之一,写作能力的高低在最大程度上影响学生的语文成绩。初中学生有自主的想法和表达的欲望,写作便是他们的展示平台。但是在信息化时代,学生对写作的态度并不积极,学生没有兴趣,不知道写什么,总体的写作水平呈现下降的趋势,故写作教学应贴近学生实际,让学生易于动笔,乐于表达,应引导学生关注实际,热爱生活,积极向上,表达真情实感。我在日常教学中发现,大部分学生对作文的喜欢程度、是否自主写作文、对作文的理解认知、不喜欢作文的原因等都有着较大的差异,据我观察,主要有以下几个问题:

(一)写作兴趣不高,喜欢程度低

我之前在教学中做过一些调查,那么从对学生是否喜欢作文的调查问卷统计表中可以看到,初一年级学生比初二年级学生更喜欢写作文,初一年级35%的学生对作文感兴趣,表示喜欢写作文;而初二年级只有13%的学生喜欢写作文。初二年级不喜欢写作文的则占总人数将近一半,不喜欢写作的人数高达20%。主要原因是学生在初一写了一年作文之后,有一个倦怠期,且学生认为作文太难,作文课枯燥无味,没有吸引力;老师作文课教学方法单一,学生参与度不高。他们觉得自己写不出优秀的作文,对写作存在排斥。而且,在老师不布置作文作业的情况下,学生对写作没有兴趣便不会主动去写作,学生也没有写日记的习惯,平时写作小练笔太少,写作意志薄弱,自觉性不高。另外就是家长对学生作文学习的忽略,课余时间无家长监督要求,学生更不会去主动写作。

(二)认为作文无用,无话可说

就这个问题,我也做了一些调查,从调查结果来看,只有6%的学生认为作文与生活紧密相连,数量少之又少;40%的学生认为语文作文在生活中偶尔能用到;30%的学生认为作文与生活毫无关系,作文只是语文考试的一种题型。这主要是因为他们对作文的理解认知严重有误,写作在日常交际中的重要作用被学生忽视,学生并不知道作文源于生活,高于生活的意识。他们认为写作文就是为了成绩,并没有认为写作能提高自己的语言表达能力,与自己生活实际有密切的联系。就学生不喜欢写作的原因我们进行深入调查,发现有很多原因,其中最主要的原因是学生阅读积累太少,无论是课内还是课外,学生的阅读量太小,好词好句积累太少;还有主要的原因便是学生无话可说,无从下笔,他们基本功差,思维单纯;不善于观察生活,不知道写什么、怎么写,缺乏情感上的认知;老师束缚学生思想,没有因人而异,只局限于考试的内容去让学生写作;家长对学生的作文学习不重视。

二、改进措施,解决对策

针对以上问题,我有自己的改进措施:

(一)给学生自由挥笔的天地

我在初中作文教学时,要求学生用自身去感受生活,感受大自然,在写作中从眼睛看到的、耳朵听到的、鼻子闻到的、亲身经历的、心里想到的等角度去写作,在写作时不要求特定的主题,鼓励学生尽情创作,不束缚学生的思想,让他们不拘形式地写出属于自己的作品,为学生自主写作提供有利的条件和广阔的空间,从而培养写作兴趣。

(二)追本溯源

我校就写作源于生活且高于生活,开展参观、游览、智力竞赛、我是小记者、文娱表演等活动,让学生亲近生活、观察生活、感受生活、和生活对话,为学生提供众多来源于自身的素材和线索。另外对每次学生参与的活动,就自己的亲身感受,所思所想进行创作并评选优秀作文。

（三）师生共同阅读积累

我认为学生要想写出一篇好作文，要有阅读量的积累。在阅读这一方面，我校在初一有特定的阅读课，每个班每周一节。除此以外，初中学生每天都会有30分钟的阅读时间，并且学生在周末也要坚持每天一小时的阅读，边读边学习批注，对课外学到的好词好句进行摘抄积累，并对自己阅读的内容进行班级分享心得演讲；另外每个班级有自己特定的共读书目，班级与班级之间进行"读书漂流活动"，同年级之间，跨年级之间进行书本漂流，资源充分共享。全体教师每个阶段也有共读书目，为提升教师素养，共同进步。

（四）挖掘课内写作资源，增设小练笔

课内有丰富的写作资源，我会总结课本中的好词好句，让学生背诵记忆；并抓住课本中的仿写、续写、改写等训练，为学生提供资源。在课后，学生每周都会写周记，我指定题目让学生写，并且学生写完后自我评价。除了周记以外，还会有读好书的摘抄，文体不限。周周如此，以提升学生的写作能力。

（五）变换评价方式

采取评价多元化。第一，实施激励评价，尊重学生的写作想法，尊重每个学生独特的看法，给不同层次的学生充分肯定，给予学生自信，我在批阅作文的过程中，对学生的好词好句重点画出，评语明确有针对性，让学生感受到他的创作被认可。第二，作文评价及时反馈，写作与批阅时间不能过长，否则学生会失去期待和热情。第三，评阅形式增设"生生评价""家长评价"，学生一对一评价对方作文，以及家长对学生作文的评价，很大程度会提升学生的写作积极性，改善学生对写作的态度。

（六）教师要"下水"

榜样的力量是无穷的。对学生来说榜样有多种，报刊、教材、杂志里的佳作，都是"范文"，当然教师"下水作文"也是"范文"。"下水作文"不但提高老师自身写作水平，而且有了作文的真实体验，对于作文指导是极有好处的。要想有效地指导作文，要想激发学生的写作兴趣，要想提高他们的写作水平，教师应该"下水"。

三、竞赛评比促效果

写作是学生认识世界，认识生活，认识自我的过程，也是反映学生内心世界，知识世界的一扇窗户，让学生通过观察分析社会生活，创造性地表达自己对社会生活的真实感受、态度和看法，表达自己的真情实感。

（一）作文竞赛，作品展示

每学期两次现场创作作文竞赛，学生即兴创作，尊重学生写作兴趣的差异，不设主题，不束缚学生思想，对符合标准的优秀作品进行全校展示，举办"优秀作品展"；并对学生优秀的阅读摘抄卡片进行展示。激发学生写作兴趣，培养学生自觉积累素材的习惯。另外，鼓励学生多参加作文比赛，将自己优秀的作文投稿到报纸班刊上面，这对学生来说也是一种莫大的鼓励。

（二）设置存钱罐，写作兴趣

每个班级设"存钱罐"，学生每写一篇作文，便放入"存钱罐"，根据作文的评分标准对作文进行面额评定，每个学期对"存钱罐"里的作品进行评比，看看最后"存钱罐"内总值多少，前10名进行"作文小能手"颁奖，从而大大激发了学生写作的兴趣，增强了学生自主自觉写作意识，学生更愿意把自己的所思所想通过写作表达出来。

（三）评比展示效果佳

经过老师和学生不断的努力，学生自觉积累素材的意识明显增强，每天的名著阅读，每周阅读摘抄给学生提供了大量的素材；学生自觉写作意识明显增强，学生的写作兴趣大大提高，更愿意利用课余时间表达自己的真情实感，整体写作水平明显上升。

四、反思及日后设想

语文教学的根本任务就是培养学生听、说、读、写的能力，让学生正确理解和运用我国语言文字，其中"写"的能力是综合能力，至关重要。故作文教学是语文教学的重要组成部分，起着十分重要的作用。因此我们要更注重培养学生的写作能力，激发写作兴趣，培养学生自觉意识，提高学生的综合能力，促进学生全面发展。在写作教学上尊重差异，理解个性，多元化评价。

今后，我们一定会贯彻《课程标准》对作文教学的具体建议并做深入的研究。一，提高教师的教学素养，引导学生发现总结具体写作的知识。二，引导学生关注现实，观察热爱生活，表达真实情感，培养学生写作的兴趣和信心。三，进一步落实各项要求，写作与阅读，表达有机结合，相互促进。四，充分合理利用信息技术与网络优势，提高学生写作水平，促进学生全面发展。

移高霞，广东省东莞市虎门镇虎门外语学校教师。

浅谈文学社团对于小学语文习作教学的意义和作用

◎张建亚

小学生的习作能力已经不再是课堂上语文老师仅凭一己之力就能轻而易举提高了。在习作日常教学过程中,诸多学生常常表现出对习作惧怕万分,甚至一些成绩优异的学生往往也会谈"文"色变,深陷捏词凑句的苦恼之中,无法自拔。为了使学生一改现状,接受写作,乐于创作,首要紧的事便是消除他们长期以来对写作的恐惧心理。以文学社团为代表的习作集体的力量就显得格外突出了。

一、小学语文习作教学的老难题剖析

习作教学作为语文教学的重要组成部分,一直伴随着语文这一古老的工具学科的进步和发展。它的意义和价值不言而喻,新时代兼容并蓄开放包容的背景下,在具体现实的教学工作中产生适应性和间歇性的问题同样不容回避。

1.小学语文习作教学的价值

首先,习作教学旨在培养学生表达能力特别是书面表达能力。与口头表达不同,书面表达力求语言简洁、思维缜密和表述准确。语文课习作教学的主要任务,就是要培养学生简单高效、科学严谨、精准无误地运用文字来进行表达的能力。

其次,习作教学可以养成学生观察习惯、提高思维能力。经过一定时间的悉心观察以及综合逻辑思维形象思维的过程,学生把自己亲身经历所产生的所见所闻和所思所感付诸文字,形成习作。这种能力的磨炼,渗透在从准备习作到完成习作的每一个环节。如搜集整理筛选素材、谋篇布局、组织润色语言等。

只有在全面深刻理解了习作教学意义的前提下,才能客观准确认识到习作教学中存在的诸多问题弊端。

2.小学语文习作教学的弊病

小学语文习作是疑难重重诚然不假。应试教育背景下的习作教学中,教师多采用固定的模式,或以自由练习代替习作课程,这样无疑会限制学生的写作。尤其是小学阶段,习作教学很多被迫拘泥于汉字的练习和语法的运用。再加上习作教学服务于考试得分,更是限制了小学生纯真情感的畅通表达和天真想象力的自由发挥。更何况突如其来的灵感稍纵即逝。

无视内心需求,摒弃行为兴趣。当小学生感觉到千篇一律的习作了无趣味之后,进而难免会升级成为厌烦甚至抗拒的情绪。面对这样的学习主体,教师的习作辅导教学更难以真实见效,而带有很大局限性和消极性的教学形式如读背"好词好句"此时开始发挥毒性。于是小学生以主动屈服于被动,习作水平止步不前甚至不进反退,如此恶性循环。

3.小学语文习作教学的指南针和新大陆

而事实上,兴趣是最好的老师,发现是最好的成长,激励是最好的方法,实践是最好的训练。须知小学生正是好奇心格外强烈、发现问题的能力爆棚、爱提问题并且打破砂锅问到底的热情如火、渴望得到老师鼓励和认可蓬勃发育的群体。相应的,习作教学的课程就必须适应这一特殊年龄层学生的特点,教师应掌握因地因时采用灵活多变的教学方法,引领小学生走入未知又广阔的作文胜境。

习作实践有必要抛除腐朽理念,打破传统模式,润物细无声地影响人而不是依样画瓢地复制人。小学生习作教学应多在提升文学素养、增强创造能力、提升审美趣味以及培养作家心态上下功夫。办学条件成熟的学校乃至学风优良的班集体,可以试图成立文学社,在一定范围内招募小学生充当相关工作者,创建班刊、校刊等作为平台阵地。

二、小学语文习作教学新大陆探索

基于上述思路,创建文学社团,创办文学刊物,对于小学语文习作教学的促进和提高有着长期且深远的功效。通过组织的力量,形式的诱导和活动的历练,能吸引一大批潜在的习作爱好者投身社团活动,初期在教师的引导和任人上并尽可能发挥各成员的才干，为最广大学生整体提高习作水平打开瓶颈，增添活力。

1.厉兵秣马，众帆升张

社团这片新大陆开垦拓荒需要有条不紊的秩序节奏和耐心细致的流程步骤。特别是在小学生心里建立起这种在集体习作环境中熏陶成长发光的新式理念。

（1）读者与作者

习作在小学语文教学中虽然举足轻重，但毕竟所占份额有限。在常规教学中，日复一日的语文课学习，每个学生早已习惯于解读文章，和课本上的文章打交道。也就是说，学生自我固化的身份认同，普遍是读者。这往往容易让他们忽略了自己在某种程度上已经成长到作者的层次，学生可能还没有觉察到，自己已经不知不觉间具备了与读者对话且进行二次创作的能力，乃至于原创作文的技能也在潜移默化地得到增进。

读者和作者并不是相互对立、遥遥相望。他们之间，是一种文字作品的连带关系。在学校里，人人都是读者。这让学生对习作甚至语文并无强烈的认同和优势感。而一定局域内，让一个个小作者拔地而起，能使学生对习作产生前所未有的崇高感和敬畏之心。毕竟，没有作者的作品无所谓存在，而没有读者的作者则是失败的作者，相辅相成，合作并驱。

（2）让习作充满仪式感

生活需要仪式感，习作教学亦是这样。古人崇尚"礼"，其实，在本质上就是我们现在所说的"仪式"。在写作教学中，教师要做到"礼"待学生，即行写作教学之"礼"，也就是在和学生一起从酝酿写作、交流习作、修改习作、再到完成创作的一系列环节中追求仪式感，是对过去长期以来的随意化习作教学的一次伟大宣战。师生在这个过程中真正做到手牵手、肩并肩，摸着石头过河，建立校园文学社团，动员学生投身服务，创办文学刊物，鼓励踊跃投稿。学校教师做好宏观调控和大方向推动，多管齐下，让学生习作"习"有所得。

2.稳筑阵地，百家争鸣

此刻，我们可以借着各大学校争创"书香校园"的东风，立足自身，审时度势发展起文学团体。既极大地丰富了学生的校园文化生活，又可以拓宽学生的文学视野，激发学生的写作热情。这样无论是写作佼佼者或者是普通学生，都有了一个广阔旖旎的展示作品和展开评论的舞台。

（1）小团体到大阵营

星星之火可以燎原。想要在校园幼小群体之间建立起习作爱好者同盟的高楼大厦，不是一朝一夕可以实现的。社团的建立更不是弹指的功夫即成，需要经历量变引起质变的漫长过程，需要各个班集体、学校上下、校际乃至全社会围绕一个目标齐心协力。在各个班级内，可以建立起一个一个风格各异的习作兴趣小组。在学校，可以开展跨班级的习作活动交流和合作。在社会，可以依仗有关文化部门和家长群体的支持。

等到有朝一日社团全面建成，有了强力精干的核心力量成员，有了健全完善的组织机构，有了系统科学的安排规划。就可以着手积极开展各项文学习作活动。定期开展形式多样、内容丰富、气氛活泼的读文写文活动，提高学生的文学鉴赏水平，让小学生朴素的创作热情高涨，培养文学新人类。一边同读美文，一边练笔切磋，让习作的力量萌发。

（2）集中力量和为我所用

发展文学习作社团，就是要想方设法调动起普遍群体学生的主体性、积极性和创造性，提升校园文化品位和软竞争力。由校园文学社团发起创办属于自己的社刊，为学生的写作成长搭建广阔舞台。学校也应配合扶持社团发展，积极开拓挖掘利用社会文化资源，力邀名家特别是专业从事小学生文学作品整理编辑和创作的名师，开设文学讲座和读书对话活动，帮助广大社员近距离更直观地了解更多文学常识，掌握更多意想不到的习作方法。还根据小学生年龄发展特点围绕写作开展的一些趣味性十足的活动，例如诗词游戏、参观文人故居等。

鼓励学生积极参加校内外各级各类的写作竞赛，并积极投稿。学校尽可能地为学生创建挖掘发表平台，让好的小作家在校刊深耕不辍，让好的小作品在社会报纸杂志崭露头角。结合校园文化艺术节开展读书月活动，引领学生大范围接触古今中外经典文学作品，引导学生养成做读书笔记，写读后感的习惯，并集中交流彼此的收获和经验，让读文习作之风漫刮校园。同时不间断地开展各种体裁的写作、舞台剧展演、诗歌朗诵等比赛，使学生在真刀真枪的竞争和磨砺中挥洒习作的无限热情。

张建亚，安徽省蚌埠市汤和路学校教师。

为情赋文觅微光　以采为饰憾人心
——《我与地坛》文本解读

◎张姝莹

《我与地坛》是统编版语文必修上第七单元的一篇文章，单元人文主题是"自然情怀"，属于第三个"文学阅读与写作"任务群，单元要求"关注作品中的自然景物描写和人生思考。体会作者观察、欣赏和表现自然景物的角度，分析情景交融、情理结合的手法；还要反复涵泳咀嚼，感受作品的文辞之美。"教师在授课前，需要对文本进行解读，实现作者与读者的交流，通过走进文本，走近作者，形成自己对文本的理解，进而获得对文本的独特感受与体验，引导学生多角度多层次地解读文本，提高学生的语文阅读素养。刘勰在《文心雕龙·情采篇》中论述了文学艺术的内容和形式的关系，提倡《诗经》"为情造文"的文学传统，讲"采滥辞诡"的危害，提出正确的文学创作道路。文章首先要确立内容，然后造文施采，使内容与形式密切配合，形成文质兼备的理想作品。就《我与地坛》而言，史铁生很好地展现了"情"与"采"并重的文章，方能真正打动人心。

一、辞采——打动人心的基础

（一）景中寄情，情在景中

史铁生"在最狂妄的年纪上忽地残废了双腿"，为缓解忧郁，来到了历史悠久的地坛，一个人与风景单独约会。地坛的颓败之景与他的遭遇以及低沉的心情相吻合，在对颓败之景的观察中，他仿佛看到了自己，开始审视自己的生命。

1.用词精妙，语言优美

细细品读《我与地坛》中描写景物的语句，我们不难发现，史铁生用词可谓十分精当，透露出艺术的美感。"四百多年里，它一面剥蚀了古殿檐头浮夸的琉璃，淡褪了门壁上炫耀的朱红，坍圮了一段段高墙又散落了玉砌雕栏，祭坛四周的老柏树愈见苍幽，到处的野草荒藤也都茂盛得自在坦荡。""剥蚀""淡褪""坍圮""散落"几个动词，精确地写出了地坛遭遇的苦难，史铁生在地坛身上看到了自己的影子，荒芜的地坛与他同病相怜。"琉璃""朱红""高墙"和"玉砌雕栏"几个名词都代表着繁荣与富有，是一个人在最狂妄的年龄里最想得到的东西，但是地坛却主动抛弃了这些，作者用"浮夸""炫耀"来修饰，显示出这些东西是外在的、无生命的，所以地坛抛弃了它们，保留了内在的，富有生命力的柏树，生长得"自在坦荡"的野草，这也正是地坛要昭示给史铁生的东西，并且史铁生领悟到了，他看到了生命的希望。

2.运用修辞，生动形象

在用词精妙之外，史铁生巧妙地运用多种艺术手法来表情达意。"蜂儿如一朵小雾稳稳地停在半空；蚂蚁摇头晃脑捋着触须，猛然间想透了什么，转身疾行而去；瓢虫爬得不耐烦了，累了祈祷一回便支开翅膀，忽悠一下升空了；树干上留着一只蝉蜕，寂寞如一间空屋；露水在草叶上滚动、聚集，压弯了草叶，轰然坠地，摔开万道金光。""满园子都是草木竞相生长弄出的响动，窸窸窣窣窸窸窣窣片刻不息。""蜂儿""蚂蚁""瓢虫"都遵循着自然规律在自由生长，没有因为自己的渺小而自卑，也没有因为自己的独特而自恋，"蝉蜕"甘于寂寞，"露珠"滚动聚集摔出"万道金光"。这里运用拟人、比喻等修辞手法，使语言精致优美，让地坛之景生动形象，显示出万事万物都在遵循大自然的法则过完自己的生命时光，那么，人也是如此，每个人注定扮演不同的角色，即使被命运赋予了荒芜的角色，也依旧要经营得"窸窸窣窣"。

（二）点面结合，细节动人

1.细节描写，感人至深

文章除了高超的写景艺术外，在对人物的描写中还成功地采用了细节描写。如果说当时的史铁生是将要落下悬崖的危险境地，那么母亲就是悬崖边牵住他的那双手。作者无意间地折回时意外碰见母亲还站在原地,"还是送我走时的姿势,望着我拐出小院去的那处墙角,对我的回来竟一时没有反应。待她再次送我出门的时候,她说:出去活动活动,去地坛看看书,我说这挺好。"这处细节是通过母亲送作者去地坛时的动作描写和语言描写来表现母亲的心理活动的,极其逼真地把母亲痛苦而又隐忍的复杂感情表现出来。

史铁生在地坛待得太久时,母亲就会"端着眼镜"去地坛到处寻找,"四处张望","见我还好好地待在这院子里,她就悄悄转身回去",没有找到我时,"步履茫然又急迫"。这处细节通过动作描写,写出了母亲的辛苦、焦虑、担忧与隐忍,这是母亲对史铁生爱的牵绊。母亲的逝世对史铁生来说如同天塌地陷,史铁生早前"被命运冲昏了头""不知道儿子的不幸在母亲那儿总是要加倍的",在这双重对比下,母亲活得愈艰苦,愈能显示出母爱的无私,活的越艰难,越能表现生命的伟大。

2.点面结合,泛化苦难

史铁生通过对自己、母亲以及其他人的观察,发现了苦难的普遍性。他在《我与地坛》中用一种人道主义情怀去书写了几个平凡人的悲欢命运。一对常年环绕地坛散步的老夫妻寄托了史铁生对于爱情的向往;"长跑家"朋友带出了史铁生对命运无常的慨叹;漂亮的智障小姑娘引发了史铁生对苦难、差别、欲望等生命疑问的思考。所以,地坛人群的描写也是史铁生自我思考的描写。

史铁生明白了不仅是自己,而是每个人都必然会遭受痛苦与孤独,"我"和母亲是点,其他人物是面,点面结合,让史铁生对自己双腿残疾的现实释怀,开始勇于生存,接受苦难,走出困境。

总之,《我与地坛》描写不仅具有语言的美感,还有深刻的内涵,极具艺术感染力。刘勰在《文心雕龙·附会》中说:"必以情志为神明,事义为骨髓,辞采为肌肤。"辞采是构成语言风格的基本单位,或者说,辞采是语言风格的分子。正是有了"采"的支撑,作品才能给人美的体验。

二、情感——深切的人生思考

"情志为神明"中还告诉我们"情"对文章的重要性。史铁生的作品辞采斐然只是其一,更重要的是他用残缺的身体,展现了最为健全而丰满的思想,他体验到的是生命的苦难,表达出的却是存在的明朗和欢乐。

(一)接受苦难,活在当下

在《我与地坛》中,史铁生对于死亡有着明确的阐述:"一个人,出生了,这就不再是一个可以辩论的问题,而只是上帝交给他的一个事实。""死是一个不必急于求成的事,死是一个必然会降临的节日。"在地坛的见闻,使他对于死亡不再惧怕,而是坦然面对,有了生活下去的勇气与信念,延迟死亡以及"活下去试试"是史铁生最初的生命感悟。

个体必将走向死亡,而对抗死亡,对抗虚无的方法就是注重当下。接受苦难,就是接受一种生存方式与生存样态,相对于时间和空间的无限性来说,正是个体的时间限制才使得生命变得有意义。生理残疾把史铁生逼入人生的低谷,但是他选择了写作作为自己解救之路的开始。

(二)珍爱生命,活出灿烂

史铁生的作品带来了肌体健全的作家所不能具有的抚慰人类灵魂的力量,因而,我们要立足文本,充分挖掘生命教育素材,构建富有生命力的课堂。这样深沉而有血肉的文章,会使人从中获取向上的力量。反观今日现状,多少青少年四肢健全却放弃生命,他们被苦难压弯了腰,走了歧路,生命开始枯萎,他们不明白,人生除了生死,其他都是擦伤。

我们不能指望没有困境,可我们能够不让困境扭曲我们的智慧。从古至今无数仁人志士在苦难中昂起了头颅,给我们振奋人心的精神热力。所以,遭遇苦难的时候,不要盲目悲观,自暴自弃,而要静下心来,正视苦难,接受苦难,从而更深切地明白活着的意义和价值。

总而言之,"情"是《我与地坛》教学的重要内容,司马迁对"发愤著书"的解释是"此人皆意有所郁结,不得通其道也,故述往事,思来者。"史铁生遭遇人生重大变故,无处抒发,继而"为情造文",既与自己和解,也为我们展开"情"与"理"的深刻思考打开了一扇门。

三、总结

杨绛说:"每个人都会有一段异常艰难的时光,生活的压力,工作的失意,学业的压力,爱的惶惶不可终日,挺过来的,人生就豁然开朗,挺不过来的,时间也会教你,怎么与他们握手言和。"史铁生用自己平实的语言,告诉了我们要如何生,让我们在面对苦难时,能心怀希望,找到生命的那束光。

我们常说"授人以鱼不如授人以渔",阅读时不妨多从"情"与"采"两方面着手,去了解史铁生笔下的坚强与宁静,去了解更多文本精彩所在。

张姝莹,青海省西宁市光华中学教师。

初中名著阅读课堂教学现状与对策探究
——基于2022年语文新课程标准

◎赵玉凤

初中名著阅读是语文教学的重要内容之一，对学生的文学素养和语言表达能力的培养具有重要意义。然而，目前初中名著阅读课堂教学存在一些问题，如教学内容单一、教学方法单一、学生参与度不高、学生整本书阅读能力不足等。针对这些问题，我们需要思考并制定相应的对策，以提高初中名著阅读课堂教学的质量。

师生对名著阅读重视不够，学生阅读量不多。由于应试教育影响，不少教师以考试作为学生能力的评价手段。因而，不少师生对名著阅读重视不够，忽视了其育人意义，为了应对考试，而将名著分解得支离破碎，侧重写作知识，名著教学也只是为考试而教。其次，在课堂教学中，大部分时间被讲析与练习占用。在课外，学生也忙于作业练习，名著阅读时间也较少。并且，学生阅读的文章多数是书本篇章。因而，在名著阅读教学中，学生对名著缺少一定的认识，不了解名著背景，难以联系其前因后果，所以，不能很好地理解名著，难以得到正确认识。

一、整合教材选择，升级教学内容

针对教材选择和教学内容的问题，可以采取以下对策：一方面，教材选择应根据学生的实际情况和兴趣进行合理选择，注重教材的系统性和针对性。另一方面，教学内容应多样化和趣味化，注重培养学生的阅读兴趣和能力。

为了解决这个问题，我们可以引入多种教材和教学资源，如名著导读书籍、名著电影、名著漫画等，以丰富教学内容。同时，教师可以引导学生进行多角度思考和讨论，培养学生的批判性思维能力。

对于初中阅读课堂上教学模式的单一问题可以适当地添加一些名著阅读的活动，也可以举行类似的比赛，比如名著朗诵大赛，让学生理解一篇名著中的感情起伏，之后饱含深情地去演讲，既丰富了名著阅读的方式，也锻炼了学生的朗诵技巧。也可以在班级内部进行一些小比赛，教师可以在指定时间内指定名著作品，给学生一段时间去品读，最后写一篇读书感悟等，教师可以一一进行评比，这时候教师选择的名著也需要有代表性。当然有比赛就有奖项，教师可以分为优秀奖、一二三等奖等等，并且都需要有对应的奖品。另外教师还需要引导学生去阅读其他名著，例如在语文课堂中学习了一篇鲁迅先生的经典作品《阿长与〈山海经〉》，这时候教师在介绍课文背景的时候就可以引导学生去读《朝花夕拾》这部名著，这样延伸能让学生觉得名著与自己所学的东西并不遥远。除此之外，教师也要与新的教学方式结合起来，利用多媒体技术可以放映一个关于名著的影视片段或者简单的介绍，有时候通过视频方式来学习比教师枯燥的讲解要好得多。

二、丰富教学方法，优化教学手段

为了改进初中名著阅读课堂教学的教学方法和手段，可以采取以下对策：一方面，教学方法应注重学生的主体地位，引导学生积极参与课堂活动。另一方面，教学手段应多样化和互动性，利用多媒体等现代化手段来丰富教学内容。

为了解决这个问题，我们可以采用多种教学方法，如小组合作学习、角色扮演、问题导向学习等，以提高学生的主动参与度和学习兴趣。同时，教师还可以利用多媒体技术和互联网资源，创设丰富多样的教学情境，激发学生的学习兴趣和创造力。

在名著阅读教学中，教师还需借助一定的现代化教学手段，尤其是影视资源，以调动学生名著阅读兴趣，引导学生对比原著与影视作品。例如《西游记》是我国四大名著之一，被多次拍摄为影视。不同的拍摄，对原著有着一定的变动。在阅读教学中，教师则可引导学生思考：不同版本的西游记有何不同?改动后拍摄为影视剧好不好?这些影视剧还可以表述原著含义吗?与原著相比,学生对影视剧《西游记》的了解更多。因此,在阅读教学中,教师通过原著与影视剧的对比,可激发学生阅读与探究兴趣。此外,教师还可组织读书交流会。当学生碰到难以理解的问题,则可指导学生相互交流,相互学习,共同解决,以增强学生成功体验,使其更有阅读热情。

三、明确师生角色,发挥主体作用

针对教师与学生角色的问题,可以采取以下对策:一方面,教师应转变角色,从传统的知识传授者转变为学生的引导者和指导者。另一方面,学生应培养自主学习的能力,主动参与课堂活动,发挥自己的主体作用。为了解决这个问题,教师可以采用启发式教学方法,引导学生主动思考和提出问题,激发学生的学习兴趣。同时,教师还可以根据学生的实际情况,设计不同层次的教学任务和活动,让每个学生都能参与到名著阅读中来。

受应试教育影响,学生的学习压力较大,难以留出大量时间进行名著阅读,而教师在课堂教学中为了完成教学任务,也不可能花大量时间进行名著阅读教学。然而,名著阅读又对学生语文学习有着不可忽视的作用,这就意味着需要开展名著阅读。所以,教师需要转变教学观念,转变角色,以阅读导师这一角色出现,而并非名著讲述者。由名著解读转向名著介绍,以激发学生对名著的阅读兴趣,使其在课后展开自主阅读。当然,这一方式需要常态化,以促进学生坚持名著阅读,形成名著阅读习惯。同时,在课堂上,教师可谈谈自己对名著的读后感,并向学生提出一定的问题,然后让学生课前预习,自由讨论,以提高教学效果。

四、注重阅读策略,提高阅读能力

名著阅读不仅仅是对故事情节的理解,更需要学生具备一定的阅读技巧和思维能力。为了提高学生的阅读能力,教师可以在课堂上进行阅读指导,教授学生如何分析文本、提取信息、推理判断等技巧。同时,教师还可以引导学生进行多种形式的阅读实践,如读后感、读书笔记、读书报告等,以提高学生的阅读理解和表达能力。

名著阅读教学,其目的并非为同学们解读文本、讲述名著内容,也并非讲解名著中的故事情节,而是通过名著阅读教学增强学生阅读与理解能力。同时,在阅读教学中,教师需要关注学生个性发展,使其能够个性化阅读。如《水浒传》的阅读,教师需引导学生以客观角度来理解小说,使其思考小说里"英雄好汉"与中国传统英雄观、"正义"标准是否相符。这样,让学生认可水浒人物造反时,还需客观地分析人物与当时的社会背景,从而更好地把握名著思想。其次,初中语文阅读教学中,教师应加强方法指导,培养学生独立阅读能力。第一,由标题切入。如《鲁滨孙漂流记》,由标题入手,思考鲁滨孙为何漂流?鲁滨孙是如何漂流的?他又是在何处漂流?这样,以问题引导,明确阅读目的。第二,由文中关键词切入。在一篇文章中,关键词可反映作者想法,把握关键词,则抓准了文章题眼。第三,由细节切入。在阅读时,学生易于忽视细节,而这些细节是反映文章深层含义的重要环节。当学生把握了一定的阅读方法后,则可事半功倍。

综上所述,针对初中名著阅读课堂教学的现状问题,我们可以采取多种对策,如丰富教学内容、多样化教学方法、提高学生参与度、培养阅读能力等,以提高初中名著阅读课堂教学的质量。同时,教师还需要不断提升自身的专业素养和教学能力,不断探索适合学生的名著阅读教学模式,以更好地促进学生的全面发展。

参考文献

[1]张蓉.初中名著阅读课堂教学现状与对策研究[J].语文教学,2022(1):10-15.

[2]林玉妹.初中名著阅读课堂教学的问题与对策[J].教育探索,2022(3):30-35.

[3]姚代富.初中语文名著阅读教学的问题及对策[J].2019年"区域优质教育资源的整合研究"研讨会论文集,2019.

[4]钱卫华.初中生语文课外阅读指导的实践探究[D].上海师范大学,2015.

[5]甘雯晖.初中名著阅读有效教学初探[D].广州大学,2016.

[6]姜莉莉.中学语文名著阅读教学研究[J].大众文艺,2010(21).

[7]朱群.小学语文名著阅读教学现状与对策研究[J].小学生作文辅导,2011(08).

[8]赵红娟.初中语文名著阅读教学的反思[J].语文天地,2009(21).

赵玉凤,云南省昆明市昆明西南联大研究院附属学校教师。

基于核心素养的现当代散文教学探索
——以《我与地坛》(节选)为例

◎郑 瑾

核心素养是我国教育部组织研究提出的学生应具备的适应终身发展和社会发展需要的必备品格和关键能力。在普通高中阶段的语文学科中,其核心要素和关键内容主要包括四个方面:语言建构与运用、思维发展与提升、审美鉴赏与创造、文化传承与理解[1]。如何在积极的语言实践活动中落实核心素养的发展要求,实现语言的交际和思维功能,体现语文课程的工具性和人文性,是当代教师应不断思索的命题。

依据《普通高中语文课程标准》中的"学科核心素养与课程目标"与"文学阅读与写作"学习任务群的要求,可以确立《我与地坛》(节选)的学习目标为:鉴赏富有诗意的哲理语句,体味地坛带给"我"的生命之思;品读恳切、深沉的语言,感受诚挚的母子之情;理解地坛与我、母亲的关系,感悟"地坛在我"的哲思。在此基础之上,本文从以下四个维度进行落实语文核心素养的尝试:

一、在情境中建构与运用语言

"语言建构与运用"是指学生通过自我主动的积累、梳理和整合,逐步形成个体的言语经验,并能够在具体的语言情境中进行交流沟通的能力。而发展这一能力的有效方法,便是在课堂上为学生设置真实的语言运用情境。传统的教师"一言堂"和"师问生答"形式并不能提供学生自由运用语言去进行交流沟通的平台,而在真实的语言情境中,教师权威性的"夫子"身份隐退,学生受桎梏的"小子"身份解除,双方处于相对平等的情境中对话交流,学习气氛更加轻松活跃,学生的主动性和表达欲均有增强,也为其步入社会后的真实情境交流打下坚实基础。

因此,教师为本课的学习创设了一个真实的学术研讨会情境,课前以学程单的形式告知学生"史铁生的精神世界与文学创作研讨会——《我与地坛》(节选)分会场"的会议时间、地点,并要求学生自选会议身份,做一定的会议资料准备。

会议身份设置和会议准备问题如下:

1.您认为这次的会议主题应为?
(请从文章中找出最能概括主要内容的一句话以确定会议主题)

2.根据会议主题,您认为会议具体内容应有(请列举二项及以上)?

3.对于节选部分文字,您喜欢的一段为?请加以赏析。

4.对于节选部分文字,您有无困惑?若有请指出。

会议属于人们日常的生活情境,研讨会常适用于工作中,而学术研讨会也是现实常见的学术活动。通过对真实情境的模拟,激发了学生的学习兴趣,引导其积累语言材料,进行语言内容的梳理和整合,形成个体独特经验,从而得体地表达和交流。

二、用活动来发展与提升思维

正如法国思想家帕斯卡所说,人是一根会思考的芦苇。思维是人认知和智力活动的核心,"语言和思维的辩证统一是语文的内在本质"[2]。语文的思维培育要以培育学生的观察能力,形象、抽象和创造性思维等思维品质为基本任务。新课标也指出,学生应通过运用语言,得到直觉思维、形象思维、逻辑思维、辩证思维和创造思维的发展。那么如何发展与提升学生思维呢?我国教育家陶行知提出"行是知之始,知是行之成"的教育理念,倡导"教学做合一"。由此可知,开展教学活动,让学生在实践中学习是培养思维的有效方式。

在《我与地坛》(节选)课文的学习中,教师设计了多个活动以调动学生的主观能动性,让学生积极参与到课堂之中,如活动一"学术研讨会开幕",由主持人致开幕辞、介绍与会人员等,教师介绍作者以便学生知人论世；活动二"与会人员共同确定会议主题"并深入研讨两大主题"我的车辙"与"母亲的脚印"；活动三"解读地坛与我、母亲的关系"，引导学生进一步理解地坛与母亲对于"我"的意义。在这些活动中，教师以主问题作为引领，由学生提出次问题并在活动中自主思考与共同研讨，在问题的提出、解答、反思、推进中实现了思维的深入。

美国教育家杜威在《民主主义与教育》中说："就学生的心智而言，学校为学生所能做的或是需要做的一切，就是培养他们思维的能力。"[3]设计形式多样、有趣有用的活动，在教学中有意识地强化其直觉、形象、逻辑等思维，学生必定有所提升。

三、以任务促审美鉴赏与创造

"审美鉴赏与创造"是指学生在语文学习中通过体验、鉴赏、评价等方式形成个体审美意识、情趣和品位，并在此基础上去表现美和创造美。审美是人们认知世界的一种方式，对美的事物的审视往往能使人们身心愉悦。审美的对象是多元的，在高中语文学习阶段，审美的对象主要是祖国的语言文字以及各类文学作品的语言、形象、情感。散文作为一种文质兼美的文体，是培养学生健康向上的审美情趣和大方高雅的审美品位的重要载体，而史铁生的《我与地坛》作为现当代散文名篇，具有极高的美学价值，能给人们带来多重的审美体验。

审美的鉴赏需要学生阅读、感受、欣赏、鉴别与评价，审美的创造需要学生表达与创新，而这些活动如果有任务进行驱动，学生就更具备主动学习的动机。在《我与地坛》(节选)的学习中，教师为每一个同学设置了不同的身份，对应不同的学习任务，这些子任务又共同构建起课堂主任务。如(学生)主持人在致开幕辞时，既引用了铁凝在史铁生文学创作研讨会上的致辞，又结合当时静默的特殊社会环境，情文相生；(学生)学者在完成"围绕会议主题对文本内容进行解读"的任务时，能赏析"剥蚀""淡褪""坍圮"等词，指出史铁生这种"否定亮色"的方式与其心境相关，能读出这是"一个濒临绝望的年轻人与一个曾经辉煌如今荒芜冷落院子的相遇"，能理解史铁生对生死问题的"坦然"；(学生)教授能够对选文主旨总结和深化，理清地坛是"我"的精神家园，母亲是"我"的精神支柱，"地坛是虚化的母亲，母亲是我心中永远的地坛"。在任务中，学生对语言文字、文学形象、主旨情感进行赏析评判，获得了独特的审美体验。

四、用对话增文化传承与理解

我国文化博大精深，引导学生热爱传统文化，理解民族文化，传承中华文化的精华是每个教师的责任和义务。中国现当代散文多富有中华优秀传统文化元素，包含中华文化核心思想理念和人文精神，又是现当代文化的重要组成部分。

同样在第七单元中，郁达夫在《故都的秋》中所抒发的"清、静、悲凉"的感慨与中国文人的"秋士"情怀同源，延续了我国文人的"悲秋"传统，反映了民族审美心理；朱自清在《荷塘月色》里引用梁元帝的《采莲赋》，也表现其符合中国美学原则的审美意趣，是传统古诗文与眼前意境的重合叠加；而史铁生《我与地坛》(节选)文字中所透露出的关于生命的思考和对母亲的情感也有民族性格和文化的体现。

语文是工具性和人文性的统一。要实现这两大特性，对话是必不可少的方式。巴西教育家保罗·弗莱雷将巴赫金的对话理论推向教育界，认为应该给学生说话的机会，即"命名世界的权利"。为实现文化的理解与交流，对话应注重平等性、创新性和批判性。在《我与地坛》(节选)的课程中，教师以研讨会的形式创设了师生与生生平等交流的对话平台，(学生)学者认为史铁生的生死观既含有"未知生，焉知死"的儒家思想，因而接受出生这一事实，又有"物方生方死"的道家观念，而能超脱死亡，还可能受到西方存在主义的影响。在讨论史铁生与母亲的情感对话中，(学生)专家批判了史铁生不直白地表露对母亲的爱，提出爱要大胆说出来，而另一人则对此否定，指出这是国人含蓄内敛的民族性格的体现，史铁生用"知道"与"被知道"，"找"与"被找"的方式含蓄委婉地表现母子情深，又使得这份情感更为深沉蕴藉。通过对话，人与人的连接更为紧密，也更容易理解和认同具有共性的民族文化和传统文化，从而有意识地传承和发扬文化。

参考文献：

[1]中华人民共和国教育部.普通高中语文课程标准(2017年版)[S].北京:人民教育出版社,2021:4.

[2]赵丽娟,方星移.浅析语文学科工具性与人文性的辨证统一[J].语文教学与研究,2018(12):16.

[3]约翰·杜威著.民主主义与教育[M].王承绪译.北京:人民教育出版社,2001:159.

郑瑾，上海海事大学附属北蔡高级中学教师。

以教读引领法来探究文本意义
——以课外阅读梁晓声《看自行车的女人》为例

◎周　楠

目前，课外阅读存在的弊端较为明显：由于课外补充了大量文本资料，而课堂教学时间有限，四十分钟教师多停留在对文章语义层次分析、关键语句赏析和写作主旨概括等层面讲解，而学生缺乏主动学习探究的空间，只是被动接受。如何利用好课外阅读文本，使其成为课内文本教学的补充和助力，这对教师提出了更高的要求；如何唤起学生课内的深度学习，也成了亟待解决的问题。我们可以采取同类主题呈现、写作形式对比等简单设计，但更需要调动起学生的兴趣，探索出新的广度和高度。基于课内文本《老王》（杨绛）的学习，学生大受触动。本着课外拓展和研读的目的，本文将以《看自行车的女人》（梁晓声）一文为例，来探索阅读课教学中深度学习生成的路径。

一、以导读单进行课前学习驱动

为了实现在课堂有限时间内学生能更高效地抓牢文本的写作意图和吸收有益价值观的目的，教师会提前设计并发放"课前导读单"（自读时的思考内容），就显得尤为重要了。我们以此为基点来引领学生自主阅读和尝试感知文章。

课外选文往往是基于课内文章做出的拓展和延伸。教师和学生都需清晰二者的关系，教师明确教学目标，学生跟随对其具体阅读能力的培养方法，进而指向深度学习的发生。通过对课内文本《老王》的合作解读，学生了解到文本既有对老王这类小人物在平凡艰苦生活下仍然保持善良淳朴这一生命底色的赞扬，也有作者自身作为知识分子，由于社会阶层不同而产生出和老王间的误会，对此终深感"愧怍"的内省精神。而课外选文《看自行车的女人》也恰巧写了一位做着底层职业的小人物，她遭受着世间给予的冷暖、关怀抑或是质疑的眼光，在艰难生存的同时仍然秉持着职业的责任感、善良等品格。课内外文章之间，同类主题就成了贯通的桥梁[1]。那教师教读引领的任务就可以重点围绕"这个人物是怎样出现在我们面前"，以及"她是如何展现出自己的生命底色的"，"作者为什么要为她写下这篇文章"，"真的仅仅就是为了写这一个人吗？"这些问题来设计，即对小人物遭遇的情感评价，小人物生命底色的赞美，知识分子为小人物的发声等角度下手设计。

欧洲文论家艾布拉姆斯在《镜与灯》中提到，关照探微文本有以下几个维度：文本、世界、读者和作者。将此理念运用到教学层面，则需要关照文本的编者意图、作者的创作意图、文本、学生的认知能力水平、创作现实背景这五个维度[2]。学生拿到文本时，也应第一时间基于文章标题做文本相关写作内容的思考和猜测。

据此，课前导读任务单则确定为以下四个。

任务一：文章写了几次我见到这个"女人"；

任务二：赏析细节描写，概括"女人"的形象；

任务三：提炼关键词，思考为什么几次见她却展现出不同的状态；

任务四：联想你关注到的身边平凡职业人，他们可以是门卫、是保安、校园保洁、菜场小贩……他们是如何对待自己的职业，他们获得了怎样的评价，你是如何看待他们的。

任务一是指向基本的对文本写作逻辑的梳理能力；任务二是指向文段细节语句的赏析和分析，提炼人物形象；任务三是指向引导情感价值的生成；任务四是勾连生活经验，将文本与实际生活经历相贯通，来最终触动价值观。在教师正式讲解前让学生带着这些任务进入文本，文本的编者意图、作者情感、文本原生价值、读者情感召唤、生活经验便在这个设计下贯通构成了一个多维立体世界。

二、以核心任务探究打通深度学习

和学生共同在课堂探究的过程中，依据文本内容的走向逐步抛出核心问题，并以学生合作作为主体，教师适时引导为辅的方式，让学生结合对上下文本的分析，激活自身的生活经历和经验，来最终悟出文本的价值意义，进而提高自己的阅读理解能力。所以，"核心任务探究"教学方式，实则是将学习主动权交予学生的一种有效策略。

在《看自行车的女人》阅读中，笔者抛出的核心任务是文本中提到的"看自行车的之后换成了一个男人，我为什么想问'女人'到哪里去了却终也什么也没问"？这个任务的设置是引导学生对文章主旨的把握及提升情感价值。在这个问题的引导上，教师需要提醒学生关注文本的标题，如果一开始是一个"看自行车的男人"，行文到这里换成了一个女人，其实和现有的文本内容并没有任何差别。学生就会领悟到原来作者期望读者关注到的并不仅仅是这一个单独的人，而是一个群体。我们都知道，在语文教学中，真正的文本精读教学在于教给学生阅读理解的基本技能和方法。

针对此核心问题，学生的课堂讨论给出了精彩的理解。

不敢问原因一：怕这个女人是因为又受到了不公平待遇而离开了，为她的遭遇难过(可依据后文的句子猜测)；

不敢问原因二：这个男人跟这个女人实际上并无差别，他们都是社会边缘化的人物，没人关心他们的去留，他肯定也不会知道女人去了哪里，作者不想为难这个男人(前面我们有探讨)；

不敢问原因三：即便问到了女人发生了什么事情，作者也无法改变什么。作者或许可以帮她一时，但不能帮她一世，况且和她命运相似的人何止千万。

在第三个原因被学生分享出来的那一刹那，教师可顺势补充这就是梁晓声创作这篇文章的原因。他要为这个不受人关注和尊重的群体发声，并呼吁全社会给予该群体尊重、善意和平等，从而将文本的情感价值目标上升至社会整体对小人物的审视，同时提醒到我们每个人都该拥有对身边小人物的关注意识。到了这一步后，学生结合课堂收获的新知新体会，就可以回头修正课前导读单上自己的思考误区。

教师要想在学生自主探究学习的道路上提供助力，就需要针对所选的课外文本做好引领任务的设置和下放。如笔者引领学生思考概括在《看自行车的女人》中主人公到底是一个怎样的女人，以及为什么她会在不同的场景下呈现出不同的状态时，要求学生做一个简单的段落思维导图，找到不

同人物群体对女人的不同行为态度，最后让学生悟出是因为遭受了不同的待遇才让作者看到了主人公或胆小惊恐或有责任心善良的不同面。

主要任务的安排设计，始终将学生牢牢地抓在文本的核心意义身边，使学生可以围绕核心意义去上下文中寻找关键句段，终从全文的各个语义层次挖掘勾连的内容线，生成对文本意义的完整理解。

三、以课外同类文本训练来促进深度学习

课外阅读对于初中生而言是非常重要的。从阅读能力的培养上来看，丰富的阅读经验能够让学生快速阅读，准确把握文章主旨，体会作者的所思所想，看到以往看不到的细节。从写作能力以及口语表达能力的培养上来看，无论是写作还是口语表达都离不开大量的阅读积累，教师要重视课外阅读并让学生明晰课外阅读的作用以及意义。一般来说，课外阅读能力的培养是一个系统的过程[3]。

统编版语文教材七年级下册第三单元的课文都是关于"小人物"的故事。虽然他们平凡，且有弱点，但在他们身上又常常闪现优秀品格的光辉，引导人们向善、务实、求美。我们在日常教学中对于学生语文素养的培养更多的是技能技巧和对人文情怀的关注。关于技能技巧，我们重点要求学生关注已概括出文本中心内容的标题，作者议论性的句段；而对于人文情怀，我们更多的通过寻找同类的文本来加深学生对于某一个群体的认识和关注理解，例如《走进一棵白菜的心里》中在忙碌的城市节奏中不知何去何从的贩菜农；《冷风暖香》中用自己柔弱的肩膀去扛起家庭的卖烤红薯的小贩；《两朵童稚》中实则年少且手部残疾却拥有着这个年龄不该有的成熟的姐姐，但穿越苦难仍温柔呵护妹妹；《信客》中在通信并不发达的年代作为乡村和城市纽带的信客。在阅读学习完这些文本后，这些人物都给学生带来了情感上的激荡，实现了价值观的提升，同时也激发了他们写作的灵感。

参考文献：

[1][2]佘漪.基于深度学习的组文阅读课设计——以《老王》《信客》《看自行车的女人》组文阅读课为例[J].内蒙古教育,2021(34):15-20.

[3]曹文娟.巧用课外阅读,助力初中语文教学[J].语文世界(中学生之窗),2023(08):28-29.

周楠，湖北省武汉市武汉一初集团(金雅校区)教师。

读林语堂《苏东坡传》有感

◎陈小婷

他，是天纵之才，被王安石称为"不知更几百年才出如此人物"；他，是百姓之友，政绩斐然，爱民如子；他，是精神之王，虽困于党争，寄于风雨，屡遭贬谪，仍可以坦荡胸怀立于天地。没错，他就是苏轼，深受世人喜爱的东坡先生。千百年来，人们传唱他的诗词，临摹他的书法，谈论他的生平事迹……是的，每个人的心中都有一个苏东坡。作为新时代的学生，更是要向苏东坡学习。

学苏东坡，做个至真至善的人。

苏东坡一生做了无数善事，每到一个地方，都能造福当地百姓，他修建工程、赈济百姓，建立公办医院，救百姓于水火之中……苏东坡在黄州的时候，建了一个慈善机构，因为当地很多人生完第三个孩子，之后再生的孩子都丢了，因为养不起。城墙根下特别多的弃婴，苏东坡于心不忍，他就建了一个福利院，找了当地的很多寺庙，一块儿帮忙管理财务，让有钱的人捐款，他大概养了几十个弃婴，是一个心地非常善良的人。

学苏东坡，做个乐观豁达的人。

苏东坡的大半生不是被贬就是在去往被贬之地的路上，古代读书人，从政是唯一的出路，"修身、齐家、治国平天下"就是他最高的价值追求。苏轼在最初也是抱着对仕途有一定追求而踏上官场之路，但他却成了新旧两党政治斗争的牺牲品。

平常的文人此时大概会喝酒，会感慨生不逢时，怀才不遇等等。而苏轼呢？他亲自下厨，研制美食，闲暇时约上三两好友，散步、赏月、爬山。在这种缓慢而清净的生活中，苏轼得以沉淀下来思考更多更为广阔的东西，关于人生，关于宇宙。于是有了"竹杖芒鞋轻胜马，谁怕？一蓑烟雨任平生"的潇洒；有了"唯江上之清风，与山间之明月，耳得之而为声，目遇之而成色"的豁达；有了"人生如梦，一樽还酹江月"的豪迈。

我们也该如苏东坡一般，即便身陷漩涡中，也能光风霁月，保持一颗最乐观、最豁达的心。

学苏东坡，做个博学多才的人。

现在很流行的一个词叫"斜杠青年"，即拥有多重身份、多元生活的人群，按这种说法苏东坡可以说是"斜杠男神"，他的才华大到什么程度呢？在宋代的诗歌领域，他与黄庭坚并称为"苏黄"；在豪放词界，他与辛弃疾并称为"苏辛"；在散文方面，他与欧阳修并称为"欧苏"，时人有"欧文如潮，苏文如海"的美誉；在书法领域，苏轼是"宋四家"之首；在绘画上，他是"湖州竹派"的代表人物；在哲学上，他是当时宋代三大哲学派系中蜀学的代表人物。在任何一个艺术的门类当中，苏东坡几乎都能够做到顶级。

我们虽然很难达到苏东坡的这种高度，但我们一定要与时俱进，保持学习的热情，不负韶华！

学苏东坡，做个有情有义的人。

苏东坡之所以可爱，是因为他是一个有血有肉、重情重义的人。

这里先说一下他的兄弟情，苏东坡的弟弟叫苏辙，轼是车前面用作扶手的横木，辙是车轮压出的痕迹。所以你看，这两个兄弟感情多好，一个在前面走，一个在后边跟着，两个人好了一辈子。两兄弟第一次离别，是苏东坡要到陕西任职，苏辙一直送到郑州才离别。苏东坡写了很长的诗来纪念这件事。其中有一句特别有画面感："登高回首坡垅隔，惟见乌帽出复没"。苏东坡写"明月几时有，把酒问青天"，很多人觉得这是情诗，其实这是他写给弟弟的。

苏东坡跟王弗的感情最为人乐道，王弗聪慧，是苏东坡生活上和精神上的伴侣。上苍终是吝啬的，他不肯给人间一个完美。王弗陪伴苏轼度过了人生中虽然艰苦但充实幸福的十年光阴，先是成了他窗前的白月光，后来，变成了他胸口的朱砂痣，美好但沉痛。后来，亡妻入梦令苏轼积攒了十年的悲恸喷涌而出，于是就有了我们熟知的"十年生死两茫茫，不思量，自难忘……"

千百年来，独爱东坡者不计其数。我对东坡的热爱与追随，源于他的品德与才华，源于他对苦难的态度！

陈小婷，广东省深圳市华南师范大学附属龙岗大运学校教师。

天道酬勤承廉洁，地道酬善行美德

◎陈慧玲

（一）穷且益坚，不坠青云之志

尤记起小时候，那时奶奶跟我们一大家子还住在四合围老屋。每逢凉夏，奶奶便会搬张小板凳，戴上老花镜，打开针线包，在中庭天井一针一线为我们一大家子缝补衣服。这时候的我，总喜欢也搬张小板凳，坐在奶奶身边看她缝绣。记忆里夏风吹过奶奶的头发，那银丝飘拂，是无言的爱在倾诉。许多年以后，我总忆起这个画面，这份爱总反复提醒我：勤俭持家。

在我漫长的寒窗苦读日子里，父亲总是把"天道酬勤"这四个字挂在嘴边，这是我们家的家训，也是我的座右铭，伴我走过无数个春秋。父亲说，他现在所拥有的一切，皆是因为勤奋勤恳，而一分耕耘便有一分收获，勤奋的人会得到更多的回报，但不属于你的不义之财切不可乱取。我曾经见过很多叔叔都开大奔名车，而我的父亲从以前到现在，"宝马"都是凤凰牌二轮自行车。他现在已经年过古稀了，每天还骑着自行车接送我小外甥上下学，我小外甥回到家总说："街上好多人认识外公啊，每次都有很多人停下车摇下窗跟外公打招呼。"这声声招呼，仿佛在印证着：天道酬勤。

（二）清风两袖诲学子，洁身自好树风范

跟我父亲骑着同款二轮自行车行走江湖的，还有我的伯伯。我的伯伯曾在老家县城里的一所重点中学当校长。在我的印象里，伯伯的家与他的"地位"总让人无法匹配，而且每次见到伯伯，我都无法把他和"校长"两个字联系起来。尽管如此，伯伯却带出了一届又一届优秀的毕业生，甚至在职期间还将这所普通中学打造成人人向往的市重点中学。在伯伯那个年代，很多同事因为忍受不了教师的清贫而选择下海经商，但伯伯却一直坚守在教师岗位上，十年如一日。现在早已光荣退休，却依旧住在那间老房子里，闲适时踩着单车逛逛老城区、养养小花逗逗小鸟，忙碌时陪着小孙子去上兴趣班、给婶婶做做她心爱的糕点，却总不会忘记告诉我们这些晚辈，让我们投身于教育事业。他用他的一生告诉我们，何为教育的情怀。

（三）土扶可成墙，积德为厚地

我的婆婆是一名淳朴善良的农村妇女，她应该是我见过最善良最坚强的女性。我的先生在1岁的时候失去了父亲，于是我的婆婆一个女人家拉扯着我先生和两个姑姑长大，又当爹又当妈。在当年那个封建迷信思想盛行和民主文明之风尚未普及的农村地区，早年丧夫且三个孩子又嗷嗷待哺的情况使我婆婆陷入备受乡人欺负的境地。但我的婆婆并没有因此而放弃这个家，更没有因此而怨恨乡里人。

白天她便在家门口张罗起服装店卖起了衣服，同时还在为当地的羊毛厂做散工编织羊毛衫。空闲时间和晚上便带孩子，等孩子睡着后，夜里她便到田里干活。在这个自顾不暇的时间段里，我婆婆还能乐施好善。因为我的婆婆善良又乐施好善，吸引了我先生的继父，而后来，这个家因为继父的到来变得越来越好。而我的婆婆，继续把她行善的种子播撒在乡间的每一寸土地上，之前那些欺负过她嘲笑过她的人，都变得不好意思而且尊称她"姐"。她用她的胸怀告诉我，什么叫作"以德报怨"。

因为我婆婆，她的三个儿女都很争气，都成为了乡里为数不多的重本院校大学生，现在分别定居在深圳和广州，也让我见到了我优秀的先生。婆婆待我比亲女儿还亲，这些往事，婆婆细声说来，仿佛一切都已风轻云淡，只有她眼角晶莹的泪珠，才真正告诉我们她这一路走来的艰辛和酸楚。她的一举一动、一言一行，能够带给我很多的思考，也让我们这个平凡的小家庭变得知足而常乐，她现在经常挂在嘴边的一句话就是：幸福是奋斗出来的。

不论是我的奶奶、父亲，还是我的伯伯和婆婆，他们都在用自己平凡的一生书写着不平凡，也教会了我：做好本职工作，就算再平凡的岗位也能变得有价值、有意义。我是一名平凡而幸福的人民教师，只因心中有光亮，所以生命变得丰盈而有质感。

陈慧玲，广东省广州市广东外语外贸大学附属科学城实验学校教师。

搜书包

◎金兆燕

寒假回来后,一切回归了往日的秩序,八一路小学的校园里又充满了欢声笑语,四一班恢复了正常的秩序。

孩子们除了小脸变得更加圆润之外,手中玩的小东西多了,作为语文老师兼班主任的我,不时在课堂上"缴获"一些战利品,偶尔抓出个元凶,教育一番,但仍然屡禁不止。

直到开始建立中队角,梓辰拿来三张照片,说要给班级中队角用。我欣慰地看着这个虎头虎脑的小男孩,和蔼地说:"靠谱啊,孩子,你花了多少钱,咱们班平时卖点废纸还是有点小班费的,老师给你报销咯!"我说着就把管班费的思辰叫过来。

梓辰连连摆手:"老师不用钱,就是给咱班里用的。"

"那怎么能行?快说快说!"他实在不好意思才说:"老师,就15块钱,我有钱!""啥?15块钱,三张照片?""昂!"小男孩可能没听出来我的语气,不好意思地挠挠头,开心地说:"老师不用给我钱,我自己就有钱,我的压岁钱还有好多呢!"说着扭头就跑回到自己的座位上去了。

"老师……"思辰闪着大眼睛,手里拿着几块钱硬币,"咱们班的班费好像还不够15块钱"。

啊……这……看来这些孩子手中的零花钱还不少。回到办公室,我看着桌面上没收的那些乱七八糟的东西,一时竟无法平静,这个事好像不能就这么算了……

有必要进行一次班级"大扫荡"。接这个班一个多学期,大部分时间都在上网课,正好借此机会让我来为我亲爱的学生"收拾"一下书包吧。

和搭档打了招呼,叫上我的小帮手笛子和艺语,大课间我们就开始行动了。

先从几个重点对象开始。这几个孩子,平时不是带个太空泥,就是拿个小贴纸,最近流行什么火漆印章、手串……娇娇、朵朵、琰琰经常在课上摩挲,爱不释手,听说还得自己制作。光语文课就收了好几个了,这次再好好查查:

不错不错,琰琰的书包里干干净净,看来是听取了老师的建议,把与学习无关的东西都放在了家里,孺子可教也。

接下来是朵朵,朵朵平时就是爱美之人,果然,书包里小手串好几个,乱七八糟的一大堆。

然后是娇娇。娇娇这个小女孩很文静,给我的印象是乖乖女。因为上次在语文课上被我抓到,手里一直在反复把玩一个小塑料片,当时还委屈巴巴的说是别人给的,现在可倒好,完全就是个源头工厂啊:原材料、半成品、成品……应有尽有,还有一些亮晶晶的小玩意从书包里滚出,笔袋里塞得满满的,还有一些硬币……

不知不觉,讲台上便堆满了琳琅满目的"宝贝"。课间操做完了,孩子们进入教室,看到这一桌子的东西,先是眼前一亮,随后看到我又满脸疑惑地走到自己的座位上,此时我也在思考怎么开场。

娇娇一进来脸色就不对,满脸疑惑地回到座位开始看自己的书包,同桌和她说话也心不在焉的回应着。

人进得差不多了,有一个胆大的同学问:"老师,这是干啥啊?"

我看着轩轩清澈的眼睛,突然就想逗逗他:"这些好东西很便宜,买吗?"小家伙挠挠头,憨憨地说:"可是我没有钱啊?"

"可以找好朋友借呀!"我笑着说。

"真的吗?"轩轩一听,赶紧将这个好消息分享给那些竖着耳朵听的小家伙。大家开始议论纷纷,然后我又加了把火:"看看这些桌子上的好东西哈,谁现在有钱谁拿走,价高者得!"一时班里炸开了锅!

"老师，我有一块钱！"鱼儿果然上钩了。一个小手递过来一枚硬币。

"好，一块钱可以把这一桌子的东西都拿走，还有比他多的吗？"

"有有有，老师我有5块！"

"行，那是你的了，一块的没机会了。"

其他小孩急得抓耳挠腮。

这时我的课代表发话了："老师我下午带一百行吗？"

……

我不可置信地看着他清澈的双眼："这些东西值一百块吗？下午带的不算！"

这个时候学习委员看着他那不争气的好朋友默默地说了一句："老师平时不让带零花钱。"可是他的声音立刻被我可爱的课代表扔在了脑后，又继续去传达我的新指示了。

等了好长时间，还没有动静，看来班里的零花钱并不多。

我决定停止试探，继续往下走："那现在最高价就是5块喽……"

"老师！"突然一个声音打断了我，"老师，举报能当钱吗？"赟赟的小眼睛里闪着期待的光芒。

怎么回事，走向咋那么不对呢？

"看你的举报有没有价值，你想举报谁？"我按捺住自己复杂的心情，故作深沉。

"我举报我自己！"

学生个个瞪大了眼睛，满脸问号！我内心也是一波一波的龙卷风吹过，遍体鳞伤！到底为什么会是这个走向！我怎么拽回来？

"举报你自己什么？"

"老师，我举报我自己昨天偷偷带了十块钱，买零食吃了。"

嗯，倒是一个让他们自我检讨的好机会。"不错不错，大家看，赟赟敢于揭发自己的错误，这条举报老师给他算十块钱，现在东西是他的了。"

我可爱的学生再一次抑制不住内心的激动！"老师，老师，我也举报我自己！"……随着大家的坦诚相待，价位飙到了50！

这个时候轩轩滴溜溜的大眼睛一转，然后大声说："老师我举报我自己，那天我在商店门口捡了100块钱！"教室里的声音戛然而止，所有同学一起看着他，"然后我买东西吃了"。

我不禁哑然失笑，我可爱的学生还真是不走寻常路呀！在我的连环发问下，小家伙漏洞百出，缴械投降："老师我错了，是我编的。"

看着那一只只举着的小手，我觉得是时候停止了："我知道大家还有很多想说的，那就请你写下来，为了防止再次出现轩轩那种不真实的情况，请你写上证人是谁，写完之后交上来。"没想到大家写得还很认真，比平时写作文投入多了，不一会，交到我手里的就一大摞。

不能再跑偏了啊。于是我给大家坦白，说："桌子上的东西是从同学们的书包里搜出来的，这些东西会分散学习的注意力，千万不要往学校带。现在大家通过了零花钱的考验，但是思想清澈得让人担忧，面对便宜的东西一定要保持警惕心，要记住占小便宜吃大亏，像刚刚还要回家带钱的同学可万万使不得。如今老师会给你坦白，但骗子就没有那么好心了。"

我可爱的学生一个个瞪着大大的眼睛，似懂非懂地点着头。

……

"那老师，这些东西怎么办啊？"

我不禁扶着额头："先保存在书架上吧！表现好了再还给你们！"

咦？我好像也跑偏了："娇娇一会跟我去办公室！"

金兆燕，山东省菏泽鲁西新区八一路小学教师。

悼鲁迅

◎ 蒋 梅

一

鲁迅把希望寄托在青年人身上，爱青年胜过爱自己。因为惊异于青年之消沉，作《希望》。用这希望的盾，抗拒那空虚中暗夜的袭来。(《野草·希望》)即使终于碾死在车轮下，但他希望黑暗的车轮永远坠入冰谷中。(《野草·死火》)不过世情恶薄，许许多多受过鲁迅援助的青年，大都不肯记住他的好，或竟恩将仇报，但鲁迅有的永远是一颗宽宥的心。他告诉青年：绝望和虚妄，有时正和希望相同。余有感于此，作"鲁迅与青年"。

鲁迅与青年

你的善意的大门敞开着，血一样的鲜红，招展的旗帜总是那么的昂扬。你以为，希望，在青年的眉间。鲜花芳香，忙碌的蜜蜂中总会有毒蝇的出现，你得小心提防，不要让承担他们全部的恶毒和不公成为你的厄运！它们围着你嗡嗡的赞颂你，它们的赞颂乃是一种纠缠，它们要接近你的皮和血，然后踩着你的躯体攀登。而这，始终是懦弱者的聪明。是的，懦弱者是聪明的！它们围着你嗡嗡的叫嚷你，它们的叫嚷乃是一种偏狭，它们用偏狭的灵魂思索你，为你的一切德行而惩罚你。而你，只有内心的宽宥。它们有时消失了叫声，藏于黑暗的破壁中，以隐秘的伤害来回报你的善行，以卑鄙不可见的报复向你闪烁和燃烧。这就是你的青年，敏锐的感官，多变的嗅觉。绝望之于虚妄，正与希望相同！

二

社会需要"以吾全心全情感全意志，与多量之精神而成诗"的青年、战士。可现实屡屡成为"合群的自大""爱国的自大"，每每看到"暴君的臣民，只愿暴政暴在他人头上，他却看着高兴，拿'残酷'当娱乐，拿'他人的苦'做赏玩，做慰安。自己的本领只是幸免。"(《暴君的臣民》)所以，我们看到旧伤痕上不断添上新的伤痕，面部织成一面被社会排斥者的耻辱标记之网的孔乙己，为了让绅士们蜂拥而至来攀亲，为了赶走租住在自己破宅门里的杂姓，参加十六回科举考试而落地，指甲里的泥显露出掘地寻找银子之丑陋的执着痕迹的陈士成。通过瞒和骗，鉴赏他人不幸，秉持着"精神胜利法"的阿Q等等等等。鲁迅因为憎恶社会上旁观者之多，作《复仇》第一篇。而我追随着鲁迅的脚步，作"你的民众"。

你的民众

民众不理解伟大之伟大，即，怀疑一切的创世者。他们只炫耀自己的大人物——当今的主人。为了维护主人的交椅，他们毁掉你振臂高呼的臂膀，为了占有牛马棚里的一席之地，他们舐食你的伤口，像狼一样咬啮着你的灵魂。我看到你因毒蝇而疲惫不堪，我看到你身上有许多创口鲜血直流。它们全然无辜的要你的血，它们贫血的灵魂渴求鲜血。这些渺小而又可怜的躯体，多到数不胜数，一些雄伟的建筑已经因雨点和恶草而致毁坏。你虽是一块顽石，也已经被大量雨点所滴穿，你还将被他们滴破而碎裂。这就是你的民众，嗜血的蝙蝠，扩散的毒瘤。绝望之于虚妄，正与希望相同！

三

路就像生命一样，"总是沿着无限的精神三角形的斜面向上走，什么都阻止他不得。无论什么黑暗来防范思潮，什么悲惨来袭击社会，什么罪恶来亵渎人道，生命之路总是踏着铁蒺藜向前进。"(《生命的路》)鲁迅愿中国的青年都摆脱冷气，有一分热，发一分光，走出自己的路，走出自由之路，走出个性独立之路。余有感于此，作"自由的意志"。

自由的意志

你们应该透彻的思考自己的感官和意识。"你们所谓的世界应当由你们所创造：你们理性，你们形象，你们的意志，你们的爱，应当由它自身变成！而且真的，是为着你们的福乐。而且如果没有这种希望，你们要怎样忍受生命？"(《查拉图斯特拉如是说》)意愿的解放，这是生命的真谛。这是真正的自由。锤子勇敢的敲击它的囚牢，将那坚固的铁壁敲碎，溅起的铁屑滚烫闪亮，像天上的繁星熠熠生辉，点燃了宇宙，投向茫茫人间，覆盖了山野、村庄、巨石、溪流，凝聚了人间的力量劈向黑暗的苍穹，在雷电的纵笑之间，把阵阵冰雹投向深谷。

蒋梅，北京市第十七中学教师。

时光虽已逝去

◎ 旷涛群

八月我去了母亲的娘家——红莲桥，湖北江陵的一个小乡村。我对它很陌生，竟不知道母亲"从哪里来"。时光虽已逝去，我却想重回母亲的故乡，踏上"寻根之旅"。

巴士上装满了乡音。到了舅舅家后，晚上舅妈和大外婆准备带我去红莲河的闸上走走，母亲曾在那儿捕鱼、摆渡。原来红莲河是西干渠的一条小支流，两河连接处建有水闸。河两岸的人家错落有致，树上爬着丝瓜，她们想爬多高就爬多高。夕阳西下，我闻到了暑气过后泥土的芬芳。大外婆指着河对岸的一块空地说："你妈妈就是在那里安置（出嫁）的，我在那个土坡子上挖的土灶烧火做饭，像过家家。那时候条件好苦噢……"如今这里长满了野草，远处还能看到成片的田。我和母亲的出嫁之地隔着一条河，河里流淌着悠悠岁月。时光虽已逝去，我想看看母亲20岁出嫁的场景。

她是什么样子呢？她心里会想什么呢？她会不会很不舍，又很期待新生活？这些我都不曾听她说起。也许她穿着漂亮的连衣裙，扎着又黑又长的麻花辫，这是我早期记忆里妈妈的样子。两岁的我坐在后院的桑树下，她为我打桑枣（桑葚）吃。一袭白色的连衣裙，乌黑齐腰的麻花辫，她笑着摸摸我紫红色的小花脸说"你吃得像个猫子"。她给的爱足以滋养我一生。时光虽已逝去，我似乎看到了20岁的她双眼清澈水灵，面庞红润。我身旁的妹妹就生长于斯，明眸皓齿，温婉可人。

暮色降临，我们一行人沿河来到了闸上。这座十几米高的水闸建于一九五几年，闸前有一座很小的石板桥，石栏斑驳粗糙，母亲小时候走过。我抚摸着石栏，逝去的时光又回来了，好像能感受到母亲那时候留下的温度。我所到之处也曾是母亲的驻足之地，我的脚印叠加着母亲的脚印，带着水草气息的风也吹过母亲的脸。"你妈妈小时就是在这里摆渡船，就是这样的船。"大外婆指着一艘老船说。我想起《边城》中跟着祖父摆渡的翠翠，我母亲也是跟着自己的祖父摆渡，在这里以捕鱼为生。母亲两岁多时外公因为肺结核走了，外婆后来改嫁了，母亲和她的姊妹跟着她们的祖父母生活。姨妈干农活种地，母亲最小，跟着她的祖父在西干渠讨生活。如果外公没有走那么早，我母亲的命运应该会改写，我恐怕也不是现在的我。"这是哪个啊？"不远处来了一位奶奶问道，大外婆跟奶奶提起了我母亲的名字。那位奶奶说"长得是蛮像她的妈妈，脸型都像"，"那时候我们还找你妈妈买过鱼呢"。村里年纪大一点的都是看着我母亲长大的，现在又突然看到了我，时光虽已逝去，又没有逝去。在这些长辈面前我看到了母亲的童年。

夜幕笼罩了红莲桥，没有一丝漏缝。乘凉的人都进了屋，舅妈还顺路找乡亲们买了几十个新鲜的土鸡蛋。我们姐弟三人步子快，只依稀听见舅妈与邻居们的说笑声，不见人影。伴着虫鸣，看不见光的黑夜才是真正的夜。

从舅舅家回来，我将红莲桥的见闻讲给母亲听，她笑着说小时候所有人都叫她"冤枉"，"冤枉就是不该脱人生的意思"。她十岁左右就跟着祖父在深夜划船撒网，沿河几十里，天蒙蒙亮收鱼。她说"那时候我坐在船角落里只有一点点，很小"。有时候鱼跑了，祖父说"冤枉——你要专心点！我们熬更守夜不容易呀！"母亲机灵，祖父很疼爱她。那时她也摆渡船，"冤枉，有人要过河啦"。祖父教母亲撑渡船，母亲说她在船头船尾都会撑竹篙，坐船的客人都惊叹她胆子大。她微笑着说："我那时候太小，拿着长篙在甲板上都有点站不稳。风浪大的时候我就会漂到下游去，再沿河慢慢撑回来。"她模仿大人喊"冤枉"的神情像一个孩童，五十几岁的她一下子回到了小时候。叫母亲"冤枉"可能因为她年幼无父无母，大人觉得她不该来人间受苦吧。时光虽已逝去，她总能在生活里找到甜。年过半百，历经风霜，她一直觉得自己很幸福。

时光虽已逝去，但记忆不会。故人可能会分散，但是情谊不会。母亲的故乡，不也是我的故乡吗？她的勤劳美丽，聪慧善良，乐观坚强等等，我都在红莲桥找到了源头。如果我们想真切地了解一个人，那就去看看生养他（她）的水土吧，那方水土就是根。

旷涛群，上海市嘉定区同济大学附属实验中学教师。

珍藏在心底的鄂皖往事

◎李晨媛

姥姥家落在鄂皖边界的一座小镇,从小就听到大人吓唬不听话的小孩:把你送到六安去。然而在这个回家探亲的暑期,一次高速路口的错过,不仅让我驾车绕道误入了岳西的山林深处,也让我再次忆起珍藏在心中多年的鄂皖往事,且行且记,也为这段埋藏心底的记忆,增添了别样的色彩。

一、万家爷爷

说来也怪,尽管同是属于大别山山脉,界岭两边的水土却截然不同,安徽一地自古收成要更好,而地属鄂地的我们,则常常需要外出谋粮。当时家中人口众多、负担很大的姥爷一家,常常受到来自界岭那一边万家爷爷的接济。那个万家爷爷到底是什么家庭背景,缘何与姥爷结为了拜把兄弟,已经无从得知,但来自界岭那端的馈赠——一担担的粮食,成为当年最激动人心的事物。万家爷爷为人和善,特别风趣,母亲和她的兄弟们很是愿意亲近他,然而故事到这里并没有结束,接下来的讲述让这个人物的形象增添了几分神秘色彩——万家爷爷的晚年一心向佛,最终选择了一处庙宇出家,每日与诵经、礼佛相伴,在他离开这个世界的时候,庙里的僧人们用了一种古老的、有着诸多仪式的神秘方式,来帮助他圆寂得道,可惜终究没有能成功。我想这不是在任何一个普通的中国农村就能听说的传奇,这个故事只属于我们的万家爷爷。

二、小合肥佬

外婆育有四子一女,母亲排行第三,最小的弟弟出生在70年代,按照当年最时髦的取名方式,唤作建新,建设新中国之意。但是他还有一个别称——小合肥佬。为什么会被称为小合肥佬呢?

那一年,镇上来了一个小个子的外乡女人,容貌姣好,自称安徽人士,家中富裕,但是膝下无子,想来这个吃不上饭的穷乡僻壤抱养一个小孩。由于姥姥总是把要将这个最小的送人挂在口头,外乡女子抓住了这个关键信息,居然一路打听到姥姥家,见到了尚在襁褓之中的小舅舅。这个外乡女子利用了当时交通不便、信息阻塞这一点,居然信口对姥姥说,她是受姥爷之托,来家中抱娃娃的,已经说好了要将家中最小的儿子立到她门下,减轻家中负担,就这样轻而易举地骗走了我那时才几个月大的舅舅建新。

没过多久,身在安徽的姥爷听闻了这事,当下大骇,誓要千里寻娃!我不知道那个外乡女人走了多久,也不知道姥爷到底用了什么样的方式,居然一路打听、追踪到了安徽省城合肥,找到了那位外乡女人。经过种种磨难,姥爷最终找回了自己的小儿子,并带回到了湖北的家中,只不过自此之后,小舅舅就有了一个被众人打趣的称号——小合肥佬。

三、一组嫁柜

母亲每当谈及姥爷在她出嫁时送来的一组嫁柜,仍然时常感念。

当年受到委托帮忙打这套嫁柜的,也正是在界岭另一边的万家爷爷。出身贫困大别山地区的嫁娶自然不可能形成十里红妆,但是为爱女打造一组崭新、明艳、气派的嫁柜,成为姥爷和万家爷爷当时最大的心愿,听母亲说当时父辈们吃了很多的苦,用了很多的心思,才最终有了那一组嫁柜,并通过人工的搬运,艰难地穿越了鄂皖山路,最终摆到了待嫁的新房里。

母亲一直牢牢记挂着为她打这组嫁柜的万家爷爷人情,前些年,万家爷爷身体不适,在县城的医院住院,她竟一直没有得到这个消息,不能回去看望、照料万家爷爷,直到他走之后很久才得知,已然成为一件憾事!尽管我从来没有见过他一面,但是善良的、信佛的万家爷爷,已经深深镌刻在我的脑海中。我只能去想象着他的模样,一定是慈眉善目,有和蔼的微笑。

这次出行,虽然错过了一个高速入口,却也让我再次开启了珍藏于心中沉甸甸的乡土记忆,那是最淳朴的中国农民,以及发生在他们身上的喜怒哀乐。此刻的我,正在乡间的竹林下,闻着柴火的香气,听着蝉鸣和溪流的声音,写下了这些文字。田间的故事还有很多,希望未来的我,能有更多的机会,为这些可亲可敬可爱的乡村人们,记录下属于他们的传说。

李晨媛,湖北省武汉市华中科技大学附属中学教师。

讲好中国故事，书写人生传奇

◎孔争光

中华五千年，好故事代代传。一代又一代中国人，用血与剑，牛与犁，书与智，不断开拓，接续奋斗，为我们今天强大的祖国、幸福的生活奠定了坚实基础。祖祖辈辈奋斗的身影，凝成一个又一个动人的故事。千千万万个故事是中华民族一路征程，勇往直前的华章。熟读这些故事，可知我们从何而来；读懂这些故事，可晓我们何处而为；读透这些故事，可明我们向何处而去。每一个故事，都是先辈精神的再现，智慧的浓缩。继承并弘扬这些故事里的精神，能为中国社会主义现代化发展提供精神支柱，贡献智慧之源，积蓄力量之泉。当代青年，恰逢盛世，无末世之暗，无乱世之忧，舞台一望无垠，尽可"海阔凭鱼跃，天高任鸟飞"。今天的青年，站在社会主义新征程的起点上，讲好中国好故事，一定能大展宏图。

讲好中国好故事，就是讲好中国人"路漫漫其修远兮，吾将上下而求索"的探索故事。千百年来，中国人奋斗永不停歇，探索永无止境。夸父追日，开启中国人探索之旅。嫦娥奔月，再筑探索之梦。一梦数千年，千年不曾断绝，李白"举杯邀明月"，东坡"把酒问青天"，"今夕是何年"？神舟飞船一跃起，"天宫"一号紧相随。"玉兔"万里叩月宫，"悟空"伴暗物质飞。登月一步一步近，月球建房正遐思……天上卫星飞船探苍穹，海中"蛟龙"赴深渊，生命不息，探索不止是中国人的魂。好的故事是灯，照亮中国人前行的路，好的故事是路，引领探索不止的中国人走向黎明。讲好中国古今探索不止的故事，是每一个青年的责任。

讲好中国好故事，就是讲好中国人"苟利国家生死以，岂因祸福避趋之"的爱国故事。家是最小国，国是最大家。譬如参天大树，根干为国，枝叶为家，根深干粗，方能枝繁叶茂。从秦人"岂曰无衣，与子同袍"之万众一心，到霍去病"匈奴未灭，何以为家"之家国情怀；从岳母刺"忠君报国"光照万世之字，到文天祥"人生自古谁无死，留取丹心照汗青"舍生取义之语；从顾炎武"天下兴亡，匹夫有责"之担当，到周总理"为中华之崛起而读书"之伟志，再到习近平总书记"为人民群众幸福生活拼搏、奉献、服务"之信仰……自古以来，一代又一代心有家国胸怀的中国人，以自己的血肉之躯，超群之智，实干笃行，奋楫争先，前赴后继地承担起时代赋予的责任，为家更幸福，为国更强大，抛头颅洒热血，诠释着亘古不变的真理：为家也为国，为国即为家。当代青年，就应该为自己，也为他人讲好"清澈的爱，只为祖国"之故事。

讲好中国好故事，就是讲好中国人"青山一道同风雨，明月何曾是两乡"为人类命运共同体而奋斗的故事。伟大的鲁迅说："无穷的远方，无数的人们都与我有关。"一方有难，八方支援，早已刻进中国人的骨髓里。抗日战争，唐山大地震，98年抗洪，汶川大地震，精准扶贫，抗击新冠疫情……中国人心向一处想，劲往一处使，终有今天之盛世。站起来，富起来，强起来的中国人，心念老朋友。美军侵朝，朝鲜危在旦夕，中国军人，抗美援朝；支援非洲朋友，建千里坦赞铁路；派维和部队，还战乱之地人民以安宁；"和平方舟"周游四大洋，为无数的患病之人带来希望；"一带一路"，帮落后之国，筑工路，修桥梁，建工厂……灾难时，更显担当。无论是十几年前的印度洋海啸，还是2020年抗击新冠，抑或是今年二月土耳其地震……都有中国伸出援助之手的身影。正如习近平总书记所说："人类生活在同一个地球村里，生活在历史和现实交汇的同一个时空里，越来越成为你中有我、我中有你的命运共同体。"青年当有为，以高度的责任感，历史使命感，讲好中国人"人类共同体"梦想而拼搏的故事。

好的故事异彩纷呈，好的故事春风化雨。讲好中国好故事，凝聚奋进力量，青年当仁不让；讲好中国好故事，赓续民族精神，青年责无旁贷；讲好中国好故事，筑牢"人类命运共同体"意识，青年义不容辞。当代青年，生逢其时，应勇于讲好中国人探索、爱国、爱人类的故事，激发自我奋斗之力，书写人生传奇。

孔争光，湖北省武汉市江夏区武汉藏龙高级中学教师。

爱是为人师者的温暖诗意

◎荣禾香

告别象牙塔的理想生活，投入到行色匆匆的人生之旅，我告别了属于自己年少时光的青涩，挥别了属于自己青春岁月的流年。那个梦想与激情交织的年代，像一个为友情所笼罩，在狂风暴雨中和青春年少的懵懂小儿一起探寻生命的灿烂的天真少年。怀着对知识的敬畏，藏着对教师职业的感怀，我在春风化雨的田地中如老农般辛勤耕耘，在传道授业解惑中夙兴夜寐。有满怀豪情的壮志，也有如履薄冰的责任，有天道酬勤的付出，也有得偿所愿的收获。为人师者，任重而道远，不可有半点疏忽懈怠，我希望自己能够在有限的光阴中绽放属于自己的美丽，至此则此生足矣。

那段不断试错慢慢成长的岁月，悄然而逝，雾一层层散去，诗已经成为成长于那段岁月的青年生命中无法拒绝不可否认的肉与灵。总有少许片刻，诗从生命的裂缝中找到出口，带来岁月苍茫的厚重，在阳光的照耀下与浓雾颔颜话语，引人跌坐忆想，回忆曾经的年少轻狂，回想当年的狂狷桀骜。春发其华，秋收其实。春天孕育着新的希望，秋天期待着新的收获。风拂杨柳的春天播下种子，葳蕤葱茏的秋天获取收成，因此春秋两季都是我所喜爱的季节。孩子们在春的翠绿和秋的金黄中走来，欢歌笑语，晨读暮省，刺破校园的宁静，犹如蝴蝶在风中翩翩起舞，洒落在被寂寞笼罩过的校园路上，覆盖在被露水沾湿的台阶上。当上课铃声响起，我的思绪略过我曾走过的校园岁月，只是当时我是聆听者，而此时已是传道授业解惑者。子非鱼，焉知鱼之乐，从校园走出来的老师，既懂得学生的年少与轻狂，也知道老师的责任与艰辛。

有人说，成长是一个艰辛的过程。在某个时刻，当我不经意间回头，看看岁月留下的痕迹，会发现好多人终究只是我们生命中的过客，一旦挥手告别就有可能彻底遗忘在记忆的角落。从教这些年来，我从一个青涩的老师慢慢成长为一个了解学生特点、掌握教学方法的成熟教师，或许自己离桃李满天下的盛景还有一定的距离，但是我却会在这条路上坚定地走下去。当我选择了这份职业，也就选择了坚持和坚守。当一批批的学生走出自己从教的班级或校园，我愿意用自己的真心去记住每一张笑脸，不让他们在我的脑海中变得模糊，我希望自己在看到电话簿中的学生姓名时能想起他们的稚气模样。与此同时，我也希望自己不会成为他们生命中匆匆的路人，憧憬着自己的言行能被学生牢记。

有人说，喜欢回忆是开始变老的表现。但在我看来，不忘过去才能不畏将来，回忆是对走过的路的祭奠，只有对过去的成败了然于胸，才能坦荡面对今天和明天。记忆是一种残酷的美，曾经沧海难为水，岁月易老韶华易逝，多一些美好的回忆，也是人生一大幸事。那些遥远的日子已然尘封为岁月的茧，无可挣脱。只有一些回忆的浪花依旧在指尖上翻卷着来去，于是，灵魂深处总有一则记忆的蒙太奇，变幻着手法，任红颜易去，岁月迢遢。幸运的是，我看到一批批的学生升入高等学府，投入工作岗位，迈向人生起点，这些都是我生命中珍贵的小确幸，是我不断为之努力的原动力。

我相信我的每一天都是崭新的，迎着东方刺破苍穹的晨辉去收获希望。一双双渴求知识的眼，是我风雨无阻的动力。三尺讲台上的娓娓道来是一种令人亲切崇敬的姿态，诗一般的神情，飞扬着青春的活力，焕耀知识的光彩，智慧的魅力。于是，我怀着一颗感恩的心去迎接生活，记住人生道路上的酸甜苦辣，铭记一起走过的光辉岁月，懂得珍惜身边的细微感动。未来的路还很长，未来的岁月很久，长久得让我们忘却所有的不快。也许未来的路多长，谁都无法预料，但是我却很清楚地知道这条路要靠自己坚定地走，没有人能够替自己走完。

杨照说：能够迷路的少年时光，竟是一种幸福。过去的岁月，我们都曾经历迷茫，都曾在幽暗的岁月里感到无助，是孩子们陪我走过这一段旅程，让我在迷失的路上感到温暖。在迷路的青春岁月，爱的光芒照亮了身旁的黑夜。

诗是寻觅路途的隐晦纪录，爱是辛勤园丁的温暖诗意。

荣禾香，北京市陈经纶中学保利分校教师。

酸菜二三事

◎ 王君岭

院子一角放着一口细高的缸，应该和那时的我差不多高。印象中这缸一年倒有三季闲置着，但是一入冬，它就承担起了一家人冬天的吃食。妈妈会把白菜处理好，整齐地码放在缸里，缸里有水。最后还有一个非常郑重的仪式，会在白菜上面压一块大石头。缸就在那角落静静地呆着，石头就在缸里稳稳地坐着。再见这些白菜的时候，它们就变成了丝，和粉条、肉片在一起了。白菜变成了酸菜，先不说吃，那发酸的气味，就让我有些受不了。索性就挑肉和粉条吃。那些大人们，吃得是津津有味，都说妈妈渍的酸菜好吃。

上小学二年级的冬天，放学路上，我看到路旁有几个圆圆的小墩子。我拿起一个，还挺沉，暗想有用。我就像滚铁环一样，推着它走。推累了，就用脚踢。踢着一个小石墩子，速度肯定慢。小伙伴着急地问："你踢它干什么？"我说："回家给我妈渍酸菜使。"夕阳从背后拉长了我的影子，小石墩碾着我的影子向家走去。

一进家门，我就抱起石墩，顺着香味，跑到厨房。

"妈！看，给您捡回来个好东西。"

"哎哟，快放下，"妈妈手握锅铲，着急地说，"别努着了！"

我满不在乎，边放下边说："没事，您看这是什么？"

妈妈疑惑地问："什么啊？"

"您渍酸菜不是要用大石头么，我找的这块比您的那个大多了。"

"哈哈！傻孩子，你这是石灰的，用不了。"

"啊?!"一盆凉水浇了下来，"我还说这个石头大呢。"

妈妈笑着说，这个放院门口去吧。

搬到楼房后，空间瞬间小了。唯有北面阳台阴凉，可放置一口更小的缸。妈妈每年还是照例渍酸菜，我也渐渐适应了每年冬天吃上一口酸菜。

眼瞅着到了年根儿，亲戚们互相走动。留客吃饭，成了年年上演的大戏。最用情的当属我爸。每

客人要走，我爸就会先文后武地极力挽留，经常和客人支起架子来。不知道的还以为有多大仇，大过年的还打架。妈妈呢？早已在厨房忙活起来。早已炖上的肉、早已炸好的豆泡、早已上锅的馒头、早已切好的菜，更少不了早已渍好的、洗好的、切好的酸菜。正当爸爸和客人僵持到白热化阶段，妈妈从厨房走出："您就跟这儿吃吧，现成的，都弄得了。"客人只好被爸爸架回了座位上。

不大的客厅，一到大年初二，就被挤得满满当当。三个姑姑一起回娘家，是一年中最热闹的日子。吃饭是两桌，大人们喝酒一桌，我们小孩子一桌。

桌子也被杯盘碗碟挤得满满当当，没有什么珍馐美味，都是家常手艺。酸菜白肉炖粉条，端上来了。菜酸滑爽脆，粉条劲道Q弹，汤水咸鲜，回味带有微微的胡椒辛辣，一股暖意瞬间袭遍全身。夹起一大片肉，将筷子上下几次，抖落肉上多余的汤水。肉入口热，闭上嘴，让肉在口中充分释放它独特的香。

"这酸菜真不错，都尝尝。"一大碗热气腾腾的酸菜炖粉条，把年味拉满。炒菜上齐，妈妈又给大人们的那一桌，从锅里盛了酸菜，这才入席。忙了一年，也喝上一杯。一口下肚，小脸红扑扑的。

慢慢地哥哥们坐上了大人桌，慢慢地我也坐上了大人桌，慢慢地不在家里去外面吃了，慢慢地不敢去外面吃了，慢慢地有的人再也坐不到一桌了……

不希望酸菜缺席每一个寒冷而温暖的冬天。前几天，爸爸渍了一缸酸菜，都坏了。整缸倒掉，很心疼。妻子用小坛子，渍了一些。她给我讲渍酸菜从选菜、洗菜、腌制和储藏的各种注意事项。这时，我才知道，曾经院子的缸里上演过如此繁复的流程。于是我主动请缨，做一次酸菜白肉。学着视频里一步一步地做，做出的菜尚且能吃，也只是能吃。

也许我努力想留住的并不是味儿，而味儿恰恰是美好记忆的通道。

王君岭，北京市朝阳区教育研究中心附属学校教师。

评《美玉生烟——叶嘉莹细讲李商隐》

◎叶芙蓉

《锦瑟》读了很多遍,大义似乎都不能略举,真可谓"只爱西昆好"。而当看到《美玉生烟——叶嘉莹细讲李商隐》(北京大学出版社2018年7月出版)一书时,顿被深深吸引。

叶嘉莹先生1924年出生于北京,是中国古典诗词研究的大家和教育家。《美玉生烟——叶嘉莹细讲李商隐》一书,封面天青色,书名与作者外,一朵小小的、莹白的写意莲花,印在作者署名之前,暗示着"荷"与先生的不解之缘及先生对荷的独爱。书名取自"蓝田日暖玉生烟",又冠以"美"字,尽现诗家风流。本书共分两部分,第一部分六讲,以"从《锦瑟》诗谈起"始,以"回到《锦瑟》:诗家总爱西昆好"而结,《锦瑟》一诗犹如珠串,将李商隐的一生及诗文巧妙串联;中间四讲以李商隐对先生一生的影响和先生对李商隐的深刻了悟为主线,全景式展现了义山之悲、义山之谜与一生未能等到的救赎。附录有三,以极主观的感性关照和极客观的理性分析将中国古代诗学与西方接受美学融合,论述李商隐诗的诠释与接受,是对前一部分的进一步细化与理论阐释。其对义山诗文的理解是全新的、进阶的、辩证的,对所有诗文的理解亦有新的启示与借鉴。鄙陋无以总结,偷来毛泽东主席"神女应无恙,当惊世界殊",涂鸦"义山若有闻,当惊郑笺出"以比。

先生以义山的生命之味浸润着自我的生命。书中,先生从自己与义山特别的缘分说起,面对时事之艰难,百姓之涂炭,年幼的叶嘉莹以"如来原是幻,何以度苍生"(《咏莲》)来回想义山的"何当百亿莲花上,一一莲花见佛身"(《送臻师》)诗句给自己带来的感怀;青年时屡遭不幸、换朱成碧的叶嘉莹以"雨中寥落月中愁""埋骨成灰恨未销"(《梦中得句,杂用义山诗,足成绝句三首》)细述自己与义山感同的悲情与伤感。然而,这还不足够,最令人感佩的是,六十年之后历经世事、通透洒脱的先生更有着"一任流年似水东,莲华凋处孕莲蓬。天池若有人相待,何惧扶摇九万风"(连日烦愁,以诗自解,口占绝句二首。首章用义山《东下三句苦于风土马上戏作》诗韵,而反其意)之慨然。先生说,"这是我活了六十年之后的觉悟"(应为口误,此时2007年,先生83岁)。

先生以自己的生命体悟着润泽了义山的生命。书中,先生从义山的诗文中读出了他"年方就傅,家难旋臻"(《祭裴氏姊文》)的年少艰辛,读出了他"四海无可归之地,九族无可倚之亲"(《祭裴氏姊文》)的人世悲凉,读出了他"我愿为此事,君前剖心肝。叩头出鲜血,滂沱污紫宸"(《行次西郊作一百韵》)的拳拳赤诚,盛赞李商隐深得杜甫之神髓;从神话主题诗中读出了他有所追求却期待而不得的怅惘,从送给和尚的诗中读出了他对拯救对宗教的态度,从写物诗中读出了他对生命对人生的疑问,从对写自己生活的诗中读出了"但惜流尘暗烛房"(《昨夜》)的被他人误会和摧毁的、光明被遮盖的人生之悲;细讲《锦瑟》《燕台四首》,追溯义山诗的艺术特点及其形成的内因和外因;更有"信有姮娥偏耐冷,休从宋玉觅微词。千年沧海遗珠泪,未许人笺锦瑟诗"(《读李商隐诗》),批驳了不恰当、非真实的比附之说。

先生以丰盈富实的诗词之悟润泽着更多的生命。书中,先生反复陈说自己秉持的书生志意,以"不向人间怨不平,相期浴火凤凰生。柔蚕老去应无憾,要见天孙织锦成"(连日烦愁,以诗自解,口占绝句二首。次章用旧作《鹧鸪天》词韵,而广其情)之句,戏谑这是"我老年的狂言";九十岁高龄仍谦虚而深情地说:"我只能把我的志意,我的生命'托讴吟',托在读诗词、写诗词、讲授诗词中。"先生不仅这样勉励自己,更以"师弟恩情逾骨肉"的志行和仁爱之心给今天讲授古典诗词的老师们以楷模。吾辈虽难望项背,愿志意相通。

《美玉生烟——叶嘉莹细讲李商隐》是先生跨越千年与李商隐对话后的生命之悟,是无惧前路东复东、只将赤诚付丹心的诗词之爱、生命之爱、生活之爱。值得每一位喜爱、得意、学习、教授古典诗词的人细细品读。鄙人才疏学浅,不能尽意,惶恐愧怍!

叶芙蓉,青海省西宁市艺术实验中学教师。

反对礼教，捍卫真爱

——读《西厢记》有感

◎ 苏健珊

炎炎夏日，围着烈日铸就的大火炉品尝西瓜，我在书香的海洋中寻找自己的一席之地，品读经典，我敲开了德信先生的藏书之门，被他的西厢故事迷得如痴如醉，誓要把其中精彩绝伦的故事吃遍，方肯罢休。

走进《西厢记》的世界，我化身一个旁观者的角色，欣赏这出跌宕起伏的佳剧，只见那张君瑞，风尘仆仆地入京赴考，途经河中府，便顺道探望一下儿时的友人——白马将军杜确。路经普救寺，邂逅了国色天香的相国之女崔莺莺，并对她一见钟情。此时莺莺由丫鬟红娘陪着，和老夫人护送先父灵柩回乡，中途遇乱兵，便住在普救寺西厢，后老夫人侄子郑恒前来相迎。为了与佳人结识，张生也暂住普救寺，找到机会介绍自己姓名家乡，还强调尚未娶妻，给莺莺和红娘留下深刻印象。一天晚上，莺莺在花园中焚香，追思亡父，张生看见了，二人便聊了一夜。后来，二人互相爱慕，常常眉目传情。可不料遇上贼将孙飞虎强娶莺莺做压寨夫人，否则杀光普救寺所有人，出于无奈，老夫人只好妥协。张生只好写信请杜确帮忙，解救了所有人。贼兵败退，张生以为与崔小姐的婚事有望，怎料老夫人棒打鸳鸯，竟要张生与莺莺结为异姓兄妹，使得二人都伤心欲绝，红娘心急如焚。在红娘的帮助下，这对苦命鸳鸯偷偷相会。张生因相思患病，红娘受托前来探望并送信，怎料莺莺受"兄妹之情"的封建思想束缚，与张生产生矛盾。但莺莺很快意识到错误，主动写信向张生道歉，重归于好。后来，这个秘密被老夫人发现了，要问罪红娘，没想到反被红娘斥责，还以相国之家的名声和张生未来的前途来要挟老夫人，老夫人无奈，只好同意张生和莺莺的婚事，但要求张生必须考取功名，才能迎娶莺莺。莺莺含泪于长亭相送张生。可好事多磨，又遇郑恒从中作梗，强迫莺莺嫁给自己。还好张生高中归来，白马将军则主持二人婚事。郑恒畏惧不已，只好撞树自尽。男女最终喜结连理，留下了一段爱情佳话。

剧作至此，已落下帷幕，然而其中的缠绵悱恻、儿女情长之景仍在我心头荡漾不止，我看到的是一对苦命鸳鸯，在面对封建社会的无情诘难时，仍能保留于彼此的一片真心，坚持到最后一刻仍矢志不渝。是封建社会的门第之偏见才令二人的爱情悲剧持续多时，而这一悲剧的缔造者——崔老夫人，相信是许多阅读过《西厢记》的书友都憎恨不已的，在棒打鸳鸯的同时，老夫人不曾想过，她是竭力地把莺莺变为第二个封建观念的牺牲品，因为老夫人和崔相国想必也非真心相爱而喜结连理的，但倘若二人的确真心相爱，老夫人就更不应该扼杀女儿追求理想爱情的权利，这显然是不明智的。

另外剧中还有一个反面角色——贼将孙飞虎，与其说他是十恶不赦的大奸大恶之徒，不如说他是崔张二人互生爱慕的直接媒人，正是他的出现，才令两个人的相恋有了可能，所以对于剧中这一角色，我不仅毫无厌恶之意，反倒觉得此人是剧中不可或缺的一个角色。

接着想谈谈对剧中正面人物的看法，白马将军和红娘为促成这段佳缘付出了不少的努力，最终也看到了他们想要看到的结果。笔至此处，尤其想谈红娘，她是一个心地善良，善解人意，机智过人的丫鬟，甚至其光芒还盖过了小姐崔莺莺，因为她比小姐有着更加超凡的智慧和胆识。不仅如此，她还是封建礼教的批判者，她冷静、沉着，能够看清事情的本质，并且一针见血地指出问题，她不因为自己的丫鬟身份而对老夫人唯唯诺诺，她敢于不屑老夫人的背信弃义并勇敢地提出指责，对于小姐在爱情上的退缩也大胆指责，也因为被崔张坚贞的爱情打动，而决定赴汤蹈火，在所不辞，最终谱写了二人的美好幸福结局，她是《西厢记》中的理想者形象，也是我最喜欢的一个角色。

合上剧本，脑海里仍在不停地回放着张生与崔莺莺的相爱、红娘的勇敢机智、白马将军为朋友两肋插刀的场景，如针线般细密地缝入了我的记忆，与我的心连为一体，令我再难忘记与德信先生这一次有意义的对话，只愿从此与他结为忘年忘代之交，再谈《西厢记》。

苏健珊，广东省东莞市第六高级中学教师。

让时间流淌为生命之歌

◎曾佳娜

当光影停下它在日暮上疲缓的脚步，石英钟已将时间切分为点状的嘀嗒声，紧接着电子荧幕又将其整饬为方寸间按部就班的滚动数字，人类理性宣告了对时间的胜利，对技术的稳驭。但我们并未从此更加自由从容，借助技术腾出来的双手反而挥舞着皮鞭把我们赶往愈发局促狼狈的境地，技术异化的同时驯化了我们的时间，窄化了我们的生存。

时间是存在的展开方式，而时间对人又具有绝对的限制性，这是赫拉克利特在遥远的古希腊水边遐想时便已揭示的道理。"折若华以翳日，庶朱光之常照"，月有阴晴圆缺、万物荣枯更替、四季周而复始，时间慷慨给予天地循环流转，却让个体更感盛年难留的悲哀，时间永远不够，生命永远不足。然而人并非总是无力的，借助技术，我们得以窥探时间的秘密。如卡西尔在《人论》所言，对于自觉的人类来说，时间不是一堆零碎的感性材料，而是存在于人观念中的符号系统，人赖以建构相对稳定的宇宙秩序，从而抵消自然进程不确定性带来的焦虑与恐惧。随着技术的突破，时间的抽象化程度越高，越能服务于人类的生活。也因为技术的助攻，我们对时间精确性的把握愈加深入，愈能高效规划生活。智能手表比阳光更清楚哪一分哪一秒将你唤醒最为合适，手机地图替你规划好最省时的出行路线，在你进入大楼前外卖小哥已把早餐及时送达，各式智能系统让你从开机的一刻就进入高效稳当的既定工作程序中……高效、便利、稳定，技术造就了更为干练的我们和更为精省的时间感。

然而技术驯服时间的同时也带来了存在的悖论，既然存在必要于时间中展开自身，切分时间也就难以避免存在的碎片化，甚至虚无化。流水线把个体时间分割拼合进庞大的作业系统，只有公共时间才是完整有效的，它属于所有人但又不为任何一个人独自拥有。数据时代的时间感更为荒诞，据《外卖骑手，困在算法里》报道，算法建构了新型的劳动控制模式，苛刻的准时率造成巨大的压迫，骑手每天拼了命追赶数据，当他们精打细算去适应平台的时间管控时，却会使系统越加相信运力提高的表象而再次缩减可用时间。另外，因为存在等级评定，骑手自我价值的实现便与数据捆绑在一起，算法在吞噬时间的同时也褫夺了骑手生命价值向度。而在平台另一边的消费者是这场时间争夺战的赢家吗？不是的。我们在节省时间的骗局中被喂大了欲望，贪婪地要求即时性的满足，越来越没有耐心，越来越情绪化，越来越依赖技术的便利。我们走不出技术与数据搭建的温室，让渡了自己感知世界的权利，交付了与他人建立具体关系的机会。当技术异化为规则，当我们臣服于功利化的时间观，《北京折叠》告诉我们，没有人是赢家，在精心规划的权力系统中，在严格割分的时空中，个体意义都难免分裂而模糊。

那么，可以放弃技术、忽略时间以躲避异化的生存处境吗？字面意义的"kill time"并不可实现，当我们挥刀向时间时只能劈向虚空，被切碎而消逝的是我们自己的生命。重要的是让技术在思维的审视下适度运用而不是取代思维，不能让技术代替人自身去感受生命，去思索生命，技术主义之外我们的生活应该有更丰盈的可能。我们应回归个体的本真时间，既然时间之河中没有任何东西可以同一形态重复，那么就该珍视唯一性，重视完整性。歌德将自传取名为《诗与真》，当他回忆此生时，不是将时间固化为某种数据。只有当个体叩问内心，带着现在的心境与未来的允诺自觉重构过去时，时间才获得其完整而独有的价值。"我偏爱昆虫的时间胜过星星的时间。我偏爱敲击木头。我偏爱不去问还要多久或什么时候。"我们愿意相信辛波斯卡所言，"存在的理由不假外求"，当我们自己去倾听，去观看，去触摸，去思索，生命便还有种种可能，那时技术可以是琴弓，是拨片，而时间流淌为有抑扬、有呼应、有回响的生命之歌。

曾佳娜，广东省广州市天河区天坤三路清华附中湾区学校教师。

宁静的热情

◎ 韩 嫒

沈丛文先生：

您好！整个十二月，我读完了您自1930年到1985年写的家书。这些十分私人的文字，因为机缘巧合，万千读者也有幸可以看到了。五十多年，在任何人的一生中都很长，在大时空中却是一瞬。时间，就像您家乡的那条江，向前，不息。

1956年，以故宫博物院文物工作者身份，您自京出发，南行考察，第一站到了我的家乡济南，住在广智院。从10月8日到10月13日，在这短短六天内，您竟给在京的妻子写了九封信，描述了您在这儿看见听见的。约一万五千字啊，给济南的！

感谢您把60多年前初秋的济南写得这么美，美得像一个梦，"干净、清静、静寂、幽静"，如三三的故乡苏州，也如您的故乡凤凰。凤凰，我一直没去成。十月，那里人潮涌动，太过喧嚣。那不是您的故乡，也不是我的边城。我来到《湘行散记》的沅江，感受冬日的干净和清寒，听水声、箫声、橹歌飘散出来，看"船筏各戴上白雪浮江而下"，"红红的火焰如白烟"，"两岸高山颜色淡白"，"无雪处皆作一片墨绿"。齐州泉城与湘西小城与江南水乡，都是与水有姻缘的地方，它们都干净，清静得让人爱。

在上新街南头，您看到一组建筑，觉得"仿佛宋人画的仙山楼阁"，而不入眼的，您也直接说有的"建筑彩绘不大美"，有的雕像"不怎么好看"。被邀去看的河南剧，您夸"效果相当好"，"布置也用心，景特别好"。您的后半生，埋头研究唐宋铜镜、龙凤艺术、战国漆器、丝绸图案、古代服饰，手已握不得创作的笔，就去时间那头的"美"中看看，再带回时间这头，静静地留下它们。您的一生是没有辜负美的。

路过齐鲁大学医学院，看见许多身着白衣的女孩子，快快乐乐走过，您写道："记得但丁在什么桥头曾望见一个白衣女郎和她的同伴脉脉含情地走过，我估想在学校附近，也必然有这种未来诗人或第一流大医生，等着那些年青女孩子走过？""未来"，"等着"。您笔下的翠翠等着，"他也许永远不回来了，也许明天回来。"这静静的如植物一样的生命，把未来给付给时间。您自己也等了三年，等到了"喝杯甜酒"的未来。

您来得巧，正赶上千佛山庙会，还逛了大明湖、趵突泉、大观园，烧鸡闻着很香，馄饨皮很薄好吃，小人书很有意思，只费钱五分买的小玩意儿很欣赏。光跟着您走，我都开心，您也一样吧。无论生命的种子落在哪里，老百姓都本分安静，活着总得有股热乎气。

离开济南的那天早上，您在广智院小楼上听到："钢琴声极好，壮丽而缠绵。"一支好曲子，"能够战胜这些挫折抑压，放出年青生命应有的光辉"。

我想起《约翰·克利斯朵夫》开头"江声浩荡，自屋后上升"，您"一生受社会或个人任何糟蹋挫折，都经过一种挣扎苦痛过程，反报之以爱"，您把仅有的几百元存款捐给凤凰办中学，"将来如有钱，还是得学你爸爸……许多对人民有益的事，要从看不见处去做，才真是尽心……"一代代善良的人做了善良的事，古道热肠，不知给多少人带来了生活的光，却不想让人知道这光的源头。

您这是第三次来济南。第一次是1931年11月22日。因为师友徐志摩坠机遇难，连夜赶来吊唁，又连夜赶回青岛。第二次是1937年8月21日。由于抗战爆发，逃难路过济南。个人很小，时代很大，时间很长。一个人在时代的潮流、时间的长河中，只是一滴小水珠，偶尔溅起一朵小浪花。

您阳历生日这天，我在广智院，这座建于1904年的建筑，是济南乃至全国最早的博物馆之一。它只宁静，安详地在这里，气定神闲。您呢，前半生的创作没汇入五四新文化大潮，后半生是创作的局外人。您宁静如水的文字融得下世人的悲欢。当宁静的价值终于等来了迟到的尊严，您八十岁了，哭得稀里哗啦。我不知道该为您高兴还是伤心。

我抬头看看广阔的天空，想着，给您，"一个稀有的善良的人"写封信。

一个爱您文字的济南读者
2022年12月28日

韩嫒，山东济南舜耕中学教师。

认认真真听"好故事",踏踏实实写好故事

◎ 赖 颖

生活中,处处都有故事。只要我们用心去聆听,去观察。当你走近故事,你会发现:那些好故事,可以帮我们更好地表达和沟通,还可以触动心灵、启迪智慧;有些好故事,可以改变一个人的命运,或是展现一个民族的形象。你会发现,好故事,会散发出意想不到的力量。我们也因此走向更好的自己。

我想分享三个故事。

第一个故事,是关于我的父母的。

父亲和母亲是上个世纪五十年代生人,两家都属于贫下中农。后来又经历三年自然灾害和十年"文化大革命",生活艰苦自不必说。自从爷爷出事后,父亲就担负起了长兄如父的职责,带着当时还年幼的叔叔们一起劳作,从不说苦。眼看着家里的房屋一间间盖起来,兄弟们也都长大成人。后来,耿直憨厚的父亲又被选为生产队的会计,有口皆碑。

由于姥姥身体不好,母亲很小便承担了家里人的针线活。白天去生产队,但凡分组劳动,很多人抢着和母亲搭档,都知道她能干不怕苦。到了谈婚论嫁的年龄,媒人们知道母亲的家境,提亲时都会刻意提到对方的彩礼。母亲很有骨气,愣是一个都不见,只等凭双手和家人一起还清债务后,才开始考虑终身大事。母亲看中了为人正直、淳朴善良的父亲,不要彩礼,欢天喜地成了亲。婚后,两人彼此扶持,披星戴月下田劳动是常事,家里是当时村里第一批盖上新瓦房的农户。他们身上的坚毅、勤劳、努力、善良照亮了我们家的每一个角落,也赢得了同村人的敬重。中年的父亲还开办了村里第一个私人图书馆,虽然业绩寥寥,但见识却是少有的。身教胜于言传。可以说,父母的故事就是我人生中阅读的第一本最重要的书。这本书让我更加理解和敬佩父母,也让我拥有更多前行的力量。

第二个故事,是关于我们村的中学的。

作为内陆省份的一个小村庄,村里人的生计基本就是靠农田。有能力走出去的,很少。后来每年都有一个中专指标,考上的自然就是全村孩子的榜样。过几年,中师毕业的学生回村成了公办教师,就成了家长天天拿来教育孩子的最佳样板。考上高中的很少,三年后本就是未知,再加上经济条件有限,很多家长并不支持孩子上高中。记得有一年,县里最好的一所高中举行保送生考试,我们村中学一举拿下十几个名额中的三个,上下沸腾。老师们更有干劲了,麦子收完就开始带领孩子们查漏补缺温习功课;家长们也变得更加重视教育,盼着哪天也把孩子送到高中。三年后的高考似乎不再是遥不可及的梦想。也是从那年开始,村里一下考上十几个高中生;第二年,又有十几个,还出了县状元。

随着国家对教育的大力支持,还有农村经济的发展,支持孩子上高中也开始成为可能。村政府为了鼓励大家多重视教育,开始每年张贴大学录取光荣榜,考上重点的,据说还发放奖金呢。我就是在这重视教育的东风中进入县城高中的,我要感激这个时代,让我们可以通过读书把握和改变命运,也让我们切身感受到了知识的力量。

第三个故事,是关于深圳和华为的。

"1979年,那是一个春天,有一位老人在中国的南海边画了一个圈,神话般地崛起座座城,奇迹般聚起座座金山……"当《春天的故事》唱响南北大地,以深圳为代表的经济特区也慢慢绽露光芒,"时间就是金钱,效率就是生命"的"深圳速度"震惊世人。华为的发展亦是充满智慧与活力的中华民族的另一个注解。从麒麟芯片到盘古模型,从北斗导航到鸿蒙系统,从方舟引擎到灵犀通信……华为在技术方面的一次次精彩亮相都惊艳众人,近期Mate60的面世更是受到一致好评。面对国外的技术封锁,华为没有退缩,加紧技术创新和研发。华为,作为一个民族企业,也是民族精神的一个缩影。华为的故事,让我们感受到了强大的自信和力量。

故事还有很多,好故事需要我们去发现,去感受。每个好故事中,都不乏积极有力的跳动的音符,作为新时代的青年,我们要认认真真听"好故事",用我们的行动,用我们的努力,用我们的拼搏去踏踏实实写好故事,去奏出属于自己的人生乐章,一起演绎出我们这个时代的最美交响曲。

赖颖,广东省深圳市深圳艺术学校教师。

每座村庄都孤独
——读《一个人的村庄》有感

◎李 敖

记得郭晓橹在《电影地图》里曾这样写道："什么东西最令人动情呢？是那种埋藏在内心里的期待与时时克制的寂寞，令一个普通人，瞬时富有诗意起来。尽管这种诗意是脆弱的。"刘亮程笔下的《一个人的村庄》写出了那些潜藏在我们心中的，却一直没能明确体会的东西。

我们同样有一个村庄，有收割后的麦田，有村子上空飘起的炊烟……

对于刘亮程，作为一个土生土长的新疆人来说并不陌生，可以说刘亮程对新疆文学有着巨大的贡献。不同于李娟的清新自然、浑然天成，刘亮程对自己的解读是个会写的农民，而且是个写得很好的农民。是的，他忠于土地，忠于乡村，更忠于文字。

从第一次翻开《一个人的村庄》的时候，我就走进了刘亮程所在的村庄，听他讲村子里的故事，他讲了村民的故事，甚至不知名的小草。他慢慢悠悠地，以他最闲适的姿态，或许就是像他早晨在村子里，炊烟袅绕的时候，走到小路上散步时候的好心情，一直带着这种好心情，写他的故事。这些故事不惊险，不离奇，还有点儿不怎么深刻，就是每天吃米饭喝米汤，睁开眼，天亮了；闭上眼，月亮出来了，在大家看来习以为常的日常生活。

他写："在我二三十岁最寂寞的时光里，我糊里糊涂写出了一部好书。那时我能听懂风声，可以对花微笑。我信仰万物有灵。作家就是那种能跟石头说话的人。我让自己单独地处在一个村庄的地老天荒中，静悄悄听万物的灵说话。后来我说话时，感觉万物在听。"

一个穷乡僻壤的地方，和世界彼此无知，那里有个农民，他不谈梦想与时代，只同一只虫一起睡去，同一抹云一起醒来。他只有一头驴、一条狗和一群杂花土鸡，所以他写下了一片黄沙弥漫的土地，土地上是听从季节号令的麦穗，麦穗上是风，从时光深处吹来，席卷了一缕炊烟、几树枯叶和半晌的浮想联翩，再刮到时光深处去。

风的上面是云，它们一个村庄一个村庄地迁移过来，停停走走，才不管你要不要雨，才不管你要不要树荫。云的上面是天幕高涨，天幕上面是一双眼睛，眨一眼便是天黑，眨一眼便是天明，眨一眼便是三十载不再。

细细的看着他的书，看着看着，就觉得每个字都变成黄沙落下来，我吹一口气，尘土飞扬，迷了眼睛，呛了口鼻，连时光都躲闪不及，有了些荒凉僻远的感觉渗进去。

带着这种对他笔下文字的感觉，我带着满满的期待去了他现居的地方，不过遗憾的是只见到帮他打理琐事的助理，虽然没见到本人，但是这次沿途之景让我有了更深刻的感悟。或许，只有将城市与乡村同时融入生命和血液中的人，才能体味到溪流之与瀚洋、夏蝉之与冬梅的不同的满足的快感！

就像他写人与狗的故事："人一睡着，村庄便成了狗的世界，喧嚣一天的人再无话可说，土地和人都乏了。此时狗语大作，狗的声音在夜空飘来荡去，将远远近近的村庄连在一起。那是人之外的另一种声音，飘远、神秘。莽原之上，明月之下，人们熟睡的躯体是听者，土墙和土墙的影子是听者，路是听者。年代久远的狗吠融入空气中，已经成寂静的一部分。

在这众狗猎猎的夜晚，肯定有一条老狗，默不作声。它是黑夜的一部分，它在一个村庄转悠到老，是村庄的一部分，它再无人可咬，因而也是人的一部分。这是条终于可以冥然入睡的狗，在人们久不再去的僻远路途，废弃多年的荒宅旧院，这条狗来回地走动，眼中满是人们多年前的陈事旧影。"

其实伟大的作品从来就不仅仅只是庄严叙事，那些略带自恋的絮絮碎语中往往反映出人们真切传神的一面。老陀说，所有的小说情节都不如我们每天的生活有想象力。他能从一棵树木的枯荣领悟到生死无常、能从一只鸟的哀鸣联想到祖先的命运。书中字里行间闪耀着的是朴素真挚的生活激情和自然深切的人文关怀。

这就是一个新疆普普通通农民笔下的故事，是他用一本书的厚度来阐释他生生死死永不放弃的村子！

李敖，新疆乌鲁木齐市天山区五星南路兵团二中教师。

思君如满月，夜夜减清辉
——致母亲

◎李 敏

我的母亲，贾氏，微胖身材，鸭蛋脸，脸庞总是带着发自内心的、温暖的微笑，右眼附近有一颗绿豆大的痣，上身穿的确良白底绿色碎花的褶皱长衫，下身穿那些年家家都有的蓝色阔腿裤子，脚穿半旧的女式千层底。母亲是家里的长姐，下有两妹一弟，皆母亲一手带大。曾上小学两年，因故，一度失聪一年，后恢复，此后经历不知。再认识她，是因为她成了我的母亲，如上也是后来母亲告诉我才略知一二。

母亲已离开十五载。十五年，本以为思念会逐渐变淡，然则与日俱增。十五年以前的日子，每天里我都深爱着我的母亲，但因年龄尚小，爱的可能不够深，不够纯粹，爱得太粗糙，爱得太过粗浅，甚至因为一些无足轻重的小事故意气她，现在回想，这种种的不完美的表现，此后时时侵蚀我的心，使我遗憾，使我想起母亲时总悔恨不已。昨晚又梦见母亲，依旧是温暖的模样，依旧是忙碌、操劳的身影，依旧是纯粹地把自己奉献给整个家庭而无怨无悔的劳作！在灶火前明灭的风箱的火光里，我，端详母亲的身影，泪流满面，醒来，提笔而作！

母亲，十五年来，我缺少您的陪伴！有很多时候我想向您倾诉不如意，我想趴在母亲您温暖、宽大的怀里哭诉！十五年来，有多少快乐的事我想同您分享，有多少时候我做好了饭，想象着母亲也在这里——我的第二故乡，陪伴我一起进餐。十五年来，没有您的陪伴，在人生的道路上，我走的"孤独"！有时遇到难熬的时候，我也常常在心里对您哭诉，祈求母亲您能够摸摸我的头，温暖我，安慰我！终是以泪洗面之后，自我安慰又自我坚强。

母亲，今天，我称您为"君"，您是我生命里的贵人！耳濡目染，我学会了您的与人为善，学会了您的勤劳简朴，学会了您的坚强乐观，学会了您的尊敬长辈。自从世上没了我亲爱的母亲，我曾无数次问过生命的造物主怎会如此残忍地创造了生命而又以如此悲痛又轰轰烈烈的方式让世人永沉苦海，月辉日减，再无圆时！

过去的一幕幕历历在目：半夜浇地，您回来时，拉开灯，我揉着蒙眬的睡眼，借着昏黄的灯光看到您满是泥水的衣裤。有时，鸡叫二遍，天色微亮，月亮高悬，透过模糊的窗前玻璃，我看到您还在梧桐树下的庭院里编织着下午刚搬回来的玉米，因为老鼠太多，编好后好挂在庭院里的两棵高大的梧桐树上。梧桐花落，紫红紫红的像喇叭，落在庭院里不大的方桌上，那张方桌周围，有多少母亲您和幼小的我的欢笑啊！母亲，您曾陪幼小的我一起在仲夏时节夹过洋槐花，回来蒸饭用；母亲，我曾陪您一起到夏收过后的田地里捡过麦穗，捡拾回来后在庭院里用棒槌槌过之后，用筛子筛出麦粒，因为多收了两三袋麦子我和您对视，彼此会心一笑，好骄傲；天未亮，您又去地里割韭菜，因为您昨天下午听说明天有人来收韭菜，8分钱一斤，价格很好；天亮了，您说：女，快起来，跟妈去卖鸡蛋，鸡蛋价好。我应着：哦。过年了，亲戚彼此之间走动，表哥12岁了，12生肖已全，今天去大姨家，您竟然早起蒸出了栩栩如生的十二生肖馍馍，红豆做眼睛，红辣椒做胡须，用剪刀剪出了生肖身上的刺；佩服，母亲大人，您今天真让我"刮目相看"。……那时，母亲活在我的生活里，有她的动作，有她的思想，有她对今日的安排，有她生活的庭院，有她照料的肥美的八只大公鸡和两头肥硕的猪，两间房子，一个厨房，一个庭院，庭院里两棵高大的梧桐树，四个孩子，一个时常在外奔波的老父亲！

以前，我是从没认真思考过一个贤惠的母亲在一个人生命里会有怎样的重要意义。现在懂了，可是这懂，带给我无限的歉疚，自责，思念，并且时时噬咬我的心，很疼很疼，终于无能为力。现在凌晨四点，我写下回忆母亲的文字，窗外秋虫切切，街市路灯昏黄，风不吹，树不动……

母亲，我憨厚、善良、勤劳、本分、乐观、任劳任怨的母亲，祝安好！感谢您曾陪女儿走过岁月一程！

李敏，陕西省汉中市宁强县天津高级中学教师。

文化认同与矛盾阅读的反思
——评陈世旭《梦里的兰舟》

◎ 梁亚英

初读作家陈世旭的《梦里的兰舟》，兴叹、享受；再读，多了一份人性的有为和虚无之感。

真挚、感人的优秀文学作品，实则是人生遭遇的体现。遭遇，有人生的亲身经历，也不缺乏脑海中想象的经历。作者走近清照园，"小阁藏春，闲窗锁昼，画堂无限深幽"，这是作者对清照园的初步印象，也是作者的亲身经历。

愁绪、寂寞、优雅往返于作者和园中的人、事之间。重新翻新修整过的庭院、大门上挂着郭沫若写的"李清照纪念堂"匾额，对于现在的我们来说，缺少了历史的"仪式感"。但是，对于几百年后的子孙后代来讲，这个曾经被看成"消弭了经史子集的肃穆"的"堂皇美丽的庭院"，却成了他们的宝贵历史财富。

在斜阳里长叹离别的雁行、九曲柔肠的地下泉水、悠闲的白鹭……清新、淡雅、忧愁跃然纸上。"梦中柔柔的眼神，浅浅的微笑，暖暖的爱抚，都在长夜中寂灭"在梦中完成了人生的遭遇。

从古到今，从中到外，有一样东西从未改变——划分社会阶层。文中有这么一句话"作为女人，处在社会底层"，人们习惯根据不同的时代背景将自己与他人划分成不同的社会阶层。也许是为了表示对自己或者他人的同情与怜悯？又或是通过划分社会阶层，能够获得一份属于自己的为数不多的优越感？还是有利于统治者分阶层管理子民？也许还有其他千千万万个原因、目的、理由。把人划分成不同阶层，由于上层地位的人拥有了领导权与话语权，也就有了划分阶层的权利；阶层里又有不同的种族，人数多、占了主导地位的种族占据中心地位，其他人数少、被欺压的种族处于边缘地位；种族里还分为男女两性，通常情况下，男性处于主导地位，女性地位明显就低了。无论哪个时代，哪个国家，都认同这样的阶层划分文化。是先进还是落后？"追慕虚荣的我们"不一定就能知道答案。

人生的有为和人生的虚无是并存的。从阅读者的角度来看，该作品是存在矛盾的。一方面在拼命证明李清照的才华；另一方面，这才华与女性的"地位"又是不相匹配的，李清照最终只落得一身孤独的倩影。李清照在文学上有了极大的作为；但同时她的人生又是虚无的。国难、家难、婚难、业难，这个世界在李清照身上划下了许多伤疤。她在空荡的世界里，只能双眼含泪，任凭内心的孤独超越时空。这样的矛盾看似破坏、威胁了文本意义，实则是通过反观文本中存在的差异和对立，让读者更进一步地对女性地位乃至"才女"的种种不幸的遭遇有一个更深刻的认识。反观当下社会，大多数女性成长于有一个基本公民权的世界，同时我们还生活在一个有些女性还没有这些权利的世界。举一个非常实际的就业问题：在世界各地，女性没达到任何职业的高管职业。所以，读者从矛盾阅读中，除了前面谈到的能够更加深刻地把握文本的内在意义，还能为读者提供思辨的机会。从更广阔的意义来讲，该作品中的矛盾是人类尴尬境遇的隐喻，认识作品中的矛盾有助于认识人自身以及发现、感悟社会的百态。而这个"矛盾阅读"是读者生产批评方法的具体实现。该批评方法将批评的重心转向作为批评主体的读者，这一调整扭转了孤立研究文本的倾向；展示了一种新的读者形象。读者不再是仅用一张选票表决是非的选民，而是有思想的积极的批评者和生产者。且读者生产批评反对把意义固话为文本的一种永恒、普遍、超历史的东西，它向人们证明，意义不是文本的固有本质，而是在文本与读者循环中完成的。意义只存在于读者的阅读活动中，从而将历史带入阅读。不同的读者在阅读《梦里的兰舟》时，都会有不同的感受，对该作品的意义也会有不同的看法。

作者仰以察古，俯以观今。在激烈的消费时代，作者无不担心着中国知识分子的人性割裂与精神"沙化"。然而，"梦"总会醒，"兰舟"总有消逝的时刻。

梁亚英，海南省东方市西南大学东方实验中学教师。

一样的凤凰花，不一样的我

◎廖小凤

窗外的凤凰花如同去年一样火红，难道如此燥热的夏季不曾令她烦闷吗？还是年年生发新枝，一树娇妍灿烂。我看着桌前的练习卷，泪水不由得漫了出来，啊，花开依旧，我却不是原来的我了。

练习卷是中考学业水平模拟检测之后老师特地给我的"加时练"。每一科的成绩都不理想，我透过试卷看到了老师们小心隐藏的遗憾与担忧。是的，那么重要的检测我却没有全力以赴。要知道，我可是他们眼中的"种子选手"。这一个月来，我不想努力，不想说话，不想睡觉，不愿去想未来，我一定是抑郁了。

自从看到了我"不该"看到的那个证件，我的世界就崩塌了，他们居然离婚一年了！去年的凤凰树下拿着奖状拍的照还在他们手机上作为屏保，肆意飞扬的青春笑容与红花映衬依旧，一切却已不同。离散，单亲，欺骗……每日里我脑海里就充斥着这些字眼。为什么要骗我？骗我说爸爸是被公司派去外省开发新业务，骗我说业务非常繁忙所以少有时间回家，骗我，骗我，所有人都在骗我！回想起一切是有迹可循的，爸爸一直在邻市工作，本来就聚少离多，他们在家中的相处是客气的，其实那是一种冷淡吧。只有看到成绩单时，他们就显得活泛多了，会回忆我幼儿园时的萌态，会畅想我未来的职业生涯。于是，我一直认真学习，为了那张美丽的成绩单，为了父母舒展的笑容。

而今，我也加入了这个"骗局"，假装从未见过那个令人怀疑人生的证件。然而怎么逃得过父母、老师、好友的眼睛呢？我的好朋友帮我约见了学校的心理老师小余老师。小余老师很年轻，梳着跟我一样的齐耳短发，她轻轻地歪着头看我："哎呀，咱俩撞发型了！"她给我做了一个测试，然后告诉我，并不是抑郁症呢，只是有抑郁情绪，暂时处于一种状态，可以调节好的。我暗暗舒了一口气，网上各种关于抑郁症的可怕症状可怕后果，我还以为我会一样呢。我噙着泪水跟小余老师说了我的遭遇。她说非常理解我，但是这件事情也许并不是我能左右的，时光倒流，他们对我公开透明说这件事

我就不会伤心吗？我摇了摇头，泪水滚落，我怎么会不伤心呢！我一定会全力以赴地劝说、阻止他们，全力以赴挽救我的家庭！

小余老师问我："木已成舟，如今你已经知道这事了，你也应该理解他们的初衷是为了不影响你中考，你呢，准备继续欺骗他们吗？"我沉默了。我继续这样欺骗下去吗？被欺骗，报之以欺骗，还把自己的生活过得一团糟，让父母老师忧心忡忡，以为我只是临近中考压力过大，爸爸还特意几次从"外省"回家来安抚我。我不能这样下去，我要全力以赴的是面对真实，面对生活，面对我的未来。

当我艰难地说出来我已知道的事实，爸爸妈妈都惊呆了，爸爸蹙着眉头看向妈妈，妈妈喏喏着："我放得好好的呀……"我擦掉眼泪，对他们说了一番我深深地思考了几天的话："爸爸，妈妈，我很伤心，但是我尊重你们的选择。爸爸您跟我说过，孔子认为'士'有三等，其中第二等的士是孝顺父母长辈，成家立业，繁衍生息，恭顺友睦，你们和我都做到了呀，我知道你们是为我好，但是我已经长大了，新时代的少年，新时代的'士'，是要练就一颗强大的心的！那样我才能向一等的'士'迈进，担当使命，报效国家。"爸妈再次惊呆了，他们红着眼点头说，好，好，我们的孩子长大了……

教室窗外的凤凰花依旧不紧不慢地开着，我也慢慢地调整了状态。凤凰花开得最繁盛的时候，初中学业水平考试也如约而至了。合上写满我漂亮批注小字的书本，我愉悦地走向考场，这一次我会全力以赴。我不再失魂落魄，不再伤心欲绝，因为我已全力以赴去面对我的痛苦，寻求帮助解决我的困惑，通过思考决定今后的走向。正是如此，我的学业没有在花季搁浅，我和家人开始理解和坦诚，我也收获了成长之花。

还是那片凤凰花树下，一个不一样的我，全力逐梦去，自在恰如风。

廖小凤，广东省阳江市阳东区红丰镇塘围初级中学教师。

他配得上他的苦难

——读《我与地坛》有感

◎吕华丽

像敬畏生命一样敬畏史铁生的文字。他是一个真正用生命、灵魂虔诚写作的作家。在《想念地坛》一文中,他写道:"在我想,写作的零度即生命的起点,写作由之出发的地方即生命之固有的疑难,写作之终于的寻求,即灵魂最初的眺望。"他用写作诠释他生命存在的意义,他为生命存在的意义而努力写作。

读他的《我与地坛》,每每总会被来自灵魂深处的深邃而通达的哲思而震撼,被用真心灌注的深沉而清明的文字所感动,然后暗问自己:上帝是对的吗?

俄国作家陀思妥耶夫斯基说:"我只担心一件事,就是怕我配不上我所受的苦难。"而对史铁生来说,我想,他丝毫不需担心,他足够配得上他的苦难。

他是如此通达智慧地直面生命的苦难。

当"我活到最狂妄的年龄上忽地残废了双腿",面对命运突如其来的重击,"我"曾失魂落魄,曾逃避退缩,"我就摇了轮椅总是到它那儿去,仅为着那儿是可以逃避一个世界的另一个世界"。而那里的荒藤老树、废殿颓檐、残墙断壁、暮鸦雨燕、蜂飞蝶舞、草动虫鸣……见证着一个绝望的灵魂寻找希望,叩问生死、追寻生命意义、寻找精神家园的艰难过程。在地坛"满园弥漫的沉静光芒中","我一连几小时专心致志地想关于死的事,也以同样的耐心和方式想我为什么要出生。……这样想过之后我安心多了,眼前的一切不再那么可怕"。人生的苦恼在于生的有限,死的必然,而如何在彻悟这个道理的同时,还能够积极面对人生的苦难,而不是让人生遁入虚无空幻,创造出生命的意义,这就需要智慧的牵引、灵性的启迪。这种智慧在他的《想念地坛》中有深刻的阐释——"一个生命的诞生,便是一次对意义的要求。荒诞感,正就是这样地要求。所以要看重荒诞,要善待它。不信等着瞧,无论何时何地,必都是荒诞领你回到最初的眺望,逼迫你去看那生命固有的疑难。"

有人说,贤者就是常人中可以安心者,史铁生可谓贤者了吧。"你说,你看穿了死是一件无需乎着急去做的事,是一件无论怎样耽搁也不会错过的事,便决定活下去试试?是的,至少这是很关键的因素。为什么要活下去试试呢?好像仅仅是因为不甘心,机会难得,不试白不试,腿反正是完了,一切仿佛都要完了,但死神很守信用,试一试不会额外再有什么损失。说不定倒有额外的好处呢是不是?我说过,这一来我轻松多了,自由多了。"苦难,于他是云淡风轻的,死亡,于他并不是生命的桎梏,他已安心地把死亡当作人生常事来想,这不失贤者的超脱和通达。

史铁生坦然接受了苦难是生命不可或缺的一部分的这个现实。他坦然得就像周国平的一篇人生寓言《落难的王子》中刻画的王子一样——他的父王被杀,母后受辱自尽,他自己也被敌人掳去当了奴隶,受尽非人的折磨。当他终于逃出虎口时已成残废之身,依靠行乞度日。当"我"对他示以同情,发出叹息:"天哪,太可怕了!这事落到我头上我可受不了!"时,他正色说道:"先生,请别说这话。凡是人间的灾难,无论落到谁头上,谁都得受着,而且都受得了——只要他不死。至于死,那更是一件容易的事了。"而正是这般坦然,成了史铁生坦然面对真实的自我、成就一颗"澄明宁静而非常关切的灵魂"的重要力量。他不再耽溺于个人的愤懑、妄想、盼念与惶茫,而是以悲天悯人之心关注他人的生存状态——相濡以沫的夫妇、艺术追求之路坎坷不平的小伙子、卓尔不群的饮者、执着的捕鸟汉子、朴素优雅的工程师、为梦想而活的长跑家、漂亮而弱智的小女孩……当一个人对"灵魂的眺望",对精神追求具有了普世的意义,他也就具备了实现对人性的自我超越、自我完善的可能,赢得人们更多的敬畏和仰慕。

既是如此,上帝必是对的。他虽然残酷地伤毁了一个人的肉体,但又仁慈地让他如沐神明智慧的清风。他虽然脚戴镣铐,却能跳起世间优美的舞蹈!

史铁生,足够配得上他的苦难!在生命的战场上,他是真正的英雄。

吕华丽,广东省东莞市可园中学教师。

真心真爱的教育
——我与小吾同学的故事

◎乔 宇

每个人都会有自己对人对事的好恶，但作为一名教师，我们面对的是一个个鲜活的生命，是正在成长正在塑形的独立个体，我们必须要求自己对每一个孩子充满爱，且是发自内心的爱。在我的教学生涯中，和小吾同学的故事再次让我坚信，真诚的爱，一定能打到人心的深处。

休完产假回学校上课，已是12月了，一进教室就在众多陌生的学生中看到一个男孩，脸白白的，嘴唇红红的。上课他从来不听课，自己忙自己的，你一关注他，他就停下来，看着你笑。走过他身边，就会闻到一股浓烈的香水味。很快，我就从学生那里听说了他的故事：之前他在某校是大哥，头发是红色的，他的小弟在校园里见到他都要鞠躬问候，抽烟打架是常态，在那里一年后，他就来到了我们学校，重新上初一。他从不听课，从不交作业。上课不说话就是给老师面子了。听孩子们讲了这些，我心里有些打鼓，我该如何和这个孩子相处呢？

我继续观察，发现在班主任前期尽职尽责的工作让这个孩子还没在班里"兴风作浪"，但谁都看得出他在装。有一天，我装作很随意地走到他跟前问："你在脸上抹啥了，这么白？"他立刻一副无辜的样子解释："老师，我脸上有痘痘，我觉得不好看，就抹了防晒霜遮一遮。"看着他脸上"看你怎么说我"的表情，我平静地告诉他，这样脸部的皮肤不透气，痘痘更好不了，我以前的班长特帅一小伙子，满脸痘痘，是他告诉我，一定要保持皮肤清洁。小吾笑了笑。

第二天，小吾的脸不白了。我明白真诚地为他着想，他懂。

从那之后，我会找一些契机，比如专门找他来帮忙搬东西，从别处听到他做得好的地方，我也会特意去表扬他。有时，我也会找个机会和他讲讲希望他可以在学习上怎么做。……我并没有非要征服一个学生的"豪情壮志"，也不需要和自己打赌，我只是觉得小吾需要时间。以他的过往，他应该受过很多批评，听过不少刺耳的言语，看过多次老师劝解无效后的无奈，他对老师并不信任，要想重新赢得他对老师的信任，只有在很长的时间里，让他感到我的真诚。

在任何事情上我公平地对待每一个孩子，尤其是小吾。我从不在一个孩子面前批评其他孩子，尤其是小吾，即使他们在跟我说小吾又做了什么不好的事。我还会鼓励其他同学多和小吾交流，让他能和大家融为一体。我不会对任何孩子恶语相向，尤其是小吾。每一次我和小吾的对话，我一定是看着他的眼睛，让他看到我的真诚。我对他会特别关注，但又不会显得只是对他特别关注。

就这样，一年过去了。小吾终于相信，我是真诚的，小吾和我建立了信任。有机会，小吾会主动找我聊天，说他周末在健身房当私教，我请教了他一些瘦胳膊的做法，我真的去做了，还会再去问他，提出自己的疑问，他很高兴，说他爸妈很反对他做这件事，而我让他觉得自己是有价值的。小吾还会和我聊，班主任对他的真心实意，他很感动，听到他这么说，我也很感动，不禁眼眶就红了，他也红了眼眶，我知道，我们唤醒了这个孩子内心柔暖的一面。

后来，我们像是朋友一样。小吾把学习语文当作是对我的帮忙，他会主动要求改改听写、默写，检查作业……还会去说班里某某某，字写得太不工整，怎么这个字还错，说他都全会了。就这样，上课不听课的他，从不写作业的他，在一次模考中语文考了87分（满分150分），要知道初一第一次期中考试，他考了6分（满分100分）。

中考结束了，小吾有自己的去向，时不时地就会回来看看我，他会主动说说自己的一些想法，和未来的规划。到现在，他已经毕业6年了，我们依然保持着联系。

无论我们年纪如何，我们带的每一届学生中，都会有很多孩子和我们建立珍贵的友谊，但总有和那几个孩子的友谊，让我们坚定地在"爱满天下"的路上坚持下去，去做"真教育"。

乔宇，新疆生产建设兵团第二中学教师。

李冰斗"蛟"

◎ 石月姣

相传在战国时代，四川岷江有蛟兴风作浪，连年水患，残害百姓，时任秦国蜀郡郡守的李冰在江边作法，化成白牛与蛟龙搏斗，最终斩杀蛟龙，解除水患……

两千两百余年前，秦国蜀郡的郡府中，郡守李冰收起案牍上累放着的成堆书简，揉了揉僵硬的双肩，正待歇息，忽听下人来报，说门外有一位青年执意拜访，已在门口等候了多时。

李冰大感奇怪，便命人招进门来。

一个身材高大，腰挎宝剑的年轻男子，进门就拜在了李冰的脚下。

"小人李仲见过郡守大人，小人本是那青城山人士，自幼习武修道，人称二郎，听闻大人法力高强，能化白牛力斗蛟龙，威名四方，特来向大人拜师学艺。"青年男子声音洪亮，报上了自己的来意。

李冰听后，略作沉思，便将李二郎扶起，笑道："你说的法术，我可不会。不过这'斗蛟'之术，你若想学，我却可以指点一二。正好，我明日还要到岷江边去'斗蛟'，你随我一起去吧。"

李二郎虽然疑惑，但听说能学到斗蛟之术，依然激动不已，第二天尚未破晓，便兴冲冲地随李冰的马车向玉垒山驶去。到达山下营地后，李二郎被这里的阵势惊呆了，这山下竟有可容纳万人的巨大营盘，数不清的民夫携带着柴草工具，进进出出，浩浩荡荡却又有条不紊，一副热火朝天的景象。随行的其他人却对于此等景象早已见惯不惊，李冰没有解释，便带着疑惑的二郎继续登山。

拂晓时分，众人终于来到玉垒山上，岷江江水怒涛汹涌，滔滔不绝，湍急的江水被一道巨大的长堤一分为二。李冰笑呵呵地指了指长堤，对李二郎说道："这便是鄙人的'斗蛟'之术。"

"大人，蛟在何处啊？"二郎环顾四周，茫然问道。

李冰笑道："你看这蜿蜒翻腾着的岷江水，不就是那头为患多年的恶蛟么？二郎啊，恶蛟未必有真形，它是多年水患给百姓带来的恐惧和苦怨的化身。所谓的斗蛟之术，便是面对灾祸时的应对之术。"

"可这是老天爷降下的灾祸，我们凡人如何解得？"李二郎仍是不解，摇头说道："我素闻这岷江水流湍急险恶，每至春夏，上游雨水暴涨，西岸江水泛滥，百姓饱受水患之苦，人或成鱼鳖。东岸却因山阻隔，连年干旱，大好田地陷入荒芜，想解水患，何其难也？"

"哈哈，你说的都对。但所谓福祸相依，你看到的难处，却正是'斗蛟'的有利条件，我们可以利用岷江在此处遇山转向，水流变急的便利，先设分水鱼嘴，建金刚长堤，拓宽河道，将岷江分为内外两江，四六分水，减轻洪患；再建飞沙堰，借助江水冲力疏泥排沙；而整个工程最关键的便是凿穿这玉垒山，做宝瓶口，打通水道，利用东西落差，引导江水灌溉川西，这样一来，成都平原将来必将成为千里沃土，润泽万世。"说到这里，李冰深情地望向远方的长堤，眼中放射出耀眼的光芒，仿佛已透过了千年，勾勒出未来的图景。

"凿山？如此浩大的工程怎么可能？"李二郎不可思议地看着眼前这位胸有成竹的长者。

"将山岩以水火相激，再加以斧凿，功效数倍于以往，不出十年即可建成。"李冰自信地说道，他满含深意地看了一眼李二郎"你习武练剑，求道问法，愿保一方安宁，这很好。然而所谓的道法仙术，多只是些骗人把戏，真想要带领百姓造福一方，需要的是远见、智慧、责任和意志，我们做的这一切，不仅仅是为了我们自己，更是为了子孙后代能长长久久，世世代代在这片土地上安居乐业。二郎啊，为了天下苍生，你愿不愿意学习这'斗蛟'之术呢"？

在铁锤阵阵的回响声中，二郎当即叩首，毫不犹豫地说道："小人愿意！"

八年之后，巴蜀人民终于修成都江堰，可惜李冰因操劳成疾，未能亲眼看到整个工程的竣工，李二郎继续接手，完成了李冰的夙愿。都江堰作为我国古代杰出的水利灌溉系统，历经两千余载，至今依旧发挥着重要的防洪灌溉的功用，是中华民族勤劳智慧精神的结晶，是世界水利工程史上的伟大奇迹。

石月姣，山东省曲阜市田家炳中学教师。

清明这场雨

◎唐昌润

淅淅沥沥的小雨，点点散入我的内心；好不容易凝聚在叶尖的雨滴，终究无法被挽留。一滴雨珠坠入大地母亲的怀抱，正如您，悄无声息地埋葬在那远处的坟茔。那腾升起的雾气，是萦绕在心头对您久久的牵挂。

近了，它的轮廓在烟雨中渐渐清晰。我不禁加快了脚步。可当它就在我眼前时。眼见着牛毛般的雨均匀地撒在它身上。我凝望着它，默默地为它撑起了一把伞，宛如儿时，那里面的她，拿着伞，站在车站守候我的样子。

妈妈点上了香烛，想将它插进被雨水淋湿的土里，可是却总也插不进去，大概是又一年了，香炉槽里的土由松软慢慢板结成了土块。甚至从风里跑来的野草，也在里面，扎下了深深的根须。一年了，一年没来看您，所以才会荒芜吧，我不禁轻轻捂住胸口，想在荒芜的内心中找寻到外婆的模样。

外婆的蒸饺

外婆是一个胖胖的女人，记忆中的她总是坐在椅子上，硕大的黑眼圈挂在她那总是呻吟着的脸上，好像我对她的记忆并不多，也许因为有哮喘，也许因为体型的肥胖，她总是穿着一些大而不时尚的老样式服装，我，总是不大亲近外婆的。

可是小学的时光里，那一条长长的青石板路的下街，却总有一个双肩吊着书包，满怀期待、飞奔着的身影，她要去的，是会蒸饺子的外婆家。我喜欢外婆做的蒸饺，一个个装着硕大肉馅的饺子，在蒸锅里爆了仓。那是一个总爱调皮的孩子，在疯玩、挥霍完了整个放学时光后，满心向往的地方。我记得，外婆总是一边喘着气，一边又娴熟地包着饺子，还要时时刻刻关注着蒸锅的动态，但凡被她发现一点饺子蒸熟的迹象，她便要喘着气招呼我来吃，而我总是心急地让热饺子，在我双手中跳来跳去，嘴里囫囵吃的，也分不清楚是肉还是皮了。这时，外婆总是埋怨地递上来一双筷子，嗔怪着说道："心急吃不了热豆腐，生怕吃掉了。"可是有一天，随着外婆的离世，我发现这个我不大亲近的胖女人，让我的心突然空荡荡的，我再也没有飞奔着跑到青石板路延伸的下街去的憧憬了，哪里，再也没有了蒸饺，更没有了外婆。好像，渐渐地，外婆消失在了我的生活中，我也渐渐将她藏在了心底……

妈妈口中的外婆

好像妈妈口中的外婆，和我认识的不一样。外婆虽然已经过世十几年了，但是那日妈妈接到二姐的电话，边哭边跑的画面，却总是不经意闪现在我脑海中。当妈妈意识到外婆这次不是病重，是去世的时候，她对我说"她再也没有妈妈了"。那时，我只是呆呆地听着这句话，跟随大人们完成丧礼应有的仪式。后来，妈妈又对我说："外婆命苦，一辈子都苦。"在妈妈的口中，外婆本来也应该在城市里生活，她的亲哥哥曾经跪在他们的继父面前，想要带她回城，但外婆改变命运唯一的机会被残忍剥夺。好在外婆独立、坚强，能够一个人带着大舅前往远在城市里的哥哥家，为拥有三个子女的小家带回珍贵的粮食，也能面对外公家家族大哥的打压，拿着锄头冲到地里面去说理反抗……妈妈还给我说"她最像外婆"……似乎在没有外婆的日子里，妈妈总是会有关于外婆的话题说给我听，直到2021年我自己成了妈妈，我才渐渐认识了妈妈口中的外婆，她是给予妈妈无限温暖和疼爱的人，她用勤劳的双手和坚韧的毅力撑起了这个小家，她无时无刻不在关心着她的女儿，希望她出嫁时有好看的被子，足够的嫁妆……所以妈妈总是很骄傲，因为外婆给她置办的嫁妆填满了家里的衣橱。当妈妈口中的外婆拼凑在一起后，我才读懂了外婆，妈妈的妈妈，爱着我的妈妈，也爱着妈妈的女儿——我。此刻，我多么想我的妈妈还能再次拥有外婆的疼爱，那个捍卫小家，为妈妈准备嫁妆的人，您现在还好吗？

雨还在下，不见停。我仿佛看见了外婆曾经为我所做的一切，不只有蒸饺，还有给我织的小毛衣……我仿佛看到了外婆对妈妈做的一切，想起这些，我不禁流下了两行热泪……

清明这雨呀，终究让我的眼起了一层雨雾。

唐昌润，重庆一中寄宿学校教师。

好的故事，伴人生起舞

◎吴超智

一颗苹果的下落，砸中了牛顿的头，让我们窥见物理的奥妙；卡迪尔坐标系的心形图案，寄托着数学家卡迪尔和瑞典公主之间的永恒心意，让我们看见数学浪漫的一面；一片海洋及海鸟的飞翔，构筑了精卫填海的传说，让我们看见古人对孝敬和无畏之精神的赞扬……好的故事，能够赋予世间的事物以灵魂，打动人心，以至于广泛流传，激励更多人的人生。

正如"一碗阳春面"的故事，面店老板每年春节都会为贫困的母子一家留好座位，并悄悄为母子三人增加面的分量，一做就是十四年，每每读来都热泪盈眶，让人再次相信人性的光辉和世间的温情。好的故事是有力量的，它能够陪伴我们的人生度过无数的黑暗，让我们相信美好，更让我们开始践行和传承，使人际丰富，令心灵坚固，伴人生翩翩起舞。

在人生黑暗的阶段，故事是星光，照亮前行的路。周文王遭谗陷，被关在羑里，终日与孤独为伴，面对丧子之痛，他没有被击垮，而是潜心研究天下大势，推演《周易》，为中华文明的深邃智慧增添有力的羽翼。杜甫在困苦的生活中流离逃亡，在战乱纷争中看不到现实的出路，但在迷茫中，一句"图南未可料，变化有鲲鹏"仍可以看出杜甫的积极和报效国事、苍生的决心。文王拘而演《周易》的故事，让我们懂得绝境中也能生出勇气和坚韧；杜甫直面残酷现实，心系苍生的人生故事，一直激励着无数人以积极的心态面对现实生活。生活总有变数，一个好的故事，能够直击人心，带给我们感动的同时，也让我们深深共情，使心灵收获新的力量，在黑暗中勇敢前行。

在人性纠葛的时刻，故事是指针，指引美好的选择。重庆的刘国江和徐朝清相识于70年代，跟其他人不同的是，女生比男生大了十岁，这在旧社会是不被允许和祝福的，为了躲避村里人的非议和歧视，两人选择搬进深山里居住。丈夫刘国江为了妻子能够安全地下山活动，亲自开凿石梯，花了几十年，一个人在山上凿出了一条6208个阶梯的山路。随着一曲《天梯》问世，唱出了两个人隐藏的爱，他们的爱情故事感动了全中国。张桂梅身患癌症，丈夫很早就离世了，生活不易，但她一直在为女子教育做出贡献。为了更多女性和家庭能摆脱贫穷的命运，她创办了全中国第一所免费的女子高中，鼓励和帮助更多女学生完成学校教育，改变了几千名女学生的命运，成为教育界的一座灯塔。

在现代生活，人们生活节奏加快，人与人之间蒙上了更多面具，人际关系变得愈加冷漠、自私和现实，是一个个感人的故事在告诉我们，不管时代如何变化，美好的真情一直存在于人间，比如天梯搭建的爱；也总有人在坚持追逐理想，比如张桂梅的教育理想。面对物质的诱惑，人性的抉择，这些好的故事告诉我们，勇敢追求美好与理想，去做向善的选择，终有一天能寻觅到内心所期待的生活。

在日新月异的社会，故事是火炬，接力传承文明之火。河南卫视通过技术赋能文化创新性呈现，将5G技术和虚拟现实技术等运用在文化艺术影视制作方面，推出了"中国节日"等系列节目，让观众沉浸式体验我国优秀传统文化成果的视听盛宴，说好中国传统文化故事，打破时空，传承智慧。作为个人，我们更应该了解传统文化故事，去打开古老神话的秘卷，找寻人与自然相处的丰富故事；去翻开《诗经》，领略来自远古的爱情气息，倾听古人的生活心声……学习古人智慧，学会讲好中国故事，以个人的力量推动经典文化的传承，让人生更加充盈与丰满。

卡耐基曾说："好的故事就像一把钥匙，能开启人们的心灵之门。"好的故事，能让我们看见不同时代、不同人群的生活，能够拓宽我们的思维，看见另一种可能性，更能洗涤我们的灵魂，指引我们去往光之来处。好的故事，奏响心灵的乐章，伴随人生起舞，演绎一出精彩绝伦的旅程。

吴超智，新疆昌吉学院学科教学（语文）硕士研究生在读。

心怀梦想，勇往直前

◎ 肖超超

现实与希望交织，梦想与科技腾飞，在这个飞速发展的时代，有了很多的发现，古人们曾幻想邀游天空，上九天揽月，下五洋捉鳖，古人们曾幻想，登上寒宫，与天同齐，古人们曾幻想，宇宙的奥妙，星辰的变幻，在现在的时代，这些都已不再是幻想，而已经成了现实，这都离不开，人们心怀梦想，艰苦奋斗，勇往直前。

追溯古时，古人们心怀幻想，不断探索。在这片未知的领域上，古人们凭借着他们的梦想和实践，最终，获得了巨大的成就，实现了自己的梦想，梦想是他们的力量，助力他们勇往直前。鲁班凭借他的梦想，和他对木工的热爱，最终经过不懈奋斗和努力，发明了锯子，为工业做出巨大的贡献，鲁班锁的精妙绝伦，体现出他梦想的力量，云梯的壮丽雄伟，无不彰显他梦想的光彩。毕昇通过他的梦想，和他坚持不懈的精神，最终创出活字印刷术，为中国的文章传承方面，做出不可磨灭的贡献。阿基米德通过他对科学和物理本质的热爱，提出了文明世界的杠杆原理，说出了"给我一个支点，我可以撬动整个地球"的雄言壮志，倘若没有鲁班的梦想，和他坚持的勇气，又怎么会有现在精妙绝伦的木制工具，倘若没有阿基米德对物理原理的追求，对梦想的追求，又怎么会有杠杆原理，他们都通过自己的梦想，和不懈的奋斗，最终做出了巨大的贡献，他们都心怀梦想，勇往直前。

回顾现今，工业革命者，不断创新，奋勇向前，他们站在前人的基础上，继续往前走，继续探索未知的领域，他们站在巨人的肩膀上，通过自己勤劳的双手和梦想，在这个土地上，奋斗流血，燃烧汗液，通过自己的梦想，创造出更新的传奇，书写出更美好的奇迹。牛顿是世界上著名的力学科学家，他在世界力学方面做出的贡献不可磨灭，幼年时，他对物理方面就非常热爱，梦想和他的努力交织，最终他提出了万有引力定理，为后世力学研究，做出巨大贡献。爱因斯坦是世界文明的科学家，他创造出质能公式，创造出世界上，最具杀伤力的武器，可以说他对世界的影响非常深刻，但这一切都离不开他对梦想的热爱，和为实现梦想而付出的努力。他们都在探索未知的领域，他们都在实现自己的梦想，他们都心怀梦想，勇往直前。

立足当下，人们不断奋斗，延续梦想。如今人们站在前人的肩膀上，往着更深层次的领域发展，向着更高层次的境界不断前进！向宇宙深处不断探索！无论是科学家还是学者，他们都为了实现自己的梦想而不断奋斗，现代科技与现实交织，梦想和希望交织，梦想和希望腾飞，许多事情都已实现，这便是梦想的力量，作为青少年，我们应该心怀梦想，勇往直前，不应半途而废，不应轻言放弃，更不应没有梦想，应该心里有梦想，手上有希望，继续前进，不断努力，奋勇向前，化悲愤为力量，化梦想为动力，在前人基础上，向着更新的领域，不断地前进，爆发出未知的力量，书写出自己的华章，彰显出梦想的力量。

中国梦，是我们每一个人的梦想，我们每一个人的梦想，连接起来便就是中国梦，实现中国梦，需要我们每个人付出力量，需要我们每个人不懈努力，需要我们每个人做出自己的贡献，需要我们每个人去为自己的梦想而努力，需要我们每个人为自己的梦想而奋斗，实现自己的梦想，实现中国的梦想，实现最终的梦想，向着梦想，勇往直前！向着梦想，永不退缩！向着梦想，绝不言弃！向着梦想，艰苦奋斗！向着梦想，付出全力！最终实现中国的梦想！我们每一个人像是夜空中的一颗星，而中国梦便是这美丽的夜空，他需要我们每一个星闪闪发光，需要我们每一颗星付出自己的力量去闪耀，中国梦就像一幅没有色彩的蓝图，等待着我们每一个人添灯加彩，去书写我们的华章。

梦想是力量，是我们前进的力量，梦想是星辰，在黑暗中照亮我们前进的道路，梦想是勇气，在我们不敢前进的时候，我们身后的那一只手，梦想是信念，是我们绝不放弃的信念，是我们勇往直前的信念。

肖超超，云南省昆明市师大实验盘龙学校教师。

居世常思清廉,处事无愧天地

◎阳 雪

　　吾家世清廉,双亲仁义,敦睦亲善,自幼教吾以善良无私。少时曾观电视节目,某偏远地孩童失学,因条件实艰无师愿留。仅一支教老师,甘留二十五载,如父如母,不辞劳苦,不计酬报,直至白发。感其纯然肺腑,热泪沾裳,父母问及若有能力,是否愿为家国奉献,吾答愿意,记忆犹新。倏尔长大,仍深记父母教诲,亦深记父母教导时姿容,天地人生之间,能得有人启我成长,令我心灵丰盈,人生珍贵在此。

　　今为教师已六载,惭愧未达家国奉献宏愿,此间唯有默默耕耘。每岁有学生几十数,与学生相处,一如父母之教我,不仅传授知识,亦教做人操守。今虽无家庭更无孩儿,倘或未来有孩儿,便也如待学生般耐心细致,盼以我之存在,温柔相待。带好一子是一家安,有能力使更多小家安,是仅能应答双亲之为国奉献。

　　遍览历代家书家训,或盼孩儿铸光明人格,或立功业理想与淡泊襟怀,或勉读书治学之要,或授孝亲待人之道,殷寄情深,感怀不已。若以我心劝勉孩儿,仅表当下理解,散漫记事。愿随岁月更替,不断成熟,再行添改。

　　人应秉天地正气,德行广大,修身慎行,守法奉公。行端立正,志忌虚邪,意勿偏歪,个人荣辱事小,家国荣辱事大。位高当思报效,处忠厚,务敦雅,廉勤克己,不役于物;增优当详审人,远佞谀,近忠正,鉴察邪正,安身远害。"敬慎威仪,以近有德"斯言懿德大雅,粹玉之质,正道直行,处而不污。愚者鲜耻寡廉,厥德不常,驰骛人间,鼓动流俗,妄用败家。不逢时宜犹有启时,怠废德行无有赦时,其羞惶甚于无才,后世不齿。君子立于世,贵在有益于物,临大节守大义。故曰:志于道德者为上。

　　苍穹可臻其极,人心不知其穷,知足人贵,真富贵也。欲不知足,纵富贵盈溢,终难填无厌沟壑。若因货利丧身,贪腐终致穷馁,缧绁之灾,万世瓦裂,未能善终,遗后人之羞。形骸之内,不得奢靡,形骸之外,诚盈崇俭。须知荣辱两端,廉公有威,不

慕高资,谦约节俭。事有节度,清约行己,尽诚尽礼可也。天道恶满而好谦,莫使欲太满。

　　人不可不自勉,学以立名,问而广博,雕镂磨莹,宗于有道。为学与否,所入异间,可久可大,莫负青葱。其唯学也,必以渐勤则得多,怠惰则得寡。敬师为要,勤勉修习,发奋笃行,明理善断,达此美趣。实则人之进退,唯问其志取,立志明道,涵养冲虚,必有令图,归必事焉。

　　勿妄是非,不发妄言,切戒自满自嚣,慎言思之。言之不善如行诸恶事,若心生芥怀,祸将至矣。言有忠信乃美德一桩,映照仁心仁德,礼恭心敬,待同一概,存善利他,传福后代。

　　喜怒无常,起于偏量,止于弘识,动念宽恕,唯和为贵。诗云:"好乐无荒,良士休休",言不失和,恂恂如也。人之智识,固有殊异,不必固著,相互补益;人之性行,必有短长,常念其长,终身交游。勿揪明察察,勿体事昧昧。有容人之意,心怀宽大,以恕己之心恕人,行止与人务在饶之。动无愠容,举止有度,万事无妨,自有思量。

　　须知人生轨迹如潮涨,时静时汹,幸辛继替。困顿沉浮,世路风霜,无所藏匿,始终平稳者甚寡。好恶成败,固不足论,古今成败,不可不知。不惧艰难,不为磨难,意气充盈,信念超然。不急于求成,据其才性择业,不论一时高下,覃思安业真诚付出,不求具美但守一职。宇宙无穷,登高临水,福泽载物,自洽自处,不枉历此一世,至老无遗憾。

　　人居于世,展眼光阴便去,更显日月可爱。古人云:天地赋命,生必有死。诚如此,个人由生而长,及长而育,比及世间万象,不过蜉蝣天地,人类演化稍纵即逝,一数字而已。反观尘世追求,刚柔、强弱、智愚、成败,及终归于天地,择益于家国之路。君子,当为万世,不为一生。成事在廉明,在戒奢,在耕读立志,在善念宽宏。愿国盛家安,愿父母欣慰,愿吾生吾子此心高贵,此生光明。

阳雪,湖南省长沙市湖南师范大学附属中学教师。

残缺的美丽

◎ 杨 芳

走出书店,阳光有些炫目,我定了定神,就在这时,我看到了那个女孩。在略显空旷的大街上,她的高跟鞋敲击地面发出有节奏的"得得"声,着实清脆,很引人注目。她非常高挑,整个人都沐浴在柔和的春光里,挑染过齐肩的碎发随着高跟鞋的"得得"声有节奏地晃动着。她身着一件蓝灰相间、夹杂着隐约可见银线的横纹长袖T恤,一条简约的淡蓝色牛仔短裤,一双修长挺拔的腿裹在黑色的半透明的长筒袜中,脚蹬一双及膝的棕色皮靴。她和所有年轻的女孩一样,在早春时节,尽情地释放着禁锢了一冬的美丽与活力。

她的右臂很优雅地抬着,呈"V"形,她修长白皙的右手拎着一小袋东西,小指优美地翘着。我们不约而同地在马路口止住了脚步,一前一后地站着。该看信号灯了,我开始从女孩的背影上收回视线,就在我的视线即将移开的刹那,我怔住了:女孩的左袖空空如也,在和煦的春风中恣意地飘来荡去!我不敢相信自己的眼睛,急忙再看一眼,没错,那只空空的左袖依然无力地垂着!她的左臂……我不敢往下想了。这么青春逼人的女孩,怎么会缺少一只胳膊呢?上苍啊!你都干了些什么?你造物弄人时打了个盹儿,就让这女孩处于一种残缺的生活中!我的心里泛起了悲伤:在女孩年轻的生命中究竟发生过什么,那是怎样的一种惨烈!残酷的生活啊!你怎么忍心让一个如花的女孩在最美、最鲜亮的年纪承受如此沉重的打击?我的鼻子有些酸涩,眼眶开始湿润了。

努力压抑住内心的悲悯,我抬头仰望天空,湛蓝的空中依然流云朵朵,三月的阳光依然灿烂温暖。等待过马路的人越来越多了,其中有不少人用诧异的眼光看着女孩,我知道,他们的目光中没有嘲笑,只有无限的同情和惋惜!而女孩却自始至终都不曾扭头回应大家同情的目光,她直视前方,泰然自若。或许她早已熟悉了这样的注视,见惯不惊了;或许她早已忘却了自己的残疾,视自己与常人无异了。她压根儿就不曾料到身后会有一个素昧平生的陌生人为她黯然神伤。她依然亭亭玉立在斑马线前,依然优雅地抬着右手,依然旁若无人地展现着自己葱茏的青春!

看着她残缺却依然美丽的背影,我突然有些羞愧了:为自己无端地感伤!我叩问自己:究竟什么是"幸"?什么是"不幸"?一次意外造成肢体残缺于旁观者来说或许是一种不幸,然而缺少一只胳膊并没有让女孩的天空布满阴霾;并没有让她从此一蹶不振,终日以泪洗面;并没有封锁住她那颗年轻的向往美好的心!我无法想象自己若是她会怎样:悲观?绝望?怨天尤人?我还敢去照镜子吗?我还敢去试穿那一件件美丽的衣服吗?我还敢在众目睽睽下自如洒脱地行走在大街上吗?我的青春是否将在孤独与自卑中耗尽?我是否还有勇气坦然面对残缺,笑傲生活?在熙来攘往的尘世中,有多少健全人庸庸碌碌,不堪一击,终日消沉;又有多少残疾人沦为乞丐,以残肢示人,博得廉价的同情,丧尽自尊。这可爱的女孩,曾经历了怎样的苦痛和挣扎,才有了今日的蜕变和新生?也许她也曾不敢正视自己的未来,也许她也曾埋怨过命运的不公,但今天站在我们面前的女孩阳光自信青春飞扬!其实上帝是公正的,他在关上一扇门的同时也打开了一扇窗户,女孩虽然失去了胳膊,却拥有了一颗超乎常人的、坚强勇敢的心!

虽见美好,却只关注残缺,因而我们的心中充满悲悯;已然残缺,却依然美好,因而女孩的心中充满希望。看来,当局者未必迷,旁观者未必清啊!其间甘苦,女孩自知!再看眼前的女孩,我敬佩不已:她就像是上天派来的一位天使,让我们重新审视自己,面对坎坷,我们究竟该怎样去珍惜和善待这来之不易的生命,让自己活得美丽,活得精彩!

绿灯亮了,该过马路了,伴着微醺的春风,我依然不紧不慢地跟在女孩身后,目送她美丽的背景渐行渐远。尽管在这次街头的偶遇中,我只看到她的背影,但我相信,她的心灵和面容一定同样动人美丽。在街角,我看到那个肢体健全却邋邋遢遢的乞丐正若有所思地望着女孩那远去的身影……

杨芳,四川省成都市沙湾路小学校教师。

《论语》：一个孤独老人的自述

◎余佳蔚

对于中国人来说，孔子无疑是最熟悉也是最陌生的人。我和我的学生一样，有些惧怕《论语》。因为我也嫌孔子说话烦琐，嫌他故作正经，嫌他满口道德仁义，甚至嫌他是一位圣人。对于记录孔子生平的《史记·孔子世家》，我草草读过，几次搁置。然而，逃避不解决任何问题。在安静的深夜，我翻开厚厚的一本《史记》，走近去看一看这位老人。

他的出生完全是一个巧合，先祖曾经是宋国的贵族，因为逃难来鲁国定居。他的母亲姓颜，相传是到尼丘祈祷才有孕生下他的。他生下来头顶中间是凹陷下去的，所以给他取名丘，字仲尼。

其他孩子还在玩过家家的时候，他开始做一些礼仪游戏，模仿大人祭祀时的动作。他没受过什么正规教育，他游历了许多地方，结交了许多朋友和老师，也做过许多的事。他做过仓库管理员，也做过管理牲畜的小吏，大多没什么地位和钱财。传说中，他曾拜访了同时代的一个老师，但那位老师对他却不怎么看得上。他虽然有些闷闷不乐，但还是努力探索与求学中。他向学问高的人请教，也请教学问低的人，他自始至终都这么好学。

他开始给人做家庭教师，他教课的费用并不算高，只要一年送他十束肉干就够了，再加上他讲课详细又认真，好多人慕名前来做他的弟子。传说他有三千个弟子，但这并不准确，大多数人只是听听课罢了，或许连肉干都没送。但他并不满足当一名教师，他想要用自己的言行去改变世界，他想给人民带来更好的生活，所以他开始周游列国。这个时候他三十岁了，他抱着理想走走停停，经过一个又一个国家，拜访一个又一个君王，一次又一次地兜售他的理念，又一次一次地受到拒绝。

他吃了很多苦头，被强盗抢走财物和车辆，被困在一个小地方，三天三夜没有饭吃，但他却没有回头。他被很多人嘲笑与侮辱，甚至小孩子都在讽刺他，但他却没有任何动摇。他的弟子有些离开了他，有些选择了避而不见，但还有些始终跟随着他。但无论遇到何等情况，他都不喜不怒，不偏不倚，用一种理性的方式待人待物。这种精神被后世总结为两个字——"中庸"。

在整篇《史记·孔子世家》中，司马迁从未记录过他的眼泪。他儿子孔鲤去世的时候他没哭，颜回死的时候他也没有哭，最后的哭却还是为子路，然而他生前骂的最厉害最多的就是子路。

他说道："泰山就这样崩坏了吗？梁柱就这样摧折了吗？哲人就这样凋谢了吗？"哼完不禁淌了眼泪。我竟不知他的眼泪是为子路，还是为他自己。

稍后他对子贡说："天下失去常道已经很久了，世人都不能遵循我的平治理想。夏人死了停棺在东阶，周人是在西阶，殷人则在两柱之间。昨天夜里我梦见自己坐定在两柱之间，我原本就是殷人啊！"过了七天孔子就去世了。

我只看到了一个孤独的老人，这个老人晚年失去了儿子，失去了弟子，失去了希望。他一生都不忘自己的故乡，落叶归根，一直都想重返鲁国，然而鲁国却从不给他机会。他只能在《春秋》这部书中寄托自己的思念——所有的纪年都是以鲁为期。他一生都不忘他的正道，他把从政当使命，永远不放弃，永远不灰心，永远不认输，永远坚定地传播着自己的政治理想。而这影响了一代又一代知识分子"天下兴亡匹夫有责"的担当感，他在生前却从未知道。

他生前说过一句话："一个人的状貌如何，那是不重要的；倒是他说我像只失去主人家的狗，那可真是啊！那可真是啊！"他是笑着说着这句话的，而我再回顾这句话，却怎么也笑不出来。他被人认为是圣人，却自嘲自己是流浪狗；他曾经在封建时代被人高高抬起，又在新文化时期被人叫喊着要"打倒孔家店"；他明明是一个拥有喜怒哀乐的普通人，却被现代的我们高高搁起，敬而远之。那么现在，不理解他的我们，是不是也和那些宋国的、卫国的、鲁国的君主，一模一样呢？

我们需要认可孔子的伟大，但在这之前，请把他当作一个曾经鲜活过的普通人，他只是活得快乐一些。

余佳蔚，北京师大附中教师。

爷爷是头牛

◎赵乐梅

爷爷属牛，他是一头牛，一头勤劳的牛，一头抠门的牛，一头善良的牛……

小时候，爷爷经常去地里锄草，清晨，露水未干，爷爷就扛着锄头去地里给庄稼锄草了。我问爷爷，为啥这么早就去地里干活？他说，早上太阳没出来，干活凉快！印象中，奶奶做好午饭后总是打发我去地里叫爷爷吃饭，我站在自家地头对着绿油油的庄稼，小手撑作喇叭状：爷爷，回家吃饭！爷爷的声音从茂密的庄稼地里传来：好，你先回去吧！叫吃饭这件事我一般要去三四趟，才能把爷爷从地里叫回来。回家后，奶奶会唠叨他："这么热的天，孩子顶着大太阳去叫你三四趟，以后叫一趟就得回来！"爷爷一边洗脸，顺便把头发也擦洗了，一边说："有太阳才能把杂草晒死，中午太阳最毒，能把草晒干。"傍晚，同样的情节又要再上演一次，我还是要叫他两三次，他才恋恋不舍地从地里出来。回家的路上，爷爷牵着我的手，我又开始问他："天这么黑了，你能看见草吗？"爷爷说："不用看见草，摸黑也能锄草，太阳下山了，地里凉快了，可以多干会儿！"好吧，爷爷这头牛总是有若干在地里干活的理由。

爷爷还很抠门。以前家里养了一头大牛，爷爷去集上卖牛，我老远就迎着爷爷，心想他一定会给我买好吃的回来。虽然那时不知道一头牛值多少钱，但肯定不少钱，爷爷肯定会给我买好吃的。结果，我抢过爷爷手上的皮包一看，里面空空如也，啥都没有。我的嘴撅得老高，把皮包扔在他身上就跑，不再搭理他。还有一次，我跟着爷爷去赶集，集上有卖冰糕、雪糕的，我那个馋啊，走到人家小摊前直接迈不动腿了，于是央求爷爷给我买支雪糕。爷爷一问，一块五一支，扭头就走。他哄着我说："好孩子，我们去买个大西瓜，雪糕里面有虫子，吃了肚子疼。"我哪里听得进去，在集上又哭又闹，爷爷完全不顾我的哭闹，拉着我去了西瓜摊，挑了一个大西瓜。我的心思全在雪糕上，哪里背着一眼西瓜，于是我像一只猴子攀在了爷爷腿上，不给我买雪糕我就不下来。就这样，爷爷一手托着西瓜，一手提着我，蹒跚着回了家。回家后，奶奶问清缘由，劝阻无效后，赏了我两个耳光，从此再不跟着爷爷去赶集了。

冬天，寒风呼啸，冰天雪地。爷爷奶奶的炕上却温暖如春，我这个在外面疯玩了一天的神兽迫不及待脱掉鞋袜爬到爷爷奶奶的炕头上。小孩子活动多，脚老爱出汗，出完汗后，脚丫子冰凉。爷爷总是把我的脚放在他的大手里暖着，我却一点儿也不老实，把脚拿出来蹬到他的脸、鼻子和嘴巴上，他就大笑着说："臭脚丫子，又酸又臭！"越是这样说，我越是兴奋。奶奶在一旁笑着说："你不会揍她一顿？"爷爷不搭奶奶的话，继续跟我笑啊，闹啊！爷爷的手干脚也干，一到冬天就爱裂口子，我的一项恶作剧就是掰开爷爷的口子，然后用指甲抠他，爷爷每次都是笑着："哎哟，哎哟！"他越是这样，我越是高兴，抠得越是起劲儿，想想小时候的自己还真是够调皮的。

夏天在大门外乘凉，爷爷总是坐在马扎上抱着我，一边给我打着扇子一边给我讲故事。我总是在爷爷的故事里进入梦乡，进入梦乡之前，我仰望着天上的繁星，将思绪带入到漆黑的苍穹。如果我一点都不困，爷爷又有"苦"头吃了，他不给我讲故事，我就拽他身上的汗毛，疼的他直咯咯笑着"哎呦！"这一招儿屡试不爽。印象中，爷爷从来没有因为我的调皮、任性、闹腾生气过，他总是笑着看我使坏、看我闹。

长大后，爷爷这头牛也日渐苍老，他算着日子盼着我回去。每当我回去看他时，他总是跟我说："家里一切都好，把更多心思用到工作上、学习上，要有一颗上进的心。"后来，我结婚了，老公陪我去看望他时，他便叮嘱老公，要多为祖国做贡献，遇到难题不要灰心，要多钻研。

爷爷，虽然是一位平凡的老人，但在我的心目中，他却是那样亲切善良。我们知道，他对我们寄予了很高的期望。我们会牢记他的话，做一名对国家、对社会有用的人。只希望他身体健康，我们经常需要他的提醒和叮嘱。

赵乐梅，北京市朝阳区人朝分东坝学校教师。

美不能被格式化

◎赵中梅

好看的皮囊千篇一律，人们疯狂地追求医美让自己"更美"，那到底什么是美？美可以是道德上善的象征；可以是生命内部绽放的光芒。美也在于陶冶、慰藉、共鸣、修养等等，美无处不在，无处不美。美无法被定义，但审美必然有一定的标准。

昔者楚灵王好士细腰，汉唐佳人丽影丰腴尤俏，当下出现"白幼瘦"的推崇，并且在商业资本裹挟与运作下，各种畸形、变态式审美愈演愈烈。且看娱乐圈中肖战、王一博等令万千少女为之倾倒，美其名曰"小鲜肉"。作为男性，看不到丝毫阳刚之气，反倒尽是"阴柔之美"。"吃个桃桃好凉凉""鸡你太美"等这些恶俗审美为什么会在网络上如此猖獗？最重要的原因就是当下社会很多人是物质的胖子，却是精神的瘸子！当审美趋向低俗、庸俗、恶俗，偏离社会价值观念认同的审美标准，新时代的新青年都应当奋力呐喊，拉回盲目美路上彷徨的人们。

贞观年间文成公主入藏嫁给吐蕃王松赞干布，为藏区带来了先进的生产生活技术、医疗药材、古经典籍等，很大程度上提高了藏区人民的物质生活水平，增进了民生福祉，藏区获得长远发展。汉藏交流日益密切，从而赢来了唐藏百年和平的局面。千百年来一直为人们所颂扬纪念，这就是美。

盛唐玄宗与贵妃的日常是"春宵苦短日高起"，对她爱吃的荔枝是"一骑红尘妃子笑"，对她的宠爱是"三千宠爱在一身"，对她的舞蹈是"就中最爱霓裳舞"，到最后却是"君王掩面救不得"。鼙鼓动地城阙烟生，这就是祸国殃民红颜祸水，就是不美。

"何须浅碧青红色，自是花中第一流。"真正的"美"，与外貌无关，是由内而外"腹有诗书气自华"的气质，是"干惊天动地事，做隐姓埋名人"的奉献，是"生也沙丘，死也沙丘，父老生死系"的担当……若消费美貌，一旦尝到容貌换取资源的好处，开始走上这条"捷径"，就会陷入另外一种容貌焦虑。很多女性为追求"美"整容成瘾，甚至最终毁容等，做出各种自我伤害的事，人生由此进入另一个恶性循环。

姹紫嫣红是美，暗淡轻柔是美，天然雕饰是美，巧夺天工是美。美多姿多态，但一定是自然健康的。为此，我们可以从以下三方面去着手：一、整治医疗美容，"医"字当头。国家应出台相关法律规定，严厉打击虚假违法医疗美容，保护消费者合法权益，维护人民的生命健康和财产安全。政府"有形的手"与市场"无形的手"相结合，促使医美能在合法合规合理的范围内真正造福于民。二、以美育人，以文化人。美育是审美教育，更是情操教育和心灵教育，对于立德树人具有不可替代的作用。国家、社会、学校、家庭应加强审美宣传教育力度，使青少年的身心健康发展，形成正确的审美观、人生观、价值观。让美的感动和审美意趣渗透到全体师生的学习、工作和生活中，使每一位同学都能构筑起多彩、丰盈、积极的精神世界。三、"守"以行稳，"变"以致远。一个没有思想的人，就像是水中无根的浮萍。科技的进步，网络的发展，爆炸式的信息扑面而来，我们必须为自己做主，有独立意识，不为外界捆绑，成为下一个悲惨的"套中人"，而是应该"不因外物撼内心，淡然徐行望前路"。

《小王子》中写道："星星发光是为了让每个人都找到属于自己的星星。"青少年正处在风华正茂的年纪，我们要做自己，修养自己的内在美，在精神的版图上拓展美的边界。只有内在的丰盈，才能拥抱真正的优雅和美。

爱美是一种认真生活的态度，它不是一个静态的展示，而是一个动态努力的过程，它并不取决于个人的外貌长相、穿衣打扮，而是发自内心对生活的热爱，对梦想的追求。从孩子脸上洋溢着的笑容，到夕阳下的余晖，再到路上匆匆走过的白衣少年……这些都是美。美，可以是任何事物，可以是任何形式。美，无法被定义，但审美必然有标准。美，永远都是进行时，没有完成时。

赵中梅，江苏省徐州市丰县新城区丰县中学教师。

那些年的元宵节

◎ 刘明香

母亲又在准备元宵节的食材了。看着母亲忙碌的身影，思绪不觉又回到了儿时，回到了那个小小的村庄。

总觉得元宵节于孩子们是很相宜的。当年味一天天淡下来的时候，我们已然憧憬元宵节的快乐了。

母亲早早地准备好糯米面，加水，和好，软硬适中，便与父亲一起搓元宵。当一个个白白胖胖的小元宵摆满桌子时，父亲便开始烧火，母亲便着手炒元宵。母亲总是嫌弃父亲烧火不均匀，父亲总是笑着说母亲的手艺不够好。灶火照得父亲的脸红红的，母亲的脸上也汗涔涔的。一个灶上，一个灶下。他们相互埋怨着，拉着家长里短，一年的收成，来年的计划，孩子们老人们的缺漏添置……庄稼人的幸福与安详似乎都安放在这一方灶台之间。

我们则在一旁，急不可耐地嚷嚷着要吃炒元宵。母亲总笑着安慰我们马上就好。但"马上"在贪吃的孩子心里，是一个很长的词。我们围着锅灶，转了一圈，又转了一圈，待元宵终于炒至变黄变软时，母亲用锅铲搅一搅准备好的糖水，顺势浇上，一阵滋啦啦的声响之后，等待一年的美味终于可以品尝了。香、甜、软、糯，一口有一口的嚼头，一口有一口的滋味。香在嘴里，甜到心里，总是吃到停不住。母亲从笑着让我们多吃到勉强地提醒我们"少吃点，吃多了难消化"，那深深的沉沉的爱似乎总也找不到一个合适的刻度。我们也总是笑着，回应着，依旧大口大口地吃着。

晚饭还没有吃完，小伙伴们早早地就聚拢来了，每人提着一个灯笼。灯笼自然是自己做的。我们早早地开始收集各种不用的纸盒，大的，小的，长的，方的……在孩子们的手中总能变成一个个造型各异的灯笼。只等元宵节拿出来，叫上伙伴们，比一比谁的更巧，谁的更好。元宵的夜幕终于拉下，迫不及待地点上蜡烛，一只手拿着，一只手护着，小心翼翼放在灯笼里，明亮的烛火氤氲出灵动的兔子、老鼠……一群孩子像黑夜里的小精灵，欢脱地挨家挨户串门，玩耍。孩子们的快乐自然也感染着大人们。他们也欣赏着孩子们手里的灯笼，似乎每一盏灯笼里都有一方小小的世界，那里住着孩子们纯洁的心灵。"这个眼睛好看""这个嘴巴灵巧"……大人们一边嚼着元宵，一边忍不住夸赞。得到夸奖的孩子自然是喜上眉梢的。

"我们去扔火把吧"不知谁提议了一句，孩子们开始骚动起来。"走吧，走吧……""要来不及啦"……孩子们提着灯笼，嬉闹着涌向空旷的田野。夜幕四合，繁星几点，远处早已有人开始向天空中扔火把了。

大人们也赶过来，给我们抱来稻草，绕成一个个草疙瘩；又找来一堆柴火，架起，点燃。孩子们争着引燃草疙瘩，用力扔向天空，边扔边喊"往东扔，结冬瓜；往南扔，结南瓜；往西扔，结西瓜；往北扔，结北瓜"。据说，扔得越高，今年的瓜结得越多，也越好。这么想着，谁不用尽全力扔起手中的火把呢。一时间，田野间也热闹起来了。有人说"你家的西瓜结的多"，对方回应"你家的南瓜结的大呀"。远远近近呼喊着，应和着，笑着唱着，加油鼓励着。此起彼伏的火把，照亮了一方天空，照亮了人们的笑脸，也照亮了人们一年的期待与希望。

待火苗渐渐熄灭，火把扔完，元宵节在孩子们还没有完全散尽的兴致中落下帷幕。孩子们被大人领回家，准备第二天的开学了。整个农历新年的气氛至此才依依不舍地画上了句号。

现在的新年，吃了年夜饭，似乎整个节日就结束了。到了元宵节，超市里也有各种应景的元宵，花灯，琳琅满目，应接不暇。买来吃，买来玩，似乎总也找不到儿时的那份滋味与快乐。

这些年求学工作在外，离那个小村庄渐行渐远，儿时的伙伴为了生活也各奔东西。而那些朴素的食材，那份简单的快乐，那些年烟火里的温暖与期待，却在记忆的长河里历久弥新，在沉寂的心灵中开出绚丽的花朵。

刘明香，江苏省苏州市苏州工业园区星海实验初级中学教师。

有德胜有才

◎马　越

　　一个人内心最纯洁的情感及外在最真诚的行为，都由高尚的品德做支撑。我们可以凭借杰出的才华和深厚的知识去不断追求梦想、权势、名誉和财富，但如果忽略了美德的指导作用，一切都将变得庸俗乏味甚至背离正轨。知识有助于我们掌握更多的生存技能，美德却可以给我们正确的目标和源源不竭的动力，所以有德更重要，有德胜有才。

　　人如树，才如枝叶，德为根本；人如水，才如清流，德为源头；人如山，才如高峰，德为基石；人如鹰，才如羽翼，德为灵性。美德将永远为我们指明做人的方向，拥有美德的人才能更好地将知识应用于有价值、有意义的事情。有德胜有才，而德才兼备的人更是被推崇和敬重。

　　星云大师一语点醒学成归来的弟子，告诫他学做人才是一生修身立命的根本，学做人就是学承担、学忍让、学一切可以称为美德的做人准则。其实，又何止是大师有如此教导呢？

　　张衡透过历史迷雾坚定地说："不患位之不尊，而患德之不崇。"刘备沿着时光河流恳切地说："勿以善小而不为，勿以恶小而为之。"李白踏着华丽诗行真诚地说："土扶可城墙，积德为厚地。"更有习总书记"只要中华民族一代接着一代，追求美好崇高的道德境界，我们的民族就永远充满希望"。这番话指引我们正确前行。由此可见，美德是人类共同追寻渴望拥有的最佳品质，德胜于才！

　　有德的人一定会将自己的才华用于秉道直行，坚守自我。飞舞彩蝶，烂漫丛花，青石板的古道上记录了那些逝去的时光。因时代局限，多少英才异士沉没无闻，纵有千种梦想，万般追求，也无法改变封建统治者用人的制度，在这个时候就只有秉道直行，坚守自我了。不阿谀、不奉迎、不随波逐流，不迷失自我！你泻水置地，观其东西南北流，行叹坐愁，酌酒自宽，举杯歌路难！你一身才华，毫不掩饰地想让自己的知识有用武之地，你朗声呐喊："士大夫岂可遂蕴智能，使兰艾不辨，终日碌碌，与燕雀相随乎？"可，终不能！你内心冲腾起不息的波澜，你不愿改变节操，丧失美德去适应那黑暗的社会，你宁可守住才华，对案不食，拔剑击柱！为了美德，你弃置罢官去，还家自休息。弄儿床前，观妻织布，奉养双亲。鲍照，你秉道直行，有才更有德！"自古圣贤尽贫贱，何况我辈孤且直"。鲍照的美德将永远激励后人！有德确实比有才重要，有德胜有才！

　　有德的人更会将自己的才华用于回报社会，奉献他人。有德的人最希望用自己的努力换取别人的幸福。有德的人最不希望自己只留给这世界一具空空的躯壳。魏征直言敢谏，心怀天下苍生，上忠君主，下恤百姓，德行完备，成一代名臣；钱学森淡泊名利，心系祖国安危，钻研科学，培养后进，德才兼济，成贤才典范；孟佩杰孝心动天，胸有病重老母，进修学业，退待慈母，德胜于才，成青年的榜样。无论是杰出人物，还是普通民众，甚至平凡如我，只要具备美德，就能将才华应用于对社会的贡献中，对他人的帮助中。美德如书，教会我们做人做事；美德如花，撒满人生长路，芬芳整个生命。才华有助于我们更有效率地做事，美德才能指导我们接近真正的完美和预想中的成功。德胜于才，做人胜过做学问。

　　人生如曲，岁月如歌，拥有青春的我们一定也要拥有美德。将自己的才华展露，去追求梦想，做一个对社会有用的人！用美德做支撑，用知识做框架，最棒莫过于德才兼备，最美莫过于梦想成真！

马越，河北省廊坊市永清县第一中学教师。

以"无备"之心 行"有备"之实

◎任冬冬

天有不测风云，人有旦夕祸福。既然生活是阳光与风雨的协奏曲，那么在平时做到居安思危、未雨绸缪，才能有备无患。可是我认为，既然不确定明天和意外哪个会先降临，我们不妨以"无备"之心态，去迎接未知的挑战。

所谓"车到山前必有路，船到桥头自然直"，生活中我们不可能事事都做好攻略，大部分的"万全准备"不过是我们对未知的迷茫和恐惧产生的一种趋利避害的本能反应。生活不是一辆指南车，他不会按照我们预设的方向前进。我们唯一能做的就是"行到水穷处，坐看云起时"。因此，与其为了应对不可知的未来而疲于奔命，惶惶不可终日，倒不如去坦然面对一场场"无准备"之仗。

以"无备"之心态接受人生的意外挑战，不是盲目自信，而是周瑜的"万事俱备，只欠东风"的镇定与自信。

赤壁之战前，面对曹操"破荆州，下江陵，顺流而东，舳舻千里，旌旗蔽空"的百万雄师，周瑜没有自恃才高，骄傲轻敌，而是整军备战，西联刘备，草船借箭，待万事俱备，他才能具备"谈笑间，樯橹灰飞烟灭"的从容淡定，取得赤壁之战以少胜多的战绩。假若周瑜被曹操这只纸老虎吓破了胆，三国历史将为之一改，假若周瑜自诩有不世之才，拒绝了西蜀的援助，也没有枕戈待旦严阵以待，三家归曹亦未可知。因此，周瑜的"无备"之心态成就了公瑾的不世之功。

以"无备"之心态接受人生的意外挑战，不是临阵磨枪，而是辛弃疾的"十年磨一剑，霜刃未曾试"的坚持与守望。

辛弃疾是历史上"文能提笔安天下，武能上马定乾坤"的第一人。"壮志饥餐胡虏肉，笑谈渴饮匈奴血，待从头收拾旧山河，朝天阙"是每一位南宋臣民的理想。辛弃疾在"志于学"的年纪深入敌占区收集情报，在青年时"壮岁旌旗拥万夫，锦襜突骑渡江初"，贬到湖南在文官任上练出"飞虎军"，在江西黛湖边上写出《美芹十论》，在梦里也挑灯看剑，沙场点兵。辛弃疾是用他的一生为恢复失地、建功立业做准备，老兵的英雄泪浇灭不了心中沸腾的血液。

以"无备"之心态接受人生的意外挑战，不是摆烂躺平，而是苏东坡的"一蓑烟雨任平生，也无风雨也无晴"的旷达与淡然。

"乌台诗案"，苏轼做好了死的准备，"是处青山可埋骨，他年夜雨独伤神"，然而命运只是和他开了一个玩笑。遭贬黄州的苏轼被一场场突如其来的"穿林打叶"的风雨所打醒，此时他的心中唯有"江上之清风与山间之明月，耳得之而为声，目遇之而成色，取之不尽用之不竭，是造物者之无尽藏也，而吾与子之所共适"，所以不管是被贬惠州儋州还是回到朝中，他都能做到"一蓑烟雨任平生，也无风雨也无晴"，甚至在临死之际以"问吾平生功业，黄州惠州儋州"总结一生。不管风吹雨打，我自闲庭信步。心中无风雨，也就不用像最初深埋在御史台监狱中靠儿子苏迈"送肉还是送鱼"来煎熬地等死。

史铁生在《病隙碎笔》中说"死是一件不必急于求成的事，死是一个必然会降临的节日"。史铁生在地坛公园里经历过地狱里恐惧死亡、炼狱中对话死亡、天堂中笑对死亡的过程，面对生命的倒计时和死亡的随时降临，他觉得没有什么好准备的。当今青年，面对纷繁复杂的国内外大环境，切忌盲目乐观，临时抱佛脚，甚至摆烂躺平，我们要像伟人那样"战略上藐视敌人，战术上重视敌人"，放平心态，不过分紧张，也不无所谓，然后在行动上做到居安思危、未雨绸缪，这样才能真正有备无患。

"人生寄一世，奄忽若飙尘"，既然人生难以把握，淹蹇不可阻挡，何不在心理上放弃挣扎，把准备工作提前做到实处，以"无备"之心态，迎接不可预知的挑战。

任冬冬，陕西省延安市宜川县宜川中学新校区教师。

我的爷爷

◎佘金玲

我的爷爷中等个子，五短身材（上半身和腿儿乎等长），远远走过来，散发出一种朴实的气质——既不像农民那样因常年挑担，而伛偻着背，显得整个人没有生气；也不像城里人那般"挺直了腰杆"，昂首阔步，逢人就能唠两句的自信。在我看来，他一切都刚刚好。那几根黑白相间的头发以光圈的形状，象征性地躺在光滑的头顶上；直挺的鼻子让整个人看起来倍儿有精神，不过山根部分不算高，鼻梁下部倒是很懂事儿，撑起了整个鼻子的颜值——高挺，鼻头还略微带点尖，颇有点儿欧洲人的味道了；笑起来右边大门牙的半颗金牙引人注目，不了解他的话，还以为他是传说中的"坏爷爷"呢！走起路来，踏实有力，浑身充满了干劲。勤劳，是他一生的写照。

爷爷给予了我很多真真切切的爱，是那么柔软、踏实，让人感到温暖。

从我记事起，爷爷就住在了那个土砖瓦片房里（那时候没有水泥砂浆，全部都是用土做的房子）。每天日出而作、日落而息。若他稍微停下来，奶奶则会在家"嘀咕"半天，跟和尚念经差不多。无奈，爷爷只好又从还没坐热的椅子上起来，从晾毛巾的一根竹竿上取下他的毛巾，说是取，其实在奶奶话音还未落时，爷爷就起身伸出右手抓起毛巾的一头，随即用力地一抽，那竹竿"啪"的一声撞在了墙上，声音清脆干净，很是悦耳；渐渐地，竹竿碰撞墙的频率变低，速度也变慢，直至消失。每当我见到此景，我就追在爷爷身后"咯咯咯"地傻笑，不知那时是笑爷爷的动作很滑稽，还是笑爷爷"没出息"，又被奶奶"打败"。爷爷有时会转过身来，瞪大眼睛，装作生气的样子，抓着毛巾往空中一挥，右脚狠狠踩一下地，故作要打我。每当那时我就笑得更大声了，变成了"哈哈哈"，笑声回荡在我和爷爷所在的这片天际，肆意愉悦。就在爷爷准备往我这边跑，追着来"打"我时，奶奶的声音出现了：死老头子，还不去田里，一天到晚只想着偷懒……我的笑声随即戛然而止，于是进屋，抓起爷爷刚刚取毛巾的竹竿，然后松手，让它随意地往墙上撞。此时，我便不爱听这碰撞发出来的声音了，愈放愈觉得烦闷，于是我就出去找小伙伴儿们撒野去了。

我最快乐的时光也就是每年暑假了，因为我必去爷爷家。只要一放暑假，妈妈就会把我送去爷爷那。我高兴，爷爷更高兴。爷爷会给我买我爱吃的辣条，还会买雪碧。其实我不是特别爱喝饮料，但爷爷觉得哪有小孩子不喝饮料的，看着大家都说雪碧好，也会给我扛一件回来。那些吃吃喝喝并没有被锁在柜子里或隐藏在某个角落，它天天在我睡觉的那张床面前待着，我睁眼闭眼都能见到它们，真真实实地摆在那，给我一种非常踏实的感觉，就像爷爷对我的爱一样。爷爷隔三岔五地还会到大队部的商店里去给我买鱼吃，其实我也不爱吃鱼，但在爷爷心里觉得那是好东西，毕竟小孩子吃鱼会变聪明。到了下午一两点，爷爷就会亲自下厨给我煮鱼汤，我很爱喝，因为爷爷会放很多白醋，我喜欢酸的味道。在炎热黏腻的大热天喝上一口，别提有多舒爽了！爷爷有空时，也会去河里给我抓大龙虾，虽然有时辛苦几个小时也没能抓回来多少，并且有的龙虾还很老，但我每次都吃得津津有味。

现在的暑假我再也不能去爷爷那了，因为爷爷已经去世了。我常常思念爷爷，每年盛夏尤为如此。想念他给我包腊肉饺子、想念他陪我打"斗地主"、想念他落日后督促我洗澡，然后帮我把躺椅搬到稻场上乘凉，想念他的种种……每当天空飘落大雨时，我都会久久伫立在窗前，抬头望向天空，猜想是不是爷爷在和我说话，于是我会自言自语半天，直至大雨变小，思绪把我拉回现实。

爷爷，我想您了！

佘金玲，湖北省荆州市沙市东区联校教师。

我是一棵橄榄树

◎ 孙蔚蔚

透过浓密的枝叶，一束初秋的阳光倾泻而下，我揉了揉眼睛，伸了伸懒腰。"早上好，我的宝贝。""早上好，妈妈！"说完一阵清风吹来，周围的树叶随之摆动，挠得我肚皮直痒，"哈哈哈，别挠了！"我捂着自己油亮、青中泛黄的大肚子咯咯直笑。

阳光普照周围的世界，村庄错落有致，延伸到远方，小溪唱着动听的歌从妈妈脚边流过，秋风中夹带着果实成熟的芬芳。

"妈妈，我喜欢待在你身边。"

"宝贝，我也喜欢和你在一起，但有一天你也会离开我去闯荡世界。"

"妈妈，离开你，我会怕。"

妈妈用她的绿叶抱住我，"孩子，你生来就是一棵橄榄树，无论去到哪里要记得向下扎根，向上生长。"

离别的时刻比我想的要快得多，一只长着蓝黑色羽毛的大鸟突然降落枝头，它先是用黑长的嘴巴啄了啄我，接着展开翅膀飞走的一瞬间，一双利爪顺势抓住了我，还没等我反应过来，我已经离开了妈妈，被大鸟带到了半空中。

"妈妈，妈妈！"

"孩子，要记住你生来就是一棵橄榄树！"

妈妈的声音快速消失了，我熟悉的村庄、小溪，在我脚下变得越来越小，越来越远。我害怕极了，但此时再也没有妈妈的绿叶温柔地将我包裹。

不知飞了多久，大鸟在一棵树上停下，高空飞行让我眩晕，正要松口气时，谁知它那黑长的大嘴，瞄准我那圆滚滚的肚皮就是一顿猛啄，剧痛像闪电一般传遍全身，我眼前一黑，顿时晕厥。

再次醒来时，我发现自己躺在杂草丛中，周围潮湿阴冷，视线上移，只见旁边斜横的树枝叉着一牙弯月。清冷的月光毫不留情地映着我消瘦的身躯，纺锤状的身体上残存着银锈色果肉。虽四下无人，但我仍旧为自己的丑陋而羞愧万分。还好一片乌云及时遮住了月亮，重回黑暗之中反倒令人庆幸，我慢慢闭上眼睛，却仍挡不住夺眶而出的泪。

过不多时，晚秋的夜雨像飞翔的猫头鹰一般悄然而至，大地一片寂静。冰冷的雨水令我暂时忘记身体的疼痛，恍惚中我似乎看到，油亮的肚皮，温馨的村庄，潺潺的溪水，还有我那亲爱的妈妈……不一会儿浓浓睡意袭来，我便沉沉睡去。

"吱——吱——吱！"知了聒噪的叫声将我吵醒，这一觉好像过了一个世纪那么久，我伸了个大大的懒腰。

"你终于睡醒啦！"我诧异地打量着周围，原来是旁边的一棵小草在说话。

"你，你是在对我说吗？"

"是啊，你睡了好久，春雷都没叫醒你哩！"它接着说："去年夏天我还没见过你，你是谁呢？"

我正想回答它我是一颗橄榄果，这时一阵清风徐来，我细细的树枝随风轻舞，翠绿的嫩叶在夏阳下闪着油亮的光。妈妈的话又回响在我耳畔，"孩子，你生来就是一棵橄榄树……"没错，我要长成像妈妈一样的大橄榄树，向下扎根，向上生长！我挺起腰杆，骄傲地说："我是一棵橄榄树！"

为了获取更多的阳光，每天我努力舒展开每一片叶子，向太阳的方向延伸。我在夏阳中歌唱，在秋雨中舞蹈，在冬风中坚持，在春露的滋养下长啊，不停地长啊。一年又一年，我从小苗苗长成了一棵橄榄树。每当有旅人登上山顶，他们总会惊叹道："多美的橄榄树！"我也会抖擞绿叶为旅人遮挡烈日，让他们在我的树荫下小憩。

一年春天，雪白的花瓣衬着淡黄色花蕊的小花缀满了我的枝头，黑黄色的小蜜蜂围着我忙个不停，我知道自己快做妈妈了。盛夏之时，青色的果实便压满了我的枝头。

"妈妈，你看我们生活的这片山林多美啊，我想永远和你在一起。"

看着山脚下的山庄、田园，还有那望不到头的远方，我用绿叶抱住孩子，温柔而坚定地说："孩子，会有一天你将离开我，但要记住你生来就是一棵橄榄树，无论去到哪里，向下扎根，向上生长，长成你本该有的样子。"

孙蔚蔚，福建省福州市清华附中福州学校教师。

灵秀凤山之遐思

◎王宏斌

临近知天命之年，最喜欢的活动莫过于周末的独自登山。

去年的初冬，曾登临了一次凤山。那次虽然没有夏日的郁郁葱葱，却别有一番冬日的寂寥壮阔。依然翠绿的冬柏、含苞待放的榆树梅虽只剩下枯叶，但仍不畏严寒，如同山下忙碌的行人一样，遒劲地向上延伸。

阳春三月，草长莺飞，诱惑使然，故地重游。放眼望去，她已经从沉睡中苏醒，花红柳绿，桃李芬芳，空气中到处弥漫着春天的气息，让人心情很是愉悦。静默的花瓶紫薇园、随风摇曳的芦苇荡及粼光闪闪的人工湖，各具千秋，美轮美奂。没曾想，经决策者多年的倾心打造，昔日荒芜萧条的凤山，今日已树木成荫，"百般红紫斗芳菲"了。

仲夏五月，油桃已红透了成纪的大街小巷，脆瓜也香飘于娲乡的梁峁沟壑。借着周末晴好的天气，我第三次登上凤山，强身健体的同时，更在于全面感悟这方圣土的厚重。

天色尚早，游客也少。身处山下，极目远眺。悬壁独起、倚山负势、随势成景，风姿绰约、秀丽清峻。

惬意之余忙拾级而上，首先映入眼帘的是红墙青瓦、飞阁流丹、雄浑牌匾和苍劲楹联，他们无不古朴典雅，风韵犹存。尤其那座蓬莱仙阁，更是气势峻拔，直插云霄。这儿是佛寺、那边又是道观，五花八门的神仙，各具神态，活灵活现。实没想到，在这如此小的山丘之上，居然可以拜遍满天神佛，在貌若展翼之凤的山崖上，星罗棋布着集道、儒、佛于一身的三家文化。此情此景，令人不得不惊叹天地造物之神奇，感叹先祖构思之巧妙，惊羡娲乡胸襟之包容。

身居山腰，伫立凝望，思绪早已与时空对接。啊，娲乡！你的名字明示着你与大秦帝国有着莫大的联系，因为你就是赳赳大秦的故乡，就是周天子封给非子的采邑。突发奇想，万年之前，这里定是一片草地，亘古流淌的葫芦河水将这块神奇的草地从中间一分为二，再加上四周的山梁，不正是王者之地吗？静默在晨辉的抚摸下，目睹着眼前或高大华丽、或小巧简朴的建筑群，沉醉之中思绪继续飞翔。嬴氏一族、李唐一族、李广、苻坚、李白、胡缵宗、安维峻……一个不大的小小县城，居然孕育出了这么多彪炳史册的杰出人物，成就了两个雄极一时的伟大帝国，这一切无不根源于娲乡先祖们的熏陶与洗礼，他们血液中流淌着的创造精神、拼搏精神、包容与奉献精神，不正是对娲乡先祖精神的继承吗？

继续拾级而上，眼前豁然开朗，原来已经登临到凤山之巅。俯瞰而去，故乡的现在完全呈现于眼前。偌大的县城处在群山环绕之中，葫芦河穿城而过，流淌千年的它，在寂然无声地见证着娲乡的辉煌巨变：耸立的高楼、疾驶的高铁、"酣建"的项目、宽阔的马路、璀璨的路灯以及从废墟中矗立而起的现代化新城，还有那争奇斗艳的花草树木、笔直挺拔的浓绿翠竹与松柏，这一幅幅多彩多姿的画面，无不体现出娲乡父辈们的勤劳朴实、远见卓识以及凝心聚力和与时俱进。

啊，生我养我的娲乡啊，您有着八千年的文化底蕴，又有着"百舸争流竞千帆，同心携手求发展"的睿智领导，您的未来还需要言说吗？您能不绽放出应有的灿烂与辉煌吗？

目之所及，风景如画，一幅天蓝、水清、地绿、宜居的城市建设美好画卷徐徐展开。栉风沐雨，沧桑巨变，站在新的历史起点上，60万秦安人民定将不忘初心，牢记使命，彰显新担当，展现新作为，在全面建成小康社会和实现中华民族伟大复兴的征程中续写辉煌。

激动之余，随口唱出了《娲皇颂》："……娲皇故里大地湾，女娲美名万古传，寻祖根，到秦安，我和你血脉相连，一方古老的黄土地上，流淌八千年文明长河，龙的传人因你繁衍生息，这里是中华民族的摇篮……"

唉！怎么有点热？哦，原来时间不早了，该下山了。

今日一游，可谓"往事如烟，想来风月皆无恙；乡心似水，看去山川尽有情"。

王宏斌，甘肃省天水市秦安县兴国镇初级中学教师。

和孩子一起学游泳

◎王永梅

很多时候，我们总以为是自己教给了孩子很多，其实，在陪伴孩子成长的过程中，是孩子教会了我们很多。夏日，和孩子一起学游泳，又一次让我深深体悟，教育是守候一朵花盛开，是期待一颗星闪烁，是牵着蜗牛散步，请一定提醒自己遵循孩子成长的规律。

走一步，再走一步

闺女是去年暑假报的游泳班。一听说要学游泳，特别兴奋。教练训练的第一项就是在水中练习憋气，她一听蔫了。简单的一个动作，她却就是不敢往水里扎。教练说了好多次，她依然畏畏缩缩，便先教别的小朋友了。我心里有些火气了，心想："大家都敢你怎么不敢，试一下那么难吗？这出师不利，难道要打道回府吗？"一系列指责的话在脑海中回旋，可看着她已然充满挫败的眼神，便放弃了我的教训。

我换好衣服下水，开始一对一教学。

"你看，就这样把头往里一扎。"

"妈妈再做一次，你看看。"

……

在一次次的鼓励下，闺女终于开始尝试水下憋气，我也终于松了口气。

万事开头难，她突破第一关后，以后的换气、划水、蹬腿等动作便很顺利地学会了。

面对未知的事物，即使是大人，有时怯懦也是不可避免，更何况孩子。每次脾气要爆炸时，提醒自己别着急，要遵循孩子成长的规律，引导孩子走一步，再走一步，战胜胆怯的自我，走向勇敢。

久久为功，锲而不舍

大学游泳是必修课，我当时勉强过关，秘诀就是首先用力蹬池漂游，再靠肺活量使劲划几下水，最后换一口气挣扎到过关线。所以学业不精。

其实暑假我本打算和闺女一起学。整个游泳课下来，闺女已经能很轻松地从泳池的这头游到另一头。练习的时间正好是中午犯困的时候，她每次都坚持上课。有时天气冷，或者身体稍有不适，她也不说不去。而我，因为怕晒伤，三天打鱼两天晒网，还是保持着毕业时的水平，实在惭愧。

今年我们换了室内的游泳馆。为了一雪前耻，每次闺女游，我也游。一开始，闺女只能游一圈，而我也只能挣扎着换三四口气。坚持了一段时间，我们俩都一天比一天游得远。

荀子《劝学》有云："骐骥一跃，不能十步；驽马十驾，功在不舍。锲而舍之，朽木不折；锲而不舍，金石可镂。"成长不是一蹴而就，而是久久为功，锲而不舍。

根深蒂固，本立道生

一块游泳的还有一位同龄大姐。她叹了口气说："我这学了好久就是学不会啊。"大姐有些沮丧。暑假学游泳的孩子很多，我们楼下的邻居小男孩，六岁，已经能自由地在游泳池穿梭，还时不时潜泳、仰泳，羡煞我们这些中年妇女。

虽然我有所进步，可比起闺女还是差得很远。我们比赛游泳，闺女总是先到一步。我在学校时蹬腿动作不过关，导致现在前进速度很慢。闺女就化身教练开始教我。但错误想要纠正，比一张白纸学习要难上很多。看着她舒展地在游泳池游来游去，我想有些东西在人的成长初期是非常关键的，一旦错过，便很难弥补或者修复。如果一个孩子能从童年时期就接触对她真正终身有益的教育，那么也为孩子打开了更多通往世界的大门。

管子云"故法而守常"，强调做事要按照常理，遵循规律。和孩子一起学游泳，更让我明白作为一位母亲，作为一名教育工作者，更应该头顶高悬达摩克利斯之剑，遵循孩子成长的规律，耐心叫"一只蜗牛"牵自己散步。

慢着！/我听到鸟叫，我听到虫鸣。/我看到满天的星斗多亮丽！/咦？我以前怎么没有这般细腻的体会？/我忽然想起来了，莫非我错了？/是上帝叫一只蜗牛牵我去散步。

——《牵一只蜗牛去散步》

王永梅，河北省保定市阜平县教师发展中心教师。

续写《"歪脑袋"木头桩》

◎ 肖 杨

伴着小姑娘们的皮筋在老木桩的歪脑袋疙瘩上跳跃，这个从不活动的老木桩感到身上直痒痒，它又"唧唧唧、唧唧唧"地笑出声来。虽然心里有点不情愿，但他感到了久违的惬意，仿佛不知道多少年以前的那种刚抽出新枝、冒出新叶酥酥麻麻的感觉又回来了。在这一刻，它忘记了自己是一根又老又不会再生长的老木桩了。

一只蜗牛懒懒地从老木桩的根部爬到顶端，太阳晒着它缓慢绵延的轨迹，呈现出一条晶莹的光。老木桩不知道蜗牛在干吗，他叫道："喂、喂，你这只大胆的蜗牛，怎么还爬到我身上来了！哎呀，怎么滑溜溜、黏糊糊的！"

蜗牛慢慢摆动着自己的触角，又慢慢地说出话来："哦……你说我呀……草丛里太潮湿了……我上来晒晒太阳哩……"

"那你说说，我刚刚唱的歌好听吗？"歪脑袋急切地问，他也不知道自己为什么这么着急地想知道。可是蜗牛却不说话了，它在温暖的太阳下舒服地睡着了，就在老木桩歪着的脑袋边靠着睡了。

"嘻！"歪脑袋嘟囔着，"真是个慢吞吞的瞌睡虫！"

"呼……呼……呼……"蜗牛的呼吸声轻而规律，变成了一首无调却悠长的歌曲。老木桩感觉自己从来没有听过这样的歌，这歌离他那么那么近，像是专门为他唱的。他眨巴眨巴眼睛，竟也犯起困来，"嘻，睡吧懒蜗牛！好像，睡一下也挺好的！"然后呀，他也在阳光下睡着了，在和蜗牛的相互依偎中也发出了"呼……呼……呼……"的声音。

"轰轰轰"，山洪从远山奔流而下，裹挟着泥沙，气势汹汹。

老木桩刚被吵醒，还没来得及说话就被山洪卷进河里，水里锋利的石片和碎玻璃刮着他的身体，只有歪脑袋因为高出一截没被刺伤，他疼得喘不上气来，难受极了。

"哎呀！那只睡着了的懒蜗牛哪去了？不会被洪水冲走了吧？"老木桩急切地想。他也不知道自己为什么会想起蜗牛来，是担心吗？他自己也不知道。他漂浮在河水中，顺着一直往下流，高出一截的歪脑袋任木桩起伏在水中，总是能高出一截。

"是……发生……了什么吗？"枕在老木桩歪着的脑袋边睡着的蜗牛醒过来了。"哎呀呀……这是哪里？老木桩你你你怎么在动呢？"

"笨蜗牛，我们被山洪冲到河里啦！"老木桩尽力撑着自己沉重的、不听使唤的身体，探着头看着蜗牛，它正安安稳稳地枕在歪脑袋上思考这是怎么一回事呢。"呼……"老木桩长舒一口气，"这只笨蜗牛，身子骨这么软，还好没被石片和碎玻璃刮着身体，不然哪受得了呀！哪里像我！哎哟，好疼！哪里像我，千磨万击还坚劲，只有我能受得了！"

"砰"的一声，老木桩被洪水冲到了一块大石头上，身体刚好卡在石头缝里动弹不得，撞击的力量太大了，他一下子晕了过去。

山洪过去，不久后，水面也降低了。一群小孩子跑到河边玩耍。

"咦，这个老木桩怎么卡在石头缝里了！"一个小孩子说。

"快看，快看，这个老木桩的歪脑袋上还有一只小蜗牛呢！你看它多慵懒呀！"另一个小孩子惊喜地指着蜗牛说。

"蜗牛不是应该在草丛里吗？怎么会跑到这来了？"开始的小孩子觉得很奇怪。

"我猜它一定是和老木桩一起被之前的山洪冲过来的，你看他满身的伤痕，它一定很疼吧！"小孩子们心疼地摸着老木桩的身体。

"可是这只蜗牛没受伤诶，你看它正睡着大觉呢！"一个小孩子开心地说着自己的发现。

"一定是老木桩的歪脑袋救了这只蜗牛，所以它才没受伤。可真是善良的老木桩呀！"

歪脑袋木头桩被撞得昏昏沉沉的，像是醒着又睁不开眼睛来。他在恍惚中听到了孩子们的对话，想张嘴说话，可是他伤得太重了，一点声音都发不出来。可是呀，在恍惚间，它又能清楚地感受到自己的歪脑袋上趴着一个软绵绵的东西，它正安然地睡着，发出"呼……呼……呼……"的呼吸声。

肖杨，云南省昆明市中华小学教师。

父 亲

◎徐春红

绿绿的茎，白白的花，被有点僵硬的粗糙的大手仔细摘下，美丽的画面在脑海中浮现，那是属于我的温暖。

记忆中我和他的关系并不好。

从小到大，他从来没有抱过我，从来没有面带笑容地和我说话，从来没有语重心长地和我谈心，更从来没有拍过我的肩膀说"你真棒"。

性格内向又沉默的我，也从来没有扑进他的怀里撒过娇，从来没有牵过他温暖的手掌回家，更从来没有说过"我爱你"。

我和他就像两块倔强而坚硬的石头，固执地保持着相对的距离，直到渐行渐远。

我高二，他病了，脑血栓。他是家里的经济支柱，可是经济支柱快要倒了，为了减轻家里的经济负担，我自作主张地放弃了年组前几的成绩，辍学回家。他知道后，更是没有笑脸了，几天的冷战后，他把我骂到了学校。年少轻狂，总认为自己的所作所为都是有理由的，都是正确的，我很怨恨他的不理解。只在多年后，步入工作岗位的我才理解了他的良苦用心。

毕业后，我依然自作主张了无牵挂地找了个离家千里的城市，他很反对，直到现在他对这件事仍耿耿于怀。

后来我结婚生女，寒暑假会跋山涉水地回家，而他也渐渐地苍老，他变得和以前不一样了，以前妈妈给他买衣服，他会嫌浪费，会放在那里不爱穿，可是现在，我买回去的衣服鞋子，他会马上穿上，并问我好不好看，像个孩子一样高兴。会抱着我的女儿陪她玩得不亦乐乎。会默默地坐在我和妈妈旁边，笑着听我们聊天。

每次我要回沈阳，他都会说："再多待一天吧，不差这一天。"也会每次都做我最爱吃的韭菜花给我带着。他知道我喜欢吃，他也知道超市就有的卖，可是他还是不怕麻烦亲自去做。

傍晚了，夕阳正红，晚霞映的天空美丽极了，整个大地也笼罩在这片火红之中，天地一片祥和绚烂，他拖着不太灵活的双腿，手拎着篮子，一步一挪地向菜园子走去，园子里韭菜花开的正好，绿绿的茎托着白白的花朵，在余晖的映照下好像忽然害了羞，微微露出点淡淡的粉色，霞光静静地洒在他的脸上，黑白掺半的头发，看上去柔和了许多，布满皱纹的脸，也充满了喜气，一丝微笑从他的嘴角缓缓漾开，像微风拂过澄净水面泛起的涟漪。他慢慢蹲下，找到最嫩的花，用还灵便的左手仔细摘下，摘好的韭菜花堆满了篮子，蓬蓬勃勃，如一朵朵毛茸茸的蒲公英，吹一口，便会飞天而去。他用水一遍遍冲洗，控干，放上盐，右手蜷曲着扶着边沿，左手攥着捣锤一下一下把它们捣成泥。要知道，他的右手连筷子都握不住的，他会忙活很长时间，长到我会于心不忍心如刀割，可是他说"韭菜是自己种的，没有肥料，菜是自己洗的，干净"。终于，弄好一切，他拿出准备好的罐子把韭菜花装好，用保鲜膜封了一层又一层，放到我的行李箱里，拍拍手，长出一口气，好像很能干的样子。每到这时，我都会泪湿眼底。千里的路，千克的韭菜花，那么远的距离，那么重的爱，我终于后悔，不该离家那么远。

我知道，这个世界，没有谁会像他，把我买的东西当成宝贝一样向别人炫耀；这个世界，没有谁会像他，无怨无悔地惦记千里之外的我；这个世界没有谁会像他，用不太灵活的双手为我做廉价的韭菜花，曾经的不满抱怨不理解随时间的流逝已经消失得无影无踪，到现在我依然不会说"我爱你"，可是我知道，我爱他，那个远在千里的日渐苍老的爸爸。

总是向你索取，而不曾说过谢谢你，
直到长大后，才懂得你不容易，
每次离开总是装作轻松的样子，
微笑着说回去吧，转身泪湿眼底
……

徐春红，辽宁省沈阳市清乐围棋学校教师。

留在记忆里的芬芳

◎ 曹海燕

那时，那场景，早已化为肥皂泡般的幻影了。那些人，也像花儿一般散落在天涯。时过境迁，那缕芬芳却不曾消失在记忆中，如同陈年的老酒，愈发香醇。

十几年前，初上讲台的我，带的是一群高一的孩子们。我比他们大不了多少，平时的相处也比较随意。刚上班的我喜欢穿细细的高跟鞋，爱美之心人皆有之嘛。偏偏那个学校的讲台与众不同。那是种由细钢板焊成的栅栏式的镂空讲台，钢板大约三四厘米宽，中间有一两厘米的空隙。穿细高跟鞋在上面走动须十分谨慎，一不小心，鞋跟就会卡进钢板的空隙中。

初冬的晚上，寒意渐浓。我穿着一件浅绿色的皮夹克，脚蹬一双细高跟皮棉鞋给学生讲习题。讲台下，学生边听边动手做笔记；讲台上，我边讲边在黑板上写着，自然免不了在讲台上的移动。不记得讲到了什么，我准备走下讲台，去到学生中间。"咔"，不好，一只鞋跟没有跟上另一只脚的速度，不偏不倚地卡在钢板空隙中。我来不及撤回迈出去的那只脚，身体由于惯性继续向前移动，只听得"扑通"一声，我整个人趴倒在地上。原本有些嘈杂的教室瞬间安静下来，我的脸立刻红到耳朵根，后背居然沁出汗。本以为教室会爆发出哄堂大笑，不曾想刚趴到地上，便有几位女生关切地上前扶起我，小心询问："老师，你没事吧？"我摇了摇头，连声应道："没事没事！"瞟了一眼教室里的其他同学，大家的眼神中充满关切。教室里居然没有一个人发出嘲弄的笑声，心里的尴尬顿时消失了大半。我拍拍膝盖上的灰尘，自我解嘲："幸好年轻！"便又继续讲题了。那一刻，略带寒意的教室中，我似乎嗅到了春的芬芳。

后来，我从原先的学校调到了另外一所。带着一群十几岁的初中生。待在那所学校的最后一个学年，工作量异常大。学校为了提高学生的成绩，增开了晚自习。为了方便一些离家远的学生吃饭，学校开办了食堂，省去他们中午回家的奔波之苦。下午12:40开始上午自习，一点半开始上下午第一节课。三节课后，学生有二十五分钟的晚餐时间。之后再上四节晚自习，每节五十分钟，八点放学。那时我担任两个班的功课，嗓子经常是哑的，脚步是沉重的。最怕有晚自习的日子，课时最多的一天要上八节课。早自习，两节正课，午自习，再加上四节晚自习。上完八节课，再到家中，早的话是八点半。一天下来，所有的力气都耗光了。回到家里，一句话都懒得说，身心俱疲。

繁重的工作，压得人喘不过气，可生活还要继续。不经意间，已到五月下旬，一个学期过了大半。太阳西沉，晚自习的上课铃声响了，我拿起习题册走进教室。口干舌燥地讲了四节课，月亮悄然转到教学楼前方的夜空。终于，放学的铃声响起，在我的耳中，这铃声此刻无疑成了大赦般的仙乐。走出教室，月色苍白，我尽可能地快步向办公室走去。还未到座位，一缕馨香飘入鼻中，定睛一看，是两朵栀子花静静地躺在我的办公桌上，乳白色的花朵，翠绿的花蒂，温润如玉，散发着阵阵浓郁的芬芳。看着学生留的字条，因疲惫而僵硬的心柔软起来，嘴角不自觉地上扬，心中有股暖流在悄悄扩散……

回首过去，自从踏上教学这条路，有过困惑，有过不甘，更多的却是平凡生活中收获的点滴感动。这些感动正如微光，虽弱小，聚集得多了，也足以点亮一片心空。人生的书页不停翻动，那夹在书页中的芬芳值得回味一生。

曹海燕，安徽省淮南市山南十中教师。

以奋斗之心灌溉中国故事之未来

◎曹玲岚

好的故事，就如同一杯醇厚而浓郁的老酒，吞进喉咙会夹杂着情感的馥郁和信仰的浓烈，又能让人感到火热的绽放。好的故事，一定是蕴藏着巨大的力量和无穷的魅力的。幼时初读《西游记》，便喜欢上那个勇于挑战权威的孙悟空；再读《西游记》，又毫不犹豫地被他的拼搏奋斗精神所感动。同一个故事，却在我不同的年龄段一次次地打动着我，激励着我。追其根源，大概是其至死不渝的奋斗精神鼓舞了不同时段的我，其拼搏之情充满了我小小的心田，更是以无数的奋斗之心灌溉了中国故事之未来。

漫漫长河，繁星闪烁，展开绢帛，历史的痕迹，勾勒出一个又一个古老神秘的神话传说。从盘古开天、女娲补天到夸父追日、精卫填海，尚未开智的先民们无意识地用着奋斗的故事来了解世界、认知世界、解释世界。他们不知世界如何运转，却坚信只要奋斗，便能开辟天地、创造世界。古老的神话故事，给了他们奋斗的墨砚，他们自由而大胆地涂抹着世界的底色，奋斗之心让他们的故事充满了勇敢和坚韧。

然而，中国故事的奋斗精神又何止在神话故事中出现，从远古神话到先秦寓言，从唐人传奇到宋元戏曲、明清小说，从口口相传到甲骨纸笺，从评书戏剧到电影电视，中国的故事正以日新月异的传播方式流传到千家万户。君且看愚公移山之坚定，大禹治水之执着，囊萤映雪之刻苦；君又看王羲之"墨池洗笔"，终成"书圣"；宋濂"自少至老，未尝一日去书卷，于学无所不通"，被称为"明朝开国文臣之首"；君再看《牡丹亭》里杜丽娘为爱突破生死的不屈不挠，《西游记》里唐僧师徒为求真经历尽坎坷却勇往直前的努力拼搏。奋斗二字刻进了中国故事的骨髓里，成了中国故事的养分，浇灌着一代代的中国青年，将奋斗作为自己人生的风向标，扬帆起航，途径坎坷，却不觉得悲凉。

古往今来，多少的故事把拼搏作为底蕴，把奋斗作为核心，传递给代代年轻人。上有林则徐虎门敢硝烟，鲁迅为救国弃医从文，周恩来"为中华之崛起而读书"，五四时期工人学生罢工罢课以反抗无能政府；今有大学生村官黄文秀以生命书写扶贫篇章，乡村校长张桂梅以岁月延续教育热情，航天员桂海潮以奋斗跨越银河与大山的距离。从先神到帝王贵族再到普通人，中国故事把奋斗的人物从遥远的天边拉近到我们的身边，回头看去，我们的身边，一批又一批的青年人从中国故事中汲取了力量，收获了情感，又把自己的力量，谱写成了新的中国故事，开辟新的篇章。

古人用故事给予后人奋斗的力量，后人用新的奋斗力量灌溉了中国故事新的未来。看当下，"神舟"飞天、"蛟龙"入海、"嫦娥"奔月、"墨子"传信、"北斗"组网、"天眼"巡空，"天问"探火……古老的神话故事正在以新的奋斗力量转变成新的神话，中国故事之未来，掌握在努力奋斗的青年人手中。我们用"一带一路"的奋斗故事回忆着过去的丝绸之路，我们用独立自主、艰苦奋斗的故事反抗着百年的屈辱压迫，我们从以前的故事中获取力量，又用新的生命活力创造出新的中国故事，以便后来者能从我们的奋斗故事中继往开来。

故事的人物一变再变，而中国故事里弘扬的奋斗精神却一如既往地影响着无数的奋斗青年。作为当代奋斗青年，我们当如精卫、后羿一般勇于挑战与担当，当如李大钊、毛泽东般勇于拼搏与奋斗！作为新时代的接班人，我们必将以梦想为种子，以奋斗为养料，以不屈为水分，虽步履维艰却勇敢坚定；虽有狂风巨浪，我辈仍以不懈奋斗之姿书写未来中国之故事！

曹玲岚，广东省深圳市光明区光明中学教师。

记忆中的那束光

◎陈佳佳

夜幕降临，人来车往，霓虹闪烁，城市上空被照得一片赤红。思绪回到了小镇上的那段童年时光，漆黑夜空下，有一束明亮的光照耀着一颗小小的心。

小时候读书、生活都在奶奶家。日子像初夏的风轻柔地吹过。夜静阑珊时，那一只只在黑暗中发光的手电筒缓缓地走近，在我的童年画布上留下了星星点点的美丽印记。

童年稚嫩的我，脑子里充满了无限想象，每当黑夜笼罩大地，便觉得四周都潜伏着阴森恐怖的怪物，随时可能张大嘴巴将我吞噬，于是，通常很依赖奶奶，晚上任性地非要和她一起睡觉。

到了三更半夜，万物沉寂，环境安静得甚至给人耳鸣的错觉，黑夜把人扣得更紧。酣睡的我从突如其来的如厕需求中朦胧醒来，开始一番内心的挣扎纠结："起，还是不起？"迷蒙地微睁双眼，未黑透的天空隐隐地从窗户投入清冷的弱光，令房间中的各类物品都现出一副副狰狞怪异的面孔，引人遐想。黑暗令我惧怕得不敢轻举妄动，强烈的如厕需求令我煎熬难受！在被窝里一阵辗转，依旧束手无策，只能向睡梦中的奶奶求救："奶奶，我想上厕所！""起来吧！快去！我给你支亮！"上了年纪的奶奶被我一喊就醒，迅速从床头拿起她的手电筒，打开，一束强光蓦地从黑暗中喷射而出，凝聚着一股温热的力量向着我前方疾速奔驰，照在我起身下床的方向。茫茫黑夜中，它是那么荧弱，又是那么耀眼！

"慢点，不要摔倒了！"

"披件衣服在身上，不要感冒了！"

"把大灯打开，更亮一些。"

奶奶关切的叮嘱声中还带着未退却的睡意和些许被突然叫醒的不适。我循着光的方向，深一脚浅一脚地下床穿鞋，摇摇晃晃地走到开关处打开大灯，整个房间豁然明亮，我大胆地奔向厕所，先前的惶恐志忑荡然无存，因为我知道，有奶奶在，她会给我光！而那个被大灯照得通亮无遗的房间，对睡在床上的奶奶而言，却是一种滋扰！

花开花谢，时光缱绻，一如家门口的渠江水，悠悠地流淌。渐渐长大，我变得独立和勇敢，开始与奶奶分开睡。

一个人睡觉，多了一份无拘无束的自由。夏夜里如沸的蛙鸣在稻田里翻滚，寒夜里凌厉的朔风在空中肆无忌惮地吹刮。大概是因为正处在生长旺期，睡觉不安分的我在床上左右翻腾，拳打脚踢，时时被子在一边，穿着单薄的我在另一边。不知有多少个夜晚，我常常隐约听见一阵拖沓的脚步声朝我走近，然后在一束忽闪忽闪的手电筒光中朦胧醒来，那是奶奶在给我盖被子！

她一手拿着手电筒，一手用力地拉扯着我的被子，将我的胸口用被子一遮再遮，将被边沿着我的脖子和肩膀一掩再掩，还时时以一个老妇人的口吻嗔怪："睡觉不好好睡，老是打铺盖！"在光影零乱中，被打扰的我在床上一边昏昏地睡着，一边手舞足蹈、口齿不清地表示抗拒。被子在我身上盖得严实妥当后，年老的脚步声在深夜中渐渐隐去，忽闪的亮光摇曳着不匀的呼吸蹒跚而去。被搅动的夜再次安然入梦。那些夜晚，手电筒的光像一位知己，牵着奶奶的手来到我的房间，呵护她满心挂念的子孙。

至今，我依旧为帮助我驱散畏惧的那束光而感动，为半夜起夜求助奶奶而形成的滋扰而愧疚，为半夜里跌跌撞撞来探望我的脚步而满怀敬意！

奶奶的头发一根根地白，牙齿一颗颗地掉，疾病的疼痛一点点地折磨着她的身体和心灵，我无奈地看着她一步步走向生命的终点。不知道她对过去有着怎样的留恋或遗憾？对未来怀着怎样的希冀或心绪？

无论怎样，曾经那束黑夜里些微清冷的手电筒光已晕成一片浅浅的暖黄色，成为我生命的底色，成为我学着爱的起点。

陈佳佳，重庆八中宏帆初级中学校教师。

换个地方挖难道就大错特错了吗？

◎陈垆旭

漫画里的他，抽着烟，扛着锹，脚下四个坑都没出水，想要走出漫画，换个地方接着挖。肯定会有无数人抨击他轻言放弃，但是继续埋头苦挖就一定能出水吗？第四个深坑他坚持挖了多久？而剩下那一点点又有多么难挖？坚持难道就一定会成功吗，就一定有价值吗？

不讲方法和前提的坚持，不见得会成功；没有调查和分析的坚持，不一定有价值；缺少思考和智慧的坚持，有可能带来危害。

不讲方法和前提的坚持，不见得会成功。人类对挖坑一直有着近乎疯狂的痴迷，最为著名的莫过于"科拉深坑"——一个立志要把地球干穿的计划。它是美苏争霸下的畸形儿，苏联为了赢得这场"挖坑"竞争，投入了无数的人力物力财力，但最终只挖到了12263米，连地壳都没有挖穿就不挖了。苏联花了两年时间就挖到了12000多米，而剩下的两百多米整整花了18年。你说他咋不坚持一下，把地球挖穿呢？因为，真的做不到啊！在万米的深度之下，科拉深坑的温度高达400℃，金属钻头无法工作，而且这里的压强大到几乎任何设备都无法工作，设备故障不断。最终，科拉深坑因耗资巨大，成本高企而被叫停。发现一条路走不通，换一条路就真的错了吗？这难道不是一种自然而然的思维吗？穷则变，变则通，通则久，倘若坚持就是圭臬，我们何必改革开放？坚持也要讲方法和前提。

没有调查和分析的坚持，不一定有价值。没有调查就没有发言权。愚公移山的故事家喻户晓，但它也仅仅是个耳熟能详的故事罢了，象征意义远远大于实际意义。"太行、王屋二山，方七百里，高万仞"这是多么大的工程量，即使放在现代，也是一个无比艰巨的工程，丝毫不比挖穿地球简单。结果在神话故事中，依靠神力才能将大山移走，但是人世间哪有什么神仙，我们只会移民搬迁而断然不会愚公移山。"这个地方没有水，换个地方挖。"不代表再也不挖了，而是在试错过后的调整。换个地方挖，不仅仅是为了更好地挖出水，也为了挖出更多的水，更为了挖出更多更好的水。你现在能做出的所有选择一定是你现在能做到的最好选择。人没有上帝视角，无法预知未来，也无法知道能够再挖多少，也不知道还没挖到的地方有多难挖，坚持也需要调查和分析。

缺少思考和智慧的坚持，有可能带来危害。正是那些没有思考和智慧，却频繁鼓吹坚持的人，才常常把人类带入灾难。倘若希特勒坚持到底，战至一兵一卒，甚至不惜玉石俱焚，这个世界会怎样？倘若日本坚持到底，把"玉碎计划"进行得淋漓尽致，还有多少痛苦和折磨需要普通大众去承受？漫画里的他走出漫画，开来一辆挖掘机接着挖，我看谁还能嘲笑他。技术的进步，带来的是思维的颠覆，倘若只是无脑坚持就可以，我们都回到原始社会茹毛饮血算了。坚持更需要思考和智慧。

坚持是一种难能可贵的优秀品质，但是不讲方法和前提，没有调查和分析，缺少思考和智慧的坚持，不见得会成功，不一定有价值甚至有可能带来危害。坚持只是成功的必要条件，而非充分条件。

且当我们思考问题时，如果把注意力只放在类似坚持的这种单向度的方向上，未免就将世界线性化了。世界是立体的，丰富的，精彩的，当他走出漫画，世界便不再只是坑那么大了。

陈垆旭，陕西省商洛市商州区新商洛中学教师。

这样的人让我憧憬

◎郭文嘉

拥有着令人艳羡的天赋，付出了超乎寻常的努力，取得了无法想象的成就，他就是羽生结弦。他总是能打动我内心最柔软的那一个地方。

赛前采访，当所有人都在对这位卫冕冠军不停追问准备如何拿下2022年北京冬奥会的三连冠时，羽生结弦带着他一贯谦和却又坚定的微笑，一脸平静地给出了令所有人意外的答案："我想滑出人类历史上的第一个4A。"一瞬间，时空仿佛交叠。一个留着普鲁申科同款发型的稚嫩孩童新奇地看着电视台黑漆漆的摄像头，左歪一下脑袋、右耸一下肩膀，停不下来的小手暴露出第一次面对镜头的局促紧张。但当记者问到将来的梦想时，初出茅庐只有9岁的羽生结弦突然无比大声且坚定地喊出："我的梦想就是要滑出人类历史上的第一个4A。"暑去寒来，天才少年不断蜕变，从全日本男单冠军到职业全满贯再到卫冕冬奥会，光芒万丈的他再不是那个羞涩懵懂的孩童。但两句"我要滑出人类历史上的第一个4A"的誓言正是他20年来从未改变的证明：对为花滑运动付出一切，不断向人类的极限发出挑战。因为他的修养就是对事业纯粹的虔诚。

走上冰场，羽生结弦和中国选手闫涵却在热身时意外相撞，腹部、腿部和脸部等七处受伤，他却不顾所有人的阻挠执意坚持比赛。伤口流出的血浸透薄薄的纱布流到颈间，伴随着一次次锥心的跳跃染红了洁白的冰面。即使赛后坐在等分区，他的身体还因为疼痛佝偻蜷缩着。只见无法自行站立的他终于被教练搀扶起来，微微发抖的手臂无力地挂在教练肩头，那个一直"身姿如松"的少年像是被抽干了所有的心气般摇摇欲坠。他刚踉跄着挪出几步，却突然又挣扎着反身回来。观众们刚刚放下的心再次被高高吊起，却见他伸出颤抖又坚定的手，向着等分区的座椅够去。一次，太远，

两次，还不够。他忍受着如同利刃刺入腹部翻搅般的疼痛，执着的叫住想要尽快将自己送去治疗的教练陪自己折返，去座椅的角落里拾起那张毫不起眼的、刚刚自己擦拭过血迹的纸巾。一瞬间，他在我心中不再仅仅是一名值得尊敬的运动员，更是一名值得尊敬的人。因为他的修养植根于举手投足间的文明。

赛后离场，当闪光灯逐渐熄灭、当观众的视线逐渐转移，几乎所有的选手都显得有些步履匆匆：有的在如释重负的开怀合影，穿梭于一个个镜头留下笑脸；有的在略显疲惫地收拾行囊，准备尽快整装待发奔赴下一个战场。而羽生结弦的离场却是千篇一律的单调。剑拔弩张的比赛也好，欢乐祥和的商演也罢；无论那时的他是正攀上巅峰受万人景仰，抑或是恰好跌入低谷遭人质疑，他都会在走出冰场后转身面对着冰面长久深深鞠躬，仿佛面对神灵般敬畏，又如惜别此生挚爱般恋恋不舍。然后他起身，把双手放在嘴前，青筋崩裂地用尽所有力气大喊出："谢谢！"不管场地多大、人有多多，无论当天他收获的是掌声还是白眼，他永远不用喇叭只用嗓子去嘶吼出那句发自内心的"谢谢"。他的一生也才铺展了二十几年，却早已历经起起落落，就像父亲为他起名时赋予的寓意一样："人生能像弓弦一样张弛有度，在绷紧的时候也可以有一个面对生活的凛然态度。"他的修养体现在无论进退都心存感恩。

幸得识卿桃花面，从此阡陌多暖春。我非常庆幸能够在羽生结弦最美好的年纪，遇到了他；更庆幸他身上那些如同"天使的羽毛散落在人间生成的碎片"一样闪闪发光的修养，十年来一直激励着我如他般"结成人间最坚韧的弦"。

郭文嘉，浙江省杭州市保俶塔实验学校教师。

父亲是带着使命成为父亲的

◎ 郝苏敏

读懂父亲，就明白了"成长"。

家里有两个孩子，我和妹妹，都是九零后，相差三岁。儿女双全的父亲常常是别人艳羡的对象，似乎两个孩子不花费多少工夫就突然长大了。只有我们兄妹俩知道，骄傲的父亲有着怎样的使命。

妹妹的出生在"计划"外，那时候作为临时工的爸爸每个月工资只有百十来块。亲朋好友都劝他把孩子送人，既能让孩子享福，也不至于让家里承担超生的巨额债务。向来沉默的父亲第一次斩钉截铁地说了一句话："你们不用管，我的孩子我来养！"从此，父亲很少每天回家，几乎住在了单位，只为了省下区区几毛钱的路费和伙食费，他兢兢业业地干活，勤勤恳恳地劳作，只有在周末我才能见到他的身影。整个童年，父亲像是一个我探索不到的世界，比起他的怀抱，大门口的花花草草，院子里的坑坑洼洼，我似乎更熟悉后者。

小时候，我觉得"债"是还不完的，父亲却都把它们了结了。约莫七岁那年，我生了一场重病，让本就干瘪的家庭雪上加霜。不知道自己躺在病床上不省人事的那些日子，家里人是怎样熬过来的，但醒来后父亲布满血丝的眼睛与疲倦的笑意却定格在了我像素不高的眼睛里，雕刻在了我此后二十多年的灵魂深处。不知道父亲借了多少债才把我治好，他从来不与我说这些事，只是往后的餐饮我与他们的总是不尽相同，我有蛋吃，有肉汤喝，他们没有。

终于有一天，家里的债还完了，母亲开心地宣布这一喜讯，但父亲依旧没有多开心，只是长长地舒了口气，坐在凳子上一口气吸了三根烟。在这之前，他对自己从未如此大方，一根烟总是吸几口，掐灭，揣在兜里或别在耳朵上。漫长的艰难岁月里，一口烟大概是最大的慰藉。

两个孩子，缝缝补补，相携相伴，都还算长进，这大概是父亲唯一的骄傲。他心甘情愿地交两份学费，满心欢喜地供两个学生，十五六年如一日，从未含糊。尽管家里日子紧巴，但穷家富路的想法让他在给孩子们的生活费上很是宽裕。

时至今日，每当我端起饭碗，仍旧会想到那段岁月里不同的餐食，心中怀满愧疚。

大学毕业后，父亲的使命感似乎略略宽松了些许，仿佛完成了人生中一个重要的任务一般，他喝了一顿酒，安安稳稳地睡了一觉。

父亲一直怀有愧疚，他觉得自己没有很大的本事，像别人的父亲那样给自己的孩子安排一个体面的工作。于是有一段时间，他总是絮絮叨叨地把网上的招聘一一读给我和妹妹听，在看似轻松的语气中，带有隐隐的焦虑。其实，我与妹妹早已有了自己的选择和打算，但看着父亲乐此不疲地絮叨，便也乐见其成，毕竟父亲平日里说话太少了。

妹妹结婚后，父亲总对我说："给你妹妹回门时用的汾酒也给你备了十几箱，年份要老些，等你结婚时用。"粗犷而沉默惯了的他，竟也有如此细腻的一面，一视同仁的表达里分明多了几分偏爱，这关爱中又多了几分催促。

前几日聊天，父亲发了许多外甥的视频给我，一个咿呀学语，一个耐心教学，一少一老格外赏心悦目。

我晓得父亲在提醒我，他还有未尽的使命，不同的是这使命的达成，他闷头去干没有用，他着急也没有用，要我积极起来。

其实，父亲不老，在我心里，他依旧青丝多过白发；其实，父亲不憨，在我心里，他的表达细腻而真诚；其实，父亲可以放下，放下那根深蒂固的使命，活出自己的人生。去种种花，去养养鱼，去做自己喜欢的事。

未来，我也会成为父亲，把幸福担在肩上，把成长藏进岁月。

郝苏敏，湖南省长沙市长沙县湖南师大附中星沙实验学校教师。

以爱之名，暖心，暖行

◎孙丽敏

课上，在询问学生"长大以后你想做什么"时，从稚嫩的童声中听到了孩子们各种纯真的答案，同时也为他们的这份真挚与美好而欢呼。在与他们交流的过程中，也唤醒了我儿时的那个梦。曾经，我也在心中许下，长大以后要成为一名教师的心愿。

而今，天遂人愿，梦想成真，三尺讲台，辛勤耕耘，传道受业解惑。从教两年，我也深深地感受到了一声"老师"带给我的荣誉感与使命感。

"我们教育工作者，要始终牢记两句话：第一句话，假如我是孩子；第二句话，假如是我的孩子。"这是我从教之后始终放在心上，刻在心头的一段话，我告诉自己教育是一场爱与被爱的修行，要学会爱，要舍得爱，要给予爱，才能收获爱。

付出己爱，方能温暖他心。一位前辈曾告诉我"要做一个有心人"，这是我一直信奉的，也始终践行的一句话，于是，我将"师爱"融于其中，让学生感受到了小学阶段的光与温柔。学生的点点滴滴，如同一束光，照亮了我的生活，而他们的一幕幕，也如同电影镜头一般，时时在我的眼前闪现。做一个记录的有心人，留存爱的瞬间，再将其放大，投射，便如阳光一般，有了更大的照射面。

可能是中文系出身的缘故，对文字总有一种莫名的喜爱。于是，每个学生的性格在我的心中也总有一个独特的词语来描绘，来记录。一年级的寒假，我用一个小视频的形式，记录了学生初入小学四个月的时光，而每位学生的照片下面，都有一行专属于他的性格的评价语；二年级的寒假，两个月线上教学之后便隔着视频为一个学期的学习生活画上了一个句话，很多小朋友是带有遗憾的，是向往校园，想念老师和同学的，我用一封自己写的文章送给我亲爱的孩子们，表扬过后是对每个孩子一学期点点进步的肯定，家长说"孙老师的孩子有28个"；今年开学，因为时间匆忙，没来得及仔细布置教室，便心生给每个孩子写一封手书的想法。"亲爱的孩子，开学快乐，过去的一学期你的表现真叫老师惊艳，未来的一学期，老师希望你更加勇敢，更加大胆。"一笔一画，一字一句，尽是对学生的肯定与期许。我不知道他们能读懂多少，但是我相信，那个小心翼翼地将孙老师的手书收集起来的小男孩，心中一定珍藏下了和老师最美的约定。

用自己看起来是很平常的话语，给孩子们的心中送来一缕光，让冬天不再寒冷，让春天更加温暖，让他们的心中从小感受到被老师平等地爱。

冰心奶奶说："爱在左，情在右，走在生命的两旁，随时播种，随时开花。"而我也在这不经意的播撒后，从学生的举止间收获到了很多意外的欣喜。

"老师，这是我大姨给我的小熊蛋糕，我拿来送给您。"寒冷的冬天，一双小胖手从他的书包里掏出了一个可爱的蛋糕，满心欢喜地送给了我，那一刻，我的心中是无比温暖的，"谢谢亲爱的孩子"，我的内心也是充盈的，播撒的种子总在不经意之间开花。

教师节恰逢中秋节，一个不善于表达的男孩怯生生地背向我，给我手里塞了一个硬硬的东西之后就"冷漠"地走开了。拿起来一看，是一个月饼，后来学生家长告诉我，孩子非要拿来学校说要送给老师。孩子不语，却默默地将他的爱也送给了陪伴他的老师。

我想，这可能就是爱带给孩子们的力量。在付出爱之后，也收获了他们的点点关心，点点温暖。分享至此，我可能还无法用很好的词语准确地诠释"师德"的含义，但是，我想，爱应该可以证明很多吧！

愿我们继续温暖，继续唤醒！

孙丽敏，北京市丰台区丰台外国语学校教师。

课堂实录中反观自身教学

◎祁红倩

去年12月2日，学校组织了一次活动，即前往朱湖中学观摩优秀教师的语文课堂。抱着前去学习的态度，我和九年级的所有老师一起来到了朱湖中学。

这所学校坐落在107国道旁，大约花了一个小时的车程我们就来到了这所学校。一下车就被学校优美宽敞的环境所吸引，来的老师无不赞叹这所学校的美丽。不一会儿，朱湖中学的老师们热情地迎接我们的到来，并把我们带到要听课的教室。走进教室，不仅学校干净就连教室也非常宽敞明亮。教室里的学生也在开始预习今天要学习的内容。我像往常听课一样坐在后面静静等待上课铃声的到来，只见涂晓敏老师已经在讲台上开始准备上课的内容了。不一会，铃声就在耳畔响起，随着老师的一声上课，教室瞬间异口同声地响起老师好！随后学生便坐下来，进入上课的环节。首先涂老师在黑板上板书今天上课的内容是一篇小说，其次介绍小说的故事背景，再次向学生发问本节课要掌握的知识点并写在黑板上。这个环节吸引了我的注意力，这是我在上课的时候没有用到的方法，学生自己找学习目标并去完成，比老师直接板书在黑板上再来完成效果要好得多，这个方法可以借鉴在今后的课堂教学中。然后，涂老师再次向学生发问说出小说的三要素，并让学生小组讨论梳理本文的故事情节，最后点两组学生在黑板上合作归纳文章的故事情节，这个环节也设计得非常到位，突出了学生的主体地位，同时也能调动学生学习的积极性。这是我在语文教学中最欠缺的一点，也是非常重要的一点。只有在教学中把课堂还给学生，做学生学习的引导者和促进者，学生才能够主动学习，而不是被动地接受教师传达的知识。最后在分析环境描写的作用时教师会因势利导的延伸到学生的学习和生活中去，让学生把学到的知识学以致用。这个环节的问题设计有一定难度，我猜想只会有部分同学参与进来，结果在涂老师的引导下，学生都非常积极踊跃地参与进来并发表自己的见解和看法。据我认真观察，涂老师在整个课堂教学中几乎没有直接向学生灌输任何知识点，只是扮演了一个引导者的角色，站起来的学生没有一个不大胆发表自己的观点，即使回答错误老师也是积极鼓励，不打击学生的积极性，多好的学习课堂氛围啊，这是我在6年的教学生涯中观摩公开课印象最深的一次活动。也是给我感触最深的一堂课，更是给我也上了一节课，也让我对自己的语文课堂有了深刻的反思。

反观自身的课堂，学生学习的主动性和积极性相差甚远，特别是每次布置的预习作业在学生的头脑里认为就不是作业，所以最终就导致学生的自主学习能力不高；其次，教师没有意识到学生是课堂的主体，教师只是引导者和促进者，结果本末倒置，课堂成了老师一个人的"独角戏"。根本原因还是在于教师在课堂上不敢大胆地放手让学生自己学习，担心学生学不好浪费时间，耽误整个教学进度。最终就成了一个恶性循环，教师不敢放手让学生去做，学生学习的主动性无法提高。为了避免这种问题，营造一个良好的学习氛围，就应该在学生七年级入学的时候开始有意识地培养学生自主学习的能力，让他们自己发现问题并且主动解决问题，提高他们分析问题和解决问题的能力。久而久之到了九年级之后，随着年龄的增长，历经磨炼，这种习惯就会慢慢养成，我相信我们的学生也会像涂老师带的班级学生一样优秀。

祁红倩，湖北省孝感市孝南区三汊镇三汊初级中学教师。

青春的答案

◎于 泽

踏着星光点点，走在未知的旅途，我不止一遍问自己青春是什么？青春，是朝气蓬勃，是热情奔放，是焕发，是渴望，是与鲜花绿草蓝天白云相应和的一份美丽的赐予。

进入贴满"青春"标签的校园，答案似乎是一段岁月。校园里穿着校服背着书包狂奔，风吹起的发丝带着丝丝缕缕青春的颜色；教室坐满的学生抬头聆听，皱起的眉头塑造着青春的模样；指尖上丝滑的线条填满试卷，渐渐模糊却勾勒起"青春"二字。可这转瞬即逝的青春岁月，并不是我寻找的答案。

我在硝烟战火里的少年身上窥探到了青春的答案。"我第一次上战场，那已经是十五岁了。"年迈的人民志愿军老战士尚瑞尧介绍他的年少经历。在他的描述中，我看到在艰苦地带中，一个懵懂少年在班长和队友的鼓励与共同奋斗下，无畏炮火轰鸣，服从队伍安排。尽管身边遭受着敌人排山倒海般的轰击，他们在零下三十度的恶劣天气下，不断地重复修建铁路。一个个伟岸的身躯，在枪林弹雨中组起了一座座无可摧毁的万里长城。为了祖国和人民的安全，他们以英勇牺牲的精神，争先恐后向前迈进。这种精神足以启示我们，要把人生的追求融入国家事业发展的洪流中去，把英雄的抛头颅洒热血的革命精神，把中华儿女迎难而上的气派和骨气传给新一代青年。

青春的答案会因为心怀理想而充满希望。立志写成一部"藏之名山，传之后人"的史书的太史公；"为中华之崛起"而鞠躬尽瘁、死而后已的周总理；一生都奔赴在救中国于水火的道路上的陈延年、陈乔年兄弟；"从无声中突围"，自立自强走进最高学府的失聪女孩江梦南；"学校有灵魂，教师有思想，学生有个性"，怀揣着办好一所好学校之心的校长，着眼于学生的未来，着眼于国家和民族的未来。正是因为我知道，理想有时是桃花源，也有时是打马鞭，只有经受住理想的考验，我们才能在正好时信马浅草。我寻找到了属于自己的青春答案，正是因为心怀理想，才不会轻易向苦难低头，所以青春充满了希望与无限可能。

青春的答案会因为勇往直前而问心无悔。如果你想自由，就要有被讨厌的勇气。面对守旧派的抨击，陈独秀毅然主持新文化运动，面对不公的指责，鲁迅奋起与假恶丑斗争到底；当脚尖的泥泞模糊命运的笔尖，当时代的足球划破青春的字眼，俯瞰他的霸道百步穿杨，惊鸿于他的谦逊凌波微步、撕扯防线，他是永不言弃、勇往直前的潘帕斯之王——梅西；在布满荆棘的高山丛林，在荒无人烟的大漠边陲，"河狸公主"初雯雯和团队成员们爬坡过坎，攻坚克难，为河狸种植灌木柳，用实际行动证明：青春有为，人生无悔；同是寒窗苦读，谁愿甘居人后。面对中考的压力，学生写下"争取学成归来，为学校捐楼"的心愿，自我鼓劲，逢山开路，遇水搭桥，乘风破浪，勇往直前。我寻找到了属于自己的青春答案，正是因为勇往无前，南风必知我意，方可问心无悔。

为了个人与时代的命运而奋斗亦是青春的回答。周恩来自幼便立下"为中华之崛起而读书"的铿锵誓言，他把青春乃至生命都绽放在中华复兴的事业中，直至人生最后一刻，亦是倾倒于书案。这是周恩来先生为自己写下青春的答案。雷锋以"生如夏花之绚丽，死如秋叶之静美"的青春形象驻留在数代人心间，每当三月春风袭来，他便带着暖意掠过大地。他的青春短暂却绚烂无比，足以流芳百世。这是雷锋为自己的青春画上的答案。扎根山区的张桂梅老师也在用着她自己的方式，带领山区女孩寻找她们青春的答案。是投身书海的日日夜夜，是改写命运的黄金岁月，是走出大山，拥有自己人生的奋斗青春。黄文秀同志在脱贫攻坚一线倾情投入，用美好青春诠释了共产党人的初心使命，谱写了新时代的青春之歌。这是她用生命作出的青春答卷。新时代的青年学子也在不同的道路上矢志不渝地探索自己的青春……

青春从来不止于岁月的桎梏，青春的答案是一种精神，是一份热情，是一股力量……当我们正在成长、成就自我，那一刻，正青春。这便是独属于自己的青春的答案。我想，青春的答案，我找到了。

于泽，国家教育行政学院附属实验学校教师。

我只想写完作业呀

◎ 万 巍

自盘古开天辟地以来，清者为天，浊者为地，然天地之间仍存一股当年修正双斧所劈之处天地交融之灵气。此气常年隐于天池之水中，经长白山风吹拂，化而为纸张，上有奇文异字与灵怪图形，乃神之旨意，吾师称其曰"一道几何题"也。

"唰唰唰"，是我半夜刷题的声音。"咱们还有周记和几何题？哭了耶！"

已然是三更时分，门却忽然敲开，门外矗立一红衣男子，左手提一盏灯，兜帽下的面孔狰狞，男子的眼睛虽一左一右，瞳仁却竖立着。

"呵，这位公子，我看你面露难色，想必是有事相求吧？三更时分，白露生则魍魉现，凡世人所求，有求必应。咱们做个交易，我帮你实现一个愿望，你给我一碗肉或用十载的轮回做抵，使我手中这人鬼两界的引路灯长明。"那魍魉说。

我说好耶。

"当然，每个人一生只能许一个愿，你可想好了。"

我说行。

"那你想许什么愿呢？"

我笑一笑。把周记本扔给他，让他写。

他的笑容凝固了，上扬的嘴角颤抖着："你……要不换一个愿望？"

我笑一笑。把数学题扔给他，让他写。

他擦了擦嘴角的血……

那一天，鬼们终于回想起被作业支配的恐惧。也是那一天，我成了世界上第一个接受鬼下跪的人。

"跪，饶了我吧，跪。"他恸哭着

我笑一笑，说"平身吧，兄弟（或作'儿子'）。"

他建议带我回他们那边找帮手。

我说好耶。

踊跃的铁的兽脊仿佛起伏的群山似的，都远远地向船尾跑去了，我却还以为船慢。"快点啊，鬼仔，明天就要交作业了啊！""前面就到了，您少安勿躁。"

风里夹杂着彼岸花的香，都在微微润湿的空气里酝酿。森罗殿上，阎王打着哈欠与魍魉商讨了半个时辰业务，对我说："公子稍候片刻，援兵正在路上。来人，看茶。"

我向他表达了感谢，没敢碰黄泉水泡的茶。

半晌过后，殿侧电梯门开启，一阵"咚、咚、咚"有条不紊的脚步声，西装革履的阿基米德拎着公文包出现在阶下："王爷，大晚上唤我加班，您这也太……""米德，你听我说，咱这来了一桩大生意，整个冥府就你能接，你解决了我准你休假，乖。"

"来，让我看看。"阿基米德接过几何题。

"哼，你们这代人就是这么回报我的，嗯？其他人做得到吗？做到这种地步？能开创出这样的局面吗？啊朋友再见吧再见吧再见吧，我不干了！"

阿基米德骂骂咧咧地走出了大殿。

半晌过后，屏风后转出一人，乃是文曲星君："哈哈，阎兄兴致颇高啊，半夜写的什么文章啊？"

"是这小子要写文章，愁死我也！"阎王手指着我，捂脸言道。

"来，让我看看。"文曲星君接过周记本。

"呵，这位公子，'船到桥头自然直'，今夜之事便可做君一素材。至于那数学之事，我有一朋友斗战胜佛，他的后代创一工具名曰'美猴搜题'，可解君之所求也。"

"哇！名师点拨！"我欣喜若狂，"还是咱国产的神仙好！我爱中国！我们中国的神仙实在是太厉害了！"

文曲星君不好意思地笑了，阎王也尴尬地笑了。黑无常提醒道："既然如此，这次便不收您报酬，公子也莫要耽搁，免得沾染上阴气。"

我疾奔回家，写完了两项作业，却发觉还有英语作业没做。我厚着脸皮回到黄泉渡，想请阎王做个顺水人情，帮忙找个外国人辅导下作文，却发现渡口空无一人，被铁锁封了起来，上面贴着张字条：

同志们，世界真的在变，曾经上知天文下晓地理的我大冥府，如今调动全府人马，也对付不了初中作业，愧兮！经民主讨论决议，大冥府全体员工现已投胎转世，重新做人，跟上时代大潮。故大冥府今日倒闭。

——阎王，特此通知

人世再会！心累呢……

万巍，北京市第五中学分校教师。

我的美女老师

◎黄玉兰

教过我语文的老师为数不多，也就五六个。有高大爱笑的张老师，博学多才的吉老师，慈祥温和的赵老师……但我今天最想写的还是美丽温柔的李道芬老师。

那一年，我告别了父母，独自背着简单的行李，到离家三十里的土城镇上读初中。新的学校窗明几净、绿树成荫。年少的我对一切充满了好奇，老师们也都很年轻，整个校园充满了生机。在校园里，我发现有一位漂亮的女老师，特别惹眼。这个女老师鹅蛋形的脸，白皙的皮肤，卷曲的刘海，扎着两个齐腰的麻花辫，可以说是校园里一道美丽的风景。我第一次见到她的时候，忍不住偷偷看了好多眼，心想，要是这个老师教我该多好啊，那每天的课堂真是美的享受了。

第一节语文课，同学们都静静地坐着等待新老师。哇！我简直不敢相信自己的眼睛。那个美丽无比的女老师真的走进了我们的教室。她迈着轻盈的步子走上讲台，开始了自我介绍："我叫李道芬，是大家的语文老师，希望带大家开始一段美妙的语文学习之旅……"全班同学都睁大了眼睛，我的内心更加欣喜，因为李老师不仅漂亮，还说得一口标准流利的普通话，简直可以和播音员相媲美。她的音色优美，吐字清晰，字音标准，听她说话，仿佛是在听一支美妙的曲子。

下课后，同学们议论纷纷，都对李老师赞叹不已。要知道在上世纪八十年代，学校老师大多用方言讲课，能说普通话的少之又少，没想到李老师不仅说，还说得这么好，实在是太让我们这群大山里的娃娃感到不可思议了。

我喜欢听李老师的普通话，自然她的课我也听得特别认真，尤其在她朗读课文的时候。她一手拿着书本，一手拿着粉笔，有时站在讲台上，有时轻轻走在同学们中间，美妙的文字从她的嘴里涌出，如涓涓流淌的溪流，又如蓝天漂浮的白云……我常常听得如痴如醉，她朗读完了，我还沉醉其中，好久回不过神来。

很多的时候，我也小声跟着她读，把每一个字音读准，模仿她的语气，学习她的重音和节奏。早自习时，在同学们琅琅的读书声里，我放开嗓子，饱含感情，用心读着每一篇课文，俨然自己就是一个朗诵艺术家。一段时间以后，我这个小学时都不敢读出声来的人，竟然可以很有感情很流畅地朗读课文了，我内心窃喜，也暗自庆幸，庆幸我遇到了这么优秀的语文老师。

印象最深的还有一次作文课。记得那是上过莫泊桑的《我的叔叔于勒》之后，李老师布置了续写故事。评讲课上，我惊喜地发现，老师念的是我的作文呢！写的什么我记不清了，但李老师的评价我至今记得："这篇作文想象力丰富，构思精巧，结局出人意料，让人回味无穷，好好练，说不定可以成为作家呢！"这评价俨然给我这个不爱写作文的学生打了一针兴奋剂，原来我的作文也可以得到表扬啊，从那以后，我学语文的劲头更足了，从此爱上了写作。

初中三年的时光是那么短暂，我不得不和李老师分别。在这三年里，李老师给我的影响还有很多。我学着和她一样对人谦和，不发脾气；学着用她讲的统筹方法，做事不急不躁；学着和她一样爱运动，追求一切美好的事物……

"随风潜入夜，润物细无声。"李老师就像是无声的细雨，给了我无尽的滋润。今天，我也成了一名语文老师，努力地像她那样给孩子们以理想的翅膀，让他们在语文的天空中飞翔，在生活的海洋里遨游，欣赏无限的风景，收获学习的快乐和人生的启迪。

感谢我的美女老师！

黄玉兰，湖北省宜昌市第二十八中学教师。

大蒜观察日记

◎ 景文娟

12月3日　星期六　天气晴

瞧这几颗蒜瓣白白胖胖的多可爱，我忍不住想要把它们种下，它们会有哪些出人意料的变化呢？几天会发芽？什么时候会长出蒜苗？在水里种植和在土壤里种植有什么区别？带着这些疑问，我决定开始这次种植计划……

12月4日　星期日　天气晴

中午时分，阳光洒进窗户，盖在了我昨晚种的小蒜瓣身上。我走近一看，不得了，这么快就发芽啦！仔细瞧一瞧，蒜瓣尖尖的脑袋上冒出了一个嫩绿色的小芽，可爱极了，它旁边水培的大蒜头也不示弱，根部长满了长长短短的胡须。

12月6日　星期二　天气晴

自从种下了大蒜，总是忍不住想去瞧瞧它们。几头蒜瓣头上细芽如同绿色的笋尖，铆足了劲儿往上窜，仿佛在参加竞赛一般，互不示弱。今晚再去瞧，我却被一根"误入"的小芽吸引了。我的这个种植计划是为了和孩子们一起观察植物的变化，一来可以收集主题探究的第一手资料，二来也可以跟孩子们一起分享下观察所得，互相鼓励一下。种植时，我随手拿来家里闲置的一个土陶罐，里面只剩些土壤，之前种植的小植物早已不见了踪影。没想到栽下蒜瓣，给足了水分，播撒了些阳光，这个之前被遗忘的小家伙也跟着冒了出来，颇有些得意洋洋的感觉。看它这般自信潇洒的模样，我竟也是佩服的，绝处逢生大概就是它的境遇了。

12月8日　星期四　天气晴

从迎着朝阳到伴着月光，就这么一天的光景，小蒜苗长势喜人。今天课上，我和孩子们一起回顾《牵牛花娃娃》这篇阅读，里面提到"牵牛花藤儿为什么总是悄悄往上爬，不让人看见呢？"我也想问问，"小蒜苗啊，你为什么总是趁我们看不见时偷偷往高里窜呢？"凑近了看看，第一层外衣已经慢慢脱下，由浅绿变成了灰白，里面的苗分为高低两股，是透着鲜亮的新绿，好像是褪去了稚嫩的青少年，心里满是主意。

12月12日　星期一

不知不觉四天过去了，蒜苗们茁壮成长，从一个小嫩芽蹿腾到了20厘米左右的高度，旁边的小豆苗也陪着一起长大了。用手拨楞了几下，很有韧劲，凑上去使劲闻闻，还是泥土的味道更加浓郁。我还是很期待，期待什么呢？汪曾祺说，"世界上的东西，总是由别的什么东西变来的"。是啊，一点不假，这世界的万物，总是能寻到根的。根往下扎，狠狠地扎，狠狠地长，长成了自己想要的样子，苗往上长，向阳而生，向阳而亡，不留遗憾。

12月16日　星期五　天气晴

两个星期过去了，忍不住做了下对比。"小光头"变得郁郁葱葱。底部的根肆意生长，顶得上面的蒜头和蒜苗东倒西歪，偶尔需要扶它一把。误入的小豆苗茎部下端呈现出了暗红色，显得成熟了很多。最近班级里的娃娃们也像极了这些奋力生长的小苗，冬天的确还有一段时间，但阳光常伴，并不寒冷。

12月20日　星期二

你们在干嘛？是在侧耳听窗外呼呼的风声吗？是的，今晚的风猖狂得很，不知又卷走了多少落叶，吹散了多少篱笆。昨天动了个"歪"念头，打算把蒜苗割一茬，摊个鸡蛋吃。后来一想，孩子们会不会很震惊，后来告诉他们这个差点发生的意外，一个个开心得不行。孩子就是孩子，阳光下的金子，希望你们能一如既往地奋力生长，"苔花如米小，也学牡丹开"。

12月21日　星期三

猜猜后来发生了什么？

景文娟，北京市北京致知学校教师。

讲好中国故事 奏响时代强音

◎雷 挥

也许你没有去过丹麦，但你一定知道《安徒生童话》；也许你并不了解法国，但你一定听过《罗密欧与朱丽叶》；也许你并不向往美国，但你一定听说过《泰坦尼克号》……故事的力量就在于此。山川异域，风月同天，好的故事或是感动心灵，让人身心愉悦；或是启迪智慧，催人奋发向上；它可以跨越时空，抵达世界的各个角落。总之，它可以让我们彼此都多一分理解、多一分认同。

人类文明的演变是由千千万万的故事组成的。那么，什么是极具我们中国特色的好故事呢？我想，《愚公移山》《夸父追日》一定是好故事，因为人们丝毫不会去追究远古神话的可信度几何，却总是被那份执著与坚毅所打动；《红楼梦》《窦娥冤》也是好故事，因为人们丝毫不会因催人泪下的悲剧结局而畏惧，却总是能心有所动、向善向美。《觉醒年代》《建国大业》也是好故事，因为人们总可以在这些故事当中触摸中国历史发展的强劲脉搏，感受中华儿女奋斗百年的温热呼吸与细腻心跳。

于是有人说，这就够了。但是翻开世界文化的大书，大家真的读懂了我们中国故事吗？前有韩国端午祭申遗成功，后有日本申请中药专利。试想，如果屈原的《离骚》、张仲景的《伤寒杂病论》能早一点深入人心、广为人知，那这场闹剧不就能够早点不攻自破吗？甚至到今天，有人公然提出"中国威胁论"，难道不是子虚乌有、荒诞不经吗？可见，世界文明发展到今天的信息时代，用心讲好中国故事对我们来说依然任重道远。

越是民族的，就越是世界的。青年一代要想讲好中国故事，让更多的人熟悉、理解、认同中国，首先就要深入挖掘独具中华魅力的故事精华，赋予其时代特色，守正创新。中华文明源远流长，博大精深，我们不仅有"黄河之水天上来，奔流到海不复回"的唐诗宋词元曲，还有"究天人之际，通古今之变，成一家之言"的各类小说名著。从《红高粱》到《长安三万里》，我们看到越来越多饱含中华文化底蕴的好故事，变得脍炙人口，开始走向世界。当然，我们既要有"创"的劲头，也要有"干"的作风。1932年，中国体坛的奠基者刘长春跨越远洋，单刀赴会美国奥运会，却因身体不适、训练不足只得遗憾离场；而百年之后，"亚洲飞人"苏炳添就在东京奥运会田径男子百米半决赛中，打破了亚洲纪录。出身普通家庭的他，在早年的比赛中成绩并不突出，但十年如一日的艰苦训练和为国争光的坚定信念使得他终于不负众望，成为首位闯进奥运男子百米决赛的中国人，重新书写了中国速度。郭晶晶、刘诗雯、徐梦桃……这些奥运健儿们都在体育场上用自己的出色表现和实际行动，铿锵有力地讲述着中国体育崛起的故事。"嫦娥一号"探月卫星、"祝融号"火星探测车、"昆仑"南极科考站、"一带一路"建设……这些中国式浪漫背后，承载的都是中华民族伟大复兴的故事，他们在一代又一代人的努力拼搏之下，终于到达了地球乃至宇宙的各个角落。

清澈的爱，只为中国。我们所经历的就是当代中国故事实录，我们站的地方本就是中国故事的笔端。我们要让全世界更多的人都听清中国声音，喜爱中国故事，洞见中国形象。青年人要在祖国的神州大地上挥洒自己的汗水，成为讲好中国故事的一员，书写最美的中国故事。时代在发展，你我都是中国故事的讲述者，有一分热，发一分光，共同奏响时代强音！

雷挥，广东省深圳市龙华区观澜街道观澜中学教师。

一张明信片

◎ 江冰纯

暑假旅行回来整理东西时，我翻开了我房间的收藏册，翻到了我的好朋友这十几年来断断续续手写给我的明信片。

那亲切的字迹扑面而来，写满了我们在不同阶段彼此的交流、鼓励和陪伴。我看着印在明信片上的小小邮戳，跟随着她的字迹，在记忆中遨游——那犹在昨日的点点滴滴，那充满喜怒哀乐的一幕幕……我脸上不由得感到湿润，似有春水流过，连绵不绝。我想继续延续这种手写文字蕴藏的真挚与温暖。于是，我用我在旅行时买的明信片分别写上几句想传达给几位朋友的话，通过平邮寄给了他们。在问他们收件地址时，其中，有一位朋友的话让我深思。他说："要这么久才能寄到吗？我已经迫不及待地想要收到了。能不能寄快递啊？"看到这个回复，我愣了一下。如果我把写在明信片上的话通过微信直接发送给他，对方几秒钟就能收到，多方便快捷，既省去了我书写的时间，省去了我书写的麻烦，又省去了他的等待。更重要的是，还规避了可能会丢件的风险，何必如此折腾呢？可是，这两者的意义能一样吗？

在还没有网络通信的年代，人们通过信件交流，他们用漫长的时光，去等待真挚的回音。那时候他们所等待的信件，是来自远方亲人或友人的消息，是见字如面的欢喜，是述说不完的彼此关心和思念，承载着纸短情长的深意。

可如今，网络信息如此发达，互联网和现代科技让那些我们想要获取的东西都变得触手可及。我们生活在快节奏的时代里，生活中的一切都在提速，而我们忘了从什么时候开始，几乎所有事情都在追求——"快"。渐渐地，我们不仅对很多事物都失去了应有的耐心，而且我们也越发没有耐心去接受一些需要花费大量时间的事情。

短视频时代，大多数人沉醉于刷短视频的那几十秒带来的快感乐此不疲，对碎片化的信息、内容非常上瘾，却看不进书，读不进文章。连看一部影视剧、一集综艺都要倍速播放，做一件事情就想立马见效，一封对方刚寄出的信件就想第二天能收到，不似从前"车马很慢，书信很远"。

无疑，在这个什么都追求"快"的时代，那用一笔一画写下的文字，最具温度。并且这种温度不会消失，它会在你每次看到它时，那文字所承载的回忆、牵引的情感，再次穿越你的心脏，直击你的心窝。

手写的信，是这个"快"时代最浪漫的奢侈品。我们习惯了快节奏的生活状态，却会突然被那一笔一画写下的、笨拙的真挚所感动。

在网络信息如此发达的今天，多少互联网电子产品更新迭代，而信件、明信片这种保留着传统信息传达的方式至今还没有随着时代的发展而消失。正是因为"见字如面"，正是因为书写的文字是这个时代难得的情感表达、交流、传递和记载，是岁月与被岁月留存下来的真挚与温暖，是信息网络无法替代的存在，是"快"节奏时代里，提醒埋头赶路的人们适当减速"慢"下来去感知生命、体悟生活的指路牌。

我回复他，"贴上邮票和盖上邮戳的明信片，具有深远意义，这是时代的印记……"我看见我手写的明信片，被贴上邮票，盖上邮戳，投进了邮筒。在车水马龙的街道上，那一个个站立的邮筒，正向我挥手，说道："请放心，也请不要心急，终有一天，你的友人会收到你的明信片，而你写下的文字会被藏于你友人的期待中，当你的友人拿到明信片读你写下的文字时产生的喜悦，让我们帮你见证！"

江冰纯，广东省潮州市湘桥区韩文实验学校教师。

做会学习、有担当、讲情怀的青年

◎ 石艳霞

"夫天地者，万物之逆旅也，光阴者，百代之过客也。"历经两年春秋，我们由青涩懵懂的高一新生蜕变为成熟懂事的高三学子，在岁月的变迁中，我们的思想人格有了质的飞跃。我们在努力按照新时代学生发展核心素养的标准要求自己，提升自己，在这六大素养中，我认为人文底蕴、学会学习、责任担当是高三学生更应重视更应具备的核心素养，首先具备这三种素养，我们才能具备适应终身发展和社会发展需要的必备品格和关键能力。

学会学习，是适应日益变化的社会的必经之路，是成为学习型社会主人的必备素质。荀子在《劝学》中写道："吾尝终日而思矣，不如须臾之所学也。"终日的冥想空想不如片刻的学习来得充实，学习让我们的心灵不再空虚，而是被满足感幸福感充盈着；苏东坡曾自我调侃："宁可食无肉，不可居无竹。"钱钟书先生则加以修改补充："不可一日不读书。"钱先生以此为一生行事准则，立志横扫清华图书馆，读遍古今中外书籍，遂成《管锥编》《谈艺录》等不可替代的学术著作。学会学习是潜心研究学问成就一番事业的必备素质；新中国缔造者之一毛主席喜欢读书是妇孺皆知的，他在1950年代至1960年代去庐山消夏开会时还不忘嘱托工作人员去当地图书馆借阅大量书籍供他阅读，在此期间，他读了庐山的地方志、《文心雕龙》等文艺著作，还读了马恩等革命导师的著作，哪怕在休息之余，也不忘读书思考，这也是毛泽东能成为带领中国人民站起来的领袖的原因之一，学会学习能帮助我们提升自己，成为引领时代前进的前驱；二战后，德国、日本崛起之迅速令世人咋舌，一个重要原因就是这两个国家的国民素质提升非常之快，在公共交通工具上，总能看到德国人、日本人凝神读书思考的身影，他们一定从书中从变幻莫测的世界与历史中学到了战后失败的民族国家应何去何从的道理，学会学习能帮助民族、国家吸取历史教训，促使民族的崛起，国家的进步。

与学会学习紧密相关的是要有责任担当意识，学会学习是充电式，是个人从社会、他人处获取能力的过程，而学会担当是输出式，是个人对他人、社会付出、负责、奉献的过程。个人要与社会和谐相处，绝不能只讲索取而不讲奉献。古往今来，多少志者贤人为国家的发展燃烧自己！从"亦余心之所善兮，虽九死其犹未悔"的屈子到"安得广厦千万间，大庇天下寒士俱欢颜"的诗圣杜甫，再到"横眉冷对千夫指，俯首甘为孺子牛"的"民族魂"——鲁迅先生，到为了山区教育而奉献自己青春的乡村教师丛飞……他们哪个不是在用自己的实际行动告诉我们要对他人、对社会、对国家有责任担当意识呢？"皮之不存，毛将焉附？"此话不假。

人文底蕴更是我们高三学子应具备的素质，任何国家，其最终目的都是着眼人的发展，我们要明白何为人，怎样做一个富有人文底蕴的人。从《罪与罚》中学会悲悯，从《复活》中习得"忏悔"，从《随想录》中学会反省自思，从《红楼梦》中感悟真性情，从《干校六记》《我们仨》中品味人之常情，从《射雕英雄传》中领略"侠之大者，为国为民"的侠义品格，做一个真正有人文情怀的学子。

学会学习才能适应未来的社会，学会担当才能与社会和谐共存，富有情怀才能让社会变得如"香丘"一般美好、温馨，那时，天下大同也许不再是梦。

石艳霞，湖北省武汉市武汉经济技术开发区第一中学教师。

故乡的茶

◎董情婷

"死亡不是生命的终点，遗忘才是。"——《寻梦环游记》

我八岁那年，祖母患病去世，家中亏空得厉害。父母去了外地工作，我被寄养在镇上的亲戚家。祖父农闲后总会带上自己养的鸡或是自己种的菜去看我。两年后，郁郁寡欢的我被接回家，祖孙二人开始了相依相伴的生活。

每到清明时节，就会有茶贩子运着炒茶机来收购茶叶。这样的时节，正是农人忙碌之时，但也是各家赚点贴补钱的好时候。每家的成年男性照例是要忙农活，这是农人的根本；其他人倒是可以抽点时间上山采茶。

祖父整天忙不得闲，不仅要照顾我，他还要忙地里的各种农活，家中还喂了猪、养了鸡、鸭。

周末，我吵着要进山采茶，祖父不能同去，很不放心，就烦请邻居的大娘照应我。我觉得没有必要，但又不能拂祖父的好意就同意了。

刚到茶山入口，就听见山中鸟雀清脆婉转的歌声。再往前走走，就到茶山了。映入眼帘的就是外围的一片竹林，碧绿苍翠，修长挺拔；漫山整齐的茶树就像是雄壮威武的列队，正等人检阅似的；山风拂过，幽润的茶香扑面而来，怡人极了！

中午时分，大家都齐聚到茶贩子的临时收茶点。屋子里铺开了好几张竹席，上面已经堆了不少茶叶，炒茶机也在工作着。每个人的脸上都是笑意盈盈，拿到钱更是欣喜无比。排在队伍里的我，充满了期待，幻想着铅笔糖、唐僧肉（一种话梅果脯）、西瓜泡泡糖，还有《还珠格格》的明信片和祖父想喝的汽水……我内心激动，仿佛卖了茶叶就拥有这一切了！

"你这不行，我们只收嫩尖。"茶贩子抓了把我布袋里的茶叶说。沉浸在幻想中的我像被泼了一盆冷水般清醒了过来。我懊悔得要命，大娘耐心教过我的，是我自作聪明，以为多几片嫩叶没什么（祖父喝的茶叶泡开后就是有大叶子的）。

我沮丧地告别了大娘，一口气跑到茶山继续摘起了茶叶。不久后，山上的人又渐渐多了，我又累又饿，手上的动作也慢了下来。我心里憋着一股气，又后悔没先回家吃了饭再来，让祖父担心。

"婷子，饿不饿？饿坏了身子可不值当。"是祖父！他给我送饭来了！他温和的话语里满是关怀。

"有点。"我挠挠头，红着脸说，"您怎么来了？"

"再不来，我乖孙就要饿肚子喽。里面有个咸鸭蛋，你帮我尝尝，看祖父的手艺退步了没有。吃吧。下午我就不去地里了，咱一起采茶叶。"祖父把饭递给我说。肯定是祖父去大娘家了解了情况。我心里酸酸的，又难过又感动：祖父这么忙，我却这么任性自我；咸鸭蛋那么宝贝，端午节和插秧请人时才能吃到的。想到这里，我的眼泪就不争气地流了下来。

"哭啥？吃饱了，咱多摘点茶叶啊。"祖父摸摸我的头，加入了采茶的队伍。

那天晚上，昏黄的灯光下，我边嚼着"唐僧肉"边欣赏袋面上的图案；祖父佝着身子炒制着我那没卖出去的茶叶，口中还喃喃说着"托我家婷子的福，今年又喝上新茶了"，"你看自己挣来的钱是不是特别自豪"，"以后不能这么任性了，不能饿肚子"……这一刻，真实美好，是父母去外地后我从未有过的安心与幸福。

岁月匆匆，20多年过去了；时光悠悠，祖父也去天上陪祖母了。在氤氲的茶香中，不论我身处何方，祖父的爱与温和的喃语时时提醒着我努力拼搏、爱惜身体不任性，成为我一生前行的力量。我将永生难忘故乡，永不忘却祖父的爱，直至我垂垂老去。

董情婷，湖北省武汉市江汉区武汉市新华下路中学教师。

奶 奶

◎路云霞

（一）

奶奶是上世纪三十年代的人，是被现代社会边缘化、被旧代社会深深支配过的一代人。

奶奶年轻的时候，社会主流是婆婆当家做主；等奶奶成了婆婆的时候，社会主流是儿媳妇当家做主。用奶奶自己的话说，是这辈子从来没有厉害过。

奶奶的身体相较于同龄人可以说是十分的不硬朗，加上体型偏胖，五六十岁就依赖上了拐杖。因为身体原因，娘家是很少回的。近十年更是一年一次，每次上下车都是家人搀扶着半跪半爬艰难挪移的。大约是坐车次数少，晕车便晕得更厉害，从家到村口几百米的距离，人已经是半躺的状态了。

从我记事起，奶奶的生活范围就特别小。儿时是从家到离家最远的东地，少时是从村北到村南，我再大些，奶奶的活动范围缩成了从这条街到那条街。这些年，多数时候是从院子里到家门口。

十二三岁成的家，如今七八十岁。一辈子的光阴，几乎全部留在了一个未生她养她，却让她付出了一切的小村庄里。

（二）

奶奶一生育有三个孩子：大姑、二姑还有父亲。父亲在三个孩子中排行老二，是家中唯一的男子汉。爷爷去世的时候，父亲也不过十五岁。在那个贫瘠的年代，缺乏男丁的家里更是揭不开锅，有很长一段时间，奶奶靠乞讨养活孩子。

奶奶的前半生从未停止奔波，前半段路是为了孩子，后半段路是为了孙子孙女。听奶奶说，有我的那一年是计划生育最紧的一年，逃跑途中她抱着我从二姑的自行车后座上摔了下来，滚进了蒺藜丛（我家乡的叫法，是一种带球状刺的植物，学名蒺藜），蒺藜扎的满腿都是。那我呢？我问。你当然在我怀里，抱得紧，哪里敢让蒺藜扎着你。

上了年纪，奶奶的听力大幅下降。买了部老年机，通话内容大多停留在你是谁呀的反复询问中，直到一方重复累了，通话也就结束了。为此，大姑二姑经常找我取经，问我是怎么做到和奶奶顺畅通话的，我每次的答案都是声音大点，大姑二姑试了，没什么效果。其实我也很奇怪，我和奶奶保持着半个月一次的通话频率，但每次通话，都是格外顺畅，没有出现一次大姑二姑说的听不见声音的情况，每次我说话格外大声，奶奶隔着手机都能一一应答。我猜测是隔辈亲的缘故，隔代的爱和思念在通话的时候化为某种神奇的力量，让她一字不差地听到了我的声音。

（三）

奶奶没进过学校，她不识字，唯一认识的九个阿拉伯数字还是我上小学的时候教她的，这九个数字带给她的最大变化就是能通过看表知道时间。不过我倒觉得奶奶之前认识时间的方法更神奇，她可以通过太阳在院子里投影的宽度精确知道此刻是几点，这一点，是我怎么学也学不会的。

奶奶一辈子没有什么大作为，却常于生活的细节中有所发明和创造。她会把废旧的树枝折成"V"型，缠上宽约两指的废旧布条，为手指免去剥花生的疼痛。背过的厚皮书包，被她剪裁成了蝇子拍，拍苍蝇时一打一个准。破了洞的麻袋，沿着材料的经纬一缕缕拆开，五六个这样的破麻袋就能换一把崭新的笤帚，成为三邻五舍的抢手货，还有人提着礼物到家里换奶奶编的笤帚。

（四）

奶奶身上，集合了她们那一代人的多数弱点：愚昧、无知、文化水平低。奶奶身上，也无时不刻不闪动着她们那一代人的光芒：朴实、坚韧、能吃苦受累，生于苦难，却不堕于苦难。

我常常想，若奶奶生于现代，该是何种模样……

路云霞，江苏省宜兴市第二实验小学教师。

集故事之力，书时代华章

◎董方健

好的故事，余韵悠长，历久弥新。或可近彼此距离，成交际之效；或可浸润心田、滋长智识；乃至影响个人命运走向，张扬时代蓬勃活力，彰显泱泱华夏气象！可见，故事之力，不可谓不重；当代青年，当博学之，明辨之，笃行之！

从上古传说、神话史诗到童话民谣、文史传奇。自人类伊始，故事就常伴成长，不曾远离。其中，好的故事更是因其所承载的求真向善的价值底色，而不断被人口耳相传、生生不息，成为一代又一代奋斗者不竭的力量源泉！

好的故事，感性与理性齐聚，满载个人对命运的执着探索与不懈追求！个人面对滔滔俗世洪流，如一介扁舟，却也能用勇蹚的身影留下不朽的故事，化作后人寻觅的地标。当高声"长太息以掩涕兮，哀民生之多艰"的三闾大夫，披发憔悴于汨罗江边。他用昂然的身躯，留下对祖国最纯粹热爱的故事，激励无数仁人志士前仆后继。那位吟唱着"刑天舞干戚，猛志固常在"的采菊逸士，寄情于自然对抗尘世的樊笼。他以躬耕的南山，成就乐天安命的人生故事，筑起后世失意士人的精神家园……一个个满载华夏文化图腾的故事，如荧荧星火，照亮后辈砥砺前行的道路。

好的故事，小我与时代荟萃，展现民族对梦想的激扬呐喊和永恒奋斗！在中华民族最接近伟大复兴的历史时期，每位追梦人都在以涓滴之力，书写时代磅礴伟力的故事。2003年，杨利伟乘坐神州"五号"飞船，书写了中国首次载人航天飞行壮举的辉煌故事。时年，祖国西南边陲的一位高一同学受此鼓舞，默自种下一粒航天的梦想，并不断生根发芽，向光成长，终于在2023年成为中国空间站首位载荷专家，实现从"追梦人"到"圆梦人"的跨越，也成就了新时代的航天故事！好的故事，总在不经意间催人向上，彰显时代气象！航天故事如此，新时期涌现的人民抗疫、脱贫攻坚、科研攻关等等故事莫不如是。在追逐理想故事的同时，新时代的每位追梦人，也在通过个人的努力奋斗汇聚中华民族新时代最美的故事，也让世界领略到中国故事的蓬勃力量！

"一千个读者就有一千个哈姆莱特。"那不同的故事，也会解读出不同的理解，生发出不同的力量。作为当代青年，对待故事应当辩证审视，为我所用，正确汲取故事的力量。既不可轻视，视人类智慧结晶的故事为无物，避免陷入"历史虚无主义"的窠臼；也不应迷信西方某些歪曲的叙事话语，而是坚定文化自信、讲好"中国故事"。此外，反面故事同样不容忽视，如"他植者则不然""群聚而笑之的士大夫之族"等，其往往蕴藏发人深省的力量，对照省察，警示众人不越雷池半步。

党的二十大报告提到：讲好中国故事，传播好中国声音，展现可信、可爱、可敬的中国形象。当今世界百年未有之大变局加速演进，吾辈青年更应以实现伟大复兴中国梦为己任，漫溯传统文化故事的汪洋，聆听行进中的当代故事声音，取其精华，一以贯之。扎根在源远流长的文化血脉的土壤上，以拼搏实干的时代底色为内容，丰富创新讲述方式，让世界听见更多的中国青春故事！

于故事中见天地，于品读中见力量，于书写中见时代！新征程，蓝图已经绘就，号角已经吹响！今日青年当深汲故事之营养，汇集故事之力量；高举青春旗帜，手写中国故事！

董方健，山东省淄博市沂源县第一中学教师。

寡言的父亲

◎宋宇涵

在他的记忆里，父亲并非一个不善言谈的人。他小时候常常跟着父亲去做客。每次父亲和对方寒暄了几句，便跷着二郎腿开始"吞云吐雾"。那时的他不明白什么是"绩效"和"开支"，更不理解大人为什么喜欢谈论美国和日本，只好坐在一旁，期盼着客厅里能跑来一个同龄的小孩，拉着他去院子里挖土、骑车或者玩摔炮。如果运气不好，便只能枯坐着，时不时地用哀求的眼神看着父亲。坐当然是坐不住的，于是他就用手去抓父亲吐出的那些白烟，去踩落在水泥地面上条状的烟灰，每隔一会儿还要去拽拽父亲跷着二郎腿的裤脚，瘪着嘴嘟囔什么时候能回家。然而父亲并不理他，只是接着一支一支地抽烟。直到他快要绝望的时候，父亲才终于慢悠悠地拍去身上的烟灰，起身叮嘱他和长辈说再见。

做客时滔滔不绝的父亲，对他却总是少言寡语的。

小学的他用作业本上撕下的纸画了一张画，作为父亲节的礼物，但父亲并没有表现出明显的惊喜，只是淡淡地说了句"画得还行"。他捧着100分的试卷给父亲看，父亲也只是丢下一句"继续努力"。不知道从什么时候开始，他在饭桌上不再和父亲说话，只是沉默地扒着饭，然后把碗一推："我吃完了。"又过了几年，父母的婚姻走到了尽头。父亲收拾好行李离开家的时候什么也没说，他看着父亲的背影也没有挽留。

后来他成了年，上了大学，毕了业，结了婚。妻子常常催促着他："快到你爸生日了，要打个电话。""过年给你爸买点什么，你想好了没？"母亲也时不时叮嘱："你爸怕给你打电话你烦得慌，天天给我打电话问你的情况——有时间你也该和他聊聊，怎么父子关系处成这个样子？"他懂得妻子母亲的意思，于是每半个月也去给父亲打一通电话，但通话时长往往只能持续一分钟：

"喂，爸。"
"啊，都挺好的吧？"
"嗯。"
"工作忙不忙？"
"不忙。"
"家里好吗？"
"好。"
"好就行。有事打电话。"
"嗯。"

妻子揶揄他，如果他打电话跟个乌鸦似的，只会"嗯嗯嗯""啊啊啊"地叫，那肯定是在跟爸打电话。他也只是干巴巴地回应："我跟他没什么话想说。"妻子叹了口气，摸了摸自己隆起的肚子："你总是这样，笨嘴拙舌的。要是将来孩子和你也是这德行可怎么办？"他摇摇头，伸手去摸孩子的胎动。

又过了几年，父亲病危。他赶到医院时，父亲躺在病床上，面色灰白，再也不是当初带他做客时掐着烟蒂高谈阔论的人了。父亲吃力地抬手，招呼他过来，他顺从地走过去，把耳朵贴近。父亲用嘶哑的声音说："是我……对不起你们……娘儿俩……关心……不够……"听到这句话时，他没有想象中释然的感觉，反而喉咙处肿痛的感觉越发明显。这句话他等了太久，等到时才发现，这不足以弥补过去几十年情感的空白，他只能回握住父亲干瘦的手，看着父亲慢慢地闭上眼睛。

他拖着身体回到家，女儿蹦蹦跳跳地向他跑来，他一反常态地蹲下身，紧紧抱住了她。女儿细细的双马尾蹭着他的脸，让他有点想笑。

"爸爸，你怎么了？"

"就是……突然感觉你太可爱了，想要以后每天都这样夸夸你。"

他的眼泪融进了女儿的发辫里。

宋宇涵，江苏省苏州市虎丘区苏州高新区第一中学教师。

享受寻求答案的人生

◎朱玲玲

梭罗挣脱桎梏去瓦尔登湖寻得内心的宁静，昆德拉告别世俗浮华用心体味人生境况，余秋雨远离凡俗名利徒步造访历史遗迹……在一次次追寻和一场场直面后，他们恰好地度量了一段与世界的距离，不远不近，不离不弃。

然而，是否出走与告别才是正解？

鲍勃·迪伦曾深情发问，一个人要抬头多少回，才能看到天际？而这答案，在风中飘荡。而今，一个人要进退多少次，才能寻得适度的距离？而这答案，需要我们以心灵为尺，以思想为度，细细探寻。

没有眼花缭乱的互联网杂烩，是否真正带来了我们与世界的隔离？其实不然。退圈抑或卸载，并非釜底抽薪式的解决方案，而仅是自我隔离型的扬汤止沸。离开了众说纷纭，离开了定向推送，我们可能不再自困于他人给予的答案，短暂地自慰，将我们仰望虚空的目光，重新拉回到脚下的土地。

其实，无论是传统的"星座论""属相论"，还是前不久风靡全球的"mbti"测试，人们乐此不疲的共性是不变的——作为典型的群居动物，我们执着于向外界寻求同行者，索得答案，而信息技术的迅猛发展，更是为我们的圈子向外搭建了一座座桥梁，从而使得"无穷的远方，无尽的人们"，真正地"都与我有关"。朋友圈与社交软件上的精致生活、新闻媒体与搜索引擎中的社会热点，无不冲击着我们的视觉、轰炸着我们的大脑，为我们的一举一动提供着"标准答案"，我们在不断的扩圈与模仿中，不自知地陷入了对比怪圈中，终是深陷于臃肿信息化的囹圄，而茫然无措。

欧阳修有言："善治病者，必医其受病之处，善救弊者，必塞其起弊之源。"的确，面对信息洪流的袭击，卸载社交软件、关掉朋友圈，并非度量与世界距离的明智之举。此"远近"并非物理范畴的距离的量度，而是心灵与世界的紧密程度。

然而，退圈不是最后一步，却是我们跳出怪圈、回归本真的第一步。正如伍尔夫所言："人不应该是插在花瓶里供人欣赏的静物，而是蔓延在草原上随风起舞的旋律。"这旋律，应该是冷静地思索与从容地面对。生命不是安排，而是追求。人生的意义也许永远没有答案，但也要尽情享受这追寻答案的人生。远离点不完的小红心，远离群魔乱舞的直播间，远离网络带给我们思维的羁绊，做时间与思想的主人，我们才能够真正全身心投入进身边的风景，去贴近这个世界。正如项飙先生所言，当思维方式的更新不再与科技发展的速度相匹配，"消失的附近"也就渗入了我们的生活。面对国际关系的侃侃而谈或许显得博学而威风，可结巴于对周遭风景形容的窘态，难道就是我们所期待的答案了吗？

诚然，退圈卸载的开始，会令我们陷入"信息断代"的恐慌之中，所以不必刻意而为，圈子可以在，软件可以留，但是不可忘记的是，我们是帕斯卡尔所言的有思想的芦苇而非无情思的草木，我们需要从自身发问，从内心出发，思想出走而不精神流浪；人生寻求而不灵魂外放。

在现代社会"羊群效应"下，我们应该保持独立思考，坚持个性乃保有自我，成为陈寅恪先生心中"独立之精神，自由之思想"的人。

不困于心，不拘于境，我们与世界的距离，不在地不在时而在心。

愿你我不再迷惘于看不见的远方，不再徘徊于难度量的距离，默默努力、孜孜追求、欣然接受，从而享受寻求答案的人生。

朱玲玲，江苏省盐城市亭湖高级中学教师。

秉持科学思维，助力时代发展

◎周玉蓉

什么是科学思维？社会学家费孝通和生物学家屠呦呦做出了示范：做社会研究就去田野调查，用双腿丈量土地，亲身感受农村实际；做医学、生物学研究就学贯古今医书，甘坐冷板凳，在古典医书中切磋琢磨。一个在实践中做研究，一个在古书阅读中找灵感。在实践中体察直接经验，在研读中积累间接经验，二者结合，直击问题，是科学思维的体现。

当下有很多思维方式的表现样态：官僚主义思维方式、形式主义思维方式、一刀切和拍脑袋的思维方式，不做调查研究而做出的结论是浮在空中的楼阁。然而，在做学术研究和探索真相上，来不得半点虚假和表面文章，需要切身的调查研究和学术积累，才能获得收效。

科学的思维方式，是基于对学科知识和学术传统的尊重与传承。"如切如磋，如琢如磨"，重视传统、重视积累，重视自我与古圣先贤、学术前辈的交流互动，才能严谨治学、端方做人，获得真知，从而真正推动社会发展。自古以来，中国的思想各界，先有寒窗苦读，才有百家争鸣、鹅湖论辩；西方有雅典学院的三杰阅读与传承推动了文学艺术科学的相互辉映。中国各行各业都有口耳相传或者付诸笔端的经验传承的典籍，这些智慧的结晶需要岁月的承袭以及后人的发扬光大。当前，学术研究赛道上，西方医学生物学领先于中国的情况下，有很多唯西方学术权威是从而产生自卑情结，数典忘祖，从而失去了学术自信，甚至学术造假，在探求真理的路上与真理失之交臂。"原子弹之父"奥本海默的成长史就是一个不断向物理学先驱们学习的过程。牛顿说的"我之所以能够看得远一点，是因为我站在巨人的肩膀上"那一句对学术积淀的致敬，蕴含着科学思维的精髓。

科学的思维方式，除了研读经典、积淀经验，还需要结合实践进行二重验证。"纸上得来终觉浅，绝知此事要躬行。"一切的真知，需要在实践中磨砺。科学思维就是给飞天的幻梦插上腾飞的翅膀。费孝通在做社会学调查的时候，没有道听途说，而是亲自下场。屠呦呦的灵感也需要实验室里一次次的淬炼、人体实验才能宣告成功。居里夫人发现了镭，然而她挽起袖子亲自提取化学物质的身影，是将猜想化作实际的动人画面。毛泽东曾说：没有调查，就没有发言权。做科学研究，是同样的道理。实践是检验真理的唯一标准。没有亲身实践，就没有发言权。阅读积淀与思考设想会让人反思，也会让人进入虚幻的玄想。而科学的思维促使我们运用双手突破思想的迷雾变其为沉甸甸的黄金。让思考扎根于祖国大地，让蓝图变为巍峨大厦，让设想变成飞天的宇宙航天器……我们眼中的星辰大海变为可以触摸的明日之光。

少年心事当拿云，作为花样年华的青年，我们有一飞冲天的热切幻想，有改天换地的青春激情。身逢盛世，高铁技术一日千里、信息5G覆盖世界，国家智慧基础建设日新月异，科学领域发明层出不穷。这一切成果的背后都离不开科学思维的支撑。时代的发展离不开技术和经验的传承，更离不开将理念转化为成果的不懈努力。"不耽于幻想，不骛于虚声"，将青年的奋斗激情与扎实的积累和现实的磨炼相结合，以科学思维武装自己的头脑，磨炼自己的心志，在广阔的天地里，努力拼搏、绽放光彩！

周玉蓉，湖北省武汉市光谷未来学校教师。

等待与陪伴

◎ 刘淑维

北方的朋友圈都迎接了第一场雪,南方,下了一个星期的雨……

淅淅沥沥,整个世界只有自己,喜欢看雨水顺着屋檐滴落下来的样子,躲在小房间里,感觉自己六根清净,世间一切与我无关,借着雨丝的凌乱,还能找找家的方向。

小的时候,父亲是村长,但是要干很多农活,所以,一直要到饭点,我才可以见到父亲回家。我是家里的老幺,最受不了挨饿,总是等不了父亲回家就嚷嚷着"我饿",所以,最早端起碗,大口吃菜的那个肯定是我。父亲回来,从不会责怪,他说,"孩子饿了,就应该吃,我不需要多少菜"。

七十年代的父亲和母亲,从早到晚,都在另一个山头。

姐姐说,那时候,父亲和母亲没日没夜的都在山上干活,她就坐在台阶上等,等的都睡着了,也不见他们回来。我感觉自己很幸运,因为,那时候,我还没来到这个世间。

那时候住的地方是27号。

我喜欢27号,那时小,一切都美好。有纹路的木板门,总是敞开着,似乎永远不用上锁,雨水溅在上面,木板门变了颜色。

那是父母亲靠双手一砖一瓦自己盖起来的房子。我永远记得夏天的午后,铁质的电风扇"呼呼呼"的声音,父亲"齁齁齁"的呼噜声,可是我居然能酣睡到太阳下山。潮湿的后巷,平坦的二楼平台,嬉戏的巷口夹缝,无数次地出现在我的梦境。仗着鬼点子多,叱咤一方,多么"豪横",喜欢;每到中午,和小伙伴游荡在果园子,啃着酸酸的橘子,顶着最毒辣的阳光,或者套个塑料袋挡挡雨丝,沿着飞云江捡小石子,喜欢;路上捡来养的小鸭子,自始至终也没像我想的那样发展成一只白天鹅,为它的离去泣不成声,还是喜欢。

父亲一直觉得我会是家里最有出息的那个,几乎不要求我做家务,他总是让我去看书,去学画,去写作业,去听英语磁带……

初一那年,我进了演讲决赛,邀请父亲去看比赛。

主题已经记不清了。只记得中途忘词了,父亲急得握紧拳头,注视着我,等得满头大汗!可我却调皮地对父亲一笑,示意他不用紧张。那时自己真是胆大包天,讲完后,还对评委老师说:"各位老师,今天我有些忘词了,因为我的爸爸在现场,我太想得奖让他骄傲了,这是不是就是欲速则不达呢。但这并不是我的真实水平,虽然是借口,但还是希望老师们酌情考虑再给个分,谢谢!"那时候的老师也是可爱的,居然给了我一个冠军,初一的小姑娘打败了初三的选手,那是我最惊险刺激的一次经历,也是最给父亲长脸的一次。

父亲现在专职为我接送儿子,还给我准备一日三餐,毫无疑问,他每天都要等我回家吃饭,但他从不像我小时候那样,不等我到家就端起碗大口吃菜。往往都是我到家坐下来吃了,他还要烧最后一个菜,一边铲锅一边还问我,"今天的鱼怎么样?"

我承认,在我的世界里吃不了苦,受不得委屈,因为我有一个一直注视我、等待我的父亲。

《朗读者》中曾经有这么一段话:"陪伴很温暖,它意味着在这个世界上有人愿意把最美好的东西给你,那就是时间。当然陪伴也是一个很平常的词,日复一日,年复一年,到最后陪伴就成了一种习惯,夫妻之间的陪伴,父母对孩子的陪伴。"

父亲的等待已然成了日常,而我要做的,一定是陪伴。

刘淑维,浙江省温州市文成县文成中学教师。

"点赞"诚必须,"差评"亦无缺

◎邹雪松

互联网时代的我们对"点赞""差评"可谓习以为常了。有人惯于"点赞",认为虽是举手之劳,却激励了别人;有人不吝"差评",认为指出问题,才能反促进步。如今,"点赞""差评"早已溢出网络,延伸到我们的生活之中。窃以为,就促进社会的文明进步而言,"点赞"诚然必须,而"差评"亦不可或缺。

社会生活包罗万象,纷繁复杂。那些为了人民、为了国家岁月静好,负重前行的英雄们总让我们感动肺腑、铭记于心。三年疫情,草木含悲,白衣天使毅然奔赴抗疫救灾第一线,置生死于度外,不惧危险、救死扶伤,解民众疾苦,纾国家危难;连年洪灾,肆虐华夏,消防官兵奔赴抗洪救灾第一线,置生死于度外,不畏艰险、勇往直前,全力抢救人民生命财产。还有"感动中国"年度人物:劈柴生火,用扁担挑起乡村未来的80后教师张玉滚;无畏戈壁寒暑、野地黄沙的两弹一星功勋程开甲。他们铁肩担道义、热血铸忠诚。我们理应向他们献上无尽的"点赞":"点赞"他们的无私奉献、"点赞"他们的负重前行、"点赞"他们的铁肩道义、"点赞"他们的热血忠诚!正是他们营造着这风清气正的朗朗乾坤。

然而,即使是给世界无限光与热的太阳也有黑子。纷繁芜杂的社会生活中总会有一些邪恶的现象,它们是这朗朗乾坤中的阵阵罡风,败坏和腐蚀着社会的清风正气。就在近日,内蒙古包头市、福建厦门市、黑龙江哈尔滨市的红十字会领导相继落马被查。一个官方慈善机构,这些年来,"假慈善、真腐败",社会公信力降至冰点,以致在这两年的洪涝灾害中,号召民众捐款,响应者寥寥无几。其对社会诚信的打击、国家利益的损害、社会进步的危害可见一斑。

这种邪恶的现象虽说只是光热无限的太阳中的微小黑子,但它的破坏力却是巨大的:红十字会的贪腐,贪的是善款、伤的是善心;华融董事长赖小民贪污17亿、情妇上百位,他贪的是国家财产、败坏的是社会风气;一众民营企业家被枉法判刑、没收财产,损害的是企业信心、伤害的是社会经济。所有这些最终损害的是党和政府的形象、伤害的是国家和人民。对这些社会邪恶,我们理应给出严肃的"差评",揭露其实质和危害,庶几可使大众心有所触,而使社会俗之一改。

现在,有一种不好的舆论苗头,喜好"点赞",不容"差评",认为"差评"是给自个脸上抹黑、自曝家丑。殊不知,讳疾忌医、有毒不除,必将养痈遗患、祸不旋踵。到那时,恶果酿成,岂是一句脸上抹黑、自曝家丑能掩盖的?"点赞"诚然必须,"差评"更不可或缺。前述那些现象无不警示人们:邪恶若不被"差评"预警制止,其恶性将更疯狂野蛮,直至酿成巨大祸患,予其"差评",实乃防微杜渐、防患于未然,收激浊扬清之效。可见,"点赞"与"差评"不是矛盾对立,而是辩证统一的,都是为了促进社会的文明进步、和谐美好。

唯有"爱之深",才有"责之切"。为了我们深爱的这片土地更加文明进步、美好和谐,"点赞"良善、"差评"邪恶,一体两面,不可偏废。"点赞"诚然必须,"差评"亦不可或缺!

邹雪松,湖北省松滋市第二中学教师。

纸依然，心无瑕

◎王彩云

二叔从小喜欢阅读。

听爷爷说，二叔刚进入小学时，背着个大书包，沉沉的，刚进家门，就把书包里面的各种书籍挨个拿出来看，爱不释手。丰富的书籍给他打开了绚丽的窗口，一个梦想在他心中扎下了根。有一天，爷爷送给他一个本子，二叔在洁白的纸上写下：我长大后要成为一名作家。

二叔有时会把他得意的作品写在洁白的纸上，不时让人称叹。一次，二叔考试不太理想，奶奶知道后强颜欢笑说："没事，下次要加油！"二叔说："妈妈，为了你的笑容不再枯萎，我会努力的。"爷爷听了很惊讶，瞪大眼睛笑着说："儿子，妈妈的笑容怎么会枯萎呢？枯萎不是用来说花的吗？"二叔板起小脸认真地说："我们都喜欢盛开的鲜花，妈妈的笑容就像花朵一样美丽，我不想看到花朵枯萎，更不想妈妈的笑容消失。"爷爷温和地摸着二叔的头，堆满皱纹的脸笑开了花"儿子用词好，我的小作家"。

二叔的书包越来越重了，奶奶总担心他长时间看书影响视力，他总是一边笑着答应着，又一边拿起了书籍。爷爷又给他买了很多本子，二叔总是小心谨慎地，虔诚地在白纸上写着"他的作家梦"。

二叔高二那年，爷爷做生意赔了本，欠了债，整天唉声叹气，整个人都变得消沉起来。有时，奶奶不经意的一句话，两个人就开始吵起来，家里面充满了摔碎的瓶瓶罐罐，弥漫着呛人的火药味。二叔越来越不敢踏进那个家。一次，二叔夜里起来，看到昏暗的灯光下蜷缩在沙发上的爷爷，地上散落着一些零乱的烟头，走进一看爷爷褶皱的脸更像一个浓缩的大核桃，粗重的打呼声像受了委屈一样发出闷响，以前很精神的头发变得灰白了。

第二天，二叔坚定地做了个决定，"爸妈我不上学了"。奶奶听了难过得直抹眼泪，爷爷哆嗦着手点着了烟。从此二叔离开了校园，开始了打工的日子。走时二叔带着他的书包，把爷爷给他买的有洁白纸张的本子装进了书包。

据说，二叔做过保安，基本没有业余时间，有时还要受到个别业主的轻视和不尊重。做过快递员，没有午休，有时困了，就在等客户来接收快递时趴在电瓶车上眯一下。也在饭店做过学徒，每天就是搬盘子，给厨师打打下手，打扫厨房卫生，在小饭店里还得通下水道……

那一年二叔从打工的地方回到家，黑了、瘦了。还是那个书包，上面已经油渍斑斑了，二叔从包里掏出零食递给我，从包里掉出个本子，是爷爷买的那个本子，我打开一看洁白的纸张已经泛黄褶皱了。我把他递给二叔，二叔随手把它扔在了茶几上。

晚上，一家人在一起聊天。爷爷不时抬头看看二叔又低下头，欲言又止。"儿子回房歇着吧，现在家里情况好转了，我给你买了很多书。"二叔回到房间，看到了《追风筝的人》，谁能说自己没有遗憾过，后悔过。也正因为遗憾和后悔才驱使人们不断地追寻他们人生中所缺失的"风筝"，只有追到了，"风筝"才能再一次高高飞起。

二叔到茶几上拿了他的本子，抹平褶皱，仔细的用橡皮擦净晕黄的纸张，看起来那些纸依然那么洁白，那么富有光芒。二叔明白：每个人心中都有"风筝"，无论经历了什么，都要勇敢地去追逐。

王彩云，江苏省徐州市鼓楼区徐州中学教师。

水寒，心不寒
——读《逆水寒》有感

◎ 许　婧

> 逆风千里乱云飞，
> 水涌孤舟激浪开。
> 寒光闪烁青锋在，
> 英雄踏歌纷至来。
>
> ——题记

《逆水寒》是《四大名捕》系列中的一部，初识《逆水寒》，是多年前观看香港导演鞠觉亮所拍的电视剧《逆水寒》，转而去读原著，其中的爱恨纠葛、世情冷暖更让人感叹。合上最后一页，萧瑟之感溢满心头，久久难以散去。

在《逆水寒》中，爱情算是在惊心动魄的追杀与逃亡过程中让人心头仅存的一丝暖意，却也最让人觉得酸涩。一个是名满江湖的"九现神龙"，一个是江湖第一美人，本是才子佳人，却因爱生恨。息红泪忍受不了戚少商的风流韵事及他永远把朋友义气放在第一位，一怒之下在碎云渊建起了毁诺城，发誓要取戚少商的性命。

但是，很少有人知道，这是息红泪的一番苦心。这碎云渊在外人看来是戚少商绝不敢踏足的禁地，其实是他的一条退路。正如雷卷所说，这天下间，最安全的朋友，有时反而是敌人。

其实他们二人不知道，他们的爱早已超越了恋人的相濡以沫，更像是一对生死之交的两肋插刀。于是，也就注定了二人的结局，息红泪终于发现戚少商不过是一个相依为命的人，但此时的戚少商才刚刚明白，纵使得到全世界而失去了息红泪，自己究竟得到了什么？为情伤心为情绝，万一无情活不成。而赫连春水，一个江湖上让人不齿的"小妖"，却一心一意爱着息红泪，所作所为只为她一人。于是，戚少商选择了成全，成全息红泪与赫连春水。

情到浓时情转薄。是伤，是痛，是怨。是爱？是恨？是缘？谁又能说清，只因你是一支射向我芳心的箭。

《逆水寒》中有尔虞我诈的诡谲，有争名逐利的背叛；但这个江湖中仍留有至死不渝的爱情，生死不负的友情，坚守初心的大义。书中那一幕幕暖心的场景让我不禁想起那一幅幅感人的画面。

万两黄金容易得，知音一个也难求。人生在世，得一知己足矣。伯牙的琴声表达了他高山一样的志向和江河般的胸怀，钟子期闻琴声而知雅意，二人心灵相融相通。然而，一旦失去真正的知音，另一方难免处于孤独的境地。高山流水终不复，伯牙绝弦时该是怎样的孤寂呀！

自然击你以风雪，你报之以歌唱。命运置你于危崖，你馈人间以芬芳。"燃灯校长"张桂梅点亮了多少孩子的人生！华坪女高的校训中这样写道"我生来就是高山而非溪流。我欲于群峰之巅俯视平庸的沟壑。我生来就是人杰而非草芥，我站在伟人之肩藐视卑微的懦夫！"十几年来，2000多名山区女孩从这所高中毕业，圆梦大学。张校长是为教育事业奉献一切的"张妈妈"，拖着病体忘我工作，持续12年家访超过1600户，行程11万余公里。她为学校留住了学生，为学生留住了用知识改变命运的机会。她吃穿用非常简朴，对自己近乎"抠门"，却把工资、奖金捐出来，用在教学和学生身上。她以坚忍执着的拼搏和无私奉献的大爱，诠释了共产党员的初心使命。

《逆水寒》，寒了多少人的心，却也温暖了多少人的心。即使世间之水寒彻骨，我们也不能冰冻自己的心。就如书中诸葛神侯所说，江湖风险多，终要有人去持剑卫道，你呢？

许婧，天津生态城南开小学教师。

这一次，我全力以赴

◎单文雪

"风卷松声魂欲消，愁人惨景笔墨难描，天寒地冻雪花飘，夜黑路尽生死难料……"看完旧戏班的业余演出后，让团长过耳不忘是这一曲哀怨动人的《梅亭雪》。陷入青黄不接之窘迫局面的潮剧团仿佛重新燃起了希望之火，团长开始四处打听唱曲的姑娘是谁，那一年，正是我初登戏台之时。

幼时我最爱"天光戏"，古老的潮剧表演令我望而却步，亦令我如痴如醉。生逢乱世，全家颠沛流离，我只得投靠姆母，其间心酸不可多诉，难得的娱乐莫过于通宵的这一出"天光"。耳濡目染之下，我也习得了一些基础身段和水袖技巧，眼见着童伶的悲惨境遇，也无法磨灭我这颗想做青衣之心。

进入潮剧团，是我人生的一次转折，而随之而来的这次表演，也是关乎潮剧未来发展的一次机遇。我径直走上台前，感到眼前迫切要做的事情和几十年后的命运息息相关。

从缝隙处瞄视着台下黑漆漆的那一片，我心里一阵的震颤。这一次，我终于代表潮剧登上五百年来最高的舞台，台下主席、全国观众翘首以待，这场合容不得我震颤。

大幕徐徐拉开，一曲《扫窗会》的念白唱词以秀丽端正的楷体形式被呈现，它们整齐地镌刻在胶卷的字幕中，以便观众克服方言唱段的理解困难。

舞台下观者的神情沉稳而安静，屏息凝神，满含着期待和好奇。他们拿在手中的扇子和书卷，静静的，似乎不曾动过。台前的锣鼓呆呆的，似乎从不曾响过，时间沉淀着。

我身着传统潮剧乌褂，手执扫把，边扫边寻，衣绸翻飞，一路展现着毫无掩饰的愁绪，带着"扫窗"一曲凄楚而来，一字一腔严丝合缝，尤其那独具韵味的拖腔，柔情似水，细腻动人，好似一路上有秋虫鸣叫，秋风拂树萧飒……

锣鼓声和曲调交融，每个身体细胞都充满了热情，每句念白都平凡而不平庸，每一处青衣矮步的变换都是音和影的交汇，每处拖腔都使人战栗在浓烈的艺术享受中，令人叹为观止。

这一刻，我尽情释放自己独特的风采，尽情诠释着自己对潮剧的热爱，以曲传情，以情撼人。

顷刻间，满堂皆惊。

顷刻间，风声入耳。

顷刻间，曲调的绵长被回响覆盖，最后渐渐消失。

戛然而止，世界出奇的寂静，漆黑的演剧堂立刻变得燥热了，随后爆发出雷鸣般的喝彩声……

这一刻，油然而生的自豪充斥心头，我终于有机会将《扫窗会》的魅力向更多人呈现，我为潮剧事业奔波不息的一生从这里正式宣告启程。在后来锐意改革的年代里，我见证着潮剧出海走向世界，新式影剧风靡东南亚华人圈，传统戏剧的传承之势不可阻挡，心里无限喜悦，亦无限欣慰。

再次带领着青年演员们重习"扫窗"选段的一招一式时，我亦会记起多年前的这一段圆润委婉、刚柔相济但又略带青涩的曲腔，我的一生注定与潮剧相伴，与潮剧共辉煌，庞大的过去和未来全交由潮戏一曲牵系……

"法曲久曾传海国，潮音今已动宫墙。难忘花落波清夜，荡气回肠听《扫窗》。"

单文雪，广东省深圳市光明区实验学校集团中学部教师。

不听·聆听·静听

◎ 刘艳玲

"狼来了！狼来了！"只要功夫深，铁杵磨成针——诗仙李白怎样逆袭；庖丁解牛要因其固然方能游刃有余；罗密欧与朱丽叶爱情至上化解两个家族的世代仇怨；身处轮椅神游太空的霍金；肖申克的自我救赎；失聪打不倒江梦南；世俗圈不住余秀华……从小到大，故事充斥我们生活的每一个角落。甚至可以说，我们每天都在或主动或被动地"听"各种各样的故事，在一定程度上，我们或多或少被各种故事塑造着。

那我们要怎样去"听"故事呢？

并非所有的故事都是好故事。近日，国企领导胡某勇与董小姐在成都街头的"牵手门"事件引发热议，令人意外的是，网友们在一边批判小三的同时，一边疯狂抢购"董小姐同款连衣裙"。据某网购平台的数据显示，事件曝光当天下午，这件本来无人问津的连衣裙销量就突破了800件，几天之内甚至要卖断货。这背后的原因值得所有人深思。当下很多年轻人沉迷于网络小说，热门网络小说中赫然有：主角开启特异功能一路开挂快速升级的爽文、剧情简单内容浅白的小白文、女主强势大杀四方的女强文、霸道总裁爱上我、灵魂互换、穿越成王妃的恋爱脑上身文……当这些没意义、没营养，只求商业上成功不问"立言"于世的故事填满了年轻人的思想，其后果令人不寒而栗。

可见，我们要有选择地去"听"故事，聆听那些能使我们的灵魂更充盈稳重的好故事。

听，孔子周游列国，知其不可而为之；听，魏征"谏太宗十思疏"，助明君创贞观盛世；听，归有光在项脊轩中默默读书，"大类女郎也"；听，黄继光负伤后跃起用自己的胸膛堵住敌人地堡机枪眼；听，艾起用20多年行动对妻子周月华践行了"背你一辈子，我不后悔"的誓言；听，淄博烧烤人间烟火"火出圈"；听，新中国开启基建"狂魔"模式，仅用十年改变中国面貌……

陀思妥耶夫斯基曾说："一个好的故事，可以改变一个人的一生。"让我们聆听好故事，感受故事创造者的殷殷期待，感受好故事对我们心灵的触动，让好的故事来启迪我们的智慧，甚至赋予我们改变自己命运的力量。

好的故事无处不在，有时甚至是无声的。让我们静听无声好故事。

人，本身就是故事。青年人本身就是最好的故事，你怎样中国便则怎样。好的故事，不是讲出来的，而是干出来的。每个人都是故事的聆听者也是创造者。讲好我们的故事，讲好中国故事，可以开发大家喜闻乐见的新形式——《中国诗词大会》《经典咏流传》甚至李子柒短视频、《乘风破浪的姐姐》都是典范，但不能瞎编瞎写，不要麻痹虚荣。那些能展示生活的真实与生命真谛的故事，才更能展现民族的形象，才真正是有力量的故事！时代无声，故事是剪影，生活才是英雄。让我们静听无声故事，创造自己和时代的好故事。

正如萧红所言："好的故事，是一种心灵的力量。"我们应用心灵去选择好故事，然后聆听其精神，躬身入局，去静听、去书写承载时代精神的无声故事，以留后世。

刘艳玲，云南省玉溪第一中学教师。

理性来比较，且看岁月长

◎ 安仕凤

"超级替补"邓清明，终于圆了那个"上天"梦。我们很难想象，在这漫长的二十五年里，当他与同龄人比较时，当他与人生的残酷比较时，他是如何跋涉过泥泞而"上九天揽月"？我想，这便是一种理性的比较，让岁月低头。

比较，是多少人挥之不去的梦魇——成绩单、业绩单、汇款单……它似乎贯穿了我们的一生。比较，可以是面对他人的辉煌后自暴自弃，亦可以是懒惰遇上他人的勤奋后的如梦初醒；可以是紧张、焦虑，亦可以是动力、勇气。这其中"失之毫厘、谬之千里"的，正是理性，是面对他人成功不放弃，是面对他人成就不妒忌。你呢？你又会如何看待比较？

比较，可以是救赎自我。邓清明在一次次的比较中，弥补自我的诸多不足，最终换取了笑中带泪的收获。陆步轩从北大毕业后，做起了猪肉生意，与其他猪肉贩比较，放下了所谓的孤傲，与其他北大同学比较，获得了更多的机会，找到了适合自己的道路，最终一点一点地成就了自己的事业。由此观之，比较，可以是黑夜中的灯塔，指引方向。当然，这里又要有理性的前提。生活中的我们总会有一些无法撼动的短板，我们又何必将此与他人的长处比较呢？若是江梦南将失聪的双耳与他人的健全比较，这个世界上便会多一份自怨自艾，少一份"和别人都一样"的努力坚强；若是陶勇将自己遭受的医闹不幸与他人的美满比价，这世界上便会多一份悲哀，少一份为了"一些比生命更重要的东西"四处奔走的坚韧。那就让我们从理智的比较中汲取力量，作为一种救赎。

把虚妄的比较丢掉，看看这悠长的岁月。拥抱自我吧！不仅是抱抱自己的梦想、坚持和无与伦比的勇敢，更要抱抱自己的泪水、犹豫和遍体鳞伤。在悠长的岁月面前，邓清明不是替补，不是与他人比较的工具，而是英雄。小威廉姆斯与费德勒已足够伟大，他们无需与年轻一代比较，挥洒的汗水和对退役的不舍只是在热爱着"拿起球拍的瞬间"；张伟丽放下对赢的渴望，放下比较，享受着在八角笼中的大汗淋漓，以英雄的姿态重夺丢失 567 天的荣誉，她是"世界的伟丽"。摆脱比较所带来的桎梏吧！你看羽生结弦摆脱冠军的比较，在冰上起舞的他一如冰般纯粹；你看陈年喜摆脱诗人的比较，"在五千米深处打发中年"的他写下"绝世的诗行"。岁月悠悠，从一地霜白到内心波澜，从生命的荒凉到无比灿烂，芸芸众生于时代，仿佛一粒粒微尘散落；岁月悠悠，他是如此慷慨，终会回馈每一个以梦为马的人，与其陷入比较的欲望的泥潭，不如摆脱内卷，重整旗鼓，执着地绘制心中之梦。

"我走得很慢，但我从来不曾后退。"放下比较的执念，既保有着对于成功的勃勃野心，又放下这折磨的所谓欲望，理性地看待他人所谓的"成功"，做那个纯粹而又执着的赴梦之人，毕竟，你要知道啊，在走向梦想的每一步路上，步步生花，步步算数。

安仕凤，山东省青岛第五十八中学教师。

我生活中的一棵树

◎ 杜　路

雁南公园的枫叶红了。衬上秋日高远的天空，显出了一种冷艳的美。据说，周末去了很多人。

但我没去。潏河公园的婉转，揽月阁的高邈，长安公园的阔达，秦岭山林厚重又妖娆，再加上现在的雁南公园，每一处景致都美得独树一帜。但于我而言，这份美，可欣赏、可赞叹，终归是少了一份心动。

忽而，就记起很久以前，家中的院子有一棵泡桐树。不知是什么时候栽下的，从我记事起，它就站在那儿了。村里这树很多，几乎家家都有。听说是因为它生长迅速，没几年就能长起来，就能撑起一片阴凉的缘故。

每到春天，这树上就会泼泼洒洒地开着深紫色的大朵的喇叭花。也有乳白色的，但不多见。从春到夏，在树叶代替花朵的过程中，村子里总能闻到那股桐花的味道，许是太多太繁了，我总觉得那味道中带着一股甜腻。有人说，那些桐花底部能吸出甜甜的花蜜。我也曾捡起刚掉落的花，认真地试了一下，淡淡的甜中带着苦味，还掺杂着花粉颗粒。只试过一次，就再也不愿尝试了。到了夏天，树叶长起来，一片片泡桐树叶，比大人的巴掌还大，小的很少。我总觉得这树叶长得蠢些，不精巧，不灵秀。奶奶曾说，因为它长得太快，所以伐来的板材是不堪大用的。

也曾有一阵发生过改观。小学时候学到了一篇课文，提到了梧桐树，原文是什么忘记了，但印象中这树很浪漫。因为村里的人都把泡桐树直接叫桐树。我曾心动地想，走在这树下的我是不是也能披上一层诗意？但它果然是不堪大用的，当我求证的时候，才知道浪漫的是法国梧桐，青白泛着光泽的树干，精巧别致的树叶，也不会开出那没有格调的大朵的紫花。而这样的梧桐，都是生长在城市的行道旁。村里的泡桐树在我心里就更显得蠢笨而俗气了。

再见泡桐，是我坐在从天水回西安的车上。彼时的我，正被家乡那些曾经的人和事而塞得心事重重。掠开窗帘，突然就看见车外的几树泡桐。在山地深处恣意地生长着。还是那样高高大大，笔直笔直的样子。叶还没长出来，满树的紫花，在太阳下闪着光。连周围的阳光似乎都染上了紫色的光晕。一大树一大树在这深墨浅绿的山中，竟是如此惊艳！

那紫色一下子就击中了我。村前村后，门口院中的泡桐树，一下子全在我脑中绽开了紫色的花朵。那浓稠又梦幻的颜色，令我一阵眩晕。那些人，那些事，竟也渐渐变得轻松了许多。

这些年村子渐失，我是再没有见过这树了。我想，以后应该也没有哪个公园会栽下这样的树吧，究竟还是粗犷了些。不过，这树也未必就想出现在公园里，没有了麦田描边，烟火勾勒，鸡鸣狗吠的浇灌，它那高速生长的枝干叶片，那整树整树的花朵，恐怕也难真正伸展开来吧。

枫叶再美，也是属于城市和公园的。而我的美，就只能留在大山和心底的深处。

倒也不必遗憾，有的美，就是为了纪念。

杜路，陕西省西安市万科城初级中学教师。

何当共剪西窗烛

◎张颖洁

"君问归期未有期,巴山夜雨涨秋池",离家的李义山无法确定归期,只能宽慰妻子,回家后我一定给你讲讲今夜的秋雨,和今夜的故事。《夜雨寄北》的美好就在于丈夫对妻子的那一抹温情。夜阑窗边的窃窃私语,我的故事变成我们的故事,红烛映照依偎的剪影,就是最平凡的浪漫。

"庭有枇杷树,吾妻死之年所手植也,今已亭亭如盖矣。"《项脊轩志》中归有光讲述了妻子的故事。"有一天那个孩子长大了,会想到童年的事……"《合欢树》中史铁生讲述了母亲的故事。无论是爱情还是亲情,其本身就具有感人肺腑的力量。而连接古今和你我,敲开每个人心扉的是一个个故事。

还记得儿时的故事吗?代代相传的故事承载的是一个民族的美德与智慧。听着《小美人鱼》长大的孩子,内心深处一定会种下一颗善良的种子;听着《阿凡提的故事》长大的孩子,可能更喜欢用智慧而非暴力解决问题;听着"程门立雪""凿壁偷光"长大的孩子,从小就会拥有一份对知识的向往;听着"精卫填海""愚公移山"长大的孩子,会更加相信坚持的力量……小故事孕育着大智慧。各民族的历史和智慧融入一个个故事中,成为民族的精神文化,代代相传。

二十年前手机还是稀罕物。那时的老师常常为学生沉迷于各种小说大伤脑筋。不少班主任都有从学生抽屉搜查"闲书"的经历。记得当时解放大道的路口有一个临时的书棚。放学后,学生三三两两地坐在棚子里,或看或借或买。书棚里只有小说和杂志。杂志以《故事会》之类的通俗杂志居多,小说分名著类、武侠类、言情类。小说中的故事必然比课本上的更有吸引力,口袋里不多的零钱也就进了摊主的钱包。

现在回想起来,当时偷着看的小说大多数都是优秀作品。《傲慢与偏见》《呼啸山庄》等外国名著系列自不必说。金庸先生、琼瑶阿姨的小说现在不也都成了经典,还搬上了银幕了吗?可见我们这一代人童年的物资生活虽不丰裕,精神生活还算得上小康。

网络时代的来临,让每个人都能讲故事。校园旁的公交520路,驶过小学、中学、繁华城市中心,最后到达墓园。学生制作了《浪漫江城520路的生命之旅》视频,一辆普通的公交线路便有了它的故事。校园迎春花开了,樱花开了,蔷薇花也开了,老师们举起相机拍摄春天的故事。进校时,我会带领学生熟悉学校的历史,讲述学校的故事。就连普普通通的课桌椅,也可能是某位师兄师姐曾经奋斗过的地方,记录了他们的故事,也将记下每一届学生的故事。

如果有一小段空闲时光,我喜欢捧一本书,躲在无人的角落,听书中人物讲讲他们的故事。也喜欢打开笔记本,记录一下我自己的故事,和身边发生的故事。遇见合适的时候,我也会和亲朋学生们分享当年的故事。做一回"何当共剪西窗烛,却话巴山夜雨时"的李义山。

张颖洁,湖北省武汉市第二中学教师。

迷途知返，不如归去
——读《薛谭学讴》有感

◎ 杨小红

深研本手，追求妙手，慎防俗手，这是下棋的三重境界，同样适用于我们的学习与工作。

《薛谭学讴》则是一个鲜活的例子，短文主要写薛谭跟秦青学唱歌，自认为学完了所有的内容，技高一筹，便想辞师回家，秦青也不加阻拦，只是在送行的途中高歌一曲，响彻云霄，薛谭自愧不如，又回到秦青身边继续学习。

纵观历史的长河，没有哪个伟人的成才是浅尝辄止的。鲁迅的作品，文字精准，笔力强劲，无疑和他七年潜心抄写古碑的功夫密不可分；达·芬奇的画作，合理推测，出神入化，这与他用心画鸡蛋的经历关联匪浅。

俯首回望自己，真是感同身受，譬如阅读，还没完全理解文意与主旨，就开始欣赏技巧，能力怎能提升？又如写作，还没具备框架与素材，便按模式去套作，最后只落得空洞无物，文乱如麻。这样的阅读与写作，哪怕你天天练，也是竹篮打水一场空。只有回归语文的本质——多读多积累，才能卓见成效。

学海无涯，艺无止境，因此我们为了追求妙手，慎防俗手，一定要像薛谭那样有迷途知返的精神。

但返也要有个尺度，我不赞成"薛谭谢罪，终身不敢言归"的做法，为什么终身不敢言归呢？

其一：终身未穷秦青之技，而不敢言归。应斥之！

既然终生也没学到秦青的技艺，而自己又十分喜欢唱歌，那不就是自己缺少悟性吗？悟性这东西寻求不得，作为一个成年人应该拿得起放得下，千万不要钻死牛角尖，当今社会考公热度很高，很多大学毕业生为了追求这一热门职业，日复一日年复一年，待在家中，潜心学习，一门心思备考，结果有的考到三十多岁，还是连个笔试都不过，最后只落得荒废青春，脱离社会的局面。唉！真希望这些人醒醒啊！

其二，穷秦青之技而不敢言归。应大斥之！

既然已经学到了秦青的技艺，那就应该有归家的气魄！归家，撸起袖子大干一场，辟一条属于自己的歌唱之路，多美的事啊！既检验了自己，升华了自己的人生价值，又服务了社会，让社会"更一层楼"。不敢归，永远守在老师身边，不敢越雷池半步，何以开创新路？即使学富五车，才高八斗，又有什么用呢？现在是独生子女盛行的年代。很多家长都喜欢把孩子捆在身边，认为这样最好，我认为这样的做法是自私的，试想一下，一个孩子读了十几年的书，满腹经纶，专业过硬，小地方的落后思想会限制孩子的思维，思维又决定他的行动，久而久之就会出现一种"躺平"的心态。"海阔凭鱼跃，天高任鸟飞"，孩子已经长大，尊重他们的选择，学会华丽转身。

"终身不敢言归"，斥薛谭！大斥薛谭！不如归去，择时而行之。

人生路漫漫其修远兮，吾将上下而求索。为了深研本手，追求妙手，慎防俗手，我们既要有迷途知返的精神，又要有不如归去的果敢。

杨小红，湖北省孝感市孝南区西湖中学教师。

承最初梦想　担时代使命

◎谭　覃

康有为在浩瀚烟云中挥墨而出，将个人智慧熔铸于国家未来；黄旭华于时代潮头挺身而出，用自身力量铸就民族发展。历史之中无数仁人志士渴求着个人发展，也呼告着同一个梦想，无数勇者接过时代接力棒奋勇向前。观古而能鉴今，吾辈青年更应回应时代呼唤，寻求个人价值，承最初梦想，担时代使命。

何为梦想？

我翻阅历史典籍，寻遍时代车辙，企图获得这个答案，于是，我看见孔孟老庄于乱世中希望推行个人学说，嘈嘈其言，为的是拯救国家于水火；我看见屈原立于江畔之上披发而行发问君主，昭昭真心，为的是楚国能真正强大起来；我看见鲁迅先生弃医从文以笔为剑刻下《狂人日记》，字字泣血，为的是国土可安百姓安康；我看见爱国学生涌上街头发出怒吼，滴滴热血，为的是满目疮痍不再。他们在追寻什么？他们在坚守什么？直到他们立下誓言于红船之上，他们走向未来于战火之中，我终于明白，他们是为着个人梦想得以实现，为着一个国家的繁荣昌盛，一个民族的振兴发展。在中华五千年历史中，无数贤能之人在呐喊，无数勇敢之人在前进，无数热血之人在奔走，他们寻求个人的价值，探求个人梦想，他们无问东西，呼告着同一个梦想——中国梦！

何以成梦？

留法四子为着心中的答案毅然奔赴他国，又决然走向战场；抗美援朝的将士们为着同一个信念浴血奋战，不曾退后；焦裕禄为着一个国家的建设忍着剧痛，鞠躬尽瘁死而后已；张京渴望着成就自己的梦想终于站在外交舞台说出了铮铮誓言。我们都是心怀热忱之人，却常常迷茫，不知梦想归于何处，不明热血撒向何方，于是，他们给了我们答案，这一路上有奋斗者埋头苦干，有无畏者抛头颅洒热血，有奉献者不计得失，有前行者用知识绘就未来。高三的我们或许天赋不同，或许性格迥异，但我们都需要博学提能，坚定信念，认识自我，提升自我，在此基础上寻得自己的梦想，在这个时代中坚定自己的位置，奔赴同一场星辰。

如何成梦？

毛主席曾说："数风流人物，还看今朝。"曾经，国家身处水火，李大钊寻遍良方振臂疾呼唤醒国人；国家百废待兴，于敏义不容辞转变方向从头开始建设新的时代；国家渴求发展，航天总设计师容易埋头苦学走出山村开启航天新的篇章。如今，洪水泛滥，他们用凡人之躯比肩神明，边境战火，他们用年轻的生命延续希望，山火弥漫，他们用接力汇成一条长城……每一个时代都不缺乏前进之人，吾辈青年也不曾忘记同一个梦想，我们汲取知识，懂得道理，用稚嫩的言语表达对未来的渴望，我们赓续使命，勇于担当，用青涩的双手绘就中国蓝图。我们在探寻个人梦想的路上翩翩起舞，在建设同一个中国梦的选择中尘埃落定。

每一个青年都是时代的缩影，每一个梦想都是中国梦的组成，高三的我们，十八岁的年纪，我们充满对未来的渴望与想象，我们不惧离别，不畏失败，我们永远热血向着梦想，我们在同一条赛道奔跑，也终究奔赴不同的远方，但即便前路漫漫，我们也将上下求索，因为我们深知，我们殊途同归，定会承递同一个中国梦，如山河相会，如微光成炬，一路前行担负时代使命，扶摇直上九万里。

谭覃，湖北省恩施市旗峰坝平高实验学校教师。

难忘那次含泪的笑

◎何　鹏

　　老家栅栏边的蔷薇又开花了，开得那样绚烂，全力绽放着属于她的生命。看着母亲传来的这几张蔷薇的照片，我不禁泪眼婆娑忆起了当年。

　　在我16岁的时候母亲突然身患急性类风湿性关节炎。母亲的病情恶化得很快，短短两个月的时间母亲已行走不便，从座椅上起身需要人扶，晚上更是疼得难以入眠。而且，疼痛从膝盖已经蔓延到全身。晚上每当听到母亲难眠的呻吟声，我都心疼不已。

　　那天我从学校回来，母亲正准备前往当地的一个寺庙。母亲之前是不去这种地方的，自从她患病在身，从别处听到这个寺庙的菩萨很灵，求神拜佛后有"灵药"可以吃，母亲便一直坚持去了。不知她已瞒着我去了多少次了，我听后自然是强力劝阻。最后拗不过，便不放心地陪着母亲一同去。犹记得那天，零度左右的温度，寒风如怒吼的狮子在我们耳边呼啸而过。母亲身体是受不住如此恶劣的环境的啊！好不容易到达目的地，母亲便开始对着那么多菩萨一个个艰难地跪拜起来，我立马忍不住眼泪纵横。只见母亲缓慢吃力地跪下，拜完之后两手撑地又缓慢而艰难地起身，紧接着便去其他菩萨前重复同样的动作。不愿再让母亲如此艰难的我立马拉着母亲已经变形的手指走了出去，放声大哭不许母亲再来，极力要求母亲寻找科学的医治方法。母亲见我这般也早已红了眼眶，爱怜地为我擦拭眼泪道："哭什么，妈坚信只要虔心拜佛，佛祖会保佑我健康起来的……如果妈连这点精神寄托都没的话，妈，妈会崩溃的……"母亲忍着眼眶中打转的泪水笑着对我说。

　　那次以后，我没有再劝阻母亲的拜佛行为，只不过她听我们的话也在接受科学的治疗。母亲尝试了各种治疗方法，她品尝了各种苦涩的中药，自己找药草做偏方吃，定期去针灸，坚持早起锻炼关节……每当看到母亲喝药时纠成一团的表情，每当看到母亲身上密密麻麻的针眼，每当听她诉说那种难以言说的针刺的疼痛，我们都劝阻母亲减少受苦的次数，然而母亲依然坚持，依然含泪地坚持着，嘴里还时常碎碎念道："会好的，会好的……"我们明知道这种病不会痊愈，只会暂缓疼痛和恶化罢了。

　　就这样几年过去了，母亲在积极接受治疗的同时也坚持着她的信念。那株她患病那年种下的蔷薇并没有因为母亲的身体状况而受到冷落，在母亲与病魔斗争的同时它也在母亲的呵护下成长、蓬勃生长。

　　高中毕业之后我去了外地求学，与母亲的交流大多只能通过电话、网络。有一天接到母亲的视频聊天，母亲一上来就激动地说她现在已经行走灵活，晚上睡觉也少疼痛了，估计手指恢复原样也有希望呢……母亲含着泪笑着对我说，那久违的发自内心的笑，一如那盛开的蔷薇。

　　时至今日，我都难忘母亲那次含泪的笑，那笑饱含着母亲多年来与病魔抗争的坚持，饱含着她那令人不忍的坚强，饱含着她对这生活的不懈追求！

　　何鹏，江苏省苏州市苏州工业园区星海实验初级中学教师。

有为与无为

◎马 杰

古人云："君子有所为,有所不为。"那到底何为"有为",何为"无为"？何事要"有为",何事要"无为"呢？

"有为"与"无为"是中国古代哲学的两个重要范畴,也是古代精神哲学、价值哲学、政治哲学的两个重要概念,表达了两种不同的哲学精神、处世态度、价值取向、行为选择。"有为"与"无为"对古人的为人处事、立身处世具有重要的指导意义。作为新时代的青年,我们生逢华夏盛世,身处复杂人世间,为了更好地实现自己的志向和抱负,为了更好地助力社会的发展,为了更好地开拓国家的繁荣富强,我们必须正确认识"有为"与"无为"。

"有为"即有所作为,但又不能乱作为。

生而为人,来这世间走一遭,定然不能虚度,为了更好地实现自己的人生价值,我们当有"少年自当扶摇上,揽星衔月逐日光"的志向;为了更好地助力社会的发展,我们必须要有"少年应有鸿鹄志,当骑骏马踏平川"的抱负;为了更好地开拓国家的繁荣富强,我们更得有"愿以寸心寄华夏,且将岁月赠山河"的雄心壮志。

我们要有所作为,正如"背篓少年"王发,常常背着佤族特色小背篓,里面放着他心爱的球拍和网球,不到6点就起床,每天7000多次挥拍,刻苦训练,通过体育圆梦人生；又如2022年8月中旬和下旬,重庆多地相继发生山火,面对肆虐的山火,无数山城儿女加入志愿者大军,"摩托骑士"闻令而动、冲锋在前、勇毅逆行,一次又一次战胜陡峭的山路,为救援送上急需物资,他们用热心和勇敢守护了身后的万家灯火;再如"00后"小将苏翊明通过不为人知的艰辛付出,不停地自我超越,在2022年北京冬奥会上夺得大跳台金牌,为国争光。他们都是有所作为的典范,是我们学习的榜样。

我们要有所作为,但又不能乱作为。我们不能像《初心》中的那位局长一样,在铁证如山的情况下,为了给自己的表侄脱罪,要求下属徇私枉法;我们也不能像魏征《谏太宗十思疏》中的唐太宗和杜牧《阿房宫赋》中的秦始皇一样,为了满足自己的私欲,就要大修宫殿,劳民伤财,置百姓的生死于不顾。人生天地间,我们要有所作为,但绝不能乱作为。

"无为"即无作为,但又并不是任何时候都不作为。

当别人用巨额钱款来找我们办不正当事情时,我们毅然拒绝,这是无为;当别人的贵重物品摆在我们面前,我们不私拿,这是无为。在违法乱纪或违背伦理道德、人心正义等事情面前,我们必须无为。但当有老人摔倒需要帮助,或有人遭遇人生不幸需要安慰时,我们不能不作为。正如俗语所说："勿以善小而不为,勿以恶小而为之。""无为"是"有为"的前提,"有为"是"无为"的结果。

几千年来,"有为"与"无为"一直伴随着我们的生活,影响着我们的命运。作为新时代的青年,"鲜衣怒马少年时,不负韶华行且知",为了自己、社会和国家,我们必须正确认识"有为"与"无为"。

马杰,云南省昭通市威信县第一中学教师。

习静心方泰　无机性自闲

◎李玥璇

我们生活在一个快节奏的时代，网络快、物流快、出行快、外卖快、刷剧快，这些"快"让我们的生活变得更便捷。但真的任何事都需要讲求速度快吗？当我们感慨城市里没有星空的时候，并不是天上没有了星星，而是我们已经习惯了在霓虹下匆匆行走。

面对着竞争中内卷和自耗的裹挟，承受着"爱之太恩，忧之太勤"的培养，对抗着"丧文化"与"彻底躺平"的诱惑，青年人呼喊着："暂且静一静吧！我希望有一个自己的空间，放松、沉淀、成长。"

"习静心方泰，无机性自闲。"当心性安于平静，内心自然安泰；忘记纷扰喧嚣，性情自得安闲。当青年们获得一个安静暂且不被打扰的空间，当疲惫的内心得以放松，浮躁的心情得以沉淀，生活自会重新焕发出光彩。

安静暂且不被打扰的空间，可以是归有光在《项脊轩志》中描绘的"借书满架，偃仰啸歌，冥然兀坐，万籁有声"的清雅怡人观书之处；也可是王维在《清溪》中吟咏的"漾漾泛菱荇，澄澄映葭苇。……请留磐石上，垂钓将已矣"的明朗悠闲放松之处；亦可是刘长卿在《不遇》中体会的"过雨看松色，随山到水源。……溪花与禅意，相对亦忘言"的清幽静谧思索之处。

当代青年人往来于繁华的大街小巷，穿梭在喧扰的闹市楼宇，偶然步入阳光满溢的别致书屋，或是闹中取静的清茶小店，或是简约典雅的瑜伽小馆，抑或是闲庭漫步的公园小路，可浅读，可闲坐，可凝神，可放空，静者心清，洗涤浮躁，快事一桩。

安静暂且不被打扰的空间，不仅为外部所能构建的空间，更应为内心保有的自由世界。我们能在这个独一无二的世界中，沉浸于自己喜欢的事物，探寻内心的真实情感，吐纳生活的得与失，安抚疲惫倦怠的心灵……放情于天地外，得逸于独处间。

就如《种树郭橐驼传》中"能顺木之天，以致其性焉尔"的可自由生长的空间，不被频繁地打扰，不被强行地助长，遵循成长节奏，静心培育，不急不躁，勿动勿虑，"故吾不害其长而已，非有能硕茂之也；不抑耗其实而已，非有能早而蕃之也。"

这是一种不打扰的智慧，是一种积极的独处状态，绝不是在所谓的特立独行中显示与众不同，亦不是陷在零碎琐事里不能自拔，或顾影自怜或孤芳自赏。而是尊重天性，大胆呵护自我的小世界，历练心灵，积蓄自信的能量，学会应对未来人生中的纷纷扰扰，学会穿越浮华与喧嚣去寻找更广阔的世界，能够平心品尝世间的百味，含笑应对人生的波澜。

人不是向外延展才算成长，静静向内求索也是成长，青年们能以安静的不被打扰的方式去触及、探索、追寻心灵的成长，于人生而言大有裨益。

古人有言"习静心方泰，无机性自闲"，愿青年们时常拥有一个安静不被打扰的空间，追寻安然笃定的内心，放松、沉淀、成长。

李玥璇，云南省玉溪第一中学教师。

我与你的距离

◎张慧琳

我向何处寻你？穿林打叶的烟雨里，浩渺江海的小舟上，还是九死南荒的旅途中？

行在人生的逆旅，我撞见了你。

幼时我便常去东坡园玩耍，看绚丽的鲜花，看典雅的飞檐，看奔流的运河，仰望那尊凝望着滚滚河流做深思状的雕塑，听父亲万丈豪情地诵"大江东去浪淘尽"……望着你的雕像，我只觉得那词就像澎湃的流水，一声又一声，"嘭嘭"撞击着我的心扉。

我居住在你曾来访多次的常州，而常州有一个东坡园。

我庆幸，我与你的距离很近，近到比邻而居。

东坡园里有两尊雕塑。拄杖的你，总是坚定注视前方；听江的你，总是斜身侧望流水。水不停奔流，路经你身侧；人群来往，熙攘在你身边。或许你曾看过东逝的流水，但你不曾望见平地而起林立的高楼，你不曾望见周围人群的更迭，你更不可能看见我——一个千百年后因为你的诗文疯狂想追寻你足迹的普通人。

我多羡慕与你论兵的陈季常，同你夜游的张怀民，与你同游赤壁的舟中客，受你提点的四学士，与你为友的渔樵麋鹿……

可是，我与你之间的距离何止是千百年时间与生死的鸿沟。

忽而我意识到，在你雕塑身畔东流而去的，是运河，不是大江；舣舟亭那一叶小舟，也无法载我于赤壁"凌万顷之茫然"；而这些都是因为，此地，是你身殒的常州，不是你高唱"也无风雨也无晴"实现人生突围的黄州，不是你"日啖荔枝三百颗"的惠州，更不是你叹"兹游奇绝冠平生"的儋州。

你始终被命运的绳索牵引，"身似不系之舟"，去向天南海北，而我始终在这里，安稳度日。

我与你的距离，是我历经不到的艰苦，是我到达不了的远方。

一生的颠沛流离，即将被一纸诏书画上句号，你却在途中客死于此。"休言万事转头空，未转头时皆梦。"现在梦醒在了归程，你是否依旧不悔？

我想答案是肯定的。"此心安处是吾乡"，在这飘摇的人生旅途中，处处是你心安处。处处是家乡，又何谈归途？

这是我与你最大的距离。

我永远记得坐在苏州湾大剧院的现场，看《苏东坡》音乐剧的那一天。

饰演你的演员一上台，我就泪流满面。这是我离你最近的一次。然而我又深知那不是你，泪水漫溢。

那个意气风发的少年踌躇满志地走出眉山，有治世之才却被磋磨，在无解的困境里实现突围……这是我第无数次看你的一生。

这一次，在泪光中，我终于发现，我与你的距离其实很近，很近。

你就在中秋皎洁月光下"共婵娟"的祝福里，在我失落时"一蓑烟雨任平生"的鼓励中，在我偷懒时"努力尽今夕"的鞭策里，在我沉溺回忆时"休对故人思故国，且将新火试新茶。诗酒趁年华"的劝勉中，在岁月静好时"人间有味是清欢"的咀嚼里……

淋雨的人，在用自己远射千百年的精神光芒，给后来者撑伞啊。

我向何处寻你？向生活的每一处。

张慧琳，江苏省常州市天宁区常州市翠竹中学教师。

天地英雄气，千秋尚凛然

◎ 周明波

天地玄黄，宇宙洪荒；巍巍华夏，屹立东方！盘古开天，三皇五帝；春秋战国，天下归一！秦皇汉武，略输文采；唐宗宋祖，稍逊风骚！伟大领袖，指引方向；英雄人民，创造辉煌！长江的惊涛，黄河的巨浪，见证中华民族的历史源远流长；广袤的平原，巍峨的高山，讲述中华英雄的故事代代相传！

垓下曲

垓下泥沼，尸横遍野。

乌江渡口，项羽如铁塔般凝视对岸，汉军的呐喊已然清晰！耄耋艄公深情相劝："楚霸王，江东虽小，地方千里，众数十万，瞬时可王！愿大王急渡！"项羽长叹，微睁含泪双眸，遂笑意灿然，铁语铮铮："人生一瞬，霸业难成！籍与江东子弟八千人渡江而西，今无一人还，籍何面目南渡而见江东父老？力拔山兮气盖世，时不利兮骓不逝！"

剑锋，划断经脉，一个英雄的名字闪耀汉简唐铭，一段传奇的故事流传大江南北！宁肯站着死，绝不跪下生，青史留英名！生死瞬间，西楚霸王项羽用生命诠释了勇猛刚强和铁血悲歌！

正气歌

北国荒漠，残阳如血。

大都城外，天祥如石像般矗立刑场，行刑的时刻已然临近！元相孛罗狞笑而言："文天祥，进则富贵，退入地狱；降则为相，不降瞬死！"天祥昂首，深情回拜南方，遂目光如炬，叱声如雷："人生一瞬，英名万世！祥乃大宋状元宰相，顶天立地，生是宋人，死是宋鬼，砍头何所惧哉！人生自古谁无死，留取丹心照汗青！"

刀影，划落夕阳，一颗不屈的头颅震响华夏山岳，一腔殷红的热血洒落神州河川！贫贱不能移，威武不能屈，富贵不能淫！生死瞬间，状元宰相文天祥用生命诠释了赤胆忠心和高风亮节！

虎门颂

广州城外，艳阳高照。

虎门海滩，林则徐如泰山般屹立礼台，销烟的命令即将下达！英美洋鬼号啕哭泣："林钦差，手下留情，高抬贵手；不烧则谢，烧则等死！"则徐捋须，俯身三拜京师，遂怒目圆睁，响彻海疆："人生一瞬，华夏留名！徐乃大清御赐钦差，定国安邦，岂怕你洋寇坚船利炮！我炎黄子孙终会驱除鞑虏，国富民强！苟利国家生死以，岂因祸福避驱之！"

令旗，划破长空，一团雪白的烟雾冲向九天苍穹，一片雷鸣的欢呼响彻南国海疆！胸怀报国志，敢灭洋夷威，扬我中华魂！生死瞬间，中华英雄林则徐用铁骨诠释了砥柱中流和碧血丹心！

英雄非无泪，不洒敌人前！男儿七尺躯，愿为祖国捐！上下五千年，纵横史册间，我中华多少顶天立地的须眉男儿，多少坚贞不屈的巾帼女杰，抛头颅，洒热血，书写了无数惊天地泣鬼神的传奇故事！天地英雄气，千秋尚凛然！英雄的故事，必将激励我华夏儿女，勇毅前行，实现我中华民族的伟大复兴！

周明波，湖北省襄阳市第四中学教师。

劳动遐想

◎李菊芬

于耕耘大地的农人而言，丰收，无疑是刻在基因里的情感。他们冬天堆粪造肥，春天播种，夏天浇水施肥，秋天收割打碾、颗粒归仓……从春至冬，劳作生息。

远山淡雾里，麦黄六月天。六月，是麦田的季节，蔚蓝的天空下涌动着金色的麦浪，暖风拂过，沙沙悦耳，夹杂着沁人心脾的麦香。那饱满的麦穗，是农人心中最深沉的期待，充满着勃勃生机的劳动之美。

蚕老一时，麦熟一晌。趁着晴好天气，山里的庄稼人头顶草帽，弯着腰，各自挥舞着手中的镰刀。只听得"刺拉拉、刺拉拉"的一阵阵割麦子声音，麦子一片一片被放倒，一束一束被捆好。人们肩扛手提，麦捆被整齐地堆放到牛车上。赶车的大汉左手挽住缰绳，右手紧握鞭子，抬起手在空中一抖，"啪"的一声，鞭子在空中划出一道优美的弧线。接着大喊一声"驾"，浑厚的声音回荡在无际的麦海，老牛载着金色小麦，缓缓驶向远处升着袅袅炊烟的村庄。

置身于六月的麦田，感受到的不只是秋实的飘香，还有农民靠勤劳获得的丰收理念，还唤起了对人生的思考。

小麦，是农人的希望，他们用汗水呵护着每一株小麦，静待自然的回馈。梦想，是青春的底色，少年用奋斗绘画属于自己的远方。但年岁并不是青春的标签，青春是一种心境，心存梦想就会青春永驻。当微风带着收获的味道吹过脸庞，无论是鲜衣怒马弱冠时，还是历尽千帆不惑时。我们都应该回顾那些逝去的日子，思索自己的成长和收获。这一路走来，我们是否为梦想拼尽全力，是否到达了想去的远方，得到了期许的人生。

麦浪涌动，麦香四溢，趁着阳光正好，尽情地努力拼搏吧！肆意的欢笑吧！愿我们不负年华，播种希望的光芒，收获耕耘的回响。

李菊芬，云南省石屏县牛街中学教师。

追梦的代价

◎ 韩 伟

"我听见回声，来自山谷和心间，以寂寞的镰刀收割空旷的灵魂，不断地重复决绝，又重复幸福，终有绿洲摇曳在沙漠。"我捕捉泰戈尔的思想灵光，把绮丽的希冀带给我最亲爱的学生。

老师曾带领你们"置身诗境，缘景明情"，感受诗歌的优美意境，但也要带你们"沼泽探险，荆棘攀爬"，体验生活的崎岖蜀道。因为我们不是做梦人，高中的生存逻辑告诉我们：追梦的路上总要付出点代价，如临不测之渊，据华山而探险峰。

丢下闲置的自尊，放声哭过重振作。

累吗？苦吗？这还不够，因为你吃下去的一点苦，只是学习的苦的一部分，而学习的苦又只不过是生活的苦的真子集。其实你也知道"合抱之木，生于毫末"的哲学道理，却在下一秒演示"我生本自由"的"豪情自适"。吸引了我的注意，免不了你的眼泪自溢。我可爱的学生，你们爱美的动作，瞬间红的脸，嘴角的微微上扬，都是你们的青春。老师想好好地呵护这些美的东西，却总在不经意间触碰到你那敏感的心，还有那一份略带偏执的自尊，再"努力"一点，就要惹得梨花带雨，愁情缓缓。我不希望你哭，又多么希望你放声地哭，因为能够放下"装备"，会看到真实的你。

"金之可贵，在于内质。"

你知道我想说的是，我们都望尘莫及的自律。手机确实很好玩，但脚下的路真的很真实。周末的时光就该休息，但在你手中偷偷溜走的时光又足够"刺激"。兜兜转转，是顾影自怜，是悲观不已。

晚自习的时间真的很长，长到我们在结束时，不得不借助引得我们垂涎欲滴的高热量来弥补，以作为疲惫身心的慰藉，犒劳辛苦一天的躯体。回头一看，9:45好像一个机关，是开启，也是结束。9:45前，"诸子百家"竞风流，9:45后，"闲花"落地听无声，周而复始，终现青春各自欢愁。

回家的路很短，思想的长度在绵延，因为10分钟的路途，是有关36个人甚至更多人的思考。每每那些曾在我嘴里吐出来的虐心刺肺的话重现，都让我不得不心生丝丝哀怨，是后悔，是自责，也是矛盾冲突的反复冲破。自尊心被碾碎的感觉并不好，但我却常常做了这样的"勾当"……

藕花深处归渡，惊起一阵青涩雾。我没有更好的办法帮助迷茫的你变得一往无前，也没有小妙招帮助懒惰的你去惊天泣地，更没有……这样的你……

我只能用不成熟的情绪去"照顾"多种多样的你，期待能带去略带锋利的暖意。

文字真是好东西，谢谢它代我表情达意。文字真是好东西，让我稀里糊涂完成了"追梦的代价"这没有阐释清楚的题意，也不知我亲爱的学生能不能有一点点灵气，来捕捉我全部的心意——这追梦的代价。

韩伟，吉林省吉林市亚桥高级中学教师。

橘子洲之行

◎杨 辰

橘子洲，我曾无数次在黑甜的梦乡里见过它的模样。郁郁葱葱的树，掠水面而飞的鸟，以及那庄严肃穆的毛主席石像，都令我恨不能长上一双翅，飞向那充满生机的远方。

今年寒假，我终于遂了自己的愿。

橘子洲在江心，远远地，我在大桥上，看到了它的模样。那是一颗晶莹剔透的绿玛瑙，正好镶嵌在波光粼粼的银缎带中央。骄阳高悬于碧穹之间，肆意地将温暖的阳光洒下，让绿玛瑙和银缎带迸发出丝丝闪亮的银光，皆是寒冬所罕有的生机。

坐着观光车，驶进橘子洲内环。大路两边，全是翠绿欲滴的树，娇艳动人的花。我满是欣喜地探出头去，妄图用肉眼记下这洋溢着生气的画卷。微凉而湿润的风温柔地抚过我，夹杂着一缕淡淡的花香，飘忽不定。树上的枯叶纷纷扬扬地落下，化作养分源源不断地哺育着新叶，似是知道要将未来交给更富朝气的、新生的嫩叶。年年如是，周而复始。

一抹白飞快地掠过江面，透过叶间的缝隙去看，我惊喜地发现，是鸥鸟！几只洁白似雪的飞鸥掠过水面，激起阵阵涟漪。那霜雪似的白，在阳光的照耀下折射出星星点点的光点。我的心似乎也被那柔软的翎掠动了。这寒冬中生命迸发的活力啊！

再往前走，便是毛主席的石像了。透过互相遮掩、层层叠叠的嫩叶去看，石像的模样在间隙间一晃而过。我顿时雀跃，心已经不由自主地飞向那处了。人很多，挤满了石像周围。我尽力往前钻，乱窜的心随着距离的缩短愈加激动，怦怦的心跳声愈加声势浩天。

终是找到了最佳的观赏视角。站在高高的石阶上，抬头仰望那栩栩如生的石像。彼一凝视，我便感到了来自灵魂深处的震撼。尚且年轻的毛泽东脊背挺得笔直，神情透露着无与伦比的刚毅顽强。他乌黑的发被乱世的风吹起，可能是透彻心扉的刺骨寒风吧。可他那双眸，如星如月，坚毅明亮。眸光深远，似乎于黑暗乱世的厚重硝烟中，找到了足以打碎黑暗的那一缕曙光，点燃新时代的那一丝生机。

良久，我站在原地。直至小腿酸胀，才缓过神来。周围人高声谈论，全国各地的方言糅合在一起，独特的声调，高低不一，起伏不定。却又因为话语里相同的情谊，共同奏响着诗一样的新时代的华美乐章。赤红的血液在我身体里流淌，灼热，滚烫。我想，毛主席那双眼，有没有看到我们呢？看到我们这新时代的蓬勃生机？

江对岸是最繁荣的地方，高楼大厦在数百年间一座又一座拔地而起，四通八达的道路铺满了城里的每一处。夜里，栋栋高楼上绚烂的图画连接在一起，构成一幅幅美丽夺目的画卷。这稠墨般的黑夜里迸发的生机，明亮耀眼，动人心弦。

我顺着毛主席的视线看向远方，骄阳明亮，碧穹湛蓝。而无限的生机，亦使这新时代，光芒万丈。

杨辰，广东省东莞市东华初级中学生态园校区教师。

破译教师职业幸福密码

◎ 马晓江

怀抱最初的梦想，我们选择了教师这一职业，作为自己谋生谋业的起点。也曾青涩懵懂雄心万丈，也曾彷徨苦闷不知所措，但更多时候，我们风雨兼程奔赴星辰大海。

保持热爱成就幸福人生。医生和教师职业有很多相似之处，同样的辛苦劳碌，同样的责任重大，同样的终身学习，但也有很大不同，病人成就了名医，"高徒"成就了名师。名医能解决疑难杂症，名师却未必能。当我们每天面对纷繁复杂却又看似重复的工作时，难免心生倦怠，甚至抱怨。其实我们只要换个角度，像医生看病人那样去思考去解决问题，心态可能就会不一样。不同家庭成长环境，不同秉性气质，不同学习能力的孩子，不正给我们提供了一个个最生动鲜活的研究案例吗？让自己忙起来，你就会充实。不抱怨善调整，你就会成长。"此心安处是吾乡"，生活就像一面镜子，当你对它微笑时，整个世界都在笑。保持热爱，保持微笑，幸福就会随时来敲门。

学会宽容成就幸福人生。常听老教师们说"凡事不能太认真"，我想可以理解为，凡事不要太斤斤计较，要放宽心胸看世界。原谅学生的不完美，原谅世界的不完美，不要用别人的过错惩罚自己。听写不过关，没有时间背就给他时间背，不会读就教会读，没有方法就教方法，而不是一味苛责谩骂，气得自己伤心伤肝，学生还不领情。比起健康的生命，一次考试的失利又能算得了什么呢？人生就是一场修行，得饶人处且饶人。宽容是一种风度，宽容是一种美德，宽容别人，为自己内心留下一份宁静。"行到水穷处，坐看云起时"，你可以选择欢乐，也可以选择痛苦，阳光积极的心态会让你满怀信心地去追寻属于自己的幸福人生。

放下名利成就幸福人生。追求进步本无可厚非，但功利心太强，注定为名利所累。"正高""特级""名师""楷模""副科""正科""副处""正处"……何时才是头？辛勤劳作本身就是创造幸福的不竭源泉，至于其他不过是上天眷顾的"副产品"。得之淡然，失之坦然，人生苦短，快乐也是一天，不快乐也是一天，为什么不天天快乐呢？不要放弃让自己快乐起来的理由。听一曲喜欢的音乐，读一本喜欢的书，做一次酣畅淋漓的运动，和三五好友小酌一杯，来一场说走就走的旅行……对生活多一份期待，也就多一份精彩！"回首向来萧瑟处，也无风雨也无晴"，一个人成为他自己了，也就达到了幸福的顶点。

教师职业是最容易精神内耗的，亲爱的朋友们，与其自怨自艾，不如积极行动起来，去破译属于自己的职业幸福密码。

马晓江，新疆乌鲁木齐第六十六中学教师。

回到家乡凉水河

◎ 胡 琴

"凉水河边路,依稀似故乡。野亭穿径窄,溪柳夹川长。"成长记忆中,妈妈总温柔地给我哼唱这首歌谣。妈妈说,咱家乡最美,可我,一只小白鹭,却从未见过我的家乡——北京凉水河。

几十年前的凉水河,曾经是鸟儿们最爱的"母亲河"。妈妈说那里水流充沛,清澈见底。水草在水中永不停歇地扭动着腰肢,好像它们才是永不休止的舞者。偶尔还可以看到小鱼在水中游弋。河岸两侧,是大片的芦苇塘、水稻田、玉米地和菜地,郁郁葱葱。距凉水河很远,就可以听到各种鸟鸣,有白鹭,还有鸲鸪、水鸡、布谷等等,鸟鸣声此起彼伏、忽远忽近,不绝于耳。那时的鸟儿,都是喝着凉水河甘甜的水、吃着凉水河育出的鱼米虾蟹、呼吸着凉水河畔清新的空气、享受着凉水河畔鸟语花香田园风光而长大的。

不知从何时起,河流上游突然出现了很多轰隆作响的厂房。慢慢地,清澈的河水变成墨绿,最后变成深黑色,河道内几乎被垃圾和丢弃物堆满,"镶嵌"在水上如同冷却后凝固的油脂,散发着一股股恶臭。两岸浇灌的粮食、水果、蔬菜也受了污染。污水也无情地进入我们的身体,鸟儿们开始生病,甚至死亡。凉水河变成了让鸟儿悲痛落泪的"伤心河",无奈中,妈妈带着刚出生的我跟随鸟群离开了家乡,开始了漂泊……

"凉水河边路,依稀似故乡。野亭穿径窄,溪柳夹川长。"漂泊路上,歌谣伴着我长大。

近几年,迁徙途中邂逅的鸟儿们总兴奋地说:"回去吧,快回去看看吧,凉水河又变成鸟的天堂啦!"于是,今天,我跟着妈妈,满怀憧憬和兴奋回到了家乡!

我的家乡真美呀!微风吹拂,流水潺潺,芦苇摇曳,湖中央的浮岛错落有致,河水泛起层层涟漪,闪着美丽的金光……每天,我和野鸭、鸳鸯等水鸟们在水面嬉戏,时而潜水捉鱼,时而自由翱翔,你追我赶,开心极啦!妈妈说,现在还有"河长"当我们的保护神呢,在凉水河畔安家的鸟儿们越来越多。你听说了吗?2021年2月14日,珍贵的疣鼻天鹅首次现身凉水河经开区段,现在他们也成了我的好朋友呢!一到周末,经常有可爱的孩子们来陪我们玩,总给我们拍照,我们都成"网红鸟"啦!如今的凉水河变成了绿意盎然、水鸟翔集的"生态河"。

"凉水河边路,依稀似故乡。野亭穿径窄,溪柳夹川长。"凉水河碧水汤汤,从曾经的旖旎风光到疲惫不堪,再到重新复苏,岁月轮回带给我们的是如何与自然和谐共生的启示。

绿水青山就是金山银山,我的家乡凉水河是鸟儿们的天堂,更是造福万物的幸福河……

胡琴,北京市芦城体育运动技术学校教师。

美美与共，天下大同

◎张　茜

费孝通曾言："各美其美，美人之美，美美与共，天下大同。"习主席讲："一花独放不是春，百花齐放春满园。"言简意丰，发人深省。自然界是如此，人类社会亦然！

"草木知春不久归，百般红紫斗芳菲""等闲识得东风面，万紫千红总是春"，百花们"俏也不争春，只把春来报"，姹紫嫣红，将我们这个蔚蓝色的星球装扮成花团锦簇的大花园，这是植物界的美美与共。一头彪悍凶猛的非洲犀牛，能够击退草原之王——狮子，连大象都会让它三分，但是面对不堪一击的小小犀牛鸟，却十分温顺，原来它们之间建立了"共生"关系，彼此亲密得像同胞兄弟。这是动物界的互利共生，令人称叹！

植物、动物凭着本能尚且生动地演绎着和美共生、和谐与共的画面，我们人类社会岂不更应深刻理解，孜孜践行？

千年前的"百家争鸣"，诸子百家虽彼此诘难，相互争鸣，但也相互尊重，平等互鉴，开创了盛况空前的学术局面，也使春秋战国成为思想和文化最为辉煌灿烂、群星闪烁的时代。他们虽坚持自己的主张，但却不会目空一切，因为他们胸怀博大，深知：吹灭别人的灯，并不会让自己更加光明；阻挡别人的路，也不会让自己行得更远！近代蔡元培校长为北大制定的办学方针——"思想自由，兼容并包"，亦是与此一脉相承，有了这样的胸襟和学风，今日之北大才成为了莘莘学子心向往之的最高学术殿堂。

尊重各种学术和思想，才能孕育出更气象万千的人类精神文化的财富！而尊重世界各民族的文化、信仰、生命和发展，才能让我们这颗星球更和谐、更美好。

放眼今日之世界，国际竞争日趋激烈，各国该以怎样的姿态在国际舞台上谋求发展？某些国家企图通过高技术垄断、贸易战等狭隘的手段，一家独大，一枝独秀，而事实是，这些自私自利的损招造成了多输局面。而聚焦我国，国家领导人以开放包容的胸襟和气魄，积极构建"人类命运共同体"，用如椽的巨笔绘就共同富裕的"一带一路"，犹如星星点灯，给更多的发展中国家带来希望和光明！祖国把世界一流的高铁技术，慷慨地奉献给需要帮助的国家。我们的大国工匠袁隆平院士，将一生都献给了杂交水稻科研，今天，中国杂交水稻正在世界60多个国家和地区生根发芽，解决了世界人民的温饱问题！

恰同学少年，更应有中国气派和世界格局，磨砺自己，照亮别人；甘于奉献，行稳致远。将"一花独放不是春，百花齐放春满园"的追求融进胸怀，摒弃小我的狭隘，携手共建一个美美与共，天下大同的和谐世界！

张茜，陕西杨凌示范区陕西师范大学杨凌实验中学教师。

讲好中国故事，展现大国形象

◎ 范丽娟

好的故事，可以帮助我们更好地表达和沟通，可以触动心灵、启迪智慧；好的故事，可以改变一个人的命运，可以展现一个民族的形象……故事是有力量的。中国故事蕴含着丰富的人文精神和民族文化。讲好中国故事，不仅可以让中国人更好地了解自己的文化，增强文化自信；也可以向外国人展现中国多彩的大国形象，让更多的人了解中国。所以，我们要讲好中国故事，展现大国形象。

讲好中国抗击疫情的故事，展现中国团结协作的大国形象。2020年，一场突如其来的新冠疫情打破了生活的宁静。为打赢这场没有硝烟的"战疫"，各地支援的医疗队向着武汉前进；科研工作者分秒必争推进科研攻关；交管运输部门开辟绿色通道保障重点物资运输；张文宏、钟南山、李兰娟等专家临危受命，冲锋在前；还有无数普通人舍小家、为大家，坚守岗位、默默付出……他们的故事是这场"战疫"中最温暖人心的力量。我们要讲好中国抗击疫情的故事，向世人展现中国团结协作的大国形象。

讲好中国脱贫攻坚的故事，展现中国奋发进取的大国形象。2021年，我国脱贫攻坚战取得了全面胜利，成功的背后离不开一群为脱贫攻坚事业而奋斗的可敬的人：张桂梅立足贫困山区，用教育为女孩们筑梦；黄文秀扎根贫困家乡，带领村民脱贫致富；毛相林绝壁开路，帮助村民走出贫困落后的困境……这些脱贫攻坚楷模的身上都有着感人肺腑的故事，他们为中国脱贫攻坚事业贡献了卓越的力量，值得被每个人铭记。我们要讲好中国脱贫攻坚的故事，向世人展现中国奋发进取的大国形象。

讲好中国航天发展的故事，展现中国开拓创新的大国形象。中国航天事业的辉煌离不开一代又一代为祖国的航天事业贡献力量的航天人：中国航天事业奠基人钱学森深怀爱国之心，砥砺报国之志，用毕生来报效国家；中国航天大总师孙家栋不忘初心，一心一意搞航天；"嫦娥"科学家张熇用航天精神点燃无数不眠之夜……这些感人故事的背后，是中国航天人执着追求、勇往直前的无私奉献和责任担当。我们要讲好中国航天发展的故事，向世人展现中国开拓创新的大国形象。

党的二十大报告中指出，"加快构建中国话语和中国叙事体系，讲好中国故事、传播好中国声音，展现可信、可爱、可敬的中国形象。"作为新时代青年，我们不仅要讲好中国故事，更要将这些中国故事转化为精神的养分、成长的营养和前进的力量，我们要为文化传承、弘扬坚守文化自信而努力奋斗！

范丽娟，广东省清远市阳山县南阳中学教师。

辨清技术真面貌，还时间之真谛

◎陈晓花

《春江花月夜》中思妇"此时相望不相闻，愿逐月华流照君"的煎熬和誓愿，在今天，一个电话、一张机票就能迅速消弭；《丁都护歌》中"拖船一何苦"的长叹与"水浊不可饮，壶浆半成土"的艰辛，一台起重机和净水器就能快速地搞定。人类因技术的发展得以更好地掌控时间，甚至改变空间上的不可能；这是张若虚和李白们所无法想象的事情。那么，为何技术的发展可以使人类更好地掌控时间？

以大家熟悉的科学技术为例。一项技术的发展，意味着工作方式的改变、难关的突破和效率的提高，凡此种种，均能大大缩短原本的劳作时间，进而让人们可以在更短的时间内完成同样的工作或更多的任务，从而实现对时间的掌控。当史蒂芬森的蒸汽机车第一次在铁轨上呼啸，当莱特兄弟的飞机第一次在天空翱翔，当人类的第一艘万吨巨轮开始远航海洋，当人类第一次踏上月球……人类技术史上无数的第一次和下一次，无不深刻地改变了事物原有的速度、距离、性质或状态，让"时间"这个魔方一次又一次地在人们面前"袒露心扉"，心甘情愿被人们掌控、掬捧，书写了一页又一页亘古未有之璀璨诗篇。这是技术的能耐，也是时间的魅力，更是两者碰撞迸发的荣光。

倘若人们一直倘佯在这样的长河，该有多好啊。但那句"古老的咒语"——技术是一把双刃剑——又再一次给人们呈现它贪婪、暴虐和愚昧的一面——以"时间"的名义，对人们进行禁锢，让人们当它的仆人。

为何有些人会因"技术发展"而成为时间的仆人？在我看来，最大的原因是人们无法分清甚至故意混淆技术和自我的界限，让自己为"技术"所奴役。诚然，技术的发展提高了效率，带来了便捷，创造了财富，但某种程度上也限制、禁锢了人们的思考，助长了人们的懒惰。无处不在的信息推送，让人们迷失在信息的海洋不能呼吸；裹挟上"先进""智慧"外衣的技术，更能加剧人类的贪婪之心，让人们迷失在技术带来的时间魔幻中，忘却本心，在炫耀、逐利的路上一发不可收拾。当此之时，"时间的仆人"，从某种意义上讲，更像是贪婪、无知的同义词，是"技术"的献祭者；那些沉迷于键盘救国、抖音自强的青年即是最佳诠释。

那么，何以解"毒"并认清技术真面貌？一方面需要广大青少年更理性而清醒地认识技术的本质，合理利用技术带给人们的时间便利；一方面需要精神补钙、净化心灵，"不以物伤性"，不让技术逾越底线和原则，无论理由是多么的堂皇。

陈晓花，广东省广州市真光中学教师。

怀瑾握瑜，德者有邻

◎巩　月

白圭是"无德之人"，以邻为壑，人皆恶之；孔子是"有德之人"，德者不孤，有邻伴之；季雅是"尚德之人"，一掷千金，以德为邻。此三子者，无一不警示吾辈青年，当怀瑾握瑜，拒无德，尚有德，成有德。

无德者，邻者唾之，德者恶之。

无德者逆道而行，损人以利己，殊不知害人终害己，终将沦为陷入濯淖污泥之中的断翅之鸦，在孤独和困顿中绝望哀鸣，为"害邻之举"付出代价。白圭治理水患，竟将洪水引去邻国，此举不仅解除不了水患，还将惹得邻国怨声载道，若诸邻国因此联合讨伐，那将是灭顶之灾。日本何尝不是当代白圭？将核废水直接排入大洋，这些自私的日本政客可曾想过，此举将给自然生态造成多大的伤害，将给无辜的邻国人民造成多大的伤害，而靠海为生的日本人民又岂能幸免？无德的洪水终将吞没无德之地，白圭和日本的害邻之举终将引发众怒，邻者唾之，德者恶之，众叛亲离，害人害己。吾辈青年应引以为戒，万不可做以邻为壑的无德者。

无德则为人所远，有德则众星拱月。有德者，屹立于世，鸿儒自来。

德者有兰菊之馨，有蜂蝶闻香而来，德者有皓月之洁，有鸿儒与之为邻。齐桓公有尊贤重才之德，遂引鲍叔、管仲与之为伴，"九合诸侯，一匡天下"，终成春秋五霸之首；马克思有人民至上、矢志不渝之德，遂引恩格斯与之为邻，与之共同站在人民的立场探求人类自由解放的道路，更有全世界的无产阶级革命者和广大人民与之为伴；中国有大国担当之德，遂引全世界爱好和平发展之国与之为伴，"一带一路"的大家庭已经汇集了一百八十多个成员，成为世界经济增长的重要引擎，取得举世瞩目的成就。"德不孤，必有邻"，仲尼所言得之。

拒无德者易，为有德者难，不妨以"尚有德"为始。尚德者，以德为邻，何患无德？

"高山仰止，景行行止"，吾虽不敏，愿以兰泽芳草熏染己身，以瑾瑜之德警醒自我，就有道而正焉，邻有德而行之，以事斯德矣。吾辈青年当以苏武为邻，习其忠贞不贰、至死不渝的爱国之德；以范仲淹为邻，学其"先天下之忧而忧，后天下之乐而乐"的以天下为己任之德；以鲁迅为邻，习其"横眉冷对千夫指，俯首甘为孺子牛"的民族脊梁之德……做尚德者，即便天涯也若咫尺，有德之处，皆为我邻！

喻德于心，吾辈青年当拒做无德之人；以德为邻，吾辈青年当为尚德之人；德者有邻，吾辈青年当做以德聚邻之人。德若瑾瑜，怀璧自馨，德行合一，邻满天下。

巩月，湖北省武汉市洪山区武汉光谷未来学校教师。

一样的时节，不一样的我

◎赵玉霜

湿润的空气中，隐隐透着凤凰花的香气，又是一年的中考时节，这时光仿佛和去年的今天重叠在一起。

"快点啦！集队啦？还在楼上磨蹭什么？""你忘记拿2B铅笔了？幸好老师这里有备用……"一连串的话语，连珠炮似地从身穿红色送考服的我嘴里蹦出来。其他人满脸红光，也许是被送考服映照的喜气洋洋，只有我的脸色通红，是被学生丢三落四的习惯给急的。去年的我第一次带毕业班，送考的过程中极度紧张，任何风吹草动都让我感到不安。

一年的时光倏忽而逝，今年的我却成了这场中考的加油者，此时的我，也正带领着学生在紧锣密鼓地准备期末考复习，去年的那种惶惑不安、焦急忐忑终于在时光中被抚平。

"老师，我这篇作文的细节描写似乎总是写不好，问题出在哪里呢？"面对学生的急切询问，我认真看了看她递过来的文章，原来铺垫太长，主体部分无法将事情的过程进行细化，所以细节描写的问题很明显。我用红笔画出主体部分，温和地对她说："你看，这里既然要写弹古筝的过程，就要有动作、神态的引入，而非直接的概述。你和老师说说，你平时弹古筝的动作是什么样的？"学生歪着头想了想，说："我先伸出左手，轻轻地按在第三根琴弦上，然后右手轻挑第四根弦，紧接着左手连按第三根弦两次……""你看，你说弹古筝的过程中，就有很多动词，这不就是细节描写吗？你在写的时候，头脑中要形成画面，对弹古筝的过程进行分解，再回去写个片段试试？"看着学生满含喜悦地离去，我不禁笑了，细致地指导其实是另一种形式的情绪安抚。

刚回到办公室，家长的电话就来了："老师，昨天乐乐的数学练习卷错得一塌糊涂，他最近完全没有期末复习的状态，我很担心啊！"我用轻柔的声音安抚着家长的情绪："您别急，我先看看他的小测，然后找他了解一下情况再说，关于他的学习状态，其实还算不错，就是习惯上可能还要家长一起跟进一下，比如收好桌面、提高做作业的效率……"电话那头的家长终于平复了焦虑的情绪，和我一起商讨起解决方法来。

一样的考试时节，我却逐渐掌握了情感沟通的密码，唯有平复情绪，才能从容应对工作中的一切问题。去年的那种焦躁不安和惶惑忐忑逐渐消散，有的只是从容平和的自己，我在时光的打磨中，在工作的磨砺中，变成了不一样的自己。

愿明年今日，凤凰花的香气中，响起的是我从容淡定地呐喊："中考必胜！"

赵玉霜，广东省广州市广东番禺中学附属学校教师。

好的故事，激荡人心

◎汤亚琴

好的故事是什么？

如果你已然忘却，那不妨回忆儿时听到的龟兔赛跑、乌鸦喝水，此刻的你一定会会心一笑。如若你还想起成长中听到的告诫——不能像兔子一样骄傲自满，要像乌鸦一样追求突破和创新，那你一定能更加深刻地感受到来自好的故事的魅力。

这便是好故事，穿越时空，激荡人心，让我们感受它的生动和深刻。

比起直接的道理，我们或许更青睐于好的故事。我们从古以来，就有埋头苦干的人，有拼命硬干的人，有为民请命的人，有舍身求法的人。鲁迅先生对中国人的断言我们一定会点头称是，但是也许只有当我们想起王进喜在机器故障时，跳进齐腰深的水泥浆池，用身体搅拌水泥制服井喷的故事，想起焦裕禄在兰考抗击风沙时用棍子顶着肝部，伏案工作的故事，我们才能真正感受到其中让我们热泪盈眶的东西。红军临走时给老人留下的"半条棉被"，湖北十堰消防员高强度救援后吃着包子睡着了，那是充满艰难险阻的情节，那是能够拨动心弦的细节。

好的故事之于生命的意义不仅仅是被感动，更重要的是被点燃。张秉贵心有一团火的故事传遍大江南北时，路过北京的青年农民深情地写下了如是诗句——"请收下我这青年社员当徒弟，到了那金色的季节，在您笑迎顾客的同时，我正坐上喜送公粮的大车！"马云提到路遥笔下的故事时，不无感慨地说："是路遥的作品改变了我，让我意识到不放弃总有机会，否则我现在还在蹬三轮车呢。"亲爱的你，是否也想起人生路上的低谷，人生旅途的晦暗不明，又是哪些故事给你灵魂的触动？哪些故事给予你心灵的激荡？

我们受益于好的故事，之于我们的个体心灵，更形成了我们的民族气质。但是仅仅受益，尚不足矣，我们还需要将好的故事讲出来！当中国走向世界的时候，该如何让世界更好地了解中国？我相信没有什么比讲出好的故事更好的方式和途径了。我们可以在孔子的故事里展现国人的温良恭俭让，在梁山伯和祝英台的故事里诉说中式的浪漫爱情，在李子柒的故事里呈现田园的美好余韵。当中国的故事真正为世界所了解的时候，我相信所有的谣言都会不攻自破，所有的误解都会涣然冰释，中国的形象必将大放异彩。

我们是听故事的人，也是口耳相传讲述故事的人，希望今后的你我都能成为好的故事中的那个人，在感受力量的时候传递力量，在心灵的同频共振中创造中华民族的辉煌。

汤亚琴，湖南省长沙市开福区长沙市第一中学教师。